中国社会科学院老年学者文库

中国社会科学院老年学者文库

中国的拉丁美洲研究文献

孙桂荣/编著

社会科学文献出版社
SOCIAL SCIENCES ACADEMIC PRESS (CHINA)

编著说明

一、本书辑录了 1949~2015 年中国出版和发表的有关拉丁美洲和加勒比地区（以下简称拉美）问题研究的专著、译著、学术论文等文献 15000 余部（篇），其中专译著约 1900 部 [①]，论文资料 13000 余篇。此外还收录了部分尚未公开发表的博士、硕士论文。这些重要文献基本上概括了 70 年来拉美政治、经济和社会等诸多方面的最新发展，是学术界走近拉美、了解拉美和研究拉美的一个学术窗口。通过这个窗口，读者可以管窥中国拉美研究的发展轨迹。

二、全书以文献题录为主，分为论文资料和专著两部分。所收文献均以社会科学类为主，适当兼顾自然科学。为了全面反映中国拉美学科研究的历史与现状，本书收录的文献来源较为广泛，没有局限于核心期刊。文献涵盖了政治、外交、经济、文化、教育、文学、艺术、历史等类系，并对各个时期出现的热点问题均增设了独立类目。

三、全书按地区、国别编排。参照《中国图书分类法》（第四版）中的《世界地区分类表》排序。分美洲、拉丁美洲、中美洲、加勒比地区（西印度群岛）和南美洲。地区下分列国家。为检索方便，墨西哥列入中美洲。涉及两个国家以上的文献在国别项中适当作互见。地区、国别之下视文献多寡，参照《中国图书分类法》（第四版）进行大类细分，或不设标目按大类次序直接排列。文献较少的则不再分类。同类文献一般以发表年代先后为序，多卷书和分期刊登的文献集中排列。

四、本书在充分揭示中国拉美研究成就的同时，兼顾普及拉美知识的职能。笔者为本书收录的拉美国家精心编写了各国简况，分别附在国别的卷首。

[①] 含部分港台出版物。

在满足科研需要的同时，也兼顾了初学者、对拉美问题感兴趣的大专院校学生的需要。

五、本书基本采用文献标准著录格式。著录项为：书（篇）名、著（译）者、出版社（期刊名称）、出版时间（刊期）、附注项。

六、本书尽可能全面地收集 1949~2015 年间国内有关拉美问题研究的专著、译著和论文资料，但由于相关资料不断增多，发表的渠道越来越广泛，鉴于编者水平和收集渠道有限，不可能悉数收集已公开出版和发表的相关文献，书中疏漏和错误之处在所难免，恳切期望读者予以指正，以便在今后的文献收集整理工作中弥补改进。

序

《中国的拉丁美洲研究文献》终于问世了，可喜可贺！

《中国的拉丁美洲研究文献》是我国第一部从专业文献的角度，比较全面、系统地回顾和总结中国的拉丁美洲和加勒比地区（简称拉美）研究事业70年发展历程的专业图书。作者对中华人民共和国成立以来中国的拉美研究文献加以系统收集和整理，因此本书具有一定的学术价值和实用价值。

中华人民共和国成立以来的70年，是中国与拉美国家关系不断发展的70年。中国与拉美关系的发展大致可分为三个阶段，第一阶段是1949~1959年，这一阶段新中国与拉美主要是开展民间外交。在这一阶段，中国没有专门研究拉美的机构，对拉美缺乏了解，研究的成果也很少。

第二阶段是1960年至20世纪70年代末。1959年1月1日古巴革命胜利后不久，1960年9月28日，古巴在拉美率先与新中国建交。中古建交开辟了中拉关系史的新篇章。与此同时，也增加了中国领导人和有关部门了解拉美的需求，由此催生了中国对拉美的研究事业。在毛泽东主席和老一辈党和国家领导人的亲切关怀下，1961年7月4日，中国科学院拉丁美洲研究所（先后归属中共中央对外联络部和中国社会科学院）正式成立。随后，在国内又成立了一些研究拉美问题的机构。这些研究机构成立后，中国的拉美研究迅速起步，产生了一批基础研究和应用研究的成果。然而，和其他学科一样，中国的拉美研究也经历了"文化大革命"这一特殊历史时期，起步不久的研究工作受到严重的影响。

第三阶段自20世纪70年代末至今。伴随着20世纪70年代末开始的改革开放的步伐，中拉关系进入了迅速发展的第三阶段。中国也迎来了"科学的春天"，中国对拉美的研究进入了一个崭新的全面发展的阶段。特别是跨

目　录

第一部分　论文资料

第二部分　专著

第三部分 附录

第一部分
论文资料

美　洲

美洲总论

新航路发现的背景及其后果 / 郑如霖 // 历史教学，1961（10）

哥伦布前一千年中国僧人发现美洲考 / 朱谦之 // 北京大学学报，1962（4）

论所谓中国人发现美洲的问题 / 罗荣渠 // 北京大学学报，1962（4）

石锚物证与殷人东渡辨析——与房仲甫同志商榷 / 张虎生 // 拉丁美洲丛刊，
　　1982（3）

"扶桑"考证在中国 / 赵淑凡 // 世界历史，1983（3）

扶桑国猜想与美洲的发现——兼论文化传播问题 / 罗荣渠 // 历史研究，1983（2）

明清时代美洲华人述略——兼论中国古代文明在美洲的传播 / 张铠 // 拉丁美
　　洲丛刊，1983（6）

殷人航渡美洲再探 / 房仲甫 // 世界历史，1983（3）

漫谈美洲古代文化起源问题 / 庞炳庵 // 瞭望周刊，1984（4）

西班牙美洲殖民地土生白人地主阶级的特征 / 郝名玮 // 世界历史，1985（12）

中国人早于哥伦布发现新大陆 / 陈良旋 // 史学月刊，1986（1）

慧深赴美洲大陆路线考 / 卢荫慈 // 晋阳学刊，1989（3）

美洲印第安人来自亚洲的语言学证明 / 朱狄 // 国外社会科学，1989（9）

环太平洋文化中的华夏文明与美洲文明 / 朱存明 // 徐州师范学院学报，1990
　　（2）

古代美洲奥尔梅克玉器匡谬——兼论古代中国与美洲的交往问题 / 龚缨晏 //
　　世界历史，1992（6）

缺乏历史依据的推断——就"殷人航渡美洲"问题与房仲甫先生商榷 / 张箭 //
　　拉丁美洲研究，1992（6）

商代的造船航海能力与殷人航渡美洲 / 张箭 // 大自然探索，1993（4）

中国人：印第安人的祖先 / 冯英子 // 世纪，1994（1）

古代中国人是否到过美洲 / 李颖 // 温州师范学院学报（哲学社会科学版），
　　1995（5）

育学院学报，2012（11）

古代中国与美洲交往研究检视 / 王涛，袁广阔 // 南方文物，2015（4）

哥伦布研究

哥伦布的生平及其远航 / 朱寰 // 历史教学，1958（3）

新航路发现的背景及其后果 / 郑如霖 // 历史教学，1961（10）

殖民主义海盗哥伦布 / 严中平 // 历史研究，1977（1）

应该怎样评价哥伦布？——与严中平同志商榷 / 朱寰 // 世界历史，1979（2）

关于哥伦布其人答朱寰同志 / 严中平 // 世界历史，1979（4）

哥伦布对美洲的四次航行 / 杨衍永，王昭春 // 拉丁美洲丛刊，1980（2）

再论哥伦布的评价问题——与严中平同志再商榷 / 朱寰 // 东北师大学报，1981（2）

中国古代文化对哥伦布之前的美洲文化的影响 / 刘敦励 // 华南师范大学学报
（社会科学版），1986（3）

哥伦布"发现"美洲价值判断体系初探 / 洪国起 // 拉丁美洲研究，1988（5）

哥伦布的殖民政策和分配制 / 韩琦 // 拉丁美洲研究，1988（6）

哥伦布开始的美洲移民活动及特点 / 张玉玲 // 世界历史，1989（5）

哥伦布"发现"新大陆的历史作用 / 孙家堃 // 拉丁美洲研究，1991（3）

马克思和恩格斯论哥伦布远航美洲 // 拉丁美洲研究，1991（3）

世界纪念哥伦布首航美洲500周年活动情况 / 夏丽仙 // 拉丁美洲研究，1991（3）

哥伦布西航思想的形成 / 林璧属 // 拉丁美洲研究，1991（3）

哥伦布的冒险与开拓精神 / 李运明 // 拉丁美洲研究，1991（6）

哥伦布开辟新航路的历史考察与思考 / 洪国起 // 拉丁美洲研究，1991（6）

哥伦布研究中的两个问题辨析 / 王晓德 // 拉丁美洲研究，1991（6）

郑和下西洋与哥伦布航行美洲的比较 / 孔庆榛 // 历史教学，1991（7）

近年来我国关于哥伦布远航美洲问题研究的述评与思考 / 文日羽，钟启洁，王
素色 // 中国青年政治学院学报，1992（2）

"新航路开辟"研究中的几个问题——纪念哥伦布"发现"美洲五百周年 / 赵
瑞芳 // 思想战线，1992（3）

从奴隶贸易看哥伦布发现美洲的影响 / 裴耀鼎 // 杭州师范学院学报，1992（4）

哥伦布、印第安人和人类的进步 /〔美〕霍华德·津恩；钱存学［摘译］// 编
　　译参考，1992（2）

哥伦布发现美洲：几个争议问题 / 高文 // 世界知识，1992（19）

哥伦布航海技术初探 / 孙光圻 // 历史研究，1992（1）

哥伦布首次航抵美洲的日期和登陆地点 / 张至善 // 历史教学，1992（5）

哥伦布研究中几种观点质疑 / 郝名玮 // 世界历史，1992（4）

哥伦布引起的物产交流——美洲农作物在中国 / 木丁 // 世界知识，1992（19）

跨越世纪的历史转折——纪念哥伦布首航美洲 500 周年 / 周世秀 // 湖北大学
　　学报（哲学社会科学版），1992（5）

论哥伦布西航的动机 / 张家唐 // 河北大学学报（哲学社会科学版），1992（2）

试论地理大发现的前因和后果——纪念哥伦布到达美洲 500 周年 / 陆伟芳 //
　　扬州师院学报（社会科学版），1992（4）

也论哥伦布——纪念哥伦布发现美洲 500 周年 / 乔明顺 // 河北大学学报（哲
　　学社会科学版），1992（2）

迎接全球化时代——纪念哥伦布发现美洲五百周年 / 李慎之 // 瞭望周刊，1992
　　（44）

中国对哥伦布研究的评析 / 沈敏华 // 社会科学，1992（11）

哥伦布在近代中国的介绍和影响 / 俞旦初 // 近代史研究，1993（1）

新航路开辟成因浅析——兼谈哥伦布西航之动因 / 杨凤霞 // 绥化师专学报，
　　1993（1）

"哥伦布发现新大陆"的历史学新评价及方法论意义 / 王三义 // 天水师专学报，
　　1994（1–2）

从马可·波罗的中国传奇说到哥伦布的传奇 / 张至善 // 北京师范大学学报（社
　　会科学版），1994（1）

哥伦布发现美洲的主旋律——新旧大陆文化的汇合 / 钱明德 // 世界历史，1994
　　（3）

论哥伦布西航美洲的文化背景 / 沈敏华 // 历史教学，1994（1）

郑和与哥伦布航海比较研讨 / 陶松云，郑家红 // 复旦学报（社会科学版），
　　1994（1）

航海家郑和与哥伦布 / 叶润灶 // 浙江师大学报（社会科学版），1995（4）

郑和与哥伦布比较研究 / 彭顺生 // 广东社会科学，1995（6）

中华文化的世界意义——郑和与哥伦布航海的比较 / 伍雄武 // 云南师范大学
　　学报（哲学社会科学版），1996（1）

第一个到古巴的旅游者——哥伦布 / 徐东煜 // 科技潮，2000（1）

国内哥伦布研究的新成果——《哥伦布全传》评介 / 刘明翰 // 世界历史，2000
　　（1）

哥伦布发现美洲与海洋地理科学 / 吴长春 // 历史教学，2002（10）

哥伦布发现美洲的动因和影响 / 王世珍 // 辽宁商务职业学院学报（社会科学
　　版），2003（4）

对哥伦布行为的历史分析 / 李张兵 // 上饶师范学院学报（社会科学版），2004
　　（1）

哥伦布：寻找中国发现了美洲 / 田利平 // 中国地名，2004（2）

郑和、马可·波罗、哥伦布之比较研究——纪念郑和下西洋 600 周年 / 杨洋 //
　　云南师范大学学报（哲学社会科学版），2005（6）

郑和与哥伦布现象的比较研究 / 辛元欧 // 上海造船，2005（1）

哥伦布第二次远航与旧大陆生物初传美洲 / 张箭 // 历史研究，2005（3）

郑和下西洋与哥伦布等的远航——政治学视角下的比较研究 / 岳汉景，赵军 //
　　阿坝师范高等专科学校学报，2006（4）

郑和与哥伦布：两个偶然角色，两种必然命运 / 姚国华 // 社会科学论坛，2006
　　（4）

哥伦布的固执（上）/ 张箭 // 海洋世界，2007（7）

哥伦布的固执（下）/ 张箭 // 海洋世界，2007（8）

谈对哥伦布航行美洲的认识 / 王培杰 // 才智，2008（9）

郑和下西洋与哥伦布远航目的之比较 / 刘庆 // 读与写（教师教育），2008（1）

郑和与哥伦布：两个偶然角色　两种必然命运 / 姚国华 // 国学，2009（5）

发现与被发现——哥伦布的前世今生 / 吕建平 // 中国发明与专利，2010（2）

哥伦布与航海 / 刘少才 // 交通与运输，2010（3）

郑和先于哥伦布到达美洲 / 张诚 // 科学大观园，2011（4）

拉丁美洲

简况

    拉丁美洲是美国以南所有美洲地区的统称。西濒太平洋，东临大西洋。地处北纬32°42′和南纬56°54′之间，包括北美洲的墨西哥、中美洲、西印度群岛和南美洲。因长期沦为西班牙和葡萄牙等拉丁语系国家的殖民地，故被称为拉丁美洲。面积2070万平方公里（包括附近岛屿）。包括墨西哥、危地马拉、伯利兹、洪都拉斯、萨尔瓦多、尼加拉瓜、哥斯达黎加、巴拿马、古巴、海地、多米尼加共和国、牙买加、特立尼达和多巴哥、巴巴多斯、格林纳达、巴哈马、多米尼克、安提瓜和巴布达、圣卢西亚、圣文森特和格林纳丁斯、圣基茨和尼维斯、圭亚那、苏里南、委内瑞拉、哥伦比亚、巴西、厄瓜多尔、秘鲁、玻利维亚、智利、阿根廷、巴拉圭、乌拉圭33个国家。此外还有十多个地区仍处于英国、美国、法国和荷兰等国的殖民统治之下。

哲学 宗教

现代拉丁美洲哲学概述 / 路莱；定扬［译］// 现代外国哲学社会科学文摘，
    1962（4）

拉丁美洲哲学的精神 /〔美〕A. W. 孟克；李德齐［译］// 世界哲学，1962（5-6）

十六世纪初至十九世纪初天主教会在拉丁美洲的反动作用 / 吴云鹏，钱铎，程
    栋，胡荫德，金怀茂 // 历史教学，1964（3）

拉美天主教的社会活动 / 刘铭昌 // 国外社会科学，1981（4）

战后拉丁美洲的天主教 / 徐壮飞 // 拉丁美洲丛刊，1982（1）

拉丁美洲基督教民主主义浅析 / 李在芹，沈安 // 拉丁美洲丛刊，1982（5）

拉丁美洲国家心理学概况 / 管连荣 // 心理学动态，1983（2）

拉丁美洲哲学的意义 /〔智〕卡洛斯·奥桑东；吕臣重［译］// 国外社会科学

动态，1983（7）

古斯塔沃·古铁雷斯谈拉丁美洲神学 /〔西〕T. 卡贝斯特雷罗；默然〔译〕//
世界宗教资料，1985（1）

拉丁美洲的"解放神学"// 编译参考，1985（2）

拉丁美洲政治思想斗争中的"解放神学" /〔罗〕G. 弗洛里亚；乔亚〔译〕//
国外社科动态，1985（8）

六十年代以来拉丁美洲的宗教革新运动与民族民主解放运动 / 文晓灵 // 社会
主义研究，1985（6）

当代拉美天主教会的政治革新 / 刘文龙 // 拉丁美洲研究，1987（2）

拉丁美洲的穆斯林 / 玛雅〔编译〕// 中国穆斯林，1987（1）

拉丁美洲共产党提出与天主教会对话、合作的原则 / 徐建平 // 党校科研信息，
1987（5）

理解拉丁美洲哲学的途径——关于文化同一性形成的反思 /〔美〕O. 舒特；孟
庆时〔译〕// 哲学译丛，1988（4）

论对拉丁美洲哲学的认识 /〔美〕O. 舒特；丁信善〔译〕// 国外社会科学，
1988（6）

论拉美哲学问题 /〔墨西哥〕L. 比约罗；戚铁源〔译〕// 国外社会科学，1988（6）

活跃的拉美解放神学 / 沈安 // 世界知识，1989（9）

战后美国新宗教对拉美社会政治的影响 / 雷雨田 // 拉丁美洲研究，1990（2）

拉丁美洲宗教建筑艺术杂谈 / 夏丽仙 // 拉丁美洲研究，1990（4）

新大陆发现的宗教因素 / 裴培等 // 世界历史，1990（2）

救赎与历史——对"解放神学"的再认识 / 刘承军 // 拉丁美洲研究，1991（1）

解放神学与拉丁美洲政治秩序 / 弗兰克·K. 弗林；陈建明〔译编〕// 宗教学
研究，1993（1–2）

殖民征服时期的天主教与新大陆 / 黄星群 // 拉丁美洲研究，1993（6）

塞亚与"拉丁美洲哲学" / 刘承军 // 拉丁美洲研究，1995（3）

19 世纪拉美天主教与美国新教——社会阻力与动力的象征 / 刘文龙 // 拉丁美
洲研究，2000（1）

马克思主义与基督教神学能统一吗？——拉美解放神学的尝试 / 杨煌 // 马克思
主义与现实，2000（5）

试论拉丁美洲解放神学与马克思主义哲学 / 肖云 // 华南师范大学，2002

马克思主义和基督宗教——拉美的经验 / 〔阿根廷〕伯尼诺；郁欣〔译〕// 现
代哲学，2005（3）

拉美哲学和社会科学的现状和发展趋势 / 宋霞 // 社会科学管理与评论，2006（2）

评析拉美解放神学及其对当代中国天主教友的启发 // 李顺华 // 中国天主教，
2006（4）

天主教伦理与拉丁美洲不发达的文化根源——兼与新教伦理对美国发展作用
的比较 / 王晓德 // 拉丁美洲研究，2006（4）

"解放神学"死亡了吗？/ 刘承军 // 拉丁美洲研究，2007（1）

拉丁美洲的解放神学与解放哲学 / 〔阿根廷〕斯坎诺内；叶健辉〔译〕// 现代
哲学，2009（5）

拉丁美洲哲学：一种放弃终极辩护的批判理论？/〔墨西哥〕马里奥·罗雅
斯·埃尔南德斯；牛文君〔译〕// 哲学分析，2010（2）

拉美语境中的解放神学 / 王利涛 // 南京大学，2011

天主教会政治—社会立场的转变与政治发展进程：拉美实例 / 袁东振 // 拉丁
美洲研究，2011（2）

拉丁美洲的新五旬节主义：对全球化的政治人类学的贡献 /〔法〕杰西·加西
亚·鲁伊斯，〔法〕帕特里克·米歇尔；邵文实〔译〕// 国际社会科学杂
志（中文版），2012（2）

拉丁美洲新自由主义转型的政治经济学 / 阿尔弗雷多·萨阿德 – 菲尔霍；于化
龙〔译〕// 政治经济学评论，2004（3）

拉美哲学的两种模式 /〔墨西哥〕吉列尔莫·乌尔塔多；张欢欢〔译〕// 国外
理论动态，2014（11）

拉丁美洲解放神学探究 / 张俭松，叶蕾 // 世界宗教文化，2015（3）

政治　法律

政治理论　政治思潮

拉丁美洲的新殖民主义 /〔阿根廷〕莫伊塞斯·格尔西曼；由廸〔译〕// 世界

知识，1957（18）

第一批工人组织和马克思主义小组在拉丁美洲各国的诞生（1870-1900）/
〔苏联〕瓦·伊·叶尔莫拉耶夫；夏仲勉，李世洞，赖元晋〔译〕// 武汉
大学人文科学学报，1959（4）

科学地运用马克思主义经典作家的论述来研究拉丁美洲 / 黄邦和，罗超平 //
武汉师范学院学报（哲学社会科学版），1979（1）

拉丁美洲型的资本主义成熟程度和特点 /〔苏联〕B. M. 达维多夫；曹柯
〔摘译〕// 拉丁美洲丛刊，1979（2）

拉丁美洲的地缘政治思想 / 约翰·蔡尔德；马振岗〔摘译〕// 国外社会科学，
1980（4）

拉丁美洲资产阶级的形成 /〔苏联〕E. Г. 拉普舍夫；李晏晨〔摘译〕// 拉丁
美洲丛刊，1980（3）

拉丁美洲新现实主义与加布列尔·加西亚·马尔盖斯 / 陶玉平 // 外语教学，
1981（1）

拉丁美洲的马克思主义 /〔英〕休·托马斯；袁松玉〔摘译〕// 现代外国哲学
社会科学文摘，1981（3）

关于拉丁美洲的资本主义发展水平问题 /〔乌拉圭〕胡安·拉斯巴尔；孙士
明〔摘译〕// 国际经济评论，1981（8）

"从属理论"和拉丁美洲社会科学 /〔日〕高桥正明；金凤〔摘译〕// 现代外
国哲学社会科学文摘，1982（5）

拉丁美洲的民众主义与阿亚·德拉托雷 / 肖枫 // 拉丁美洲丛刊，1982（3）

拉丁美洲的社会主义思潮和流派 / 吴耀辉 // 科社研究，1982（3）

论拉丁美洲资本主义的特点 /〔东德〕约·德拉贝克；严桂林〔摘译〕// 国际
经济评论，1983（1）

当代拉丁美洲的民主社会主义 / 文成 // 拉丁美洲丛刊，1983（2）

马克思主义在拉丁美洲早期传播概况 / 舒吉昌 // 拉丁美洲丛刊，1983（2）

泛拉美主义替代泛美主义的新趋势 / 刘德，李和 // 拉丁美洲丛刊，1983（4）

拉丁美洲的民主和社会主义 /〔墨西哥〕M. 卡普兰；丁耀琳〔摘译〕// 国外社
会科学，1983（4）

美英在拉美的争夺与门罗宣言的产生 / 王玮 // 历史研究，1983（3）

社会主义思潮和拉美政党 / 子江，林英 // 党校科研信息，1988（27）

九十年代拉丁美洲的社会科学和政治前景 /〔秘鲁〕J. 科特勒；徐世澄，杨仲林〔译〕// 国外社会科学，1988（12）

19 世纪后期拉美的社会主义宣传运动 / 祝文驰 // 拉丁美洲研究，1989（5）

拉丁美洲"依附论"简析 / 张雷声 // 教学与研究，1989（3）

拉美的革命经验与马列主义 /〔萨尔瓦多〕萨海梅·巴里奥斯 // 政党与当代世界，1989（12）

非正统发展理论的产生、演变和方法论特点 / 袁兴昌 // 拉丁美洲研究，1989（4）

对依附理论的再认识——依附理论的起源 / 袁兴昌 // 拉丁美洲研究，1990（4）

对依附理论的再认识——依附理论的主要组成部分及基本思想（上）/ 袁兴昌 // 拉丁美洲研究，1990（5）

对依附理论的再认识——依附理论的主要组成部分及基本思想（中）/ 袁兴昌 // 拉丁美洲研究，1990（6）

拉丁美洲国家的教育思潮与"依赖理论" / 黄志成 // 外国教育资料，1990（2）

实证主义思潮在拉丁美洲 / 刘承军 // 拉丁美洲研究，1990（2）

拉丁美洲的文化民族主义思潮 / 刘承军 // 拉丁美洲研究，1990（3）

试论战后拉美资本主义的性质及所处阶段 / 高君诚 // 拉丁美洲研究，1990（4）

拉丁美洲的 4 种社会主义思潮简介 / 王玫 // 当代世界社会主义问题，1990（4）

论拉丁美洲新独裁主义兴起的原因 / 夏立安 // 湖北大学学报（哲学社会科学版），1990（6）

对依附理论的再认识——依附理论的主要组成部分及基本思想（下）/ 袁兴昌 // 拉丁美洲研究，1991（2）

评奥唐奈的新权威主义理论 / 袁兴昌 // 拉丁美洲研究，1992（1）

有关拉美研究的几种主要理论争论与理论发展 / 刘新民 // 拉丁美洲研究，1992（3）

外国资本主义问题——拉丁美洲国家的历史和现状 /〔苏联〕B. 达维多夫；蔡同昌〔译〕// 国际经济评论，1992（9）

试论拉美民主社会主义的基本理论主张 / 华清 // 当代世界社会主义问题，1993（3）

新自由主义是拉美国家的出路吗？/〔美〕麦克谢里；陈宏〔译〕// 现代外国

哲学社会科学文摘，1993（8）

拉丁美洲托洛茨基主义运动兴衰原因初探 / 向文华 // 当代世界社会主义问题，
　1994（2）

拉美托洛茨基主义思潮兴衰原因初探 / 向文华 // 拉丁美洲研究，1994（3）

理论与历史——发展主义与拉丁美洲 / 金计初 // 史学理论研究，1994（3）

拉丁美洲依附研究再评介 / 董小川 // 求是学刊，1994（4）

拉美托洛茨基主义的历史演变 / 向文华 // 怀化师专学报，1994（4）

拉美结构主义论再认识 / 江时学 // 国外社会科学，1995（2）

拉美民主社会主义的特征 / 华清 // 国际社会与经济，1996（1）

论拉美民族主义的兴衰 / 江时学 // 战略与管理，1996（3）

关于新自由主义学说的几个问题 / 江时学 // 拉丁美洲研究，1996（3）

当代拉美资本主义的重大变化 / 黄文登 // 当代世界，1997（11）

新自由主义在拉美的发展变化及其前景 / 陈才兴 // 经济学动态，1999（2）

拉丁美洲的第四条道路 ?/ 杨健［编写］// 国外理论动态，1999（3）

玻利瓦尔主义与拉丁美洲一体化 / 洪国起 // 南开学报，1999（5）

查韦斯主义——拉美的"第三条道路" / 曾昭耀 // 世界知识，1999（19）

在历史与现实之间：非洲与拉美民族主义比较 / 马瑞映 // 西亚非洲，2000（2）

拉美民众主义的特点及其演变 / 董经胜 // 山东师大学报（社会科学版），2000
　（3）

论拉丁美洲的封建主义 / 韩琦 // 史学理论研究，2000（4）

拉丁美洲的第三条道路——庇隆主义 / 夏立安 // 拉丁美洲研究，2000（4）

世纪之交拉美发展模式新探——评查韦斯的"第三条道路" / 曾昭耀 // 世界经
　济与政治，2000（11）

拉美人看新自由主义 / 江时学，白凤森，宋晓平 // 拉丁美洲研究，2001（4）

拉美反思新自由主义 / 江白宋 // 天涯，2002（1）

新自由主义是怎样给拉美人民带来灾难的 / 詹武 // 当代思潮，2003（2）

新自由主义与拉美发展模式 / 李珍 // 拉丁美洲研究，2003（3）

影响拉美现代化进程的若干种"主义" / 江时学 // 拉丁美洲研究，2003（4）

新自由主义、"华盛顿共识"与拉美国家的改革 / 江时学 // 当代世界与社会主
　义，2003（6）

从拉美的经历看新自由主义神话的幻灭 / 王翠文 // 当代世界与社会主义，2004
（2）

简论拉美新自由主义的演变 / 韩琦 // 拉丁美洲研究，2004（2）

新自由主义与拉丁美洲 / 苏振兴 // 拉丁美洲研究，2004（2）

警惕新自由主义改革的"陷阱"——拉美新自由主义改革的教训 / 谢文泽 //
拉丁美洲研究，2004（2）

拉美新自由主义改革：为什么必然失败？/ 陈平，王军 // 拉丁美洲研究，2004
（4）

拉丁美洲现代化进程中的民众主义 / 董经胜 // 世界历史，2004（4）

拉美发展主义理论简述——普雷维什的结构主义 / 曹囡 // 社会观察，2004（5）

往者不可谏　来者犹可追——新自由主义在拉美的命运及教训 / 房宁 // 学习
月刊，2004（11）

依附论视野中的拉美区域主义 / 刘宏松 // 江南社会学院学报，2005（1）

新自由主义与拉丁美洲的私有化 / 陈平，苏振兴 // 中国社会科学院研究生院
学报，2005（2）

新自由主义给拉美人民带来的危害 / 卫建林 // 中华魂，2005（3）

拉丁美洲关于反新自由主义战略的争论（上）/〔委内瑞拉〕斯特维·埃尔内；
徐洋〔译〕// 国外理论动态，2005（4）

拉丁美洲关于反新自由主义战略的争论（下）/〔委内瑞拉〕斯特维·埃尔内；
徐洋〔译〕// 国外理论动态，2005（5）

新自由主义与拉美国家的金融危机 / 李淑梅 // 理论学刊，2005（5）

从阿连德革命到"新保守主义试验"——拉美新自由主义兴起的经济与政治 /
陈平，杨志敏 // 国外社会科学，2005（6）

新自由主义与拉美新左翼的崛起 / 陈志强 // 上海商学院学报，2006（3）

拉丁美洲的几种社会主义理论和思潮 / 徐世澄 // 当代世界，2006（4）

新自由主义在拉美的失败 / 宋晓平，李毅 // 高校理论战线，2006（7）

21 世纪社会主义运动的新形式 / 范春燕〔编写〕// 国外理论动态，2006（12）

论现代化进程中的拉美民粹主义 / 林红 // 学术论坛，2007（1）

新自由主义在拉美改革的失败与启示——由弗里德曼的辞世所想到的 / 车卉淳
// 当代经济研究，2007（3）

二十世纪拉丁美洲民粹主义研究 / 刘洪涛 // 上海交通大学，2009

拉丁美洲"社会主义"问题研究 / 张振杰 // 燕山大学，2010

马里亚特吉、拉美社会主义及亚洲 /〔西〕爱德瓦尔多·苏比拉；童珊〔译〕// 海派经济学，2010（2）

"美洲玻利瓦尔替代计划"：背景、倡议与基础 / 曹海军 // 拉丁美洲研究，2010（3）

拉丁美洲的新考迪罗主义：前总统和政坛新人纷纷竞选总统……并且当选（上）/〔美〕哈维尔·科拉莱斯；赵重阳〔译〕// 拉丁美洲研究，2010（3）

拉丁美洲的新考迪罗主义：前总统和政坛新人纷纷竞选总统……并且当选（下）/〔美〕哈维尔·科拉莱斯；赵重阳〔译〕// 拉丁美洲研究，2010（4）

新自由主义与环境治理——以拉丁美洲的水权私有化为例 / 张哲 // 石家庄经济学院学报，2010（6）

拉美地区"社会主义"热的思考 / 张振杰，郭广伟 // 世纪桥，2010（13）

拉美地缘政治与社会主义运动特点研究 / 解先伟 // 山东大学，2010

拉美学者对"后新自由主义"和"新发展主义"的探索 / 徐世澄 // 毛泽东邓小平理论研究，2011（4）

美洲玻利瓦尔替代计划：超越新自由主义 /〔美〕艾米娜·塔赫森；许峰〔译〕// 国外理论动态，2011（4）

浅议拉丁美洲的民众主义 / 毕雪辉 // 赤峰学院学报（哲学社会科学版），2011（5）

拉美本土社会主义初探 / 李瑶 // 哈尔滨师范大学，2011

对拉美社会主义的几点再认识 / 何强，张振杰 // 科学社会主义，2012（4）

拉美与欧洲民主社会主义的思想来源和价值观念比较 / 蒋锐 // 社会科学研究，2012（4）

拉美与欧洲民主社会主义理论比较 / 蒋锐 // 社会主义研究，2012（5）

拉丁美洲反美主义的发展阶段和内容 / 孙若彦 // 山东师范大学学报（人文社会科学版），2012（6）

拉美新旧民粹主义研究 /〔美〕塞巴斯蒂安·爱德华茨；刘玉〔译〕// 国外理论动态，2012（6）

马里亚特吉与拉美马克思主义——兼与中国化马克思主义比较 / 韩欲立，温晓

春 // 北方论丛，2012（6）

拉美当代社会主义运动中的全球化思想 / 杨瑞 // 学习月刊，2012（8）

试析拉美左翼政治与拉美宗教社会主义思潮 / 成晓叶 // 中共贵州省委党校学报，2013（3）

社团主义理论的兴起及其对拉美世界的影响 / 卢春龙 // 拉丁美洲研究，2013（4）

浅析拉美社会主义 / 赵晓鹃 // 现代商业，2013（7）

拉美社会主义运动现状和趋势 / 徐世澄 // 当代世界，2013（11）

论拉美国家对卡尔沃主义的继承与发展 / 张磊 // 拉丁美洲研究，2014（4）

试析拉美"21 世纪社会主义"的历史源流及其本质 / 贺钦 // 当代世界与社会主义，2015（3）

拉美"21 世纪社会主义"的探索实践 / 周力 // 经济导刊，2015（4）

拉美的马克思主义抑或拉美化的马克思主义？/〔爱尔兰〕R. 孟克；郑祥福，陈超超〔译〕// 马克思主义与现实，2015（4）

拉美社会主义的产生与发展 / 李红 // 淮北职业技术学院学报，2015（5）

政治嬗变中的拉美社会主义与特质解构 / 官进胜 // 青海社会科学，2015（5）

拉丁美洲资本主义的几种模式 /〔墨西哥〕伊兰·比兹伯格；赖继，蔡万焕〔译〕// 国外理论动态，2015（8）

是资本主义多样性还是依附？——对拉美资本主义多样性研究方法的批判 /〔英〕马蒂亚斯·艾本瑙；郭佩惠〔译〕// 国外理论动态，2015（8）

试析拉美左翼政治与宗教社会主义思潮 / 成晓叶 // 马克思主义宗教观研究，2015

政治概况

动荡中的拉丁美洲 /〔美〕福斯特；刘芸影〔译〕// 世界知识，1953（20）

拉丁美洲现状 /〔智利〕万徒勒里 // 世界知识，1955（3）

拉丁美洲与社会主义国家 /〔苏联〕B. 伏尔斯基；丁民〔节译〕// 世界经济文汇，1957（3）

拉丁美洲的事实、矛盾和希望 /〔法国〕C. 叙哇来；秉颐〔摘译〕// 世界经济文汇，1958（11）

拉丁美洲人民在斗争中 / 黄绍湘 // 读书，1958（14）

拉丁美洲政治局势的新变化 / 梅尔 // 世界知识，1958（12）

目前拉丁美洲民族解放运动的特点 / 言金 // 世界知识，1958（16）

亚、非、拉丁美洲的大好形势 / 杜和林 // 世界知识，1962（1）

拉丁美洲的大好形势 / 万木 // 世界知识，1962（10）

拉丁美洲政治地理变化 / 彭芳草 // 开封师院学报，1963（1）

当前拉丁美洲形势 / 史韧 // 世界知识，1980（20）

弗兰克对拉丁美洲社会性质的分析和国际学术界的有关论争 / 高铦 // 拉丁美
　　洲丛刊，1981（1）

拉丁美洲国家依附性问题质疑 / 裴浩楼 // 拉丁美洲丛刊，1981（1）

谈对拉丁美洲国家社会性质的研究方法 / 霜叶 // 拉丁美洲丛刊，1981（1）

现代拉丁美洲资产阶级的社会结构 / 〔苏联〕Е.Г.拉普舍夫；黎沙〔摘译〕
　　// 拉丁美洲丛刊，1981（1）

拉丁美洲的社会政治趋势 / 〔巴西〕埃利奥·雅瓜里贝；吴长义〔摘译〕// 现
　　代外国哲学社会科学文摘，1982（5）

当前拉丁美洲形势发展的几个特点 / 黎民 // 拉丁美洲丛刊，1983（1）

拉丁美洲国家心理学概况 / 管连荣 // 心理学动态，1983（2）

对国外学者关于拉丁美洲国家当前社会经济性质争论的述评 / 张森根 // 世界
　　经济与政治，1983（8）

从"考迪罗"到"还政于民" / 卢后盾，朱成立 // 世界知识，1983（12）

发达国家的利益与拉丁美洲的发展 / 〔阿根廷〕R.普雷维什；余幼宁〔译〕//
　　国外社会科学，1984（3）

关于拉美中间阶层问题的一些浅见 / 张森根，李和 // 拉丁美洲丛刊，1984（4）

工运在拉美民族民主运动中的地位和作用 / 王玉先 // 拉丁美洲丛刊，1984（5）

拉丁美洲的发展观点与制度主义 / 〔苏联〕B.恰林，H.叶菲莫娃；刘德〔译〕
　　// 国外社会科学，1984（6）

一年来拉丁美洲政治经济形势回顾 / 满庭 // 拉丁美洲丛刊，1984（1）

试论拉美军人中民族主义倾向的新发展 / 沈安 // 拉丁美洲丛刊，1984（2）

拉丁美洲国家的联邦制概述 / 祝文驰 // 拉丁美洲丛刊，1984（5）

拉丁美洲的发展战略 / 〔阿根廷〕劳尔·普雷维什；袁兴昌〔摘译〕// 拉丁美

洲丛刊，1984（6）

1984 年拉丁美洲形势的特点 / 李在芹 // 拉丁美洲丛刊，1985（1）

现代拉丁美洲人民反帝斗争的形式 / 杨慧娟 // 拉丁美洲丛刊，1985（1）

试论拉丁美洲政治进程的发展 / 李在芹 // 拉丁美洲丛刊，1985（4）

八十年代拉美形势的发展趋向 / 徐世澄 // 拉丁美洲丛刊，1985（5）

发展中国家的发达国家——拉美三国印象之一 / 萧扬 // 世界知识，1985（22）

拉丁美洲：动乱和困难的一年 / 齐楚 // 世界知识，1985（2）

拉丁美洲的"新歌运动" / 〔智利〕埃杜阿多·卡拉斯科·皮拉尔德；司徒幼
    文〔译〕// 国际社会科学杂志（中文版），1985（2）

拉美形势的回顾与展望 / 张明德 // 国际问题研究，1985（2）

人类学与拉丁美洲的发展 / 〔墨西哥〕L.隆尼兹；余幼宁〔译〕// 国外社会科
    学，1985（7）

听拉美人士谈发展和曲折——拉美三国印象之二 / 萧扬 // 世界知识，1985（24）

为和平与发展而斗争的拉丁美洲 / 文成 // 拉丁美洲研究，1986（1）

拉美国家为解决当前国际问题而斗争 / 喻继如 // 拉丁美洲研究，1986（4）

拉美民族资产阶级与拉美当代政治进程 / 安建国 // 拉丁美洲研究，1986（4）

战后拉美国家内外政策趋向独立化的原因 / 焦震衡 // 拉丁美洲研究，1986（4）

浅谈拉丁美洲国家的政体 / 祝文驰 // 拉丁美洲研究，1986（5）

发展是它们的旗帜——拉美三国印象之三 / 萧扬 // 世界知识，1986（3）

拉美国家的打"瘟神"运动 / 众成 // 世界知识，1986（12）

拉丁美洲———一个生机蓬勃、富有潜力的大陆 / 苏振兴 // 红旗，1986（16）

八十年代拉美工人运动的发展 / 安建国 // 瞭望周刊，1986（17）

论本世纪以来拉美经济政治变化的主流 / 陈广充 // 西南民族学院学报（社会
    科学版），1986（专辑）

拉丁美洲国家政体的特点 / 〔苏〕A. 奥尔洛夫；姚新美〔译〕// 国外政治学，
    1987（1）

对战后拉美政治发展进程几个问题的思考 / 求索 // 拉丁美洲研究，1987（1）

关于战后拉美政治发展进程的主流问题 / 杨白冰 // 拉丁美洲研究，1987（1）

拉丁美洲的政策与政权 / 〔阿根廷〕O. 奥兹拉克；陈思〔译〕// 国际社会科学
    杂志（中文版），1987（2）

安全观念在拉丁美洲 / 奥古斯托·瓦拉斯；王爵鸾［译］// 国际社会科学杂志（中文版），1987（4）

拉丁美洲的阶级结构——近数十年来的阶级组成及其演变 / 阿·波尔特斯；郝名玮［摘译］// 世界史研究动态，1987（7）

拉丁美洲现代化进程中的经验与教训 / 赵长华 // 社会科学，1987（9）

拉丁美洲的国家与自由 /〔委内瑞拉〕阿图罗·乌斯拉尔·彼得里；傅孁其［译］// 第欧根尼，1988（2）

浅谈拉美国家的议会制 / 徐世澄 // 国外政治学，1988（2）

拉丁美洲中间阶层的地位和作用 / 刘新民 // 拉丁美洲研究，1988（2）

拉美先进人士对革命道路的早期探索 / 蔡树立 // 拉丁美洲研究，1988（2）

拉美争取和平与发展的斗争步入新阶段——1987年以来拉丁美洲政治经济形势述评 / 沈安 // 拉丁美洲研究，1988（2）

从社会政治力量变化看拉美的政治发展 / 李在芹 // 拉丁美洲研究，1988（3）

拉美一体化进程的特点、问题和发展趋势 / 石瑞元 // 拉丁美洲研究，1988（3）

政治民主化、经济多样化、外交多元化——80年代拉美的发展进程及90年代的前景 / 王和兴 // 国际问题研究，1988（3）

展望90年代拉丁美洲的前景 / 徐文渊 // 拉丁美洲研究，1988（5）

中国学者展望跨入九十年代的拉丁美洲 / 沈安 // 瞭望周刊，1988（46）

军人政权的困境 / 贺双荣 // 拉丁美洲研究，1989（1）

1988年的拉美形势及其发展趋势 / 吴巨 // 政党与当代世界，1989（3）

拉美国家政体初探 / 杨斌 // 国外政治学，1989（3）

谈拉美资本主义发展研究中的两个问题——关于拉丁美洲向资本主义转变过程中的跳跃性问题 / 冯秀文 // 史学集刊，1989（3）

拉美游击运动的新趋向 / 沈安 // 世界知识，1989（11）

拉美民主化潮流的特点和成因 / 王树柏 // 瞭望周刊，1989（24）

秘鲁前总理梅尔卡多·哈林谈拉美形势 / 驰骋 // 拉丁美洲研究，1990（3）

试论战后拉美资本主义的性质及所处阶段 / 高君诚 // 拉丁美洲研究，1990（4）

厄瓜多尔前总统乌尔塔多谈国际新格局下的拉丁美洲 / 驰骋 // 拉丁美洲研究，1990（6）

拉丁美洲国家所遭受的外部冲击及其对策 / 杨惠昶 // 社会科学战线，1990（4）

拉美重振一体化 / 刘瑞常 // 瞭望周刊，1990（41）

1990 年的拉美形势 / 李克明 // 政党与当代世界，1991（2）

当代拉丁美洲工人运动概述 / 李庆堂 // 中国工运学院学报，1991（2）

世界格局的变化对拉丁美洲的影响 / 徐世澄 // 拉丁美洲研究，1991（1）

世界格局的变化与拉美一体化进程 / 徐宝华 // 拉丁美洲研究，1991（2）

拉丁美洲的新结构主义 / 苏振兴 // 拉丁美洲研究，1991（2）

拉美民族意识和"拉丁美洲"名称的形成 / 张颖 // 拉丁美洲研究，1991（3）

拉丁美洲的政治文化与政治发展 / 刘新民 // 拉丁美洲研究，1991（5）

浅析拉美国家的政府决策机制 / 袁东振 // 拉丁美洲研究，1991（5）

拉丁美洲形势：稳定与危机并存 / 张新生 // 世界经济与政治，1991（2）

拉美政坛三女杰 / 官瑞 // 领导科学，1991（2）

拉丁美洲左派的重新组合 /〔法国〕雅铁·芒兹；张杰〔译〕// 当代世界社会
　　主义问题，1991（4）

60 至 80 年代拉美军人政权的产生及其特点 / 董经胜 // 山东师大学报（社会
　　科学版），1991（6）

拉美形势好转 / 刘瑞常 // 世界形势研究，1992（1）

1991 年的拉美形势 / 杨斌 // 政党与当代世界，1992（2）

拉美形势的新变化和发展趋向 / 杨仲杰，尚德良 // 现代国际关系，1992（2）

90 年代初拉丁美洲向民主的过渡 /〔乌拉圭〕胡安·里亚尔；刘瑞祥〔译〕//
　　国际社会科学杂志（中文版），1992（2）

拉丁美洲、南欧和东欧的过渡方式 /〔美〕特里·林恩·卡尔，菲利普·C. 施
　　米特；仕琦〔译〕// 国际社会科学杂志（中文版），1992（2）

拉丁美洲的总统选举和政治过渡 / 埃尔吉奥·特林达德；潘嘉玢〔译〕// 国际
　　社会科学杂志（中文版），1992（2）

寻找失去的共同体：民主在拉美遇到的挑战 /〔智利〕诺伯托·莱希纳；陈思
　　〔译〕// 国际社会科学杂志（中文版），1992（3）

拉美政局相对稳定，合作趋势加强 / 苏振兴 // 拉丁美洲研究，1992（2）

拉丁美洲国家 90 年代面临的主要挑战 / 苏振兴 // 拉丁美洲研究，1992（3）

当代拉丁美洲地缘政治思想的演变 / 夏立安 // 拉丁美洲研究，1992（5）

80 年代以来拉美工会运动的特点 / 张凡 // 拉丁美洲研究，1992（6）

拉美国家政治局势的前景 / 苏振兴 // 拉丁美洲研究，1992（6）

国外对拉美军人干政问题的研究 / 董经胜 // 世界史研究动态，1992（3）

拉美资本主义现代化发展困境原因剖析 / 李朋 // 求是学刊，1992（6）

拉美动荡原因何在？/ 吴永恒 // 瞭望周刊，1992（18）

中国学者谈拉美当前形势和政策动向 / 杨桂凤 // 瞭望周刊，1992（45）

1992 年：不平衡发展的一年——拉丁美洲政治经济形势综述 / 吴国平 // 拉丁
    美洲研究，1993（1）

从政局发展看拉美当前的政治和社会问题 / 张森根 // 拉丁美洲研究，1993（1）

当代拉美军人政治撤退的原因 / 夏立安 // 拉丁美洲研究，1993（4）

拉美的民主社会主义与工会运动 / 徐世澄 // 拉丁美洲研究，1993（4）

1992 年拉美形势综述 / 吴国平 // 世界经济与政治，1993（2）

冷战后的拉美新形势 / 王新禄 // 现代国际关系，1993（2）

处于"现代化"和新解放之间的拉美 /〔墨西哥〕博纳索；陈宏〔译〕// 现代
    外国哲学社会科学文摘，1993（8）

拉丁美洲的女权主义与妇女的民众运动 /〔智利〕M. 富恩特斯；王雪梅〔译〕
    // 国外社会科学，1993（4）

拉丁美洲的政治腐败 /〔英〕W. 利特尔；王德胜〔译〕// 国外社会科学，
    1993（7）

拉美妇女的楷模——乌苏娜 / 杨正先 // 曲靖师专学报，1993（4）

1993 年拉丁美洲形势 / 杨斌 // 政党与当代世界，1994（2）

1993 年拉丁美洲形势综述 / 边际 // 拉丁美洲研究，1994（1）

拉美政治：朝着巩固民主政体阶段过渡 / 马小平 // 拉丁美洲研究，1994（1）

对拉美国家腐败与反腐败的几点思考 / 杨斌 // 拉丁美洲研究，1994（5）

腐败在体制上和社会心理上的根源 / 杨国明 // 拉丁美洲研究，1994（5）

关于拉美发展战略的一些观点 / 黄红珠 // 拉丁美洲研究，1994（5）

拉美国家反腐败斗争的措施 / 焦震衡 // 拉丁美洲研究，1994（5）

拉美国家反腐败斗争任重道远 / 张怀林 // 拉丁美洲研究，1994（5）

拉美国家腐败与反腐败斗争的特色 / 郝名玮 // 拉丁美洲研究，1994（5）

拉美国家腐败滋生和蔓延的原因 / 陈才兴 // 拉丁美洲研究，1994（5）

拉美改革开放政策的国际比较 / 张宝宇 // 拉丁美洲研究，1994（6）

论近年来拉美国家的政治改革 / 刘新民 // 拉丁美洲研究，1994（6）

拉美肃贪运动初析 / 晓渔 // 国际问题研究，1994（2）

拉丁美洲妇女就业概况 / 春竹 // 国际社会与经济，1994（6）

世界格局变化下拉美国家的政治改革 / 刘新民 // 世界经济与政治，1994（10）

世界新格局中的拉丁美洲 / 张森根 // 瞭望新闻周刊，1994（28）

拉美政局平稳发展　积极探索政改出路 / 马小平 // 拉丁美洲研究，1995（1）

政局稳定　经济缓升　社会问题严峻 / 徐世澄 // 拉丁美洲研究，1995（1）

拉丁美洲的发展政策与收入分配 / 贾根良 // 拉丁美洲研究，1995（2）

拉丁美洲的现代化与贫困杂感 / 万心蕙 // 拉丁美洲研究，1995（2）

拉美国家总统的立法权及其影响 / 刘新民 // 拉丁美洲研究，1995（2）

拉丁美洲：再次步入衰退还是已经渡过危机？ / 张凡 // 拉丁美洲研究，1995
（3）

拉丁美洲妇女的基本状况 / 徐英 // 拉丁美洲研究，1995（3）

拉丁美洲妇女政治参与的发展与实践 / 何缬 // 拉丁美洲研究，1995（3）

前进中的拉丁美洲妇女 / 徐世澄 // 拉丁美洲研究，1995（3）

现代化理论与拉美的现实 / 金计初 // 史学理论研究，1995（3）

别了，拉美军人政权 / 徐波 // 世界知识，1995（5）

拉美军人政权模式与政治发展战略的选择 / 陈明明 // 战略与管理，1995（5）

拉美、东亚发展模式的比较及启示 / 江时学 // 战略与管理，1995（5）

当前拉美形势及其存在的问题 / 王新禄 // 国际资料信息，1995（6）

拉美妇女的地位与面临的问题 / 闫玉贞 // 现代国际关系，1995（8）

拉美国家大张旗鼓反腐败 / 童炳强 // 瞭望新闻周刊，1995（43）

影响拉美宪政发展的多种因素 / 罗厚如 // 法商研究（中南政法学院学报），
1996（1）

拉美国家十年改革：政治角度的思考 / 刘新民 // 太平洋学报，1996（1）

论拉丁美洲国家发展模式的转换 / 苏振兴 // 拉丁美洲研究，1996（1）

试析拉美国家社会发展观的变化 / 袁东振 // 拉丁美洲研究，1996（3）

影响拉美社会安定的几个因素 / 徐英 // 拉丁美洲研究，1996（4）

政府体制与政治稳定的关系——拉美一些国家的实测研究 / 刘新民 // 拉丁美
洲研究，1996（5）

拉丁美洲人民对经济和政府作用的价值观 /〔美〕弗雷德里克·C.特纳，卡洛斯·A.埃洛迪；冯炳昆〔译〕// 国际社会科学杂志（中文版），1996（3）

拉美民主社会主义在拉美现代化中的作用 / 华清，冯燕 // 当代世界与社会主义，1996（3）

拉美三国改革发展及经验教训 / 彭森 // 经济学动态，1996（5）

拉美地区在调整中平稳发展 / 伍言 // 当代世界，1996（12）

拉美在多元世界求自立 / 张文峰 // 世界知识，1996（21）

拉美政治翻新页 / 刘新民 // 世界知识，1996（21）

拉美在稳定中继续深化政治改革 / 刘新民 // 拉丁美洲研究，1997（1）

拉美国家地区间发展的差距及其影响 / 袁东振 // 拉丁美洲研究，1997（2）

拉美与东亚发展模式的差异及启示 / 杨斌 // 拉丁美洲研究，1997（3）

略谈拉丁美洲的移民问题 / 张凡 // 拉丁美洲研究，1997（6）

城市研究面临的挑战：拉美观点 / 马里奥·伦戈；陈佳〔译〕// 国际社会科学杂志（中文版），1997（1）

拉美的城市、民主和管理 /〔智利〕阿尔弗雷多·罗德里格斯，卢西·温切斯特；黄语生〔译〕// 国际社会科学杂志（中文版），1997（1）

经济全球化趋势下拉美政治的新发展 / 曾昭耀 // 世界经济与政治，1997（1）

面对全球化的冷静选择——拉美政治形势的新动向 / 曾昭耀 // 世界知识，1997（5）

近年拉丁美洲游击运动又显活跃 / 李锦华 // 当代世界，1997（5）

游击队在拉美国家卷土重来 / 张慧君〔编写〕// 国外理论动态，1997（6）

拉美政治形势在改革中求稳定 / 刘新民 // 瞭望新闻周刊，1997（10）

拉丁美洲政治局势在稳定中有变化——1997 年拉丁美洲政治形势概述 / 马小平 // 拉丁美洲研究，1998（1）

变化中的拉丁美洲社会政策 / 白凤森〔编译〕// 拉丁美洲研究，1998（2）

拉美形势中的负面因素 / 毛相麟 // 拉丁美洲研究，1998（2）

拉美、东亚工业化进程中的政府（当局）干预 / 张凡 // 拉丁美洲研究，1998（6）

拉美妇女的社会地位透视 / 胥敏〔编译〕// 党政干部学刊，1998（10）

总统"连任"和军人"重返"——拉美政治的新现象 / 杨首国 // 世界知识，

1998（22）

发展中国家怎么办——拉美国家的实践 / 江时学 // 世界知识，1999（1）

拉美政治发展的成就与隐患——1998 年拉丁美洲政治形势 / 曾昭耀 // 拉丁美洲研究，1999（1）

面向 21 世纪的拉丁美洲 / 沈安 // 拉丁美洲研究，1999（1）

战后拉美国家工运概况及其特点 / 蒋连华 // 工会理论研究 . 上海工会管理干部学院学报，1999（1）

政治、经济局面不平衡的拉美 / 徐世澄 // 世界经济与政治，1999（1）

拉美形势特点与前景展望 / 齐楚 // 现代国际关系，1999（1–2）

拉美一九九八年政治外交形势 / 尚德良 // 国际资料信息，1999（2）

总统"连任"和军人"重返"——拉美政治的新现象 / 杨首国 // 领导文萃，1999（2）

有关拉美国家军人干政问题的研究述评 / 宋鸥 // 东北师大学报，1999（6）

阁中帝子今安在？——拉美独裁者的过去与现在 / 孙岩峰 // 世界知识，1999（9）

联合自强　共同发展——拉美国家应对全球化挑战 / 吴永恒 // 瞭望新闻周刊，1999（28）

拉丁美洲满怀希望迈入新世纪 / 驰骋 // 拉丁美洲研究，2000（1）

1999 年拉美政治形势的基本特点 / 沈安 // 拉丁美洲研究，2000（1）

1999 年拉美国家的国际政治经济关系 / 贺双荣 // 拉丁美洲研究，2000（2）

简论拉丁美洲的一致性和差异性 / 韩琦 // 拉丁美洲研究，2000（3）

拉美军队的新职业化与军人参政——20 世纪六七十年代巴西、秘鲁之比较研究 / 董经胜 // 拉丁美洲研究，2000（4）

近十年来国外拉美政治研究综述 / 郑振成 // 拉丁美洲研究，2000（6）

简述拉美现代化进程及问题 / 张家唐 // 河北大学学报（哲学社会科学版），2000（1）

拉丁美洲——充满希望和活力 / 徐世澄 // 当代世界，2000（1）

拉丁美洲的腐败与反腐败斗争 / 郭元增 // 当代世界，2000（2）

拉美：走向独裁 / 莫比 // 中国新闻周刊，2000（2）

千年末的拉丁美洲 / 李少军［编写］// 国外理论动态，2000（3）

探索新的政治模式——世纪之交的拉美政治 / 曾昭耀 // 世界知识，2000（4）

也谈 21 世纪发展中国家的基本任务 / 江时学 // 世界经济与政治，2000（10）

从拉美和东亚的发展模式看政治与经济的关系 / 江时学 // 世界经济与政治，
　　2000（11）

世纪之交的拉美政局和对外关系 / 尚德良 // 现代国际关系，2001（1）

近年来的拉美社会形势 / 白凤森 // 拉丁美洲研究，2001（1）

2000 年拉丁美洲政治形势分析 / 刘纪新 // 拉丁美洲研究，2001（1）

《哥伦比亚计划》是怎么回事？/ 白凤森 // 拉丁美洲研究，2001（2）

关于拉美国家政府干预及其演变问题的思考提纲 / 张凡 // 拉丁美洲研究，2001
　　（3）

影响拉美区域主义发展的因素及区域主义的特点 / 马缨 // 拉丁美洲研究，2001
　　（3）

政治多极化和经济全球化大趋势下的拉丁美洲 / 吴永恒 // 拉丁美洲研究，2001
　　（5）

拉丁美洲政治经济形势——对过去 10 年的回顾和新的 10 年的展望 / 张新生 //
　　拉丁美洲研究，2001（6）

对拉丁美洲国家改革的评论 / 弗里德里希·J. 韦尔施，何塞·V. 卡拉斯格罗；
　　陈思［译］// 国际社会科学杂志（中文版），2001（1）

20 世纪拉丁美洲的巨大变革及其影响 / 周世秀 // 湖北大学学报（哲学社会科
　　学版），2001（2）

全球化与区域经济一体化对拉美民主政治发展的影响 / 韦幼苏 // 文史哲，2001
　　（4）

发展与社会边缘化——关于拉美问题的历史考察 / 苏振兴 // 世界经济与政治，
　　2001（11）

政局相对稳定 经济发展趋缓——拉美形势回顾与展望 / 徐世澄 // 当代世界，
　　2002（1）

论拉美的“现代化” / 张家唐 // 国际问题研究，2002（1）

2001 年拉美地区政治形势 / 高波 // 拉丁美洲研究，2002（1）

2001 年拉美社会形势 / 袁东振 // 拉丁美洲研究，2002（1）

拉美国家劳工权利现状 / 白凤森 // 拉丁美洲研究，2002（2）

近代拉美与美国现代化发展道路不同结局的比较 / 陈才兴，陈宏 // 拉丁美洲

研究，2002（3）

拉美共运特点和拉美发展前景 / 高放 // 拉丁美洲研究，2002（3）

拉丁美洲形势回顾与展望 / 吴洪英 // 现代国际关系，2002（2）

试论国际环境对拉美现代化的影响——霸权主义影响下的拉美国家现代化进
程 / 胡振文 // 石家庄铁路工程职业技术学院学报，2002（2）

试论国际环境对拉美现代化的影响——拉美国家现代化进程的三次战略转换
（连载二）/ 胡振文 // 石家庄铁路工程职业技术学院学报，2002（3）

独裁者学校培养拉美军事独裁者的基地曝光 / 辛赞 // 国际展望，2002（3-4）

2001—2002 年拉美形势的回顾与展望 / 徐世澄 // 中国经贸导刊，2002（4）

发展与社会边缘化——关于拉美发展问题的历史考察 / 苏振兴 // 中国改革，
2002（4）

拉美工会运动的现状及中国工会对拉美工会的工作 / 李静芳 // 拉丁美洲研究，
2002（5）

拉美的问题与我们的借鉴 / 程建乔 // 领导文萃，2002（6）

拉美国家改革开放的经验教训 / 江时学 // 中国党政干部论坛，2002（6）

拉丁美洲立宪道路的社会基础 / 伍华军 // 当代法学，2002（9）

拉美国家在现代化浪潮中的乱与治 / 曾昭耀 // 中国改革，2002（10）

我们会重蹈拉美化陷阱吗 / 张熙 // 中国改革，2002（10）

军人与拉美政治——拉美高级军官的看法 / 方旭飞，郭拥军 // 世界知识，2002
（11）

拉丁美洲：左右为难 / 吴国平 // 新闻周刊，2002（46）

试论国际环境对拉美现代化的影响——新国际格局下拉美现代化进程的再探
索（上）连载（三）/ 胡振文 // 石家庄铁路工程职业技术学院学报，2003
（1）

试论国际环境对拉美现代化的影响——新国际格局下拉美现代化进程的再探
索（下）连载（四）/ 胡振文 // 石家庄铁路工程职业技术学院学报，2003
（2）

2002 年拉丁美洲政治形势分析 / 杨建民 // 拉丁美洲研究，2003（1）

2002 年拉美的政治形势和对外关系 / 徐世澄 // 拉丁美洲研究，2003（1）

2002 年拉美社会形势 / 袁东振 // 拉丁美洲研究，2003（1）

拉美政治现代化进程新探 / 曾昭耀 // 拉丁美洲研究，2003（1）

浅谈现代化进程中发展中国家政府职能的定位——以拉丁美洲国家为例 / 洪国起 // 拉丁美洲研究，2003（1）

现代化理论的演进及拉美现代化道路研究的主要问题 / 孙若彦 // 拉丁美洲研究，2003（2）

俄罗斯学者谈"九一一"事件后的世界、美国和拉美—加勒比 / 蔡同昌 // 拉丁美洲研究，2003（4）

近年来国内关于拉美政治现代化问题研究的情况 / 曾昭耀 // 拉丁美洲研究，2003（5）

2002 年拉美形势回顾 / 吴洪英 // 国际资料信息，2003（2）

拉美军人与政治：理论与范式的演进 / 董经胜 // 史学理论研究，2003（3）

拉美的选择 / 吴志华 // 中国改革，2003（3）

论拉美的"现代化" / 张家唐 // 理论参考，2003（4）

历史与现实中的拉丁美洲主义 / 李锦华 // 当代世界，2003（6）

拉美研究中的民众主义：概念含义的演变 / 董经胜 // 史学月刊，2004（1）

试论拉丁美洲现代化步履维艰的文化根源 / 王晓德 // 史学集刊，2004（1）

2003 年拉美政治经济形势概述 / 江时学 // 中国改革开放论坛通讯，2004（1）

拉美国家政治形势及其影响因素 / 张凡 // 拉丁美洲研究，2004（1）

"国家创新体系"及其在拉美的历史演变（一）/ 宋霞 // 拉丁美洲研究，2004（2）

"国家创新体系"及其在拉美的历史演变（二）/ 宋霞 // 拉丁美洲研究，2004（3）

拉美军人与政治：一项历史的考察 / 董经胜 // 拉丁美洲研究，2004（3）

拉美国家现代化进程中的军人政权 / 董经胜 // 江汉大学学报，2004（2）

浅析拉美国家政治：经济形势和对外关系 / 张明德 // 国际问题研究，（2004）（2）

2003 年的拉美形势回顾 / 吴洪英 // 国际资料信息，2004（2）

征服后的遗存：现代拉美社会结构再思考 / 朱鸿博 // 复旦学报（社会科学版），2004（4）

拉美工会运动面临的挑战 / 郑家恒［编写］// 国外理论动态，2004（5）

原苏东、南欧、拉美与东亚国家转型的比较研究 / 冯绍雷 // 世界经济与政治，2004（8）

拉丁美洲："未来的名字则变革" / 卫建林 // 红旗文稿，2004（12）

对拉美国家现代化几个阶段的认识 / 程晶 // 湖北大学学报（哲学社会科学版），
    2005（1）

拉美：政治经济形势将进一步好转 / 徐世澄 // 当代世界，2005（1）

拉美化——中国社会二元化分析的新范畴 / 夏立安，叶娟丽 // 浙江学刊，2005
    （1）

浅析拉美"国家创新体系"的特征 / 宋霞 // 拉丁美洲研究，2005（1）

对拉美国家经济与社会不协调发展的理论分析 / 袁东振 // 拉丁美洲研究，2005
    （3）

拉美城市的社会分层及社会和政治影响 / 谢文泽 // 拉丁美洲研究，2005（3）

拉美发展模式的制度分析 / 尹朝安 // 拉丁美洲研究，2005（3）

中国社会科学院重点学科"拉美政治学科"前沿报告 / 刘纪新 // 拉丁美洲研
    究，2005（4）

拉美非正规部门初探 / 李永刚 // 拉丁美洲研究，2005（6）

拉丁美洲中国人眼中的"新大陆" / 高波 // 时事报告，2005（2）

2004年的拉丁美洲形势 / 吴洪英 // 国际资料信息，2005（3）

塔里克·阿里谈拉丁美洲反新自由主义运动的新进展 / 林小芳，查君红［编
    写］// 国外理论动态，2005（3）

"拉美现象"的特点、成因及其对我国的启示 / 姚颂恩 // 世界地理研究，2005
    （4）

"拉美现象"及对中国构建和谐社会的启示 / 张寒梅 // 重庆交通学院学报（社
    会科学版），2005（4）

从拉美到印度：发展问题对发展中国家的警示 / 高建生 // 当代世界与社会主
    义，2005（5）

对"拉美路径"运作思想的思考 / 张英姣 // 齐齐哈尔大学学报（哲学社会科
    学版），2005（4）

拉丁美洲社会制度特征与组织的人际关系模式 / 孙劲悦，孔文 // 辽东学院学
    报，2005（6）

差强人意的拉丁美洲民主 / 保罗·索特洛；张关林［译］// 国外社会科学文摘，
    2005（7）

拉丁美洲的前景 / 古斯塔夫·克洛奈尔；张逸波［译］// 国外社会科学文摘，
　　2005（7）

寻求拉丁美洲的发展 / 恩里克·加西亚；鲁洁［译］// 国外社会科学文摘，
　　2005（7）

拉美：让左派上台试试 / 喻广生 // 瞭望新闻周刊，2005（7-8）

拉美生活在转型时代 / 叶书宏 // 瞭望新闻周刊，2005（12）

国外如何应对"城市病" / 袁东振 // 科学决策，2005（8）

对拉美和印度"发展"教训的思考 / 高建生 // 今日中国论坛，2005（10）

拉丁美洲：一个反抗新自由主义的新周期 / 黄汝接［编写］// 国外理论动态，
　　2005（10）

"拉美路径"探析 / 范存滨，臧伟 // 大连干部学刊，2005（11）

"拉美现象"对我国构建和谐社会的启示 / 张义凡 // 理论学习，2005（11）

社会不和谐的教训——比较视野下的拉美经济、社会发展 / 王守杰，范武兵 //
　　经济论坛，2005（16）

拉美：静悄悄的革命 / 和静钧 // 南风窗，2005（19）

总体稳定局部动荡　政坛孕育新变化 / 袁东振 // 拉丁美洲研究，2006（1）

大选之年孕育拉美政治的新变化 // 拉丁美洲研究，2006（2）

拉美印第安人运动兴起的政治与社会背景 / 苏振兴 // 拉丁美洲研究，2006（3）

"拉美现象"对中国构建和谐社会的启示 / 徐艳玲，张义凡 // 拉丁美洲研究，
　　2006（6）

拉美国家的腐败问题与反腐败斗争评析 / 刘纪新，闵勤勤 // 拉丁美洲研究，
　　2006（6）

论拉美国家的发展模式转型与发展困境 / 杨万明 // 拉丁美洲研究，2006（6）

政治参与和政治稳定——关于当前拉美国家政局经常出现局部动荡的一种解
　　释 / 杨建民 // 拉丁美洲研究，2006（6）

2005 年的拉丁美洲形势 / 吴洪英，鞠煊 // 国际资料信息，2006（3）

拉美的民粹主义、政治冲突与基层组织 / 肯尼斯·M.罗伯茨；陈晓［摘译］//
　　国外理论动态，2006（6）

拉丁美洲是如何左转的？/〔美〕伊曼纽尔·沃勒斯坦；路爱国［译］// 国外
　　理论动态，2006（8）

拉丁美洲向左转 /〔墨西哥〕豪尔霍·G.卡斯塔涅达；徐洋〔摘译〕// 国外理论动态，2006（12）

拉美社会运动中知识分子间的分歧 / 詹姆斯·彼得拉斯；丁海〔摘译〕// 国外理论动态，2006（12）

一个新的拉丁美洲 / 毛禹权〔编写〕// 国外理论动态，2006（12）

拉美现代化进程中政治发展的几点经验 / 曾昭耀 // 江汉大学学报，2006（1）

论威权政体在拉美现代化进程中的产生、演变及其历史作用——兼析发展中国家现代化进程中政体发展的螺旋规律 / 冯秀文 // 江汉大学学报，2006（1）

文明的融合冲突与拉丁美洲的现代化 / 朱鸿博 // 江汉大学学报，2006（2）

拉美：新崛起的"能源大陆" / 徐世澄 // 当代世界，2006（8）

拉美新左翼与"华盛顿共识" / 姚志鹏，陈志强 // 当代世界，2006（9）

关于拉美国家现代化研究若干问题的探讨 / 苏振兴 // 学术探索，2006（2）

拉美国家现代化进程的一些启示 / 江时学 // 学习与研究，2006（2）

"大选年"看拉美政治动向 / 徐世澄 // 时事报告（大学生版），2006（3）

拉美发展中国家构建和谐社会的经验比较 / 黄菲，伍万云 // 安徽冶金科技职业学院学报，2006（3）

论东亚模式的竞争优势——从国际竞争力看东亚与拉美的现代化 / 欧阳晓东 // 企业经济，2006（5）

拉美发展的经验与教训 / 徐世澄 // 时事报告（大学生版），2006（5）

2006，拉美继续向左转？/ 袁东振 // 环球，2006（6）

改革与再改革——拉美之镜鉴 / 史寒冰 // 中国社会保障，2006（6）

提高拉美经济风险防范能力 促进民族地区社会主义新农村建设 / 董加敏 // 资源与人居环境，2006（6）

自主创新与国家体系：对拉美教训的理论分析 / 贾根良，于占东 // 天津社会科学，2006（6）

拉美向左 / 张锐 // 经济，2006（7）

吸取拉美现象教训 构建社会主义和谐社会 / 侯成鹏 // 理论学习，2006（7）

向左：拉美国家的集体行动 / 张锐 // 中国改革，2006（8）

东亚和拉美创新体系的比较及其对我国的启示 / 王晓蓉 // 当代亚太，2006（9）

在现代化道路上比我们起步更早的拉丁美洲——张森根访谈 / 赵诚 // 社会科学论坛，2006（10）

拉美国家经济社会危机频发并非发展的一般规律 / 苏振兴 // 中国经贸导刊，2006（11）

拉丁美洲的选择 / 托马斯·弗里德曼；商容［译］// 中国企业家，2006（13）

迈向中间路线的拉美 / 胡贲 // 南风窗，2006（15）

拉美国家反腐频出新招 / 刘纪新 // 人民论坛，2006（17）

"芝加哥弟子"与新自由主义在拉丁美洲的泛滥 / 朱安东 // 红旗文稿，2006（21）

论拉美对国际普遍主义人权观念形成之影响 / 喻名峰，曹兴华 // 理论前沿，2006（21）

大选年重塑拉美地区政治格局 / 刘连祥 // 拉丁美洲研究，2007（1）

拉美政治：稳定之中有变化 / 袁东振 // 拉丁美洲研究，2007（1）

2006 年的拉美和加勒比形势及中拉关系 / 曾钢 // 拉丁美洲研究，2007（2）

拉丁美洲：从权力危机到民主变革 /〔厄瓜多尔〕马科·普罗亚尼奥·玛雅；徐文渊［译］// 拉丁美洲研究，2007（2）

拉美民主的现状与未来——从权力结构的视角看拉美民主 / 高波 // 拉丁美洲研究，2007（2）

可治理性与拉美国家的可治理性问题 / 袁东振 // 拉丁美洲研究，2007（5）

试论拉美媒体在反腐败中的作用及其局限性 / 闵勤勤 // 拉丁美洲研究，2007（6）

拉美形势展望 / 江时学 // 现代国际关系，2007（1）

论拉美民族独立意识的形成 / 张家唐 // 历史教学（高校版），2007（2）

浅析拉丁美洲的发展与挑战 / 吴洪英 // 现代国际关系，2007（2）

一致性和多样性——拉美现代化模式研究中的两种视角 / 韩琦 // 史学理论研究，2007（2）

论拉美左派东山再起 / 江时学 // 国际问题研究，2007（3）

浅论当前拉美形势 / 张明德 // 国际问题研究，2007（3）

拉美之钟向左摆 / 李英 // 党政干部学刊，2007（3）

三种道路，三种选择——盘点 2006 拉美一体化新进程 / 朱鸿博 // 社会观察，2007（3）

拉美国家腐败问题探因 / 周志伟，雒文虎 // 科学决策，2007（4）

社会学与南方——拉丁美洲的经验 /〔墨西哥〕R.S.伊莱扎加；李中泽，张宁
　　〔摘译〕// 国外社会科学，2007（4）

拉美向何处去 / 江时学 // 观察与思考，2007（4-5）

拉丁美洲：一个富有活力的市场 / 钟雁明 // 中国经贸，2007（8）

拉美国家发展对中国构建社会主义和谐社会的启示 / 李向荣 // 山东社会科学，
　　2007（8）

拉美失地农民问题对我国的启示 / 张桂梅，李中东 // 中国国土资源经济，2007
　　（8）

走进一个真实的拉丁美洲 / 张森根 // 中国金融，2007（16）

拉美民主的四大威胁 / 向骏 // 南风窗，2007（18）

论拉美现象的成因及对我国构建和谐社会的启示 / 王艳 // 华中师范大学，2007

地区主义与拉丁美洲一体化——以南方共同市场为例 / 张建 // 上海国际问题
　　研究所，2007

后新自由主义的拉美关于未来发展道路的争论 /〔阿根廷〕克劳迪奥·卡兹；
　　贺钦〔译〕// 国外理论动态，2008（1）

拉美病：根源及其启示 / 杨艳，陈志强 // 浙江学刊，2008（1）

21 世纪拉美可能成为地球上最有希望的地方 / 李慎明 // 拉丁美洲研究，
　　2008（2）

丰富多样的拉美大陆：机遇与挑战并存 / 陈凤翔 // 拉丁美洲研究，2008（2）

借鉴经验　深化改革　促进发展 / 成思危 // 拉丁美洲研究，2008（2）

拉美的新结构主义理论——转型时期现代化道路的新思考 / 韩琦 // 拉丁美洲
　　研究，2008（3）

拉美国家维护政治社会稳定的基本经验 / 袁东振 // 拉丁美洲研究，2008（4）

中国与拉美改革比较——基于制度与文化变迁视角的分析 / 张勇，古明明 //
　　拉丁美洲研究，2008（5）

从拉美改革看我国社会主义和谐社会的构建 / 王燕，宋黎明 // 兰州学刊，2008
　　（2）

拉丁美洲对战后国际人权观念形成的贡献 / 曾洪，曹兴华 // 湖南公安高等专
　　科学校学报，2008（2）

拉美结构主义研究中的几个问题 / 韩琦 // 世界历史，2008（2）

拉美发展的内外因素及其前景 / 江时学 // 国际问题研究，2008（3）

拉美国家"拉美化"的成因与教训 / 王小刚，江皓 // 武汉科技大学学报（社会科学版），2008（6）

"拉美失衡"及给目前中国的启示 / 胡万钟 // 社科纵横，2008（8）

基尼系数与政府的社会职能——拉美国家的启示 / 陆家欢 // 大连干部学刊，2008（8）

"福利赶超"与"增长陷阱"：拉美的教训 / 樊纲，张晓晶 // 管理世界，2008（9）

拉美国家"拉美化"的成因及教训 / 王小刚 // 兰州学刊，2008（10）

拉丁美洲左转了多少？/〔美〕伊曼纽尔·沃勒斯坦；路爱国〔译〕// 国外理论动态，2008（10）

拉美将进入长期动荡时代 /〔德〕托马斯·迈尔，沃尔夫·格拉本多夫；黄汝接〔译〕// 国外理论动态，2008（12）

析拉丁美洲现代化进程中的"威权政治" / 许开轶 // 当代世界，2008（12）

"拉美化"与拉美新政 / 陈剩勇，李力东 // 浙江社会科学，2008（12）

社保改革应统筹兼顾——来自"拉美现象"的一个重要启示 / 郑秉文 // 红旗文稿，2008（17）

拉美国家重视强化社会凝聚力 / 江时学 // 求是，2008（23）

"第三波民主化浪潮"后拉美政治发展进程的特点 / 江时学 // 国际政治研究，2009（1）

冷战与 1961~1969 年拉美游击运动研究综述 / 杜娟 // 国际政治研究，2009（1）

政治：稳定因素有所增长新的挑战不断出现 / 袁东振 // 拉丁美洲研究，2009（1）

当代拉美社会运动初探 / 方旭飞 // 拉丁美洲研究，2009（3）

拉丁美洲非政府组织问题初探 / 贺钦 // 拉丁美洲研究，2009（3）

试析亚洲思想在拉丁美洲的影响（上）/ 爱德华多·德维斯巴尔德斯，里卡多·梅尔加鲍；韩晗〔译〕// 拉丁美洲研究，2009（3）

试析亚洲思想在拉丁美洲的影响（下）/ 爱德华多·德维斯巴尔德斯，里卡多·梅尔加鲍；韩晗〔译〕// 拉丁美洲研究，2009（4）

当代拉丁美洲政治研究的主要问题与方法 / 张凡 // 拉丁美洲研究，2009（5）

可治理性与社会凝聚：拉美国家的经验 / 袁东振 // 拉丁美洲研究，2009（增刊）

拉丁美洲：政治发展与社会凝聚 / 张凡 // 拉丁美洲研究，2009（增刊）

世界经济危机挑战拉美新左翼政府的改良主义 /〔美〕詹姆斯·彼得拉斯；陈刚〔译〕// 国外理论动态，2009（2）

拉美民主政治发展中的新景观 / 朱祥忠 // 高校理论战线，2009（3）

拉美区域一体化稳步发展 / 王友明 // 国际问题研究，2009（3）

现代化进程凸显政治稳定诉求——拉美现代化启示 / 王小平 // 广东培正学院学报，2009（3）

贫困、不平等与民主：拉丁美洲的经验 /〔美〕弗朗西斯·福山；张远航〔译〕// 经济社会体制比较，2009（4）

制度依附对东欧和拉美一些国家改革的影响 / 赵光瑞，孙晓舟 // 经济纵横，2009（5）

从"拉美奇迹"到"拉美现象"的警示 / 李广 // 大众文艺（理论），2009（7）

拉丁美洲：和谐的民族，和谐的文化 / 李北海 // 当代世界，2009（8）

从哥伦比亚和平进程看拉美社会变迁 / 黄琨 // 辽宁行政学院学报，2009（10）

幸福与动荡并存的拉丁美洲 / 李思源 // 共产党员（下半月），2009（18）

处于社会经济和政治变革时代的拉丁美洲青年（1）/ 黄艳萍，袁石川 // 广西青年干部学院学报，2010（2）

处于社会经济和政治变革时代的拉丁美洲青年（2）/ 黄艳萍，袁石川 // 广西青年干部学院学报，2010（3）

处于社会经济和政治变革时代的拉丁美洲青年（3）/ 黄艳萍，袁石川 // 广西青年干部学院学报，2010（4）

处于社会经济和政治变革时代的拉丁美洲青年（4）/ 袁石川，黄艳萍 // 广西青年干部学院学报，2010（5）

处于社会经济和政治变革时代的拉丁美洲青年（5）/ 袁石川，梁碧玉 // 广西青年干部学院学报，2010（6）

处于社会经济和政治变革时代的拉丁美洲青年（6）/ 袁石川，李文华 // 广西青年干部学院学报，2011（1）

处于社会经济和政治变革时代的拉丁美洲青年（7）/ 黄艳萍，袁石川 // 广西青年干部学院学报，2011（2）

处于社会经济和政治变革时代的拉丁美洲青年（8）/ 梁碧玉，袁石川 // 广西青年干部学院学报，2011（3）

处于社会经济和政治变革时代的拉丁美洲青年（9）/ 袁石川，黄艳萍 // 广西
青年干部学院学报，2011（5）

处于社会经济和政治变革时代的拉丁美洲青年（10）/ 袁石川，黄艳萍 // 广西
青年干部学院学报，2012（1）

处于社会经济和政治变革时代的拉丁美洲青年（11）/ 黄艳萍 // 广西青年干部
学院学报，2012（2）

处于社会经济和政治变革时代的拉丁美洲青年（12）/ 黄艳萍，袁石川 // 广西
青年干部学院学报，2012（3）

处于社会经济和政治变革时代的拉丁美洲青年（13）/ 黄艳萍，袁石川 // 广西
青年干部学院学报，2013（1）

2009 年拉美地区安全形势透析 / 李卫国，路道宽，姚树建 // 拉丁美洲研究，
2010（1）

对 2009 年拉美和加勒比地区形势变化的思考 / 吴国平 // 拉丁美洲研究，2010
（1）

拉美的发展思想与社会政策模式的演变 / 赵丽红 // 拉丁美洲研究，2010（1）

拉美政治发展的特点与基本趋势 / 袁东振 // 拉丁美洲研究，2010（1）

拉丁美洲民主政治的文化分析 / 董国辉 // 拉丁美洲研究，2010（2）

拉美国家的腐败与可治理性问题 / 刘纪新 // 拉丁美洲研究，2010（2）

"美洲玻利瓦尔替代计划"：背景、倡议与基础 / 曹海军 // 拉丁美洲研究，
2010（3）

拉美国家管理非政府组织的基本经验 / 袁东振 // 拉丁美洲研究，2010（4）

拉美非政府组织与政府的关系模式 / 范蕾 // 拉丁美洲研究，2010（4）

中国特色社会主义与东亚、拉美、印度现代化之比较 / 樊文娥 // 科学社会主
义，2010（5）

独立革命：拉美国家现代化进程的起点——试析独立革命与拉美国家现代化
的关系 / 林被甸 // 拉丁美洲研究，2010（6）

拉美国家的司法制度研究 / 杨建民 // 拉丁美洲研究，2010（6）

拉美国家改革道路与中国改革道路的比较 / 王春玺 // 科学社会主义，2010（2）

现代化进程凸显政治稳定诉求——拉美现代化启示 / 王小平 // 牡丹江教育学
院学报，2010（2）

描画拉丁美洲的合法性 / 蒂莫西·J. 鲍威尔，詹妮弗·M. 西尔；项龙［译］//
　　国际社会科学杂志（中文版），2010（3）

拉丁美洲军人干政国家的军人与民主 / 梁宝卫 // 外国问题研究，2010（3）

从美国学者视角看拉美若干热点问题 / 周楠 // 国际观察，2010（5）

论拉美"左倾化"对美拉关系的影响 / 罗会钧 // 国际观察，2010（5）

冷战与拉美游击运动的兴衰（1961-1969）/ 杜娟 // 安徽史学，2010（5）

新自由主义与环境治理——以拉丁美洲的水权私有化为例 / 张哲 // 石家庄经
　　济学院学报，2010（6）

20 世纪拉丁美洲的变革与发展 / 韩琦 // 世界近现代史研究，2010（7）

拉美两百年风雨述评 / 金重远 // 探索与争鸣，2010（8）

拉美三国 200 岁，该喜？该忧？/ 向骏 // 南风窗，2010（11）

2010：拉美"转型正义"年 / 向骏 // 南风窗，2010（26）

拉美是怎样步入陷阱的 / 程万泉 // 时事报告，2010（12）

拉美政坛上的女总统 / 徐海娜 // 当代世界，2010（12）

论南欧和拉美国家的政治侍从媒体 / 顾钢 // 辽宁行政学院学报，2010（12）

拉美国家的反面教训 / 张勇 // 人民论坛，2010（19）

比较利益原则与拉美国家的发展悖论 / 赵丽红 // 拉丁美洲研究，2011（1）

2010 年拉美地区安全形势 / 李卫国，杨鹤 // 拉丁美洲研究，2011（1）

2010 年拉美和加勒比形势的思考与展望 / 吴国平 // 拉丁美洲研究，2011（1）

从经济一体化走向政治经济联盟——拉美团结自强争取独立的历史道路 / 沈安
　　// 拉丁美洲研究，2011（1）

21 世纪初拉丁美洲现代化进程初步评析 / 吴洪英 // 拉丁美洲研究，2011（4）

拉美现代化研究中的若干问题 / 江时学 // 拉丁美洲研究，2011（4）

从革命到动员——拉丁美洲公民社会与民主的汇合 / 贝利亚·塞西莉亚·博贝
　　斯；范蕾［译］// 拉丁美洲研究，2011（5）

拉美国家的法治与现代化 / 杨建民 // 拉丁美洲研究，2011（5）

拉丁美洲多层一体化刍议 / 谌华侨 // 国际关系学院学报，2011（2）

拉美国家发展模式的变革与影响 / 中国社会科学院拉丁美洲研究所课题组 //
　　当代世界与社会主义，2011（2）

从女性参政看当前拉美妇女地位 / 陈文学 // 当代世界，2011（5）

拉美第一夫人们的权力欲望 / 侯金亮 // 廉政瞭望，2011（7）

拉美借鉴：避免陷入"中等收入陷阱" / 彭刚 // 人民论坛，2011（16）

拉美第一夫人抱团参选的背后 / 丁果 // 南方人物周刊，2011（20）

拉美政坛流行"后宫参政" / 叶雨 // 领导文萃，2011（24）

真有"拉美 10 年"吗 ?/ 向骏 // 南风窗，2011（26）

拉美各国"左转"现象浅析 / 王闻扬 // 法制与社会，2011（30）

2011 年拉美地区安全形势回顾 / 王鹏 // 拉丁美洲研究，2012（1）

试论拉丁美洲国家现代化进程中的国家重建 / 程洪，张庆文 // 拉丁美洲研究，2012（1）

简评拉美和加勒比国家共同体的特征及其面临的内部挑战 / 温大琳 // 拉丁美洲研究，2012（2）

拉丁美洲的制度变革：外部模式及其不可预见的后果 /〔美〕库尔特·韦兰德；范蕾〔译〕// 拉丁美洲研究，2012（2）

公民社会与拉美国家政治转型研究 / 杨建民 // 拉丁美洲研究，2012（3）

拉美替代一体化运动初探——以美洲玻利瓦尔联盟 - 人民贸易协定为例 / 贺钦 // 拉丁美洲研究，2012（3）

拉美的"过度不平等"及其对中产阶级的影响 / 郭存海 // 拉丁美洲研究，2012（4）

文化因素：拉丁美洲发展的真正障碍 /〔哥斯达黎加〕奥斯卡·阿里亚斯；桑切斯，陈露文〔译〕// 拉丁美洲研究，2012（6）

和癌症做斗争的拉美领导人 / 刘莉莉 // 人民文摘，2012（3）

拉丁美洲社会主义运动现状和走势研究 / 崔桂田，邹焕梅 // 当代世界社会主义问题，2012（3）

平衡资本主义和多元民主政治的独特模式——比较视野下的巴西、智利和乌拉圭社会民主主义政府 /〔乌拉圭〕乔治·兰扎罗；冯浩〔编译〕// 当代世界与社会主义，2012（4）

当代拉丁美洲社会主义运动综述 / 杨瑞 // 学习月刊，2012（4）

拉美新兴大国的崛起及面临的挑战 / 张明德 // 国际问题研究，2012（5）

20 世纪 50 年代以来拉美政治发展的困境与前景：民主维度的思考 / 李力东 // 社科纵横，2012（6）

拉美国家"拉美化"的教训及启示 / 刘清良 // 内蒙古民族大学学报，2012（6）

拉美国家参与全球治理的历史与现实 / 王翠文 // 南开学报（哲学社会科学版），
　　2012（6）

拉美国家劳动关系现状综述 / 黄玲 // 法制博览（中旬刊），2012（6）

拉美土地和农民问题的教训及启示 / 李学清，刘雨 // 理论导刊，2012（6）

评析拉美结构主义发展历程 / 张曙光，张胜军 // 新远见，2012（7）

拉美的"腐败文化" / 江时学 // 同舟共进，2012（10）

拉丁美洲的社会发展与公务员教育 / 浙江行政学院赴墨西哥、智利考察团 //
　　当代社科视野，2012（12）

美洲玻利瓦尔联盟和欧洲支付联盟的发展经验及其未来前景 / 〔美〕马丁·哈
　　特－兰兹伯格；许峰［译］// 国外理论动态，2012（12）

向左？向右？拉丁美洲的血液奔涌何方 / 李强 // 环球人物，2012（29）

拉丁美洲地区人权理论与实践研究 / 苏敏 // 第四军医大学，2012

论冷战结束后的拉美新民众运动 / 郝喜梅 // 山东师范大学，2012

拉美替代一体化研究——以美洲玻利瓦尔联盟（ALBA-TCP）为例 / 贺钦 //
　　中国社会科学院研究生院，2012

20 世纪拉美国家城市化进程的几个阶段 / 程洪 // 人文论谭，2012

2012 年拉美和加勒比地区形势回顾与展望 / 张慧玲 // 拉丁美洲研究，2013（1）

拉美思想中的埃米利亚诺·萨帕塔 / 〔墨西哥〕阿达尔韦托·桑塔纳；韩晗，
　　李菡［译］// 拉丁美洲研究，2013（1）

拉美国家的司法改革与政治转型研究 / 杨建民 // 拉丁美洲研究，2013（5）

拉美国家治理模式与政治风险 / 王鹏，魏然 // 拉丁美洲研究，2013（5）

拉美社会阶层结构的变化与政治进程的发展 / 林华 // 拉丁美洲研究，2013（5）

拉丁美洲政治司法化现象剖析 / 夏立安 // 拉丁美洲研究，2013（6）

气候变化对拉美的影响：基于安全角度的评估 / 孙洪波 // 拉丁美洲研究，2013
　　（6）

值得关注的拉美目前形势 / 徐世澄 // 当代世界，2013（2）

拉美城市化的经验教训及其对中国新型城镇化的启发 / 郑秉文 // 当代世界，
　　2013（6）

拉美地区民族社会主义发展的新态势 / 李馨 // 理论与现代化，2013（1）

近看拉美国家议会 / 彭乔 // 中国人大，2013（2）

拉美国家创建自由小农制理想的破灭——从印第安文化传统角度透视 / 林被甸 // 历史教学（下半月刊），2013（2）

试论拉美政治现代化进程 / 于淼，刘磊 // 青春岁月，2013（2）

"拉美人民将一起创造新的历史"——对墨西哥"团结峰会"发出时代强音的历史解读 / 洪国起 // 南开学报（哲学社会科学版），2013（3）

拉美：社会运动社会、政策走势与风险应对 / 姚伟 // 决策咨询，2013（3）

拉美过快城市化负面效应待解 / 徐世澄 // 理论学习，2013（3）

中国、俄罗斯、印度、拉美在社会主义复兴中将发挥重要作用——金融危机后世界格局的巨大深刻变化 / 赵曜 // 中共宁波市委党校学报，2013（3）

拉美过快城市化负面效应待解 / 徐世澄 // 人民论坛，2013（4）

拉美政治经济格局变化及其对中拉关系趋势的影响 / 袁东振 // 中国国情国力，2013（4）

拉美及加勒比地区劳动关系的转型 / 代懋 // 教学与研究，2013（6）

拉美现代化中的普力夺现象分析 / 陈小莉 // 前沿，2013（6）

当代拉美现实主义的两副面孔 / 梁毅，敬鹏林 // 芒种，2013（11）

拉美军人：从民族解放英雄到民主进程隐患 / 芦思姮 // 世界知识，2013（15）

拉美城市化过快发展的负面效应值得关注 / 孙光英 // 红旗文稿，2013（17）

拉美发展史上的"哥德巴赫猜想"——智利的现代化经验及借鉴意义 / 韩琦 // 人民论坛·学术前沿，2013（22）

20 世纪 60 年代的拉美游击运动及其对美拉关系的影响 / 牛童 // 山东师范大学，2013

拉丁美洲区域主义的政治效应分析 / 陈露文 // 中国社会科学院研究生院，2013

《拉丁美洲近代民族冲突》翻译报告 / 韩三君 // 四川外国语大学，2013

《应对人口老龄化：拉丁美洲做好准备了吗？》（第一章）翻译报告 / 叶华玥 // 四川外国语大学，2013

变化中的拉美：选择与挑战——2013 年拉丁美洲和加勒比形势评析 / 吴国平 // 拉丁美洲研究，2014（1）

拉美地区"智利模式"住房政策评析 / 张盈华 // 拉丁美洲研究，2014（1）

拉美女总统与性别平等：一条曲折之路 / 玛利亚·德洛斯安赫莱斯，丹妮

拉·奥利瓦·埃斯皮诺萨；芦思姮 [译] // 拉丁美洲研究，2014（1）

拉丁美洲的民众主义：民主化还是威权主义 / 卡洛斯·德拉托雷；范蕾 [译] // 拉丁美洲研究，2014（2）

拉美中产阶级的贫困化（1982~2002 年）：表现与动因 / 郭存海 // 拉丁美洲研究，2014（2）

拉丁美洲政治、经济社会和对外关系的发展 / 徐世澄 // 西南科技大学学报（哲学社会科学版），2014（1）

关于拉丁美洲多样性的思考 / 张森根 // 西南科技大学学报（哲学社会科学版），2014（6）

拉美新自由主义的衰落与新左翼政权的崛起 / 成晓叶 // 中共南昌市委党校学报，2014（3）

城市二元结构：拉美警示与中国式应对 / 樊继达 // 国家行政学院学报，2014（4）

拉美国家民主巩固与转型的趋势及困境 / 袁东振 // 当代世界与社会主义，2014（4）

拉美地区的腐败 / 彼得·哈基姆；王倩 [译] // 中国经济报告，2014（6）

拉美国家大选之年 / 彼得·哈基姆；王倩 [译] // 中国经济报告，2014（7）

独立自主的拉美六国国家安全机制（上）/ 沈安 // 秘书工作，2014（9）

独立自主的拉美六国国家安全机制（下）/ 沈安 // 秘书工作，2014（10）

拉丁美洲的悖论：政治参与的收敛性和社会排斥性 / 〔德〕汉斯·于尔根·布查德特；苏波，柳玉英 [译] // 国外理论动态，2014（11）

拉美的威权主义趋向 / 〔美〕库尔特·韦兰；盈谷 [编译] // 国外理论动态，2014（11）

拉丁美洲政治发展进程研究 / 刘波 // 中国社会科学院研究生院，2014

2014 年拉美和加勒比地区形势述评 / 徐世澄 // 拉丁美洲研究，2015（1）

拉美国家治理的经验与困境：政治发展的视角 / 袁东振 // 拉丁美洲研究，2015（1）

拉美国家的司法改革与治理能力建设 / 杨建民 // 拉丁美洲研究，2015（2）

2014 年拉美形势中的喜与忧 / 江时学 // 现代国际关系，2015（1）

拉美国家对治理模式的探索及其经验教训 / 陈文学 // 当代世界与社会主义，2015（2）

民主、主观经济评价与腐败感知——基于亚洲、非洲与拉美舆情表合并数据的多层分析 / 李辉，呼和那日松，唐敏 // 经济社会体制比较，2015（3）

拉丁美洲崛起的世界意义及对中国的影响 / 袁东振 // 西南科技大学学报（哲学社会科学版），2015（3）

论拉美非政府组织在治理中的角色及其启示 / 范蕾 // 西南科技大学学报（哲学社会科学版），2015（5）

拉美国家人权监察机构在国家政治转型中的作用——以危地马拉、萨尔瓦多和秘鲁人权监察机构为例 / 范继增 // 人权，2015（5）

拉美社会"拉美化"现象、表现及影响因素 / 王云飞，熊利娟 // 广西社会科学，2015（8）

福山眼中的拉美政治衰败（上）/ 谭道明 // 环球财经，2015（9）

福山眼中的拉美政治衰败（下）/ 谭道明 // 环球财经，2015（10）

21 世纪的拉美领袖：墨西哥还是巴西？/〔墨西哥〕拉盖尔·莱昂·德拉罗萨；李佳蒙〔译〕// 环球财经，2015（12）

社会分裂与制度困境：陷阱中发展的拉丁美洲 / 郭濂 // 红旗文稿，2015（12）

中央集权与地区分权——拉美联邦制与政党制度关系研究 / 谭道明，张千帆 // 中国宪法年刊，2015

拉美左派

共产主义的衰落和拉美左派 /〔墨西哥〕豪尔赫·卡斯塔涅达；杜燕凌〔编译〕// 国际共运史研究，1993（1）

拉美左派能走多远 / 江时学 // 天涯，2003（1）

拉美左派的勃兴——访徐世澄教授 / 本刊记者 // 国外理论动态，2003（2）

对拉美左派重新崛起的初步评析 / 吴洪英 // 拉丁美洲研究，2004（5）

关于当前拉美左派运动重新"崛起"的几点看法 / 张新生 // 拉丁美洲研究，2004（5）

拉丁美洲——左派力量最活跃的地区 / 童炳强 // 拉丁美洲研究，2004（5）

拉美左派的现状与发展趋势 / 刘纪新 // 拉丁美洲研究，2004（5）

拉丁美洲左派 / 徐世澄 // 拉丁美洲研究，2004（5）

拉美左派执政的国家为何越来越多？/ 焦震衡 // 拉丁美洲研究，2004（5）

拉美左翼思想动向 / 刘承军 // 拉丁美洲研究，2004（5）

拉美左派的现状与发展趋势 / 刘纪新 // 红旗文稿，2004（23）

拉美左派崛起浅析 / 谌园庭 // 拉丁美洲研究，2005（3）

拉美左派力量和公民运动的前沿——圣保罗论坛和世界社会论坛的特点及其
　　意义 / 贺钦 // 拉丁美洲研究，2005（3）

拉美左翼力量崛起评析 / 李阳 // 拉丁美洲研究，2005（5）

拉美左派正在走出低谷 / 刘纪新 // 中国改革，2005（1）

"查韦斯现象"与拉美左翼复兴 / 叶书宏 // 廉政瞭望，2005（2）

拉美左派东山再起 / 江时学 // 半月谈，2005（6）

拉丁美洲：左翼当家？/ 徐世澄 // 世界知识，2005（7）

拉美左翼运动方兴未艾 / 朱鸿博 // 社会观察，2005（7）

拉美左派力量东山再起 / 徐世澄 // 新世纪周刊，2005（21）

拉丁美洲左翼在体制内崛起：反响、比较与评价 / 童小溪 // 国外理论动态，
　　2006（4）

国际社会如何评价拉美左派崛起 / 徐世澄 // 当代世界，2006（5）

拉美左翼力量为何崛起？/ 李永刚 // 新远见，2007（4）

拉美左翼政府治理新自由主义 / 王友明 // 国际问题研究，2007（4）

拉美左派的变迁：从卡斯特罗到查韦斯 / 江时学 // 人民论坛，2007（5）

拉美左派崛起与左派政府的变革 / 苏振兴 // 拉丁美洲研究，2007（6）

拉美左派离社会主义有多远 / 张森根 // 南风窗，2007（10）

拉美左翼的"格瓦拉情结"/ 范剑青，张川杜，张蕾，青木，徐世澄 // 党政论
　　坛（干部文摘），2007（12）

德国学者论拉美新左翼政权 / 袁琳 // 拉丁美洲研究，2008（4）

拉美左派执政对国际关系的影响 / 贺双荣 // 学习月刊，2008（9）

拉美左翼反新自由主义的不同方式 / 黄汝接［编写］// 国外理论动态，2008（12）

拉美"社会主义热"——拉美左翼政府特征简论 / 沈跃萍 // 学术界，2009（4）

拉美左派的崛起与社会主义浪潮 / 秦秋 // 重庆科技学院学报（社会科学版），
　　2009（8）

拉美左翼和"21世纪社会主义"的兴起——当前世界社会主义运动三大亮点

之三 / 柴尚金 // 党建，2009（11）

我国学者对拉美左翼政府的政策分析 / 徐世澄 // 红旗文稿，2009（23）

中国学者对拉美左翼政府的政策分析 / 徐世澄 // 拉丁美洲研究，2009（增刊）

冷战后拉美左派评析 / 陈静 // 山东师范大学，2009

追踪反对帝国主义的历史潮流——从依附理论到拉美新左派思想 / 张纯厚 //
    拉丁美洲研究，2010（3）

拉美左翼崛起现象探析 / 杨晓杰 // 探求，2010（4）

困境中奋进的拉美左翼：现状与挑战 / 李伟 // 山东教育学院学报，2010（5）

20 世纪末以来拉美左派研究 / 张朵朵 // 延安大学，2010

拉美左派的崛起、影响及对我国的启示 / 李伟 // 太原理工大学，2010

圣保罗论坛 20 周年与拉美左翼崛起 / 徐世澄 // 当代世界社会主义问题，2011（1）

世纪之交的拉美左派评析 / 刘常喜，张朵朵 // 延安大学学报（社会科学版），
    2011（3）

20 世纪末以来拉美左派政府的政策差异及其原因分析 / 方旭飞 // 拉丁美洲研
    究，2011（4）

当代拉美激进左翼政治的形成和发展 / 朱晓晖 // 当代世界，2011（6）

拉美左派崛起的影响探析 / 崔燕，王丽 // 中国青年政治学院学报，2012（2）

拉美左派与欧洲左派之比较研究 / 刘常喜，张朵朵 // 社科纵横，2012（3）

拉美左翼运动的新探索——墨西哥萨帕塔运动的兴起与发展 / 王衬平 // 当代
    世界与社会主义，2012（3）

冷战结束以来拉美中左翼崛起的原因和面临的挑战 / 陈文学 // 当代世界，2012
    （6）

近年圣保罗论坛与拉美左派的巩固和发展 / 徐世澄 // 马克思主义研究，2012（11）

拉美左派的崛起及其影响研究 / 王丽 // 长春师范学院，2012

拉美左翼政治的历史回顾与未来展望 / 成晓叶 // 中共南京市委党校学报，2013（2）

拉美新左翼政权的三个特点——基于对拉美老左翼政权的比较 / 成晓叶，布成
    良 // 社会主义研究，2013（3）

拉美左翼政权的历史、现状及展望 / 成晓叶，孟庆凯 // 南京政治学院学报，
    2013（3）

后查韦斯时代与拉美左翼发展前景 / 周淼 // 社会主义研究，2013（3）

"后查韦斯时代"拉美左翼向何处去 / 袁东振 // 中国经济报告，2013（4）

拉美激进左翼政府与温和左翼政府之比较——基于方旭飞一文的补充与商榷 / 成晓叶 // 中共杭州市委党校学报，2013（4）

穷人的总统和拉美左翼的"带头大哥" / 陈晓阳 // 世界知识，2013（4）

论拉美新左翼政权崛起中的美国因素 / 成晓叶 // 郑州轻工业学院学报（社会科学版），2013（5）

民主政治视域下的拉美新左翼政权 / 成晓叶 // 中国浦东干部学院学报，2013（5）

政治变迁与拉美左翼的变动趋势 / 袁东振 // 拉丁美洲研究，2013（5）

新自由主义的危害与拉美左翼运动的崛起 / 靳辉明 // 江汉论坛，2014（2）

"参与民主"助力国家治理——拉美左翼"参与民主"及启示 / 柴尚金 // 中国特色社会主义研究，2014（2）

拉丁美洲：左翼进步政府急需战略规划 / 〔古巴〕罗伯特·雷加拉多；王瑾〔编译〕// 当代世界与社会主义，2014（3）

拉美左翼缘何兴起 / 〔美〕卢莎·布兰科，罗宾·格里尔；德克〔译〕// 国外理论动态，2014（5）

拉美新兴左翼政权：历史考察与比较研究 / 成晓叶 // 中共江苏省委党校，2014

执政的拉美激进左翼：21世纪的复杂性与挑战 / 〔委内瑞拉〕史蒂夫·埃尔纳；刘玉，孙雁〔编译〕// 当代世界与社会主义，2015（4）

近年来国内外拉美新左翼研究评述 / 黄忠，郑红 // 当代世界与社会主义，2015（5）

拉美左派向右转 / 林丹文 // 天涯，2015（5）

拉美新左翼：类属、缘起与未来 / 官进胜 // 上海行政学院学报，2015（6）

金融危机以来拉美左翼运动和共产党的新动向 / 徐世澄 // 求实，2015（7）

拉美左翼政府的媒体政治 / 〔阿根廷〕菲利普·基特斯伯格；敖海瀚〔编译〕// 国外理论动态，2015（10）

拉美左翼政权面临严峻挑战 / 徐世澄 // 当代世界，2015（12）

浅析冷战结束后的拉美左翼运动 / 张洋 // 社科纵横，2015（12）

民主化

拉丁美洲的军政权与民主化 / 秦和 // 世界知识，1981（12）

从依附到重新民主化：拉美社会学的新课题 /〔美〕A. 波特斯；余幼宁〔译〕
　　// 国外社会科学，1985（11）

拉美的军人干政与"民主化进程" / 徐峰，方幼封 // 史林，1986（3）

论拉丁美洲的"民主化进程" / 李佳 // 拉丁美洲研究，1986（6）

方兴未艾的拉美政治民主化运动 / 安建国 // 世界知识，1986（22）

拉美民主化进程在考验中前进 / 沈安 // 瞭望周刊，1987（19）

拉美民主化潮流的特点和成因 / 王树柏 // 瞭望周刊，1989（24）

拉美政治民主化面临的主要挑战 / 袁东振 // 拉丁美洲研究，1994（1）

从 90 年代初的政治发展看拉美民主化问题 / 刘新民 // 拉丁美洲研究，1994（2）

试论拉美民主化过程中政治结构的选择 / 刘新民 // 拉丁美洲研究，1994（5）

拉美的民主化进程与经济改革 /〔美〕麦克考伊；朱霞梅〔译〕// 现代外国哲
　　学社会科学文摘，1998（3）

拉美政治民主化的启示 / 郭树永，唐小松 // 战略与管理，1999（4）

民主化巩固时期拉美政治发展的特点 / 曾昭耀 // 拉丁美洲研究，2001（5）

关于 20 世纪末拉美政治民主化独特性的再思考 / 刘文龙 // 拉丁美洲研究，
　　2002（2）

拉丁美洲第三次民主化浪潮成因探析 / 李荣静 // 历史教学，2002（6）

民主化进程中拉美国家政治制度面临的主要挑战——对拉美国家政治不稳定
　　的一种解释 / 袁东振 // 拉丁美洲研究，2003（4）

德国阿登纳基金会前秘书长约瑟夫·特兴教授谈拉美民主化进程 / 方旭飞 //
　　拉丁美洲研究，2004（6）

民主化巩固时期拉美的文—武关系 / 董经胜 // 拉丁美洲研究，2004（6）

拉丁美洲"民主化"进程中的美国因素 / 钟熙维，杨建民 // 拉丁美洲研究，
　　2007（5）

拉丁美洲民主化与可治理性问题分析 / 张凡 // 拉丁美洲研究，2008（4）

现代化与民主化——拉美史学习偶得 / 曾昭耀 // 历史教学（高校版），2008（5）

民主化与拉美回应性政党制度的出现 /〔瑞士〕西蒙·伯恩斯切尔；靳呈伟
　　〔摘译〕// 国外理论动态，2012（2）

拉美国家的一体化与民主化——从巴拉圭政局突变和委内瑞拉加入南共市谈
　　起 / 杨建民 // 拉丁美洲研究，2012（6）

拉美政党

社会党国际在拉丁美洲的扩展 / 张森根，孙士明 // 世界经济与政治，1982（9）

拉美社会民主党的思想政治观念 /〔苏〕达巴格扬；沈永林〔译〕// 现代外国
哲学社会科学文摘，1983（1）

社会党国际在拉美扩大影响 / 胡泰然 // 瞭望周刊，1984（28）

社会党国际在拉丁美洲的影响 / 刘芸影 // 国际共运史研究，1987（2）

拉美民族民主政党当前发展状况浅析 / 刘荣根 // 国外政治学，1989（1）

公开性震撼着拉美的共产党 /〔多米尼加〕安·奥本海默；新信〔译〕// 当代
世界社会主义问题，1989（2）

近年来拉美非执政共产党进行新的政策调整 / 辛岩 // 党校科研信息，1989（73）

十多个国家举行大选执政党普遍更迭 / 祝文驰 // 拉丁美洲研究，1990（1）

社会党国际在拉丁美洲的发展及其前景 / 邢爱芬 // 世界经济与政治，1990（10）

逆境中的拉美国家共产党 / 郭建平 // 科学社会主义，1991（5）

拉美国家共产党近况 / 郭建平 // 党校科研信息，1991（22–23）

拉美民主社会主义政党的标准和类型 / 华清 // 科学社会主义，1993（1）

处于困境中的拉美共产党 / 杨岭华 // 当代世界社会主义问题，1993（2）

拉丁美洲的政党政治 / 杨斌 // 拉丁美洲研究，1993（3）

当今拉美共产党的统一战线政策 / 申文杰 // 当代世界社会主义问题，1994（1）

拉丁美洲共产党的现状与走势 / 李锦华 // 当代世界社会主义问题，1994（4）

社会党国际与拉美民主社会主义政党 / 华清 // 拉丁美洲研究，1994（5）

拉丁美洲左翼政党的发展 / 李锦华 // 政党与当代世界，1994（6）

战后拉美的游击战争与共产党人 / 毛相麟 // 当代世界社会主义问题，1997（2）

拉丁美洲共产党人探索走向 21 世纪的道路 / 王丽华〔编写〕// 国外理论动态，
1998（8）

社会党国际对解决拉美债务危机的贡献 / 邢爱芬 // 黄河科技大学学报，1999（1）

世纪之交的拉美政党政治 / 周余云 // 拉丁美洲研究，1999（1）

阿方辛谈拉美社会党对全球化的看法 / 钧天〔编写〕// 国外理论动态，1999（2）

拉美政党新趋向 / 徐世澄 // 当代世界，2000（7）

老牌执政党为何在大选中失利 / 吴国平 // 瞭望新闻周刊，2000（29）

拉美选择左翼政党执政的四个理由 / 尹德慈 // 当代世界，2003（9）

拉美政党政治的新变化 / 江时学 // 世界经济与政治，2004（1）

拉美民众为何选择左翼执政党 / 尹德慈 // 当代贵州，2004（10）

亚非拉美发展中国家共产党现状 / 任晶晶 // 党员干部之友，2004（11）

拉美国家的共产党为什么不能上台执政 / 郭元增，江时学 // 社会科学管理与
　　评论，2005（2）

冷战后亚非拉美发展中国家共产党一瞥 / 张晓敏 // 党的建设，2005（2）

拉美国家传统政党的衰败与可治理性危机 / 袁东振 // 拉丁美洲研究，2005（5）

拉美共产党为什么难以取得政权 / 郭元增，江时学 // 红旗文稿，2005（18）

拉美一些国家执政党应对社会矛盾的主要做法 / 袁东振 // 当代世界与社会主
　　义，2006（6）

弄潮儿向涛头立——当今亚非拉美发展中国家共产党和左翼阵线的三位"领
　　头羊" / 任晶晶 // 共产党人，2006（6）

冷战后拉美共产党的理论及政策比较 / 崔桂田 // 当代世界社会主义问题，2009
　　（4）

当前拉美左翼政党的三大特征 / 何鹏程 // 当代世界，2009（9）

冷战后拉美左翼政党的新调整及其对拉美政治发展的影响 / 王培杰 // 河北师
　　范大学，2009

战后拉美三类左派政党影响力的比较分析 / 黄凰 // 中国人民大学，2009

也谈拉美共产党未能获取政权的原因——基于内部生态资源的视角 / 靳呈伟 //
　　社会主义研究，2010（2）

试论拉美印第安人运动与左派政党 / 方旭飞 // 拉丁美洲研究，2010（4）

再谈拉美共产党未能获取政权的原因——基于外部生态资源的视角 / 靳呈伟 //
　　社科纵横，2010（11）

拉美共产党的理论、政策与组织研究 / 靳呈伟 // 山东大学，2010

拉美社会党与社会党国际的关系 / 蒋锐 // 当代世界社会主义问题，2012（1）

拉美与欧洲社会党的内外政策比较 / 蒋锐，王镇 // 江汉论坛，2012（9）

冷战结束以来拉美传统政党兴衰沉浮的经验教训及其启示 / 陈文学 // 当代世
　　界，2012（9）

新世纪以来拉美政党应对重大危机的主要举措与启示 / 靳呈伟 // 中共济南市

委党校学报，2013（3）

政治民主化与拉美左派政党的变化与调整 / 方旭飞 // 拉丁美洲研究，2013（5）

2013 年拉美国家传统政党动态与趋势 / 袁东振 // 当代世界，2013（12）

拉美国家执政党的合法性困境与执政难题 / 袁东振 // 拉丁美洲研究，2014（4）

拉美左翼执政党治理国家的主要做法及启示 / 柴尚金 // 党政研究，2014（5）

拉美的政党与多党联合政府 / 李雯 // 天津市社会主义学院学报，2015（1）

社会发展　社会状况

拉丁美洲的混血种人 / 吕德胜 // 拉丁美洲丛刊，1980（2）

拉丁美洲社会性质刍议——兼评苏联学者的观点 / 丁冰 // 拉丁美洲丛刊，1980
　（2）

苏联学者对拉丁美洲社会性质的看法 / 王辉 // 拉丁美洲丛刊，1980（2）

拉丁美洲的反毒品战 / 一知〔编〕// 拉丁美洲丛刊，1980（3）

拉丁美洲的人口问题 / 徐世澄 // 拉丁美洲丛刊，1980（3）

拉丁美洲儿童状况 / 王留栓 // 拉丁美洲丛刊，1980（3）

谈谈拉丁美洲国家的社会性质 / 郑挺，尚文 // 拉丁美洲丛刊，1980（3）

拉美一些国家印第安人的现状 / 徐世澄 // 民族译丛，1980（6）

从拉美之行看到的民族学问题 / 林耀华 // 社会科学辑刊，1981（5）

世界各地的拉丁美洲移民 / 〔危地马拉〕拉斐尔·诺沃亚；赵大正〔译〕// 民
　族译丛，1981（6）

拉丁美洲的人口和发展：最近动向与展望 /〔智利〕卡门·米罗；侯文若〔译〕
　// 人口研究，1981（增刊）

拉丁美洲国家的犯罪趋势和预防犯罪的策略 /〔美〕乔治·蒙特洛·克斯托；
　张懋〔译〕// 国外法学，1982（3）

拉丁美洲的人口与城市化 / 万素珍 // 人口与经济，1982（4）

拉丁美洲的人口学研究与培训——巴、墨、秘、智四国考察归来 / 魏津生 //
　人口与经济，1983（2）

拉丁美洲地区的人口发展和人口政策 / 万素珍，王留栓 // 人口与经济，1984（4）

试论战后拉美就业结构的变化 / 吴国平 // 拉丁美洲丛刊，1984（4）

拉美国家面临的一个紧迫问题 / 众成 // 世界知识，1984（21）

关于墨西哥、巴西、智利的城市化和人口迁移问题 / 马侠，陈玉光 // 人口与
　　经济，1985（3）

拉美人口及其城市化 / 马寿海 // 人口与经济，1986（5）

拉丁美洲的人口问题及人口理论 / 黎汶 // 国外社会科学，1986（11）

拉美扫毒战方兴未艾 / 胡积康 // 瞭望周刊，1986（48）

拉丁美洲国家的人口和环境卫生问题 / 储振华 // 国外医学（社会医学分册），
　　1987（3）

拉丁美洲的毒品问题 / 杨斌 // 拉丁美洲研究，1987（5）

拉丁美洲人民族性的结构 /〔美〕C. 纳尔逊，M. 廷达；文佩琳〔译〕// 民族译
　　丛，1987（5）

拉丁美洲的城市与农村人口 /〔美〕梅里克；承厚浩〔译〕// 现代外国哲学社
　　会科学文摘，1987（10）

拉丁美洲印第安政策的成败 /〔萨尔瓦多〕亚历杭德罗·马罗基；朱伦〔译〕
　　// 民族译丛，1989（4）

战后拉丁美洲的人口发展与经济增长 / 高君诚 // 拉丁美洲研究，1989（5）

拉丁美洲的人口老化形势 /〔墨西哥〕LuisMiguel Gutiérrez Robledo；邵增〔译〕
　　// 科学对社会的影响，1990（1）

浅议拉丁美洲印第安人问题 / 徐世澄 // 拉丁美洲研究，1990（1）

拉丁美洲和加勒比海地区的计划生育服务 / 董恒进〔译〕// 国外医学（社会医
　　学分册），1990（2）

隐形城市——拉丁美洲城市的家庭和社会网络 /〔墨西哥〕拉里萨·尤里茨 //
　　社会科学战线，1990（2）

拉丁美洲的民族概况 /〔西〕卡洛斯·希斯，佩尔特·赫内尔；徐世澄〔译〕
　　// 民族译丛，1990（3）

拉丁美洲国家的初级卫生保健 / 项政 // 中国初级卫生保健，1990（3）

拉美人口城市化给我们的启示 / 丁士道 // 武汉城市建设学院学报，1990（3）

拉丁美洲印第安人和"民族一体化"问题——玻利维亚印第安人问题例析 / 郝
　　名玮 // 拉丁美洲研究，1991（3）

浅论哥伦布"发现新大陆"对拉丁美洲人口发展进程的影响 / 杨启藩 // 河北

大学学报（哲学社会科学版），1992（2）

国际人口迁移与拉丁美洲 / 夏丽仙 // 拉丁美洲研究，1992（3）

1991 年的拉美霍乱与防治策略探讨 / 魏承毓 // 中级医刊，1992（7）

拉丁美洲国家"智力流失"的调整措施 /〔苏联〕Э.Г.叶尔莫利耶娃；杨伟民 ［译］// 国外社会科学，1992（8）

边缘化理论述评 / 江时学 // 国外社会科学，1992（9）

不容忽视的拉美社会环境 / 郝名玮 // 拉丁美洲研究，1993（5）

对拉美经济发展与社会公正问题的初步认识 / 袁东振 // 拉丁美洲研究，1993（6）

拉丁美洲种族融合思想的现实意义 / 刘承军 // 拉丁美洲研究，1993（6）

美洲毒品问题为何解决不了 / 江时学 // 瞭望，1993（9）

亟待解决的拉美贫困问题 / 江时学 // 瞭望周刊，1993（49）

拉美毒品问题禁而不止 / 吴德明 // 拉丁美洲研究，1994（1）

拉美贫困问题与"民众经济"的兴起 / 郝名玮 // 拉丁美洲研究，1994（1）

论当前拉美国家的社会问题 / 吴国平 // 拉丁美洲研究，1994（2）

毒品问题与拉美的反腐败斗争 / 焦震衡 // 拉丁美洲研究，1994（4）

拉丁美洲家庭的变化及其特征 / 徐世澄 // 拉丁美洲研究，1994（4）

拉美现代化进程中的社会公正问题 / 袁东振 // 拉丁美洲研究，1994（6）

拉美扫毒——21 世纪面临的挑战 / 蔡焰，21 世纪，1994（1）

拉美社会问题及其鉴戒 / 阎玉贞 // 现代国际关系，1994（1）

拉丁美洲扫毒斗争形势严峻 / 刘荣根 // 政党与当代世界，1994（11）

拉美的童工 / 杞言 // 世界知识，1994（11）

拉美国家探索扶贫新路 / 沈安 // 瞭望新闻周刊，1994（22）

拉美国家的工资与社会保障制度 / 陈丽 // 拉丁美洲研究，1995（1）

全球贫困化趋势与拉美国家克服贫困的斗争 / 沈安 // 拉丁美洲研究，1995（1）

拉丁美洲印第安民族人口初探 / 夏丽仙 // 拉丁美洲研究，1995（4）

拉美国家农村的贫困——另一个角度的思考 / 刘新民 // 拉丁美洲研究，1995（5）

拉美社会保障制度的发展及其问题 / 刘沅 // 拉丁美洲研究，1995（5）

从恰帕斯事件看拉美的贫困化问题 / 柯幸福 // 湖北大学学报（哲学社会科学版），1995（5）

关于国际社会禁毒斗争的几点思考 / 张文峰 // 世界经济与政治，1995（9）

拉美历史上的印第安人奴隶制 / 韩琦 // 山东师大学报（社会科学版），1996（1）

当前拉美经济发展进程中的毒品问题 / 吴德明 // 拉丁美洲研究，1996（2）

对拉美失业问题的初步探讨 / 白凤森 // 拉丁美洲研究，1996（5）

拉丁美洲地区的儿童状况 / 徐英 // 拉丁美洲研究，1996（5）

拉丁美洲国家扶贫的主要举措 / 袁东振 // 拉丁美洲研究，1996（6）

拉丁美洲的发展和贫困问题 / 吴雷 // 当代思潮，1996（4）

拉丁美洲的贫困问题 / 袁征 // 当代世界，1996（4）

拉丁美洲：战胜贫困，面对未来的挑战 / 吴永恒 // 瞭望新闻周刊，1996（27）

浅议拉美黑人问题 / 吴德明 // 世界民族，1997（1）

拉丁美洲的分配问题 / 阿道夫·菲盖罗阿 // 国际社会科学杂志（中文版），
    1997（2）

拉丁美洲的贫困：对三个国家研究报告的批评分析 / 〔墨西哥〕胡利奥·波尔
    特维尼克 // 国际社会科学杂志（中文版），1997（2）

也谈拉丁美洲的贫困问题 / 江时学 // 拉丁美洲研究，1997（2）

拉美和加勒比地区人口发展趋势及特点 / 徐英 // 拉丁美洲研究，1997（5）

拉美贫困问题之我见 / 白凤森 // 拉丁美洲研究，1997（5）

卫生保健的私有化：拉丁美洲的教训 / 李克西，徐凌云 // 医学与哲学，1997
    （11）

巴西、圭亚那、拉丁美洲部分国家及西班牙民族药使用概况 / 林宏庠〔编译〕
    // 国外医学（中医中药分册），1998（1）

巴西、圭亚那、拉丁美洲部分国家及西班牙民族药使用概况（续一）/ 林宏庠
    〔编译〕// 国外医学（中医中药分册），1998（2）

巴西、圭亚那、拉丁美洲部分国家及西班牙民族药使用概况（续二）/ 林宏庠
    〔编译〕// 国外医学（中医中药分册），1998（3）

巴西、圭亚那、拉丁美洲部分国家及西班牙民族药使用概况（续三）/ 林宏庠
    〔编译〕// 国外医学（中医中药分册），1998（4）

巴西、圭亚那、拉丁美洲部分国家及西班牙民族药使用概况（续四）/ 林宏庠
    〔编译〕// 国外医学（中医中药分册），1998（5）

拉丁美洲卫生制度改革探索有机多元化模式 / 秦健，秦志红〔编译〕// 国外医
    学（卫生经济分册），1998（4）

试析二战后拉美农村人口迁往城市的原因及影响 / 马凤岗，张弘 // 临沂师专
　　学报，1998（1）

论拉丁美洲古代印第安文明的特点 / 程洪 // 武汉教育学院学报，1998（2）

对拉美收入分配问题的几点思考 / 白凤森 // 拉丁美洲研究，1998（5）

美洲大陆的"忧郁之火"——印第安人问题 / 吴德明 // 世界知识，1998（6）

东亚与拉美劳动力素质的分析与比较 / 邹华生 // 亚太经济，1998（7）

拉丁美洲的社会问题 / 方舟 // 国际展望，1998（13）

拉丁美洲现代化进程中的贫困问题 / 揭光虹 // 武汉教育学院学报，1999（2）

当前拉美国家就业对策分析 / 袁东振 // 拉丁美洲研究，1999（6）

略谈拉丁美洲的移民环境 / 杨安尧 // 八桂侨刊，2000（1）

当前拉美社会问题的特点与发展趋势 / 袁东振 // 拉丁美洲研究，2000（2）

拉美国家社会形势的近期演变 / 苏振兴 // 拉丁美洲研究，2000（2）

国外拉美社会问题研究综述 / 枫林 // 拉丁美洲研究，2000（3）

对拉美失业问题的再认识 / 白凤森 // 拉丁美洲研究，2000（5）

拉丁美洲劳动力市场的发展与问题 / 张颖 // 拉丁美洲研究，2000（5）

拉丁美洲和加勒比地区的国际移民动向 /〔乌拉圭〕阿德拉·佩勒格里诺；李
　　存山［译］// 国际社会科学杂志（中文版），2001（3）

拉美的毒品问题 / 李萌，尚德良 // 国际资料信息，2001（4）

拉美劳动力市场中的青年人就业问题 / 张颖 // 拉丁美洲研究，2001（4）

妇女在拉美非正规部门的就业特点 / 林华 // 拉丁美洲研究，2001（5）

近年来拉美非正规经济部门就业普遍增加的原因及后果 / 李明德 // 拉丁美洲
　　研究，2001（5）

拉美青年的非正规就业问题 / 张颖 // 拉丁美洲研究，2001（5）

拉美国家两极分化现象原因何在 / 苏振兴 // 中国改革，2002（1）

拉美黑人和印度人的关系问题 / 吴德明 // 拉丁美洲研究，2002（4）

从拉美实践看政府在社会保障改革中的职责 / 刘纪新 // 拉丁美洲研究，2002（6）

试论拉美的民族关系问题 / 吴德明 // 拉丁美洲研究，2004（1）

拉美国家的家庭暴力问题及其对妇女的影响 / 林华 // 拉丁美洲研究，2004（3）

拉美儿童和青少年的贫困问题 / 林华 // 拉丁美洲研究，2004（4）

增长、分配与社会分化——对拉美国家社会贫富分化问题的考察 / 苏振兴 //

拉丁美洲研究，2005（1）

拉美国家社会政策调整评析 / 刘纪新 // 拉丁美洲研究，2005（3）

拉丁美洲印第安人运动的崛起 / 刘承军 // 拉丁美洲研究，2005（5）

拉美国家的收入分配为什么如此不公 / 江时学 // 拉丁美洲研究，2005（5）

对拉美国家社会冲突的初步分析 / 袁东振 // 拉丁美洲研究，2005（6）

拉丁美洲侨情现状与特点 / 朱慧玲 // 八桂侨刊，2005（4）

拉美国家社会问题面面观 / 张才国 // 领导之友，2005（4）

从"他人"到"我们"——拉丁美洲印第安人运动的崛起 / 索飒 // 天涯，2005
（5）

拉丁美洲的东亚移民 / 〔美〕塔玛·戴安娜·威尔逊；万红〔译〕// 世界民族，
2005（5）

社会发展任重道远"达标"面临诸多挑战 / 刘纪新 // 拉丁美洲研究，2006（1）

当代拉丁美洲人口发展特点和趋势分析 / 毛爱华，张善余 // 拉丁美洲研究，
2006（4）

印第安文化与印第安政治运动的新崛起 / 刘承军 // 拉丁美洲研究，2006（5）

拉美国家社会贫困化的历史根源刍议 / 洪国起 // 江汉大学学报，2006（2）

拉丁美洲国际移民现状研究 / 毛爱华，王春芝 // 鲁东大学学报（自然科学版），
2006（3）

拉丁美洲国际移民现状研究 / 毛爱华 // 世界地理研究，2006（3）

拉美国家应对社会矛盾的经验与启示 / 袁东振 // 外国问题研究，2006（3）

拉美裔移民与美国国家特性危机 / 周聿峨，刘虎 // 暨南学报（哲学社会科学
版），2006（3）

拉美国家养老保障制度私有化改革面临的挑战及对中国改革的启示 / 殷允杰 //
中国人口科学，2006（4）

拉美国家的社会冲突 / 袁东振 // 理论参考，2006（5）

拉美四分之一世纪以来的社保私有化改革 / 郑秉文，房连泉 // 中国社会保障，
2006（6）

拉美移民巨额汇款和中国民工"赌"命以色列 / 杨柏 // 当代贵州，2006（9）

拉美贫困化反思 / 林如萱，冷彤 // 瞭望新闻周刊，2006（34）

2006 年拉美社会形势评析 / 刘纪新 // 拉丁美洲研究，2007（1）

影响拉美发展的非经济因素是什么？/ 江时学 // 拉丁美洲研究，2007（1）

拉丁美洲与加勒比地区的国际移民——兼论中国移民的生存发展空间 / 丘立本 // 华侨华人历史研究，2007（1）

拉美：完全积累制受到重新评判 / 冯利民［编译］// 中国社会保障，2007（1）

拉美和非洲地区工业化过程中农村人口迁移分析 / 赵慧英 // 首都经济贸易大学学报，2007（1）

拉美收入分配极化及其对我国构建和谐社会的启示 / 王萍 // 江汉大学学报（社会科学版），2007（3）

拉丁美洲新自由思想医疗体制改革评析 / 江皑［编译］// 国外医学（卫生经济分册），2007（4）

拉美的"增长性贫困"与社会保障制度的作用 / 郑秉文 // 中国劳动保障，2007（7）

拉丁美洲国家医疗保障制度探析 / 王洪春 // 医学与哲学（人文社会医学版），2007（8）

简析拉美国家的贫富悬殊及其对我们的警示 / 鞠立新 // 当代经济研究，2007（11）

正视拉美社会风险 / 孙洪波，张婧一 // 中国石油石化（半月刊），2007（17）

边缘社会发展的结构困境——拉美国家发展模式考察 / 方永乾 // 四川大学，2007

拉美新自由主义改革与贫困问题 / 撒其籍 // 对外经济贸易大学，2007

试论拉美日裔同化与融合的制约因素——以二战前秘鲁和巴西的日裔群体为例 / 刘兆华 // 苏州科技学院，2007

社会形势基本稳定 政策调整力度加大 / 刘纪新 // 拉丁美洲研究，2008（1）

新发展主义中的国家和市场 /〔巴西〕路易斯·卡洛斯·布雷塞尔－佩雷拉；袁琳［译］// 拉丁美洲研究，2008（1）

20 世纪 70 年代以来拉美劳动力就业及其启示 / 张勇 // 拉丁美洲研究，2008（2）

社会分化、贫富差距与社会保障——拉美国家福利体制变革的经验教训 / 房连泉 // 拉丁美洲研究，2008（2）

制度、政策与收入分配——拉美收入分配问题的历史演变及其对中国的启示 / 陈平 // 拉丁美洲研究，2008（2）

拉美扶贫新思维值得借鉴 / 郭存海 // 人民论坛，2008（1）

拉美国家社会保障（养老及健康保险）、劳动力市场及覆盖面研究 / 卡梅

罗·梅萨 – 拉戈 // 社会保障研究，2008（2）

二战前拉美日裔同化与融合的制约因素——以秘鲁和巴西为例 / 刘兆华，祝曙
　　光，// 史学月刊，2008（8）

试论制约拉美日裔同化与融合的心理因素——以二战前巴西和秘鲁日裔为例 /
　　刘兆华，祝曙光 // 社会科学战线，2008（8）

拉美国家养老保障制度改革及对我国的启示 / 刘光彦 // 山东社会科学，2008（9）

从"拉美现象"看农民工"退保潮" / 郑秉文 // 农产品市场周刊，2008（39）

社会发展遭遇阻力社会政策面临挑战 / 刘纪新 // 拉丁美洲研究，2009（1）

中国与拉美社会保障比较：传统文化与制度安排——提高覆盖率的角度 / 郑秉
　　文，J. 威廉姆森，E. 卡尔沃 // 拉丁美洲研究，2009（1）

文明与现代性：拉丁美洲的印第安人运动 /〔巴西〕莫尼卡·布鲁克曼；马
　　萨［译］// 拉丁美洲研究，2009（5）

拉美非正规就业及其应对政策 / 张勇 // 拉丁美洲研究，2009（6）

就业形势、劳动力市场政策与社会凝聚——拉美国家的现实与挑战 / 林华 //
　　拉丁美洲研究，2009（增刊）

拉美"增长性贫困"与社会保障的减困功能——国际比较的背景 / 郑秉文 //
　　拉丁美洲研究，2009（增刊）

拉美社会凝聚：一个新的政策理念 / 刘纪新 // 拉丁美洲研究，2009（增刊）

增强社会凝聚力：拉美社会保障制度的改革与完善 / 房连泉 // 拉丁美洲研究，
　　2009（增刊）

社会风险潜在增加 应对机制亟待深化 / 刘纪新，郭存海 // 拉丁美洲研究，
　　2010（1）

从性别视角看拉美国家的社会保护 / 林华 // 拉丁美洲研究，2010（4）

拉美劳动力市场与非正规就业 / 高庆波 // 拉丁美洲研究，2010（4）

土生白人与拉美独立运动 / 苏振兴 // 拉丁美洲研究，2010（6）

拉美的新型社会救助与对中国的启示 / 张浩淼 // 安徽行政学院学报，2010（2）

论拉美国家的社会问题 / 江时学 // 国际问题研究，2011（1）

拉美国家缩小收入差距的社会政策及启示 / 赵雪峰 // 中国经贸导刊，2011（5）

信息时代拉美国家如何应对新式收入差距 / 武锋，高明洁 // 中国经贸导刊，
　　2011（24）

拉美国家的社会问题 / 江时学 // 决策与信息，2011（6）

收入差距和社会公正：拉美国家社会保障体系的发展及其经验 / 林卡 // 社会科学，2011（10）

对外开放与发展中国家的收入不平等：基于亚洲和拉美国家的比较研究 / 戴枫，孙文远 // 国际贸易问题，2012（1）

拉美地区收入分配状况新趋势探析 / 齐传钧 // 拉丁美洲研究，2012（2）

社会保障和拉美社会变革 /〔阿根廷〕阿尔多·伊苏阿尼；毛禹权〔译〕// 国外理论动态，2012（6）

从拉美国家的教训看遏制中国的收入差距扩大 / 田艳芳 // 中州学刊，2012（6）

拉丁美洲公民社会研究要略 / 张凡 // 拉丁美洲研究，2013（2）

当代拉美城市的"碎片化"和空间隔离 / 魏然 // 拉丁美洲研究，2013（6）

她改变了拉美人对拐卖人口的看法——特里玛尔科寻女之路 / 李有观〔编译〕// 世界文化，2013（5）

拉美国家贫困儿童的救助经验及其启示 / 张浩淼 // 学术界，2013（6）

拉美国家公共住房政策及启示 / 王国田，孙宇 // 城乡建设，2013（11）

贫民窟：拉丁美洲城市化进程中的一个沉痛教训 / 郑秉文 // 国家行政学院学报，2014（5）

"拉美现象"与社会公平问题研究 / 金英君 // 中共天津市委党校学报，2014（6）

拉丁美洲城乡关系研究述评与展望 / 陈俊峰，蔡润，朱冬静 // 合肥学院学报（社会科学版），2014（6）

"拉美模式"历史根源和不平等的长期影响 / 董敏杰，梁泳梅 // 改革，2014（10）

拉美贫民窟问题分析及其警示 / 李凤梅 // 人民论坛，2014（11）

浅析拉美加勒比地区海盗与海上武装抢劫犯罪问题 / 张杰，张洋 // 理论界，2015（3）

冷战结束后拉美恐怖主义探析 / 张杰，张洋，徐辉 // 拉丁美洲研究，2015（4）

城镇化中的社会保障制度建设：来自拉美国家的教训 / 郑春荣 // 南方经济，2015（4）

拉美：老年收入保障多样化 / 张占力 // 中国社会保障，2015（7）

拉美国家的"福利赶超"及其启示 / 赵海珠，朱俊生 // 劳动保障世界，2015（8）

拉美社会文化的八个方面：刻板印象解构 /〔美〕安东尼奥·梅内德斯·阿拉

孔；靳呈伟，张岩［译］// 国外理论动态，2015（12）

法律

拉丁美洲开展自然资源立法的进展 / 格·吉·卡诺；王正立［译］// 矿产保护
与利用，1986（1）

拉美宪政的发展及其特点 / 侯润梅 // 法学杂志，1988（4）

拉丁美洲投资法律制度概述 / 邓标伦 // 云南大学学报（法律版），1988

拉丁美洲国家劳动立法的特点 / 侯润梅 // 中国工运学院学报，1989（5）

拉美国家关于罪过的定义及分类 / 王扬 // 法律科学（西北政法学院学报），
1991（1）

拉丁美洲标准刑法典的影响和适用 / 亨利·达尔；伊人［译］// 环球法律评论，
1991（3）

拉美宪法中的人权内容 / 胡果·佛罗林；雷雷［译］// 环球法律评论，1992（5）

拉丁美洲的《特拉特洛尔科条约》：和平与发展的法律文书 /〔秘〕Enrique
Román-Morey// 国际原子能机构通报，1995（1）

拉美国家的劳工立法改革初探 / 刘沅 // 拉丁美洲研究，1997（6）

拉美国家的劳工立法改革初探 / 刘沅 // 当代工会，1998（2）

在智利、厄瓜多尔、哥伦比亚生效的安德雷斯·贝略民法典 /〔意〕桑德
罗·斯契巴尼；徐国栋［译］// 法商研究（中南政法学院学报），1999（5）

为了明天的希望——巴西、智利、阿根廷少年司法保护一瞥 / 滑玉珍 // 前线，
1999（7）

浅谈拉美国家的立法制度 / 徐世澄 // 拉丁美洲研究，2000（3）

拉美国家反倾销法中正常价值确定的比较研究 / 孙磊 // 对外经济贸易大学，2002

区域性的最佳做法：法院判决的执行——拉丁美洲之教训 / 于秀艳 // 法律适
用，2005（6）

卡尔沃主义的"死亡"与"再生"——晚近拉美国家对国际投资立法的态度
转变及其对我国的启示 / 单文华 // 国际经济法学刊，2006（1）

20世纪拉美国家劳工立法的发展 / 袁东振 // 史学理论研究，2006（2）

拉美国际法之探讨 / 刘显娅 // 拉丁美洲研究，2007（1）

拉美刑罚制度初探 / 林安民 // 拉丁美洲研究，2007（1）

拉美刑法中的犯罪构成 / 林安民 // 犯罪研究，2007（2）

浅析拉美国家反倾销调查中的领事认证制度 / 李增力 // 国际贸易问题，2008（4）

去拉美"淘金"的法律风险及化解 / 王演兵 // 中国律师，2008（9）

自由主义和新自由主义之间——拉丁美洲的法律僵局 /〔美〕杰里米·阿德尔曼，米格尔·安格尔·森特努；陆幸福〔译〕// 朝阳法律评论，2009（1）

拉丁美洲和加勒比地区部分国家环境教育及相关立法 / 王元楣，王民 // 环境教育，2009（7）

拉丁美洲民法典的历史与现实 / 夏秀渊 // 华东政法大学，2010

公民社会与拉美国家的司法改革 / 杨建民 // 拉丁美洲研究，2011（2）

拉丁美洲石油投资法律障碍研究 / 刘侃 // 法制与社会，2011（20）

拉丁美洲的刑事诉讼程序改革——源自边缘国家法律思想的传播 /〔美〕马克西姆·兰格；施鹏鹏，周婧〔译〕// 刑事法评论，2012（1）

拉美的宪法改革与印第安人问题 / 范蕾 // 拉丁美洲研究，2012（3）

拉丁美洲地区劳动法的效用分析 / 张晓霞，沈虎 // 山东行政学院学报，2013（2）

拉丁美洲国家应对气候变化法律与政策分析 / 陈海嵩 // 阅江学刊，2013（6）

支持抑或阻挠革命：美洲人权体系与拉丁美洲刑事诉讼程序改革 /〔美〕R.J.威尔逊；杨琪〔译〕// 中山大学法律评论，2014（2）

论拉美信息获取权的法典化 /〔巴西〕Ricardo Perlingeiro；谭道明〔译〕// 行政法论丛，2014

拉美国家民法典编纂中的行动者 / 徐涤宇 // 比较法研究，2015（3）

拉美投资、贸易的法律环境及风险防范 / 谭道明，王晓惠 // 拉丁美洲研究，2015（4）

外交

对外关系综述

奴役拉丁美洲的工具——"美洲国家组织" /〔苏联〕C.冈尼翁斯基；赵伊〔节译〕// 世界知识，1953（20）

美洲国家组织——美国侵略拉丁美洲的工具 / 章叶 // 世界知识, 1963 (18)

美洲国家组织的历史演变及其作用 / 沙丁, 杨典球 // 历史研究, 1980 (2)

拉丁美洲国家在第三次海洋法会议上的作用和影响 / 〔萨尔瓦多〕R. G. 波尔;
　　周忠海〔译〕// 国外法学, 1980 (3)

拉丁美洲国家捍卫二百海里海洋权的斗争 / 文驰 // 拉丁美洲丛刊, 1981 (1)

拉美国家的边界纠纷 / 杨月彬 // 世界知识, 1981 (19)

拉美国家为反对超级大国海洋霸权作出贡献 / 章叶 // 拉丁美洲丛刊, 1982 (6)

奥雷戈教授谈拉丁美洲对外政策 / 丁迅 // 拉丁美洲丛刊, 1983 (1)

西欧在拉美地区同美国的竞争 / 傅荫 // 国际问题研究, 1984 (1)

战后拉美国家对外关系发展的特点 / 徐世澄 // 拉丁美洲丛刊, 1984 (2)

拉美国家对外关系发展的新趋向 / 汪于麟, 王新禄 // 拉丁美洲丛刊, 1984 (5)

八十年代拉美外交的新特点和新因素 / 沈安 // 拉丁美洲丛刊, 1985 (3)

拉丁美洲对外关系的现状和发展趋势 / 李在芹, 马嘉瑞 // 拉丁美洲丛刊, 1985
　　(3)

七十年代以来拉丁美洲的外交转变 / 朱满庭 // 拉丁美洲丛刊, 1985 (3)

当前拉美国家对外关系中的独立自主趋势 / 刘德 // 拉丁美洲丛刊, 1985 (6)

以色列加紧向拉丁美洲渗透 / 曹琳, // 世界知识, 1985 (4)

加拿大同拉美国家的关系 / 李琼英 // 拉丁美洲研究, 1986 (1)

战后拉美对外关系的演变——智利学者托马西尼教授访华讲学 / 思危 // 拉丁
　　美洲研究, 1986 (4)

加拿大对拉丁美洲关系的发展 / 徐壮飞 // 拉丁美洲研究, 1986 (4)

拉丁美洲的对外开放 / 安建国 // 世界知识, 1986 (14)

教皇为何七访拉美 / 肖芳琼 // 国际问题资料, 1986 (15)

西欧国家和拉丁美洲关系的发展 / 李严, 徐世澄 // 拉丁美洲研究, 1987 (1)

战后拉美国家对外政策的演变和特点 / 王红雨, 王杰 // 拉丁美洲研究, 1987
　　(1)

1826-1948 年拉美国际关系之我见 / 安建国 // 拉丁美洲研究, 1987 (2)

战后拉美国际关系的发展 / 安建国 // 拉丁美洲研究, 1987 (3)

战后加拿大对拉美政策的变化 / 徐壮飞 // 拉丁美洲研究, 1987 (4)

关于拉美国际关系研究的几个理论问题 / 安建国 // 拉丁美洲研究, 1987 (5)

对拉美国际关系研究影响较大的几种理论 / 安建国 // 拉丁美洲研究, 1987（6）

二十世纪初拉美国家外交政策的转变 / 徐峰 // 世界历史, 1987（5）

跨入 90 年代的拉美对外关系 / 徐世澄 // 拉丁美洲研究, 1988（4）

变化中的美拉、苏拉关系 / 徐世澄 // 拉丁美洲研究, 1989（1）

拉美同西欧关系的发展与前景 / 徐壮飞 // 拉丁美洲研究, 1989（1）

论战后拉美国家外交理论和政策的发展（上）/ 肖枫 // 拉丁美洲研究, 1989（2）

论战后拉美国家外交理论和政策的发展（下）/ 肖枫 // 拉丁美洲研究, 1989（3）

90 年代拉美对外关系的趋向 / 沈安 // 拉丁美洲研究, 1990（1）

战后东西方关系与拉丁美洲 / 卢后盾 // 世界历史, 1990（2）

拉丁美洲：活跃的对西方外交 / 沈安 // 世界知识, 1990（16）

海湾危机与战争对拉丁美洲的影响 / 黄文登 // 拉丁美洲研究, 1991（4）

国际新秩序与拉丁美洲 / 杨斌 // 拉丁美洲研究, 1991（5）

世界格局变化对拉丁美洲的利弊 / 江时学 // 拉丁美洲研究, 1991（5）

世界格局演变中拉丁美洲的地位和作用 / 郝名玮 // 拉丁美洲研究, 1991（5）

90 年代拉丁美洲对外关系展望 / 徐世澄 // 拉丁美洲研究, 1992（1）

世界格局的变化与拉美对外政策的调整 / 江时学 // 拉丁美洲研究, 1992（6）

从伊比利亚美洲首脑会议的召开看西班牙与拉美关系的发展 / 徐世澄 // 拉丁
    美洲研究, 1993（2）

威廉二世时期德国对拉美的渗透及德美矛盾 / 乐艳宁 // 华中师范大学学报（哲
    学社会科学版）, 1993（2）

德国与拉丁美洲的复杂关系 / 柳松［编译］// 拉丁美洲研究, 1994（5）

评坎宁对拉美的外交政策（19 世纪 20 年代）/ 陶建定 // 世界历史, 1995（2）

德国与拉美国家关系的发展 / 焦震衡 // 拉丁美洲研究, 1996（1）

当前拉美国家外交政策的基本特点 / 张文峰 // 拉丁美洲研究, 1996（6）

论战后拉美国际战略思想的演变 / 孙若彦 // 拉丁美洲研究, 1997（5）

"重返拉丁美洲" / 陈芝芸 // 世界知识, 1997（15）

浅析西班牙与拉丁美洲地区西语之差异 / 张振山 // 天津外国语学院学报, 1998
    （2）

欧盟和拉美寻求建立新型战略伙伴关系 / 焦震衡, 王锡华 // 外国问题研究,
    1999（3）

首届欧盟－拉美首脑会议浅析 / 何晓报 // 当代世界，1999（8）

西班牙与拉美关系的新视野 / 何淇 // 世界经济与政治，1999（11）

走向新千年的拉美对外关系 / 徐世澄 // 拉丁美洲研究，2000（1）

欧盟与拉美的关系 / 贺双荣 // 拉丁美洲研究，2000（4）

试论加拿大与拉丁美洲关系的演变 / 杨令侠 // 拉丁美洲研究，2000（4）

应对美国经济霸权——欧盟与拉美越走越近 / 陈芝芸 // 瞭望新闻周刊，2000
（33）

2000 年拉美国家的对外关系 / 贺双荣 // 拉丁美洲研究，2001（1）

90 年代外国学术界有关拉美国际关系的理论（上）/ 徐世澄，贺双荣 // 拉丁
美洲研究，2001（4）

90 年代外国学术界有关拉美国际关系的理论（下）/ 徐世澄，贺双荣 // 拉丁
美洲研究，2001（5）

2001 年拉美的对外关系 / 贺双荣 // 拉丁美洲研究，2002（1）

机遇、挑战与对策——浅论全球化中的拉丁美洲 / 周志伟 // 湖北大学学报（哲
学社会科学版），2002（2）

欧盟与拉美关系更上层楼 / 刘瑞常 // 瞭望新闻周刊，2002（22）

初析伊拉克战争对拉美的影响 / 吴志华 // 拉丁美洲研究，2003（3）

伊拉克战争对国际社会及拉美的影响 / 吴洪英 // 拉丁美洲研究，2003（3）

拉美地区的安全形势与安全合作 / 徐世澄 // 拉丁美洲研究，2003（4）

2003 年拉美对外关系综述 / 张育媛 // 拉丁美洲研究，2004（1）

坎昆会议对拉美国家的影响 / 张勇 // 拉丁美洲研究，2004（1）

欧盟东扩对拉美的影响 / 贺双荣 // 拉丁美洲研究，2004（4）

强势文化与弱势文化的关系——西班牙在拉美殖民的反思 / 冯燕玲 // 海淀走
读大学学报，2004（2）

"北京共识"与"华盛顿共识"之比较——一种中国模式与拉美模式的视角 /
张恒军 // 当代教育论坛，2005（7）

对外关系发展不平衡 合作与矛盾并存 / 贺双荣 // 拉丁美洲研究，2006（1）

依附论与拉美国际关系研究 / 孙若彦 // 拉丁美洲研究，2006（3）

国际选举观察：美洲国家组织在拉美的实践 / 贺双荣 // 拉丁美洲研究，2006（6）

拉美地区能变成"反美中心"吗 / 舒香湄 // 时事报告，2006（2）

论当代拉美与非洲关系的发展 / 王涛，易祥龙 // 拉丁美洲研究，2010（5）

美洲玻利瓦尔联盟：对一种新型区域一体化模式的分析 / 王鹏 // 拉丁美洲研究，2010（5）

新世纪美俄在拉美地区的战略争夺 / 邵君昱 // 商业文化（下半月），2011（11）

昨日拉美　今日欧洲 / 王家强 // 中国外汇，2011（15）

世界地区组织又添新成员——拉美和加勒比共同体 / 刘安向，张继云 // 地理教育，2012（4）

伊朗在拉美："曲线"反美 / 李兴刚 // 世界知识，2012（19）

美洲玻利瓦尔联盟和欧洲支付联盟的发展经验及其未来前景 /〔美〕马丁·哈特－兰兹伯格；许峰［译］// 国外理论动态，2012（12）

西班牙－拉美：爱很难，离更难 / 陈晓阳 // 世界知识，2012（22）

论二十世纪六七十年代拉美国家与西欧关系的发展 / 胡安英 // 山东师范大学，2012

太平洋联盟的建立、发展及其地缘政治影响 / 贺双荣 // 拉丁美洲研究，2013（1）

政治文化与拉美国家外交政策 / 孙若彦 // 历史教学（下半月刊），2013（2）

区域间主义：逻辑起点与研究对象——以东亚－拉美合作论坛为例 / 王在亮，高英彤 // 当代亚太，2014（2）

部分拉美国家反 ICSID 管辖权的研究 / 银红武 // 时代法学，2014（3）

拉美国家海洋争端及其解决途径 / 吴国平，王飞 // 拉丁美洲研究，2014（5）

英帝国在拉美：经济霸权与外交策略 / 孙洪波 // 拉丁美洲研究，2014（6）

略论 21 世纪日本对拉美外交战略变迁 / 高洪 // 拉丁美洲研究，2015（1）

中国与拉丁美洲关系

中国和拉丁美洲人民的友好关系 / 梅登科 // 世界知识，1952（23）

我国和拉丁美洲历史上的友好关系 / 沙丁，杨典求 // 拉丁美洲丛刊，1980（2）

十九世纪拉丁美洲的华工述略 / 罗荣渠 // 世界历史，1980（4）

中国珠算在拉丁美洲 / 朱明旗 // 拉丁美洲丛刊，1981（2）

近代拉丁美洲的华工问题 / 李春辉 // 近代史研究，1981（4）

中国与拉丁美洲关系的历史演变 / 沙丁，杨典求 // 历史教学，1983（7）

中国和拉丁美洲友好关系的发展 / 钟和 // 国际问题研究，1984（1）

中国和拉丁美洲团结合作前景广阔——为庆祝中华人民共和国成立三十五周年而作 / 张虎生 // 拉丁美洲丛刊，1984（4）

十九世纪华工与华人对拉丁美洲的历史贡献 / 张铠 // 近代史研究，1984（6）

"我们愿意同中国交朋友"——记中国和拉美国家发展关系 / 朱敏之 // 瞭望周刊，1984（24）

目前拉美形势及对发展中拉关系的几点建议 / 徐世澄 // 世界经济与政治，1985（3）

中拉友好关系前景光明 / 可大安 // 瞭望周刊，1985（44）

中国与拉丁美洲的历史联系（十六世纪至十九世纪初）/ 罗荣渠 // 北京大学学报（哲学社会科学版），1986（2）

中拉关系史上的大事 / 赵子健 // 瞭望周刊，1990（20）

论 17 世纪中国丝绸对拉美的影响 / 张世均 // 求索，1992（1）

《中国和拉丁美洲关系简史》：有关"立约建交"若干问题的商榷 / 张振鹍 // 世界历史，1992（5）

中国和拉美国家之间的关系：现状与前景 / 张森根 // 拉丁美洲研究，1994（5）

浅谈中拉关系在各自对外关系中的地位 / 张宝宇 // 拉丁美洲研究，1995（1）

来自拉美的赞扬与合作 / 郭元增 // 当代世界，1995（7）

中国共产党与拉美政党关系的现状与前景 / 黄文登 // 拉丁美洲研究，1996（3）

新地区主义与中拉关系的前景 / 曾昭耀 // 拉丁美洲研究，1997（3）

走向 21 世纪的拉丁美洲和中拉关系的前景 / 耕耘 // 拉丁美洲研究，1997（5）

世纪之交的情感和抉择——随胡锦涛同志出访拉美三国印象 / 裘援平 // 当代世界，1997（4）

推动中拉关系走向新世纪 / 尚德良 // 现代国际关系，1997（11）

相交无远近 万里尚为邻——十四大以来中国共产党与拉美政党的交往 / 周余云 // 拉丁美洲研究，1998（1）

中国和拉美国家友好关系的新进展 / 伍楚 // 拉丁美洲研究，1998（2）

中国和拉丁美洲的科学技术交流与合作 / 李明德 // 拉丁美洲研究，1998（3）

华夏文化在近代拉丁美洲 / 刘文龙 // 拉丁美洲研究，1998（4）

邓小平理论与中拉党际关系 / 黄文登 // 拉丁美洲研究，1998（6）

十一届三中全会以来中拉科技领域的高层往来 / 李明德 // 拉丁美洲研究，1998（6）

中国同拉美及加勒比地区的关系 / 伍楚 // 拉丁美洲研究，1998（6）

中拉关系的现状和发展前景 / 王新禄 // 拉丁美洲研究，1999（1）

澳门回归与中拉关系的前景 / 曾昭耀 // 拉丁美洲研究，1999（6）

澳门在中华文明远播拉美中的重要作用 / 周世秀 // 拉丁美洲研究，1999（6）

构筑面向 21 世纪的中拉关系 / 徐世澄 // 国际论坛，1999（1）

拉丁美洲在中国经济安全战略中的地位（拉美形势报告节选）/ 江时学 // 战略
    与管理，1999（2）

结万里知交　谱友谊新篇——随尉健行同志出访拉美三国纪事 / 周余云 // 当
    代世界，1999（7）

新世纪中国拉美研究振兴管见 / 程洪 // 拉丁美洲研究，2000（4）

福建与大帆船贸易时代的中拉交流 / 廖大珂 // 南洋问题研究，2001（2）

发展中拉政党关系　促进国家关系发展 / 李岩 // 拉丁美洲研究，2001（4）

世纪初的中国与拉美关系 / 张新生 // 现代国际关系，2001（5）

中拉关系的新发展 / 李明德 // 求是，2001（12）

江泽民主席出访拉美六国　推动中拉关系向纵深发展 / 童炳强 // 瞭望新闻周
    刊，2001（15）

对中国与拉丁美洲关系的看法 / 刘荣根 // 拉丁美洲研究，2002（5）

拉美"开放的地区主义"与中国 / 王萍 // 拉丁美洲研究，2002（5）

全国妇联在推动中拉关系中的作用与地位 / 赵丽蓉 // 拉丁美洲研究，2002（5）

中国对外友协在推动中拉关系方面的作用 / 王宏强 // 拉丁美洲研究，2002（5）

我党三代领导集体与拉丁美洲政党 / 郭元增 // 当代世界，2003（4）

中国共产党与拉美政党的友好关系不断发展 / 厉达 // 当代世界，2003（10）

中国对拉丁美洲政策研究报告 / 中国现代国际关系研究院拉美课题组 // 现代
    国际关系，2004（4）

胡锦涛拉美之行中国抢占美国"后院" / 赵爱玲 // 中国对外贸易，2004（12）

胡锦涛拉美行：中国全球战略布局浮现 / 应笑我 // 南风窗，2004（23）

拉美之行（上篇）/ 高运甲 // 神州，2005（1）

拉美之行（下篇）/ 高运甲 // 神州，2005（2）

2004 年中拉关系回顾 / 王鹏 // 拉丁美洲研究，2005（2）

发展我国与拉美关系值得探讨的四个方面 / 成思危 // 拉丁美洲研究，2005（2）

加强重大问题研究 进一步提升中拉关系 / 李慎明 // 拉丁美洲研究，2005（2）

增进双方相互了解 推动中拉关系发展 / 裘援平 // 拉丁美洲研究，2005（2）

中国拉美关系的三个因素 / 江时学 // 瞭望新闻周刊，2005（6）

中国繁荣让拉丁美洲受益 / 景威 // 中国市场，2005（7）

"中国威胁美国后院论"辨析 / 吴洪英 // 现代国际关系，2005（12）

中国崛起对于拉美的意义 / 泛美银行课题组，周朔，薄丽丽 // 中国金融，
2005（20）

从战略高度认识拉美 努力开拓中拉合作新领域 / 苏振兴，江时学，蔡同昌 //
求是，2005（22）

从四个方面探讨我国与拉美关系的发展 / 成思危 // 拉丁美洲研究，2006（2）

加强研究 促进发展 / 陈凤翔 // 拉丁美洲研究，2006（2）

加深中拉相互了解 促进中拉关系发展 / 蔡武 // 拉丁美洲研究，2006（2）

近期中拉关系的发展与美国的拉美政策 / 朱鸿博 // 拉丁美洲研究，2006（4）

中拉文化的特点、历史联系与相互影响 / 徐世澄 // 拉丁美洲研究，2006（5）

2006 年的拉美和加勒比形势及中拉关系 / 曾钢 // 拉丁美洲研究，2007（2）

加强拉美研究，深化中拉合作关系 / 李慎明 // 拉丁美洲研究，2007（2）

加强交流 相互借鉴 共创美好未来 / 陈凤翔 // 拉丁美洲研究，2007（2）

中拉关系前程似锦 / 成思危 // 拉丁美洲研究，2007（2）

试论中国与拉丁美洲的文化贸易 / 程洪 // 拉丁美洲研究，2007（4）

中拉关系的发展对中美关系的影响——从美国政策的角度分析 / 魏红霞，杨志
敏 // 拉丁美洲研究，2007（6）

第一位来访的拉美国家领导人——巴西副总统古拉特访华记 / 朱祥忠 // 党史
纵横，2007（2）

美国与当代中拉关系 / 沙卫东 // 同济大学学报（社会科学版），2007（2）

经济全球化视角下中国与拉美的关系 / 张爱军 // 党政干部学刊，2007（5）

试析冷战后中国对拉丁美洲的经济外交 / 高新峰 // 牡丹江教育学院学报，2007
（5）

中国和拉美文化的对比及交流合作 / 驰骋 // 当代世界，2007（5）

中国与拉美的关系：以经济全球化为视角 / 孙希良，张爱军 // 学术探索，2007（5）

深化中拉党际交往 服务和谐社会建设 / 武菊 // 当代世界，2007（6）

试论冷战后新型中拉关系的发展 / 陈喜文 // 河北师范大学，2007

关于加强中拉历史文化交流的几点想法 / 李北海 // 拉丁美洲研究，2008（1）

抓住机遇 化解挑战 实现自身发展 / 李金章 // 拉丁美洲研究，2008（2）

晚清外交近代化的天然试验场：对拉丁美洲国家的外交实践 / 王士皓 // 拉丁美洲研究，2008（5）

新世纪中国对拉美的地缘战略 / 朱鸿博，刘文龙 // 现代国际关系，2008（3）

拉美和世界在提升对中国的关注 / 李北海 // 对外传播，2008（3）

中国：拉丁美洲的同盟或对手 /〔哥伦比亚〕Mildred Torres Giraldo// 消费导刊，2008（4）

拉美有必要担心中国崛起吗？/ 爱德瓦尔多·劳拉；黄志强［译］// 经济社会体制比较，2008（5）

中国经济增长对拉丁美洲国家的影响分析 /Carolina，Callejas，董银果 // 商场现代化，2008（5）

中国与拉丁美洲及加勒比地区国家战略结盟的可行性及对策研究 / 孙赫，Maria Juliana Gomez// 商场现代化，2008（8）

"美洲对话"及其涉华研究 / 孙洪波 // 国际资料信息，2008（7）

浅析近年来拉美地区的"汉语热" / 马小垒 // 世界教育信息，2008（7）

联合国拉美经委会秘书长特别代表奥斯瓦尔多·罗萨雷斯：拉美期待与中国共渡难关 / 罗书宏 // 中国对外贸易，2008（11）

新世纪中国和拉丁美洲关系演进中的美国因素探析 / 阎博 // 暨南大学，2008

浅谈中国人对拉丁美洲的定位：第三世界或西方——以《人民日报》相关报道为线索 / 王士皓 // 拉丁美洲研究，2009（1）

继续加强中拉之间在人文和社会科学方面的交流 / 王伟光 // 拉丁美洲研究，2009（2）

关于中国未来对拉美外交战略的思考（上）/ 沈安 // 拉丁美洲研究，2009（4）

关于中国未来对拉美外交战略的思考（下）/ 沈安 // 拉丁美洲研究，2009（5）

发展中拉关系与拉美史学科建设 / 洪国起，韩琦 // 拉丁美洲研究，2009（增刊2）

中国与拉美关系 60 年：总结与思考 / 郑秉文，孙洪波，岳云霞 // 拉丁美洲研
　　究，2009（增刊 2）

中拉关系如何面向未来 / 苏振兴 // 拉丁美洲研究，2009（增刊 2）

"中拉关系 60 年：回顾与思考"研讨会综述 / 王俊生 // 拉丁美洲研究，2009
　　（增刊 2）

美国对中拉关系的判断及其疑虑 / 孙洪波 // 江汉大学学报（社会科学版），
　　2009（2）

"拉美成为中国后院论"辨析 / 吴洪英 // 现代国际关系，2009（3）

中拉高层密集互访传递的信号 / 江时学 // 同舟共进，2009（4）

拉美的"中国机遇" / 齐峰田 // 中国石油石化，2009（5）

新兴市场与中国地区贸易政策——拉美与非洲的比较 / 于峰，孙洪波 // 宁夏
　　社会科学，2009（6）

低调握手：中国－拉美——专访中国前驻智利、墨西哥和哥伦比亚大使黄士
　　康 / 谢奕秋 // 南风窗，2009（21）

回眸中拉民间外交的光辉篇章 / 汤铭新 // 友声，2010（2）

中拉友协谱写五十年华彩乐章 / 季伟 // 友声，2010（2）

中国重新发现新大陆 / 郭存海 // 文化纵横，2010（3）

中、美、拉三边关系互动与中国的拉美政策 / 朱鸿博 // 拉丁美洲研究，2010（4）

对中国与发展中国家政治关系的再思考 / 吴白乙 // 拉丁美洲研究，2010（4）

试述中拉关系中的美国因素（2001~2010 年）/ 程洪，于燕 // 拉丁美洲研究，
　　2010（5）

拉美独立 200 周年纪念与中拉人民的共同之忧 / 曾昭耀 // 拉丁美洲研究，
　　2010（6）

中国对拉美国家实施政策之演变及其对双方关系的影响——以巴西和哥伦比
　　亚之比较作为个案探讨 / 里卡多 // 复旦大学，2010

中国与智利关系 40 年回顾 / 贺双荣 // 拉丁美洲研究，2011（1）

中拉关系与重视拉美"无形资源"的开发 / 韩琦 // 拉丁美洲研究，2011（1）

明至清中期中国与西属美洲丝银贸易的演变及其影响因素 / 王涛 // 拉丁美洲
　　研究，2011（2）

中国软实力外交探析——以东亚、非洲、拉美为例 / 王俊峰 // 商丘职业技术

学院学报，2011（1）

中国共产党对拉丁美洲交往的历史进程及启示 / 王翠文 // 南开学报（哲学社会科学版），2011（2）

中国与拉美关系：长期繁荣还是昙花一现 / 陈懋修 // 国际政治科学，2011（2）

回顾与展望：前进中的中拉关系 / 汪长明 // 中共济南市委党校学报，2011（3）

西班牙：中国－拉美合作的"新桥梁" / 孙岩峰 // 世界知识，2011（4）

中国与拉美地区国家间关系的地域性考量 / 谌华侨 // 社会主义研究，2011（4）

试论中拉关系中的台湾因素 / 程洪，李岩 // 江汉大学学报（社会科学版），2011（5）

21世纪中国与拉美国家外交关系的两重性 / 樊杰辉 // 商品与质量·理论研究，2011（8）

中国与拉丁美洲关系中的文化意识因素 / 卡米楼（Camilo Defelipe）// 吉林大学，2011

欧盟与拉美跨地区合作对发展中拉关系的启示 / 楼项飞 // 拉丁美洲研究，2012（2）

新世纪对发展中拉关系的思考 / 黄华毅 // 当代世界，2012（3）

汉语及中国传统文化在拉美地区的传播困境与对策——以智利和古巴为例 / 侯光海 // 西南科技大学高教研究，2012（4）

中国是拉丁美洲可持续发展的一种威胁吗？/〔美〕Carmen G.Gonzalez；秦天宝，王丹〔编译〕// 江西社会科学，2012（4）

对新形势下加强中国同拉美和加勒比国家关系的几点看法 / 张昆生 // 国际问题研究，2012（5）

试论中国人对拉丁美洲的早期认知——基于明清中国史籍的分析 / 张贯之，袁艳 // 西南科技大学学报（哲学社会科学版），2012（5）

美国因素对中拉关系的影响 / 赵吉银 // 商品与质量·理论研究，2012（8）

中国对拉美外交战略再思考 / 赵积旭 // 学理论，2012（14）

中国可能要靠非洲和拉美 /〔瑞士〕让·皮埃尔·莱曼 // 中国企业家，2012（14）

中国与拉丁美洲关系中的美国因素 / 赵吉银 // 华章，2012（30）

中拉关系昨与今 / 冯璇 // 今日中国论坛，2013（1）

中国－拉丁美洲－美国战略博弈——读《中国在拉丁美洲：其然及其所以然》

/ 李洋 // 美国问题研究，2013（1）

撬开拉美裔美国人的市场 / 童欣 // 新产经，2013（1）

记拉美友人对周总理的深切敬仰与怀念 / 汤铭新 // 友声，2013（2）

拉美劳动力资源现状与中拉合作前景分析 / 房连泉 // 拉丁美洲研究，2013（2）

当前的中拉关系特点评析 / 杨建民，张勇 // 拉丁美洲研究，2013（3）

复合相互依赖视角下中拉关系的现状与特征 / 楼项飞 // 拉丁美洲研究，2013（3）

美美与共天下大同文化交流为中国和拉美关系奏响和谐乐章——在中国社会
    科学论坛上的演讲 / 蔡武 // 拉丁美洲研究，2013（3）

试论新时期中拉关系的战略性 / 牛海彬 // 拉丁美洲研究，2013（3）

对中拉关系发展的机遇和挑战的再认识 / 张明德 // 拉丁美洲研究，2013（5）

中拉关系五问 / 江时学 // 拉丁美洲研究，2013（5）

努力推动中拉关系在更高水平向前发展 / 张昆生 // 拉丁美洲研究，2013（6）

看：中拉未来黄金 10 年 / 张勇 // 进出口经理人，2013（3）

拉美政治经济格局变动对中拉关系的影响 / 袁东振 // 中国国情国力，2013（4）

论美国对中拉关系发展的"忧虑" / 董国辉 // 福建师范大学学报（哲学社会科
    学版），2013（5）

论当代中国对拉美非建交国政党外交的历史发展和基本特征 / 余科杰 // 当代
    世界与社会主义，2013（6）

惜叹栋梁倾墨城——深切缅怀《今日中国》拉美分社社长吴永恒 / 郭晓勇 //
    对外传播，2013（6）

"中国效应"在拉美 / 谢文泽 // 中国经济报告，2013（7）

习近平出访拉美三国 推动中拉整体合作 // 中国对外贸易，2013（7）

一位民间外交使者的永恒——追记中国外文局《今日中国》杂志拉美分社社
    长吴永恒 / 徐豪 // 中国报道，2013（7）

中拉友好的民间大使——追忆今日中国杂志社拉美分社社长吴永恒 / 李五洲，
    虞向军，唐书彪 // 今日中国（中文版），2013（7）

中拉外交与经贸关系引发的思考 / 周志伟 // 中国远洋航务，2013（7）

拉美大陆的中国选择 / 王晓夏 // 山西青年，2013（9）

浅谈中国文化与拉美文化的特点及传播 / 姜骁倬 // 科技信息，2013（10）

浅析当前中国与拉美国家关系 / 郜军 // 才智，2013（20）

"老新华"吴永恒的拉美情缘和精彩谢幕 / 马建国 // 中国记者，2014（1）

2013：中国和拉美收获了什么 / 彼得·哈基姆，玛格丽特·迈尔斯；王艺璇
　　［译］// 中国经济报告，2014（1）

检视后危机时代中国大陆在拉美的建交国问题 / 李靖 // 中共乐山市委党校学
　　报，2014（1）

国际格局的变化与中拉关系的可持续发展 / 王萍，王翠文 // 拉丁美洲研究，
　　2014（1）

分享现代化经验 合作共赢未来 / 曹远征 // 拉丁美洲研究，2014（3）

互鉴共赢框架下的中拉关系 / 李捷 // 拉丁美洲研究，2014（3）

全球治理：中国与拉美构建伙伴关系的机遇与挑战 / 贺双荣 // 拉丁美洲研究，
　　2014（3）

中国对拉美民间外交：缘起、事件及影响 / 孙洪波 // 拉丁美洲研究，2014（3）

中国在拉丁美洲的软实力建设 / 冉继军 // 拉丁美洲研究，2014（3）

中国在拉美的软实力：汉语传播视角 / 马洪超，郭存海 // 拉丁美洲研究，2014
　　（6）

从"走出去"到"去着陆"：中国与拉美互动关系研究 /〔美〕阿里尔·C.阿
　　莫尼，〔英〕朱莉娅·C.施特劳斯；章远［译］// 国外理论动态，2014（2）

中国和拉丁美洲：互补、竞争和全球化 /〔澳〕约恩·多施，大卫·古德曼；
　　张春满［译］// 国外理论动态，2014（2）

拉丁美洲与中国：一种新的依附关系？/〔英〕莱斯·詹金斯；郝诗楠［译］//
　　国外理论动态，2014（2）

构建中拉整体合作机制：机遇、挑战及思路 / 王友明 // 国际问题研究，2014（3）

拉美区域合作与中拉合作的战略选择 / 赵晖 // 国际问题研究，2014（4）

深化中拉合作的世界体系结构分析 / 刘青建，王朝霞 // 教学与研究，2014（4）

试析中国对拉美的公共外交 / 左品 // 国际观察，2014（5）

台湾与拉美国家"外交"关系的现状与前景探析 / 王秀萍 // 重庆社会主义学
　　院学报，2014（5）

中拉关系的新里程碑——习近平拉美之行重要成果解读 / 谭晶晶，杨依军，张
　　媛 // 中国产经，2014（7）

从习近平"拉美行"看中拉关系的新意 / 周志伟 // 中国远洋航务，2014（8）

报，2015（8）

中拉，志合者，不以山海为远——李克强总理出访拉美四国开启中拉合作新
模式 / 王骁波 // 中国经济周刊，2015（23）

美国与拉丁美洲关系

门罗主义与美帝侵略政策 / 丁则民 // 历史教学，1951（1）

拉丁美洲和美国的矛盾——反动政府利用工商界反美情绪同美国争取领导权 /
文君 // 世界知识，1951（6）

从泛美会议看美国与拉丁美洲各国的经济矛盾 / 梅登科 // 世界知识，1954（8）

美国侵略集团对拉丁美洲的干涉 / 梅登科 // 世界知识，1954（21）

美国帝国主义对拉丁美洲的侵略 / 南开大学历史系世界史教研组 // 历史教学，
1958（9）

美国对拉丁美洲的新阴谋——从杜勒斯的巴西之行谈起 / 陈叔时 // 世界知识，
1958（16）

美国垄断组织掠夺下的拉丁美洲经济 / 史今 // 政治与经济，1959（4）

援助拉丁美洲——一个新的睦邻计划 /〔美〕密尔顿·艾森豪威尔 // 世界知
识，1959（5）

美帝国主义是拉丁美洲人民的死敌 / 苑文 // 国际问题研究，1960（7）

早期门罗主义的性质和作用问题 / 郭力达，袁继成，曾子鑫 // 江汉学报，1960
（10）

美国侵略拉丁美洲的"门罗主义" / 姜德昌 // 历史教学，1961（10）

"争取进步联盟"——美国奴役和掠夺拉丁美洲的新工具 / 章叶 // 经济研究，
1961（11）

美国奴役和掠夺拉丁美洲人民的新阴谋 / 章叶 // 前线，1961（17）

肯尼迪政府加紧在拉丁美洲的侵略活动 / 卢祖品 // 前线，1961（24）

最近美国在拉丁美洲的军事干涉活动 / 卢祖品 // 前线，1962（17）

肯尼迪政府对拉丁美洲的政策 / 梅静 // 世界知识，1962（20）

门罗宣言的性质和作用 / 帷谷 // 学术月刊，1963（3）

美帝国主义改变不了拉丁美洲的大好革命形势 / 卢祖品 // 前线，1963（5）

美国最近在拉丁美洲的侵略和干涉活动 / 卢祖品 // 前线，1963（20）

门罗主义的起源和实质——美国早期扩张主义思想的发展 / 罗荣渠 // 历史研究，1963（6）

论罗斯福的"睦邻"政策 / 陆国俊 // 历史教学，1963（9）

美洲国家组织——美国侵略拉丁美洲的工具 / 章叶 // 世界知识，1963（18）

拉丁美洲人民反对美国新殖民主义掠夺的斗争 / 德一 // 世界知识，1963（21）

论（美）亨利·克莱对拉丁美洲政策 / 冯纪宪 // 华东师大学报（人文科学），1964（2）

从巴拿马看拉丁美洲反美怒潮 / 德一 // 世界知识，1964（3）

从几个数字看美国对拉丁美洲的侵略 / 梅静 // 世界知识，1964（8）

拉丁美洲人民如火如荼的反美爱国斗争 / 章叶 // 世界知识，1964（8）

谁控制拉丁美洲的公用事业 / 一兵 // 世界知识，1964（8）

美国对亚、非、拉丁美洲的教育渗透 / 陈尧光 // 世界知识，1964（13）

美国的拉丁美洲政策 /〔美〕赫伯特·汉弗莱 // 世界知识，1964（16）

约翰逊政府对拉丁美洲的侵略政策 / 朱乐凡 // 世界知识，1964（19）

美国对亚、非、拉丁美洲的文化侵略 / 司马达 // 世界知识，1964（20）

美国对拉丁美洲的研究课题 / 高铦 // 拉丁美洲丛刊，1979（2）

美国对拉美政策的调整 / 申德诒 // 世界知识，1979（8）

拉丁美洲经济前景及其对美国的影响 /〔乌拉圭〕恩里克·V. 伊格莱西亚斯；白凤森［摘译］// 拉丁美洲丛刊，1980（1）

在美国的拉丁美洲移民 / 吕银春 // 拉丁美洲丛刊，1980（2）

拉美移民在美国 / 张守平 // 世界知识，1981（21）

里根政府对拉丁美洲的政策动向 / 曹琳，高文 // 拉丁美洲丛刊，1982（1）

美国筹组北美共同市场的设想和难题 / 游仲文 // 拉丁美洲丛刊，1982（4）

里根拉美之行 / 杞言 // 世界知识，1983（1）

如何认识美国对拉丁美洲的政策? /〔美〕理查德·R. 法根；李和［摘译］// 拉丁美洲丛刊，1983（4）

以不变应万变——评舒尔茨拉美之行 / 众成 // 世界知识，1984（5）

美国对拉丁美洲政策的演变 / 李和 // 世界知识，1984（15）

试论里根政府的拉丁美洲政策 / 安建国 // 拉丁美洲丛刊，1985（1）

秦兵：美国对拉丁美洲的研究 / 〔美〕W. 格雷德；林宁〔译〕// 国外社会科学，
　　1985（7）

拉美，正悄悄地影响着美国 / 安建国 // 瞭望周刊，1985（30）

富兰克林·罗斯福执政时期美国与拉美的关系 / 祝立明 // 思想战线，1986（1）

简论美国与拉美的初期关系 / 王春良 // 山东师大学报（社会科学版），1986（1）

拉丁美洲对美国影响的增长及其意义 / 安建国 // 拉丁美洲研究，1986（2）

从海地政局看美国的拉美政策 / 胡泰然 // 拉丁美洲研究，1986（3）

从门罗宣言到"睦邻政策"——兼论美国对拉丁美洲政策的指导思想 / 张文峰
　　// 拉丁美洲研究，1986（4）

美国对拉美的两手政策 / 胡泰然 // 瞭望周刊，1986（15）

处于转折关头的美国对拉丁美洲政策——回顾里根政府的拉美政策，展望 90
　　年代美国的拉美战略 / 沈安 // 拉丁美洲研究，1988（6）

变化中的美拉、苏拉关系 / 徐世澄 // 拉丁美洲研究，1989（1）

卡特任内美国对拉美政策述评 / 王晓德 // 山西师大学报（社会科学版），1989
　　（2）

三十年代美国的拉美政策评析 / 王晓德 // 山西师大学报（社会科学版），1990
　　（2）

战后美国新教宗派对拉美社会政治的影响 / 雷雨田 // 拉丁美洲研究，1990（2）

90 年代美拉关系的发展趋势 / 杨斌 // 拉丁美洲研究，1990（5）

卡特执政以来美国对拉美的政策 / 贺松柏 // 拉丁美洲研究，1990（5）

美国布什政府对拉美的政策 / 朱艳萍 // 拉丁美洲研究，1990（5）

试析美国对拉丁美洲政策的实质 / 王晓德 // 拉丁美洲研究，1990（5）

试析美国对拉美的新"大棒政策" / 张文峰 // 拉丁美洲研究，1990（5）

70 年代末以来美国对拉美民主化进程的政策 / 吴献斌，王杰 // 拉丁美洲研究，
　　1990（6）

拉丁美洲毒品问题与美拉关系 / 杨西 // 拉丁美洲研究，1990（6）

评布什的"开创美洲事业倡议" / 徐世澄 // 拉丁美洲研究，1990（6）

美国学者威尔基教授谈布什倡议与美拉关系 / 王赞桔 // 拉丁美洲研究，1990（6）

从两起军事行动看美国的拉美政策 / 沈安 // 世界知识，1990（4）

19 世纪美国对拉丁美洲政策的历史演变 / 陈海燕 // 湖北大学学报（哲学社会

科学版），1990（6）

"美洲事业倡议"——美国对拉美的新经济政策 / 子剑 // 世界知识，1990（18）

美国对拉美政策的战略调整 / 沈安 // 瞭望周刊，1990（40）

调整过程中的美拉关系 / 沈安 // 拉丁美洲研究，1991（1）

布什政府对拉美政策的调整和 90 年代的美拉关系 / 杨希雨 // 拉丁美洲研究，1991（2）

从布什倡议看美国对拉美政策的新变化 / 张文峰 // 拉丁美洲研究，1991（2）

从"美洲倡议"看美、拉关系的走向 / 苏振兴 // 拉丁美洲研究，1991（5）

调整中的美国对拉美政策 / 杨希雨，王新禄 // 现代国际关系，1991（2）

布什的"美洲倡议"面临重重困难 / 贺双荣 // 拉丁美洲研究，1992（1）

拉美国家对美国既靠拢又警惕 / 张文峰 // 拉丁美洲研究，1992（2）

关于美拉关系中的几个问题 / 江时学 // 拉丁美洲研究，1992（3）

门罗宣言对拉美独立运动的保护作用质疑 / 张清 // 贵州大学学报（社会科学版），1992（3）

二战以来美国对拉美政策的演进 / 陈从阳 // 咸宁师专学报，1992（4）

试论战后美国对拉美政策的几个特征 / 王晓德 // 历史教学，1992（5）

切尼拉美之行浅析 / 张文峰 // 瞭望周刊，1992（10）

美国对拉丁美洲经济一体化政策的转变 / 孙若彦 // 山东师大学报（社会科学版），1993（1）

世界格局转换中的美拉关系 / 张文峰 // 拉丁美洲研究，1993（2）

美国在拉美霸权地位的变化及其影响 / 袁东振 // 拉丁美洲研究，1993（5）

克林顿政府对拉美政策的走向 / 徐世澄 // 拉丁美洲研究，1993（6）

从门罗到里根：美国拉丁美洲政策的历史演变 / 滕海剑，孙国军 // 昭乌达蒙族师专学报（汉文哲学社会科学版），1993（2-3）

门罗宣言以前美国对拉丁美洲的政策及其演变 / 董小川 // 东北师大学报，1993（4）

克林顿执政后美国与拉美关系的发展趋向 / 王新禄 // 现代国际关系，1993（8）

美国寻求同拉美国家改善关系 / 江时学 // 拉丁美洲研究，1994（1）

浅论美国对拉美的人权政策 / 刘新民 // 拉丁美洲研究，1994（3）

战后拉美国家对美国强权政治的冲击 / 任淑艳 // 拉丁美洲研究，1994（3）

克林顿政府的拉美政策 / 徐世澄 // 国际问题研究，1994（2）

冲突与合作：研究美拉关系的一条主线 / 洪国起，王晓德 // 南开学报，1994（3）

美国对拉丁美洲"睦邻"政策之刍议 / 韩和鸣 // 平顶山师专学报，1994（3）

论冷战后的美拉关系 / 张文峰 // 世界经济与政治，1994（12）

从海地危机看美国拉美政策的演变 / 阮宗泽 // 世界知识，1994（20）

关于冷战后美国与拉丁美洲关系的思考 / 洪国起，王晓德 // 拉丁美洲研究，
　　1995（1）

关于美国向拉美"输出民主"的历史思考 / 王晓德 // 美国研究，1995（2）

试论美国向拉美"输出民主"的实质 / 王晓德 // 拉丁美洲研究，1995（2）

浅论当前美拉关系的主要特点 / 杨国明 // 国际社会与经济，1996（3）

美拉关系发展轨迹初探 / 张文峰 // 世界经济与政治，1996（9）

拉美首次对美国说"不" / 童炳强 // 瞭望新闻周刊，1996（26）

美国的拉美政策受到挑战 / 吴惠忠 // 瞭望新闻周刊，1996（48）

浅析克林顿政府对拉美的外交政策 / 陈太荣 // 拉丁美洲研究，1997（1）

90 年代美拉关系的几个问题 / 张凡 // 拉丁美洲研究，1997（3）

克林顿总统第二任期的拉美政策走向 / 周余云 // 拉丁美洲研究，1997（5）

克林顿第二任期的拉美政策走向 / 周余云 // 世界经济与政治，1997（7）

美拉关系的新趋向 / 周余云 // 现代国际关系，1997（8）

稳住后院：美国对拉美的新举措 / 高平 // 国际展望，1997（21）

美国：拉美移民的天堂 ?/ 孙岩峰 // 世界知识，1997（24）

美国为新的美拉关系定调 / 吴永恒 // 瞭望新闻周刊，1997（38）

美国霸权：拉美上空的百年阴云 / 詹重淼 // 世界知识，1999（24）

美国新干涉主义在拉美再次碰壁 / 张国英 // 瞭望新闻周刊，2000（26）

布什政府对拉美政策的调整 / 徐世澄 // 拉丁美洲研究，2001（4）

布什政府对拉美政策的重新设计 / 曾昭耀 // 拉丁美洲研究，2001（4）

美国对拉美政策的调整 / 江时学 // 拉丁美洲研究，2001（4）

美国中央情报局对拉美国家事务的干预 / 袁东振，张全义 // 拉丁美洲研究，
　　2001（4）

冷战后美国与拉美合作机制的演变 / 马俊平 // 现代国际关系，2001（5）

论冷战时期美苏在加勒比中美洲的争夺 / 岳澎 // 陕西师范大学，2001

布罗代尔在拉丁美洲和美国的不同影响 /〔墨〕卡洛斯·安东尼奥·阿吉雷·罗哈斯；郭健〔译〕// 史学理论研究，2002（1）

从"贝克计划"到"布雷迪计划"——美国对 80 年代拉美债务危机的政策演变 / 蔡建 // 常熟高专学报，2002（1）

论卡特的"人权外交"在拉美的应用及其本质 / 李丽，赵越 // 沈阳大学学报，2002（1）

布什拉美之行重树美国影响力 / 史小凤 // 新闻周刊，2002（6）

"9·11"事件与美拉关系 / 徐世澄 // 外国军事学术，2002（8）

美国在拉美的外交行动屡屡受挫——2002 年美拉关系回顾 / 吴志华 // 拉丁美洲研究，2003（1）

伊拉克战争对美拉关系的影响 / 张育媛 // 拉丁美洲研究，2003（3）

美国在反恐大背景下围紧"后院"的篱笆——拉美的美国军事存在 / 侯晓蒙 // 国际展望，2003（2）

论美国拉美政策中美洲体系的演化 / 唐庆 // 江汉大学学报（人文科学版），2003（3）

美国修复与拉美关系 / 江时学 // 瞭望新闻周刊，2003（20）

太平洋战争爆发前美国的拉美战略 / 周志和 // 湖南城市学院学报，2004（1）

拉丁美洲告别"华盛顿共识" /〔美〕詹姆斯·E. 马洪；李俭国〔摘译〕// 国外理论动态，2004（3）

美国族群结构的变化与美国移民的发展趋势——以 20 世纪 90 年代以来美国的亚洲和拉美移民为例 / 李其荣 // 世界民族，2004（3）

从海地政局突变看美国的拉美政策 / 曾月郁 // 老年人，2004（4）

二战前美国对拉美政策的历史演变及实质 / 岳澎 // 运城学院学报，2004（6）

拉美裔移民分裂美国?/Joseph Contreras；辛本健〔摘译〕//英语文摘,2004(6)

战后美国对拉丁美洲的政策及古巴导弹危机的爆发 / 岳澎 // 晋东南师范专科学校学报，2004（6）

论战时美国的拉美战略与政策 / 周志和 // 湖南师范大学，2004

约翰逊总统时期的拉美政策分析 / 马跃，曹雪梅 // 山东省农业管理干部学院学报，2005（1）

拉美反美轴心浮出水面 / 徐世澄 // 时事报告（大学生版），2005（2）

里根政府时期美国对拉美的"私人企业倡议" / 孙静 // 江西教育学院学报（社
  会科学），2005（2）

罗斯福的欧洲及拉美政策与美国称霸世界 / 胡才珍，李珞红 // 华中科技大学
  学报（社会科学版），2005（2）

"种瓜得豆"——美国的理想主义拉美外交政策与近期美拉关系 / 朱鸿博 // 社
  会观察，2005（10）

美国对拉美的控制力下降——从第 35 届美洲国家组织大会看当前美拉关系 /
  徐世澄 // 中国经贸导刊，2005（15）

论卡特政府对拉美的人权外交 / 吉秀华 // 山东师范大学，2005

从美洲倡议看冷战后美国对拉美政策的变化 / 王仕英 // 山东师范大学学报（人
  文社会科学版），2006（1）

美国前驻玻利维亚大使谈美拉关系 / 谌园庭 // 拉丁美洲研究，2006（1）

第二届布什政府对拉美的政策 / 齐峰田 // 拉丁美洲研究，2006（3）

华盛顿会失去拉美吗? /〔美〕彼得·哈基姆；徐世澄［摘译］// 拉丁美洲研究，
  2006（3）

近期中拉关系的发展与美国的拉美政策 / 朱鸿博 // 拉丁美洲研究，2006（4）

毒品问题与九十年代的美拉关系 / 王浩，王宇兵，朱世广 // 陇东学院学报（社
  会科学版），2006（2）

试析美国向拉美输出民主的几个历史阶段及主要特点 / 马跃 // 通化师范学院
  学报，2006（3）

拉美大选年考验美国 / 江时学 // 瞭望新闻周刊，2006（3）

冷战时期美国的拉美政策 / 白交平 // 西安文理学院学报（社会科学版），2006
  （3）

美洲自由贸易区与美拉关系 / 孙若彦 // 山东师范大学学报（人文社会科学版），
  2006（6）

门罗主义——美国拉美政策的基石 / 吴晓春，汪世林 // 当代世界，2006（7）

变与不变的辩证统一——国内学术界有关冷战后美拉关系的研究综述 / 魏宁，
  王倩 // 理论学习，2006（10）

美国拉美裔移民与共和党的党运 / 于时语 // 南风窗，2006（14）

论里根时期美国向拉美输出民主战略及对拉美政治民主化的影响 / 马跃 // 山

东师范大学，2006

美国对中国加强与拉美合作的认识与政策 / 王晓梅 // 教学与研究，2007（2）

九一一事件后美国对拉丁美洲的政策与拉美的反美主义 / 魏红霞 // 美国研究，
2007（3）

拉丁美洲与美国文化外交的起源 / 王晓德 // 拉丁美洲研究，2007（3）

布什总统执政以来的美拉关系 / 贺双荣 // 拉丁美洲研究，2007（3）

从红色威胁到激进民众主义——拉丁美洲对美国的非安全因素 /〔美〕威
廉·M.利奥·格兰德；赵重阳〔译〕// 拉丁美洲研究，2007（4）

21世纪初的美国和拉美关系 / 亚伯拉罕·洛温索尔；范蕾〔译〕// 拉丁美洲
研究，2007（5）

美国其实"很在乎"拉丁美洲 / 吴洪英 // 国际资料信息，2007（4）

中央情报局的"成功行动"在拉美的影响 / 高慧开，贾林川 // 历史教学（高
校版），2007（9）

布什拉美公关：投桃不报李 / 秦轩 // 中国新闻周刊，2007（9）

布什拉美"修补"之行 / 孙洪波 // 瞭望，2007（11）

二战时期美国对拉丁美洲的文化外交 / 郑欣然 // 河北师范大学，2007

冷战后美拉关系中的毒品问题 / 魏宁 // 山东师范大学，2007

美国"文化帝国主义"与拉丁美洲 / 王晓德 // 拉丁美洲研究，2008（1）

拉丁美洲：下任美国总统的议程 /〔美〕彼得·哈基姆；郭存海〔译〕// 拉丁
美洲研究，2008（5）

拉美裔移民对美国大选的影响及美国移民政策的调整 / 冯峰，谌园庭 // 拉丁
美洲研究，2008（6）

利益集团、政治分歧与贸易政策——奥巴马政府对拉美的贸易政策选择 / 孙洪
波 // 拉丁美洲研究，2008（6）

美国对拉美政策的调整及美拉关系的走向 / 贺双荣 // 拉丁美洲研究，2008（6）

美国拉美政策的调整和早期"睦邻政策" / 郇恒建 // 忻州师范学院学报，2008（4）

试论美国对拉丁美洲的睦邻政策 / 邬海军 // 湖南工业职业技术学院学报，2008
（4）

议程设置与美国对拉美援助政策的调整（1958~1960）/ 沈鹏 // 北华大学学报
（社会科学版），2008（6）

美国当代拉美裔移民问题管窥——拉美移民潮与美利坚文明聚合力 / 于淼，张家唐 // 历史教学（高校版），2008（8）

冷战结束后美国的拉美政策 / 魏范京 // 新西部（下半月），2008（11）

从"自家后院"到"分庭抗礼"——论美国和拉美关系的新危机 / 赵恒志 // 宜春学院学报，2008（增刊）

从美洲国家组织看冷战后美拉关系的变化 / 王丽华 // 山东省农业管理干部学院学报，2009（3）

美国"促进民主"的拉美政策辨析 / 杨建民 // 国外社会科学，2009（4）

美国全球粮食战略中的拉美和中国 / 赵丽红 // 拉丁美洲研究，2009（4）

美国在拉美软实力的构建及其对中国的启示 / 魏红霞 // 拉丁美洲研究，2009（增刊2）

拉美反美主义探析 / 颜剑英 // 现代国际关系，2009（5）

西班牙港：记录美拉关系新进程 / 张家哲 // 社会观察，2009（6）

美国第一任拉美裔大法官——索尼娅·索托马约尔 / 李丹 // 世界文化，2009（11）

拉美局势引发美国关注 / 胡欣 // 当代世界，2009（12）

从美拉文化价值观看美拉关系主要特征 / 石乔 // 外交学院，2009

克林顿政府外交政策中的软实力因素——以拉美政策为例 / 魏范京 // 山东师范大学，2009

冷战时期美国拉丁美洲政策研究 / 张静 // 山东大学，2009

拉美与美国立宪主义分型探源 / 谢小瑶 // 拉丁美洲研究，2010（1）

美国与拉美游击运动第一波 / 杜娟 // 冷战国际史研究，2010（1）

沃尔特·拉夫伯的美拉关系史研究述评 / 曲升 // 山东师范大学学报（人文社会科学版），2010（2）

论拉美"左倾化"对美拉关系的影响 / 罗会钧 // 国际观察，2010（5）

浅析拉美对外交往主要对象转向美国的原因 / 李芳 // 当代小说（下），2010（5）

国际机遇的利用与美国对拉丁美洲的经济扩张 / 张德明 // 郑州大学学报（哲学社会科学版），2010（6）

拉美政坛"左倾化"的美国因素探析 / 罗会钧 // 中南大学学报（社会科学版），2010（6）

希拉里：拉美之行多郁闷 / 芃锐 // 大经贸，2010（6）

希拉里：拉美之行多郁闷 / 蔡恩泽 // 观察与思考，2010（7）

论拉美的反美主义 / 孙若彦 // 世界经济与政治，2010（9）

里根政府时期美国对拉美的"私人企业倡议" / 孟丽 // 魅力中国，2010（14）

二十世纪六七十年代劳联－产联与美国对拉美外交政策 / 柴秀萍 // 浙江大学，
　　2010

冷战时期美苏在拉丁美洲地区的争夺 / 田西鑫 // 山东师范大学，2010

软权力与冷战后美国对拉美的外交政策 / 董继栋 // 外交学院，2010

"门罗主义"在拉美的实践——浅析十九世纪美国对拉美的外交政策 / 钟月强
　　// 齐齐哈尔师范高等专科学校学报，2011（1）

美国与拉美国家的合作及其对反法西斯战争的贡献 / 吴振君 // 学习月刊，2011
　　（2）

华盛顿共识脱魅 / 简·克莱格尔；李黎力，李佳佳［译］// 拉丁美洲研究，
　　2011（3）

从理想主义到现实主义的再次回归——论奥巴马政府对拉丁美洲的政策 / 朱鸿
　　博 // 拉丁美洲研究，2011（4）

拉美国家现代化与美洲国际秩序民主化——对美拉关系发展中三大标志性
　　"峰会"的考察及思考 / 洪国起 // 拉丁美洲研究，2011（5）

试析自"门罗宣言"出台以来美国对拉美经济影响力的变迁 / 黄乐平 // 拉丁
　　美洲研究，2011（6）

"向南看"与"向外看"：美拉关系的新局面 / 周志伟 // 当代世界，2011（5）

奥巴马：重返拉美欲复失地 / 曹廷 // 世界知识，2011（8）

奥巴马重寻拉美伙伴 / 向骏 // 南风窗，2011（8）

拉美左派崛起对左派政府与美国关系的影响 / 李伟 // 山西高等学校社会科学
　　学报，2011（8）

新世纪美俄在拉美地区的战略争夺 / 邵君昱 // 商业文化（下半月），2011（11）

门罗主义与美国对拉美的外交政策 / 孔敏 // 商品与质量·理论研究，2011（7）

冷战后美国与拉美的反毒合作 / 李文斌 // 外交学院，2011

当代拉美裔移民对美国社会影响探微 / 师嘉林 // 美国问题研究，2012（2）

浅析门罗主义对外交政策的启示 / 王召伟 // 东方企业文化，2012（2）

美国对西属美洲独立运动政策的转变及其影响 / 王晓德 // 世界历史，2012（3）

杜鲁门政府对拉美经济援助政策评析 / 徐文丽 // 浙江外国语学院学报，2012（4）

从国家独立到西半球霸权：美国崛起过程中的拉美政策——兼论对中国崛起的启示 / 陈积敏 // 和平与发展，2012（4）

拉美对美国说"不"——第六届美洲峰会评析 / 周超 // 当代世界，2012（5）

知识与政治：冷战时期美国的拉丁美洲研究 / 梁志 // 社会科学战线，2012（6）

"收留"阿桑奇：拉美国家为何敢叫板美英 / 孙岩峰 // 世界知识，2012（18）

论克林顿政府对拉美的人权外交政策 / 武亚丹 // 南京大学，2012

美国与拉美激进左翼政权关系研究 / 朱晓晖 // 外交学院，2012

中国和拉丁美洲在美国市场上的出口竞争研究 / 王飞 // 辽宁大学，2012

美国拉美公共外交对中国拉美公共外交的启示 / 成晓叶 // 长沙航空职业技术学院学报，2013（3）

美国与拉美激进左翼政权关系的演变发展 / 朱晓晖 // 当代世界，2013（3）

奥巴马能重返拉美吗？/ 向骏 // 南风窗，2013（4）

奥巴马政府拉美政策走向分析 / 李杰豪，陈华健 // 湖南商学院学报，2013（5）

20 世纪美国对拉丁美洲军事政策的演变 / 徐帅 // 拉丁美洲研究，2013（5）

拉丁美洲与美国的关系：镜像与幻影 /〔玻利维亚〕古斯塔沃·费尔南德斯；王帅〔译〕// 拉丁美洲研究，2013（6）

拉美依然反美 /〔美〕彼得·哈基姆；王艺璇〔译〕// 中国经济报告，2013（12）

20 世纪 60 年代的拉美游击运动及其对美拉关系的影响 / 牛童 // 山东师范大学，2013

美国拉美学本科生培养模式研究 / 张贯之，袁艳 // 黑龙江高教研究，2014（1）

美国告别"门罗主义"的影响及未来的美拉关系 / 孙洪波 // 当代世界，2014（3）

美国高校拉丁美洲研究与教学的经验：一个区域研究的范例 / 韩琦 // 历史教学问题，2014（4）

冷战后美国和拉丁美洲的扫毒合作 / 魏宁 // 人民论坛，2014（5）

冷战初期美国对拉美外交政策的转变 / 杜娟 // 世界历史，2014（5）

美国对拉美政策的缘起及其启示 / 王鹏 // 拉丁美洲研究，2014（6）

拉美国家对美外交政策的浅析——论"外交游说"的影响 / 杜恒杰 // 青年与社会，2014（10）

美国人热衷南下拉美养老 / 信使 // 老同志之友，2014（11）

奥巴马政府拉美政策的调整及其对中国的启示 / 陈华健 // 湘潭大学，2014

论里根时期向拉美输出所谓"民主"的国际背景 / 马跃 // 黑龙江史志，2015（1）

美国对建立拉美无核区问题的立场与对策（1962—1968）/ 高恒建，邓峰 //
    安徽史学，2015（2）

当代美国拉美裔移民贫困问题探析 / 师嘉林 // 重庆工商大学学报（社会科学
    版），2015（3）

浅析冷战时期美国对拉美外交政策 / 茹骁磊 // 卷宗，2015（3）

冷战时期美国在拉美地区的"楔子战略"/ 凌胜利 // 拉丁美洲研究，2015（3）

里根时期美国对拉美的公共外交政策演进 / 江振鹏 // 拉丁美洲研究，2015（4）

新世纪以来中国和美国对拉美地区公共外交的比较 / 李丹丹 // 拉丁美洲研究，
    2015（6）

9·11 事件后美国政府对拉美地区公共外交的新变化 / 江振鹏，牛丹丹 // 西南
    科技大学学报（哲学社会科学版），2015（4）

美国"重返"拉美战略评析 / 杨志敏 // 西南科技大学学报（哲学社会科学版），
    2015（6）

美国欲借美洲峰会加速"重返"拉美 / 孙岩峰 // 世界知识，2015（10）

美国拉美政策的动向及中国的应对 / 郭潇 // 理论动态，2015（12）

近 30 年来国内史学界关于美国拉美裔移民的研究综述——以美国墨西哥裔移
    民为例 / 于磊 // 中华少年，2015（31）

俄罗斯（苏联）与拉丁美洲关系

苏联同拉丁美洲和古巴同非洲的关系 / 姜成松［摘译］// 拉丁美洲丛刊，1979（2）

沙俄对拉丁美洲扩张侵略一例 / 王春良 // 史学月刊，1981（6）

苏联向拉丁美洲扩张渗透的手法 / 顾志宏 // 苏联东欧问题，1982（5）

评苏联对拉美的渗透、扩张 / 齐海燕，高铦 // 世界经济与政治，1985（8）

苏联的拉丁美洲政策 / 顾志宏 // 苏联东欧问题，1986（3）

苏联对拉美的外交攻势 / 胡积康 // 世界知识，1987（21）

苏联与拉美国家关系的新发展 / 杨仲杰 // 现代国际关系，1988（3）

苏拉关系的变化和苏联对拉美政策的调整 / 徐世澄 // 拉丁美洲研究，1988（6）

变化中的美拉、苏拉关系 / 徐世澄 // 拉丁美洲研究，1989（1）

戈尔巴乔夫对外政策新思维与拉丁美洲 / 王玫 // 拉丁美洲研究，1989（1）

苏联《拉丁美洲》杂志讨论 1962 年加勒比危机 / 宋晓平 // 拉丁美洲研究，
　　1989（2）

苏联拉美所所长沃尔斯基谈苏拉关系 / 驰骋 // 拉丁美洲研究，1991（3）

俄罗斯与拉丁美洲国家的合作 / 蔡同昌 // 拉丁美洲研究，1996（3）

俄罗斯学者谈俄罗斯与拉美的关系 / 水工 // 拉丁美洲研究，1996（5）

俄罗斯重返拉丁美洲 / 童炳强 // 世界知识，1996（13）

俄罗斯开始重建与拉美的关系 / 余定良 // 瞭望新闻周刊，1996（24）

试论俄国十月革命与拉丁美洲 / 程洪 // 拉丁美洲研究，1998（3）

俄罗斯与拉丁美洲国家关系的现状和前景 / 孙桂荣 // 外国问题研究，1998（4）

拉美与俄罗斯：货币政策美元化与货币财富美元化 / 邹洁，宣海林，郑鸣 //
　　北方经贸，2002（2）

转型中的俄罗斯与拉美国家关系的演进 / 潘广辉 // 拉丁美洲研究，2003（5）

俄罗斯在拉美的利益及政策取向 / 孙洪波 // 拉丁美洲研究，2008（4）

西半球国际关系新棋局：拉美与俄罗斯缘何外交互动频繁 / 孙洪波 // 当代世
　　界，2008（11）

俄罗斯加强与拉美的军事合作及其影响 / 孙洪波 // 国际资料信息，2008（12）

俄罗斯重返拉美 不仅为反美 / 盛世良 // 党建，2009（1）

新形势下俄罗斯拉美战略的调整 / 赵隆 // 西伯利亚研究，2009（3）

俄与拉美国家军事合作升温 / 刘永民，马建光 // 环球军事，2009（20）

冷战时期美苏在拉丁美洲地区的争夺 / 田西鑫 // 山东师范大学，2011（11）

新世纪美俄在拉美地区的战略争夺 / 邵君昱 // 商业文化（下半月），2010（11）

拉美左派缘何要加强与俄罗斯的关系 / 李伟 // 山西高等学校社会科学学报，
　　2012（9）

俄罗斯与拉美国家军事技术合作的特点与发展前景 / 李爽，马建光 // 国防科
　　技，2013（4）

苏联对拉美地区事务的介入及经验与教训 / 赵玉明 // 拉丁美洲研究，2014（6）

国内外拉美研究状况

欧美一些国家对拉丁美洲的研究 /〔美〕卡梅洛·梅萨 – 拉戈；齐海燕〔摘译〕// 拉丁美洲丛刊，1979（2）

美国对拉丁美洲的研究课题 / 高铦 // 拉丁美洲丛刊，1980（1）

中国开展拉丁美洲史研究 / 萨那 // 今日中国（中文版），1980（5-6）

今日拉丁美洲社会科学展望 /O.F. 博尔达；朱晓红〔摘译〕// 国外社会科学，1980（9）

欧洲国家对拉丁美洲的研究 / 高铦 // 拉丁美洲丛刊，1981（3）

波兰对拉丁美洲的研究情况简介 / 江时学 // 拉丁美洲丛刊，1982（2）

我国对拉丁美洲历史的研究 / 杨典求 // 世界历史，1982（2）

八十年代拉美社会科学研究的动向和重点 /〔美〕威廉·L. 卡纳克；徐琼楠〔摘译〕// 拉丁美洲丛刊，1983（1）

八十年代拉美人类学研究 /〔美〕J. 纳什；涂光楠〔译〕// 民族译丛，1983（1）

苏联的拉丁美洲研究所 / 顾志宏 // 苏联东欧问题，1983（2）

加拿大的拉丁美洲研究概况 / 毛相麟 // 拉丁美洲丛刊，1984（2）

努力开创拉美研究工作的新局面 / 张德群 // 拉丁美洲丛刊，1984（4）

日本拉丁美洲问题研究机构 / 洪松 // 国外社会科学，1985（2）

苏联对拉丁美洲史的研究 / 孙桂荣 // 拉丁美洲研究，1986（3）

日本对拉丁美洲的研究 / 王肇伟 // 拉丁美洲研究，1988（5）

一门有待拓深的新学科——拉丁美洲学 / 张森根 // 拉丁美洲研究，1990（4）

苏联的拉丁美洲研究 / 徐世澄 // 拉丁美洲研究，1990（4）

北欧 4 国对拉丁美洲研究的概况 / 袁东振 // 拉丁美洲研究，1991（2）

十一届三中全会以来中国对拉丁美洲的研究 / 徐世澄 // 拉丁美洲研究，1998（6）

浅论英国对拉美研究的轨迹、特点与挑战 / 吴洪英 // 拉丁美洲研究，1999（3）

90 年代中国学术界对拉美国际关系的研究 / 黎民 // 拉丁美洲研究，1999（4）

国别研究有别于国别学，拉美研究有别于"拉美学" / 徒温 // 拉丁美洲研究，2000（2）

新世纪中国拉美研究振兴管见 / 程洪 // 拉丁美洲研究，2000（4）

中国对拉美国际关系研究的现状及展望 / 孙若彦 // 拉丁美洲研究，2000（5）

中国拉丁美洲史研究回顾 / 王晓德，雷泳仁 // 世界历史，2000（5）

进一步拉丁美洲史研究——纪念中国拉美史学科创建 40 周年 / 曾昭耀 // 拉丁
美洲研究，2000（6）

学习"七一六"讲话 推动拉美研究 / 江时学 // 拉丁美洲研究，2002（4）

贯彻"七一六"讲话 加强有中国特色的拉美研究工作——全面贯彻江总书
记重要讲话 不断推进哲学社会科学繁荣发展 / 王秀奎 // 拉丁美洲研究，
2002（4）

建设有中国特色社会主义与拉美问题研究 / 袁东振 // 拉丁美洲研究，2002（4）

学习江总书记讲话 发展有中国特色的拉美研究事业 / 宋晓平 // 拉丁美洲研究，
2002（4）

近年来国外学术界对拉美国际政治的研究 / 郯永忠 // 拉丁美洲研究，2003（5）

面向 21 世纪的中国拉美国际关系研究 / 孙若彦 // 山东师范大学学报（人文社
会科学版），2003（5）

当代视野下的拉美史学新探索——近 10 年来我国拉美史研究概述 / 林被甸 //
世界历史，2005（3）

提升拉美研究的水平扩大拉美研究的社会影响 / 李慎明 // 拉丁美洲研究，2006
（2）

拉美研究在中国——2005~2006 年度报告 / "拉美研究在中国"课题组 // 拉
丁美洲研究，2006（2）

辛勤耕耘 硕果累累——拉美所 45 年科研成果巡礼 / 江时学，吴国平，袁东振，
刘纪新，贺双荣 // 拉丁美洲研究，2006（4）

现代化史观与拉美史研究 / 曾昭耀 // 史学月刊，2007（1）

挑战与对策：谈我国拉美史研究 / 董经胜 // 史学月刊，2007（1）

问题与出路：中国拉丁美洲研究的反思——现代化史观与拉美史研究 / 曾昭耀
// 史学月刊，2007（1）

对我国拉美史研究现状与问题的若干思考 / 冯秀文 // 史学月刊，2007（1）

对国内拉美史研究现状的几点想法 / 王晓德 // 史学月刊，2007（1）

中国人心目中的拉丁美洲——中国社会科学院国际问题舆情调研结果分析 / 郑
秉文，刘维广 // 拉丁美洲研究，2008（5）

国内拉丁美洲共产党研究综述 / 靳呈伟 // 党史博采（理论），2009（5）

军事

际展望，2003（14）

借鉴与启示：古巴、巴西退役军人安置保障制度考察 // 中国民政，2006（4）

南美海域谁主沉浮？——拉美海军四强扫描 / 沈军，李金朋 // 环球军事，2006
（20）

拉美国家陆军装备发展现状 / 毕忠安，孟昭福，王芳 // 国外坦克，2013（5）

拉美国家女权主义运动中崛起的女子警察站（一）/〔加拿大〕Nadine Jubb；
闫清景〔译〕// 法制与社会，2013（29）

拉美国家女权主义运动中崛起的女子警察站（二）/〔加拿大〕Nadine Jubb；
闫清景〔译〕// 法制与社会，2013（31）

经济

经济综述

拉丁美洲的"发展主义"经济思潮 / 高铦 // 世界经济，1978（4）

1978 年拉丁美洲经济概貌 / 吴明 // 拉丁美洲丛刊，1979（1）

拉丁美洲和国际经济新秩序 /〔美〕约瑟夫·格伦沃尔德；李琼英〔译〕// 拉
丁美洲丛刊，1979（2）

拉丁美洲主要经济指标 / 裴浩楼，王绪芩 // 拉丁美洲丛刊，1980（2）

拉丁美洲的经济发展水平——探讨拉丁美洲国家社会性质的基础 / 陆沉 // 拉
丁美洲丛刊，1980（3）

拉丁美洲：一项不落实的计划？/〔美〕道格拉斯·拉姆齐拉里·罗脱；沈锦
昶〔译〕// 外国经济参考资料，1980（3）

1979 年拉丁美洲经济概况 /〔苏联〕B．B．洛戈夫；姚新美〔摘译〕// 拉丁
美洲丛刊，1981（1）

1980 年的拉丁美洲经济 / 露叶，程志〔编译〕// 拉丁美洲丛刊，1981（3）

拉美经济委员会的不发达理论 / 余幼宁 // 国外社会科学，1981（3）

拉丁美洲四国经济在动荡中前进 / 马简文 // 世界经济，1981（3）

拉丁美洲经济问题 /〔委内瑞拉〕哈里·曼尼尔 // 世界经济，1981（5）

战后拉丁美洲经济的发展及其八十年代的前景 / 高铦，张森根 // 世界经济，

1981（7）

战后拉丁美洲地区经济结构的变化和特点 / 张森根 // 世界经济，1981（12）

R. 普雷维什与拉丁美洲的经济发展 /〔墨西哥〕F. 帕索斯；余幼宁〔摘译〕//
国外社会科学，1982（1）

拉丁美洲在变革国际经济秩序中的重要作用 / 王新禄，郭人骅 // 现代国际关
系，1982（2）

战后拉丁美洲经济思潮概述 / 高铦 // 拉丁美洲丛刊，1982（1）

拉丁美洲与国际法不干涉原则 / 李琼英 // 拉丁美洲丛刊，1982（1）

关于拉丁美洲的发展模式 / 苏振兴 // 拉丁美洲丛刊，1982（2）

拉丁美洲与国际经济新秩序 / 徐世澄 // 拉丁美洲丛刊，1982（4）

拉美经济迅速发展的特点和原因 / 马简文 // 拉丁美洲丛刊，1982（6）

努力开拓拉丁美洲市场 / 吴月惠 // 国际贸易，1982（5）

拉美几个国家铁路的近况 / 蔡馥秋〔编译〕// 铁道科技动态，1982（8）

西方经济危机打击下的拉美经济 / 游仲文 // 世界经济，1982（12）

关于拉美不发达问题的言论析 /〔墨西哥〕R. 斯塔文哈根；张森根，李和〔摘
译〕// 国外社会科学，1983（1）

拉美经济在调整中发展 / 晓韵 // 国际贸易，1983（2）

拉美经济发展的现状和问题 / 王耀增 // 国际问题研究，1983（3）

拉丁美洲的经济发展及其与发达国家的经济关系 / 张森根，王绪苓 // 世界经
济，1983（4）

美洲开发银行与拉美的经济发展 / 吴国平，裘浩楼 // 拉丁美洲丛刊，1983（1）

战后拉美经济发展中的国家干预作用 / 迟少杰 // 拉丁美洲丛刊，1983（1）

评拉丁美洲的经济形势 / 苏振兴，陈作彬 // 拉丁美洲丛刊，1983（2）

拉美经委会关于经济发展的主要观点 / 高铦，迟少杰 // 拉丁美洲丛刊，1983（4）

世界石油危机对拉美经济的影响 / 陈芝芸 // 拉丁美洲丛刊，1983（6）

试论当前拉丁美洲经济危机的内因 / 李在芹，沈安 // 拉丁美洲丛刊，1983（6）

当前拉丁美洲经济恶化的根源及展望 / 张森根，吴国平 // 拉丁美洲丛刊，1984
（1）

一九八三年拉丁美洲经济形势 / 恩里克·V. 伊格莱西亚斯；曹琳，驰骋〔摘
译〕// 拉丁美洲丛刊，1984（2）

关于当前拉美国家的经济危机——兼论战后拉美争取经济独立的斗争 / 苏振兴，徐文渊 // 拉丁美洲丛刊，1984（3）

拉美对付经济危机的几种方案综述 / 沈安 // 拉丁美洲丛刊，1984（3）

拉美独立后至二十世纪初经济发展缓慢的原因 / 洪征嗣 // 湖南师院学报（哲学社会科学版），1984（6）

试论拉丁美洲的工业化进程 / 江时学 // 世界经济研究，1984（6）

非洲和拉丁美洲经济简况 / 杨海群［整理］// 计划经济研究，1984（21）

拉丁美洲的城市化问题 / 江时学 // 国外社会学参考资料，1985（3）

八十年代前期拉美经济简析 / 司马森和 // 拉丁美洲丛刊，1985（1）

拉丁美洲经济特区概述 / 李和，江时学 // 拉丁美洲丛刊，1985（4）

拉美的国家资本及其私有化趋势 / 江时学 // 拉丁美洲丛刊，1985（6）

拉美发展政策的理论依据 /〔墨西哥〕松凯尔；嘏果［译］// 现代外国哲学社会科学文摘，1985（6）

拉美发展政策的历史教训 /〔墨西哥〕松凯尔；陈泽民［译］// 现代外国哲学社会科学文摘，1985（6）

五十年来的拉美经济思想 /〔墨西哥〕帕索斯；朱惠祥［译］// 现代外国哲学社会科学文摘，1985（6）

探讨拉美经济的三种理论方法 /〔美〕M.康罗伊；江时学［译］// 国外社会科学，1985（10）

有潜力 有困难 有希望——谈拉美经济发展 / 李在芹 // 世界知识，1985（22）

论拉丁美洲国家争取经济独立的成就 / 杨成竹 // 青海师范大学学报（哲学社会科学版），1986（1）

关于拉美对外开放政策的讨论 / 徐世澄 // 拉丁美洲研究，1986（1）

一九八五年拉丁美洲的经济形势 / 李在芹 // 拉丁美洲研究，1986（1）

关于拉美国家对外经济开放的几个问题 / 高君诚 // 拉丁美洲研究，1986（2）

关于拉美国家对外开放的几点认识 / 吴锦荣 // 拉丁美洲研究，1986（2）

浅析拉美和英国工业化进程的不同特点 / 王绪苓 // 拉丁美洲研究，1986（3）

八十年代拉美国家经济发展战略的调整 / 徐宝华 // 拉丁美洲研究，1986（3）

拉美国家当前经济调整的方向 / 李在芹 // 拉丁美洲研究，1986（4）

世界石油价格暴跌和拉美经济 / 方幼封 // 拉丁美洲研究，1986（5）

战后拉丁美洲的经济发展 / 阎玉贞，朱书林 // 现代国际关系，1986（3）

第三世界经济调整的调整——拉丁美洲的调整与发展 / 高铦 // 现代国际关系，
　　1986（4）

试析发展中国家经济的大趋势 / 卢韦 // 世界经济，1986（6）

对拉丁美洲经济问题的几点探讨 / 李育良 // 兰州大学学报，1986（4）

拉美经济学家对 1986 年世界经济形势预测 / 韩兆惠 // 国际经济合作，1986（4）

拉丁美洲经济发展趋势 / 高铦 // 国际经济合作，1986（5）

八十年代的拉美经济危机与发展战略调整 / 安建国 // 世界经济，1986（8）

八十年代拉美国家经济发展战略的调整 / 徐宝华 // 世界经济，1986（9）

拉美工业化进程中的若干问题 / 王绪苓 // 经营与管理，1986（9）

更新拉美的经济思想是一项迫切任务 /〔阿根廷〕L. 普雷维什；白凤森［译］
　　// 国外社会科学，1987（2）

九十年代拉美经济的发展前景 / 张森根，吴国平 // 拉丁美洲研究，1987（2）

拉丁美洲在国际经济关系中的地位 / 卢后盾 // 拉丁美洲研究，1987（2）

战后拉丁美洲的城市化进程 / 林玉国 // 拉丁美洲研究，1987（2）

八十年代初的拉美经济危机 / 江时学 // 拉丁美洲研究，1987（4）

从世界经济看拉美经济危机 / 史敏 // 拉丁美洲研究，1987（4）

拉丁美洲经济的多重危机 / 肖枫 // 拉丁美洲研究，1987（4）

拉美经济的结构性发展危机 / 卢韦 // 拉丁美洲研究，1987（4）

拉美经济危机是结构性危机 / 徐世澄 // 拉丁美洲研究，1987（4）

拉美经济危机性质小议 / 李琼 // 拉丁美洲研究，1987（4）

战后拉美国家的国有化运动 / 焦震衡 // 拉丁美洲研究，1987（4）

西太平洋国家（地区）与拉美国家经济发展比较 / 卢韦 // 亚太经济，1987（5）

拉美经济在调整中发展 / 胡积康 // 瞭望周刊，1987（7）

90 年代拉美经济的发展前景 / 张森根，吴国平 // 世界经济，1987（8）

发展主义与拉美现代化进程 / 赵长华 // 外国经济与管理，1987（9）

拉美经济的转弯 / 晓渔 // 世界知识，1987（24）

拉美国家经济调整的回顾与评价 / 江时学 // 拉丁美洲研究，1988（1）

拉美经济发展的资金问题与金融改革 / 黄红珠，王徽 // 拉丁美洲研究，1988（1）

拉美经济思想的危机和更新 / 徐世澄 // 拉丁美洲研究，1988（1）

拉美经济危机与发展理论的调整 / 高铦 // 拉丁美洲研究，1988（1）

世界银行专家谈拉美经济 / 吴国平 // 拉丁美洲研究，1988（3）

80 年代拉美国家的经济调整进程 / 王晓燕 // 拉丁美洲研究，1988（4）

阿根廷、巴西和墨西哥经济调整策略——80 年代的经验和未来的挑战 /〔美〕
　　罗伯特·考夫曼 // 拉丁美洲研究，1988（5）

拉美的国家资本主义企业将继续存在 / 杨慧娟 // 拉丁美洲研究，1988（5）

西太平洋经济崛起和拉美发展优势相对失落的原因 / 卢韦 // 世界经济，1988（1）

发展中国家经济调整的新动向 / 卢韦 // 世界经济，1988（5）

战后拉美经济发展中的地域集中与分散化问题 / 王绪苓 // 世界经济，1988（7）

拉美和东亚新兴工业化国家的经济发展战略比较 /〔日〕小林英夫；陈大宾
　　〔译〕// 南洋资料译丛，1988（3）

东亚与拉美经济发展比较 /〔美〕约翰·D. 马库默；詹小洪〔译〕// 经济社会
　　体制比较，1988（6）

改革、价格变化及其对经济发展的影响——拉美三国经济改革的教训 / 侯若石
　　// 世界经济与政治，1988（6）

调整中的拉美经济 / 安建国 // 瞭望周刊，1988（6）

拉美国家经济调整与展望 / 钱明德 // 瞭望周刊，1988（50）

集权政治与自由经济——拉美国家政治发展与经济政策的变化 / 赵穗生 // 拉
　　丁美洲研究，1989（1）

拉美经济发展的回顾与展望 / 王新禄 // 拉丁美洲研究，1989（1）

拉美国家工业化的战略选择 / 苏振兴 // 拉丁美洲研究，1989（3）

非正统发展理论的产生、演变和方法论特点 / 袁兴昌 // 拉丁美洲研究，1989（4）

关于拉美五国经济的考察与思考 / 安建国 // 拉丁美洲研究，1989（4）

社会契约——振兴经济的共同纲领——兼论拉美国家调整经济克服危机的政
　　治途径 / 沈安 // 拉丁美洲研究，1989（4）

拉丁美洲经济特区概述 / 王绪苓 // 拉丁美洲研究，1989（5）

拉丁美洲海运一瞥 / 华元钦 // 航海，1989（4）

太平洋发展的困惑——东亚繁荣与拉美滞胀的启示 / 李坚照 // 亚太经济，1989
　　（5）

东亚和拉美经济发展的不同模式 / 林清源，钱祝钧，郑魁浩 // 经济社会体制

比较，1989（6）

拉美经济和"布雷迪计划" / 张振亚 // 世界知识，1989（16）

拉丁美洲的工业化：从"黑箱"到"空箱" /〔智利〕费尔南多·法伊恩兹尔伯；王爵鸾〔译〕// 国际社会科学杂志（中文版），1990（1）

几乎陷入停滞状态的拉美经济 / 朱书林 // 拉丁美洲研究，1990（1）

拉丁美洲的工业化与对外贸易 / 徐文渊 // 拉丁美洲研究，1990（2）

拉美的新结构主义经济理论及其对经济结构调整的政策建议 / 王赞桔 // 拉丁美洲研究，1990（2）

发展中国家经济增长的障碍：拉丁美洲当前的经验 / 维克托·乌尔基迪；冯炳昆〔译〕// 国际社会科学杂志（中文版），1990（2）

拉美经济的回顾与展望 / 阎玉贞，王新禄，朱书林 // 现代国际关系，1990（3）

对八十年代拉美国家经济调整由应急型转向发展型的思考 / 高圣智 // 金融研究，1990（5）

对拉美国家经济调整由应急型向发展型转变的思考 / 高圣智 // 世界经济，1990（7）

论拉丁美洲工业化进程的特点 / 吴国平 // 世界经济，1990（12）

拉美经济出现转机 / 高永化 // 世界知识，1990（17）

拉美：经济颓势加剧 / 沈安 // 世界知识，1990（21）

他山之石　可否攻玉（之三）——拉美国家经济发展揽要 / 晓黎 // 经济师，1991（1）

拉美国家的经济调整及其经验教训 / 王海军 // 经济科学，1991（1）

拉美经济继续恶化 1991 年形势更为严峻 / 卢韦 // 世界经济与政治，1991（1）

1990 年拉丁美洲经济形势 / 朱书林 // 拉丁美洲研究，1991（1）

拉美经济：困难仍大于转机 / 高君诚 // 拉丁美洲研究，1991（2）

拉丁美洲工业化发展的趋势 / 吴国平 // 拉丁美洲研究，1991（2）

拉美城市化的发展与演变 / 周厚勋 // 拉丁美洲研究，1991（3）

90 年代拉美经济：不会成为另一个"失去的 10 年" / 张森根 // 世界经济与政治，1991（3）

海湾危机冲击后的拉美经济 / 苏存 // 拉丁美洲研究，1991（4）

拉美国家经济干预政策的演变 / 杨万明 // 拉丁美洲研究，1991（5）

拉美经济复苏前景与亚洲的经济渗入 / 谷志明［整理］// 党校科研信息，1991（3）

继续在谷底徘徊的拉美经济 / 沈安 // 瞭望周刊，1991（5）

非洲与拉丁美洲经济发展的异同点 / 贺亚明 // 中学地理教学参考，1991（6）

九十年代的南北经济关系 / 卢韦，史敏 // 世界经济，1991（11）

拉美经济面临新挑战 / 苏振兴 // 瞭望周刊，1991（38）

美洲开发银行参与拉美经济发展 / 黄红珠 // 拉丁美洲研究，1992（1）

1991 年：拉丁美洲经济有希望的转机 / 吴国平 // 拉丁美洲研究，1992（2）

拉美经济缓慢复苏，前景看好 / 朱书林 // 拉丁美洲研究，1992（2）

国际金融机构对拉美经济调整的政策建议 / 王赞桔 // 拉丁美洲研究，1992（2）

拉丁美洲国家 90 年代面临的主要挑战 / 苏振兴 // 拉丁美洲研究，1992（3）

关于拉美国家经济转型中的几个问题 / 张森根 // 拉丁美洲研究，1992（4）

关于拉美私有化的几个问题 / 江时学 // 拉丁美洲研究，1992（4）

拉美私有化的限度及社会后果 / 张宝宇 // 拉丁美洲研究，1992（4）

世界银行官员谈当前拉美经济调整 / 张凡 // 拉丁美洲研究，1992（4）

私有化——拉美未来发展的挑战 / 吴国平 // 拉丁美洲研究，1992（4）

试论 80 年代拉丁美洲经济发展模式的转变 / 吴国平 // 拉丁美洲研究，1992（5）

80 年代拉美国家的经济调整及其经验教训 / 喻继如 // 拉丁美洲研究，1992（6）

当前拉美经济形势 / 张明德 // 国际问题研究，1992（3）

拉美的私有化热 / 江时学［摘译］// 世界经济译丛，1992（3）

拉美地区现代化进程缓慢的原因 / 郝惠 // 驻马店师专学报（社会科学版），1992（3）

私有化？国有化？——拉美国家经济发展的启示 / 刘伟志 // 改革与战略，1992（3）

拉美及加勒比地区经济发展的回顾与展望 / 赵淑奇 // 国际贸易问题，1992（4）

拉美私有化述评 / 江时学 // 世界经济与政治，1992（5）

90 年代拉美国家面临的挑战 / 苏振兴 // 世界经济与政治，1992（7）

拉丁美洲国家对现代化道路的探索 / 林被甸 // 北京大学学报（哲学社会科学版），1992（6）

评当前拉美经济的变革 / 江时学 // 世界经济，1992（7）

当前发展中国家经济发展面临的挑战和出路 / 卢韦，史敏 // 世界经济，1992

（10）

稳定恢复中的拉美经济 / 吴国平 // 瞭望周刊，1992（6-7）

拉美也出现了"小龙" / 王新禄，阎玉贞 // 现代国际关系，1993（1）

拉丁美洲经济发展的现状与 90 年代的前景 / 黄文登 // 拉丁美洲研究，1993（1）

拉美、东亚发展模式的比较 / 江时学 // 拉丁美洲研究，1993（3）

拉美经济特区的发展及 90 年代的前景 / 王绪苓 // 拉丁美洲研究，1993（5）

拉美工业化：从黑匣子到空匣子 /〔法〕法欣洛贝尔；陈才兴〔译〕// 现代外
    国哲学社会科学文摘，1993（2）

拉美经济发展的新趋势 / 潘仲秋 // 国际观察，1993（3）

走出改革误区 争取稳定发展——拉美地区经济转型得失回顾 / 沈安 // 瞭望周
    刊，1993（2）

拉丁美洲经济形势继续好转 / 苏振兴 // 瞭望周刊，1993（21）

拉美经济发展：转机和挑战 / 徐文渊 // 瞭望周刊，1993（43）

拉美经济 恢复增长 / 张森根 // 瞭望周刊，1993（49）

拉美经济贸易形势 / 熊业田 // 国际贸易，1993（7）

拉美经济改革任重道远 / 舒中胜 // 国际展望，1993（23）

拉美国家经贸发展的特点及我国应采取的对策 / 徐会琦 // 东方论坛 . 青岛大学
    学报，1994（1）

拉美与东亚市场经济形成的对比及启示——试析市场经济形成过程中政府的
    作用 / 雷达，朱文晖 // 世界经济，1994（1）

论拉美国家的经济改革 / 江时学 // 太平洋学报，1994（1）

拉美经济：在恢复中保持平稳增长 / 吴国平 // 拉丁美洲研究，1994（1）

新兴工业化经济与东盟的经济成就——拉丁美洲可引以为鉴?/〔美〕纳谷靖
    治，今田·珀尔；谧谷〔译〕// 南洋资料译丛，1994（1-2）

"荷兰病"是拉美经济转轨的主要障碍 / 董国辉 // 拉丁美洲研究，1994（2）

论拉丁美洲国有企业的改革 / 江时学 // 拉丁美洲研究，1994（3）

走向 21 世纪的发展中国家经济 / 卢韦 // 拉丁美洲研究，1994（3）

论世界多边贸易协议对拉美经济的影响 / 吴国平 // 拉丁美洲研究，1994（4）

拉美国家改革开放政策的国际比较 / 张宝宇 // 拉丁美洲研究，1994（6）

东亚经济模式与拉美比较 / 卢韦 // 亚非纵横，1994（2）

拉丁美洲国家宏观经济稳定的经验 /〔俄〕叶·杰尼索娃；余林〔摘译〕// 世界经济译丛，1994（2）

拉美的经济危机和结构调整：社会政策失灵？/〔德〕莫尼卡·克威塞尔；何名〔摘译〕// 世界经济译丛，1994（2）

拉丁美洲经济和社会过程的长周期 /〔俄〕安·博布罗夫尼科夫；余林〔摘译〕// 世界经济译丛，1994（8）

拉丁美洲的经济复苏 /〔法〕布律诺·莫舍托；华汶〔摘译〕// 世界经济译丛，1994（11）

拉美：寻求另一种发展模式 /〔智利〕佩德罗·萨因斯，阿尔弗雷多·卡尔卡尼奥；徐英〔摘译〕// 世界经济译丛，1994（11）

世界经济中的拉丁美洲 /〔乌拉圭〕豪尔赫·埃伦娜；晓愚〔摘译〕// 世界经济译丛，1994（11）

拉美经济中的"四化" / 江时学 // 国际社会与经济，1994（4）

联合国 1993 年拉丁美洲经济报告 / 阎玉贞 // 国际资料信息，1994（4）

东亚经济模式的优势——与拉美比较 / 卢韦 // 国外社会科学情况，1994（4）

拉丁美洲 90 年代的经济增长 / 朱钟棣 // 世界经济研究，1994（5）

对影响北欧与拉美经济发展诸因素的分析比较 / 韩琦 // 山东经济，1994（6）

拉丁美洲国家的经济发展趋势 // 经济研究参考，1994（6）

拉美成为世界经济第二增长点 / 徐世澄 // 经贸世界，1994（12）

拉丁美洲主要国家与东亚"四小龙"经济发展比较研究 / 何百根，祁春节 // 世界地理研究，1995（1）

经济调整带来稳步增长 结构改革继续深入 / 吴国平 // 拉丁美洲研究，1995（1）

浅析拉美经济发展与社会公正的关系 / 袁东振 // 拉丁美洲研究，1995（2）

"特基拉效应"与经济全球化革命 / 曾昭耀 // 拉丁美洲研究，1995（4）

对拉美进口替代工业化发展模式的初步总结 / 江时学 // 拉丁美洲研究，1995（6）

拉美经济改革对社会公正的冲击 / 袁东振 // 拉丁美洲研究，1995（6）

拉丁美洲可望转入稳定发展时期 / 吴永恒 // 瞭望新闻周刊，1995（2）

拉美结构主义论再认识 / 江时学 // 国外社会科学，1995（2）

海外学者谈拉美、东亚新兴工业化国家（地区）经济的发展 / 江时学 // 国外社会科学，1995（9）

西半球一体化：为拉美经济腾飞插上翅膀 / 潘国俊 // 世界知识，1995（2）

拉美新自由主义经济模式利弊谈 / 章辛 // 世界知识，1995（6）

试论拉美国家宏观经济稳定的经验与教训 / 续建宜 // 世界经济文汇，1995（4）

联合国 1994 年拉丁美洲经济报告 / 朱书林 // 国际资料信息，1995（5）

拉丁美洲经济中、长期形势预测 / 江时学 // 世界经济研究，1995（5）

拉美经济的现状与展望 / 江时学 // 世界经济，1995（7）

论拉美国家的收入分配 / 江时学 // 世界经济，1995（12）

当前拉美金融、经济状况分析 / 谭雅玲 // 国际金融研究，1995（9）

拉丁美洲经济保持低速增长 / 李志祥 // 国际贸易，1995（12）

拉美经济展望 / 毛燕 // 机电国际市场，1996（1）

拉美模式考察 / 彭森 // 改革，1996（1）

拉丁美洲的非正规经济现象分析 / 柳松 // 拉丁美洲研究，1996（1）

亚洲与拉美比较：80 年代经济的差距 / 宋安辉，王锡华 // 拉丁美洲研究，
　　1996（1）

对拉美、东亚发展模式的比较思考 / 陈才兴 // 拉丁美洲研究，1996（2）

19 世纪末 20 世纪初拉美城市化的发展及对拉美社会的影响 / 马凤岗 // 临沂
　　师专学报，1996（2）

拉美国家宏观经济管理的特点及经验教训 / 江时学 // 拉丁美洲研究，1996（2）

对拉美国家政策改革的几点看法 / 刘新民 // 拉丁美洲研究，1996（3）

卡多佐总统谈拉美的经济、社会思想 / 白凤森 // 拉丁美洲研究，1996（4）

拉美进口替代工业化发展模式的演变 / 江时学 // 拉丁美洲研究，1996（4）

关于进口替代工业化战略的再思考 / 曾昭耀 // 拉丁美洲研究，1996（6）

拉美国家经济改革的经验教训 / 江时学 // 拉丁美洲研究，1996（6）

拉美、东亚发展模式比较的启示 / 江时学 // 世界经济，1996（1）

拉美国家经济增长方式转换的分析与评估 / 王耀媛 // 世界经济，1996（9）

拉美经济速度减慢，今年可望好转 / 徐世澄 // 世界知识，1996（2）

世纪之交的拉美经济改革 / 江时学 // 世界知识，1996（21）

关于拉美发展模式研究中的几个问题 / 江时学 // 世界经济与政治，1996（5）

对东亚与拉美经济发展成败原因的分析与比较 / 韩琦 // 世界经济与政治，1996
　　（7）

拉美经济发展模式的调整和问题 / 王新禄 // 现代国际关系，1996（9）

从财政稳定到经济增长：拉美国家的经验 /〔俄〕E. B. 杰尼索娃；魏章，符型〔译〕// 国外财经，1997（1）

拉美经济——走向复苏 / 江时学 // 世界知识，1997（1）

拉美经济发展模式调整与社会发展问题 / 王新禄 // 拉丁美洲研究，1997（1）

浅析拉美经济改革的社会基础 / 白凤森 // 拉丁美洲研究，1997（1）

如何评价拉美国家的经济改革 / 陈芝芸 // 拉丁美洲研究，1997（1）

走向复苏的拉丁美洲经济 / 江时学 // 拉丁美洲研究，1997（1）

全球化与拉丁美洲经济 / 江时学 // 拉丁美洲研究，1997（4）

1996 年拉美地区经济金融发展述评 / 谭雅玲 // 国际金融研究，1997（2）

对资本流入的宏观经济调整：来自拉美和东亚的经验 / 维托里奥·考博，莱昂纳多·贺尔南德兹；陈玉宇〔译〕// 经济社会体制比较，1997（2）

简论拉美的国家经济政策 / 戴月明 // 世界经济研究，1997（2）

战后东亚经济迅速赶上拉美原因探析——两地经济发展模式比较研究 / 陈才兴 // 复旦学报（社会科学版），1997（2）

发展中国家经济：亚洲增势强劲，非洲增速略有提高，拉美恢复增长 / 史敏，卢韦 // 世界经济，1997（2）

拉美经济明显回升 / 苏振兴 // 世界经济，1997（2）

走向复苏的拉美经济 / 江时学 // 世界经济，1997（2）

1997 年拉美经济将保持适度增长 / 王耀媛 // 世界经济，1997（9）

1996 年拉美经济形势概述 / 江时学 // 国际金融（增刊），1997（3）

试探拉美经济发展落后于北美的根源 / 韩琦 // 世界历史，1997（3）

拉丁美洲的市场经济改革及启示 / 韩玉玲 // 山东师大学报（社会科学版），1997（4）

拉美经济走向有"希望的十年" / 李长久 // 时事报告，1997（4）

莫让"看不见的手"成为"看不见的拳头"——评拉美经济改革 / 江时学 // 国际经济评论，1997（3–4）

改革加强了拉美经济活力 / 江时学 // 瞭望新闻周刊，1997（5–6）

拉美国家宏观经济管理的特点及经验教训 / 江时学 // 经济学动态，1997（9）

拉美国家宏观经济运行平稳 / 王耀媛 // 世界经济，1998（1）

继续保持良好增长势头的拉美经济——1997 年拉丁美洲经济形势概述 / 江时学 // 拉丁美洲研究, 1998（1）

拉美国家的改革与地区一体化重振 / 徐宝华 // 拉丁美洲研究, 1998（1）

经济前景较好 不宜过分乐观 / 苏振兴 // 拉丁美洲研究, 1998（2）

美洲开发银行论拉美经济改革 / 江时学 // 拉丁美洲研究, 1998（2）

亚洲金融危机对拉美经济发展的影响 / 王晓德 // 拉丁美洲研究, 1998（4）

东亚模式和拉美模式的比较 / 李长久 // 拉丁美洲研究, 1998（5）

东亚模式面临考验 拉美经济逐步成熟 / 罗肇鸿 // 拉丁美洲研究, 1998（5）

拉美和东亚发展模式比较的启示 / 朱书林 // 拉丁美洲研究, 1998（5）

拉美发展模式与东亚发展模式的比较 / 高成兴, 樊素杰 // 拉丁美洲研究, 1998（6）

遵循规律 依据国情 抓住机遇——从东亚和拉美经济发展的比较研究中得到的启示 / 徐文渊 // 拉丁美洲研究, 1998（6）

1997 年拉美经济增长评述 / 周忠菲 // 世界经济研究, 1998（2）

拉美经济继续好转 / 江时学 // 世界知识, 1998（2）

亚洲金融危机对拉美的影响 / 杨首国 // 国际资料信息, 1998（2）

亚洲金融危机对拉丁美洲经济的影响 / 陈宏 // 国际观察, 1998（3）

拉美经济区域化组织南方共同市场的兴起 / 陆经生 // 国际观察, 1998（6）

如何开拓拉丁美洲市场 / 方静, 胡立心 // 外向经济, 1998（6）

东亚金融危机对拉美经济的影响 / 江时学 // 外向经济, 1998（10）

国际金融危机对拉美的影响 / 王玉林, 周余云 // 当代世界, 1998（11）

喜忧参半的拉美经济 / 袁智兵 // 时事报告, 1998（12）

亚洲金融危机对拉美的影响 / 归钦 // 首都经济, 1998（12）

风浪拍打拉美海岸——亚洲金融危机对拉美经济的冲击 / 周忠菲 // 国际展望, 1998（20）

世纪之交的拉丁美洲经济 / 苏振兴 // 太平洋学报, 1999（1）

文化因素与拉美、东亚的经济发展 / 江时学 // 太平洋学报, 1999（1）

拉丁美洲社会经济、人口统计特征与霍乱发病率之间的关系 / 严有望［编译］// 国外医学（社会医学分册）, 1999（1）

对拉美、东亚经济发展特点的比较 / 韩琦 // 山东经济, 1999（1）

立足可持续发展 加快开拓拉美资源市场 / 郭元增 // 拉丁美洲研究，1999（1）

起伏不定 前景未卜——1998 年拉丁美洲经济形势 / 张凡 // 拉丁美洲研究，1999（1）

拉丁美洲的城市发展和城市化问题 / 韩琦 // 拉丁美洲研究，1999（2）

分享增长：拉美与东亚的收入分配比较 / 江时学 // 拉丁美洲研究，1999（2）

关于拉美和东亚发展模式比较的几点思考 / 卢韦 // 拉丁美洲研究，1999（2）

世纪之交的拉丁美洲经济 / 苏振兴 // 拉丁美洲研究，1999（2）

拉美经委会关于改善收入分配的政策建议 / 白凤森 // 拉丁美洲研究，1999（2）

拉美收入分配为何不公 / 袁东振，曹淑芹 // 拉丁美洲研究，1999（3）

结构主义与拉美的发展 / 王萍 // 拉丁美洲研究，1999（4）

对拉丁美洲经济改革的思考 / 卢后盾 // 拉丁美洲研究，1999（4）

拉美国家：新的挑战 /〔美〕罗伯特·考夫曼；漪章〔译〕// 国外财经，1999（2）

拉美国家经济改革的经验 /〔格鲁吉亚〕X. A. 加齐里泽；卫燕任〔译〕// 国外财经，1999（3）

亚洲金融危机对拉美国家的冲击 / 陈才兴 // 社会科学，1999（3）

90 年代拉美经济发展的特点 / 江时学 // 世界经济，1999（3）

亚洲金融危机是否会在拉美重演 / 王宇 // 世界经济，1999（4）

发展中国家发展模式中的五大关系 / 江时学 // 世界经济，1999（12）

资本积累在东亚和拉美经济发展中的作用 / 黄红珠 // 企业改革与管理，1999（4）

拉美结构性经济改革评析 / 黄锦明 // 国际观察，1999（6）

拉丁美洲经济发展为何举步维艰 / 王淑华 // 中学历史教学参考，1999（10）

1999 年拉美经济走势 / 王耀媛 // 经济研究参考，1999（98）

1999 年：拉美经济出现衰退迹象 / 王耀媛 // 拉丁美洲研究，2000（1）

1999 年拉丁美洲经济形势综述 / 张凡 // 拉丁美洲研究，2000（1）

90 年代的拉美经济：增长与动荡 / 苏振兴 // 拉丁美洲研究，2000（1）

拉美国有企业改革的特点和影响 / 黄文登 // 拉丁美洲研究，2000（2）

拉美经济发展前景与中拉关系 / 张新生 // 拉丁美洲研究，2000（2）

喜忧参半的拉美经济 / 王锡华 // 拉丁美洲研究，2000（3）

智利、墨西哥和阿根廷的国有企业改革 / 白凤森 // 拉丁美洲研究，2000（3）

全球化对拉丁美洲经济的影响 / 王萍 // 拉丁美洲研究，2000（4）

近代拉美与美国城市化的不同进程与经济职能 / 刘文龙，罗平峰 // 拉丁美洲研究，2000（5）

论拉美经济发展中的地区差异 / 吴国平 // 拉丁美洲研究，2000（5）

21 世纪拉美经济面临的挑战 / 江时学 // 拉丁美洲研究，2000（6）

世纪之交拉美国家的经济发展 / 尚德良 // 现代国际关系，2000（1-2）

1999 年拉美经济回顾 / 王锡华 // 外国问题研究，2000（2）

拉美诸国经济前景预测 / 茅欣 // 国际经济合作，2000（3）

全球化对发展中国家的影响 / 江时学 // 世界经济研究，2000（4）

从"入关"到"入世"：韩国、巴西、墨西哥三国的体制转换与政策调整 / 蒲宇飞 // 国际经济评论，2000（5-6）

拉美新自由主义的后果和前景 / 周岳峰［编写］// 国外理论动态，2000（8）

拉美经济形势及趋势 / 赵涛 // 经济研究参考，2000（11）

试析近代拉美经济发展落后的原因 / 陈祥，王冬梅 // 玉溪师范高等专科学校学报，2000（增刊）

拉美和东亚发展模式比较 / 唐国植 // 广西大学学报（哲学社会科学版），2000（增刊 3）

对拉美和东亚发展模式的基本认识 / 江时学 // 太平洋学报，2001（1）

拉丁美洲和加勒比国家的经济形势 / 张凡 // 拉丁美洲研究，2001（1）

东亚危机与拉美的调整 / 张凡 // 拉丁美洲研究，2001（2）

拉丁美洲经济前景预测 / 苏振兴 // 拉丁美洲研究，2001（2）

对拉美非正规经济的几点看法 / 白凤森 // 拉丁美洲研究，2001（5）

非正规经济的概念起因和影响 / 杨西 // 拉丁美洲研究，2001（5）

拉美的非正规经济 / 谢文泽 // 拉丁美洲研究，2001（5）

拉美的非正规经济及政府的政策 / 袁东振 // 拉丁美洲研究，2001（5）

拉美经济中的"十化" / 江时学 // 拉丁美洲研究，2001（5）

试析拉美工业化的启动时间及特点 / 刘婷 // 拉丁美洲研究，2001（6）

"拉美模式"给我们的警示——谈 21 世纪的中国可持续发展 / 李强 // 真理的追求，2001（2）

2000 年拉美经济形势 / 江时学 // 世界经济，2001（2）

2000 年拉美经济增长的原因和存在问题 / 王锡华 // 外国问题研究，2001（2）

拉丁美洲经济——新经济自由主义的结局与今后的课题 / 〔日〕西岛章次；汪
　　慕恒［摘译］// 经济资料译丛，2001（2）

拉丁美洲经济形势 / 吴洪英 // 现代国际关系，2001（2）

试比较东亚模式和拉美模式之异同 / 林震 // 莆田高等专科学校学报，2001（2）

2000 年拉美经济形势的特点 / 江时学 // 中国经贸导刊，2001（3）

阿根廷危机惊醒拉美 / 沈安 // 瞭望新闻周刊，2002（1）

拉美经济在八年之中三次衰退 / 苏振兴 // 拉丁美洲研究，2002（1）

拉美经济和社会发展中的地理因素 / 赵重阳 // 拉丁美洲研究，2002（5）

拉丁美洲的早期工业化（上）/ 韩琦 // 拉丁美洲研究，2002（6）

2001 年拉美经济形势 / 江时学 // 世界经济，2002（3）

拉美国家国有企业改革及对中国的启示 / 李俊江，及扬 // 东北亚论坛，2002（4）

拉美冲击波：拉美经济的启示 / 崔晓锋 // 领导文萃，2002（6）

拉美国家改革开放的经验教训 / 江时学 // 民主，2002（8）

拉美危机启示录 / 王亚娟，苏振兴，江时学，尹保云，曾昭耀 // 世界知识，
　　2002（18）

21 世纪初拉美在世界经济中的地位——兼论拉美为什么经常发生经济危机 /
　　江时学 // 世界经济与政治论坛，2003（1）

2002 年：拉美经济的衰退与调整 / 宋晓平 // 拉丁美洲研究，2003（1）

经济继续衰退 改革面临困境——2002 年拉美经济形势述评 / 苏振兴 // 拉丁美
　　洲研究，2003（1）

拉丁美洲的早期工业化（下）/ 韩琦 // 拉丁美洲研究，2003（1）

拉美国家关于新工业化道路的探索 / 苏振兴 // 拉丁美洲研究，2003（3）

拉美国家收入再分配政策的局限性 / 袁东振 // 拉丁美洲研究，2003（3）

伊拉克战争对拉美经济的影响 / 杨建民 // 拉丁美洲研究，2003（3）

改革与发展失调——对拉美国家经济改革的整体评估 / 苏振兴 // 拉丁美洲研
　　究，2003（6）

拉美国家经济改革的经验教训 / 吴国平 // 拉丁美洲研究，2003（6）

拉美经济改革的产业经济评价 / 谢文泽 // 拉丁美洲研究，2003（6）

从东亚、拉美国家宏观政策调整看发展中国家现代化进程中政府干预问题 / 娄
　　晓黎 // 吉林财税高等专科学校学报，2003（2）

拉美现代化的经验教训及其借鉴意义 / 王平 // 湖北大学学报（哲学社会科学版），2003（2）

2002 年拉美经济形势回顾 / 江时学 // 世界经济，2003（3）

拉美的城市化与"城市病" / 张家唐 // 河北大学学报（哲学社会科学版），2003（3）

拉丁美洲的经济改革与产业结构调整 / 李明德 // 太平洋学报，2003（4）

拉美危机后对中国经济改革几个问题的再思考 / 孙竹，马宏 // 开发研究，2003（4）

拉美的国有企业私有化 / 江时学 // 改革开放论坛通讯，2003（6）

制约拉美经济发展的主要长期因素及其对中国的教益 / 黄锦明 // 经济师，2003（6）

拉美国家新自由主义经济改革的教训及启示 / 任勤 // 经济学动态，2003（8）

拉美国家工业化模式转型的经验教训 / 苏振兴 // 中国改革，2003（12）

拉美国家工业化发展模式、就业与工资水平 / 胡放之 // 湖北经济学院学报，2004（1）

走向复苏的拉美经济 / 江时学 // 国际金融研究，2004（1）

拉美经济：在复苏路上蹒跚而行 / 苏振兴 // 拉丁美洲研究，2004（1）

拉美经济改革失误的教训 / 吴志华 // 拉丁美洲研究，2004（2）

一分为二看待拉美的经济改革 / 徐世澄 // 拉丁美洲研究，2004（2）

自创新路 兴我中华——拉美模式的启示 / 尹斌 // 拉丁美洲研究，2004（2）

效率与公平——从拉美国家国有企业改革谈起 / 廖明 // 拉丁美洲研究，2004（6）

效率与公正：拉美国家国有企业转制的启示 / 吴国平 // 拉丁美洲研究，2004（6）

2003 年拉美经济形势的特点 / 江时学 // 世界经济，2004（3）

农民的城市：拉美国家城市化背后的劳动力流动 / 张勇 // 红旗文稿，2004（3）

改革与发展失调——对拉美国家经济改革的整体评估 / 苏振兴 // 中国党政干部论坛，2004（3）

拉美国家的经济改革及教训 / 陈家庆 // 湖北社会科学，2004（5）

拉美国家人均GDP接近1000美元时面临的挑战 / 江时学，杨志敏 // 政策瞭望，2004（8）

拉美经济复苏的原因及存在的问题 / 叶书宏 // 中国党政干部论坛，2004（9）

拉美各国国企改制的做法 / 裴青［摘编］// 上海国资，2004（10）

拉美国企转制之路 / 吴国平 // 上海国资，2004（10）

拉美国家新自由主义经济改革的教训及启示 / 任勤 // 理论参考，2004（12）

利用外资与经济发展：拉美的启示 / 齐欣，王新华 // 对外经贸实务，2004（12）

拉美国家人均 GDP 接近 1000 美元时面临的挑战 / 江时学，杨志敏 // 求是，
　　2004（12）

"拉美化"、"拉美病"、"拉美现象"：伪命题带来的真思考 / 江时学 // 世界知
　　识，2004（23）

从"拉美病"或"拉美化"谈起——拉美人均 GDP 达到千美元后究竟出了什
　　么问题？/ 吴国平 // 领导之友，2005（1）

人均 GDP1000 美元后的长期发展进程——东亚和拉美国家的经验教训及其
　　启示 / 郭克莎 // 开放导报，2005（1）

警惕"拉美陷阱" / 崔如波 // 企业文明，2005（1）

"拉美化"是伪命题 / 江时学 // 拉丁美洲研究，2005（1）

2004 年拉丁美洲和加勒比地区经济全面持续复苏 / 卢国正 // 拉丁美洲研究，
　　2005（2）

2005~2010 年拉美经济增长趋势分析 / 谢文泽，刘华义 // 拉丁美洲研究，
　　2005（5）

2004 年拉美经济的特点 / 江时学 // 世界经济，2005（3）

拉美国家国企改制及其启示 / 王海欧 // 首都经济贸易大学学报，2005（3）

迷梦的远逝："华盛顿共识"与拉美困境 / 房宁 // 社会观察，2005（3）

"拉美陷阱"令人深思 / 范剑青 // 农村工作通讯，2005（3）

从"拉美陷阱"看中国和谐社会的构建 / 李建良 // 桂海论丛，2005（3）

增长、平等与治理：拉美的经验 /〔美〕苏珊·斯托克斯 // 经济社会体制比较，
　　2005（5）

混乱和无序：拉美城市化的教训 / 袁东振 // 科学决策，2005（6）

拉丁美洲的新改革计划 / 钱金叶，王友顺［编译］// 中国城市金融，2005（7）

"拉美陷阱"对港澳珠三角经济发展的启示 / 王平芳 // 特区经济，2005（7）

辩证评析拉美的百年经济发展 / 韩琦 // 世界经济与政治，2005（8）

拉美国家经济改革的经验与教训 / 吴国平 // 科学决策，2005（8）

面临艰难抉择的拉美经济 / 吴国平 // 中国金融，2005（15）

"拉美现象"启示 / 叶书宏 // 招商周刊，2005（47）

20 世纪 80 年代以来拉美国家经济改革研究 / 马宁 // 东北财经大学，2005

试论二战后拉美国家工业化发展中的非经济因素 / 陈才兴 // 江汉大学学报，
　　2006（1）

未竟的工业化——对拉美国家工业化进程的考察 / 苏振兴 // 江汉大学学报，
　　2006（1）

经济增长趋势未变　增长速度有所放慢 / 吴国平 // 拉丁美洲研究，2006（1）

2005 年度拉美经济学科前沿报告 / 吴国平 // 拉丁美洲研究，2006（2）

拉美国家能实现《千年宣言》的减贫目标吗？/ 苏振兴 // 拉丁美洲研究，2006
　　（2）

拉美和加勒比地区经济复苏的特点及前景 / 卢国正 // 拉丁美洲研究，2006（2）

论 20 世纪拉美城市化进程及其对中国的启示 / 程洪，陈朝娟 // 拉丁美洲研究，
　　2006（2）

新一轮经济增长——拉美和加勒比经济贸易复苏的趋势及其特征 / 卢国正 //
　　国际贸易，2006（2）

警惕人口城市化中的"拉美陷阱" / 田雪原 // 宏观经济研究，2006（2）

"西欧道路"与"拉美陷阱" / 李回味 // 今日中国论坛，2006（2-3）

东亚拉美国际竞争力分析及其对我国的启示 / 欧阳晓东 // 广东青年干部学院
　　学报，2006（3）

拉丁美洲经济发展中的经验和教训 / 吴国平 // 中国经贸导刊，2006（3）

拉美新自由主义经济改革给我们的启示 / 王连峰，陈香兰，张改英 // 河北省
　　社会主义学院学报，2006（3）

"拉美陷阱"的成因、影响及其启示 / 牛素娟 // 河北师范大学学报（哲学社会
　　科学版），2006（3）

拉美和加勒比海地区经济状况及前景 / 郭德琳 // 国际经济合作，2006（4）

拉美过度城市化的教训与北京人口调控 / 张惟英 // 人口研究，2006（4）

拉美国家在人均 GDP1000 美元前后的发展问题及启示 / 张军果，谢克敏，张
　　均良 // 唯实，2006（6）

谨防城市化的消极后果——兼论拉美国家城市化的教训及启示 / 苏振兴 // 中

国党政干部论坛，2006（6）

拉丁美洲：全球化镜鉴 /〔墨〕卡洛斯·安东尼奥·阿居雷·罗哈斯 // 中国企业家，2006（7）

谨防城市化的消极后果——兼论拉美国家城市化的教训及启示 / 苏振兴 // 中国城市经济，2006（8）

拉美国家经济社会危机频发并非发展的一般规律 / 苏振兴 // 中国党政干部论坛，2006（9）

拉美和东亚国家（地区）在东亚金融危机后的经济恢复比较 / 靳玉英，吴茂松 // 国际金融研究，2006（9）

如何避开"拉美陷阱" / 张惟英 // 前线，2006（10）

谨防城市化的消极后果——拉美国家城市化的基本教训及启示 / 中国社科院拉美所课题组 // 中国经贸导刊，2006（10）

从拉美贫富分化看经济和社会协调发展的关系 / 赵晖 // 对外经济贸易大学，2006

拉美人均 GDP 达到 1000 美元后的问题和启示 / 徐红梅 // 对外经济贸易大学，2006

当代发展中国家的经济民族主义研究——比较分析拉美和东亚模式 / 陈卉 // 华中师范大学，2006

经济继续增长 形势好于以往——2006 年拉美经济形势评估及 2007 年的趋势预测 / 吴国平 // 拉丁美洲研究，2007（1）

经济自由与非传统安全——基于拉丁美洲经济研究 / 张学勇，金雪军 // 拉丁美洲研究，2007（1）

从宏观层面探析拉美当前经济增长趋势 / 张勇 // 拉丁美洲研究，2007（4）

进城农民逆向回流及对中国城市化进程的影响——兼与拉美城市化相比较 / 李家祥 // 求实，2007（1）

拉美经济改革模式的经验教训及给我们的警示 / 竹效民 // 云南财贸学院学报（社会科学版），2007（2）

拉美经济近况考察报告 / 国家发展和改革委经济所赴拉美考察团 // 中国物价，2007（3）

比较与反思：拉美经济社会危机教训汲取 / 严小龙 // 经济与社会发展，2007（9）

可竞争性与拉美国家工业化的教训 / 裴正兵，黄卫伟 // 生产力研究，2007（9）

拉美城镇化及其对我国的启示 / 孙鸿志 // 财贸经济，2007（12）

应吸取拉美国家城市化的教训 / 孙鸿志 // 经济纵横，2007（15）

拉丁美洲经济发展的经验和教训 / 吴国平 // 刊授党校，2008（1）

2007 年拉美经济：增长继续 挑战显现 / 吴国平 // 拉丁美洲研究，2008（1）

金融危机对社会领域的冲击——拉美国家的经验研究 / 黄志龙 // 拉丁美洲研
　究，2008（2）

美洲经济一体化中的南南合作和南北合作——从理论到实践 / 高静 // 拉丁美
　洲研究，2008（3）

拉美地区产业结构的国际比较 / 谢文泽 // 拉丁美洲研究，2008（3）

拉美经济繁荣时期的宏观经济（上）/〔哥伦比亚〕何塞·安东尼奥·奥坎波；
　袁琳〔译〕// 拉丁美洲研究，2008（3）

拉美经济繁荣时期的宏观经济（下）/〔哥伦比亚〕何塞·安东尼奥·奥坎波；
　袁琳〔译〕// 拉丁美洲研究，2008（4）

对拉美国家经济改革的回顾与评估 / 苏振兴 // 拉丁美洲研究，2008（4）

全球化背景下拉美国家竞争力的国际比较 / 吴国平 // 拉丁美洲研究，2008（5）

拉美经济：繁荣与曲折 / 张锐 // 大经贸，2008（2）

水下拉丁——拉美国家争相发展潜艇 / 杜朝平 // 舰载武器，2008（2）

非洲和拉美国家城市化的弊端及其启示 / 乔颖 // 济南大学学报（社会科学
　版），2008（2）

拉美国家可持续发展面临的机遇与挑战 / 江时学 // 世界环境，2008（3）

拉美经济：繁荣扩张期到来 / 高焰辉 // 中国外资，2008（3）

拉美城市化教训对我国的警示 / 王军平，王华妍 // 投资北京，2008（3）

从宏观角度看当前拉美地区的经济发展 / 冯丹 // 商场现代化，2008（4）

拉美地区的经济发展与油气资源国有化研究 / 郭海涛 // 国际经济合作，2008（4）

拉美外向型发展模式对中国的启示 / 岳云霞 // 科学决策，2008（4）

社会公平与经济增长：东亚和拉美地区的比较分析 / 全毅，张旭华 // 经济评
　论，2008（4）

拉美现象反思和启示 / 罗筑玲，陈文福 // 贵阳市委党校学报，2008（5）

拉美和加勒比经济处于历史最好增长期 / 卢国正 // 对外经贸实务，2008（6）

拉美城市化的发展特点及启示 / 郑文晖 // 科技风，2008（7）

浅析拉美进口替代工业化发展模式 / 张月 // 湖北社会科学，2008（8）

城市化的"拉美陷阱"与农民流动 / 燕丽 // 法制与社会，2008（17）

城乡统筹新模式避免"拉美陷阱" / 许正中 // 人民论坛，2008（24）

对拉美国家二十世纪经济增长的解释——基于谈判势力结构的视角 / 刘明国 // 华北电力大学学报（社会科学版），2009（1）

拉丁美洲 2009 年经济展望 / 迈克尔·里德；丘文敏［编译］// 大经贸，2009（1）

经济：波动明显增速放缓 / 吴国平 // 拉丁美洲研究，2009（1）

拉美"私营化"的经验教训及其对中国的借鉴——以公路为案例的公共产品提供模式再思考 / 唐俊 // 拉丁美洲研究，2009（3）

拉美能逃过此劫吗？——论全球金融危机对拉美国家的影响 / 李罡，许维力 // 拉丁美洲研究，2009（4）

拉美外向型发展模式的经济与社会成效研究 / 岳云霞 // 拉丁美洲研究，2009（5）

全球金融危机对拉美的影响 /〔哥伦比亚〕何塞·安东尼奥·奥坎波；赵丽红，郭存海，岳云霞，孟群［译］// 拉丁美洲研究，2009（6）

部分拉美国家人均 GDP5000 美元时经济社会发展的特征及启示 / 陈彩娟 // 特区经济，2009（6）

社会公正与经济市场化——拉美改革对亚洲转型国家的启示 / 常修泽 // 群言，2009（6）

东亚与拉美经济增长的动力机制比较——基于资本积累的视角 / 吴德进，陈捷 // 江西社会科学，2009（9）

结构主义理论与拉美工业化 / 梁旻 // 考试周刊，2009（38）

拉美经济发展中的财经政策失误及其后果 / 龙艳萍［执笔］// 经济研究参考，2009（40）

经济危机冲击下的负重前行——2009 年拉美宏观经济形势述评 / 柴瑜 // 拉丁美洲研究，2010（1）

后危机时期：在创新中实现全球经济的平衡 / 成思危 // 拉丁美洲研究，2010（2）

拉美的资本主义：转型期的经济和社会政策 / 胡莲娜·马丁内斯，马克辛·莫利纽克斯，迭戈·桑切斯–安科切亚；郭存海［译］// 拉丁美洲研究，

2010（5）

拉美国家经济开放度与经济增长关系的 VAR 分析 / 王玉华，赵平 // 拉丁美洲
　　研究，2010（6）

拉丁美洲与加勒比国家反危机政策的调整及其成效 / 吴国平 // 经济学动态，
　　2010（3）

拉丁美洲独立革命后经济发展缓慢的原因 / 张钟 // 德宏师范高等专科学校学
　　报，2010（4）

资本主义的"金融化"及其近年来对拉丁美洲新兴经济体的影响 /〔巴西〕
　　C.A. 莫雷拉，A. 阿尔梅达；童珊〔译〕// 当代经济研究，2010（9）

影响拉美经济发展前景的若干因素 / 江时学 // 国际观察，2011（1）

"拉美陷阱"初探 / 刘持金 // 新西部（下旬）（理论版），2011（1）

2008 年金融和经济危机及其对经济思想的影响 /〔危地马拉〕格特·罗
　　森塔尔；赵丽红，黄乐平〔译〕// 拉丁美洲研究，2011（1）

从"进口替代"到"出口导向"：拉美国家工业化模式的转型 / 苏振兴，张勇
　　// 拉丁美洲研究，2011（4）

拉美经济增长方式转变与现代化进程的曲折性 / 苏振兴，张勇 // 拉丁美洲研
　　究，2011（5）

拉美产业集群发展的特点与启示 / 詹正华 // 现代经济探讨，2011（3）

拉美国家过度城市化的政策失误分析 / 张惟英，齐艳芬 // 中国特色社会主义
　　研究，2011（1）

20 世纪发展中国家城市化历史反思——以拉丁美洲和印度为主要对象的分
　　析 / 俞金尧 // 世界历史，2011（3）

拉美国家收入分配问题及其对中国的启示 / 马强，孙剑平 // 理论导刊，2011（3）

2010 年拉美地区经济形势与 2011 年展望 / 黄志龙 // 中国经贸导刊，2011（4）

对拉美公共设施部门规制政策的思考 / 姜达洋 // 当代经济管理，2011（4）

城镇化进程中警防陷入"拉美陷阱" / 刘娟 // 临沂大学学报，2011（4）

利益集团与"中等收入陷阱"：拉美模式之反思 / 方浩 // 经济体制改革，2011
　　（5）

试析"拉美陷阱"的成因 / 陈湘源 // 当代世界，2011（8）

拉美地区城市交通概况 / 国家发改委综合运输研究所 // 城乡建设，2011（9）

从拉美经济改革的失败透视新自由主义的本质 / 张晓 // 生产力研究，2011（12）

拉美借鉴：避免陷入"中等收入陷阱" / 彭刚 // 人民论坛，2011（16）

拉美国家城市化教训及其启示 / 段瑞君 // 合作经济与科技，2011（22）

"拉美陷阱"的基本特征 / 陈湘源 // 经济研究参考，2011（70）

拉美"中等收入陷阱"探析 / 唐俊 // 浙江外国语学院学报，2012（1）

在变与不变中前行——2011 年拉美和加勒比形势回顾与展望 / 吴国平 // 拉丁美洲研究，2012（1）

欧债危机对拉美经济的影响：现状及展望 / 郑联盛 // 拉丁美洲研究，2012（2）

欧债危机对拉美经济的影响机制与拉美的政策措施及成效 / 柳明 // 拉丁美洲研究，2012（2）

拉丁美洲传统文化资源的旅游产业化路径考察 / 徐艳芳，金华，王蔚 // 拉丁美洲研究，2012（2）

2012 年拉丁美洲和加勒比地区的经济发展 / 〔墨〕阿莉西亚·巴尔塞纳；王帅〔译〕// 拉丁美洲研究，2012（6）

应对欧债危机的措施及前景——基于布雷迪计划和拉美经验的视角 / 王蕾，徐凡，周尧 // 国际经济合作，2012（2）

次贷危机格局下的拉美模式重新评价与考察——兼议政府干预与贸易保护的是与非 / 姜达洋 // 现代财经（天津财经大学学报），2012（3）

拉美经济改革与拉美化——基于产权视角的解析 / 庞建刚，张贯之 // 西南科技大学学报（哲学社会科学版），2012（3）

拉美经济改革的反思 / 史寒冰 // 金融博览，2012（4）

拉美陷入"中等收入陷阱"的教训、经验及启示 / 王友明 // 当代世界，2012（7）

拉美国家公用事业市场化过程中的亲贫规制及其启示 / 蒋寒迪 // 理论导报，2012（7）

对拉美油气政治风险的几点评估 / 孙洪波 // 国际石油经济，2012（8）

拉美进口替代战略的实施、问题和启示 / 房建国 // 湖北第二师范学院学报，2012（10）

吸取部分拉美国家发展教训避免我国落入"中等收入陷阱" / 陈彩娟 // 未来与发展，2012（10）

拉丁美洲的增长、稳定与不平等：可供欧美参考的经验 / 〔美〕詹姆斯·弗兰

克·彼得拉斯；草珺［译］// 国外理论动态，2012（12）

论 20 世纪拉美国家进口替代发展模式 / 铁平 // 经济研究导刊，2012（19）

城市化问题透视：中国的城中村与拉美的贫民窟之类比 / 钟顺昌 // 新西部，
　　2012（26–27）

论拉美国家"中等收入陷阱"及对我国的启示 / 王传涛 // 学理论，2012（28）

拉美有望跳出中等收入陷阱 / 徐世澄 // 人民论坛，2012（30）

"福利赶超"、政府失灵与经济增长停滞——"中等收入陷阱"拉美教训的再
　　解释 / 时磊，刘志彪 // 江苏社会科学，2013（1）

浅析拉美经济现代化历程 / 于淼，张寒 // 湘潮（下半月），2013（1）

"钻石模型"视角下拉美保险业的战略机遇 / 陈北 // 拉丁美洲研究，2013（1）

拉美劳动力资源现状与中拉合作前景分析 / 房连泉 // 拉丁美洲研究，2013（2）

拉美经济体经济增长的实时预测 / 菲利普·刘，特洛伊·马西森，拉斐尔·罗
　　梅乌；付强平［译］// 拉丁美洲研究，2013（5）

拉丁美洲经济：从衰退到繁荣 / 苏振兴 // 拉丁美洲研究，2013（6）

2012 年世界农药回顾拉丁美洲篇 拉美市场持续火热 / 罗艳 // 中国农药，2013
　　（2）

拉美中长期经济增长之路展望 / 李菡 // 领导之友，2013（2）

拉美经济现代化问题管窥 / 于淼 // 企业导报，2013（2）

拉美经济增长及其发展模式转型探析 / 张勇 // 人民论坛，2013（2）

对拉美国家不同发展阶段的思考——基于自卑、自信、自负角度 / 杨志敏 //
　　人民论坛，2013（18）

巴西和拉美纸业简况 / 陈镜波 // 国际造纸，2013（3）

金融危机以来拉美新兴经济体发展模式调整与走向 / 左品 // 世界经济与政治
　　论坛，2013（3）

试析拉美进口替代发展模式——兼论 1982 年债务危机对其的影响 / 张庆 // 浙
　　江外国语学院学报，2013（3）

住酒店请来拉丁美洲（上）/ 章开元 // 饭店现代化，2013（3）

住酒店请来拉丁美洲（中）/ 章开元 // 饭店现代化，2013（4）

住酒店请来拉丁美洲（下）/ 章开元 // 饭店现代化，2013（5）

拉美过快城市化负面效应待解 / 徐世澄 // 人民论坛，2013（4）

关于中国银行业开放的思考和建议——拉美、中东欧的经验及启示 / 罗鹏程 // 中国外资，2013（4）

拉丁美洲城市与生活品质：上海世博会以来的进展 /〔智利〕费尔南多·雷耶斯·马塔；薛靖恺［译］// 国际社会科学杂志（中文版），2013（4）

拉美国家劳资关系规管及其对我国的启示 / 高婉妮 // 理论与现代化，2013（4）

成长中的拉美防务市场 / 尚希，司晓 // 国防科技工业，2013（5）

依附论视域中的拉美经济发展战略 / 孔银生 // 湖北经济学院学报（人文社会科学版），2013（5）

加强特色企业文化建设 推进拉美公司业务发展 / 宋少宁，古金民 // 石油政工研究，2013（6）

拉美经济发展模式分析 / 刘畅 // 银行家，2013（6）

影响拉美经济一体化因素之研究 / 向骏 // 西南科技大学学报（哲学社会科学版），2013（6）

拉美与东亚部分国家（地区）中等收入阶段公共支出的比较与启示 / 刘金科，王朝才 // 财政研究，2013（8）

"后查韦斯时代"：拉美投资环境依然向好 / 白朝阳 // 中国经济周刊，2013（9）

一张没有开全的药方："拉美陷阱"的启示 / 邓二勇 // 金融市场研究，2013（9）

经济危机与拉美发展模式的转变——基于1929~1933年经济大萧条与出口导向型经济为个案的研究 / 张庆 // 理论界，2013（10）

拉美地区锂资源分布及开发现状分析 / 唐尧 // 盐业与化工，2013（11）

拉美城市化过快发展的负面效应值得关注 / 孙光英 // 红旗文稿，2013（17）

拉美模式与中国、越南模式的比较 / 李香菊 // 法制与社会，2013（20）

拉美城市化问题的成因检验及对中国的启示 / 万欣 // 复旦大学，2013

城市化、固定资产投资与拉美地区的长期经济增长 / 谢文泽 // 江汉大学学报（社会科学版），2014（1）

对"大市场，小政府"市场经济模式的反思——基于西方和拉美国家教训的研究 / 何自力 // 政治经济学评论，2014（1）

国际能源变局下的拉美能源形势及其应对 / 王双 // 世界经济与政治论坛，2014（1）

拉丁美洲和非洲新兴市场投资"蓝海" / 查迪玛·门迪斯；永年［译］// 博鳌

观察，2014（1）

拉美依附理论的当代发展——兼论中国经济是否正在拉美化 / 黎贵才，王碧英
   // 当代经济研究，2014（1）

简评帕尔玛的《资本项目向高度流动性的金融市场开放如何导致拉美两轮
   半的"疯狂、惊恐和崩溃"周期》// 贾根良 // 演化与创新经济学评论，
   2014（1）

跨越"中等收入陷阱"拉美国家的经验与启示 / 郑秉文 // 人民公仆，2014（1）

拉美国家在 2000~2010 年间不平等的减少：一条通往发展的途径？/〔巴西〕
   安娜·玛利亚·丽塔·米拉尼；童珊〔译〕// 海派经济学，2014（1）

如何避免像拉美国家一样陷入"中等收入陷阱" / 杨忻仁 // 黑龙江社会科学，
   2014（2）

进口替代与拉美经济危机关系 / 王洋 // 山西煤炭管理干部学院学报，2014（3）

跨越"中等收入陷阱"的消费率变化轨迹研究——基于东亚、拉美部分国家
   （地区）的启示 / 彭清华 // 兰州商学院学报，2014（4）

拉美沿海地区海岸带综合管理经验与教训——基于拉美沿海地区与中国浙江
   沿海地区的对比研究 / 王双 // 浙江海洋学院学报（人文科学版），2014（4）

拉美国家的经济治理刍议 / 江时学 // 拉丁美洲研究，2014（5）

发展权概念的经济理论渊源 / 董国辉 // 南开学报（哲学社会科学版），2014（5）

拉美地区钾盐资源的分布及成矿规律分析 / 唐尧 // 无机盐工业，2014（6）

拉美国家如何陷入"中等收入陷阱" / 彭刚，刘海影 // 人民文摘，2014（6）

拉美市场公私合营模式方兴未艾 / 杨菲 // 国际工程与劳务，2014（6）

拉美第一条高铁运作模式解析 / 王继良 // 江西建材，2014（9）

中国城镇化发展需警惕"拉美陷阱" / 刘宁 // 中国经贸导刊，2014（9）

从拉美物流发展看基础设施建设 / 吴婧 // 国际工程与劳务，2014（9）

FDI 是否提升了发展中东道国的经济增长质量——来自亚太、非洲和拉美地
   区的经验证据 / 随洪光，刘廷华 // 数量经济技术经济研究，2014（11）

拉美国家"中等收入陷阱"新诠释与再思考——基于"劳动 - 分工 - 所有制"
   框架的分析 / 周绍东，钱书法 // 当代经济研究，2014（11）

拉美"过度城市化"的惨痛教训 / 蓝颖春 // 地球，2014（12）

拉美国家过度城市化之鉴 / 董祚继 // 群言，2014（12）

研究导刊，2015（17）

拉美地区的城市化、城市问题及治理经验 / 杜凤姣，宁越敏 // 国际城市规划，
　2015（增刊）

拉丁美洲一体化

评拉丁美洲一体化 /〔墨〕J. 贝阿尔；余幼宁〔译〕// 国外社会科学，1981（2）

拉丁美洲经济一体化的现状和发展趋势 / 裘浩楼 // 拉丁美洲丛刊，1982（3）

拉丁美洲经济一体化的历程 / 李国新，李家鼎 // 国际问题研究，1982（4）

经济一体化理论在拉丁美洲的应用 /〔墨〕埃利西奥·德马代奥；李宗杨〔摘
　译〕// 世界经济译丛，1984（8）

拉美一体化运动发展述评 / 路春良 // 拉丁美洲丛刊，1985（6）

拉美经济一体化的新发展 / 安建国 // 瞭望周刊，1985（43）

拉美的经济一体化 / 尚德良 // 世界知识，1986（19）

拉丁美洲经济一体化运动——促进拉美经济发展的辅助手段 / 王琴 // 世界经
　济，1987（6）

拉美一体化的良好开端 / 吴惠忠 // 瞭望周刊，1987（50）

拉丁美洲一体化的发展趋势 / 杨斌 // 拉丁美洲研究，1988（6）

拉丁美洲经济一体化与地区合作的发展 / 安建国 // 世界经济，1988（12）

拉丁美洲国家的太平洋意识——兼论拉美地区一体化进程为何步履艰难 / 张宝
　宇 // 拉丁美洲研究，1989（4）

拉美重振一体化 / 刘瑞常 // 瞭望周刊，1990（41）

拉美经委会经济一体化思想述评 / 杨同明 // 拉丁美洲研究，1991（2）

世界新格局下的拉美经济一体化 / 阎玉贞 // 现代国际关系，1991（4）

拉丁美洲经济一体化的发展 /〔苏联〕伊·布涅基娜；那美〔译〕// 世界经济
　译丛，1991（11）

振兴中的拉美经济一体化 / 方幼封 // 社会科学，1991（11）

拉丁美洲经济区域一体化的新特点 / 王兴斌 // 国外社会科学情况，1991（12）

拉美经济一体化的新发展 / 方幼封 // 国际展望，1991（17）

拉美一体化的发展与前景展望 / 杨清 // 拉丁美洲研究，1992（1）

拉美一体化进程的战略性转变 / 沈安 // 拉丁美洲研究，1992（1）

拉丁美洲经济一体化模式 / 杨同明 // 拉丁美洲研究，1992（2）

拉丁美洲一体化蓬勃发展 / 赵长华 // 世界经济研究，1992（2）

拉美加速一体化进程 / 寒放 // 世界知识，1992（6）

拉美加快小地区经济一体化的步伐 / 刘扬 // 世界经济与政治，1993（1）

90 年代拉美的一体化及其发展前景 / 徐宝华 // 拉丁美洲研究，1993（3）

拉美一体化与布什的"美洲自由贸易区"倡议 / 杨斌 // 拉丁美洲研究，1993（4）

拉美经济一体化态势活跃 / 方幼封 // 国际展望，1993（10）

拉丁美洲一体化：转折 / 柳河［摘译］// 国外社会科学信息，1993（12）

拉美一体化进程及其发展趋势 / 袁兴昌 // 瞭望周刊，1993（49）

拉美地区一体化发展的新特点和原因 / 徐宝华 // 世界经济，1994（5）

90 年代拉美地区一体化的新发展 / 徐宝华 // 世界经济与政治，1994（11）

关于拉美地区一体化的几个问题 / 徐宝华 // 世界经济，1995（2）

90 年代拉美一体化的特点和原因 / 杜广强 // 新疆师范大学学报（哲学社会科学版），1995（3）

拉丁美洲经济一体化的新局面 / 苏振兴 // 世界经济，1995（6）

拉丁美洲开放的地区主义——拉美经委会经济一体化的新概念 / 汤小棣 // 拉丁美洲研究，1995（6）

拉美地区一体化的成就问题与前景 / 杜广强 // 历史教学，1995（11）

拉美地区一体化模式和机制的变化及其今后的发展趋势 / 石瑞元 // 世界经济与政治，1995（11）

拉美地区经济一体化结构及 1995 年取得的进展 / 张新生 // 国际资料信息，1996（5）

美国的西半球经济一体化战略及其前景 / 陈芝芸 // 拉丁美洲研究，1996（5）

论拉美地区一体化的新格局 / 徐宝华 // 太平洋学报，1997（2）

拉美经济一体化的发展及其前景 / 王晓德 // 国际问题研究，1997（4）

拉美地区一体化迅速发展 / 陈芝芸 // 瞭望·新闻周刊，1997（5-6）

拉美一体化的现状、成果和前景 / 王新禄 // 拉丁美洲研究，1998（1）

拉美经济一体化及发展趋向 / 张新生 // 现代国际关系，1998（12）

拉美区域经济一体化特点及其面临的挑战 / 陈才兴 // 复旦学报（社会科学版），

2000（2）

"开放的地区主义"与拉美经济一体化 / 王晓德 // 国际问题研究，2000（5）

美洲经济一体化的发展及前景 / 周志伟 // 湖北大学学报（哲学社会科学版），
2001（2）

三种道路，三种选择——盘点 2006 拉美一体化新进程 / 朱鸿博 // 社会观察，
2007（3）

当前拉美一体化现状及陷入困境的原因 / 周志伟 // 拉丁美洲研究，2007（5）

地区主义与拉丁美洲一体化——以南方共同市场为例 / 张建 // 上海国际问题
研究所，2007

略论拉美一体化的驱动因素 / 王纯 // 拉丁美洲研究，2008（3）

拉美地区经济一体化绩效研究 / 黄啊只，潘新睿，徐新扩 // 湖北经济学院学
报（人文社会科学版），2009（11）

APEC 拉美成员亚太区域经济一体化战略探析 / 刘晨阳，宫占奎 // 拉丁美洲研
究，2010（3）

当前拉美一体化进程中的主要制约因素 / 温大琳 // 拉丁美洲研究，2013（3）

太平洋联盟：拉丁美洲一体化的新军 / 于筱芳 // 拉丁美洲研究，2014（1）

太平洋联盟：拉美区域经济一体化的新发展 / 柴瑜，孔帅 // 南开学报（哲学
社会科学版），2014（4）

后金融危机时代拉美区域一体化的新趋势及特点 / 左品 // 国际论坛，2014
（6）

拉美一体化的历史沿革 / 刘文芳 // 卷宗，2015（1）

农业经济

拉丁美洲的土地关系和农业问题（上）/ 章叶 // 经济研究，1962（7）

拉丁美洲的土地关系和农业问题（下）/ 章叶 // 经济研究，1962（8）

拉丁美洲渔业简介 / 滕永堃［编译］// 国外水产，1964（2-3）

拉丁美洲的农业发展与粮食问题 /〔苏联〕P. 鲍罗兹季娜；魏燕慎［译］// 世
界经济译丛，1979（4）

别具特色的拉丁美洲国家食品 / 宁楠春［编］// 拉丁美洲丛刊，1981（2）

当前拉丁美洲地区的稻米生产 / 许天鸣 // 拉丁美洲丛刊，1981（2）

拉丁美洲的"绿色金子"——咖啡 / 邓立 // 拉丁美洲丛刊，1981（3）

拉美国家农业现状一瞥 / 姬美［编译］// 世界农业，1982（2）

拉美农业发展进程中面临的紧迫问题 / 张森根 // 拉丁美洲丛刊，1982（6）

拉美的"绿色象牙" / 邓立，孙桂荣 // 世界知识，1983（3）

拉丁美洲农业的发展道路及其前景 / 张森根 // 世界农业，1983（9）

拉丁美洲国家探索农副产品新用途 / 钱法［摘译］// 世界农业，1985（5）

拉丁美洲农业经济的特点和粮食问题 /〔苏联〕尤·奥努弗里耶夫；孙士明
　　［摘译］// 世界经济译丛，1985（11）

拉丁美洲粮食问题 / 王留栓 // 世界经济文汇，1986（2）

拉丁美洲渔业与外资合营简况 / 马乍圻［摘译］// 水产科学，1986（3）

战后拉美农业发展的基本分析 / 陈舜英 // 拉丁美洲研究，1986（6）

战后拉美国家的土地改革 / 焦震衡 // 拉丁美洲研究，1987（1）

拉美农业的变化和趋势 / 拉美经委会粮农组织：农业联合部；宋木［摘］// 拉
　　丁美洲研究，1987（2）

小农制和拉美农业资本主义发展 / 张森根 // 拉丁美洲研究，1988（1）

战后拉美农业现代化进程初探 / 杜建华 // 拉丁美洲研究，1988（1）

拉丁美洲的土地改革 / 卢韦 // 世界农业，1988（2）

拉丁美洲的经济发展战略与农业发展 / 熊存开 // 农业经济问题，1989（5）

评析 20 世纪拉美土改的进程与方式 / 吴洪英 // 拉丁美洲研究，1990（1）

拉美两国渔业考察的思考 / 帅国良 // 海洋渔业，1990（5）

拉丁美洲土地持续利用的新近途径和方法 / 仲民 // 环境科学，1990（6）

拉丁美洲的农业现代化 /〔法〕J. 雄肖尔；化麟［译］// 国外社会科学，1990（11）

20 世纪拉美土地改革的原因及影响 / 吴洪英 // 世界历史，1993（1）

从墨西哥恰帕斯危机看拉美农村发展中的问题 / 袁东振 // 拉丁美洲研究，1994
　　（2）

拉丁美洲的土著土地所有制和热带森林管理 /Shelton H.Davis，Alaka Wali；
　　张永桂［译］//AMBIO– 人类环境杂志，1994（8）

拉美国家水产养殖概况 / 杨国梁 // 国外水产，1995（1）

拉丁美洲的高粱 / 卢庆善 // 世界农业，1995（4）

拉丁美洲的农业 / 朱丕荣 // 世界农业，1995（6）

论拉美国家的工农业关系 / 江时学 // 中国农村经济，1995（11）

发展中国家农业发展的经验——印度、巴西、墨西哥、阿根廷实例分析 / 王耀媛 // 世界经济与政治，1996（1）

拉丁美洲严峻的土地问题 / 郭元增 // 当代世界，1996（11）

拉丁美洲渔业增长潜力研究 / 王宇 // 上海水产大学学报，1998（3）

浅论拉美农业的"瓶颈"及当今拉美农业面临的挑战 / 高静 // 拉丁美洲研究，1998（3）

关于对拉美进行农业投资的几点思考 / 冯秀文 // 拉丁美洲研究，2000（2）

赴巴西、古巴、墨西哥和泰国糖业考察报告（上）/ 钮公藩 // 广西蔗糖，2001（1）

赴巴西、古巴、墨西哥和泰国糖业考察报告（下）/ 钮公藩 // 广西蔗糖，2001（2）

试析近代拉美与美国的不同农业发展模式 / 刘文龙，朱鸿博 // 复旦学报（社会科学版），2001（5）

拉美国家渔业生产和出口现状 / 焦震衡 // 世界热带农业信息，2001（6）

拉丁美洲的农业生产 / 章金罗 // 中学地理教学参考，2002（5）

拉丁美洲的教训：对过去 20 年土地管理计划的评价 /Grenville Barnes；赵学涛［译］// 国土资源情报，2004（1）

实施农产品等级标准的影响及启示——以拉丁美洲国家为例 / 钱峰燕，刘建华 // 农村·农业·农民，2004（2）

阿根廷、巴西和古巴的农药管理和市场情况 / 陈铁春，曹昌银 // 农药科学与管理，2004（9）

土地，公正，农业发展：拉美与前苏联东欧国家的土地产权改革比较 / 孙亮 // 国际论坛，2006（6）

拉丁美洲农业利用外国直接投资的实践及启示 / 吕立才，熊启泉 // 国际经贸探索，2007（2）

拉丁美洲花卉业：跟上时代步伐 /Marta Pizano；周艳萍［译］// 中国花卉园艺，2007（7）

林业部门的民主分权：非洲、亚洲和拉丁美洲的经验教训 /〔印尼〕Anne M.Larson；宰步龙［译］// 林业经济，2008（2）

林业部门的民主分权：非洲、亚洲和拉丁美洲的经验教训（续）/〔印尼〕

Anne M.Larson；宰步龙［译］// 林业经济，2008（3）

全球化进程中的拉丁美洲传统作物（土豆篇）/ 索飒 // 绿叶，2008（10）

全球化进程中的拉丁美洲传统作物（玉米篇）/ 索飒 // 绿叶，2008（11）

几家欢乐几家愁——盘点粮食危机阴影之下的拉美"粮仓" / 胡红蕾 // 农村工
　　作通讯，2008（24）

从粮食危机反思拉美贸易和农业政策改革 / 张勇 // 拉丁美洲研究，2009（3）

从农业补贴视角浅析拉美粮食安全与农业改革 / 张勇 // 拉丁美洲研究，2011（3）

中国农地流转的前景：拉美还是东亚 / 龚文龙 // 经济研究导刊，2011（22）

拉丁美洲药用植物 / 袁昌齐，张卫明，冯煦，印敏，肖正春，王鸣 // 中国野
　　生植物资源，2012（4）

拉丁美洲合作社事业的发展 / 马力诺 // 中国合作经济，2012（6）

拉丁美洲森林环境服务市场发展及对农户生计影响 / 吴国春，赵保滨 // 中国
　　林业经济，2013（1）

拉美地区的农业保险：实践、挑战与启示 / 柴智慧，赵元凤 // 世界农业，2013
　　（9）

拉美解决粮食问题的典范——以委内瑞拉粮食主权运动为考察对象 / 苏波 //
　　农业展望，2013（9）

开垦拉美农业沃土 / 张勇 // 进出口经理人，2013（12）

拉美通货膨胀中的农业因素及启示 / 吕洁 // 现代工业经济和信息化，2013（22）

拉丁美洲红木类木材识别特征量化的研究 / 张杰 // 南京林业大学，2013

拉美地区粮食增产前景及中拉农业合作重点 / 谢文泽 // 拉丁美洲研究，2014（2）

拉美农业可持续发展的典型模式——以巴西卢拉政府的粮食收购计划为例 / 苏
　　波 // 拉丁美洲研究，2014（2）

南美篇：拉美农化市场继续光耀全球 / 王灿 // 中国农药，2014（2）

浅析拉美国家主要农机市场 / 宋援丰 // 中国农业信息，2014（21）

拉美地区农机贸易特征研究 / 张萌，张宗毅，肖宵 // 中国农机化学报，
　　2015（1）

跨国咖啡公司经营模式与拉美咖啡产业价值链的关系研究 / 周博闻 // 吉林大
　　学，2015

工业　电信业

轻金属，1991（1）

拉美国家石油战略的新调整 / 强玉才 // 世界知识，1992（6）

拉美第三大产油国 / 黄松甫，常东珍 // 世界知识，1992（20）

拉丁美洲反应堆的若干设计改进 / 刘云娇［译］// 国外核新闻，1992（7）

拉丁美洲电信业掀起私营化高潮 / 章治本 // 电子产品世界，1994（6）

拉丁美洲南部联合电力系统 /〔俄〕B. 谢苗诺夫；柯勤［译］// 水电科技情报，
　　1995（2）

拉美各国石油工业的新发展 / 钱国海 // 国际展望，1995（4）

开放中的亚洲和拉美电讯市场 / 周立人［编译］// 世界贸易组织动态与研究，
　　1995（6）

拉丁美洲的电力政策（一）/ 刘国光［摘译］// 水利水电快报，1995（7）

拉丁美洲的电力政策（二）/ 刘国光［摘译］// 水利水电快报，1995（8）

拉丁美洲的电力政策（三）/ 刘国光［摘译］// 水利水电快报，1995（9）

拉丁美洲矿业发展潜力 / 谢龙水，尹健生 // 世界采矿快报，1995（10）

拉丁美洲的光通信和市场 / 艾恕 // 世界电信，1997（2）

拉丁美洲发展无线专网通信 / 孤帆 // 通讯产品世界，1997（3）

拉美石油市场的回顾与发展 / 夏景华 // 石油化工技术经济，1997（3）

拉丁美洲主要天然气项目的问题和前景 /〔美〕Khelil Chakib；赵晓英［译］//
　　天然气地球科学，1997（5-6）

拉美能源资源的利用和能源工业的发展 / 魏红霞 // 拉丁美洲研究，1998（4）

拉丁美洲和加拿大的矿物工业 / 裴燕燕，张云尔［译］// 国外地质勘探技术，
　　1999（6）

拉美的石油市场和石油炼制 /N.D. 亚玛古奇，C. 欧巴迪亚；何素娟，陈国滨，
　　李彤［编译］// 国际石油经济，2000（3）

能源在可持续发展中的作用：拉丁美洲能源政策分析的要素 /Francisco Figueroa
　　de la Vega，Mentor Poveda；蔡学娣［译］// 产业与环境，2001（3）

高速发展中的拉美因特网市场 / 郑有强 // 世界电信，2001（3）

拉美国家的电信改革及其启示 / 吴洪 // 世界电信，2001（4）

拉丁美洲医用非织造布市场——过去，现在和未来发展趋势 /Bob Best；谢峥
　　［译］// 产业用纺织品，2002（1）

拉美石油工业发展及存在的问题 / 王锡华，焦震衡 // 国际石油经济，2002（3）

拉美国家制造业的结构调整 / 苏振兴 // 拉丁美洲研究，2002（6）

拉美产油国积极发展天然气工业 / 王锡华，焦震衡 // 国际石油经济，2003（6）

拉丁美洲经济与轮胎工业现状 / 谢立 // 橡塑技术与装备，2003（10）

2002 拉美家电工业产品市场情况 / 方圆［编译］// 家电科技，2004（2-3）

能源、发展和气候变化：亚洲和拉丁美洲的考虑/IPIECA Climate Change Working
　　Group；夏光［译］// 产业与环境（中文版），2004（2-3）

丰富的石油资源 动荡的社会环境——透视亚非拉美十国一地区（上）/ 陆如
　　泉，杨征宇 // 国际石油经济，2004（3）

丰富的油气资源 动荡的社会环境——透视亚非拉美十国一地区（下）/ 陆如
　　泉，杨征宇 // 国际石油经济，2004（4）

简析拉美国家的石油资源及其出口安全战略 / 吴国平 // 拉丁美洲研究，2005（3）

拉美电信业的改革——技术变革与劳动生产率 / 李明德 // 拉丁美洲研究，2005
　　（3）

拉美国家扩大天然气利用的计划与行动 / 付庆云 // 国土资源情报，2005
　　（3）

拉丁美洲的耐火材料工业 / 方莹［编译］// 国外耐火材料，2006（1）

拉美石油发展为何缓慢 /〔英〕罗伯特·奥尔森；齐铁健［译］// 中国石油
　　石化，2006（2）

拉美国家石油资源何以实行国有化 / 何童 // 中国石化，2006（7）

拉美：新崛起的能源大陆 / 徐世澄 // 当代世界，2006（8）

简评拉美国家矿业投资环境 / 宋国明 // 国土资源情报，2006（9）

能源工业"国有化"难成拉美主流 / 江时学 // 中国企业家，2006（13）

拯救拉美能源危机 / 温偲偲 // 百科知识，2006（13）

拉美"石油革命"冲击波 / 谢良兵［摘译］// 中国新闻周刊，2006（18）

拉美能源一体化意味着什么 / 胡加齐，李德旺 // 瞭望新闻周刊，2006（40）

矿业开采的拉美经验 / 张继武，吴文岳，刘小英 // 经济，2007（1-2）

拉丁美洲国家化妆品和盥洗用品市场 / 李静 // 日用化学品科学，2007（3）

拉美：生物能源风头劲 / 范剑青 // 农村·农业·农民（A版），2007（7）

拉美三国煤炭生产加工及环境保护 / 房照增［摘译］// 中国煤炭，2007（8）

拉美石油投资的政治风险分析 / 袁正之 // 国际石油经济，2008（3）

经济全球化背景下的拉美矿业 / 郭德琳 // 拉丁美洲研究，2008（6）

概述东亚、拉丁美洲地区电子业和汽车业的分散化生产 /Sanjaya Lall，Manuel Albaladejo，Jinkang Zhang；李盈诺［译］// 经济资料译丛，2009（4）

拉美汽车工业政策的历史考察 / 赵平 // 拉丁美洲研究，2009（6）

拉美小水电发展前景和水能资源优化配置 /〔哥伦比亚〕卡洛斯·维拉斯克斯；周章贵［编译］// 小水电，2009（6）

拉丁美洲的地域主义建筑实践 / 房志勇，万佳，林川 // 工业建筑，2010（1）

拉丁美洲化妆品市场 / 胡青 // 日用化学品科学，2010（3）

浅析拉美客户工业及其对就业的影响 / 张勇 // 拉丁美洲研究，2010（3）

拉美的资源民族主义与能源安全：对全球原油供给的意义 / 戴维·R. 马雷斯；赵欣［译］// 拉丁美洲研究，2011（2）

拉丁美洲化妆品市场展望 / 郭华山，李伟 // 日用化学品科学，2011（5）

拉美走上油气国有化之路 / 马占云 // 中国石化，2011（9）

拉美石化：几家欢乐几家愁 / 余木宝，田红民 // 中国石化，2011（12）

对拉美油气政治风险的几点评估 / 孙洪波 // 国际石油经济，2012（8）

拉丁美洲印刷与包装业现状 / 琴心［编译］// 印刷杂志，2012（11）

拉丁美洲风电市场的机遇与挑战 /Celia Sun// 风能，2012（3）

拉丁美洲国际海缆系统发展迅速 未来建设仍需统筹规划 / 李彦婷 // 世界电信，2013（5）

拉丁美洲国家邮政行业发展纵览 / 辛兵海 // 邮政研究，2013（6）

Eutelsat 通信公司着力进军拉美市场 / 谢丰奕 // 卫星电视与宽带多媒体，2013（17）

拉丁美洲家禽工业发展展望 / 段素云［译］// 饲料广角，2014（1）

拉美油气投资环境：政策、市场及风险 / 孙洪波 // 国际石油经济，2014（1–2）

后发工业国技术从模仿到创新的路径、动力与选择机制——基于汽车产业拉美模式、日韩模式和中国模式的比较分析 / 曹芳，黄乃文 // 重庆工商大学学报（社会科学版），2014（3）

管窥拉美互联网创业 / 邱月烨，余沐聪 // 二十一世纪商业评论，2014（25）

拉丁美洲钢铁市场现状分析 / 代铭玉 // 冶金经济与管理，2015（5）

拉美制造业的下滑与回归——以巴西、墨西哥和阿根廷为例 / 张盈华 // 西南
科技大学学报（哲学社会科学版），2015（6）

拉美国家工业化中的进口替代模式及其对中国的启示 / 曾韵 // 现代经济信息，
2015（11）

对外经贸关系

拉丁美洲国家的对外贸易及其前途 / 洪育沂 // 世界知识，1955（22）

拉丁美洲人民争取扩大国际经济关系 / 郭昭 // 世界知识，1956（10）

拉丁美洲人民要求平等互利的贸易 / 洪育沂 // 世界知识，1956（15）

西德、日本和美国在拉丁美洲市场上的竞争 / 洪育沂 // 世界知识，1957（5）

美国在拉丁美洲的投资与利润 / 陈树裕，岳敏常 // 世界知识，1958（17）

美国资本渗透拉丁美洲 / 桑炳彦 // 世界知识，1963（13）

美国帝国主义对拉丁美洲的资本输出 / 章叶 // 经济研究，1963（12）

美国公司在拉丁美洲的直接投资 / 石景云 // 厦门大学学报（哲学社会科学版），
1980（1）

拉丁美洲国家从欧洲货币市场借款大幅度增加 / 朱忠［编译］// 拉丁美洲丛刊，
1980（1）

七十年代日本对拉丁美洲的贸易和投资 / 姚新美［编译］// 拉丁美洲丛刊，
1981（3）

日本和拉丁美洲经济关系初探 / 杨启藩 // 世界经济，1981（10）

跨国公司在拉丁美洲的扩张 / 陈舜英 // 拉丁美洲丛刊，1982（1）

欧洲经济共同体同拉美的经济关系 / 齐海燕 // 拉丁美洲丛刊，1982（2）

苏联同拉美国家的经济贸易关系 / 吴锦荣，姚新美 // 拉丁美洲丛刊，1982（5）

拉美国家的对外渔业政策 / 郑海鹰［摘译］// 国外水产，1982（4）

拉美国家为新的国际贸易体制而斗争 / 王绪苓 // 拉丁美洲丛刊，1983（1）

拉美国家的自由进口政策及其前景 / 周良藩 // 拉丁美洲丛刊，1983（1）

拉丁美洲区域经济合作的特点和前景 / 吴国平，裘浩楼 // 拉丁美洲丛刊，1983
（2）

关于对拉美地区出口战略的商讨 / 马简文 // 国际贸易问题，1983（2）

拉美国家为什么大量进口农产品 /Ralph Reynolds；程序［摘译］// 世界农业，
　　1983（5）

日本同拉美经济关系的发展与展望 / 安建国 // 拉丁美洲丛刊，1984（3）

拉美的对外贸易特点和当前调整措施 / 张森根，齐海燕 // 拉丁美洲丛刊，1984
　　（3）

拉美对外经济关系的发展及其前景 / 吴锦荣 // 拉丁美洲丛刊，1984（5）

拉丁美洲与东盟国家的贸易关系 /〔智利〕弗朗西斯库·奥雷戈·比库尼亚，
　　胡安·雷特·R.；胡高森［节译］// 东南亚研究资料，1984（3）

日本对拉丁美洲全面的经济渗透与扩张 / 安建国 // 世界经济与政治，1984（9）

拉美的对外贸易特点和当前调整措施 / 张森根，齐海燕 // 世界经济，1984（12）

拉丁美洲同第三世界其他地区的经济合作 / 李和，裴浩楼 // 拉丁美洲丛刊，
　　1985（2）

西班牙同拉丁美洲的经济关系 / 祁金城 // 拉丁美洲丛刊，1985（3）

拉丁美洲同美国的经济关系 / 李和 // 拉丁美洲丛刊，1985（3）

拉丁美洲同经互会国家的经济关系 / 宋晓平 // 拉丁美洲丛刊，1985（3）

拉美国家的技术出口 / 李和 // 拉丁美洲丛刊，1985（5）

苏联－拉丁美洲经济关系剖析 / 何时 // 苏联东欧问题，1985（3）

浅议亚洲拉丁美洲新兴工业化国家和地区的对外贸易 / 翁全龙 // 经济问题探
　　索，1985（3）

美国在拉美的投资及其影响 / 钱共鸣 // 世界经济文汇，1985（6）

拉美国家对外开放的进程及其经验教训 / 安建国 // 拉丁美洲研究，1986（1）

拉美的对外贸易政策和实践 / 张颂豪 // 拉丁美洲研究，1986（3）

欧洲经济共同体与拉美国家经济关系的发展 / 方幼封，徐峰 // 世界经济文汇，
　　1987（1）

拉美外贸在国民经济中的地位 / 徐文渊 // 拉丁美洲研究，1987（3）

美国跨国公司与拉美农业 / 高君诚 // 拉丁美洲研究，1987（6）

西欧与拉美经济关系的发展及今后的趋势 / 齐海燕 // 西欧研究，1987（5）

东亚拉美制成品出口市场结构的比较研究 / 田钢 // 世界经济文汇，1988（1）

东亚与拉美制成品出口市场结构的比较研究 / 田钢 // 亚太经济，1988（3）

拉美的贸易情况及趋势 / 秦介福，余昌法 // 国际商务研究，1988（3）

拉丁美洲和欧洲经济共同体的贸易关系 / 陈才兴 // 世界经济研究，1988（6）

70 年代以来拉美贸易面面观（一）/ 李志祥 // 国际贸易，1988（7）

70 年代以来拉美贸易面面观（二）/ 李志祥 // 国际贸易，1988（8）

拉美国家积极促进南南合作 / 王新禄 // 现代国际关系，1989（2）

欧洲共同体与拉美地区的经济合作关系 / 陈才兴 // 西欧研究，1989（3）

开拓拉美市场刍议 / 陈正明 // 财经研究，1989（6）

拉丁美洲和亚洲弓形地区：协议经济的假象 /〔古巴〕梅嫩法斯；陈才兴〔译〕// 现代外国哲学社会科学文摘，1990（2）

日本对拉美直接投资的特点及其趋势 / 陈才兴 // 世界经济研究，1990（5）

跨国公司与拉美的经济发展 / 丁文 // 拉丁美洲研究，1990（6）

日本企业迅速跻身拉美的奥秘何在？/ 陈才兴 // 外国经济与管理，1990（9）

拉丁美洲同日本的经济关系 / 江时学 // 拉丁美洲研究，1992（2）

拉美市场及开拓策略 / 俞毅 // 国际贸易，1992（6）

外国援助与拉丁美洲的发展 /〔美〕大卫·凯默威茨；日寸〔摘译〕// 拉丁美洲研究，1993（2）

北美自由贸易协定的签署及其对拉美的影响 / 陈芝芸 // 拉丁美洲研究，1993（2）

拉美区域经济合作的发展趋势 / 苏振兴 // 拉丁美洲研究，1993（4）

拉美与东亚经济贸易合作的前景 / 苏振兴 // 拉丁美洲研究，1993（6）

日本与拉美贸易现状 / 陈泉 // 国际观察，1993（3）

北美自由贸易协定不是拉美的模式 /〔美〕马克·莱文森；胡尊让〔译〕// 世界经济译丛，1993（3）

拉美国家积极发展与亚太国家关系 / 吴国平 // 瞭望周刊，1993（4）

采取正确策略开拓拉美机电产品市场 / 闫秀荣，张增慰，姚学发 // 机械工程师，1993（4）

九十年代拉美市场的主要需求 / 熊业田 // 国际贸易，1993（4）

开拓拉美市场要注意的问题 / 罗烈城 // 国际贸易，1993（11）

拉美外贸增长速度放慢 / 杨西 // 拉丁美洲研究，1994（1）

论拉美国家的贸易自由化 / 江时学 // 拉丁美洲研究，1994（2）

拉美国家的制成品出口 / 黄红珠 // 拉丁美洲研究，1994（4）

拉美初级产品出口模式及其影响 / 苏振兴 // 拉丁美洲研究，1994（6）

拉丁美洲和加勒比地区的贸易政策改革 / 郭振林 // 世界经济研究，1994（2）

"荷兰病"与发展中国家的初级产品出口 / 江时学 // 世界经济，1994（4）

拉美与亚洲地区的经贸关系 / 阎玉贞 // 现代国际关系，1994（11）

对拉美地区提供出口信贷中的国家风险管理 / 伍伟烨 // 国际金融研究，1994
（11）

以发展对外经济关系为主旋律的拉美外交 / 焦震衡 // 拉丁美洲研究，1995（1）

对拉美国家外贸制度改革的比较思考 / 杨西 // 拉丁美洲研究，1995（2）

拉美主要国家的对外贸易政策法规 / 黄红珠 // 拉丁美洲研究，1995（2）

拉美现代化进程中的初级产品出口型发展模式 / 江时学 // 拉丁美洲研究，1995
（5）

跨国公司对东亚与拉美工业化的影响 / 王海港 // 经济科学，1995（6）

开拓拉美地区经贸业务的思考与建议 / 赵闯 // 对外经贸实务，1995（7）

世界贸易组织成员国如何开放市场和举办特区——秘鲁、巴西、墨西哥三国
考察报告 / 陈图深，李林，程正华，刘军 // 特区经济，1995（8）

拉美国家实施关税制度改革的经验 / 黄敏 // 税务研究，1995（10）

拉美各国的经营方式、销售渠道和市场营销策略 / 人皇 // 机电国际市场，1995
（12）

拉美各国的经营方式、销售渠道和市场营销策略 / 人皇 // 机电国际市场，1996
（1）

拉美各国的经营方式、销售渠道和市场营销策略（Ⅲ）/ 人皇 // 机电国际市场，
1996（2）

论西班牙与拉美殖民地贸易对双方经济的影响 / 张家唐 // 河北大学学报（哲
学社会科学版），1996（2）

拉美贸易自由化的启示 / 熊业田 // 拉丁美洲研究，1996（5）

拉美各国同西班牙的特殊核关系 / 卜灵［译］// 国外核新闻，1997（5）

拉美对外关系以经济外交为主轴 / 焦震衡 // 瞭望新闻周刊，1997（10）

拉丁美洲的非织造布市场 /Rozelle W.N.；何志贵［译］// 国外纺织技术，1997（11）

美洲贸易自由化与拉美国家的战略选择 / 王晓德 // 拉丁美洲研究，1998（1）

美洲自由贸易区：拉美国家面临的挑战 / 易水 // 拉丁美洲研究，1998（1）

拉美和东亚：共同面临的挑战 / 陈芝芸 // 拉丁美洲研究，1998（5）

浅析拉美国家的西半球经济合作战略 / 徐宝华 // 太平洋学报，1998（2）

美国与拉美经贸关系的发展及其趋向 / 王晓德 // 国际问题研究，1998（3）

韩国和拉美经贸关系的历史、现状和未来 / 金杨肯，吕军，陈威 // 现代外国哲学社会科学文摘，1998（4）

非洲和拉丁美洲市场有关情况（上）/ 傅海坤 // 广东大经贸，1998（4）

非洲和拉丁美洲市场有关情况（下）/ 傅海坤 // 广东大经贸，1998（5）

美国－拉美：航空运输新的增长点 / 孟昭蓉 // 国际航空，1998（10）

论美国与拉美国家的经济关系 /〔俄〕3.罗曼诺娃；筱荃〔译〕// 国外财经，1999（4）

供不应求的拉美新闻纸市场 / 秦进元〔编译〕// 国际造纸，1999（4）

世界贸易市场的新联合——论欧盟－拉美首次首脑会议召开对世界经济的影响 / 胡江 // 世界经济研究，1999（5）

拉美对外贸易与科学技术 / 杨西 // 拉丁美洲研究，1999（5）

世纪之交拉美对外经济关系的战略选择 / 彼得·史密斯；江时学〔摘译〕// 拉丁美洲研究，1999（6）

拉美市场疲软——南方共同市场选择新竞争切入点 / 杨殿文 // 国际市场，1999（10）

拉美国家对外经济关系的多边化趋势 / 徐宝华 // 世界经济，1999（12）

外国政府和企业是如何开拓拉美市场的？/ 周余云 // 拉丁美洲研究，2000（1）

富尔塔多谈欧洲－拉美自由贸易等问题 / 枫林 // 拉丁美洲研究，2000（1）

亚洲金融危机对拉美地区国际贸易的影响 / 王晓德 // 拉丁美洲研究，2000（4）

经济全球化与拉美国家国际参与的启示 / 宋晓平 // 拉丁美洲研究，2000（6）

拓展拉美市场空间大 / 邹艳 // 国际市场，2000（6）

"欧盟－拉美自由贸易区"建立的背景、现状及前景 / 郑先武 // 现代国际关系，2000（7）

拉美外贸体制现状分析 / 周丽霞 // 拉丁美洲研究，2001（1）

美洲贸易自由化对提高拉美企业国际竞争力的影响 / 王晓德 // 拉丁美洲研究，2001（3）

美洲自由贸易区与拉丁美洲一体化 / 王萍 // 拉丁美洲研究，2001（6）

浅析近十年的俄拉经贸——科技合作关系 / 孙桂荣 // 拉丁美洲研究，2001（6）

美国市场对拉美地区经济的意义 / 王晓德 // 国际问题研究，2001（5）

"欧盟－拉美自由贸易区"现状及前景分析 / 郑先武 // 对外经贸实务，2001（5）

拉美三国进口制度简介 / 马炳星 // 对外经贸实务，2001（8）

从拉美与东南亚金融危机看发展中国家贸易战略与金融危机的关系 / 齐俊妍 // 天津财经学院，2001

拉美外贸体制改革 / 周丽霞 // 中国社会科学院研究生院，2001

西班牙对拉丁美洲直接投资的新发展 / 林华 // 拉丁美洲研究，2002（1）

贸易自由化与拉美国家的经济发展 / 王晓德 // 拉丁美洲研究，2002（2）

试论冷战时期美国对拉美的经济援助 / 郭拥军 // 拉丁美洲研究，2002（3）

关于发展筹资峰会的一些情况 / 白凤森 // 拉丁美洲研究，2002（4）

贸易自由化与拉美国家的新产业政策 / 谢文泽 // 拉丁美洲研究，2002（4）

拉美人为何对建立美洲自由贸易区心存疑虑 / 杨首国 // 拉丁美洲研究，2002（5）

全球化时代的区域经济合作 / 李向阳 // 世界经济，2002（5）

拉美市场大有可为 / 宋心德 // 瞭望新闻周刊，2002（19）

拉美反倾销与被反倾销实证比较研究 / 杨仕辉 // 拉丁美洲研究，2003（1）

浅析跨国公司在拉美经济中的扩张趋势 / 赵雪梅 // 拉丁美洲研究，2003（2）

韩国学者谈东亚与拉美的经贸关系 / 赵重阳 // 拉丁美洲研究，2003（2）

西班牙企业在拉美的投资和发展战略 / 林华 // 拉丁美洲研究，2003（3）

拉美国家的对外开放与利益保护 / 谢文泽 // 拉丁美洲研究，2003（3）

投资拉美，有点辣 / 易杳 // 投资与合作，2003（8）

拉丁美洲超市新鲜果蔬采购体系的变迁 / 黄祖辉，钱峰燕 // 世界农业，2004（6）

全球区域经济合作的发展趋势与中国的战略选择 // 李向阳 // 拉丁美洲研究，2005（2）

拜耳注重拉美市场 / 胡笑形［摘译］// 新农药，2005（3）

美洲国家首脑会议与美洲自由贸易区的前景 / 徐世澄 // 拉丁美洲研究，2006（1）

东亚区域经济合作和美洲自由贸易区的比较 / 黄志龙 // 拉丁美洲研究，2006（1）

20世纪20年代美国对拉美地区的经济扩张 / 徐煜 // 湖北师范学院学报（哲学社会科学版），2006（3）

试论 20 世纪 20 年代美英在拉美地区的经济竞争 / 徐煜 // 湖北大学学报（哲学社会科学版），2006（4）

世界新兴的非织造布市场：中国、印度、拉美和东欧 /Karen Bitz McIntyre；许益［译］// 纺织导报，2006（12）

贸易政策、出口和经济增长——基于拉美国家实证数据的研究 // 钟熙维，Alejandro Dabat/ 国际贸易问题，2007（1）

进入拉美市场的利弊 / 晓鸣 // 进出口经理人，2007（2）

西班牙：进入欧盟和拉美市场的跳板 / 高潮 // 中国对外贸易，2007（8）

解读美洲自由贸易区谈判的停滞——从拉丁美洲的视角进行分析 / 窦望非 // 外交学院，2007

拉美国家对铝产品的关税保护 / 霍云波［编译］// 资源再生，2008（4）

略论拉美、东亚不同外贸战略的时空背景 / 王中斐，冯利娟 // 鸡西大学学报，2008（4）

拉丁美洲对铝产品的关税保护 / 王顺［编译］// 世界有色金属，2008（7）

拉丁美洲油墨市场动向 / 郝发义［编译］// 印刷技术，2008（16）

出口经济与拉美现代化的启动 / 董经胜 // 江汉大学学报（社会科学版），2009（1）

从战略高度重视拉美市场 / 江时学 // 进出口经理人，2009（5）

日本的拉美石油能源战略透析 / 于民 // 中国石油大学学报（社会科学版），2010（4）

印度与拉美的能源合作 / 时宏远 // 拉丁美洲研究，2010（5）

马德里投资促进中心主席荷西·塞恩斯（Jesus Sainz）："马德里是通往欧洲和拉美市场的桥梁" / 王莉莉 // 中国对外贸易，2010（8）

马德里：通向欧洲和拉美的投资平台 / 李璐 // 进出口经理人，2010（8）

俄罗斯转轨和拉美国家改革失败的原因及借鉴 / 董伟 // 经济纵横，2010（12）

冷战时期美国跨国公司在拉丁美洲的扩张及其策略的演变 / 吴燕 // 山东师范大学，2010

拉丁美洲贸易保护主义的是与非——对拉美 19 世纪高关税低效益现象的分析 / 杨威，贾根良 // 拉丁美洲研究，2011（2）

拉美国家的贸易开放度研究 / 柴瑜 // 拉丁美洲研究，2011（4）

拉丁美洲标签印刷市场新面貌 / 郝晔［编译］// 印刷技术，2011（14）

美的收购开利进军拉美市场 格力在发达国家筑高墙御敌 / 姜凝 //IT 时代周刊，
　　2011（23）

2011 年拉丁美洲篇回顾 拉美农药市场增长快速 / 段又生［译］// 中国农药，
　　2012（2）

透视《跨太平洋伙伴关系协定》：一个比较分析框架 / 沈铭辉 // 拉丁美洲研究，
　　2012（3）

拉美和亚太区域经济合作新动向：太平洋联盟成立之探析 / 陈志阳 // 拉丁美
　　洲研究，2012（6）

法奈利：中国放慢经济增长冲击拉美经济 / 陈弘，哈维尔·比萨 // 新财经，
　　2012（4）

20 世纪 50 年代美国对拉美的经济援助外交 / 向丽华 // 世界历史，2012（4）

我国对拉美新兴市场出口的影响因素研究——基于引力模型和变系数面板数
　　据模型的实证分析 / 邵建春 // 国际贸易问题，2012（6）

从大西洋到太平洋：拉美市场的贸易角力 / 张勇 // 领导之友，2012（7）

工商银行的"拉美"收购首秀 / 张末冬［编译］// 新商务周刊，2012（9）

拉美对外贸易：复苏迅猛，挑战犹存 / 杨志敏 // 中国经贸，2012（10）

《福布斯》专栏作家积极评价中企拉美履责情况 / 李长海 //WTO 经济导刊，
　　2012（11）

试析拉美和加勒比国家共同体的前景 / 朱玉明 // 陇东学院学报，2013（4）

俄罗斯顺利推进拉美石油战略的地缘政治原因探析 / 俞培果，廖智健 // 西南
　　科技大学学报（哲学社会科学版），2013（4）

俄罗斯在拉美地区的能源外交 / 方婷婷 // 经济社会体制比较，2013（5）

拉丁美洲能源合作开发争端解决机制研究 / 曾加，李鑫 // 西北大学学报（哲
　　学社会科学版），2013（6）

潜力与挑战并存的拉美工程承包市场 / 周密 // 国际经济合作，2013（8）

拉丁美洲的国际贸易现状和贸易契机——基于贸易条件下的分析 / 闫毅飞，刘
　　霈 // 商场现代化，2013（12）

雄心勃勃已不在——谈美国页岩气革命对拉美石化项目的影响 / 石景文 // 中
　　国石油和化工，2013（12）

太平洋联盟：拉丁美洲一体化的新军 / 于筱芳 // 拉丁美洲研究，2014（1）

美国、欧盟、中国与拉美双边经贸关系的比较研究 / 苏毓淞 // 拉丁美洲研究，
　　2014（3）

拉美投资环境：区位优势、竞争和战略选择——基于西班牙企业投资拉美的
　　实践 / 陈涛涛，陈忱 // 国际经济合作，2014（2）

太平洋联盟：拉美区域经济一体化的新发展 / 柴瑜，孔帅 // 南开学报（哲学
　　社会科学版），2014（4）

拉美区域经济一体化的新星：太平洋联盟 / 张芯瑜 // 西南科技大学学报（哲
　　学社会科学版），2014（5）

新兴市场国际资本流动的动因——基于亚洲和拉美新兴市场的研究 / 熊园，杨
　　海珍，昃于靖 // 金融论坛，2014（6）

拉美能源亚洲市场觅商机 / 田野 // 中国石油企业，2014（6）

"走进去"是境外直接投资成功的关键——专访中国社会科学院拉丁美洲研究
　　所副所长吴白乙 / 张梅 // 中国投资，2014（7）

拉美国家出口农产品供应链质量安全管理经验及启示——以巴西、阿根廷、
　　智利为例 / 苟建华 // 生物技术世界，2014（12）

迈阿密：通往拉美市场的捷径 / 陈冰 // 新民周刊，2014（17）

拉美工程承包项目的竞标风险研究 / 李昊阳 // 北京化工大学，2014

韩国的拉美能源外交战略评析及其对中国的启示 / 赵春珍 // 商业经济，2015（1）

中国与拉美国家农产品出口供应链质量安全监管模式比较的实证研究——以
　　巴西、阿根廷、智利为例 / 赵银德，苟建华，宋树理 // 浙江外国语学院
　　学报，2015（4）

19 世纪末 20 世纪初美国的拉丁美洲贸易外交 / 白云真，石少锋，宋亦明 // 拉
　　丁美洲研究，2015（4）

拉美国家参与区域服务贸易安排的"GATS-"特征及成因 / 周念利，金璐，
　　吕云龙，何诗萌 // 拉丁美洲研究，2015（4）

战后初期美国对拉美的经济政策及其调整 / 杜娟 // 拉丁美洲研究，2015（5）

TPP 谈判中拉美三国的政策立场及对拉美地区一体化的影响 / 李慧 // 拉丁美
　　洲研究，2015（6）

跨境电子商务发展探析以拉丁美洲为例 / 张夏恒 // 资源开发与市场，2015（7）

面向拉美实施跨境贸易电子商务 / 吕宏芬，俞涔 // 宏观经济管理，2015（11）

中国同拉美经贸关系

明清时代中国丝绸在拉丁美洲的传播 / 张铠 // 世界历史，1981（6）

明绸飘拉美 / 史秀 // 国际贸易，1982（4）

中国和拉丁美洲的早期贸易关系 / 沙丁，杨典求 // 历史研究，1984（4）

中国同拉丁美洲经济贸易关系的发展 / 罗烈城 // 拉丁美洲丛刊，1985（3）

我国在拉丁美洲的合营企业 / 陈福星 // 国际商务研究，1986（1）

中拉经贸大有可为 / 殷介炎 // 国际经济合作，1986（1）

开放的拉美与中国的开放 / 肖枫 // 拉丁美洲研究，1986（1）

中国和拉丁美洲开展南南合作大有可为 / 张虎生，徐世澄 // 拉丁美洲研究，
　　1986（3）

中拉经济贸易关系的发展与今后设想 / 郭崇道，熊业田，李志祥 // 拉丁美洲
　　研究，1987（5）

拉美债务资本化及中国对拉美投资构想 / 安建国 // 拉丁美洲研究，1989（1）

拉美经济形势与我国对拉美经贸关系的拓展 / 安建国 // 管理世界，1990（1）

中拉经济贸易关系的历史、现状和前景 / 徐文渊 // 拉丁美洲研究，1992（6）

中国与拉美国家的贸易概况与前景 / 朱季寅 // 国际贸易，1993（1）

抓住时机 积极拓展拉丁美洲市场 / 刘文华 // 国际经贸研究，1993（2）

近代中国与拉美国家贸易关系简论 / 郝惠，杨俊广 // 驻马店师专学报（社会
　　科学版），1993（3）

论我国与拉美经贸关系及其市场开拓 / 朱廷珺 // 兰州商学院学报，1993（4）

了解拉美市场 扩大向拉美的出口 / 徐文渊 // 拉丁美洲研究，1993（5）

拉美的经济开放和发展中拉经贸关系的对策 / 裘援平 // 拉丁美洲研究，1993（6）

中国与拉美经济关系的现状、问题和前景 / 徐世澄 // 现代国际关系，1993（11）

中国－拉美经贸关系的回顾和展望 / 徐文渊 // 瞭望周刊，1993（49）

拉美的经贸形势及扩大我对拉美出口的几点看法 / 张森根 // 世界机电经贸信
　　息，1994（1）

关于拉美国家对我出口机电产品进行反倾销的原因及启示 / 李志祥 // 世界机

电经贸信息，1994（23-24）

中国瓷器在拉美殖民地时期的传播 / 张世均 // 黔东南民族师专学报，1995（1）

中国和拉美国家经贸关系的现状和前景 / 李志祥 // 拉丁美洲研究，1995（1）

中拉经贸关系的特点和问题 / 罗烈成 // 国际贸易，1995（3）

中拉经贸关系前景广阔 / 王治权 // 中国对外贸易，1995（9）

拉美纺织品反倾销愈演愈烈　我国公司企业采取行动迫在眉睫 / 段民 // 中国
　　软科学，1995（10）

继续扩大对拉美市场出口 / 王治权 // 国际贸易，1995（12）

中国的经济改革及中拉经贸关系 / 张新生 // 国际资料信息，1996（3）

发展中国与拉美经贸关系——一些拉美国家对中国出口产品采取的反倾销行
　　动，在不同程度上正影响着双边贸易的发展 / 邵英军 // 国际贸易，1996（4）

近代拉丁美洲华人商业活动初探 / 刘文龙 // 拉丁美洲研究，1996（5）

开拓广阔的拉美市场——加快中国和拉丁美洲农牧林渔业合作的步伐 / 李
　　志祥 // 国际贸易，1996（10）

不容忽视的市场——发展中拉经贸关系的战略设想 / 吴仪 // 国际贸易，1996（12）

中国企业家应进军拉美市场 / 井中人 // 中国国情国力，1996（12）

中国瓷器在拉美殖民地时期的传播 / 张世均 // 中华文化论坛，1997（1）

拉美——中国潜在的重要经贸伙伴 / 王新禄 // 中国经贸画报，1997（4）

中国开拓拉美市场面临的机遇和挑战 / 陈芝芸 // 拉丁美洲研究，1997（5）

涉足国际领域——合作开发拉丁美洲国家资源的探讨 / 李志祥 // 国际贸易，
　　1997（6）

积极发展与拉美未建交国家的经贸关系 / 刘冰 // 中国机电工业，1997（11）

中国与拉美地区的经贸关系发展迅速 / 陈玉明 // 拉丁美洲研究，1998（6）

不宜苛求贸易平衡——中国与拉丁美洲贸易前景展望 / 李志祥 // 国际贸易，
　　1998（8）

扩大与墨西哥及拉美经贸合作 / 乐淑君 // 国际市场，1998（11）

美洲经济一体化与中拉经贸关系 / 李志祥 // 拉丁美洲研究，1999（4）

中国橡胶工业走向巴西乃至拉丁美洲的机遇 / 范仁德 // 橡胶工业，1999（7）

中国橡胶工业走向拉美的机遇 / 范仁德 // 中国橡胶，1999（13）

中国 - 拉美迎来经贸机遇 / 于凤川 // 中国经贸导刊，1999（20）

拉美经济中长期前景看好 中拉经贸机遇和挑战并存 / 戴云楼 // 世界机电经贸信息，2000（1）

浅析中国对拉美机电出口贸易 / 白东红 // 机电国际市场，2000（6）

联系中国与拉美贸易的"海上丝绸之路" / 李金明 // 海交史研究，2001（2）

集中优势 突破难点 抓住时机 大力开拓——应对中拉经贸合作的挑战与机遇 / 张国英 // 拉丁美洲研究，2001（6）

联系福建与拉美贸易的海上丝绸之路 / 李金明 // 东南学术，2001（4）

明清时期中国瓷器在拉美的传播 / 张世均 // 曲靖师范学院学报，2001（4）

论中国对拉美国家 FDI 的发展 / 欧阳斌 // 科技进步与对策，2001（7）

拉美对中国反倾销的特点、趋势和成因分析及中国对策研究 / 杨仕辉 // 拉丁美洲研究，2002（4）

中国加入世贸组织与中拉经贸关系的发展 / 蒋光化 // 拉丁美洲研究，2002（5）

近十年拉美对外贸易和中拉贸易发展的特点 / 卢国正 // 拉丁美洲研究，2002（6）

中国与拉美和加勒比经贸关系与前景展望 / 杨石翟 // 世界机电经贸信息，2003（4）

拉美石油业与中拉石油合作现状 / 拉美课题组 // 国际资料信息，2003（9）

全球化下中国与拉美贸易关系的新趋势 / 朱文晖 // 拉丁美洲研究，2004（3）

中拉合作的机遇与挑战 / 杨志敏 // 时事报告（大学生版），2004（4）

中国制造的拉美盛宴 / 郭海峰，王琦 // 中国企业家，2004（13）

中国与拉美：竞争，合作，抑或"威胁"? / 曹囡 // 拉丁美洲研究，2005（1）

中国与拉美石油合作探讨 / 刘强 // 拉丁美洲研究，2005（1）

中国拉美经贸关系迅速发展 / 顾列铭 // 当代世界，2005（4）

拉美：中国高新技术业的新大陆 / 周季钢 // 中国报道，2005（7）

拉美向中国敞开油气市场大门 / 钟石 // 中国石化，2005（11）

中国与拉美主要国家贸易互补性实证分析 / 贾利军 // 世界经济研究，2005（11）

中国在拉丁美洲的贸易投资现状与前景 / 谢康 // 世界经济研究，2005（11）

中国与拉美经济合作的基础和前景 / 吴国平 // 中国金融，2005（20）

中国与拉美的能源合作 / 贺双荣 // 世界知识，2006（8）

广东拉美经贸合作的前景与对策 / 张萍 // 大经贸，2006（9）

拉美国有化与中国机会 / 马川 // 中国石油石化，2006（10）

我国对拉丁美洲发展中国家直接投资问题研究 / 张巍 // 东北师范大学，2006

中国与南美国家农产品贸易关系的实证研究——以巴西、阿根廷、智利为例 / 刘李峰，武拉平 // 农业技术经济，2007（2）

中国对外贸易对拉美国家的影响：是祸还是福？/〔西班牙〕豪尔赫·布拉斯克斯 – 利多伊，哈维尔·罗德里格斯，哈维尔·桑迪索；高静，吴国平〔译〕// 拉丁美洲研究，2007（3）

如何应对拉美对华反倾销 / 武锋 // 拉丁美洲研究，2007（4）

经济增长与中拉贸易合作 / 刘晓惠，赵忠秀 // 时代经贸（下旬刊），2007（4）

中拉经贸关系的发展有利于推动南南合作 / 江时学 // 当代世界，2007（6）

全球化背景下中国与拉美的经济合作 / 张爱军 // 国际经济合作，2007（8）

中国 RTAs 发展及与拉美国家区域经济合作 / 冯军 // 世界经济研究，2007（12）

互惠双赢的中拉经贸关系 / 卢国正 // 中国金融，2007（16）

我国石油企业开发拉美地区石油市场的对策 / 王秀岩 // 经济纵横，2007（23）

中国 – 拉美经贸关系的国际政治经济学分析——兼论中国对拉美的经贸战略 / 田娟 // 中国人民大学，2007

中国和拉美国家经贸关系发展研究 / 杨艳 // 东北财经大学，2007

面向未来的中拉经贸关系 / 高静 // 南风窗，2008（1）

中国企业加速拉美淘金 / 牛方礼 // 中国对外贸易，2008（1）

中国与拉丁美洲贸易回顾与展望 / 董银果，Carolina Callejas// 国际商务研究，2008（2）

中拉经贸合作：在经济增长中实现良性互动 / 吴国平 // 拉丁美洲研究，2008（3）

改革与国家竞争力——中国与一些发展中国家之比较 / 廖明 // 拉丁美洲研究，2008（5）

中拉贸易摩擦分析——拉美对华反倾销形势、特点与对策 / 岳云霞 // 拉丁美洲研究，2008（6）

拉美同中国、印度的邂逅：贸易及投资的前景和挑战 /〔智利〕O. 罗萨莱斯，〔日〕桑山干夫；高静〔译〕// 国外社会科学，2008（4）

中国对拉美农产品出口的影响因素分析及前景展望 / 张洁，刘合光，Chien Hsiaoping，Minoru Tada// 农业展望，2008（8）

中国对拉丁美洲直接投资的贸易效应实证分析 / 颜岩 // 暨南大学，2008

中拉携手共同应对金融危机的挑战 / 成思危 // 拉丁美洲研究，2009（2）

中国企业在拉美投资的产业分布及动因分析 / 赵雪梅 // 拉丁美洲研究，2009
（增刊2）

中拉经贸合作面临的新形势与政策选择 / 杨志敏 // 拉丁美洲研究，2009（增刊2）

中拉应对国际金融危机的合作模式分析 / 张勇 // 拉丁美洲研究，2009（增刊2）

中国和拉美国家经贸发展的机遇和瓶颈 / 法南德 // 经济师，2009（3）

中国与拉美油气合作的机遇、障碍和对策 / 孙洪波 // 国际石油经济，2009（3）

避免中拉贸易摩擦升温 / 岳云霞 // 进出口经理人，2009（5）

中国医疗器械在拉丁美洲三国的进出口分析 / 秦军，蔡天智 // 中国医疗器械
信息，2009（5）

中企立足拉美有例可鉴 / 李西 // 进出口经理人，2009（5）

关于中国与拉美能源关系发展问题的若干思考 / 赵春珍，龚伟 // 国际论坛，
2009（6）

中国与拉丁美洲贸易前景广阔 / 刘伟基 // 中国外汇，2009（6）

影响中国与拉美贸易发展的问题与对策 / 左品 // 对外经贸实务，2009（8）

中国商人拉美投资调查 / 李关云 // 华人世界，2009（9）

浙江企业要积极开拓拉美农产品市场——考察拉美三国农产品市场纪事 / 浙江
省农业参展和考察团 // 今日浙江，2009（14）

中拉服务贸易竞争力比较分析 / 石卫星 // 中国物价，2009（12）

20 世纪 50-90 年代中国与拉美地区经贸关系研究 / 陈曦 // 吉林大学，2009

中国对拉丁美洲的经济关系 / 露茜娅（Manosalva Trillos, Sandralucia）// 吉林
大学，2009

从文化传播的视角看中国同拉美的经济合作 / 倪建平 // 对外传播，2010（1）

基于国际分工视角的中拉贸易特点分析 / 石卫星，邢凯旋 // 中国物价，2010
（2）

中国与拉美国家贸易摩擦：动因及应对之策 / 陈迎春，孙芳 // 北方经贸，2010
（2）

中拉合作：机遇 Vs. 障碍 / 金燕，孙洪波 // 中国石油石化，2010（2）

国家形象与中国同拉美的经济合作：文化传播的视角 / 倪建平 // 拉丁美洲研
究，2010（3）

土地资源、粮食危机与中拉农业合作 / 赵丽红 // 拉丁美洲研究，2010（3）

中国与拉丁美洲及加勒比地区的农业贸易形势及农业合作前景展望 / 贾焰，李
先德 // 世界农业，2010（7）

当前中国与拉丁美洲经贸关系分析 / 滕智艺 // 特区经济，2010（9）

中国在拉丁美洲直接投资的国家风险研究 / 丁伟 // 中国市场，2010（28）

中国—拉美贸易发展战略研究 / 孙煜 // 南开大学，2010

新世纪以来中国对拉美地区的直接投资 / 吴撼地 // 中国投资，2011（1）

中国与拉美油气合作：战略融入与业务成长 / 孙洪波 // 国际石油经济，2011
（1–2）

新世纪以来中国对拉美地区的直接投资研究 / 吴撼地 // 中国社会科学院研究
生院学报，2011（2）

后危机时期中国企业投资拉美和加勒比地区的机遇与挑战 / 吴国平 // 中国社
会科学院研究生院学报，2011（2）

危机后的拉美市场与中国贸易投资机遇 / 赵丽红 // 对外经贸实务，2011（3）

中国企业在拉美投资的政治风险及其对策 / 李紫莹 // 国际经济合作，2011（3）

我国与拉美地区国家能源合作展望 / 潘习平，车长波，李富兵 // 中国矿业，
2011（5）

中国油企应"加码"拉美 / 孙洪波 // 中国石油石化，2011（7）

曲线进拉美 / 张娥 // 中国石油石化，2011（23）

中药拓展拉美市场对策研究 / 熊季霞，杨霞 // 中草药，2011（8）

中国与拉美工业化的未来 / 王得忠，高佛设［编写］// 国外理论动态，2011（9）

中国与拉美经贸合作研究 / 顾昕恋 // 黑龙江对外经贸，2011（9）

中国石油企业在拉美地区可以有更大作为 / 汪芮羽 // 财经界，2011（11）

拉美经贸发展及其与中国经贸关系分析 / 董香凝 // 北京师范大学，2011

冷战后中国对拉美地区的石油外交研究 / 傅倩茹 // 南开大学，2011

拉美国家应对 ICSID 的挑战及对策研究 / 卡利娜 // 大连海事大学，2011

浙江中小企业拓展拉美市场的调查与分析 / 宋树理，赵银德，宋海英 // 对外
经贸实务，2012（1）

中国与拉丁美洲国家农产品贸易前景与挑战——从中国角度对问题与机遇的
分析 / 马建蕾，秦富，刘岩 // 世界农业，2012（1）

中国石油 HSE 管理在拉美地区的实践 / 彭继轩，李勇，翟智勇，高希峰 // 油气田环境保护，2012（3）

2011 年我国对拉美市场中药出口分析 / 霍卫 // 中国现代中药，2012（4）

新世纪以来拉美与亚太地区的经贸合作——兼论中国与拉美的经贸合作 / 李淑娟 // 拉丁美洲研究，2012（4）

中国在拉丁美洲的贷款 / 柳明，王发军 // 拉丁美洲研究，2012（4）

新时期拉美结构主义与中拉能源合作的前景 / 张仕荣，张曙光 // 拉丁美洲研究，2012（6）

中国工程承包企业亟须进入拉美 / 天雨 // 经济，2012（5）

与拉美国家互惠互利，让重庆经济进入快车道 / 李静，谭舒 // 重庆与世界，2012（6）

中国对拉美地区贸易出口特征和潜力研究 / 黄繁华，张湘莎 // 世界经济与政治论坛，2012（6）

中国扩大对拉美直接投资的策略研究 / 樊梦婷，钟熙维 // 财经问题研究，2012（8）

入世以来中国对拉美地区直接投资结构分析 / 顾梅玲，吕宏芬 // 企业文化旬刊，2012（8）

"马歇尔计划"对推进人民币走向非洲、拉美的启示 / 刘增彬 // 金融与经济，2012（8）

拉美经济与"中国因素" / 江时学 // 当代世界，2012（12）

进一步深化与扩展中国与拉美主要国家经贸合作的战略研究 / 唐宏轩 // 黑龙江大学，2012

中国与拉美地区主要国家货物贸易互补性分析 / 潘福林，党中飞 // 长春工业大学学报（社会科学版），2013（1）

中国和拉美主要国家在美国市场上的出口挤占 / 王飞 // 拉丁美洲研究，2013（2）

中拉经贸合作潜力与环境研究——基于拉美市场条件的分析 / 岳云霞 // 拉丁美洲研究，2013（2）

中国与拉美经贸关系中的合作与冲突 / 董国辉 // 拉丁美洲研究，2013（3）

中国与拉美国家自由贸易协定的效应评价 / 武小琦，陈开军 // 拉丁美洲研究，2013（5）

拉美国家对华贸易摩擦现状及应对——以巴西、阿根廷为例 / 岳云霞，武小琦 // 中国经贸，2013（3）

浙江苍南对拉美、西班牙出口态势的对策探讨 / 谢尚峰 // 经济师，2013（3）

中国－拉美农产品贸易的影响因素：基于引力模型的实证分析 / 宋海英 // 农业经济问题，2013（3）

中拉能源合作：经验、问题与未来选择 / 吴白乙 // 当代世界，2013（4）

中拉经贸关系的特点及发展前景 / 江时学 // 当代世界，2013（9）

浙江企业开拓拉美市场面临的机遇与挑战 / 吕宏芬，郑亚莉，赵智展 // 浙江学刊，2013（5）

中国经济发展面临"拉美收入困境"的问题和对策 / 吕洋，吴建利 // 辽宁经济管理干部学院（辽宁经济职业技术学院学报），2013（5）

拉美浙商反哺：特征、机遇和挑战 / 赵银德，宋树理，陆卫平，吕宏芬 // 浙江外国语学院学报，2013（6）

中国对拉美直接投资的现状及发展问题研究 / 李辉，侯志铭，张荣 // 财经理论研究，2013（6）

海外企业文化建设的探索与实践——拉美公司文化建设启示 / 尹君泰 // 北京石油管理干部学院学报，2013（6）

中国石油：对优秀全球企业公民的孜孜追求——读中国石油第四份国别企业社会责任报告《中国石油在拉美》/ 殷格非 //WTO 经济导刊，2013（6）

加强特色企业文化建设　推进拉美公司业务发展 / 宋少宁，古金民 // 石油政工研究，2013（6）

中美在拉美的竞争与合作 /〔美〕彼得·哈基姆；田姗姗〔译〕// 中国经济报告，2013（7）

在中拉经济合作中发挥桥梁作用——访 CAF- 拉丁美洲开发银行董事长兼首席执行官恩里克·加西亚 / 张林 // 中国金融，2013（11）

中国与拉美能源合作的机遇和挑战 / 徐惠菲 // 经济视角（下），2013（11）

基于引力模型的中国－拉丁美洲农产品贸易影响因素及贸易潜力实证研究 / 蔡鑫 // 对外经贸，2013（12）

中国与拉美主要国家农产品贸易现状 / 梁倩 // 现代商贸工业，2013（18）

我国与拉美地区经贸合作前景展望 / 季剑军 // 中国经贸导刊，2013（27）

中国在拉美直接投资的区位选择及其影响因素实证分析 / 黎意斌 // 复旦大学，2013

中国－拉美地区自由贸易发展存在的问题与对策 / 党中飞 // 长春工业大学，2013

中国对拉美地区直接投资影响因素的实证分析及对策建议 / 张荣 // 东北财经大学，2013

中国与拉丁美洲贸易关系演变研究——从两地贸易增值战略分析 / 马瑞科 // 对外经济贸易大学，2013

中国在拉美地区的自由贸易区布局及合作战略 / 田志，吴志峰 // 拉丁美洲研究，2014（1）

中拉农业贸易与投资发展趋势 / 张勇 // 拉丁美洲研究，2014（4）

拉美油气投资环境：政策、市场及风险 / 孙洪波 // 国际石油经济，2014（1-2）

拉美经济与中拉关系：新挑战和新机遇 / 沈安 // 国外理论动态，2014（2）

拉丁美洲与中国的国际贸易：经济增长的启示 /〔美〕Jaime Ortiz，刘德学，吴建新 // 产经评论，2014（3）

中国投资拉美的隐忧和思考 / 张勇 // 新周刊，2014（3）

拉美区域合作与中拉合作的战略选择 / 赵晖 // 国际问题研究，2014（4）

浙江中小企业"走进"拉美市场的现状与原因 / 唐俊 // 对外经贸实务，2014（4）

中国－拉丁美洲经贸关系探析 / 潘成 // 中国外资，2014（4）

中国与拉美主要国家服务贸易的互补性研究 / 聂聆，黄夕珏 // 西南科技大学学报（哲学社会科学版），2014（4）

中国钢企如何开发拉美市场 / 肖素莹 // 市场研究，2014（5）

中国企业在拉美"任"重道远 / 赵丽芳 // WTO 经济导刊，2014（5）

中国与拉丁美洲主要新兴市场国家经济自由度比较与启示 / 钱晨 // 国际贸易，2014（5）

山东省与拉丁美洲贸易结构与竞争优势的实证研究 / 陈洪娟，赵金国 // 东岳论丛，2014（6）

作拉美市场的开拓者——专访拉美贸易网董事长张梅 / 张梅 // 中国投资，2014（7）

中拉经贸关系发展的四大趋势 / 乔丽荣，陈红娟 // 经济纵横，2015（2）

中拉经贸关系长远发展的路径选择 / 李紫莹 // 拉丁美洲研究，2015（2）

拉美贸易便利化对中国出口影响的实证分析 / 孔庆峰，董虹蔚 // 拉丁美洲研究，2015（4）

当前中拉合作的成效与深化合作的战略意义 / 刘青建 // 拉丁美洲研究，2015（5）

新常态下中国与拉美经贸关系的新发展 / 唐俊 // 拉丁美洲研究，2015（5）

资源民族主义与中国在拉丁美洲的投资安全 / 王双 // 拉丁美洲研究，2015（5）

中国汽车出口拉美市场机会及对策 / 王正中，王东升 // 汽车工程师，2015（3）

中拉经贸合作的现状、前景展望和政策思考 / 毕晶 // 国际贸易，2015（3）

中国与拉美：以信任为基础的区域合作 / 邢凯旋，邓光娅 // 开放导报，2015（3）

如何推进中国在拉美的农业投资 / 魏蔚 // 中国发展观察，2015（4）

中拉能源合作的机遇与挑战 / 张译元 // 中国市场，2015（4）

中国对拉美国家直接投资影响因素研究——基于引力模型的实证分析 / 池仁勇，邱雯娴，汤临佳 // 浙江工业大学学报（社会科学版），2015（4）

关于"一带一路"建设与中拉合作深化的若干思考 / 左品 // 国际观察，2015（5）

中拉铁路产业合作现状 / 白秀兰，赵非甦 // 国际研究参考，2015（5）

理解中拉能源合作中的抗议事件 / 金晓文 // 战略决策研究，2015（5）

大变局时代下的中拉整体合作前景探析 / 赵晖 // 中国经贸导刊，2015（6）

对拉美援助分析：国际现状与中国模式 / 岳云霞 // 战略决策研究，2015（6）

中国对拉美投资战略亟须升级 / 牛海彬 // 中国投资，2015（6）

中拉论坛机制化背景下的能源合作——问题解析与战略思考 / 赵春珍 // 前沿，2015（6）

总理力促产能合作"试水"拉美 / 周志伟 // 中国远洋航务，2015（6）

浙江出口战略转型升级及对拉美市场的开拓——基于产品空间的视角 / 唐俊 // 对外经贸，2015（6）

中国对亚洲及拉丁美洲典型国家直接投资的母国决定因素 / 张婷婷 // 广西财经学院学报，2015（6）

我国同拉美国家经济贸易关系的发展问题探讨 / 吴显君 // 现代经济信息，2015

（6）

对于新形势下中拉经贸合作的几点思考 / 吕优 // 现代经济信息，2015（14）

中国电商加快拓展拉美市场 / 王海林 // 服务外包，2015（7）

中国企业国际化的拉美攻略 / 黄兆华 // 建设机械技术与管理，2015（8）

拉美能源资源产业发展及中拉合作建议 / 张勇 // 国际经济合作，2015（8）

中国对拉美主要国家直接投资的风险分析 / 吴彤，陈瑛 // 国际经济合作，2015（10）

拉美经贸合作方兴未艾 / 李紫莹 // 唯实，2015（9）

中国－拉美基础设施问题与中拉合作 / 芦思姮 // 社会科学战线，2015（10）

在拉美做一个成功的投资者 / 李五洲 // 今日中国（中文版），2015（10）

冷战后美国的拉美一体化战略——霸权利益的视角 / 宋伟 // 世界经济与政治，2015（12）

关于浙江外贸开拓拉美市场的思考 / 唐俊 // 经济研究导刊，2015（16）

海外浙商反哺家乡现状调研——以拉美浙商为例 / 钟青青 // 经济研究导刊，2015（21）

中国已成为拉美外资主要来源 / 郑青亭 // 中国外资，2015（17）

投资拉美的机遇与风险 / 张勇 // 瞭望，2015（22）

21 世纪以来中国对拉美国家援助新变化 / 吕敬敬 // 法制博览，2015（30）

中国对拉美直接投资现状、问题及对策 / 李欣宇，孙文海 // 时代金融，2015（33）

中国对拉美国家出口贸易潜力研究——基于引力模型的实证分析 / 张文琪 // 山东财经大学，2015

中国企业在拉美地区投资的风险管理研究 /Munoz Pahuamba Argelia// 武汉理工大学，2015

中国石油企业投资拉美地区风险控制研究 / 黄茜 // 对外经济贸易大学，2015

影响中国对拉美地区直接投资的区位因素实证研究 / 唐诗晴 // 对外经济贸易大学，2015

中国对拉美国家直接投资的影响因素研究 / 李静 // 对外经济贸易大学，2015

中国对拉美直接投资的特征和潜力问题研究 / 付思昱 // 对外经济贸易大学，2015

中国对拉美的石油直接投资——基于国际生产折衷理论的研究视角 / 周楠 //
    上海外国语大学，2015
中国与拉美国家相互依赖模式研究 / 楼项飞 // 上海外国语大学，2015

财政　金融

拉丁美洲国家对外国直接投资的政策 / 裴浩楼 // 拉丁美洲丛刊，1980（1）
战后西方大国对拉丁美洲资本输出的趋势 / 欧阳森先 // 拉丁美洲丛刊，1981（4）
谈谈对拉美地区出口的付款方式 / 史万钧 // 国际贸易问题，1983（1）
结构主义、货币主义与拉丁美洲的通货膨胀 /〔哥斯达黎加〕L. 雷内·卡塞雷
    斯；余幼宁〔译〕// 国外社会科学，1983（10）
试论战后拉丁美洲垄断资本的形成和发展 / 安建国 // 世界经济，1984（12）
拉丁美洲南部锥形地区货币主义批判 / 埃德玛·L. 巴查；戴汉笠〔译〕// 国际
    社会科学杂志（中文版），1985（3）
拉丁美洲外资政策的新发展 / 高铦 // 拉丁美洲丛刊，1985（3）
拉丁美洲国家利用外资的经验教训 / 江时学 // 拉丁美洲丛刊，1985（5）
拉丁美洲的金融危机和工业化 /〔阿根廷〕S. 比塔尔；余幼宁〔译〕// 国外社
    会科学，1986（1）
战后拉美国家对外资的政策及管理措施 / 齐海燕 // 拉丁美洲研究，1986（2）
拉美国家的统计概况 / 张明 // 外国经济与管理，1986（10）
在拉丁美洲的外国直接投资 / 刘玉树 // 国际经济合作，1987（1）
拉美国家金融市场的缺陷与改革 / 张颂豪 // 拉丁美洲研究，1987（4）
八十年代外国对拉美直接投资的动向 / 徐世澄 // 拉丁美洲研究，1987（6）
拉丁美洲国家的通货膨胀问题 / 阎玉贞 // 现代国际关系，1987（4）
拉美地区通货膨胀率为何再度回升 / 李在芹 // 拉丁美洲研究，1988（4）
拉美通货膨胀与经济发展的关系 / 卢韦 // 拉丁美洲研究，1988（5）
拉美与我国通货膨胀之比较 / 肖枫 // 拉丁美洲研究，1988（5）
一定程度的通货膨胀难以避免 / 张宝宇 // 拉丁美洲研究，1988（5）
拉丁美洲严重通货膨胀的原因和影响 / 卢韦 // 世界经济，1988（11）
拉美国家的通货膨胀及其治理措施 / 丹军，安慧莲 // 经济工作通讯，1988（22）

通货膨胀居高不下 / 吴国平 // 拉丁美洲研究，1989（1）

巴西、阿根廷、墨西哥医疗保险制度考察 / 赴三国医疗保险制度考察团 // 中国卫生经济，1989（2）

拉丁美洲反通货膨胀的战斗 /〔墨〕卡尔沃；陈才兴〔译〕// 现代外国哲学社会科学文摘，1989（2）

亚洲"四小"与拉美国家外资利用的比较分析 / 胡平 // 上海金融，1989（9）

论拉美国家利用外国直接投资 / 江时学 // 世界经济，1989（11）

拉美国家治理通货膨胀的经验教训 / 梅振民 // 瞭望周刊，1989（19）

拉丁美洲必须制定和实施一项更有效的反通货膨胀计划 /〔古巴〕佩利普·帕佐斯；邵建云〔译〕// 经济社会体制比较，1990（1）

拉美国家高通货膨胀剖析 / 方幼封 // 世界经济文汇，1990（1）

通货膨胀持续恶化，调整措施逐渐趋同 / 吴国平 // 拉丁美洲研究，1990（1）

战后外国对拉美直接投资的发展变化 / 陈才兴 // 拉丁美洲研究，1990（2）

拉美国家吸引外资的调整措施及其效果 / 陈才兴，陈建豪 // 复旦学报（社会科学版），1990（4）

80 年代外国对拉美直接投资的特点 / 陈才兴，陈建豪 // 世界经济与政治，1990（5）

论拉美国家资本外逃及其经济影响——"贫血者身上抽血" / 陈耀庭，汪全银 // 世界经济与政治，1991（6）

外国在拉丁美洲的直接投资 / 朱书林〔摘译〕// 国际研究参考，1991（7）

发展中国家与新形式投资 / 江时学 // 世界经济，1992（1）

世界银行副行长谈拉美财政金融形势 / 刘东山 // 拉丁美洲研究，1992（5）

外向型的经济发展战略有利于抑制通货膨胀——东亚与拉美的经验教训分析 / 邓崇明 // 亚太经济，1992（5）

拉丁美洲的投资环境投资机会和投资方式 / 卢传敏 // 国际贸易问题，1992（6）

拉丁美洲和东亚的政策、外国投资及经济增长的比较 /〔美〕西米恩·海因；高荣兴〔摘译〕// 财经理论与实践，1992（6）

机制与政策：拉美通货膨胀的基本成因、治理政策及启示 / 马建堂 // 经济研究参考，1992（153）

拉美国家改善投资环境对外资放宽限制 / 朱书林 // 拉丁美洲研究，1993（1）

// 价格理论与实践，1994（10）

信贷拍卖：拉美画家利用国际金融组织贷款的新方式 / 黄敏 // 中国投资与建设，1994（11）

论拉美国家通货膨胀问题的根源 / 江时学 // 拉丁美洲研究，1995（3）

拉美国家反通货膨胀的有益经验 / 张宝宇 // 国际金融研究，1995（5）

拉美国家是如何降低通货膨胀率的 ?/ 江时学 // 国际社会与经济，1995（5）

价格控制不是反通胀的有效工具——拉美国家反通货膨胀的经验教训 / 江时学 // 改革，1995（5）

充满潜力的拉美保险业 / 孙长胜 // 江苏保险，1995（6）

拉丁美洲一些国家的税制改革 / 计金标［编译］// 税务，1995（6）

拉美矿业投资环境分析及我国应采取的对策 / 武伟 // 有色金属工业，1995（6）

拉丁美洲部分国家的税收改革 / 俞其锐 // 福建税务，1995（8）

拉美国家是怎样反通胀的 / 张家哲，方幼封 // 探索与争鸣，1995（10）

拉丁美洲的税制改革 / 梁红星，董根泰［译］// 涉外税务，1995（11）

论拉美国家的反通货膨胀 / 江时学 // 太平洋学报，1996（1）

外资在拉美、东亚发展模式中的作用 / 江时学 // 当代亚太，1996（2）

拉丁美洲养老金体系改革的国际经验分析 / 郭振林 // 中国保险管理干部学院学报，1996（2）

拉美外国投资现状 / 闫玉贞 // 国际资料信息，1996（3）

拉丁美洲的养老金制度改革 / 刘沅 // 世界经济与政治，1996（5）

东亚与拉美金融改革成效之比较 / 梁建武 // 现代国际关系，1996（5）

拉美税务管理私有化简介 / 李兴华，阿德力·别克［编译］// 涉外税务，1996（12）

拉美国家反通货膨胀成效显著 / 江时学 // 瞭望新闻周刊，1996（41）

墨西哥金融危机后外国在拉美的直接投资 / 高静［译］// 拉丁美洲研究，1997（1）

外资大量流入后拉美国家的宏观经济管理 / 黄红珠 // 拉丁美洲研究，1997（2）

试论拉丁美洲国家的金融改革 / 黄红珠 // 拉丁美洲研究，1997（3）

国民储蓄率为何东亚高而拉美低 / 杨慧芳 // 统计与预测，1997（2）

三个拉美国家医疗保障制度改革简况 / 范桂高［编译］// 国外医学（卫生经济分册），1997（3）

流入拉美的外资现状与趋势剖析 / 王学鸿，王有勤 // 世界经济研究，1997（4）

对拉美市场投资的策略研究 / 温耀庆 // 国际商务研究，1997（5）

拉美国家成为电信投资热点 / 蒋晨 // 世界电信，1997（6）

拉美国家的金融改革 / 黄红珠 // 外向经济，1997（7）

试论进入拉美的国际资本 / 王学鸿，赵明 // 海南金融，1997（12）

拉美主要国家吸收外资的成效、教训和启示 / 陈才兴 // 拉丁美洲研究，1998（3）

拉美国家防范金融风险的措施及其启示 / 陈才兴，陈宏 // 探索与争鸣，1998（3）

拉丁美洲的保险业 / 顾祖芬，戴申生 // 中国保险管理干部学院学报，1998（3）

拉美六国保险业的自由化及其成效 / 顾祖芬，戴申生 // 中国保险管理干部学院学报，1998（4）

拉美保险市场日益火爆 / 钟水浩［编译］// 国际市场，1998（5）

论拉美的国际资本流动 / 卢后盾 // 世界经济，1998（5）

以市场换投资——试论拉美经济发展策略 / 周忠菲 // 世界经济研究，1998（5）

金融危机波及拉美 / 木子 // 中国财政，1998（11）

拉美金融危机的原因和影响 / 张颖 // 国际金融，1998（11）

拉美国家与国际金融危机 / 吕银春 // 瞭望新闻周刊，1998（45）

主要拉美国家解决财政赤字的经验与教训 / 李志毅 // 南开经济研究，1998（增刊）

拉美：下一个金融危机爆发地区？——拉美金融动荡的成因、影响及启示 / 陶士贵 // 河北经贸大学学报，1999（1）

拉美国家的汇率制度 / 黄红珠 // 拉丁美洲研究，1999（2）

拉美国家资本积累模式对金融的影响——对巴西金融动荡的思考 / 吴国平 // 拉丁美洲研究，1999（3）

拉美与东亚储蓄率差异的原因探析 / 黄红珠 // 拉丁美洲研究，1999（5）

拉丁美洲零售银行业的改革与发展〔美〕乔治·L.布莱特，马林·J.帕克；王智，祝晓峰［译］// 国外财经，1999（3）

浅谈拉丁美洲的美元化 / 王瑞华 // 世界经济文汇，1999（5）

论拉美经济的美元化 / 樊华，余佩珍 // 世界经济，1999（9）

拉美"美元化"构想能实现吗 / 辅雨 // 世界知识，1999（16）

拉美国家经济可望重新走上复兴之路——谈拉美国家美元化问题 / 江时学 // 国际经济评论，2000（1-2）

1950-94拉丁美洲资本股本标准化评估的更新 / 〔智利〕安德尔·A.霍夫曼；

胡久权〔译〕// 湖南财经高等专科学校学报，2000（3）

美元化与拉美 / 江时学 // 世界经济，2000（3）

浅议拉美国家"美元化" / 雷娟 // 武汉金融高等专科学校学报，2000（3）

拉美国家不同汇率制度及其启示 / 钟甫宁，朱晶 // 学海，2000（5）

拉美国家经济美元化现象分析 / 郑先武，李振华 // 改革与理论，2000（6）

拉美经济"美元化"：原因、利弊与前景 / 张灿华 // 现代国际关系，2000（10）

拉美地区的投资机遇 / 王正旺，梁树和 // 中国经贸导刊，2000（12）

是福还是祸——拉美国家经济美元化再探 / 郑先武 // 世界知识，2000（12）

拉美国家的金融改革与启示 / 杨永航 // 暨南大学，2000

拉美国家的金融体系（上）/ 黄红珠 // 拉丁美洲研究，2001（2）

拉丁美洲的美元化问题及其发展趋势 / 王先锋，陈建新 // 拉丁美洲研究，2001

（3）

拉美和东亚利用外资的比较 / 江时学 // 拉丁美洲研究，2001（3）

拉美国家的金融体系（下）/ 黄红珠 // 拉丁美洲研究，2001（4）

拉美货币美元化的可行性与前景分析 / 韩经 // 世界经济研究，2001（2）

拉美和东亚的汇率制度比较 / 江时学 // 当代亚太，2001（3）

拉美美元化的可行性与前景分析 / 滕书圣，阮锋 // 国际金融研究，2001（4）

外国直接投资何以大量涌入拉美 / 宋林峰 // 瞭望·新闻周刊，2001（4-5）

美元化给拉美带来了什么？/ 张凡，徐发兴 // 半月谈，2001（6）

拉美国家投资政策比较研究 / 田贵明 // 世界经济与政治，2001（8）

比较拉美和东亚的金融自由化 / 江时学 // 世界经济，2001（9）

拉美国家货币美元化问题 / 杨首国 // 国际资料信息，2001（9）

拉美和东亚的外资管理比较 / 江时学 // 现代国际关系，2001（9）

拉美金融改革与发展模式的得失 / 曲延明〔编写〕// 国外理论动态，2001（9）

浅析拉美国家的经济美元化 / 卫明凤 // 淮海工学院学报（自然科学版），2001

（专刊）

拉美地区美元化趋势及前景探析 / 金岩 // 金融教学与研究，2002（1）

拉美国家的美元化利弊分析 / 杨国蕊 // 商业研究，2002（2）

近年来外国在拉美的直接投资 / 高静 // 拉丁美洲研究，2002（3）

对当前拉美直接投资环境评估初探 / 杨志敏 // 拉丁美洲研究，2002（5）

赤字财政、巨额负债与拉美经济危机的频繁爆发 / 赵春玲，张武春 // 内蒙古社会科学（汉文版），2002（5）

拉美发展的关键：金融问题 / 海佛 // 领导文萃，2002（6）

近期拉美金融动荡的表现与成因 / 陶士贵 // 对外经贸实务，2002（9）

拉美金融危机：下一个会是谁？/ 章奇 // 银行家，2002（10）

拉美金融业为何如此脆弱 / 吴国平 // 中国金融，2002（10）

怎样看待当前拉美地区的金融动荡 / 马欣 // 中国外汇管理，2002（10）

拉美阿根廷危机的传染效应 / 江时学 // 瞭望新闻周刊，2002（29）

国际资本流动与拉美经济稳定 / 林晶 // 中国社会科学院研究生院，2002

拉美和东亚的外资管理比较 / 江时学 // 中国社会科学院研究生院学报，2003（1）

1990 年代拉美 6 国管理短期资本流动的政策比较和启示 / 宋林峰 // 拉丁美洲研究，2003（2）

论拉美国家的金融自由化 / 江时学 // 拉丁美洲研究，2003（2）

2002 年以来拉美吸收外国直接投资分析 / 杨志敏 // 拉丁美洲研究，2003（5）

拉美国家汇率制度的选择及其对中国的启示 / 李富有，李敏 // 拉丁美洲研究，2003（6）

拉美金融脆弱性的根源及启示 / 刘曙光 // 外交学院学报，2003（2）

拉美货币美元化的动因、路径和可行性简析 / 李正彪 // 云南财贸学院学报，2003（4）

从拉丁美洲金融危机看汇率制度的发展 / 王稳，周兆立 // 中国海洋大学学报（社会科学版），2003（5）

浅析新兴市场经济体金融危机的成因和防范——从东亚和拉美金融危机引发的思考 / 李东荣 // 金融研究，2003（5）

拉美国家对国际游资管理的经验分析 / 周晓妮，臧苏湘 // 中国外汇管理，2003（9）

拉美和加勒比：外国直接投资走势及跨国公司战略 / 卢国正 // 国际经济合作，2003（9）

拉美国家利率市场化的教训及启示 / 孟建华 // 金融会计，2003（11）

拉美国家开放资本项目的经验教训 / 江时学 // 世界经济与政治论坛，2004（1）

拉美为什么经常爆发金融危机 / 江时学 // 太平洋学报，2004（1）

外国直接投资对东亚和拉美国家经济安全影响的制度分析 / 崔健，刘忠华 //
　　东北亚论坛，2004（1）

"汇率制度两极化"：拉美国家的经验研究 / 黄志龙 // 拉丁美洲研究，2004（2）

关于拉美金融改革与危机的借鉴性思考 / 景学成 // 拉丁美洲研究，2004（2）

从"走出去"战略高度研究拉美市场开发和投资环境 / 中国社会科学院拉美所
　　投资环境研究课题组 // 拉丁美洲研究，2004（3）

拉丁美洲小额信贷初探 / 张勇 // 拉丁美洲研究，2004（4）

东亚和拉美利用外资差异比较 / 胡月晓 // 山东工商学院学报，2004（3）

论 20 年来拉美四次金融危机及对我国的启示 / 孙立，秦婷婷 // 东北师大学报，
　　2004（4）

拉美国家的汇率制度与美元化 / 江时学 // 世界经济，2004（5）

拉美和东亚国家的汇率制度选择及其对中国的启示——兼谈人民币汇率升值
　　问题 / 伍志文，李海菠 // 经济科学，2004（6）

拉美国家金融危机初探及其借鉴 / 陈金德 // 福建金融，2004（7）

从纯技术的角度看拉丁美洲美元化的前景 / 田贤亮，刘思琦 // 国际金融研究，
　　2004（11）

拉美国家美元化问题研究 / 朱小梅 // 武汉大学，2004

美元化对拉美经济的影响 / 张曙光 // 外交学院，2004

拉丁美洲从金融危机中吸取的惨痛教训 / 恩里克·伊格莱西亚斯；高静［译］
　　// 拉丁美洲研究，2005（3）

政府在利用外国直接投资与维护国家经济安全中的地位和作用——东亚和拉
　　美比较分析 / 刘忠华，崔健 // 中共南京市委党校南京市行政学院学报，
　　2005（4）

新自由主义与拉美国家的金融危机 / 李淑梅 // 理论学刊，2005（5）

拉美国家美元化：汇率制度选择视角述评 / 朱小梅 // 湖北大学成人教育学院
　　学报，2005（6）

拉美国家过度投资与我国投资过热比较研究 / 顾严 // 经济研究参考，2005（10）

拉美国家的汇率制度及对我国的启示 / 詹宏毅 // 红旗文稿，2005（11）

拉美国家汇率制度选择及其成本－收益分析 / 何慧刚 // 经济与管理，2005（11）

拉美国家经济美元化原因分析 / 卫明凤 // 中国科技信息，2005（15）

拉美银行危机的教训 / 吴国平，杨志敏，高静 // 中国经贸导刊，2005（15）

金融自由化、危机和救助：拉美和东亚对中国的启示 /〔美〕芭芭拉·斯托林斯；
　　黄佳，胡雪琴，曹雪锋，贾润军［译］// 经济社会体制比较，2006（1）

拉美国家美元化的历程及现实原因探析 / 朱小梅 // 湖北大学学报（哲学社会
　　科学版），2006（1）

从博弈论视角看拉美的“美元化”前景 / 朱小梅 // 拉丁美洲研究，2006（1）

拉美公共养老保险私有化改革比较 / 贾永成 // 拉丁美洲研究，2006（3）

拉美国家金融动荡的财政因素分析 / 石建华，孙洪波 // 拉丁美洲研究，2006（4）

外资银行与拉美银行体系的效率 / 张蓉 // 拉丁美洲研究，2006（4）

20 世纪 90 年代拉美国家的财政管理改革 / 孙洪波，吕薇薇 // 拉丁美洲研究，
　　2006（6）

拉美和东亚国家汇率制度的选择及其经济绩效分析 / 王宏冀，李小林 // 沿海
　　企业与科技，2006（2）

拉丁美洲汇率政策的政治经济学——兼评国际金融政治经济学 / 周先平 // 国
　　外社会科学，2006（3）

拉美中央银行的独立性研究 / 肖曼君，周中林 // 湖南师范大学社会科学学报，
　　2006（3）

经济发展阶段与国际资本流入方式选择及效应：东亚与拉美的经验 / 李玉蓉 //
　　吉林大学社会科学学报，2006（4）

外资银行在拉美国家银行改革中的作用 / 张蓉 // 广东金融学院学报，2006（4）

20 世纪 90 年代拉美国家财政改革的经验与教训 / 孙洪波，孙忠云 // 贵州财
　　经学院学报，2006（5）

拉美养老金制度改革的评价及启示 / 刘存绪，黄麟 // 四川劳动保障，2006（11）

拉美国家中央银行的改革经验及启示 / 肖曼君 // 海南金融，2006（5）

拉美国家外资依赖问题分析及启示 / 李建伟 // 经济前沿，2006（7）

拉美国家财政改革研究评述 / 杨万明，孙洪波 // 经济与管理研究，2006（8）

拉美国家美元化对国际货币体系改革的影响 / 朱小梅 // 理论月刊，2006（8）

拉美国家金融脆弱性的根源及其对中国的启示 / 周昌斌 // 金融与经济，2006（9）

20 世纪 90 年代拉美国家财政改革综述 / 孙洪波 // 地方财政研究，2006（11）

拉丁美洲国家财产税改革及启示——以智利、牙买加为例 / 邵锋 // 涉外税务，
2006（11）

拉美养老金制度改革的评价及启示 / 刘存绪，黄麟 // 四川劳动保障，2006（11）

拉美国家金融自由化历程及对中国金融改革的启示 / 李雪飞 // 国际关系学院
学报，2006（增刊）

国际区域货币合作的拉美美元化模式研究 / 何圣财 // 东北师范大学，2006

金融美元化、货币错配与拉美的金融危机 / 高媛 // 河北大学，2006

危机、金融转移与收入分配：拉美的经验及中国的启示 / 陈志刚 // 广州大学
学报（社会科学版），2007（1）

20 世纪 90 年代以来国际社会对拉美投资环境的评估 / 李强 // 拉丁美洲研究，
2007（1）

拉丁美洲金融危机频繁爆发的根源探析 / 张丽哲 // 商场现代化，2007（3）

拉丁美洲金融自由化失败原因探究 / 张洪哲 // 商场现代化，2007（9）

影响汇率制度选择的政治因素——东亚和拉美新兴市场国家的实证分析 / 邝
梅，王杭 // 国际金融研究，2007（10）

拉美地区利用外资的经验分析 / 何智娟 // 知识经济，2007（11）

拉美地区外国投资的机遇与挑战 / 吴晓鹏 // 中国金融，2007（16）

拉美国家货币与金融区域合作任重而道远 / 黄志龙 // 中国金融，2007（16）

实际汇率变动对东亚和拉美国际竞争力的影响——基于相对劳动成本平价的
视角 / 林晓梅 // 浙江工商大学，2007

南方银行：拉美"金融独立"的序曲 / 张锐 // 当代世界，2008（1）

南方银行：奏响拉美金融进行曲 / 张锐 // 现代商业银行，2008（1）

拉美国家财政改革的启示 / 金燕 // 拉丁美洲研究，2008（1）

20 世纪 90 年代以前拉美国家金融压抑的状况及其影响 / 冯丹 // 拉丁美洲研究，
2008（2）

拉美国家结构性养老金制度改革与绩效评价 / 孙静，刘昌平 // 拉丁美洲研究，
2008（5）

拉美国家银行业引进战略投资者的绩效分析 / 李倩倩，陈贵鹏 // 时代金融，
2008（2）

南方银行：拉美"金融独立"序曲 / 高焰辉 // 中国外资，2008（2）

基于最优货币区理论的拉美货币一体化分析 / 夏侯珺 // 江西农业大学学报（社会科学版），2008（3）

拉丁美洲养老保险体制改革及其评价 / 贾洪波 // 经济研究导刊，2008（3）

人民币国际化条件下的外汇管理——拉美美元化对我国的启示 / 何圣财，汪陈 // 铜陵学院学报，2008（3）

拉丁美洲、中东欧及东亚新兴市场国家金融部门外国直接投资研究 / 项卫星，王达 // 国际金融研究，2008（4）

拉美美元化的实证分析 / 何圣财 // 经营管理者，2008（16）

试析拉丁美洲养老金制度改革 / 吕军 // 考试周刊，2008（53）

银行业兼并和超级并购：阿根廷、巴西和墨西哥 /〔墨〕艾丽西亚·希龙；黄志龙〔译〕// 拉丁美洲研究，2009（1）

拉美国家的"顺周期"财政政策：经验教训及启示 / 孙洪波，王芊 // 拉丁美洲研究，2009（4）

过去25年拉丁美洲的养老金和医疗改革 / 卡梅洛·梅萨·拉戈；郭存海〔译〕// 拉丁美洲研究，2009（5）

拉美国家税制改革对收入分配的影响 / 孙静 // 拉丁美洲研究，2009（6）

新兴拉美银行业改革的效应研究 / 张蓉 // 拉丁美洲研究，2009（6）

拉美国家的财政政策与社会凝聚 / 吴国平 // 拉丁美洲研究，2009（增刊）

拉美和加勒比地区国家外资政策的变化趋势 / 郭德琳 // 国际经济合作，2009（3）

外资在拉美和加勒比地区的政策趋势 / 郭德琳 // 国际经济合作，2009（7）

如何有效地扩大医疗保险覆盖面——拉美国家的经验教训及启示 /〔美〕卡梅罗·梅萨-拉戈，吴媞，杨一帆// 贵州民族学院学报（哲学社会科学版），2009（5）

次贷危机下的人民币国际化路径选择——拉美美元化及日圆国际化对我国的启示 / 金丽红，杜文洁 // 武汉金融，2009（10）

拉丁美洲国家养老保险制度改革研究 / 陈工 // 财经问题研究，2009（10）

拉美地区小额信贷覆盖深度变化及对我国的启示 / 刁莉，黄孝武，程承坪 // 国际金融研究，2009（10）

金融危机加快拉美私营养老金改革步伐 / 房连泉 // 银行家，2009（12）

资本项目开放与金融稳定——20世纪90年代拉美国家比较研究 / 黄志龙 //

中国社会科学院研究生院，2009

拉丁美洲国家养老金制度的成本分析 / 唐俊 // 拉丁美洲研究，2010（5）

投资拉美：荆棘丛生的必然之路 / 岳云霞 // 南风窗，2010（5）

拉美养老金改革计划模式及评述 / 张著名 // 现代商业，2010（11）

拉美矿业投资环境评价调查 / 宋国明 // 资源与人居环境，2010（12）

拉美地区养老金改革和对我国的借鉴 / 胡玉玮 // 中国金融，2010（17）

拉美国家利率市场化经验及对我国的启示 / 孔丽娜，郑新 // 南方金融，2011（4）

拉美私有化养老金制度扩面困境、措施与启示 / 齐传钧 // 拉丁美洲研究，2011（4）

拉丁美洲和加勒比地区的养老金制度 / 唐俊 // 拉丁美洲研究，2011（6）

拉美小额信贷监管经验及对我国的启示 / 李东荣 // 金融研究，2011（5）

投资拉美莫错过巴西与智利 / 欧岩 // 进出口经理人，2011（9）

拉丁美洲养老金制度改革的启示 / 吕军 // 黑龙江史志，2011（24）

外汇储备增长的宏观经济效应——基于东亚与拉美的数据分析 / 刘惠好，王永茂 // 中南财经政法大学学报，2012（2）

失业保险新发展：拉美失业保险储蓄账户制度 / 张占力 // 中国社会保障，2012（2）

对拉美各国"三支柱"养老金体系的反思 / 贺瑛，华蓉晖 // 中国社会保障，2012（12）

金融危机对拉美国家私营养老金的影响及经验启示 / 李振文 // 社会保障研究，2012（3）

第二轮养老金改革的兴起与个人账户制度渐行渐远——拉美养老金私有化改革30年之反思 / 张占力 // 社会保障研究，2012（4）

20世纪末拉美国家税制改革的动因及其启示 / 王春元 // 浙江外国语学院学报，2012（4）

拉美金融之痛 / 姚福 // 西部大开发，2012（5）

拉美三国微型金融的特点 / 汪小亚 // 中国金融，2012（5）

拉美应对通胀的教训与启示 / 沙虎居，陈刚，项枫 // 浙江经济，2012（5）

金融危机背景下养老金制度改革——以拉美地区为例 / 李俊飞 // 上海保险，2012（6）

金融危机中拉美新兴市场国家货币错配变动分析 / 祝恩扬，侯铁珊 // 改革与
　　战略，2012（9）

拉美小贷：不只是放贷收贷 / 秦丽萍，李隽 // 中国中小企业，2013（1）

拉美小额信贷发展进程中的主体、目标及互动模式分析 / 柴瑜，乔丽荣 / 拉丁
　　美洲研究，2013（1）

资本项目开放为何必然导致拉美金融危机频发 / 何塞·加布里埃尔·帕尔玛；
　　李黎力，李双双［译］// 拉丁美洲研究，2013（2）

拉美国家金融开放度研究 / 柴瑜，李圣刚 // 拉丁美洲研究，2013（4）

拉美微型金融的商业化模式与特点研究 / 李浩民，柳明，孟令坤 // 拉丁美洲
　　研究，2013（4）

拉美微型金融现状及发展创新 / 南希·李；译川［译］// 博鳌观察，2013（3）

拉美及欧洲债务危机对我国的启示 / 焦争昌 // 商，2013（4）

拉美国家养老金制度的私营化改革与再改革 / 郭林 // 甘肃社会科学，2013（4）

拉美金融危机特征及启示 / 杨公齐 // 中国连锁，2013（8）

论拉美和欧洲主权债务危机及其民粹主义政策风险 / 刘志强 // 经济纵横，2013
　　（9）

现代化进程中拉美国家养老金改革带给中国的启示 / 章洵 // 理论月刊，2013
　　（11）

拉美国家养老金制度比较研究综述 / 金之怡 // 江苏商论，2013（12）

资本流入易变性及其经济效应研究——基于拉美及亚洲经济体的比较 / 钱佳佳
　　// 复旦大学，2013

21 世纪以来拉美国家利用外国直接投资的比较分析 / 赵雪梅 // 拉丁美洲研究，
　　2014（1）

拉美国家的货币替代问题研究 / 闫屹，郝志强 // 拉丁美洲研究，2014（1）

拉美国家财政改革及其对中国的启示 / 罗万平 // 甘肃行政学院学报，2014（1）

金融危机对拉美国家私营养老金的影响及经验启示 / 李龙 // 上海保险，2014（1）

金融危机对拉美国家私营养老金的影响及经验启示 / 李龙 // 上海保险，2014（1）

资本项目向高度流动性的金融市场开放如何导致拉美两轮半的"疯狂、惊恐
　　和崩溃"周期 / 何塞·加布里埃尔·帕尔玛；李黎力，李双双［译］// 演
　　化与创新经济学评论，2014（1）

拉丁美洲国家激进型利率市场化改革对我国的启示 / 刘东庆，刘美春 // 经济论坛，2014（2）

拉美国家地方债及治理 / 吴国平，王飞 // 中国金融，2014（5）

利率市场化改革的道路选择　拉美三国家的实践意义 / 刘东庆，刘美春 // 经济研究导刊，2014（8）

拉美非缴费型养老金制度对中国农村养老金改革的启示 / 房连泉 // 拉丁美洲研究，2014（4）

对拉丁美洲养老保险改革的再认识 / 杨宜勇，温鹏莉，刘桂莲 // 中国物价，2014（6）

拉美国家美元化及去美元化问题研究 / 郝志强 // 河北大学，2014

拉美养老基金投资基础设施的案例研究及中国启示 / 田天园 // 西南财经大学，2014

外国直接投资对拉美和东亚工业化国家（地区）资源配置效率的影响 / 柴瑜 // 拉丁美洲研究，2015（2）

拉美与东亚国家（地区）中等收入阶段的税负、税制结构比较与启示 / 戚悦，王朝才，张晓艳 // 财政研究，2015（2）

拉丁美洲房地产税制的经验与教训 / 刘威，满燕云，何杨 // 国际税收，2015（3）

牙买加体系下主要拉美国家汇率改革的影响及其经验 / 王庆安，李海海 // 求索，2015（3）

拉美国家 20 世纪 80 年代以来的金融改革与评价 / 陈雅娟，胡树林 // 石家庄经济学院学报，2015（5）

投资拉美：风险与应对 / 张明德 // 国际问题研究，2015（6）

拉美国家养老保险改革研究 / 杨宜勇 // 理论动态，2015（10）

拉美国家对外直接投资的决定因素研究 / 张婷婷 // 技术经济与管理研究，2015（10）

拉美地区金融风险及其外溢性 / 王有鑫，张文哲 // 国际金融，2015（12）

债务问题

拉美的债务 / 逄珊 // 世界知识，1982（3）

拉美国家的债务危机及其影响 / 晓园 // 拉丁美洲丛刊，1983（1）

拉美国家的债务危机 / 齐楚 // 现代国际关系，1983（5）

拉美外债的膨胀及其发展趋势 / 游仲文 // 世界经济，1984（3）

外债与主权：拉丁美洲面临的挑战 /〔阿根廷〕阿尔多·费雷尔 // 拉丁美洲丛刊，1984（3）

拉美国家在债务问题上的反霸新动向 / 里程 // 拉丁美洲丛刊，1984（4）

引人关注的拉美债务危机 / 方幼封 // 拉丁美洲丛刊，1984（4）

拉丁美洲债务危机的现状和前景 / 肖强 // 国际金融研究，1984（4）

战后拉美国家外债危机的原因及其前景 / 翟雯 // 经济问题探索，1984（10）

拉丁美洲债务的神经战 / 樊亚男［译］// 天津金融研究，1984（11）

合理解决拉美国家的债务问题 / 谷源洋，魏燕慎 // 瞭望周刊，1984（29）

拉丁美洲国家的债务问题 / 樊亚男 // 天津金融研究，1985（1）

拉美国家解决债务问题的对策及其前景的展望 / 许国云 // 安徽大学学报（哲学社会科学版），1985（1）

简评拉美债务危机中的资本反向流动 / 安建国 // 拉丁美洲丛刊，1985（2）

浅谈拉美债务危机在对外关系方面的影响 / 高永华 // 拉丁美洲丛刊，1985（3）

拉美国家债务问题的发展趋势及其影响 / 岳毓常 // 国际问题研究，1985（3）

拉美债务危机的缓和及前景 / 安建国 // 世界知识，1985（11）

拉美外债问题概况 / 高永华 // 瞭望周刊，1985（19）

拉美债务危机：原因及对策 / 尤安山 // 拉丁美洲研究，1986（1）

拉美国家解决债务问题的前景 / 李在芹 // 拉丁美洲研究，1986（3）

拉丁美洲国家摆脱债务危机所作的努力 / 方幼封 // 世界经济研究，1986（2）

拉美国家在外债问题上的经验教训 / 赵长华 // 外国经济与管理，1986（3）

回顾和展望为外债问题所困扰的拉美经济 / 曹琪荣 // 经济研究参考资料，1986（27）

拉美经委会论拉美债务危机 / 江时学 // 拉丁美洲研究，1987（1）

拉丁美洲国家的外债问题及其经验教训 / 方幼封 // 社会科学，1987（7）

拉美国家要求合理解决外债问题 / 沈安 // 瞭望周刊，1987（11）

解决拉美债务问题的新动向 / 华言 // 拉丁美洲研究，1988（2）

债务危机在拉美造成的后果：通货膨胀 /〔巴西〕弗朗西斯科·L. 洛佩斯 // 拉丁美洲研究，1988（4）

拉美债务危机：成因与对策 / 余文健 // 求是学刊，1992（2）

拉美资金回流，债务形势趋缓 / 黄红珠 // 拉丁美洲研究，1992（2）

拉美外债对通货膨胀和资金外逃的影响 / 周子勤 // 拉丁美洲研究，1992（5）

拉丁美洲 1991 年的外债情况 / 罗国海 // 世界经济科技，1992（16）

拉美外债危机缓解 / 沈安 // 瞭望周刊，1992（40）

拉丁美洲的债务危机与出路 / 戴月明 // 世界经济研究，1993（5）

拉丁美洲的外债：地区努力的进展与问题 /〔墨〕阿尔弗雷多·卡斯特罗·埃
    斯库德罗；徐世澄〔译〕// 世界经济译丛，1993（7）

私有化对拉美债务问题的影响 /〔美〕拉维·拉马默蒂；胡强〔译〕// 世界经
    济译丛，1993（7）

九十年代拉美国家债务危机的缓解趋势 / 程岗 // 国际经济合作，1994（5）

拉美国家缓解债务发展经济的状况及前景 / 谭雅玲 // 国际金融，1995（7）

从拉美的债务状况看南北经济关系 / 谭雅玲 // 国际金融研究，1996（7）

巴西、墨西哥、智利的债务处理方式 / 王克明 // 经济导刊，1997（2）

拉美债务危机和东南亚金融危机比较研究 / 戴建中 // 国际金融研究，1999（8）

20 世纪 70 年代以后拉美国家大量举借外债的原因 / 孙立，薛永昭 // 长春金
    融高等专科学校学报，2003（1）

拉美地区的外债风险——外债周期假说的实证分析 / 王凡 // 湖湘论坛，2003（1）

拉美地区外债问题研究 / 唐迪 // 辽宁经济，2003（1）

拉美国家债务危机的成因及对中国的启示 / 孙立，薛永昭 // 长春市委党校学
    报，2003（4）

拉美国家债务危机中的财政因素与启示 / 石建华，孙洪波 // 广西财经学院学
    报，2006（4）

拉丁美洲债务危机的国内外原因及 IMF 在其中的作用 / 杜锦 // 天府新论，
    2006（增刊）

拉美国家应对债务危机的财政调整 / 孙洪波 // 拉丁美洲研究，2007（2）

浅析拉美债务危机的原因及对中国的启示 / 吴腾月 // 大众文艺（理论），2009（7）

拉美债务危机和欧洲债务危机成因的比较及其对我国的启示 / 叶谦，沈文颖 //
    经济问题探索，2011（10）

债务危机让拉美经济"停滞十年" / 高潮 // 中国对外贸易，2011（10）

20 世纪 80 年代以来拉美债务问题分析 / 王莉 // 经营管理者，2012（9）

走出欧债危机的对策研究——基于欧洲主权债务危机与 80 年代拉美债务危机的成因比较分析 / 王蕾，于淼 // 企业导报，2013（6）

拉美与欧洲主权债务危机的比较研究 / 王兴贵 // 湖南科技大学，2013

拉美三国与我国外债问题的比较研究 / 陈小特 // 河北大学，2013

拉美国家债务危机的经验教训分析及启示 / 惠争勤 // 北京金融评论，2014（3）

拉美债务危机和欧洲主权债务危机的成因对比及启示 / 周亚囡，曹雅婷，林清清 // 企业家天地（下半月刊），2014（7）

浅谈 20 世纪末拉丁美洲债务问题 / 李俊琪 // 现代妇女（下旬），2015（1）

文化　科学　教育　体育

拉丁美洲语言谈 / 曹锡珍 // 世界知识，1964（7）

拉丁美洲语言简况 / 劳宁［译］// 语言学资料，1965（4）

拉丁美洲西班牙语的特点 / 学思［编译］// 语言学资料，1966（1）

拉丁美洲一些国家和地区的主要图书馆简介 / 焦震衡 // 宁夏图书馆通讯，1980（2）

拉美国家情报系统概况 / 钱宝峰 // 情报科学，1980（2）

拉丁美洲的非正规教育 / 镜庭 // 外国教育动态，1980（6）

拉丁美洲的语言 / 曹雪鸿 // 世界知识，1980（22）

拉丁美洲的档案训练 / 秦铁辉 // 档案学通讯，1982（1）

拉丁美洲教育事业简述 / 焦震衡 // 拉丁美洲丛刊，1982（4）

拉美八国新闻业简况 / 管彦忠［编译］// 新闻战线，1982（6）

巴黎拉丁美洲资料馆藏情况 /〔美〕V. 蕾伯；王祖望［摘译］// 国外社会科学，1982（8）

拉丁美洲国家的扫盲运动 / 念书 // 拉丁美洲丛刊，1983（5）

现代建筑在拉丁美洲的发生与发展 / 王秉铨 // 世界建筑，1984（4）

对"拉丁美洲的独立革命"一章教材教法的探讨 / 梁立 // 河南大学学报（哲学社会科学版），1984（4）

现代拉丁美洲建筑 /〔阿根廷〕豪尔赫·格鲁斯维尔格；凌颢［译］// 世界

建筑，1984（4）

科技革命与拉丁美洲 / 高铦 // 拉丁美洲丛刊，1984（6）

拉丁美洲的电子媒介 / 周小普 // 国际新闻界，1985（1）

国际档案界——拉丁美洲的档案工作 / 王克农，张杰［摘译］// 档案工作，
　　1985（2）

拉丁美洲的印第安语 / 肖莲 // 国际问题资料，1985（22）

拉美国家的智力开发与经济发展 / 陈作彬 // 拉丁美洲研究，1986（2）

拉丁美洲各国档案工作概述 / 何嘉荪，曹家驹 // 档案学通讯，1986（3）

拉丁美洲一些国家的主要图书馆简介 / 张念书 // 山东图书馆季刊，1986（4）

拉美国家的科技发展潜力分析 / 黎华辛 // 中外科技信息，1987（1）

访拉美三国及西班牙图书馆杂感 / 冯秉文 // 图书馆工作与研究，1987（3）

拉丁美洲文化的历史来源及其特点 / 刘文龙 // 史林，1988（2）

拉美国家的科技政策及其效益 / 谭宗颖 // 中外科技信息，1988（6）

拉丁美洲国家的华文报刊 / 方积根，胡文英 // 新闻研究资料，1989（2）

从战后拉美教育发展史看发展中国家教育危机 / 曾昭耀 // 拉丁美洲研究，1989
　　（2）

电子计算机在美国拉美研究中的应用 / 李和 // 拉丁美洲研究，1989（3）

拉丁美洲混合文化结构 / 刘文龙 // 拉丁美洲研究，1989（4）

拉丁美洲魔幻现实主义的文化背景 / 杨士恒 // 河南大学学报（哲学社会科学
　　版），1989（5）

拉丁美洲未来的科技 / 张萍［编译］// 未来与发展，1989（6）

拉丁美洲的职业技术教育 / 单力 // 民族教育研究，1990（3）

拉丁美洲研究范式的变化 /〔日〕松下洋；曲翰章［译］// 国外社会科学，
　　1990（8）

拉丁美洲的科学 /〔委内瑞拉〕F. 帕尼纳；郭天威［译］// 中外科技信息，
　　1991（2）

拉美国家的比较教育课程（上）/ 黄志成 // 外国教育资料，1991（2）

拉美国家的比较教育课程（下）/ 黄志成 // 外国教育资料，1991（4）

拉美国家的教育改革与发展 / 丁邦平 // 外国教育研究，1992（2）

拉美国家的教育管理专业课程 / 黄志成 // 外国教育资料，1992（3）

智利、阿根廷、墨西哥的职业教育 / 高奇 // 教育与职业，1991（3）

拉美国家图书出版概况 / 铁樯 // 中国出版，1992（3）

拉美文化与文学 / 李德恩 // 外国文学，1992（3）

西班牙和拉丁美洲国家的档案教育工作 / 张关雄［编译］// 档案工作，1992（8）

现代拉美城市建筑的文化特点 / 刘文龙 // 社会科学，1993（1）

现代拉美文化科学的外源性 / 刘文龙 // 拉丁美洲研究，1993（4）

拉丁美洲地区政府教育财政的比较分析 / 高建民 // 比较教育研究，1993（4）

80 年代以来拉美国家的教育发展、问题及对策 / 黄志成 // 外国教育资料，
　　1993（5）

拉丁美洲国家教育新走向——大力开展科技教育 / 黄志成 // 外国教育资料，
　　1993（6）

拉美国家的比较教育研究 / 王定华 // 比较教育研究，1994（1）

拉美国家的高等教育改革为何进展迟缓 / 西蒙·斯其沃兹曼；杨新育［译］//
　　世界教育信息，1994（1）

拉美西班牙语的形成与特点 / 陈泉 // 外国语（上海外国语学院学报），1994（1）

论教育在现代化进程中的战略地位——关于中国和拉美国家教育改革经验的
　　比较思考 / 曾昭耀 // 拉丁美洲研究，1994（2）

国际目录学和拉美文献书目概况 / 王宽成，宋安辉 // 拉丁美洲研究，1994（4）

拉丁美洲对未来的研究 /〔委内瑞拉〕洛德斯·耶罗；林晓帆［译］// 国际社
　　会科学杂志（中文版），1994（3）

拉丁美洲国家教育发展中的若干特点——历届拉美国家教育部长会议分析 / 黄
　　志成 // 外国教育资料，1994（4）

拉美教育发展之背景、阶段与特征 / 黄志成 // 外国教育资料，1995（2）

促进拉美教育发展的若干因素分析 / 黄志成 // 外国教育资料，1995（3）

拉丁美洲国家公私立高等教育的主要特征 / 王留栓 // 外国教育资料，1995（4）

改变中的拉丁美洲医学教育和医疗实践 /Ferreira J.R.；申逸彬［译］// 国外医
　　学（医学教育分册），1995（4）

拉美教育发展中的问题及经验教训 / 黄志成 // 外国教育资料，1995（5）

教育：跨世纪的希望和挑战——80 年代以来拉美教育的新发展 / 曾昭耀 // 拉
　　丁美洲研究，1995（5）

拉丁美洲高等教育的发展和问题 / 焦震衡 // 拉丁美洲研究，1995（5）

拉美新闻界掠影 / 赵绍龙 // 新闻通讯，1995（11）

拉美国家初等教育的发展和问题 / 焦震衡 // 外国教育研究，1996（2）

试析拉丁美洲的私立高等教育 / 王留栓 // 外国教育研究，1996（2）

拉美主要国家有关知识产权的规定 / 谢文泽 // 拉丁美洲研究，1996（3）

有关拉美研究的计算机信息资源 / 田开芳 // 拉丁美洲研究，1996（4）

拉美国家中等教育的发展和问题 / 焦震衡 // 外国教育研究，1997（2）

拉丁美洲混合文化的形成原因及特点 / 赵虹 // 社科纵横，1997（3）

拉美报纸的十个特点 /〔美〕利奥·博加特；展江〔译〕// 国际新闻界，1997（3）

拉丁美洲：文化碰撞的悲喜剧 / 刘文龙 // 世界民族，1998（1）

拉美足球风格的民族文化特征研究 / 方媛，梅斌 // 体育科技，1998（1）

拉丁美洲科学技术的历史演进 / 李明德 // 拉丁美洲研究，1998（2）

试析拉美高等教育的发展进程 / 王留栓 // 拉丁美洲研究，1998（3）

拉丁美洲的科学技术现状 / 李明德 // 拉丁美洲研究，1998（4）

拉美四国高等教育评估概述 / 王留栓 // 拉丁美洲研究，1998（4）

拉美和东亚科学技术的分析与比较 / 李明德 // 拉丁美洲研究，1998（5）

拉美妇女教育的发展与存在的问题 / 马小平 // 外国教育资料，1998（4）

拉美三国的书刊市场 / 姜加林 // 对外大传播，1998（4）

"教育学"与"教育科学"之争——访拉美学者，录不同观点 / 黄志成 // 外国
  教育资料，1998（5）

拉美高校教师培训研究 /〔墨〕格拉乌迪奥·法斯盖兹；杨西强〔译〕// 外国
  教育资料，1999（2）

拉美国家大学与政府关系概述 / 刘春，许明 // 闽江职业大学学报，1999（4）

拉丁美洲现代科学技术成就述评 / 李明德 // 拉丁美洲研究，1999（4）

拉美国家的高等教育改革与发展 / 王留栓 // 拉丁美洲研究，1999（4）

全球化与拉丁美洲文化走向 / 刘文龙，席侃 // 拉丁美洲研究，1999（6）

拉美国家小学生留级和辍学问题初探 / 郑建凤，牛道生 // 外国教育研究，1999
  （5）

拉丁美洲：被忽略的"精神新大陆" / 王培元 // 读书，1999（5）

拉丁美洲国家成人教育方针——墨西哥与尼加拉瓜成人教育对比 / Robert

F.Arnove，Carlos Alberto Torres；乔明华［译］// 贵州教育，1999（7-8）

拉美足球探秘 / 樟凌 // 足球世界，1999（14）

现代档案馆的信息技术：拉丁美洲的实践 / 弗吉尼亚·查肯·埃利尔斯；丁媚
　　［译］// 上海档案，2000（6）

问题与对策：拉美地区近 10 年教育发展回眸 / 韩骅 // 比较教育研究，2001（1）

民族文化的升华——以拉美文化为例 / 李炎，刘薇琳 // 学术探索，2001（3）

全球化、民族主义与现代拉美文化的独特性 / 刘文龙 // 齐鲁学刊，2001（5）

拉丁美洲教育改革与发展展望 / 陆兴发，斯日古楞 // 外国中小学教育，2001（6）

拉丁美洲课程论透视 / 黄志成，郭有鸿 // 全球教育展望，2001（9）

拉美地区发展中国家科技赶超与跟进战略 / 雷鸣 // 全球科技经济瞭望，2001（9）

拉丁美洲高等教育大众化探析 / 黄志成 // 高等教育研究，2002（1）

拉丁美洲及加勒比地区科学教育概况 / 比阿特丽斯·马塞多 // 全球教育展望，
　　2002（2）

拉丁美洲国家高校招生考试制度评介 / 黄志成 // 湖北招生考试，2002（4）

从人力资本理论看拉丁美洲经济主义教育模式 / 周采，黄河 // 外国教育研究，
　　2002（5）

论拉丁美洲的魔幻意识及其社会文化渊源 / 史锦秀 // 河北师范大学学报（哲
　　学社会科学版），2002（6）

拉美的研究与开发经费 / 李明德 // 拉丁美洲研究，2003（4）

拉丁美洲独立之后的科学技术 / 李明德 // 科学学研究，2003（6）

教育分化对收入不公平的影响——拉丁美洲研究 / 蓝建 // 外国教育研究，2004
　　（4）

拉美"研究与发展"模式初探 / 宋霞 // 拉丁美洲研究，2004（6）

景观的跨文化比较——浅谈拉丁美洲、德国和日本三地景观设计 / 汪灵 // 山
　　西建筑，2004（16）

文化与幼儿教育的拉丁美洲视角：社会进步的战略举措 /Sra.Graciela Rodriguez-
　　Poveda；乔梁［译］// 学前教育研究，2004（7-8）

拉美的文化发展与依附 / 刘婷 // 中国党政干部论坛，2005（2）

解放教育——拉丁美洲教育之道 / 黄志成 // 中国民族教育，2005（3）

拉美国家的信息化进程 / 宋霞 // 拉丁美洲研究，2005（3）

从联合国教科文组织统计数据看今日拉美国家高等教育 / 王留栓 // 拉丁美洲
　　研究，2005（6）

约翰逊政府对拉美的教育援助与拉美国家的教育改革 / 孙静 // 高校社科信息，
　　2005（5）

拉丁美洲土著文明及其对人类文明和语言的贡献 / 安慧君 // 吉林华桥外国语
　　学院学报，2006（2）

成长中的烦恼——拉美油墨市场概述 / 苏晏 // 中国印刷物资商情，2006（10）

研究型大学建设：拉美与亚洲国家高等教育政策取向 / 马万华 // 清华大学教
　　育研究，2007（1）

试论《百年孤独》对拉美文化身份的重建 / 关惠梅 // 广东教育学院学报，2007
　　（2）

浅析传统文化对经济发展的影响与作用东亚与拉美发展差异的文化因素比较 /
　　林淑周 // 桂海论丛，2007（3）

拉美国家的教育改革与社会和谐 / 曾昭耀 // 江汉大学学报（社会科学版），
　　2007（3）

拉丁美洲医学教育的变化、趋势与挑战 /PA Pulido；曾勇［编译］// 复旦教育
　　论坛，2007（4）

拉丁美洲教育公平指标的发展及启示 / 邬志辉，安晓敏 // 外国教育研究，2007
　　（12）

快速发展的拉丁美洲标签市场 / 郝发义 // 印刷技术，2007（14）

拉美出版业特色分析 / 傅西平 // 出版参考，2007（24）

拉美私立高等教育发展对我国民办高等教育的启示 / 冯燕玲 // 对外经济贸易
　　大学，2007

略论拉丁美洲的法学教育 / 张玲 // 华东政法大学，2007

文学魔幻化与本土文化的现代阐释 / 杨琦 // 四川师范大学，2007

魔幻现实主义为什么会在拉丁美洲这块大陆登峰造极 / 罗涌洁 // 现代企业教
　　育，2008（2）

全球背景下的拉美土著教育 /〔墨〕玛利亚娜·德尔罗西奥·阿吉拉尔·博瓦
　　迪利亚；李菡［译］//拉丁美洲研究，2008（2）

拉美教育——社会不公原因探析 / 赵丽红 // 拉丁美洲研究，2008（4）

国家创新系统视阈下的拉美国家高等教育——问题与发展策略 / 武学超，徐辉 // 外国教育研究，2008（4）

人权教育：新课改不容忽视的问题——从拉美人权教育看我国新课改 / 王艳 // 现代教育科学，2008（4）

从拉美电影月看中国社会对拉美文化的关注 / 李菡 // 拉丁美洲研究，2009（5）

职业化的人才培养模式与公安院校教育教学改革——考察巴西、古巴警察教育训练工作的收获与体会 / 程胜军 // 公安教育，2009（6）

拉美高等教育国际化评析 / 丁笑炯 // 现代教育管理，2009（9）

论教育在拉美社会融入中的作用 / 宋霞 // 拉丁美洲研究，2009（增刊）

拉美四国研究型大学发展研究——比较视野下的特点与趋势分析 / 尹丽丽 // 兰州大学，2009

拉美高等教育现代化的解读与反思 / 陈兴德，宋钰劼 // 高教探索，2010（1）

从第十一届国际数学教育大会看拉丁美洲教育 / 祝静 // 数学通报，2010（1）

从区域性国际公共产品视野看拉丁美洲区域教育合作 / 黄河，周采 // 复旦教育论坛，2010（1）

拉美高等教育的国际化发展进程 / 杨启光 // 高教发展与评估，2011（3）

21世纪初拉丁美洲和加勒比地区成人教育的复兴之道 / 王强 // 教育学术月刊，2011（11）

拉美西语国家汉语教育的现状、问题及策略 / 黄方方，孙清忠 // 未来与发展，2011（11）

继承、否定抑或折衷——拉丁美洲环境教育与可持续发展教育关系浅析 / 徐颖丰 // 比较教育研究，2011（12）

从拉美混合型文化 看世界文化共融 / 赵沙莎 // 中外企业家，2011（18）

拉美地区双语教育的发展困境及归因 / 朱守信 // 比较教育研究，2012（3）

浅谈拉美历史文化与拉美企业文化——以巴西石油公司为例 / 张贯之，张芯瑜 // 西南科技大学高教研究，2012（3）

论《人间王国》中的拉美文化融汇特征 / 张贯之，张芯瑜 // 西南科技大学学报（哲学社会科学版），2012（4）

浅谈"拉美式"历史文化与拉美企业文化——以巴西石油公司为例 / 张贯之，张芯瑜 // 拉丁美洲研究，2012（5）

试析教育与拉美中产阶级的代际流动性 / 黄乐平 // 拉丁美洲研究，2012（5）

印第安传统文化中的现代化因素 / 韩晗 // 拉丁美洲研究，2012（5）

拉美研究与电子资源的发掘与利用 / 周楠，胡礼忠 // 国际观察，2012（6）

拉美作家群及魔幻现实主义的文化生成 / 王充闾 // 辽宁大学学报（哲学社会科学版），2012（6）

我看秘鲁、巴西和阿根廷三国的公共教育进程 /〔美〕欧文·雷文 // 世界教育信息，2012（7）

拉美跨文化双语教育政策：兴起、问题与启示 / 李清清 // 河北民族师范学院学报，2013（1）

拉美的声音：从战略传播视角看南方电视台的崛起 / 张建中 // 中国电视，2013（1）

全球化背景下的拉美印第安传播事业 / 李菡 // 拉丁美洲研究，2013（1）

论拉丁美洲职业培训体系的私有化进程 / 宋霞 // 拉丁美洲研究，2013（4）

作为拉美大陆文化特征的"团结精神"与人民式的"全球化" / 刘承军 // 拉丁美洲研究，2013（4）

拉美高校教育考察及其对西南科技大学教育改革的启示 / 西南科技大学拉美高校考察团 // 西南科技大学高教研究，2013（2）

墨西哥国立自治大学——拉丁美洲现代的纪念碑 / 埃克哈特·吕贝克；方蘅〔译〕// 住区，2013（2）

私立研究中心：拉美高等教育发展现状与变化 / 丹尼尔·C. 列维；胡建伟〔译〕// 浙江树人大学学报（人文社会科学版），2013（2）

拉美南方电视：别样的国际传播 / 张志华 // 新闻大学，2013（3）

拉美文化多样性的表现、成因及维护 / 靳呈伟 // 南京政治学院学报，2013（5）

对拉美国家教育发展及问题的思考 /《广西跨入人均地区生产总值一万美元的对策研究》课题组，张光丽 // 广西经济，2013（6）

汉语国际教育背景下特定区域研发的条件和重点——以针对拉美地区的汉语国际教育实践为例 / 吴春相 // 齐鲁师范学院学报，2013（6）

影响拉美高等教育发展的教育模式分析 / 薄云 // 天津市教科院学报，2013（6）

拉美西班牙语与西班牙西班牙语的语言差异 / 刘安琪，肖艳红 // 文史博览（理论），2013（6）

拉美高校国际化实践及其对我国教育改革的启示 / 张贯之，李仁方 // 黑龙江

高教研究，2013（8）

拉丁美洲基础教育公校民营现象探析 / 原青林 // 外国中小学教育，2013（10）

拉美学生汉语学习情况调查 / 钱鸿儒 // 现代交际，2013（10）

区域地理复习中的气候教学策略探究——以拉丁美洲为例 / 李娟 // 课程教育研究，2014（1）

拉丁美洲研究生教育浅析 / 张鹏 // 拉丁美洲研究，2014（1）

试析现代拉美大众传媒的理论与实践探索 / 芦思姮 // 拉丁美洲研究，2014（5）

全球化时代的拉美高等教育国际化问题 / 张庆 // 语言教育，2014（3）

拉美文化民族主义探微 / 孙雪 // 边疆经济与文化，2014（6）

从民族整合看拉美双语教育——以阿根廷等拉美四国为例 / 潘巍巍 // 社会科学家，2014（6）

拉美私立高等教育发展特点及趋势分析 / 薄云 // 天津市教科院学报，2014（6）

高等教育国际化背景下"拉美－欧盟"高等教育区发展研究 / 夏培源 // 比较教育研究，2014（7）

关于拉丁美洲高等教育国际化的反思 /〔墨〕马可·里尔；位秀娟〔编译〕// 比较教育研究，2014（7）

拉丁美洲高等教育三次改革评析 / 张鹏 // 比较教育研究，2014（7）

拉美大学自治:《科尔多瓦大学宣言》及其影响 / 唐俊 // 比较教育研究,2014（7）

拉美教育面临的挑战 /〔阿根廷〕吉勒莫·鲁伊兹；苏洋〔译〕// 比较教育研究，2014（11）

拉丁美洲民众主义教育初探 / 黄志成 // 外国教育研究，2014（8）

拉美儿童汉字偏误类型与原因分析 / 陆瑾 // 广东外语外贸大学，2014

对全球化挑战下拉美教育改革与发展的审视 / 张红颖 // 拉丁美洲研究，2015（1）

拉美地区双语教育的肇始、嬗变及趋向 / 潘琳玲，朱守信 // 拉丁美洲研究，2015（1）

拉丁美洲职业培训体系形成的历史背景及主要特征 / 宋霞 // 西南科技大学学报（哲学社会科学版），2015（5）

拉丁美洲国家教育信息化发展现状及测量指标 / 李洁妹，张海，伊藤直哉，姜雷 // 中国信息技术教育，2015（8）

异彩纷呈的拉美文化 / 靳呈伟 // 文明，2015（9）

文学

亚洲非洲拉丁美洲文学简介 / 高骏千，王央乐 // 前线，1962（21）

当代拉丁美洲小说的流派和题材 / 陈光孚 // 拉丁美洲丛刊，1980（3）

当代拉丁美洲诗歌概况 / 段若川 // 拉丁美洲丛刊，1981（2）

拉丁美洲儿童文学一瞥 / 卢后盾 // 拉丁美洲丛刊，1981（2）

拉丁美洲文学现状 / 王央乐 // 国外社会科学，1981（7）

他山之石，可以攻玉——论法国浪漫主义文学对拉丁美洲文学的影响 / 陶玉
　　平，陶玉华 // 外语教学，1982（3）

拉丁美洲反独裁小说概述 / 徐世澄 // 拉丁美洲丛刊，1982（6）

拉丁美洲文坛上的魔幻现实主义 / 丁文林 // 拉丁美洲丛刊，1982（6）

法国浪漫主义文学与拉美文学 / 陶玉平，陶玉华 // 外国文学研究，1983（1）

"黑色"文学中的共性与差异——拉美小说与美国侦探小说的比较研究 /〔阿
　　根廷〕M.贾迪内伊；戚铁潭〔译〕// 国外社会科学，1983（11）

试论拉丁美洲文学的"爆炸" / 陆龚同 // 国外文学，1984（1）

拉丁美洲古代印第安文学 / 周柏冬 // 外国文学研究，1984（1）

拉丁美洲文学的崛起 / 陈众议 // 外国文学研究，1984（4）

拉丁美洲当代小说创作的特点及趋势 / 陈光孚 // 文艺研究，1984（6）

拉丁美洲的短篇小说 /〔美〕K.弗利克；宁馨〔译〕// 国外社会科学,1984（11）

拉丁美洲文学的黄金时代 /〔法〕T.卡尔塔诺；新蔚〔译〕// 国外社会科学，
　　1985（1）

古印第安文学述评 / 陈众议 // 国外文学，1985（4）

拉丁美洲新诗集锦 / 陈光孚 // 诗刊，1985（4）

关于拉美魔幻现实主义小说 / 远浩一 // 当代文坛，1985（12）

从拉美的"文学爆炸"谈起 / 倪洛 // 世界知识，1985（19）

韩少功近作和拉美魔幻技巧 / 陈达专 // 文学评论，1986（4）

拉丁美洲作家论文学 /〔苏联〕H.格鲁兹捷娃；常文〔译〕// 文艺研究,1986（4）

拉丁美洲文学的基本特征 / 赵德明 // 拉丁美洲研究，1987（1）

现代主义：拉美诗坛的丰碑——西班牙语美洲诗歌漫谈之二 / 赵振江 // 拉丁

美洲研究，1987（3）

试析拉丁美洲"新小说" / 赵德明 // 拉丁美洲研究，1987（6）

韩少功近作与拉美魔幻现实主义 / 陈达专 // 文学自由谈，1987（2）

拉丁美洲儿童小说论片 / 方卫平 // 浙江师范大学学报，1987（2）

来自拉美当代小说的启示 / 文刃 // 读书，1987（2）

日本文学翻译在拉美 / 魏人［摘译］// 日本研究，1987（3）

浅议拉丁美洲魔幻现实主义小说的写作技法 / 李果河 // 河池师专学报（文科版），1987（4）

拉丁美洲当代文学与中国作家 / 林一安 // 中国翻译，1987（5）

再谈来自拉美当代小说的启示 / 文刃 // 读书，1987（11）

试论二十世纪拉美文学的走向 / 赵德明 // 外国文学评论，1988（4）

文学时空论——兼谈拉美新小说的时空观 / 陈光孚 // 文艺理论与批评，1988（6）

拉丁美洲文学的民族特色 /〔委内瑞拉〕胡安·利斯卡诺；戴侃［译］// 第欧根尼，1989（1）

走向世界的进程——拉丁美洲文学发展概述 / 吴瑞裘 // 龙岩师专学报，1989（1）

走向世界的进程（续）——拉丁美洲文学发展概述 / 吴瑞裘 // 龙岩师专学报，1989（3）

"美洲热忱"的使者——拉美知识分子的浪漫气质与拉美当代小说的成功 / 刘承军 // 拉丁美洲研究，1989（2）

拉美妇女文学在兴起 / 柳小培 // 外国文学，1989（2）

拉美文学嬗变的启示 / 李德恩 // 外国文学，1989（3）

拉美小说的诞生 / 唐民权 // 外语教学，1989（3）

从拉美文学、非洲文学的崛起看我国少数民族文学的前景 / 白崇人，肖纶 // 民族文学研究，1989（4）

电视小说——拉丁美洲的成功 / 艾维雷德·M.罗格斯，里威亚·安托拉斯洛；斯洛［译］// 中外电视，1989（4）

拉美当代小说结构形态管窥 / 陈众议 // 外国文学评论，1990（1）

拉美文学爆炸和我们的追求 / 刘习良 // 中国翻译，1990（2）

拉美文学中的时间观 / 李德恩 // 外国文学，1990（2）

新时期中国文学与拉美"爆炸"文学影响 / 吕芳 // 文学评论，1990（6）

拉美作家论传统与创新 / 赵德明 // 外国文学评论，1991（4）

当代拉美文学漫谈 / 赵德明 // 当代外国文学，1992（1）

当代拉美小说的时间模式 / 朱景冬 // 国外文学，1992（3）

拉美短篇小说结构的演变 / 刘长申 // 解放军外语学院学报，1992（3）

文明的落差与文学的超越——拉美魔幻现实主义成功的启示 / 曾艳兵 // 当代
　　外国文学，1993（1）

当代拉美文学的"爆炸现象" / 黎跃进 // 衡阳师专学报（社会科学），1993（2）

拉美先锋派与欧美现代派 / 李德恩 // 外国文学，1993（5）

从《沙漠里的战斗》看 80 年代拉美小说的新趋向 / 刘长申 // 解放军外语学院
　　学报，1993（6）

俯瞰拉美文学 / 方瑛 // 语文学刊，1993（6）

拉美文学"爆炸"到今天成了什么样子？/ 尹承东〔译〕// 外国文学动态，
　　1994（1）

诗学再造 /〔智利〕安东尼奥·斯卡尔梅达 // 外国文学动态，1994（1）

拉美文学"爆炸"损害了西班牙小说——路易斯·戈伊蒂索洛访谈录 / 王菊平
　　〔译〕// 外国文学动态，1994（1）

拉美三诗人 / 李德恩 // 当代外国文学，1994（1）

当代拉美小说及其历史渊源 / 陈凯先 // 南京大学学报（哲学社会科学版），
　　1994（1）

拉丁美洲文学在中国 / 夏定冠 // 新疆大学学报（哲学社会科学版），1994（1）

拉丁美洲：巴罗克风格的福地 / 赵德明 // 外国文学评论，1994（1）

20 世纪拉美文学的自省式回归 / 陈众议 // 外国文学评论，1994（2）

拉美新小说——现实主义的变种 / 梅哲 // 外国文学，1994（1）

拉丁美洲"文学爆炸"的由来 / 段若川 // 外国文学，1994（4）

拉美作家对欧美文艺思潮的接受——论未来主义在拉美 / 李德恩 // 外国文学，
　　1994（6）

神秘心理所营造的世界——中国新时期志怪小说和拉美魔幻现实主义小说中
　　的原始思维效应比较 / 李金涛 // 湖北教育学院学报，1995（3）

平民创造的贵族艺术——拉美现代主义诗歌研究 / 李显耀 // 保山师专学报，

1996（1）

当代拉丁美洲短篇小说概览 / 朱景冬 // 译林，1996（2）

浅谈略萨小说的艺术特色——兼谈拉美文学的某些特点 / 孙大力 // 牡丹江师
　　范学院学报（哲学社会科学版），1996（2）

魔幻与现实——浅析拉美魔幻现实主义文学 / 张珂 // 北京第二外国语学院学
　　报，1996（3）

民族性与世界性——崛起前的争鸣 / 陈众议 // 外国文学，1997（3）

拉丁美洲的文学与社会 /〔古巴〕何塞·格拉；白凤森［译］// 国外社会科学，
　　1997（4）

拉美女作家的文学爆炸 / 陈凯先 // 译林，1997（4）

拉美三部小说新作 /〔西班牙〕芭芭拉·穆希卡；白凤森［译］// 外国文学
　　动态，1997（4）

拉美文坛宿将宝刀不老 / 陈众仪 // 外国文学动态，1997（5）

米格尔·德利维斯忆往昔 / 朱景冬 // 外国文学动态，1997（6）

拉丁美洲文学"爆炸"的启示 / 王宁 // 外国文学，1998（3）

拉丁美洲的戏剧 / 罗晓芳 // 戏剧文学，1998（5）

拉丁美洲征服了西班牙 / 罗莎·莫拉；朱景冬［译］// 外国文学动态，1998（5）

美洲的第三次发现 / 托马斯·埃洛斯·马丁内斯；朱景冬［译］// 外国文学动
　　态，1998（5）

雪域魔幻文学的探寻——西藏与拉美的文化亲缘性 / 杨红 // 民族文学研究，
　　1999（4）

当代拉美作家的时间观念 / 谢磊 // 周口师范高等专科学校学报，1999（6）

1999 年的拉美文坛 / 朱景冬 // 外国文学动态，2000（2）

意大利学者著书论拉丁美洲文学"爆炸" / 夏草 // 外国文学动态，2000（4）

拉美魔幻现实主义文学对中国新时期小说的影响 / 李金涛 // 深圳教育学院学
　　报（综合版），2000（2）

拉美现当代文学的整体意识与创新意识 / 罗光汉 // 郴州师范高等专科学校学
　　报，2000（5）

小说中的美洲和美洲的小说——拉丁美洲小说夜读札记 / 敬文东 // 小说评论，
　　2000（5）

漫谈西班牙文学奖 / 朱景冬 // 百科知识，2000（10）

拉美当代文学对中国先锋小说的启示 / 崔秀杰，成蓓 // 滨州教育学院学报，
　　2001（2）

拉美新小说初析 / 徐鹤林 // 外国文学研究，2001（3）

论西方文化语境影响之下的拉美文学 / 邓楠 // 河南社会科学，2002（1）

拉美文学的崛起及相关特征 / 王敏 // 山东省青年管理干部学院学报，2002（5）

全球化？本土化？——20世纪拉美文学的二重选择 / 陈众议 // 外国文学研究，
　　2003（1）

试论拉美文学与孤独意识 / 韩辉 // 新乡师范高等专科学校学报，2003（3）

两位世界文坛巨匠反目成仇 / 陈众议 // 人民文摘，2003（5）

拉美魔幻现实主义与新时期中国文学 / 严慧 // 苏州大学，2003

让语言脱去灰制服 / 索飒 // 天涯，2004（1）

辉煌在继续——漫谈文学“爆炸”以后与世纪之交的拉美文学 / 陈凯先 // 当
　　代外国文学，2004（1）

拉丁美洲文学专辑 / 董继平 // 红岩，2004（3）

拉美魔幻现实主义与中国寻根文学 / 杨志芳 // 河北职业技术学院学报，2004
　　（3）

2003年拉美文坛掠影 / 朱景冬 // 译林，2004（3）

20世纪拉丁美洲文学的嬗变 / 赵德明 // 解放军艺术学院学报，2004（4）

从词语开始——中国90年代的诗歌写作和拉美新小说 / 唐蓉 // 外国文学研究，
　　2004（6）

新时期中国“寻根文学”与拉美魔幻现实主义 / 姚宁 // 安徽大学，2004

略论拉丁美洲文学“爆炸” / 钱孟悦 // 苏州大学，2005

从拉美文学的演变看全球化进程中的外国文学与现代价值观 / 刘志庆 // 榆林
　　学院学报，2006（1）

拉美“文学爆炸”神话的本土重构 / 滕威 // 文艺理论与批评，2006（1）

激情、澄澈与伤痛——拉美现代五诗人诗选 / 〔尼加拉瓜〕鲁文·达里奥，〔秘
　　鲁〕恺撒·巴列霍，〔阿根廷〕豪尔赫·路易斯·博尔赫斯，〔智利〕巴
　　勃罗·聂鲁达，〔墨〕奥克塔维奥·帕斯；张祈〔译〕// 诗刊，2006（2）

从政治书写到形式先锋的移译——拉美“魔幻现实主义”与中国当代文学 / 滕

威 // 文艺争鸣，2006（4）

以想象为本体 以梦幻为真实——拉美当代文学对中国文坛叙事范式的冲击 / 陈秀香，陈兴军 // 名作欣赏，2006（14）

神话传说与拉丁美洲魔幻现实主义 / 段若川 // 欧美文学论丛，2006

张炜小说对拉美魔幻现实主义的借鉴 / 袁诠 // 世界文学评论，2007（1）

拉丁美洲文学翻译与中国当代文学 / 滕威 // 中国比较文学，2007（4）

试论拉美魔幻现实主义在中国被接受的原因 / 赵杏 // 重庆教育学院学报，2007（5）

试论阿来文学创作的拉美文学性征 / 张敏 // 齐齐哈尔大学学报（哲学社会科学版），2007（6）

"接受美学"视域下的拉美文学——以马尔克斯和博尔赫斯为例 / 辛颖 // 内蒙古电大学刊，2007（9）

拉美魔幻现实主义与中国当代小说 / 赵杏 // 重庆师范大学，2007

拉丁美洲的孤独（节选） / 〔哥伦比亚〕加西亚·马尔克斯；朱景冬〔译〕// 世界中学生文摘，2008（2）

跨国资本主义时代的文学观 / 陈众议 // 渤海大学学报（哲学社会科学版），2008（4）

浅析文学爆炸在拉丁美洲文学中的历史地位 / 程亮亮 // 黑龙江科技信息，2008（33）

拉美文学的奇异飞翔 / 王颖 // 中国校园文学，2009（1）

跨国资本时代的文学观念 / 陈众议，赵义华 // 世界文学评论，2009（2）

拉美魔幻现实主义文学缘起辨析 / 卜红 // 青海社会科学，2009（2）

拉美文情——阅读印象与记忆点乱 / 陈众议 // 外国文学动态，2009（4）

拥抱情节——当今西语小说概览 / 陈众议 // 当代作家评论，2009（5）

拉美魔幻现实主义与中国当代文学 / 富胜利，杨建丽 // 文艺争鸣，2009（6）

经典背反及其他 / 陈众议 // 外国文学研究，2010（2）

拉丁美洲的现实与文学 / 胡利奥·科塔萨尔；朱景冬〔译〕// 新世纪文学选刊（上半月），2010（2）

拉丁美洲叙事文学的现实 / 孙海青 // 长江学术，2010（3）

论拉丁美洲文学的区域性特征 / 王向远 // 苏州科技学院学报（社会科学版），

2010（4）

魔幻即现实　拉美文学记忆 / 陈众议，凌越，止庵，陈东东，胡续冬，周重林，廖伟棠，赵德明 // 明日风尚，2010（12）

中国寻根文学与拉美土著文学的联系 / 殷晓君 // 上海外国语大学，2010

多元化的拉美文学与拉美文化 / 李德恩 // 深圳大学学报（人文社会科学版），2011（5）

文学"全球化"背景下的学术史研究 / 陈众议 // 当代作家评论，2012（1）

当代拉丁美洲小说发展趋势与嬗变——从"文学爆炸"到"爆炸后文学" / 郑书九 // 外国文学，2012（3）

拉美的"文学爆炸"中体现出来的民族意识 / 刘旭彩 // 短篇小说（原创版），2012（20）

论莫言小说的魔幻性与拉美魔幻现实主义 / 王赫佳 // 内蒙古大学，2012

新中国学术视野下的拉美文学 / 高经简 // 华东师范大学，2012

魔幻的《红楼梦》与拉美的魔幻现实主义 / 李晓军 // 凯里学院学报，2013（1）

魔幻现实主义视阈中的中拉文学文化可比性探论 / 周勇，韩模永 // 东北师大学报（哲学社会科学版），2013（3）

论韩少功《女女女》与拉美魔幻现实主义的关系 / 李珂玮 // 辽宁师范大学学报（社会科学版），2013（6）

论《百年孤独》中拉美文化死亡观 / 宋扬 // 芒种，2013（8）

中国当代小说视野与拉美"魔幻现实主义"——以卡彭铁尔及其作品为中心 / 席建芳 // 作家，2013（20）

中国作家对魔幻现实主义的接受 / 佟鑫 // 沈阳师范大学，2013

"西藏新小说"之魔幻现实主义与拉美魔幻现实主义的关系 / 张莹 // 陕西理工学院学报（社会科学版），2014（4）

从对拉美文学的接受看我国现实主义的发展 / 赵杏 // 辽宁师专学报（社会科学版），2014（4）

拉美文学中的反传统主义 / 丁辉 // 环球人文地理，2014（4）

浅析拉美魔幻现实主义文学 / 黄艳红 // 芒种，2014（14）

论《绿房子》中拉美民族意识的觉醒 / 刘秋，刘旭彩 // 芒种（下半月），2014（20）

论二十世纪拉美文学中的"爱情乌托邦" / 施冰冰 // 青年文学家，2014（17）

论政治语境下的文学发展道路——80 年代寻根文学与拉美文学关系研究 / 蓝思华 // 延安职业技术学院学报，2015（1）

中国寻根文学作家对拉美魔幻现实主义的接受 / 刘欢 // 安徽文学（下半月），2015（5）

拉丁美洲生态文学概况研究 / 田申 // 语文学刊，2015（11）

拉美文坛之"重"——2014 年拉美文坛综述 / 陈俐利 // 青年文学家，2015（27）

艺术

拉丁美洲建筑及其雕绘艺术的发展 / 沈澄如 // 拉丁美洲丛刊，1981（3）

拉丁美洲新电影 / 〔墨〕马科·洛佩斯·涅戈雷特；郑黎明〔摘译〕// 世界电影，1982（1）

拉美"新电影"运动纵横观 / 颜为民 // 世界电影，1984（1）

拉丁美洲的民间音乐体裁 / 王雪 // 音乐爱好者，1984（3）

拉丁美洲的民间音乐体裁 / 王雪 // 音乐爱好者，1984（4）

拉美四国电影概况 / 常青 // 电影评介，1984（5）

拉丁美洲的民间音乐体裁 / 王雪 // 音乐爱好者，1985（1）

拉丁美洲的民间音乐体裁 / 王雪 // 音乐爱好者，1985（2）

拉美戏剧的革新和民族化问题 / 王杰 // 政治研究，1985（3）

拉美新电影的发展 / 高永华，颜为民 // 瞭望周刊，1986（3）

米·利廷谈拉美电影近况 / 孙扶民，郝淇 // 世界电影，1986（3）

拉美新电影节 / 〔美〕贾·克劳德斯；齐颂〔译〕// 世界电影，1986（4）

拉丁美洲戏剧纵横 / 鞠基亮 // 戏剧艺术，1987（4）

拉美电视巨头阿斯卡拉卡 / 钱瑜 // 瞭望周刊，1987（5）

拉丁美洲的建筑 / 〔阿根廷〕乔治·格鲁斯堡；张萍〔译〕// 建筑学报，1988（5）

拉丁美洲的土著乐器 / 周国庆 // 世界博览，1988（6）

我的电影观 / 〔哥伦比亚〕加·马尔克斯；朱景冬〔译〕// 世界电影，1989（1）

拉美著名影视明星—琼内特·罗德里格斯 / 尹承东〔译〕// 中外电视，1989（9）

美洲主义的崛起——拉丁美洲戏剧掠影 / 黄明 // 戏剧文学，1992（12）

从民族音乐学角度看拉丁美洲音乐 / 陈铭道 // 中国音乐，1993（2）

起源时期拉美文学与欧洲文学的关系 / 方瑛 // 语文学刊，1994（3）

十七、八世纪拉美文学与欧洲文学的关系 / 方瑛 // 语文学刊，1994（4）

现当代拉丁美洲艺术鸟瞰 / 张相群 // 艺术百家，1994（4）

十九世纪拉美文学与欧洲文学的关系 / 方瑛 // 语文学刊，1994（5）

二度辉煌的启迪——漫话拉美文学与欧洲文学的关系 / 方瑛 // 语文学刊，1994（6）

迷人的构想——伊比利亚－拉丁美洲电影一体化 / 傅郁辰 // 当代电影，1995（1）

20 世纪拉丁美洲版画 / 〔俄〕E. 列维钦；范梦〔译〕// 艺圃（吉林艺术学院学报），1996（1）

拉美十大电影节 / 纪事 // 世界文化，1999（2）

20 世纪的拉丁美洲艺术 / 杜义盛〔译〕// 世界美术，1999（4）

浓郁的热带丛林风情艺术——浅谈现代拉丁美洲艺术给世人的启示 / 张南峰 // 名作欣赏，1999（6）

拉美当代绘画中的地域精神 / 矫苏平 // 美苑，2000（6）

北美洲、拉丁美洲国家的国歌 / 虹岳 // 兰台世界，2000（8）

20 世纪拉美美术发展的特点 / 李建群 // 美术观察，2001（12）

论"第三世界政治电影"的摄制：古巴、阿根廷、智利 / 〔美〕克里斯琴·汤普森，戴维·波德威尔；陈旭光，何一薇〔编译〕// 世界电影，2002（6）

一个拉美小国当代电视中根深蒂固的梦想 / 〔乌拉圭〕费尔南多·安达齐；林宇〔译〕// 东南学术，2003（3）

重新认识拉美艺术 / 〔美〕罗杰·阿特伍德；孙维峰〔译〕// 美术观察，2003（8）

拉美雕塑的新视界 / 科莱特·查托帕迪亚；景晓萌〔译〕// 世界美术，2007（2）

现代拉丁美洲美术中的魔幻主义绘画 / 李建群 // 艺术·生活，2008（1）

20 世纪上半叶拉丁美洲现代艺术概述 / 鲍玉珩，〔阿根廷〕萨尔瓦多·度斯—桑多斯，季景涛 // 美术观察，2008（6）

拉丁美洲现代艺术概述（一）拉丁美洲国家的现代艺术：1906～1980/ 鲍玉珩，〔阿根廷〕萨尔瓦多·度斯–桑多斯，季景涛 // 电影评介，2009（3）

拉丁美洲的现代艺术概述（二）拉丁美洲国家的当代艺术：1990 至现今 / 鲍玉珩，季景涛，〔阿根廷〕萨尔瓦多·度斯–桑托斯 // 电影评介，2009（4）

国家、地区与全球：拉美电影新浪潮 /〔美〕路易塞拉·阿尔瓦雷；潘源〔译〕// 世界电影，2009（6）

拉丁美洲音乐文化的类型及其成因初探 / 周利利 // 科教文汇（中旬刊），2009（7）

拉丁美洲音乐——安第斯高原探戈、音乐文化的融合 / 陈艳帆 // 中国音乐教育，2009（8）

简说拉丁美洲的音乐起源及节奏性 / 彭孟 // 考试周刊，2010（2）

安第斯高原上的混血儿——浅析拉丁美洲民间音乐艺术 / 孙鹤阳 // 大舞台，2010（6）

世界主义、立体主义与新艺术——拉丁美洲的行进路径 / 迪安娜·B. 韦克斯勒 // 中国美术馆，2010（12）

拉丁美洲安第斯高原印第安音乐初探 / 韩晶 // 山西财经大学学报，2011（1）

浅析拉美的另类传媒——以南方电视台为例 / 李菡 // 拉丁美洲研究，2011（3）

浅析传统拉丁美洲音乐特点 / 温洁 // 黄河之声，2011（16）

现代拉丁美洲美术 / 李建群 // 中国美术，2012（1）

现代拉丁美洲美术（二）/ 李建群 // 中国美术，2012（2）

现代拉丁美洲美术（三）/ 李建群 // 中国美术，2012（3）

现代拉丁美洲美术（四）/ 李建群 // 中国美术，2012（4）

影像巴别塔：2001—2010 年拉丁美洲电影的文化阅读 / 魏然 // 当代电影，2012（2）

20 世纪末期拉丁美洲戏剧评述 / 毛频 // 戏剧（中央戏剧学院学报），2012（4）

关于新拉丁美洲电影（上）/〔美〕保罗·A. 施罗德·罗德里格斯；火村〔译〕// 世界电影，2013（1）

关于新拉丁美洲电影（下）/〔美〕保罗·A. 施罗德·罗德里格斯；火村〔译〕// 世界电影，2013（2）

拉美三国公共环境艺术记实 / 李自德 // 上海工艺美术，2013（2）

两朵奇葩　各放光彩——探拉丁美洲与中国民族音乐的异同 / 张楠 // 作家，2013（2）

原住民电影意味着什么——写在"拉丁美洲印第安运动：影像与现实"研讨会之后 / 魏然 // 当代电影，2013（2）

统一而又多元的拉丁美洲音乐文化 / 张利园 // 音乐大观，2013（5）

来自拉美文明的呐喊——解读里维拉壁画创作风格 / 邱杰 // 南京艺术学院，2013

二十世纪末拉丁美洲戏剧新趋势略析 / 毛频 // 外国文学动态，2014（2）

拉丁美洲现代景观设计的发展及表现语言 / 欧继 // 山西建筑，2014（22）

拉美电影与被遮蔽的身份 / 汪潇灏 // 浙江大学，2014

浅谈拉美吉他音乐家布拉威尔与《舞蹈礼赞》 / 李治 // 中央音乐学院，2014

拉美电视产业的历史变迁与发展前景 / 朱振明 // 现代传播（中国传媒大学学报），2015（3）

历史　地理

门罗主义与美帝侵略政策 / 丁则民 // 历史教学，1951（6）

血腥的生意——拉丁美洲的地主和商人怎样在战争中发财 / 梅登科 // 世界知识，1951（9）

拉丁美洲各国人民反对美帝国主义奴役的斗争 / 殷宇 // 世界知识，1952（18）

拉丁美洲的和平运动 / 梅登科 // 世界知识，1952（38）

拉丁美洲人民反对美国奴役和争取民族独立的斗争 / 杜里 // 世界知识，1953（15）

拉丁美洲人民反抗垄断资本的压迫 /〔苏联〕Л. 卡米宁；余炎〔译〕// 世界知识，1953（15）

拉丁美洲国家的民族解放运动 / 梅登科 // 世界知识，1955（7）

美帝国主义掠夺下的拉丁美洲 / 梅尔 // 世界知识，1957（11）

拉丁美洲民族独立运动的基本形势 / 苑文 // 国际问题研究，1959（1）

拉丁美洲反独裁斗争的新发展 / 涂光楠 // 国际问题研究，1959（3）

拉丁美洲的民族解放运动 / 苏路 // 历史教学，1959（1）

拉丁美洲的土地改革 / 吴剑恒 // 世界知识，1959（13）

关于"拉丁美洲共同市场" / 惠震 // 世界知识，1959（22）

拉丁美洲民族民主革命运动空前高涨的一年 / 梅尔 // 世界知识，1960（1）

拉丁美洲在前进第七讲：拉丁美洲人民必获最后胜利 / 章叶 // 世界知识，1960

（13）

拉丁美洲民族民主革命运动的基本形势 / 章叶 // 世界知识，1960（24）

拉丁美洲古代文物简介 / 朱龙华，陈荣豪 // 文物，1960（2）

第二次世界大战以后拉丁美洲民族和民主运动的高涨 /〔苏联〕M.C. 阿利彼罗
　　维奇；唐立民［译］// 史学月刊，1960（5）

美帝国主义怎样利用"美洲国家组织"侵略和压迫拉丁美洲各国 ?/ 谷纪 // 前
　　线，1960（24）

福斯特论 1810-1826 年拉丁美洲革命 / 殷叙彝 // 历史研究，1961（4）

亚非和拉丁美洲反殖民主义斗争的新高涨 / 章叶 // 前线，1961（7）

拉丁美洲民族民主革命运动的新发展 / 卢祖品 // 前线，1962（4）

拉丁美洲民族民主运动的深入发展 / 林羽 // 前线，1962（8）

拉丁美洲民族民主运动的新发展 / 卢祖品 // 世界知识，1962（3-4）

关于拉丁美洲各国共产主义运动和工人运动史的文献 / 王小曼 // 历史研究，
　　1962（4）

拉丁美洲人民的伟大进军 / 罗季 // 世界知识，1962（24）

早期门罗主义的性质和作用问题 / 郭力达，袁继成，曾子鑫 // 江汉学报，1962
　　（10）

战后帝国主义对亚洲、非洲和拉丁美洲人民的压榨与剥削 / 高成兴 // 教学与
　　研究，1963（3）

门罗宣言的性质和作用 / 维谷 // 学术月刊，1963（3）

帝国主义在亚、非、拉美地区的土地占有状况 / 聂天仁 // 教学与研究，1963（3）

拉丁美洲劳动人民在奋勇前进 / 陈言 // 世界知识，1963（8）

当前亚洲、非洲、拉丁美洲人民的武装斗争概况 / 刘镇学 // 前线，1963（16）

拉丁美洲人民保卫石油的斗争 / 朱乐凡 // 世界知识，1964（10）

拉丁美洲民族民主革命运动蓬勃发展 / 应生 // 前线，1964（12）

拉丁美洲的民族民主革命运动正在走向新的高涨 / 梅泗 // 世界知识，1965（3）

一九六六年的第一声春雷——记亚洲、非洲、拉丁美洲人民团结会议的斗争 /
　　陈乐民 // 世界知识，1966（2-3）

帝国主义在拉丁美洲的角逐 / 钟贺祖 // 世界知识，1966（6）

拉丁美洲独立战争前的社会经济和阶级关系 / 王春良 // 山东师院学报（社会

科学版），1977（6）

拉丁美洲考古剪辑 / 念书 // 拉丁美洲丛刊，1979（2）

拉丁美洲一些国家国名由来 / 余登 // 拉丁美洲丛刊，1979（2）

西方国家对拉美战略资源的依赖 / 张守平 // 世界知识，1979（13）

拉美火山 / 一舟 // 世界知识，1979（17）

拉丁美洲的几个同名城市 / 程飞，童新 // 世界知识，1980（6）

拉美国名趣谈（一）/ 穆家风 // 世界知识，1980（12）

拉美国名趣谈（二）/ 穆家风 // 世界知识，1980（13）

拉美国名趣谈（三）/ 穆家风 // 世界知识，1980（15）

偷渡的苦工 / 曹琳 // 拉丁美洲丛刊，1981（1）

为拉丁美洲独立和自由而战的杰出斗士 / 沙丁 // 拉丁美洲丛刊，1981（1）

试论门罗宣言的性质与作用 / 祝立明 // 世界历史，1981（5）

拉丁美洲独立前殖民者掠夺印第安人的政策 / 闻云 // 史学月刊，1981（6）

拉美的取宝盆——开发中的拉普拉塔河流域 / 石青 // 世界知识，1981（9）

拉美城市建设风貌 / 沈澄如 // 世界知识，1981（24）

我国对拉丁美洲历史的研究 / 杨典求 // 世界历史，1982（2）

拉普拉塔人民抗英斗争的历史意义 / 苏振兴 // 拉丁美洲丛刊，1982（4）

关于拉丁美洲历史文化的特殊问题 /〔苏联〕B.A. 科齐米肖夫；王益康［摘译］
　　// 现代外国哲学社会科学文摘，1982（5）

战后拉丁美洲的反帝反霸反殖斗争 / 苏振兴，徐世澄 // 拉丁美洲丛刊，1982（5）

拉丁美洲的史学概况 /〔美〕吉布森；培高［译］// 现代外国哲学社会科学
　　文摘，1982（9）

论拉丁美洲独立战争的原因和性质 / 王春良 // 历史教学问题，1983（2）

拉丁美洲历史上的印第安人奴隶制 / 张铠 // 拉丁美洲丛刊，1983（4）

试析十九世纪初拉美独立战争的性质 / 张森根，徐宝华 // 拉丁美洲丛刊，1983
　　（5）

拉丁美洲独立史上的迈普之战 / 焦震衡，念书 // 拉丁美洲丛刊，1983（6）

拉丁美洲的解放者——西蒙·博利瓦尔故居散记 / 彭光玺 // 瞭望，1983（7）

对亚非拉美民族解放运动教学的体会 / 王丽芳 // 历史教学，1983（8）

拉丁美洲名称的来历 / 钟帆 // 世界知识，1983（13）

十九世纪初拉普拉塔地区的独立战争 / 喻继如 // 拉丁美洲丛刊，1984（1）

争取经济独立是拉美民族解放运动重大目标 / 李在芹 // 拉丁美洲丛刊，1984（2）

拉丁美洲当代史的开端问题——兼论历史分期的标准 / 林宁 // 拉丁美洲丛刊，
　　1984（5）

拉斯·卡萨斯和拉丁美洲的反殖民主义斗争 / 梁卓生 // 外交学院学报，1984（2）

拉丁美洲：团结的时刻 /〔阿根廷〕埃尔维奥·巴尔迪内利 // 拉丁美洲丛刊，
　　1984（3）

拉丁美洲：昨天和明天的战争 / 可大安 // 瞭望周刊，1984（3）

拉美独立后至 20 世纪初经济发展缓慢的原因 / 洪承嗣 // 湖南师院学报，1984（6）

拉丁美洲的独立革命——南美北部地区的独立战争 / 韩水军 // 历史教学，1984
　　（10）

拉丁美洲的独立革命——南美南部和加勒比地区的独立战争 / 韩水军 // 历史
　　教学，1984（11）

拉丁美洲的历史地位与我国对拉美史的研究 / 黄邦和 // 武汉师范学院学报（哲
　　学社会科学版），1984（专辑）

拉美国家在第二次世界大战中的作用 / 焦震衡 // 拉丁美洲丛刊，1985（4）

拉丁美洲华侨的历史与现状 / 沙丁 // 拉丁美洲丛刊，1985（6）

十五世纪末至十九世纪初年拉丁美洲与中国文化之异同 / 孔庆榛 // 中国民航
　　学院学报，1986（2）

拉美经济学家对 1986 年世界经济形势预测 / 韩兆惠 // 国际经济合作，1986（4）

从世界历史全局看西属拉美独立运动的性质和特点 / 郑昌发 // 武汉大学学报
　　（社会科学版），1987（2）

战后初期拉丁美洲保卫和平运动高潮的形成及特点 / 张一平 // 河南师范大学
　　学报（哲学社会科学版），1987（2）

从委托监护制的推行看西属拉美殖民者和宗主国矛盾的发展 / 乔明顺 // 河北
　　大学学报（哲学社会科学版），1987（3）

委托监护制不是授予土地的制度 / 韩琦 // 山东师大学报（社会科学版），1987
　　（5）

试析拉丁美洲接受十月革命影响的独特性 / 蔡树立 // 湖北大学学报（哲学社

会科学版），1988（2）

从委托监护制与大庄园制的延续性看拉美大地产的起源 / 韩琦 // 山东师大学报（社会科学版），1988（5）

论近代拉美黑奴的法律地位 / 王肇伟 // 山东师大学报（社会科学版），1989（1）

十九世纪初西属拉丁美洲独立战争的性质和特点 / 喻继如 // 南昌大学学报（人文社会科学版），1989（1）

拉丁美洲独立运动的性质与类型 / 蔡树立 // 历史教学，1989（1）

谈拉美资本主义发展研究中的两个问题——关于拉丁美洲向资本主义转变过程中的跳跃性问题 / 冯秀文 // 史学集刊，1989（3）

拉美历史上的劳役分派制 / 韩琦 // 烟台师范学院学报（哲学社会科学版），1989（4）

拉美国家与世界反法西斯战争 / 洪育沂 // 外交学院学报，1990（3）

论 1810—1826 年拉丁美洲独立战争的性质 / 赵长华 // 军事历史研究，1990（4）

美国独立战争与拉美独立运动比较研究 / 张伟伟 // 历史教学，1991（3）

拉丁美洲城市发展史话 /〔阿根廷〕格拉谢拉·施奈尔；张望〔译〕// 国际社会科学杂志（中文版），1991（3）

部分史学家对拉美历史分期的看法 / 雁南 // 拉丁美洲研究，1991（3）

拉美主要国家名称由来 / 张鑫 // 拉丁美洲研究，1991（6）

500 年的一桩公案和 500 周年纪念 / 曾昭耀 // 拉丁美洲研究，1991（6）

西属拉美历史上的委托监护制 / 韩琦 // 史学月刊，1991（4）

15 世纪中西航海发展取向的对比与思考 / 罗荣渠 // 历史研究，1992（1）

第二次世界大战中的拉美国家 / 方幼封 // 军事历史研究，1992（3）

独立后至 20 世纪初拉丁美洲的大地产制 / 韩琦 // 山东师大学报（社会科学版），1992（5）

在 80 年代历史事件背后——非洲、中东、拉美青年运动回顾 /〔美〕R. G. 布朗加特，M. 布朗加特；卢春玲〔译〕// 当代青年研究，1992（5）

"内部殖民主义论"概述 / 江时学 // 国外理论动态，1993（15）

试论殖民地时期拉美城市的建立及其对拉美社会的影响 / 马凤岗，郭晓宁 // 山东师大学报（社会科学版），1994（6）

迈阿密——"拉丁美洲的首府" / 刘北辰 // 国际展望，1994（7）

试论西属拉美独立战争的性质 / 郝惠，杨俊广 // 天中学刊（驻马店师专学报），
　　1995（2）

1870-1930 年拉丁美洲的经济增长 / 韩琦 // 世界历史，1995（3）

拉丁美洲与第二次世界大战——对二战世界性的再认识 // 武汉教育学院学报，
　　1995（4）

拉美早期资本主义的探索 / 金计初 // 世界历史，1996（1）

两个美洲——拉美反殖思想传统的历史渊源 / 刘承军 // 拉丁美洲研究，1996（2）

战后拉美共产主义运动在反帝反独裁斗争中的历史地位 / 毛相麟 // 拉丁美洲
　　研究，1996（4）

论独立运动前夕拉丁美洲资本主义因素及其特点 / 陆国俊 // 世界历史，1997（2）

拉美史研究的理论探索 / 金计初 // 史学理论研究，1997（4）

拉丁美洲独立战争的历史局限及其影响 / 钱乘旦 // 历史教学问题，1999（3）

拉美史学真伪论 / 金计初 // 史学理论研究，1999（4）

拉丁美洲殖民地时期的海盗和走私 / 韩琦 // 拉丁美洲研究，1999（5）

19 世纪拉美的自由派改革和土地结构的变动 / 韩琦 // 山东师大学报（社会科
　　学版），1999（6）

进一步加强拉丁美洲史研究——纪念中国拉美史学科创建 40 周年 / 曾昭耀 //
　　拉丁美洲研究，2000（6）

中国拉丁美洲史研究回顾 / 王晓德，雷泳仁 // 历史研究，2000（5）

论拉丁美洲殖民制度的遗产 / 韩琦 // 历史研究，2000（6）

加强拉丁美洲史研究刍议 / 曾昭耀 // 历史研究，2000（6）

简析印第安文明 / 刘承军 // 拉丁美洲研究，2002（3）

初探拉丁美洲独立战争 / 金重远 // 江苏行政学院学报，2002（4）

简析北美洲与拉丁美洲巨大经济差距的形成原因 / 朱雪梅 // 中学地理教学参
　　考，2002（5）

辛亥革命与拉美民族独立战争的比较 / 胡志云 // 中学历史教学参考，2002（8）

浅析葡属拉美殖民地独立后没有分裂的原因 / 聂军 // 中学历史教学，2002（10）

拉美独立运动与美国孤立主义外交的重新界定 / 杨卫东 // 拉丁美洲研究，2003
　　（6）

论拉美古代印第安文明及其遗产 / 韩琦，史建华 // 聊城大学学报（社会科学

版），2003（4）

寻求外围的出路：对二战后拉美国际关系理论的历史考察 / 孙若彦 // 世界经
济与政治，2003（11）

拉美古代文明史中几个有争议的问题 / 韩琦 // 史学理论研究，2004（1）

关于拉美历史上"考迪罗"统治形式的文化思考 / 王晓德 // 政治学研究，2004
（3）

生命战胜死亡（一）——拉美札记 / 文甘君 // 社会科学论坛，2004（3）

生命战胜死亡（二）——拉美札记 / 文甘君 // 社会科学论坛，2004（4）

生命战胜死亡（三）——拉美札记 / 文甘君 // 社会科学论坛，2004（5）

生命战胜死亡（四）——拉美札记 / 文甘君 // 社会科学论坛，2004（6）

生命战胜死亡（五）——拉美札记 / 文甘君 // 社会科学论坛，2004（7）

生命战胜死亡（六）——拉美札记 / 文甘君 // 社会科学论坛，2004（8）

近代拉丁美洲为什么没有遭到列强的瓜分 / 刘纯青 // 历史学习，2004（10）

拉丁美洲行杂记 / 张昆生 // 观察与思考，2004（23）

拉丁美洲行杂记 / 张昆生 // 观察与思考，2004（24）

世界政治史研究中的威权主义及其历史定位——以拉丁美洲为例 / 冯秀文 //
世界历史，2005（2）

绿树繁花看拉美——巴西、古巴、阿根廷见闻 / 真柏 // 浙江林业，2005（3）

论西班牙波旁王朝的"非美洲化"改革与拉丁美洲独立运动 / 王明前 // 咸阳
师范学院学报，2005（5）

古代拉丁美洲国际法遗迹 / 刘显娅 // 社科纵横，2006（12）

论拉丁美洲殖民地经济结构的形成 / 马继武 // 山东师范大学，2007

世界历史在哥伦比亚和拉丁美洲（摘要）/〔哥伦比亚〕葆拉·卡斯塔诺；王
君［译］// 全球史评论，2008（1）

走近拉美 / 郝志远 // 黄河，2008（2）

1929 年世界经济危机对拉美地区的影响 / 宋晓平 // 史学理论研究，2009（2）

十九世纪至二十世纪初影响拉丁美洲历史的人物 / 李宏 // 集邮博览，2009（6）

特纳的"边疆假说"与拉丁美洲的边疆史研究 / 董经胜 // 拉丁美洲研究，2010
（6）

拉美二百年发展进程中的五大难题 / 江时学 // 世界历史，2011（1）

初级产品出口与阿根廷的早期现代化——拉美独立运动爆发 200 周年的反思 / 董国辉 // 世界历史，2011（4）

遥远的大陆 共同的命运——菲律宾与西属美洲独立运动中的两位何塞 / 韩晗 // 拉丁美洲研究，2011（3）

拉美国家国名的多重内涵 / 郭旭东 // 新西部（下旬 . 理论版），2011（3）

自由诚可贵 民主价亦高——对拉丁美洲独立运动政治层面的思考 / 冯秀文 // 江汉大学学报（社会科学版），2011（4）

拉丁美洲自然景观几大亮点 / 马如彪，尹辅朝 // 地理教育，2011（5）

《剑桥拉丁美洲史》全卷中文版后记及补记 / 张森根 // 拉丁美洲研究，2012（6）

中国拉美史研究的重要里程碑——评林被甸、董经胜著《拉丁美洲史》/ 曾昭耀 // 史学月刊，2013（2）

拉丁美洲疫病影响初探——对西属殖民地早期的考察 / 潘芳 // 南开学报（哲学社会科学版），2013（3）

殖民征服对拉美原住民家庭结构的冲击 / 杨琪琪 // 黑河学院学报，2013（4）

对拉美独立运动爆发原因的再思考 / 张家唐 // 拉丁美洲研究，2013（6）

独自探秘拉美 / 卢燕 // 体育博览，2013（8）

感受拉丁美洲 了解拉丁美洲 / 日寸 // 世界知识，2013（20）

一路向南·拉丁美洲行纪（之一）墨西哥的浪漫与热情 / 张淼 // 中学生天地（A 版），2013（7–8）

一路向南·拉丁美洲行纪（之二）古巴：开口朝上的抛物线 / 张淼 // 中学生天地（A 版），2013（9）

一路向南·拉丁美洲行纪（之三）放逐在中美洲（上）：千年的穿越 / 张淼 // 中学生天地（A 版），2013（10）

一路向南·拉丁美洲行纪（之四）放逐在中美洲（下）：色彩的跃动 / 张淼 // 中学生天地（A 版），2013（11）

一路向南·拉丁美洲行纪（之五）哥伦比亚：你的微笑，我的爱 / 张淼 // 中学生天地（A 版），2013（12）

一路向南·拉丁美洲行纪（之六）秘鲁：行走在安第斯山上 / 洛艺嘉 // 中学生天地（A 版），2014（1）

一路向南·拉丁美洲行纪（之七）玻利维亚：梦游记 / 荷焖鱼 // 中学生天地

（A 版），2014（2）

一路向南·拉丁美洲行纪（之八）智利：纵越八千里 / 荷焖鱼 // 中学生天地
（A 版），2014（3）

一路向南·拉丁美洲行纪（之九）在乌拉圭，遇见足球 / 洛艺嘉 // 中学生天地
（A 版），2014（4）

一路向南·拉丁美洲行纪（之十）阿根廷，别为我哭泣 / 洛艺嘉 // 中学生天地
（A 版），2014（5）

一路向南·拉丁美洲行纪（之十一）巴西：桑巴足球 / 洛艺嘉 // 中学生天地
（A 版），2014（6）

一路向南·拉丁美洲行纪（之十二）里约大冒险 / 洛艺嘉 // 中学生天地（A
版），2014（7–8）

一路向南·拉丁美洲行纪（之十三）亚马逊漂流记 / 荷焖鱼 // 中学生天地（A
版），2014（7–8）

拉美殖民与西班牙现代化的延误 / 姬庆红 // 商丘师范学院学报，2014（1）

法国大革命与拉丁美洲独立运动的兴起 / 张寒 // 黑龙江史志，2014（1）

拉丁美洲早期汉学家研究（16–18 世纪）/ 张铠 // 国际汉学，2014（1）

拉美史学中的新文化史 / 韩琦 // 世界历史，2014（4）

环境保护

拉美城市的污染与防治 / 逄春 // 世界知识，1981（24）

变污染源为能源——拉丁美洲城市垃圾卫生堆埋场的技术经验 / 倪既勤，宁斯
E.-J.// 国外环境科学技术，1992（3）

环境保护与拉丁美洲 / 杨西 // 拉丁美洲研究，1992（3）

拉美的贫困与环境保护 / 杨西 // 拉丁美洲研究，1993（3）

拉丁美洲的生态危机 /〔美〕丹尼尔·费伯；胡强［摘译］// 世界经济译丛，
1993（6）

拉美国家的环境保护问题 / 徐英 // 环境保护，1995（10）

拉丁美洲和加勒比地区的清洁生产观点 /Cristina Cortinas de Nava// 产业与环境
（中文版），1997（3）

环境措施对拉丁美洲咖啡生产成本的影响 /Julia Elena Serpa// 产业与环境（中文版），2000（2–3）

拉丁美洲与加勒比地区（LAC）实现清洁生产的一个主要障碍：资金限制 / MarcoA.González；蔡学娣［译］// 产业与环境（中文版），2003（1）

拉美和加勒比地区的资源环境问题与可持续发展 / 赵丽红 // 拉丁美洲研究，2005（6）

城市化进程中拉美国家城市环保的经验及教训 / 程晶 // 世界历史，2007（6）

智利　阿根廷　巴西环保掠影 / 朱京海 // 环境保护与循环经济，2008（7）

透过拉丁美洲的眼看城市、环境和性别关系 / 伊莎贝尔·劳柏，阿尔瓦罗·桑·塞巴斯蒂安，诺贝托·尹达；黄觉［译］// 国际社会科学杂志（中文版），2009（4）

从拉美发展中出现的生态问题看建设生态文明社会的重要意义 / 杨志敏 // 拉丁美洲研究，2009（5）

拉丁美洲环境史研究 / 包茂红 // 学术研究，2009（6）

拉丁美洲和加勒比地区部分国家环境教育及相关立法 / 王元楣，王民 // 环境教育，2009（7）

拉丁美洲环境史研究述评 / 陈浩 // 全球史评论，2011

拉丁美洲贫困城区的水质与健康 /〔阿根廷〕M. 奥内斯提尼；孙雷激［编译］// 水利水电快报，2014（1）

拉美国家生态环境变迁及其对中国的启示 / 黄鹂，蔡弘 // 北京林业大学学报（社会科学版），2015（2）

中美洲

简况

中美洲通指墨西哥以南、哥伦比亚以北的美洲大陆中部地区。东临加勒比海，西濒太平洋，是连接南北美洲的狭长陆地。其最窄处为巴拿马运河处，宽度仅为 48 公里。陆地面积为 54 万平方公里。包括伯利兹、哥斯达黎加、萨尔瓦多、危地马拉、洪都拉斯、尼加拉瓜和巴拿马 7 个国家。

政治

冒烟的"火山"——动荡中的中美洲三国 / 于如 // 世界知识，1979（23）

苏美争夺的第四个"热点"——风烟滚滚的中美洲和加勒比地区 / 孙国维 // 世界知识，1980（13）

中美洲和安第斯山地区的种族、肤色和阶级 /〔美〕J. 皮特 – 季维斯；王阳〔摘译〕// 民族译丛，1980（4）

墨西哥与中美洲的黑人 /〔日〕增田义郎；刘援朝，邝东〔译〕// 民族译丛，1981（3）

风云激荡的中美洲和加勒比地区 / 钟梅 // 现代国际关系，1981（1）

动荡不安的中美洲局势 / 邓立，杨典求 // 拉丁美洲丛刊，1982（2）

里根政府对中美洲和加勒比地区的政策动向 / 汤国维 // 国际问题资料，1982（15）

中美洲战火四起 / 张新生，一丁 // 世界知识，1982（12）

中美洲的多事之秋 / 杞言 // 世界知识，1982（22）

中美洲后农业社会的形成 /〔美〕R. 埃贝尔；迟少杰〔译〕// 国外社会科学，1983（2）

中美洲局势和里根政府的干涉政策 / 汤国维 // 国际问题资料，1983（4）

中美洲问题的症结及其前景 / 晓渔 // 国际问题研究，1983（4）

对中美洲形势的几点看法 / 天锦 // 拉丁美洲丛刊, 1983 (5)

中美洲动乱何时已? / 杞言 // 世界知识, 1983 (11)

中美洲局势和孔塔多拉精神 / 杞言 // 世界知识, 1983 (16)

中美洲战火迅速蔓延 / 一丁 // 世界知识, 1983 (17)

中美洲和加勒比地区: 美国的干涉升级 / 晓渔 // 世界知识, 1984 (2)

中美洲和平努力的新进展 / 李在芹 // 瞭望周刊, 1984 (5)

中美洲形势持续动荡 / 众成 // 世界知识, 1984 (10)

对里根政府中美洲政策的回顾与展望 / 毛相麟, 张默, 江时学 // 拉丁美洲丛刊, 1985 (3)

苏联与美国在中美洲、加勒比地区的较量 / 顾志宏 // 苏联东欧问题, 1985 (2)

里根政府与中美洲局势 / 张新生 // 世界知识, 1985 (8)

加剧中美洲紧张局势的严重步骤 / 杞言 // 世界知识, 1985 (11)

紧张动荡的中美洲地区 / 张明德 // 国际问题研究, 1986 (2)

青年: 解决中美洲危机的关键 / 〔墨〕劳尔·贝尼特兹·马瑙特; 曾达明 〔译〕 // 国际社会科学杂志 (中文版), 1986 (4)

中美洲和约的波折 / 宗美 // 世界知识, 1986 (13)

中美洲和约为何难签? / 胡泰然 // 瞭望周刊, 1986 (25)

中美洲局势的回顾与前瞻 / 朱满庭 // 拉丁美洲研究, 1987 (1)

中美洲基督教民主主义势力浅析 / 张默 // 拉丁美洲研究, 1987 (3)

评美国对中美洲的政策 / 苏振兴 // 拉丁美洲研究, 1987 (3)

曲折艰难的中美洲和平进程 / 傅期松 // 现代国际关系, 1987 (2)

美国对中美洲及加勒比地区的援助与控制 / 柴海涛 // 国际经济合作, 1987 (3)

争取中美洲和平的新努力 / 胡积康 // 瞭望周刊, 1987 (5)

中美洲和平进程的新障碍 / 宋心德 // 瞭望周刊, 1987 (16)

中美洲首脑会议取得积极成果 / 胡泰然 // 瞭望周刊, 1987 (33)

中美洲和平的新希望 / 沈安 // 瞭望周刊, 1987 (36)

中美洲和平协议签署以后 / 胡积康 // 瞭望周刊, 1987 (42)

中美洲的九十天——从和平协议签署到正式生效 / 张默 // 世界知识, 1987 (23)

中美洲五国首脑会议反映的动向 / 肖芳琼 // 国际展望, 1987 (17)

中美洲局势出现和平转机的主要原因 / 陈舜英 // 拉丁美洲研究, 1988 (1)

中美洲"热点"试析 / 吴名祺 // 拉丁美洲研究，1988（3）

中美洲和平进程的前景 / 苏振兴 // 拉丁美洲研究，1988（3）

里根政府与中美洲危机——《中美洲危机：冲突的根源与美国政策的失败》
　　一书评介 / 江时学 // 世界经济与政治，1988（3）

执行中美洲和平协议的新阶段 / 程志平，富显成 // 瞭望周刊，1988（4）

美国在中美洲意欲何为 / 胡积康 // 瞭望周刊，1988（14）

中美洲和平进程陷入停滞不前状态 / 沈安 // 拉丁美洲研究，1989（1）

卡特政府以来美国对中美洲政策的演变 / 毛相麟，李严 // 拉丁美洲研究，1989
　　（6）

中美洲：和平进程的新希望 / 沈安 // 世界知识，1989（4）

中美洲冲突的结束 / 刘瑞常 // 世界知识，1989（17）

中美洲和平进程的重大进展 / 沈安 // 瞭望周刊，1989（10）

中美洲和平进程又起波澜 / 王树柏 // 瞭望周刊，1989（49）

中美洲和平进程在困难中缓慢推进 / 汤小棣 // 拉丁美洲研究，1990（1）

从低烈度战争理论看 80 年代美国对中美洲的干涉 / 宋晓平，汤小棣 // 拉丁美
　　洲研究，1990（3）

中美洲政治格局变化后和平进程的发展 / 沈安 // 拉丁美洲研究，1990（4）

美国对中美洲政策的调整及前景展望 / 张新生 // 拉丁美洲研究，1990（5）

中美洲地区新的政治趋向 / 张新生 // 现代国际关系，1990（3）

国际关系中的干涉：美国对中美洲政策实例分析 / 徐波 // 世界经济与政治，
　　1990（8）

中美洲和平进程转向一体化发展的新阶段 / 汤小棣 // 拉丁美洲研究，1992（1）

欧共体加强与中美洲国家合作 / 陈家瑛 // 瞭望周刊，1992（10）

富于成果的第十二届中美洲首脑会议 / 杨文正 // 瞭望周刊，1992（25）

世界格局变化和中美洲和平进程 / 汤小棣 // 拉丁美洲研究，1993（1）

中美洲的地震灾害增加 / 李怀英［译］// 国际地震动态，1993（3）

中美洲地区日益活跃的跨国犯罪集团 / 赵念渝 // 国际展望，1995（19）

中美洲告别战乱 / 民欣，一平 // 世界知识，1997（3）

米奇飓风和中美洲重建 / 汤小棣 // 拉丁美洲研究，1999（6）

90 年代以来的中美洲一体化进程 / 唐晓芹 // 拉丁美洲研究，2000（5）

"柔性外交","台独"之旅——吕秀莲中美洲四国行的前前后后 / 彭维学 // 两岸关系，2000（12）

中美洲向何处去？——中美洲的政治现状与趋势 / 杨建民 // 拉丁美洲研究，2001（2）

充当"马前卒"与"冤大头"——陈水扁中美洲之旅 / 苏泰 // 台声，2001（7）

论美国拉美政策中美洲体系的演化 / 唐庆 // 江汉大学学报（人文科学版），2003（3）

中美洲侨胞联合起来 促进祖国和平统一大业 / 周达初 // 统一论坛，2003（6）

勃列日涅夫的"缓和战略"及其对中美洲加勒比的扩张 / 岳澎 // 中共山西省委党校学报，2005（2）

"万岁圣·西蒙"：洛杉矶一年一度的中美洲节日 /〔美〕迈克尔·欧文·琼斯；巴莫曲布嫫［译］// 民族艺术，2005（2）

试析里根政府的中美洲公众外交战略 / 王欣 // 东北师范大学，2005

美国的中美洲战略与《布莱恩－查莫罗条约》的签订（1898-1914）/ 李翠翠 // 东北师范大学，2011

里根政府的中美洲公众外交战略评析 / 王欣 // 东北师大学报（哲学社会科学版），2012（6）

中美洲和加勒比国家会"移情别恋"吗 / 江时学 // 世界知识，2013（13）

中美洲国家治理与社会安全 / 王鹏 // 拉丁美洲研究，2015（2）

格林纳达事件与里根政府对中美洲外交政策 / 赵芳 // 山东师范大学，2015

经济

略谈中美洲地区的经济合作 / 江时学 // 拉丁美洲丛刊，1985（1）

中美洲可再生能源的开发 / 邓寿昌［摘译］// 世界环境，1985（2）

中美洲五国经济发展特点及问题 / 薛秀云 // 国际问题研究，1985（2）

试析当代中美洲经济发展中的几个问题 / 金计初 // 史林，1987（2）

中美洲和南美洲铁路的发展情况 / 刘寿兰［摘译］// 铁道科技动态，1988（2）

50 年代以来中美洲国家的经济发展 / 江时学 // 拉丁美洲研究，1988（2）

关于中美洲国家经济增长模式的历史考察 / 张森根 // 拉丁美洲研究，1989（5）

60 和 70 年代外国资本对中美洲经济的影响 / 杨西 // 拉丁美洲研究，1989（5）

中美洲著名的国际金融市场——拿骚 / 徐敏 // 世界知识，1990（1）

中美洲国家的出口农业 / 江时学 // 拉丁美洲研究，1990（3）

中美洲债务问题浅析 / 杨西 // 拉丁美洲研究，1991（6）

中美洲共同市场复兴有望 / 汤小棣 // 拉丁美洲研究，1994（1）

中美洲地区经济一体化的新形势 / 刘扬 // 现代国际关系，1994（8）

前进中的中美洲共同市场 / 曹珺 // 国际观察，1995（2）

90 年代中美洲共同市场的新进展及其原因 / 幼封，曹珺 // 世界经济研究，
　　1995（3）

中美洲一体化的发展轨迹及其前进中的困难 / 方幼封 // 复旦学报（社会科学
　　版），1995（4）

中美洲——中国农机的潜在大市场 / 陈妍 // 农机市场，1995（12）

中美洲及加勒比海国家经济情况概览 // 机电国际市场，1996（8）

中美洲投资环境与中国企业 / 陈泉 // 国际观察，2000（2）

非经济因素在中美洲共同市场起源中的作用 / 雷泳仁 // 拉丁美洲研究，2000（4）

调整、改革中的经济增长与挑战——90 年代的中美洲国家经济概述 / 刘维广
　　// 拉丁美洲研究，2001（2）

给出口服装改国籍——中美洲是服装出口的跳板 / 胡志祥，赵长纲 // 大经贸，
　　2001（3）

中国小水电机组结合美国数字技术在美国和中美洲 25 年的建设经验 / 〔美〕
　　亚历山大·A. 曾安生；张巍［译］// 小水电，2005（3）

试析《中美洲自由贸易协定》多角化影响 / 王峥，项益鸣 // 经济经纬，2007（1）

影响中美洲国家发展前景的若干因素 / 江时学 // 拉丁美洲研究，2007（4）

自由贸易协定影响中美洲国家花卉业 / 林子［译］// 中国花卉园艺，2008（3）

浅析区域货币合作与区域贸易合作异步发展的原因——以中美洲共同市场和
　　西非经济共同体为例 / 王汉，高娃，邵丹红 // 经济师，2008（4）

借助自贸协定优惠条件拓展哥斯达黎加和中美洲市场 / 高潮 // 中国对外贸易，
　　2011（10）

论中美洲和加勒比海地区邮轮经济及对中国的启示 / 李从文 // 中国水运（下
　　半月），2013（2）

中美洲国家可再生能源开发概况 /〔哥斯达黎加〕J.R. 罗哈斯；朱红，马贵生〔编译〕// 水利水电快报，2013（6）

中美洲国家水电开发现状 /〔危地马拉〕C.M.F. 戈麦斯；陈敏，梅莉〔编译〕// 水利水电快报，2014（10）

基于时间成本分析多式联运在中美洲航线的优势 / 汪原也，郭杨，吴国强 // 水运管理，2014（11）

千锤百炼 四年磨剑终有成——中美洲某水电站项目 HSE 管理分析及经验总结 / 宋世徽 // 国际工程与劳务，2015（1）

文化

中美洲地区文字、数字和度量衡系统的产生与演变 /〔德〕白瑞斯 // 中国海洋大学学报（社会科学版），2005（1）

摄影和宣传——理查德·克劳斯和约翰·霍格兰：在中美洲、在新闻里 / 大卫·莱维·斯特劳斯；董丽慧〔译〕// 美术馆，2010（1）

鲜为人知的中美洲现当代艺术（一）——危地马拉、洪都拉斯和萨尔瓦多的现代艺术 / 鲍玉珩，耿纪朋 // 美术观察，2011（10）

鲜为人知的中美洲现当代艺术（二）——哥斯达黎加、尼加拉瓜和巴拿马的现代艺术 / 鲍玉珩，耿纪朋 // 美术观察，2011（11）

中美洲基础教育普及仍面临严峻挑战 / 孟可〔编译〕// 世界教育信息，2013（11）

历史　地理

中美洲五国是怎样独立的？/ 李保章 // 拉丁美洲丛刊，1981（4）

中美洲和加勒比地区在苏美导弹之争中的地位 / 杨家荣 // 苏联东欧问题，1983（6）

美国"中美洲问题委员会"简介 / 朱书林 // 世界知识，1983（17）

中美洲包括几国？/ 小麦 // 世界知识，1985（18）

关于北美洲与中美洲的概念 / 张志学 // 河北师范大学学报（社会科学版），1987（3）

具有历史意义的一步——中美洲五国第二次首脑会议 / 啸苗 // 世界知识，1987
　（18）

中美洲民族分类史：1700-1950 年 / 比尼西奥·冈萨雷斯；王列，张高潮
　〔译〕// 国际社会科学杂志（中文版），1988（1）

第 44 届美洲学国际会议关于中美洲危机问题的讨论 / 曾昭耀 // 拉丁美洲研究，
　1989（5）

第四次中美洲五国首脑会议成功之背景 / 王培生 // 国际展望，1989（5）

夹缝中的"自由"——常驻墨西哥、中美洲所感到的…… / 许必华，李颖息 //
　中国记者，1989（12）

欧洲人抵达前后中美洲的人和动物 /〔墨〕拉乌尔·巴拉德斯·阿苏亚；习文
　〔译〕// 第欧根尼，1993（1）

中美洲海上乐园——波多黎各 / 易家康〔译〕// 海洋世界，1995（6）

前哥伦布时期中美洲古陶的研究 / 陈显求，陈士萍，李家治 // 陶瓷学报，1996
　（1）

访问中美洲、加勒比诸国琐记 / 李扬 // 当代世界，1996（8）

商周文化与中美洲文明——试论史前泛太平洋文化的传播 / 许辉 // 上海社会
　科学院学术季刊，1999（3）

中国古文字与中美洲符号相联的新证据 / 许辉 // 中国文字研究，1999

古代中美洲和南美洲印第安人的音乐舞蹈 / 陈自明 // 中国音乐学，2001（2）

论冷战时期美苏在加勒比中美洲的争夺 / 岳澎 // 陕西师范大学，2001

中美洲的蜂鸟 / 王广树〔译〕// 森林与人类，2002（6）

中美洲和前西班牙文明 /〔美〕理查德 E. 布兰顿，加里 M. 费曼，史蒂芬 A.
　卡瓦勒斯基，琳达 M. 尼古拉斯；钱益汇〔译〕// 华夏考古，2003（4）

商王朝恐怖主义策略起源与兴衰背景——同中美洲阿兹特克帝国恐怖主义策
　略比较分析 / 何驽，Gary W.Pahl// 江汉考古，2005（1）

1821~1850 年英国对中美洲的政策 / 陈建军 // 首都师范大学学报（社会科学
　版），2007（增刊）

《克莱顿－布尔沃条约》与美英在中美洲的冲突与妥协 / 黄虎 // 湖南师范大学
　社会科学学报，2008（2）

简析 19 世纪中叶英美在中美洲的斗争 / 陈建军 // 首都师范大学，2008

美国的中美洲战略与《布莱恩－查莫罗条约》的签订（1898-1914）/ 李翠翠
　　// 东北师范大学，2011（8）

玛雅文化

玛雅文化的摇篮——科潘遗址 / 李保章，怡群 // 拉丁美洲丛刊，1979（2）

拉美古文明的骄傲——玛雅文化 / 李颖息 // 世界知识，1979（22）

玛雅文化概述 / 〔美〕哈蒙德；杨建华〔译〕// 史学集刊，1982（3）

谈玛雅文明的起源 / 胡春洞 // 历史研究，1983（1）

古代美洲的玛雅文化 / 韩水军 // 历史教学，1983（5）

古代美洲玛雅文化 / 韩水军 // 历史教学，1984（7）

近十年来玛雅文化研究的新进展 / 孔令平，王培英 // 世界历史，1985（1）

玛雅文化 / 石乔 // 外国文学，1985（11）

玛雅文化拾零 / 王培英〔译〕// 民族译丛，1989（6）

玛雅文化中的数字 / 〔德〕雷埃斯；张承泉〔译〕// 飞碟探索，1994（5）

太阳历：古彝族与玛雅文化 / 张晓光 // 飞碟探索，1995（2）

辉煌后的沉寂（一）——神秘的玛雅文化 / 李静〔摘编〕// 飞碟探索，1995（1）

辉煌后的沉寂（二）——神秘的玛雅文化 / 〔美〕埃·乌娅兰德，克里格·乌
　　姆兰德；李静〔摘编〕// 飞碟探索，1995（2）

辉煌后的沉寂（三）——神秘的玛雅文化 / 李静〔摘编〕// 飞碟探索，1995（3）

辉煌后的沉寂（四）——神秘的玛雅文化 / 〔美〕埃·乌娅兰德，克里格·乌
　　姆兰德；李静〔摘编〕// 飞碟探索，1995（4）

辉煌后的沉寂（五）—— 神秘的玛雅文化 / 〔美〕克里格·乌姆兰德；李静
　　〔摘编〕// 飞碟探索，1995（5）

辉煌后的沉寂（六）——神秘的玛雅文化 / 〔美〕埃·乌娅兰德，克里格·乌
　　姆兰德；李静〔摘编〕// 飞碟探索，1995（6）

辉煌后的沉寂（七）——神秘的玛雅文化 / 〔美〕E.乌姆兰德；李静〔摘编〕
　　// 飞碟探索，1996（1）

印第安人与玛雅文化 / 尤飞虎 // 中学地理教学参考，1996（5）

玛雅文化拾贝 / 李颖息 // 当代世界，1996（6）

玛雅文化的典型代表——太阳和月亮金字塔 / 焦燕生 // 世界知识，1996（21）

玛雅文化是中国连云港市先民航海去创造的吗？——评《谁先到达美洲》等 /
　　施存龙 // 世界历史，1998（3）

科潘：玛雅文化的圣地 / 徐建国 // 当代世界，1999（1）

神秘的玛雅文化 / 郭云山 // 科学之友（上），1999（7）

神秘的玛雅文化（上）/ 晓宁［编］// 对外大传播，2000（11）

神秘的玛雅文化（下）/ 晓宁［编］// 对外大传播，2000（12）

太阳是玛雅文化的终结者 / 乔明 // 飞碟探索，2001（6）

探访神秘的玛雅文化遗迹 / 闫鹏飞 // 中国科技财富，2005（3）

探访"玛雅"——兼评 G. 孟席斯关于玛雅文化来自中国影响的观点 / 林被
　　甸 // 拉丁美洲研究，2006（1）

不可捉摸的玛雅文化 / 廖茂财 // 百姓，2009（6）

玛雅文化与外星人有关？/ 佚名 // 科学与文化，2009（7）

古老而神秘——玛雅文化 // 晚霞，2009（22）

浅谈玛雅后古典期祭祀文化及其美学——以奇钦·伊察古城为例 / 余建瓴 //
　　大众文艺，2010（1）

玛雅文化探秘游 / 梦童 // 旅游时代，2012（3）

玛雅历法和 2012 年预言 / 张禾 // 世界宗教文化，2012（3）

玛雅文化艺术 / 张禾 // 世界宗教文化，2012（4）

玛雅文化与地球末日的预言 / 陈胜庆 // 地理教学，2012（24）

墨西哥玛雅文化遗址——帕伦克古城 /Baozx，Fickl// 建筑与文化，2013（9）

墨西哥

简况

　　墨西哥合众国位于北美洲西南部。北邻美国，东临墨西哥湾
和加勒比海，东南与危地马拉、伯利兹接壤，西、南濒太平洋，
海岸线长 11122 公里。面积 1964375 平方公里。人口 1.12 亿（2010
年），印欧混血人和印第安人占总人口的 90% 以上。官方语言为

西班牙语，90%的居民信奉天主教，5.2%的居民信奉基督教新教。首都为墨西哥城。独立日是9月16日。

墨西哥是多山高原之国，全国一半以上土地的海拔高达1000多米。东、西、南三面为马德雷山脉所环绕，中部是墨西哥高原，东南部是地势平坦的尤卡坦半岛，沿海多狭长平原。主要河流有布拉沃河、巴尔萨斯河和圣地亚哥河。最大湖泊为查帕拉湖。气候复杂多样，大部分地区分旱季（10月～次年4月）和雨季（5～9月）。高原地区终年温和，平均气温10～26℃；西北内陆为大陆性气候；沿海和东南部平原属热带气候。雨季集中了全年75%的降水量。

墨西哥是拉美经济大国、北美自由贸易区成员，也是世界最开放的经济体之一，同44个国家签署了自贸协定。工业部门齐全，石化、电力、矿业、冶金和制造业较发达。主要农作物有玉米、小麦、高粱、大豆、水稻、棉花、咖啡、可可等。剑麻产量居世界前列。墨西哥是世界主要石油生产国和出口国之一。截至2012年底，原油已探明储量114亿桶，占世界总储量的0.7%；天然气已探明储量4000亿立方米，占世界总储量的0.2%。矿产资源丰富，其银、铋、砷、镉、铅、锌等矿产的蕴藏量位居世界前列，是世界最大的白银和铜生产国之一，享有"白银王国"之称。旅游业发达，侨汇收入丰富。主要进出口产品是机电产品、运输设备、矿产品、贱金属及制品、化工产品等。全国公路总长37.2万公里，铁路总长27483公里。货币名称为比索。

墨西哥是拉美的文明古国，玛雅文化、奥尔梅克文化、托尔特克文化和阿兹特克文化均为墨印第安人创造。1519年西班牙殖民者入侵墨西哥，1521年墨沦为西班牙殖民地。1522年在墨西哥城建立新西班牙总督区。1810年9月16日，米格尔·伊达尔戈－科斯蒂利亚神父发动起义，开始独立战争。1821年8月24日宣布独立。翌年5月伊图尔比德建立"墨西哥帝国"。1823年12月2日宣布成立墨西哥共和国。1824年10月4日颁布宪法，正式成立联邦共和国。独立后墨西哥政治长期陷于混乱不稳状态，保守派和自由派争权夺利，仅在 1841~1848 年间就更换了 21 位总统。政局不稳不仅使生产遭到破坏，财政拮据，而且使墨西哥成为列强鱼肉之地，德、法、美等国资本接踵而来。19 世纪 20~40 年代英国资本达 1000 万英镑，控制了墨西哥的银矿业、部分纺织业和海关。美国为扩张领土屡次侵略墨西哥。1846 年美国发动侵墨战争。1848 年 2 月 2 日美国强迫墨西哥签订了屈辱性的《瓜达卢佩–伊达尔戈条约》，墨被迫将北部约 230 万平方公里的土地割让给美国，使其丧失了一半以上的国土。1861 年 6 月贝尼托·华雷斯就任总统。华雷斯领导的"革新运动""改革战争"给予大地主、天主教会上层分子和外国干涉者及其同盟者以重大打击，促进了经济和文化教育的发展。1867 年法、英、西班牙等入侵者被赶出墨。1876~1911 年迪亚斯实行独裁统治。1910 年爆发资产阶级民主革命，同年 11 月 20 日发动武装起义，1911 年迪亚斯政权被推翻。1914、1916 年美国两次对墨进行武装干涉，两国一度断交。1917 年颁布资产阶级民主宪法，宣布国名为墨西哥合众国。1929 年革命制度党成立，连续执政 71 年。2000 年 7 月，国家行动党赢得大选，结束了墨长期一党执政的局面。2012 年 7 月，革命制度党候选人培尼亚·涅托赢得大选，并于同年 12 月 1 日就任，这是革命制度党时隔 12 年后重掌政权。

墨西哥在对外关系中长期奉行独立自主的外交政策，主张维护国家主权与独立，尊重民族自决权，推行对外关系多元化。主张和平解决国际争端。1972 年 2 月 14 日，中国与墨西哥建交。

政治 法律

政治概况

墨西哥资本主义发展的程度和特点 / 陈芝芸，张文阁 // 拉丁美洲丛刊，1980（3）

近代墨西哥的社会性质 / 乔明顺 // 河北大学学报（哲学社会科学版），1980（4）

墨西哥的"湿背"劳工 / 张守平 // 世界知识，1980（8）

墨西哥新总统——德拉马德里 / 侯耀其 // 世界知识，1982（18）

八十年代墨西哥的发展战略 /〔美〕钱德拉·哈迪；王耀媛〔摘译〕// 国际经济评论，1983（11）

墨西哥的青年与政治制度 /〔墨〕M. 阿尔瓦雷斯；余幼宁〔译〕// 国外社会科学，1983（12）

墨西哥总统德拉马德里 / 侯耀其 // 瞭望周刊，1986（48）

墨西哥总统德拉马德里 / 王献民 // 现代国际关系，1987（1）

拉美第二经济大国——墨西哥 / 刘玉树 // 国际经济合作，1987（6）

墨西哥的城市化进程 / 严漠 // 国际科技交流，1987（10）

卡洛斯·萨利纳斯·德戈塔里——墨西哥革命制度党 1988～1994 年总统候选人 / 杨仲林 // 拉丁美洲研究，1988（2）

墨西哥一村社社会生产组织形式的变化（1924-81 年）/〔墨〕盖尔·马默特；陈思〔译〕// 国际社会科学杂志（中文版），1988（4）

漫谈墨西哥总统选举 / 李颖息 // 瞭望周刊，1988（6）

墨西哥科技组织与管理 / 黄卫 // 中外科技信息，1988（6）

墨西哥政局浅析 / 杨仲林 // 拉丁美洲研究，1989（3）

简论墨西哥华雷斯改革 / 王春良 // 拉丁美洲研究，1989（4）

1987-1989 年墨西哥的稳定政策 /〔墨〕J. E. 纳瓦莱特 // 经济社会体制比较，1990（2）

墨西哥政治发展的历程——拉美政治发展的一种模式 / 周晓慧 // 拉丁美洲研究，1990（3）

墨西哥的联邦议会制度 / 杨仲林 // 拉丁美洲研究，1990（4）

新形势下墨西哥民族主义的内涵 / 王绪苓 // 拉丁美洲研究，1992（2）

"新民族主义"指导下墨西哥展现新貌 / 周小妹 // 现代国际关系，1992（6）

简论墨西哥卡德纳斯政府改革 / 王春良，杜慧如 // 历史教学问题，1992（6）

墨西哥发展战略的十大变化 / 向以斌 // 拉丁美洲研究，1993（1）

论墨西哥的政治现代化道路——墨西哥如何从考迪罗主义走向现代宪政制度 / 曾昭耀 // 拉丁美洲研究，1993（1）

论墨西哥的政治现代化道路（续）——墨西哥如何从考迪罗主义走向现代宪政制度 / 曾昭耀 // 拉丁美洲研究，1993（2）

墨西哥国家职能的转换 / 杨茂春 // 拉丁美洲研究，1993（4）

现代墨西哥社会持久稳定的原因 / 夏立安 // 历史研究，1993（6）

墨西哥总统萨利纳斯及其内外政策 / 周瑞芳 // 世界经济与政治，1993（8）

萨利纳斯执政后墨西哥的政治改革 / 杨仲林 // 世界经济与政治，1993（8）

墨西哥恰帕斯州的惊雷 / 李锦华 // 政党与当代世界，1994（3）

恰帕斯州农民暴动记 / 赵某 // 国际展望，1994（3）

同在一片蓝天下——墨西哥农民暴动探因 / 杞言 // 世界知识，1994（3）

墨西哥政治稳定略论 / 赵罗平 // 铁道师院学报，1994（4）

墨恰帕斯州流血冲突和解有望 / 冯俊伟 // 瞭望新闻周刊，1994（4）

试谈墨西哥反腐败斗争的长期性问题 / 曾昭耀 // 拉丁美洲研究，1994（5）

关于墨西哥政治现代化道路研究中的几个问题——兼与曾昭耀同志商榷 / 冯秀
文 // 世界历史，1994（6）

墨西哥大选前的形势 / 周小妹 // 现代国际关系，1994（7）

在恰帕斯的枪声背后 / 蔡焰 // 世界知识，1994（9）

恰帕斯州：墨西哥"热点" / 李英杰 // 新闻记者，1994（9）

墨西哥新当选总统塞迪略 / 周瑞芳 // 国际资料信息，1994（10）

墨西哥恰帕斯州农民为何造反 / 王绪苓 // 生产力之声，1994（11）

墨西哥新总统向 21 世纪艰难跋涉 / 康学同 // 当代世界，1995（2）

塞迪略：新总统 新考验 / 一平 // 世界知识，1995（4）

再谈关于墨西哥政治现代化的几个问题——答冯秀文同志 / 曾昭耀 // 世界历
史，1995（5）

改革、稳定与反腐败——论墨西哥现代化进程中反腐败斗争的几个问题 / 曾昭
耀 // 世界经济与政治，1995（5）

从恰帕斯事件看拉美的贫困化问题 / 柯幸福 // 湖北大学学报（哲学社会科学
版），1995（5）

墨西哥总统塞迪略及其内外政策 / 周瑞芳 // 世界经济与政治，1995（11）

墨西哥新总统塞迪略 / 周瑞芳 // 现代国际关系，1995（9）

墨西哥国内形势与对外政策 / 张新生 // 国际资料信息，1995（10）

具体的人道主义——墨西哥哲学家塞亚及其思想简析 / 刘承军 // 国外社会科
学，1995（11）

墨西哥恰帕斯农民起义之根源 / 刘淑春［编译］// 国外理论动态，1995（15）

浅论墨西哥政治改革的动力 / 刘新民 // 拉丁美洲研究，1996（1）

墨西哥遇到的麻烦带来后果——社会发展是第一位的 / 英格·考尔 // 经济世界，1996（4）

如何理解专制国家选民民意调查结果？——1994年墨西哥大选的教训 /〔墨〕米格尔·巴萨内斯；黄语生［译］// 国际社会科学杂志（中文版），1996（4）

拉美大国——墨西哥 / 王华 // 当代世界，1996（12）

墨西哥恰帕斯印第安农民与政府的冲突缘何久拖未决？/ 徐世澄 // 世界民族，1997（4）

九十年代墨西哥工会面临的问题与对策 / 赵炜 // 工会理论与实践－中国工运学院学报，1997（5）

发展中国家现代化进程中的政治发展问题——关于墨西哥政治改革的几点思考 / 曾昭耀 // 拉丁美洲研究，1997（6）

简论塞迪略总统的政治改革 / 刘新民 // 拉丁美洲研究，1997（6）

墨西哥：一个新时代的开始？/ 刘新民 // 世界知识，1997（15）

农民问题与当代墨西哥的政治稳定 / 高波 // 拉丁美洲研究，1998（3）

经济改革与扶贫——墨西哥"团结互助计划"评析 / 袁东振 // 拉丁美洲研究，1998（4）

《共产党宣言》与墨西哥萨帕塔民族解放军纲领 / 贡彦［编写］// 国外理论动态，1998（10）

墨西哥总统制剖析 / 夏立安 // 拉丁美洲研究，1999（4）

对经济全球化下安全战略重新定位的思考——论冷战后墨西哥安全战略的转变 / 郄永忠 // 拉丁美洲研究，2000（4）

推倒百年老党的墨西哥新总统福克斯 / 王志先 // 当代世界，2000（8）

墨西哥新总统福克斯面临诸多挑战 / 袁征 // 当代世界，2000（12）

语不惊人死不休——漫话墨西哥当选总统福克斯 / 唐昀 // 领导文萃，2000（11）

渴望变革，换一个执政党——墨西哥大选评析 / 陈芝芸 // 世界知识，2000（15）

墨西哥、阿根廷和美国的经济价值观与党派选择 / 卡洛斯·埃洛迪；仕琦［译］// 国际社会科学杂志（中文版），2001（1）

"首先为穷人服务"——记墨西哥新总统福克斯 / 申明河 // 国际人才交流，

2001（2）

福克斯上台后墨西哥政治经济模式的变化 / 徐世澄 // 拉丁美洲研究，2001（3）

对墨西哥形势的看法 / 沈允熬 // 拉丁美洲研究，2001（5）

哲学教授·游击队领袖——墨西哥"萨帕塔民族解放军"主帅"马科斯" / 曹
  雪鸿 // 世界知识，2001（7）

拉美政党在民主过渡中的作用——墨西哥的经验 / 徐世澄 // 太平洋学报，2002
  （1）

墨西哥的宪政转型 / 谢奕秋 // 南风窗，2002（1）

墨西哥及智利见闻——重新正确认识发展中国家 / 魏杰 // 中国国情国力，2002
  （1）

墨西哥新政府不当"黑"政府 / 邵蜀望［摘译］// 四川监察，2002（1）

关于墨西哥政治现代化进程的思考 / 陈霁 // 行政论坛，2002（2）

墨西哥和拉美卓越的哲学家和思想家塞亚——庆贺塞亚 90 岁寿辰和从教 60
  周年 / 徐世澄 // 拉丁美洲研究，2002（4）

论墨西哥经济转型时期的政治变革 / 袁东振 // 中国社会科学院研究生院，2002

善于"推销"的墨西哥总统福克斯 / 覃明贵 // 当代世界，2003（6）

墨西哥反腐倡廉运动见闻 / 孔祥仁 // 中国监察，2003（13）

墨西哥中期选举浅析 / 谌园庭 // 拉丁美洲研究，2004（1）

经济全球化与发展中国家安全战略重新定位的启示——以墨西哥安全战略转
  变的经验教训为例 / 郐永忠 // 拉丁美洲研究，2004（4）

墨西哥学者反思新自由主义发展模式 /［墨］帕特里克·邦德；何耀武，杨筱
  寂［译］// 国外理论动态，2004（3）

墨西哥的选举改革与政治开放进程探析 / 王翠文 // 当代世界与社会主义，2004（4）

墨西哥对外贸易政策改革的政治经济分析 / 王翠文 // 山西大学学报（哲学社
  会科学版），2004（5）

国外肃贪反腐扫描专题系列之六 墨西哥：注重从具体问题入手抓反腐 / 许道
  敏 // 中国监察，2004（8）

比森特·福克斯任内墨西哥政治和经济的进展 /［墨］李子文；徐世澄［译］
  // 拉丁美洲研究，2005（2）

简析墨西哥总统制的演变 / 张伟 // 拉丁美洲研究，2006（2）

墨西哥历史上最年轻的总统卡尔德隆 / 符捷 // 当代世界，2006（10）

墨西哥和拉美左派面临的挑战 /〔墨〕埃尔维拉·孔切伊洛；林华［译］// 拉丁美洲研究，2007（2）

萨利纳斯执政时期（1988~1994 年）选举制度改革原因探析 / 张伟 // 拉丁美洲研究，2007（4）

墨西哥埃切维利亚政府化解社会危机的对策与启示 / 韩琦，杜娟 // 历史教学问题，2007（4）

悄然入主松林别墅的"廉洁先生"——记墨西哥新总统卡尔德龙 / 周有恒 // 名人传记（上半月），2007（5）

美国与墨西哥总统权力之比较 / 张伟 // 历史教学（高校版），2007（10）

贫富悬殊的墨西哥为何没有爆发革命 / 高新军 // 同舟共进，2008（2）

墨西哥社会转型如何走过大事件 / 高新军 // 南风窗，2008（3）

新自由主义在墨西哥导致全面社会危机 /〔墨〕阿尔瓦雷斯·贝让；李春兰，李楠［摘译］// 国外理论动态，2008（5）

卡西克主义与墨西哥当代政治经济关系 / 周楠 // 拉丁美洲研究，2009（5）

从"奇迹"到危机——墨西哥现代化转型的经验教训 / 韩琦 // 世界近现代史研究（第六辑），2009（6）

墨西哥萨利纳斯总统（1988-1994）政治改革研究 / 张伟 // 南开大学，2009

墨西哥的真实战争——民主如何能够击败贩毒集团 /〔美〕香农·奥尼尔；包云波［译］// 拉丁美洲研究，2010（2）

墨西哥的政治经济转型与可治理性问题 / 袁东振 // 拉丁美洲研究，2010（2）

墨西哥民主化动因研究 / 江生亮 // 中国社会科学院研究生院，2010

墨西哥萨帕塔运动的自治实践研究 / 王衬平 // 国外理论动态，2011（4）

政治改革要与社会发展相适应——墨西哥体制转轨和社会转型的得与失 / 高新军 // 南风窗，2011（4）

多样性的民族主义乌托邦：官方的多元文化话语及其被米邦塔（墨西哥城）的原住民的挪用，1980-2010// 波拉·洛佩兹·卡巴莱罗；邵文实［译］/ 国际社会科学杂志（中文版），2012（1）

拉美左翼运动的新探索——墨西哥萨帕塔运动的兴起与发展 / 王衬平 // 当代世界与社会主义，2012（3）

墨西哥联邦制与政党制度的良性互动——墨西哥 2012 年总统大选结果分析 / 谭道明 // 拉丁美洲研究，2012（5）

论跨国倡议网络的作用——以美国和墨西哥劳工运动合作为例 / 韩召颖，高婉妮 // 世界经济与政治，2012（7）

对墨西哥大选结果的初步看法 / 陈朝霞 // 当代世界，2012（7）

墨西哥当选总统培尼亚·涅托其人其事 / 孙希 // 当代世界，2012（7）

墨西哥当选总统培尼亚·涅托 / 曹廷 // 国际资料信息，2012（9）

墨西哥如何突破困局 / 方旭飞 // 中国远洋航务，2012（11）

墨西哥独立后的两次现代化进程及其启示 / 刘波 // 拉丁美洲研究，2013（4）

浅析墨西哥选举程序的透明化与公平化 / 张伟 // 拉丁美洲研究，2013（5）

把脉墨西哥心灵的思想者 / 许谨 // 求索，2013（6）

墨西哥发起"低盐运动" / 方陵生［编译］// 中老年保健，2013（8）

浅析墨西哥壁画运动与美国壁画运动的关联 / 张媛 // 大众文艺，2013（23）

墨西哥绿色革命研究（1940-1982 年）/ 徐文丽 // 南开大学，2013

墨西哥现代化进程中的政党制度和政治稳定 / 郑荃文 // 外交学院，2013

墨西哥涅托政府执政以来的重大改革初析 / 徐世澄 // 拉丁美洲研究，2014（2）

墨西哥"中央－地方"关系的动态演进（1917~2012 年）/ 张庆 // 拉丁美洲研究，2014（6）

德怀特·莫若与墨西哥政教冲突的缓和 / 周杨梅 // 黑龙江史志，2014（3）

从"完美独裁"到"不完美的民主"——墨西哥政治转型与民主质量评析 / 王季艳 // 理论月刊，2014（4）

20 世纪 80 年代以来墨西哥的社会运动与民主转型 / 田小红 // 当代世界社会主义问题，2014（4）

实证主义与近代墨西哥 / 张家唐 // 河北大学学报（哲学社会科学版），2014（4）

墨西哥独立媒体的产生及其在政治转型中的作用 / 储建国，刘国发 // 江淮论坛，2014（5）

墨西哥转型和创新的启示 / 马名杰 // 公关世界，2014（6）

美国、墨西哥乡村地区公益事业和基础设施建设对我国的启示 / 赵杰，吴孔凡，石义霞 // 中国财政，2014（6）

统合主义的理论与实践——以墨西哥为例的分析 / 王季艳 // 学习月刊，2014（6）

缉毒斗士：墨西哥海军及海军陆战队 / 丁丽 // 轻兵器，2014（7）

迈克尔·巴龙：初见成效的墨西哥改革 / 吴学丽［编译］/ 社会科学报，2014（7）

墨西哥联邦议会通过涅托总统提出的六项重大改革（上）/ 徐世澄 // 中国人大，
　　2014（8）

墨西哥联邦议会通过涅托总统提出的六项重大改革（下）/ 徐世澄 // 中国人大，
　　2014（10）

墨西哥政府的深化改革难题——兼论其对中国的借鉴与启示 / 韩琦 // 人民论
　　坛·学术前沿，2014（17）

改革绝不会是一帆风顺的——对"墨西哥协定"中重大改革措施的分析 / 徐世
　　澄 // 人民论坛·学术前沿，2014（18）

墨西哥警务改革研究 / 王小光 // 江苏警官学院学报，2015（1）

胡亚雷斯改革对墨西哥政治现代化的作用 / 曹梅梅 // 黑龙江教育学院学报，
　　2015（3）

拉美左翼运动的新探索——略论 20 世纪 40 年代以来的墨西哥社会运动 / 田
　　小红 // 当代世界与社会主义，2015（3）

社会发展　社会问题

墨西哥的人口政策 / 顾鉴塘 // 人口与经济，1980（1）

土著人向墨西哥城的移居 /〔墨〕卡洛斯·G. 莫拉；东篱［译］// 民族译丛，
　　1980（1）

墨西哥城人口急剧增加 / 焦震衡，杨茂春 // 拉丁美洲丛刊，1981（2）

墨西哥的人口问题 / 杨仲林 // 人口与经济，1983（2）

墨西哥的无证件移民 / 杨仲林 // 人口与经济，1984（1）

关于墨西哥、巴西、智利的城市化和人口迁移问题 / 马侠，陈玉光 // 人口与
　　经济，1985（3）

墨西哥的人口与人口流动问题 / 郭志仪［编译］// 西北人口，1985（3）

墨西哥社会形态的历史考察 / 林宁 // 拉丁美洲丛刊，1985（4）

墨西哥地震灾害特点及其教训 / 卢振恒 // 山西地震，1986（4）

从墨西哥地震吸取经验教训 / 魏淳［译］// 国际地震动态，1986（5）

墨西哥地震的启示 /〔日〕大竹政和；彭岩［译］// 国际地震动态，1986（5）

1985 年 9 月墨西哥地震的震害特征 / 易建国 // 结构工程师，1987（1）

墨西哥地震研究 / 靳君达［译］// 国际地震动态，1987（1）

1985 年墨西哥大地震述评 / 刘仁训 // 工程抗震，1987（2）

1985 年墨西哥地震震害分析 / 吴济民［译］// 建筑科学，1987（4）

墨西哥大震特点与震害重复性讨论 / 朱海之 // 华北地震科学，1987（4）

1985 年的墨西哥大地震及其经验教训 / 胡世平 // 建筑结构学报，1987（5）

墨西哥地震的新教训 /Patricia Mitchell；孙材济［译］// 世界科学，1987（5）

1985 年墨西哥地震的经验与教训（上）/Denis Mitchell；刘达［译］// 世界地
    震工程，1988（1）

1985 年墨西哥地震的经验与教训（下）/Denis Mitchell；刘达［译］// 世界地
    震工程，1988（2）

移民与发展中的社会——墨西哥北部的华人 /〔美〕胡其瑜；李善东［摘译］
    // 华侨华人历史研究，1988（4）

通向美国的后门——墨西哥非法移民的辛酸 / 傅启敏［编译］// 国际展望，
    1988（12）

论墨西哥华侨社会的变迁 / 萨那，张玉玲 // 华侨华人历史研究，1989（1）

墨西哥、加拿大两国人口普查的某些做法值得借鉴 / 沈益民，张为民 // 人口
    研究，1989（6）

墨西哥的医疗保健组织形式 / 卫生部妇幼卫生考察组 // 中国妇幼保健，1990（5）

墨西哥卫生保健制度的改革、考验和展望 / 陈少炎［译］// 国外医学（卫生经
    济分册），1991（1）

墨西哥的卫生政策及其改革 /Frenk J.；幼达［译］// 国外医学（卫生经济分
    册），1992（1）

墨西哥纳税人的行政救济 / 林松 // 税收纵横，1992（1）

墨西哥的人口政策及面临的问题 / 杨仲林 // 拉丁美洲研究，1992（5）

向市场经济转轨中的国外扶贫开发——对玻利维亚和墨西哥扶贫情况的考察 /
    刘福合 // 农业经济问题，1993（10）

墨西哥解决社会问题的政策措施 / 周小妹 // 现代国际关系，1994（1）

墨西哥社会分配极度不均原因浅析 / 陈明 // 淮北煤师院学报（社会科学版），

1995（1）

墨西哥人口城市化回顾与展望 / 杨启藩 // 拉丁美洲研究，1996（1）

墨西哥、巴西社会发展的做法与启示 / 侯玉兰 // 北京社会科学，1996（4）

墨西哥社会保障制度的改革 / 徐世澄 // 拉丁美洲研究，1997（4）

墨西哥的"毒品大战" / 卢颖［编译］// 世界博览，1998（2）

墨西哥人口现状 / 富显成 // 西北人口，1998（2）

20世纪墨西哥城人口剧增的原因 / 张卫岭 // 城市问题，2000（3）

墨西哥为农民提供医疗保障 / 宋心德 // 瞭望新闻周刊，2001（43）

墨西哥禁毒政策的局限性 /〔墨〕路易斯·埃斯托加；刘原［译］// 国际社会
    科学杂志（中文版），2002（3）

移民：可以借重与显效的力量——旅美墨西哥移民对墨西哥的影响 / 左晓园 //
    拉丁美洲研究，2004（3）

弱关系、强关系：墨西哥移民中的网络原则 /〔美〕塔玛·戴安娜·威尔森；赵
    延东［译］// 思想战线，2005（1）

墨西哥民族药 / 江纪武 // 国际中医中药杂志，2006（2）

墨西哥民族药（续一）/ 江纪武 // 国际中医中药杂志，2006（3）

墨西哥民族药（续二）/ 江纪武 // 国际中医中药杂志，2006（4）

墨西哥民族药（续三）/ 江纪武 // 国际中医中药杂志，2006（5）

墨西哥民族药（续四）/ 江纪武 // 国际中医中药杂志，2006（6）

墨西哥改革（一）/ 乔玉玲［编译］// 中国卫生产业，2007（1）

墨西哥改革（二）/ 乔玉玲［编译］// 中国卫生产业，2007（2）

智利和墨西哥社会保障法比较及其启示 / 陈培勇 // 拉丁美洲研究，2007（6）

墨西哥医疗保障体系改革及其对我国的借鉴 / 周令，任莘，王文娟 // 医学与
    哲学（人文社会医学版），2007（10）

墨西哥卫生体制改革及其启示 / 肖月，刘寅 // 卫生软科学，2008（2）

全国性医疗卫生政策评估的方法论策略——墨西哥全民医保政策评估的经验 /
    和经纬 // 公共管理评论，2009（1）

浅析墨西哥的社会保障制度 / 朱志鹏 // 天津社会保险，2009（3）

墨西哥卫生体制及其改革概况（1）/ 石光，雷海潮，钟东波 // 中国卫生资源，
    2009（3）

墨西哥的卫生社会保障制度改革（2）/ 钟东波，雷海潮，石光 // 中国卫生资
源，2009（4）

墨西哥卫生改革对中国的启示与借鉴（续完）/ 雷海潮，钟东波，石光 // 中国
卫生资源，2009（5）

墨西哥农民起义告诉了我们什么 / 董经胜 // 博览群书，2009（6）

血红雪白 任重道远——墨西哥禁毒战管窥 / 刘芳［编译］// 民主与法制，2010
（3）

墨西哥医疗卫生制度的变迁与改革 / 齐传钧 // 拉丁美洲研究，2010（4）

泰国、墨西哥和巴西农村医疗保险制度分析及借鉴 / 和建全 // 中国卫生人才，
2010（5）

墨西哥医疗保障制度概况及对我国的启示 / 宋大平，任静，赵东辉，张立强，
汪早立 // 中国卫生政策研究，2010（7）

墨西哥农业劳动力流动原因分析及对中国的启示 / 李晓峰，杨讷华，朱俊峰，
曹靖 // 世界农业，2010（11）

他山之石 可以攻玉——墨西哥、美国两国老年福利工作考察报告 / 孟钧，李
绍纯 // 北京规划建设，2011（6）

印度、巴西和墨西哥的医疗保障制度及其对我国的启示 / 符定莹，兰礼吉 //
医学与哲学（人文社会医学版），2011（10）

墨西哥就业前景：2008~2030 年 /〔墨〕埃内斯托·佩拉尔塔；赵丽红［译］
// 拉丁美洲研究，2012（1）

震后重建为契机的城市政策转型：墨西哥城案例的启示 / 郑童，张纯，万小
媛，满燕云 // 城市发展研究，2012（5）

中国与墨西哥医疗保障对比研究 / 牛序茜 // 全国商情（理论研究），2012（22）

墨西哥城空气质量测算与机动车限行措施 / 刘学东 // 城市管理与科技，2013（1）

墨西哥城治理空气污染对策研究 / 张燕 // 城市管理与科技，2013（6）

墨西哥人，游走在生死之间 / 张路宁 // 社会观察，2013（2）

墨西哥毒品问题及其未来走向 / 卢玲玲，闫伟 // 现代国际关系，2013（3）

气候变化对墨西哥国家安全的影响 / 谌园庭 // 拉丁美洲研究，2013（6）

水管理决策对城市生存的影响（上）——从古代特诺奇提特兰城到现代墨西
哥城 /〔加拿大〕F.S. 索萨 - 罗德里格斯；朱庆云［译］// 水利水电快报，

民族问题

鹏［译］// 民族译丛，1983（1）

墨西哥和拉丁美洲的民族问题 /〔墨〕罗·斯塔维哈津；陈志远［译］// 民族
译丛，1984（6）

墨西哥的阿兹特克人 /〔美〕J. 埃里克,S. 汤普森；汪池［译］// 民族译丛,1985（6）

印第安学：理论上的贡献——70 年代墨西哥印第安学的讨论 /〔墨〕贡萨
罗·阿吉雷·贝尔特兰；李季武［摘译］// 民族译丛，1987（6）

恩里克·巴伦西亚谈墨西哥的民族理论与民族政策 / 朱伦［整理］// 民族译丛，
1988（1）

墨西哥的造纸者 / 塞安·斯普拉格；万秀兰［译］// 民族译丛，1988（4）

墨西哥的奇南特克人 / 袁仲林［摘译］// 民族译丛，1988（6）

墨西哥的阿穆斯戈人 / 袁仲林［摘译］// 民族译丛，1989（5）

墨西哥城外来人集团的形成（以米斯特克人和萨波特克人为例）/〔美〕莱
恩·R. 平林；东篱［译］// 民族译丛，1990（6）

墨西哥的奎卡特科人 / 西尔维亚·巴苏阿；袁仲林［译］// 民族译丛,1991（1）

世上荣枯无百年——记墨西哥境内的玛雅人 / 方之 // 世界博览，1993（7）

墨西哥和秘鲁民族整合的差异及其形成原因 / 韩琦 // 拉丁美洲研究，1995（4）

印第安人来源于中国大陆吗？——墨西哥中国学研究一爪 / 李朝远 // 华东师范
大学学报（哲学社会科学版），1996（5）

墨西哥印第安人问题与政府的政策 / 徐世澄 // 世界民族，2001（6）

墨西哥人与美国人的文化差异 / 管丽红［编译］// 科学大观园，2007（24）

奥尔梅克民族之谜（上）/ 王江夏 // 飞碟探索，2012（4）

奥尔梅克民族之谜（下）/ 王江夏 // 飞碟探索，2012（5）

从同化到多元化：墨西哥原住民政策的发展 / 谭融，田小红 // 天津师范大学
学报（社会科学版），2015（3）

政党

墨西哥革命制度党为什么能长期执政？/ 李在芹，沈安 // 拉丁美洲丛刊，1982
（3）

墨西哥统一社会党 / 王锡华 // 世界知识，1983（8）

墨西哥政党政治的发展及其前景 / 杨仲林 // 拉丁美洲研究，1987（6）

墨西哥革命制度党为什么能连续执政六十年 / 李晓笛 // 世界经济与政治，1989
　　（1）

墨西哥的政治改革和政党制度的发展 / 杨仲林 // 拉丁美洲研究，1989（4）

70 年代以来墨西哥左翼政党和组织的发展 / 杨仲林 // 拉丁美洲研究，1990（3）

革命制度党再领风骚——墨西哥大选评析 / 项文 // 世界知识，1994（18）

试论意识形态与稳定发展的关系——墨西哥执政党意识形态的特点和作用 / 曾
　　昭耀 // 拉丁美洲研究，1996（3）

墨西哥革命制度党 / 唐晓芹 // 当代世界，1996（12）

墨西哥革命制度党连续执政 70 年浅析 / 么素珍 // 拉丁美洲研究，2000（1）

墨西哥革命制度党的历史兴衰 / 刘德威 // 当代世界社会主义问题，2000（1）

墨西哥革命制度党的兴衰 / 陶峰 // 国际资料信息，2000（11）

墨西哥革命制度党兴衰探源 / 陈明明 // 领导文萃，2000（12）

墨西哥革命制度党长期执政及其下台的原因剖析 / 刘昌雄 // 探索，2001（4）

连续执政 71 年的墨西哥革命制度党缘何下野 / 徐世澄 // 拉丁美洲研究，2001（5）

执政老党 大权旁落——墨西哥革命制度党丢失政权剖析 / 王志先 // 当代世界，
　　2001（10）

墨西哥革命制度党下台的原因 / 江时学 // 中国党政干部论坛，2002（1）

新自由主义改革与民众主义执政党——论墨西哥革命制度党下台的社会基础
　　根源 // 郑振成 // 中国社会科学院研究生院，2002

世纪之交墨西哥政党政治制度的变化 / 徐世澄 // 江苏行政学院学报，2003（1）

墨西哥革命制度党失去长期执政地位的教训 / 冯秋婷 // 共产党员，2004（3）

墨西哥革命制度党：执政 71 年为何会垮台 / 杨穗 // 当代贵州，2004（5）

墨西哥革命制度党为何丧失执政权 / 马也 // 决策与信息，2004（11）

墨西哥革命制度党丧失执政地位的原因与思考 / 王海燕 // 中共中央党校，2004

2000 年墨西哥革命制度党缘何下台 / 李国伟 // 中共石家庄市委党校学报，
　　2005（2）

墨西哥国家行动党的渐进式改革以及党政关系的非传统模式 / 刘维广 // 拉丁
　　美洲研究，2005（2）

墨西哥革命制度党失去政权的原因 / 李国伟 // 当代世界与社会主义，2005（3）

印度国大党与墨西哥革命制度党盛衰根源比较研究 / 李建中 // 江苏行政学院学报，2005（3）

墨西哥革命制度党的兴衰及给我们的启示 / 谭融 // 南开学报，2005（4）

2000 年以来墨西哥革命制度党的理论政策调整 / 刘少华，赵戈 // 内蒙古农业大学学报（社会科学版），2006（2）

墨西哥革命制度党的历史兴衰 / 郭珍果 // 领导之友，2006（2）

墨西哥革命制度党缘何丧失政权？ / 胡小君 // 今日南国，2006（8）

日本、印度、新加坡、墨西哥等国国家党政体制述论 / 李宜春 // 山东行政学院山东省经济管理干部学院学报，2007（2）

近年来学术界对墨西哥革命制度党研究述评 / 王锐 // 乐山师范学院学报，2007（3）

墨西哥革命制度党兴衰探源及对我党的启示 / 耿仁胜 // 湖北行政学院学报，2007（3）

从"职团体系"视角解析墨西哥革命制度党的兴衰 / 宋薇，何科君 // 上海党史与党建，2007（12）

墨西哥革命制度党执政合法性基础研究 / 陈启迪 // 华东师范大学，2009

萨利纳斯执政时期革命制度党政治策略的转变 / 张伟 // 拉丁美洲研究，2010（2）

当代世界政党的民生实践及其启示 / 董永在 // 江南社会学院学报，2010（3）

墨西哥革命制度党垮台的原因论析 / 王力勇 // 上海交通大学，2011

墨西哥革命制度党执政经验教训及启示——基于生态资源的分析视角 / 刘玉 // 当代世界与社会主义，2012（2）

墨西哥革命制度党为何能东山再起 / 徐世澄 // 拉丁美洲研究，2012（5）

墨西哥政党制度与新联邦制 / 〔美〕F. 坎图，S. 德斯帕萨图；靳呈伟 [译] // 国外理论动态，2012（8）

墨西哥"二次政党轮替"启示 / 向骏 // 南风窗，2012（15）

墨西哥革命制度党重回执政地位说明了什么？/ 高新军 // 中国治理评论，2013（1）

后发国家治理与一党长期执政——以墨西哥革命制度党为例 / 王向东 // 文化纵横，2013（1）

墨西哥革命制度党重新执政的初步思考 / 靳呈伟 // 重庆社会主义学院学报，2013（2）

墨西哥民主进程与革命制度党东山再起 / 罗赫略·埃尔南德斯·罗德里格斯，维尔·G.潘斯特斯；王帅，韩晗，李菡，芦思姮［译］// 拉丁美洲研究，2013（3）

墨西哥革命制度党的重新执政与新时期的经济改革 / 张珂 // 北京第二外国语学院学报，2013（4）

墨西哥革命制度党重回执政地位说明了什么？/ 高新军 // 国外理论动态，2013（4）

墨西哥三大政党的青年组织 / 陈洪兵，张小青，程旭辉 // 中国青年研究，2013（11）

墨西哥现代化进程中的政党制度和政治稳定 / 郑荃文 // 外交学院，2013

墨西哥革命制度党为何曾失去政权 / 张弛 // 中国党政干部论坛，2014（1）

2000 年墨西哥大选革命制度党下台原因探讨——基于选民情况分析的视角 / 武文霞 // 江苏师范大学学报（哲学社会科学版），2014（2）

墨西哥革命制度党何以重新执政 / 马立明 // 求索，2014（2）

墨西哥革命制度党艰难转型的经验与教训 / 高新军 // 当代世界，2014（4）

墨西哥革命制度党执政的经验教训 / 杨建民 // 拉丁美洲研究，2014（4）

墨西哥国家行动党：回顾与展望 / 王鹏 // 拉丁美洲研究，2014（4）

墨西哥革命制度党职团结构的变迁及影响 / 马婷 // 中共中央党校，2014

墨西哥政党法规初探 / 靳呈伟 // 江汉大学学报（社会科学版），2015（1）

法律

墨西哥一九一七年宪法 / 冯秀文 // 外国史知识，1983（4）

世界最著名的资产阶级法典之一，墨西哥一九七八年宪法 / 冯秀文 // 外国史知识，1983（4）

墨西哥革命中的一份重要文件——土地法 / 赵英［译］// 世界史研究动态，1985（3）

论墨西哥行政诉讼法 / 〔墨〕阿尔多罗·贡萨勒斯·哥西奥；兰鸿春［译］// 环球法律评论，1985（5）

墨西哥的外国投资准则 / 何悦敏，张圣翠 // 政治与法律，1987（3）

墨西哥外国投资法律制度简介 / 邹林林 // 拉丁美洲研究，1988（3）

墨西哥新的外国投资条例 / 赫克托·罗加斯；陈祥杰［译］// 法学译丛，1990（6）

墨西哥征信业及其法律制度对我国的启示 / 田泽 // 中国城市经济，2007（6）

墨西哥法律经济学 /〔墨〕安德鲁·若梅尔，何塞·迪亚哥·瓦拉迪斯 // 朝阳
　　法律评论，2009（2）

《墨西哥气候变化法》及其对我国的启示 / 苏苗罕 // 公民与法（法学版），
　　2013（6）

《墨西哥气候变化法》及其对中国气候安全立法的启示 / 王萍 // 南京工业大学
　　学报（社会科学版），2014（1）

中墨商业秘密保护法律制度比较研究 / 朱雨濛 // 西南科技大学，2015

外交

中国与墨西哥的首次立约建交及其影响 / 沙丁，杨典求 // 历史研究，1981（6）

浅谈墨西哥同美国关系的现状 / 杨仲林 // 拉丁美洲丛刊，1985（1）

七十年代以来墨西哥对外政策简析 / 杨仲林 // 拉丁美洲丛刊，1985（3）

战后墨西哥的对美关系 / 李建国 // 拉丁美洲研究，1986（5）

七十年代以来墨西哥对外政策的特点 / 罗捷 // 拉丁美洲研究，1987（1）

墨西哥对中美洲政策浅析 / 曹琳 // 拉丁美洲研究，1988（1）

战后墨西哥的对外政策与国际关系 / 安建国 // 拉丁美洲研究，1988（2）

墨西哥对外政策的基石——不干涉原则 / 李严 // 拉丁美洲研究，1989（4）

萨利纳斯执政后的墨美关系 / 杨仲林 // 拉丁美洲研究，1991（1）

墨西哥外交政策的调整 / 杨仲林 // 拉丁美洲研究，1993（4）

美国的墨西哥非法移民 /〔美〕万心蕙 // 九江师专学报，1994（3-4）

墨西哥革命时期政坛易人与美国的关系 / 吴瑞，何桂林 // 江苏社会科学，1994（4）

近年来墨西哥对外战略的调整 / 徐世澄 // 拉丁美洲研究，1996（3）

论 70 ~ 80 年代墨西哥石油外交战略的兴衰 / 孙若彦 // 拉丁美洲研究，1999（3）

论战后墨西哥民族主义外交政策——对拉丁美洲民族主义的再反思 / 孙若彦 //
　　山东师大学报（社会科学版），1999（3）

墨西哥移民与墨美两国国际劳工市场的发展 / 张颖 // 拉丁美洲研究，1999（6）

评冷战后墨西哥对外战略的转变 / 孙若彦 // 山东师范大学学报（人文社会科

学版），2001（6）

华夏文明和墨西哥文明的对话 / 徐世澄 // 中外文化交流，2002（3）

中医中药在墨西哥 / 沈泉源 // 世界科学技术，2002（3）

墨西哥传统外交思想的萌芽与形成 / 孙若彦 // 山东师范大学学报（人文社会
　　科学版），2002（6）

墨西哥与伊拉克危机 / 王鹏 // 拉丁美洲研究，2003（3）

冷战后美国的美洲一体化战略 / 赵宇敏 // 外交学院，2003

评 20 世纪 70 年代墨西哥外交政策 / 孙若彦 // 山东师范大学学报（人文社会
　　科学版），2004（4）

浅析近期墨西哥移民对墨美关系的影响 / 李阳 // 中国社会科学院研究生院学
　　报，2005（3）

华工问题与中墨建交始末 / 董经胜 // 拉丁美洲研究，2005（6）

墨西哥的中国问题研究述评 / 王爱云，谢文泽 // 当代中国史研究，2006（1）

墨西哥和美国相互矛盾的边境政策 / 东坡 [译] // 国外社会科学文摘，2006（3）

从墨西哥大选看其外交政策走向 / 谌园庭 // 拉丁美洲研究，2006（6）

20 世纪 90 年代以来墨西哥外交政策的调整 / 苏婧 // 对外经济贸易大学，2006

论墨西哥和美国边界环境问题的协调机制 / 李颖 // 湘潭大学，2006

墨西哥移民对美国国家安全的影响 / 杨丹华，华倩 // 华中农业大学学报（社
　　会科学版），2007（1）

有关美墨移民的几个问题 / 李博 // 拉丁美洲研究，2007（1）

墨西哥与美国关系：变化与前景 / 谌园庭 // 拉丁美洲研究，2007（3）

对发展中国和墨西哥关系的几点思考 / 徐世澄 // 拉丁美洲研究，2007（4）

20 世纪墨西哥外交政策的演变 / 左晓园 // 拉丁美洲研究，2007（6）

冷战结束后墨西哥的外交政策中的变与不变 / 徐世澄 // 外交评论（外交学院
　　学报），2007（2）

美国 1986 年移民法对墨西哥移民的影响 / 宋志菊 // 山东省农业管理干部学院
　　学报，2008（1）

目标与策略抉择——埃切维里亚执政时期的墨西哥对外政策 / 左晓园 // 历史
　　教学（高校版），2008（2）

墨西哥人移民美国的历程 / 宋鸥 // 安徽史学，2008（6）

美国移民政策与墨西哥移民（1965-9·11事件）/ 宋志菊 // 山东师范大学，2008

墨西哥移民在美国的地域分布模式 / 宋鸥 // 学海，2009（1）

美国墨西哥移民的人口效应评析 / 宋鸥 // 史学集刊，2009（2）

美国的墨西哥移民问题——以20世纪中期美墨季节工计划为中心的考察 / 孙晨旭 // 拉丁美洲研究，2009（3）

美国墨西哥移民的行业分布与职业结构 / 宋鸥 // 拉丁美洲研究，2009（6）

美国与墨西哥边境隔离墙回望 / 李连广 // 国际资料信息，2009（5）

美国的墨西哥"非法移民"透视 / 陈雪娇 // 宜宾学院学报，2009（8）

美国墨西哥移民问题研究 / 宋鸥 // 吉林大学，2009

萨利纳斯政府时期墨美关系考察 / 马勇 // 福建师范大学，2009

中国与墨西哥：从竞争到合作 / 马浪（Malagon Borja Eduardo）// 吉林大学，2009

美国与墨西哥之间的"毒结" / 柔桑 // 检察风云，2010（3）

法国入侵墨西哥与美国的反应和对策 / 王静 // 历史教学（下半月刊），2010（7）

美国90年代两部移民法对墨西哥移民的影响 / 宋志菊 // 辽宁教育行政学院学报，2010（7）

墨西哥非法移民与美国国家利益的重新界定（1965-1996）/ 王璐 // 暨南大学，2010

1980年代后美国的非法移民问题及其法律控制 / 任夕伟 // 暨南大学，2010

墨西哥加入"金砖国家"合作机制研究 / 张兵，李翠莲 // 亚太经济，2011（5）

美墨禁毒合作的新阶段："梅里达计划"的解析 / 张杰，宋卓如 // 拉丁美洲研究，2011（5）

当前美墨关系面临的挑战 / 〔墨〕西尔维娅·努涅斯·加西亚，曼努埃尔·查韦斯；陈迎春〔译〕// 拉丁美洲研究，2011（6）

美国非法移民问题研究——以1986年后的墨西哥籍非法移民为主 / 刘燏 // 西北师范大学，2011

墨西哥与墨西哥的华人移民 / 刘文忠 // 同舟共进，2012（11）

中国与墨西哥古代文化的联系 / 范毓周 // 文明，2012（11）

墨西哥和美国的跨国劳工运动 / 高婉妮 // 当代世界社会主义问题，2013（2）

墨美跨界民族问题对地缘政治的影响 / 曹兴，刘杨青 // 拉丁美洲研究，2013（4）

中墨关系（1950~1960）：基于中国外交档案的分析 / 孙洪波 // 拉丁美洲研究，

经济

经济发展

1957（3）

墨西哥经济的健康方面 / 泽宏［摘译］// 世界经济文汇，1957（12）

墨西哥的国家资本主义经济 / 陈芝芸 // 世界经济，1978（4）

墨西哥的淡水渔业 / 孙嘉仪，马基春 // 淡水渔业，1978（5）

墨西哥石油工业的发展 / 张军 // 国际贸易问题，1979（1）

墨西哥矿业概况 / 汤小棣［摘译］// 拉丁美洲丛刊，1979（2）

墨西哥石油工业的发展 /〔英〕戴维·福克斯；张浩［译］// 拉丁美洲丛刊，
　　1979（2）

墨西哥重视利用太阳能 / 孙式立 // 拉丁美洲丛刊，1979（2）

墨西哥 1975 年以前的农业政策 / 马丁·费雷尔；万素珍［译］// 国际经济评
　　论，1979（2）

墨西哥旅游业的目标及其成就和效果 / 薛义［译］// 国际经济评论，1979（5）

墨西哥经济取得新成就 / 辛华 // 世界经济，1979（2）

墨西哥石油大国的崛起 / 方幼封 // 世界经济，1979（7）

墨西哥小麦种质资源利用的研究 / 张耀辉 // 黑龙江农业科学，1979（5）

墨西哥的仙人掌 / 李颖息 // 世界知识，1979（6）

墨西哥的"黑金" / 徐庆 // 世界知识，1979（8）

墨西哥的石油资源 /〔美〕理查德·B. 曼基；浦莱［译］// 中东石油问题，
　　1979（8）

墨西哥：世界石油的一股新生力量 /〔英〕小弗兰克·E. 尼林；永浩［译］//
　　中东石油问题，1979（9）

墨西哥甘蔗糖业生产概况 / 吴光助［译］// 甘蔗糖业，1979（11）

八十年代墨西哥经济展望 / 陈芝芸 // 拉丁美洲丛刊，1980（1）

墨西哥政府外债政策的最新变化 /〔墨〕罗萨里奥·格林；薛义［摘译］// 国
　　际经济评论，1980（1）

墨西哥的太阳能利用技术 / 中国科学院赴墨西哥太阳能考察组 // 中国能源，
　　1980（2）

墨西哥烤烟生产概况 / 毕大钧 // 中国烟草，1980（3）

墨西哥的客户工业 / 王耀媛 // 世界经济，1980（5）

墨西哥农业的兴衰及前景分析 / 陈芝芸 // 农业经济问题，1980（6）

墨西哥的纺织工业概况 / 李彩芬 // 上海纺织科技动态，1980（8）

墨西哥地热资源的开发利用 / 黄志杰 // 能源，1981（1）

墨西哥举借外债的经验 / 严沫 // 拉丁美洲丛刊，1981（1）

墨西哥四十年的经济发展梗概 /〔墨〕P. L. 马丁内斯；杨恩瑞［摘译］// 拉丁
　　美洲丛刊，1981（2）

发展中的墨西哥农业 / 张文阁 // 拉丁美洲丛刊，1981（3）

墨西哥的客户工业 / 张文阁，王锡华 // 拉丁美洲丛刊，1981（4）

发展中的墨西哥化学工业 / 刘亶镇，何坤荣 // 现代化工，1981（4）

墨西哥经济发展的三个阶段（1960—1990）/ 刘玉树［译］// 国际经济评论，
　　1981（8）

墨西哥的石油政策（上）/ 丁毅［译］// 中东石油问题，1982（1）

墨西哥的石油政策（下）/ 丁毅［译］// 中东石油问题，1982（1）

墨西哥剑麻生产及加工利用概况 / 苏振雄，吴昌万 // 热带作物研究，1982（2）

战后墨西哥的经济发展战略 / 陈芝芸 // 拉丁美洲丛刊，1982（2）

墨西哥的经济发展和政策调整 / 张文阁 // 拉丁美洲丛刊，1982（3）

墨西哥石油工业发展概况 / 徐耀明 // 拉丁美洲丛刊，1982（4）

墨西哥农业的发展及其战略抉择 / 陈芝芸，杨茂春 // 拉丁美洲丛刊，1982（6）

墨西哥——玉米之乡 / 佟屏亚 // 世界农业，1982（2）

墨西哥的粮食生产 / 杨茂春 // 世界农业，1982（12）

墨西哥振兴农业取得成就 / 姬美［编译］// 世界农业，1982（12）

墨西哥农业发展中的经验教训 / 翁全龙 // 赣江经济，1982（3）

墨西哥经济发展的战略 / 陈芝芸 // 世界经济，1982（6）

墨西哥提华纳自由贸易区 / 张章霖 // 国际贸易，1982（9）

墨西哥银生产综述 / 孙锦清 // 国外金属矿选矿，1982（12）

墨西哥的石油与外交 / 朱成立 // 世界知识，1982（24）

墨西哥的区域发展和区域规划、整治政策 / 克劳斯·胡戈；华提健［节译］//
　　地理译报，1983（2）

墨西哥铁路 1981~1985 年的规划 / 蒋现林［译］// 铁道科技动态，1983（3）

墨西哥的金融危机和国际石油形势 / 村毅［译］// 中东石油问题，1983（4）

墨西哥经济危机和政府的政策 / 陈芝芸 // 拉丁美洲丛刊，1983（5）

墨西哥农业的发展战略（上）/ 詹武，王贵宸 // 农业经济问题，1983（6）

墨西哥农业的发展战略（下）/ 詹武，王贵宸 // 农业经济问题，1983（7）

墨西哥客户工业的利与弊 /〔墨〕曼努埃尔·马丁内斯·德尔坎波；徐世澄
〔摘译〕// 国际经济评论，1983（8）

墨西哥的热带水果业 / 李法涛 // 中国农垦，1983（7）

墨西哥农业：危机中的危机 /John Walsh；康金城〔摘译〕// 世界农业，1983（10）

墨西哥农村资本主义的发展 / 杨茂春，陈芝芸 // 拉丁美洲丛刊，1984（1）

墨西哥的能源政策 /〔墨〕弗拉维奥·佩雷斯·加斯加；刘国恩〔译〕// 世界
石油问题，1984（3）

1976-1982 年墨西哥的外债和发展战略 /〔墨〕赫拉尔多·布埃诺；杨仲林
〔摘译〕// 国际经济评论，1984（6）

墨西哥石油对其经济发展的影响 / 方幼封 // 经济问题探索，1984（6）

墨西哥的经济调整及前景 / 陈芝芸 // 世界知识，1984（24）

墨西哥石油工业的发展与经济危机 / 杨启藩 // 拉丁美洲丛刊，1985（2）

墨西哥农业现代化道路初探 / 杨茂春 // 拉丁美洲丛刊，1985（4）

墨西哥对外开放区的发展及其政策 / 郭崇道 // 拉丁美洲丛刊，1985（4）

墨西哥经济发展中的几个问题 / 张文阁，陈芝芸 // 拉丁美洲丛刊，1985（5）

墨西哥的旅游业 / 李建国 // 拉丁美洲丛刊，1985（6）

墨西哥通信卫星系统 / 希梁〔编号〕// 国外空间动态，1985（3）

墨西哥的经济特区政策 / 陈芝芸 // 拉丁美洲丛刊，1985（6）

墨西哥和巴西的蔬菜市场见闻 / 陈杭，唐自芳 // 世界农业，1985（8）

迅速发展的墨西哥化肥工业 / 黄汉生 // 现代化工，1986（1）

跨国公司农工联合企业是否促进发展中国家的农业——墨西哥经验谈 / 露
丝·拉玛；陈思〔译〕// 国际社会科学杂志（中文版），1986（3）

石油价格战和墨西哥的能源政策 / 陈芝芸 // 拉丁美洲研究，1986（3）

墨西哥农村劳动力流向和农村产业结构调整 / 杨茂春 // 拉丁美洲研究，1986（4）

墨西哥经济调整的前景 / 陈芝芸 // 拉丁美洲研究，1986（5）

墨西哥经济发展的经验教训——工业化、外资和技术转让 /〔墨〕M.韦翁奇茨
克；信达〔译〕// 国外社会科学，1986（12）

墨西哥的农业 / 黄丹 // 世界农业，1987（3）

墨西哥对技术引进的管制 / 迟少杰 // 外国经济与管理，1987（3）

墨西哥的国内石油价格政策 / 陈芝芸 // 拉丁美洲研究，1987（5）

墨西哥政府对中小工业的政策和措施 / 王绪苓 // 拉丁美洲研究，1987（6）

巴西墨西哥经济体制考察报告 / 国家体改委赴巴西，墨西哥经济体制考察团 // 管理世界，1987（5）

墨西哥的采矿工业 / 姚必鸿［译］// 国外采矿技术快报，1987（12）

1987 年墨西哥经济述评 / 陈芝芸，王绪苓 // 拉丁美洲研究，1988（1）

浅析墨西哥的宏观经济政策调整 / 吴国平 // 拉丁美洲研究，1988（1）

墨西哥外国投资法律制度简介 / 邹林林 // 拉丁美洲研究，1988（3）

墨西哥经济改革中的物价问题 / 陈芝芸 // 拉丁美洲研究，1988（4）

阿根廷、巴西和墨西哥经济调整策略——80 年代的经验和未来的挑战 / 罗伯特·考夫曼 // 拉丁美洲研究，1988（5）

墨西哥农村发展战略的演变 / 陈芝芸 // 世界农业，1988（2）

利用机遇发展起来的墨西哥客户工业 / 梅林 // 世界知识，1988（8）

墨西哥的债务"债券化"未能如愿以偿 / 张振亚 // 世界知识，1988（8）

墨西哥人看内向与外向之间的选择 /〔墨〕利奥波多·索利斯，奥雷利奥·蒙特迈耶；朱军［译］// 国际经济评论，1988（11）

墨西哥的植棉业 /M. 别别里金；贾惇［译］// 河北农业科学，1989（2）

巴西、阿根廷、墨西哥医疗保险制度考察 / 赴三国医疗保险制度考察团 // 中国卫生经济，1989（2）

墨西哥的农产品价格政策 / 陈芝芸 // 拉丁美洲研究，1989（3）

墨西哥的医疗保险制度 / 田春润 // 中国劳动科学，1989（11）

南朝鲜、台湾与墨西哥、巴西经济发展模式比较 / 戴羿 // 经济社会体制比较，1989（4）

墨西哥放宽对外国投资的管制及其引起的反应 / 周群峰 // 亚太经济，1989（6）

饱经沧桑的墨西哥经济 / 张振亚 // 世界知识，1989（17）

当前墨西哥的农业危机和政府的对策 / 陈芝芸 // 世界农业，1990（1）

萨利纳斯执政一年的墨西哥经济 / 王绪苓 // 拉丁美洲研究，1990（1）

墨西哥的投资环境及对墨西哥的直接投资 / 安建国 // 拉丁美洲研究，1990（3）

八十年代墨西哥的农业危机 / 陈芝芸 // 拉丁美洲研究，1990（4）

80 年代墨西哥债务危机考略 / 王绪苓 // 拉丁美洲研究，1990（6）

墨西哥外国直接投资浅析 / 杨茂春 // 拉丁美洲研究，1990（6）

八十年代巴西、墨西哥贸易结构发展 / 苏菲 // 国际商务研究，1990（3）

墨西哥的土地改革 / 冯秀文 // 历史研究，1990（5）

墨西哥的贸易开放政策 / 方幼封 // 世界经济研究，1990（6）

墨西哥建筑业概况 / 许家禄 // 建筑工人，1990（11）

海湾战争后墨西哥的石油战略 / 陈芝芸 // 世界石油经济，1991（2）

美国、墨西哥自行车市场考察报告 / 任来仪 // 中国自行车，1991（3）

新型债务国——墨西哥的经济改革 / 张金节［摘译］// 国际经济评论,1991（3）

墨西哥在解决外债问题中的得失 / 周小妹 // 拉丁美洲研究，1991（4）

墨西哥债务问题的前景 / 陈芝芸 // 拉丁美洲研究，1991（4）

墨西哥的农村合作经济 / 贾文杰 // 乡镇论坛，1991（5）

墨西哥萨利纳斯政府的经济改革 / 韩继云 // 改革，1991（5）

浅析墨西哥重新进入国际金融市场的过程和原因 / 张青松 // 国际金融研究，
 1991（7）

墨西哥萨利纳斯政府经济改革的主要措施及启示 / 韩继云 // 改革与战略，1992
 （1）

浅析墨西哥的经济改革及其初步成效 / 赵雪梅 // 对外经济贸易大学学报，1992
 （1）

墨西哥缓解债灾的政策做法 / 周小妹 // 现代国际关系，1992（2）

墨西哥经贸发展简析 / 邱松年 // 国际商务研究，1992（2）

墨西哥矿业开发管理及政策特点 / 杨学军 // 矿产保护与利用，1992（2）

墨西哥经济改革的措施及启示 / 韩继云 // 世界经济文汇，1992（2）

墨西哥的证券市场 / 徐桂华，郑振龙 // 世界经济文汇，1992（6）

墨西哥私有化进程初探 / 杨茂春 // 拉丁美洲研究，1992（4）

墨西哥私有化进程中的国家干预与市场调节 / 王绪苓 // 拉丁美洲研究,1992（4）

重新崛起的墨西哥经济 / 陈芝芸 // 瞭望周刊，1992（4）

从墨西哥经济改革看第三世界的战略调整 / 陈芝芸 // 世界经济，1992（9）

墨西哥改善投资环境促进经济发展 / 杨茂春 // 拉丁美洲研究，1993（2）

墨西哥调整经济战略的背景和成效 / 周小妹 // 拉丁美洲研究，1993（2）

墨西哥的城市化与经济发展 / 林玲 // 拉丁美洲研究，1993（3）

墨西哥与韩国经济发展比较研究 / 黄卫平，朱文晖 // 拉丁美洲研究，1993（3）

墨西哥市场 / 张凡，裘浩楼 // 拉丁美洲研究，1993（4）

墨西哥渔业概况 / 马基春 // 国外水产，1993（3）

墨西哥的反倾销及其对策 / 杨坚 // 国际经贸研究，1993（4）

墨西哥经济迅速恢复发展的政策作法 / 周小妹 // 世界经济与政治，1993（6）

墨西哥客户工业的崛起 / 周小妹 // 现代国际关系，1993（7）

墨西哥前总统：克服经济危机的有效途径 / 王德华 // 上海经济研究，1993（9）

浅析墨西哥又成为拉美地区投资热点的原因 / 於凤春 // 经济纵横，1993（11）

墨西哥的矿业经济政策 / 王坚，商力 // 世界采矿快报，1993（12）

墨西哥经济发展的重要支柱——客户工业 / 周小妹 // 瞭望周刊，1993（12）

墨西哥的经济奇迹能否继续？/〔日〕水野隆德；焦必方［摘译］// 中共中央党校学报，1993（19–20）

从墨西哥经济发展战略的调整看南北经济关系的新特点 / 陈芝芸 // 国外社会科学情况，1994（1）

墨西哥的政府债券市场简介 / 敖丽峰 // 决策借鉴，1994（1）

墨西哥经济继续缓慢稳定增长 / 王绪苓 // 拉丁美洲研究，1994（1）

从墨西哥恰帕斯危机看拉美农村发展中的问题 / 袁东振 // 拉丁美洲研究，1994（2）

墨西哥的新自由主义经济改革 / 阿德里安·本杰斯；江时学［译］// 拉丁美洲研究，1994（4）

论客户工业与墨西哥北部边境的发展 / 陶建平 // 咸宁师专学报，1994（2）

略论墨西哥国家经济职能的转换 / 陈才兴 // 复旦学报（社会科学版），1994（2）

随着调整与改革的继续墨西哥经济织效卓著 / 陈立［译］// 经济资料译丛，1994（2）

亟待改革的墨西哥信贷 /〔美〕托德希·尼尔森；王瑜［译］// 金融理论与教学，1994（3）

墨西哥整顿国营企业的特点原因及其成效 / 陈才兴 // 世界经济研究，1994（3）

墨西哥的农业 / 吴大明 // 广西农学报，1994（3）

墨西哥：面临严峻的挑战 / 江树根 // 瞭望新闻周刊，1994（3）

墨西哥的农业（二）/ 吴大明 // 广西农学报，1994（4）

墨西哥：世界三大经济板块的角逐点 / 刘长申 // 解放军外语学院学报，1994（4）

墨西哥经济革命迈入第二阶段 / 戴维·保罗·戈德曼；高琦静［译］// 经济资料译丛，1994（4）

墨西哥调整外资政策及其启示 / 陈才兴 // 国外社会科学情况，1994（5）

墨西哥整顿国营企业的做法和启示 / 陈才兴 // 世界经济文汇，1994（5）

墨西哥一项新的农业支持计划 / 柳京姬［编译］// 中国粮食经济，1994（6）

墨西哥吸引外资的新举措 / 李艳君 // 国际经济合作，1994（7）

美国、日本、墨西哥中央银行的调查统计工作 / 王大用 // 中国金融，1994（7）

墨西哥经济发展模式的转换：成效与问题 / 陈芝芸 // 世界经济与政治，1994（8）

墨西哥的农业 / 徐尚忠 // 世界农业，1994（8）

墨西哥实行农业政策改革 / 朱丕荣 // 世界农业，1994（11）

墨西哥的国有企业改革 / 江时学 // 国际社会与经济，1994（11）

墨西哥引进外国直接投资政策 / 杨林 // 国际经济合作，1994（12）

顺应国际化要求的墨西哥税制改革 / 邹伟 // 税务，1994（12）

墨西哥经济模式的转换及其代价 / 张森根 // 瞭望新闻周刊，1994（37）

墨西哥反通胀成效显著 / 陈芝芸 // 瞭望新闻周刊，1994（51）

墨西哥城加紧扩展地铁 / 谢仁德［摘译］// 地铁与轻轨，1995（1）

墨西哥公路现代化建设计划 / 子木 // 中国公路，1995（1）

墨西哥对环境和资源的保护 / 陈芝芸 // 世界农业，1995（1）

"新自由主义"给墨西哥带来什么？——墨西哥经济危机的经验教训 / 仲大军 // 中国改革，1995（2）

墨西哥的仙人掌类植物资源及开发利用 / 徐民生，刘健，胡长征，陈祥春 // 世界农业，1995（3）

墨西哥的植棉业 / 陈金湘 // 世界农业，1995（7）

智利、墨西哥的税制和税收分配制度 / 肖捷 // 财贸经济，1995（3）

墨西哥石油公司改革初见成效 / 陈芝芸 // 国际石油经济，1995（2）

对墨西哥通货膨胀问题的几点思考 / 陈芝芸 // 拉丁美洲研究，1995（3）

墨西哥发展进程和中国向市场经济的转变 / 张森根 // 拉丁美洲研究，1995（3）

80年代墨西哥外贸制度改革对经济的影响 / 杨西 // 拉丁美洲研究，1995（4）

萨利纳斯 6 年任期的经济发展：一个虚构的神话 /〔墨〕维·比利亚涅，纳·洛萨诺；白凤森［摘译］// 拉丁美洲研究，1995（5）

萨利纳斯的改革与墨西哥金融危机 / 杨清 // 拉丁美洲研究，1995（5）

充满活力的墨西哥保险业 / 关地［编译］// 保险研究，1995（4）

墨西哥反通货膨胀的经验教训 / 陈芝芸 // 当代世界，1995（5）

墨西哥森林的经济总价值 /W. Neil Adger 等；陈光伟［译］//AMBIO- 人类环境杂志，1995（5）

透过墨西哥金融危机看外资的流入 / 朱荣华，韩杨 // 海南金融，1995（5）

再论墨西哥经济发展模式 / 宗良，赵蓉 // 中国投资与建设，1995（5）

墨西哥的灌区改革 / 王小京 // 陕西水利，1995（6）

墨西哥利用外资的特点与金融危机 / 宗良 // 世界知识，1995（6）

墨西哥经济现状浅析 / 黄俐 // 经济与信息，1995（7）

试析加入北美自由贸易协定的墨西哥经济 / 翁克力 // 特区经济，1995（7）

墨西哥危机对拉美国家的教训 / 戴芷华［译］// 世界贸易组织动态与研究，1995（7）

墨西哥现行贸易政策 / 戴常明 // 世界贸易组织动态与研究，1995（10）

墨西哥投资环境剖析 / 孙越 // 外向经济，1995（10）

发展中国家农业发展的经验——印度、巴西、墨西哥、阿根廷实例分析 / 王耀媛 // 世界经济与政治，1996（1）

何因造成墨西哥的经济灾难 /〔美〕张绪通 // 高校理论战线，1996（1）

墨西哥经济发展过程中的工业化、外资和技术转让 /〔墨〕M. 韦翁奇茨克；穆文荣［译］// 金融理论与教学，1996（1）

墨西哥农业发展的坎坷历程 / 农业部国外农业调研组 // 国际社会与经济，1996（1）

墨西哥金融形势展望 / 杨国明 // 拉丁美洲研究，1996（1）

墨西哥客户工业迅速发展的原因 / 董国辉 // 拉丁美洲研究，1996（1）

1995 年墨西哥经济及其展望 / 樊素杰，刘学东 // 拉丁美洲研究，1996（2）

墨西哥经济趋向好转政治改革取得进展 / 徐世澄 // 拉丁美洲研究，1996（6）

墨西哥吸收外资的得失及其启示 / 陈才兴 // 世界经济文汇，1996（2）

透过墨西哥金融危机看外资的流入 / 朱荣华，韩杨 // 金融科学，1996（2）

墨西哥甘蔗科技考察报告 / 段昌坪，范源洪 // 甘蔗，1996（3）

墨西哥克服金融经济危机的政策措施 / 史观 // 经济学动态，1996（3）

苦味的龙舌兰酒——墨西哥经济一波三折 / 陈芝芸 // 世界知识，1996（4）

墨西哥、巴西加强城市环境综合治理提高城市防灾能力的做法及其启示 / 侯玉
  兰 // 城市问题，1996（6）

巴西、墨西哥农村合作社考察报告 / 李惠安，张祥茂，任俊峰，初雪 // 农村
  合作经济经营管理，1996（6）

墨西哥农业现状 / 环展登 // 全球科技经济瞭望，1996（7）

墨西哥的资本积累体制与经济危机 / 姚凯 // 国际金融研究，1996（8）

巴西、墨西哥农村合作社体制的比较 / 国家体改委赴墨、巴考察团 // 经济研
  究参考，1996（135）

墨西哥金融危机后外国在拉美的直接投资 / 高静［译］// 拉丁美洲研究，1997（1）

墨西哥反通货膨胀战略的几点启示 / 王绪苓 // 拉丁美洲研究，1997（5）

墨西哥经济发展战略的演变与经济全球化战略的形成——兼论发展战略中的
  非经济因素 / 许罗丹 // 拉丁美洲研究，1997（5）

墨西哥的环保问题及其举措 / 徐英 // 拉丁美洲研究，1997（6）

墨西哥和韩国吸收、利用外资比较研究 / 陈才兴 // 世界经济与政治，1997（2）

墨西哥石油生产的现状和前景 / 杨首国 // 国际资料信息，1997（2）

墨西哥克雷塔罗州工业区的发展 /A. Espriú , M. Guerrero, J. Soto；张京生［译］
  // 产业与环境（中文版），1997（4）

墨西哥联邦政府预算扶贫基金的分配、使用与管理 / 孟春，刘雅露，高静 //
  财政研究，1997（8）

中国和墨西哥经济改革的比较研究 /［美］李和；毛青［译］// 世界经济与政
  治，1997（10）

墨西哥养老金制度改革中的问题 / 钟军［译］// 中国社会保险，1997（12）

墨西哥汽车工业 / 吕菁如 // 世界汽车，1997（12）

韩国经济发展迅速超过墨西哥的原因 / 陈才兴 // 社会科学，1997（12）

70年代墨西哥外资政策剖析 / 冯秀文 // 世界历史，1998（1）

试析九十年代墨西哥的投资环境与经济发展 / 陶建平，李川 // 人文地理，1998（1）

墨西哥农村改革浅析 / 杨茂春 // 拉丁美洲研究，1998（1）

摆脱危机　走向发展——1997年墨西哥经济述评 / 杨茂春 // 拉丁美洲研究，1998（2）

论墨西哥经济改革的十大关系 / 王绪苓 // 世界经济，1998（3）

墨西哥的经济改革及其启示 / 江时学 // 太平洋学报，1998（3）

墨西哥发展民族经济的概况——赴墨西哥考察见闻浅析 / 严天华 // 贵州民族研究，1998（4）

引进外资与近代墨西哥 / 张家唐 // 长白学刊，1998（4）

墨西哥的投资环境及政策 / 杨首国 // 国际资料信息，1998（9）

短期救急可以　长则弊端不少——墨西哥外汇管制的启示 / 张志慧 // 世界知识，1998（22）

墨西哥的交通运输业发展状况 / 唐晓芹 // 武汉交通管理干部学院学报，1999（1）

墨西哥巴西农业保险对我国农险的启示 / 邢炜 // 保险研究，1999（2）

墨西哥金融体制改革概述 / 沈安 // 拉丁美洲研究，1999（2）

墨西哥经济改革进程中的工资问题 / 袁东振 // 拉丁美洲研究，1999（2）

不平衡发展和贸易与资本流动的自由化：墨西哥的案例 / 彼得·斯科特，梅伦·拉鲁德；吴建康［译］经济资料译丛，1999（2）

从反通胀政策看墨西哥比索危机 / 刘元祺 // 国际论坛，1999（3）

试论墨西哥的城市化进程 / 吕军 // 拉丁美洲研究，1999（5）

当代韩国与墨西哥经济发展战略比较研究 / 陈才兴 // 韩国研究论丛，1999

一枝独秀的墨西哥经济——1999年墨西哥经济形势综述 / 杨茂春 // 拉丁美洲研究，2000（2）

墨西哥现代化进程中的地区发展问题 / 陈芝芸 // 拉丁美洲研究，2000（5）

墨西哥农业食品生产：向可持续性过渡 /Margarita Flores// 产业与环境（中文版），2000（2-3）

贫困、政策和毁林：墨西哥的个案 / 克劳斯·W. 戴宁格尔，巴特·明登；陈大冰［译］// 经济资料译丛，2000（3）

墨西哥比索的前途 / 佘群芝 // 当代亚太，2000（5）

墨西哥汽车发展之路 / 潘寿田 // 中国对外贸易，2000（7）

墨西哥投资环境 / 徐强［编译］// 中国对外贸易，2000（12）

墨西哥加入 GATT（WTO）后宏观经济状况变化分析 / 孙青 // 世界经济，

2000（11）

墨西哥水利工程的环境影响评估 /〔墨〕塞西莉亚·托尔塔雅达；杨明华〔摘译〕// 水利水电快报，2000（20）

墨西哥政府保护生物多样性政策、措施和国际合作 / 雷鸣 // 全球科技经济瞭望，2001（2）

2000 年墨西哥经济述评 / 杨茂春 // 拉丁美洲研究，2001（2）

21 世纪初墨西哥经济展望 / 王绪苓 // 拉丁美洲研究，2001（5）

墨西哥的非正规经济 / 驰骋 // 拉丁美洲研究，2001（5）

墨西哥水政策变迁的启示 / 魏衍亮 // 水资源保护，2001（2）

对墨西哥水政策变迁的考察 / 魏衍亮 // 干旱区资源与环境，2001（3）

中国与墨西哥吸收美国直接投资区位优势比较研究 / 董玉麟，董瑾 // 北京理工大学学报（社会科学版），2001（4）

墨西哥盲目加快开放步伐的教训 / 冯俊扬，宋心德 // 瞭望新闻周刊，2001（47）

墨西哥贸易自由化及其对制造业、就业和工资的影响 / 王翠文 // 拉丁美洲研究，2002（2）

墨西哥银行的私有化和外国化进程 / 徐世澄 // 拉丁美洲研究，2002（2）

入世前后的墨西哥经济发展分析 / 高进田 // 开放导报，2002（10）

大坝在墨西哥社会经济发展中的作用 / 刘莉芳〔译〕// 水利水电快报，2002（18）

美国、墨西哥商业秘密的保护措施及启示 / 国家经贸委经济法规司赴美国、墨西哥商业秘密立法考察团 // 中国经贸导刊，2002（21）

关于马林诺夫斯基对墨西哥市场的研究 /〔日〕黑田悦子；万永〔译〕// 世界民族，2003（1）

一个特大城市：墨西哥城大都市区的水资源管理 /Cecilia Tortajada，Enrique Castelán；孙颖〔译〕//AMBIO– 人类环境杂志，2003（2）

2002 年墨西哥经济形势 / 谌园庭 // 拉丁美洲研究，2003（1）

简析 1982～2003 年墨西哥的经济改革和发展 / 徐世澄 // 拉丁美洲研究，2003（6）

墨西哥的贸易开放及其对经济发展的影响 / 杨仲林 // 拉丁美洲研究，2003（6）

对墨西哥新自由主义经济模式"成功"的质疑 /〔美〕马丁·哈特 – 兰兹伯格；刘志明〔摘译〕// 国外理论动态，2003（10）

零平均准备金制度和美元期权拍卖机制——墨西哥货币政策改革实践 / 黄志龙 // 中国金融, 2003 (20)

墨西哥的住房建设改革措施 / 周家高 // 中外房地产导报, 2003 (21)

脆弱与冲击: 1995-1996 年墨西哥银行危机 / 宋林峰 // 中国社会科学院研究生院, 2003

通货膨胀目标制下的货币汇率政策——墨西哥案例研究 / 黄志龙 // 中国社会科学院研究生院, 2003

墨西哥加工贸易的发展及其启示 / 赵雪梅 // 国际商务 (对外经济贸易大学学报), 2004 (1)

墨西哥在贸易自由化进程中的农业政策改革——兼论农业补贴问题 / 张勇 // 拉丁美洲研究, 2004 (1)

墨西哥吸引外资的成功经验及其借鉴 / 樊增强 // 首都经济贸易大学学报, 2004 (2)

银行民营化与过度竞争: 以墨西哥银行业为例 / 谢坤锋 // 新金融, 2004 (3)

浅析银行民营化与过度竞争——以墨西哥银行业为例 / 谢坤锋 // 经济与管理, 2004 (5)

墨西哥和巴西的农村医疗保险制度及其对中国建立农村新型合作医疗制度的几点启示 / 杨惠芳, 陈才庚 // 拉丁美洲研究, 2004 (5)

墨西哥、智利资本市场开放考察启示 / 马德伦 // 中国外汇管理, 2004 (6)

墨西哥、智利资本市场开放考察启示 (续) / 马德伦 // 中国外汇管理, 2004 (7)

开放环境下墨西哥经济发展与技术创新的关系 / 高静 // 拉丁美洲研究, 2005 (1)

墨西哥银行私有化的背景、程序与成效 / 黄志龙 // 拉丁美洲研究, 2005 (1)

墨西哥制造业的结构调整及其特点 / 谢文泽 // 拉丁美洲研究, 2005 (1)

外国资本进入墨西哥银行业的现状及影响 / 华林 // 拉丁美洲研究, 2005 (6)

巴西、墨西哥粮食市场政策对我国的启示 / 范立新, 陈金玉 // 农村·农业·农民, 2005 (5)

引进外资与近代墨西哥的铁路建设 / 张家唐 // 河北大学学报 (哲学社会科学版), 2005 (5)

墨西哥的新自由主义经济改革 / 陈江生, 郭四军, 朱同斌 // 中共石家庄市委党校学报, 2005 (9)

哥伦比亚、墨西哥两国信用社管理体制现状及启示 / 殷有祥，朱秀杰 // 中国农村信用合作，2005（11）

"白银王国"墨西哥——拉丁美洲重要的石油生产国和出口国 / 于长海，孙丹虹 // 世界石油工业，2006（2）

墨西哥货币政策操作对我国准备金制度改革的启示 / 刁节文，贾德奎 // 武汉理工大学学报（信息与管理工程版），2006（3）

浅析墨西哥电子商务的发展现状与前景 / 周延云，李宝玲 // 拉丁美洲研究，2006（3）

墨西哥应对贸易争端的经验与启示 / 谢文泽 // 拉丁美洲研究，2006（5）

中国与墨西哥发展模式比较 /〔美〕加里·杰里菲；吕增奎［译］// 国外理论动态，2006（6）

墨西哥银行业重组经验对我国银行业改革的启示 / 陈宁 // 国际金融研究，2006（7）

论 20 世纪 80 年代以来墨西哥的客户工业 / 盖艳娜 // 山东师范大学，2006

加拿大、墨西哥林业考察与启示 / 赵波，林高兴 // 安徽林业，2007（2）

墨西哥与中国加工贸易及外资利用比较分析 / 赵雪梅 // 拉丁美洲研究，2007（2）

墨西哥城轨道交通的建设历程 / 马祖琦 // 都市快轨交通，2007（3）

墨西哥反倾销政策及其特点探析 / 宋利芳 // 亚太经济，2007（4）

墨西哥多重区域贸易协定策略 / 李云娥，郭震洪 // 山东社会科学，2007（5）

三次大发展催生墨西哥石油大国地位 / 王才良 // 中国石化，2007（10）

进口替代和新自由主义时期的墨西哥农业食品业 / 钟熙维 // 改革与战略，2007（12）

墨西哥的农业改革 / 徐世澄 // 红旗文稿，2007（12）

墨西哥的医疗保险制度 / 王泽民，杨振君 // 医学与哲学（人文社会医学版），2007（12）

进口替代和新自由主义模式下的墨西哥农业和食品业 / 钟熙维 // 拉丁美洲研究，2008（1）

墨西哥西半球经济一体化战略初探 / 齐峰田 // 拉丁美洲研究，2008（5）

墨西哥外汇衍生品市场发展对我国的经验借鉴 / 陈蓉，郑振龙，蒋禹 // 当代财经，2009（1）

银行业兼并和超级并购：阿根廷、巴西和墨西哥 /〔墨〕艾丽西亚·希龙；黄志龙［译］// 拉丁美洲研究，2009（1）

中国与墨西哥产业和贸易结构比较 / 吴国平 // 拉丁美洲研究，2009（5）

赴美国、墨西哥农村考察报告 / 王修达 // 北京农业职业学院学报，2009（3）

后 NAFTA 时期的墨西哥税制改革 / 张月明 // 苏州大学学报（哲学社会科学版），2009（4）

经济一体化对不同质国家的经济增长效应分析——对美国与墨西哥的比较研究 / 张彬，朱润东 // 世界经济研究，2009（4）

墨西哥的全民医疗保险改革 /〔墨〕费里西亚·玛丽亚·纳乌勒等；张录法［译］// 经济社会体制比较，2009（4）

参与一体化进程中墨西哥的 FDI 流入及其影响因素分析 / 何蓉 // 国际商务（对外经济贸易大学学报），2009（5）

"墨西哥奇迹"破灭对我国经济发展的警示 / 杜娟 // 环渤海经济瞭望，2009（6）

新兴市场国家汇率制度选择与金融稳定性研究——基于韩国、印尼、墨西哥的实证分析 / 郭萍 // 消费导刊，2009（6）

墨西哥技术性贸易措施体系纵览 / 杨志花 // 标准科学，2009（10）

墨西哥出口导向型发展战略再评价及对中国的启示 / 周亚敏，黄阳华 // 社会科学战线，2009（12）

跨国公司与墨西哥的经济发展（20 世纪 40 年代至 80 年代初）/ 韩琦 // 南开大学，2009

约束地方的财政责任法：墨西哥 / 财政部预算司课题组 // 经济研究参考，2009（43）

金融全球化与墨西哥的金融安全 / 吕宇斐 // 拉丁美洲研究，2010（1）

巴西和墨西哥的"有条件现金转移"计划评析 / 郭存海 // 拉丁美洲研究，2010（4）

拉美农村小额贷款经验的探索——墨西哥康帕多银行的商业化转型与经营之道 / 肖喆 // 陕西农业科学，2010（2）

墨西哥矿产资源概况 / 刘增洁 // 资源与人居环境，2010（3）

墨西哥金属矿业概览 / 宋国明 // 中国金属通报，2010（9）

墨西哥矿产资源开发与投资环境 / 宋国明 // 国土资源情报，2010（11）

墨西哥投资与经贸风险分析报告 // 国际融资，2010（12）

墨西哥矿业投资的机遇与挑战 / 宋国明 // 资源与人居环境，2010（24）

墨西哥石油公司改革及前景 / 谌园庭 // 拉丁美洲研究，2011（1）

洛克菲勒基金会与墨西哥农业计划 / 徐文丽 // 拉丁美洲研究，2011（6）

中国与墨西哥加工贸易比较分析 / 殷秀玲 // 亚太经济，2011（2）

固定汇率的不可持续性——墨西哥经济危机给我国的启示 / 陈平 // 中共伊犁
　　州委党校学报，2011（3）

墨西哥卫星通信系统发展现状 / 高茜，李广侠，吕强 // 数字通信世界，2011（7）

墨西哥的水资源一体化管理研究 / 陈献耘 // 水利水电快报，2011（8）

墨西哥农业利用外资教训惨痛 / 曹利群 // 中国党政干部论坛，2011（9）

墨西哥的集体土地使用权及其改革 / 魏梦欣，江道虹，谭道明 // 行政法论丛，
　　2011

墨西哥投资与经贸风险分析报告 / 中国信保《国家风险分析报告》// 国际融资，
　　2012（1）

"金砖"之外有商机　墨西哥的投资价值或需新的认识 / 奥斯卡·席尔瓦；
　　永年［译］// 博鳌观察，2012（2）

墨西哥矿业投资环境浅析 / 王磊，柳玉龙，陈伟 // 矿产勘查，2012（2）

美国、墨西哥林业考察报告 / 张习文 // 林业经济，2012（2）

墨西哥地质、矿产及矿业经济概况 / 王素平，王绘清，吕晓东，李秋金 // 安
　　徽地质，2012（4）

墨西哥卫星通信系统发展现状 / 高茜，常江，田湘，吕强 // 数字通信世界，
　　2012（4）

墨西哥城地铁的特点及其对北京地铁的启示 / 马伶伶，李得伟 // 都市快轨交
　　通，2012（5）

墨西哥汇率制度改革的经验及启示 / 刘琨，冯宗敬，王晓红，弓晶，王博 //
　　甘肃金融，2012（6）

经济全球化下发展中国家的困境与机遇——以中国和墨西哥为例 / 连悦 // 北
　　方经济，2012（6）

墨西哥应对"中等收入陷阱"的主要政策及启示 / 王青 // 重庆理工大学学报
　　（社会科学），2012（10）

浅析墨西哥激励性石油工程服务合同 / 王希贤，李乐中 // 国际石油经济，2012（10）

垂直经济一体化对发展中国家的影响——以墨西哥为例 / 胡赓，郑晓莉 // 中国商贸，2012（18）

从墨西哥住房公积金制度设想我国住房公积金制度的顶层设计 / 张伟 // 中国房地产金融，2013（1）

小农现代化的实践：墨西哥普埃布拉计划评析 / 徐文丽 // 拉丁美洲研究，2013（1）

有效归集、差异化贷款——赴墨西哥学习住房公积金制度心得 / 唐和良，林甦 // 中国房地产金融，2013（1）

墨西哥的住房公积金制度及其启示 / 住房城乡建设部墨西哥住房公积金制度培训团 // 中国房地产金融，2013（10）

差异化平等的墨西哥模式 / 高解春 // 中国医院院长，2013（2）

墨西哥城市化进程与土地制度革新，1992-2010 / 刘学东 // 中国名城，2013（2）

墨西哥的财富 / 王庚飞 // 博鳌观察，2013（4）

墨西哥的公司治理 / 龚敏，陈维娟，刘超 // 董事会，2013（4）

墨西哥能源领域大门将启 / 王莉莉 // 中国对外贸易，2013（4）

墨西哥 20 世纪的农村土地改革及其对中国的启示 / 程雪阳 // 北京社会科学，2013（5）

墨西哥的"视觉艳遇" / 老兜 // 中国信用卡，2013（5）

墨西哥为何东顾亚洲？/ 武魏楠 // 能源，2013（5）

生物有机肥对墨西哥玉米饲用价值的影响 / 谢燕妮，林莉，张业怀，朱梅芳，胡传水，莫文湛 // 草业科学，2013（5）

新兴市场主要贸易国质量安全信息研究——以墨西哥为例 / 李景，万夏青，陈颖，刘恬渊，魏利伟 // 标准科学，2013（5）

墨西哥标准化体系及与中国国家标准化体系的区别与联系 / 李景 // 标准科学，2013（8）

墨西哥注册会计师行业管理和会计准则建设及对我国的启示 / 刘光忠，王晶 // 财务与会计，2013（6）

从墨西哥经验看普惠金融 / 〔墨〕Guillermo Ortiz；彭春辉［摘译］// 金融发

展评论，2013（7）

墨西哥农业支持政策效应分析 / 朱满德，袁祥州，江东坡，邹文涛 // 世界农业，2013（7）

墨西哥推出电信部门改革计划旨在建立竞争、高效的市场环境 / 王海燕 // 世界电信，2013（8）

墨西哥初现私有化端倪 / 张芯瑜，张贯之 // 中国石油石化，2013（8）

墨西哥欲破能源垄断 / 张芯瑜 // 中国石油石化，2013（18）

墨西哥城的困局及补救措施 / 中国社会科学院拉美城镇化研究课题组 // 城乡建设，2013（9）

墨西哥、古巴水资源优化配置与区域协调发展考察报告 / 水资源优化配置与区域协调发展考察团 // 水利发展研究，2013（9）

墨西哥独立金融公司开展小额信贷的做法及启示 / 乔丽荣 // 经济纵横，2013（9）

墨西哥风电发展现况 / 〔墨〕Marco A.Borja；苏晓〔编译〕// 风能，2013（9）

玉米、仙人掌、美食：墨西哥的"农"与"食" / 程宇航 // 老区建设，2013（11）

墨西哥新自由主义下的土地政策实施及效果浅评 / 刘学东 // 世界近现代史研究（第十辑），2013

中国与墨西哥加工贸易比较研究 / 申仁超 // 东北财经大学，2013

墨西哥：开征垃圾食品税 / 沈臻懿 // 检察风云，2014（1）

墨西哥案例 1992-2012：土地制度改革与城市用地分析 / 刘学东 // 中国名城，2014（1）

墨西哥的二次革命 / 〔墨〕豪尔赫·卡斯塔涅达 // 中国经济报告，2014（2）

墨西哥城治理交通拥堵：公共交通优先 / 老海 // 交通与运输，2014（3）

墨西哥能源改革：动因、前景及挑战 / 孙洪波 // 国际石油经济，2014（3）

墨西哥私有化改革与其外债的博弈 / 胡乙建 // 集宁师范学院学报，2014（3）

墨西哥的农业发展政策和农民动员：1940-1982 年 / 董经胜 // 山东师范大学学报（人文社会科学版），2014（3）

墨西哥养老金制度的发展与完善 / 高庆波 // 拉丁美洲研究，2014（4）

墨西哥中部农民对农业水污染的认知 / 〔墨〕R. P. 埃斯佩霍；郭亚男〔编译〕// 水利水电快报，2014（4）

墨西哥水资源管理沿革 / 尹正杰，蔡建清〔译〕// 水利水电快报，2014（12）

墨西哥能源改革给中国企业带来的机遇 / 陈峰 // 国际工程与劳务，2014（6）

墨西哥油气资源政策改革及其启示 / 邹占，史玉民 // 西南科技大学学报（哲学社会科学版），2014（6）

墨西哥能源改革案例透析 / 曾兴球 // 中国石油企业，2014（10）

墨西哥风电发展及能源改革 / 王佳莹，苏晓 // 风能，2014（10）

墨西哥能源改革对中国石油公司的启示与建议 / 雷闪，殷进垠 // 中国矿业，2014（11）

墨西哥城乡用地制度的协调与改革 / 刘学东 // 开发研究，2015（2）

墨西哥土地制度改革与土地城市化进程评估 / 刘学东 // 江苏师范大学学报（哲学社会科学版），2015（3）

墨美边境地区墨西哥的经济与人口变迁——基于对 20 世纪后半期的考察 / 杨令侠 // 拉丁美洲研究，2015（3）

墨西哥高铁项目的失败原因及其启示 / 邵鹏鸣 // 国际融资，2015（5）

墨西哥土地制度改革成效评估：从贫困指数变化的视角 / 刘学东 // 拉丁美洲研究，2015（6）

土地确权的经济后果：来自墨西哥土改的经验 / 王绍达 // 党政视野，2015（7）

墨西哥领军拉美汽车市场 // 中国经贸，2015（16）

拉丁美洲 1990 年代经济改革特点——以墨西哥经济改革为例 / 杨远航 // 经济研究导刊，2015（17）

墨西哥社区森林企业森林资源利用与管理 / 马东 // 北京林业大学，2015

金融危机

墨西哥金融危机的成因及其启示 / 孙效峰，程龙杰 // 中国外汇管理，1995（2）

墨西哥金融危机及其启示 / 孙鲁军，于明文 // 中国外汇管理，1995（2）

中国金融业的开放进程与墨西哥金融危机 / 王军 // 中国外汇管理，1995（2）

墨西哥金融危机的几点启示 / 杜佳，徐浩然 // 南开经济研究，1995（2）

墨西哥金融危机的启示 / 严建红 // 开放导报，1995（2）

从墨西哥金融危机看外资的流入 / 韩杨 // 上海金融学报，1995（2）

关于墨西哥金融危机的若干思考 / 沈安 // 拉丁美洲研究，1995（2）

墨西哥金融风暴余波未了 / 卢传敏 // 拉丁美洲研究，1995（3）

墨西哥金融危机的教训值得深入研究 / 肖枫 // 拉丁美洲研究，1995（3）

从金融危机看墨西哥外贸制度改革存在的问题 / 杨西 // 拉丁美洲研究，1995（3）

墨西哥金融危机：教训与启示 / 陈今 // 国际贸易，1995（3）

墨西哥金融危机：是过度举债还是过度放贷 /〔美〕R. 麦金农；宋协莉，银温
    泉〔译〕// 经济社会体制比较，1995（3）

墨西哥金融危机的背景、影响与教训 / 张新生，朱书林 // 现代国际关系，1995
    （3）

墨西哥金融危机的前因后果及其启示 / 谭雅玲 // 国际金融研究，1995（3）

墨西哥金融危机的原因、影响及启示 / 钟心安 // 国外社会科学情况，1995（3）

墨西哥金融危机对亚洲新兴市场的启示 / 王中华 // 海南金融，1995（3）

牵动全球的墨西哥金融危机 / 王耀媛 // 中国投资与建设，1995（3）

墨西哥金融危机的影响及启示 / 李忠尚，王建华 // 金融研究，1995（4）

墨西哥金融危机引发的思考 / 刘光第 // 金融研究，1995（4）

中国经济开放与墨西哥金融危机 / 王军 // 金融研究，1995（4）

墨西哥金融危机的成因分析及对我国的启示 / 牟益斌 // 金融科学，1995（4）

墨西哥金融危机的教训和启示 / 许建秋 // 财政研究，1995（4）

墨西哥金融危机的启示 / 李长久 // 时事报告，1995（4）

墨西哥金融危机的由来 / 江时学，卢韦 // 外向经济，1995（4）

墨西哥金融危机的缘由与教训 / 陈芝芸 // 世界经济与政治，1995（4）

墨西哥经济危机给人们的启示 / 张里文 // 国际展望，1995（4）

墨西哥金融危机的综合分析 / 王耀媛 // 世界经济，1995（4）

墨西哥金融危机留给我们的思考 / 谢有实 // 世界经济，1995（5）

墨西哥金融危机与中国金融开放 / 王军 // 世界经济，1995（5）

墨西哥金融危机：原因、影响与启示 / 漆腊应，方洁 // 银行与企业，1995（5）

墨西哥金融危机的教训与启示 / 何盛明，刘尚希 // 财贸经济，1995（5）

墨西哥金融危机的起因、趋向及教训浅析 / 汪俊石 // 特区经济，1995（5）

墨西哥金融危机的一些启示 / 肖枫 // 财政，1995（5）

墨西哥金融危机析 / 王玉忠 // 投资理论与实践，1995（5）

发展金融业务值得研究的几个问题——墨西哥金融危机的启迪 / 杨福明 // 山

西财经学院学报，1995（5）

漫话汇率、利率及其他——从墨西哥的金融危机谈起 / 吴国平 // 国际社会与经济，1995（5）

不必担心，也不能掉以轻心——从墨西哥金融危机谈起 / 施用海 // 经济与信息，1995（5）

墨西哥金融危机的教训 / 陈芝芸 // 瞭望新闻周刊，1995（5）

墨西哥经济将陷入严重衰退 / 沈安 // 瞭望新闻周刊，1995（10）

墨西哥金融危机的几点启示 / 王槐安 // 世界知识，1995（6）

城门失火 殃及池鱼——浅析墨西哥金融危机的影响 / 张新生 // 世界知识，1995（6）

墨西哥金融危机：原因、影响及启示 / 苏存 // 世界经济文汇，1995（6）

墨西哥金融危机的教训 / 李占五 // 宏观经济管理，1995（6）

墨西哥金融危机评述 / 赵伟 // 发展，1995（6）

关于墨西哥金融危机的分析及思路 / 钟心安 // 国际金融，1995（6）

如何摆脱墨西哥金融危机造成的影响 / 戴芷华［编译］// 世界贸易组织动态与研究，1995（6）

从墨西哥的金融危机看中国的外债管理 / 代军勋，陈东 // 经济问题探索，1995（7）

墨西哥金融危机说明了什么？/ 穆峰 // 当代世界，1995（8）

墨西哥金融危机的借鉴意义 / 王辰 // 证券市场导报，1995（9）

墨西哥金融危机与我国的外汇管理 / 郭晓华 // 金融会计，1995（9）

在比较中鉴别 在鉴别中奋起——墨西哥金融危机启示录 / 李忠尚，王建华 // 浙江金融，1995（10）

墨西哥金融危机带来的思考 / 王厚双，时家贤 // 理论界，1995（12）

墨西哥金融危机引起的思考 / 戎云飞 // 浙江金融，1995（增刊）

墨西哥金融危机对海南改革开放的启示 / 廖秋林 // 新东方，1996（1）

墨西哥金融危机对我国利用外资的启示 / 杨忠 // 江苏社会科学，1996（1）

墨西哥金融危机与我国外资政策取向 / 杨书剑 // 山东对外经贸，1996（1）

对墨西哥金融危机再思考 / 王海军 // 国际经济评论，1996（1–2）

跨国资本流动变化规律及其影响——从墨西哥金融危机谈起 / 姚建农 // 国际

经贸探索，1996（2）

论墨西哥金融危机的原因影响及启示 / 杨斌 // 沈阳大学学报，1996（4）

墨西哥的三次金融危机及其启示 / 熊业田 // 世界经济，1996（4）

墨西哥的金融危机对中国外债管理的启示 / 任会中 // 投资研究，1996（5）

墨西哥金融危机的启示 / 陈信，王建华 // 财经问题研究，1996（5）

墨西哥金融危机带给我们的启示与反思 / 林树广，杨曼丽 // 中央财政金融学
　　院学报，1996（8）

墨西哥金融危机后的 IMF/ 李梅 // 国际社会与经济，1996（8）

墨西哥金融危机的教训 / 黄隽［编译］// 经济研究参考，1996（61）

再论墨西哥金融危机的原因、教训与启示 / 陈继勇 // 拉丁美洲研究，1997（1）

墨西哥缘何能迅速克服金融危机 / 徐世澄 // 拉丁美洲研究，1997（3）

制约经济开放和发展的几个重要问题——兼谈墨西哥和东南亚金融危机根源 /
　　张绮 // 上海金融学报，1997（4）

东南亚金融风波与墨西哥金融危机的比较和借鉴 / 卢文刚 // 东南亚研究，1997
　　（5）

墨西哥与泰国的金融危机比较研究 / 江涌 // 亚太经济，1997（6）

从墨西哥和泰国的货币金融危机看我国如何避免金融动荡 / 华民，贝毅 // 上
　　海金融，1997（10）

泰国货币危机与墨西哥金融危机之异同 / 张惠忠 // 外向经济，1997（10）

东南亚金融风波与墨西哥金融危机的比较与启示 / 刘沛，卢文刚 // 特区与港
　　澳经济，1997（11）

东南亚国家和墨西哥金融危机对中国的启示 / 易纲，方星海 // 财贸经济，1998
　　（1）

简析墨西哥金融危机后经济恢复的政策目标 / 张遂 // 生产力研究，1998（1）

墨西哥、东南亚金融危机及其启示 / 吴先满，章均，姚晓霞 // 江苏经济探讨，
　　1998（1）

墨西哥与泰国金融危机析同 / 江涌，樊启洲 // 长江论坛，1998（1）

泰国与墨西哥金融危机的比较与反思 / 杨宁 // 国际贸易问题，1998（1）

东南亚、墨西哥金融危机的比较分析及启示 / 张岗 // 经济纵横，1998（2）

发展中国家的金融危机及其启示——墨西哥金融危机与泰国金融危机比较 / 阮

明烽，陈红卫 // 学习与思考，1998（2）

墨西哥金融危机和泰国金融危机比较透视 / 范锋 // 经济经纬，1998（2）

论金融自由化的适度问题——对墨西哥、泰国金融危机的反思 / 唐亮，陈溪华 // 经济改革，1998（3）

墨西哥泰国金融危机的比较 / 姜虹，范纯增 // 现代国际关系，1998（3）

墨西哥与泰国金融危机的异同 / 徐世澄 // 拉丁美洲研究，1998（3）

墨西哥克服金融危机的历史回顾与分析 / 沈安 // 拉丁美洲研究，1998（4）

从宏观经济指标看墨西哥和泰国金融危机的教训 / 梁建武，侯若石 // 拉丁美洲研究，1998（5）

墨西哥和泰国金融危机的比较分析 / 谭雅玲 // 拉丁美洲研究，1998（6）

东亚金融危机与墨西哥金融危机比较 / 柴尚金 // 当代亚太，1998（10）

东南亚与墨西哥金融风波的比较研究 / 谌新民 // 世界经济，1998（12）

对墨西哥与东南亚金融危机共同特征的分析 / 刘海涛 // 大庆社会科学，1999（1）

论 1994 年墨西哥金融危机 / 江时学 // 世界历史，2002（6）

墨西哥金融危机中外资银行贷款行为分析 / 李国重 // 中国金融，2003（21）

对引发墨西哥金融危机原因的再认识 / 仇华飞 // 世界经济研究，2005（12）

FDI 与拉美金融危机——以墨西哥为例 / 潘素昆 // 贵州财经学院学报，2007（3）

墨西哥金融危机：热钱成为幕后推手 / 高潮 // 中国对外贸易，2011（1）

对外经贸合作

墨西哥对外经济政策的模式 /〔墨〕胡安·魏尔塔；熊业田［译］// 国际经济评论，1979（12）

日本同墨西哥的经济贸易关系概述 / 杨启藩 // 拉丁美洲丛刊，1984（2）

中国与墨西哥的贸易 / 郭崇道 // 国际贸易，1985（8）

墨西哥外贸政策的调整 / 毛金里，陈芝芸 // 拉丁美洲研究，1987（3）

美国霸权的衰落和美墨经济关系的变化 / 梁卓生 // 拉丁美洲研究，1989（2）

可供借鉴的墨西哥的技术引进 / 李求长 // 国际科技交流，1990（1）

墨西哥对外经济关系新格局 / 杨茂春 // 拉丁美洲研究，1991（1）

拉丁小龙的崛起——亚洲面临墨西哥的挑战 / 刘耘［编译］// 特区经济，

1991（6）

墨西哥近来对外经贸调整的措施及成效 / 韩继云 // 外国经济与管理，1991（7）

墨西哥对外经贸改革措施及成效 / 韩继云 // 国际经济合作，1991（9）

世界经济新格局中的墨西哥 / 陈芝芸，杨茂春 // 拉丁美洲研究，1992（1）

墨西哥银币在中国货币史上的影响 / 陈志明 // 中国钱币，1992（3）

墨西哥市场潜力与进入方式 / 卢传敏 // 国际贸易，1992（6）

美墨自由贸易协定及其性质问题 / 佟福全 // 世界经济，1992（7）

墨西哥对中国产品采取大规模反倾销措施的情况及建议 / 朱瑞琪 // 国际贸易，
1993（9）

浅析墨西哥又成为拉美地区投资热点的原因 / 於凤春 // 经济纵横，1993（11）

墨西哥"入关"的经验及其对中国"复关"的启示 / 江小涓 // 世界经济，1994
（7）

扩大与墨西哥及拉美经贸合作 / 乐淑君 // 国际市场，1998（11）

俄墨经贸关系发展的现状、潜力和制约因素 / 孙桂荣 // 拉丁美洲研究，2000（3）

浅析 90 年代墨西哥对外经济关系 / 王翠文 // 拉丁美洲研究，2000（4）

墨西哥加入 WTO 的应对措施及启示 / 国家经贸委经研中心 // 中国经贸导刊，
2000（5）

双赢——欧盟墨西哥自由贸易协定 / 江时学 // 世界知识，2000（8）

墨西哥"入关"的启示 / 孙文莉 // 国际贸易问题，2000（10）

墨西哥加入世贸前后经历之启示 / 卢莉 // 中国对外贸易，2001（3）

墨西哥"入关"的启示 / 陈振东，张宇豪 // 金融信息参考，2002（1）

墨西哥"入关"的启示 / 罗泉，许诺 // 江西财经大学学报，2002（1）

中国和墨西哥经贸关系及发展展望 / 周泉 // 世界机电经贸信息，2003（4）

墨西哥"入关"、"入世"阶段的贸易政策 / 高静 // 经济师，2003（5）

墨西哥、秘鲁区域经济组织发展及税制情况 / 国家税务总局税务考察团 // 税
务研究，2003（9）

关注墨西哥对我国的反倾销 / 王保权，张建 // 安徽广播电视大学学报，2004（3）

浅析欧盟——墨西哥双边 FTA 的经验教训 / 宾建成 // 企业经济，2005（4）

墨西哥反倾销法及其对中国的影响 / 杨丹 // 辽宁大学学报（哲学社会科学版），
2005（6）

墨西哥对华反倾销问题研究 / 戴翔 // 温州大学学报，2006（1）

中国、墨西哥对美纺织品贸易比较——兼论中国对墨西哥的市场挤出 / 陈健，史修松 // 世界经济研究，2006（9）

从区位理论看中国企业对墨西哥的直接投资 / 钟熙维，Alejandro Dabat// 改革与战略，2006（10）

墨西哥反倾销特点及对华政策研究 / 程昊 // 世界经济情况，2006（24）

中国–墨西哥农产品贸易特征与前景展望 / 顾莉萍，刘合光，丁开勇 // 湖北经济学院学报，2007（2）

中国和墨西哥贸易关系的实证分析 / 刘晓惠 // 国际贸易问题，2007（7）

中墨经贸竞争力比较研究 / 岳云霞 // 拉丁美洲研究，2008（3）

全球化与两极分化——墨西哥融入世界市场的经验及其启示 / 恩里克·杜塞尔·彼得斯；王修晓［译］// 经济社会体制比较，2008（5）

墨西哥加入经合组织成效初析 / 卢国正 // 拉丁美洲研究，2009（4）

中国与墨西哥：从竞争到合作 / 马浪（Malagon Borja Eduardo）// 吉林大学，2009

中国与墨西哥电子信息产品贸易关系的研究 / 曾安乐 // 华中科技大学，2009

中国与墨西哥对美国出口贸易相似度研究 / 秦艳敏，刘屹 // 特区经济，2010（2）

中国和墨西哥农产品在美国市场竞争力研究 / 邝艳湘，向洪金 // 拉丁美洲研究，2010（5）

墨西哥与中国在能源领域的经济合作 / 王朗 // 吉林大学，2010

中国与墨西哥对美国出口相似度研究 / 秦艳敏 // 暨南大学，2010

墨西哥跨国公司之路 /〔墨〕豪尔赫·巴萨维·昆阿尔德；林华［译］// 拉丁美洲研究，2011（2）

墨西哥石油国有化改革前夕美国政府对美墨石油纷争的回应 / 沙芳洲 // 首都师范大学学报（社会科学版），2011（专刊）

坎昆龙城，中国企业开拓拉美市场的好地方 / 李留宇，陈醒 // 国际融资，2012（1）

中国与墨西哥双边贸易的发展趋势及其面临的问题 / 吴国平，岳云霞 // 拉丁美洲研究，2012（5）

中国与墨西哥的双边贸易及其发展前景 / 吴国平，岳云霞 // 拉丁美洲研究，2012（6）

中墨贸易摩擦及经贸合作对策研究 / 王婷，李艳君 // 国际贸易，2012（9）

中国与墨西哥贸易的现状及实证性分析 / 韩慧敬 // 商，2012（11）

美国、墨西哥等诉中国"名牌"产品补贴措施案评析 / 范东伟 // 西南政法大学，2012

墨西哥作为外国直接投资目的地。墨西哥的商业环境分析 /Carlos Raul Olivares Venegas// 宁波大学，2012

中国企业在墨西哥经营环境的比较研究 / 李戈 // 国际观察，2013（4）

中资企业在墨西哥经营的问题与对策 / 郭德琳 // 国际经济合作，2013（5）

美国与墨西哥玉米糖浆贸易争端回放 / 于鹏，吕博等 // 中国经贸，2013（9）

中国与墨西哥双边贸易研究 / 韩慧敬 // 河北大学，2013

中国纺织品服装业补贴制度初探——以墨西哥诉中国纺织品服装（DS451案）为例 / 胡珊珊 // 中国社会科学院研究生院，2013

墨西哥的国际发展援助：沿革与趋势 / 黄梅波，宋梁禾 // 国际经济合作，2014（1）

墨西哥投资环境与中国企业投资机会 / 陈涛涛，陈忱，顾凌骏 // 国际经济合作，2014（9）

中国 – 墨西哥：投资合作与共同未来 /〔墨〕温立安 // 中国投资，2014（9）

中国和墨西哥制成品产业内贸易影响因素实证 / 喻彤 // 中国商贸，2014（18）

墨西哥 – 中国贸易关系：意见以改进 /Ricardo A. Escalante D. // 宁波大学，2014

新时期深化中墨产业投资合作的政策建议 / 郭建民 // 中国经贸导刊，2015（4）

中资企业如何"走出去"——以墨西哥撤销中铁中标为例 / 陈绍锋，王裕庆 // 领导之友，2015（5）

资源民族主义对我国矿业投资影响——以墨西哥为例 / 张志敏，周鑫 // 中国国土资源经济，2015（6）

中国 – 墨西哥贸易优化与发展研究 / 夏海霞，李燕飞 // 特区经济，2015（11）

中资银行开展墨西哥信贷业务的问题与对策 / 郭向宇 // 时代金融，2015（17）

北美自由贸易区

墨西哥的自由贸易区 / 郭崇道 // 国际贸易问题，1980（2）

北美自由贸易区浅析 / 戴芷华 // 国际商务研究，1991（2）

试析北美自由贸易区及其前景 / 徐环云 // 现代国际关系，1991（3）

美国墨西哥自由贸易协定对世界经济格局的影响 / 李亚联 // 美国研究，1991（4）

美墨贸易的发展与北美自由贸易区的前景 / 储玉坤 // 国际贸易问题，1991（5）

形成中的大北美自由贸易区 / 杨光 // 国际展望，1991（9）

"北美自由贸易区"建设步伐加快 / 曹大洪 // 世界知识，1991（10）

试谈即将形成的北美自由贸易区 / 王丽军 // 国际贸易，1991（10）

北美自由贸易谈判的前景及影响 / 薛力敏 // 瞭望周刊，1991（22）

北美自由贸易协定浅议 / 叶其湘 // 国际经贸研究，1992（1）

北美自由贸易区的组建及其对世界经济格局的影响 / 贾怀勤 // 国际贸易问题，
    1992（2）

自由贸易协定将给墨西哥带来好处 / 杨仲林 // 拉丁美洲研究，1992（2）

北美自由贸易区形成原因和进程浅析 / 武雅婷 // 对外经济贸易大学学报，1992
    （5）

墨西哥加入北美自由贸易区的背景 / 朱书林 // 现代国际关系，1992（5）

北美自由贸易区的形成及发展趋势 / 黎国焜 // 世界经济研究，1992（6）

北美自由贸易协定达成后的得与失 / 方东葵 // 国际金融研究，1992（9）

北美自由贸易区及中美贸易 / 王丽军 // 国际贸易，1992（10）

北美"超强市场"的形成与影响——评美加墨自由贸易协定 / 邓力平 // 世界
    经济，1992（12）

北美自由贸易协定简介 / 何惠敏 // 国际研究参考，1992（12）

美、墨、加建立北美自由贸易区协议 / 雨文 // 国际展望，1992（17）

北美自由贸易区及其对我国的影响 / 王绪苓 // 经济研究参考，1992（34）

关于北美自由贸易区的考察报告 / 刘燕杰 // 经济研究参考，1992（153）

北美自由贸易区及其对世界经济的影响 / 甄炳禧 // 国际问题研究，1993（1）

北美自由贸易协定：机会与挑战 / 陈芝芸 // 瞭望周刊，1993（1）

北美自由贸易协定与墨西哥石油工业前景 / 陈芝芸 // 国际石油经济，1993（1）

论北美自由贸易协定的经济影响 / 罗丙志 // 国际经贸探索，1993（1）

北美自由贸易区及其对亚洲经贸的影响 / 王贻志 // 世界经济研究，1993（2）

北美自由贸易协定对美加墨及亚太经济的影响 / 刘清文 // 国际经贸探索，

1993（2）

北美自由贸易协定的签署及其对拉美的影响 / 陈芝芸 // 拉丁美洲研究，1993（2）

北美自由贸易协定对世界经济的影响 / 杨斌 // 拉丁美洲研究，1993（2）

试论北美自由贸易协定 / 江时学 // 拉丁美洲研究，1993（2）

北美自由贸易区形成后对世界经济格局的影响 / 严美蓉 // 社会科学家，1993（3）

拉美一体化与布什的"美洲自由贸易区"倡议 / 杨斌 // 拉丁美洲研究，1993（4）

世界经济区域集团化的新发展——评北美自由贸易协定 / 宗和 // 亚太研究，
　　1993（2）

建立北美自由贸易区对亚太经济的影响 / 卢韦 // 亚太研究，1993（3）

试析北美自由贸易区在世界经济格局中的作用 / 严美蓉 // 国际贸易问题，1993
　　（5）

北美自由贸易区对世界经济的影响 / 林海军，刘明兴 // 国际贸易，1993（7）

北美自由贸易区及其对金融服务的影响 / 刘灿阳 // 国际金融研究，1993（9）

北美自由贸易区的建立对我国经济的影响以及应采取的对策 / 赵曙明，朱农飞
　　// 世界经济，1993（11）

北美自由贸易协定及其对亚洲的影响 /〔日〕内藤哲夫；朱莉［摘译］// 国际
　　经济评论，1993（12）

北美自由贸易区和欧洲经济区简介 / 吴桂兰 // 东北亚论坛，1994（1）

试析北美自由贸易机制运作及其对中美贸易的影响 / 吴琍 // 东北亚论坛，1994
　　（4）

浅析集团型的美加墨自由贸易区 / 曾智华 // 世界经济，1994（1）

北美自由贸易区与税收一体化 / 邓子基，邓力平 // 世界经济，1994（6）

北美自由贸易协定能使墨西哥发生变化吗?/〔墨〕豪尔赫·G.卡斯塔涅达；华
　　汶［摘译］// 世界经济译丛，1994（2）

评北美自由贸易协定 / 隋启水 // 国际技术经济研究学报，1994（2）

北美自由贸易协定与该地区知识产权法 / 郑成思 // 国际贸易，1994（5）

评北美自由贸易协定对墨西哥的利弊 / 陈芝芸，王绪苓 // 拉丁美洲研究，1994
　　（6）

北美自由贸易协定中的原产地规则 / 郭燕 // 国际贸易，1994（11）

北美建立自由贸易区对我国的影响及相应对策 / 胡建新，周桂荣 // 经济经纬，

1995（1）

墨西哥与北美自由贸易协定 / 单沙 // 外国经济与管理，1995（2）

北美自由贸易协定的争端解决机制 / 冉瑞雪 // 研究生法学，1995（3）

北美自由贸易区近况及影响 / 陈文敬 // 世界机电经贸信息，1995（3-4）

《北美自由贸易协定》的实施及其影响 / 周忠菲 // 世界经济研究，1995（6）

美洲自由贸易区的形成及发展趋势 / 黎国焜 // 世界经济研究，1995（6）

美洲自由贸易区在 2005 年能否建成 / 徐宝华 // 拉丁美洲研究，1995（6）

论北美自由贸易区的组建及影响 / 刘宁 // 山东社会科学，1996（2）

试论发展中国家在与发达国家结成区域经济集团中的地位和作用——兼析墨
    西哥与北美自由贸易区的关系 / 常凤崑 // 内蒙古师大学报（哲学社会科
    学版），1996（3）

北美自由贸易区简析 / 高颖 // 国际经济合作，1996（4）

北美自由贸易协定的执行情况及前景 / 姜金英 // 国际商务（对外经济贸易大
    学学报），1996（4）

关于美洲自由贸易区若干问题的探讨 / 苏振兴 // 拉丁美洲研究，1996（4）

北美自由贸易协定的实施及其面临的问题 / 陈芝芸 // 新视野，1996（6）

评墨西哥加入北美自由贸易区两年后的利与弊 / 佟福全 // 国际经济评论，1996
    （9-10）

北美自由贸易区前景如何？/ 虞琦 // 世界知识，1996（18）

浅析北美自由贸易协定对墨西哥经济的影响 / 刘文龙 // 国际观察，1997（1）

美洲自由贸易区：未来一致的目标 / 张巍 // 国际经贸研究，1997（1）

美国威尔基教授谈墨西哥在美洲自由贸易中的地位 / 曲鹏程 // 拉丁美洲研究，
    1997（1）

北美自由贸易协定对墨西哥政治的影响——国际政治经济学的分析 / 向宠 //
    拉丁美洲研究，1997（3）

世纪之交北美自由贸易区运行特点及发展趋势 / 黎国焜 // 世界经济研究，1997
    （3）

北美自由贸易协定的进展和问题 / 徐世澄 // 拉丁美洲研究，1998（1）

美洲自由贸易区：拉美国家面临的挑战 / 易水 // 拉丁美洲研究，1998（1）

试析美洲自由贸易区能否如期建成 / 石瑞元 // 拉丁美洲研究，1998（2）

论北美自由贸易区 / 尚晟［编译］// 南亚研究季刊，1998（3）

21 世纪北美自由贸易区的发展前景 / 黎国焜 // 世界经济研究，1998（5）

北美自由贸易区货币一体化的前景 / 田素华 // 世界经济研究，1998（6）

北美自由贸易区和欧盟的环境政策：趋向、启示与对策 / 秦天宝 // 世界环境，
　　1999（4）

北美自由贸易区和欧盟的区域性环境政策浅析 / 秦天宝，郭明磊 // 上海环境
　　科学，2000（2）

北美自由贸易区及协定与中国的贸易关系探讨 / 王建国，王筱莉 // 东北财经
　　大学学报，2000（3）

论北美自由贸易协定对墨西哥经济发展的影响 / 王传龙 // 拉丁美洲研究，2000
　　（4）

试析美洲自由贸易区的贸易创造效应 / 王晓德 // 拉丁美洲研究，2000（6）

NAFTA 中加拿大与墨西哥的经济关系及其前景 / 王学秀，杨国新，杨庆山 //
　　南开经济研究，2000（6）

从 NAFTA 内美墨之间的不平衡看美洲经济一体化 / 周瑾 // 国际观察，2000（6）

贸易自由化和工资不平均：来自墨西哥经验的教训 / 雷蒙德·罗伯逊；何聪
　　［译］// 经济资料译丛，2001（1）

自由贸易与墨西哥经济的发展 / 王晓德 // 南开经济研究，2001（1）

论北美自由贸易区的环境合作 / 佘群芝 // 中南财经大学学报，2001（3）

贸易自由化对墨西哥制造业的影响 / 谢文泽 // 拉丁美洲研究，2001（3）

论北美自由贸易区新环境合作计划 / 佘群芝 // 世界环境，2001（4）

北美自由贸易区环境合作的特点 / 佘群芝 // 当代亚太，2001（6）

北美自由贸易区的解析及其对区域经济合作的启示 / 古惠冬 // 改革与战略，
　　2001（6）

墨西哥加入北美自由贸易区的利弊 / 李连仲 // 宏观经济研究，2001（7）

对北美自由贸易区批评的评析 / 王晓德 // 世界经济与政治，2001（8）

外延化？整合化？双边化？——美洲自由贸易区将如何建成 / 江时学 // 世界知
　　识，2001（11）

《北美自由贸易协定》关于贸易与环境的法律协调 / 秦天宝 // 国际经济法论丛，
　　2002（2）

北美自由贸易协定与美墨关系 / 仇华飞 // 史学月刊，2002（2）

北美自由贸易协定对墨西哥税收改革的影响及给我国的启示 / 董德新，宋家辉，穆莉 // 吉林财税，2002（3）

拉美人为何对建立美洲自由贸易区心存疑虑 / 杨首国 // 拉丁美洲研究，2002（5）

轴心与线条——墨西哥签署自由贸易协定的成效与思考 / 卢国正 // 国际贸易，2002（12）

北美自由贸易与北美环境 / 佘群芝 // 北京科技大学学报（社会科学版），2003（1）

北美自由贸易协定成立前后美、加、墨三国经济增长的比较研究 / 白当伟，陈漓高 // 经济评论，2003（5）

北美自由贸易区公众参与环境保护对我国的启示 / 肖曼，邹宁华 // 中国环保产业，2003（7）

中国－东盟自由贸易区与北美自由贸易区比较分析 / 左连村 // 学术研究，2003（8）

北美自由贸易区关税制度研究 / 徐科琼 // 西南政法大学，2003

NAFTA 国际投资法律问题研究 / 李萍 // 中国政法大学，2003

北美自由贸易区：特点、运行机制、借鉴与启示 / 周文贵 // 国际经贸探索，2004（1）

北美自由贸易区公众参与环境保护对我国的启示 / 肖曼，邹宁华 // 新乡师范高等专科学校学报，2004（1）

北美自由贸易协定中的环境问题及其对我国的启示 / 肖曼，邹宁华 // 江南社会学院学报，2004（2）

略谈北美自由贸易区法的内容及特点 / 黄国桥 // 云南财贸学院学报（社会科学版），2004（4）

墨西哥加入北美自由贸易协定 10 年历程评价 / 杨志敏 // 拉丁美洲研究，2004（4）

浅析 NAFTA 对墨西哥发展不平衡的影响 / 孟春雷 // 求实，2004（Ⅱ）

北美自由贸易区的投资规则研究——兼谈中国－东盟自由贸易区投资规则的构建 / 雷俊生 // 广西师范大学，2004

北美自由贸易区非关税措施研究——兼谈中国－东盟自由贸易区非关税措施的构建 / 邓宁 // 广西师范大学，2004

北美自由贸易区竞争政策及法律的研究——兼谈中国－东盟自由贸易区竞争
　　政策及法律之构建 / 杜国胜 // 广西师范大学，2004

北美自由贸易区争端解决机制研究——兼谈中国－东盟自由贸易区争端解决
　　机制的构建 / 费赫夫 // 广西师范大学，2004

北美自由贸易协定对墨西哥农业的影响 / 张勇，李阳 // 拉丁美洲研究，2005（2）

墨西哥国内外有关北美自由贸易协定对墨西哥经济影响的争论及背景 / 贺双荣
　　// 拉丁美洲研究，2005（2）

浅析北美自由贸易协定中悬而未决的问题 / 郭晓丹 // 黑龙江对外经贸，2005（2）

全球化与民族国家——以北美自由贸易区为例的分析 / 何宗强 // 国际论坛，
　　2005（3）

NAFTA 十年回顾与展望 / 涂志玲 // 求索，2005（4）

北美自由贸易协定对环境与贸易问题的协调及其启示 / 李寿平 // 时代法学，
　　2005（5）

北美自由贸易区的经验及对我国的启示 / 沈四宝，王秉乾 // 法学杂志，2005（6）

NAFTA 对墨西哥经济的负面影响及其启示 / 乔颖 // 世界经济研究，2005（6）

新区域主义在北美自由贸易区的应用 / 张学良 // 世界经济研究，2005（7）

NAFTA 对墨西哥产业布局和产业竞争力的影响 / 季旭东 // 南京社会科学，
　　2005（7）

北美自由贸易区协议中投资者——国家争端解决机制研究 / 陈为 // 西南政法
　　大学，2005

北美自由贸易协定对墨西哥经济发展的影响 / 张静 // 东北财经大学，2005

北美自由贸易协定与墨西哥产业结构调整 // 韩超 // 对外经济贸易大学，2005

北美自由贸易区争端解决机制——一个独特的争端解决模式 / 费赫夫 // 南华
　　大学学报（社会科学版），2006（3）

墨西哥加入 NAFTA 后的经济效果分析 / 石砾 // 经济研究导刊，2006（4）

北美自由贸易区（NAFTA）保障措施研究 / 邓宁 // 法制与经济，2006（4）

NAFTA 与墨西哥农业发展：第一个十年的证据 / 何树全 // 中国农村经济，
　　2006（9）

NAFTA 与墨西哥玉米：预期与实际效果的比较分析 / 何树全 // 国际贸易问题，
　　2006（11）

北美自由贸易区的经验及对我国的启示 / 沈四宝 // 国际商法论丛，2006

北美自由贸易区环境法律制度探析 / 李歌 // 中国政法大学，2006

世贸组织、北美自由贸易区和美国领导的"全球化"努力 / 〔美〕瓦迪·哈拉比；丁晓钦〔译〕// 海派经济学，2007（1）

北美自由贸易协定对环境的影响 / 柯建暖，冷木 // 云南财贸学院学报（社会科学版），2007（2）

加入 NAFTA 对墨西哥吸收 FDI 的影响及启示 / 姜书竹，殷红蕾 // 当代经济管理，2007（4）

区域贸易安排法律制度之比较研究——以欧盟、北美自由贸易区为例 / 沈四宝，付荣 // 珠江经济，2007（5）

自由贸易区拉动发展中国家国际直接投资效应的比较研究——以东盟国家与墨西哥为例 / 曹宏苓 // 世界经济研究，2007（6）

北美自由贸易的协定对墨西哥经济的影响 / 杨栋栋，史建伟 // 商业文化（学术版），2007（8）

欧盟、北美自贸区和中国－东盟自贸区政府作用的比较 / 张天桂 // 当代亚太，2007（10）

《北美自由贸易协定》若干法律问题研究 / 吴双 // 暨南大学，2007

北美自由贸易区的投资创造与投资转移效应 / 于淼 // 外交学院，2007

北美自由贸易区投资争端解决机制研究——兼论中国－东盟投资争端解决机制的构建 / 张露 // 中国政法大学，2007

欧盟与北美自由贸易区法律制度之比较分析 / 沈四宝，付荣 // 宁波大学学报（人文科学版），2008（4）

欧盟、北美自由贸易区的发展对中国－东盟自由贸易区的启示 / 崔同宜 // 经济问题探索，2008（7）

北美自由贸易区的示范性作用 / 尤悦 // 商业文化（学术版），2008（12）

北美自贸区对中国－东盟自贸区的启示 / 孙楠 // 山西财经大学，2008

浅析北美自由贸易区对纺织品服装贸易的影响 / 侯新晖 // 华章，2009（3）

北美自由贸易区通关制度的经验及启示 / 施永 // 商业时代，2009（6）

论墨西哥加入 NAFTA 的得失及对我国的启示——我国如何应对南北合作的区域经济一体化 / 张璟 // 今日南国（理论创新版），2009（8）

《北美自由贸易协定》投资争端仲裁机制研究 / 郑晨星 // 外交学院，2009

北美自由贸易区：一种"美国模式"的地区主义战略 / 程宏亮 // 复旦国际关系评论，2009

北美自由贸易区服务贸易自由化的贸易效应研究 / 纪小围 // 厦门大学，2009

北美自由贸易区动植物检疫措施制度研究 / 邓宁 // 法制与经济（中旬刊），2010（1）

美国视角下的北美自由贸易区旅游流危机评估 / 舒镜镜，孙根年，王淑娜 // 资源开发与市场，2010（9）

北美自由贸易区统一市场建设的经验与教训 / 罗上烧 // 经营管理者，2010（17）

NAFTA 背景下美国和墨西哥的区域环境合作——以美墨边境地区环境合作为例 / 罗田 // 复旦大学，2010

北美自由贸易区原产地规则研究 / 邓宁 // 法制与经济（中旬刊），2011（4）

北美自由贸易区的原产地规则问题研究 / 厉力 // 上海交通大学学报（哲学社会科学版），2011（6）

论北美自由贸易区对贸易与环境的法律协调 / 邓宁 // 中国石油大学学报（社会科学版），2011（8）

NAFTA 成立前后墨西哥利用外资的情况及对外贸影响 / 周金凯，金琳 // 经营管理者，2012（4）

北美自由贸易区的发展过程及其政治解读 / 范斯聪 // 江汉论坛，2013（12）

北美自由贸易区争端解决机制研究 / 王华勇 // 上海师范大学，2015

文化　教育

墨西哥古代文化简述 / 王仲殊 // 考古，1973（4）

墨西哥的印第安语言 / 张文阁 // 拉丁美洲丛刊，1979（2）

印第安文化遗产的宝库——墨西哥国立人类学博物馆 / 高光明［编译］// 大自然，1981（2）

墨西哥语言学研究概况 / 孟继成 // 国外语言学，1982（3）

墨西哥图书馆事业小史 / 王宽城 // 图书馆学研究，1982（5）

墨西哥学院的汉语教学 / 朱一之 // 语言教学与研究，1983（1）

墨西哥的印第安语 / 胡健［译］// 民族译丛，1983（4）

墨西哥报业概况 / 刘晓陆 // 国际新闻界，1984（1）

墨西哥新闻教育简介 / 刘晓陆 // 国际新闻界，1984（2）

墨西哥重视发展师范教育 / 普昭耀 // 外国教育动态，1984（3）

墨西哥深山老林中的初级寄宿学校 / 段若川 // 外国教育动态，1984（4）

社会文化冲突和双语教育——墨西哥奥托米印第安人的有关情况 / 雷纳·恩里克·哈梅尔；周懿安［译］// 国际社会科学杂志（中文版），1985（4）

墨西哥的竞走运动（上）/ 韩菊元 // 辽宁体育科技，1986（1）

墨西哥的竞走运动（下）/ 韩菊元 // 辽宁体育科技，1986（2）

墨西哥的化学教育 / 彭蜀晋［编译］// 外国教育动态，1986（4）

墨西哥人类学博物馆 / 菲沙 // 世界博览，1987（12）

墨西哥学院图书馆巡礼 / 周访贤，徐东煜 // 高校图书馆工作，1988（1）

墨西哥的"马里亚契"音乐 / 文纪律 // 民族艺术研究，1988（4）

墨西哥的农业教育 / 贾善刚 // 世界农业，1989（3）

关于墨西哥师范教育发展史的政治思考 / 曾昭耀 // 拉丁美洲研究，1990（2）

中国彝族和墨西哥玛雅人的十八月太阳历法 / 刘尧汉，朱琚元，刘小幸，李世康 // 云南社会科学，1990（4）

墨西哥农业推广体系的研究 / 张颖 // 农牧情报研究，1991（4）

楚文化艺术与墨西哥古印第安文化艺术的比较研究 / 聂菲 // 文博，1991（6）

墨西哥高等教育现代化与墨西哥政治 / 文进 // 拉丁美洲研究，1991（6）

面对着太阳金字塔——墨西哥文化印象记 / 张家哲 // 时代与思潮，1991

墨西哥高等师范教育的发展和改革 / 曾昭耀 // 高等师范教育研究，1993（1）

墨西哥公私立高等教育比较研究 / 王留栓 // 比较教育研究，1994（2）

墨西哥的高等教育政策 / 罗林，肯特；龙湲［摘译］// 世界教育信息，1994（4）

墨西哥近年来的教育改革 / 张新生 // 国际资料信息，1994（8）

墨西哥教育在稳定中求发展 / 曾昭耀 // 瞭望新闻周刊，1994（31）

墨西哥高等教育的改革与发展 / 丁康 // 外国教育研究，1995（1）

墨西哥初等教育概述 / 惠巍 // 外国教育研究，1995（4）

拉丁美洲私立大学的楷模——墨西哥蒙特雷理工学院 / 王留栓 // 比较教育研究，1996（1）

奥尔梅克文化——一个未解之谜 / 徐英 // 百科知识，1996（2）

墨西哥印第安语言和文化的复兴 / 乌同康 // 拉丁美洲研究，1996（2）

美国与墨西哥的中学师资培训 / 王献良 // 培训与研究（湖北教育学院学报），
　　1996（4）

墨西哥成人教育概述 / 吉林，谷贤林 // 山西成人教育，1996（4）

从富恩特斯的小说看墨西哥的民族文化意识 / 刘长申 // 解放军外语学院学报，
　　1997（5）

墨西哥、智利档案工作观感 / 姜之茂 // 档案学通讯，1997（5）

墨西哥高等教育改革进程及成效 / 王留栓 // 拉丁美洲研究，1997（5）

墨西哥的染织文化及传统服饰 / 陈健 // 丝绸，1997（7）

墨西哥高中的化学教育 / 陈学民，程阳杰［译］// 化学教学，1997（11）

巴西、墨西哥中小学课程改革特色及对我们的启示 / 赵长健，张全信 // 滨州
　　师专学报，1998（3）

墨西哥基础教育发展的目标与策略 / 彭海民，黄志成 // 外国教育资料，1998（6）

墨西哥教育现代化进程——90年代墨西哥教育改革之一 / 黄志成，彭海民 //
　　外国教育资料，1999（1）

面向现代化的墨西哥研究生教育——90年代墨西哥教育改革之二 / 黄志成 //
　　外国教育资料，1999（3）

墨西哥研究生教育现代化发展的方针与步骤——90年代墨西哥教育改革之三 /
　　黄志成 // 外国教育资料，1999（4）

面向现代化的墨西哥新教育模式——90年代墨西哥教育改革之四 / 黄志成 //
　　外国教育资料，1999（5）

墨西哥中小学课程改革——90年代墨西哥教育改革之五 / 黄志成 // 外国教育
　　资料，1999（6）

墨西哥实施素质教育的若干特点 / 黄志成 // 外国中小学教育，1999（2）

拉丁美洲国家成人教育方针——墨西哥与尼加拉瓜成人教育对比 / Robert
　　F.Arnove，Carlos Alberto Torres；乔明华［译］// 贵州教育，1999（7–8）

墨西哥的职业技术教育 / 赵居礼 // 职教论坛，1999（9）

墨西哥私立大学管理体制——蒙特雷理工学院考察 / 斯福民，黄志成 // 外国
　　教育资料，2000（1）

墨西哥国立师范大学的课程设置 / 黄志成 // 外国教育资料，2000（2）

墨西哥小学数学课程改革 / 黄志成 // 外国中小学教育，2000（1）

墨西哥的印第安人双语双文化教育 / 王军 // 中国民族教育，2001（1）

墨西哥政治经济改革对传媒业影响探微 / 董锦瑞 // 国际新闻界，2004（5）

墨西哥的私立高等教育——兼作公、私立高等教育比较 / 王留栓 // 民办教育研究，2004（6）

墨西哥西班牙语与西班牙西班牙语差异分析 / 魏晋慧 // 天津外国语学院学报，2005（2）

面向可持续发展的墨西哥教育改革 / 祝怀新，杨慧 // 拉丁美洲研究，2005（6）

墨西哥教育平等：现状、对策与启示 / 高艳贺，黄志成 // 教育科学，2007（2）

墨西哥、巴西私立教育发展状况及其启示 / 汪明 // 国家教育行政学院学报，2007（4）

稳步迈向普及化的墨西哥高等教育 / 王留栓 // 河南教育（高校版），2007（11）

墨西哥、古巴的中小学远程教育及启示 / 张敬涛 // 中国电化教育，2008（7）

走向和谐：墨西哥印地安人基础教育的发展脉络探析 / 王加强 // 外国中小学教育，2008（8）

美国、墨西哥高等教育的特点与启示 / 唐之享 // 当代教育论坛（宏观教育研究），2008（12）

墨西哥基础教育体制分权改革：背景、过程、内容与成效 / 王加强 // 外国中小学教育，2009（1）

墨西哥剪纸与中国民间文化 / 何红一 // 民间文化论坛，2009（2）

大学自治与外部监督：墨西哥高教考察与启示 / 刘承波，范文曜 // 理工高教研究，2009（2）

墨西哥、智利私立高等教育发展考察报告 / 教育部墨西哥、智利高等教育考察团 // 浙江树人大学学报（人文社会科学版），2009（3）

墨西哥土著教育扶持计划的产生、意义及启示 / 王泓萱 // 外国教育研究，2009（4）

墨西哥高等教育国际化：现状与危机 / 钟建平 // 世界教育信息，2009（8）

墨西哥土著教育扶持计划 / 王泓萱 // 中国民族教育，2010（2）

墨西哥体育运动发展概况 / 陈小华，黄莉芹 // 内蒙古体育科技，2010（3）

墨西哥基础教育普及的进展与问题 / 王加强 // 外国中小学教育，2010（8）

从基础体育教育和社区体育看墨西哥竞技体育发展状况 / 黄莉芹 // 吉林体育
学院学报，2011（2）

高等教育制度和教师教育——墨西哥国立师范大学与墨西哥的基础教育教师
培训 /〔墨〕西尔维亚·奥尔特加·萨拉萨尔；田小红［译］// 浙江师范
大学学报（社会科学版），2011（2）

浅谈墨西哥高中阶段教育的改革 / 劳义敏 // 外国中小学教育，2011（6）

墨西哥印第安人的多元文化教育发展 / 滕星，孔丽娜 // 中国民族教育，2011
（9）

《云中漫步》中美国和墨西哥文化冲突分析 / 李萍 // 电影评介，2011（11）

墨西哥汉语师资培训课程研究 / 田然 // 海外华文教育，2012（2）

墨西哥社会转型中文化方位的战略选择 / 洪国起 // 历史教学（下半月刊），
2012（12）

墨西哥实现教育平等的对策解析（2007-2012）/ 张红颖 // 中国科教创新导刊，
2012（34）

墨西哥孔子学院发展特点、问题及对策 / 付爱萍，田玉 // 连云港师范高等专
科学校学报，2013（1）

墨西哥西班牙语与传统西班牙语的差异分析 / 陈铧璐 // 剑南文学（经典教苑），
2013（1）

视听法多媒体教学在墨西哥中小学汉语教学中的应用 / 李靖 // 考试与评价，
2013（2）

认识墨西哥私立高等教育的不同类型 / 胡安·卡洛斯·赛拉斯；胡六月［译］
// 浙江树人大学学报（人文社会科学版），2013（2）

墨西哥汉语习得者对汉语存在句的识别 / 王红斌 // 云南师范大学学报（对外
汉语教学与研究版），2013（5）

墨西哥汉语教学现状与反思 / 金娅曦 // 云南师范大学学报（对外汉语教学与
研究版），2013（6）

论墨西哥教育的源起——殖民地时期墨西哥教育状况探析 / 张鹏 // 天津外国
语大学学报，2013（5）

墨西哥中学公民课程改革述评 / 杨洁琼 // 教育导刊，2013（7）

墨西哥华人的双语境文化教育 / 李阳，李晓理 // 现代传播（中国传媒大学学报），2013（10）

夹缝中生存的墨西哥印第安民族及其语言——墨西哥语言政策研究 / 李丹 // 北华大学学报（社会科学版），2014（2）

墨西哥国立自治大学植物园——用艺术与教育点缀生命 / 杨玺 // 大自然，2014（2）

墨西哥华人的双语境关系研究 / 李阳 // 中国社会科学院研究生院学报，2014（4）

墨西哥印第安人教育政策的变迁 / 张青仁 // 拉丁美洲研究，2014（5）

试析墨西哥教育的现有困境 / 潘力石 // 青春岁月，2014（21）

殖民时期墨西哥的教育研究 / 刘晓 // 教育教学论坛，2014（22）

墨西哥幼儿园汉语教学现状研究和分析——以 QUEEN ELIZABETH SCHOOL 为例 / 上官晨怡 // 上海外国语大学，2014

针对墨西哥幼儿的汉语教学实践报告 / 丁佳美 // 上海外国语大学，2014

墨西哥初级汉语学习者语音偏误分析 / 牛彦秋 // 河北大学，2014

墨西哥城孔子学院汉语教学情况调查与相关思考 / 汤雯 // 广东外语外贸大学，2014

中国汉语教师在墨西哥的跨文化适应 / 林华倩 // 广东外语外贸大学，2014

墨西哥城三所中小学汉语教学情况调查 / 李卓 // 广东外语外贸大学，2014

墨西哥基础教育改革的路径、成效与动因——基于央地分权模式的考察 / 张庆，梁立 // 教学与管理，2015（1）

独立以来墨西哥高等教育发展的特点及其对中国的启示 / 王司倩 // 郑州师范教育，2015（3）

墨西哥培尼亚政府教育改革过程研究——基于制度分析和发展框架的视角 / 张林，崔庆 // 浙江外国语学院学报，2015（3）

墨西哥印第安萨帕塔自治区的教育实践 / 张青仁 // 民族教育研究，2015（4）

墨西哥贫困儿童教育问题及对策研究——基于联合国千年发展目标的视角 / 郑皓瑜 // 全球教育展望，2015（7）

卡尔德隆总统执政期间的墨西哥基础教育教师评估体系分析 / 李天莹 // 北京外国语大学，2015

文学 艺术

看墨西哥的版画艺术 / 马克 // 美术，1956（4）

墨西哥绘画——为人民服务的斗争武器 /〔墨〕安东尼奥·罗德里格斯；孙福熙〔译〕// 美术，1956（7）

墨西哥印第安人的传统艺术 / 李时霖 // 美术，1956（7）

墨西哥全国造形艺术阵线 /〔墨〕马尔戈·阿尔多罗·蒙太洛；李志吾〔译〕// 美术，1956（9）

墨西哥的壁画运动 / 司徒乔 // 美术，1956（9）

试谈墨西哥影片"生的权利"中的摄影艺术 / 汪一之 // 中国电影，1957（3）

墨西哥壁画 / 段之奇 // 世界知识，1965（18）

墨西哥壁画及其对美国画家的影响 /〔美〕莱斯列·J. 阿兰德；王南〔译〕// 拉丁美洲丛刊，1979（1）

墨西哥版画家波萨达 / 石页 // 美术，1979（2）

墨西哥彩色故事片叶塞尼娅 / 葛美 // 电影评介，1979（5）

独具一格的墨西哥民族电影 / 魏聪国 // 拉丁美洲丛刊，1980（1）

墨西哥民歌——科里多 / 段若川 // 拉丁美洲丛刊，1980（2）

浅谈墨西哥革命小说 / 徐少军 // 外国文学，1980（2）

墨西哥著名画家塔马约 / 吕德胜 // 拉丁美洲丛刊，1981（2）

看家狗（墨西哥）/ 肖芳〔译〕// 外国文学，1981（5）

墨西哥现实主义文学 / 戚铁沅 // 外国文学研究，1982（1）

墨西哥古代艺术（上）/〔法〕贝尔纳·诺埃尔；问陶〔译〕// 世界美术，1982（2）

墨西哥古代艺术（下）/〔法〕贝尔纳·诺埃尔；问陶〔译〕// 世界美术，1982（3）

墨西哥的壁画 / 王平 // 外国文学，1982（3）

墨西哥舞蹈拾趣 / 于海燕，蒋士枚 // 世界知识，1983（1）

漫谈墨西哥电影 / 傅郁辰 // 电影艺术，1983（7）

墨西哥壁画印象记 / 郑胜天 // 新美术，1984（3）

墨西哥现代建筑及其民族特色 / 欧阳枚 // 世界建筑，1984（4）

试谈墨西哥民间音乐在拉丁美洲民间音乐中的地位 / 王雪 // 中央音乐学院学

报，1985（3）

墨西哥音乐见闻 / 田玉斌 // 人民音乐，1986（1）

墨西哥壁画家的道路 / 庞炳庵 // 瞭望周刊，1986（38）

墨西哥摄影大师菲格罗亚 / 傅郁辰 // 北京电影学院学报，1987（1）

墨西哥诗笺（组诗）/ 赵丽宏 // 上海文学，1987（2）

卡洛斯·富恩特斯——拉美文坛一杰 /〔美〕希拉里·德弗里斯；王东风〔译〕// 文化译丛，1987（2）

一个伟大而孤独的人——评杰克·伦敦及其《墨西哥人》/ 印传朱 // 唐都学刊，1988（3）

鲁尔福魔幻现实主义小说的表现手法 / 朱景冬 // 外国文学评论，1990（1）

楚艺术与墨西哥古印第安艺术的比较研究 / 聂菲 // 东南文化，1991（3-4）

为了恢复拉曼却的传统——卡洛斯·富恩特斯访谈录 / 朱景冬〔译〕// 当代外国文学，1991（4）

墨西哥女画家弗里达·卡洛 / 吕明 // 美苑，1994（4）

著名电影大师菲格罗亚访谈录 / 甘丽嫚〔编译〕// 世界电影，1995（3）

回忆与渴望——卡洛斯·富恩特斯访谈 /〔西班牙〕米·安·克马因；朱景冬〔译〕// 外国文学，1995（6）

卡洛斯·富恩特斯其人 / 朱景冬 // 外国文学，1995（6）

痛苦与坚忍的诗意——弗里达·卡洛的绘画 / 李建群 // 美术，1996（3）

似梦似真　亦真亦幻——墨西哥现代绘画中的魔幻现实主义 / 李建群 // 美术大观，1997（6）

走出困境　迎接曙光　墨西哥电影十年综述 / 甘丽 // 电影艺术，1998（1）

近年来的墨西哥电影 / 甘丽嫚 // 电影新作，1998（2）

卡洛斯·富恩特斯谈新作 / 朱景冬〔译〕// 外国文学动态，1999（4）

女性化和民族化的触角——评墨西哥当代女作家卡门·波略萨的小说 / 史楠 // 当代外国文学，2001（1）

墨西哥作家埃伦娜及新作《天空的皮肤》/ 赵德明 // 外国文学动态，2002（6）

墨西哥电影故事——阿马罗神父的罪恶 / 夏日 // 电影新作，2003（5）

墨西哥文化想打动美国人 / 陈众议 // 世界中学生文摘，2003（7）

墨西哥传奇女画家弗里达·卡洛 / 龚佳佳〔编译〕// 世界博览，2003（12）

墨西哥壁画——20 世纪艺术的辉煌成就 / 袁运甫 // 美术观察，2004（1）

墨西哥人的寻根情结——谈墨西哥作家卡洛斯·富恩特斯的近期创作 / 归溢 // 当代外国文学，2004（1）

守望墨西哥——评波尼娅托夫斯卡及其新作 / 莫娅妮 // 当代外国文学，2004（1）

印第安传统文化对墨西哥陶瓷装饰艺术的影响 / 王利荣 // 武汉理工大学学报（社会科学版），2004（2）

论弗里达·卡罗的艺术创作——跨语境的解读 / 林荣芳 // 齐鲁艺苑，2004（2）

墨西哥壁画运动的三位主将——奥罗斯科、里维拉、西盖罗斯 / 相广泓 // 荣宝斋，2004（5）

论弗里达·卡罗的艺术创作——用两种方法对画家艺术的解读探索 / 林荣芳 // 山东师范大学，2004

墨西哥艺坛怪杰何塞·路易斯·奎瓦斯 / 啸声 // 美术观察，2005（3）

用绘画写就的生命日志——墨西哥女画家弗里达·卡洛自画像评述 / 娄宇，向宏年 // 湖北美术学院学报，2005（4）

浅析弗里达·卡洛绘画个性化成因 / 刘坤 // 东北师范大学，2005

90 年代以后墨西哥电影研究 / 童煜华 // 当代电影，2006（2）

我画我自己的现实——弗里达自画像的创作经历 / 郭淑敏 / 西北美术，2006（2）

解读弗里达·卡罗作品的女性主义特质 / 李萌 // 电影评介，2006（17）

《庄园》——墨西哥土著印第安人悲惨境遇的缩影 / 王喆 // 淮南师范学院学报，2007（6）

两种古代艺术比较初探——墨西哥古印第安艺术与楚艺术 / 张曦 // 上海文博论丛，2007（4）

风情万种的墨西哥电影 / 王文蓉 // 电影，2007（10）

伟大的女性 绚烂的生命——记电影《Frida》/ 宋怡 // 电影评介，2008（2）

魔幻现实主义抑或超现实主义？——弗里达·卡洛绘画作品风格之界定 / 张迎春 // 艺术探索，2008（2）

融入生命的艺术——论卡洛艺术的墨西哥本土根源 / 李潇 // 中国人民大学，2008

论墨西哥传统音乐的文化取向 / 庄静 // 人民音乐，2009（3）

墨西哥的印第安之子——鲁菲诺·塔马约的艺术人生 / 张娜〔编译〕// 湖北美术学院学报，2009（3）

画像里的真实 / 殷群 // 数位时尚（新视觉艺术），2009（4）

拼贴的色彩：后现代视阈下的《弗里达》/ 骆鹏 // 电影评介，2009（5）

辉煌·变迁·复兴——探寻墨西哥本土建筑艺术文化的发展历程 / 郭惠君 // 建筑技艺，2009（8）

以远程教育促进农村基础教育信息化——墨西哥电视远程教育项目的启示 / 赵桂霞，田振清 // 内蒙古师范大学学报（教育科学版），2009（12）

从墨西哥壁画运动看中国现代壁画之发展 / 邓清明 // 艺术探索，2010（1）

墨西哥壁画家奥罗斯科的表现主义壁画创作 / 刘志云 // 艺术探索，2010（1）

波特墨西哥短篇小说的女性主义解读 / 王喆 // 河北理工大学学报（社会科学版），2010（5）

当代墨西哥电影：路过"奇迹的小巷" / 童煜华 // 当代电影，2010（9）

怒放的仙人掌——墨西哥画家弗里达·卡洛 / 白小伟 // 人物，2010（11）

从国际艺术贸易角度试论弗里达·卡洛绘画本土性的意义 / 王婉丁 // 西北师范大学，2010

玛雅文化的新序章——墨西哥艺术市场的兴起 / 王强 // 雕塑，2011（5）

墨西哥电影评论家的分类及其特点 / 乔西 // 电影评介，2011（8）

弗里达绘画独特主题与审美成因解析 / 陈亚楠 // 河北师范大学，2011

踏过人生的荆棘——弗里达·卡洛自画像研究 / 沈文婷 // 南京艺术学院，2011

滋长与呈现——我看弗里达绘画的生成 / 马丛霞 // 中央美术学院，2011

论弗里达·卡洛自画像中的角色扮演 / 杨子 // 艺苑，2012（2）

析墨西哥作家豪尔赫·博尔皮的 20 世纪三部曲 / 张力 // 解放军外国语学院学报，2012（4）

全球化与"传统"——关于墨西哥现当代艺术 / 杭间 // 美术，2012（11）

弗里达·卡洛和镜中的自己 / 沈文婷 // 大众文艺，2012（11）

墨西哥建筑师路易斯·巴拉干的思想与创作历程 / 王丽莹 // 天津大学，2012

墨西哥建筑师阿尔贝托·卡拉赫的建筑思想及其作品分析 / 彭链 // 昆明理工大学，2012

墨西哥画家鲁菲诺·塔马约绘画的形式感分析 / 李想 // 美术大观，2013（10）

浅析墨西哥壁画运动与美国壁画运动的关联 / 张媛 // 大众文艺，2013（23）

论弗里达·卡洛自画像的艺术特征 / 梁烜彬 // 中央美术学院，2013

墨西哥独立媒体研究 / 刘国发 // 武汉科技大学学报（社会科学版），2014（1）

画镜中人——析弗里达·卡洛自画像中民族文化认同及现代女性意识成长轨迹 / 黄海燕 // 美术观察，2014（1）

从艺术人类学的视角看弗里达·卡罗作品中的"超现实主义" / 冯莎 // 民族艺林，2014（1）

电影《弗里达》的色彩艺术赏析 / 张雨婷 // 电影文学，2014（2）

《弗里达》的画面叙事与影像风格 / 徐刚 // 电影文学，2014（4）

一部爱情日记所揭示的艺术生命——记墨西哥女艺术家弗里达·卡罗 / 陈真 // 中国美术，2014（5）

你好，弗里达——弗里达作品中墨西哥本土文化解析 / 陈亚楠，张建省 // 芒种，2014（7）

桑德拉·希斯内罗斯短篇小说《女喊溪的故事》中的墨西哥传统 // 李小莉 // 青年文学家，2014（11）

孤独与渴望——弗里达·卡洛人物画叙事性研究 / 张哲 // 中国艺术研究院，2014

拉美见证小说的真话和谎言问题——以《干杯，赫苏萨》为例 / 卢云 // 解放军外国语学院学报，2015（4）

弗里达·卡罗作品元素的象征意义与绘画风格的转变 / 陆嘉萱 // 新疆艺术学院学报，2015（4）

浅析弗里达绘画中的母性情结 / 杨娴 // 天津美术学院学报，2015（9）

弗里达·卡洛画中动植物元素的精神内涵 / 姚梦园，许佳，周小儒 // 名作欣赏，2015（27）

弗里达·卡洛绘画形象中的"隐喻与象征" / 高唯迅 // 河北大学，2015

弗里达·卡洛绘画民族元素研究 / 郭慧 // 中国矿业大学，2015

弗里达绘画中的女性意识探析 / 姚颖 // 扬州大学，2015

历史　地理

1910-1917 年墨西哥资产阶级革命 / 张友伦 // 历史教学，1963（12）

墨西哥独立战争前社会矛盾关系发展初探 / 乔明顺 // 河北大学学报（哲学社

会科学版），1964（1）

墨西哥的独立战争 / 王春良 // 历史教学，1965（3）

美国吞并得克萨斯和 1846-1848 年对墨西哥的侵略战争 / 林祖徕 // 历史教学，1966（3）

墨西哥帝国的被征服 / 严中平 // 历史研究，1977（2）

"墨西哥独立之父"米格尔·伊达尔哥 / 王春良 // 山东师院学报（社会科学版），1978（5）

略论墨西哥近代史中的几个问题 / 乔明顺 // 河北大学学报（哲学社会科学版），1979（1）

墨西哥特奥卡里大神庙的发掘 / 林木［编译］// 拉丁美洲丛刊，1979（2）

公元前六千年墨西哥盆地的定居农耕文化——农耕起源研究评介之二 / 孔令平 // 吉林大学社会科学学报，1980（5）

墨西哥和扶桑国 / 孙秉莹 // 郑州大学学报（社会科学版），1980（1）

太阳神与墨西哥国旗 / 杨茂春 // 拉丁美洲丛刊，1980（1）

试论华雷斯领导的墨西哥革新运动 / 沙丁，杨典求 // 拉丁美洲丛刊，1980（1）

"白银王国"墨西哥 / 程志 // 世界知识，1981（13）

墨西哥的仙人掌 / 熹华 // 拉丁美洲丛刊，1981（2）

墨西哥历史上第一位印第安人总统华雷斯 / 尚文 // 拉丁美洲丛刊，1981（2）

世界最大城市——墨西哥城 / 蔡维泉 // 世界知识，1981（20）

墨西哥印第安人的婚俗 / 夏丽仙 // 世界知识，1982（1）

墨西哥独立战争的杰出领袖莫雷洛斯 / 王春良 // 拉丁美洲丛刊，1982（1）

墨西哥历史上的普埃布拉战役 / 王宏强 // 拉丁美洲丛刊，1982（4）

振兴墨西哥的华雷斯改革运动 / 施兴和 // 安徽师大学报（哲学社会科学版），1983（4）

墨西哥合众国 / 杨茂春 // 拉丁美洲丛刊，1983（5）

一九一〇年墨西哥革命的性质 / 冯秀文 // 历史研究，1983（5）

墨西哥社会学简史与现代理论动态 /〔苏联〕杰耶夫；赵承先［译］// 现代外国哲学社会科学文摘，1983（9）

墨西哥城建设的今昔与未来 / 王留栓 // 世界经济文汇，1984（1）

墨西哥城严重的城市问题 / 辛章平［摘译］// 城市问题，1984（1）

墨西哥民族英雄胡亚雷斯的爱国革新思想 / 孙宝珊 // 烟台师院学报（社会科
    学版），1984（2）

1910-1917 年墨西哥革命浅析 / 赵英 // 拉丁美洲丛刊，1984（6）

美洲的"陆上桥梁"——墨西哥 / 锡华 // 世界知识，1984（9）

墨西哥的独立战争和 1910-1917 年革命 / 韩水军 // 历史教学，1984（12）

墨西哥铸币史话 / 方志诚 // 世界知识，1985（2）

论莫雷洛斯对墨西哥独立战争的贡献 / 王春良 // 历史教学问题，1985（2）

墨西哥农民革命领袖潘乔·比利亚 / 赵英 // 拉丁美洲丛刊，1985（2）

十九世纪初墨西哥独立战争 / 喻继如 // 南昌大学学报（人文社会科学版），
    1985（2）

墨西哥资产阶级革命中的土地问题和农民运动 / 关勋夏 // 中南民族学院学报
    （社会科学版），1986（1）

农民领袖萨帕塔与墨西哥资产阶级革命 / 赵英 // 拉丁美洲研究，1986（6）

墨西哥胡亚雷斯改革事业述评 / 刘克明 // 安徽师大学报（哲学社会科学版），
    1987（1）

墨西哥革命是一次成功的资产阶级革命 / 冯秀文 // 世界历史，1987（6）

现代化、美丽的墨西哥古城 / 路易斯·德拉·哈巴；范仲英［译］// 文化译丛，
    1987（6）

墨西哥的"面包篮"——亚基流域 / 杨碚 // 世界农业，1988（5）

今日墨西哥史学 / 路易斯·冈萨雷斯；阿劳［译］// 第欧根尼，1989（2）

卡洛斯三世改革与墨西哥独立战争 / 冯秀文 // 世界历史，1989（5）

论墨西哥的债役农制 / 韩琦 // 山东师大学报（社会科学版），1989（5）

1910 年墨西哥革命的思想基础 / 冯秀文 // 世界历史，1990（5）

墨西哥大庄园制的形成及其经济结构 / 韩琦 // 历史研究，1990（5）

也谈殖民地时期墨西哥资本主义萌芽问题 / 冯秀文 // 世界历史，1992（2）

从村落到国家：墨西哥瓦哈卡谷地研究 / 龚缨晏 // 世界历史，1992（3）

墨西哥独立战争 / 方幼封 // 军事历史研究，1993（3）

在殖民地时期和现代的墨西哥形象之殖民化和形象之战 / 瑟奇·格鲁津斯基；
    刘瑞祥［译］// 国际社会科学杂志（中文版），1993（4）

墨西哥的村社 / 冯秀文 // 世界历史，1993（6）

墨西哥史学理论探寻 / 冯秀文 // 史学理论研究，1994（2）

天主教会与墨西哥独立战争 / 贾东荣 // 山东师大学报（社会科学版），1995（1）

墨西哥城琐记 / 彭望东 // 当代世界，1995（3）

墨西哥城——一个融传统文化与现代文明的国际旅游城市 / 赵长华 // 旅游科
　　学，1995（4）

浅析墨西哥早期工业化进程 / 柳松 // 拉丁美洲研究，1995（4）

金字塔寻古——墨西哥记旅 / 康式昭 // 中外文化交流，1995（5）

轰然倒塌的黄金帝国（上）——阿兹特克帝国（墨西哥）的灭亡 / 马英俊 //
　　中国黄金经济，1996（5）

1846-1848 年美国对墨西哥的战争 / 方幼封，曹珺 // 军事历史研究，1997（1）

19 世纪中期墨西哥革新运动述评 / 池小平 // 内蒙古师大学报（哲学社会科学
　　版），1997（5）

墨西哥著名史学家纳瓦罗及其新作 / 冯秀文 // 世界历史，1997（5）

转变中的世界特大城市——墨西哥城 / 刘贵利 // 国外城市规划，1998（2）

16-17 世纪中国传教团与墨西哥教会的联系及其方法的比较研究 / 沈定平 //
　　世界宗教研究，1999（3）

文明古国的现代文化墨西哥风情揽胜 / 徐世澄，21 世纪，2000（3）

迪亚斯时期在墨西哥经济近代化进程中的地位 / 毛丽 // 赣南师范学院学报，
　　2000（4）

论 20 世纪初的墨西哥革命 / 韩英 // 赤峰教育学院学报，2001（3）

论美墨战争对墨西哥社会发展的影响 / 朱世广 // 天水师范学院学报，2001（4）

墨西哥独立战争剖析 / 张家唐，乔明顺 // 河北大学学报（哲学社会科学版），
　　2002（2）

墨西哥革命新解——一种"小传统"的命运 / 夏立安 // 世界历史，2002（4）

相似的革命不同的结果——墨西哥、玻利维亚革命影响之比较 / 韩洪文 // 江
　　西社会科学，2002（5）

墨西哥城：多文化融合与交汇之都 / 张家哲 // 社会观察，2003（3）

墨西哥银元在中国的流通 / 张宁 // 中国钱币，2003（4）

试论殖民地时期墨西哥大庄园的特征 / 王文仙 // 世界历史，2004（4）

访墨西哥的世界遗产 / 罗哲文 // 现代城市研究，2004（6）

论殖民地时期墨西哥大庄园的债役雇农制 / 王文仙 // 世界历史，2005（5）

美国干涉墨西哥 1910—1917 年革命探析 / 李连广 // 山东师范大学，2005

胡阿雷斯革新运动——墨西哥现代化的先声 / 池小平 // 江汉大学学报，2006（2）

殖民地时期墨西哥大庄园和印第安村社的关系 / 王文仙 // 安徽师范大学学报
（人文社会科学版），2006（4）

外资与墨西哥早期现代化（1876-1910）/ 张乐成 // 吉林大学，2006

美国干涉墨西哥 1910 年革命对美国参加第一次世界大战的影响 / 李连广 // 滨
州学院学报，2007（2）

美国对墨西哥 1910-1917 年革命的军事干涉 / 李连广 // 山东师范大学学报（人
文社会科学版），2007（3）

简析 1917 年墨西哥宪法的资产阶级性质 / 刘新宇 // 历史学习，2007（4）

墨西哥村社土地制度的历史变迁 / 董国辉 // 世界近现代史研究（第五辑），2008

艾米里亚诺·萨帕塔——墨西哥著名革命家 / 芋头 // 模型世界，2009（3）

墨西哥征服者——赫南·科尔特兹 / 裴鑫，宋政伟 // 模型世界，2009（6）

法国入侵墨西哥与美国的反应和对策 / 王静 // 历史教学（下半月刊），2010（7）

墨西哥革命与第一次世界大战期间的英美墨关系 / 朱适 // 安徽史学，2011
（1）

墨西哥革命传奇 / 张伟劼 // 学习博览，2011（2）

墨西哥革命：从官方史学到修正派史学 / 董经胜 // 史学集刊，2011（6）

1938 至 1941 年美国政府对墨西哥石油国有化改革的政策研究 / 沙芳洲 // 首
都师范大学，2011

19 世纪上半期墨西哥的农业发展模式与现代化道路 / 董经胜 // 史学集刊，
2012（3）

壁画之都——墨西哥 / 刘学东 // 城市管理与科技，2013（1）

加勒比的神秘玛雅 / 王雪 // 八小时以外，2013（1）

墨西哥国立自治大学——拉丁美洲现代的纪念碑 / 埃克哈特·吕贝克；方蘅
［译］// 住区，2013（2）

"拉美人民将一起创造新的历史"——对墨西哥"团结峰会"发出时代强音的
历史解读 / 洪国起 // 南开学报（哲学社会科学版），2013（3）

19 世纪墨西哥自由派的农业改革与农民运动 / 董经胜 // 拉丁美洲研究，2013

（3）

殖民主义与墨西哥的发展瓶颈 / 王文仙 // 史学理论研究，2013（4）

独立、公正和民主——拉美历史学家的现实关怀 / 韩琦 // 世界历史，2013（4）

论墨西哥教育的源起——殖民地时期墨西哥教育状况探析 / 张鹏 // 天津外国
　语大学学报，2013（5）

难忘墨西哥——墨西哥骑行记录 / 栾今红 // 摩托车信息，2013（6）

一个人的墨西哥 追溯失落的远古文明 / 李茜雪 // 好家长，2013（7）

一路向南·拉丁美洲行纪（之一） 墨西哥的浪漫与热情 / 张淼 // 中学生天地
　（A 版），2013（7-8）

墨西哥：绚丽多姿的神奇国度 / 莫悦 // 乡音，2013（8）

墨西哥城的困局及补救措施 / 中国社会科学院拉美城镇化研究课题组 // 城乡
　建设，2013（9）

墨西哥玛雅文化遗址——帕伦克古城 /Baozx // 建筑与文化，2013（9）

墨西哥城 高原上的壁画之都 / 楚鹏 // 旅游世界，2013（12）

墨西哥小城坎昆 玛雅古迹和水下博物馆 / 蓉蓉 // 环球人文地理，2013（21）

墨西哥第二帝国统治合法性探寻研究 / 陈淑红 // 福建师范大学，2013

马尼拉大帆船贸易对明王朝的影响 / 韩琦 // 世界近现代史研究（第十辑），2013

绿色的墨西哥城 / 徐艳文 // 国土绿化，2014（1）

神秘国度墨西哥 / 左手 // 中国摄影家，2014（3）

墨西哥革命时期各派别在土地改革问题上的斗争 / 董经胜 // 拉丁美洲研究，
　2014（3）

20 世纪墨西哥城市化与社会稳定探析 / 王文仙 // 史学集刊，2014（4）

墨西哥，仙人掌的王国 / 张敏奇 // 旅游纵览，2014（6）

墨西哥革命后"国家重建"时期的土地改革（1920-1934 年）/ 董经胜 // 史
　学集刊，2014（6）

墨西哥美食之旅 / 彭海容 // 中国食品，2014（7）

论墨西哥印第安土著对西班牙殖民统治的反抗 / 陈玲 // 华东师范大学，2014

墨西哥卡德纳斯政府的土地改革：1934-1940 年 / 董经胜 // 北大史学，2014

1910~1940 年墨西哥反教权主义运动研究述评 / 李超 // 世界近现代史研究，
　2014

纵横浩瀚历史 追寻墨西哥灵魂——《帝国铁闻》的象征意义探析 / 李翠蓉 //
北京外国语大学，2015

危地马拉

简况

危地马拉共和国位于中美洲西北部，西部和北部与墨西哥、东北与伯利兹、东南与洪都拉斯和萨尔瓦多接壤，南濒太平洋，东临加勒比海的洪都拉斯湾。海岸线长约 500 公里。面积为 108889 平方公里，人口 1510 万（2012 年）。土著印第安人占 41%，其余为印欧混血种人和欧洲移民后裔。官方语言为西班牙语。70% 的居民信奉天主教，20% 的居民信奉基督教新教。首都为危地马拉城，独立日是 9 月 15 日。

境内三分之二是山地和高原，太平洋沿岸有狭长平原，多火山，地震频繁。最高的塔胡木尔科火山海拔 4213 米。主要河流有莫塔瓜河。最大湖泊是伊萨巴尔湖。沿海平原土壤肥沃，北部森林覆盖率较高。平原属热带雨林气候，年平均气温为 25 ~ 30℃。山地属亚热带森林气候，年平均气温为 16 ~ 20℃，雨量充沛。矿藏有铅、锌、铬、锑、金、银、锰、水银等。

经济以农业为主，工业基础薄弱。主要农产品有咖啡，香蕉、蔗糖、可可。工业有采矿业、制造业、纺织、食品加工、制药和造纸等。近年来以纺织为主的客户工业、电力、通信业等发展较快。旅游业是第二大外汇来源。全国有公路总长 15735 公里、铁路总长 885 公里。出口以咖啡、蔗糖、香蕉等传统农产品为主。主要进口消费品、原料及半成品、资本商品和燃油等。货币名称为格查尔。

危地马拉是古代印第安玛雅文化中心之一，1524 年沦为西班牙殖民地。1821 年 9 月 15 日宣布独立。1822 ~ 1823 年与墨西哥合并。1823 年与萨尔瓦多、洪都拉斯、尼加拉瓜和哥斯达黎加组成中美洲联邦。1838年联邦解体。1839年建立共和国。19世纪末美、德、英资本相继渗入，后长期实行独裁统治。1944年起开始民主化进程，1954年起进入右翼军政府和文人政府交替执政时期，1960年出现左派军事组织。1982年危地马拉全国左派游击队合并成立"危地马拉全国革命联盟"，武装斗争遍布全国。1996年12月，阿尔苏政府（全国先锋党）与"危地马拉全国革命联盟"达成《永久和平协定》，结束长达36年的内战。

1994年修订后的宪法规定，总统、副总统由直接选举产生，任期4年，不得连选连任；总统为国家元首、政府首脑和武装部队总司令；军人必须在退役5年后才能竞选总统。现任总统、爱国党人奥托·佩雷斯于2011年11月当选，2012年1月宣誓就职。对外主张维护国际和平与安全，尊重民族自决和不干涉别国内政，以和平手段解决国际争端。中国与危地马拉无外交关系。

危地马拉争取民主、保卫民族主权的斗争 / 育之 // 世界知识，1953（18）

危地马拉人民反对美国干涉内政的斗争 / 若 // 世界知识，1954（4）

制止美国对危地马拉的武装侵略 / 李时霖 // 世界知识，1954（13）

危地马拉共和国 / 徐斌 // 世界知识，1962（8）

危地马拉的自由鸟——格查尔 / 李保章 // 拉丁美洲丛刊，1980（1）

魔术现实主义作家——阿斯图里亚斯 / 朱景冬，孔令森 // 外国文学研究，1980（3）

危地马拉 圣何塞 / 史振芳 // 天津航海，1980（专刊）

危地马拉小农规划 /Jerome E. Arledlge；周礼恺［译］// 水土保持科技情报，1982（2）

危地马拉共和国 / 邱醒国 // 拉丁美洲丛刊，1982（6）

土著居民和危地马拉革命 / 王杰［译］// 政治研究，1985（1）

1944-1954年危地马拉革命的成败得失 / 申春生 // 拉丁美洲丛刊，1985（2）

危地马拉新总统塞雷索·阿雷瓦洛 / 王献民 // 世界知识，1986（4）

危地马拉新政府和中美洲时局 / 可大安 // 瞭望周刊，1986（5）

《危地马拉的周末》：开放式的结构布局 / 姚公涛 // 外国文学评论，1988（1）

中国人大代表团首访危地马拉 / 尹作金 // 瞭望周刊，1988（20）

萨尔瓦多与危地马拉的和平进程 / 张新生 // 现代国际关系，1991（4）

危地马拉：民族与社会 / 吴金［译］// 内蒙古社会科学（文史哲版），1991
（5）

危地马拉社会发展理论的演变 / 张少华 // 拉丁美洲研究，1992（3）

里戈韦塔·门楚和印第安民族国际年 / 汤小棣 // 世界经济与政治，1993（5）

一场短命的"自我政变"——危地马拉总统塞拉诺下台 / 韩昕 // 世界知识，
1993（13）

危地马拉总统短命的"自我政变" / 蔡焰 // 瞭望周刊，1993（25）

危地马拉社会与儿童 / 春竹［编译］// 国际社会与经济，1994（9）

一部全景式小说——《危地马拉的周末》艺术赏谈 / 仝祥民 // 雁北师院学报，
1996（2）

危地马拉人权活动家——门楚 / 陈金宝 // 现代交际，1996（4）

附文：中国支持危地马拉的和平进程 / 吴剑平 // 对外大传播，1997（9–10）

危地马拉——中美洲潜在的进口建筑设备市场 / 徐强 // 世界机电经贸信息，
1998（13）

中国水电落户中美洲——有感第一台国产小水电机组在危地马拉发电成功 / 曾
安生 // 机械工程学报，1999（1）

美国中央情报局在危地马拉的心理战——"成功行动"与 1954 年危地马拉政
变 / 贾力 // 拉丁美洲研究，1999（4）

访问危地马拉散记 / 郭元增 // 拉丁美洲研究，1999（5）

关于航空承运人的国际法规定——华沙 / 海牙制度与危地马拉 / 蒙特利尔制度
之比较 / 贺富永 // 江苏航空，2001（1）

简述中美洲危地马拉卡哈邦水电站水轮发电机安装工艺 / 王全锦 // 青海电力，
2003（增刊）

危地马拉水泥案中的几个法律问题 / 徐莉 // 时代经贸，2003（6）

美国学术界对中央情报局与危地马拉政变研究综述 / 高慧开 // 拉丁美洲研究，
2006（4）

美国向危地马拉实施"胜利行动"的始末 / 贾艳艳 // 重庆文理学院学报（社会科学版），2007（2）

美国与危地马拉 1954 年政变 / 贾艳艳 // 陕西师范大学，2007

危地马拉灰绿色翡翠 / 王铎，龙楚，谭钊勤 // 宝石和宝石学杂志，2009（2）

危地马拉：谜样玛雅的花样年华 / 布激红 // 地图，2009（4）

把小水电带到危地马拉 / 萨姆·雷德菲尔德；董国锋［译］// 小水电，2009（5）

艾森豪威尔政府与 1954 年危地马拉政变 / 高恒建 // 东北师范大学，2009

反共与民主的两难：艾森豪威尔政府的危地马拉政策（1953-1960）/ 冯小英 // 华东师范大学，2009

危地马拉塑料钞防伪特征的研究 / 马继刚 // 中国防伪报道，2010（11）

危地马拉城的公交车站 / 吴楠［译］// 世界建筑导报，2011（1）

危地马拉城的自行车道 / 吴楠［译］// 世界建筑导报，2011（1）

战后初期美国对危地马拉的两次秘密行动 / 高恒建，杨光 // 佳木斯大学社会科学学报，2011（3）

危地马拉　与火山为邻 / 梁雪玲，梁煜南 // 世界高尔夫，2011（8）

鲜为人知的中美洲现当代艺术（一）——危地马拉、洪都拉斯和萨尔瓦多的现代艺术 / 鲍玉珩，耿纪朋 // 美术观察，2011（10）

美国联合果品公司与 1954 年危地马拉政变 / 郭翔 // 福建师范大学，2011

危地马拉翡翠的宝石矿物学研究 / 陈晶晶，何明跃，白志民 // 科技通报，2012（12）

危地马拉花卉产业不懈努力终获回报 / 李奎［译］// 中国花卉园艺，2012（17）

透过危地马拉政变看美国对外干涉的实质 / 查茜，张士昌 // 山西广播电视大学学报，2013（1）

拉美国家人权监察机构在国家政治转型中的作用——以危地马拉、萨尔瓦多和秘鲁人权监察机构为例 / 范继增 // 人权，2015（5）

危地马拉绿色系列翡翠的宝石矿物学特征研究 / 郑亭 // 中国地质大学（北京），2015

洪都拉斯

简况

　　洪都拉斯共和国位于中美洲北部，北临加勒比海，南接太平洋的丰塞卡湾，东、南与尼加拉瓜和萨尔瓦多交界，西与危地马拉接壤。海岸线长 1033 公里，面积为 112492 平方公里，人口为 820.1 万（2011 年）。印欧混血种人占 83%，印第安人占 10%，黑人占 5%，白人占 2%。官方语言为西班牙语。95.8% 的居民信奉天主教。首都为特古西加尔巴。独立日是 9 月 15 日。

　　洪都拉斯是个多山之国，全境 75% 以上为山地。中美洲山脉由西向东穿过其中部地区，最高山峰阿加尔塔山海拔为 2590 米。最长河流有帕图卡河，全长 482 公里。最大湖泊为约华湖，面积达 170 平方公里。沿海地区属热带雨林气候，年平均气温为 31℃。内陆山区为亚热带森林气候，年平均气温为 23℃。一年无四季之分，只有旱季和雨季。每年 6 ~ 11 月是雨季，其他月份为旱季。降水充沛，北部海滨地区降水量为 3000 毫米。主要矿藏有金、银、铜、铅、锌、煤、铁等；森林资源十分丰富，占全国面积的 70%，生产松木、杉木及红木等优质木材。经济以农业为主，主产香蕉、咖啡、甘蔗、玉米和棉花等。工业以传统的木材加工和制糖为主，还有化工、水泥和纺织业等。主要出口咖啡、香蕉、棕榈油、食糖、烟草等农产品及锌、铅、银等矿产品。洪都拉斯是世界主要香蕉出口国之一。进口机械、电子设备、化工产品、燃料、润滑油、工业制成品和粮食等。公路总长 14084 公里，铁路总长 109 公里。货币名称为伦皮拉。

　　洪都拉斯是古代印第安玛雅人的居住地。16 世纪初沦为西班牙殖民地。1821 年 9 月 15 日独立，1823 年加入中美洲联邦。1838 年建立独立共和国。19 世纪下半叶，英、美势力趁机侵入，特别是美国的联合国品公司几乎控制了洪都拉斯的整个经济，使洪都拉斯成为一个以生产香蕉为主的单一经济国家。洪都拉斯是拉丁美洲政变最为频繁的国家。从 1821 年至 1978 年 157 年中，发生了 139 次政变。2009 年 6 月，洪总统塞拉亚强行推动旨在谋求连任的修宪公投，被军方逐出国外。议长米切莱蒂出任临时总统。2013 年 11 月，洪举行总统选举。国民党总统候选人埃尔南德斯胜选，并于 2014 年 1 月 27 日就职，任期 4 年。在国际关系中主张各国和平共处，相互尊重领土主权；促进民主，捍卫人权；重视发展同美国、欧盟及日本等发达国家的关系，保持与拉美国家的传统友好；支持地区一体化进程；支持国际反恐合作。洪都拉斯同中国无外交关系。

洪都拉斯 / 丁中 // 世界知识，1965（18）

洪都拉斯 / 李保章 // 拉丁美洲丛刊，1982（3）

中美洲的战略要地——洪都拉斯 / 李保章 // 世界知识，1984（18）

洪都拉斯的农业 / 马定国 // 世界农业，1986（12）

南美洲森林防火的楷模——洪都拉斯 / 远海鹰 // 森林防火，1991（4）

介绍洪都拉斯的社区银行 /Raquel Mejia；徐芝生［译］// 林业与社会，1998（3）

洪都拉斯的林业 / 王丽娟 // 林业科技通讯，1999（1）

洪都拉斯：进入中美洲的跳板 / 高潮 // 中国对外贸易，2006（9）

从拉美政治传统变迁透视洪都拉斯"6·28 政变" / 袁东振 // 当代世界，2009（8）

鲜为人知的中美洲现当代艺术（一）——危地马拉、洪都拉斯和萨尔瓦多的现代艺术 / 鲍玉珩，耿纪朋 // 美术观察，2011（10）

基于农户视角的洪都拉斯"农超对接"模式评估 / 沈昱池，夏慧琳 // 绍兴文理学院学报（哲学社会科学），2013（5）

基于小农户视角的洪都拉斯"农超对接"模式研究 / 夏慧琳 // 现代商业，2013（25）

非安全、利益与军事力量的转移性运用：1969 年洪都拉斯与萨尔瓦多足球战争 /〔委〕米小亚（Maria Caraballo Fernandez）// 吉林大学，2014

伯利兹

简况

伯利兹位于中美洲东北部。北和西北与墨西哥毗邻，西和西南与危地马拉接壤，东濒加勒比海。面积为 2.3 万平方公里，人口为 32.8 万（2013 年）。混血种人和克里奥尔人分别占总人口的44.1% 和 31%，此外还有印第安人、印度人、华人和白人。居民中62% 信奉天主教，28% 信奉基督教新教，另有少数伊斯兰教徒。英语为官方语言，但近半数居民通用西班牙语或克里奥尔语。首都为贝尔莫潘。独立日是 9 月 21 日。

境内北部地势平坦，南半部是山地，由沿海向内地逐渐升高。最高点维多利亚峰海拔 1122 米。境内有伯利兹河和莫潘河。伯利兹属亚热带雨林气候，年平均气温为 25 ~ 27℃，南方雨量高达 4550 毫米。森林和渔业资源丰富，森林面积约 1.6 万平方公里，占全国面积的 70% 以上。产名贵木材，红木被誉为国木。盛产龙虾、旗鱼、海牛和珊瑚等。西北地区有石油、重晶石、锡石、黄金等矿藏。伯利兹是加勒比地区继特立尼达和多巴哥之后第二个出口原油的国家。

伯利兹经济以农业为主，种植甘蔗、柑橘、香蕉、水稻、玉米、可可等，粮食实现自给。工业不发达，主要工业部门为制衣、制糖、柑橘加工、啤酒及饮料制造。出口糖、酸性果汁、海产品和贵重木材，进口粮食、机器、日用品、食品、燃料和药品。近年来，旅游业得到快速发展，逐步成为其支柱性产业。公路总长为 3007 公里。货币名称为伯利兹元。

伯利兹原为玛雅人居住地，16 世纪初沦为西班牙殖民地。1638 年英国殖民者入侵，1862 年正式宣布其为英国殖民地，定名为英属洪都拉斯。1964 年 1 月伯利兹实行内部自治，成为英国联系邦。1973 年改名为伯利兹。1981 年 3 月，英国、危地马拉和伯利兹三方在伦敦举行谈判，并达成关于伯利兹独立协议。1981 年

9 月 21 日伯利兹正式宣布独立，为英联邦成员国。1954 ～ 1984 年人民统一党连续执政 30 年。1984 年大选中统一民主党获胜成为执政党。此后两党交替执政。2012 年 3 月大选中，统一民主党蝉联执政，党领袖迪安·巴罗连任总理，任期 5 年。目前，伯政局稳定。对外奉行不结盟政策，积极维护和发展与加勒比各国的关系，参与地区一体化进程，强调睦邻友好，注重发展同英国的传统关系和对美关系，努力促进中美洲的和平与稳定。1974 年 5 月加入加勒比共同体，1990 年成为美洲国家组织成员国。1987 年 2 月 6 日与中国建交，1989 年 10 月 11 日与中国台湾当局建立"外交关系"。同年 10 月 23 日，中国政府宣布中止与伯利兹外交关系。

伯利兹 / 一知 // 拉丁美洲丛刊，1981（4）

中美洲新独立国家——伯利兹 / 刘国奋 // 世界知识，1981（23）

伯利兹的民族 /〔墨〕安德烈斯·奥尔蒂斯；徐英［译］// 民族译丛，1988（5）

伯利兹的民族 / 徐英 // 拉丁美洲研究，1988（5）

森林之国伯利兹 / 陈才兴 // 地理知识，1989（10）

伯利兹，陌生而迷人 / 李颖息 // 四川统一战线，2001（3）

档案事业发展中立法的重要性——来自伯利兹的经验 /〔伯利兹〕查尔斯·吉普森；李春霞［编译］// 上海档案，2001（6）

旅游天堂伯利兹首次发现石油 / 郭望 // 绿叶，2006（7）

伯利兹——美景只见一面 / 陈默 // 优品，2008（8）

萨尔瓦多

简况

萨尔瓦多共和国位于中美洲北部，东北部与洪都拉斯比邻，西北与危地马拉接壤，南濒太平洋。海岸线长 256 公里，面积为

20720 平方公里。人口为 625 万（2012 年）。系中美洲人口密度最大的国家（347 人／平方公里）。印欧混血种人占 90%，印第安人占 5%，欧洲人后裔占 5%。官方语言为西班牙语，土著语言有纳华语等。居民 75% 以上信奉天主教。首都为圣萨尔瓦多市，独立日是 9 月 15 日，和平日是 1 月 16 日。

萨尔瓦多境内以山地高原为主，沿岸有狭长平原，多火山，被称为火山之国。中美洲的两条主要山系贯穿全国。南部沿海山脉由一连串火山组成。平均海拔为 650 米。河流湖泊众多，主要河流有兰帕河，发源于危地马拉，全长 350 公里，流经萨尔瓦多境内 295 公里，其流域占全国面积的一半，注入太平洋。全境属热带气候，沿海和低地气候湿热，山地气候凉爽。年均气温为 28℃，11 月～次年 4 月为旱季，5～10 月为雨季，年平均降水量为 1800 毫米。

萨尔瓦多自然资源比较匮乏。主要矿藏有金、银、铜、铁、石油、煤、铅、水银、硫黄等。除金、银外，其他矿藏几乎没有开采价值。森林覆盖率较高，森林面积占国土面积的 13.4%，主要有雪松、桃花心木、胡桃树和橡胶树等，萨尔瓦多是世界主要橡胶生产国之一。经济以农业为主，工业基础薄弱。农作物有甘蔗、咖啡、棉花、玉米、大豆、高粱和水稻等。出口咖啡、棉花、蔗糖、虾类、纺织品、化工产品等，进口原材料、燃料、工业制成品和日用消费品等。以公路运输为主，公路总长 12164 公里，铁路总长 283 公里。阿卡胡特拉港为中美洲重要港口之一，货币名称为科朗。

萨尔瓦多原为印第安人居住地，1522 年 5 月 31 日西班牙探险队首次抵达，1524 年沦为西班牙殖民地。1527 年，西班牙王室在危地马拉城设置都督府，管辖着中美洲的 5 个省。1560 年，萨尔瓦多被列入该都督管辖区。1823 年加入"中美洲联邦"。1841 年 2 月 18 日宣布成立共和国。20 世纪 30～70 年代，军人多次发动政变，政局长期动荡，民族力量受到镇压。1980 年 4 月，反对派政治团体和民众组织实现联合，成立萨尔瓦多革命民主阵线。同年 10 月，各游击队联合组成法拉本多·马蒂民族解放阵线。11

月 27 日，革命民主阵线与法拉本多·马蒂民族解放阵线联合，组成"民主革命阵线——法拉本多·马蒂民族解放阵线革命联盟"。1981 年 1 月 10 日，反政府武装与政府军之间爆发全国性内战。1992 年 1 月 16 日，马蒂阵线与政府签订《和平协议》，内战宣告结束。现任总统毛里西奥·富内斯于 2009 年 6 月 1 日就任。2014 年 3 月马蒂阵线候选人萨尔瓦多·桑切斯·塞伦当选总统，于 6 月 1 日就任，任期 5 年。萨尔瓦多对外关系中强调维护国家主权和领土完整；尊重人权和基本自由；各国人民自决，互不干涉内政；依据国际法和平解决争端；寻求和维护国际和平与安全；不威胁使用武力；支持在平等、公正与合作基础上建立国际新秩序，主张国际关系民主化。重视发展同美国和中美洲邻国的传统关系，积极参与中美洲地区一体化进程。萨尔瓦多与中国无外交关系。

萨尔瓦多的经济发展 /〔美〕费犹林；史斌〔摘译〕// 世界经济文汇, 1958（1）

动荡中的萨尔瓦多 / 杨西 // 世界知识, 1980（20）

萨尔瓦多共和国 / 杨西 // 拉丁美洲丛刊, 1981（3）

从萨尔瓦多看拉美形势 / 于如 // 世界知识, 1981（12）

从萨尔瓦多政局看苏美争夺 // 杨西 // 拉丁美洲丛刊, 1982（2）

动荡中的萨尔瓦多 / 杞言 // 世界知识, 1982（6）

多米诺骨牌理论不适用于萨尔瓦多 / 威廉·利奥格兰德；仲原〔译〕// 世界知识, 1983（8）

萨尔瓦多局势的新发展 / 杞言 // 世界知识, 1983（8）

萨尔瓦多的"暗杀队"与美国中央情报局 / 张启昕〔编译〕// 国际问题资料, 1984（15）

选票能换来和平吗？——从萨尔瓦多大选看中美洲局势 / 可大安 // 瞭望周刊, 1984（15）

"火山之国"——萨尔瓦多 / 一兵 // 世界知识, 1984（20）

动荡中的萨尔瓦多 / 许必华，杨文正 // 瞭望周刊, 1985（26）

西方对萨尔瓦多和尼加拉瓜本世纪史的研究 / 海泊 // 世界史研究动态, 1988（9）

萨尔瓦多局势和中美洲和平 / 晓渔 // 国际问题研究，1989（4）

萨尔瓦多大选后的政局及对中美洲和平进程的影响 / 笋季英 // 拉丁美洲研究，
　　1989（6）

枪炮声中诞生的萨尔瓦多新政府 / 刘瑞常 // 世界知识，1989（8）

引人瞩目的萨尔瓦多大选 / 刘瑞常，王树柏 // 瞭望周刊，1989（14）

难以平息的萨尔瓦多内战 / 管彦忠 // 世界知识，1990（1）

萨尔瓦多与危地马拉的和平进程 / 张新生 // 现代国际关系，1991（4）

萨尔瓦多的和平曙光 / 刘瑞常 // 瞭望周刊，1992（2）

萨尔瓦多达成停火协议初析 / 刘瑞常 // 世界形势研究，1992（3）

难忘的萨尔瓦多采访 / 许必华 // 中国记者，1992（4）

萨尔瓦多战火熄灭 / 林晓光，韩昕 // 世界知识，1992（4）

萨尔瓦多内战始末 / 笋季英 // 政党与当代世界，1992（4）

萨尔瓦多 / 〔美〕奥·斯通，理·鲍尔；桑重〔译〕// 世界电影，1994（4）

萨尔瓦多围绕美元化的争论 / 高静 // 拉丁美洲研究，2000（3）

萨尔瓦多微型企业的发展与有关政策建议 / 枫林 // 拉丁美洲研究，2001（5）

萨尔瓦多的教训 / 金玉婷〔译〕// 国际地震动态，2002（3）

忘却老兵的和平：战后萨尔瓦多社会中的前游击队员和士兵 / 大卫·加里贝；
　　姚宓〔译〕// 国际社会科学杂志（中文版），2007（3）

走进萨尔瓦多铜矿 / 易永昌 // 世界有色金属，2009（7）

萨尔瓦多的教师福利保险研究 / 钱勤华，周淑芬 // 中国经贸导刊，2010（24）

鲜为人知的中美洲现当代艺术（一）——危地马拉、洪都拉斯和萨尔瓦多的
　　现代艺术 / 鲍玉珩，耿纪朋 // 美术观察，2011（10）

萨尔瓦多安全力量追踪 / 聂春明 // 轻兵器，2011（13）

美国对萨尔瓦多政策研究：1979-1992 / 苏志龙 // 陕西师范大学，2011

萨尔瓦多壁画项目 / 〔美〕朱迪·巴卡 // 公共艺术，2013（3）

萨尔瓦多：战争与犯罪风景 / 张海律 // 人物，2013（6）

现任总统举报他私吞千万美元台湾捐款　萨尔瓦多前总统被逼进死胡同 / 陈在
　　田 // 环球人物，2014（3）

充满内涵的萨尔瓦多 / 克里斯·摩斯 // 科学大观园，2014（12）

非安全、利益与军事力量的转移性运用：1969 年洪都拉斯与萨尔瓦多足球战

争 / 〔委〕米小亚（Maria Caraballo Fernandez）// 吉林大学，2014

萨尔瓦多与洪都拉斯陆地、岛屿和海洋边界争端案评析 / 龙铌思 // 湖南大学，2014

拉美国家人权监察机构在国家政治转型中的作用——以危地马拉、萨尔瓦多和秘鲁人权监察机构为例 / 范继增 // 人权，2015（5）

尼加拉瓜

简况

尼加拉瓜共和国位于中美洲的中部，东濒加勒比海，西临太平洋，南与哥斯达黎加为邻，北与洪都拉斯接壤。海岸线长 820 公里，面积为 13.04 万平方公里，人口为 607.1 万（2012 年）。印欧混血种人占 69%，白人占 17%，黑人占 9%，印第安人占 5%。官方语言为西班牙语，在大西洋海岸也通用苏莫语、米斯基托语和英语。居民多信奉天主教。首都为马那瓜。革命成功日为 7 月 19 日，独立日是 9 月 15 日。

全国地势东部为波状丘陵和加勒比沿海低地，多沼泽；西部太平洋沿岸北段多火山丘陵，中南段为辽阔的两湖平原。中部是海拔 900～1500 米以上的高原山地，共有 50 多座火山。由于地处南北美洲两大地理板块衔接处，地震和火山喷发频繁。频繁的地壳运动形成的众多湖泊占全国面积的 1/10，素有"火山湖泊之国"的美称。尼加拉瓜湖是中美洲最大的湖，面积为 8029 平方公里。主要河流是格兰德河。尼加拉瓜属亚热带雨林气候，全年分为旱季和雨季。1～5 月为旱季，6～12 月为雨季。年平均气温高原为 20℃。平原为 30℃。矿藏有金、银、铜、石油、铅、锌等。森林覆盖率为 43%。经济主要以农业为主，主要生产棉花、咖啡、甘蔗、香蕉、肉类等；工业以采矿业为主，其次为建筑业、食品加工、制药、化工等。主要出口咖啡、肉类、水产、糖、金、银、木材、香蕉等，进口原材料、半成品、消费品、燃料、润滑油等。公路总长 24748 公里，铁路总长 345 公里。货币名称为金科多巴。

尼加拉瓜原为印第安人居住地，1502 年哥伦布航行抵达，1524 年沦为西班牙殖民地，1821 年 9 月 15 日宣告独立，1823 年加入中美洲联邦，1839 年建立共和国。在美国的支持下，索摩查家族自 1936 年起对尼加拉瓜进行长达 40 余年的统治。1979 年 7 月，桑地诺民族解放阵线推翻索摩查政权并开始执政。1990 年 2 月，全国反对派联盟候选人查莫罗在大选中获胜，于 1990～1997 年执政。1997～2002 年，制宪自由党人阿莱曼执政。2002～2007 年，制宪自由党人博拉尼奥斯执政。2006 年 11 月，桑解阵领导人奥尔特加再次当选总统，2007 年 1 月 10 日就职。2011 年 11 月，奥尔特加连任，2012 年 1 月 10 日就职。

尼加拉瓜对外奉行不结盟的外交政策，愿意在主权、自决和相互尊重的原则下与各国建立和发展关系。主张和平解决国际争端，保护人权，支持所有旨在缓和国际紧张局势、制止军备竞赛和推动裁军的行动。主张加强南南合作，改善南北经济关系，支持联合国改革。1985 年 12 月 7 日与中国建交，1990 年 11 月 6 日与中国台湾当局"复交"，同年 11 月 9 日中国政府宣布中止与尼的外交关系。

哥斯达黎加和尼加拉瓜 / 毓之 // 世界知识，1955（3）

1926-1933 年尼加拉瓜人民抗击美帝国主义侵略的斗争 / 王春良 // 历史教学，1964（8）

尼加拉瓜 / 乐凡 // 世界知识，1965（19）

对桑地诺游击队活动的回忆——记与托马斯·博尔赫的一次谈话 /〔墨〕丹尼尔·瓦克斯曼·欣卡；曹琳〔译〕// 拉丁美洲丛刊，1979（1）

尼加拉瓜人民的伟大胜利 / 颜庆华 // 世界知识，1979（15）

尼加拉瓜 / 邱醒国 // 拉丁美洲丛刊，1982（3）

从尼加拉瓜局势看美国如何动作 / 众成 // 世界知识，1983（24）

尼加拉瓜民族英雄桑地诺 / 叶予 // 拉丁美洲丛刊，1984（1）

论桑地诺思想 / 曾昭耀 // 拉丁美洲丛刊，1984（1）

中美洲的热点——尼加拉瓜局势趋紧 / 肖芳琼 // 国际问题资料，1984（9）

美国和尼加拉瓜关系白炽化 / 微风 // 国际问题资料，1984（24）

"加勒比危机"重演？/ 徐发兴 // 瞭望周刊，1984（48）

米格风波和尼加拉瓜局势 / 可大安 // 瞭望周刊，1984（49）

尼加拉瓜的医疗进展 / 陈少炎［译］// 国外医学（卫生经济分册），1985（1）

尼加拉瓜新当选总统 丹尼尔·奥尔特加·萨维德拉 / 梅思山，马明 // 世界知
　　识，1985（1）

中美洲的"热点"——尼加拉瓜 / 张守平 // 世界知识，1985（3）

美国中止同尼加拉瓜的谈判居心何在 / 众成 // 世界知识，1985（5）

桑地诺 / 张小明 // 政治研究，1985（2）

浅析本届里根政府对尼加拉瓜的政策 / 马嘉瑞 // 拉丁美洲丛刊，1985（4）

尼加拉瓜革命与印第安人 /〔苏联〕何塞·格里古列维奇；朱伦［译］// 民族
　　译丛，1985（5）

尼美关系笼罩新阴影 / 梅思山 // 瞭望周刊，1985（10）

美国全面禁止对尼加拉瓜的贸易 / 游宝谅 // 瞭望周刊，1985（21）

战火纷飞的尼加拉瓜 / 刘瑞常 // 瞭望周刊，1986（46）

尼加拉瓜访问记 / 谷维［摘译］// 国际问题资料，1985（11）

"零号司令"沉浮录 / 谷维 // 国际问题资料，1986（11）

同我国新近建交的尼加拉瓜 / 江易之 // 国际问题资料，1985（24）

尼加拉瓜画家阿尔曼多·莫拉莱斯 / 啸声 // 世界美术，1986（3）

尼加拉瓜的扫盲运动 / 戴贺臣 // 外国教育动态，1986（4）

尼加拉瓜革命胜利的内外因素及其意义 / 蔡树立 // 湖北大学学报（哲学社会
　　科学版），1986（6）

零号司令的悲剧——兼述尼加拉瓜新的军事形势 / 许必华 // 环球，1986（7）

美国和尼加拉瓜关系的历史回顾 / 张文峰 // 世界史研究动态，1986（8）

马那瓜——平静中笼罩着战争的阴影 / 徐发兴 // 世界知识，1986（19）

索摩查王朝的覆灭 / 徐峰 // 复旦学报（社会科学版），1987（2）

美国和尼加拉瓜关系的变化及其影响 / 晓渔 // 国际问题研究，1987（3）

尼加拉瓜反政府组织内讧加剧 / 胡积康 // 瞭望周刊，1987（14）

战乱中的尼加拉瓜 / 刘瑞常 // 半月谈，1987（15）

在美国看"伊朗门"事件 / 李志伟 // 国际展望，1987（17）

尼加拉瓜的和平与战争 / 沈安 // 世界知识，1988（7）

访战火中的尼加拉瓜 / 刘瑞常 // 世界知识，1988（24）

西方对萨尔瓦多和尼加拉瓜本世纪史的研究 / 海泊 // 世界史研究动态，1988（9）

"面向人民"——尼加拉瓜的民主对话活动 / 刘瑞常 // 世界知识，1989（1）

尼加拉瓜副外长塔拉维拉谈对外政策 / 贺双荣 // 拉丁美洲研究，1989（1）

尼加拉瓜困难的经济调整 / 汤小棣 // 拉丁美洲研究，1989（3）

略谈尼加拉瓜和美国关系的演变 / 黄玉清，陆振兴 // 拉丁美洲研究，1989（6）

尼加拉瓜革命的性质、道路和基本国策 / 汤小棣 // 拉丁美洲研究，1989（6）

尼加拉瓜和平进程的重大进展及展望 / 沈安 // 拉丁美洲研究，1989（6）

什么是桑地诺主义？ / 巴·阿尔塞；笋季英〔译〕// 政党与当代世界，1989（2）

美国总统外交决策地位的虚弱性——援助尼加拉瓜"反政府派"丑闻剖析 / 卢
　　林 // 复旦学报（社会科学版），1989（2）

难忘的尼加拉瓜岁月 / 徐发兴 // 中国记者，1989（2）

卡洛斯·丰塞卡与尼加拉瓜桑地诺主义的形成 /〔美〕史蒂文·帕尔默；卢艳
　　丽〔译〕// 世界史研究动态，1989（4）

从古巴革命到尼加拉瓜革命 / 王玫 // 世界经济与政治，1990（4）

中美洲第一位女总统查莫罗夫人 / 王献民 // 世界经济与政治，1990（8）

尼加拉瓜新当选女总统查莫罗 / 张新生 // 编译参考，1990（5）

尼加拉瓜大选探析 / 汤国维 // 国际展望，1990（6）

尼加拉瓜的妇女与革命 / 石春荣 // 拉丁美洲研究，1990（6）

灾祸困扰着尼加拉瓜 / 何百根等 // 地理知识，1990（6）

查莫罗夫人出人意料当选——尼加拉瓜大选 / 刘瑞常 // 世界知识，1990（6）

尼加拉瓜和平更迭政权 / 刘瑞常 // 世界知识，1990（10）

尼加拉瓜政权更迭之后 / 李锦华 // 政党与当代世界，1990（9）

举世瞩目的尼加拉瓜大选 / 杨文正 // 瞭望周刊，1990（11）

透视尼加拉瓜和平交权 / 刘瑞常 // 瞭望周刊，1990（20）

桑地诺主义是通往社会主义的民主道路 /〔尼加拉瓜〕杰斐尔，雷·安著；马
　　风书〔译〕// 当代世界社会主义问题，1991（1）

查莫罗夫人执政后的尼加拉瓜 // 汤小棣 // 拉丁美洲研究，1991（1）

今日尼加拉瓜 / 王树柏 // 瞭望周刊，1991（47）

尼加拉瓜桑解阵何以转向民主社会主义 ?/ 汤小棣 // 拉丁美洲研究，1992（5）

索摩查王朝的灭亡与 1979 年尼加拉瓜人民革命的胜利 / 赵长华 // 军事历史研究，1993（2）

尼加拉瓜高等教育 / 史诺弗；谢作羽［译］// 外国高等教育资料，1993（3）

尼加拉瓜的政治斗争及前景 / 汤小棣 // 拉丁美洲研究，1993（4）

尼加拉瓜的三方之争 / 江淮 // 世界知识，1993（19）

尼加拉瓜绑架事件与政局发展 / 可大安 // 瞭望周刊，1993（36）

火山之国——尼加拉瓜 / 彭望东 // 政党与当代世界，1994（9）

采风尼加拉瓜湖 / 徐法兴 // 世界知识，1994（23）

尼加拉瓜结束修宪之争 / 颜月珍 // 世界知识，1995（15）

尼加拉瓜：前路莫测 / 刘新民 // 世界知识，1997（1）

巴拿马运河的克星尼加拉瓜陆桥 / 蔡观 // 航海，1997（4）

尼加拉瓜的民族和民族自治 / 汤小棣 // 拉丁美洲研究，1998（3）

拉丁美洲国家成人教育方针——墨西哥与尼加拉瓜成人教育对比 /Robert F.Arnove，Carlos Alberto Torres；乔明华［译］// 贵州教育，1999（7-8）

尼加拉瓜要审腐败前总统 / 何淇 // 廉政瞭望，2002（11）

从博拉尼奥斯总统向腐败宣战看尼加拉瓜各派间的较量 / 汤小棣 // 拉丁美洲研究，2003（4）

拉美的现代主义诗歌与鲁文·达里奥 / 赵振江 // 文艺理论与批评，2006（1）

尼加拉瓜当选总统奥尔特加：风风雨雨 40 年 / 陈朝霞 // 当代世界，2006（12）

浅析卡特人权外交在尼加拉瓜的运用 / 马晓云 // 冷战国际史研究，2008（1）

美国对尼加拉瓜的政策：1979-1990/ 钱珺 // 陕西师范大学，2008

"伊朗门事件"与里根政府的尼加拉瓜政策 / 孙晨旭 // 世界近现代史研究（第五辑），2008

尼加拉瓜的生者和死者 / 许志强 // 书城，2009（7）

卡特政府对 1979 年尼加拉瓜革命的政策 / 薛丹 // 东北师范大学，2010

公共政策、私人资本和金融专家的组合——试论美国塔夫脱政府对尼加拉瓜的"金元外交"/ 江振鹏 // 拉丁美洲研究，2011（2）

鲜为人知的中美洲现当代艺术（二）——哥斯达黎加、尼加拉瓜和巴拿马的
　　现代艺术 / 鲍玉珩，耿纪朋 // 美术观察，2011（11）

里根政府对阿富汗与尼加拉瓜政策的比较研究 / 姜雅琳 // 吉林大学，2012

国际法院在领土争端中对有效控制规则的最新适用——评 2012 年尼加拉瓜诉
　　哥伦比亚"领土和海洋争端案" / 宋岩 // 国际论坛，2013（2）

尼加拉瓜诉哥伦比亚案述评 / 张卫彬 // 现代国际关系，2013（5）

"有效控制"原则在领土与海事争端中的适用动向——以国际法院"领土与海
　　事争端案"（尼加拉瓜诉哥伦比亚）为例 / 江国青，江由由，吕志君 // 比
　　较法研究，2013（6）

论大陆架外部界限的确立与 200 海里以外大陆架划界的关系——以 2012 年
　　尼加拉瓜诉哥伦比亚案为引子 / 黄瑶，廖雪霞 // 当代法学，2013（6）

国际运河将添新成员——尼加拉瓜运河 / 黄东杰 // 地理教学，2013（6）

尼加拉瓜运河：美梦能否成真？/ 周密 // 世界知识，2013（19）

尼加拉瓜诉哥伦比亚领土和海事争端案评述 / 吕志君 // 外交学院，2013

索摩查王朝时期美国对尼加拉瓜的政策（1937-1979）/ 张玲 // 湖北大学，2013

多米诺信念和冷战时期美国的对外干涉——以越南和尼加拉瓜两国为例 / 戴
　　惠 // 南京大学，2013

王靖：开挖尼加拉瓜大运河的中国商人 // 东西南北，2014（14）

论美国对尼加拉瓜外交政策的变化（1926-1933 年）/ 国海玲 // 内蒙古大学，
　　2014

苏联对尼加拉瓜政策研究（1979-1990）/ 邓凤玲 // 陕西师范大学，2015

哥斯达黎加

简况

　　哥斯达黎加共和国位于中美洲南部，东临加勒比海，西濒太平洋，北接尼加拉瓜，东南与巴拿马毗连，面积为 51100 平方公里，人口为 466.7 万（2013 年）。白人和印欧混血种人占 95%，其

余为黑人和印第安土著居民。官方语言为西班牙语。95％的居民信奉天主教。首都为圣何塞。

哥斯达黎加境内多山，瓜纳卡斯特山脉、中部山脉和塔拉曼卡山脉由西北向东南横贯全国。中部的波阿斯火山有目前世界上最大的活火山口，直径为 1600 米。最高峰大奇里波山海拔 3280 米。中部高原平均海拔 1200 米以上，气候温和，四季如春，年均气温为 21°C，年均降水量为 2540 毫米。东北部平原占全国总面积的 20%，地势低平，属热带雨林气候，年平均气温在 23～25°C，年均降水量在 3000 毫米以上，多沼泽森林。海岸线长 1200 公里。森林面积占全国总面积的 58%，有杉木、黑檀木等贵重木材。矿产资源有铝矾土、金、银、铁、硫黄、铜等。哥是中美洲农业发展水平最高的国家之一，是第二大香蕉出口国。农产品以咖啡、香蕉、菠萝等传统产品为主，粮食作物有玉米、豆类、高粱、大米等，可基本自给。公路总长 28483 公里，铁路总长 845 公里。主要港口有彭塔雷纳斯和利蒙。货币名称为科朗。

哥斯达黎加原为印第安人居住地，1564 年沦为西班牙殖民地，属西班牙总督区的危地马拉都督府管辖。1821 年 9 月 15 日宣布独立，1823 年加入中美洲联邦，1838 年退出，1848 年 8 月 30 日成立共和国。2014 年 4 月原反对党公民行动党候选人索利斯当选新一任总统，于 5 月 8 日就任，任期 4 年。对外奉行和平中立的外交政策，支持各国人民自决和不干涉内政原则，重视发展同拉美各国的传统友好关系，积极推动地区经济一体化进程，支持建立美洲自由贸易区。2007 年 6 月 1 日哥斯达黎加同中国建交。

哥斯达黎加和尼加拉瓜 / 毓之 // 世界知识，1955（3）

哥斯达黎加 / 梅钉 // 世界知识，1965（20）

哥斯达黎加的国家公园和自然保护区 / 汪松 // 动物学杂志，1980（1）

哥斯达黎加共和国 / 杨西 // 拉丁美洲丛刊，1983（2）

哥斯达黎加中央档案馆 / 文林［摘译］// 档案学通讯，1984（5）

富饶的海岸——哥斯达黎加 / 严邦华 // 世界知识，1984（22）

哥斯达黎加发现人类遗址 / 李迎雷等 // 地理知识，1986（9）

哥斯达黎加人好学成风 / 许必华 // 瞭望周刊，1986（12）

谈哥斯达黎加雕刻家祖尼加的《面向大海》/ 司徒兆光 // 世界美术，1987（2）

哥斯达黎加政局长期稳定的原因 / 刘新民 // 拉丁美洲研究，1988（5）

哥斯达黎加重视非传统产品出口 / 潘大成 // 拉丁美洲研究，1990（1）

哥斯达黎加 1970-2000 年的水资源开发 /〔哥〕J. 卡尔沃；宋萌勃〔译〕// 长江水利教育，1992（3）

最后的乐园——哥斯达黎加自然保护区 / 范文浩〔译〕// 世界博览，1993（10）

大气环流变化及其对中美洲降水趋势的影响：哥斯达黎加 /Alvaro Brenes Vargas, Victor F. Saborio Trejos；朱志辉〔译〕//AMBIO– 人类环境杂志，1994（1）

哥斯达黎加的生态旅游 / 胡春姿 // 中国林业，1994（4）

哥斯达黎加的清洁生产努力 /Rosendo Pujol// 产业与环境（中文版），1995（4）

哥斯达黎加正在进行经济调整 / 冯志勤〔译〕// 世界贸易组织动态与研究，1996（3）

中美洲的花园——哥斯达黎加纪事 / 许必华，谢琍 // 四川统一战线，1996（12）

哥斯达黎加——最后的乐园 / 钱星博 // 森林与人类，1997（1）

哥斯达黎加生态旅游的考察与思考 / 冷平生 // 北京农学院学报，1997（2）

关于哥斯达黎加可持续发展的思考 / 周少平，陈荣坤 // 中国人口·资源与环境，1997（2）

哥斯达黎加的火山 / 李原 // 环境，1999（4）

哥斯达黎加缘何取得经济与社会的协调发展 / 唐晓芹 // 拉丁美洲研究,2001（4）

中美洲宁静的乐园——哥斯达黎加 / 宋淑运 // 国际展望（半月刊），2001（6）

生态旅游业与可持续发展研究——以美洲哥斯达黎加为例 / 陈久和 // 绍兴文理学院学报（哲学社会科学版），2002（2）

再度出山的哥斯达黎加新总统阿里亚斯 / 陈朝霞 // 当代世界，2006（4）

哥斯达黎加的森林生态补偿制度 / 丁敏 // 世界环境，2007（6）

哥斯达黎加扶贫工作的经验——"非缴费型养老金计划"述评 / 李樱瑛，张敬一 // 拉丁美洲研究，2007（6）

握手哥斯达黎加 / 雷刚 // 金融经济，2007（17）

首个扭转滥伐森林的热带国家哥斯达黎加的生态补偿之路走通了 / 张文智 // 环境与生活，2012（10）

走近原生态——哥斯达黎加之旅 / 简妮 // 读者（原创版），2012（12）

中哥国际贸易的关键成功因素分析——以中国出口哥斯达黎加中密度纤维板（MDF）为视角 /Edwin Sanchez// 华东理工大学，2012

哥斯达黎加卡奇水电站计算机监控系统 / 刘梦初 // 水电厂自动化，2013（4）

没有门牌的哥斯达黎加 / 文芬华 // 科学大观园，2013（6）

哥斯达黎加的医疗改革实践 /〔哥〕阿尔瓦罗·萨拉斯·查韦斯 // 中国机构改革与管理，2013（7–8）

哥斯达黎加炼油工业现状与市场机遇研究 / 白福高 // 现代商贸工业，2013（21）

哥斯达黎加的生态有偿服务法律制度 / 张艳群 // 法制与社会，2013（22）

哥斯达黎加对外直接投资的经济效应研究 / 吉星 // 东华大学，2013

中国与哥斯达黎加双边自贸协定若干问题探讨 / 宋锡祥 // 武汉大学学报（哲学社会科学版），2014（2）

哥斯达黎加严罚重税控制烟草 / 李忠东 // 检察风云，2014（16）

哥斯达黎加旅游业在中国市场的广告策略分析 / 柯瑞斯（Cristel V. Calderon Ruiz）// 大连海事大学，2014

关于哥斯达黎加项目投资环境风险分析及应对策略研究 / 陈龙，徐琰 // 北京石油管理干部学院学报，2015（3）

哥斯达黎加生态旅游开发实证研究及其对中国的启示——以波阿斯火山国家公园为例 / 王青妍 // 旅游纵览（下半月），2015（3）

哥斯达黎加中小微企业融资困境与对策研究 / 李彦 // 北京外国语大学，2015

巴拿马

简况

　　巴拿马共和国位于中美洲最南端，东部和东南部与哥伦比亚接壤，西部与哥斯达黎加交界，南濒太平洋，北临加勒比海。

海岸线长 2988 公里，面积为 7.55 万平方公里。人口为 380.2 万（2012 年），印欧混血种人占 75%，黑人占 9.2%，印第安人占 12.6%，另有少量白人和亚洲人。西班牙语为官方语言。85% 的居民信奉天主教，4.7% 信奉基督教新教，4.5% 信奉伊斯兰教。首都为巴拿马城，独立日是 11 月 3 日。

全境地势起伏，沟谷纵横，除沿海平原外，多为山地。河流多达 400 余条，较大的有图伊拉河、切波河和查格雷斯河。地近赤道，属热带海洋性气候，全年分旱、雨两季，年平均气温为 23 ~ 27℃。雨量充沛，年均降水量为 1500 ~ 2500 毫米。林业资源丰富，热带森林占总面积的 70% 以上。矿藏有铁、金、铜、银、锰、煤和铝矾土等。铜储量居世界第 11 位，待开采量居世界第四位。

巴拿马是一个以农牧业为主的国家，主要农作物有水稻、玉米和豆类，经济作物有香蕉、甘蔗、椰子、咖啡和烟草。香蕉是主要出口的农产品之一。海产丰富，虾的出口仅次于香蕉居第二位。工业以食品加工和轻工业为主，无重工业。出口产品还有金枪鱼、鱼粉、咖啡等。进口石油产品、制成品、药品和食品等。国内交通以公路为主，总长 14391 公里。巴拿马是拉美空运中心之一、海运大国。巴拿马运河从南至北沟通大西洋和太平洋，有"世界桥梁"之称。全世界约 5% 的贸易货运经由巴拿马运河。目前巴拿马运河航运、地区金融中心、科隆免税贸易区和旅游业成为巴四大经济支柱。服务业收入在国民经济中占有重要地位。货币名称为巴波亚，与美元等值，仅发行作为辅币，在巴流通美元。

巴拿马 1501 年沦为西班牙殖民地，1821 年脱离西班牙，成为大哥伦比亚的一部分。1830 年大哥伦比亚解体后，巴拿马成为哥伦比亚的一个省，1903 年 11 月 3 日在美国的支持下，巴拿马脱离哥伦比亚独立，成立巴拿马共和国。同年美国同巴签订不平等条约，取得巴拿马运河的开凿权和运河区"永久租让权"。1977 年 9 月，巴、美签订新条约，规定至 1999 年巴拿马收回运河的全部权益。1999 年 12 月 31 日，巴拿马完全收回对运河的主权。

巴拿马奉行中立不结盟的外交政策，主张在平等和相互尊重的基础上同世界各国发展友好关系，目前已同 70 多个国家有外交关系。2009 年 5 月 3 日巴举行大选，由民主变革党等主要反对党组成的"变革联盟"候选人里卡多·马丁内利以 60% 得票率当选总统，并于 7 月 1 日就职。现阶段对外政策的基本目标是：维护国家的主权与独立，维护民主；保持运河的中立性；开展有利于国家发展的国际合作，重视与美国、欧盟、日本、俄罗斯、印度等大国发展关系；广泛吸引外资，通过商签自由贸易协定扩大出口。在国际事务中，巴拿马主张和平共处，尊重人权和可持续发展，通过多边主义化解国际冲突，主张依靠联合国的作用化解地区冲突。巴拿马与中国无外交关系。

巴拿马运河和它的问题 / 君仁 // 世界知识，1957（10）

美帝国主义与巴拿马运河 / 李煦 // 史学月刊，1960（4）

美国夺取巴拿马运河的历史丑剧 / 姜德昌 // 吉林师大学报，1963

巴拿马人民反美爱国斗争的风暴 / 朱乐凡 // 世界知识，1964（2）

美国是怎样攫取巴拿马运河的 / 乐山 // 世界知识，1964（2）

巴拿马运河 / 时霖 // 世界知识，1964（3）

从巴拿马看拉丁美洲反美怒潮 / 德一 // 世界知识，1964（3）

巴拿马 / 王庆 // 世界知识，1965（1）

巴拿马 / 世知 // 历史教学，1965（5）

巴拿马城和巴拿马运河 / 朱云瑞 // 拉丁美洲丛刊，1980（1）

连接两大洋的新动脉——第二条巴拿马运河的设想 / 潘志英 // 世界知识，1980（14）

沟通大洋之桥——巴拿马运河 / 陈黎明，朱少伟 // 航海，1981（2）

巴拿马城记游 / 徐贻聪 // 世界知识，1981（13）

巴拿马运河纪行 / 叶鸣銮 // 航海，1982（4）

巴拿马运河谈判与巴美新条约 / 朱理胜 // 世界历史，1982（4）

巴拿马共和国 / 李保章 // 拉丁美洲丛刊，1982（5）

我国同巴拿马的历史关系简述 / 孙桂荣 // 拉丁美洲丛刊，1983（1）

"永野重雄山"与巴拿马新运河 / 杨启藩 // 拉丁美洲丛刊，1983（4）

世界桥梁 巴拿马共和国 / 刘惠秀 // 世界知识，1983（5）

巴拿马的土著居民 / 〔苏联〕斯坦尼斯拉夫·希切夫；高国辉〔摘译〕// 民族
  译丛，1984（4）

巴拿马当选总统巴尔莱塔 / 侯耀其 // 瞭望周刊，1984（23）

日本和巴拿马经济贸易关系 / 杨启藩 // 拉丁美洲丛刊，1985（5）

巴拿马——拉丁美洲的境外国际金融中心 / 陈中苏 // 中国金融，1985（12）

访巴拿马科隆自由贸易区 / 侯耀其 // 瞭望周刊，1985（49）

美国是怎样夺取巴拿马运河区的？/ 邓桂东 // 史学月刊，1986（1）

访巴拿马两群岛 / 卢居 // 新闻记者，1986（8）

巴拿马的农业 / 徐勇 // 世界农业，1986（9）

巴拿马政局动荡的原因何在？/ 王培生 // 国际展望，1987（13）

巴拿马能稳定下来吗？/ 张默 // 世界知识，1987（16）

巴拿马政局动乱 / 胡泰然，杨永生 // 瞭望周刊，1987（29）

巴拿马危机与巴美关系 / 沈安 // 拉丁美洲研究，1988（3）

托里霍斯主义浅析 / 么素珍 // 拉丁美洲研究，1988（4）

巴拿马危机及美巴关系 / 晓渔 // 国际问题研究，1988（4）

从巴拿马政局动乱看美巴关系 / 王正超 // 国际展望，1988（8）

巴拿马总统被黜 / 胡泰然，杨永生 // 瞭望周刊，1988（11）

紧张对峙的巴拿马政局 / 胡泰然 // 瞭望周刊，1988（19）

"如不征服对手就会自取灭亡"——巴拿马强人诺列加 / 杨希雨 // 世界知识，
  1988（13）

美国的干涉加剧了巴拿马危机 / 孙光英 // 拉丁美洲研究，1989（1）

巴拿马同美国关系的实质和发展 / 吴德明 // 拉丁美洲研究，1989（6）

巴拿马国防军事司令诺列加 / 王献民 // 世界经济与政治，1989（8）

巴拿马大选作废后的政治局势 / 刘瑞常 // 世界知识，1989（14）

巴拿马临时政府成立前后 / 刘瑞常 // 世界知识，1989（19）

巴拿马大选作废政局动荡 / 胡泰然 // 瞭望周刊，1989（21）

巴拿马临时政府内外交困 / 胡泰然 // 瞭望周刊，1989（41）

十月兵变后的巴拿马 / 胡泰然 // 瞭望周刊，1989（44）

评巴美关系和美国对巴拿马的武装干涉 / 杨西 // 拉丁美洲研究，1990（1）

评美国对巴拿马的军事入侵 / 苏振兴 // 拉丁美洲研究，1990（2）

从"门罗宣言"到入侵巴拿马 / 郝名玮 // 拉丁美洲研究，1990（5）

巴拿马运河的兴建与掠夺 / 陆晨明 // 军事历史研究，1990（2）

弱肉强食——美国入侵巴拿马 / 郑锦来 // 世界知识，1990（2）

巴拿马人的情绪变化 / 胡泰然 // 世界知识，1990（4）

美国入侵巴拿马的前前后后 / 屈智淳 // 外交学院学报，1990（4）

美军入侵一年后的巴拿马 / 王树柏 // 瞭望周刊，1990（52）

美国军事入侵后一年来的巴拿马形势 / 杨西 // 拉丁美洲研究，1991（2）

巴拿马的库纳人 /〔日〕宫木雅弘；姚熹尧［译］// 民族译丛，1994（1）

1994 年巴拿马型船市场营运状况及分析 / 王照宁 // 世界海运，1994（3）

巴拿马科隆自由贸易区 / 郭凤山 // 决策与信息，1994（8）

美国开始从巴拿马运河区撤军 / 徐发兴 // 瞭望新闻周刊，1994（33）

巴拿马的经贸概况及中巴贸易 / 王庆元 // 世界机电经贸信息，1995（10）

访问巴拿马拾零 / 李扬 // 当代世界，1996（5）

美军入侵巴拿马的谋略运用 / 赵月先 // 思维与智慧，1997（3）

世界壮举巴拿马运河工程概述 / 黄红，彭璇，赵双权 // 黑龙江水利科技，1998（3）

巴拿马的投资环境与机会 / 曹珺 // 国际资料信息，1998（10）

"正义事业"行动——美军入侵巴拿马纪实 / 易水寒 // 拉丁美洲研究，1999（2）

巴拿马运河的陷落 / 李原 // 航海，1999（3）

巴拿马保护运河水土资源 / 徐东煜 // 科技潮，1999（4）

百年沧桑话巴拿马运河 / 唐晓芹 // 当代世界，1999（8）

珠还合浦重生彩　巴拿马运河百年沧桑 / 詹重森 // 世界知识，1999（24）

美国撤出巴拿马 / 吴德明 // 瞭望新闻周刊，1999（47）

巴拿马运河之梦 / 王鹏飞 // 国际展望，2000（1）

巴拿马女总统：米蕾娅·莫斯科索 / 申明河 // 国际人才交流，2000（2）

世纪回眸　运河沧桑——巴拿马运河回归原主纪实 / 书方 // 海洋开发与管理，

2000（2）

黄金水道：巴拿马运河 / 李杰 // 现代军事，2000（4）

中国人移居巴拿马的历史进程 / 管彦忠 // 拉丁美洲研究，2002（2）

巴拿马女总统米蕾娅传奇 / 王志俊 // 决策与信息，2002（6）

中美洲贸易和投资的理想地——巴拿马（上）/ 叶福龙 // 国际市场，2002（6）

中美洲贸易和投资理想地——巴拿马（中）/ 叶福龙 // 国际市场，2002（7）

中美洲贸易投资理想地——巴拿马（下）/ 叶福龙 // 国际市场，2002（8）

访巴拿马运河 / 高雄 // 水运工程，2003（3）

美国为何归还巴拿马运河———1977 年美巴运河条约评析 / 翟晓敏 // 世界历
　　史，2005（4）

中国应参与巴拿马运河扩建 / 徐世澄 // 世界知识，2006（22）

伟大的工程——浅论西奥多·罗斯福与巴拿马运河的修建 / 周梅圣 // 华南师
　　范大学，2007

艾森豪威尔时期美国对巴拿马运河的政策 / 汪洋 // 东北师范大学，2007

巴拿马运河扩建对世界航运的影响 / 蔡梅江 // 中国远洋航务，2008（2）

巴拿马运河欲换新颜 / 周立伟 // 中国船检，2008（5）

从巴拿马运河的回归看美国对巴拿马政策的演变 / 刘锐 // 山东师范大学，2008

对巴拿马运河的扩建及运输形态展望 / 刘成军，金兴赋 // 天津航海，2009（2）

金融危机对巴拿马运河扩建工程的影响 / 姜建伟 // 水运管理，2009（6）

船过巴拿马运河 / 刘少才 // 海洋世界，2010（4）

巴拿马运河扩建对散货运输市场的影响 / 李震 // 中国水运，2010（10）

巴拿马运河扩建对航运市场的影响 / 李震 // 大连海事大学，2010

鲜为人知的中美洲现当代艺术（二）——哥斯达黎加、尼加拉瓜和巴拿马的
　　现代艺术 / 鲍玉珩，耿纪朋 // 美术观察，2011（11）

"巴拿马革命"丑史揭秘 / 金重远 // 探索与争鸣，2012（7）

过巴拿马运河的经历 / 薛国善 // 世界海运，2012（11）

美国夺取巴拿马运河始末 / 李丽君 // 群文天地，2012（21）

萨凡纳港扩建抢占后巴拿马运河时代先机 / 吴明华 // 航海，2013（1）

集装箱船舶巴拿马运河过河操作 / 方敏儿 // 航海，2013（1）

巴拿马运河扩建对国际集装箱海运格局的影响 / 陈继红，曹越，梁小芳，韩玲

冰 // 航海技术，2013（1）

巴拿马运河新溢洪道设计特点 / 詹伟［译］// 水利水电快报，2013（5）

巴拿马：中美洲的一颗"明珠"？/ 王海 // 新理财，2013（6）

风景如画的巴拿马城 / 徐艳文 // 资源与人居环境，2013（9）

中巴经贸关系——在发展中实现共赢 / 安宝钧 // 国际工程与劳务，2013（10）

巴拿马运河是否正在逐渐失去魅力？// 中国远洋航务，2013（12）

浅析巴拿马运河对散货船系泊布置的影响 / 杨乃青，豆正伟，华晶 // 黑龙江
    科技信息，2013（16）

巴拿马总统，挑起"三国杀" / 王莉，江明 // 环球人物，2013（20）

巴拿马新移民：广州花都区儒林村侨乡调查 / 张彬 // 暨南大学，2013

巴拿马运河扩建带来的游戏规则变化对棉花贸易美国 - 亚洲线物流的影响研
    究 / 伊万 // 大连海事大学，2013

中国船东管理的巴拿马籍船舶劳工履约特点初探 / 孙乃培 // 中国水运，2014（5）

新巴拿马运河对船型的影响 / 史婧力 // 中国船检，2014（7）

巴拿马运河一百年 / 陈康 // 集邮博览，2014（8）

人类建筑史上的奇迹：巴拿马运河 / 高峰 // 科学大观园，2014（15）

巴拿马运河见证中国影响力的百年变迁 / 闫明，万戴 // 珠江水运，2014（18）

巴拿马运河的新机会 / 郑丹 // 中国石油石化，2014（20）

加勒比地区（西印度群岛）

简况

西印度群岛位于大西洋及其属海加勒比海、墨西哥湾之间，由大安的列斯群岛、小安的列斯群岛和巴哈马群岛组成。大安的列斯群岛位于加勒比海北面，由古巴岛、海地岛、牙买加岛、波多黎各岛及其附近岛屿组成；小安的列斯群岛自北向南呈弧状排列，可分为维尔京群岛、背风群岛（利华德群岛）、向风群岛（温德华群岛）等；巴哈马群岛位于大安的列斯群岛的北面，由 14 个稍大的岛和许多小岛及珊瑚礁组成。较大的岛屿多为大陆岛，较小的岛屿多为火山岛和珊瑚礁岛。总面积约 24 万平方公里。群岛中有 13 个国家和 11 个未独立地区。大安的列斯群岛中有古巴、海地、多米尼加共和国、牙买加 4 个国家和美属波多黎各和英属开曼群岛等。小安的列斯群岛中有安提瓜和巴布达、圣基茨和尼维斯、多米尼克、圣卢西亚、格林纳达、巴巴多斯、圣文森特和格林纳丁斯、特立尼达和多巴哥 8 个国家及英属维尔京群岛、蒙特塞拉特岛、安拉圭岛、美属维尔京群岛，法属瓜德罗普、马提尼克，荷属安的列斯、阿鲁巴。巴哈马群岛中有巴哈马 1 个国家及英属特克斯和凯科斯群岛。这一地区习惯上称为加勒比地区。

波多黎各岛上的血腥恐怖 / 契林契夫 // 世界知识，1950（增刊）

"英属加勒比联邦" 宛隆 // 世界知识，1956（6）

美国在加勒比海地区制造紧张局势 / 涂光楠 // 国际问题研究，1959（4）

加勒比海的风云 / 言金 // 世界知识，1959（15）

"饥饿之岛"——波多黎各 / 王庆 // 世界知识，1962（24）

美国在加勒比地区的侵略基地 / 郭健 // 世界知识，1963（15）

波多黎各 / 孔令伟 // 世界知识，1965（8）

加勒比海的探讨 / 郑壮猷 // 自然杂志，1979（5）

加勒比海上的六个岛国 / 马振岗 // 世界知识，1979（5）

加勒比海的风浪 / 于如 // 世界知识，1979（21）

十八世纪以来加勒比经济的演变 / 〔智〕贡萨洛·马特内尔；汤小棣［摘译］
　　// 拉丁美洲丛刊，1980（2）

苏美争夺的第四个"热点"——风烟滚滚的中美洲和加勒比地区 / 孙国维 //
　　世界知识，1980（13）

风云激荡的中美洲和加勒比地区 / 钟梅 // 现代国际关系，1981（1）

多事的加勒比地区 / 赫军 // 拉丁美洲丛刊，1981（1）

加勒比地区的土地和人民 / 毛相麟 // 拉丁美洲丛刊，1981（2）

加勒比三灾 / 吴德明 // 世界知识，1981（17）

加勒比海上的导弹风云 / 王健刚 // 航海，1982（1）

加勒比地区人民争取独立的斗争 / 一知 // 拉丁美洲丛刊，1982（1）

加勒比新独立国家的发展道路问题 / 毛相麟 // 拉丁美洲丛刊，1982（3）

威廉士:《加勒比海域史》/ 沈一仪 // 读书，1982（2）

美国在加勒比的新行动 / 少闻 // 世界知识，1982（9）

里根政府对中美洲和加勒比地区的政策动向 / 汤国维 // 国际问题资料，1982
　　（15）

加勒比地区的经济一体化历程 / 江时学 // 拉丁美洲丛刊，1983（6）

中美洲和加勒比地区在苏美导弹之争中的地位 / 杨家荣 // 苏联东欧问题，1983
　　（6）

加勒比海的"避税港" / 慰蔚 // 世界知识，1983（14）

加勒比地区简介 / 仲原 // 世界知识，1983（23）

评美国在中美加勒比地区的霸权政策 / 钟和 // 拉丁美洲丛刊，1984（2）

多明格斯教授谈中美加勒比问题 / 杨仲林 // 拉丁美洲丛刊，1984（4）

中美洲和加勒比地区：美国的干涉升级 / 晓渔 // 世界知识，1984（2）

里根的加勒比盆地计划 / 王雨生 // 世界知识，1984（24）

东加勒比地区的社会科学 / 伊曼纽尔；周铭德［译］// 现代外国哲学社会科学
　　文摘，1984（3）

加勒比地区的社会科学研究和情报供应系统 / 〔牙买加〕格林；周铭德［译］

// 现代外国哲学社会科学文摘，1984（3）

加勒比地区鼓励外国投资 / 梁民 // 国际问题资料，1984（13）

苏联与美国在中美洲、加勒比地区的较量 / 顾志宏 // 苏联东欧问题，1985（2）

台湾的加勒比海盆地投资热剖析 / 林长华 // 亚太经济，1986（4）

为发展加勒比地区经济而努力 / 丁宝忠 // 瞭望周刊，1986（29）

来自加勒比海岸的神秘真实——关于魔幻现实主义的再思考 / 张学军 // 信阳
　　师范学院学报（哲学社会科学版），1987（2）

美国对中美洲及加勒比地区的援助与控制 / 柴海涛 // 国际经济合作，1987（3）

关于加勒比地区的农业发展 / 学时 // 拉丁美洲研究，1987（5）

加勒比共同体首脑会议 / 丁宝忠 // 瞭望周刊，1987（29）

加勒比地区经济发展的强大支柱——加勒比发展银行 / 王超 // 国际经济合作，
　　1988（2）

加勒比国际金融中心的特点及其与美国金融中心的抗衡 / 杨月芳 // 外国经济
　　与管理，1988（12）

苏联《拉丁美洲》杂志讨论 1962 年加勒比危机 / 宋晓平 // 拉丁美洲研究，
　　1989（2）

加勒比国家和地区的经济发展 / 江时学 // 拉丁美洲研究，1990（1）

加勒比地区社会科学情报系统 / 周铭德 // 国外社会科学情况，1991（1）

加勒比地区的民族问题 / 吴德明 // 拉丁美洲研究，1991（3）

加勒比海危机期间的一段秘闻 / 李强国 // 国际展望，1991（6）

美国与加勒比关系的演变及其前景 / 江时学 // 拉丁美洲研究，1992（5）

"加勒比海的庄严史诗"——1992 年诺贝尔文学奖得主沃尔科特评介 / 奚晏
　　平 // 当代外国文学，1993（1）

加勒比海文坛上的一颗明珠——德里克·沃尔科特及其诗歌创作 / 吴其尧 //
　　外国文学研究，1993（1）

加勒比海的"荷马"——1992 年诺贝尔奖获得者沃尔柯特诗初探 / 陈晓棠 //
　　名作欣赏，1993（2）

加勒比小岛访问散记 / 伍贻康 // 国际展望，1993（7）

美苏解决加勒比海危机的一则内幕 / 熙玮，向东［编译］// 国际展望，1993（7）

生态旅游：加勒比的未来 ?/Joy E. Douglas；李忠［译］// 产业与环境，1993

（3-4）

生活在两种文化和语言之间——漫谈加勒比地区女作家群 / 张群 // 拉丁美洲
　　研究，1994（4）

加勒比岛国风情（一）/ 冯春芳 // 国际问题研究，1995（1）

加勒比岛国风情（二）/ 冯春芳 // 国际问题研究，1995（2）

加勒比海的"世界岛"/ 王小波 // 海洋世界，1995（7）

加勒比联盟成立 / 童炳强 // 世界知识，1995（19）

访问中美洲、加勒比诸国琐记 / 李扬 // 当代世界，1996（8）

加勒比地区一体化的成效与困难 / 曹珺，方幼封 // 国际观察，1997（3）

相遇在加勒比海 / 顾燕诚［编译］// 海洋世界，1999（5）

来自加勒比海的黑旋风——当代加勒比后殖民英语作家作品 / 任一鸣 // 中国
　　比较文学，2000（3）

加勒比阳光下的旅游天堂 / 顾仲和［译］// 海洋世界，2001（12）

论冷战时期美苏在加勒比中美洲的争夺 / 岳澎 // 陕西师范大学，2001

加勒比海地区的音乐（上）/ 陈自明 // 音乐艺术（上海音乐学院学报），2002（1）

加勒比海地区的音乐（下）/ 陈自明 // 音乐艺术（上海音乐学院学报），2002（3）

加勒比地区的生态旅游：莫失良机 / Mercedes Silva；李滨［译］// 产业与环境
　　（中文版），2002（3-4）

中国入世对加勒比地区的影响 / 白凤森 // 拉丁美洲研究，2002（5）

对垒的知识体系：西非和加勒比海地区的"公民科学"与"本土知识"/ 梅丽
　　莎·李奇，詹姆斯·费厄海德；黄觉［译］// 国际社会科学杂志（中文
　　版），2003（3）

试论第一帝国时期英属加勒比美洲的种植园奴隶制 / 张亚东 // 佳木斯大学社
　　会科学学报，2004（3）

黑人加勒比学派 / 刘七一［编译］// 世界美术，2004（4）

勃列日涅夫的"缓和战略"及其对中美洲加勒比的扩张 / 岳澎 // 中共山西省
　　委党校学报，2005（2）

加勒比英语文学与本土语言意识 / 张德明 // 浙江大学学报（人文社会科学版），
　　2005（3）

"天堂"里的故事——加勒比地区离岸金融中心简介 / 杨志敏 // 世界知识，

2005（20）

论加勒比一体化进程中的新区域主义 / 倪考莲 // 复旦大学，2005

加勒比海地区油气工业现状 / 庞晓华 // 中国石油和化工经济分析，2006（16）

加勒比海——第三世界教育改革的变化和挑战 /〔圭亚那〕Amanda Kissoon
　　Russell// 教育与经济，2007（2）

加勒比海国家教育改革与挑战 /〔圭亚那〕埃曼达 // 全球教育展望，2007（2）

狂欢中的身份建构——当代加勒比英语文学中的狂欢精神 / 张德明 // 清华大
　　学学报（哲学社会科学版），2007（2）

沃尔科特在加勒比海的呼喊 / 皮方於，蒲度戎 // 当代文坛，2007（4）

加勒比海地区的教育改革：背景、现状与趋势 / 黄凯玫，范国睿 // 全球教育
　　展望，2007（5）

当前加勒比地区的发展 /〔牙买加〕韦恩·麦库克 // 拉丁美洲研究，2008（2）

加勒比海地区的公司所得税竞争 /Koffie Nassar；葛夕良，刘小苗，刘凯〔译〕
　　// 经济资料译丛，2008（3）

加勒比海维京岛考古 / 李秀珍 // 文博，2008（5）

从加勒比海音乐发展管窥世界民族文化的互动与共生现象 / 景新 // 太原师范
　　学院学报（社会科学版），2008（6）

冷战时期美国对加勒比地区的政策浅析 / 王玉兰 // 现代经济信息，2008（9）

波多黎各访古 / 朱洪声 // 四川统一战线，2008（11）

来自加勒比的普世情怀——解读奈保尔《米格尔大街》、《河弯》中的后殖民
　　意识 / 麻淑涛 // 吉林师范大学，2008

战后美国本土波多黎各人研究 / 俞仙芳 // 华东师范大学，2008

来自加勒比的呼声——加勒比史诗《奥美罗斯》/ 王克冬 // 四川师范大学，
　　2008

冷战后加勒比地区社会党的发展 / 王鹏权 // 当代世界社会主义问题，2009（2）

庙小神灵大——简介波多黎各女作家罗萨里奥·费莱 / 赵德明 // 译林，2009（6）

加勒比海咆哮的"犬牙" /Sunnymos// 西部广播电视，2009（8）

南加勒比海自然之旅 / 成明 // 中国对外贸易，2009（10）

从加勒比海女性小说中解读后殖民文学 / 田娟，辛昕 // 时代文学（上），2010
　　（3）

透析加勒比文化特质 / 吴荣希 // 长春工业大学学报（社会科学版），2010（3）

加勒比文化特点及对中加文化交流的建议 / 吴荣希 // 沧州师范专科学校学报，
　　2010（4）

加勒比宗教的历史、派别及社会功能 / 吴荣希 // 福建商业高等专科学校学报，
　　2010（6）

波多黎各观鸟散记 / 金文驰，陈砚 // 大自然，2010（6）

在加勒比海岛上亲历过的震撼教育 / 革命小民 // 语文建设，2010（7-8）

加勒比海地区离岸金融业的发展与趋势分析 / 郑强，杨瑞 // 北方经济，2010（9）

加勒比海盗的前世今生 / 王树振 // 世界文化，2010（12）

加勒比海的丰饶之港——波多黎各 / 金文驰，陈砚 // 百科知识，2011（2）

冷战后中国与加勒比海地区的双赢合作关系——以 1990 至 2010 年的牙买加
　　为例 / 周丽（Jo Anderson-Figueroa）// 吉林大学，2011

加勒比地区对外经济关系的新变化 / 刘洁，董经胜 // 拉丁美洲研究，2012（1）

加勒比旅游业的竞争力 / 比内斯瓦利·博拉基；王飞［译］// 拉丁美洲研究，
　　2012（5）

加勒比地区太阳能产业市场潜力巨大 / 中国驻巴巴多斯使馆经商参处 // 中国
　　经贸，2012（7）

黄金时代加勒比地区的英国海盗：1690-1730/ 冯婉露 // 南京大学，2012

巴西能成为加勒比地区发展合作伙伴 / 占国 // 清华大学，2012

加勒比民族寓言的性别寓意——评《安妮·约翰》及《我母亲的自传》/ 芮小
　　河 // 外语教学，2013（1）

论中美洲和加勒比海地区邮轮经济及对中国的启示 / 李从文 // 中国水运（下
　　半月），2013（2）

波多黎各掠影 / 金文驰，陈砚 // 神州学人，2013（2）

波多黎各印象 / 金文驰，陈砚 // 神州学人，2013（6）

加勒比海政坛女领袖 / 邹志鹏 // 决策与信息，2013（3）

试析拉美和加勒比国家共同体的前景 / 朱玉明 // 陇东学院学报，2013（4）

波多黎各 梦开始的地方 / 毛文 // 科学之友（上旬），2013（4）

品味波多黎各，感受梦幻美景 / 向远山 // 旅游时代，2013（6）

拉美及加勒比地区劳动关系的转型 / 代懋 // 教学与研究，2013（6）

美国加勒比海裔女性文学述评 / 林文静 // 宁夏大学学报（人文社会科学版），
　2013（6）

加勒比海政坛上的女性领袖们 / 邹志鹏 // 东西南北，2013（7）

加勒比海国家对中国的期待 / 朱幸福 // 报刊荟萃，2013（8）

加勒比海边的独自梦寐 / 刘名晞 // 青岛文学，2013（10）

中美洲和加勒比国家会"移情别恋"吗 / 江时学 // 世界知识，2013（13）

美国加勒比海地区政策研究（1901-1921）/ 郝国朋 // 黑龙江大学，2013

全球化背景下加勒比流散文学研究 / 张建萍 // 河南理工大学学报（社会科学
　版），2014（1）

开辟加勒比海区域一体化合作的新边疆 /〔特立达和多巴哥〕温斯顿·杜克兰；
　张晓通，周晓明，李丹，向洁琼，黄子婧，徐超［译］// 复旦国际关系
　评论，2014（1）

波多黎各：一个可以与人解释许多名词的地方 / 田天 // 中国民商，2014（2）

圣卢西亚 东加勒比海的天堂岛 / 文予 // 世界遗产，2014（3）

加勒比英语成长小说研究现状论析 / 胡敏琦 // 浙江外国语学院学报，2014（4）

中国对外直接投资及其对加勒比共同体的影响 /Vascyon Thompson// 湘潭大学，
　2014

被挪用的现代主义——现代主义文学叙事在加勒比后殖民文化语境中的衍变 /
　张雪峰 // 当代外国文学，2015（4）

加勒比地区的投资机遇与风险研究 / 欧阳俊，邱琼 // 拉丁美洲研究，2015（4）

加勒比国家市场调查及业务开拓建议 / 张志贺 // 国际工程与劳务，2015（5）

投资加勒比地区的政治风险及应对措施建议 / 张晓通，魏涵 // 国际经济合作，
　2015（5）

古巴

简况

古巴共和国位于加勒比海西北部墨西哥湾入口，北距美国
佛罗里达半岛最南端217公里，东与海地和多米尼加隔海相望

（77 公里），南距牙买加 140 公里，西离墨西哥尤卡坦半岛 210 公里。面积为 109884 万平方公里，人口为 1124.79 万（2012 年），白人占 66%，黑人占 11%，混血种人占 22%，华人占 1%。城市人口占 75.3%。官方语言为西班牙语。主要信奉天主教、非洲教、新教和古巴教、犹太教等。首都为哈瓦那，国庆日是 1 月 1 日（革命胜利纪念日），起义日是 7 月 26 日（攻打蒙卡达兵营纪念日）。

古巴由古巴岛、青年岛（原松树岛）等 1600 多个岛屿组成，是西印度群岛中最大的岛国。大部分地区地势平坦，东部、中部是山地，西部多丘陵，主要山脉为马埃斯特腊山，其主峰图尔基诺峰海拔 1974 米，是全国最高峰。最大河流为考托河，流经平原中部，雨季容易泛滥。全境大部分地区属热带雨林气候，仅西南部沿岸背风坡为热带草原气候，年平均气温为 25.5℃，1 月为最冷月。5~10 月为雨季，常遭飓风侵袭，其他月份为旱季。除少数地区外，年降水量在 1000 毫米以上。

古巴长期实行计划经济体制，旅游、制糖业和镍出口为重要经济支柱。曾长期维持以蔗糖生产为主的单一经济发展模式。主要生产甘蔗、烟草、热带水果等，旅游和侨汇收入是重要外汇来源。古巴镍钴矿资源丰富，镍储量为 650 万吨，居世界第三位，镍产业是古巴仅次于旅游业的第二大外汇来源。此外，古巴还拥有铁、铬、钴、锰、铜等资源。古巴风光旖旎，旅游资源丰富，享有"加勒比明珠"的美誉。1982 年，首都哈瓦那老区的历史中心和整个军事防御体系被联合国教科文组织列为"人类文化遗产"。旅游业成为古巴第一大创汇产业和重要的就业来源。古巴货币名称为古巴比索。

1492 年，哥伦布航海抵达古巴岛。1510 年西班牙远征军开始征服古巴并进行殖民统治。1762~1763 年古巴被英国占领。1868 年，土生白人曼努埃尔·德塞斯佩德斯领导古巴人民发动第一次独立战争。1895 年，古巴人民在何塞·马蒂和马克西莫·戈麦斯的领导下发动第二次独立战争。1898 年爆发了美西战争，同年 7 月 16

日，西班牙殖民军宣布无条件投降。然而，美国则在赢得对西班牙的战争后占领古巴。1901年古新宪法被迫接受"普拉特修正案"，允许美保留干预古内政的权利。1902年5月20日美扶植成立"古巴共和国"。1903年美国强租古巴海军基地两处，其中关塔那摩海军基地迄今仍被美国占领。此后，古基本上由独裁政府统治，政局动荡。

1933年，古巴爆发了军民革命，推翻了赫拉尔多·马查多独裁统治。同年9月4日，军人巴蒂斯塔在美国支持下发动政变上台，执政至1944年。1952年3月10日，巴蒂斯塔再次发动军事政变并上台执政。巴蒂斯塔上台后废除宪法保障，实行独裁统治。1953年7月26日，菲德尔·卡斯特罗率领一批进步青年武装攻打蒙卡达兵营。这次革命行动失败后，卡斯特罗及其他革命者被捕入狱。1955年获释后，卡斯特罗流亡墨西哥。1956年12月，卡斯特罗率领81名起义战士乘"格拉玛号"游艇返回古巴，在马埃斯特腊山区开展游击战。1959年1月1日，卡斯特罗和格瓦拉等人领导的起义军推翻了巴蒂斯塔政权，建立革命政府。1961年4月，古巴在吉隆滩击败美国组织的雇佣军入侵。随后，卡斯特罗宣布开始社会主义革命。1962年，美宣布对古实行经济、贸易和金融封锁。

20世纪80年代末，苏东剧变使古巴经济受激烈冲击，经济大幅下滑。自1992年起，古巴开始实行改革开放政策。推出了一系列改革措施：对1982年制定的外资法进行修改，放宽对外资的限制；持有美元合法化，扩大个体经济，改革农业体制；精简政府机构，扩大企业自主权，实行财税改革，开放农贸自由市场和小商品市场，向外资全面开放生产部门；进行货币改革，实行新的外国投资法；进一步完善税制，扩大社会保险范围等。1997年，古共五大首次提出把经济工作放在优先地位，此后又持续推出了一系列改革措施。2011年4月16日，召开古共六大。大会通过了《经济社会政策方针》，宣布"更新"经济社会模式，并采取了一系列措施，如扩大个体户、设立税收制度、实现企业自主、允许农民承包土地、取消不必要的补贴、建立马列尔开发区、制定新外国投资法等。古共六大选举产生了党的新一届政治局、书记处和中央委员会。

近年来,古政局保持稳定。2006 年 7 月,卡斯特罗主席因病将职权移交其胞弟劳尔·卡斯特罗临时代理。2008 年 2 月,在第七届全国人大会议上,劳尔正式当选国务委员会主席并兼任部长会议主席。2013 年 2 月,在第八届全国人大会议上,劳尔获得连任。

古巴外交政策遵循国际法基本原则,主张尊重各国主权和领土完整及民族自决权,反对干涉别国内政;主张世界各国和各国人民一律平等;谴责国际关系中一切形式的霸权主义、干涉主义、单边主义和歧视政策,反对使用或威胁使用武力,反对包括国家恐怖主义在内的一切形式的恐怖主义。1960 年 9 月 2 日中国与古巴建交。

政治　法律

政治理论　政治概况

古巴反帝反独裁的武装斗争 / 王士芳 // 世界知识,1958(16)

古巴人民的重大胜利 / 吴壬林 // 国际问题研究,1959(1)

古巴人民的革命传统 / 徐永煐 // 国际问题研究,1959(2)

古巴人民反对美国干涉的斗争 / 吴壬林 // 国际问题研究,1959(2)

古巴人民反独裁斗争的胜利 / 陶远 // 世界知识,1959(2)

从古巴看整个拉丁美洲 / 洁夫 // 世界知识,1959(3)

古巴在怒吼 / 孔迈,炳庵 // 世界知识,1959(16)

古巴民族民主革命深入发展的一年 / 何佐 // 国际问题研究,1960(1)

古巴人民树立了光辉榜样 / 章叶 // 世界知识,1960(15)

古巴在前进 / 章叶 // 世界知识,1961(9)

活跃的古巴妇女 / 徐舟力 // 世界知识,1962(2)

古巴人民的反经济封锁斗争 / 芦韦 // 世界知识，1962（14）

古巴，高举着独立自由革命的火炬 / 芦芒 // 上海文学，1962（11）

古巴人民革命斗争的实录 / 葛力群 // 新闻业务，1963（2）

古巴人民武装革命的胜利（1953—1959）/ 李运华 // 历史教学，1964（11-12）

古巴人民在斗争中胜利前进 / 梅红 // 世界知识，1965（1）

七十年代古巴的政治与经济 / 丁中［译］// 拉丁美洲丛刊，1979（1）

今日古巴多凄怆 / 弓平 // 世界知识，1979（9）

古巴内外交困 / 张守平 // 世界知识，1980（15）

古巴军事力量的膨胀 / 诸观想 // 世界知识，1983（10）

古巴试行住房商品化 / 颜为民 // 瞭望周刊，1984（49）

第八讲 古巴的社会主义 / 杨章明 // 当代国外社会主义问题，1985（3）

今日的古巴哲学 /〔美〕戴尔·里庇；秋琦［编译］// 北京师院学报（社会科学版），1985（3）

从古共三大看古巴的趋向 / 肖芳琼 // 国际问题资料，1986（5）

八十年代的古巴 / 吴名祺 // 当代世界社会主义问题，1987（3）

古巴将军叛逃及影响 / 胡积康 // 世界知识，1987（15）

古巴对社会主义道路的探索 / 毛相麟 // 拉丁美洲研究，1988（6）

古巴处于十字路口 / 欣西 // 当代世界社会主义问题，1989（1）

古巴的"宁死保卫社会主义和马列主义"口号 / 杨宝珠 // 当代世界社会主义问题，1989（4）

西方记者笔下的古巴改革："社会主义的小步舞" / 赵念渝 // 国际展望，1989（12）

古巴会象东欧国家那样垮掉吗？/〔美〕保·M.斯威齐；闫中兴，莫宗通［译］// 当代世界社会主义问题，1990（4）

戈尔巴乔夫时代的古巴社会主义 /〔美〕罗达·拉布金；吴名祺［译］// 当代世界社会主义问题，1990（4）

90年代古巴的新战略 / 毛相麟 // 世界经济与政治，1991（1）

古巴是怎样坚持社会主义的 / 毛相麟 // 当代世界社会主义问题，1991（3）

古巴坚持走社会主义道路 / 毛相麟 // 拉丁美洲研究，1992（1）

古巴社会主义在世界大震荡中面临的挑战及变化 / 方幼封 // 社会主义研究，

1992（3）

古巴内外政策的调整和前景 / 耿殿忠 // 世界经济与政治，1992（6）

从古巴看社会主义的未来 /〔美〕艾萨克森，伦道夫；吴其华［译］// 现代外国哲学社会科学文摘，1992（10）

从修宪看古巴政策的重大变化 / 倪润浩 // 瞭望周刊，1992（30）

古巴为生存和发展而斗争 / 毛相麟 // 当代世界社会主义问题，1993（1）

古巴的改革与开放 / 王义民，何淇 // 当代世界社会主义问题，1993（4）

1992 年古巴形势述评 / 宋晓平 // 拉丁美洲研究，1993（2）

古巴在严峻形势中力求稳住阵脚 / 张卫中 // 现代国际关系，1993（3）

社会主义古巴的特殊困难和政府对策 / 方幼封 // 社会主义研究，1993（5）

困境中前进的古巴 / 王业龙 // 国外社会科学信息，1993（5-6）

古巴：调整政策 克服困难 / 倪润浩 // 瞭望周刊，1993（32）

古巴调整海外移民政策的新举措 / 王义民 // 当代世界社会主义问题，1994（3）

古巴在特殊时期中的政治改革 / 毛相麟 // 当代世界社会主义问题，1994（4）

世界新格局下的古巴：形势和对策 / 宋晓平，毛相麟 // 世界经济与政治，1994（8）

古巴的改革与开放 / 王玫 // 政党与当代世界，1994（9）

困难与希望的一年——1994 年古巴形势述评 / 毛相麟 // 当代世界社会主义问题，1995（1）

古巴外长罗瓦依纳谈古巴形势和政策 / 宋晓平 // 拉丁美洲研究，1995（2）

古巴走向改革 / 陆在宽 // 共产党员，1995（4）

困难与希望并存——古巴 1994 年形势回顾 / 毛相麟 // 国外理论动态，1995（8）

难关已过 复兴在望——1995 年古巴形势述评 / 毛相麟 // 当代世界社会主义问题，1996（1）

古巴的改革开放 / 幼封，曹珺 // 国际观察，1996（1）

古巴走上改革路 / 富博 // 企业改革与管理，1996（2）

古巴在苏、东剧变后面临的困境与对策及其启示 / 崔婉杰 // 佳木斯教育学院学报，1996（3）

古巴社会主义道路及其发展前景 / 王萍 // 拉丁美洲研究，1996（3）

苏东剧变后古巴的形势及内外政策 / 毛相麟 // 拉丁美洲研究，1996（5）

古巴领导人作风点滴 / 林良由 // 党风与廉政，1996（6）

社会主义的古巴 / 武尔 // 当代世界，1996（12）

古巴在稳定的改革开放中巩固社会主义 / 肖枫 // 当代世界社会主义问题，1997
（2）

古巴危机中的秘密交易——《信赖》节选一 /〔俄〕阿纳托利·多勃雷宁 // 世
界知识，1997（1）

古巴危机中的秘密交易（续）——《信赖》节选一 /〔俄〕阿纳托利·多勃雷
宁 // 世界知识，1997（2）

古巴在稳步的改革开放中巩固和发展社会主义 / 肖枫 // 拉丁美洲研究，1997（3）

对古巴改革开放若干政策思想的几点看法 / 蒋光化 // 拉丁美洲研究，1997（4）

改革开放中的古巴（摘要）/〔古巴〕何塞·阿·格拉·门切罗〔古巴〕// 拉丁
美洲研究，1997（4）

古巴改革开放的若干政策思想 / 蒋光化 // 当代世界，1997（4）

古巴在困境中前进 / 毛相麟 // 瞭望新闻周刊，1997（29）

从古共五大看古巴经济政治形势 / 徐世澄 // 拉丁美洲研究，1998（2）

不畏强权坚持独立的古巴 / 张柏楷 // 共产党人，1998（3）

1998 年古巴形势继续缓慢好转 / 毛相麟 // 当代世界社会主义问题，1999（1）

论古巴革命——纪念古巴革命胜利 40 周年 / 毛相麟 // 当代世界社会主义问题，
1999（4）

古巴的政治、经济形势及对外政策 / 陶峰，杨首国 // 国际资料信息，1999（5）

凌冬不改清坚节　冒雪何妨色更苍——写在古巴革命胜利 40 周年之际 / 韦
弦 // 当代世界，1999（5）

古巴何以走出困境及几点启示 / 苗光新 // 理论导刊，2000（1）

90 年代以来第二个经济高速增长年——古巴 1999 年形势述评 / 毛相麟 // 当
代世界社会主义问题，2000（2）

美国学者认为动员型权威主义是古巴社会主义的原动力 / 许宝友〔编写〕// 国
外理论动态，2000（7）

古巴和卡斯特罗的传奇 / 陶峰，孟庚福 // 世界知识，2000（9）

张守平古巴随笔·之一——演说大师兴斯特罗 // 世界知识，2000（8）

张守平古巴随笔·之二——卡斯特罗非常档案 / 张守平 // 世界知识，2000（9）

张守平古巴随笔·之三——格瓦拉魂归古巴 / 张守平 // 世界知识，2000（10）

张守平古巴随笔·之四——拉美第一硬汉—卡斯特罗 / 张守平 // 世界知识，
2000（11）

张守平古巴随笔·之五——巾帼英雄古巴多 / 张守平 // 世界知识，2000（15）

张守平古巴随笔·之六——古巴人生活不言愁 / 张守平 // 世界知识，2000（16）

古巴如何走出困境的几点启示 / 汪亭友 // 学术探索，2001（2）

坚持马克思主义 坚持社会主义——越南、朝鲜、古巴、老挝社会主义的探索
与发展 / 魏汝朝 // 中共山西省委党校学报，2001（2）

古巴的改革开放历程——10 年回顾与评价 / 毛相麟 // 理论视野，2001（2）

古巴坚持"公有制至高无上"不动摇 / 詹武 // 真理的追求，2001（3）

古巴人民大长了社会主义的志气 / 詹武 // 真理的追求，2001（4）

国民经济继续恢复 古美关系出现松动——2001 年古巴形势述评 / 毛相麟 //
拉丁美洲研究，2002（1）

越南、古巴加强廉政建设的主要措施 / 柴尚金 // 党建，2002（1）

古巴当前形势的几个特点 / 毛相麟 // 科学社会主义，2002（2）

走近古巴人的精神家园——古巴哲学与社会主义理念初探 / 欧阳康 // 哲学研
究，2002（4）

古巴哲学与文化感悟 / 欧阳康 // 华中科技大学学报（人文社会科学版），2002（4）

古巴：抵御封锁迈实步 / 郑建东 // 瞭望新闻周刊，2002（13）

古巴铁心走社会主义道路 / 刘中文 // 内蒙古宣传，2003（1）

发扬"七二六"革命精神 推进古巴社会主义革命 / 焦震衡 // 拉丁美洲研究，
2003（5）

古巴社会主义改革初探 / 陈彪 // 天津师范大学，2003

古巴：稳步改革以"拯救社会主义" / 尹德慈 // 当代贵州，2004（11）

关于古巴社会主义革命与建设若干问题的思考 / 肖枫，季正矩 // 当代世界与
社会主义，2005（1）

古巴当前的形势 /〔古巴〕阿尔韦托·罗德里格斯·阿鲁菲；徐世澄［译］// 拉
丁美洲研究，2005（2）

古巴的代议制政府 / 李秀芳，吴月珍［编译］// 社会观察，2005（2）

浅议古巴社会主义道路的成绩与不足 / 刘立新 // 太原城市职业技术学院学报，

2005（4）

古巴社会主义 / 朱相远 // 招商周刊，2005（12）

古巴目前形势 / 徐世澄 // 中国经贸导刊，2005（21）

当代古巴的哲学与社会主义——访古巴科学院院士、著名哲学家龚萨里兹教授 / 欧阳康 // 求是学刊，2006（1）

古巴压而不垮的奥秘 / 肖枫 // 科学社会主义，2006（3）

论古巴社会主义现代化进程 / 徐世澄 // 江汉大学学报，2006（3）

我在古巴感受社会主义 / 朱相远 // 党的建设，2006（3）

古巴社会主义政权为何具有强大生命力 / 毛相麟 // 高校理论战线，2006（4）

借鉴与启示：古巴、巴西退役军人安置保障制度考察 // 中国民政，2006（4）

国外社会主义改革的动力——兼论越南、老挝、朝鲜、古巴社会主义改革的主要成就 / 杨双 // 中共云南省委党校学报，2006（4）

菲德尔与古巴社会主义 / 〔古巴〕埃斯特万·拉索·埃尔南德斯；高静［译］// 拉丁美洲研究，2006（5）

古巴社会主义模式的回顾与展望 / 肖爱民 // 湖南城市学院学报，2006（5）

古巴：加勒比海的明珠——访古巴驻华大使阿尔韦托·罗德里格斯·阿鲁菲 / 陈春勇，雷向晴 // 对外大传播，2006（5）

古巴马克思主义理论教育的特点及启示 / 李辽宁，闻燕华 // 社会主义研究，2006（6）

古巴谨慎探索经济和社会发展道路 / 宋晓平 // 中国经贸导刊，2006（16）

21 世纪的社会主义——《古巴社会主义研究》西文版序言 / 李慎明 // 当代世界社会主义问题，2007（1）

古巴对社会主义道路的不断探索 / 姜述贤 // 当代世界与社会主义，2007（1）

浅析古巴可持续发展的基本经验 / 贺钦 // 拉丁美洲研究，2007（3）

古巴实现国家稳定的六个因素 / 郭元增 // 党建，2007（4）

古巴缘何红旗不倒 / 季正矩 // 党史纵横，2007（4）

古巴坚持社会主义的一些做法 / 郭元增 // 红旗文稿，2007（4）

古巴的未来：资本主义还是新社会主义？/ 许丽英［编写］// 国外理论动态，2007（4）

古巴应该如何坚持社会主义？/〔墨〕海因兹·迪特里奇；魏文［摘译］// 国

外理论动态，2007（4）

资产阶级国家对社会主义国家的信息优势——兼谈古巴如何才能避免社会主
　义失败 /〔墨〕海因兹·迪特里奇；魏文［译］// 国外理论动态，2007（8）

近年来古巴马克思主义研究动态 / 贺钦 // 马克思主义研究，2007（10）

古巴的社会主义政权为什么能够长期存在——访问古巴后的思考 / 朱佳木 //
　马克思主义研究，2007（11）

古巴为何能坚定地走社会主义道路 / 毛相麟 // 学习月刊，2007（15）

当前古巴的社会主义建设 /〔古巴〕卡洛斯·米格尔·佩雷拉·埃尔南德斯 //
　拉丁美洲研究，2008（2）

从马蒂到卡斯特罗：古巴革命的实践与思想轨迹 / 宋晓平 // 拉丁美洲研究，
　2008（3）

劳尔·卡斯特罗接班后古巴形势的变化及发展前景 / 毛相麟 // 当代世界社会
　主义问题，2008（3）

以劳尔为核心的古巴领导集体治国理念及政策走向 / 幺素珍 // 当代世界，2008
　（4）

古巴、巴西的廉政建设和反腐败工作 / 徐小庆 // 当代世界，2008（8）

古巴改革之路漫漫 / 张梦 // 观察与思考，2008（6）

古巴新任国务委员会主席劳尔·卡斯特罗 / 王佳 // 国际资料信息，2008（7）

古巴将继续走社会主义道路 / 江时学 // 学习月刊，2008（7）

公正清廉，古巴不倒之魂 / 李孟顺 // 创新科技，2008（8）

牢固的加勒比海社会主义堡垒——古巴坚挺的奥秘 / 高继民 // 当代江西，2008
　（8）

古巴：劳尔来了，卡斯特罗真的走了？/ 王俊生，潘颖 // 领导科学，2008（10）

古巴的思想政治工作 / 王承就 // 东南亚纵横，2008（10）

揭开古巴的面纱 / 郭力，史哲 // 领导文萃，2008（11）

古巴改革的中国因素 / 陈君 // 领导文萃，2008（17）

古巴社会主义改革开放十五年 / 郭伟伟 // 上海党史与党建，2009（1）

菲德尔·卡斯特罗的思考 / 徐世澄 // 拉丁美洲研究，2009（2）

当代社会主义国家马克思主义理论教育的经验及启示——以古巴、越南为例 /
　夏小华，周建华 // 当代世界与社会主义，2009（3）

古巴人事变动的原因及其影响 / 江时学 // 当代世界，2009（4）

劳尔·卡斯特罗主政以来的古巴民生改革 / 韩冰 // 廊坊师范学院学报（社会科学版），2009（4）

古巴社会主义政权生命力探析 / 马玉稳，张冬冬 // 信阳农业高等专科学校学报，2009（4）

古巴的社会主义为什么红旗不倒 / 刘永哲 // 甘肃社会科学，2009（6）

除了古巴，西半球没有社会主义国家 / 江时学 // 同舟共进，2009（7）

古巴关于社会主义理论和实践的探索 / 宋晓平 // 红旗文稿，2009（9）

古巴社会主义 50 年的变迁 /〔荷〕詹姆斯·D. 科克罗夫特；贺钦［译］// 国外理论动态，2009（10）

从无人上访看古巴政治 / 张心阳 // 金融经济，2009（13）

古巴特色社会主义探析 / 郭德赫 // 吉林大学，2009

冷战后古巴对社会主义的坚持、探索和发展 / 尹桂平 // 聊城大学学报（社会科学版），2010（2）

古巴："更新"社会主义经济模式迎接党的"六大"召开 / 徐世澄 // 当代世界，2010（12）

古巴开始"更新社会主义" / 陈君 //21 世纪，2010（12）

古巴社会主义"更新" / 徐世澄 // 中国企业家，2010（20）

古巴改革何处去 / 袁东振 // 人民论坛，2010（31）

古巴：突然改革之后 / 于海洋 // 中国经济周刊，2010（38）

古巴坚守社会主义阵地的历史经验研究 / 王秀娟 // 哈尔滨师范大学，2010

苏东剧变与古巴改革 / 毛相麟，杨建民 // 当代世界社会主义问题，2011（3）

卡斯特罗关于古巴民主政治的探索与实践 / 张金霞 // 社会主义研究，2011（4）

后卡斯特罗时代的"古巴模式" / 和静钧 // 廉政瞭望，2011（6）

古巴社会主义进入新阶段 / 孙岩峰 // 世界知识，2011（10）

论后卡斯特罗时代古巴的政治发展道路——劳尔卡斯特罗的政治改革方向 / 包莹蔚，王文芝，王婷鹤，王静，周雅桑 // 东方企业文化，2011（20）

全球化与古巴社会主义意识形态建设 / 谢佳琦 // 东北师范大学，2011

越、老、朝、古四社会主义国家宗教政策比较研究 / 王媛媛 // 山东大学，2011

古巴社会主义参与民主制 / 尹昕［编写］// 国外理论动态，2012（2）

从美国、加拿大和古巴宗教状况看我国宗教如何促进社会和谐 / 叶介甫 // 广
　　州社会主义学院学报，2012（3）

古巴对我国民生建设的启示 / 江鑫 // 中国 – 东盟博览，2012（3）

古巴："让踝关节以下没有腐败" / 肖剑 // 廉政瞭望，2012（5）

古巴复兴社会主义的发展战略 /〔英〕史蒂夫·拉德拉姆；彭萍萍［编译］
　　// 当代世界与社会主义，2012（5）

改革大潮下的古巴 / 乔姆基·雷恩哈德；杨斯基［译］// 党政论坛（干部文
　　摘），2012（6）

古巴求变 / 徐世澄 // 同舟共进，2012（7）

古巴：改革中的迷茫和探索 / 尹伊文 // 同舟共进，2012（11）

古巴"更新"之我见 / 刘渊，邹伟强 // 当代世界，2012（9）

从那不提诺大街变化看古巴改革 / 史航 // 共产党员，2012（9）

古巴：必须将腐败控制在踝关节以下 / 肖剑 // 检察风云，2012（10）

古巴：私有化改革遇阻 / 李洪声 // 世界博览，2012（15）

古巴特色的社会主义特征探析 / 王曼曼 // 福建党史月刊，2012（23）

古巴和越南：革新的潮流 / 意岚 // 新民周刊，2012（39）

古巴特色社会主义探析 / 姜平平 // 吉林大学，2012

古巴社会公平的理论与实践研究 / 刘昆昆 // 合肥工业大学，2012

部分社会主义国家的意识形态塑造探析——对朝鲜、古巴执政党思想政治工
　　作理念与实践的透视 / 董卫华，曾长秋 // 科学社会主义，2013（1）

古巴社会主义道路探索的经验及启示 / 王耀杰 // 党史博采（理论），2013（1）

古巴的社会主义及其发展前景 / 杨建民，毛相麟 // 拉丁美洲研究，2013（2）

古巴社会主义的文化理论和实践 / 徐世澄 // 拉丁美洲研究，2013（3）

革命海报少了，外国电影多了古巴人盼着变革再快点 / 邹志鹏 // 环球人物，
　　2013（3）

古巴"接班人"，作风很简朴 / 邹志鹏 // 环球人物，2013（6）

从古巴的公共医疗看中国医改 / 卿思敏，孙津 // 中国发展，2013（4）

古巴领导人更迭模式 / 和静钧 // 廉政瞭望，2013（4）

劳尔主政古巴的七年及前景 / 毛相麟，杨建民 // 当代世界社会主义问题，2013
　　（4）

古巴更新，不走中国路 / 邹志鹏 // 世界博览，2013（6）

古巴社会主义卫生事业发展历程与改革动向 / 杨善发 // 中国农村卫生事业管理，2013（7）

古巴导弹危机对军控与裁军的影响 / 高恒建 // 黑龙江史志，2013（9）

政府在医疗服务中的责任——古巴的经验和启示 / 姜爱华，王妍婷 // 全球化，2013（9）

论古巴社会经济公平制度 / 宋国栋 // 改革与战略，2013（11）

古巴全国人民政权代表大会 / 徐世澄 // 中国人大，2013（24）

古巴缘何得以朝着民主目标迈进 / 索日诚，时春荣 // 神州，2013（36）

古巴特殊时期的民生改革研究 / 李菲菲 // 山东大学，2013

古巴政治体制改革及其对我国的启示 / 程凤华 // 郑州大学，2013

刘小东日记：2009 古巴十年后记 / 刘小东 // 美术向导，2014（1）

古巴"更新"社会主义经济模式的政策取向与中古关系 / 杨建民 // 拉丁美洲研究，2014（2）

劳尔·卡斯特罗主政古巴的七年及前景 / 杨建民 // 当代世界社会主义问题，2014（3）

古巴社会主义生态文明建设的实践与启示 / 刘贺 // 重庆社会主义学院学报，2014（3）

古巴的反腐斗争 / 徐世澄 // 中国人大，2014（4）

金融危机后越南、老挝、古巴、朝鲜社会主义发展态势分析 / 常欣欣，张丽琴 // 中共福建省委党校学报，2014（4）

古巴"大跃进"的历史反思 / 陈文 // 学习博览，2014（8）

劳尔·卡斯特罗公平与效率思想主导的古巴改革 / 王承就，王莹瑛 // 改革与战略，2014（8）

致力"更新"的古巴 / 谢玮 // 中国经济周刊，2014（11）

古巴：在新自由主义中建设社会主义 / 张登文 // 中共石家庄市委党校学报，2014（11）

古巴的国家治理转型观察 / 徐世澄 // 国家治理，2014（14）

坚守社会主义的理想——兼谈访问古巴的感受 / 陈学明 // 红旗文稿，2014（15）

迪亚斯，古巴的"二号人物" / 姜波 // 环球人物，2014（22）

劳尔·卡斯特罗领导的古巴社会主义"更新"改革实践研究 / 张磊 // 西安外
　　国语大学，2014

古巴宗教政策的变迁 / 刘澎 // 炎黄春秋，2015（2）

论古巴改革的价值导向 / 王承就 // 重庆理工大学学报（社会科学），2015（3）

在古巴等待改革开放 / 汪宗白 // 二十一世纪商业评论，2015（4）

繁华与背影 光荣与梦想——依旧社会主义的古巴 / 凌涵之 // 世界知识，2015（8）

论苏东剧变与古巴社会主义道路的新探索 / 苏健，徐宝鲁 // 法制博览，2015（11）

越南、老挝、古巴等社会主义国家执政党社会治理特点探析 / 林洁 // 上海党
　　史与党建，2015（11）

古巴政治体制改革及其对我国的启示 / 姚雪梅 // 赤子（上中旬），2015（15）

古巴如何在资本主义洪流中发展社会主义 / 张楠 // 商，2015（19）

社会状况

古巴人民生活实录 / 毛相麟 // 拉丁美洲丛刊，1980（1）

古巴的人口问题 / 杨仲林 // 人口与经济，1985（5）

古巴严惩走私毒品的高级将领 / 山石 // 国际展望，1989（14）

迈阿密——古巴人的美国城市 / 王玫 // 世界知识，1990（5）

古巴印第安人探源 / 黄玉清 // 拉丁美洲研究，1994（3）

评析古巴非法移民潮 / 毛相麟 // 当代世界社会主义问题，1994（4）

古巴的社会保障制度及其改革 / 徐世澄 // 拉丁美洲研究，1995（5）

美国经济封锁下的古巴人的生活 / 李利 // 国际观察，1996（5）

旅居古巴华人的酸甜苦辣 / 徐东煜 // 北京经济瞭望 . 北京财贸学院学报，1997
　　（4）

古巴华人纪念华人抵古 150 周年 / 何淇 // 中外文化交流，1998（1）

华人与古巴 / 孟伟哉 // 海内与海外，1998（1）

古巴革命中的华人 / 孟伟哉 // 海内与海外，1998（2）

古巴有关华侨的研究现状及书目 / 李毓中 // 华侨华人历史研究，1998（2）

埃连：浪淘风簸一粒沙——古巴非法移民的悲剧 / 顾周皓 // 世界知识，2000（9）

巴西、古巴的社会保障制度及启示 / 靳尔刚 // 中国民政，2004（2）

华人在古巴 / 孙光英 // 炎黄春秋，2004（10）

古巴的就业政策和社会保障制度 / 劳动保障部考察团 // 中国劳动保障，2005（5）

美国古巴移民融合问题研究 / 李冠辉 // 东北师范大学，2005

一对古巴年轻人的真实生活 / 何帆 // 银行家，2007（4）

古巴裔美国人的政治发展及其演变 / 顾婷婷 // 上海商学院学报，2007（4）

古巴的社会保障制度：发展、挑战与改革 // 袁东振 // 拉丁美洲研究，2009（2）

古巴为何无人上访 // 张心阳 // 政府法制，2009（24）

古巴革命与华侨的命运 // 程映虹 // 炎黄春秋，2010（8）

美国古巴移民研究（1959-1980）// 姚鑫贤 // 复旦大学，2010

当代古巴华侨的家国观与文化观——基于黄宝世书信的解读 / 陈华，潘浪 // 八桂侨刊，2011（3）

融入与疏离：华侨华人在古巴（1847-1970）/ 袁艳 // 南开大学，2012

20世纪上半期古巴华侨华人经济的演变与特征 / 袁艳 // 西南科技大学学报（哲学社会科学版），2014（2）

不让青年倒下——古巴凝聚青年之道 / 肖保根 // 中国青年，2014（3）

古巴共产党

在斗争中成长的古巴共产党 / 王玫 // 当代世界社会主义问题，1990（2）

古巴共产党第四次代表大会闭幕 / 倪润浩 // 瞭望周刊，1991（43）

古巴共产党为何在建党原则上作出让步？/ 毛相麟 // 当代世界社会主义问题，1992（2）

古巴共产党 / 吴菊 // 当代世界，1996（12）

民主、团结、务实——古巴共产党召开五大 / 寒言 // 当代世界，1997（12）

苏东剧变后的古巴共产党 / 李锦华 // 当代世界与社会主义，2000（3）

古巴共产党的前身及其独特的建党历程 / 毛相麟 // 拉丁美洲研究，2000（6）

苏东剧变后古巴共产党的理论、方针政策与实践 / 李锦华 // 马克思主义研究，2000（6）

冷战后古巴共产党社会主义道路的新探索 / 谭荣邦 // 理论前沿，2003（9）

强根固本保基业 柳暗花明又一村——浅谈苏东剧变后古巴共产党的执政策略 / 邹会权 // 零陵学院学报，2005（3）

古巴共产党如何抓党建 / 吕飞科 // 领导之友，2005（5）

古巴共产党为什么能长期执政 / 周余云 // 科教文汇，2005（8）

欲摧弥坚的古巴共产党 / 王瑜 // 中共石家庄市委党校学报，2005（8）

苏东剧变后古巴共产党执政战略策略研究 / 戴平辉 // 东华理工学院学报（社会科学版），2006（1）

古巴共产党的党建经验分析 / 王钦元 // 和田师范专科学校学报，2006（3）

古巴共产党密切党群关系的基本做法和经验 / 中共中央党校党建教研部课题组 // 当代世界与社会主义，2006（4）

古巴共产党密切党群关系的基本做法和经验 / 王瑜 // 协商论坛，2006（12）

对前苏联解体后古巴共产党自身建设的再认识——基于构建和谐社会的视角 / 张登文 // 北京社会科学，2006（增刊）

苏东剧变后古巴共产党的自身建设 / 张登文 // 上海党史与党建，2007（3）

革新开放过程中古巴执政党的思想建设 / 赵慧玲 // 廊坊师范学院学报，2007（5）

古巴共产党巩固执政地位的战略举措 / 徐世澄 // 当代世界与社会主义，2007（6）

社会主义是表率的科学——古巴共产党的立党原则 / 季正矩 // 党的建设，2007（6）

古巴共产党开展"思想战"战略 / 李锦华 // 当代世界，2007（11）

稳步改革开放中的古巴共产党 / 徐占伟 // 红旗文稿，2007（17）

古巴、越南共产党的建设对中国共产党先进性建设的启示 / 李旭辉，郑方辉 // 经济与社会发展，2008（1）

苏东剧变后古巴共产党加强廉政建设的经验 / 唐贤秋，解桂海 // 国外理论动态，2008（2）

民生：始终是古巴党和政府的要务 / 王承就 // 国外理论动态，2008（7）

古巴共产党加强党的建设的基本经验 / 李海洋 // 中共成都市委党校学报，2008（3）

古巴共产党是如何继承和发扬何塞·马蒂思想进行治国理政的 / 李锦华 // 当代世界，2008（5）

古巴共产党改善民生的措施及示 / 梁英 // 当代世界，2008（7）

古巴共产党党的建设的基本经验 / 李海洋 // 学习与实践，2008（6）

古巴共产党如何加强党的建设 / 李海洋 // 党政论坛，2008（8）

古巴共产党如何运用马克思主义论析 / 韩冰 // 理论学刊，2008（12）

古巴共产党建设的成功经验 / 刘永哲 // 江苏省社会主义学院学报，2009（1）

古巴共产党公信力建设及其启示 / 周律 // 湖南师范大学，2009

古巴共产党党建经验的总结与思考 / 蔡巧良，刘风华 // 今日南国（中旬刊），
　　2010（4）

古巴共产党与中国共产党：政治互信和互相支持的典范 / 〔古巴〕卡洛斯·米
　　格尔·佩雷拉·埃尔南德斯 // 当代世界，2010（9）

古巴共产党缘何长期执政 / 贾志军 // 网络财富，2010（20）

古巴共产党建设研究 / 王承就 // 南开大学，2010

越南和古巴执政党建设的比较 / 毛凌俊 // 中国政法大学，2010

古巴共产党长期执政的生态资源视角 / 靳呈伟 // 云南行政学院学报，2011（1）

古巴共产党的干部政策探析 / 王承就 // 社会科学家，2011（2）

古共"六大"与古巴经济模式的"更新" / 徐世澄 // 拉丁美洲研究，2011（3）

古共"六大"与古巴改革的主要特点和前景分析 / 杨建民 // 拉丁美洲研究，
　　2011（6）

古巴共产党党建研究的可喜成果———评王承就的《古巴共产党建设研究》/
　　徐世澄 // 拉丁美洲研究，2011（6）

古巴共产党的廉政建设及其启示 / 陈华 // 大庆师范学院学报，2011（4）

古巴共产党的执政理念探析 / 王承就 // 当代世界，2011（4）

古巴共产党密切党群关系的路径选择 / 祁程 // 上海党史与党建，2011（8）

试论古巴共产党政权保持长久活力的根源 / 张丽，李雅洁 // 群文天地，2011（12）

古巴共产党和老挝人民革命党以宗教促进社会和谐的理念与做法 / 董卫华，曾
　　长秋 // 当代世界与社会主义，2012（6）

古巴共产党执政经验浅析 / 张英 // 世纪桥，2012（13）

古巴共产党巩固执政地位的基本经验 / 韩雪峰 // 石家庄城市职业学院教学与
　　研究，2013（1）

古巴共产党加强学习型政党建设的举措及其启示 / 杨洋 // 湖北省社会主义学
　　院学报，2013（1）

浅析古巴共产党党政建设 / 杨洋 // 华中师范大学研究生学报，2013（1）

以宗教促进社会和谐的理念与路径探索——古巴共产党和老挝人民革命党的视

角和经验 / 董卫华，曾长秋 // 东北师大学报（哲学社会科学版），2013（3）

浅析古巴共产党的执政经验及其对我国的启示 / 张洁 // 陇东学院学报，2013（6）

古巴共产党在自我"更新"中保持党的生命力 / 徐世澄 // 当代世界，2013（9）

越南、朝鲜、老挝、古巴执政党的社会管理理念比较 / 董卫华 // 中南大学，2013

古巴共产党对古巴特色社会主义道路的新探索 / 孙海英 // 山东行政学院学报，2015（1）

20 世纪 90 年代以来越南、古巴共产党的意识形态建设 / 蒯正明 // 上海党史与党建，2015（4）

古巴共产党严明党纪的经验及其对中国共产党从严治党的启示 / 袁倩，刘朋 // 中共珠海市委党校珠海市行政学院学报，2015（6）

古巴共产党严明党纪的做法与启示 / 袁倩，刘朋 // 求知，2015（12）

法律

古巴颁布和实施新土地改革法 / 吴壬林 // 国际问题研究，1959（3）

当代古巴实体法的几个侧面 /〔瑞典〕米克·博克丹；赵海翔〔摘译〕// 当代世界社会主义问题，1991（3）

古巴国际私法探讨 / 徐国建 // 外国法译评，1997（4）

古巴、加拿大退役军官安置制度概况 / 陆振兴，陈晓明 // 中国人才，2005（24）

融职权主义和当事人主义于一体的古巴刑事司法体制 / 倪铁 // 政治与法律，2009（9）

古巴体育的宪法保障研究——以古巴宪法体育条款为例 / 陈华荣，陈钢 // 体育科研，2013（6）

外交

对外关系概况

古巴充当苏修走卒的经济背景 / 张隆高 // 世界经济，1979（4）

苏联同拉丁美洲和古巴同非洲的关系 / 姜成松 [摘译] // 拉丁美洲丛刊, 1980（1）

古巴对外关系的一些变化 / 纪丁 // 国际问题资料, 1984（7）

安哥拉同意古巴撤军 / 周飞 // 世界知识, 1985（5）

古巴调整对苏对美政策 / 杨宝珠 // 国际问题资料, 1985（8）

古巴对外关系的新动向 / 杞言 // 世界知识, 1985（9）

古巴同拉美国家关系改善 / 颜为民 // 瞭望周刊, 1986（33）

一场核赌博——古巴导弹危机期间的美苏之争 / 韩华 // 政治研究, 1987（4）

古巴对外政策的新调整 / 沈珊, 利宁 // 世界知识, 1989（9）

古巴调整对外政策初见成效 / 徐世澄 // 国际社会与经济, 1994（8）

古巴以多元化外交打破美国的封锁 / 童炳强 // 瞭望新闻周刊, 1995（51）

加强制裁亦妄然——古巴的对外关系日益发展 / 毛相麟 // 当代世界, 1996（4）

当前古巴对外关系形势与政策特点 / 毛相麟 // 拉丁美洲研究, 1997（4）

古巴对外开放浅析 / 郝名玮 // 拉丁美洲研究, 1997（4）

罗马教皇首访古巴始末 / 周余云 // 当代世界, 1998（4）

古巴重新构筑对外关系 / 徐世澄 // 瞭望新闻周刊, 1998（22）

冷战热点：柏林和古巴 / 李金玉, 孙守玉 // 新乡师范高等专科学校学报, 2000
　　（3）

古巴积极调整对外关系 / 徐世澄 // 瞭望新闻周刊, 2000（6-7）

古巴与国际形势 / 〔古巴〕费利佩·佩雷斯·罗克；刘承军 [译] // 拉丁美洲
　　研究, 2001（3）

论苏东剧变后古巴的对外政策 / 陈世润, 杨少华 // 南昌大学学报（人文社会
　　科学版）, 2003（6）

国际危机处理中的"首脑外交"——以"古巴导弹危机"为个案的分析 / 吴宝
　　金 // 昆明理工大学学报（社会科学版）, 2004（4）

冷战后的美古关系 / 李悦昌 // 山东师范大学, 2004

强制性外交与古巴导弹危机 / 孙继东 // 理论观察, 2007（2）

冷战期间的古巴与中东关系 / 李秀珍 // 西亚非洲, 2007（6）

1959—1976 年哈瓦那在非洲的政策：来自古巴档案的新证据 / 〔美〕皮埃
　　罗·葛雷吉塞斯；邓峰 [译] // 冷战国际史研究, 2007

关于古巴对非洲政策问题美国及古巴档案介绍 / 邓峰 [编译] // 冷战国际史研

究，2007

英国对古巴导弹危机的反应与处理 / 刘勇为 // 湖南师范大学，2007

古巴革命以来的对外政策研究 / 杨建民 // 拉丁美洲研究，2009（1）

1970 年古巴潜艇基地事件与美苏关系的缓和 / 刘磊 // 社会科学战线，2009（6）

古巴软实力外交 / 葛士强 // 消费导刊，2009（20）

朝鲜、古巴社会主义建设实践的比较研究——从其与苏联、美国、中国之间
　　的关系方面所作的分析 / 任佐文，李桢 // 福建党史月刊，2010（16）

冷战后古巴对外政策研究 / 尹桂平 // 聊城大学，2010

英国首相麦克米伦与古巴导弹危机 / 滕帅 // 山东理工大学学报（社会科学版），
　　2012（5）

美苏冷战博弈——柏林危机（1961-1963）与古巴导弹危机的相互影响 / 白秀
　　娟 // 首都师范大学，2012

欧洲与古巴：重温哥伦布旧梦 ? / 周谭豪 // 世界知识，2015（11）

中国与古巴关系

关于中国与古巴 / 陈显泗 // 郑州大学学报，1962（1）

古巴华工与中古建交始末 / 张铠 // 华侨华人历史研究，1988（4）

古巴华裔将军——邵黄 / 侯耀其 // 瞭望周刊，1993（20）

古巴行 / 王同礼 // 舞蹈，1997（1）

中国和古巴关系的回顾与前瞻 / 毛相麟 // 拉丁美洲研究，1997（2）

19 世纪古巴华侨苦力与反抗殖民主义的斗争 / 韩振华 // 南洋问题研究，1999（3）

古巴沿着社会主义道路前进——在中国拉美学会纪念古巴革命胜利 40 周年大
　　会上的讲话 / 蒋光化 // 拉丁美洲研究，1999（3）

在中国拉美学会纪念古巴革命胜利 40 周年大会上的讲演 /〔古巴〕何塞·阿·
　　格拉；刘承军［译］// 拉丁美洲研究，1999（3）

二十一世纪中古关系将更加巩固——古巴副主席马查多答记者问 / 季仰舒 //
　　当代世界，1999（7）

毛泽东批示古巴代办意见前后 / 陶大钊 // 百年潮，2004（4）

古巴华工案与晚清外交近代化 / 陈晓燕，杨艳琼 // 浙江社会科学，2005（3）

卡斯特罗的中国情结——纪念中国和古巴建交 45 周年 / 陈久长 // 党史纵横，2005（7）

郭沫若的古巴情结 / 庞炳庵 // 郭沫若学刊，2006（1）

论 19 世纪中期拉丁美洲的契约华工——以古巴为例 / 王珊珊 // 安阳师范学院学报，2006（1）

"古巴民族的血脉中奔流着中国人的血液"——中古友谊历久弥新 / 宋晓平 // 对外大传播，2006（5）

对外友协代表团在古巴 / 刘芳 // 友声，2007（5）

中国与古巴建交始末 / 吴化，张素林 // 中国档案，2008（1）

毛泽东与 1962 年古巴导弹危机 / 夏明星，苏振兰 // 党史博采（纪实），2008（2）

古巴外长罗德里格斯访问中国社会科学院并作演讲 / 范蕾 // 拉丁美洲研究，2009（5）

中国与古巴建交经过 / 吴化，徐曼 // 传承，2009（7）

中苏在加勒比海危机中南辕北辙 / 夏明星，薛正林 // 党史纵横，2010（8）

对古巴医学与中古医药文化交流的思考 / 龙飞 // 世界中医药，2011（1）

中国与古巴建交 50 周年回顾 / 朱祥忠 // 党史博览，2011（2）

从"古巴糖"开始 / 孙洪波 // 世界知识，2011（13）

和平方舟至 浓浓爱国情——记中国海军"和平方舟"号医院船访问古巴 / 曾锴，王浩 // 神州学人，2012（1）

汉语及中国传统文化在拉美地区的传播困境与对策——以智利和古巴为例 / 侯光海 // 西南科技大学高教研究，2012（4）

中华文化对古巴社会的影响 / 雷春仪 // 郑州航空工业管理学院学报（社会科学版），2012（4）

古巴大使佩雷拉与我的十六年友情 / 余熙 // 武汉文史资料，2012（6）

江泽民历史性访问古巴前后 / 徐贻聪 // 湘潮（上半月），2012（7）

20 世纪上半期古巴侨团述略 / 袁艳，张芯瑜 // 八桂侨刊，2013（1）

中国标准如何"走出去"——中国数字电视标准在古巴落户的启示 / 衡虹，何丽峰，宋健 // 拉丁美洲研究，2013（1）

中国驻古巴大使刘培根与卡斯特罗的交往 / 吴诗四 // 湖北文史，2013（2）

献给最美好的青春——记我的古巴学联生活 / 曾锴 // 神州学人，2013（3）

加强政治互信，推动务实合作，谱写中拉友好新篇章——中共中央政治局委
　　员、北京市委书记郭金龙一行访问古巴、巴西 / 陈晓玲，黄华毅 // 当代
　　世界，2013（7）

新华社原副社长庞炳庵谈古巴导弹危机见闻 / 陶忠华，沈丽娜 // 档案与建设，
　　2013（7）

中国梦·古巴梦 / 罗兰多 // 国际人才交流，2013（8）

我与古巴领导人卡斯特罗的交往 / 陈久长 // 党史博览，2013（10）

借鉴古巴经验 推进我国"两型"农业发展 / 肖建华 // 环境保护，2013（15）

炎黄骄子：古巴华裔将军邵黄 / 赵艳哲 // 兰台世界，2013（增刊）

古巴"更新"社会主义经济模式与中古关系 / 杨建民 // 拉丁美洲研究，2014（2）

"在古巴的中国人没有一个是逃兵" / 高荣伟 // 侨园，2014（6）

美国与古巴关系

美帝国主义和古巴 / 默微 // 历史教学问题，1959（3）

美国加紧干涉古巴 / 何佐 // 国际问题研究，1960（4）

美国强盗对古巴空袭的罪行 / 赛沙·李安特 // 世界知识，1960（12）

美国扶植古巴流亡报纸进行颠覆活动 / 乐山 // 新闻业务，1961（5）

美国入侵古巴失败说明了什么？/ 吉逢彪 // 世界知识，1961（9）

肯尼迪政府继续同古巴捣乱 / 章叶 // 世界知识，1961（21）

1899—1902 年美帝国主义对古巴的第一次军事占领 / 丁则民 // 文史哲，1963
　　（6）

古巴的"热"与美国的"冷" / 众成 // 世界知识，1984（15）

重访古巴，与卡斯特罗会见 / 〔美〕韦恩·史密斯；汤国维［摘译］// 国际问
　　题资料，1984（17）

重访古巴，与卡斯特罗会见 / 〔美〕韦恩·史密斯；汤国维［摘译］// 国际问
　　题资料，1984（18）

监狱里的一场骚动——在美古巴囚犯骚乱案始末 / 水畔 // 国际展望，1987（24）

干涉与反干涉的斗争——美国对古巴政策述评 / 焦震衡 // 拉丁美洲研究，1990
　　（5）

古巴革命以来的古美关系 / 宋晓平 // 拉丁美洲研究，1990（5）

古巴特工打入美国"马蒂电视台" / 郭季 // 国际新闻界，1992（2）

美国为何迟迟不愿改善与古巴的关系？/ 高平 // 国际展望，1992（14）

美国对古巴政策及古巴经济形势 / 万翔 // 世界形势研究，1993（4）

美国的古巴移民社会 / 马萨 // 拉丁美洲研究，1994（3）

美国的禁运政策对古巴卫生的影响 / 芦平［编译］// 国外医学（卫生经济分册），
　　1994（4）

封锁古巴：美国国内政策的需要？/ 陈泉 // 国际观察，1994（6）

从古巴移民看古美关系 / 项方 // 乡镇论坛，1994（10）

美国与海地、古巴关系浅谈 / 思楚 // 时事报告，1994（12）

从古巴船民事件看美古关系近况 / 杨光 // 国际展望，1994（17）

美国的古巴政策矛盾重重 / 宋晓平 // 世界知识，1995（13）

美古关系再度紧张——古巴击落"海盗"飞机事件 / 王国荣 // 乡镇论坛，1996（5）

从"熟果理论"到赫尔姆斯－伯顿法——谈美国对古巴外交政策的演变 / 江
　　心学 // 解放军外语学院学报，1996（6）

古巴击落美国飞机的前因后果 / 颜月珍 // 瞭望新闻周刊，1996（12）

浅析古巴革命对美国强权政治的冲击 / 杨秀丽 // 佳木斯师专学报，1997（2）

论古巴革命胜利初期的古美关系 / 韩洪文 // 历史教学问题，1998（4）

美国公开一份入侵古巴事件真相的报告 / 高平 // 国际展望，1998（7）

坚冰开始消融——美国对古巴政策出现松动 / 胡仕春 // 国际展望，1998（8）

克林顿在古巴问题上能走多远 / 杨首国 // 世界知识，1998（9）

古巴切断同美国的电话电路事件始末 / 秦一凡 // 世界电信，1999（3）

美国调整对古巴政策 / 潘锐 // 国际展望，1999（5）

美国对古巴制裁已为强弩之末 / 郭宪纲 // 国际问题研究，2000（4）

加拿大和美国对古巴政策的分歧 / 杨令侠 // 史学月刊，2000（5）

美国对古巴制裁政策彻底失败 / 童炳强 // 瞭望新闻周刊，2000（32）

冷战后美国对古巴的敌视政策 / 李晓岗 // 拉丁美洲研究，2001（2）

布什政府对古巴政策的走向 / 宋晓平 // 拉丁美洲研究，2001（4）

关塔那摩海军基地——被美国霸占的古巴土地 / 王志先 // 当代世界，2002（3）

美国对古巴的封锁 / 刘家海 // 国际论坛，2002（5）

意识形态与冷战后美国对古巴政策 / 刘建飞 // 国际论坛，2002（5）

两位"卡先生"：握手古巴 / 李刚 // 新闻周刊，2002（11）

论美古关系与古巴社会主义发展的特点 / 崔桂田 // 当代世界与社会主义，2003（1）

1959-1960 年美国对古巴政策之原因初探 / 刘晓平，陈雪平 // 零陵学院学报，2003（3）

美国再掀反古巴声浪 / 王健 // 社会观察，2003（3）

美国霸权与古巴革命——苏联解体以来的美古关系 / 王松霞 // 中国社会科学院研究生院，2003

试论 19 世纪 20 年代美国对古巴的"熟果"政策 / 吕宽庆 // 商丘师范学院学报，2004（3）

战后美国对拉丁美洲的政策及古巴导弹危机的爆发 / 岳澎 // 晋东南师范专科学校学报，2004（6）

美国对古巴遏制政策的起源 / 王伟 // 东北师范大学，2004

冷战后古巴应对美国的政策及启示 / 李悦昌 // 党史博采（理论），2005（9）

论古美矛盾与古巴的对策 / 杨少华 // 南昌大学，2005

拿破仑对英国封锁与肯尼迪对古巴封锁之比较 / 刘超杰 // 淮北煤炭师范学院学报（哲学社会科学版），2006（3）

艾森豪威尔政府对古巴政策探微 / 王伟 // 西南大学学报（人文社会科学版），2006（5）

"冥王星"计划与美国对古巴的军事打击 / 王伟 // 社会科学战线，2007（1）

试论美国对古巴禁运政策的形成 / 王伟，王佩 // 吉林师范大学学报（人文社会科学版），2007（1）

肯尼迪政府初期的美国对古巴政策探微 / 王伟 // 西南大学学报（社会科学版），2007（4）

简论肯尼迪政府对古巴的隐蔽行动计划 / 赵学功 // 南开学报（哲学社会科学版），2007（5）

古巴裔美国人与冷战后美国对古巴的制裁政策——以《古巴民主法》和《赫尔姆斯－伯顿法》出台为例 / 张文宗 // 兰州学刊，2008（2）

奥巴马当选后美国与古巴关系走向 / 齐峰田 // 拉丁美洲研究，2008（6）

论美国对古巴的"熟果政策" / 陈冬颖 // 吉林大学，2008

美国对古巴的冷战宣传（1959-1961）/ 施娜静 // 华东师范大学，2008

1959 年以来美国古巴移民研究 / 顾婷婷 // 华东师范大学，2008

古巴－美国关系 50 年四题 / 张凡 // 拉丁美洲研究，2009（1）

肯尼迪在美苏古巴导弹系统危机中的"战争边缘策略" / 张红，刘会宝 // 中南
　　大学学报（社会科学版），2010（4）

1965-1973 年古巴难民潮和美国的政策 / 王丽华 // 山东师范大学，2010

古巴裔美国人的政治游说 / 潘亚玲 // 国际论坛，2011（1）

肯尼迪政府的古巴难民安置政策及其影响 / 杨志强 // 东北师范大学，2011

19 世纪 50 年代美国对古巴政策研究 / 秦呈财 // 山东师范大学，2012

肯尼迪政府对古巴的应急作战计划 / 赵学功 // 历史研究，2013（2）

古巴导弹危机　扭曲 50 年美国外交的神话 / 佚名 // 报刊荟萃，2013（3）

海洋研究　打开美国古巴合作之门 / 张文静［编译］// 科学新闻，2013（9）

卡斯特罗政府时期古美关系研究（1959-2008）/ 周璐瑶 // 吉林大学，2013

古巴发展绿色医学化解美国封锁的经验与启示 / 黄雅，杨善发 // 合肥工业大
　　学学报（社会科学版），2014（4）

古巴美国跨界民族问题及其成因 / 曹兴，刘杨青 // 拉丁美洲研究，2014（4）

论里根政府时期美国对古巴的政策（1981-1988）/ 乔彩云 // 山东师范大学，2014

二十世纪八十年代以来美国古巴移民研究——以佛罗里达州迈阿密市为例
　　（1980-1994）/ 张强伟 // 西北师范大学，2014

奥巴马政府古巴政策析评 / 石德超 // 广东外语外贸大学，2014

论奥巴马执政以来美古关系的改善 / 武帅 // 山东师范大学，2014

美国与古巴改善关系的动因及其影响 / 江时学 // 国际问题研究，2015（2）

从洛佩斯到猪湾事件：美国对古巴政策的演变 / 袁灿兴 // 文史天地，2015（5）

奥巴马古巴破局的意义 / 索洛莫·本·阿米 // 领导文萃，2015（9）

美国古巴复交的蝴蝶效应 / 郭思远 // 人民周刊，2015（9）

美国外交政策中公众舆论的角色——以美国古巴重建外交关系为例 /［巴哈马］
　　Keevon Maynard// 吉林大学，2015

美古关系正常化动因与前景探析 / 黄觉雄 // 北京外国语大学，2015

俄罗斯（苏联）与古巴关系

苏联同拉丁美洲和古巴同非洲的关系 / 姜成松 // 拉丁美洲丛刊，1979（2）

苏美在古巴的第四次较量——关于苏联在古巴的战斗旅 / 李士兴 // 世界知识，
  1979（21）

苏美在古巴的前三次较量 / 简兵 // 世界知识，1979（21）

苏联东欧变局对古巴的影响 / 毛相麟 // 世界经济与政治，1990（5）

卡斯特罗与赫鲁晓夫的五封来往信件 / 商传群［译］// 政党与当代世界，1991（7）

评赫鲁晓夫在古巴危机中的败北 / 张培义 // 山东师大学报（社会科学版），
  1993（6）

试论美苏对古政策对古巴革命的影响 / 韩敬友，房洁 // 山东师大学报（社会
  科学版），1996（1）

试论苏联在古巴部署导弹的意图 / 韩洪文 // 历史教学，1997（5）

90 年代的俄古关系 / 孙桂荣 // 外国问题研究，1999（2）

世纪之交的俄古关系 / 孙桂荣 // 拉丁美洲研究，1999（4）

"九一一"事件后俄罗斯对古巴政策的调整 / 谌园庭 // 拉丁美洲研究，2002（1）

俄军缘何撤出古巴和越南军事基地？/ 谢荣 // 政工研究动态，2002（1-2）

在苏联驻古巴军事基地的日子 /〔俄〕谢尔盖·马克西米申，锦绣 // 国防科技，
  2003（3）

苏美冷战的国际政治经济互动：古巴问题分析 / 邱斌 // 国际关系学院学报，
  2010（3）

苏东剧变后古巴对外政策的调整与思考 / 张登文 // 中国特色社会主义研究，
  2010（4）

苏联国内政治斗争与古巴导弹危机决策 / 蔺陆洲 // 法制与社会，2011（15）

苏联（俄罗斯）与古巴关系的演进 / 蔡同昌，江振鹏 // 拉丁美洲研究，2012（5）

勃列日涅夫时期苏古关系的嬗变（1964～1982）/ 刘国菊 // 人民论坛，2013
  （26）

经济

经济发展

美帝国主义掠夺下的古巴经济 / 陈叔时 // 国际问题研究，1959（2）

古巴的土地改革 / 福尼亚尔 // 国际问题译丛，1959（21）

古巴的民族经济在斗争中成长 / 王克勤 // 世界知识，1960（23）

古巴民族经济的发展 / 章叶 // 经济研究，1961（3）

古巴农业概况 / 卜幕华 // 中国农业，1962（9）

古巴农业经济的发展 / 章叶 // 世界知识，1962（21）

古巴的农业 / 张道勇〔编译〕// 综合科技动态，1963（6）

古巴的镍 / 祝文驰 // 世界知识，1963（7）

古巴建筑概况 / 刘云鹤 // 建筑学报，1963（9）

古巴渔业概况 / 邱合金 // 国外水产，1965（4）

古巴渔业的发展 /J. A. Derpich；郝林生〔摘译〕// 世界农业，1980（9）

古巴经济困难重重 / 钟思三 // 世界经济，1980（10）

古巴的经济及其对外经济关系 / 肖艳华〔编〕// 拉丁美洲丛刊，1982（1）

古巴的经济依附和对外政策 /〔美〕卡梅洛·梅萨－拉戈；徐世澄〔译〕// 拉
　　丁美洲丛刊，1982（5）

古巴铁路 / 陈恩樵〔译〕// 铁道科技动态，1982（4）

古巴物价暴涨的背后 / 杞言 // 世界知识，1982（5）

古巴经济不妙 / 唐柱 // 世界知识，1982（21）

古巴渔业的发展 / 黄玉 // 拉丁美洲丛刊，1983（6）

古巴糖业今昔 / 赵长华 // 世界农业，1983（11）

古巴会计的发展（上）/ 林东模 // 武汉财会，1984（5）

古巴会计的发展（下）/ 林东模 // 武汉财会，1984（6）

享誉世界的古巴雪茄 / 章洪发 // 世界知识，1984（17）

古巴工资制度浅析 /〔古巴〕B.弗洛雷斯·卡萨马约尔；余幼宁〔译〕// 国
　　外社会科学，1985（4）

古巴会计核算的发展 / 杜存厚［摘译］// 上海会计，1985（12）

古巴的社会主义经济建设 / 宋晓平，毛相麟 // 拉丁美洲研究，1986（1）

古巴的对外经济政策 / 玛萨 // 拉丁美洲研究，1986（2）

古巴国内商业的发展 / 林魏［编译］// 商业经济文荟，1986（4）

古巴的甘蔗综合利用 / 轻工业部甘蔗糖业研究所赴古巴糖业考察组 // 甘蔗糖业，1987（4）

试析 80 年代古巴的经济改革和政策 / 徐世澄 // 当代世界社会主义问题，1987（4）

古巴的农业 / 张乐因 // 世界农业，1987（6）

古巴经济发展及其特点 / 张小强 // 世界经济与政治，1987（11）

古巴经济的发展 /〔古巴〕何塞·路易斯·罗德里格斯；徐世澄［译］/ 世界经济译丛，1987（11）

80 年代古巴农业的发展 /〔苏联〕恩·弗拉索夫；韦杨［译］// 世界经济译丛，1987（11）

古巴经济改革的曲折道路 / 罗秀芳 // 现代国际关系，1988（2）

古巴工业化建设发展进程述评 / 袁东振 // 拉丁美洲研究，1988（2）

古巴的经济改革 / 马小平 // 拉丁美洲研究，1988（3）

80 年代后期古巴经济政策的变化 / 毛相麟 // 当代世界社会主义问题，1988（3）

古巴的社会主义经济建设 / 陈世润 // 南昌大学学报（人文社会科学版），1989（2）

古巴的统计制度 /〔美〕安德鲁·津巴利斯特；江时学［译］// 世界经济译丛，1989（3）

古巴的经济建设和社会发展 /〔苏联〕亚历山大·苏霍诺斯塔夫；吴红［摘译］// 政党与当代世界，1989（6）

古巴农业的集体化 /〔英〕克里斯托布·卡伊；倪建国［译］// 世界经济译丛，1989（6）

古巴渔业 / 刘玉忠 // 世界农业，1990（2）

古巴收入分配制度变革及其趋势 / 林锋 // 世界经济研究，1990（3）

古巴养蜂业考察见闻 / 黄双修，陈世璧 // 中国养蜂，1991（1）

世界格局变化对古巴经济的影响 / 宋晓平 // 拉丁美洲研究，1991（5）

古巴的自行车市场 / 徐道行 // 中国自行车，1991（6）

古巴政治经济调整的几个特点 / 毛相麟 // 国外社会科学情况，1991（9）

古巴养蜂业 / 袁耀东 // 蜜蜂杂志，1992（3）

国际形势急剧变化中的古巴经济 /〔古巴〕何塞·路易斯·罗德里格斯；徐世澄〔译〕// 世界经济译丛，1992（9）

评对古巴经济形势的看法 / 毛相麟 // 当代世界社会主义问题，1993（3）

古巴开始实行对外开放政策 / 王玫 // 政党与当代世界，1993（9）

我们的革命不会被出卖，也不会投降（关于古巴经济困难）/〔古巴〕菲德尔·卡斯特罗；王玫〔摘译〕// 政党与当代世界，1993（11）

古巴的淡水渔业 / 杨国梁，吴文 // 中国水产，1993（12）

古巴林业 / 缪荣兴，王士魁，王秉勇 // 世界林业研究，1994（4）

古巴水库渔业利用现状及开发综述 / 李应森 // 水利渔业，1994（5）

古巴的经济开放：机遇和挑战 / 毛相麟 // 政党与当代世界，1994（9）

古巴著名学者索拉纳谈古巴经济形势和改革问题 / 宋晓平 // 经济学动态，1994（9）

1994 年古巴的经济 / 庄彤 // 全球科技经济瞭望，1994（12）

古巴引进外资掠影 / 庄彤 // 全球科技经济瞭望，1995（3）

古巴的经济改革与经济形势——访古考察报告 / 徐世澄 // 世界经济与政治，1995（8）

古巴在困境中改革、前进 / 王新禄 / 国际研究参考，1995（9）

古巴加快引进外资步伐 / 张凡 // 世界机电经贸信息，1995（12）

古巴加快经济改革步伐 / 徐世澄 // 瞭望新闻周刊，1995（26）

古巴生物技术迅速发展的动因 / 庄彤 // 全球科技经济瞭望，1996（1）

古巴的经济形势和当前的经济改革 / 宋晓平 // 拉丁美洲研究，1996（2）

古巴在经济改革开放中求得生存和发展 / 马小平 // 新视野，1996（2）

古巴甘蔗糖业科技考察报告 / 陈引芝，何为中，潘永吉，潘太江 // 广西蔗糖，1996（3）

古巴水产养殖业 / 丁晓明 // 中国渔业经济研究，1996（3）

古巴水产养殖业概况 / 丁晓明 // 中国水产，1996（5）

古巴经济改革与美国的"赫－伯法"/陈才兴//国际展望，1996（23）

古巴经济合作部副部长贝尼特斯谈古巴形势与投资政策/林华//拉丁美洲研究，1997（2）

古巴的经济形势和改革开放/宋晓平//拉丁美洲研究，1997（4）

访古巴——农业生产合作社/蒋光化//当代世界，1997（3）

克服危机回归成长的古巴经济/郑伟//经济纵横，1997（3）

古巴的调整改革与经济复苏/刘晨晖//教学与研究，1997（6）

古巴经济：到了关键阶段/宋晓平//世界知识，1997（6）

古巴农业改革/〔古巴〕C. 迪尔；邵原子〔摘译〕//国外社会科学，1998（3）

古巴的镍钴工业——访问考察报告/刘同有，谭世雄，冯金，张树峰//世界采矿快报，1998（6）

古巴沿海资源的管理/AnnaWidén，Marcus C. Ŏhman；张康生〔译〕//AMBIO-人类环境杂志，1998（8）

古巴石灰工业的现状/〔古巴〕P. A. Ochoa George；谈正雄〔编译〕//国外建材科技，1999（4）

古巴经济在恢复中增长/幺素珍//当代世界，1999（10）

古巴——实行开放政策 欢迎外来投资/赵焱//中国经贸导刊，1999（19）

古巴90年代的经济改革/陶峰//国际资料信息，2000（2）

90年代以来古巴旅游业蓬勃发展/李锦华//拉丁美洲研究，2000（5）

古巴的土地改革及其历史意义/冯秀文//世界历史，2000（5）

古巴：保健旅游蓬勃发展/升平//首都经济，2000（6）

古巴信息社会：电信基础设施与国家创新系统/〔加拿大〕安·塞乐；范保群〔译〕//管理工程学报，2000（增刊）

旅游业成为古巴的新兴支柱产业/李锦华//瞭望新闻周刊，2001（8）

古巴全国人民政权代表大会经济委员会主席谈古巴经济形势、经济改革和古美关系/范蕾//拉丁美洲研究，2002（6）

1959年革命前古巴蔗糖业的发展及其影响/林震//史学月刊，2002（8）

加勒比海的投资机会 古巴——访古巴大使阿贝尔·罗德里格斯·阿鲁费/周建莉//中国投资，2002（11）

近年来古巴经济持续恢复/〔古巴〕白诗德，安琪//社会观察，2003（3）

入世前后古巴经济政策调整及其效果 / 张帆 // 开放导报，2003（4）

古巴的金融体制改革 / 隆国强，崔昕 // 拉丁美洲研究，2003（5）

古巴小水电发展概况 /〔古巴〕I. L. M. 约恩；茹春［译］// 水利水电快报，
　　2003（12）

古巴经济改革的特点 / 幺素珍 // 当代世界，2004（5）

古巴镍工业的现状和发展前景 / 徐亮 // 中国金属通报，2004（9）

古巴：稳定增长又一年 / 幺素珍 // 当代世界，2005（3）

古巴雪茄 / 毛俊 // 世界文化，2005（6）

古巴不欢迎美元 / 刘旭，韩若楠［编译］// 世界文化，2005（7）

古巴物流贸易特区 // 中外物流，2006（3）

古巴铁路 / 史俊玲 // 铁道知识，2006（6）

古巴投资与经贸风险分析报告 / 中国信保《国家风险分析报告》// 国际融资，
　　2006（8）

古巴为社会主义创立了一个新的优越性：可持续发展的农业 / 周艳辉［编写］
　　// 国外理论动态，2006（9）

古巴经济摆脱困境 / 胡加齐 // 瞭望新闻周刊，2006（43）

古巴社会主义经济的新发展 / 詹武 // 中华魂，2007（2）

引人注目的古巴经改 / 宋晓平 // 同舟共进，2007（8）

古巴：可持续发展农业的典范 /〔美〕丽贝卡·克劳森；王维平，戚桂锋［译］
　　// 国外理论动态，2007（9）

古巴旅游业孕育客车市场 // 时代汽车，2007（9）

古巴糖 / 陈武 // 延河，2007（9）

古巴有座中国城 / 宋萧 // 经营管理者，2007（10）

古巴社会主义经济建设与发展 / 刘维广 // 拉丁美洲研究，2009（1）

古巴共和国流通硬币概述 / 喻战勇 // 江苏钱币，2009（2）

古巴特色的社会主义经济改革 / 曹丽丽 // 法制与社会，2009（2）

古巴的单一经济及其依附性后果 / 刘金源 // 学海，2009（4）

古巴经济学家马丁内斯论当前世界经济危机 / 贺钦［译］// 国外理论动态，
　　2009（9）

古巴可持续农业发展的模式与经验 / 房宏琳，单吉堃 // 中国农村经济，2009（9）

古巴 1990 年以后的经济改革与新农民化 /Laura J. Enriquez；黄小莉［译］//
开放时代，2010（4）

古巴的有机农业运动 /Fernando Funes；黄小莉［译］// 开放时代，2010（4）

能源危机与古巴的社区农业 / 白少君［编写］// 国外理论动态，2010（4）

古巴的农业改革 / 杨锡庆，干锦春 // 世界农业，2010（8）

朝鲜与古巴：计划经济模式的真正终结 / 石齐平 // 中外管理，2010（10）

古巴酝酿市场化结构变革 / 张森根 // 南风窗，2010（22）

古巴"更新经济模式"析评 / 王承就 // 社会主义研究，2011（3）

劳尔·卡斯特罗有关古巴经济变革的论述和古巴经济变革的最新动向 / 徐世澄
// 当代世界，2011（3）

劳尔·卡斯特罗执政后古巴的经济变革 / 徐世澄 // 探索与争鸣，2011（4）

苏东剧变后的古巴经济改革：措施、主要成就与思考 / 张登文 // 教学与研究，
2011（4）

古巴驻华大使白诗德谈古巴经济模式更新 / 刘维广 // 拉丁美洲研究，2011（6）

在古巴，感受经济改革的靓影 / 张秀翔 // 金融经济，2011（15）

古巴社会主义经济改革探究 / 尹少宁 // 长沙理工大学，2011

古巴"特殊时期"经济体制调整与变革的态势分析 / 张金霞 // 社会主义研究，
2012（3）

苏东剧变以来古巴的经济建设改革历程 / 邬彩霞，闫晓荣 // 学理论，2012（7）

古巴农产品贸易分析 / 司智陟 // 中国食物与营养，2013（3）

古巴镍钴工业的现状 / 徐爱东，刘宇晶，顾其德 // 世界有色金属，2013（4）

古巴经济模式更新的几个问题 / 宋晓平 // 拉丁美洲研究，2013（6）

古巴加勒比海岸的正能量 / 武亚明 // 旅游世界（旅友），2013（7）

墨西哥、古巴水资源优化配置与区域协调发展考察报告 / 水资源优化配置与区
域协调发展考察团 // 水利发展研究，2013（9）

古巴有机农业的发展之路 // 新农业，2013（10）

古巴结束双币制 / 朱泰 // 中国新时代，2013（12）

浅析二十世纪九十年代中古经济改革之比较 / 丁亚娟 // 长春理工大学学报（社
会科学版），2013（12）

关于古巴经济模式更新：体制变革的视角 / 宋晓平 // 当代世界与社会主义，

对外经贸关系

杨琳 // 商场现代化，2011（31）

古巴投资环境与中巴经济合作分析 / 安宝钧 // 经济，2012（10）

中国与古巴经贸合作现状及展望 / 张威，顾学明 // 国际经济合作，2012（11）

中国制造助力古巴交通改革 / 田野 // 商用汽车新闻，2014（11）

文化　教育　医疗卫生

古巴革命文化和教育事业的发展 / 章叶 // 世界知识，1961（18）

古巴的劳动卫生 / 乔赐彬［摘译］// 卫生研究，1973（3）

古巴的报刊 / 李湘［译］// 国际新闻界，1979（3）

古巴教育 / 郭文英，章洪发 // 外国教育动态，1985（2）

学校理事会——古巴中、小学教育管理体制的改革 / 许人纯［编译］// 外国教育动态，1985（4）

古巴的学校理事会 / 许人纯［摘译］// 外国中小学教育，1985（4）

古巴的卫生事业概况 / 王松［译］// 国外医学（医院管理分册），1986（1）

古巴的骄傲——一代拳王乔科拉特 / 薛圣建 // 体育博览，1986（2）

美国人眼中的古巴新闻业 / 时统宇［编译］// 新闻记者，1986（12）

古巴的档案工作 / 黄坤坊 // 湖南档案，1987（4）

古巴重视共产主义道德教育 / 曾昭耀 // 外国教育动态，1987（5）

古巴教育述评 / 曾昭耀 // 教育研究，1989（3）

发展中的古巴普教事业 / 孙敏 // 人民教育，1989（5）

古巴共和国的家庭医生 / 常世襄［编译］// 中国初级卫生保健，1990（5）

墨西哥、古巴的妇幼卫生教育及专业人员培训情况 / 卫生部妇幼卫生考察组 // 中国妇幼保健，1990（5）

古巴妇幼卫生工作简介 / 卫生部妇幼卫生考查组 // 中国妇幼保健，1991（2）

古巴的社会卫生状况 / 周国宝［译］// 中国社会医学，1991（6）

古巴奥运实力剖析 / 宋守训 // 中国体育科技，1992（6）

加勒比海的"黑旋风"古巴 / 宋守训 // 中国体育科技，1992（10-11）

古巴社会科学研究情况 / 驰骋 // 拉丁美洲研究，1994（1）

美国、古巴等地区的初级卫生保健 / 刘娅［编译］// 国外医学（社会医学分册），

1994（3）

古巴的图书馆和图书馆学简介 / 韩勤［编译］// 江苏图书馆学报，1995（5）

1997 年古巴科技发展综述 / 雷庄雨 // 全球科技经济瞭望，1998（6）

古巴国立科研机构的管理 / 雷鸣 // 全球科技经济瞭望，1999（1）

古巴康复医疗状况 / 刘则杨［摘］// 国外医学（医院管理分册），1999（3）

古巴科技创新体系及首要任务 / 雷鸣 // 全球科技经济瞭望，1999（8）

古巴医疗卫生及保健体系 / 雷鸣 // 全球科技经济瞭望，1999（11）

古巴教育为何始终保持先进水平 / 毛相麟 // 瞭望新闻周刊，2000（34）

古巴医药工业科技创新战略规划 / 赵锐 // 全球科技经济瞭望，2001（3）

古巴高等教育的发展与改革 / 周满生，李韧竹 // 比较教育研究，2002（7）

古巴高等教育的现状与改革 / 杨学义 // 西安财经学院学报，2003（2）

古巴的社区医疗保健体系 / 赵锐 // 全球科技经济瞭望，2003（6）

古巴——最穷的国家之一有着最好的公共医疗体系 / 邬烈兴 // 中国改革（农村版），2003（8）

中国与朝鲜、伊拉克、古巴教育之比较 / 淮生 // 教师博览，2003（12）

古巴社会科学研究现状 / 徐世澄 // 拉丁美洲研究，2004（3）

古巴教育是如何成为世界第一的——古巴教育发展模式的形成和特点 / 毛相麟 // 拉丁美洲研究，2004（5）

古巴教育是如何成为世界第一的 / 毛相麟 // 中国经贸导刊，2004（6）

访古巴第一大报格拉玛报 / 张金江 // 新闻战线，2004（11）

古巴的科技发展 / 徐世澄 // 拉丁美洲研究，2005（1）

"有教养的人民永远是强大和自由的"——我们眼中的古巴和墨西哥教育 / 上海赴古巴和墨西哥教育访问团 // 上海教育，2005（14）

阿根廷 古巴的特殊学校 // 教育，2006（5）

古巴哈瓦那铁道博物馆 / 李玉梅 // 铁道知识，2006（5）

墨西哥、古巴的科技创新与成果转化政策 / 廖良禾 // 发明与创新（综合版），2006（11）

古巴：拉美乃至世界一流的义务教育 // 教育，2007（4）

古巴的医疗外交 / 孙洪波 // 拉丁美洲研究，2007（5）

古巴全民医疗制度的建立与完善 / 毛相麟 // 中国党政干部论坛，2007（6）

美国医学教育从古巴的自然与传统医学可吸取的经验 / Diane Appelbaum 等；
温世浩［编译］// 复旦教育论坛，2007（6）

古巴的全民医疗制度是怎样建立起来的 / 毛相麟 // 学习月刊，2007（7）

古巴的全民医疗保障制度 / 毛相麟 // 科学决策，2007（8）

古巴竞技体育发展现状及其对中国的启示 / 王宏江，胡敏娟 // 体育文化导刊，
2007（11）

教育公平与政府责任——试论古巴政府在实现教育公平中的主导作用及启示 /
乐先莲，吴杭萍 // 全球教育展望，2007（12）

古巴卫生实践对我国新一轮卫生改革的启发 / 郑富豪，吴小南 // 医学与社会，
2008（6）

古巴医疗体制的成就带来的思考——他山之石 可以攻玉 / 尹荣秀，胡大一 //
中国医药导刊，2008（6）

古巴的家庭医生制度及对中国农村医改的启示 / 王承就 // 社会科学家，2008（7）

墨西哥、古巴的中小学远程教育及启示 / 张敬涛 // 中国电化教育，2008（7）

古巴教育改革的经验与反思 / 张丹，范国睿 // 外国教育研究，2008（10）

古巴医疗体制发展历程及其启示 / 王诺，王静 // 中国社会医学杂志，2009（1）

古巴的人民日报——《格朗玛》/ 傅宁 // 新闻与传播研究，2009（2）

古巴医疗体制的评价及其对中国的启示 / 王诺 // 拉丁美洲研究，2009（2）

古巴医疗模式对我国医疗改革的启示 / 王利军 // 药学教育，2009（4）

古巴记协与《格拉玛报》/ 佘家金 // 传媒，2009（5）

古巴教育发展“三步曲”及其启示 / 李木洲，张继明 // 世界教育信息，2009（5）

古巴公共医疗体系建设及其对我国的启示 / 杨舒杰，王淑玲 // 中国药业，2009（14）

古巴大学生思想政治教育的特点及启示 / 戴小江 // 中国电力教育，2009（15）

张荫桓与古巴华侨子女教育 / 王莲英 // 兰台世界，2009（21）

中国和古巴思想政治教育比较研究 / 张双靠 // 衡阳师范学院学报，2010（1）

古巴劳动教育的意义 / 黄南婷 // 外国中小学教育，2010（4）

古巴新闻传播业的历史与现状 / 陈力丹，谷田 // 当代传播，2010（4）

古巴医疗卫生体系再审视：运行机制与经验借鉴 / 刘潇，仇雨临 // 拉丁美洲
研究，2010（6）

古巴特殊教育发展的特点 / 黄南婷 // 外国中小学教育，2011（4）

古巴医疗卫生工作的基本经验及启示 / 张登文 // 中共石家庄市委党校学报，2011（9）

古巴哈瓦那大学社会主义价值体系的教育实践及启示 / 宇文利 // 学校党建与思想教育，2011（10）

古巴语言教学对我国大学英语教学的启示 / 谭贤军 // 外国语文，2011（专刊）

中国与古巴大学生思想政治教育比较研究 / 冯倩 // 重庆交通大学，2011

政府直接提供公共教育服务类型研究——以朝鲜和古巴为例 / 李协京 // 中国教育政策评论，2011

教育公平在古巴 / 陶西平 // 中小学管理，2012（5）

一支独秀的古巴生物医药专利 / 蔡小鹏 // 中国发明与专利，2012（5）

浅论当代古巴社会主义制度——社会主义制度下的古巴教育 / 金亮 // 中国校外教育，2012（6）

浅议当下古巴通俗西班牙语中的非洲语汇 / 周春霞 // 长春理工大学学报（社会科学版），2012（12）

古巴奇迹：全民免费医疗 / 巴乔 // 东西南北，2012（12）

汉语在古巴传播的 SWOT 分析及应对策略 / 付爱萍 // 四川职业技术学院学报，2013（3）

《古巴的历史》翻译实践报告 / 贾倩 // 辽宁大学，2013

从古巴教育看我国西部高等教育中学生人格培养问题与对策研究 / 张贯之，张芯瑜 // 西南科技大学高教研究，2014（1）

海明威与古巴文化 / 韦朝晖 // 芒种（下半月），2014（2）

论古巴西班牙语和西班牙"半岛西班牙语"的区别 / 陈媛 // 科教文汇（上旬刊），2014（7）

古巴的教育公平论析 / 王承就 // 理论月刊，2015（7）

古巴医疗卫生体制及对我国的启示 / 陈宁姗，田晓晓，杨小川 // 中国卫生政策研究，2015（9）

古巴：免费公共教育面临"匮乏"挑战 / 高珮莙 // 甘肃教育，2015（16）

古巴全科医生制度的经验与启示 / 张静，代涛，黄菊 // 中国全科医学，2015（31）

古巴医疗保障制度研究 / 吴慎 // 云南大学，2015

文学 艺术

古巴颂 / 李震杰 // 宁夏文艺，1962（8）

古巴必胜！/ 巴金 // 上海文学，1962（11）

古巴人民的心声——评介《古巴歌曲集》第一集 / 胡炳坤 // 人民音乐，1963（4）

古巴的广播和电视 //〔古巴〕埃内斯托·贝拉；刘志筠〔摘译〕// 国际新闻界，
　　1981（2）

古巴国歌及其作者 / 许天鸣 // 拉丁美洲丛刊，1984（6）

海明威在古巴 /〔美〕罗伯特·曼宁；郭棲庆〔译〕// 外国文学，1986（5）

海明威在古巴之谜 / 杨仁敬 // 译林，1989（3）

菠萝与古巴的文学艺术 / 章诚〔编译〕// 文化译丛，1992（1）

文论家评九十年代古巴小说的"爆炸" / 朱景冬 // 外国文学动态，1999（3）

一位非凡的古巴艺术家 / 年佳〔编译〕// 世界文化，1999（6）

是复原还是更新？——革命后的古巴电影 /〔美〕迈克尔·T.马丁，〔特立尼达〕
　　布鲁斯·帕丁顿；李小刚〔译〕// 世界电影，2002（1）

古巴电影中的历史主题 /〔古巴〕雷纳尔多·冈萨雷斯；吉小倩〔译〕// 电影艺
　　术，2002（5）

百年旅程——记华裔古巴画家维夫雷德·林（1902-1982）/〔古巴〕依拉依达·罗
　　德里格斯·蒙代哈（Dra.H.R.Mondeja）；郝志勤〔译〕// 缤纷，2002（8）

古巴的繁华音乐 // 李骏 // 南腔北调（上半月），2006（1）

古巴女作曲家达尼亚·利昂 / 赵丛林 // 音乐生活，2007（11）

古巴、印度的乡村电视模式对破解中国电视"盲村"问题的启示 / 韩鸿 // 电
　　视研究，2008（5）

克里斯蒂娜·加西娅在《梦系古巴》中的历史书写 / 李保杰，苏永刚 // 外国
　　文学研究，2008（5）

古巴钢琴家普列茨 / 朱贤杰 // 钢琴艺术，2008（9）

古巴海报设计艺术研究 / 徐金 // 苏州大学，2008

当抽象已成往事——记古巴女艺术家卡门·艾雷拉/梁红霞//美术观察,2013（9）

《乐士浮生录》中的古巴音乐 / 姚聪燕 // 电影评介，2013（17）

《梦系古巴》中的文化创伤与文化和解 / 陈广满，申富英 // 青岛农业大学学报

（社会科学版），2014（2）

巴西、古巴广播影视业的观察与思考 / 江正新，张轶，张元，营长坤，丁畅宝，赵国良 // 视听纵横，2014（2）

革新之动力——古巴艺术市场的兴起 / 王强 // 雕塑，2014（2）

《曼波王弹奏情歌》中散居者古巴意识的觉醒 / 龙俊阳 // 牡丹江大学学报，2014（3）

"美景俱乐部"后的古巴音乐文化探析 / 石莹 // 北方音乐，2014（4）

"契约华工"海外生活之尘封画卷——兼论古巴著名作家罗哈斯及其经典小说《黄色行李》/ 丁立福 // 暨南学报（哲学社会科学版），2014（6）

古巴伊杜丽娜音乐创作风格概述 / 邵晓勇 // 人民音乐，2014（7）

超越艺术人类学——古巴"音乐生成"的理论素描 / 〔日〕田中理惠子；陈昭〔译〕// 民族艺术，2015（4）

古巴音乐（上）/ 谢佳音 // 音乐生活，2015（7）

古巴音乐（中）/ 谢佳音 // 音乐生活，2015（8）

古巴音乐（下）/ 谢佳音 // 音乐生活，2015（9）

诗人何塞·马蒂

保卫何塞·马蒂英雄的故里 / 吴视 // 宁夏文艺，1962（8）

古巴民族英雄何塞·马蒂 / 吴机鹏 // 历史教学，1963（3）

何塞·马蒂和《祖国报》/ 刘习良 // 新闻业务，1963（5-6）

古巴诗人荷塞·马蒂和拉丁美洲的现代主义诗歌 / 孙雾 // 河南师大学报（社会科学版），1982（3）

何塞·马蒂诗八首 /〔古巴〕何塞·马蒂；赵振江〔译〕// 国外文学，1986(1-2)

何塞·马蒂诗选 /〔古巴〕何塞·马蒂；袁世亮〔译〕// 拉丁美洲研究，1990(1)

古巴民族英雄何塞·马蒂——反对美帝国主义的战士 /〔明斯克〕奥·斯·特尔洛夫；张泽〔译〕// 邯郸师专学报，1993

评马蒂的爱国主义思想和实践 / 郝名玮 // 世界历史，1995（2）

何塞·马蒂反帝爱国思想的历史地位与现实意义——在何塞·马蒂逝世100周年纪念会上的讲话 / 刘承军 // 拉丁美洲研究，1995（5）

古巴革命诗人何塞·马蒂 / 曹力 // 世界知识，1995（12）

独特的现代主义诗人何塞·马蒂和他的《纯朴的诗》/ 朱景东 // 拉丁美洲研究，
　　2002（6）

何塞·马蒂与当代世界的平衡 / 奥马尔·佩雷拉·埃尔南德斯 // 拉丁美洲研
　　究，2002（6）

何塞·马蒂与拉丁美洲的反帝思想传统 / 刘承军 // 拉丁美洲研究，2002（6）

激情似火——何塞·马蒂其人、其事、其文 / 黄志良 // 拉丁美洲研究，2002（6）

试论何塞·马蒂思想——纪念何塞·马蒂150周年诞辰 / 徐世澄 // 拉丁美洲
　　研究，2002（6）

在何塞·马蒂150周年诞辰纪念会上的讲话 / 陈佳贵 // 拉丁美洲研究，2002（6）

在何塞·马蒂150周年诞辰纪念会上的讲话 /〔古巴〕阿尔贝托·罗德里格
　　斯·阿鲁菲 // 拉丁美洲研究，2002（6）

英雄诗人何塞·马蒂 / 徐世澄 // 中外文化交流，2002（11）

古巴诗人何塞·马蒂 / 星雨 // 英语沙龙，2003（5）

古巴共产党是如何继承和发扬何塞·马蒂思想进行治国理政的 / 李锦华 // 当
　　代世界，2008（5）

简论何塞·马蒂思想 / 郭德厚，马瑾 // 法制与社会，2009（24）

何塞·马蒂思想及其对拉丁美洲"社会主义"的影响 / 王欣 // 长春工业大学
　　学报（高教研究版），2012（2）

试论何塞·马蒂诗歌中的典型特征 / 刘海兵 // 剑南文学（经典教苑），2012（12）

世界四大文化名人之四——何塞·马蒂 / 畅楠 // 小雪花（小学快乐作文），
　　2013（10）

历史　地理

古巴 / 谢曦 // 世界知识，1952（22）

难忘的古巴之行 / 大钊 // 世界知识，1960（18）

古巴纪行 / 夏衍 // 人民文学，1961（4）

古巴 / 陈赞威 // 世界知识，1961（9）

寸土不让——献给英雄的古巴人民 / 潘柳蔚 // 山花，1962（12）

州市职业大学学报，1999（1）

古巴加勒比海明珠 / 施明辉 // 人与自然，1999（1）

古巴努力探索适合本国发展的道路——纪念古巴革命胜利 40 周年 / 原山 // 拉
丁美洲研究，1999（1）

古巴见闻（一）/ 赵涛 // 乡镇经济研究，1999（4）

古巴见闻（二）/ 赵涛 // 乡镇经济研究，1999（5）

古巴人的饮食习俗 / 曹玲泉 // 中国食品，1999（5）

加勒比海上的旅游胜地：古巴 / 洪发 // 旅游，1999（11）

"加勒比海明珠" / 李锦华 // 世界知识，2000（9）

"美丽的革命国度"之旅——访问古巴散记 / 马武业 // 世界知识，2000（24）

探访古巴女儿村 / 李均 // 风景名胜，2002（2）

古巴的奇特双面圣诞节 / 张臣 // 文化月刊，2002（15）

古巴革命的马达——蒙卡达 / 徐世澄 // 拉丁美洲研究，2003（5）

一个美国游客眼中的古巴 / 刘旭东［编译］// 当代世界，2004（3）

我的古巴之行 / 胡北 // 北京党史，2004（6）

难忘哈瓦那——令人深思的古巴印象 / 朱相远 // 北京观察，2005（1）

访问古巴散记 / 李向前 // 百年潮，2005（11）

古巴　加勒比没有海盗 / 真柏 // 重庆与世界，2006（1）

古巴印象 / 周汉林 // 当代广西，2006（5）

古巴巡礼 / 真柏 // 民族论坛，2006（7）

格瓦拉、拉美游击战与 20 世纪 60 年代青年运动 / 吴潮 // 浙江传媒学院学报，
2007（2）

感受古巴 / 金兴 // 科学大观园，2007（6）

古巴，古巴 / 何帆 // 中国企业家，2007（8）

初识古巴 / 倪海健 // 现代班组，2007（10）

革命旅游的圣地——古巴共和国 // 中国地名，2008（11）

古巴革命的历史意义和成就 / 宋晓平 // 拉丁美洲研究，2009（1）

古巴首都哈瓦那　像切·格瓦拉一样浪漫地战斗 / 谢川陵 // 风光，2009（2）

走马观花看古巴 / 王兆生 // 进出口经理人，2009（4）

古巴革命（1933—1935）始末 / 金重远 // 江苏行政学院学报，2009（5）

古巴革命的历史特点与意义 / 贺钦 // 重庆邮电大学学报（社会科学版），2009（6）

格瓦拉及其领导的拉美游击运动失败的国际因素 / 杜娟 // 福建师范大学学报（哲学社会科学版），2010（2）

论赫尔的不干涉政策与 1933~1934 年古巴民族民主革命 / 高正宇 // 辽宁教育行政学院学报，2010（3）

古巴印象 / 陈自明 // 音乐生活，2010（9）

古巴印象（二）/ 陈自明 // 音乐生活，2010（11）

加勒比海的明珠——哈瓦那 / 堵锡忠 // 城市管理与科技，2011（3）

古巴革命与中国革命之比较 / 张媛媛 // 商业文化（下半月），2011（6）

加勒比海明珠的妇女组织——访问古巴散记 / 中国妇女代表团 // 中国妇运，2011（8）

停滞与蜕变——古巴散记 / 谢文 // 南风窗，2012（5）

古巴印象 / 袁康 // 企业与文化，2013（3）

古巴一瞥 / 张铁良 // 天津政协公报，2013（4）

加勒比海的哈瓦那 / 文西溪 // 科学大观园，2013（6）

拉丁情人古巴 /Joe；Annie［编译］// 世界高尔夫，2013（8）

古巴，加勒比海岸的爱情味道 / 陈登超 // 旅游世界（旅友），2013（11）

再游古巴 / 毕远月 // 中国摄影家，2014（8）

加勒比海的明珠：哈瓦那 / 徐艳文 // 世界环境，2015（3）

哈瓦那　定格在历史长河中的加勒比之都 / 田恬 // 世界遗产，2015（3）

古巴导弹危机

古巴导弹危机始末 / 沙金芳 // 国际问题资料，1985（12）

电子侦察与古巴导弹危机 / 马里奥·阿堪吉利斯；王军［编译］// 世界博览，1989（12）

古巴导弹危机始末 / 李华 // 军事史林，1990（2）

腊斯克等人谈古巴导弹危机的教训 / 耿振华［译］/ 世界史研究动态，1990（7）

古巴导弹危机影响初探 / 李华 // 淮北煤师院学报（社会科学版），1991（4）

古巴导弹危机决策分析 / 桂立 // 武汉大学学报（社会科学版），1992（4）

在灾难的边缘——30 年后再谈古巴导弹危机 / 赵念渝 // 国际展望，1992（22）

1962 年加勒比海危机的背后——肯尼迪同赫鲁晓夫的二十五封通信揭秘 / 孔
寒冰 // 国际政治研究，1993（3）

1962 年古巴导弹危机期间赫鲁晓夫与肯尼迪的二十五封通信：续一 / 韩兵等
［译］// 世界史研究动态，1993（3）

1962 年古巴导弹危机期间赫鲁晓夫与肯尼迪的二十五封通信：续二 / 韩兵等
［译］// 世界史研究动态，1993（4）

历史为何走到这一步——对古巴导弹危机的重新思考 / 刘伟华［译摘］// 国际
展望，1993（17）

从珍珠港事件和古巴导弹危机看情报失误的原因 / 高金虎 // 情报杂志，1995（3）

古巴导弹危机与“隔离”政策 / 曹英伟，付佐民 // 齐齐哈尔社会科学，1996（1）

古巴导弹危机对国际关系的影响 / 时晓红 // 湛江师范学院学报（社会科学版），
1996（3）

古巴导弹危机的再认识 / 张小明 // 世界历史，1996（5）

冷战中超级大国的核讹诈——六十年代古巴导弹危机追述之一 / 庞振月 // 安
徽决策咨询，1996（9）

冷战中超级大国的核讹诈——六十年代古巴导弹危机追述之二 / 庞振月 // 安
徽决策咨询，1996（10）

冷战中超级大国的核讹诈——六十年代古巴导弹危机追述之三 / 庞振月 // 安
徽决策咨询，1996（11）

冷战中超级大国的核讹诈——六十年代古巴导弹危机追述之四 / 庞振月 // 安
徽决策咨询，1996（12）

论古巴导弹危机及其后果 / 韩洪文 // 聊城师范学院学报（哲学社会科学版），
1997（2）

美国对古巴导弹危机的初步反应 / 韩洪文 // 军事历史，1997（5）

电子情报在古巴导弹危机中的特殊作用 / 徐起 // 现代舰船，1999（3）

古巴导弹危机前后的加拿大和美国军事联盟 / 李茜 // 外交学院学报，1999（4）

一场惊心动魄的核对抗——美苏解密档案展示的古巴导弹危机 / 柳植 // 百年
潮，2000（3）

古巴导弹危机的教训 / 罗伯特·肯尼迪 // 战略与管理，2001（5）

不对称的相互依赖与古巴导弹危机前后的加美军事联盟 / 李茜 // 外交学院，
　　2001

古巴导弹危机新论——关于赫鲁晓夫决策动机及结局的分析 / 郝承敦 // 拉丁
　　美洲研究，2002（2）

古巴导弹危机的前因后果 / 徐宏伟，陈厚龙 // 历史学习，2002（3）

古巴导弹危机内幕 / 卡尔·德雷克斯勒 // 报刊荟萃，2002（6）

都是导弹惹的祸！——加勒比导弹危机追忆 / 黄延权，严卫安 // 海洋世界，
　　2002（8）

古巴导弹危机的前世今生 / 雷志宇 // 南风窗，2002（23）

近年学术界关于古巴导弹危机研究述评 / 赵艳 // 陕西师范大学继续教育学报，
　　2003（2）

古巴导弹危机与 20 世纪 60 年代的美苏关系 / 赵学功 // 史学月刊，2003（10）

古巴导弹危机及其影响 / 于江欣 // 军事历史，2004（4）

"黑寡妇"与古巴导弹危机 / 张艳明［编译］/ 世界军事，2006（3）

古巴导弹危机中的官僚位置与决策 / 吴文成，梁占军 // 国际政治科学，2006（4）

国际危机管理的"有限理性"——以古巴导弹危机为例 / 荣正通，胡礼忠 //
　　国际论坛，2007（1）

中国记者亲历古巴导弹危机 / 庞炳庵，吴志华 // 党史纵横，2007（1）

美国的霸权逻辑——古巴导弹危机的另一个视角 / 赵光勇 // 今日湖北（理论
　　版），2007（3）

冲突与克制——论古巴导弹危机 / 徐伟 // 贵阳学院学报（社会科学版），2007
　　（3）

"美国人裤子里的刺猬"——古巴导弹危机纪实 / 〔苏联〕伊万·西多罗夫；
　　彭华［编译］// 时代教育（先锋国家历史），2007（22）

古巴导弹危机中的苏联空军 / 彭华 // 环球军事，2007（23）

解密：古巴导弹危机中的苏联空军 / 雅慧［编译］// 世界军事，2008（6）

1962 年古巴导弹危机与苏联对中印边界问题立场的转变 / 冯云飞 // 党史研究
　　与教学，2009（2）

论古巴导弹危机 / 钱海英 // 法制与社会，2010（6）

肯尼迪政府对古巴导弹危机的军事反应 / 赵学功 // 历史教学（下半月刊），2011（10）

古巴导弹危机下美苏危机管理的对策及其启示 / 赵亮 // 才智，2011（22）

用批判性思维分析古巴危机 / 孔翔兰，牛澜锦 // 社科纵横，2012（5）

试析赫鲁晓夫在古巴部署核导弹的动机与决策——写在古巴导弹危机爆发 50 周年之际 / 张盛发 // 俄罗斯中亚东欧研究，2012（6）

约翰·肯尼迪 古巴导弹危机 / 〔美〕约翰·肯尼迪；韩晓燕［译］// 领导文萃，2012（11）

美国中央情报局与 1962 年古巴导弹危机 / 韩福松 // 山东师范大学，2012

肯尼迪个人因素对美国政府对外政策的影响——以古巴导弹危机为例 / 王珊 // 南方论刊，2013（1）

美国新闻署在古巴导弹危机中的行为探析 / 赵继珂，邓峰 // 世界历史，2013（3）

肯尼迪：1962 年古巴导弹危机的挑起者——兼论核危机是不易管理的 / 江峡 // 湖北行政学院学报，2013（6）

费克利索夫：化解古巴导弹危机的重要角色 / 一凡 // 湖北档案，2013（12）

谁是懦夫——"古巴导弹危机" 50 年祭 / 尹冰轮 // 中国军转民，2014（3）

谁是懦夫——古巴导弹危机浅说 / 尹冰轮 // 军工文化，2014（3）

论罗素对古巴危机的调解 / 韩锡玲 // 江西科技师范大学学报，2014（5）

首脑外交在化解古巴导弹危机中的独特作用 / 李宝宝 // 长春教育学院学报，2015（15）

人物传记

古巴民族英雄何塞·马蒂 / 吴机鹏 // 历史教学，1963（3）

格瓦拉南征北战一生 / 陆国俊 // 外国史知识，1981（10）

古巴国父——塞斯佩德斯 / 许天鸣 // 拉丁美洲丛刊，1984（5）

格瓦拉遇难之谜被揭开 / 郭元增 // 世界史研究动态，1987（7）

卡斯特罗谈自己怎样走上革命道路的 / 王玫［编译］// 政党与当代世界，1989（1）

一个革命英雄主义者的悲剧——格瓦拉的一生 / 花木 // 书林，1989（12）

卡斯特罗和古巴的社会主义实践 / 徐世澄 // 拉丁美洲研究，1996（4）

古巴改革的积极推动者——劳尔·卡斯特罗 / 王玫 // 当代世界，1996（10）

切·格瓦拉与他的"新人"思想 / 刘承军 // 拉丁美洲研究，1997（6）

格瓦拉：现代拉美传奇式革命家 / 于海涛 // 中学历史教学参考，1998（11）

切·格瓦拉理想主义的悲歌 / 祝华新 // 人民论坛，1999（2）

切·格瓦拉：钢铁也能这样炼成 / 孙忠民 // 职业技术教育，2001（14）

卡斯特罗——拉丁美洲的雄狮 / 孔寒冰 // 领导科学，2001（15）

"拉美第一硬汉"——卡斯特罗 / 王志俊 // 国际展望，2001（18）

古巴人民的杰出领袖——菲德尔·卡斯特罗 / 郭元增 // 北京党史，2002（5）

卡斯特罗与古巴的社会主义改革 / 赵汇 // 求实，2004（10）

特立独行的革命者 切·格瓦拉 / 孔迈 // 文史博览，2004（11）

劳尔·卡斯特罗——贡献独特的古巴领导人 / 么素珍 // 当代世界，2005（5）

切·格瓦拉理想与激情的化身 / 李鹏 // 阅读与作文（高中版），2005（7-8）

卡斯特罗：古巴的传奇领袖 / 王海京 // 瞭望新闻周刊，2006（32）

是谁站起来永不倒下——不朽的革命战士切·格瓦拉 / 吴莉 // 大科技（百科探索），2007（4）

卡斯特罗背后的古巴 / 陈美玲，陈惠芳 // 南风窗，2007（5）

卡斯特罗与古巴 / 邹芝，周丽波 // 江西教育学院学报，2008（3）

切·格瓦拉的伦理价值观及其现实意义 / 宋晓平 // 拉丁美洲研究，2008（4）

切·格瓦拉革命思想的演变 / 鲁道夫·洛佩斯·米兰达；林华［译］// 拉丁美洲研究，2008（4）

切·格瓦拉及其超越时代的思想 / 卡洛斯·米格尔·佩雷拉；林华［译］// 拉丁美洲研究，2008（4）

切·格瓦拉及其思想在中国的影响 / 刘维广 // 拉丁美洲研究，2008（4）

格瓦拉重返中国——从一出戏剧的角度看 / 黄纪苏 // 拉丁美洲研究，2008（4）

伟大的思者和行者——格瓦拉 / 埃内斯托·加西亚·菲奥尔；林华［译］// 拉丁美洲研究，2008（4）

从柔弱少年到坚强战士——纪念切·格瓦拉诞辰 80 周年 / 王夏斐 // 中学生天地（B版），2008（6）

切·格瓦拉对新社会主义的探索 /〔法〕迈克尔·洛伊；冯浩［译］// 当代世界与社会主义，2010（1）

被消费的英雄——切·格瓦拉 / 李未 // 文学界（理论版），2010（10）

今天为何重提切·格瓦拉 / 叶匡政 // 名人传记（上半月），2010（12）

毛泽东游击战思想与格瓦拉游击战思想的比较研究 / 罗雄 // 理论界，2012（1）

"他的国不在地上，当然，也不在天上"——从金属铸币上探寻传奇革命家
    切·格瓦拉的生前身后 / 景明 // 资源再生，2012（9）

格瓦拉的孤独与躲藏 / 王瑞 // 文明，2012（10）

切·格瓦拉思潮对青年价值观的影响与引导 / 邵鹏 // 中国青年研究，2014（6）

海地

简况

海地共和国位于加勒比海北部、伊斯帕尼奥拉岛（海地岛）西部。东与多米尼加共和国相邻，南临加勒比海，北濒大西洋，西与古巴和牙买加隔海相望。海岸线长 1080 余公里，面积为 27797 平方公里。人口为 980 万（2012 年），95% 为黑人。80% 的居民信奉天主教，16% 的居民信奉新教，农村中盛行伏都教。官方语言为法语和克里奥尔语，90% 的居民使用克里奥尔语。首都为太子港，独立日是 1 月 1 日，国旗日是 5 月 18 日，海地发现日是 12 月 5 日。

海地所在的地区处于环太平洋地震带上，全境 3/4 为山地，仅沿海与沿河有狭窄平原。全国最高峰为拉萨尔山脉的拉萨尔山，海拔 2680 米。主要河流有阿蒂博尼特河，河谷地为重要农业区。北部属热带雨林气候，南部为热带草原气候，年平均气温为 25℃，年降水量为 1000 毫米，每年 5~10 月常遭飓风袭击。海地是拉美最贫穷的国家，经济以农业为主，严重依赖外援。主要矿藏有铝矾土、金、银、铜、铁等，主要农产品有咖啡、甘蔗、稻米、香蕉、菠萝、可可、芒果、剑麻，工业产品有精制糖、纺织品、肥皂、水泥、出口咖啡、香精油等产品，进口食品、燃油（成品

油）、工业制成品、机械设备、运输设备和日用消费品等。交通运输以公路运输为主，没有营运铁路。公路总长 4500 公里，主要港口有首都太子港和海地角港。货币名称为古德。

1492 年，哥伦布在首次航行美洲时抵达伊斯帕尼奥拉岛，即今日的海地和多米尼加共和国。1502 年该岛沦为西班牙殖民地，1692 年西班牙同法国签订《勒斯维克条约》，把该岛西部割让给法国，定名为法属圣多明各。1790 年爆发反法独立战争。1804 年 1 月 1 日正式宣告独立，成立拉美第一个独立的共和国，定国名为海地。自独立以来，海地内乱不断。1915 年至 1934 年美国武装占领海地，1957 年至 1986 年处于杜瓦利埃父子的独裁统治之下。1988 年 2 月，海地举行首次民主选举。1990 年 12 月，阿里斯蒂德当选总统，但于次年 9 月被军事政变推翻，流亡国外。1994 年 7 月，联合国安理会授权以美国为首的多国部队对海地进行干预。10 月 15 日，阿里斯蒂德返回海地重新执政。1995 年 12 月，勒内·普雷瓦尔当选海地总统。2000 年 11 月阿里斯蒂德再次执政。此后，朝野对立，局势动荡。2004 年初，海地爆发社会动乱，阿里斯蒂德被迫辞职，再次流亡国外。最高法院院长亚历山大就任临时总统并成立临时政府。4 月，联合国安理会通过决议，向海地派遣联合国稳定特派团。2006 年 2 月，普雷瓦尔再次当选总统。现任总统为米歇尔·马尔泰利，2011 年 4 月当选，5 月 14 日宣誓就职。对外主张民族自决和不干涉原则。海地同中国没有外交关系，1956 年同中国台湾当局"建交"。

民族独立运动高涨中的海地 / 柯贤伟 // 世界知识，1958（16）

美洲的黑人国家——海地 / 筱英 // 世界知识，1963（11）

海地革命（1790—1804 年）——拉丁美洲第一个黑人国家的成立 / 李春辉 // 历史教学，1965（7）

海地革命领袖杜桑·卢维都尔 / 王春良 // 山东师院学报（社会科学版），1978（3）

论海地革命的性质和特点 / 陆国俊 // 世界历史，1979（4）

海地革命 / 金重远 // 复旦学报（社会科学版），1980（2）

海地新闻工作者处境艰难 / 姚春涛 // 新闻战线，1981（2）

海地共和国 / 龚宗曦 // 拉丁美洲丛刊，1981（3）

海地——拉美贫穷的岛国 / 一知 // 世界知识，1981（21）

从海地政局看美国的拉美政策 / 胡泰然 // 拉丁美洲研究，1986（3）

海地人民斗争的胜利及前景 / 祝文迟 // 拉丁美洲研究，1986（3）

杜瓦利埃独裁统治的覆灭 / 谭平 // 半月谈，1986（5）

疯狂的海地 /〔法〕乔治·梅纳吉；陈汝海〔译〕// 世界之窗，1986（5）

海地杜瓦利埃家族统治黑幕 / 汤国维 // 国际问题资料，1986（5）

海地独裁政权的垮台 / 周淑霞 // 世界知识，1986（6）

从海地政局看美国的拉美政策 / 胡泰然 // 瞭望周刊，1986（8）

海地的农业 / 徐勇 // 世界农业，1987（1）

海地——灾难深重的国家 / 王克勤 // 世界博览，1987（12）

从大选结果看海地政局 / 马小平 // 拉丁美洲研究，1988（2）

海地政变带来的思考 / 宗和 // 世界知识，1988（14）

海地风云人物保罗之死 / 刘瑞常 // 世界知识，1988（24）

海地政变始末 / 胡积康 // 瞭望周刊，1988（27）

海地的民族 / 徐英 // 拉丁美洲研究，1989（5）

海地在民主化道路上缓慢前进——1989 年海地政局和 1990 年展望 / 毛相麟 //
　　拉丁美洲研究，1990（1）

加勒比黑人岛国——海地的第一位女总统 / 郭华 // 国际展望，1990（7）

海地民主进程中的波折 / 刘瑞常 // 瞭望周刊，1991（3）

风云多变的海地 / 陈丽珍 // 瞭望周刊，1991（42）

海地政变的震荡 / 陈清泉 // 世界知识，1991（21）

殖民主义与海地社会的欠发展 / 毛相麟 // 拉丁美洲研究，1992（3）

浅谈海地资本主义迟发展的原因 / 马小平 // 拉丁美洲研究，1993（6）

海地再起风浪 / 沈安 // 世界知识，1993（20）

海地：乌云依然笼罩 / 沈安 // 世界知识，1993（22）

海地危机与美国的意图 / 宗河 // 国际展望，1993（21）

1996（12）

海地新政府执政一年来的国内形势 / 唐晓芹 // 拉丁美洲研究，1997（4）

冷战后美国外交中的经济制裁——对海地的个案分析 / 李小华 // 国际政治研究，1999（3）

海地的经济改革 /〔美〕M . 伦达尔；初雪［摘译］// 国外社会科学，1999（5）

海地革命 /〔美〕富兰克林 .W. 内特；赵辉兵，孙骏骅［编译］// 内蒙古民族大学学报（社会科学版），2001（2）

海地局势缘何动荡不已 / 赵焱 // 当代世界，2004（4）

动荡：海地的历史轮回 ?/ 孔源 // 世界知识，2004（6）

海地：贫富差距导致的危机 / 赵凯 // 瞭望新闻周刊，2004（8）

中国警察海地维和不辱使命 / 余定良 // 瞭望新闻周刊，2005（1）

中国维和警察防暴队在海地 / 苏杰，戴艳梅 // 瞭望，2007（46）

海地的前世今生 / 徐世澄 // 中国报道，2010（2）

海地救援彰显大国形象 / 徐静 // 国际公关，2010（2）

一次并不意外的大地震——海地地震的警示 / 黄永明 // 西南民兵，2010（2）

海地印象 / 沈海滨 // 世界文化，2010（3）

上帝的"弃儿"——海地苦难史 / 王超 // 国家人文历史，2010（3）

谁的海地 ?/ 谢奕秋 // 南风窗，2010（3）

政权更迭与多灾多难的海地 / 刘少才［译］// 海洋世界，2010（3）

种族屠杀：海地 500 年血泪史 / 孙力舟 // 纪实，2010（3）

海地：多难未兴邦 / 魏红霞 // 世界知识，2010（3）

从救助海地看台当局操作"援助外交" / 徐青 // 世界知识，2010（4）

海地"黑人"和全球的"黑人血脉" / 黎文涛 // 世界知识，2010（4）

美国如何"拯救"海地 / 魏红霞 // 世界知识，2010（4）

海地启示录 /〔瑞士〕让·皮埃尔·莱曼 // 中国企业家，2010（3-4）

海地：文化遗产危机与新机遇 /〔海地〕威尔弗雷德·贝特朗；周晓琳［译］// 国际博物馆（中文版），2010（4）

海地五百年血泪史 / 孙力舟 // 报刊荟萃，2010（4）

海地地震之后：一场经验教训的讨论 / 刘杨［译］// 国际地震动态，2010（4）

海地地震国际救援 / 李亦纲 // 国际地震动态，2010（11）

记忆中的海地太子港 / 沈海滨 // 中国信用卡，2010（5）

海地：梦魇的国度 /〔美〕Alex von Tunzelmann；小颖，凌奥幸〔编译〕// 视野，
2010（6）

海地的中国维和警察 / 卢慧明 // 南方人物周刊，2010（6）

美国屯兵海地意欲何为 / 郭平 // 瞭望，2010（7）

天堂与地狱的交汇点——海地见闻记 /〔新加坡〕尤今 // 西部，2010（16）

海地独裁者的巫毒术 / 龙隐 // 世界博览，2011（4）

海地独裁家族兴衰录 / 吴梦启 // 跨世纪（时文博览），2011（5）

海地民主悲歌 / 向骏 // 南风窗，2011（5）

海地地震灾害及其经验教训 / 陈虹，王志秋，李成日 // 国际地震动态，2011（9）

海地新总统：隧道尽头的亮光 / 陈君 // 中国新闻周刊，2011（14）

岂容视人命如草芥！朝不保夕在海地的统治 /〔葡萄牙〕玛利亚·费雷拉；张
珊〔译〕// 国际社会科学杂志（中文版），2013（3）

维和防暴队海地任务区卫勤保障工作方法及体会 / 邢宝华，邵丽萍 // 解放军
预防医学杂志，2013（5）

文化遗产的危机传播——以汶川地震与海地地震后文化遗产的抢救、保护为
例 / 丛桂芹 // 华中建筑，2013（10）

中国制造业转移对海地经济发展的影响研究 / 裴君昊 // 西南财经大学，2013

美国政府对海地革命的反应 / 罗俊红 // 渤海大学，2013

新干涉主义视角下美国的海地政策 / 韩庆娜，修丰义 // 东方论坛，2014（3）

拉美及加勒比地区国际救灾合作初探——以海地地震为例 / 赵长峰，李云龙 //
社会主义研究，2014（6）

多米尼加共和国

简况

多米尼加共和国位于加勒比海大安的列斯群岛中的伊斯帕尼
奥拉岛东部，西接海地，南临加勒比海，北濒大西洋，东隔莫纳
海峡同波多黎各相望。面积为 48734 平方公里，人口为 1013.51 万

（2011 年）。其中黑白混血种人和印欧混血种人占 73%，白人占 16%，黑人占 11%。官方语言为西班牙语。90% 以上居民信奉天主教，其余信奉基督教新教和犹太教。首都为圣多明各，国庆日是 2 月 27 日。

境内地势较高，多山，科迪勒拉山脉分中央、北部和东部三条横贯全国。中部的杜阿尔特峰海拔 3175 米，为西印度群岛的最高峰。中北部是锡瓦奥谷地，西部有大片沙漠。主要河流为北亚克河、尤约河。西南部的恩里基湖为第一大湖，是拉美陆地的最低点。北部、东部属热带雨林气候，西南部属热带草原气候。全年温差不大，平均气温为 25℃。东北部年降水量 2000 毫米，西部约 1000 毫米。矿产有金、银、铁、镍和铝矾土。

多米尼加共和国是农业国。旅游业、出口加工业和侨汇构成其经济的三大支柱。农产品有甘蔗、可可、咖啡、烟草、水稻和水果。工业以制糖、烟草加工、化肥、水泥生产为主，其次有纺织和食品加工业等。出口蔗糖、可可、咖啡、烟草、服装和金、银、镍、铁合金等，进口石油、燃料、食品、机电产品和化工原料等。以公路运输为主，公路总长 19705 公里，铁路总长 1784 公里，80% 从事甘蔗运输。货币名称为比索。

多米尼加原为美洲印第安人居住地，1492 年哥伦布航行抵达。1496 年西班牙人在岛上建立圣多明各城，该城成为欧洲殖民者在美洲的第一个永久性居民点。1795 年归属法国，1809 年复归西班牙，1882 年起属海地。1844 年 2 月 27 日宣告独立，成立多米尼加共和国。1861～1865 年多米尼加再次被西班牙占领，19 世纪 60 年代后期美国势力开始渗入，1916～1924 年美国在多米尼加建立殖民政府，实行军事统治。1924 年 7 月美国撤军。多米尼加仍被强迫同意继续维持美军占领期间所颁布的一切法令和保留美对其财政与海关的监督权。1930 年特鲁希略发动军事政变上台，实行长达 30 年的独裁统治。1965 年美国出兵占领多米尼加。4 月 24 日多米尼加人民发动了声势浩大的反美反独裁武装起义。多米尼加人民的正义斗争得到全世界人民的同情和支持。1965 年 5 月 12 日毛泽东主席发表了《支持多米尼加人民反对美国武装侵略的声明》。在人民斗争的压力下，1966 年美军被迫从多米尼加撤军。1966 年改革党人巴拉格尔执政。此后，革命党、改革党（现基督教社会改革党）和解放党轮流执政。2012 年 5 月，解放党人达尼洛·梅迪纳赢得大选，任期至 2016 年。多米尼加对外奉行尊重领土完整和主权独立、互不干涉内政的外交政策。同中国无外交关系。

小小的多米尼加 / 陈冠生 // 世界知识，1951（10）

多米尼加 / 章叶 // 世界知识，1961（12）

美国加紧武装干涉多米尼加 / 陈赞威 // 世界知识，1961（23）

多米尼加 / 朱一凡 // 世界知识，1963（20）

一百多年来美国对多米尼加的干涉和侵略 / 丁则民，姜德昌 // 吉林师大学报，1965（1）

支持多米尼加人民反对美国武装侵略的声明 / 毛泽东 // 法学研究，1965（2）

多米尼加人民的反美斗争 / 风雷 // 历史教学，1965（7）

多米尼加 / 王庆 // 世界知识，1965（9）

多米尼加人民的抗美卫国斗争 / 梅尔 // 世界知识，1965（11）

多米尼加"六月十四日"革命运动 / 何立 // 世界知识，1965（12）

多米尼加人民的反美怒火是扑不灭的 / 梅嘉 // 世界知识，1965（21）

多米尼加人民不断掀起反美斗争 / 普力 // 世界知识，1966（8）

多米尼加的莫雷诺村社 / 高国辉［摘译］// 民族译丛，1981（6）

多米尼加共和国 / 高国辉 // 拉丁美洲丛刊，1982（4）

多米尼加共和国纪行 / 晓中 // 世界知识，1982（11）

多米尼加共和国朝着一个国有林系统发展 / 荻波［编译］// 林业资源管理，1988（3）

多米尼加共和国的"奇迹" / 让－米歇尔·卢罗伊特 // 世界通讯，1993（3）

请微笑 /〔多米尼加〕吉·瑞斯；黄梅［译］// 世界文学，1994（2）

两个多米尼加如何区分？/ 周定国 // 海洋世界，1994（2）

多米尼加经济转型中的主要问题 / 赵雪梅 // 国际交流学院科研论文集（第三

期），1996

多米尼加共和国卫生改革政策分析 / 秦玉明［编译］// 国外医学（卫生经济分
册），2000（3）

约旦、墨西哥和多米尼加等国的民族药 / 江纪武［编译］// 国外医学（中医中
药分册），2003（3）

约旦、墨西哥和多米尼加等国的民族药（续一）/ 江纪武［编译］// 国外医
学（中医中药分册），2003（4）

约旦、墨西哥和多米尼加等国的民族药（续二）/ 江纪武［编译］// 国外医
学（中医中药分册），2003（5）

巴拿马和多米尼加共和国驻华经贸代表阐述与中国的关系及发展前景 / 郑皓瑜
// 拉丁美洲研究，2006（2）

多米尼加"生态旅游"一瞥 / 华尔；刘辉［译］// 资源与人居环境，2007（7）

约翰逊政府时期美国对多米尼加的政策 / 李威 // 东北师范大学，2007

论《沉溺》之叙事特征与主题表达 / 田静 // 河北广播电视大学学报，2014（1）

《沉溺》中多米尼加裔移民身份认同寻求历程 / 王锐 // 滨州学院学报，2014（1）

《沉溺》中的拉美男性气概 / 张艳霞 // 哈尔滨学院学报，2015（6）

论《沉溺》中多米尼加流散者的生存困境 / 张艳霞，李保杰 // 乐山师范学院
学报，2015（6）

美国与多米尼加"民主"进程研究（1959-1963）/ 刘晓雪 // 渤海大学，2015

牙买加

简况

　　牙买加位于加勒比海西北部，东隔牙买加海峡与海地相望，北
距古巴约 145 公里。海岸线长 1220 公里，面积为 10991 平方公里。
人口为 274.1 万（2012 年），黑人和黑白混血种人占 90% 以上，其
余为印度人、白人和华人。多数居民信奉基督教，少数人信奉印度
教和犹太教。官方语言为英语，首都为金斯敦，8 月 6 日为独立纪
念日。

牙买加为加勒比第三大岛，沿海地区为冲积平原，中西部为丘陵和石灰岩高原。东部为蓝山山脉，山峰林立，最高峰海拔2256米。该岛林木茂密，河流、瀑布、温泉众多，素有"林水之乡"的美誉，大河和黑河为较长的河流。全国属热带雨林气候，年平均气温27℃，年平均降雨量约2000毫米。森林约占全国面积的四分之一。农业和矿业是牙买加的经济基础，主要农产品有甘蔗和香蕉，还有可可、咖啡和红胡椒等，粮食需要大量进口。主要矿产为铝矾土，还有少量钴、铁、铝和石膏等，铝矾土的年开采量和出口额居世界第二位（仅次于澳大利亚）。主要的工业是铝矿的开采和制糖，此外还生产金属制品、电子设备、建筑材料、化学制品和纺织品等。旅游业也比较发达，是主要的外汇来源。全国铁路总长339公里，公路总长17925公里。金斯顿为世界第七大天然港，是加勒比地区主要中转站之一。主要出口铝矾土、氧化铝、蔗糖和香蕉，进口石油、食品和机械产品等。货币名称为牙买加元。

牙买加原为印第安人阿拉瓦克族居住地，1509年沦为西班牙殖民地。1655年英国人占领了牙买加，1670年该岛正式成为英国殖民地，1953年牙买加实行部分内部自治，1959年进一步获得内部自治权，1961年退出西印度联邦，1962年8月6日宣布独立，成为英联邦成员国。独立以来，牙买加工党和人民民族党长期轮流执政。2007年9月，工党赢得大选，结束该党近18年的在野地位。2011年12月，人民民族党赢得大选，党的领袖辛普森－米勒（女）出任总理，2012年1月就职。牙买加对外奉行独立、不结盟的外交政策，主张国家主权平等、互不干涉内政、促进国际合作，主张在联合国的框架内解决国际争端，反对使用武力。维护国家主权、吸引外资和游客、开拓国际市场，是其外交工作的主要目标。1972年11月12日同中国建交。

略谈牙买加政府的更迭 / 赵恩碧 // 世界知识，1981（1）

牙买加的经济形势及其前景 / 金炜 // 拉丁美洲丛刊，1982（4）

牙买加 / 姜成松 // 拉丁美洲丛刊，1983（1）

"泉水之岛"——牙买加 / 一兵 // 世界知识，1985（14）

牙买加国立图书馆 / 张念书 [编译] // 山东图书馆季刊，1986（1）

牙买加旅店（上） / 迟枫 [编写] // 电影评介，1986（11）

牙买加旅店（下） / 迟枫 [编写] // 电影评介，1986（12）

牙买加的图书馆事业 / 张力平 // 江苏图书馆学报，1987（1）

牙买加的经济情况 / 〔苏联〕弗·米亚格科夫；扈云 [译] // 国际经济评论，
  1987（12）

喜爱冰淇淋的男孩 / 〔牙买加〕奥·西尼尔；苏福忠 [译] // 外国文学，1989（4）

叙事曲 / 〔牙买加〕奥·西尼尔；苏福忠 [译] // 世界文学，1989（4）

牙买加新总理迈克尔·曼利 / 江时学 // 世界经济与政治，1989（9）

牙买加 1990 年经济形势评述 / 金恩顿 // 国际经济合作，1991（8）

牙买加的承包工程和劳务市场 / 陈冶 // 国际经济合作，1992（8）

牙买加的个人所得税制改革 / 苏中一 // 税务研究，1993（3）

牙买加个人所得税制改革及对我国的启示 / 苏中一 // 经济研究参考，1993（52）

牙买加的学生贷款评述 / 赵中建 // 外国教育资料，1994（6）

牙买加的铝工业 / 苏鸿英 // 世界有色金属，2000（9）

中国与牙买加经济贸易关系的发展 / 倪考莲 // 上海对外贸易学院学报，2001（6）

协调公共与私人交通服务：牙买加金斯敦 / 张庆 [译] // 人类居住，2004（2）

协调公共与私人交通服务：牙买加金斯敦（二）/ 张庆 [译] // 人类居住，
  2004（3）

生存、适应与融合：牙买加华人社区的形成与发展（1854-1962）/ 李安山 //
  华侨华人历史研究，2005（1）

拉丁美洲国家财产税改革及启示——以智利、牙买加为例 / 邵锋 // 涉外税务，
  2006（11）

牙买加的铝土矿和氧化铝工业现状 / 李明怡 [译] // 世界有色金属，2007（3）

牙买加田径运动发展经验初探 / 柴王军，汤卫东，李刚 // 体育文化导刊，2009
  （3）

牙买加人民民族党的民主社会主义道路及其启示 / 向文华 // 当代世界社会主

义问题，2009（4）

牙买加国民商业银行流程银行改造对中国中小银行业机构的启示 / 李星煜 //
　经济研究导刊，2009（12）

短跑强国牙买加——对牙买加短跑成功因素的分析 / 简相锋 // 田径，2010（9）

冷战后中国与加勒比海地区的双赢合作关系：以 1990 至 2010 年的牙买加为
　例 / 周丽（Jo Anderson-Figueroa）// 吉林大学，2011

牙买加对中美两国发展援助与投资管理差异分析 / 克里斯（Sibblies Kristina
　Taylor）// 吉林大学，2011

牙买加首都圈金斯顿对外公路通道规划 / 卢耀军，何波，侯亘 // 中外公路，
　2012（4）

牙买加田径短跑的传奇与启示 / 张华操 // 四川体育科学，2013（4）

牙买加项目部本质化安全生产管理方法 / 郝海升 // 交通世界，2013（8）

投资牙买加：进军美洲和加勒比大市场 / 高潮 // 中国对外贸易，2013（10）

牙买加的自然灾害与风险测绘 /〔牙买加〕马克·柯德林；蓝云［现场采编］//
　卫星与网络，2013（11）

牙买加正在打造"领先的人均出口国" / 中国驻牙买加使馆经商参处 // 中国经
　贸，2013（11）

牙买加皇家港　加勒比海盗首都的覆灭 / 伯言 // 环球人文地理，2013（15）

牙买加孔子学院书法教学研究——以西印度大学孔子学院为例 / 张旺喜 // 上
　海外国语大学，2013

牙买加孔子学院汉语教学和文化推广调查报告 / 王骏伟 // 上海外国语大学，2014

牙买加南北公路项目设计综述 / 查明高，喻琼 // 中外公路，2015（3）

巴巴多斯

简况

　　巴巴多斯位于加勒比海西印度群岛最东端，海岸线长 97 公
里，面积为 431 平方公里。人口为 28.67 万（2011 年），其中
80％以上为非洲黑人后裔，4％为欧洲后裔。英语为官方语言和

通用语。居民多信奉基督教。首都为布里奇顿，独立日是 11 月 30 日。

全国地形呈梨状，南北最长处约 34 公里，东西最宽处约 23 公里。中部为山地，最高点希拉比山海拔 340 米。西部为平缓台地，东北部海岸多悬崖峭壁。地面大部分为珊瑚石灰岩和火山物质所覆盖，土壤肥沃。属热带雨林气候，年平均气温为 23 ～ 30℃，年平均降水量为 1600 毫米。巴巴多斯地处加勒比飓风带的南部边沿，有时会遭到飓风袭击。

巴巴多斯石油储量为 200 万桶，天然气储量为 1.124 亿立方米。主要矿藏石灰石储量丰富，覆盖面达国土面积的 85%，储量约 300 亿吨；浮石储量达 13.25 亿吨。

旅游业、制造业和农业是巴巴多斯的 3 大经济部门，制造业主要有食品加工、制糖、饮料、朗姆酒和啤酒酿造、化学药品、电子零部件、服装、家具等。出口原糖、朗姆酒、化学制品、食品和饮料等，进口食品、饮料、石油、机械设备、汽车等。旅游业是主要外汇来源之一。无铁路和内河水路，交通运输主要靠公路，公路总长 1793 公里。巴巴多斯是东加勒比地区重要航运中心，距首都 18 公里的格兰特利·亚当斯机场是加勒比地区最现代化的国际机场之一，24 小时运营。货币名称为巴巴多斯元。

巴巴多斯原为印第安人阿拉瓦克族和加勒比族居住地。1518 年，西班牙人登岛，10 余年后葡萄牙入侵，1624 年巴巴多斯沦为英国殖民地。1627 年英政府设总督管辖，随之从西非贩来大批黑奴开辟甘蔗种植园。1834 年始废除奴隶制，1958 年加入西印度联邦，1961 年 10 月实现内部自治，1966 年 11 月 30 日宣布独立，为英联邦成员国。独立后，民主工党和工党交替执政，政局长期稳定。2010 年 10 月，副总理兼总检察长和内政部长弗罗因德尔·斯图亚特接替任内病逝的汤普森任总理。2013 年 2 月，斯图亚特赢得大选，连任总理。

英女王伊丽莎白二世是国家元首。总督是英国女王的代表，由女王根据巴巴多斯政府的提名任命。总督有权任命总理，并根据总理的推荐任命各部部长、参议员和最高法院成员。现任总督埃利奥特·菲茨罗伊·贝尔格雷夫爵士于 2012 年 6 月 1 日就任。

对外奉行独立自主和不结盟的外交政策，主张外交多元化，外交为经济发展服务。在巩固与美国、英国、加拿大和其他欧洲国家传统友好关系的同时，积极探索与巴西、中国、印度、日本等国发展平等互利关系，重视推动加勒比地区一体化。1977 年 5 月 30 日与中国建交。

巴巴多斯 /〔美〕罗伯特·C. 韦斯特，约翰·P. 奥吉利；高芳［摘译］// 拉丁美洲丛刊，1979（2）

巴巴多斯的芬·德萨弗拉节 / 赵大正 // 拉丁美洲丛刊，1981（2）

巴巴多斯 / 毛相麟 // 拉丁美洲丛刊，1981（4）

巴巴多斯的狂欢节 / 张秀梅 // 世界知识，1981（13）

巴巴多斯国家图书馆的代理机构——图书馆、档案、情报中心网络 / 迈克尔，〔巴巴多斯〕E. 吉尔；姚倩［译］// 图书与情报，1985（2–3）

西印度群岛的"海上公园"——巴巴多斯 / 一兵 // 世界知识，1985（23）

加勒比海上的明珠——巴巴多斯 / 柴海涛 // 国际经济合作，1987（10）

巴巴多斯外资政策及鼓励措施 / 柴海涛，廖燕京 // 国际经济合作，1988（10）

旅游岛国：巴巴多斯 / 张志强 // 旅游，1993（12）

援外工程的又一探索——巴巴多斯体育馆设计 / 杨为华 // 新建筑，1994（3）

小岛巴巴多斯 / 刘瑞常 // 经济参考，1994（6）

巴巴多斯"疗养院" / 崔宇辉 // 地理知识，1994（9）

巴巴多斯妇女概况 // 中国妇运，1996（1）

阳光　沙滩　海浪——加勒比岛国风情 / 蒋涤非 // 中外建筑，1999（2）

走向诗意……——加勒比岛国考察随想 / 蒋涤非 // 建筑学报，2000（3）

阳光灿烂的岛国——巴巴多斯 / 戴连锡 // 世界博览，2000（9）

岛国中的旅游王国——巴巴多斯 / 经虹，胡文权 // 百科知识，2005（12）

投资巴巴多斯　走进加勒比市场 / 高潮 // 中国对外贸易，2007（7）

西印度群岛的疗养院——巴巴多斯共和国 // 中国地名，2008（11）

巴巴多斯首创非缴费型养老金制度的历史与借鉴——从制度创新的视角 / 唐
俊 // 拉丁美洲研究，2010（2）

中国和巴巴多斯防漏税协定议定书浅析 / 王骏，刘静谊 // 财务与会计（理财
版），2010（11）

巴巴多斯：最迷人的小国 / 王新同 // 旅游世界，2012（5）

巴巴多斯是一个比较开放的市场 / 中国驻巴巴多斯使馆经商参处 // 中国经贸，
2013（5）

巴巴多斯：加勒比海盗的昔日老巢 /Adrien Gombeau// 现代青年（细节版），
2013（12）

对英语教学背景文化的一种体验——以加勒比海的巴巴多斯为例 / 刘建萍 //
考试周刊，2013（24）

巴巴多斯人文景观与文化交流概论 / 赵嘉君 // 北方文学，2014（12）

圣卢西亚

简况

圣卢西亚位于东加勒比海向风群岛中部，北邻马提尼克，南邻圣文森特，面积为 616 平方公里。人口约 17.6 万（2013 年），82.5% 为黑人，11.9% 为黑白混血种人，另有少数白人。英语为官方语言和通用语。当地居民普遍讲帕图阿语（Patois，亦称克里奥尔语）。多数居民信奉罗马天主教。首都为卡斯特里，国庆日（哥伦布抵达圣卢西亚岛纪念日）是 12 月 13 日，独立日是 2 月 22 日。

山地岛国，山峦起伏，多短小河流、肥沃河谷。最高山峰为莫基米山，海拔 959 米。热带气候，年均气温 26℃。年降水量沿海为 1422 毫米。有丰富的地热资源和森林资源。南部有硫黄矿。

农业和旅游业为圣卢西亚国民经济支柱。盛产香蕉，是加勒比海诸岛中最大的香蕉产地和出口国，香蕉占农产品出口总收入的 90% 左右，占国家全部外汇收入的一半。其他农产品有椰油、

椰干、水果、香料等。工业主要生产出口型轻工业产品，如肥皂、椰油、朗姆酒、饮料及电子装配、服装等。旅游业是外汇的主要来源。出口初级农产品，进口粮食、食品、石油、机械及其他工业品、日用品。公路总长1210公里，无铁路。货币名称为东加勒比元。

圣卢西亚原为印第安人居住地，1502年哥伦布抵达该岛，1639年英国殖民者侵入，1651年法国殖民者占领该岛。从17世纪60年代至18世纪，英法两国对该岛进行反复争夺。1814年《巴黎条约》正式把该岛划归英国，成为英国殖民地。1958年1月至1962年为西印度联邦成员。1967年3月实行内部自治，成为英国联系邦，外交和防务由英国负责。1979年2月22日宣布独立，为英联邦成员国。独立后，工党和统一工人党轮流执政。本届工党政府于2011年12月组成。内阁主要成员有：总理兼财政、经济事务部长肯尼·安东尼，外交、国际贸易和民航部长阿尔瓦·巴普蒂斯特，基础设施、港口和交通部长菲利普·皮埃尔，教育、人力资源发展和劳工部长罗伯特·刘易斯等。

圣卢西亚对外主张同所有国家保持和谐关系。强调外交为经济服务，政府应同所有国家在开展经贸、相互投资等合作基础上寻求建立平衡的国际关系。1979年9月1日中圣建交。2007年4月30日，圣卢西亚与中国台湾当局签署"复交"公报。5月5日中国宣布中止与圣外交关系。

圣卢西亚 / 姜成松 // 拉丁美洲丛刊，1979（1）

圣卢西亚风情 / 小川 // 海洋世界，1994（8）

圣卢西亚 / 文钧 // 世界知识，1997（18）

圣卢西亚加勒比海天堂岛 / 雪涌 // 西南航空，2003（2）

摆脱枷锁：圣卢西亚教育改革的问题与策略 / 黄凯玫，范国睿 // 外国中小学教育，2007（6）

圣卢西亚 东加勒比海的天堂岛 // 文予 // 世界遗产，2014（3）

特立尼达和多巴哥

简况

特立尼达和多巴哥共和国位于西印度群岛最南端靠近南美洲海岸，由特立尼达岛和多巴哥岛两个大岛及五个小岛组成，面积为 5128 平方公里，其中特立尼达岛 4828 平方公里，多巴哥岛 300 平方公里。人口为 132.8 万（2012 年），印度裔人占 40%，黑人占 37.5%，其余是混血种人及欧洲人、阿拉伯人后裔和华人等。官方语言和通用语为英语。居民中 26% 信奉天主教，22.5% 信奉印度教，7.8% 信奉英国圣公会教，5.8% 信奉伊斯兰教。首都为西班牙港，独立日是 8 月 31 日。

特立尼达岛隔帕里亚湾与委内瑞拉海岸相望，地理上属南美大陆延伸部分。岛上从北到南耸立着 3 道平行的东西向山脉。其中阿里波山海拔 940 米以上，为境内最高点。3 道山脉之间为平原，沿岸多沼泽。该岛多蜂鸟，素称"蜂鸟之乡"。岛上多河流和沼泽。全国属热带海洋性气候，年平均气温为 27℃，年均降水量为 1560 毫米。

特立尼达和多巴哥拥有丰富的石油和天然气资源，素有加勒比海的"石油王国"之称。已探明和有可能开采的天然气储量已达 4361 亿立方米，石油储量为 7.283 亿桶。拥有世界上最大的天然沥青湖，该湖面积约 47 公顷，估计储藏量达 1200 万吨。工业以石油、天然气开采和炼油为主，其次为建筑业和制造业。主要制造业有化肥、钢铁、食品、烟草等。特立尼达和多巴哥是世界上第五大液化天然气出口国，占美国天然气市场份额的 70% 多；同时是世界上最大的氨肥和甲醇出口国。农业主要种植甘蔗、咖啡、可可、柑橘、椰子和水稻等，75% 的食品靠进口。主要出口石油、化工产品、制成品、原材料和牲畜，进口燃料、润滑油、运输设备和食品等。交通运输以公路运输为主，有公路 8000 多公里。货币名称为特立尼达和多巴哥元。

　　特立尼达和多巴哥原为阿拉瓦克族和加勒比族印第安人居住地。1498 年哥伦布在第 3 次航行美洲时到达此地。16 世纪末和 17 世纪初，该岛相继遭受英、荷、法等国掠劫。1802 年根据《亚眠条约》，该岛正式划归英国。1814 年根据《巴黎条约》沦为英国殖民地。1889 年两岛成为一个统一的英国殖民地。1956 年实行内部自治，1958 年 1 月加入西印度联邦，为联邦首府所在地。1962 年 8 月 31 日宣布独立。1976 年 8 月 1 日成立特立尼达和多巴哥共和国，成为英联邦成员国。现任总统安东尼·托马斯·阿基纳·卡莫纳于 2013 年 3 月 18 日就任，任期 5 年。在对外关系中，特立尼达和多巴哥奉行独立自主和不结盟的外交政策，坚持维护民族独立和主权、不干涉别国内政的原则，主张建立国际经济新秩序，发展平等互利的国际经济合作，积极推进拉美和加勒比一体化进程。1974 年 6 月 20 日，特立尼达和多巴哥与中国建交。

特立尼达和多巴哥 / 梅心 // 世界知识，1966（2–3）

特立尼达和多巴哥 / 尚武 // 地理知识，1974（5）

钢鼓和钢鼓乐队——特立尼达和多巴哥人民的独特创造 / 莹星 // 乐器科技简讯，1976（3）

特立尼达和多巴哥 / 赫军 // 拉丁美洲丛刊，1980（2）

大胆的探索　巧妙的创造——特立尼达和多巴哥的钢鼓乐队 / 陈自明 // 人民音乐，1980（12）

传说中鲁宾逊栖居的岛国——特立尼达和多巴哥 / 叶志雄 // 世界知识，1980（24）

八十年代初特立尼达和多巴哥的经济情况 /〔苏联〕斯·舒利科夫；瑶娟〔摘译〕// 国际经济评论，1983（5）

特立尼达和多巴哥 / 日月 // 国际贸易，1983（11）

特立尼达和多巴哥：待开拓的承包市场 / 陈培高 // 国际经济合作，1984（11）

特立尼达和多巴哥的穆斯林 /O. H. 卡苏勒；黄陵渝［编译］// 中国穆斯林，1988（4）

一次流产的政变——特立尼达和多巴哥未遂政变综述 / 亦水 // 国际展望，1990（16）

特立尼达和多巴哥的经济与卫生保健事业 /Hosein E.；高大林［译］// 国外医学（卫生经济分册），1991（2）

蜂鸟之乡 ——特立尼达和多巴哥 / 李原，蒋长瑜 // 大自然探索，2004（7）

中产阶级在特立尼达和多巴哥政治现代化中的作用 / 张红 // 史学月刊，2004（9）

还记得约克吗？——特立尼达和多巴哥的足球奇迹 / 叶涛 // 足球俱乐部，2006（6）

投资特立尼达和多巴哥 商机无限 / 高潮 // 中国对外贸易，2010（8）

特立尼达和多巴哥油气资源形势及政策分析 / 刘增洁，贾庆素 // 国土资源情报，2012（6）

特立尼达和多巴哥农作物生产及资源保护概况 / 李智军，郑锦荣，卢文佳，龙卫平，曾晶 // 广东农业科学，2012（20）

特立尼达和多巴哥地方政府改革述评 / 王新明 // 理论界，2013（2）

你所不知道的特立尼达和多巴哥：加勒比尽头的无尽狂欢 / 栾翔 // 决策探索（上半月），2013（7）

特多：进入加勒比和美洲市场的门户 / 高潮 // 中国对外贸易，2014（6）

一国二岛 特立尼达 & 多巴哥 / 梁雪玲 // 世界高尔夫，2014（7）

教育质量、性别失业率与社会秩序——基于特立尼达和多巴哥的实证研究 / 徐光木 // 教育学术月刊，2014（11）

独立后特立尼达和多巴哥职业教育制度改革及启示 / 徐光木，胡天佑 // 职教论坛，2014（25）

女性升学、收入增长与人口转变实证研究——以特立尼达和多巴哥为例 / 徐光木 // 教育与考试，2015（2）

特立尼达和多巴哥处理民族关系的经验和启示 / 徐光木 // 上海市社会主义学院学报，2015（2）

特立尼达和多巴哥的音乐（上）/ 谢佳音 // 音乐生活，2015（10）

特立尼达和多巴哥的音乐（下）/ 谢佳音 // 音乐生活，2015（11）

特立尼达和多巴哥——新闻传播业发达的岛国 / 陈力丹，孟雅 // 新闻界，2015（19）

巴哈马

简况

巴哈马位于美国佛罗里达州东南海域，古巴北侧。陆地面积为 13878 平方公里，国土面积（含水域）为 25.9 万平方公里。人口为 32.1 万（2013 年），黑人占 85%，其余为白人和少量亚洲人后裔。英语为官方语言，多数居民信奉基督教。首都为拿骚，独立日是 7 月 10 日。

巴哈马由 700 多个岛屿及 2400 多个珊瑚礁组成。群岛由西北向东南延伸，长 1223 公里，宽 96 公里，其中 30 个较大岛屿有居民。大部分岛屿地势低平，最高海拔 63 米，无河流。主要岛屿有大巴哈马岛、安德罗斯岛、柳塞拉岛和新普罗维登斯岛。北回归线横贯群岛中部。气候温和，属亚热带气候。8 月为最热月份，平均气温 30℃；1~2 月为最冷月份，平均气温 20℃。年平均气温 23.5℃，年平均降水量为 1000 毫米。海产资源丰富，有石油、天然气、盐等。

巴哈马是加勒比地区最富裕的国家，人均国内生产总值在西半球国家中仅次于美国和加拿大。旅游业、金融业和船舶服务业是国民经济支柱产业。土层薄，土壤贫瘠，可耕地少，淡水不足，农业不发达。只种植少量蔬菜、水果，主要农作物有甘蔗、番茄、香蕉、玉米、菠萝、豆类等。食品 80% 靠进口；有伐木、小船制造、水泥、食品加工、饮料、酿酒、手工艺品和制药等制造业。巴哈马海产资源丰富，是世界重要渔场之一，主要出产龙虾、海螺、石斑鱼、马林鱼、旗鱼和金枪鱼等。主要出口渔产品、化工产品、药品、朗姆酒、食盐，进口食品、消费品、机械设备和汽车等。主要商品长期依赖进口，每年均有巨额贸易赤字。巴哈马航空和海运较发达，是国际海运中心之一，有两个主要港口：拿骚和自由港。公路总长 3350 公里。货币名称为巴哈马元。

巴哈马原为印第安人居住地。1492 年哥伦布首航美洲最先到达巴哈马群岛中部的圣萨尔瓦多岛（华特林岛），1647 年首批欧洲移民抵达，1649 年为英国人占据，1717 年英国宣布巴哈马群岛为其殖民地。1783 年英国、西班牙签订《凡尔赛和约》，正式确定该群岛为英属地，1964 年 1 月实行内部自治。1973 年 7 月 10 日独立，为英联邦成员国。巴沿用英国的政治体制，实行君主立宪制。1973 年独立后，巴哈马进步自由党和自由民族运动交替执政，政局长期保持稳定。2012 年 5 月 7 日，进步自由党赢得大选，党领袖佩里·克里斯蒂出任总理。对外奉行和平合作、尊重各国主权的外交政策，倡导民族自决、独立自主、领土完整和互不干涉内政原则，主张国际合作及和平解决争端。1997 年 5 月 23 日巴哈马与中国建交。

巴哈马联邦 / 姜成松 // 拉丁美洲丛刊，1981（2）

巴哈马离岸金融中心的发展及其利弊 / 高铦 // 拉丁美洲丛刊，1985（6）

寻找神泉与巴哈马的命名 / 崔福元 // 海洋世界，1994（9）

这边风景独好——巴哈马投资考察随笔 / 索杰 // 中国商贸，1999（12）

打开中巴交流合作的新窗口——访巴哈马国首任驻华大使馆馆长米勒 / 龙微微 // 国际人才交流，2006（9）

巴哈马——投资与旅游的天堂 / 李岩 // 进出口经理人，2008（5）

巴哈马：人间伊甸园 / 王沛，李岩 // 进出口经理人，2008（5）

巴哈马群岛科考见闻 / 曹瑞骥 // 生物进化，2010（2）

巴哈马：触手可及的海上天堂 / 王丽 // 环境，2011（4）

中国与巴哈马的文化外交——以孔子学院在巴哈马为案例研究 /〔巴哈马〕Tamara Turnquest// 吉林大学，2015

国安局活动下美国国家形象在巴哈马的转变 /〔巴哈马〕Lavert Ross// 吉林大学，

2015

巴哈马国家品牌战略及其在软实力中的作用分析 /〔巴哈马〕Janeille Raquel
　　Brathwaite// 吉林大学，2015

1973 年以来英国文化在巴哈马的影响研究 /〔巴哈马〕Ecarscha Smith// 吉林
　　大学，2015

格林纳达

简况

　　格林纳达位于东加勒比海向风群岛最南端，南距委内瑞拉海
岸约 160 公里，面积为 344 平方公里。人口为 10.96 万（2012 年）。
黑人约占 82%，混血人占 13%，白人及其他人种占 5%。英语为官
方语言和通用语，居民多信奉天主教。首都为圣乔治，独立日是 2
月 7 日。

　　格林纳达由主岛格林纳达及卡里库亚岛、小马提尼克岛等组
成，岛上多山，大部分是火山型地质，火山爆发形成一些火山口
湖。属热带海洋性气候，年平均气温 26℃，年降水量沿海地区为
1520 毫米。矿藏有石油，但尚未开发。经济主要以农业和旅游业
为主，工业不发达，农业主要种植肉豆蔻、香蕉、可可、椰子、
甘蔗等。曾是世界第二大肉豆蔻生产国，有"香料之国"之称，
肉豆蔻产量约占世界总产量的三分之一。工业为小型加工制造业，
包括农产品加工、食品、饮料、纺织、轻型组装等。出口肉豆蔻、
香蕉、可可等。进口食品、机械、交通设备和基本制成品。公路
1127 公里。无铁路，首都圣乔治有深水港，可停靠大型远洋客货
轮。货币名称为东加勒比元。

　　格林纳达原为印第安人居住地，1498 年哥伦布抵达该岛，17
世纪中叶由法、英相继占领，1783 年根据《凡尔赛条约》正式划
归英国，从此沦为英国殖民地。1958 年加入西印度联邦，1974 年
2 月 7 日宣布独立，为英联邦成员。1979 年 3 月，"新宝石运动"

发动军事政变，成立人民革命政府，毕晓普担任总理。1983 年 10 月，副总理科尔德等人发动政变，杀害毕晓普总理等人。美国遂以保护侨民和应东加勒比国家组织请求干预为由与牙买加、多米尼克、巴巴多斯等 6 个加勒比国家联合出兵格林纳达。1984 年恢复大选。2013 年 2 月，格林纳达提前举行大选。反对党新民族党获得众议院全部 15 席，党领袖基思·米切尔出任总理。目前，格林纳达政局稳定。

现行宪法于 1974 年独立时生效，1979 年 3 月 13 日因内乱停止实行，1984 年 1 月 1 日原宪法恢复实行。根据格林纳达 1974 年宪法规定，英国女王为国家元首，总督由英国女王任命。格最高立法机构是参众两院组成的议会，内阁是政府行政机构，总理是政府首脑，直接领导内阁。

格林纳达对外奉行"维护国家议会民主及和平友善"的外交政策，反对以武力解决国际争端，愿与世界所有国家发展贸易和文化交往；支持全球反恐斗争，支持打击跨国犯罪，打击毒品、武器走私和洗钱；主张通过解决发展问题消除贫穷、饥饿、失业等问题。1985 年 10 月 1 日中格两国建交，1989 年 7 月 19 日格政府宣布同中国台湾当局"建交"，8 月 7 日中国中止同格林纳达的外交关系。2005 年 1 月 20 日，中格签署恢复外交关系的联合公报，即日起正式恢复外交关系。同年，格林纳达在华设立使馆并派出首任常驻大使。

格林纳达 / 经纬 // 地理知识，1974（1）

格林纳达 / 江时学 // 拉丁美洲丛刊，1983（4）

美国入侵格林纳达前后 / 晓岚 // 拉丁美洲丛刊，1983（5）

美国霸权主义的大暴露——评格林纳达局势 / 众成 // 世界知识，1983（22）

香料之岛——格林纳达 / 张守平 // 世界知识，1983（23）

美国入侵格林纳达的后果 / 一知 // 拉丁美洲丛刊，1984（2）

在格林纳达 / 丁宝忠，郝福生 // 瞭望周刊，1985（4）

重访格林纳达 / 丁宝忠 // 瞭望周刊，1985（49）

圭亚那和格林纳达的社会主义介评 / 方幼封 // 社会主义研究，1988（5）

恃强凌弱的现代岛屿速决战——美国入侵格林纳达战争战略研究 / 王增铨 //
军事历史，1989（4）

八天结束的战争——美军入侵格林纳达 / 袁静伟 // 中国民兵，1994（2）

美国入侵格林纳达事件的决策分析 / 张海清 // 中山大学学报（社会科学版），
1996（6）

"暴怒"行动——美国入侵格林纳达史实 / 杨树旗，郭若冰 // 现代兵器，1997（10）

导游图引来大患——从格林纳达的悲剧谈起 / 吴进国 // 现代兵器，1998（12）

从战术策略解析美军突袭格林纳达行动 / 项飞，牛卫利 // 轻兵器，2010（2）

从格林纳达之战看美军岛屿进攻战特点 / 殷杰 // 海陆空天惯性世界，2010（5）

美国对格林纳达政策研究 1974-1984 / 李媛 // 陕西师范大学，2013

格林纳达事件中美国公民安全状况研究 / 赵芳 // 黑龙江史志，2014（9）

**中国依托软实力塑造国际形象：格林纳达赴华奖学金留学生案例研究（2005-
2014）** /〔格林纳达〕Tricia Bethel// 吉林大学，2015

格林纳达事件与里根政府对中美洲外交政策 / 赵芳 // 山东师范大学，2015

多米尼克

简况

多米尼克位于东加勒比海向风群岛东北部，东临大西洋，西
濒加勒比海，南与马提尼克岛隔马提尼克海峡、北同瓜德罗普隔
多米尼克海峡相望。面积为 751 平方公里，人口为 7.29 万（2011
年），主要为黑人和黑白混血种人。居民多信奉天主教，少数信奉
新教。官方语言为英语，首都为罗索，独立日是 11 月 3 日。

境内多火山，最高峰迪亚布洛廷山海拔 1447 米。河流密布，
但不宜通航。中部为平原，多热水泉，最大的为南部沸腾湖。属
热带海洋气候，年均气温 25～32℃，年均降水量 2000 毫米以
上。矿藏主要有浮石，年产 10 万吨。地热和水力资源较丰富。森

林面积约 360 平方公里。农业主要种植香蕉、椰子、柑橘、芒果等；工业基础薄弱，仅有小型水果加工、酿酒、服装、卷烟、肥皂、榨油等轻工业。旅游资源丰富，有热带雨林、温泉、冷泉、瀑布等景观，发展潜力较大。出口香蕉等农产品，进口石油、日用品及食品等。以公路运输为主，没有铁路。货币名称为东加勒比元。

　　多米尼克土著居民为来自南美印第安部落的阿拉瓦克人和加勒比人。1493 年哥伦布抵达该岛，后遭英、法反复争夺。1763 年《巴黎条约》将该岛划归英国，后被法国两度占领。1805 年法国占领者放火烧毁罗索，英国支付 8000 英镑"赎金"后正式占领多米尼克岛。1958 年多米尼克加入西印度联邦。1967 年 3 月 1 日实行内部自治，成为英国的联系邦。1978 年 11 月 3 日宣布独立，为英联邦成员国。独立后，工党曾短期执政。此后，自由党和统一工人党交替执政。2000 年 1 月举行大选，工党与自由党联合执政。2004 年 1 月，查尔斯总理任内病逝，教育部长罗斯福·斯凯里特接任总理和工党领袖。2013 年 10 月 2 日，新任总统查尔斯·萨瓦林宣誓就职。多米尼克对外主张根据《联合国宪章》宗旨和国际关系准则发展与其他国家的关系，强调国家间相互尊重主权、领土完整和边界不可侵犯，互不干涉内政，和平解决国际争端；反对恐怖主义，提倡尊重人权和自由，提倡互惠合作。2004 年 3 月 23 日多米尼克与中国建交。

新独立的岛国——多米尼加联邦 / 马振岗 // 世界知识，1979（1）

多米尼加联邦 / 江时学 // 拉丁美洲丛刊，1983（5）

两个多米尼加如何区分？/ 周定国 // 海洋世界，1994（2）

热泉之国——多米尼克 / 李原，蒋长渝 // 大自然探索，2004（6）

多米尼克之行 / 林北辰 // 中国信用卡，2006（12）

中国与多米尼克农业技术合作进展 / 李育军 // 广东农业科学，2008（增刊）

圣文森特和格林纳丁斯

简况

圣文森特和格林纳丁斯位于小安的列斯群岛南部，面积为 389 平方公里，人口约 11 万（2015 年）。其中黑人占 66%，混血种人占 19%，印度裔人占 6%，欧洲裔占 4%，印第安人占 2%，其他占 3%。英语为通用语言，多数居民信奉基督教和天主教。首都为金斯顿。独立纪念日是 10 月 27 日。

圣文森特和格林纳丁斯是最年轻和最活跃的火山岛国，由主岛圣文森特岛及格林纳丁斯群岛组成。属热带气候，年均气温 26℃，年均降水量约 2000 毫米。

农业是经济的基础，有少量的农产品加工及小型制造业。圣文森特和格林纳丁斯是世界上最大的葛粉生产国，农业主要种植香蕉、葛根、甘薯、甘蔗、椰子等，香蕉为主要经济作物；有农产品加工及服装、皮革、榨油和肥皂等小型工业；旅游业是最大的经济支柱。进口食品、机械、基本工业品，出口香蕉、蔬菜和葛粉。公路总长 829 公里。货币名称为东加勒比元。

圣文森特和格林纳丁斯原为印第安加勒比部落居住地，1498 年哥伦布到达圣文森特岛。英、法两国对该岛进行过多次争夺，1783 年《凡尔赛条约》确认英国的统治权。1958~1962 年加入西印度联邦。1969 年 10 月 27 日实行内部自治，成为英国联系邦，外交和国防大权仍由英国掌握。1979 年 10 月 27 日，圣文森特和格林纳丁斯宣告独立，成为英联邦成员国。独立后，新民主党和联合工党长期轮流执政，政局稳定。2010 年 12 月，联合工党领袖拉尔夫·冈萨维斯再次赢得大选，第二次蝉联执政。圣文森特和格林纳丁斯对外奉行维护民族尊严和地区团结的外交政策。中圣无外交关系。

火山岛国——圣文森特和格林纳丁斯 / 姜成松 // 拉丁美洲丛刊，1980（1）

加勒比海的新独立国——圣文森特和格林纳丁斯 / 陈如为 // 世界知识，1980
（24）

安提瓜和巴布达

简况

安提瓜和巴布达是加勒比海东部岛国，位于加勒比海小安的列斯群岛的北部。总面积为 442.6 平方公里，人口为 8.8 万（2013年），绝大多数为非洲黑人后裔。英语为官方语言，多数居民信奉基督教。首都为圣约翰，独立日是 11 月 1 日。

安提瓜和巴布达由主岛安提瓜和巴布达、雷东达小岛组成。安提瓜为火山岛，岛上无森林、山峰与河流，东北部为丘陵，中部为平原；巴布达岛位于主岛最北端，南距安提瓜 40 公里，为珊瑚岛，地势平坦，多林木；雷东达在主岛西南 55 公里处，岛上荒无人烟。属热带气候，年平均气温约 27℃，但有海风调节，气温适中。年降水量约 1020 毫米。

安提瓜和巴布达经济基础薄弱，门类单一。旅游业是国民经济中最重要的部门。离岸金融业和网上博彩业为主要财政收入来源。农业在国民经济中的比重逐年下降，粮食不能自给，主要农产品有玉米、蔬菜、水果及少量海岛棉等。工业基础薄弱，以制造业、建筑业为主。进口机械设备、运输工具、生产用原料（含半制成品）、燃料与润滑油、建材、农产品、汽车、食品及日用品等，出口少量朗姆酒、海岛棉、服装、皮棉、加工食品等。全国有公路 384 公里，辅助公路 780 公里，无铁路。货币名称为东加勒比元。

1493 年，哥伦布第二次航行美洲时到达该岛，并以西班牙塞维利亚安提瓜教堂的名字命名。1520～1629 年曾先后遭西班牙和法国殖民者入侵。1632 年被英国占领，曾从非洲贩来黑人种植烟草、甘蔗。1667 年根据《布雷达条约》正式成为英国殖民地。1967 年成立内部自治政府，成为英国的联系邦，但外交、国防大权仍为英国所有。1981 年 11 月 1 日宣布独立，为英联邦成员国。

独立后，安提瓜和巴布达一直由安提瓜工党执政。2004 年，联合进步党首次在大选中获胜，党领袖鲍德温·斯潘塞担任总理。2009 年 3 月大选，联合进步党蝉联执政，斯潘塞连任总理。大选后，朝野政党对大选结果争议不断，反对党安提瓜工党控告包括斯潘塞总理在内的三名联合进步党议员所获议会席位无效。2010 年 10 月，东加勒比最高法院终审判决上述三名议员所获议席有效，斯潘塞政府执政地位得到巩固。

安提瓜和巴布达政府积极推行务实外交，在主权平等的基础上与各国发展友好合作关系；积极参与地区一体化进程，支持成立加勒比共同体单一市场和经济，将加强与加勒比国家的关系视为外交政策的核心，重视同英、美等传统友好国家发展关系，并努力开拓同中国、日本等亚洲国家的关系。1983 年 1 月 1 日与中国建交。

加勒比海的新国家——安提瓜 / 朱云瑞，刘天潜 // 世界知识，1980（21）

加勒比海上的新岛国　安提瓜和巴布达 / 姜成松 // 拉丁美洲丛刊，1982（2）

安提瓜和巴布达 / 云天 // 世界知识，1982（2）

安提瓜和巴布达拾趣 / 金炜 // 世界知识，1983（5）

安提瓜和巴布达　加勒比海海上乐事 /Bruno Barbier// 商务旅行，2009（2）

安提瓜和巴布达投资环境概况（译文）/ 王艺琦 // 环球市场信息导报，2015（11）

圣基茨和尼维斯

简况

圣基茨和尼维斯联邦（原国名圣克里斯托弗和尼维斯联邦）

位于东加勒比海背风群岛北部，面积为 267 平方公里，人口为 5.11 万（2012 年）。黑人占 94%，另有少量英国、葡萄牙和黎巴嫩裔。官方语言为英语，居民多为英国圣公会教徒，也有新教徒和天主教徒。首都为巴斯特尔，独立日是 9 月 19 日。

圣基茨和尼维斯由圣基茨、尼维斯和桑布雷罗等岛屿组成。属热带海洋性气候，年平均气温 26℃，年均降雨量圣基茨 1400 毫米，尼维斯 1220 毫米。

制糖业和旅游业是国民经济两大支柱。农业以甘蔗种植为主，其他产品有椰子、水果、蔬菜等。食品大部分依靠进口。工业主要有农产品加工、轧棉、服装、电子元件、食品生产和酿酒等。建筑业和制造业发展较快，拥有东加勒比地区最大的电子组装业。出口蔗糖，进口机械、食品、化工产品。公路总长 383 公里，铁路为窄轨，总长 58 公里，用于运输甘蔗。货币名称为东加勒比元。

1493 年哥伦布到达圣基茨岛。1623 年被英国占领，成为其在西印度群岛的首块殖民地。后法国一度占领该岛部分地区，从此英、法两国为争夺该岛不断发生冲突。1783 年《凡尔赛条约》将圣基茨岛正式划归英国。尼维斯岛 1628 年成为英国殖民地，1958 年圣基茨－尼维斯－安圭拉作为一个政治单位加入西印度联邦。1967 年 2 月又与安圭拉合并为英国的联系邦，实行内部自治，外交和防务由英国负责，后安圭拉脱离联邦。1983 年 9 月 19 日宣告独立，定国名为圣基茨和尼维斯联邦，为英联邦成员国。

英国女王伊丽莎白二世为国家元首，女王任命总督为其代表。现任总督卡思伯特·蒙托威利·塞巴斯蒂安，1996 年 1 月 1 日就任。

现行宪法 1983 年独立时生效。宪法规定圣基茨和尼维斯实行联邦制，给尼维斯以最大自主权。尼维斯有自己的立法、政府机关，设总理和副总督。副总督为尼岛最高首脑。本届政府于 2010 年 2 月组成。登齐尔·道格拉斯任总理兼财政、可持续发展部长。对外主张在互相尊重主权、基本权利和自由的基础上扩大同世界各国的关系，反对"任何大国对小国的操纵和胁迫"。目前与中国无外交关系。

南美洲

简况

　　位于西半球的南部，东濒大西洋，西临太平洋，西北与中美洲地峡相连，北濒加勒比海，南隔德雷克海峡与南极洲相望。南美洲大陆北宽南窄，略呈三角形，南北跨 66~68 个纬度，最长距离 7150 公里。东西最宽处是从巴西东端的布朗库角至秘鲁西北部的帕里尼亚斯角，即从西经 34° 46′ 到西经 81° 20′，东西宽达 5100 公里。南回归线以南，大陆显著收缩。南美洲陆地面积约为 1797 万平方公里（包括附近岛屿），约占世界陆地总面积的 12%。包括阿根廷、玻利维亚、巴西、智利、哥伦比亚、厄瓜多尔、圭亚那、巴拉圭、秘鲁、苏里南、乌拉圭和委内瑞拉 12 个独立国家和尚未独立的法属圭亚那。其中，巴西领土面积最大，为 851.49 万平方公里，约占南美洲总面积的一半，仅次于俄罗斯、加拿大、中国和美国，居世界第五位。

政治

中美洲和安第斯山地区的种族、肤色和阶级 /〔美〕J. 皮特 – 季维斯；王阳〔摘译〕// 民族译丛，1980（4）

安第斯条约组织的发展趋势 / 徐世澄，张虎生 // 拉丁美洲丛刊，1980（1）

安第斯五国是发展中的民族资本主义国家 / 徐世澄 // 拉丁美洲丛刊，1981（3）

安第斯条约组织在困难中团结前进 / 刁秀斌 // 拉丁美洲丛刊，1984（2）

南美洲六国"民主化进程"初探 / 卢后盾 // 拉丁美洲丛刊，1984（4）

玻利维亚、厄瓜多尔和秘鲁土著居民的一体化 /〔苏联〕T. 贡恰罗娃；朱伦〔译〕// 民族译丛，1987（4）

亚诺马莫人——真正的人 /〔美〕A. 拿破仑；汪华〔译〕// 民族译丛，1987（5）

苏里南及法属圭亚那的穆斯林 / 黄陵渝 // 拉丁美洲研究，1989（5）

雅诺马莫人——亚马孙地区仅存的部落民 /〔委〕科恩特拉斯特；张学谦［译］// 民族译丛，1992（6）

90 年代安第斯集团一体化的发展及其前景 / 曹珺 // 拉丁美洲研究，1995（6）

安第斯集团新进展 / 曹珺 // 国际展望，1995（5）

南美洲印第安人起源新说 / 陈太荣，刘正勤 // 拉丁美洲研究，1997（5）

安第斯集团步履维艰 / 张凡 // 世界知识，1997（15）

南美洲的华侨华人 / 蒋芳 // 今日中国（中文版），2004（12）

法属圭亚那的环境与人民：法兰西共和国法律运用中的混乱 /〔法〕弗朗索瓦兹·格雷南德，〔法〕瑟奇·巴羽臣，〔法〕皮埃尔·格雷南德；张芝梅［译］// 国际社会科学杂志（中文版），2007（1）

南美洲：美国下任总统的烫手山芋 / 向骏 // 南风窗，2008（18）

2010 年拉美地区安全形势 / 李卫国，杨鹤 // 拉丁美洲研究，2011（1）

"冷战"后南美洲社会党执政参政状况：数据分析 / 向文华 // 拉丁美洲研究，2011（6）

美国对南美太平洋战争政策研究 / 任克佳 // 南开大学，2013

安第斯共同体法院的条约解释方法与"去一体化" / 杨卫东 // 拉丁美洲研究，2014（5）

南美洲安全化进程：南美国家联盟案例研究 / 宝乐（Maria Paula）// 吉林大学，2014

南美主要侨居国的华人同乡会、商业与文化社团研究——以巴西、秘鲁、阿根廷、委内瑞拉为基础 / 徐珊珊 // 暨南大学，2014

南美新兴民主国家的民主巩固问题研究——以巴西、乌拉圭、阿根廷为例 / 孙钰晴 // 东北师范大学，2014

经济

南美洲的电业概况 / 屠秉铎 // 电力技术，1959（6）

安第斯集团调节外资活动的经验 /〔苏联〕埃·列维金；云卿［摘译］// 国际经济评论，1982（8）

南美洲的海洋渔业 / 刘德有 // 中国水产，1987（3）

南美国家的出口和进口——潜力与问题 /〔美〕S. C. 阿加沃尔；严建苗〔译〕/ 国际贸易译丛，1987（5）

中美洲和南美洲铁路的发展情况 / 刘寿兰〔摘译〕// 铁道科技动态，1988（2）

南美洲的钨资源（二）——玻利维亚、秘鲁、阿根廷 /C. D. Wilig 等；石磊〔摘译〕// 中国钨业，1989（5）

中南美经济的得失 /〔日〕成天幼文；艾琪〔译〕// 世界经济译丛，1989（10）

关于亚马孙地区及其开发的几个问题 / 夏国政 // 拉丁美洲研究，1990（2）

安第斯山区的薯类作物 / 庄馥萃 // 世界农业，1990（7）

中南美洲市场与包装 / 叶世雄 // 上海包装，1991（4）

巴西智利阿根廷三国经贸及化学工业发展情况综述 / 赴南美三国考察团 // 化学技术经济，1993（1）

经济腾飞的中南美洲 /〔英〕罗兰·达拉斯 // 编译参考，1993（10）

南美洲养禽业发展概况 / 贺奋义 // 甘肃畜牧兽医，1997（6）

南美洲的草地资源 / 胡自治 // 国外畜牧学（草原与牧草），1999（1）

南美洲非织造布展望 /Ian Buter；冷纯廷，王晓平，曹莉〔译〕// 产业用纺织品，1999（3）

中国与安第斯集团国家农产品贸易现状与前景研究 /Alberto Jumbo（阿尔维多）// 浙江大学，2003

南美洲油气资源投资环境 / 刘伟 // 国土资源情报，2004（8）

南美洲油气资源与勘探开发潜力 / 叶德燎，徐文明，陈荣林 // 中国石油勘探，2007（2）

南美洲国家的能源外交与合作 / 徐世澄 // 国际石油经济，2007（10）

南美洲和非洲的农业资源及其开发 / 李秀峰，徐晓刚，刘利亚 // 中国农业科技导报，2008（2）

浅析南美洲自行车市场 / 吴鹏 // 中国自行车，2008（4）

南美洲一体化迈出新一步 / 徐世澄 // 时事报告，2008（7）

南美洲含油气盆地和油气分布综述 / 白国平，秦养珍 // 现代地质，2010（6）

南美洲国家土地问题分析与启示 / 黄威 // 中国国土资源经济，2010（9）

浅谈中南美洲工程机械市场开拓 / 刘利嘉 // 建设机械技术与管理，2010（10）

企业社会责任信息披露在非洲和南美洲 / 鄢婷婷，胡曲应 // 财政监督，

2010（22）

论南美洲水资源的管理与保护 /〔巴西〕阿热米罗·普罗科比奥；余知名［译］// 拉丁美洲研究，2011（6）

中国和南美洲农产品贸易：结构与比较优势 / 孙东升，刘合光，远铜 // 农业经济问题，2011（8）

南美洲洪涝灾害应对模式及其对我国的启示 / 耿思敏，严登华，冯婧，郝彩莲，李立新，尹军 // 中国水利，2011（11）

南美洲油气地质特征及资源评价 / 谢寅符，马中振，刘亚明，周玉冰 // 地质科技情报，2012（4）

主权国家与安第斯地区一体化 / 阿曼达·拉蒂默；赵重阳［译］// 拉丁美洲研究，2012（4）

独具魅力的南美洲卡车市场 / 宁文祥 // 专用汽车，2012（12）

南美水电发展概况 /C. 斯托克斯；左志安［译］// 水利水电快报，2013（1）

中南美洲出口概览（2011 年）// 世界贸易组织动态与研究，2013（1）

南美国家矿业投资形势分析 / 王威 // 国土资源情报，2013（4）

南美洲矿业立法及变化 / 宋国明，胡建辉 // 世界有色金属，2013（4）

南美地区石油投资环境评价与优选 / 陈玉蓉，安海忠，高湘昀，杨鑫 // 资源与产业，2013（6）

中国与南美国家的经贸关系：现状与挑战 / 柴瑜，孔帅 // 拉丁美洲研究，2014（1）

南美沿海型和内陆型自贸区实践与我国自贸区建设 / 何力 // 国际商务研究，2014（2）

基于指标分类的石油海外投资环境评价模型的应用及启示——以南美洲为例 / 王宗帅，穆献中 // 企业经济，2014（3）

南美洲常规油气资源评价及勘探方向 / 谢寅符，马中振，刘亚明，刘剑波，阳孝法，孙作兴 // 地学前缘，2014（3）

南美洲大豆育种现状及展望 / 王绍东 // 中国油料作物学报，2014（4）

中南美洲国家海关放货新政下的风险分析 / 项捷 // 对外经贸实务，2014（7）

矿产资源"走出去"进入南美洲的形势及对策建议 / 雷岩，张志，宋菲，杜涛坤，郑镝，李韩雨 // 中国矿业，2014（11）

中南美洲宽带政策 旨在提升网络覆盖与数字化水平 /Luca Schiavoni，James Robinson；李璐［译］// 通信世界，2014（13）

南美洲国家出口结构调整与经济转型的困境 / 赵雪梅，周璐 // 拉丁美洲研究，2015（6）

南方共同市场

阿、巴关系与南方共同市场 / 张宝宇 // 拉丁美洲研究，1991（5）

论南方共同市场的成就和问题 / 方幼封 // 拉丁美洲研究，1995（1）

南方共同市场的形成及其对中国的影响 / 王萍 // 拉丁美洲研究，1995（1）

南方共同市场的合作机制和发展趋势 / 石瑞元 // 拉丁美洲研究，1995（6）

南方共同市场的进程及其面临的挑战 / 方幼封 // 世界经济文汇，1995（3）

南方共同市场的启动及影响 / 邵英军 // 国际贸易，1995（4）

南方共同市场的兴起 / 汤国维 // 国际展望，1995（15）

南方共同市场的启动及对我机电产品出口的影响 / 邵英军 // 世界机电经贸信息，1995（15-16）

智利与南方共同市场的关系 / 贺双荣 // 拉丁美洲研究，1996（1）

南方共同市场经济合作的方式及特点 / 江时学 // 世界经济，1996（9）

南方共同市场走向成熟 / 江时学 // 世界知识，1997（9）

对南方共同市场崛起的几点思考 / 杨清 // 拉丁美洲研究，1998（1）

南方共同市场的发展、作用及面临的挑战 / 王萍 // 拉丁美洲研究，1998（1）

对话、理解和误解：南方共同市场中的社会运动 /〔阿根廷〕伊丽莎白·杰琳；肖孝毛［译］// 国际社会科学杂志（中文版），2000（1）

南方共同市场的发展及其影响 / 尚德良 // 国际资料信息，2000（11）

从南方共同市场看东亚自由贸易区的构建 / 谢震 // 经济论坛，2003（22）

印度与南方共同市场的区域合作 / 朱颖 // 国际经贸探索，2005（1）

南方共同市场与欧盟合作的战略关系分析 / 王萍 // 现代国际关系，2005（5）

南方共同市场贸易创造和贸易转移效应分析 / 王国顺，刘洋 // 企业家天地，2005（12）

地区主义与拉丁美洲一体化——以南方共同市场为例 / 张建 // 上海国际问题

研究所，2007

外国直接投资与发展：南方共同市场的经验 / 丹尼尔·丘德诺夫斯基，安德烈斯·洛佩斯；袁琳［译］// 拉丁美洲研究，2008（6）

经济一体化对地区安全的影响——以南方共同市场为例 / 周宝根 // 太平洋学报，2010（1）

从阿根廷视角看南方共同市场中的政治因素 / 李紫莹 // 拉丁美洲研究，2010（1）

南方共同市场货币一体化进程与前景分析 / 左品 // 拉丁美洲研究，2010（2）

南方共同市场经济一体化研究 / 左品 // 南京大学，2011

中国与南方共同市场经贸合作格局与前景分析 / 左品 // 国际观察，2012（5）

文化 教育

南美洲北部四国教育一瞥 / 文进 // 外国教育动态，1982（3）

南美高等教育印象 / 金涛 // 九江师专学报（哲社版），1986（2）

南美向民主转变时期的教育 / 塞西莉亚·布拉斯拉夫斯基；张京生［译］// 教育展望，1992（4）

中国与南美洲高等林业教育比较分析 / 李梅，罗承德 // 四川林业科技，1998（4）

感觉南美洲华文文学 /〔厄瓜多尔〕陈少华 // 华文文学，1999（2）

美国冲击与痛苦调整——南美洲新闻事业 / 童清艳 // 新闻与传播研究，1999（2）

南美洲高等林业教育及其发展 / 李梅，罗承德 // 世界林业研究，2000（2）

考察南美洲科技类博物馆的印象与思考 / 陈启浩 // 学会，2011（11）

并不沉寂的一年：2013 年南美电影研究 / 魏然 // 北京电影学院学报，2014（1）

历史 地理

南美洲的气候区域 / 魏文泽 // 甘肃师范大学学报（自然科学版），1962（3）

评"南美洲地理环境的结构" / 张景哲 // 地理学报，1963（3）

的的喀喀湖——石豹之湖 / 汤晓瑾 // 拉丁美洲丛刊，1980（2）

纵贯南美大陆的安第斯山脉 / 吴锦荣 // 拉丁美洲丛刊，1982

南美洲独立战争的民族英雄苏克雷 / 王春良 // 拉丁美洲研究，1986（6）

安第斯山的古文明 / 袁义浩 // 历史教学问题，1990（1）

评南美四国六七十年代的新独裁主义 / 夏力安 // 湖北大学学报（哲学社会科学版），1992（3）

安第斯山脉三国风情——南美洲游记之一 / 陈天权 // 中国旅游，1994（5）

南部四国行——南美洲游记之二 / 陈天权 // 中国旅游，1994（6）

中南美洲地区地震序列的特征 / 李钦祖，刁桂苓，陈敬伟，于利民，孙佩卿 // 华北地震科学，1998（4）

非洲、澳洲、南美洲的连环拼合与成因探讨 / 李维渡 // 地球物理学进展，2001（1）

南美洲气候的特征及其成因 / 戴火平 // 四川教育学院学报，2002（12）

敏感区域——南美洲考点剖析 / 尹中峰 // 高考（文科版），2008（3）

南美洲纪行 / 王伟平 // 协商论坛，2008（6）

我们的世界——南美洲（一）/ 春暖花开 // 新少年，2013（3）

我们的世界——南美洲（二）/ 春暖花开 // 新少年，2013（4）

南美洲篇（一）/ 唐湘茜 // 水利水电快报，2014（10）

南美洲篇（二）/ 唐玲 // 水利水电快报，2014（11）

南美洲篇（三）/ 唐湘茜 // 水利水电快报，2014（12）

南美太平洋战争对参战国的影响 / 文学 // 拉丁美洲研究，2015（5）

圭亚那

简况

圭亚那共和国位于南美洲北部，西北与委内瑞拉交界，南与巴西毗邻，东与苏里南接壤，东北濒大西洋。面积为 21.5 万平方公里，人口为 77.5 万（2012 年），其中印度裔占 43.5%、非洲裔占 30.2%、混血种人占 16.7%、印第安人占 9.1%。英语为官方语言和通用语，也使用克里奥尔语、乌尔都语、印第安语和印地语。印度教为主第一大宗教，信徒占全国总人口的 28.4%，其次分别为基督教（16.9%）、罗马天主教（8.1%）、伊斯兰教（7.2%）。首都为乔治敦，共和国日是 2 月 23 日；独立日是 5 月 26 日。

北部为平原和丘陵，南部和西部是高原，西南部有鲁普努尼草原。境内河流纵横，有埃塞奎博河、德梅拉拉河和伯比斯河。属热带雨林气候，年降雨量 1500~2000 毫米，年均气温 24~32℃。自然资源丰富，矿藏有铝矾土、金、钻石、锰、钼、铜、钽、钨、镍、铀等，其中铝矾土蕴藏量丰富。森林面积为 16.4 万平方公里，占全国土地面积的 83%。水力资源丰富。农业主要种植水稻和甘蔗，产量约占圭农业总产量的一半，此外还种植椰子、水果、蔬菜、烟草等。工业以采矿业和制糖业为主，主要开采铝矾土、黄金和钻石。沿海地区交通较发达，公路长 7970 公里，铁路长约 187 公里。货币名称为圭亚那元。

公元 9 世纪起印第安人定居在此，15 世纪西班牙人入侵，17~18 世纪为荷兰占领，1814 年荷将其转让给英国，1831 年正式成为英殖民地，取名英属圭亚那。1953 年取得内部自治地位，1961 年英同意圭成立自治政府，1966 年 5 月 26 日宣告独立，1970 年 2 月 23 日成立圭亚那合作共和国，后更名为圭亚那共和国。对外奉行独立、不结盟的外交政策，与各国发展友好合作关系。现任总统唐纳德·拉莫塔于 2011 年 11 月就职，任期 5 年。1972 年 6 月 27 日同中国建交。

英国在圭亚那的“宪政”骗局 / 上官嵩 // 世界知识，1954（2）

英属圭亚那 / 孙键 // 世界知识，1962（7）

英属圭亚那发生了什么事情 / 莫休 // 世界知识，1963（13）

圭亚那矛盾的根源 /〔圭亚那〕摩西·巴格万 // 世界知识，1963（24）

圭亚那民族英雄科菲 / 吴德明 // 拉丁美洲丛刊，1980（2）

圭亚那的三大经济支柱 / 吴德明 // 拉丁美洲丛刊，1981（1）

圭亚那的合作运动 / 吴德明 // 拉丁美洲丛刊，1981（4）

圭亚那合作共和国 / 吴德明 // 拉丁美洲丛刊，1982（2）

圭亚那的新闻事业 / 马海亮 // 新闻战线，1982（7）

多水之乡——圭亚那合作共和国 / 吴德明 // 世界知识，1983（21）

圭亚那的多民族问题初探 / 吴德明 // 拉丁美洲丛刊，1984（6）

委 - 圭领土纠纷与美英争夺 / 瞿晓敏 // 世界历史，1985（1）

圭亚那独立后的经济发展战略 / 毛相麟，江时学 // 拉丁美洲研究，1986（2）

对圭亚那"合作社会主义"的分析 / 许崇正，周多礼 // 当代世界社会主义问
　　题，1986（4）

圭亚那和格林纳达的社会主义介评 / 方幼封 // 社会主义研究，1988（5）

圭亚那的种族、工业动乱与警察 / 〔圭亚那〕乔治·K.丹恩斯；吴德明［摘译］
　　// 民族译丛，1989（3）

19 世纪末美国干涉委、圭边界争端的实质 / 赵晓兰 // 拉丁美洲研究，1990（4）

圭亚那总统霍伊特及其政绩 / 江时学 // 世界经济与政治，1990（6）

圭亚那印第安人 / 〔圭亚那〕哈内特·福特；朱伦［译］// 民族译丛，1991（4）

圭亚那内地经济开发与土著人问题 / 吴德明 // 拉丁美洲研究，1997（2）

圭亚那人民进步党执政四年来的政绩 / 唐晓芹 // 拉丁美洲研究，1997（2）

巴西、圭亚那、拉丁美洲部分国家及西班牙民族药使用概况（续二）/ 林宏庠
　　// 国外医学（中医中药分册），1998（3）

圭亚那致力于实现经济发展现代化 / 中国驻圭亚那使馆经商参处 // 中国经贸，
　　2013（12）

武术在加共体国家的传播对策研究——以圭亚那为例 / 王志强，杨牧，俞圆 //
　　当代体育科技，2013（26）

中机公司：助力圭亚那可持续糖业 / 侯春凤 //WTO 经济导刊，2014（3）

苏里南

简况

　　苏里南共和国位于南美洲东北部，东邻法属圭亚那，西接圭亚那，南连巴西，北濒大西洋，面积为 16.4 万平方公里。人口为 54.6 万（2012 年），其中印度裔占 37%，克里奥尔人占 31%，印尼裔占 15%，丛林黑人占 10%，印第安人占 2%，华人占 2%，其他

人种占 3%。荷兰语为官方语言，通用苏里南语，各民族均有自己的语言。居民 48% 信奉基督教，27% 信奉印度教，20% 信奉伊斯兰教。首都为帕拉马里博，独立纪念日是 11 月 25 日。

境内地势南高北低，南部为山地和圭亚那高原的延伸部分，全境可分为沿海平原、热带草原和内陆丛林三大自然区。沿海平原位于最北部，地势低洼，土壤肥沃，雨水充沛，气候宜人，是农作物的主要产地。全国 90% 的人口和主要城市集中在这里。沿海南端为热带草原区，土壤沙质而贫瘠，人烟稀少，但自然资源丰富，盛产铝土。内陆丛林区绝大部分被热带丛林和草原所覆盖。4 大山脉绵延起伏伸向东、西、南、北 4 个方向。这里生长着 2000 余种树木，多为硬木，经济价值极高。水力资源丰富，境内河流密布。属热带雨林气候，年平均气温为 27℃，年平均降水量在 1930~2200 毫米。矿产资源丰富，有石油、铁、锰、铜、镍、铂、黄金等。工业以铝矾土开采、加工为主，为世界第九大铝矾土生产国。此外还有粮食加工、香烟、饮料、化工产品生产等。主要农作物为稻米、水果、蔬菜、甘蔗、棕榈、咖啡和可可。渔业是重要创汇来源。主要出口氧化铝，其次为大米、虾、水果、木材等；进口燃料、工业原材料和半制成品、机械、交通和生活用品。铁路总长 225 公里，专用于运输木材和铝矾土，无公用客运铁路，公路总长约 1 万公里。货币名称为苏里南元。

苏里南原为美洲印第安人居住地，15 世纪末西班牙殖民者侵入，1593 年被西班牙探险者宣布为其属地。1602 年荷兰人开始到此定居。1630 年英国移民迁入。1667 年英、荷签订条约，苏里南成为荷兰殖民地。1815 年维也纳条约正式确立荷对苏的宗主国地位。1954 年实行内部自治。1975 年 11 月 25 日宣告独立，成立共和国。

2010 年 5 月 25 日，苏里南举行新一届议会选举，以原反对党民族民主党为首的大联盟获得议会 51 席中的 23 席。随后，大联盟和 A 联盟、人民联盟组阁成功。7 月 19 日，苏国民议会举行总统选举，大联盟候选人、民族民主党主席鲍特瑟当选总统，于 8

月 12 日就职。苏里南对外奉行不结盟的外交政策，维护国家主权、民族自决和不干涉内政等原则；重视发展同邻国圭亚那、巴西和法属圭亚那的关系，保持与美国、荷兰以及其他欧盟国家的务实关系，促进地区一体化，加强同南美大陆特别是亚马孙条约国家间的合作。1976 年 5 月 28 日与中国建交。

苏里南经济发展的若干方面 /〔苏联〕H. 弗拉索夫；远帆〔译〕// 国际经济评论，1979（11）

外国人眼中的新苏里南 / 杨衍永 // 拉丁美洲丛刊，1980（3）

苏里南：多民族、多语言、多风俗的国家 /〔阿根廷〕雷奥诺·布勒姆；邓立，吴德明〔译〕// 民族译丛，1981（3）

苏里南 / 邓立 // 拉丁美洲丛刊，1982（1）

多民族的新苏里南 / 焦振衡 // 世界知识，1982（5）

苏里南政变频仍 / 杞言 // 世界知识，1982（8）

苏里南纪游 / 卢秋田 // 世界知识，1982（14）

苏里南政局为何动荡？/ 连宇 // 世界知识，1983（4）

八十年代初苏里南经济的发展 /〔苏联〕斯·舒利科夫；韦荧〔译〕// 国际经济评论，1983（7）

新闻工具要反映社会的变革——苏里南新闻业的情况 / 倪宁 // 国际新闻界，1984（4）

苏里南 / 曾逸 // 热带地理，1985（1）

苏里南的经济与对外贸易 /〔苏联〕恩·利罗夫；那美〔译〕// 国际经济评论，1988（1）

苏里南及法属圭亚那的穆斯林 / 黄陵渝 // 拉丁美洲研究，1989（5）

苏里南的社会结构 /〔荷兰〕亨克·E. 钦，汉斯·布丁格；吴德明〔译〕// 民族译丛，1991（3）

步履艰难的苏里南民主化进程 / 吴德明 // 拉丁美洲研究，1995（2）

苏里南的语言 / 吴安其 // 世界民族，1997（4）

南美洲的绿洲——苏里南考察观感 / 李百航 // 林业建设，1998（2）

厄瓜多尔和苏里南的矿业 / 郑敏 // 国外地质勘探技术，1998（4）

绿心木之国——苏里南 / 阿舒，一方 // 森林与人类，2001（2）

一个成功逃亡而获取自由的民族——苏里南的丛林黑人 / 吴德明 // 百科知识，
　　2001（3）

苏里南：加勒比的门户 / 高潮 // 中国对外贸易，2004（4）

苏里南社会中的族群冲突 / 洛伊德（Lloyd L. Pinas）// 安徽大学，2005

惊心动魄苏里南 / 朱建忠 // 时代文学，2006（3）

苏里南的紧急时期货币 /〔苏里南〕罗萨娜·E. 艾佳德 // 江苏钱币，2006（3）

苏里南——文化多元化的缩影 / 洛伊德 // 拉丁美洲研究，2007（6）

走进南美洲——笔端下的苏里南 / 安滨 // 中华儿女（海外版）·书画名家，
　　2012（10）

苏里南国情与历史的中文研究述评 / 孙语圣，夏当英 // 江汉大学学报（社会
　　科学版），2014（6）

苏里南作为中国旅游目的地的研究 / 莫利 // 现代营销（下旬刊），2014（12）

苏里南矿业管理体制与税费制度 / 赵宏军，于银杰 // 经济师，2015（9）

委内瑞拉

简况

　　委内瑞拉玻利瓦尔共和国位于南美洲北部，东与圭亚那为
邻，南同巴西接壤，西与哥伦比亚交界，北濒加勒比海。面积为
916700 平方公里，海岸线长 2813 公里。全境分为三个自然地理
区：西北部和北部山区、中部奥里诺科平原、东南部圭亚那高原。
总人口为 2894 万（2010 年），其中印欧混血种人占 58%，白人占
29%，黑人占 11%，印第安人占 2%。98% 的居民信奉天主教，1.5%
的居民信奉基督教。官方语言为西班牙语，首都为加拉加斯，独
立日是 7 月 5 日。

　　全境除山地外基本属热带草原气候。气温因海拔高度不同而
异，山地温和，平原炎热。每年 6~11 月为雨季，12 月～次年 5 月

为旱季。

矿产资源丰富。据石油输出国组织统计，截至 2010 年，委石油（含重油）探明储量为 246.17 亿吨（2965 亿桶），居世界第一位。2011 年，委石油日产量为 4271 吨（299 万桶）。天然气探明储量为 5.52 万亿立方米，铁矿石探明储量为 36.44 亿吨，煤炭探明储量为 7.28 亿吨，铝矾土储量为 13.32 亿吨，镍矿为 49 万吨，黄金储量为 4353 吨。此外，还有金刚石、铀、石灰岩等矿产资源。森林资源丰富，森林覆盖率为 56%。

主要工业部门有石油、铁矿、建筑、炼钢、炼铝、电力、汽车装配、食品加工、纺织等。其中，石油部门为国民经济支柱产业。主要农产品有香蕉、咖啡、豆、米、棉花。外贸在经济中占有十分重要的地位，主要出口原油、石油化工产品、钢材等，进口机电设备、化工和五金产品、汽车配件、建筑材料及农产品等。货币名称为玻利瓦尔。

委内瑞拉古代为印第安人阿拉瓦克族和加勒比族居住地，1567 年沦为西班牙殖民地，1811 年 7 月 5 日宣布独立，后在南美"解放者"西蒙·玻利瓦尔的领导下，于 1821 年 6 月彻底摆脱西班牙殖民统治。1819~1829 年同哥伦比亚、巴拿马和厄瓜多尔组成"大哥伦比亚共和国"，1829 年退出，1830 年建立委内瑞拉联邦共和国，1864 年改名为委内瑞拉合众国，1953 年重新定国名为委内瑞拉共和国，1999 年改称委内瑞拉玻利瓦尔共和国。自 19 世纪末期起，委内瑞拉长期处于独裁统治下，直到 1958 年 1 月希门内斯独裁政权被推翻。1958 年实行宪政，建立文人政权。1961 年颁布宪法，规定实行代议制民主。此后，民主行动党和基督教社会党交替执政。1998 年 12 月，"爱国中心"总统候选人查韦斯在大选获胜，彻底打破了两大传统政党长期交替执政的政治格局。

查韦斯执政后倡导"玻利瓦尔革命"，主张通过"和平革命"实现参与式民主，先后推动制定新宪法，实行土改，对工会组织进行全面改组，颁布旨在深化经济和社会变革的一系列法律法规。2010 年 9 月 26 日，委举行全国代表大会选举。执政党统一社会主义党及其盟党组成的"爱国联盟"获得 165 个议席中的 98 席，主要反对党组成的"民主团结联盟"获 65 席。

2012 年 10 月 7 日，委内瑞拉举行总统选举，查韦斯再次当选总统。12 月，查因癌症复发再次在古巴接受肿瘤切除手术。2013 年 1 月，委全国代表大会和最高法院批准查推迟宣誓就职。当地时间 3 月 5 日，查在加拉加斯病逝，副总统马杜罗任临时总统。2013 年 4 月 14 日，委内瑞拉举行总统选举，马杜罗当选。4 月 19 日，他在全国代表大会正式宣誓就任总统。

委内瑞拉奉行独立自主的外交政策，提倡南南合作，积极推动拉美地区一体化，注重同古巴、玻利维亚、巴西等拉美国家开展合作；重视同俄罗斯、伊朗等亚非国家发展关系；坚决反对美干涉内政。委美政治关系冷淡，但保持密切的经贸联系。1974 年 6 月 28 日委与中国建交。

政治

政治概况

委内瑞拉的社会主义运动 /〔委〕特奥多罗·佩特科夫；王留栓〔摘译〕// 现代外国哲学社会科学文摘，1981（10）

阿尔及利亚和委内瑞拉的理论和现实 /〔法〕穆伊兹·伊库尼科夫；戴德娴〔摘译〕// 现代外国哲学社会科学文摘，1982（1）

委内瑞拉的加勒比人 / 朱伦〔译〕// 民族译丛，1982（2）

委内瑞拉国家资本主义的发展和问题 / 严威 // 拉丁美洲丛刊，1984（1）

委内瑞拉"学会思维"计划述评 / 高德建 // 外国教育研究，1984（3）

新政府上台后的委内瑞拉 / 万钟民，薛鸿 // 瞭望周刊，1984（37）

委内瑞拉争取社会主义运动 // 中共山西省委党校学报，1985（6）

委内瑞拉近三十年的"民主化进程" / 万钟民 // 拉丁美洲研究，1987（1）

委内瑞拉总统卢辛奇及其内外政策 / 周瑞芳 // 现代国际关系，1988（1）

委内瑞拉总统海梅·卢辛奇及其内外政策 / 周瑞芳 // 世界经济与政治，1988（7）

委内瑞拉民主政治体制及其特点 / 袁东振 // 拉丁美洲研究，1989（3）

委内瑞拉争取社会主义运动 / 康学同 // 政党与当代世界，1989（3）

委内瑞拉骚乱的前因后果 / 王树柏，孟军 // 瞭望周刊，1989（12）

委内瑞拉民主行动党 / 李锦华 // 政党与当代世界，1991（7）

委内瑞拉——下一个哥伦比亚？/ 方舟 // 国际展望，1991（17）

委内瑞拉总统佩雷斯 / 周瑞芳 // 现代国际关系，1992（2）

动荡不安的委内瑞拉政局 / 沈安 // 世界知识，1992（9）

为什么委内瑞拉会发生政治危机 / 石瑞元 // 世界经济与政治，1993（7）

大选前的委内瑞拉基督教社会党 / 刘荣根 // 政党与当代世界，1993（10）

委内瑞拉审判总统案 / 王树柏 // 瞭望周刊，1993（23）

委内瑞拉总统为何遭审判厄运 / 刘国强 // 世界形势研究，1993（23）

从总统到囚犯 / 乐智华 // 国际展望，1994（18）

查韦斯主义——拉美的"第三条道路" / 曾昭耀 // 世界知识，1999（19）

查韦斯的革命与拉美的新觉醒 / 吴永恒 // 瞭望新闻周刊，1999（34）

委内瑞拉，一个盛产美女的国度 / 秦明慧 // 现代妇女，2001（1）

查韦斯改革的成效、问题和前景 / 石瑞元 // 拉丁美洲研究，2002（1）

探访委内瑞拉亚马孙印第安人 / 管彦忠 // 人与自然，2002（2）

全球化时代的"独行者"——记委内瑞拉总统查韦斯 / 席亚兵 // 世界博览，
  2002（6）

代表上帝，还是代表人民？/ 王慧然 // 领导文萃，2002（6）

委内瑞拉军事政变的幕后新闻 / 冰山 // 环球军事，2002（9）

是非成败查韦斯："第三条道路"与那场政变 / 曾昭耀 // 世界知识，2002（11）

委内瑞拉政局为何再次动荡 / 焦震衡 // 拉丁美洲研究，2003（1）

浅析查韦斯的民众主义思想 / 吴飒 // 拉丁美洲研究，2003（5）

评析委内瑞拉危机的由来及走向 / 刘家海 // 国际论坛，2003（3）

委内瑞拉危机影响石油市场 / 贾安平 // 瞭望新闻周刊，2003（4）

委内瑞拉引爆"石油炸弹" / 张国庆 // 新闻周刊，2003（4）

论政党共识对民主化绩效的影响——关于巴西、委内瑞拉和尼日利亚的实证
  比较 / 王庆兵 // 云南行政学院学报，2003（6）

查韦斯能渡过难关吗？/ 焦震衡 // 拉丁美洲研究，2004（1）

委内瑞拉共产党面临的形势和任务 / 徐洋［编写］// 国外理论动态，2004（8）

委内瑞拉总统查韦斯何去何从 / 徐世澄 // 当代世界，2004（8）

从公投看委内瑞拉局势走向 / 吴洪英 // 现代国际关系，2004（9）

目击委内瑞拉"猎人"训练（上篇）/ 安光辉 // 环球军事，2004（13）

目击委内瑞拉"猎人"训练（中篇）/ 安光辉 // 环球军事，2004（17）

目击委内瑞拉"猎人"训练（下篇）/ 安光辉 // 环球军事，2004（18）

从查韦斯获胜看这个国家 / 孙岩峰 // 世界知识，2004（17）

"查韦斯现象"与拉美左翼复兴 / 叶书宏 // 廉政瞭望，2005（2）

查韦斯与"第五共和国运动" / 孟群 // 领导之友，2005（2）

委内瑞拉革命的危机 / 周佶［编写］// 国外理论动态，2005（2）

委内瑞拉社会变革的过程及前景 /〔委〕玛尔塔·哈内克尔；李建瑞［摘译］// 国外理论动态，2005（2）

查韦斯政府的一项重要经济政策 / 何耀武，林卫［编写］// 国外理论动态，2005（3）

委内瑞拉正转向社会主义——查韦斯在世界社会论坛的演讲 /〔委〕乌戈·查韦斯；刘婷［译］// 国外理论动态，2005（7）

委内瑞拉执政党如何应对社会矛盾 / 林华 // 拉丁美洲研究，2005（6）

披荆斩棘：在委内瑞拉构建共同管理制度 / 行心明［编写］// 国外理论动态，2006（1）

委内瑞拉的发展模式：团结之路 / 张永红［编写］// 国外理论动态，2006（1）

在委内瑞拉建设社会主义——玛尔塔·哈内克尔专访 / 孙西亚［编写］// 国外理论动态，2006（1）

委内瑞拉的新型军队 / 楚全［摘译］// 国外理论动态，2006（9）

独家专访查韦斯　苦读《毛泽东选集》的委内瑞拉总统 / 刘宏 // 环球人物，2006（2）

委内瑞拉玻利瓦尔的政治进程 /〔委〕罗西奥·马内罗·冈萨雷斯 // 拉丁美洲研究，2006（2）

城市"居住空间"再认识——感想委内瑞拉的"贫民窟"/ 徐思光 // 安徽建筑，2006（4）

委内瑞拉执政党如何应对社会矛盾 / 林华 // 理论参考，2006（5）

委内瑞拉对国家发展道路的探索 / 詹武 // 中华魂，2006（6）

从制度变迁看委内瑞拉政党制度的发展动因 / 王庆兵 // 平原大学学报，2007（2）

经济因素与民主化绩效关系考证——关于巴西、委内瑞拉和尼日利亚的实证
　　比较 / 王庆兵 // 西南大学学报（人文社会科学版），2007（2）

一个查韦斯，三个伪命题 / 和静钧 // 南风窗，2007（2）

特立独行、毁誉参半的"拉美雄狮"——记委内瑞拉总统查韦斯 / 周有恒 //
　　名人传记（上半月），2007（3）

对委内瑞拉可治理性危机的分析 / 王鹏 // 拉丁美洲研究，2007（5）

委内瑞拉政府反腐败的经验与绩效评估 / 袁东振 // 拉丁美洲研究，2007（6）

委内瑞拉总统查韦斯"这里在建设 21 世纪社会主义" / 邱永峥 // 环球人物，
　　2007（6）

探秘委内瑞拉总统战无不胜的秘密武器 / 刘宏 // 报刊荟萃，2007（7）

关于委内瑞拉革命与马克思主义关系的两篇评论 / 李晓光［编写］// 国外理论
　　动态，2007（8）

勒博维茨关于委内瑞拉社会变革的理论反思 / 傅冀耀，王振永［编写］// 国外
　　理论动态，2007（8）

"查韦斯现象"与委内瑞拉的"新社会主义" / 白琳 // 理论导刊，2007（9）

查韦斯的失败，委内瑞拉的胜利 / 陈君 // 中国新闻周刊，2007（46）

试论委内瑞拉民主政治的缺陷（1958-1998）/ 杨振锋 // 吉林大学，2007

"政治强人"查韦斯修宪公投受挫 / 王楠 // 当代世界，2008（1）

查韦斯的社会主义构想与实践 / 于恒魁，王玉兰 // 中共天津市委党校学报，
　　2008（1）

查韦斯与委内瑞拉的社会基层组织 / 许峰，宋黎明［编写］// 国外理论动态，
　　2008（1）

委内瑞拉的参与式社会主义 /〔美〕罗杰·伯尔巴赫；杨妤［编译］// 国外理
　　论动态，2008（1）

委内瑞拉反新自由主义的战略性步骤（上）/〔比利时〕波尔·德·博斯；毛
　　禹权［译］// 国外理论动态，2008（1）

委内瑞拉反新自由主义的战略性步骤（下）/〔比利时〕波尔·德·博斯；毛
　　禹权［译］// 国外理论动态，2008（2）

委内瑞拉：为建设社会主义而艰苦奋斗 / 马迅，潘荑［编写］// 国外理论动态，
　　2009（3）

查韦斯执政十年：经济社会成就与挑战 /〔美〕马克·韦斯布罗特；官进胜
　　［译］// 国外理论动态，2009（10）

查韦斯缘何能在修宪公决中获胜 / 徐世澄 // 当代世界，2009（3）

委内瑞拉新执政党——统一社会主义党浅析 / 陈华 // 当代世界，2009（12）

查韦斯再挥"国有化"重拳 / 石杏茹 // 中国石油石化，2009（12）

查韦斯的国际战略和外交政策 // 王鹏，路燕萍 // 拉丁美洲研究，2010（3）

委内瑞拉统一社会主义党的成立及特点 / 徐世澄 // 当代世界社会主义问题，
　　2010（4）

查韦斯的左和右 / 龙卷风 // 当代工人，2010（6）

"你好，总统先生"——委内瑞拉政府传播策略分析 /〔委〕巴布罗 // 传媒，
　　2010（7）

卢拉挤掉了查韦斯的泡沫 / 和静钧 // 南风窗，2010（17）

"查韦斯现象"研究 / 王鹏 // 中国社会科学院研究生院，2010

浅析查韦斯政府执政以来的委内瑞拉社会组织 / 王鹏 // 拉丁美洲研究，2011（2）

委内瑞拉国民大会选举与左翼政权的未来 / 官进胜 // 当代世界与社会主义，
　　2011（3）

委内瑞拉统一社会主义党的挑战与未来 / 官进胜，夏卿［编写］// 国外理论动
　　态，2011（4）

查韦斯社会主义经济理论与实践的实证研究 / 于恒奎 // 郑州航空工业管理学
　　院学报，2012（2）

委内瑞拉基于社会的民主模式：创新与不足 /〔委〕史蒂夫·埃尔纳；赵重阳
　　［译］// 拉丁美洲研究，2012（3）

委内瑞拉公民社会新发展：从社区自治会到公社 / 王鹏 // 拉丁美洲研究，2012（3）

查韦斯大选获胜的原因及面临的挑战 / 徐世澄 // 拉丁美洲研究，2012（6）

查韦斯再度连任委内瑞拉总统：挑战与影响 / 袁东振 // 拉丁美洲研究，2012（6）

试析查韦斯执政 14 年的主要成就与失误 / 方旭飞 // 拉丁美洲研究，2012（6）

评价理论视角下查韦斯在联合国大会上的演讲分析 / 王惠敏 // 临沂大学学报，
　　2012（5）

委内瑞拉社区媒体：参与式传播的力量 / 张志华 // 新闻大学，2012（5）

查韦斯再度连任委内瑞拉总统及其影响 / 袁东振 // 当代世界，2012（11）

委内瑞拉总统乌戈·查韦斯 / 曹廷 // 国际资料信息，2012（11）

查韦斯连任，影响几何？/ 向骏 // 南风窗，2012（22）

委内瑞拉政治变局对石油合作环境的影响 / 孙洪波 // 国际石油经济，2013（1-2）

委内瑞拉政党的特点与发展动向 / 袁东振 // 当代世界，2013（1）

"后查韦斯时代"委内瑞拉的政策走势与影响 / 袁东振 // 当代世界，2013（4）

"后查韦斯时代"委内瑞拉政党及政党格局的新变化 / 袁东振 // 当代世界，
　　2013（9）

查韦斯为何牵动世界的神经 / 吕薇洲 // 党建，2013（2）

委内瑞拉玻利瓦尔社会主义研究 / 乔新生 // 财经政法资讯，2013（2）

查韦斯去世对世界石油影响几何？/ 张波 // 中国石油企业，2013（3）

委内瑞拉的挑战与左翼政权的未来 / 官进胜，唐杰 // 党政论坛，2013（3）

委内瑞拉政局变化与前景 / 薛力 // 学习月刊，2013（3）

为什么又是查韦斯 // 领导文萃（下半月），2013（3）

查韦斯走了，查韦斯主义怎么办？/〔美〕迈克尔 // 能源，2013（4）

查韦斯逝世后拉美的左翼向何处去 / 袁东振 // 中国经济报告，2013（4）

"后查韦斯"时代的四大迷局 / 孙岩峰 // 世界知识，2013（4）

马杜罗：查韦斯之后又一"强人"？/ 孙岩峰 // 世界知识，2013（9）

"后查韦斯时代"委内瑞拉如何自救 / 张勇 // 经济，2013（5）

委内瑞拉：向"左"还是向"右"？/ 王海 // 新理财，2013（5）

委内瑞拉总统尼古拉斯·马杜罗 / 曹廷 // 国际研究参考，2013（5）

查韦斯去世影响几何 / 孙洪波 // 中国石油石化，2013（6）

"后查韦斯时代"的"掌舵人"——记委内瑞拉新总统马杜罗 / 周有恒 // 名人
　　传记（上半月），2013（7）

委内瑞拉大选与中国利益 / 向骏 // 南风窗，2013（9）

委内瑞拉的民生困境 / 张纲纲 // 南风窗，2013（20）

查韦斯之死：阴谋论大爆炸 / 陈牧尧 // 新民周刊，2013（10）

查韦斯的"儿子"马杜罗 / 张毅 // 百科知识，2013（13）

卡普里莱斯：委内瑞拉的另一种可能 / 苏洁 // 中国新闻周刊，2013（15）

查韦斯时代以来的委内瑞拉与拉美左翼 / 杨建民 // 领导者，2013（51）

委内瑞拉：西方媒体的报道与偏见 / 查彬 // 天涯，2014（3）

委内瑞拉共产党对社会主义的探索 / 刘春元 // 江西师范大学学报（哲学社会
科学版），2014（4）

"后查韦斯时代"委内瑞拉统一社会主义党面临的挑战及应对 / 刘绍飞 // 上海
党史与党建，2014（5）

社会抗议活动考验委内瑞拉政府执政能力 / 袁东振 // 当代世界，2014（5）

委内瑞拉反对党领导人先辈是总统 / 齐晋 // 环球人物，2014（5）

查韦斯时期的社会政策浅析 / 王帅 // 拉丁美洲研究，2014（5）

委内瑞拉：会否成为第二个乌克兰 / 孙岩峰 // 世界知识，2014（7）

面临深渊的委内瑞拉 / 严谨 // 世界知识，2014（9）

委内瑞拉怎样进行混合所有制改革 / 杨斌 // 红旗文稿，2014（19）

民粹主义视角下委内瑞拉社会组织的角色分析 / 夏雨 // 外交学院，2014

查韦斯道路何以为继？——委内瑞拉统一社会主义党三大述评 / 贺钦 // 当代世
界社会主义问题，2015（1）

委内瑞拉统一社会主义党的发展及面临的主要挑战 / 徐世澄 // 当代世界与社
会主义，2015（1）

危机、共识与行动——执政风险考验下的委内瑞拉统一社会主义党 / 贺钦 //
拉丁美洲研究，2015（1）

社会结构变迁和国家治理能力：委内瑞拉案例 / 郭存海 // 拉丁美洲研究，2015（2）

紧缩资本主义：能从委内瑞拉社会主义学到什么 / 〔美〕彼得·麦克拉伦，〔英〕
迈克·科尔；润鲁〔编译〕// 当代世界与社会主义，2015（4）

21 世纪社会主义研究

查韦斯的"21 世纪社会主义"构想 / 陈华 // 当代世界，2006（2）

国外媒体评述：查韦斯的"21 世纪社会主义"构想及其实践 / 秦章〔摘述〕
// 党的文献，2006（2）

委内瑞拉的 21 世纪社会主义 / 〔美〕格雷戈里·维尔帕特；朱木〔摘译〕// 国
外理论动态，2006（10）

查韦斯：从玻利瓦尔革命到 21 世纪社会主义 / 徐世澄 // 时事报告，2007（1）

查韦斯的"21 世纪社会主义" / 梁晓理 // 广州社会主义学院学报，2007（1）

委内瑞拉"21 世纪社会主义"走向探析 / 赵春丽，李捷 // 学术探索，2007（2）

海因兹·迪特里奇论 21 世纪社会主义 / 刘宁宁，白艳立［编写］// 国外理论
　　动态，2007（3）

委内瑞拉的新社会主义 / 〔委〕迈克尔·A.勒博维茨；傅冀耀，王振永［译］
　　// 国外理论动态，2007（8）

对查韦斯"21 世纪社会主义"的初步看法 / 徐世澄 // 国外理论动态，2007（10）

查韦斯的"21 世纪社会主义"模式 / 刘瑞常 // 决策与信息，2007（5）

拉美国家大使论坛：委内瑞拉的玻利瓦尔革命和 21 世纪社会主义 / 范蕾 // 拉
　　丁美洲研究，2007（5）

查韦斯：从"第三条道路"走向"21 世纪社会主义" / 张登文 // 上海党史与
　　党建，2008（1）

论查韦斯的"21 世纪社会主义" / 江时学 // 拉丁美洲研究，2008（1）

查韦斯"21 世纪社会主义"解读 / 沈跃萍 // 当代世界与社会主义，2008（3）

查韦斯"21 世纪社会主义"思想评析 / 刘子平 // 聊城大学学报（社会科学版），
　　2008（3）

和谐社会主义与查韦斯的"21 世纪新社会主义" / 冯骊 // 湖北师范学院学报
　　（哲学社会科学版），2008（3）

空洞的"21 世纪社会主义"：查韦斯无法实现的承诺 / 官进胜 // 科学社会主
　　义，2009（3）

委内瑞拉"21 世纪社会主义"再研究 / 张登文 // 科学社会主义，2009（3）

查韦斯"21 世纪社会主义"再认识 / 张登文 // 中共石家庄市委党校学报，
　　2009（4）

国际金融危机与 21 世纪社会主义前景 / 孙洪波 // 高校理论战线，2009（4）

论委内瑞拉"21 世纪社会主义"思想和实践 / 王鹏 // 拉丁美洲研究，2009（4）

查韦斯"21 世纪社会主义"之内涵 / 陆轶之 // 延边大学学报（社会科学版），
　　2009（5）

委内瑞拉的 21 世纪社会主义 / 〔美〕彼得·鲍默；官进胜［译］// 国外理论动
　　态，2009（11）

试析委内瑞拉"21 世纪社会主义"和实践 / 王培杰 // 世纪桥，2009（15）

历史视角下的拉美 21 世纪社会主义 /〔美〕詹姆斯·彼得拉斯；官进胜〔译〕 // 国外理论动态，2010（1）

关于查韦斯"21 世纪社会主义"替代战略的思考 / 许峰 // 开放导报，2010（3）

委内瑞拉查韦斯"21 世纪社会主义"理论 / 李锦华 // 当代世界，2010（3）

委内瑞拉"21 世纪社会主义"及其发展前景 / 倪国良，殷英，王健 // 当代世界与社会主义，2010（5）

委内瑞拉"21 世纪社会主义"研究综述 / 方超 // 辽宁教育行政学院学报，2010（5）

"查韦斯式"社会主义是什么？/ 赵灵敏 // 领导文萃，2010（9）

委内瑞拉查韦斯"21 世纪社会主义"初析 / 徐世澄 // 马克思主义研究，2010（10）

查韦斯 21 世纪社会主义的合理内核 / 冯骊，陈雅琢 // 求索，2010（12）

委内瑞拉"21 世纪社会主义"研究 / 王健 // 兰州大学，2010

委内瑞拉和 21 世纪社会主义 /〔比利时〕波尔·德·博斯；毛禹权〔译〕// 国外理论动态，2011（4）

从马克思的社会主义到"21 世纪社会主义"——迈克尔·A. 勒博维茨学术思想评介 / 沈尤佳 // 拉丁美洲研究，2012（1）

评《查韦斯传——从玻利瓦尔革命到"21 世纪社会主义"》/ 王鹏 // 拉丁美洲研究，2012（2）

委内瑞拉 21 世纪社会主义向何处去？/〔印度〕莎洛伊·吉里；刘玉，靳呈伟〔编译〕// 当代世界与社会主义，2012（5）

查韦斯的"二十一世纪社会主义"思想研究 / 舒涛 // 云南大学，2012

海因茨·迪特里奇"21 世纪社会主义"理论述评 / 刘宁宁，王冀 // 当代世界与社会主义，2013（1）

评查韦斯的"21 世纪社会主义" / 黄济福 // 广州社会主义学院学报，2013（1）

委内瑞拉玻利瓦尔社会主义研究 / 乔新生 // 财经政法资讯，2013（2）

委内瑞拉"21 世纪社会主义"政党特点与发展动向 / 李瑶 // 神州，2013（12）

查韦斯强化意识形态建设的做法及启示——以委内瑞拉建设"21 世纪社会主义"为主线 / 朱继东 // 理论探索，2014（1）

外交

（SANO D'ELIA ANGEL ANTONIO）// 吉林大学，2014

从查韦斯到马杜罗的委内瑞拉外交政策——兼具延续性和现实政治变化的特
点 /〔西〕罗伯特·曼西亚·布兰科；蓝博［译］// 江苏师范大学学报（哲
学社会科学版），2015（3）

新时期委内瑞拉对华政策研究（1998-2014 年） / 王阳 // 外交学院，2015

经济

经济概况

委内瑞拉的经济动态 /〔美〕V. L. 荷劳斯；性宏［摘译］// 世界经济文汇，1957（7）

委内瑞拉和石油帝国主义 / 福莱塞；坚修［译］// 国际问题译丛，1959（7）

委内瑞拉的石油 / 朱育莲 // 世界知识，1963（8）

委内瑞拉的石油 / 郑立 // 拉丁美洲丛刊，1980（1）

委内瑞拉的石油经济 / 肖枫 // 世界经济，1980（2）

委内瑞拉经济情况 /〔苏联〕费·比柳村；曹柯［译］《世界经济译丛》，
1980（6）

委内瑞拉在拉丁美洲的经济地位 / 张文峰 // 拉丁美洲丛刊，1982（1）

委内瑞拉农村生产关系的变化 / 严威 // 拉丁美洲丛刊，1982（4）

委内瑞拉石油业的现状与发展前景 / 曹柯 // 拉丁美洲丛刊，1982（5）

委内瑞拉的不幸是被石油所征服 /〔委〕伊万·普利多·莫拉；石瑞元［编译］
// 世界经济译丛，1982（2）

战后委内瑞拉农业经济的发展 / 张瑞 // 世界农业，1982（11）

战后委内瑞拉的经济发展 / 石瑞元 // 拉丁美洲丛刊，1983（2）

委内瑞拉农业地理的特点 / 沈彩莲 // 地理知识，1984（8）

战后委内瑞拉经济发展战略述评 / 芮远 // 拉丁美洲丛刊，1985（5）

石油大国委内瑞拉 / 蔡嘉瑾 // 瞭望周刊，1985（44）

委内瑞拉的农业 / 王淑芳 // 世界农业，1987（2）

委内瑞拉的经济发展和通货膨胀 / 石瑞元 // 拉丁美洲研究，1988（5）

委内瑞拉政府引导外资投向的措施 / 任会中 // 拉丁美洲研究，1989（5）

委内瑞拉的直接还原工业及其对北美的影响 /〔美〕J. A. Lepinski；宾晓燕［译］// 烧结球团，1990（1）

委内瑞拉经济形势及现政府的政策 / 石瑞元 // 拉丁美洲研究，1990（1）

海湾危机和委内瑞拉的石油战略 / 石瑞元 // 世界石油经济，1991（2）

委内瑞拉加紧实施石油战略规划 / 樊丽红 // 世界石油经济，1992（3）

委内瑞拉的私有化问题 / 石瑞元 // 拉丁美洲研究，1992（4）

委内瑞拉经济调整初见成效 / 张怀林 // 现代国际关系，1992（5）

委内瑞拉的农业 / 张殿京 // 天津农林科技，1993（2）

委内瑞拉市场 / 张凡，裘浩楼 // 拉丁美洲研究，1993（5）

委内瑞拉经济学家介绍国内经济形势 / 驰骋 // 拉丁美洲研究，1993（6）

委内瑞拉重塑石油形象 / 李文 // 中国石油石化，2003（7）

伊拉克战争对委内瑞拉石油工业的影响 / 焦震衡 // 拉丁美洲研究，2003（3）

委内瑞拉油气资源和相关法律 / 付庆云 // 国土资源情报，2004（12）

对外开放中的委内瑞拉石油 / 杨波 // 石油化工技术经济，2005（1）

委内瑞拉：拉美第一石油大国 / 高潮 // 中国对外贸易，2005（2）

委内瑞拉金矿投资的实践与思考 / 董凤芹 // 黄金科学技术，2005（4）

委内瑞拉矿产资源及管理概况 / 付庆云，谭文化 // 国土资源情报，2005（5）

委内瑞拉油气资源及勘探开发潜力分析 / 徐文明，叶德燎，陈荣林 // 石油实验地质，2005（5）

委内瑞拉重油资源开发现状及前景 / 顾文文，李文 // 国际石油经济，2006（5）

全面发展国内油气经济，促进地区经济一体化——委内瑞拉油气资源开发现状和能源政策分析 / 付庆云 // 国土资源情报，2006（6）

委内瑞拉农业科技考察报告 / 万书波，吴乃科，马加清，韩志景，郎丰庆，王庆美 // 山东农业科学，2006（6）

委内瑞拉投资与经贸风险分析报告 / 中国信保《国家风险分析报告》// 国际融资，2006（8）

委内瑞拉近 10 年来拖拉机市场情况浅析 / 吴清分 // 农业机械，2006（21）

“劫富济贫”的路走不通——委内瑞拉经济改革的警示 / 孙宏光 // 同舟共进，2007（1）

关于委内瑞拉农业发展方略的思考与建议 / 山东省农业科学院赴委内瑞拉农业

科技考察团 // 山东农业科学，2007（1）

从马拉开波湖到奥里诺科——委内瑞拉石油工业史话 / 王才良 // 中国石化，2007（3）

委内瑞拉奥里诺科稠油降粘研究 / 孙盛，王勇军，张洪，陈新奎，刘圭群，仲松伟，施成耀 // 油气储运，2007（7）

委内瑞拉 A 项目后经济评价研究 / 张玉波 // 西北大学，2007

委内瑞拉石油经济与政策 / 李茂 // 对外经济贸易大学，2007

委内瑞拉石油法及启示 / 蒋瑞雪 // 国土资源情报，2008（5）

委内瑞拉投资与经贸风险分析报告 / 中国信保《国家风险分析报告》// 国际融资，2009（1）

委内瑞拉的限产保价政策研究 / 刘朝全，孙明，严瑾 // 西南石油大学学报（社会科学版），2009（3）

当前委内瑞拉油气产业的特点和问题 / 王越，张静 // 工业技术经济，2009（8）

委内瑞拉：崛起的石化大国 / 陈乐怡 // 中国石油石化，2009（10）

查韦斯执政以来的委内瑞拉国家石油公司 / 赵重阳 // 拉丁美洲研究，2010（5）

委内瑞拉外汇管制政策简介及对策分析 / 郭小明，郭建军，郭民 // 中国商界（下半月），2010（6）

委内瑞拉矿业基本情况 // 现代矿业，2010（7）

委内瑞拉油气资源投资整体评价 / 苏文，余正伟 // 中外能源，2010（10）

委内瑞拉金属矿业概览 / 宋国明 // 中国金属通报，2010（21）

委内瑞拉石油投资风险及中国企业应对策略浅析 / 冯燕玲，刘峰，姚万民 // 中外能源，2011（4）

委内瑞拉石油工业形势及对我国的影响 / 张抗，卢雪梅 // 中外能源，2011（10）

委内瑞拉油气勘探开发投资环境研究 / 赵苗 // 中国地质大学（北京），2011

委内瑞拉超重原油和加拿大油砂沥青加工现状及发展前景 / 姚国欣 // 中外能源，2012（1）

浅谈委内瑞拉所得税纳税通货膨胀调整政策 / 王鲲 // 财务与会计（理财版），2012（2）

警惕潜在的委内瑞拉风险 / 张抗 // 国际经济评论，2012（3）

委内瑞拉超重原油和加拿大油砂沥青加工利用现状 / 李振宇，乔明，任文坡 //

石油学报（石油加工），2012（3）

委内瑞拉石油工业国有化的趋势与影响 / 汪巍 // 中国石油和化工经济分析，2012（7）

委内瑞拉矿业法与矿业管理体制 / 于银杰，余韵，周海东 // 国际经济合作，2012（8）

委内瑞拉柑橘生产与对外贸易形势分析 / 魏金义，王伟新，祁春节 // 世界农业，2012（8）

委内瑞拉石油国有化的历史进程与影响 / 陈利宽 // 西安石油大学学报（社会科学版），2013（4）

委内瑞拉铁路接触网维护管理模式初探 / 吕伟杰 // 高速铁路技术，2013（5）

"后查韦斯时代"委内瑞拉能源市场的机遇与挑战 / 陈颖莹，肖玉茹 // 国际石油经济，2013（5）

委内瑞拉油气行业劳工问题研究和应对 / 查金才，曾涛，吴雪 // 国际石油经济，2013（8）

国外工程作业经验交流——有感于委内瑞拉农业发展项目 / 王建成 // 珠江现代建设，2013（6）

拉美解决粮食问题的典范——以委内瑞拉粮食主权运动为考察对象 / 苏波 // 农业展望，2013（9）

委内瑞拉建筑施工项目的劳工管理 / 张京坤 // 国际工程与劳务，2013（11）

委内瑞拉是世界石油资源最丰富的国家之一 / 中国驻委内瑞拉使馆经商参处 // 中国经贸，2013（11）

委内瑞拉选美经济 / 马欢 // 新经济，2013（30）

从电厂项目看委内瑞拉劳务用工管理 / 王济林 // 国际工程与劳务，2014（2）

委内瑞拉外汇政策及其对集装箱运输企业的影响 / 刘凯 // 交通财会，2014（2）

委内瑞拉渣油生产重交道路沥青实验研究 / 涂成，张小龙，涂永善 // 山东化工，2014（5）

委内瑞拉工程项目劳工和工会管理初探 / 陈宇 // 管理观察，2014（6）

委内瑞拉承包工程市场浅析 / 田一蒙 // 国际工程与劳务，2014（9）

委内瑞拉经济贸易风险分析报告 // 国际融资，2014（9）

危机四伏的委内瑞拉经济 / 张锐 // 中外企业文化，2015（2）

委内瑞拉石油生产潜力分析 / 郗凤云 // 当代石油石化，2015（4）

委内瑞拉经济怎么了？/ 张勇 // 社会观察，2015（10）

"资源诅咒"视角下委内瑞拉经济发展研究 / 张利爽 // 商，2015（17）

促进委内瑞拉石油产业发展的财政政策研究 / 褚立东 // 北京外国语大学，2015

对外经贸关系

外国在委内瑞拉投资的特点和变化 / 卫岩 // 拉丁美洲丛刊，1981（3）

委内瑞拉对外贸易特点 / 张文峰 // 拉丁美洲丛刊，1982（4）

委内瑞拉和日本的经济关系 / 杨启潘 // 拉丁美洲研究，1986（5）

日本增加在委内瑞拉投资 / 立宁 // 世界知识，1988（15）

中国与委内瑞拉能源合作的潜力 / 郭德琳 // 拉丁美洲研究，2003（2）

进一步实施油气资源"走出去"战略的思考——中国石油在秘鲁、委内瑞拉
    勘探开发油气资源的考察 / 车长波，岳来群，徐祖成，彭朋，张应红，
    高雷 // 天然气经济，2004（5）

浙江竹业发展及其对委内瑞拉的启示 / 王卡罗斯 // 浙江大学，2004

中国与委内瑞拉在石油方面的合作前景分析 / 刘伟 // 国土资源情报，2005（4）

优势互补　合作共赢——委内瑞拉扩大与中国能源合作的启示 / 齐峰田 // 拉
    丁美洲研究，2005（5）

开拓委内瑞拉物探市场的难点及对策 / 王春雨，吴远梅，张舰 // 黑龙江对外
    经贸，2005（10）

中国与委内瑞拉石油合作浅析 / 魏书杰 // 绥化学院学报，2006（2）

委内瑞拉的能源政策及其对我国在委石油投资的影响 / 代冬聆 // 网络财富，
    2008（10）

俄罗斯与委内瑞拉签署和平利用核能合作协议 / 王玉荟 // 国外核新闻，2008
    （12）

委内瑞拉海洋石油钻井承包市场分析 / 王梅 // 石油化工管理干部学院学报，
    2010（3）

中国石油公司投资委内瑞拉：模式、效益与风险 / 邰志雄，王颖 // 拉丁美洲
    研究，2012（2）

中国与委内瑞拉石油资源合作开发形势分析 / 于银杰，周海东，余韵 // 中国国土资源经济，2012（6）

委内瑞拉新暴利税对中国石油企业投资项目的效益影响及应对策略 / 黄继越，于开敏，赵新华 // 国际石油经济，2012（8）

委内瑞拉投资环境及中委经济合作新进展 / 安宝钧 // 经济，2012（11）

中国与委内瑞拉石油合作的成效与趋向 / 汪巍 // 中国石油企业，2012（11）

委内瑞拉油气开发趋势与拓展中委石油合作的对策 / 汪巍 // 经济师，2013（3）

中国港湾在委内瑞拉开拓新市场 / 王宇，钱宇宁 // 交通世界（建养·机械），2013（7）

后查韦斯时代委内瑞拉的能源合作战略走向 / 李紫莹，陈岚 // 国际经济合作，2013（8）

委内瑞拉在世界石油市场的地位 / 刘增洁，贾庆素 // 国土资源情报，2013（8）

布什政府时期美国与委内瑞拉能源关系初探 / 江鹏伟 // 浙江大学，2013

浅谈委内瑞拉国际市场及风险分析 / 王辉 // 四川建筑，2014（2）

出口委内瑞拉平车的研制 / 李建超，杨诗卫，彭燎 // 铁道车辆，2014（7）

在委内瑞拉实施总承包项目风险分析及应对措施 / 高扬 // 中国工程咨询，2014（11）

委内瑞拉大单花落宇通的背后 / 孙伟川 // 商用汽车新闻，2014（31）

中国 – 委内瑞拉联合基金研究 / 关致航 // 首都经济贸易大学，2014

委内瑞拉项目风险分析及应对措施 / 高扬 // 国际工程与劳务，2015（3）

当前委内瑞拉油气形势及中委油气合作展望 / 杨丽丽，朱颖超 // 中国国土资源经济，2015（11）

委内瑞拉通胀危机现状及中委关系展望 / 苑生龙 // 中国经贸导刊，2015（33）

文化　教育

发展中的委内瑞拉教育 / 张好真，曾昭耀 // 外国教育动态，1981（1）

委内瑞拉扫盲工作成果显著 / 王留栓 // 拉丁美洲丛刊，1981（2）

委内瑞拉的智力开发 / 林傅鼎 // 教育研究，1981（9）

委内瑞拉最早的报纸 / 王宽成 // 拉丁美洲丛刊，1982（2）

西蒙·博利瓦尔大学的职业教育 / 石瑞元 // 拉丁美洲丛刊, 1982 (5)

迅速发展中的委内瑞拉教育事业 / 石瑞元 // 外国教育动态, 1982 (6)

委内瑞拉的民间艺术 / 崔维木, 熊长毅 // 世界知识, 1982 (23)

委内瑞拉的智力发展计划 / 缪小春 // 心理科学通讯, 1983 (1)

委内瑞拉智力发展计划简介 / 高德建, 朱怡华 // 教育科研情况交流, 1983 (5)

委内瑞拉的智力革命 / 李新华 // 读书, 1983 (10)

委内瑞拉"学会思维"计划述评 / 高德建 // 外国教育研究, 1984 (3)

委内瑞拉当代诗选 / 陈光孚 // 诗刊, 1984 (4)

螃蟹——委内瑞拉电影故事 / 李飞 // 电影评介, 1984 (7)

委内瑞拉研究机构一瞥 / 张文峰 // 拉丁美洲研究, 1988 (2)

一位走自己路的作家——记委内瑞拉著名作家彼特里 / 于凤川 // 译林, 1992 (1)

委内瑞拉新闻概况 / 胡积康 // 外国新闻研究, 1993 (3)

委内瑞拉雕刻家齐特曼 / 啸声 // 雕塑, 2003 (1)

委内瑞拉邮票掠影 / 朱祖威 // 集邮博览, 2004 (2)

传播政治经济学与另类媒介——以韩国与委内瑞拉为例 / 冯建三 // 国际新闻
    界, 2009 (8)

音乐改变委内瑞拉 / 姜乙 // 世界博览, 2009 (9)

用音乐改变人生——委内瑞拉"音乐救助体系"的启示 / 陶西平 // 中小学管
    理, 2012 (3)

本土意识与多元视角——"委内瑞拉当代绘画展"侧记 / 彭筠 // 世界美术,
    2013 (1)

委内瑞拉的"音乐救助体系" / 刘诗文 // 音乐爱好者, 2013 (12)

委内瑞拉"音乐救助体系"对中国音乐教育的启示 / 柳志红 // 文教资料, 2013
    (36)

委内瑞拉的音乐救助体系与首师大教育支教实践比较研究 / 宫林林 // 艺术研
    究, 2014 (1)

委内瑞拉社区媒体传播模式对我国社区报的启示 / 罗自文 // 中国报业, 2014 (18)

委内瑞拉民营新闻传播业与另类媒体的发展史 / 陈力丹, 张佳乐 // 新闻界,
    2015 (3)

历史　地理

委内瑞拉　总统崇拜毛泽东 / 陈超 // 华人世界，2007（12）

查韦斯　英雄还是疯子 ?/ 徐中强 // 时代人物，2013（2）

查韦斯：英雄还是过客 / 孙岩峰 // 世界知识，2013（4）

查韦斯的遗产 / 孙力舟 // 社会观察，2013（4）

查韦斯，两面大旗举一生 / 张卫中，姜璐璐 // 传奇·传记（文学选刊），2013
　　（6）

叱咤拉美政坛二十载　反美斗士查韦斯 / 隋寄锋 // 国家人文历史，2013（6）

查韦斯——一个反美旗手的谢幕 / 鲍磊翔 // 百科知识，2013（8）

权力转移进程中的国家意志制衡——以 1895 年英美解决委内瑞拉危机为例 /
　　韩召颖，袁伟华 // 中国社会科学，2014（9）

玻利瓦尔

西蒙·博利瓦尔 / 吴永恒 // 拉丁美洲丛刊，1980（1）

博利瓦尔指挥的历次战役 / 王碧筠 // 拉丁美洲丛刊，1980（2）

拉丁美洲独立战争中的著名领袖西蒙·博利瓦尔 / 王春良 // 拉丁美洲丛刊，
　　1980（2）

拉丁美洲民族独立解放斗争的一面旗帜——纪念西蒙·玻利瓦尔逝世
　　一百五十周年 / 洪国起等 // 南开史学，1980（2）

论西蒙·玻利瓦尔及其政治思想 / 萨那 // 世界历史，1980（2）

拉美民族英雄——博利瓦尔 / 肖枫 // 世界知识，1980（24）

博利瓦尔不朽的一生 /〔委〕雷古洛·布雷利·里瓦斯 // 拉丁美洲丛刊，
　　1981（1）

留给后人的启示——纪念西蒙·博利瓦尔逝世 150 周年 / 杨恩瑞 // 拉丁美洲
　　丛刊，1981（1）

在西蒙·博利瓦尔纪念会上的讲话 / 王炳南 // 拉丁美洲丛刊，1981（1）

为拉丁美洲独立和自由而战的杰出斗士 / 沙丁 // 拉丁美洲丛刊，1981（1）

拉美独立战争中的民族英雄——西蒙·博利瓦尔 / 李维毅 // 外国史知识，1981
　　（11）

西蒙·玻利瓦尔 / 洪甫 // 历史教学，1982（2）

博利瓦尔与拉丁美洲教育 / 曾昭耀 // 拉丁美洲丛刊, 1982（2）

简述博利瓦尔的政治主张 / 刘月华 // 拉丁美洲丛刊, 1982（5）

论西蒙·博利瓦尔的大陆主义 / 黄邦和 // 武汉师范学院学报（哲学社会科学版）, 1983（3）

玻利瓦尔坚持大陆团结联合反殖的对外政策 / 洪国起 // 拉丁美洲丛刊, 1983（3）

玻利瓦尔——拉美资产阶级教育改革运动的先驱者 / 曾昭耀 // 拉丁美洲丛刊, 1983（3）

从拉美独立战争看玻利瓦尔的军事贡献 / 王春良 // 拉丁美洲丛刊, 1983（3）

关于国外研究西蒙·博利瓦尔的一些情况 / 申勤 // 拉丁美洲丛刊, 1983（3）

论玻利瓦尔倡导拉美团结思想的重大意义 / 张虎生 // 拉丁美洲丛刊, 1983（3）

论玻利瓦尔废除奴隶制的思想形成与历史作用 / 黄邦和 // 拉丁美洲丛刊, 1983（3）

论西蒙·玻利瓦尔的世界历史地位——为美洲第一革命巨人诞生二百周年而作 / 罗荣渠 // 拉丁美洲丛刊, 1983（3）

论西蒙·玻利瓦尔在中国 / 边际 // 拉丁美洲丛刊, 1983（3）

评玻利瓦尔的《卡塔赫纳宣言》/ 徐文渊 // 拉丁美洲丛刊, 1983（3）

评玻利瓦尔的《牙买加来信》/ 徐世澄 // 拉丁美洲丛刊, 1983（3）

评玻利瓦尔的《在安戈斯图拉国民议会上的演说》/ 沈安, 李在芹 // 拉丁美洲丛刊, 1983（3）

试析玻利瓦尔和圣马丁对殖民军的"南北夹击" / 段居华 // 拉丁美洲丛刊, 1983（3）

纪念西蒙·玻利瓦尔——在纪念西蒙·玻利瓦尔诞生二百周年大会上的发言 / 苏振兴 // 拉丁美洲丛刊, 1983（4）

西蒙·玻利瓦尔在中国——在纪念西蒙·玻利瓦尔诞生二百周年大会上的讲话 /〔委〕雷古洛·布雷利·里瓦斯 // 拉丁美洲丛刊, 1983（4）

论玻利瓦尔的拉美联合思想——纪念西蒙·玻利瓦尔诞生二百周年 / 肖枫 // 世界历史, 1983（3）

论西蒙·玻利瓦尔 / 洪国起 // 世界历史, 1983（5）

拉丁美洲解放者玻利瓦尔 / 杨惠萍 // 历史知识, 1983（6）

玻利瓦尔临终遗训 / 冯秀文［译］// 世界史研究动态, 1983（6）

国外学术界对西蒙·博利瓦尔的评价 / 沈安 // 世界史研究动态，1983（8）

西蒙·玻利瓦尔的教育思想和实践 / 罗捷 // 世界史研究动态，1983（11）

玻利瓦尔和他的老师罗德里格斯 / 刘月华 // 外国史知识，1983（7）

两部值得一读的玻利瓦尔问题专著 / 杨恩瑞 // 外国史知识，1983（7）

为拉美独立、民主鞠躬尽瘁西蒙·玻利瓦尔永垂不朽 / 李春辉 // 外国史知识，1983（7）

解放者博利瓦尔 / 程激宇 // 环球，1983（7）

拉丁美洲的解放者——西蒙·博利瓦尔故居散记 / 彭光玺 // 瞭望，1983（7）

玻利瓦尔与拉美团结反霸斗争 / 露丹 // 世界知识，1983（14）

关于玻利瓦尔的西属美洲一体化思想——与黄邦和同志商榷 / 罗志田 // 四川师范大学学报（社会科学版），1985（4）

博利瓦尔何时获"解放者"称号 / 王肇伟 // 外国史知识，1985（10）

略论西蒙·玻利瓦尔的革命活动 / 顾新生，徐忠略 // 汉中师院学报（哲学社会科学版），1986（1）

"解放者"的解放者——玻利瓦尔的老师罗德里格斯 / 程洪 // 历史教学，1988（9）

略论玻利瓦尔的政治思想 / 刘克明 // 上海教育学院学报，1992（1）

论西蒙·玻利瓦尔的民族主义思想 / 樊英 // 湘潭大学学报（哲学社会科学版），1998（2）

玻利瓦尔主义与拉丁美洲一体化 / 洪国起 // 南开学报，1999（5）

玻利瓦尔关于拉美地区稳定的思想述评 / 张勇 // 贵州教育学院学报（社会科学），2002（6）

拉丁美洲的解放者——博利瓦尔 / 欧利 // 聪明泉（少儿版），2005（1）

论西蒙·玻利瓦尔的美洲主义思想 / 王明前 // 黔西南民族师范高等专科学校学报，2005（3）

论圣马丁引退原因与玻利瓦尔的责任问题 / 于兆兴 // 郑州大学学报（哲学社会科学版），2005（4）

论西蒙·玻利瓦尔的集权思想 / 王明前 // 固原师专学报，2005（5）

玻利瓦尔美洲联合思想的实践和失败 / 王明前 // 漯河职业技术学院学报（综合版），2006（1）

论玻利瓦尔集权思想中的民主精神 / 王明前 // 红河学院学报，2006（1）

简论玻利瓦尔主义和门罗主义的本质区别 / 刘书增，冯书先 // 邯郸学院学报，2008（2）

拉美"独立之父"死因疑团重重　玻利瓦尔180年后被开棺验尸 / 姚联合 // 文史参考，2010（16）

论玻利瓦尔拉美联合反殖斗争的思想与实践 / 张勇 // 贵州师范学院学报，2011（7）

国内学者对玻利瓦尔的研究综述 / 陈杰珍 // 湖北成人教育学院学报，2012（6）

浅析玻利瓦尔的教育理论和教育实践 / 杜春旭 // 华章，2013（23）

哥伦比亚

简况

哥伦比亚共和国位于南美洲西北部，东邻委内瑞拉、巴西，南接厄瓜多尔、秘鲁，西北与巴拿马相连，北临加勒比海，西濒太平洋。面积为1141748平方公里。人口为4600万（2013年），其中印欧混血种人占60%，其余为白人和黑白混血种人。官方语言为西班牙语，居民多数信奉天主教。首都为波哥大，独立日是7月20日。

国土分为西部山地区和东部平原区，有玛格达雷那河、奥里诺科河。地处热带，气候因地势而异。东部平原南部和太平洋沿岸属热带雨林气候，海拔1000~2000米的山地属亚热带森林气候，西北部属热带草原气候。海岸线长2900公里。年平均降水量为900~1200毫米。矿物资源丰富，主要矿藏有煤炭、石油、绿宝石天然气、铝矾土、金、银、镍、铂、铁等，其中绿宝石储量世界第一。森林面积约4923万公顷，耕地面积467万公顷，占国土的8.5%。哥伦比亚是世界第二大鲜花出口国，香蕉和咖啡出口居世界第三位，畜牧业较发达，工业以制造业为主。交通运输以公路为主，内河航运业很发达。公路总长16.4万公里，铁路总长3468

公里。主要港口有圣玛尔塔、巴兰基亚、卡塔赫纳等。货币名称为比索。

　　哥伦比亚古代为奇布查族等印第安人的居住地，1536年沦为西班牙殖民地。1810年7月20日脱离西班牙独立，后遭镇压。1819年，南美解放者西蒙·玻利瓦尔领导的起义军大败西班牙殖民军后，哥重获解放。1821年与现厄瓜多尔、委内瑞拉、巴拿马组成大哥伦比亚共和国。1829~1830年，委、厄先后退出，大哥伦比亚共和国解体。1831年改名为新格拉纳达共和国，1861年称哥伦比亚合众国，1886年改称现名（1903年巴拿马脱离哥伦比亚独立）。独立后，保守党和自由党轮流执政。2002年5月，独立人士乌里韦当选总统并于2006年连任。2010年6月，民族团结社会党候选人桑托斯当选总统并于8月就职，任期至2014年8月。哥伦比亚奉行独立自主、不结盟和多元化的外交政策，实施外交为国内和平进程和经济发展服务的战略，努力提高哥伦比亚的国际地位，创造有利的国际环境。1980年2月7日哥伦比亚同中国建交。

政治

南美洲第四大国哥伦比亚 / 朱一凡 // 世界知识，1963（19）

哥伦比亚 / 梅林 // 世界知识，1979（11）

墨西哥和哥伦比亚计划生育点滴 / 秋云［编译］// 拉丁美洲丛刊，1980（2）

哥伦比亚农村生活状况 /〔加拿大〕艾伯特·贝里；慎之［摘译］// 拉丁美洲丛刊，1980（3）

哥伦比亚考卡地区印第安委员会及其组织和纲领 / 九州同［译］// 民族译丛，1980（5）

哥伦比亚 / 徐宝华 // 拉丁美洲丛刊，1981（1）

哥伦比亚的矮人 / 刘建华［摘译］// 拉丁美洲丛刊，1981（2）

哥伦比亚的莫拉人 / 孙树栋［摘译］// 民族译丛，1981（6）

哥伦比亚帕埃斯人的生活和斗争 /〔哥伦比亚〕卡洛斯·毛里西奥·维加；徐

世澄［译］// 民族译丛，1983（2）

哥伦比亚的诺亚纳马人近况 /〔墨〕A. 塞特莱尔；刘真理［译］// 民族译丛，
  1983（6）

哥伦比亚 / 悦晖 // 国际贸易，1983（11）

哥伦比亚重视妇女人才 / 华芝 // 世界知识，1985（22）

庇护权案——哥伦比亚诉秘鲁 /〔美〕路易斯·亨金；张潇剑［译］// 国外法
  学，1987（4）

哥伦比亚总统巴尔科 / 胡积康 // 瞭望周刊，1987（36）

哥伦比亚最大毒品走私集团活动种种 / 吴江 // 拉丁美洲研究，1988（4）

哥伦比亚政府决心向毒枭宣战 / 张星岩 // 国际展望，1989（18）

哥伦比亚：四·一九运动放下武器 / 沈安 // 世界知识，1989（23）

哥伦比亚扫毒运动何其艰难 / 潘国俊 // 瞭望周刊，1989（36）

哥伦比亚的瓜希沃人 / 张学谦［译］// 民族译丛，1991（1）

哥伦比亚：经济政治在调整改革中求发展 / 徐宝华 // 拉丁美洲研究，1992（2）

全球毒品蔓延和哥伦比亚的扫毒战 / 徐宝华 // 拉丁美洲研究，1992（5）

哥伦比亚"咖啡繁荣"之后的觉醒 / 徐宝华 // 中国改革，2003（6）

哥伦比亚贩毒与反贩毒斗争 / 王嵎生，杨帆 // 报告文学，2003（7）

哥伦比亚：弱国家 - 强社会 / 高波 // 新闻周刊，2003（10）

哥伦比亚和平进程的现状及其前景 / 齐峰田 // 拉丁美洲研究，2004（1）

哥伦比亚印第安人一瞥 / 张莲妹 // 世界博览，2004（1）

浅议哥伦比亚内战 / 白秀兰 // 理论前沿，2005（22）

智利、哥伦比亚外向型农业发展概述 / 王守聪 // 世界农业，2006（2）

走进哥伦比亚油气工业 / 庞晓华［编译］// 中国石油和化工经济分析，
  2006（15）

哥伦比亚政府反毒反恐战略及其对南美邻国影响——解析"哥伦比亚计划" /
  杨民 // 当代世界，2009（5）

南美洲明珠：哥伦比亚 / 高潮 // 中国对外贸易，2009（5）

从哥伦比亚和平进程看拉美社会变迁 / 黄琨 // 辽宁行政学院学报，2009（10）

仰望天空 哥伦比亚麦德林的城市实践 /〔哥伦比亚〕安德烈亚·门多萨；张
  晓亮［译］// 时代建筑，2010（6）

哥伦比亚与中国的外交关系（1980-2010）：中国和拉美的非对称关系 / 哈拉
　　（Jara Moreno，David Julian）// 吉林大学，2010

哥伦比亚的咖啡馆：世纪之交的社会－政治和文化存在形式 / 杰洛·托坎希
　　帕－法拉；于世华［译］// 国际社会科学杂志（中文版），2012（2）

在哥伦比亚设立企业的相关规定 / 周路祺 // 进出口经理人，2012（3）

论"民族阵线"时期哥伦比亚的政治重建 / 王萍，任克佳 // 南开学报（哲学
　　社会科学版），2012（6）

后冷战时代美国与哥伦比亚禁毒合作与分歧探析 / 寇惠 // 福建师范大学，2012

哥伦比亚与中国反洗钱法比较研究 /Carlos Mauricio Obando Duque// 重庆大学，2012

试析哥伦比亚艰难曲折的和平进程及其原因 / 钱二强 // 拉丁美洲研究，2013（1）

国际法院在领土争端中对有效控制规则的最新适用——评 2012 年尼加拉瓜诉
　　哥伦比亚"领土和海洋争端案" / 宋岩 // 国际论坛，2013（2）

尼加拉瓜诉哥伦比亚案述评 / 张卫彬 // 现代国际关系，2013（5）

论大陆架外部界限的确立与 200 海里以外大陆架划界的关系——以 2012 年
　　尼加拉瓜诉哥伦比亚案为引子 / 黄瑶，廖雪霞 // 当代法学，2013（6）

"有效控制"原则在领土与海事争端中的适用动向——以国际法院"领土与海
　　事争端案"（尼加拉瓜诉哥伦比亚）为例 / 江国青，江由由，吕志君 // 比
　　较法研究，2013（6）

哥伦比亚正在摸索改革开放之路 / 中国驻哥伦比亚使馆经商参处 // 中国经贸，
　　2013（10）

哥伦比亚 反露宿法的争议 / 尹宝燕，敖登托雅 // 明日风尚，2013（11）

哥伦比亚毒品文化及其深层根源 / 戴星星 // 青年文学家，2013（19）

哥伦比亚："毒品王国"宝石战 / 温莎 // 东西南北，2013（20）

尼加拉瓜诉哥伦比亚领土和海事争端案评述 / 吕志君 // 外交学院，2013

政治领导者在外交政策变化中的作用——以阿根廷与哥伦比亚为例 / 美娜
　　（Laura Ximena Vera）// 吉林大学，2014

经济

关于外国投资和外来资金的政策 / 〔哥伦比亚〕埃·维埃斯内；薛义［译］//

世界经济译丛，1979（9）

哥伦比亚农业资本主义发展的特点 / 徐宝华 // 拉丁美洲丛刊，1981（2）

哥伦比亚经济贸易迅速发展 / 朱戈 // 世界经济，1981（10）

哥伦比亚积极引进外国投资 / 徐宝华 // 拉丁美洲丛刊，1982（4）

哥伦比亚解决能源问题的对策 / 徐宝华 // 拉丁美洲丛刊，1983（1）

哥伦比亚经济形势相对稳定的原因 / 高平 // 拉丁美洲丛刊，1983（4）

八十年代哥伦比亚的经济调整 / 徐宝华 // 拉丁美洲丛刊，1985（5）

战后哥伦比亚经济发展战略初析 / 徐宝华 // 拉丁美洲研究，1986（5）

哥伦比亚农业商品经济的发展和问题 / 徐宝华 // 拉丁美洲研究，1987（6）

哥伦比亚和日本的经济关系 / 杨启藩 // 拉丁美洲研究，1987（6）

哥伦比亚发展农村经济的战略选择 / 徐宝华 // 拉丁美洲研究，1990（2）

哥伦比亚的债务问题与对策 / 徐宝华 // 拉丁美洲研究，1991（4）

哥伦比亚税制 / 尹克勤 // 涉外税务，1991（11）

哥伦比亚克服石油危机的对策及其成效 / 徐宝华 // 国际石油经济，1993（1）

哥伦比亚经济前景看好 / 张怀林 // 现代国际关系，1993（7）

哥伦比亚经济持续稳定发展的启示 / 徐宝华 // 拉丁美洲研究，1996（6）

哥伦比亚经济为什么能持续稳定增长 / 徐宝华 // 瞭望新闻周刊，1997（5-6）

一汽集团开拓哥伦比亚汽车市场的前期研究 / 崔林勇 // 吉林大学，2004

哥伦比亚——进入美洲市场的平台 / 高潮 // 中国对外贸易，2005（5）

哥伦比亚、墨西哥两国信用社管理体制现状及启示 / 殷有祥，朱秀杰 // 中国
    农村信用合作，2005（11）

论中国和哥伦比亚贸易的关系 / 柯罗 // 首都经济贸易大学，2005

哥伦比亚花卉产业成功崛起经验分析 / 缪崑，王雁 // 世界林业研究，2006（6）

哥伦比亚花卉行业状况 / 李春艳，陈祎 [编译] // 农业工程技术（温室园艺），
    2006（7）

哥伦比亚油气资源勘探开发状况和管理政策 / 景东升，高炳奇 // 国土资源情
    报，2006（10）

哥伦比亚港口民营化改革的实践与经验 / 李南，郑忻鹿 // 改革与战略，2007（3）

哥伦比亚咖啡经济与早期工业化 / 王萍 // 世界历史，2008（3）

哥伦比亚的地方政府债务管理 / 张志华，周娅，尹李峰，吕伟，刘谊，闫晓茗

// 经济研究参考，2008（22）

哥伦比亚水资源一体化管理综述 /〔哥伦比亚〕J. 布兰科；熊菲〔译〕// 水利
　　水电快报，2009（4）

哥伦比亚资本项目开放与 1993~1998 年资本管制有效性研究 / 黄志龙 // 拉丁
　　美洲研究，2009（4）

南美国家的港口发展现状（4）哥伦比亚 / 张敏 // 集装箱化，2009（6）

巴西、委内瑞拉、哥伦比亚石油开发新格局 / 汪巍 // 中国石油和化工经济分
　　析，2009（8）

环保产品及其在哥伦比亚食品业的发展 / 李馨月，高杰 // 东方企业文化，2010
　　（2）

哥伦比亚矿业的法律与经济评述 / 袁华江 // 世界经济情况，2010（4）

哥伦比亚 2000~2009 年的拖拉机市场发展浅析 / 吴清分 // 农机市场，2010（9）

拉美绑赎保险的精算基础与中国保险业策略——以哥伦比亚为样本 / 陈北 //
　　拉丁美洲研究，2012（3）

"中国－哥伦比亚自由贸易协定"研究 / 柴瑜，岳云霞，张伯伟，陈迎春，周
　　丹 // 拉丁美洲研究，2012（4）

反洗钱法的对比分析——哥伦比亚与中华人民共和国的法规 /〔哥伦比亚〕卡
　　洛斯 // 商品与质量（理论研究），2012（4）

哥伦比亚咖啡的公关故事　一个子虚乌有之人激活了一个国家的实体经济 / 艾
　　唐 // 国际公关，2012（6）

哥伦比亚农业生产、贸易情况分析 / 刘艺卓，黄昕炎 // 世界农业，2012（12）

哥伦比亚的咖啡帝国 / 木耳 // 农产品市场周刊，2012（18）

哥伦比亚对中国的贸易保护主义 / 路易 // 复旦大学，2012

哥伦比亚税收政策和外汇管理研究 / 吴克兵 // 江汉石油职工大学学报，2013（3）

哥伦比亚新机会 /〔美〕克里斯托弗·迈耶 // 商界（评论），2013（7）

哥伦比亚矿产资源及矿业管理概况 / 唐尧，王英林 // 中国国土资源经济，2013
　　（11）

中国的电动自行车品牌进入哥伦比亚市场的营销策略研究 /Michielin Roa
　　Pierangelo（派儿）// 华东理工大学，2013

哥伦比亚：电动车的潜在市场？ /Cely Fonseca Andrea Paola（保拉）// 华东理

工大学，2013

哥伦比亚的对外援助及其管理 / 黄梅波，洪燕秋 // 国际经济合作，2014（2）

哥伦比亚矿业管理体系及投资合作建议分析 / 唐尧 // 世界有色金属，2015（3）

哥伦比亚石油合同对比及石油政策趋势研究 / 郭倩，周吉生，闫聪 // 中外能源，2015（4）

自由贸易协定中关税减让和非关税措施承诺水平评价——基于哥伦比亚四个主要自贸协定的研究 / 柴瑜，孔帅，李圣刚 // 世界经济研究，2015（8）

构建中国－哥伦比亚自贸区的预期贸易创造效应分析 / 罗湘丽，方舟 // 商，2015（22）

中国加入WTO前后中国和哥伦比亚双边贸易分析（1991-2012）/ 迪阿娜 // 大连海事大学，2015

文化

哥伦比亚的现代绘画 /〔哥伦比亚〕玛尔塔·卢西亚·罗德里格斯；杨忠宽〔译〕// 世界美术，1982（4）

哥伦比亚当代画家博特罗 /〔哥伦比亚〕赫尔曼·阿西涅加斯；檀中恕〔编译〕// 世界美术，1982（4）

拉丁美洲的魔幻现实主义及其代表作《百年孤独》/ 林一安 // 世界文学，1982（6）

魔幻现实主义及其代表作家加西亚·马尔克斯 / 戴骢 // 语文学习，1983（3）

哥伦比亚中小学教育 / 王永达 // 人民教育，1985（4）

加西亚·马尔克斯的短篇小说创作 / 朱景冬 // 外国文学，1987（1）

扭转世界文学一体化的巨大努力——加西亚·马尔克斯、门多萨合著《番石榴飘香》的启示 / 林一安 // 外国文学评论，1987（3）

"百年孤独"及其艺术形态 / 陈众议 // 外国文学评论，1988（1）

《百年孤独》及其表现手法评析 / 朱景冬 // 外国文学研究，1991（1）

为了故园不再孤独——加西亚·马尔克斯《百年孤独》创作史初探 / 江榕 // 国外文学，1991（4）

普通的画面，严肃的主题——试论加西亚·马尔克斯的《没有人给他写信的上校》/ 李修民 // 当代外国文学，1992（2）

历史、时间与爱——论加西亚·马尔克斯的《百年孤独》/ 钱奇佳 // 淮北煤师院学报（社会科学版），1992（3）

马尔克斯其人 / 朱景冬 // 外国文学，1994（2）

哥伦比亚的高等教育政策 /R. 卢西奥，M. 塞拉诺；龙溪［摘译］// 世界教育信息，1994（3）

奇异的艺术世界——加西亚·马尔克斯的新作《十二篇异国旅行的故事》/ 朱景冬 // 外国文学动态，1994（3）

勤奋用于灵感——访加西亚·马尔克斯 /〔古巴〕何·洛·富恩特斯；朱景冬［译］// 外国文学动态，1994（6）

拉丁美洲图书馆事业的领航国家——哥伦比亚 / 王宽成 // 图书馆学研究，1994（5）

为了让民族摆脱孤独——哥伦比亚作家马尔克斯 / 南山 // 中国培训，1994（5）

魔幻，来自现实——记拉美著名记者作家加西亚·马尔克斯 / 刘愚僮 // 新闻爱好者，1994（10）

一个惊心动魄的悲惨故事——加西亚·马尔克斯的新作《爱情和其他魔鬼》/ 朱景冬 // 译林，1995（2）

加西亚·马尔克斯的小说创作与"魔幻现实主义" / 刘长申 // 解放军外语学院学报，1995（6）

加西亚·马尔克斯和拉丁美洲电影 /〔俄〕T. H. 维特罗娃；吴泽林［译］// 世界电影，1996（2）

人类本质的孤独——试论加西亚·马尔克斯的孤独意识 / 吕月兰 // 山东外语教学，1997（1）

论加西亚·马尔克斯小说创作的整体特征 / 刘崇中，宁宇 // 国外文学，1998（2）

魔幻现实主义与加西亚·马尔克斯的变法 / 许志强 // 外国文学评论，1998（4）

试析加西亚·马尔克斯对贾平凹创作的影响 / 沈琳 // 外国文学研究，1999（3）

加西亚·马尔克斯：回归种子的道路 / 格非 // 作家，2001（2）

哥伦比亚教育券政策述评 / 祝怀新，应起翔 // 比较教育研究，2003（6）

哈哈镜里看拉美——论《百年孤独》的魔幻现实性 / 宋华，杨锐 // 黑龙江教育学院学报，2003（6）

哥伦比亚教育券计划透视 / 王淑芹 // 上海教育科研，2003（8）

他山之石，可以攻玉——论加西亚·马尔克斯对西方艺术大师的借鉴 / 黄涛梅 // 陇东学院学报（社会科学版），2006（1）

魔幻与现实中的孤独——拉美作家马尔克斯 / 黄佑闻 // 语文世界（初中版），2007（1-2）

论加西亚·马尔克斯在新时期初中国大陆的传播 / 杜娟，叶立文 // 外国文学研究，2007（5）

《百年孤独》：文学视野中的另一种现实——解读加西亚·马尔克斯的《百年孤独》/ 马丽娜 // 齐齐哈尔师范高等专科学校学报，2007（6）

再论《百年孤独》中拉美民族文化的魔幻与现实 / 李学颖 // 时代文学（下半月），2008（7）

哥伦比亚：充满拉丁风情的国度 / 成明 // 中国对外贸易，2009（4）

加西亚·马尔克斯小说中的堂吉诃德精神 / 刘雅虹 // 时代文学（下半月），2009（11）

魔幻现实主义文学初探——以"加西亚·马尔克斯"代表作《百年孤独》为例 / 洪颖 // 山花，2010（2）

解读加西亚·马尔克斯的《百年孤独》/ 郑珊 // 齐齐哈尔大学学报（哲学社会科学版），2010（4）

加西亚·马尔克斯 为小说而生 / 刘火雄 // 文史参考，2010（20）

从《百年孤独》看加西亚·马尔克斯的创作理念 / 井小丽 // 河南城建学院学报，2011（2）

为小说而生的加西亚·马尔克斯 / 刘火雄 // 小作家选刊（作文素材库），2011（3）

亦真亦幻——解读加西亚·马尔克斯《百年孤独》/ 李静 // 剑南文学（经典教苑），2011（3）

保守的经典 经典的保守——再评加西亚·马尔克斯的《百年孤独》/ 陈众议 // 当代作家评论，2011（5）

从《百年孤独》看加西亚·马尔克斯的创作心理 / 贾翠平 // 品牌（理论月刊），2011（10）

百年孤独 凄凉入心——读加西亚·马尔克斯的《百年孤独》/ 张光恒 // 出版广角，2011（11）

爱情的孤独者　生命的探索家——解读加西亚·马尔克斯的《苦妓追忆录》/ 周翠平 // 当代教育理论与实践，2011（12）

马尔克斯：拉美文学的代表者 / 欧阳磊，心窗 // 中学生，2011（12）

从《百年孤独》看拉美文化的死亡观 / 孔祥雯 // 青年文学家，2011（15）

每一根魔幻的褶皱里都是活生生的现实《百年孤独》：折射拉丁美洲百年血泪史 / 黄薇 // 文史参考，2011（20）

拉丁美洲文明的缩影——《百年孤独》原型批评 / 袁婷 // 兰州大学，2011

文学青年加西亚·马尔克斯 /〔美〕依兰·斯塔文斯；史国强［译］// 当代作家评论，2012（2）

哥伦比亚　百年孤独 / 张小路 // 旅游，2012（7）

浅议《百年孤独》中的魔幻现实主义及其与拉美历史的关系 / 许欣瑜 // 文学界（理论版），2012（9）

哥伦比亚初级汉语综合课教学现状调查 / 代秀敏 // 东北师范大学，2012

哥伦比亚汉语教学及汉语推广情况调研 / 冯琳 // 东北师范大学，2012

哥伦比亚成年人汉字教学的几个问题研究 / 聂娟 // 天津师范大学，2014

哥伦比亚中学生汉字偏误分析与教学实践探索 / 吕笑 // 广东外语外贸大学，2014

马尔克斯与莫言的魔幻小说比较研究 / 朱晓琳 // 扬州大学，2014

哥伦比亚语言立法及语言教育政策 / 戴曼纯 // 拉丁美洲研究，2015（1）

拉美魔幻现实主义的代表作——《百年孤独》// 语数外学习（初中版·下旬），2015（4）

《百年孤独》：拉美文化的别样色彩 / 黄淑颖 // 宁波通讯，2015（11）

厄瓜多尔

简况

　　厄瓜多尔共和国位于南美洲西北部，东北与哥伦比亚毗连，东南与秘鲁接壤，西临太平洋。海岸线长 930 公里，面积为 256370 平方公里。人口为 1596 万（2013 年），其中印欧混血种人占 77.42%，印第安人占 6.83%，白种人占 10.46%，黑白混血种人占 2.74%，黑人和其他人种占 2.55%。官方语言为西班牙语，印第安人通用克丘亚语。94% 的居民信奉天主教。首都为基多，独立日即国庆日是 8 月 10 日。

赤道横贯国境北部。东西部属热带雨林气候，山区盆地为热带草原气候，山区属亚热带森林气候。平均气温沿海为 23~25℃，东部地区 23~27℃。年平均降水量为 2000~3000 毫米，山区为 1000 毫米。科托帕克希火山是世界最高活火山之一，海拔 5896 米。纳波河是全国最大河流。自然资源较丰富，矿藏以石油、天然气为主，还有金、银、铜、铁、锰、煤、硫黄等。森林覆盖率为 42.5%，生产名贵木材。水力和渔业资源丰富。经济以农业为主，生产香蕉、可可、咖啡、甘蔗、棉花、水稻等，香蕉出口占世界第一位。工业以石油开采和提炼、纺织、食品、木材加工、水泥为主。公路长 4.32 万公里，铁路长 965 公里。主要港口有基尔、曼塔、埃斯梅拉达斯等。货币名称为美元（厄从 2000 年 1 月实行经济美元化，原货币苏克雷已于同年 9 月停止流通。目前厄已完全使用美元）。

厄瓜多尔曾为印第安部落居住地，15 世纪成为印加帝国的一部分，1532 年沦为西班牙殖民地，1809 年 8 月 10 日宣布独立，但仍被西班牙殖民军占领。1822 年结束西班牙殖民统治并加入由哥伦比亚、委内瑞拉和巴拿马组成的大哥伦比亚共和国。1830 年大哥伦比亚解体后，宣布成立厄瓜多尔共和国。建国后，厄瓜多尔政局一直动荡，政权更迭频繁，军人多次执政。1979 年 8 月，军政府还政于民，政局趋于稳定。厄瓜多尔对外奉行独立、自主、和平的外交政策，主张各国相互尊重主权和领土完整，互不干涉，和平解决国际争端；坚持不结盟政策，认为不结盟运动的任务已由政治转向经济；强调外交为经济建设服务。现任总统拉斐尔·科雷亚于 2006 年 11 月当选，2009 年 4 月他再次当选总统，2013 年 2 月再次连任，5 月宣誓就职，任期至 2017 年。1980 年 1 月 2 日厄瓜多尔同中国建交。

厄瓜多尔人民击败了寡头势力 / 陈赞威 // 世界知识，1961（22）

文学家——献给马里·罗谢·奥里佛 /〔厄〕彼得罗·霍尔赫·维拉；周坚操
　　〔译〕// 世界文学，1962（10）

厄瓜多尔 / 海洋 // 世界知识，1965（12）

厄瓜多尔人民反美反独裁斗争的新胜利 / 许亮 // 世界知识，1966（7）

厄瓜多尔的考古发现 / 闻一〔编译〕// 世界历史译丛，1979（3）

厄瓜多尔经济概况 / 远帆〔译〕// 世界经济译丛，1979（9）

厄瓜多尔新总统　海梅·罗尔多斯·阿吉莱拉 / 张守平 // 世界知识，1979（14）

"人类的自然财产"加拉帕戈斯群岛 / 史丛 // 拉丁美洲丛刊，1980（2）

厄瓜多尔经济初析 / 吴国平 // 拉丁美洲丛刊，1980（3）

厄瓜多尔的希巴罗人 /〔智〕马克西莫·费尔南德斯；吴国平〔译〕// 民族译
　　丛，1980（4）

赤道之国——厄瓜多尔 / 吴国平 // 世界知识，1980（17）

人类的文化遗产——基多 / 边际等 // 拉丁美洲丛刊，1981（1）

五十年代以来厄瓜多尔的经济发展 / 吴国平 // 拉丁美洲丛刊，1982（1）

厄瓜多尔的科番人 /〔捷〕姆尼斯拉夫·泽列尼；胡汉英〔摘译〕// 民族译丛，
　　1982（4）

厄瓜多尔雨林中的奥卡人 /〔瑞士〕彼得·布罗恩尼曼；魏治臻〔选译〕// 民
　　族译丛，1982（5）

厄瓜多尔的土壤保护 /Sam Portch Jesse L. Hicks；张天义〔译〕// 水土保持科技
　　情报，1983（4）

厄瓜多尔 / 孙树栋 // 拉丁美洲丛刊，1983（4）

厄瓜多尔 / 寓名 // 国际贸易，1983（8）

厄瓜多尔的外债同其他拉美国家的比较 / 阿尔贝托·达依克；赵雪梅〔译〕//
　　国际贸易译丛，1984（2）

印第安人的揭露与控诉——《瓦西蓬戈》浅析（附原作）/ 徐尚志 // 当代外国
　　文学，1984（4）

从工程师到国家元首——厄瓜多尔新总统莱昂·费夫雷斯 / 赤道 // 世界知识，
　　1984（16）

厄瓜多尔在发展民族经济的道路上 / 王大德 // 瞭望周刊，1984（20）

厄瓜多尔的采矿工业 /〔厄瓜多尔〕C. A.普格；熊宠民［摘译］// 国外采矿技术快报，1985（10）

厄瓜多尔基多赤道纪念碑 / 温长恩 // 热带地理，1986（1）

厄瓜多尔印第安人 / 孙树栋［摘译］// 民族译丛，1986（2）

厄瓜多尔经济发展简析 / 孙树栋 // 拉丁美洲研究，1986（2）

厄瓜多尔的科法内人和塞科亚人 /〔阿根廷〕爱德华多·卡里阿尼；张学谦［译］// 民族译丛，1986（5）

厄瓜多尔当前的经济调整 / 孙树栋 // 拉丁美洲研究，1986（6）

玻利维亚、厄瓜多尔和秘鲁土著居民的一体化 /〔苏联〕T. 贡恰罗娃；朱伦［译］// 民族译丛，1987（4）

厄瓜多尔总统绑架案始末（上）/ 孟军 // 半月谈，1987（5）

厄瓜多尔总统绑架案始末（下）/ 孟军 // 半月谈，1987（6）

厄瓜多尔的快速行动警察部队 / 吴风祥 // 现代世界警察，1988（3）

厄瓜多尔的养虾业 / 蒋志豪 // 今日科技，1988（6）

厄瓜多尔的投资环境 / 钟祖友，杨妙玲 // 国际经济合作，1988（11）

厄瓜多尔的民众运动 / 安兴华 // 拉丁美洲研究，1989（5）

笔杆子的威力——厄瓜多尔作家蒙塔尔沃 / 米盖尔·安东尼奥·巴斯科；吕淑珍［译］// 文化译丛，1990（2）

厄瓜多尔前总统乌尔塔多谈国际新格局下的拉丁美洲 / 驰骋 // 拉丁美洲研究，1990（6）

厄瓜多尔与香蕉 / 安兴华 // 世界知识，1990（13）

厄瓜多尔果树考察报告 / 重庆市赴厄果树考察团 // 四川果树科技，1991（2）

厄瓜多尔渔业考察及合作捕鱼项目的可行性研究 / 周松亭，袁红楼 // 现代渔业信息，1991（11）

厄瓜多尔新闻界综述 / 王洪勋 // 外国新闻研究，1993（7）

巴巴多斯、厄瓜多尔渔业考察报告 / 张虹丽 // 齐鲁渔业，1994（3）

秘鲁和厄瓜多尔的边界冲突 / 华平 // 现代军事，1995（4）

厄瓜多尔的希巴罗人 / 夏丽仙 // 中国民族博览，1997（1）

阿拉尔孔正式上台　厄瓜多尔纷争结束 / 焦燕生 // 世界知识，1997（13）

厄瓜多尔和苏里南的矿业 / 郑敏 // 国外地质勘探技术，1998（4）

厄瓜多尔新总统马瓦德 / 吴虹 // 当代世界，1998（9）

厄瓜多尔新总统马瓦德 / 任锋 // 现代国际关系，1998（10）

厄瓜多尔民族问题剖析 / 夏丽仙 // 国际论坛，1999（2）

试析厄瓜多尔地域差异与资源开发 / 黄广宇 // 集美大学学报（自然科学版），
　　1999（3）

在智利、厄瓜多尔、哥伦比亚生效的安德雷斯·贝略民法典 /〔意〕桑德
　　罗·斯契巴尼；徐国栋［译］// 法商研究（中南政法学院学报），1999（5）

马瓦德执政以来的厄瓜多尔经济形势 / 王锡华 // 拉丁美洲研究，1999（5）

厄瓜多尔香蕉产业经营经验考察报告 / 李绍鹏，陈文河 // 热带农业科学，2000
　　（6）

试论厄瓜多尔的美元化 / 马铭锦 // 拉丁美洲研究，2002（5）

塞内帕河空战 1995：秘鲁与厄瓜多尔的秘密战争 / 段亚波 // 国际展望，2003
　　（19）

华人在厄瓜多尔 / 王光华 // 侨园，2004（4）

厄瓜多尔蔬菜生产概况及分析 / 谭新跃 // 中国种业，2005（1）

中国、厄瓜多尔的经济对比及其对厄瓜多尔发展的启示 / 保拉 // 首都经济贸
　　易大学，2005

中国中草药与厄瓜多尔草药的对比研究 / 李查德（Achig Balarezo David）// 吉
　　林大学，2005

联合是金——完购厄瓜多尔石油资产的启示 / 张娥 // 中国石油石化，2006（7）

厄瓜多尔 1996-2005 年拖拉机市场发展浅析 / 吴清分 // 农业机械，2006（17）

厄瓜多尔政坛新星——当选总统拉斐尔·科雷亚 / 黄华毅 // 当代世界，2007（1）

厄瓜多尔新任总统的能源政策及其对我国在厄石油投资的影响 / 韩平 // 当代
　　石油石化，2007（1）

厄瓜多尔可治理性问题研究 / 杨建民 // 拉丁美洲研究，2007（5）

厄瓜多尔总统科雷亚谈"21 世纪的社会主义" / 方旭飞 // 拉丁美洲研究，
　　2007（6）

厄瓜多尔总统科雷亚用"社会主义"消除动荡 / 余春雨 // 环球人物，2007（6）

厄瓜多尔：进入南美洲的重要门户 / 高潮 // 中国对外贸易，2008（1）

厄瓜多尔的"21 世纪社会主义" /〔厄瓜多尔〕拉斐尔·科雷亚·德尔加多；

韩晗［整理］// 拉丁美洲研究，2008（1）

厄瓜多尔石油政策变局：对我国石油投资的影响及其对策 / 孙洪波 // 对外经
贸实务，2008（3）

走进美丽的赤道之国——厄瓜多尔 / 厄瓜多尔使馆经济处 // 中外食品，2008
（10）

走进美丽的赤道之国——厄瓜多尔（续） / 厄瓜多尔使馆经济处 // 中外食品，
2008（12）

厄瓜多尔的"21世纪社会主义" / 杨建民 // 拉丁美洲研究，2009（3）

厄瓜多尔军人干政的根源和趋势 / 杨民 // 国际资料信息，2010（1）

古巴、厄瓜多尔、委内瑞拉、苏里南、圭亚那学者访问拉美所 / 杨西 // 拉丁
美洲研究，2010（6）

中国与厄瓜多尔石油贸易简析 /MARIA DEL CARMEN MARIN TOVAR// 商场现
代化，2010（31）

厄瓜多尔分公司当前市场形势分析与对策建议 / 钱煜 // 钻采工艺，2010（增刊）

厄瓜多尔对中国的旅游业开发吸引中国人厄瓜多尔旅游 /Johana Sasa Copa// 上
海大学，2010

厄瓜多尔的美元化现象及其对厄瓜多尔经贸关系的影响 /ANDRES ARMAS
NAVARRETE// 科技致富向导，2011（5）

南美环保与社区事务策略——以厄瓜多尔项目为例 / 曹民权，赵聪实，李献勇
// 油气田环境保护，2012（2）

近年来厄瓜多尔石油政策演变及风险服务合同要点 / 刘洪波，周吉生，陈鸿，
刘立明 // 国际石油经济，2012（3）

厄瓜多尔国家联合大桥设计与技术特点 / 凌忠，蒋严波，姚青云 // 世界桥梁，
2012（3）

厄瓜多尔的抉择 / 李熠超，郭爱琳 // 中国新闻周刊，2012（33）

厄瓜多尔地质矿产特征及找矿远景分析 / 唐尧，连卫，郑厚义，王英林 // 国
土资源情报，2013（6）

厄瓜多尔矿产资源概况及矿业投资环境分析 / 唐尧，连卫，陈春琳，王英林 //
国土资源情报，2013（8）

玻利维亚和厄瓜多尔左翼政府初级卫生保健改革述评 / 郑颖，杨善发 // 中国

农村卫生事业管理，2013（9）

厄瓜多尔经济发展潜力巨大 / 中国驻厄瓜多尔使馆经商参处 // 中国经贸，2013
（12）

厄瓜多尔：要鲜花，不要斯诺登 / 李彬 // 世界博览，2013（14）

怀彼岸赤道情缘 架中厄文化桥梁——"印象厄瓜多尔"中国画家代表团访厄
纪实 / 朱锐 // 友声，2014（1）

厄瓜多尔：鼓励与中国的贸易及投资 / 王莉莉 // 中国对外贸易，2014（1）

厄瓜多尔残疾人工作一瞥 / 黄苏宁 // 中国残疾人，2014（8）

厄瓜多尔克维多市汉语教学现状调查 / 卞苏兰 // 上海外国语大学，2014

厄瓜多尔圣弗朗西斯科大学孔子学院汉语教学调查报告 / 蔡罗昆 // 广东外语
外贸大学，2014

人类学视野下华人移民的非理性因素研究——以南美洲厄瓜多尔华人移民为
观察视点 / 杜洁莉 // 汕头大学学报（人文社会科学版），2015（2）

巴 西

简况

　　巴西联邦共和国位于南美洲东南部，北邻法属圭亚那、苏
里南、圭亚那、委内瑞拉和哥伦比亚，西界秘鲁、玻利维亚，南
接巴拉圭、阿根廷和乌拉圭，东濒大西洋。面积为851.49万平
方公里，人口为2.028亿（2013年），其中白种人占53.74%，黑
白混血种人占38.45%，黑种人占6.21%，黄种人和印第安人等占
1.6%。官方语言为葡萄牙语。64.6%的居民信奉天主教，22.2%
的居民信奉基督教福音教派。首都为巴西利亚，独立纪念日即巴
西国庆日为9月7日。

　　全境分亚马孙平原、巴拉圭河下游平原、巴西高原和圭亚那
高原。有亚马孙、巴拉那和圣弗兰西斯科三大河系。国土的80%
位于热带地区，最南端属亚热带气候。北部亚马孙平原属赤道
（热带）雨林气候，年平均气温27~29℃。中部高原属热带草原气

候，分旱、雨两季，年平均气温 18~28℃。南部地区年平均气温 16~19℃。矿产、土地、森林和水力资源十分丰富，铌、锰、钛、铝矾土、铅、锡、铁、铀等 29 种矿物储量位居世界前列。森林覆盖率达 62%，木材储量为 658 亿立方米，占世界五分之一。探明石油储量为 153 亿桶，居世界第 15 位、南美地区第 2 位（仅次于委内瑞拉）。水力资源丰富，拥有世界 18% 的淡水，人均淡水拥有量为 2.9 万立方米，水力蕴藏量达 1.43 亿千瓦 / 年。工业基础较雄厚，主要工业部门有钢铁、汽车、造船、石油、水泥、化工、冶金、电力、建筑、纺织、制鞋、造纸、食品等。民用支线飞机制造业和生物燃料产业居于世界领先水平。农牧业发达，可耕地面积约 1.525 亿公顷，已耕地 7670 万公顷，牧场 1.723 亿公顷，咖啡、蔗糖、柑橘、菜豆产量居世界首位，是全球第二大转基因作物种植国、第二大大豆生产和出口国、第三大玉米生产国，玉米出口位居世界前五，同时也是世界上最大的牛肉和鸡肉出口国。交通业发展较快，公路总长 175 万公里，铁路总长 3 万公里，铁路运力居拉美首位，有桑多斯、里约热内卢、维多利亚等著名港口。货币名称为雷亚尔。

16 世纪初沦为葡萄牙殖民地，1822 年 9 月 7 日独立，建立巴西帝国。1889 年 11 月 15 日，丰塞卡将军发动政变，推翻帝制，成立巴西合众国。1960 年将首都迁往巴西利亚。1964 年 3 月 31 日，军人政变上台，实行独裁统治，1967 年改国名为巴西联邦共和国。1985 年 1 月，反对党在总统间接选举中获胜，结束军人执政。此后，巴政权 6 次平稳更迭，代议制民主政体基本稳固。2002 年 10 月，以劳工党为首的左翼政党联盟候选人卢拉赢得大选，成为巴历史上首位直选左翼总统。2006 年 10 月，卢拉获得连任。2010 年 10 月，迪尔玛·罗塞芙作为劳工党候选人赢得大选，成为巴西历史上首位女总统，并于 2011 年 1 月 1 日就职，任期至 2015 年 1 月 1 日。巴西奉行独立自主、不干涉内政、尊重主权与领土完整、和平解决争端和友好共处的对外政策。1974 年 8 月 15 日巴西同中国建交。

政治　法律

政治概况

向世界强国跃进的巴西 / 吕银春 // 拉丁美洲丛刊，1981（1）

巴西资本主义的发展进程 / 陈作彬 // 拉丁美洲丛刊，1981（4）

巴西社会史研究评介 / 〔美〕R. 莱文；黄文登〔摘译〕// 国外社会科学，1981（7）

南美大国——巴西 / 周俊南 // 世界知识，1981（7）

巴西克服国家机构官僚化的尝试 / 吕银春，周俊南 // 拉丁美洲丛刊，1982（2）

巴西政治思潮和哲学思潮的演变 / 段居华 // 拉丁美洲丛刊，1982（2）

近年来巴西政治经济形势综述 / 陈作彬 // 拉丁美洲丛刊，1982（2）

巴西军队在发展民族经济上的有益作用 / 张镇强 // 世界史研究动态，1982（6）

从 1982 年选举看巴西的"政治开放" / 段居华 // 拉丁美洲丛刊，1983（2）

巴西的民众主义——热图利奥主义 / 段居华 // 拉丁美洲丛刊，1985（4）

以解决社会问题为重点的改革——谈巴西萨尔内政府的政治经济改革 / 吕银
　　春，周俊南 // 拉丁美洲丛刊，1985（6）

戏剧般地登上总统宝座的——若泽·萨尔内 / 朱书林 // 世界知识，1985（12）

巴西政治前景浅析 / 禹春云 // 拉丁美洲研究，1987（5）

巴西地方政府 / 陈林 // 政治学研究资料，1988（2）

现代巴西发展的经验与教训 / 金计初 // 世界历史，1988（3）

80 年代巴西政治经济变革及其前景 / 陈作彬 // 拉丁美洲研究，1988（4）

巴西总统萨尔内及其内外政策 / 王献民 // 现代国际关系，1989（3）

巴西总统选举与其政治前景 / 贺双荣 // 拉丁美洲研究，1990（1）

试析巴西 1964 年政变的军队内部原因 / 董经胜 // 拉丁美洲研究，1990（3）

论巴西军政权前期的政治统治 / 董经胜 // 山东师大学报（社会科学版），1990
　　（6）

巴西的基层政权 / 宋海，李白新 // 乡镇论坛，1991（1）

当代巴西政治中的官员与政治家 / 〔巴西〕埃利萨·P. 赖斯；仕琦〔译〕// 国
　　际社会科学杂志（中文版），1991（1）

巴西成为世界军火生产大国的主要原因 / 章予 // 世界经济与政治, 1991, （9）

巴西科洛尔政府在困境中寻找出路 / 吕银春 // 拉丁美洲研究, 1992（2）

关于巴西民族文化形成和资本主义产生问题之管见 / 张宝宇 // 拉丁美洲研究, 1992（3）

巴西军政权和巴西的经济发展 / 谭融 // 拉丁美洲研究, 1992（5）

巴西历史上第一个被弹劾的总统 / 山石 // 国际展望, 1992（22）

"科洛尔门事件"透视 / 耿秋战 // 瞭望, 1992（42）

论1974—1985年巴西的民主化进程 / 董经胜 // 山东师大学报（社会科学版）, 1993（1）

巴西社会的两极分化 / 郭元增 // 拉丁美洲研究, 1993（3）

魂断高原宫：巴西前总统科洛尔弹劾记 / 王志俊 // 名人传记, 1993（5）

一场复辟风潮——巴西重新选择政体 / 黄松甫 // 世界知识, 1993（7）

巴西全民公决确认共和国制和总统制 / 耿秋战 // 瞭望（海外版）, 1993（8）

神圣殿堂生蛆虫：巴西议会中的腐败现象 / 袁征 // 政党与当代世界, 1994（1）

从讲堂到总统府：记巴西新总统卡尔多佐 / 郭元增 // 政党与当代世界, 1994（12）

巴西现代化进程及外贸对现代化的促进作用 / 姚芳 // 湖北大学学报（哲学社会科学版）, 1994（2）

巴西"失去十年"及内因探究 / 张宝宇 // 世界经济与政治, 1994（5）

巴西总统伊塔马尔·佛朗哥 / 刘玉娥 // 现代国际关系, 1994（5）

巴西的政治经济形势和对外关系 / 尚德良 // 现代国际关系, 1994（5）

巴西利益分配格局的形成和调整 / 周俊南 // 拉丁美洲研究, 1995（1）

巴西新总统卡多佐 / 刘玉娥 // 世界经济与政治, 1995（3）

巴西雷亚尔计划与卡多佐当选 / 张宝宇 // 世界经济与政治, 1995（3）

巴西总统科洛尔被弹劾下台始末 / 童炳强 // 党风与廉政, 1995（5）

巴西卡多佐政府的内外政策 / 尚德良 // 国际资料信息, 1995（6）

巴西目前的形势与走向 / 尚德良 // 现代国际关系, 1996（1）

巴西的现代化进程与国际环境 / 焦震衡 // 拉丁美洲研究, 1996（3）

巴西的修宪及其对经济社会发展的影响 / 吕银春 // 拉丁美洲研究, 1996（3）

试论中间阶层及其在巴西的发展 / 雷泳仁 // 拉丁美洲研究, 1996（3）

试析巴西现代政治制度的形成 / 马小平 // 拉丁美洲研究，1996（4）

巴西人的选举行为：1994 年总统大选 /〔巴西〕拉切尔·梅内戈略；刘瑞祥
　　［译］// 国际社会科学杂志（中文版），1996（4）

中间阶层与巴西独立运动 / 雷泳仁 // 湖北大学学报（哲学社会科学版），1996
　　（5）

1996 年巴西政治经济形势简述 / 张宝宇 // 拉丁美洲研究，1997（2）

1997 年巴西的经济与政治形势 / 吕银春 // 拉丁美洲研究，1998（2）

跨世纪构思系列报道之四 巴西在改革中求发展 / 吴志华 // 广西金融研究，
　　1998（7）

巴西——面向未来的巨人 / 吴永恒 // 瞭望新闻周刊，1998（41）

巴西动荡缘由析 / 方冰 // 金融信息参考，1999（1–2）

巴西民间要"裁军" / 郭元增 // 当代世界，1999（12）

1999 年巴西形势分析——兼论形势研究的方法论问题 / 张宝宇 // 拉丁美洲研
　　究，2000（2）

巴西两极分化严重 / 伍菊 // 当代世界，2000（4）

拉美军队的新职业化与军人参政——20 世纪六七十年代巴西、秘鲁之比较研
　　究 / 董经胜 // 拉丁美洲研究，2000（4）

2000 年巴西经济、政治和社会形势简析 / 吕银春 // 拉丁美洲研究，2001（2）

巴西政治体制的特点与改革进程 / 张凡 // 拉丁美洲研究，2001（4）

巴西：探索全新发展模式 / 殷永建 // 瞭望新闻周刊，2001（9）

巴西：另一个阿根廷 ?/ 刘金源 // 天涯，2002（2）

巴西，下一个阿根廷 ?/ 覃爱玲 // 多媒体世界，2002（2）

巴西的国防产业 / 孔祥富 // 拉丁美洲研究，2002（3）

试论巴西现代化进程中的社会变化 / 张宝宇 // 拉丁美洲研究，2002（3）

巴西反腐败何其难 / 郭元增 // 当代世界，2002（3）

卢拉——工人出身的巴西新总统 / 郭元增 // 当代世界，2002（11）

巴西卫生部门权力下放政策评析 / 钟志健［编译］// 国外医学（卫生经济分
　　册），2002（4）

现代化进程中的贫富差距问题——巴西现代化实践启示 / 张明林 // 西藏发展
　　论坛，2002（6）

巴西入世后的政策演变与启示 / 高雪莲 // 开放导报，2002（10）

卢拉缘何能当选巴西总统 / 徐世澄 // 国外理论动态，2002（12）

巴西新总统其人及其心思 / 吴洪英，孙岩峰 // 国际资料信息，2003（3）

有关巴西政治转型进程的几个问题 / 董经胜 // 拉丁美洲研究，2003（3）

布道者与政治家：天主教会的社会政治功能与巴西政治转型 / 周东华 // 拉丁
美洲研究，2003（4）

巴西现代化的起始与社会转型 / 张宝宇 // 拉丁美洲研究，2003（5）

巴西现代化实质刍议 / 吴洪英 // 拉丁美洲研究，2003（5）

浅析卢拉政府的"零饥饿计划" / 周志伟 // 拉丁美洲研究，2003（6）

改革地方公共管理的权利路径：巴西的经验 /〔巴西〕彼得·斯宾克；杨雪冬，
陈家刚［译］// 经济社会体制比较，2003（4）

巴西民主化进程及其特点 / 边振辉 // 高校社科信息，2004（3）

巴西：制度建设和部门作用并重的反腐之路 / 许道敏 // 中国监察，2004（10）

对"华盛顿共识"的反思——巴西国家创新系统"失落的十年"及其启示 / 涂
俊，吴贵生 // 中国软科学，2005（2）

巴西"大国地位"的内部因素分析 / 周志伟 // 拉丁美洲研究，2005（4）

巴西——发展中大国及其国际战略 /〔巴西〕路易斯·奥古斯托·德卡斯特
罗·内维斯；张育媛［整理］// 拉丁美洲研究，2005（5）

腐败对巴西经济发展的严重阻碍 / 欧阳福军，孙兴涛 // 中国工商管理研究，
2006（2）

巴西政府公共资产管理及启示 / 冯秀华，杨瑞金 // 中国财政，2006（4）

探析巴西现代化进程中的战略选择 / 孙红国，何仁杰 // 九江学院学报，2006（4）

借鉴与启示：古巴、巴西退役军人安置保障制度考察 // 中国民政，2006（4）

成败巴西梦——写在"穷人的代言人"卢拉连任之际 / 储昭根 // 南风窗，2006
（22）

公共服务：政府职能，法制保障，公私合作——巴西公共服务部门改革的情
况及启示 / 张丽娜，潘兴良，汪海 // 经济研究参考，2006（64）

卢拉印象 / 蒋元德 // 世界知识，2007（1）

巴西大选与卢拉政府的政策走向 / 张宝宇 // 拉丁美洲研究，2007（1）

巴西的反腐机制与反腐绩效评估 / 郭存海 // 拉丁美洲研究，2007（6）

巴西的发展对我国构建和谐社会的启示 / 宋海燕 // 特区实践与理论，2007（2）

巴西第一位工人总统卢拉 / 孙岩峰 // 国际资料信息，2007（3）

蝉联巴西总统的平民政治家卢拉 / 周有恒 // 文史天地，2007（11）

巴西：调节利益冲突 / 陈家漠 // 瞭望，2007（23）

巴西政治现代化——军政权结束至今巴西的政治民主化进程 / 于文杰 // 四川
　　大学，2007

巴西：离大国的目标有多远 / 张宝宇 // 同舟共进，2008（1）

巴西现代化进程中的军人干政 / 刘琛 // 知识经济，2008（1）

国别政策——巴西 // 国际商务财会，2008（1）

巴西政府是如何扶贫的 / 程宇航 // 老区建设，2008（3）

巴西可治理性问题分析 / 张凡 // 拉丁美洲研究，2008（3）

影响巴西竞争力的深层原因：国家创新体系的矛盾性和脆弱性 / 宋霞 // 拉丁
　　美洲研究，2008（6）

改善公共政策 促进和谐社会——巴西的经验教训 / 吴志华 // 科学决策，2008（4）

巴西的未来在未来吗？/ 袁瑛，曾娜 // 商务周刊，2008（8）

古巴、巴西的廉政建设和反腐败工作 / 徐小庆 // 当代世界，2008（8）

巴西总统卢拉谈社会政策、生物燃料和拉丁美洲国家激进化等问题 / 殷叙彝
　　［译］// 国外理论动态，2008（10）

巴西"失去的十年"对当前中国深化改革开放之启示——人均 GDP3000 美
　　元闯关之经验和教训 / 金辉 // 兰州大学，2008

巴西的社会政策创新：地方政府的作用 /〔巴西〕玛塔 – 费雷拉 – 桑托斯·法
　　拉；杨娜［译］// 经济社会体制比较，2009（1）

巴西：新自由主义神话的破灭 / 胡炜 // 创新科技，2009（3）

巴西现代化起始时间之我见 / 于兆兴 // 郑州大学学报（哲学社会科学版），
　　2009（3）

浅谈巴西公共政策在解决贫富差距问题中的作用及对中国的借鉴 / 蔡晓薇 //
　　时代金融，2009（8）

从"永远的潜在大国"到"崛起的金砖"——试论巴西发展模式的转变 / 周志
　　伟 // 当代世界，2009（11）

绰号"鱿鱼"的性情总统卢拉 / 陈威华 // 共产党员，2009（22）

巴西的大国地位评估 / 牛海彬 // 拉丁美洲研究，2009（增刊）

巴西卢拉政府的地区战略评估 / 周志伟 // 江汉大学学报（社会科学版），2010（3）

巴西大选后新政府的紧要外交议程 / 王俊生 // 拉丁美洲研究，2010（6）

从 2010 年大选看巴西新政府的政策走向及挑战 / 周志伟 // 拉丁美洲研究，2010（6）

巴西反腐败制度及其对我国的启示 / 姚宏科 // 行政管理改革，2010（9）

巴西政府对城市低收入阶层住房改造的做法和启示 / 徐勤贤，窦红 // 城市发展研究，2010（9）

巴西阿雷格里参与式预算的民主意蕴 / 许峰 // 当代世界，2010（9）

2010 年巴西大选、政治新格局及未来政策走向 / 周志伟 // 当代世界，2010（12）

巴西政府政务秘书工作概况和特点 / 谢君 // 秘书工作，2010（10）

巴西第一位女总统迪尔玛·罗塞夫 / 孙岩峰 // 国际资料信息，2010（11）

卢拉遗产：一个光鲜的巴西 / 芃锐 // 大经贸，2010（11）

巴西首位女总统：人生始终在闯关 /Rita// 中国女性（海外版），2010（12）

卢拉留下一个光鲜的巴西 / 蔡恩泽 // 现代企业文化，2010（12）

卢拉挤掉了查韦斯的泡沫 / 和静钧 // 南风窗，2010（17）

巴西"铁娘子"罗塞夫 / 郝遥 // 百科知识，2011（2）

迪尔玛·罗塞夫 后卢拉时代的铁娘子 / 李樱 // 三月风，2011（2）

昔日游击队员 今日国家元首——记巴西第一位女总统罗塞夫 / 周有恒 // 名人传记（上半月），2011（2）

卢拉时代巴西的崛起：地区领袖还是全球参与者？/〔阿根廷〕格拉迪斯·莱奇尼，〔阿根廷〕克拉丽莎·贾卡格里亚；赵丽红，方旭飞，王文仙〔译〕// 拉丁美洲研究，2011（4）

中产阶级和巴西现代化 / 郭存海 // 拉丁美洲研究，2011（4）

巴西现代化进程与国际战略选择 / 贺双荣 // 拉丁美洲研究，2011（5）

巴西崛起与全球新秩序 /〔巴西〕阿马多·路易斯·塞尔沃；陈迎春〔译〕// 拉丁美洲研究，2011（6）

"安全与发展"：巴西的地缘政治思想（二战结束至 20 世纪 80 年代）/ 葛汉文 // 拉丁美洲研究，2012（1）

统筹经济社会发展 构建和谐幸福社会——透过巴西社会管理工作引发的思考 / 陈晓平 // 理论导报, 2012（2）

巴西：刹不住的腐败风 / 许春华 // 南风窗, 2012（3）

卢拉的巴西 /〔英〕佩里·安德森；张晶［译］// 国外理论动态, 2012（3）

平衡资本主义和多元民主政治的独特模式——比较视野下的巴西、智利和乌拉圭社会民主主义政府 /〔乌拉圭〕乔治·兰扎罗；冯浩［编译］// 当代世界与社会主义, 2012（4）

巴西后威权时期的文武关系 / 董经胜 // 南开学报（哲学社会科学版）, 2012（6）

巴西，一块金砖在褪色 / 岳云霞 // 社会观察, 2012（10）

巴西"铁娘子"迪尔玛·罗塞夫 / 何露杨 // 时事报告, 2012（11）

比较语境下的巴西行政审判制度 //〔巴西〕Ricardo Perlingeiro；步超 //［译］行政法论丛, 2012

城市住房政策失灵：巴西的历程及其启示 / 邓宁华 // 社会保障研究, 2013（1）

巴西卢拉政府执政时期的新工会运动 / 刘耐莉 // 工会博览（下旬刊）, 2013（2）

巴西里约热内卢城市应急指挥系统 // 中国信息界, 2013（2-3）

巴西、阿根廷警务考察报告 / 浙江警察学院代表团 // 公安学刊（浙江警察学院学报）, 2013（4）

宪制选择与巴西民主的巩固 / 聂智琪 // 开放时代, 2013（5）

举办大型体育赛事的政府决策与公众参与——基于巴西百万民众举行示威活动的思考 / 陈锡尧 // 体育科研, 2013（5）

巴西民众示威游行对我国举办大型体育赛事决策的启示 / 李建国 // 体育科研, 2013（5）

巴西公民社会探析 / 张凡 // 拉丁美洲研究, 2013（5）

全球气候变化下的巴西国家安全分析 / 周志伟 // 拉丁美洲研究, 2013（6）

巴西"金砖"褪色 / 任兆鑫 // 新商务周刊, 2013（6）

论巴西国会对国家外交决策的影响 / 王锐, 石斌 // 世界经济与政治论坛, 2013（6）

巴西公务员培训机制及其启示 / 李文静, 张蕾蕾, 刘婉娜 // 中国人力资源开发, 2013（7）

政府腐败案促使巴西掀起反腐风暴 / 若德 // 中国监察, 2013（10）

"巴西梦"破灭 / 李彬 // 世界博览, 2013（13）

巴西:"金砖"还是"空心砖"?/ 江时学,贺文萍,孙岩峰,田丰,吴晓芳 // 世界知识,2013(14)

巴西反贫困的实践及其经验借鉴 / 孙晗霖 // 知识经济,2013(18)

巴西:依法打击腐败的新利器 / 沈臻懿 // 检察风云,2013(20)

拉美模式研究——以巴西为例 / 陈以威 // 中国政法大学,2013

巴西和圣保罗的城市公共政策中政府、政治行动者和治理 / 〔巴西〕爱德华多·马奎斯;秦寅霄〔译〕// 中国治理评论,2014(1)

巴西外交官选拔制度及对我国的启示 / 叶志良 // 拉丁美洲研究,2014(4)

2014 年巴西总统选举评析及执政展望 / 李慧 // 拉丁美洲研究,2014(6)

巴西不断深化与务实的减贫之路——从"雷亚尔计划"到"零饥饿计划"再到"无贫困计划"/ 张庆 // 西南科技大学学报(哲学社会科学版),2014(3)

巴西劳工党政府是如何治理国家的 / 吴秀荣 // 当代世界与社会主义,2014(5)

巴西:反腐风暴不断升级 / 高荣伟 // 检察风云,2014(6)

巴西的软实力建设:不一样的崛起 / 周志伟 // 当代世界,2014(6)

巴西反腐败道路坎坷 / 仝中燕 // 学习月刊,2014(9)

巴西:探索"第三条道路"任重道远 / 王佳 // 世界知识,2014(22)

巴西国会与反腐斗争(上)/ 徐世澄 // 中国人大,2014(23)

巴西国会与反腐斗争(下)/ 徐世澄 // 中国人大,2014(24)

国外女性参与高层政治选举研究——以韩国朴槿惠和巴西迪尔玛为例 / 周丽 // 湖北大学,2014

巴西大选后的政党格局及政治生态 / 周志伟 // 当代世界,2015(1)

巴西国会组织结构和运转的特点(上)/ 徐世澄 // 中国人大,2015(2)

巴西国会组织结构和运转的特点(下)/ 徐世澄 // 中国人大,2015(3)

解放神学与巴西无地农民运动的兴起 / 王安娜 // 学理论,2015(3)

社会学视角下的"拉美化"问题——以巴西社会发展为例 / 王云飞,王力 // 山西农业大学学报(社会科学版),2015(9)

巴西国家治理危机的根源——基于国家治理体系 10S 模型的分析 / 徐天舒 // 人民论坛,2015(28)

韩国、巴西现代化进程中军人政权的比较分析 / 潘奕萍 // 外交学院,2015

巴西检察机构在环境法实施中的角色和职能 / 张钊 // 吉林大学,2015

社会发展

巴西印第安部落的黄昏 /〔英〕E. 布鲁克斯；胡庆钧［译］// 民族译丛, 1979（2）

印第安人习俗 / 吕银春 // 拉丁美洲研究, 1979（2）

在巴西的日本移民 / 鲍宇 // 拉丁美洲丛刊, 1980（1）

巴西亚诺马莫人遭受核开发的威胁 /〔巴西〕卡毕；陈根生［译］// 民族译丛, 1980（3）

巴西的黑人和移民问题 / 孙成敖［译］// 民族译丛, 1980（5）

巴西人口的种族构成 / 华弢 // 地理知识, 1980（10）

巴西民族成分初探 / 鲍宇 // 拉丁美洲丛刊, 1981（3）

巴西的十七个印第安人保留地 / 吕银春［译］// 民族译丛, 1982（1）

巴西人口的特点和巴西政府的人口政策 / 吕银春 // 人口研究, 1982（2）

从《异乡泪》谈巴西的日本移民 / 邹蓝 // 世界知识, 1983（1）

关于墨西哥、巴西、智利的城市化和人口迁移问题 / 马侠；陈玉光 // 人口与经济, 1985（3）

巴西的人口状况和特点 / 吕银春 // 人口与经济, 1985（4）

1976-1982 年巴西部落人口境况的发展 /〔美〕格雷格·厄本；涂光楠［译］// 民族译丛, 1986（1）

加拿大和巴西的社会福利工作 / 民政部代表团 // 中国民政, 1987（2）

巴西的亚诺马米印第安人 / 杨志刚［摘译］// 民族译丛, 1987（5）

巴西的穆斯林 / 黄陵渝 // 拉丁美洲研究, 1989（1）

巴西黑人和巴西民族文化 / 邵恒章 // 拉丁美洲研究, 1989（3）

日本人移居巴西获成功 / 王志根, 夏国政 // 世界知识, 1989（1）

简论黑人对巴西文化形成所作的贡献 / 马莉 // 湖北大学学报（哲学社会科学版）, 1989（2）

巴西解决住房问题的一些措施 / 辛华 // 国际科技交流, 1989（9）

古代巴西印第安人历史新探 / 方迥澜 // 历史研究, 1990（1）

巴西生育率下降的决定因素 / 陈大明［编译］// 西北人口, 1990（3）

巴西新宪法与印第安人的权利 //〔巴西〕M. C. 达库尼娅；何定［译］// 民族译

丛，1990（4）

巴西的印第安人 / 吕银春 // 民族译丛，1992（12）

巴西社会的两极分化 / 郭元增 // 拉丁美洲研究，1993（3）

1975年~1989年巴西儿童营养状况动态 / 陶明，郝炳华［摘］// 国外医学（妇
　　幼保健分册），1993（4）

1975~1989年巴西儿童营养状况变化趋势 / 林海［摘］// 国外医学（卫生学
　　分册），1993（6）

巴西人的民族模式 /〔苏联〕M.Γ.科托夫斯卡娅；孙士明［译］// 民族译丛，
　　1994（3）

巴西开展大规模的反腐败行动 / 尚德良 // 拉丁美洲研究，1994（5）

巴西农村发展规划 / 石林 // 华夏星火，1994（6）

巴西暴力犯罪猖獗 / 刘瑞常 // 瞭望新闻周刊，1996（1）

墨西哥、巴西社会发展的做法与启示 / 侯玉兰 // 北京社会科学，1996（4）

巴西的贫困和两极分化浅析 / 吕银春 // 拉丁美洲研究，1996（6）

阿根廷与巴西的贫困及反贫困情况 / 钟铃［译］// 中国贫困地区，1997（2）

巴西的社会保障体系 / 肖登峰 // 中国民政，1997（3）

巴西社会保险制度及其改革 / 吕银春 // 拉丁美洲研究，1997（3）

巴西生产力布局内地化趋势 / 张宝宇 // 拉丁美洲研究，1997（5）

巴西的社会问题及其对策 / 焦震衡 // 拉丁美洲研究，1997（6）

巴西的社会保障管理体制 / 廖鸿 // 中国社会工作，1998（2）

论巴西现代化进程中的贫富差距问题 / 刘金源 // 南京大学学报（哲学·人文
　　科学·社会科学版），1998（3）

巴西医疗卫生事业考察报告 / 郑必先 // 江苏卫生事业管理，1999（2）

巴西印第安人探访记 / 吴金光 // 民族论坛，2000（2）

巴西的医疗制度与给我们的启迪 / 唐维新，刘年官 // 改革与开放，2000（6）

巴西印第安人现状和政府的相关政策 / 周世秀 // 拉丁美洲研究，2000（6）

巴西、秘鲁社会福利考察及思考 / 温长洛 // 中国民政，2000（7）

巴西印第安人现状和政府的相关政策 / 周世秀 // 世界民族，2001（1）

巴西贫困与反贫困政策研究 / 尚玥佟 // 拉丁美洲研究，2001（3）

巴西的非正规经济与就业 / 吕银春 // 拉丁美洲研究，2001（5）

阿根廷巴西的社会福利与救助 / 彦允 // 社区，2001（3-4）

巴西：暴力泛滥未有终 / 郭元增 // 当代世界，2001（6）

巴西的暴力、赃钱与公正：1980-1995 年 / 阿尔巴·扎鲁阿；黄觉［译］// 国际社会科学杂志（中文版），2002（3）

巴西社会两极分化问题及其成因探析 / 刘金源 // 拉丁美洲研究，2002（4）

巴西医疗卫生体制与改革给我们的启示 / 周伟，徐杰 // 江苏卫生事业管理，2003（4）

巴西农村医疗卫生体制改革考察 / 国务院体改办赴巴西农村医疗卫生体制改革培训团 // 国际医药卫生导报，2003（7）

巴西医疗卫生体制考察与思考 / 姜相春，徐杰 // 中国初级卫生保健，2003（7）

巴西阿尔坎塔拉的人口迁移与基伦博人：现代性，身份和地位 / 路易斯·S. 西尔伯林；项龙［译］// 国际社会科学杂志（中文版），2004（1）

巴西、古巴的社会保障制度及启示 / 靳尔刚 // 中国民政，2004（2）

墨西哥和巴西的农村医疗保险制度及其对中国建立农村新型合作医疗制度的几点启示 / 杨惠芳，陈才庚 // 拉丁美洲研究，2004（5）

巴西农民收入支持政策及启示 / 张红宇，陈良彪 // 世界农业，2004（10）

底层：另一个巴西 / 胡续冬 // 世界博览，2005（8）

巴西艾滋病防治的特点与启示 / 王新伦 // 中国健康教育，2005（9）

巴西的全民免费医疗制度 // 医药世界，2005（9）

巴西如何解决社会公正问题 / 周志伟 // 科学决策，2005（12）

巴西贫民窟对中国城市化的启示 / 韩俊，崔传义，赵阳 // 瞭望新闻周刊，2005（28）

巴西农村城市化的进程、特点和经验及其启示 / 高强，董启锦，史磊 // 世界农业，2006（4）

巴西工会运动的发展与障碍 // 工会博览，2006（5）

巴西农村城市化的特点和经验 / 高强，董启锦，史磊 // 新农村，2006（7）

巴西、阿根廷的青年与青年研究现状及其启示 / 安国启，曹凯 // 中国青年研究，2006（11）

巴西、阿根廷卫生保健体制改革与发展 / 王东升，饶克勤 // 中国卫生经济，2006（11）

巴西公共服务情况与经验 / 国家发展改革委体改司 // 中国经贸导刊，2006（17）

巴西悖论：有利于穷人经济状况的改善而中产阶级未有受益 / 张宝宇 // 江汉
　　大学学报（社会科学版），2007（3）

巴西、阿根廷住房保障经验、教训及启示 / 文林峰 // 北京规划建设，2007（4）

西班牙、巴西在教育、卫生事业方面筹资的经验及启示 / 国家发展改革委社会
　　事业筹资考察团 // 中国经贸导刊，2007（4）

巴西、阿根廷社会保障制度及启示 / 国家发展改革委就业和收入分配司 // 中
　　国经贸导刊，2007（19）

从巴西"贫民窟"现象反思城市流动人口管理 / 上海市决策咨询委员会考察组
　　// 决策咨询通讯，2007（5）

考察巴西、阿根廷的住房 / 文林峰 // 中华建设，2007（5）

巴西、阿根廷的住房保障制度 / 王春华 // 上海房地，2007（10）

巴西、阿根廷的住房保障制度管窥 / 王春华 // 中国房地产金融，2007（10）

巴西医疗保障体系 / 马丹，任苒 // 医学与哲学（人文社会医学版），2007（10）

巴西医疗卫生体制改革及其对我国的启示 / 冯显威，王慧，程刚 // 医学与社
　　会，2007（12）

巴西治理贫民窟的基本做法 / 杜悦 // 拉丁美洲研究，2008（1）

巴西"贫民窟"现象的启示 / 谭炳才 // 广东经济，2008（2）

巴西如何缩小贫富差距 / 陆绮雯 // 北京纪事（纪实文摘），2008（2）

巴西和智利卫生改革考察报告 / 石光，雷海潮，高卫中 // 卫生经济研究，2008
　　（6）

国外反贫困经验对我国当代反贫困的若干启示——以发展中国家巴西为例 / 黄
　　东花，王俊文 // 农业考古，2008（6）

巴西日本移民的"共产主义农庄" / 靳慧 // 世界文化，2008（7）

20 世纪 90 年代以来巴西社会保障制度改革探析 / 房连泉 // 拉丁美洲研究，
　　2009（2）

国外反贫困经验对我国当代反贫困的若干启示——以发展中国家巴西为例 / 王
　　俊文 // 农业考古，2009（3）

巴西农村社会保障建设经验与启示 / 徐清照 // 山东劳动保障，2009（8）

巴西医疗保障制度研究及启示 / 刘岩 // 生产力研究，2009（12）

加强初级卫生保健，改进健康的公平性——巴西卫生改革对中国的启示 / 刘朝杰，David Legge// 中国全科医学，2009（21）

巴西的社会救助项目 / 林熙 // 社会工作（上半月），2010（1）

巴西和印度两国城市贫困问题的对比研究——基于两部电影的思考 / 乔一博，王国梁 // 科技情报开发与经济，2010（2）

论巴西圣保罗市的城市贫困现状及其原因 / 程晶 // 湖北大学学报（哲学社会科学版），2010（5）

泰国、墨西哥和巴西农村医疗保险制度分析及借鉴 / 和建全 // 中国卫生人才，2010（5）

巴西农村养老金计划及其对中国的启示 / 白维军 // 经济问题探索，2010（7）

巴西如何解决贫富差距：完善社保扶贫抑富 / 杨立民 // 理论参考，2010（7）

巴西养老保障改革和基金管理 / 熊军 // 国有资产管理，2010（8）

巴西政府对城市低收入阶层住房改造的做法和启示 / 徐勤贤，窦红 // 城市发展研究，2010（9）

巴西缩小贫富差距的做法及对我国的启示 / 龙安，刘子良 // 吉林金融研究，2010（11）

巴西 上帝之城 / 潘发明 // 大经贸，2010（12）

巴西收入分配研究 / 周红利，和荣 // 全国商情（理论研究），2010（17）

"巴西贫民窟"被误读与中国农民工进城 / 郑风田 // 人民论坛，2010（36）

巴西现代化进程中的贫富分化问题研究 / 王敏 // 西北大学，2010

巴西的卫生改革经验及其对中国的启示 /Dayse Espindola（苔丝）// 浙江大学，2010

巴西低收入家庭中的年轻世代依赖老年人现象 /〔巴西〕罗莎·库特琳；梁光严［译］// 国际社会科学杂志（中文版），2011（3）

巴西职业病认定与赔偿制度研究和启示 / 白莹，朱宝立，朱文静，张恒东 // 工业卫生与职业病，2011（6）

印度、巴西和墨西哥的医疗保障制度及其对我国的启示 / 符定莹，兰礼吉 // 医学与哲学（人文社会医学版），2011（10）

巴西人口城市化进程及模式研究 / 颜俊 // 华东师范大学，2011

巴西缩小贫富差距的做法及启示 / 白维军，王奕君 // 经济纵横，2012（3）

城市中低收入者住房保障：巴西经验及启示 / 李志明，徐悦 // 学术论坛，2012（3）

1940 年代以来巴西公共住房政策发展评析和启示 / 刘佳燕 // 国际城市规划，
    2012（4）

巴西社会保障与工会参与 / 颜少君 // 中国劳动关系学院学报，2012（4）

巴西缩小贫富差距的经验及借鉴 / 贺婵杜 // 金融经济，2012（4）

巴西缓解贫富悬殊之路 / 周志伟 // 南风窗，2012（9）

巴西城市化为何造就贫民窟 / 叶檀 // 中国中小企业，2013（6）

"破产"的巴西前首富 / 李丹丹 // 名人传记（财富人物），2013（12）

民族学实践：在巴西奴隶后裔社区开展的田野调查 /〔意〕R. 马力罗；张育瑄
    〔译〕// 世界民族，2014（3）

巴西公共部门社会保险制度解构及其对中国的警示 / 张盈华 // 老龄科学研究，
    2014（4）

巴西收入分配问题与相关政策评析 / 齐传钧 // 拉丁美洲研究，2014（4）

巴西国家住房银行的棚户区改造政策评析 / 何露杨 // 拉丁美洲研究，2014（5）

发展中国家社会保障发展思索——以中国、巴西和东南亚四国为例 / 胡乃军 //
    中国社会保障，2014（7）

巴西养老金改革：一个悬而未决的议程 /Milko Matijascic，Stephen J. Kay；赵
    秀斋〔编译〕// 中国社会保障，2014（11）

医疗服务公私伙伴关系个案分析及对中国的启示——基于巴西、南非和印度
    的分析 / 陈龙，冯蕾，张瑞宏，毛勇，王凯 // 中国卫生政策研究，2014
    （12）

人才流失影响因素研究——基于中国、俄罗斯、巴西三国的比较分析 / 田帆，
    方卫华 // 中国经贸导刊，2014（29）

反贫困斗争与政府治理能力——巴西案例研究 / 苏振兴 // 拉丁美洲研究，2015（1）

社会发展战略：巴西迁都引发的思考 / 范和生，唐惠敏 // 拉丁美洲研究，2015
    （6）

巴西的扶贫政策：家庭补助金计划对受益者的影响 /〔巴西〕亚历山德罗·平
    莎尼，〔巴西〕瓦尔基里娅·多米尼克·莱奥·雷戈；高静宇〔译〕// 国
    外理论动态，2015（8）

巴西：族群天堂的陷阱 / 李陶红 // 民族论坛，2015（8）

政党

巴西劳工党 / 郭汾平 // 政党与当代世界，1989（10）

巴西政党评析 / 潘明涛 // 政党与当代世界，1992（3）

巴西的共产党为何走向消亡 / 郭元增 // 政党与当代世界，1992（6）

巴西共产党：红旗为什么不倒 / 袁征 // 当代世界，2000（9）

工人政党掌管拉美第一大国——巴西劳工党的执政之路 / 郭元增 // 当代世界，
    2003（2）

巴西共产党目前的政治地位 / 张宝宇 // 拉丁美洲研究，2004（5）

巴西左派政党的现状与发展趋势 / 吴志华 // 拉丁美洲研究，2004（5）

巴西劳工党在巴西民主化进程中的作用 / 边振辉 // 河北师范大学，2004

巴西劳工党政府应对社会矛盾的主要做法 / 徐世澄 // 拉丁美洲研究，2005（6）

巴西劳工党政府应对社会矛盾的主要做法 / 徐世澄 // 理论参考，2006（5）

巴西政党和政党制度剖析 / 张凡 // 拉丁美洲研究，2006（6）

巴西劳工党制度建设和组织发展述评 / 张凡 // 拉丁美洲研究，2007（5）

与时俱进的巴西共产党 / 郭元增 // 党建，2007（10）

巴西劳工党及其"劳工社会主义" / 徐世澄 // 当代世界社会主义问题，2008（4）

苏东剧变以来巴西共产党对社会主义的新探索 / 王建礼 // 当代世界社会主义
    问题，2010（4）

新时期巴西共产党的行动纲领——巴西共产党《社会主义纲领》评析 / 王建礼
    // 马克思主义研究，2010（4）

21世纪初巴西共产党对社会主义的新探索 / 王建礼 // 湖南科技学院学报，
    2010（5）

从巴西共产党十二大看其理论发展及政策主张 / 王建礼 // 上海党史与党建，
    2010（5）

巴西、阿根廷政党政治与经济社会发展之关系 / 徐锋 // 上海市社会主义学院
    学报，2010（6）

巴西大选和巴西政党格局 / 王鹏 // 拉丁美洲研究，2010（6）

巴西劳工党——盛开在拉丁美洲的一朵左翼政党奇葩 / 张凡 // 党建，2010（9）

巴西共产党探索"走向社会主义的巴西式道路"研究 / 王建礼 // 华中师范大学，2011

巴西劳工党执政经验及面临的挑战 / 靳呈伟 // 当代世界与社会主义，2012（2）

巴西政党党内规章制度建设与启示——以巴西劳工党与共产党为例 / 靳呈伟，刘玉 // 理论月刊，2012（2）

巴西左翼政党的社会主义理论研究 / 王建礼 // 社会主义研究，2013（1）

巴西劳工党的"社会议程"面临挑战 / 张凡 // 当代世界，2013（10）

巴西劳工党反腐斗争的经验与教训 / 徐世澄 // 当代世界与社会主义，2014（1）

从近期社会动荡看巴西劳工党执政十余年来的经济改革成效 / 杨志敏 // 拉丁美洲研究，2014（1）

巴西劳工党的执政经验与教训 / 方旭飞 // 拉丁美洲研究，2014（5）

巴西共产党的现状、理论政策及面临问题 / 王建礼，成亚林 // 当代世界社会主义问题，2014（3）

巴西的政党制度 / 周扬子 // 黑龙江史志，2014（11）

拉美铁娘子蝉联总统 巴西劳工党再续辉煌 / 陈晓玲 // 当代世界，2014（11）

险关当头的巴西劳工党 / 陈晓玲 // 当代世界，2015（5）

巴西劳工党党纪在廉政建设中的作用研究 / 朱玲 // 江西师范大学，2015

巴西左翼政党的新变化及影响研究 / 李亚军 // 云南大学，2015

法律

巴西管理外资的立法 // 国际经济合作，1985（1）

巴西的环境立法 / 李友琥 // 中国环境管理，1988（2）

巴西的信息产业与信息立法 / 张绍坤 // 世界科学，1988（10）

巴西反通胀的有效武器——货币修正法 / 杨永瑞 // 广东金融，1988（8）

巴西的软件保护法简介 / 李勇［摘译］// 知识产权，1991（2）

巴西对计算机软件的法律保护 / 周钢，刘玉芝 // 国际经济合作，1993（9）

巴西的投资法律制度借鉴 / 边维慧 // 开放导报，1995（4）

巴西新出现的环境审计法规及其实施前景 /〔巴西〕Emilio Lebre La Rovere，Alexandre d'Avignon // 产业与环境（中文版），1996（2-3）

巴西 1988 年宪法的出台及其特征 / 马小平 // 拉丁美洲研究，1997（6）

巴西的法院、法律与民主 /〔巴西〕马库斯·法罗·德卡斯特罗；庾敏〔译〕// 国际社会科学杂志（中文版），1998（2）

试论巴西的仲裁法律 / 师华 // 山西大学学报（哲学社会科学版），1999（1）

巴西反倾销法简评 / 国家《反倾销》课题组 // 世界贸易组织动态与研究，1999（2）

巴西反倾销立法与实践及对我国的启示 / 李罗莎，郭岩 // 开放导报，2002（5）

巴西体育法律规制介评 / 黄世席 // 河北法学，2003（4）

巴西民事上诉制度介评 / 李小鹤，武丹，万艳红 // 宜宾学院学报，2004（2）

当代巴西足球法律规制介评 / 尚成，孙喜峰 // 北京体育大学学报，2005（5）

巴西、阿根廷税法体系及借鉴 / 中国税收科研代表团 // 涉外税务，2005（11）

巴西体育法的发展及对我国职业足球管理制度的启示 / 谢新胜 // 河北法学，2005（11）

巴西自然保护区立法和管理 / 柏成寿 // 环境保护，2006（21）

巴西生物多样性保护法律与实践 / 张式军 // 中共济南市委党校学报，2007（1）

从《巴西民法汇编》到《新巴西民法典》/ 徐国栋 // 华东政法大学学报，2009（3）

欧盟对巴西反倾销争议案的法律分析与思考 / 尹立 // 学习论坛，2009（3）

《巴西国家环境教育法》解读 / 王民 // 环境教育，2009（6）

巴西乡村发展政策法规特征研究 / 莫纪宏 // 北方法学，2009（6）

约束地方的财政责任法：巴西 / 财政部预算司课题组 // 经济研究参考，2009（43）

巴西劳工法现状及对策建议 / 胡文强，秦俊茹 // 经济师，2010（2）

印度与巴西的乡村建设管理法规及启示 / 董金柱 // 国际城市规划，2010（2）

环境公益保护视野下的巴西检察机构之环境司法 / 李挚萍 // 法学评论，2010（3）

巴西集合诉讼制度介评 / 刘学在，韩晓琪 // 环球法律评论，2010（4）

飞机产业发展的法律和政策支持——以巴西经验为参考 / 夏春利 // 北京航空航天大学学报（社会科学版），2010（6）

巴西工程承包的法律环境分析及应对策略 / 程欣欣，肖艳 // 国际经济合作，2010（7）

巴西检察机关在公益诉讼中的角色简评 / 肖建华，杨恩乾 // 人民检察，2010（11）

巴西检察机关提起民事公益诉讼制度初探 / 刘学在 // 人民检察，2010（21）

巴西反垄断法实施体制研究 / 楼春晗 // 华东政法大学，2010

论集团诉讼中的既判力问题——美国和巴西立法经验的分析及借鉴 / 肖建华，
　　杨恩乾 // 政法论丛，2011（1）

巴西环境保护法律机制评析 / 范纯 // 北方法学，2011（2）

巴西健康权诉讼初探 / 曹瑞 // 广西政法管理干部学院学报，2011（3）

巴西药品知识产权制度探析 / 柳建朋 // 河北经贸大学学报（综合版），2011（4）

巴西劳工法发展历程及其特征 / 兰莉敏 // 长江大学学报（社会科学版），2011
　　（7）

浅谈巴西专利制度对化学领域专利申请的特殊要求 / 董文倩 // 中国发明与专
　　利，2012（5）

巴西汽车标准法规体系分析及应对策略研究 / 高菊珍，姚洪华 // 质量与标准
　　化，2012（6）

巴西汽车市场准入与技术法规（续1）/ 朱彤，朱毅，郭琳 // 汽车工程师，
　　2012（9）

巴西汽车市场准入与技术法规（续2）/ 朱彤，朱毅，郭琳 // 汽车工程师，
　　2012（10）

巴西石油法律体制改革及其启示 / 王朝恩 // 商业研究，2012（11）

巴西消费者集团诉讼制度及其启示 / 李锐，陶建国 // 人民论坛，2012（26）

环境税的宪法依据——兼论巴西环境税 / 张学博 // 郑州航空工业管理学院学
　　报，2013（4）

巴西"7.716法令"新政 / 姜皓瀚 // 汽车纵横，2013（5）

巴西汽车排放法规要求 / 傅剑华，曹也，曹建骁 // 汽车与配件，2013（15）

新《森林法》主要法规对巴西粮食生产和出口潜在影响分析 / 范阳 // 南京农
　　业大学，2013

巴西集团诉讼：一个大陆法系国家的范本 / 〔巴西〕Antonio Gidi; 李智，陈荣
　　[编译] // 厦门大学法律评论，2014（2）

巴西《环境犯罪法》的沿革及其内容 / 张岱渭，高静 // 河北大学学报（哲学
　　社会科学版），2014（4）

外交

学社会科学版），2004（4）

巴中战略伙伴关系更加密切——独家专访巴西总统卢拉·达席尔瓦 / 吴迎春，
　　吴志华 // 时代潮，2004（11）

卢拉政府外交政策浅析 / 张育媛 // 拉丁美洲研究，2005（2）

巴西的"大国外交"战略 / 吴志华 // 拉丁美洲研究，2005（4）

巴西的崛起对国际格局的影响 / 冯峰 // 拉丁美洲研究，2005（4）

联合国改革与巴西"入常"问题 / 贺双荣 // 拉丁美洲研究，2005（4）

巴西移民在美国 / 黄怡 // 东南学术，2005（4）

何处为家：巴西的"日侨日裔"与日本的"巴西日裔" / 段亚男 // 东南学术，
　　2005（4）

美国与巴西关系中的"核因素"及其影响 / 李小军 // 国际论坛，2005（5）

巴西的战略地位与中巴关系 / 周志伟 // 拉丁美洲研究，2006（3）

中国文化传入巴西及遗存述略 / 张宝宇 // 拉丁美洲研究，2006（5）

卢拉政府外交政策评析及未来外交政策走向 / 周志伟 // 拉丁美洲研究，2006（6）

20 世纪 60 年代巴西军政府制造的一起反华闹剧 / 王勇 // 党史纵览，2006（7）

1964 年：巴西大牢里的中国"红星" / 王唯真，宗道一 // 党史博览，2006（9）

中国巴西商务谈判中信任、冒险倾向和问题解决方式的对比研究 / 许慧敏 //
　　对外经济贸易大学，2006

发展中大国国际战略初探：巴西个案 / 张凡 // 拉丁美洲研究，2007（1）

中国的崛起：巴西（或拉丁美洲）视角 /〔巴西〕路易斯·奥古斯托·德卡斯
　　特罗·内维斯；郭存海［译］// 拉丁美洲研究，2007（2）

日趋成熟平衡的巴西与美国关系 / 周志伟 // 拉丁美洲研究，2007（3）

新华社资深记者陈家瑛谈巴西经济、中巴关系及巴西观感 / 孙洪波 // 拉丁美
　　洲研究，2007（4）

第一位来访的拉美国家领导人——巴西副总统古拉特访华记 / 朱祥忠 // 党史
　　纵横，2007（2）

试论拉美日裔同化与融合的制约因素——以二战前秘鲁和巴西的日裔群体为
　　例 / 刘兆华 // 苏州科技学院，2007

"外围国家"升为"中心国家"以美国和巴西为例的历史经验考察——以美国
　　和巴西为例 / 钟熙维，曾安乐 // 拉丁美洲研究，2008（3）

巴西和中国：在变化的世界格局中加强战略伙伴关系 /〔巴西〕路易斯·伊纳西奥·卢拉·达席尔瓦 // 拉丁美洲研究，2009（3）

中巴建交 35 年的发展历程与中巴战略伙伴关系 / 陈笃庆 // 拉丁美洲研究，2009（5）

巴中关系 35 年回顾与展望 /〔巴西〕克洛多瓦尔多·胡格内 // 拉丁美洲研究，2009（5）

国际制度变革与新兴大国的崛起 / 吴白乙 // 拉丁美洲研究，2009（5）

印度巴西南非对话论坛：缘起、成就与挑战 / 时宏远 // 拉丁美洲研究，2009（5）

中国与巴西的经贸关系及其新的发展战略 / 魏浩 // 拉丁美洲研究，2009（6）

哥本哈根世界气候大会：巴西的谈判地位、利益诉求及谈判策略 / 贺双荣 // 拉丁美洲研究，2009（6）

中巴关系：历史回顾与展望——纪念中国巴西建交 35 周年 / 周志伟 // 当代世界，2009（8）

巴西为何能制裁美国 / 周志伟 // 共产党员，2009（20）

1961-1964 年美国对巴西政策研究 / 张晓燕 // 陕西师范大学，2009

卡多佐政府时期巴西与美国的关系分析 / 王金莲 // 科技致富向导，2010（23）

卢拉政府外交政策浅析 / 金文昌 // 外交学院，2010

中国与巴西：战略伙伴关系的建立与深化 / 左晓园 // 拉丁美洲研究，2011（2）

冷战以来苏联（俄罗斯）与巴西关系的演进 / 蔡同昌，江振鹏 // 拉丁美洲研究，2011（4）

多元合作　共赢图强——中国巴西能源合作前景广阔 / 张建 // 中国石油企业，2011（5）

巴西在南美地区一体化中的作用与挑战 / 刘青建 // 黑龙江社会科学，2012（1）

浅析中国和巴西多边框架内的合作——从联合国到金砖国家机制 / 金彪 // 拉丁美洲研究，2012（2）

华侨华人社团与中国侨务公共外交——以巴西华人文化交流协会为例 / 徐文永，谢林森 // 八桂侨刊，2012（3）

印度巴西南非对话论坛合作成效及存在的问题 / 赵雅婷，高梵 // 新疆社科论坛，2012（4）

巴西对非洲关系的演变及其特点 / 徐国庆 // 西亚非洲，2012（6）

华侨华人与中国软实力在巴西的提升 / 程晶 // 湖北大学学报（哲学社会科学版），2012（6）

中巴关系史上的一起恶性外交事件 / 李同成 // 武汉文史资料，2012（8）

20 世纪初巴西与美国的外交关系——以巴西为主要分析视角 / 毕雪辉 // 兰州大学，2012

中等强国的身份定位和外交战略研究——以巴西两次崛起为例 / 包云波 // 中国社会科学院研究生院，2012

中国与巴西关系：从南南合作典范到大国关系 / 周志伟 // 复旦国际关系评论，2012

当前巴西与俄罗斯的关系：内涵及问题 / 周志伟 // 拉丁美洲研究，2013（1）

20 世纪 90 年代以来巴西外交理念的演化 / 张凡 // 拉丁美洲研究，2013（3）

巴西和非洲关系及对我国的启示 / 吴婧 // 拉丁美洲研究，2013（3）

巴西华人社团的类型及发展特色——以 20 世纪 80 年代之后成立的社团为主 / 高伟浓，徐珊珊 // 八桂侨刊，2013（2）

从纽约到巴西 / 闫文佳，汤蓉，陈楠 // 中国纺织，2013（2）

巴西卢拉政府的非洲政策：动力、表现和局限 / 曹升生 // 亚非纵横，2013（3）

人口迁移的案例思考——以在巴西的日本移民为例 / 卢成树 // 地理教学，2013（5）

试析冷战后印度与巴西关系的变化 / 时宏远 // 国际研究参考，2013（6）

加强政治互信，推动务实合作，谱写中拉友好新篇章——中共中央政治局委员、北京市委书记郭金龙一行访问古巴、巴西 / 陈晓玲，黄华毅 // 当代世界，2013（7）

新世纪中巴战略伙伴关系的发展及其面临的挑战 / 陈贝贝 // 商场现代化，2013（12）

"棱镜门"让巴西跟美国翻了脸 / 孙岩峰 // 世界知识，2013（20）

巴西崛起及其在金砖国家合作中的作用 / 张帅 // 南昌大学，2013

从敌视到合作：1979-1985 年巴西与阿根廷关系的建构主义解读 / 周仪 // 中国社会科学院研究生院，2013

巴西孔子学院与中国文化的国际传播 / 雷容 // 荆楚学术论丛，2014（1）

新世纪以来的巴西对非政策：目标、手段及效果 / 周志伟 // 西亚非洲,2014（1）

中巴关系"伙伴论"与"竞争论":巴西的分析视角 / 周志伟 // 拉丁美洲研究,2014(2)

中国巴西关系与金砖国家合作 / 牛海彬 // 拉丁美洲研究,2014(3)

浅论 20 世纪 90 年代中国与巴西的战略伙伴关系 / 赵重阳 // 拉丁美洲研究,2014(6)

巴西外交的"发展"维度 / 张凡 // 拉丁美洲研究,2014(6)

巴西与 2015 年后国际发展议程 / 牛海彬,黄放放 // 国际展望,2014(5)

与南美国家架起交流的桥梁——中国新闻代表团访问巴西、阿根廷纪实 / 顾勇华 // 军事记者,2014(6)

巴西的金砖战略评估 / 牛海彬 // 当代世界,2014(8)

构建中巴新型大国伙伴关系,深化全面战略合作 / 王海峰,马强 // 当代世界,2014(8)

21 世纪前后巴西外交决策机制变化研究 / 苏童 // 外交学院,2014

南美主要侨居国的华人同乡会、商业与文化社团研究——以巴西、秘鲁、阿根廷、委内瑞拉为基础 / 徐珊珊 // 暨南大学,2014

巴西日本移民研究(1908-1945)/ 张宜伟 // 苏州科技学院,2014

试析巴西华侨华人的社会融入特点与挑战 / 密素敏 // 南洋问题研究,2015(2)

巴西、阿根廷工作访问的收获与启示 / 农发行赴巴西、阿根廷工作访问团组 // 农业发展与金融,2015(2)

金砖国家机制下巴西与俄罗斯关系新发展 / 杨凌 // 拉丁美洲研究,2015(3)

中国与巴西外交政策的构建与互动——基于中央与地方关系的视角 / 张庆,周文 // 西南科技大学学报(哲学社会科学版),2015(3)

巴西南大西洋区域主义安全战略浅析 / 叶志良 // 国际论坛,2015(3)

巴西对外政策:作为公共政策特性的挑战 / 〔巴西〕卡洛斯·R. S. 米拉尼,〔巴西〕莱蒂西亚·皮涅罗;李慧〔译〕// 拉丁美洲研究,2015(3)

从软制衡理论看非正式国际组织在新兴市场国家间的发展——以印度巴西南非对话论坛(IBSA)为例 / 江天骄 // 拉丁美洲研究,2015(3)

巴西华侨华人反"独"促统运动的发展历程与经验 / 程晶 // 拉丁美洲研究,2015(4)

互联网治理：巴西的角色与中巴合作 / 何露杨 // 拉丁美洲研究，2015（6）

浅析巴西的中国观 / 钱韵磊 // 智富时代，2015（12）

金砖国家

金砖四国　世界新的经济增长群体 / 邵虞 // 电子产品世界，2006（21）

金砖四国利用 FDI 的业绩与潜力比较研究 / 何菊香，汪寿阳 // 管理评论，2007（12）

"金砖四国"快步赶超西方"G7" / 艾农 // 金融经济，2007（17）

西方应对"金砖四国"崛起 / 钱文荣 // 瞭望，2007（45）

"金砖四国"股市与经济成长比较 / 金岩石，宋励强 // 现代审计与经济，2007（增刊）

金砖四国 QDII 的未来投资价值分析 / 李敬红 / 管理科学文摘，2008（1-2）

蓬勃发展的"金砖四国"资本市场 / 杨军 // 中国信用卡，2008（3）

金砖四国的经济增长优势比较 / 李敬红 // 经营与管理，2008（4）

"金砖四国"信奉"北京共识" / 陈坤耀 // 中国商界（上半月），2008（4）

"金砖四国"的经济形势分析 / 邓雄 // 金融教学与研究，2008（5）

中国工业在"金砖四国"与"展望五国"中的地位研究 / 常亚青，宋来 // 亚太经济，2008（6）

"金砖四国"生产性服务业的水平、结构与影响——基于投入产出法的国际比较研究 / 李江帆，朱胜勇 // 上海经济研究，2008（9）

关注"金砖四国"：当前发展动向及启示 / 邓雄 // 西南金融，2008（10）

"金砖四国"国际直接投资比较研究 / 张为付 // 国际贸易，2008（10）

"金砖四国"的改革与发展模式比较——基于投资与制度视角的实证分析 / 张勇 // 经济与管理研究，2008（12）

"金砖四国"将冲击世界格局之门 / 许德鸿 // 怀化学院学报，2008（12）

"金砖四国"的崛起与世界格局的转换 / 肖铭姝 /// 吉林大学，2008

"金砖四国"FDI 对贸易竞争力优势影响比较分析 / 何菊香 // 亚太经济，2009（3）

"金砖四国"凭什么值得期待？/ 王新业 // 科技智囊，2009（4）

"金砖四国"新市场的新引擎 / 冀修 // 今日财富（金融版），2009（4）

金砖四国想增加话语权 / 谭雅玲 // 今日财富（金融版），2009（4）

外部冲击与新兴大国崛起——"金砖四国"反危机政策及赶超发展比较研究 / 林跃勤 // 湖南商学院学报，2009（4）

"金砖四国"首次峰会：奏响合作共进的新和弦 / 秦治来 // 领导之友，2009（5）

"金砖四国"的魅力和发展趋势 / 王嵎生 // 亚非纵横，2009（5）

基于WEF的"金砖四国"（BRICs）旅游竞争力初探 / 孙金龙，徐峰 // 经济师，2009（5）

从"金砖四国"经济、贸易发展看2009年钢铁市场需求 / 陈直 // 冶金管理，2009（6）

"金砖四国"风向标 / 保建云 // 中国报道，2009（7）

后危机时代的"金砖四国" / 秦淮仕 // 大经贸，2009（7）

金砖四国教育竞争优势的比较 / 李建忠 // 世界教育信息，2009（7）

外部冲击与新兴经济稳定持续发展——基于"金砖四国"的分析 / 林跃勤 // 经济与管理研究，2009（7）

以危机为契机 以合作求发展——"金砖四国"首次峰会开启希望之旅 / 刘佩佩 // 中国金融家，2009（8）

从金砖四国在世界石油中的地位看其合作发展方向 / 张抗 // 当代石油石化，2009（8）

"金砖四国"服务贸易的竞争力与贸易相似度分析 / 杨丽琳 // 国际经贸探索，2009（8）

"金砖四国"冉冉升起又任重道远 / 杨鸿玺 // 学习月刊（上半月），2009（8）

金砖四国：风景这边独好 / 徐子奇，邢丽敏 // 金融博览（银行客户），2009（8）

金砖四国：世界新动力？/ 龚山强 // 理财，2009（8）

金砖四国：危机中扬帆起航 / 庞宏 // 产权导刊，2009（8）

金砖四国的能源消费状况比较研究 / 吕连宏，罗宏 // 中国能源，2009（9）

"金砖四国"社会折现率的影响因素分析 / 郝前进，邹晓元 // 世界经济研究，2009（10）

"金砖四国"个人所得税比较分析 / 刘晓凤 // 涉外税务，2009（10）

金砖四国：国家竞争力比较 / 张聪明 // 俄罗斯中亚东欧市场，2009（10）

金砖四国服务贸易现状及竞争力评析 / 冯跃 // 经济问题探索，2009（10）

金砖四国求同存异"一个声音"响彻世界 / 石建勋 // 西部论丛，2009（10）

金砖四国对外直接投资比较 / 李夏玲 // 对外经贸实务，2009（11）

国际经济最具发展潜力的新兴国家分析——从"金砖四国"到"展望五国"/
　　张亦萱，范翔 // 现代商贸工业，2009（11）

金融危机下"金砖四国"何去何从 / 王云鹏 // 科技创新导报，2009（11）

"金砖四国"农产品关税的比较与借鉴 / 刘晓凤 // 农业展望，2009（11）

金砖四国合作前景如何 ?/ 刘新建 // 产权导刊，2009（12）

"金砖四国"合力扩张话语权 / 蔡恩泽 // 浙江经济，2009（12）

风险竞争、银行效率与监管有效性——"金砖四国"的经验研究与政策建议 /
　　邹朋飞，廖进球 // 金融论坛，2009（12）

金砖四国：合力有多强 / 张茂荣 // 世界知识，2009（14）

金融危机下金砖四国能否冲击世界经济格局 ?/ 王艳 // 经营管理者，2009（16）

从"金砖四国"首届峰会看国际经济新秩序的构建 / 林跃勤 // 红旗文稿，2009
　　（19）

"金砖四国"政治经济合作与发展 / 赵俊亚 // 现代经济信息，2009（20）

"金砖四国"资源税的比较与借鉴 / 刘晓凤 // 财会研究，2009（20）

关于"金砖四国"机制的猜想 / 王俊生 // 领导科学，2009（23）

"金砖四国"各国商品贸易概况及比较分析 / 王菲 // 科技风，2009（23）

"金砖四国"的历史方位 / 梁宏志，丁之翔 // 瞭望，2009（24）

"金砖四国"间商品贸易现状及结合度分析 / 王菲 // 才智，2009（33）

"金砖四国"新兴市场跨国公司比较研究 / 肖涵 // 复旦大学，2009

开放背景下金砖四国证券市场国际化联动的研究 / 李晓广 // 南开大学，2009

"金砖四国"服务贸易发展现状及竞争力比较研究 / 李练军 // 江西农业大学学
　　报（社会科学版），2010（1）

基于 ESI 的"金砖四国"基础研究产出规模和影响力研究 / 高小强，何培，
　　赵星 // 中国科技论坛，2010（1）

金砖四国银行效率比较研究 / 肖平，王丽丽 // 亚太经济，2010（2）

七国集团与金砖四国能源结构变化特征及启示 / 廖华，魏一鸣 // 中国能源，
　　2010（2）

新兴市场服务贸易比较研究——以"金砖四国"为研究对象 / 陶明，邓竞魁 //

国际商务（对外经济贸易大学学报），2010（2）

提升金砖四国在世界经济中的地位 / 栾鸾，宋兰旗 // 长春工业大学学报（社会科学版），2010（3）

新兴市场服务贸易比较研究——以"金砖四国"为研究对象 / 陶明，邓竞魁 // 国际贸易问题，2010（3）

"金砖四国"对 OECD 国家出口研究——基于引力模型的比较研究 / 张文城，孙月玲，王哲瑞 // 亚太经济，2010（3）

"金砖四国"经济效率的比较研究 / 吴俊，宾建成 // 亚太经济，2010（3）

金砖四国发展模式比较 / 陈佳贵 // 瞭望，2010（3）

中国服务业发展态势及其国际竞争力："金砖四国"比较视野 / 张国强，郑江淮 // 改革，2010（3）

中国服务业发展的异质性与路径选择——基于"金砖四国"比较视角的分析 / 张国强，郑江淮，崔恒虎 // 世界经济与政治论坛，2010（4）

"金砖四国"经济增长源泉比较研究 / 扶涛，张梅荷 // 经济问题探索，2010（4）

"金砖四国"经济周期互动与中国核心地位——基于 SVAR 的实证分析 / 贺书锋 // 世界经济研究，2010（4）

"金砖四国"低、中科技含量制成品比较优势分析 / 王菲，王云凤 // 税务与经济，2010（4）

"金砖四国"物业税比较与借鉴 / 刘晓凤 // 地方财政研究，2010（4）

金砖四国 FDI 与贸易关系的实证比较分析 / 何菊香 // 北京邮电大学学报（社会科学版），2010（4）

"金砖四国"的经济基础、合作现状与未来展望 / 彭刚，苗永旺 // 综合竞争力，2010（5）

"金砖四国"服务贸易竞争力的结构及影响因素分析 / 徐光耀，于伟 // 山东经济，2010（5）

"金砖四国"汽车市场成全球最大蛋糕 / 赵爱玲 // 中国对外贸易，2010（5）

金砖四国再聚首 经济增长催生新力量 / 颜颖颛 // 金融博览，2010（5）

美国大国崛起及其对金砖四国的启示 / 林跃勤 // 湖南商学院学报，2010（5）

金砖四国：未来车企本地化战场 /Nikolaus S.Lang，Stefan Mauerer// 商学院，2010（5）

"金砖四国"产业内贸易的影响因素 / 王进 // 南昌工程学院学报，2010（6）

创建新模式："金砖四国"多边合作的机制化进程 / 王耀东 // 上海商学院学报，
　　2010（6）

解析"金砖四国"之中国和印度的发展道路 / 张占斌 // 北华大学学报（社会
　　科学版），2010（6）

金砖四国发展前景展望 / 谭孟莎 // 商品与质量·理论研究，2010（6）

金砖四国应对金融危机所采取的举措及对我国的启示 / 车巧怡 // 吉林金融研
　　究，2010（6）

论"金砖四国"产业结构与就业结构的变动及其相关性 / 张玉柯，徐永利 //
　　河北学刊，2010（6）

"金砖四国"汽车产业结构的比较研究 / 徐永利 // 河北经贸大学学报，2010（6）

"金砖四国"三次产业结构发展态势比较研究 / 张玉柯，徐永利 // 河北大学学
　　报（哲学社会科学版），2010（6）

"金砖四国"社会性别预算的比较与启示 / 马蔡琛，王思 // 云南社会科学，
　　2010（6）

"金砖四国"描绘合作蓝图 / 火光 // 前进论坛，2010（8）

金砖四国服务贸易竞争力研究 / 丁振辉，张师飒 // 市场论坛，2010（8）

欧元区与金砖四国经济发展的初步分析及预测 / 程子涵，宋子南 // 经营管理
　　者，2010（8）

"金砖四国"创新能力结构的比较与启示 / 谢蕾蕾 // 统计研究，2010（8）

"金砖四国"的发展前景及其影响 / 刘忠 // 国际资料信息，2010（8）

"金砖四国"的由来及其国际经济合作 / 张幼文 // 求是，2010（8）

金砖四国的整合难题 / 沈旭晖，〔印度〕Abita Bhatt// 南风窗，2010（9）

"金砖四国"服务贸易发展特点及竞争力比较 / 王萍 // 中国统计，2010（9）

"金砖四国"金融监管合作平台：依据与政策建议 / 汤凌霄 // 财政研究，2010
　　（10）

"金砖四国"中的巴西及中国—巴西双边贸易分析 / 卫灵，王雯 // 当代财经，
　　2010（10）

关于"金砖四国"的文献综述 / 徐丹 // 中国城市经济，2010（10）

金砖四国：经济转型与持续增长 / 林跃勤 // 经济学动态，2010（10）

中国服务业发展：异质性假说及其验证——"金砖四国"比较的视角 / 张国强，郑江淮 // 经济管理，2010（10）

"金砖四国"车船税的比较与借鉴 / 刘晓凤 // 行政事业资产与财务，2010（10）

金砖四国非洲逐鹿 / 竹子俊 // 中国对外贸易，2010（11）

金砖四国海外并购的趋势、挑战与对策分析 / 张伟伟，马海涌，里光年 // 经济纵横，2010（11）

"金砖四国"经济效率比较分析 / 宾建成，詹花秀 // 求索，2010（11）

"金砖四国"中央银行会计标准研究及政策建议 / 薛伟，傅国尧，罗志勤 // 浙江金融，2010（11）

论"金砖四国"的形成与发展 / 秦超 // 现代商贸工业，2010（11）

"金砖四国"合作的机遇与挑战 / 孟凡礼 // 国际资料信息，2010（12）

"金砖四国"金融危机后金融监管改革及启示 / 康书生，李园园 // 国际金融，2010（12）

"金砖四国"与"金柱四国"间大公司势力状态比较 / 张国有 // 经济管理，2010（12）

论"金砖四国"的国际经济合作 / 陈京京 // 知识经济，2010（18）

基于全球竞争力指数下"金砖四国"教育质量比较分析 / 高慧斌 // 当代教育科学，2010（23）

探寻澳门"高端服务业"发展的新契机——从"金砖四国"的崛起谈起 / 戴安娜 // 人民论坛，2010（35）

"金砖四国"产业结构比较研究 / 徐永利 // 河北大学，2010

"金砖四国"高等教育质量保障体系比较研究——基于政府管理的视角 / 朱炎军 // 上海师范大学，2010

"金砖四国"金融监管体制比较及启示 / 李园园 // 河北大学，2010

"金砖四国"贸易结构比较：基于技术附加值视角的分析 / 孙一诺 // 天津财经大学，2010

美国金融危机爆发后"金砖四国"经济发展战略的调整及启示 / 杨华 // 吉林大学，2010

中国与金砖国家双边贸易研究 / 康燕萍 // 外交学院，2010

"金砖四国"技术创新模式的比较研究 / 生延超 // 湖南商学院学报，2011（1）

"金砖四国"以及中国股指的资产组合配置策略 / 胡亚平 // 陕西农业科学，
　　2011（1）

金砖四国国际金融实力提升对国际金融及其治理的影响 / 王信 // 国际经济评
　　论，2011（1）

金砖四国金融服务贸易国际竞争力研究 / 秦嗣毅，杨浩 // 东北亚论坛，2011（1）

新兴大国的自主创新道路——以"金砖四国"为例的研究 / 欧阳峣 // 湖南商
　　学院学报，2011（1）

"金砖四国"服务贸易竞争力分析 / 张欣，崔日明 // 亚太经济，2011（1）

"金砖四国"技术创新模式的比较研究 / 生延超 // 亚太经济，2011（3）

"金砖四国"碳排放绩效比较研究 / 朱远，刘国平 // 亚太经济，2011（5）

"金砖四国"的碳排放、能源消费和经济增长 / 曹广喜 // 亚太经济，2011（6）

全球金融危机背景下金砖四国货物出口贸易的 CMS 分解分析 / 刘岩，王健 //
　　国际商务（对外经济贸易大学学报），2011（2）

金砖四国服务贸易竞争力及其与发达国家的比较 / 冯跃，郑锋 // 华东经济管
　　理，2011（2）

金砖四国经济转型中的矛盾与困惑：制度视角 / 雍新春，翁陆野 // 阜阳师范
　　学院学报（社会科学版），2011（2）

"金砖四国"医疗卫生体制改革比较及思考 / 戴卫东 // 华中科技大学学报（社
　　会科学版），2011（2）

"金砖五国"的合作背景和前景 / 卢锋，李远芳，杨业伟 // 国际政治研究，
　　2011（2）

发展中大国的自然资源优势与经济增长——以金砖四国为例 / 邓柏盛 // 湖南
　　商学院学报，2011（2）

论债务危机背景下欧盟与"金砖四国"的双边经济关系 / 杨荣海，陆志平，苏
　　娅 // 昆明学院学报，2011（2）

"金砖四国"农业支持水平比较研究 / 王忠，叶良均 // 安徽农业大学学报（社
　　会科学版），2011（2）

"金砖四国"生产性服务贸易结构与竞争力研究 / 聂聆，骆晓婷 // 中央财经大
　　学学报，2011（3）

中东北非国家骚乱对"金砖四国"社会发展的启示 / 孟祥青，王啸 // 国际关

系学院学报，2011（3）

中国与金砖国家的贸易关系及其特点 / 冯帆，邓娟 // 学海，2011（3）

"金砖四国"产业内贸易特点及发展趋势分析 / 巫雪芬，王进 // 特区经济，
　　2011（3）

金砖国家经济和社会发展比较研究 / 马岩 // 中国国情国力，2011（4）

金砖四国应对金融危机措施及效果分析 / 王秀萍 // 企业家天地，2011（4）

论"金砖四国"的贸易关系构建 / 黄玲 // 财经科学，2011（4）

金砖国家经济发展特点与优势 / 赵福昌 // 中国金融，2011（5）

腐败与经济增长双高之谜——对"金砖四国"实证分析 / 宁优俊 // 中国市场，
　　2011（5）

浅析金砖国家合作前景 / 赵鸣文 // 和平与发展，2011（5）

中国与金砖四国出口竞争力的比较研究——基于 RCA 指数的实证分析 / 俞学
　　伟 // 黄石理工学院学报（人文社会科学版），2011（5）

金砖四国金融体系比较分析 / 莫万贵，崔莹，姜晶晶 // 中国金融，2011（5）

金砖五国经济增长与能源消费强度收敛性分析——基于面板数据模型的八国
　　比较研究 / 籍艳丽 // 云南财经大学学报，2011（5）

"金砖四国"关税的比较与借鉴 / 刘晓凤 // 税收经济研究，2011（5）

"金砖四国"金融监管体系改革和合作研究 / 洪昊，葛声 // 金融发展评论，
　　2011（6）

基于效率视角的"金砖四国"贸易竞争力研究 / 吴海民，王劲屹 // 山东工商
　　学院学报，2011（6）

"金砖四国"产业内贸易的经济效应分析 / 王进，巫雪芬 // 改革与战略，2011
　　（6）

"金砖四国"投资环境比较研究 / 李东阳，鲍洋 // 财经问题研究，2011（7）

金砖国家对外贸易竞争力比较分析 / 施佳烨，王佩，赵萍萍，周亚骐 // 江苏
　　商论，2011（7）

金砖五国强化货币务实合作是重构国际金融新秩序的现实选择 / 韩东，邱波 //
　　黑龙江金融，2011（7）

金砖五国强化货币务实合作研究 / 韩东，邱波 // 青海金融，2011（8）

金砖国家崛起及其动因 / 林跃勤 // 中国经贸导刊，2011（9）

金砖四国 FDI 与经济增长关系的实证分析 / 何菊香，汪寿阳 // 管理评论，
　2011（9）

金砖四国国家创新体系政策措施比较研究 / 钟惠波 // 科学学与科学技术管理，
　2011（9）

金砖四国在"国家创新体系"中政府作用的比较——趋同性与根植性的分析
　角度 / 钟惠波，郑秉文 // 现代经济探讨，2011（9）

"金砖四国"服务出口对经济增长的带动研究——一项基于投入—产出表的实
　证分析 / 魏作磊，侯瑞瑞 // 经济问题探索，2011（11）

"金砖四国"服务贸易比较优势及其决定因素 / 赵英军，张立娜 // 商业研究，
　2011（11）

"金砖四国"汽车业发展比较研究 / 张英 // 国际经贸探索，2011（12）

"金砖四国"石油税制比较研究 / 刘晓凤 // 财会研究，2011（12）

金砖四国外汇储备需求的比较研究 / 马杰，张灿 // 统计与决策，2011（16）

"金砖"四国的科技表现及其启示 / 殷之明，马瑞敏 // 科技进步与对策，2011
　（20）

"金砖四国"服务贸易竞争力比较分析 / 石倩 // 知识经济，2011（20）

欧美与金砖四国抗通胀的智猪博弈分析 / 李花娟 // 时代金融，2011（21）

经济增长与能源消费关系的实证分析——基于"金砖五国"面板数据 / 郭佳
　明，崔玉杰，伊新 // 中国城市经济，2011（30）

当前金砖四国经济发展模式研究与借鉴 / 姚明明，谷智 // 中国集体经济，2011
　（31）

"金砖四国"FDI 溢出效应的货币金融约束 / 李超超 // 上海社会科学院，2011

从"金砖四国"的崛起看国际体系的效应 / 秦伟 // 上海社会科学院，2011

"金砖四国"对外直接投资动因的比较研究 / 陈程 // 湖南大学，2011

"金砖四国"绩效审计比较研究 / 黄慧丽 // 河南大学，2011

"金砖四国"审计公告制度的比较研究 / 李维维 // 河南大学，2011

"金砖四国"外商直接投资政策比较研究及其对中国的启示 / 徐海杰 // 安徽大
　学，2011

"金砖四国"医疗卫生体制的比较研究 / 陈昱方 // 华中科技大学，2011

对"金砖四国"的腐败与 FDI 及腐败与经济增长关系的实证分析 / 宁优俊 //

暨南大学，2011

后危机时期中国与新兴经济大国贸易摩擦研究——基于金砖四国的实证与政策分析 / 芦山 // 外交学院，2011

金砖四国 FDI 经济增长效应的比较研究 / 张莉 // 南京大学，2011

金砖四国资本项目货币可兑换研究 / 斯琴图雅 // 复旦大学，2011

论金砖四国知识产权战略 / 董佳 // 吉林大学，2011

金融危机中的"金砖四国" / 李白 // 上海人大月刊，2012（1）

金砖五国活动物及动物产品行业比较优势分析 / 温洁，杨春妮 // 天津市财贸管理干部学院学报，2012（1）

贸易结算货币的新选择：稳定的篮子货币——对"金砖五国"货币合作的探讨 / 陆前进 // 财经研究，2012（1）

金砖国家合作发展与经济周期的同步性 / 蒋昭乙 // 国际商务（对外经济贸易大学学报），2012（2）

"金砖四国"FDI 资本挤出挤入效应研究 / 张莉 // 世界经济与政治论坛，2012（2）

基于 SRCA 和 Lafay 指数的"金砖五国"服务贸易结构竞争力分析 / 吴贤彬，陈进，华迎 // 宏观经济研究，2012（2）

金砖四国国家创新体系存在的问题比较 / 钟惠波 // 科技进步与对策，2012（2）

人民币升值对"金砖五国"的经济贸易影响——基于多区域可计算一般均衡模型的分析 / 陈志建，王铮 // 世界经济与政治论坛，2012（2）

金砖四国经济发展比较研究——基于人的发展视角 / 孙亮，王京晶 // 中国流通经济，2012（2）

金砖五国的出口优势分析 / 刘津津，霍影 // 现代经济信息，2012（2）

金砖四国碳排放库兹涅茨曲线的实证研究 / 曹广喜 // 软科学，2012（3）

"金砖四国"烟草税比较研究 / 刘晓凤 // 金融教学与研究，2012（3）

2012 年金砖四国谁在裸泳？/ 叶檀 // 中国外资，2012（3）

"金砖四国"就业结构变动与产业结构偏离分析 / 徐永利 // 苏州大学学报（哲学社会科学版），2012（4）

"金砖五国"金融合作对五国及全球经济的影响研究——基于 GTAP 模型的实证模拟 / 黄凌云，黄秀霞 // 经济学家，2012（4）

金砖国家汇率制度演进研究——兼论危机前后金砖五国汇率表现 / 黄薇, 陈磊 // 世界经济研究, 2012（4）

金砖四国承接服务外包竞争力研究——基于钻石模型的比较分析 / 苏娜 // 西部论坛, 2012（5）

金砖四国发展中存在的问题分析 / 吴友富, 陈默, 夏靖 // 上海管理科学, 2012（6）

中国经济潜在增长率的变动分析——基于日韩及金砖四国等典型国家1961–2010年的经验比较 / 陈亮, 陈霞, 吴慧 // 经济理论与经济管理, 2012（6）

金砖五国服务贸易结构与竞争力分析 / 韩文丽, 孔翠 // 生产力研究, 2012（7）

"金砖四国"股票市场间相依结构分析 / 欧阳敏华 // 技术经济与管理研究, 2012（8）

金砖国家的崛起及其发展前景 / 姚淑梅, 姚静如 // 宏观经济管理, 2012（8）

金砖国家深化合作影响未来世界经济格局 / 石建勋 // 当代经济, 2012（9）

基于金砖五国的第三产业比较分析 / 叶文显 // 品牌（下半月）, 2012（9–10）

全球流动性对通货膨胀影响的实证研究——以"金砖五国"为例 / 陶峰, 任钢 // 中国物价, 2012（11）

江苏与金砖四国社会发展水平比较分析 / 邱静 // 唯实, 2012（12）

"金砖四国"烟草税的比较研究 / 刘晓凤 // 财会研究, 2012（12）

"金砖四国"承接服务外包的竞争力比较研究 / 苏娜 // 财会月刊, 2012（14）

浅析"金砖五国"在全球治理中的作用和问题 / 刘彤 // 中国外资, 2012（14）

金砖国家对外直接投资特征比较 / 黄庐进, 梁乘 // 商业时代, 2012（23）

金砖四国国家石油公司对外战略透视 / 刘欣怡 // 现代商业, 2012（27）

"金砖国家"利用外商直接投资宏观绩效比较分析 / 胡琴 // 浙江工业大学, 2012

"金砖四国"汇率制度比较研究 / 许辰 // 上海社会科学院, 2012

承接离岸服务外包的影响因素研究——基于金砖四国面板数据的分析 / 王冲 // 山东大学, 2012

关于金砖五国和印巴南如何建立其发展中国家的发展计划研究 / 丽娜 // 清华大学, 2012

后危机时期金砖四国通货膨胀治理比较研究 / 朱利杰 // 天津财经大学, 2012

基于 RICE 模型"金砖四国"CO_2 减排政策的模拟研究 / 朱晶晶 // 南京信息工程大学，2012

金砖国家的贸易互补性研究——基于中国的视角 / 马洪亮 // 兰州商学院，2012

金砖国家服务贸易对经济增长影响的比较 / 张苏宇 // 东北财经大学，2012

金砖四国 ODI 比较研究 / 梁乘 // 华东理工大学，2012

金砖四国汇率制度的选择：比较研究 / 吉祥 // 复旦大学，2012

金砖国家在国际金融体系改革中的作用限度分析 / 吴庆生 // 复旦大学，2012

金砖五国金融脆弱性与经济增长的关联效应 / 张雪娜 // 中国海洋大学，2012

近十年来金砖国家人口地理特征比较研究 / 胡可 // 山西师范大学，2012

美国和金砖四国股市联动性研究 / 程芃 // 东华大学，2012

世界贸易集团及新兴市场中的中国农产品贸易——以欧盟和金砖五国为例 / Mohamed Abdelmonem Mohamed Elshehawy // 西北农林科技大学，2012

新兴市场服务贸易国际竞争力研究——以"金砖四国"为例 / 常冉 // 华东师范大学，2012

"金砖五国"崛起与国际金融体系的变革 / 李金龙 // 东北师范大学，2012

中国对金砖国家出口贸易的研究 / 李付忠 // 南京大学，2012

"金砖国家"反贫困合作机制研究 / 白维军 // 经济体制改革，2013（1）

金砖国家股票市场成长性指标体系构建 / 于晓雯，张延良 // 中国证券期货，2013（1）

金砖国家国际储备的比较分析 / 梁顺 // 商业时代，2013（1）

金砖国家能源合作机理及政策路径分析 / 刘文革，王磊 // 经济社会体制比较，2013（1）

金砖国家在世界经济中的地位和作用 / 蔡春林，刘畅，黄学军 // 经济社会体制比较，2013（1）

"金砖五国"贸易竞争力的比较分析 / 李永刚 // 经济社会体制比较，2013（1）

金砖国家资本项目可兑换的比较分析及经验启示 / 李晓庆，汤克明 // 金融发展研究，2013（1）

论儒学传统在当代中国的价值与出路——金砖四国国故传统的比较与借鉴 / 汪嘉瑶 // 社科纵横（新理论版），2013（1）

中国在"金砖五国"中的贸易竞争力对比分析——基于 2000-2010 年面板数

据模型分析 / 李永刚 // 人文杂志，2013（1）

后危机时代"金砖四国"治理通胀措施的比较 / 李宏，刘坤 // 亚太经济，2013（2）

"金砖国家"货币错配周期的协动性研究 / 段泽锴 // 科技视界，2013（2）

中国与其他"金砖"四国贸易的引力模型 / 王娟，孔玉生 // 中国流通经济，2013（2）

金砖国家人口转变与未来经济社会发展 / 史佳颖 // 现代管理科学，2013（2）

金砖五国：后金融危机时代的竞争与合作 / 冯丽 // 现代商业，2013（2）

金砖四国创意产品贸易国际竞争力的比较研究 / 聂聆 // 国际贸易问题，2013（2）

金砖五国服务部门竞争力及影响因素实证分析 / 姚海棠，方晓丽 // 国际贸易问题，2013（2）

金砖五国农矿产品出口增长方式比较分析——基于贸易边际的视角 / 刘莉，王瑞，邓强 // 国际贸易问题，2013（9）

经济发展、制度特征与对外直接投资的决定因素——基于"金砖四国"面板数据的实证研究 / 杨恺钧，胡树丽 // 国际贸易问题，2013（11）

"金砖四国"政府债务管理实践对中国的借鉴 / 敬沛，敬志红 // 经济研究导刊，2013（3）

金砖国家间双边贸易成本弹性的测度与分析——基于超越对数引力模型 / 周丹 // 数量经济技术经济研究，2013（3）

金砖四国医疗卫生体制的比较分析 / 陈昱方，张亮 // 中国卫生经济，2013（3）

金砖五国教育投资对经济增长的外溢效应——基于菲德尔模型的实证研究 / 乔琳 // 中央财经大学学报，2013（4）

金砖国家：增长问题与增长转变——国外学术界观点述评 / 林跃勤 // 国外社会科学，2013（4）

金砖国家与非洲的经贸合作 / 姚桂梅 // 当代世界，2013（4）

金砖经济增长将转化为影响世界的力量 / 李静 // 中国产业，2013（4）

金砖四国的十年 /Henrique Correia// 现代经济信息，2013（5）

"金砖五国"服务贸易合作发展的比较分析 / 李惠茹，刘育谦 // 对外经贸实务，2013（5）

"金砖四国"城市化进程中劳动力就业状况研究 / 徐永利 // 人口学刊，2013（5）

"金砖五国"服务贸易竞争力比较分析 / 刘俏，黄建忠 // 东南亚纵横，2013（5）

金砖五国能源消费强度及其收敛的原因探析——基于与欧美等发达八国的比较 / 籍艳丽 // 常熟理工学院学报，2013（5）

金砖五国专利发展现状比较分析 / 谭龙，王宇，宋赛赛，孙兵兵 // 中国发明与专利，2013（5）

透过金砖五国峰会看航运业的新机遇 / 肖严华 // 中国远洋航务，2013（5）

新兴大国经济增长的需求动力机制演变——以金砖四国为例 / 杜焱，柳思维 // 湖南社会科学，2013（6）

金砖五国农产品国际竞争力比较分析 / 李勤昌，高琪 // 东北财经大学学报，2013（6）

"金砖五国"人口转变与人口效率的比较分析 / 晏月平，吕昭河 // 人口研究，2013（6）

金砖四国碳排放、FDI 引进与 TFP 的关系 / 孟晓，孔群喜，韩霜 // 山东工商学院学报，2013（6）

金砖国家合作与亚洲多元发展 / 樊勇明 // 复旦学报（社会科学版），2013（6）

人口老龄化与经济增长——基于 OECD 与金砖四国跨国面板数据的实证结果 / 刘生龙，郭炜隆 // 老龄科学研究，2013（7）

金砖五国服务贸易竞争力比较研究 / 刘丽娟，高文中 // 经济视角（下旬刊），2013（9）

"金砖五国"贸易分析及对中国的启示 / 朱子君，戴骞 // 中国商贸，2013（9）

金砖国家金融服务贸易开放度的比较研究 / 张倩男，许晓平 // 现代管理科学，2013（10）

后危机时代金砖四国通货膨胀成因比较分析 / 李宏，刘珅 // 当代财经，2013（10）

浙江与金砖国家的经贸产品比较优势分析 / 王君 // 生产力研究，2013（12）

金砖四国道路安全管理体制研究 / 牟荣华，董君勇 // 法制博览（中旬刊），2013（12）

"金砖国家"合作意义的国际政治经济分析 / 张国军 // 商，2013（14）

金砖五国出口产品质量的比较分析 / 胡大为，肖笑林 // 商，2013（24）

我国服务贸易竞争力影响因素分析——基于"金砖五国"的国际比较 / 张瑞

雪，周桂荣 // 才智，2013（14）

中国与其他金砖国家货物贸易互补性探讨 / 孙石磊，赵玉洁 // 商场现代化，
2013（18）

金砖国家货物贸易竞争力的比较分析 / 孙石磊，赵玉洁 // 中国商贸，2013（20）

"金砖五国"服务贸易结构比较 / 刘甜，刘育谦 // 商业时代，2013（20）

"金砖国家"农业外贸竞争力分析及合作发展探索 / 方晓丽 // 商业时代，2013
（34）

中国与金砖国家农产品贸易的互补性分析 / 曹睿亮 // 北方经济，2013（22）

金砖四国外汇储备影响因素研究 / 宁剑菲 // 科技视界，2013（34）

"金砖四国"科技政策的比较分析与启示 / 韩凤芹，樊轶侠 // 经济研究参考，
2013（72）

浅析金砖国家合作的成就、挑战及其前景 / 王振伟 // 中国投资，2013（专刊）

金砖五国贸易竞争力分析 / 任燕，马铮 // 中国投资，2013（专刊）

"金砖国家"服务贸易竞争力影响因素的实证分析 / 崔洁冰 // 东北财经大学，
2013

"金砖国家"内部贸易比较与合作研究 / 崔娟娟 // 东北财经大学，2013

"金砖五国"经济互补性及合作前景分析 / 卜妍 // 东北财经大学，2013

金砖国家的投资环境比较研究 / 安忠林 // 东北财经大学，2013

"金砖四国"的知识竞争力研究 / 奥尤娜 // 东北大学，2013

"金砖五国"货币发行与经济发展比较研究 / 黎蕾 // 贵州财经大学，2013

金砖国家腐败状况评价及反腐趋势研究 / 郭典 // 华中科技大学，2013

金砖国家股票市场成长性比较研究 / 于晓雯 // 山东财经大学，2013

金砖国家合作：动因与前景 / 董雯 // 外交学院，2013

金砖五国国际资本流动性度量与比较——兼析汇率因素的影响 / 卞学字 // 山
东大学，2013

金砖五国货物贸易特点的比较研究 / 卢娟 // 天津财经大学，2013

基于专利计量的金砖五国国际技术合作特征研究 / 王文平，刘云，蒋海军 //
技术经济，2014（1）

金砖五国农业合作潜力测度研究 / 吴殿廷，杨欢，耿建忠，吴瑞成，郭谦 //
经济地理，2014（1）

金砖国家在全球治理中的作用 /〔俄〕E.科尔杜诺娃；汪隽〔译〕// 俄罗斯文艺，
　　2014（1）

金砖国家的合作潜力与文化文明因素 /〔俄〕谢·卢涅夫；刘锟〔译〕// 俄罗
　　斯文艺，2014（4）

金砖四国税制结构变迁比较研究 / 樊丽明，葛玉御，李昕凝 // 税务研究，2014
　　（1）

金砖国家金融合作的文化阐释与战略 / 骆嘉 // 上饶师范学院学报，2014（1）

金砖国家金融合作机制的发展历程和现实境遇 / 骆嘉 // 井冈山大学学报（社
　　会科学版），2014（2）

金砖国家经济制度变迁对经济增长影响的比较 / 杜焱 // 经济社会体制比较，
　　2014（2）

金砖四国外汇储备对美元资产投资的比较研究 / 任康钰 // 武汉金融，2014
　　（2）

"金砖国家"对话机制及其在多极世界形成中的作用 /〔俄〕A.维诺格拉多夫；
　　姜训禄〔译〕// 俄罗斯文艺，2014（2）

"金砖五国"医疗资源与卫生费用比较分析 / 邓峰，吕菊红，高建民，安海燕
　　// 中国卫生经济，2014（2）

金砖国家学前教育发展比较及启示 / 李玉峰，左俊楠 // 河北北方学院学报（社
　　会科学版），2014（2）

金砖国家内外部贸易竞争力研究 / 毕红毅，李晓明 // 东岳论丛，2014（3）

金砖国家与后危机时代的全球经济治理 / 陈华健，范福萍 // 湖北函授大学学
　　报，2014（3）

浅析中印参与"金砖国家"合作机制的动因 / 刘晓燕，孟雪 // 南亚研究季刊，
　　2014（3）

人才流失与经济增长之间的相互影响——基于金砖四国的面板数据 / 田帆，方
　　卫华 // 北京理工大学学报（社会科学版），2014（3）

"金砖四国"青年组织联系凝聚青年的路径 / 龚爱国，徐艳玲 // 中国青年研究，
　　2014（3）

"金砖国家"执政党严明党纪的举措及启示 / 孔新峰，于军 // 中国井冈山干部
　　学院学报，2014（3）

"金砖五国"合作模式：历程、结构与展望 / 张根海，王乐 // 学术论坛，2014（3）

"金砖国家"银行业合作发展在一条起跑线上吗——基于 SBM-SFA 效率模型的经验证据 / 岳华，张晓民 // 北京联合大学学报（人文社会科学版），2014（4）

金砖国家治理型国际机制：内涵及中国的作为 / 成志杰，王宛 // 国际关系研究，2014（4）

美国量化宽松政策对金砖四国溢出效应的比较研究——基于 SVAR 模型的跨国分析 / 李自磊，张云 // 财经科学，2014（4）

适度收入差距对需求驱动型技术进步的影响研究——基于金砖国家面板数据的实证分析 / 李景睿，邓晓锋 // 国际贸易问题，2014（4）

金砖国家的移动应用现状 / 洪枚 // 卫星电视与宽带多媒体，2014（5）

金砖国家国际资本流动性度量及比较研究 / 卞学字，范爱军 // 南开经济研究，2014（5）

"金砖五国"金融合作的现实分析及策略选择 / 李永刚 // 郑州大学学报（哲学社会科学版），2014（5）

"金砖五国"信息产业国际竞争力比较研究 / 冷昕，张少杰 // 情报科学，2014（6）

金砖四国商业银行净利差及影响因素的实证研究 / 成力为，赵岚，张东辉 // 哈尔滨工业大学学报（社会科学版），2014（6）

金砖五国外汇储备适度规模的测算 / 罗伟 // 经营管理者，2014（6）

金砖国家开放战略路线图 / 李珮璘 // 国际市场，2014（6）

能源危机下"金砖四国"合作发展机制 / 马媛萍 // 冶金财会，2014（6）

"金砖四国"分工地位的测度研究——基于行业上游度的视角 / 刘祥和，曹瑜强 // 国际经贸探索，2014（6）

"金砖四国"人力资本对经济增长贡献的比较分析 / 黎帆 // 时代金融，2014（6）

基本消费与金砖五国的经济实力比较：2000~2010 年 / 蔡一鸣，钟宇钰 // 战略决策研究，2014（6）

金砖国家对外贸易的比较研究 / 周琢 // 国际市场，2014（6）

金砖国家建立应急储备机制的政策思考 / 李仁真，李菁 // 学习与实践，2014（7）

"金砖五国"对美投资的引力模型分析 / 田珍，王红红 // 世界经济研究，2014
（7）

国际贸易、FDI 对新兴经济体收入分配的影响——基于金砖四国面板数据的
分析 / 韩家彬，邸燕茹 // 经济与管理研究，2014（8）

金砖国家合作的推进与深化 / 尤宏兵 // 国际经济合作，2014（8）

金砖国家开发银行及应急储备安排——成立意义与国际金融变革 / 丁振辉 //
国际经济合作，2014（8）

新兴国家视角下的金砖国家与全球经济治理体系变革 / 徐秀军 // 当代世界，
2014（8）

金砖四国基金的差异化投资 / 方丽 // 理财，2014（9）

"金砖五国"服务业发展速度比较研究 / 张少杰，林红 // 现代管理科学，2014
（10）

WTO 视角下金砖国家农业国内支持政策探析 / 何燕华，蒋新苗 // 湖北社会科
学，2014（10）

金砖国家汇率制度选择与成效分析 / 余道先，刘诺 // 经济管理，2014（10）

金砖国家机制在中国多边外交中的定位 / 蒲俜 // 教学与研究，2014（10）

金砖五国药物政策比较及对我国的启示 / 沈倩，张涛，武丽娜，周忠良，吕
冰，徐贵平，高琰，杨世民，方宇 // 中国卫生政策研究，2014（10）

金砖国家开发银行成立的背景与影响 / 陈建宇 // 青海金融，2014（11）

系统性风险动态特征与国家风险评级差异性——以金砖五国为例 / 孙晓蕾，杨
玉英，李建平 // 管理科学学报，2014（11）

中国对其他金砖国家出口影响因素研究 / 蔡舒平 // 对外经贸，2014（12）

金砖五国中小企业发展现状与支撑体系比较研究 / 池仁勇，黄卢宇 // 生产力
研究，2014（12）

金砖国家本币结算与人民币国际化 / 闫二旺，李超 // 全球化，2014（12）

金砖国家与主要发达国家外贸竞争力的比较 / 陈海波，刘晓洋，王婷 // 商业
时代，2014（14）

金砖四国科研现状与展望——基于 SCI 论文发表情况 / 张洋，马永钢 // 科技
管理研究，2014（14）

变化世界中的新兴经济体——中国、金砖国家与非洲的未来 / 李安山 // 人民

论坛·学术前沿，2014（14）

如何使"金砖"更具成色 / 江时学 // 世界知识，2014（15）

一FDI 与进口贸易的溢出效应——基于 OECD 国家与金砖五国的实证研究 /
代明，罗婉婷 // 科技管理研究，2014（16）

金砖国家汇率制度的比较分析 / 强超廷 // 时代金融，2014（18）

进出口贸易、FDI 与国家经济增长的关联分析——以金砖国家为例 / 樊越 // 中
国商贸，2014（19）

金砖国家行政审批制度改革与评述 / 汝绪华 // 领导科学，2014（26）

从发展的角度浅析金砖国家的合作 / 刘心瑶 // 现代商业，2014（32）

金砖开发银行和金砖应急储备安排的建立及意义 / 郑亚迪 // 中国市场，2014
（43）

"金砖五国"信息产业国际竞争力比较研究 / 冷昕 // 吉林大学，2014

承接离岸服务外包的影响因素研究——基于金砖四国面板数据的分析 / 陈荣江
// 广东外语外贸大学，2014

俄罗斯的金砖国家战略研究 / 刘航 // 外交学院，2014

金砖国家开发银行国内因素分析 / 宋海龙 // 外交学院，2014

基于需求动机的金砖国家外汇储备影响因素研究 / 宁剑菲 // 长沙理工大学，
2014

金砖国家的经济合作机制研究 / 廖书庭 // 湖南师范大学，2014

金砖国家服务贸易对经济增长影响的比较研究 / 王跃华 // 浙江工商大学，2014

金砖国家服务贸易竞争力比较研究 / 邢韶文 // 天津财经大学，2014

金砖国家金融合作策略研究 / 白克霞（Kseniia Baliasnikova）// 大连海事大学，
2014

金砖国家金融市场极端风险的净传染机制研究 / 陈洋阳 // 广东财经大学，2014

金砖国家科技创新金融支持体系研究 / 金珊珊 // 东北财经大学，2014

金砖国家银行业竞争与效率比较研究 / 降刚 // 山西财经大学，2014

"金砖国家"间清洁能源投资的问题研究——基于我国 OFDI 视角 / 尹伊 // 山
西财经大学，2014

金砖国家引入 FDI 的经济效应研究 / 李靖 // 南京农业大学，2014

金砖四国对外援助比较研究 / 王心志 // 华东师范大学，2014

金砖四国对外直接投资决定因素的比较研究 / 祁婧 // 复旦大学，2014

金砖五国服务贸易竞争力比较分析 / 高文中 // 吉林财经大学，2014

金砖五国企业社会责任与财务绩效的关系——基于 GRI 的实证研究 / 陈毅强
　　// 厦门大学，2014

金砖五国在美授权专利比较研究 / 张先伟 // 天津大学，2014

论金砖国家双边投资协定中国民待遇条款 / 陆启勇 // 复旦大学，2014

外商直接投资流入对金砖国家经济的影响 / 任晓洁 // 山东财经大学，2014

金砖国家货币金融合作对经济新常态的影响和展望 / 石建勋 // 经济体制改革，
　　2015（1）

金砖国家开发银行的法律问题探讨 / 蔺捷，许丽丽 // 亚太经济，2015（1）

金砖国家贸易便利化对我国出口影响的研究 / 刘叶 // 华北水利水电大学学报
　　（社会科学版），2015（1）

金砖国家税收合作展望：求同存异 互信共赢 / 李娜 // 国际税收，2015（1）

金砖五国合作前景广阔 / 崔博 // 经济，2015（1）

外部冲击对金砖国家物价波动的影响 / 曹江宁 // 价格月刊，2015（1）

新兴经济体金砖五国的汇率传递计量分析 / 贾凯威 // 统计与决策，2015（1）

中国与金砖国家贸易互补性研究 / 赵玉焕，张继辉，赵玉洁 // 拉丁美洲研究，
　　2015（1）

"金砖四国"公共债务增长对收入分配的影响分析 / 伍再华，唐荣 // 经济师，
　　2015（2）

"金砖五国"自我发展能力评价及比较 / 陶泓 // 新西部（理论版），2015（2）

金砖国家开发银行的成立对人民币国际化的影响研究 / 毛业艺，蒋智华 // 经
　　济研究导刊，2015（2）

金砖国家缩小收入分配差距的经验教训及启示 / 孙敬水，黄秋虹 // 会计与经
　　济研究，2015（2）

金砖国家自贸区建设的机遇与挑战 / 王琳 // 中国国情国力，2015（2）

金砖四国引进 FDI 的区位优势比较研究 / 李东阳，鲍洋 // 财经问题研究，
　　2015（2）

金砖五国商业银行规模及资本比较研究 / 曾卉 // 景德镇学院学报，2015
　　（2）

贸易限制、产品种类与金砖五国的农产品进口福利 / 罗兴武，项国鹏，谭晶荣，邓强 // 农业经济问题，2015（2）

比较"金砖五国"股票市场的系统重要性：基于危机传染的证据 / 方立兵，刘海飞，李心丹 // 国际金融研究，2015（3）

基于出口复杂度的金砖五国服务贸易技术结构及演进研究 / 杨红 // 当代经济管理，2015（3）

金砖国家的合作：对全球治理意味着什么？/〔美〕拉尔夫·A.科萨，弗吉尼亚·梅林提都；刘兴坤〔编译〕// 国际经济评论，2015（3）

金砖国家对外直接投资绩效评价与多维比较 / 陈建勋，罗妍 // 亚太经济，2015（3）

金砖国家合作机制对全球经济治理体系与机制创新的影响 / 王厚双，关昊，黄金宇 // 亚太经济，2015（3）

金砖国家合作：宗旨、成效及机制 / 江时学 // 国际关系研究，2015（3）

金砖国家推动的国际金融体系改革及其权力结构取向——基于现实建构主义的分析 / 李鞍钢，刘长敏 // 太平洋学报，2015（3）

金砖国家外汇储备影响因素研究 / 王琳 // 现代经济信息，2015（3）

贸易开放、FDI 对金砖国家经济波动的影响 / 冯雪艳，李全亮 // 无锡商业职业技术学院学报，2015（3）

中国与金砖国家服务贸易的互补性和竞争性分析 / 王慧 // 商业研究，2015（3）

专利反向引文分析：金砖五国专利实证研究 / 张先伟，杨祖国 // 图书馆工作与研究，2015（3）

国际直接投资规则的新变化及其对金砖国家的影响与挑战 / 黄河 // 深圳大学学报（人文社会科学版），2015（4）

金砖国家出口产业的竞争性与互补性研究——基于贸易品技术水平的研究 / 卢姗，秦喜杰 // 天津行政学院学报，2015（4）

金砖五国农产品出口增长及竞争力实证分析 / 庄丽娟，郑旭芸，钟宁 // 华中农业大学学报（社会科学版），2015（4）

强国的世界战略与金砖国家联合的逻辑 /〔俄〕阿·德·沃斯克列先斯基；徐曼琳〔译〕// 俄罗斯文艺，2015（4）

中国与金砖国家双向投资的特征及问题分析 / 李继宏 // 对外经贸实务，2015（4）

金砖国家环境合作现状的思考 / 刘贺青 // 郑州航空工业管理学院学报，2015（5）

金砖国家重点公派资助项目及其对我国的启示 / 吴和林，张遗川 // 教育财会研究，2015（5）

低生育率陷阱：概念、OECD 和"金砖四国"经验与相关问题探讨 / 陈友华，苗国 // 人口与发展，2015（6）

结构转换能力与专业化模式变迁——基于金砖四国出口数据的比较分析 / 祝树金，李仁宇，江鸣 // 当代财经，2015（6）

乌克兰危机与俄罗斯对金砖国家政策的调整 / 祖立超 // 国际研究参考，2015（6）

金砖国家合作机制发展历程与前景 / 司文，陈晴宜 // 国际研究参考，2015（7）

基于 DEA 方法的金砖国家股票市场融资效率比较研究 / 张延良，胡超，胡晓艳 // 世界经济研究，2015（7）

金砖四国在全球价值链中的参与模式和经济利益的比较分析 / 张桂梅，赵忠秀 // 国际经贸探索，2015（7）

中国与金砖国家贸易的互补性和竞争性分析 / 侯小坤 // 改革与战略，2015（7）

从二维视角对比金砖四国科研产出规模以及国际影响力 / 付中静 // 中华医学图书情报杂志，2015（8）

短期资本流动的影响因素及对货币政策调控的启示——基于金砖五国证券投资基金数据的实证分析 / 许一涌 // 金融与经济，2015（8）

金砖四国股市波动特征、关联性及其成因分析 / 刘汉，刘金全，王永莲 // 商业研究，2015（9）

国际公共品供给的集体行动博弈路径——对金砖国家开发银行的思考 / 杨伊，苏凯荣 // 江西社会科学，2015（10）

世界经济中金砖国家的地位及作用分析 / 周洋 // 现代营销（下旬刊），2015（10）

FTA 前景下金砖五国农业生产与农产品贸易 / 刘合光，王静怡，陈珏颖 // 农业展望，2015（11）

金砖国家与全球治理模式创新 / 徐秀军 // 当代世界，2015（11）

资本急停、银行稳健与贷款差异——来自"金砖五国"的经验证据 / 皮天雷，杨萍 // 经济与管理研究，2015（12）

基于 DCC_GARCH 模型的金砖四国股市动态相关性研究 / 朱沙，赵欢 // 统计
　　与决策，2015（14）

"金砖四国" 金融服务出口能力的比较研究 / 易倩 // 时代金融，2015（15）

浅谈金砖银行的发展与挑战 / 刘敬家，张真真 // 改革与开放，2015（17）

中国与其他金砖国家的货物贸易国际竞争力分析 / 段笑培 // 知识经济，2015
　　（20）

金砖五国在美授权专利比较研究 / 张先伟，杨祖国 // 科技管理研究，2015（24）

金砖国家的经济比较及对中国经济与贸易机制的启示 / 林淑玲 // 科技视界，
　　2015（29）

"金砖国家" 合作的国际政治经济分析 / 贾路遥 // 中国集体经济，2015（30）

金砖五国出口产品结构的竞争性与互补性探讨 / 黄玉娟 // 商，2015（32）

"金砖国家" 经济发展及合作研究 / 陈亚兰 // 商，2015（51）

"金砖五国" 医疗保障制度比较研究 / 姚立军 // 安徽财经大学，2015

金砖四国出口贸易技术结构的比较研究 / 丁芳萍 // 安徽财经大学，2015

基于 SWOT 分析的金砖开发银行发展战略研究 / 谢明俊 // 河北经贸大学，2015

金砖国家 "经济 - 社会 - 生态" 协调发展比较研究 / 何冰 // 辽宁大学，2015

金砖国家的崛起对世界和平与发展的影响 / 范方静 // 山东师范大学，2015

金砖国家股票市场与外汇市场互动关系的实证研究 / 楼方舟 // 南昌大学，2015

金砖国家贸易互补性对金融合作的影响研究 / 祝楠 // 南京农业大学，2015

金砖国家银行业外资准入实体条件比较研究 / 胡芯洋 // 西南政法大学，2015

金砖四国对外贸易隐含碳的比较分析及政策启示——基于投入产出模型与结
　　构分解分析的研究 / 赵元硕 // 华东师范大学，2015

金砖五国金融发展与贸易开放的关系研究 / 南彬彬 // 华东师范大学，2015

金砖五国股票市场间的动态相依特征研究 / 姜蕾 // 山东大学，2015

金砖五国体系内新兴证券市场开放风险的传染机制研究 / 薛瑞 // 山东财经大
　　学，2015

金砖五国现代服务贸易国际竞争力比较研究 / 彭扬 // 暨南大学，2015

金砖五国组织及其对国际制度的影响：公平，发展，互惠互利 / 乔治 // 浙江
　　大学，2015

经济

经济综述

巴西经济及其对外贸易中的几个问题 / 〔苏联〕伊·布涅根娜；谢纪青，魏懿
〔译〕// 世界经济文汇，1958（11）

巴西经济的发展 / 克列斯基特；石瑜〔译〕// 国际问题译丛，1960（1）

争取民族经济独立发展的巴西 / 章叶 // 世界知识，1961（1）

巴西经济模式的发展前景 / 朱忠〔译〕// 拉丁美洲丛刊，1979（1）

巴西的外债问题 / 苏振兴，陈作彬 // 拉丁美洲丛刊，1979（2）

巴西——短期内将成为经济大国 / 〔法〕罗贝塔通；宇泉〔译〕// 世界经济译
丛，1979（3）

巴西经济情况 / 瑶娟〔摘译〕// 世界经济译丛，1980（1）

巴西十四年的社会经济成果 / 鲁岳 // 拉丁美洲丛刊，1980（2）

在"巴西奇迹"的背后 / 周俊南 // 拉丁美洲丛刊，1980（3）

巴西资本主义产生的方式 / 〔苏联〕Б.N.柯瓦利；杨慧娟〔摘译〕// 拉丁美洲
丛刊，1980（3）

巴西资本主义的集中与溶合 / 〔苏联〕阿·卡拉瓦耶夫；魏燕慎〔摘译〕// 世
界经济译丛，1980（7）

巴西资本主义的发展过程 / 陈作彬 // 拉丁美洲丛刊，1981（4）

巴西的增长和发展主义的经验（1964-1974）/〔巴西〕维纳尔·巴埃尔；鲍
宇〔摘译〕// 世界经济译丛，1981（11）

巴西经济发展战略与结构问题 / 陈作彬，张宝宇 // 世界经济，1982（2）

巴西经济发展战略概论 / 鲍宇，陈作彬 // 拉丁美洲丛刊，1982（3）

"巴西发展模式"的实质和一些后果 / 〔苏联〕A.阿特罗申科；钟兴祥〔译〕//
经济资料译丛，1982（4）

关于巴西经济发展的几个问题 / 钟涟 // 国际问题研究，1983（3）

巴西工业三角区区域经济的形成与发展 / 张宝宇 // 拉丁美洲丛刊，1983（4）

巴西经济的增长过程 /〔美〕罗斯托；胡晓铎等〔译〕// 现代经济译丛，1983（4）

巴西利亚城市发展战略初探 / 方铭迪 // 城市规划，1984（1）

巴西专利制度的现代化 / 迟少杰 // 拉丁美洲丛刊，1984（2）

巴西对落后地区的开发 / 邹蓝 // 开发研究，1985（1）

巴西重视开发落后地区 / 黄松甫，常东珍 // 拉丁美洲丛刊，1985（1）

巴西对落后地区的开发——兼谈中国西部地区的开发 / 张宝宇 // 拉丁美洲丛
　　刊，1985（5）

巴西的区域开发和城市发展 / 顾文选［编译］// 城市规划研究，1986（1）

巴西经济"奇迹" / 王杰 // 外国史知识，1986（2）

巴西的经济与对外贸易 /〔苏联〕伊·伊辛科；安蒂思［摘译］// 世界经济译
　　丛，1986（4）

一九八五年巴西经济形势初析 / 史文 // 国际经济合作，1986（4）

巴西的产业结构与产业结构政策 / 张宝宇 // 拉丁美洲研究，1986（6）

巴西在经济高速增长中对国际收支的调节及经验教训 / 杨红军 // 世界经济，
　　1986（8）

适应性的结构调整：巴西的经验 /〔巴西〕安东尼奥·巴罗斯·德卡斯特罗；
　　王耀媛［摘译］// 世界经济译丛，1986（10）

巴西是否将再创经济奇迹？ / 张振亚 // 世界知识，1986（23）

巴西的国有经济及其管理 / 金察 // 中国经济体制改革，1987（1）

巴西的经济改革——着眼除去"惯性通货膨胀" /〔日〕水野一；樊正舟［译］
　　// 国际金融研究，1987（3）

巴西资本主义政治经济发展状况概述 / 郭元增 // 拉丁美洲研究，1987（3）

1968-1973 年巴西经济奇迹剖析 / 吕银春 // 拉丁美洲研究，1987（4）

战后巴西的通货膨胀及其经验教训 / 王赞桔 // 拉丁美洲研究，1987（5）

巴西经济发展周期观点述评 / 张宝宇 // 拉丁美洲研究，1987（4）

政策制订者可以从巴西和墨西哥学到什么 /〔美〕埃莉娅娜·卡多索；吴奇
　　［译］// 世界经济译丛，1987（4）

巴西墨西哥经济体制考察报告 / 国家体改委赴巴西、墨西哥经济体制考察团 //
　　管理世界，1987（5）

谈谈巴西国有企业的管理 / 贾利德 // 中国经济体制改革，1988（2）

对巴西"克鲁扎多计划"的回顾与反思 / 吕银春 // 拉丁美洲研究，1988（2）

巴西对落后地区的开发及几点启示 / 徐锦辉 // 拉丁美洲研究，1988（3）

巴西现代化问题刍议 / 张宝宇 // 拉丁美洲研究，1988（3）

阿根廷、巴西和墨西哥经济调整策略——80 年代的经验和未来的挑战 /〔美〕罗伯特·考夫曼 // 拉丁美洲研究，1988（5）

巴西的通货膨胀与对策 / 吕银春 // 拉丁美洲研究，1988（5）

巴西国营企业私有化进展迟缓 / 何定 // 拉丁美洲研究，1988（5）

美国学者伯恩斯教授谈巴西经济 / 王赞桔 // 拉丁美洲研究，1988（6）

巴西"克鲁扎多计划"的理论和实践述评 / 朱章国 // 经济学动态，1988（5）

发展中国家贫困地区经济开发战略选择：印度、巴西、泰国实例研究 / 王国庆，牛若峰 // 农村经济与社会，1988（6）

巴西的"克鲁扎多计划"简析 / 李育良 // 世界经济，1988（8）

迅速发展的巴西通讯事业 / 辛华 // 国际科技交流，1988（10）

巴西国有企业管理体制 / 国家体改委赴巴西经济体制考察团 // 企业管理参考，1988（30）

战后巴西反通货膨胀的经验及启示 / 刘永强 // 国际金融研究，1989（1）

巴西指数化制度与工资物价同步增长政策 / 陈作彬 // 拉丁美洲研究，1989（1）

巴西外向型经济发展战略及其运行机制 / 陈作彬，徐锦辉 // 拉丁美洲研究，1989（2）

巴西城市化进程及其特点 / 张宝宇 // 拉丁美洲研究，1989（3）

巴西电讯事业的发展及技术国有化 / 赵雪梅 // 拉丁美洲研究，1989（6）

巴西铁路发展现状与前景 / 武泰昌 // 铁道科技动态，1989（1）

巴西通货膨胀的原因和反通货膨胀的理论与实践 / 肖远 // 四川金融，1989（3）

巴西国营企业民营化的动向——民营化为债务国改革经济结构的一环 /〔日〕粟原昌子，〔日〕高野惠利；孙才仁［译］/ 世界经济与政治论坛，1989（7）

简评巴西反通货膨胀过程中的经验教训 / 施建祥 // 福建金融，1989（9）

巴西六七十年代反通货膨胀的经验教训及启示 / 刘永强 // 世界经济，1989（10）

巴西是如何在通货膨胀中注意解决工资问题的 / 辛华 // 国际科技交流，1989（10）

巴西贫困地区的开发及其经验教训 / 王圣俊 // 世界农业，1989（11）

巴西经济分级管理的主要特点 / 廉明 // 中国计划管理，1989（12）

巴西、美国的经济分级管理 / 国家计委经济分级管理考察团 // 计划经济研究，

1990（1）

试析巴西、中国经济发展模式 / 戴羿 // 当代财经，1990（4）

巴西的技术引进与经济发展 / 李向阳 // 管理世界，1990（6）

巴西的经济分级管理体制 / 区延佳 // 经济学动态，1990（7）

巴西外贸管理体制 / 周国仿 // 中国经济体制改革，1990（9）

阿根廷与巴西的经济一体化 /〔苏联〕伊·布涅基娜；那美［摘译］// 世界经
　　济译丛，1990（12）

巴西政府的新经济政策 / 吕银春 // 瞭望，1990（33）

巴西深化经济改革，面临严峻形势 / 吕银春 // 拉丁美洲研究，1991（1）

巴西新政府努力解决债务问题 / 尚德良 // 拉丁美洲研究，1991（4）

关于区域经济发展不平衡的理论和巴西政府的实践 / 倪建国 // 拉丁美洲研究，
　　1991（2）

卡尔多索和他的"依附的发展"理论 / 张雷声 // 世界经济，1991（12）

巴西国有企业经营管理方式 / 丁宝山 // 现代企业导报，1992（1）

亚马孙河流域前途未卜 / 伊尼西亚·萨克斯 // 信使，1992（2）

巴西：科洛尔政府在困境中寻找出路 / 吕银春 // 拉丁美洲研究，1992（2）

巴西国营企业非国有化进程 / 郭元增 // 拉丁美洲研究，1992（4）

从"巴西奇迹"到经济滞胀的经验教训 / 张磐 // 管理世界，1992（3）

巴西的经济调整 // 可大安 / 世界经济形势研究，1992（5）

世界最大的经济特区——巴西马瑙斯自由贸易区 / 周启元，毕立明 // 经济纵
　　横，1992（6）

战后巴西经济发展的经验及教训 / 柳长生 // 国际经贸研究，1993（1）

巴西经济发展中的问题和前景 / 尚德良，杨仲杰 // 拉丁美洲研究，1993（1）

巴西市场与投资环境简说 / 张宝宇 // 拉丁美洲研究，1993（5）

巴西市场 / 张凡，裘浩楼 // 拉丁美洲研究，1993（6）

巴西的腹地开发战略与经济起飞 / 王勤淮 // 世界经济情况，1993（8）

巴西模式：借助市场力量实现增长 / 宁向东 // 国际经济合作，1993（10）

巴西经济增长　政局潜在不稳定因素 / 张宝宇 // 拉丁美洲研究，1994（1）

对巴西经济奇迹的再认识 / 吕银春 // 拉丁美洲研究，1994（4）

南美洲的芝加哥：圣保罗的城市功能和发展经验 / 周世秀 // 湖北大学学报（哲

学社会科学版），1994（3）

试论巴西马瑙斯自由贸易区开发经验及其对我国开放开发的启示 / 祁春节 //
　　荆州师专学报，1994（3）

浅论巴西与日本宏观经济调节政策的不同 / 杜广强 // 新疆师范大学学报（哲
　　学社会科学版），1994（4）

巴西教授谈巴西奇迹时期的经验教训 / 吕银春 // 经济学动态，1994（8）

巴西政府对国有企业的监管与控制 / 林汉川 // 国有资产管理，1994（8）

巴西对国有企业加强宏观管理效果明显 / 吴明 // 石油化工动态，1994（8）

巴西政府对国有企业的监督与控制 / 林汉川 // 中外管理，1994（9）

巴西可持续发展战略 / 敬言化 // 全球科技经济瞭望，1994（10）

巴西政府对国有企业的改造和整顿 / 吕银春 // 国际社会与经济，1995（1）

巴西经济对外开放进展缓慢 / 吕银春 // 拉丁美洲研究，1995（1）

巴西国有企业的改造与整顿 / 吕银春 // 拉丁美洲研究，1995（5）

巴西可持续发展战略 / 驻巴西使馆科技处 // 中国人口·资源与环境，1995（2）

巴西的经济改革与政策调整及启示 / 刘士余，李培育 // 管理世界，1995（3）

巴西海洋高技术产业的发展和规划 / 敬言化 // 全球科技经济瞭望，1995（4）

巴西从自主工业化向负债工业化的转折 / 周世秀 // 湖北大学学报（哲学社会
　　科学版），1995（5）

浅谈巴西为解决地区经济发展不平衡所采取的政策与措施 / 唐晓芹 // 湖北大
　　学学报（哲学社会科学版），1995（5）

巴西：南美最大的机电市场 / 蔡宏宇，习习 // 世界机电经贸信息，1995（10）

墨西哥冲击难以在巴西扩大 / 张宝宇 // 瞭望新闻周刊，1995（10）

巴西的产业政策、部门成长及战后经济发展：资源障碍论 / 陈环宇，杨延哲，
　　周弘 // 地理科学进展，1996（2）

巴西国有企业管理体制及其启示 / 颜金林，何菊香 // 广州大学学报（综合版），
　　1996（3）

巴西国有企业管理体制及其启示 / 叶祥松 // 财经科学，1996（6）

巴西经济外交在经济模式转型中的作用 / 焦震衡 // 世界经济与政治，1996（6）

巴西邮政概况 / 许文英，王如明 // 中国邮政，1996（6）

巴西经济从衰退走向复苏的原因 / 焦震衡 // 国际社会与经济，1996（7）

巴西经济发展中的地区差别问题 / 张凡 // 拉丁美洲研究，1997（2）

巴西库里蒂巴城市化的成功之路 / 周家高 // 城市开发，1997（10）

浅论巴西地区经济发展失衡与地区开发 / 吴洪英 // 拉丁美洲研究，1998（2）

巴西的交通运输业及政府发展交通运输业的政策措施 / 周世秀 // 武汉交通管理干部学院学报，1999（1）

巴西金融危机的背景 / 狄荫清 // 金融信息参考，1999（1-2）

巴西：让我们再次认识经济全球化 / 朴言 // 国际金融研究，1999（2）

巴西城市化问题刍议 / 张宝宇 // 拉丁美洲研究，1999（2）

巴西的经济金融形势与金融动荡的潜在影响 / 宋建奇，侯绍泽，曹莉 // 中国金融，1999（3）

巴西电信的市场竞争与强化管制 / 范芳艳 // 世界电信，1999（3）

对巴西金融动荡的思考 / 邓瑛 // 外向经济，1999（3）

对巴西金融动荡几个问题的探讨 / 吕银春 // 拉丁美洲研究，1999（3）

东亚金融危机冲击下的巴西经济 / 陈才兴 // 拉丁美洲研究，1999（4）

巴西为什么能在短期内克服金融动荡 / 吕银春 // 拉丁美洲研究，1999（6）

从巴西金融动荡看钉住汇率制的缺陷 / 苟小菊 // 国际市场，1999（4）

从巴西金融动荡看金融自由化 / 吴强，史俊秀 // 科技潮，1999（4）

巴西的金融动荡及其影响 / 凌万马 // 城市金融论坛，1999（4）

巴西 BSC 成功实践管理体系一体化 / 王鲜华 // 中国标准化，1999（5）

从金融动荡看巴西经济形势 / 尚德良，孙岩峰 // 现代国际关系，1999（5）

巴西创新体制改革初见成效 / 曲笑 // 中国科技月报，1999（7）

当前美国巴西经济发展的特点及对我们的启示 / 王军，廖路明 // 财政研究，2000（4）

巴西对落后地区经济的开发 / 吕银春 // 拉丁美洲研究，2000（5）

巴西开发北西部的经验和教训 / 郭元增 // 当代世界，2000（5）

1999 年巴西的经济形势 / 李远 // 全球科技经济瞭望，2000（6）

私有化巴西 / 漓源 // 中国工商，2001（2）

巴西石油公司 / 张玉萍 // 国际化工信息，2001（3）

克服"华盛顿共识"造成的危机——韩国和巴西经济发展的经验与教训 / 卢西亚诺·科蒂纽；张大川［译］// 国际社会科学杂志（中文版），2001（4）

巴西开发不发达地区的重要举措 / 熊坤新 // 中央社会主义学院学报，2001（9）

巴西电信私有化及市场管制 / 石军 // 邮电企业管理，2001（15）

加拿大、巴西的国有企业及企业集团 / 财政府考察团 // 领导决策信息，2001（34）

2001 年巴西形势综述 / 吕银春 // 拉丁美洲研究，2002（1）

巴西上市公司融资模式研究 / 李建军，张泽来 // 拉丁美洲研究，2002（3）

巴西开发西北部的生态启示与教训 / 金磊 // 中国环保产业，2002（9）

2002 年巴西经济形势概述 / 周志伟 // 拉丁美洲研究，2003（1）

巴西库里蒂巴市的廉价公交系统经验 / 孙强 // 彭城职业大学学报，2003（1）

巴西：新自由主义发展路径与新依附经济 /〔美〕玛·罗哈；周通［摘译］// 国外理论动态，2003（3）

巴西经济会再枉费十年吗?/〔美〕J. 布拉德福德·德隆；龚伟同［译］// 商务周刊，2003（7）

开放要与监管并行——巴西电信业改革给我们的启示 / 年锡梁 // 中国电信业，2003（8）

新兴市场巴西 / 章晓 // 首都经济，2003（8）

巴西电信改革及对我国的启示 / 任勋益，祁正华 // 通信世界，2003（38）

法国、巴西的公共交通 / 陈毅影 // 城市公用事业，2004（1）

走向复苏的巴西经济 / 周志伟 // 拉丁美洲研究，2004（1）

巴西国有企业转制的做法与经验教训 / 吕银春 // 拉丁美洲研究，2004（6）

巴西多西河谷公司私有化案例分析 / 周志伟 // 拉丁美洲研究，2004（6）

巴西库里蒂巴市公共交通发展的启示 / 王秀宝 // 交通与运输，2004（2）

巴西经济 起落的启示和投资机遇 / 齐晓斋 // 上海轻工业，2004（3）

巴西中小企业的清洁生产挑战 /Ricardo L. P. de Barros，Maria de Fátima F. de Paiva，Cristina L. S. Sisinno；蔡学娣［译］// 产业与环境（中文版），2004（4）

加拿大、巴西发展快速公交的经验及启示 / 胡子祥，赵杰，刘丽亚 // 宏观经济研究，2004（5）

巴西现代化中的"拉美陷阱" // 今日浙江，2004（5）

巴西电信市场发展与政府监管 / 何霞 // 广东通信技术，2004（10）

巴西电信改革与管制 / 何霞，许峰 // 通信企业管理，2004（11）

政策造就了支柱产业的竞争优势——巴西、南非、印度的主要做法和经验 / 李
　　志强 // 国际经济合作，2004（12）

巴西的快速公交系统 / 刘丽亚，邓大洪 // 中国建设信息，2004（13）

巴西经济步入复苏 / 杨立民 // 瞭望新闻周刊，2004（34）

新兴市场国家通货膨胀定标的实践及启示——以巴西为例 / 陈红辉，赵正堂 //
　　特区经济，2005（1）

巴西经济发展与社会发展关系问题 / 张宝宇 // 拉丁美洲研究，2005（1）

巴西落后地区开发的经济与社会成效评价 / 朱欣民 // 拉丁美洲研究，2005（1）

巴西落后地区的产业开发成效评价 / 朱欣民 // 拉丁美洲研究，2005（4）

巴西短周期工业原料林基地建设的特点 / 李建民，张玲文 // 世界林业研究，
　　2005（2）

巴西政府的经济政策和债务危机的形成（1974-1985）/ 董经胜 // 安徽史学，
　　2005（2）

城市公共交通与社会排斥——巴西在城市机动性问题上的经验与启示 /Anísio
　　Brasileiro；卓健［译］// 国外城市规划，2005（3）

巴西的交通运输与替代燃料的开发利用 / 周世秀 // 武汉交通职业学院学报，
　　2005（4）

巴西可持续城市机动性政策的实施 /〔巴西〕乔瑟·卡洛斯·萨维耶，〔巴西〕
　　荷纳多·波阿雷托；卓健［译］// 城市规划学刊，2005（5）

巴西城市化过程中贫民窟问题及对我国的启示 / 韩俊，崔传义，赵阳 // 中国
　　发展观察，2005（6）

巴西的参与式预算与直接民主——评《阿雷格里港替代：直接民主在实践中》/
　　张梅［编写］// 国外理论动态，2005（7）

拉美化陷阱：巴西的经济改革及其启示 / 陈江生，郭四军 // 中共石家庄市委
　　党校学报，2005（7）

巴西、阿根廷考察见闻与启示 / 金汝斌，许均田，潘强敏 // 浙江统计，2005
　　（10）

试析南北美洲经济发展差异产生的根源——以美国和巴西为例 / 王然 // 生产
　　力研究，2005（12）

巴西房地产公证的特色 / 陈梅英，吴晓烨 // 中国司法，2006（1）

巴西城市化的问题及其对中国的启示——兼与中国城市化相比较 / 李瑞林，王春艳 // 延边大学学报（社会科学版），2006（2）

巴西政府公共资产管理及启示 / 冯秀华，杨瑞金 // 中国财政，2006（4）

巴西城市化模式的分析及启示 / 李瑞林，李正升 // 城市问题，2006（4）

"参与式财政"：国外地方治理的实践创新——以巴西阿雷格里市为参照 / 袁方成 // 湖北行政学院学报，2006（6）

经济发展理论与国家经济角色的转变——以90年代巴西为例浅析结构主义与新结构主义 / 郑皓瑜 // 拉丁美洲研究，2006（6）

巴西阿雷格里市参与式预算的基本原则 / 许峰［编写］// 国外理论动态，2006（6）

巴西城市化过程中贫民窟问题的启示 / 韩俊，崔传义，赵阳 // 中国改革，2006（6）

巴西对欠发达地区的金融支持及其效果分析——世界若干国家对欠发达地区金融支持研究系列论文之一 / 谭春枝，张家寿 // 改革与战略，2007（1）

巴西发展城市轨道交通 / 谢贤良［编译］// 现代城市轨道交通，2007（1）

巴西企业海外上市现象研究 / 解学成 // 证券市场导报，2007（1）

巴西对欠发达地区的金融支持及其经验教训——兼论对少数民族地区经济发展的启示 / 谭春枝，张家寿 // 拉丁美洲研究，2007（2）

塞尔索·富尔塔多及其经济发展思想 / 韩琦 // 拉丁美洲研究，2007（3）

巴西开发欠发达地区的相关立法和政策对中国的启示 / 许均秀，商怿 // 河北北方学院学报，2007（4）

巴西工业化、城市化与农业现代化的关系 / 翟雪玲，赵长保 // 世界农业，2007（5）

巴西公司治理最新进展——以董事会制度建设为中心 / 国务院国资委企业分配局考察团 // 国有资产管理，2007（7）

巴西公司治理最新进展——以董事会制度建设为中心 / 国务院国资委企业分配局考察团 // 国有资产管理，2007（9）

巴西油气管理体制及其对我国的启示 / 王威 // 国土资源情报，2007（8）

试论巴西开发落后地区的政府干预举措 / 周宝砚，杨宁 // 北方经济，2007（13）

巴西审计信息化经验借鉴 / 审计署赴巴西计算机联网审计考察组 // 中国审计，2007（23）

以城市可持续发展理论为基点的巴西城市化问题探讨 / 万瑜 // 拉丁美洲研究，2008（2）

比较优势、技术模仿：巴西"进口替代"工业化发展之路 / 陈才兴 // 江汉大学学报（社会科学版），2008（3）

2008 年巴西葡萄与葡萄酒市场报告 / 亓桂梅 // 中外葡萄与葡萄酒，2008（5）

巴西政府如何引导信息产业创新 / 秦海林，刘颖 // 中国投资，2008（9）

巴西石油公司现状及发展战略 / 曹勇，应启臣 // 当代石油石化，2008（11）

2007 年巴西汽车市场回顾 / 么丽欣 // 汽车与配件，2008（15）

20 世纪 90 年代以来巴西的经济外交分析 / 高新峰 // 兰州大学，2008

巴西产业发展及其对徐州产业发展的借鉴 / 徐恩华 // 徐州建筑职业技术学院学报，2009（3）

巴西经济与世界格局：历史与展望 / 〔巴西〕罗伯托·杜马斯·达马斯 // 拉丁美洲研究，2009（5）

印度、巴西政府绩效审计制度对我国的启示 / 武丽娜 // 经济师，2009（5）

加拿大和巴西的资源状况及其比较 / 郭芳 // 黑龙江科技信息，2009（9）

巴西的启示：如何在竞争中胜出 / 李永瑞 // 软件工程师，2009（11）

巴西和阿根廷铁路的特许经营权转让 / 林晓言 // 探究铁路经济问题（第二辑），2009

巴西二元经济结构的特征、演进及政策评价 / 何中正 // 拉丁美洲研究，2010（1）

巴西石油公司的国际化及企业发展战略 / 周志伟 // 拉丁美洲研究，2010（5）

巴西经济的历史与展望 / 〔巴西〕罗伯托·杜马斯·达马斯；生延超 [译] // 湖南商学院学报，2010（2）

巴西的反危机经济政策调整及其效果 / 岳云霞，孟群 // 经济学动态，2010（3）

巴西区域开发经验的借鉴 / 张超 // 中国商界（下半月），2010（3）

巴西城市化问题及城市治理 / 周志伟 // 中国金融，2010（4）

巴西、阿根廷水运发展概况及启示 / 曾文，吴肖燕 // 武汉交通职业学院学报，2010（4）

巴西发展生物质能源的历程、政策措施及展望 / 韩春花，李明权 // 世界农业，2010（6）

巴西——充满投资机遇的桑巴王国 / 玛格诺利亚·丹尼埃尔 // 建筑市场与招

标投标，2010（6）

日韩巴西等国城市化进程中的过度集中问题——兼论中国城市的均衡发展 / 范
红忠，周阳 // 城市问题，2010（8）

巴西经济发展能否如愿以偿 / 李建民 // 财会研究，2010（11）

巴西库里蒂巴城市可持续发展经验浅析 / 简海云 // 现代城市研究，2010（11）

巴西石油公司经营战略分析 / 王甜甜 // 现代经济信息，2010（11）

巴西经济增长前景与中国企业的机遇 / 周松 // 天津经济，2011（1）

从政府职能转换看巴西技术创新政策演化 / 卢立峰，李兆友 // 东北大学学报
（社会科学版），2011（1）

巴西工程项目管理中的社会交流工作及启示 / 郭子雷 // 石油化工管理干部学
院学报，2011（2）

巴西开发银行前行长安东尼奥·卡斯特罗谈巴西经济的战略选择 / 周志伟 //
拉丁美洲研究，2011（2）

巴西库比契克桥的设计与施工分析 / 王会利，潘哲，姜荣斌 // 中外公路，2011
（2）

巴西的区域开发及其启示 / 潘悦 // 中国党政干部论坛，2011（5）

从巴西"迷途的十年"看我国自主创新面临的新环境 / 李春景，吴家喜 // 创
新科技，2011（5）

巴西国家石油公司崛起之路 / 杨虹，刘立群，袁磊 // 石油科技论坛，2011（5）

巴西恶性通胀治理及其对中国的启示 / 黄余送，陈建斌 // 财经科学，2011（6）

"中等收入陷阱"面前韩国巴西的不同选择 / 李春景 // 党政干部参考，2011（7）

巴西："美洲豹"的经济奇迹 / 毕夫 // 中关村，2011（7）

浅析巴西军政府经济战略的"路径依赖" / 雷用才 // 剑南文学（经典教苑），
2011（9）

巴西淡水河谷集团综合运输发展现状及经验 / 刘长俭 // 综合运输，2011（11）

巴西跨流域调水实践与国际案例比较 /〔巴西〕J. P. G. 安德雷德；朱庆云［编
译］// 水利水电快报，2011（12）

巴西经济发展的历史回顾及经济改革发展的经验启示 / 张琳力 // 才智，2011
（16）

浅谈巴西工程项目建设的特点 / 郭子雷 // 科技致富向导，2011（17）

"强大巴西"计划对我国的影响及应对 / 黄志龙 // 中国经贸导刊，2011（21）

绿色商业和企业社会责任：中国和巴西企业的比较分析 /Katiusy Bortolin// 华东理工大学，2011

巴西经济增长的包容性研究——兼谈对中国的启示 / 吴威 // 中山大学，2011

中国模式到底有多独特——基于中国、印度、巴西经济数据的比较分析 / 黄亚生 // 深圳大学学报（人文社会科学版），2012（1）

巴西、中国旅游市场发展比较与借鉴 / 孔令学 // 拉丁美洲研究，2012（1）

浅谈"拉美式"历史文化与拉美企业文化——以巴西石油公司为例 / 张贯之，张芯瑜 // 拉丁美洲研究，2012（5）

浅谈拉美历史文化与拉美企业文化——以巴西石油公司为例 / 张贯之，张芯瑜 // 西南科技大学高教研究，2012（3）

巴西国家石油公司投资策略研究 / 刘孝成，郭贞玉 // 石油科技论坛，2012（4）

巴西风电市场发展现况和趋势 /P. Chaves-Schwintech，DEWI GmbH，Oldenburg；苏晓［编译］// 风能，2012（7）

巴西经济发展谋求"绿色转身" / 顾永强 // 农业工程技术（新能源产业），2012（8）

巴西之鉴：突破中等收入陷阱 / 赵伟 // 浙江经济，2012（8）

巴西淡水河谷陷入困境 / 海敏炜 // 水运管理，2012（8）

"中等收入陷阱"：巴西的教训 / 王海燕 // 政策瞭望，2012（9）

"金砖之国"系列报道（2） 巴西：经济危机应对专家 / 张璐晶 // 中国经济周刊，2012（15）

巴西"经济奇迹"为何中断 / 黄琪轩 // 国家行政学院学报，2013（1）

卢拉政府时期（2003-2010）的巴西经济和社会政策初析 / 聂泉 // 拉丁美洲研究，2013（2）

制造业对巴西经济发展的重要性 / 卡门·阿帕雷西达·费若，马科斯·托斯特斯·拉莫尼卡；赵丽红［译］// 拉丁美洲研究，2013（2）

巴西农药市场特点 / 吴厚斌，刘苹苹，穆兰，李光英 // 农药科学与管理，2013（2）

2012 年巴西农药市场分析与 2013 年展望 / 吴厚斌，武丽辉，曹兵伟，吕宁，穆兰，刘苹苹 // 农药科学与管理，2013（10）

从巴西经济发展看"中等收入陷阱" / 余勇 // 中国对外贸易，2013（3）

巴西"静悄悄崛起"的若干思考——没有专利成本的科技和经济崛起能持续多久 / 中国高技术产业发展促进会知识产权战略研究课题组 // 科技促进发展，2013（4）

发展中的巴西邮政 / 王旭〔译〕// 邮政研究，2013（4）

简析巴西卢拉政府的 PAA 计划——以可持续农业视角为中心 / 苏波 // 阿坝师范高等专科学校学报，2013（4）

巴西绿色经济的发展经验及启示 / 韩晶，陈超凡 // 绿叶，2013（6）

基于"巴西淡水河谷"案例对工业航运的产业、经济和社会效应研究 / 朱文琪 // 江苏科技信息，2013（6）

巴西：新兴市场国家的运输政策样本 /Michel Donner// 中国远洋航务，2013（7）

巴西经济改革成效及其启示 / 杨志敏 // 当代世界，2013（7）

巴西怎样陷入和摆脱"中等收入陷阱" / 董经胜 // 中国民商，2013（7）

巴西标准化发展现状概述 / 潘薇，Nelson Al Assal Filho，魏利伟 // 标准科学，2013（8）

巴西独立以来现代化发展道路的特点及启示 / 王天杭 // 经济师，2013（8）

巴西在阵痛中改革 /〔美〕彼得·哈基姆；栗盼盼〔译〕// 中国经济报告,2013（8）

巴西治理地区发展不平衡的启示 / 杨志敏 // 人民论坛，2013（8）

紧跟经济全球化步伐的巴西港口 / 李幼萌 // 港口经济，2013（8）

新兴市场主要贸易国质量安全信息研究——以巴西为例 / 潘薇，魏利伟，喻浩，李菁，陈兵，洪凌 // 标准科学，2013（8）

资源依赖型经济体的可持续发展研究：以巴西为例 / 沈艳枝，刘厚俊 // 现代管理科学，2013（8）

小微企业助推巴西经济发展 / 颜欢 // 中国中小企业，2013（9）

巴西：金砖热土 /〔美〕克里斯托弗·迈耶 // 商界（评论），2013（10）

新世纪以来巴西应对全球化的举措与启示 / 靳呈伟 // 中共石家庄市委党校学报，2013（10）

走出去：南通纺织业欲进军巴西——"2013 年开拓南美－巴西纺织业市场报告会"成效显著 / 王虹，遵凌 // 中国纤检，2013（11）

发展中国家科技政策的调整与技术进步——以印度和巴西为例 / 盛浩 // 经济

问题，2013（12）

巴西"银企模式"难以为继 / 陈晓阳 // 世界知识，2013（13）

让人又爱又恨的巴西市场 / 简荣 // 建筑机械，2013（14）

巴西：充满运动激情的纺织品市场 / 曾圣舒 // 纺织服装周刊，2013（20）

三次技术革命成就巴西"大豆出口大国" / 吴志华 // 农产品市场周刊，2013（20）

巴西与印度道路安全管理制度浅探 / 董君勇 // 城市建筑，2013（22）

从首富陨落看巴西经济困境 / 孙兴杰，王玉辉 // 中国经济和信息化，2013（22）

巴西呼唤"罗塞夫经济改革" / 谢玮 // 中国经济周刊，2013（42）

要素投入与巴西经济增长 / 沈艳枝 // 南京大学，2013

新兴市场国家国有企业发展与绩效——以巴西为例 / 马越 // 吉林大学，2013

巴西"能源独立"之路：进展与问题 / 王卓宇 // 燕山大学学报（哲学社会科学版），2014（1）

巴西城市化进程及其启示 / 吴国平，武小琦 // 拉丁美洲研究，2014（2）

对近年巴西经济增长态势的分析 / 杨志敏 // 学海，2014（3）

巴西国家石油公司深水技术研发与管理 / 王敏生，闫娜，孙健，光新军 // 石油科技论坛，2014（4）

巴西的研究与开发模式不利于其崛起——以生物技术为例 / 宋霞 // 西南科技大学学报，2014（5）

巴西经济转型：成就与局限 / 苏振兴 // 拉丁美洲研究，2014（5）

巴西落入中等收入陷阱的原因及启示——从生产函数分解角度的分析 / 赵硕刚 // 发展研究，2014（6）

巴西电子政务发展模式探究 / 芦艳荣 // 电子政务，2014（7）

巴西铁路融资缘由探析（1852-1913）/ 钟秋平 // 黑龙江史志，2014（7）

巴西经济转型的几点重要启示 / 苏振兴 // 学术前沿，2014（9）

巴西经济转型的结构视角及新兴市场发展趋势 / 张勇 // 中国银行业，2014（9）

国外对支柱产业的政策扶持——巴西、南非、印度的主要做法和经验 // 南阳市人民政府公报，2014（10）

巴西城市化面临的问题 / 张亚匀，张嘉俊 // 国际研究参考，2014（11）

大地产制对巴西经济社会发展的影响 / 高京平 // 农业经济，2014（11）

巴西货物采购管理及其对我国的启示 / 代兆明，Luis Lin// 招标与投标，2014（12）

巴西大国之路三道坎 / 叶慧珏 // 中国外资，2014（13）

对巴西旅游业的探索与思考 / 戴琦芳 // 改革与开放，2014（15）

巴西库里蒂巴市发展公共交通的经验与启示 / 郭晓琴 // 科技视界，2014（17）

道路之思：巴西经济转型的几点重要启示 / 苏振兴 // 人民论坛·学术前沿，
　　2014（17）

美国、日本和巴西的城市化模式比较 / 林伟 // 河南大学，2014

巴西城市化面临的问题及其对我国的启示 / 张亚匀，张嘉俊 // 成都行政学院
　　学报，2015（1）

浅析巴西崛起及其国际战略选择 / 吴国平，王飞 // 拉丁美洲研究，2015（1）

当前巴西经济困境的政治经济学视角 / 牛海彬 // 拉丁美洲研究，2015（5）

巴西综合型自由贸易园区发展经验及启示 / 胡剑波 // 经济纵横，2015（2）

经济欠发达城市如何应对快速城市化——巴西库里蒂巴的经验与启示 / 邓智团
　　// 城市发展研究，2015（2）

1980 年代以来发展中国家巴西和印度城市化研究举要 / 叶攀 // 中国名城，
　　2015（4）

拉美经济转型失败：中国适应经济新常态的镜鉴——基于巴西和阿根廷的案
　　例分析 / 范金，徐小换 // 中共贵州省委党校学报，2015（4）

巴西经济增长及其转型的结构视角 / 张勇 // 当代世界，2015（10）

拉美新兴市场国家“发展极”减贫模式研究 / 徐婷 // 中南民族大学，2015

农业经济

巴西的土地问题 / 梅仁 // 世界知识，1964（4）

巴西的甘蔗糖业 / 侯尚如［编译］// 甘蔗糖业，1975（8）

巴西农业概况 / 宇泉［摘译］// 世界经济译丛，1979（3）

巴西工业化的道路及其对农业的影响 / 〔巴西〕E. A. 阿尔威斯等；刘伯岑［摘
　　译］// 农业经济译丛，1980（4）

引人注目的巴西农业 / 鲍宇，陆龙文 // 世界农业，1980（9）

巴西发展农业的政策和面临的问题 / 吕银春 // 拉丁美洲丛刊，1982（1）

巴西的剑麻 / 鲁岳 // 拉丁美洲丛刊，1981（2）

巴西的农业发展与农业政策 / 陈作彬 // 拉丁美洲丛刊，1982（6）

巴西农业最低价格保证政策三十年 / 张宝玉［译］// 世界经济译丛，1982（11）

巴西林业发展现状 / 林书琴［摘译］// 国外林业科技资料，1983（2）

引人注目的巴西农业 / 方幼封 // 世界经济文汇，1983（2）

巴西亚马孙地区的农业开发 / 赵璜 // 地理知识，1983（4）

巴西的农产品最低保证价格政策 / 吕银春 // 拉丁美洲丛刊，1983（5）

巴西咖啡种植业的发展和作用 / 张宝宇 // 拉丁美洲丛刊，1984（1）

巴西重视开发稀树草原 / 黄松甫等 // 世界农业，1985（1）

巴西营造人工速生丰产林的成就和经验 / 秦凤翥 // 林业经济，1985（5）

巴西内地的农业开发 / 苏林 // 中国农村经济，1986（2）

关于巴西畜牧业生产技术的考察 / 赴巴西畜牧技术考察组，罗桂聪，孙强，刘
　　保其 // 江西畜牧兽医杂志，1986（4）

巴西的农业 / 金陵 // 世界农业，1987（4）

浅谈巴西的土地改革 / 黄松甫 // 世界农业，1987（4）

关于巴西的农业资本主义发展问题 / 陈作彬 // 拉丁美洲研究，1987（5）

巴西发展农业的政策措施 / 王锡桐 // 世界农业，1988（2）

巴西农药市场 /Marion S.Thomas；赵祖培［译］/ 农药译丛，1989（1）

巴西的农村合作事业 / 郭元增 // 拉丁美洲研究，1989（6）

从巴西的实例看农业适度规模经营 / 王耀媛 // 世界农业经济资料，1989（9）

巴西贫困地区的开发及其经验教训 / 王圣俊 // 世界农业，1989（11）

巴西主要作物的植物保护措施 / 潘兆梅 // 世界农业，1989（11）

印度、巴西农业劳动力转移之比较 / 中国农村劳动力流动与转移课题组 // 农
　　业经济问题，1990（1）

巴西的能源农业 / 杨世基 // 世界农业，1990（2）

巴西的经验：农业缓解了经济危机 / 兰恩·戈尔丁 // 国际贸易译丛，1990（4）

巴西：土地问题一百年 /〔巴西〕埃利萨·P. 赖斯；仕琦［译］// 国际社会科
　　学杂志（中文版），1991（2）

巴西的土地争端与土地改革 / 郭元增 // 拉丁美洲研究，1991（2）

巴西农业科研推广服务体系的发展与作用 / 王耀媛 // 世界经济与政治，1991（8）

巴西家禽业 / 马闯［编译］// 世界农业，1992（9）

赴巴西考察大蒜专题报告 / 黄正行 // 种子世界，1993（1）

巴西蚕业简况 / 王丕承，屠天顺 // 蚕桑通报，1993（1）

巴西蚕丝业的现状与发展趋势 / 夏建国 // 国外农学 – 蚕业，1993（4）

巴西农村税收和农业财政政策考察报告 / 财政部农业考察团 // 财政研究资料，
　　1993（7）

巴西促进农业发展的经验 / 周家高 // 农业经济，1993（7）

农业和经济危机——巴西的经验教训 / 梁素珍〔编译〕// 世界农业，1993（7）

巴西圣保罗州的农村合作社 / 张永甲 // 世界农业，1993（9）

巴西甘蔗糖业发展近况 / 何红，何建兴 // 甘蔗，1994（2）

巴西农村发展规划 / 石林 // 华夏星火，1994（6）

巴西畜牧业 / 蒋英 // 世界农业，1994（9）

巴西农业考察报告 / 崔永庆 // 宁夏农林科技，1995（2）

巴西、墨西哥农村合作社考察报告 / 李惠安，张祥茂，任俊峰，初雪 // 农村
　　合作经济经营管理，1996（6）

巴西农业的发展和问题 / 焦震衡 // 国际社会与经济，1996（9）

巴西、墨西哥农村合作社体制的比较 / 国家体改委赴墨、巴考察团 // 经济研
　　究参考，1996（135）

巴西蚕丝生产和贸易的分析 / 顾国达 // 蚕业科学，1997（4）

巴西的林业 / 叶兵，孟永庆 // 世界农业，1997（5）

经济对外开放后的巴西农业 / 吕银春 // 世界农业，1998（1）

浅析巴西的印第安人土地政策 / 吴德明 // 拉丁美洲研究，1998（2）

巴西畜牧业概况 / 赵维宁 // 世界农业，1998（11）

巴西咖啡生产、贸易与加工 / 万华，李双梅 // 世界热带农业信息，1999（1）

巴西农业的发展及其对我们的启示 / 陈宝江 // 黑龙江社会科学，1999（1）

巴西：土地问题 100 年 /〔巴西〕埃利萨·P. 赖斯；任琦〔译〕// 国际社会科
　　学杂志（中文版），1999（3）

巴西的粮食战略转变与粮政沿革 / 丁声俊 // 世界农业，1999（12）

哥伦比亚、巴西热带农业科研情况考察报告 / 农业部热带农业考察组 // 热带
　　农业科学，2000（1）

巴西政府重视科技兴农的做法及其借鉴意义 / 林起 // 厦门科技，2001（1）

巴西的农业 / 青先国 // 作物研究，2001（3）

对阿根廷和巴西粮食流通情况的考察 / 朱长国 // 中国粮食经济，2001（4）

巴西农业考察报告 / 青先国 // 湖南农业科学，2001（5）

巴西发展农业的成功做法及启示——中国热带作物培训团赴巴西培训考察报告 / 龚菊芳 // 中国农垦经济，2001（7）

巴西发展农业的成功做法及启示——中国热带作物培训团赴巴西培训考察报告（二）/ 龚菊芳 // 中国农垦经济，2001（8）

巴西的农业 / 青先国 // 世界农业，2002（1）

巴西主要药用植物资源及利用 / 李雷鹏 // 东北林业大学学报，2002（2）

农牧业在巴西经济发展中的地位及巴西的农牧业政策 / 吕银春 // 拉丁美洲研究，2002（4）

巴西的农业与可持续发展（一）/ 崔金虎，边少锋 // 吉林农业科学，2002（4）

巴西的农业与可持续发展（二）/ 崔金虎，边少锋 // 吉林农业科学，2003（1）

巴西甘蔗生产机械化考察报告 / 赴巴西考察团 // 农机科技推广，2002（5）

探究巴西畜产品"受宠"之"秘方" / 吕银春 // 养殖与饲料，2002（5）

巴西粮食生产流通之印象 / 刘福 // 黑龙江粮食，2002（6）

巴西阔叶材市场现状与发展态势 / 禾木［译］// 国际木业，2002（8）

巴西农牧业腾飞的启示 / 吕银春 // 河北畜牧兽医，2002（11）

巴西、智利农业考察报告 / 万毅成，杨镇，景希强，杨德忠 // 杂粮作物，2003（1）

巴西亚马逊天然林保护与可持续利用 / 李星［编译］// 世界林业研究，2003（1）

巴西海洋渔业概况 / 陈思行 // 海洋渔业，2003（2）

美国、巴西农村电气化的特点及经验——国家经贸委农村电气化考察团考察报告 / 戴俊良 // 农电管理，2003（2）

巴西大豆的科研与生产服务体系 / 刘丽君 // 大豆科学，2003（3）

巴西扶持农牧业发展 / 王凯 // 全球科技经济瞭望，2003（4）

巴西粮食购销市场化中的宏观调控与管理 / 国家粮食局调控司赴巴西培训团 // 中国粮食经济，2003（4）

巴西农牧业现状及相关政策 / 莫鸿钧 // 世界农业，2003（4）

巴西柑橘产业成功因素分析 / 农业部赴巴西柑橘考察团 // 世界农业，2003（6）

巴西大豆产业发展情况与成功经验 / 农业部赴巴西大豆考察组 // 世界农业，2003（8）

巴西的农业政策与金融支持 / 朱英刚 // 农业发展与金融，2003（5）

巴西柑桔考察报告 / 刘新录等 // 中国南方果树，2003（5）

巴西有机食品的发展及对我国的启示 / 曹新明 // 中国食物与营养，2003（5）

巴西的咖啡产业 / 古晋 // 世界热带农业信息，2003（5）

巴西扶持农牧业发展政策 / 莫鸿钧 // 中国经贸，2003（8）

国际马铃薯中心及巴西农业考察报告 / 隋启君，潘政扬，关鼎禄，李翼，周开联，张勇飞 // 云南农业科技，2003（增刊）

美国、巴西甘蔗生产机械化考察报告 / 陈超平 // 热带农业工程，2004（2）

巴西引进的烤烟种质资源的综合评价 / 许美玲等 // 种子，2004（3）

巴西圣保罗州森林环境保护措施 / 王兰，王本军 // 水土保持科技情报，2004（4）

巴西水产养殖业概况 / 赵荣兴［译］// 现代渔业信息，2004（4）

巴西甘蔗作物的燃料酒精转化和对我国发展燃料酒精的启示 / 路明 // 作物杂志，2004（5）

参加世界大豆会议及巴西食品业考察 / 左青 // 中国油脂，2004（7）

赴美国、巴西林业考察 / 葛汉栋等 // 湖南林业，2004（7）

巴西：充满希望的世界农业大国 /〔美〕马克·玛格丽斯；徐新明［摘译］// 当代世界，2005（1）

巴西桉树人工林资源及其实木加工利用 / 殷亚方等 // 世界林业研究，2005（1）

巴西保护性耕作卓有成效——巴西保护性耕作技术考察纪实 / 赴巴西保护性耕作考察组 // 农机科技推广，2005（1）

巴西大豆生产、贸易特征及对中国的启示 / 陈智文 // 世界地理研究，2005（1）

巴西大豆生产与科研概况 / 鲁振明 // 大豆通报，2005（1）

赴智利巴西考察报告 / 山西省世界银行贷款林业项目考察培训团 // 山西林业，2005（1）

巴西发展农业的基本做法 / 张若健 // 新农村，2005（2）

巴西的水产养殖业 / 刘雅丹 // 科学养鱼，2005（3）

巴西、墨西哥粮食市场政策对我国的启示 / 范立新，陈金玉 // 农村·农业·农民，2005（5）

巴西农业与农机化 / 黎海波 // 湖南农机，2005（6）

巴西保护性农业概况及其启示 / 孙进，秦光蔚，周祥 // 世界农业，2005（7）

巴西农业综合企业：挑战与机遇 /〔日〕Flavio Hirata// 农化新世纪，2005（8）

巴西大豆产业发展经验 / 陈亮 // 黑龙江对外经贸，2005（9）

农产品出口机遇国别报告之七巴西："农业的超级力量" / 张蕙杰 //WTO 经济
　　导刊，2005（9）

巴西大豆贸易状况和中国面临的机遇 / 徐铮，毛维军 // 中国检验检疫，2006（1）

加拿大巴西的林业之行 / 汪奎宏 // 浙江林业，2006（1）

巴西农业：从多哈回合中受益 / 周立春 //WTO 经济导刊，2006（1-2）

巴西的土地问题与经济发展 / 刘婷 // 拉丁美洲研究，2006（2）

巴西转基因大豆政策的变化及对中国的启示 / 陈智文 // 拉丁美洲研究，2006（2）

巴西养蜂业 / 吕效吾，吕裕民 [译]// 中国蜂业，2006（2）

巴西养蜂业 / 吕效吾，吕裕民 [译]// 中国蜂业，2006（3）

巴西农机化特点——摘自 2005 年农业部农机推广总站组织的赴巴西农机
　　化考察团考察报告 / 赴巴西农机化考察团，郭建辉 // 农村牧区机械化，
　　2006（3）

巴西农机化的主要特征 / 黎海波 // 现代农业装备，2006（4）

巴西桉树人工林考察报告 / 庞正轰 // 广西林业，2006（5）

还地于民 携手致富——巴西农村发展经验谈 / 吴志华 // 小康生活，2006（6）

巴西的土地问题与土地审批 / 郭文华 // 国土资源情报，2006（7）

巴西禽产品生产及贸易概况 // 中国畜牧杂志，2006（8）

巴西：让无地农民有"根据地"增加生产资金 / 吴志华 // 农村·农业·农民
　　（B 版）（三农中国），2006（9）

巴西扶持农业发展的主要做法 // 党建研究，2006（9）

美国与巴西的农业发展比较研究 / 王然 // 安徽农业科学，2006（9）

巴西的能源农业战略 / 吴志华 // 求是，2006（10）

巴西养殖业和饲料工业发展现状 / 高俊岭，俞述武，李玫 // 饲料广角，2006
　　（24）

巴西农业考察报告 / 孙学顺 // 河南农业，2007（1）

巴西蚕业产业化的经验 / 霍永康，林健荣 // 广东蚕业，2007（2）

加拿大、巴西的林业生态建设 / 浙江省林业考察团 // 浙江林业，2007（2）

加拿大、巴西烟叶概况及思考 / 李小兰，李桂湘，周兴 // 广西农业科学，2007（2）

巴西的草原保护和利用 / 刘连贵，时彦民，陶开宇 // 中国牧业通讯，2007（3）

巴西现代农业建设模式及其借鉴和启示 / 蒋和平，宋莉莉 // 科技与经济，2007（4）

巴西植物遗传资源保护与对外交流管理 / 陶梅，胡小荣 // 植物遗传资源学报，2007（4）

巴西的农业支持政策及对中国的借鉴 / 李飞，孙东升 // 中国农机化，2007（5）

巴西棉花考察报告 / 王坤波，郭香墨，张香云，宋美珍，袁有禄，杜雄明，邢朝柱，李伟明 // 中国棉花，2007（5）

"拉美现象"下的土地问题——巴西阿根廷访问考察报告 / 国土资源部代表团 // 中国土地，2007（6）

巴西农业贸易政策发展演变及启示 / 耿晔强，马海刚 // 世界农业，2007（8）

美国与巴西农业发展对我国的启示 / 王然 // 农村经济，2007（11）

巴西扶持农业发展双管齐下 / 曲泰 // 中国农村科技，2007（11）

赴巴西农业科技考察报告 / 王强 // 中国农村科技，2007（12）

巴西、阿根廷农业和农业科技发展对广东的启示 / 廖森泰，刘家平 // 广东科技，2007（12）

巴西林业与人工林的集约经营 / 高学政，慕宗昭 // 山东林业科技，2008（3）

美国、巴西蔬菜科技考察报告 / 方智远，吴明珠，张宝玺，刘玉梅，顾兴芳 // 中国蔬菜，2008（4）

巴西农业生产与科研推广体系 / 岳德荣，王曙明，郭中校，赵国臣，张永锋 // 农业科技管理，2008（5）

巴西农业生物质能源的研究与利用 / 岳德荣，王曙明，张永锋，郭中校，赵国臣 // 吉林农业科学，2008（5）

巴西现代农业的发展及其对我国的启示 / 杨瑞珍 // 中国农业资源与区划，2008（5）

森林资源最丰富的国家——巴西林业考察与思考 / 杨继平 // 中国林业，2008（7）

巴西"三农"现代化历史进程及其引发的思考 / 高京平 // 天津师范大学，2008

赴巴西大豆科技考察报告 / 张金良，安建勋，尹效辉，宋杨，宋兆杰 // 现代化农业，2008（11）

世界农业强国巴西农业概述 / 朱行 // 粮食流通技术，2009（3）

巴西现代化中的乡村发展 / 李红涛，付少平 // 当代世界，2009（3）

巴西土地分配改革的政治经济学探究 / 武剑 // 当代世界，2009（10）

巴西发展现代农业的支持政策及借鉴 / 徐成德 // 现代农业科技，2009（6）

巴西与阿根廷大豆生产现状和展望 / 林蔚刚 // 中国农村小康科技，2009（6）

重视巴西　读懂巴西农业 / 高瑞霞 // 中国合作经济，2010（1）

巴西大豆产量变化趋势与展望 / 赵秀兰，侯英雨 // 农业展望，2010（7）

迅速发展的巴西农业 / 程宇航 // 老区建设，2010（11）

巴西土地分配研究 / 周红利 // 中国集体经济，2010（27）

工业化、城市化中的土地问题——以巴西为例 / 曾宪明 // 生产力研究，2011（1）

巴西林业资源、林产品贸易特点及对我国的启示 / 周馥华，李剑泉 // 林业资源管理，2011（2）

巴西农业支持水平及支持政策分析——基于 OECD 最新农业政策分析框架 / 宗义湘，闫琰，李先德 // 财贸研究，2011（2）

10 亿棵树——巴西大西洋森林新生之歌 / 安德鲁·道尼；吴鼎［译］// 人与生物圈，2011（4）

巴西、秘鲁林业考察报告 / 刘荣光，马萍，蒋齐，白小军，张小波，赵庆丰 // 宁夏农林科技，2011（7）

巴西：农业悲观主义的滑铁卢 / 李晓妍 // 农村·农业·农民（A 版），2011（8）

巴西农业为什么创造了奇迹 / 郑风田 // 农村工作通讯，2011（8）

巴西大豆资源及其供应链体系研究 / 强文丽，成升魁，刘爱民，谢高地，赵明洋 // 资源科学，2011（10）

巴西剑麻性能及成分分析 / 陈福通，孙小寅，李静 // 国际纺织导报，2011（10）

暗战巴西农业 / 华亭 // 世界博览，2011（13）

巴西和阿根廷奶业考察报告 / 谷继承，周振峰，王加启，张智山，牟海日，孙宏进 // 中国奶牛，2011（19）

巴西农业生物技术年报 /Joao F. Silva，Julie Morin// 生物技术进展，2012（2）

巴西农业发展的经验 / 娄昭，徐忠，张磊 // 新农村，2012（3）

赴巴西森林资源管理和生态环境保护培训报告 / 尹若波，秦光华，李修刚 // 山东林业科技，2012（5）

浅析巴西农业信贷政策及效果影响 / 刘一砂 // 经济视角（上），2012（5）

巴西：低碳农业助推可持续发展 / 吴志华 // 农村·农业·农民（A版），2012（9）

巴西农业与农机化 / 吴凡 // 当代农机，2012（10）

巴西烟草政策研究 / 陈金亚 // 上海外国语大学，2012

巴西、阿根廷林业行 / 浙江省林业考察团 // 浙江林业，2013（1）

巴西可持续农业发展模式对中国的启示 / 左合余，张传超 // 工会论坛（山东省工会管理干部学院学报），2013（1）

巴西农业为什么创造了奇迹 / 郑风田 // 江苏农村经济，2013（1）

巴西的农业与农业科技创新体系 / 庞建刚，张贯之 // 西南科技大学学报（哲学社会科学版），2013（3）

巴西的土地制度与现代化及对中国的启示 / 马冉冉 // 社科纵横（新理论版），2013（3）

巴西森林资源监测对我国的启示 / 徐济德，张成程，熬春光，白卫国 // 林业资源管理，2013（3）

荷兰、日本、澳大利亚和巴西特色农业产业化发展的战略研究 / 柳一桥 // 世界农业，2013（3）

巴西蔗糖产业与政策的发展演变——基于 1961-2012 年的数据 / 刘晓雪，张宸，郑传芳 // 世界农业，2013（5）

巴西甘蔗种植及糖酒加工的考察报告 / 吴有明 // 广西蔗糖，2013（4）

巴西转基因作物发展动态综述 / 于晓光 // 中国西部科技，2013（4）

巴西、韩国、印度农业利用外资实践及启示 / 张雯丽，翟雪玲，曹慧 // 国际经济合作，2013（5）

巴西橡胶树选育种研究现状、趋势及我国的研究策略 / 曾霞，李维国，高新生，黄华孙 // 热带农业科学，2013（6）

巴西农业掠影 / 朱玲 // 营销界（农资与市场），2013（7）

巴西转基因作物商业化进程分析 / 刘定富，曾子 // 中国种业，2013（7）

巴西里约热内卢植物园 / 徐艳文 // 南方农业，2013（12）

巴西：合作社以产业化的运作方式从事农业生产 / 农经 // 科技致富向导，2013

（22）

关于加工微量变质巴西大豆经济分析 / 甘光生，左青 // 农业机械，2013（32）

农业巴西 / 娄昭，徐忠 // 农产品市场周刊，2013（40）

巴西农业国际化经验及对我国的启示 / 高京平，吴亚超 // 中共山西省直机关
　　党校学报，2014（2）

拉美农业可持续发展的典型模式——以巴西卢拉政府的粮食收购计划为例 / 苏
　　波 // 拉丁美洲研究，2014（2）

巴西海洋产业发展现状 / 郭越，郑莉 // 海洋经济，2014（3）

巴西野生棉考察简报 / 王坤波，刘方 // 中国棉花，2014（3）

巴西农业专业化与规模化对我国的启示 / 高京平，邢飞，吴亚超 // 商丘职业
　　技术学院学报，2014（4）

巴西大豆产业发展的启示 / 李晓俐 // 宁夏农林科技，2014（4）

巴西和智利小农生产模式中的政府与市场因素 / 苏瑞娜 // 学海，2014（5）

巴西农业发展及其现代化 / 孙亮，商蕾 // 世界农业，2014（5）

巴西现代化农业发展支持政策研究 / 韦艳宁 // 世界农业，2014（7）

美国、巴西农业生物质能产业发展实践与经验借鉴 / 王韬钦 // 世界农业，2014
　　（11）

产业链视域中的巴西农业产业发展经验及启示 / 戴孝悌 // 世界农业，2014（12）

美国、巴西、阿根廷大豆产业发展及启示 / 谷强平，周静，杜吉到 // 南方农
　　村，2014（10）

巴西大豆生产与科研现状分析 / 杨光明，江红，孙石，李锁平 // 中国食物与
　　营养，2014（12）

巴西的农业生产及农业机械化 / 龙吉泽 // 湖南农机，2014（12）

发展中的巴西农业 / 远征 // 中国畜牧业，2014（15）

巴西奴隶后代的土地梦 / 张文智 // 东西南北，2014（20）

美国与巴西农业生产风险管理比较 / 王丽薇，朱续章 // 人民论坛，2014（29）

巴西农机化及农机工业发展浅析 / 宋援丰，张萌，张宗毅 // 世界农业，2015（2）

中国、美国与巴西棉花补贴政策差异性分析及对中国新疆棉花补贴政策的
　　启示 / 田立文，白和斌，崔建平，徐海江，郭仁松，林涛 // 世界农业，
　　2015（10）

巴西农业科技体制改革发展研究 / 王晶，翟琳，徐明，金轲 // 世界农业，2015（10）

巴西农机化及农机工业发展浅析 / 张萌，张宗毅 // 农机市场，2015（3）

巴西农业支持政策分析与借鉴 / 马欣，田志宏 // 经济问题探索，2015（3）

巴西甘蔗糖业高效低耗的经验与启示 / 李杨瑞，杨丽涛，杨柳，陈赶林，刘昔辉 // 中国糖料，2015（4）

巴西农业政策支持效应分析 / 王越 // 南方农业，2015（18）

工业经济

巴西的矿产资源和开采 / 朱烨［摘译］// 有色金属（采矿部分），1975（3）

发展中的巴西造船业 / 水运规划设计院情报室编译 // 水运工程，1978（3）

巴西铁矿与钢铁工业的发展 / 陈汉欣 // 地理知识，1978（5）

巴西新的能源方针 / 鲍宇［译］// 拉丁美洲丛刊，1979（1）

巴西的能源问题 / 陈作彬，吕银春，鲍宇 // 世界经济，1980（6）

巴西对能源危机的对策 / A L len L.Hammond // 农业工程译丛，1981（2）

巴西的工业发展水平 / 陈作彬 // 拉丁美洲丛刊，1981（2）

巴西的钢铁工业 / 陈作彬 // 拉丁美洲丛刊，1981（3）

巴西的能源政策及其措施 / 涂光炽 // 拉丁美洲丛刊，1981（4）

进入世界市场的巴西军火工业 / 高佐 // 拉丁美洲丛刊，1981（4）

巴西的外债与石油 /〔巴西〕植木茂彬；肖村［译］// 世界经济译丛，1981（5）

巴西的纺织工业概况 / 江浩 // 上海纺织科技，1981（9）

巴西发展钢铁工业的一些特点 / 金琳 // 冶金经济研究，1981（40）

巴西磷肥工业的发展及其政策 / 孙弄 // 现代化工，1983（1）

巴西的矿产资源（上）/ H. Beurlen, J. P. Cassedanne；章振根，丁抗［译］/ 地质地球化学，1983（5）

巴西的矿产资源（下）/ H. Beurlen, J. P. Cassedanne；丁抗，莫少剑［译］/ 地质地球化学，1983（6）

巴西制铝工业的能源与环境 / 克劳迪欧·安德第；刘之琬［译］/ 世界环境，1984（4）

巴西现代建筑的发展及其启示 / 林言官，王瑞珠 // 世界建筑，1984（4）

巴西核能开发的特点和问题 / 沈安 // 拉丁美洲丛刊，1985（2）

巴西汽车工业的发展途径及经验 / 梅江 // 拉丁美洲丛刊，1985（6）

巴西常规武器生产和出口简况 / 张克强 // 现代兵器，1985（3）

巴西核电的发展和技术引进的经验 / 连培生 // 核动力工程，1985（4）

巴西水能资源开发的成就及其展望 / 虞敷平，王亦段［摘译］// 水力发电，
        1985（9）

巴西水电建设基本经验剖析 / 陈赓仪 // 水力发电，1985（11）

巴西大力发展酒精生产 / 张宝玉 // 瞭望周刊，1985（22）

巴西核工业的成就与不足 / 瑞世庄［译］// 国外核新闻，1986（1）

外国投资与巴西的工业化 / 朱理胜 // 拉丁美洲研究，1986（1）

外国资本对巴西工业发展的影响 / 邵恒章 // 拉丁美洲研究，1986（6）

巴西的国防工业正在蓬勃发展 / 谢武［编译］// 国外导弹与航天，1986（2）

巴西的能源政策 / 黄志杰 // 中国能源，1986（3）

巴西军火工业 / 宗云青 // 现代兵器，1986（11）

巴西高速发展水电的探讨 / 朱成章 // 水电能源科学，1987（1）

巴西的汽车工业 / 辛华 // 国际科技交流，1987（2）

巴西发展钢铁工业的几点经验 / 董贻正 // 外国经济管理，1987（3）

论巴西电信业发展政策的利与弊 / 王东民 // 科技导报，1988（1）

巴西的军事工业和武器出口 / 甘银益 // 拉丁美洲研究，1988（2）

巴西、南朝鲜利用外资发展钢铁工业的经验教训 / 才炜 // 冶金经济与管理，
        1988（3）

巴西的军火工业 / 伏之 // 现代兵器，1988（11）

巴西圣保罗内地工业蓬勃发展 / 孙茜 // 国际科技交流，1989（8）

巴西注重企业投资发展科技 / 辛华 // 国际科技交流，1989（11）

巴西的新工业政策 / 孙茜 // 国际科技交流，1989（1）

巴西发展乙醇燃料的政策及技术选择 / 常建强 // 国际科技交流，1989（2）

巴西酒精生产发展概况 / 辛华 // 国际科技交流，1989（3）

巴西的选煤工业 /C.B. 齐利；张恩荣［摘译］// 选煤技术，1989（2）

南美洲的钨资源（一）——巴西 /C. D. Wilig 等；石磊［摘译］// 中国钨业，

1989（1）

巴西发展造纸用原料的经验（上）/ 赫瑞修·查卡斯基；张翊静［译］// 国际
造纸，1989（3）

巴西发展造纸用原料的经验（下）/ 赫瑞修·查卡斯基；张翊静［译］// 国际
造纸，1989（4）

巴西玻璃工业 / 黄福娟［摘译］// 建材工业信息，1989（4）

巴西的核发展与核不扩散问题 / 贺双荣 // 拉丁美洲研究，1989（6）

巴西的军事工业与武器出口 / 甘银益 // 军事经济研究，1989（6）

发展中的巴西石化工业 / 辛华 // 国际科技交流，1989（7）

新兴汽车大国——巴西 / 孙茜 // 国际科技交流，1989（7）

巴西多西河谷公司的几个大型露天铁矿（一）/〔德〕J. 胡贝尔；刘勇［译］//
国外金属矿山，1989（7）

巴西多西河谷公司的几个大型露天铁矿（二）/〔德〕J. 胡贝尔；刘勇［译］//
国外金属矿山，1989（8）

印度巴西产业政策的比较 / 巫宁耕 // 经济研究参考资料，1989（16）

巴西信息工业发展初探 / 王赞桔 // 拉丁美洲研究，1990（3）

巴西军火工业发展概述 / 王永堂 // 军事经济研究，1990（7）

巴西核工业 / 刘云娇［译］// 国外核新闻，1990（10）

巴西航空工业发展策略 / 廖美东 // 决策借鉴，1991（1）

巴西能源控制计划 /〔巴西〕JoseZatz；刘云清［译］// 产业与环境（中文版），
1991（1）

巴西塑料制品市场概况 / 一波 // 世界经济研究，1991（1）

高技术产业发展的政策考察：巴西航空产业成长的实例分析 / 邓寿鹏 // 中国
软科学，1991（1）

巴西及土耳其意欲重振造船工业 / 刘小冬 / 技术经济信息，1992（3）

印度和巴西高技术产业政策的调整 / 波碧 // 世界研究与发展，1992（6）

巴西丝绸工业的概况 / 徐国荣，胡顺泉，陈松森，颜水祥 // 丝绸，1992（8）

巴西钨矿业——世界主要产钨国家钨业介绍之四 / 王宏友［译］// 中国钨业，
1992（11）

巴西军事工业的困境与出路 / 甘银益 // 现代兵器，1993（3）

巴西石油工业的对外开放政策 / 朱云祖 // 国际石油经济，2001（3）

巴西的矿业投资环境 / 张华，张云尔 // 国土资源，2001（6）

对巴西汽车工业发展中政府作用的研究 / 来有为 // 拉丁美洲研究，2001（6）

巴西软件产业发展迅速 / 王凯 // 全球科技经济瞭望，2002（2）

贸易自由化对巴西制造业的影响 / 谢文泽 // 拉丁美洲研究，2002（2）

巴西的信息产业政策初探 / 宋霞 // 拉丁美洲研究，2002（6）

巴西石材工业现状及看法 / 旭岩 // 石材，2002（4）

世界航空新生力军——巴西航空工业公司 / 肖福生 // 环球飞行，2002（10）

自主与合作　巴西航空工业异军突起 / 王巧英，王京韬 // 中国投资，2002（11）

巴西钢铁工业最新投资动态及分析 / 汪建华 // 冶金信息导刊，2003（2）

成功的发展战略必然孕育着成功——巴西航空工业公司的崛起 / 甘立伟 // 国
　　防科技工业，2003（2）

巴西——世界钢铁企业投资的热土 / 戚水仙，高少平 // 拉丁美洲研究，2003（3）

巴西舰船工业 / 柳岩华 // 船舶物资与市场，2003（4）

巴西水电开发、流域管理和河流研究 / 董耀华 // 水利电力科技，2003（4）

巴西农业机械行业市场综述 / 肖伟群，李全福 // 农机市场，2003（10）

巴西航空——世界航空工业的新生力军——专访巴西航空工业公司中国区总
　　裁关东元先生 / 宇迪，思齐 // 航空制造技术，2003（10）

巴西电力资源与开发 / 胡少华［译］// 中国三峡建设，2004（2）

巴西制浆工业考察报告 / 叶尚言 // 西南造纸，2004（2）

浅析巴西的电力体制改革 / 张勇 // 拉丁美洲研究，2004（6）

巴西的有色金属矿业 / 兰兴华［编译］// 世界有色金属，2004（11）

巴西石油工业的发展历程和现状 / 罗承先 // 当代石油石化，2004（11）

巴西、美国汽油醇产业的发展简况及对我国的启示 / 于冲，吴永志，夏海华，
　　曲晓军 // 酿酒，2005（3）

巴西制浆造纸行业综述 / 李杰辉 // 造纸信息，2005（3）

巴西信息化 / 张家哲，王德华 // 上海信息化，2005（4）

巴西制浆造纸工业考察记 / 陈思亮 // 纸和造纸，2005（4）

燃料乙醇在美国和巴西的发展 / 王成军 // 国际石油经济，2005（5）

巴西：酒精取代汽油 / 舟野 // 苏南科技开发，2005（6）

生物多样性与技术开发：发展中国家的机遇和巴西的情况 / 新馨［摘编］// 国外社会科学，2005（6）

正在兴起的巴西采矿业 / 白丁［编译］// 世界有色金属，2005（6）

巴西矿产资源和矿业管理概况 / 贾琇明，王翠芝 // 国土资源情报，2005（8）

巴西在资源再生利用方面的经验 / 许江萍 // 中国创业投资与高科技，2005（11）

巴西民用航空管理的经验与启示 / 田杰棠 // 调查研究报告，2005（185）

日本、韩国、巴西三国汽车工业发展模式对我国的启示 / 毕忠华 // 吉林大学，2005

巴西和阿根廷饲料工业的发展经验及其启示 / 农业部赴巴西、阿根廷考察团 // 世界农业，2006（2）

巴西糖业考察报告 / 廖维政 // 广西农业科学，2006（2）

巴西能源　多元最优 / 周志伟 // 中国石油石化，2006（3）

巴西的水运管理机构及其对外交流合作的经验 / 周世秀 // 武汉交通职业学院学报，2006（4）

巴西浆纸工业的可持续发展 / 巴西浆纸技术协会 // 国际造纸，2006（5）

巴西电力工业和电价改革及对我国的启示 / 李英 // 电力技术经济，2006（6）

巴西民机产业发展战略分析及其启示 / 黄强，杨乃定，高婧 // 航空制造技术，2006（7）

巴西矿业的投资环境 / 王威，李海英 // 国土资源情报，2006（7）

巴西能源政策回顾 / 张迎新［摘译］// 国土资源情报，2006（11）

巴西矿业简述 / 王威 // 国土资源情报，2006（12）

巴西快速发展有色金属矿业的轨迹 / 殷建华，殷德洪 // 世界有色金属，2006（11）

巴西皮革——在逆境中求发展 / 齐树香 // 中国皮革，2006（12）

巴西也有核国梦 / 孙岩峰 // 世界知识，2006（15）

巴西南非替代能源发展之路 / 国家发展改革委外事司 // 中国经贸导刊，2006（19）

巴西航空工业崛起的战略博弈分析及对我国的启示 / 徐丽华，冯宗宪 // 经济管理，2006（20）

巴西 2000-2005 年拖拉机的生产和市场发展浅析 / 吴清分 // 农业机械，2006（23）

巴西的汽车产业及其货运市场状况 / 木易 // 汽车与配件，2006（48）

巴西近年来拖拉机产品的生产和市场走势浅析 / 吴清分 // 现代农业装备，2007（1）

天然巴西棕榈蜡替代品的合成 / 丛玉凤，黄玮，廖克俭 // 辽宁石油化工大学学报，2007（1）

巴西造船业近况 / 王亚辉 // 交通建设与管理，2007（1-2）

巴西石化业稳步向前 // 化工文摘，2007（2）

聚焦巴西矿产资源的投资环境 / 陈甲斌 // 世界有色金属，2007（2）

美国和巴西生物燃料发展的几点启迪 / 白颐 // 化学工业，2007（2-3）

巴西矿产投资环境分析 / 陈甲斌 // 国土资源，2007（3）

巴西重油的高效利用及对我国的借鉴意义 / 王威 // 国土资源情报，2007（3）

再生能源战略的成功典范之巴西乙醇发展战略 / 王威 // 国土资源情报，2007（7）

巴西矿产资源管理及其借鉴意义 / 张建仁，李纪平 // 资源环境与工程，2007（4）

巴西糖料及乙醇生产动态 / 许燕，张木清 // 中国糖料，2007（4）

巴西生物燃料政策及对我国的启示 / 夏芸，徐萍，江洪波，陈大明，张洁，于建荣 // 生命科学，2007（5）

巴西生物燃料发展现状 / 朱行 // 粮食科技与经济，2007（6）

巴西、阿根廷积极发展生物质能源 / 黑龙江省发改委 // 经济视角，2007（10）

跨国公司撤资对东道国产业发展的影响——来自巴西汽车工业的案例 / 王水娟，吕波 // 武汉金融，2007（10）

巴西软件产业发展及对我国的启示 / 葛永娇，史超，王雁 // 全球科技经济瞭望，2007（11）

秘鲁和巴西矿产资源管理制度研究 / 王瑞生 // 中国国土资源经济，2007（11）

生物燃料在巴西 / 高彤 // 上海化工，2007（11）

巴西愁嫁生物乙醇 / 齐铁健 // 中国石油石化，2007（14）

巴西水电开发的现状和前景 / 〔巴西〕E. 毛雷尔；陈志彬［译］// 水利水电快报，2007（18）

巴西：电子政务助治国透明化 / 陈威华，赵焱 // 每周电脑报，2007（43）

巴西生物能源考察报告 / 李冀新，尹飞虎，谢宗铭 // 新疆农垦科技，2008（1）

巴西能源消费、经济增长与碳排放的关系研究 / 范晓 // 开发研究，2010（3）

巴西商用车市场潜力 / 刘勇 // 汽车与配件，2010（8）

巴西电力工业改革及对我国的启示 / 任玉珑，刘宁，刘焕 // 华东经济管理，
2010（10）

巴西金属矿业概览 / 宋国明 // 中国金属通报，2010（12）

近年巴西铁矿市场调查 / 沈婷婷 // 经营管理者，2010（17）

巴西石油规制改革对中国石油产业的启示 / 林娜 // 国际商务财会，2011（1）

巴西依托油气资源优势大力发展石化工业 / 钱新 // 新远见，2011（1）

巴西生物质能科研和产业化动态 / 李昌珠，黄振，杨艳 // 湖南林业科技，2011
（2）

巴西铁矿工业概况 / 徐国群 // 世界钢铁，2011（3）

巴西铁矿石资源状况及政策分析 / 苏亚红，刘小燕，路俊萍 // 国土资源情报，
2011（3）

巴西矿产资源开发与管理 / 宋国明 // 资源与人居环境，2011（5）

巴西未来 10 年输电扩展计划及投资机会分析 / 黄清，单葆国 // 能源技术经济，
2011（5）

巴西乙醇业发展现状与未来走向 / 朱行 // 粮食问题研究，2011（6）

巴西的水管理改革综述 / 〔英〕安东尼奥・A. R. 艾沃里斯；童国庆〔译〕// 水
利水电快报，2011（7）

巴西石油国际化之路 / 周志伟 // 上海国资，2011（7）

巴西支持生物燃料乙醇发展的经验借鉴 / 曹俐，吴方卫 // 经济纵横，2011（7）

巴西北部电站工程港口物流管理的难题及对策 / 郭伟华，尹辉燕，尹威 // 交
通企业管理，2011（8）

巴西能源发展近况与投资机会 / 中国驻巴西使馆经济商务参赞处 // 经济，2011
（8）

巴西汽车工业政策浅析 / 孙龙林 // 汽车工业研究，2011（8）

绿色塑料是这样产生的——巴西利用甘蔗乙醇生产塑料的实践 / 张新生 // 化
工管理，2011（9）

巴西能源战略分析及其启示 / 沈丹云 // 经济研究导刊，2011（31）

巴西水资源考察实践及对我们的启示 / 何宝根 // 人民珠江，2011（增刊）

冷战后巴西能源战略研究 / 王金莲 // 山东师范大学，2011

巴西 2006-2010 年拖拉机产量和市场发展浅析 / 吴清分 // 农业机械，2012（1）

巴西生物燃料开发战略构想与实践 / 张宝宇 // 中国社会科学院研究生院学报，2012（2）

巴西航空工业发展的历程、经验及启示 / 严剑峰 // 航空制造技术，2012（3）

巴西石油梦 / 万桐 // 中国海关，2012（3）

巴西工业之"痛" / 周志伟 // 中国远洋航务，2012（4）

巴西燃料乙醇产业发展情况考察 / 曾晓安 // 中国财政，2012（4）

亟待变革的巴西港口 / 李幼萌 // 中国港口，2012（4）

巴西新能源产业发展经验及其启示 / 李进兵，杨渝南 // 西南科技大学学报（哲学社会科学版），2012（5）

巴西：构筑特色乙醇化工体系——金砖国家化学工业透视之二 / 唐茵 // 中国石油和化工，2012（6）

巴西钢铁行业可持续发展现状 / 柯华飞 // 冶金管理，2012（6）

巴西新能源产业发展及对我国的启示 / 余洋，谢晶仁 // 农业工程技术（新能源产业），2012（6）

甘蔗乙醇的领军国家——巴西 / 钱群超 // 新财经，2012（6）

巴西矿业投资环境分析 / 宋国明 // 国土资源情报，2012（8）

浅议石油在巴西的战略地位及投资策略 / 马小全 // 中国石油和化工标准与质量，2012（9）

巴西汽车市场发展及投资机会分析 / 许智博 // 中国汽车界，2012（10）

巴西铝工业的现状与发展 /Marja Brouwer，李旺兴［译］// 世界有色金属，2012（11）

巴西汽车产业政策新变化 / 李前 // 进出口经理人，2012（11）

巴西建筑机械市场简析 / 陈镜波 // 建筑机械，2012（17）

浅析巴西矿业权制度 / 王武名，马娜，刘玉红，张学利 // 国土资源情报，2013（1）

巴西砂矿金刚石产地特征及比较研究 / 袁姝，丘志力，陈炳辉，孙媛，梁伟章，麦志强 // 宝石和宝石学杂志，2013（2）

UNICA 引领巴西甘蔗乙醇产业做大做强的主要举措 / 李苗，李建军 // 农业科

技管理，2013（2）

巴西和拉美纸业简况 / 陈镜波 // 国际造纸，2013（3）

贝罗蒙特水电工程在促进巴西社会经济发展中的作用 /〔巴西〕J. 皮门特尔；
　　左志安［译］// 水利水电快报，2013（3）

巴西桑托斯盆地卢拉油田成藏特征及对盐下勘探的启迪 / 汪新伟，邬长武，郭
　　永强，孟庆强，张云霞，陶冶 // 中国石油勘探，2013（3）

巴西和智利人造板市场概况 / 秦莉［编译］// 中国人造板，2013（4）

巴西新能源政策及其效果分析 / 李仁方，单郸 // 西南科技大学学报（哲学社
　　会科学版），2013（5）

2012 年的巴西汽车工业 / 雷风梅［编译］// 汽车与配件，2013（8）

巴西油气领域发展环境浅析 / 马文浩，曹斌，徐婷，吴浩筠 // 国际石油经济，
　　2013（8）

巴西石油分身乏术 / 丁萌 // 世界博览，2013（9）

天秤座背后：巴西石油的战略调整 / 毕玉明 // 能源，2013（10）

巴西电力发展现状及中巴电力合作分析 / 周志伟 // 中国电力企业管理，2013
　　（11）

巴西电力产业投资环境及监管政策研究 / 钟敏 // 中国管理信息化，2013（24）

世界民机产业发展启示录（三）——加拿大、巴西民机产业的发展经验 / 周日
　　新 // 大飞机，2014（2）

巴西矿业投资法律制度概述 / 杨贵生，舒茂琳 // 矿产勘查，2014（3）

外资依赖型产业发展战略：激励和限制因素——巴西汽车产业发展研究 / 陈涛
　　涛，陈晓 // 国际经济合作，2014（4）

巴西水资源管理政策实施情况回顾 /〔巴西〕L. B. E. 韦伽等；朱庆云［编译］
　　// 水利水电快报，2014（5）

巴西生物能源产业生态系统演化过程研究 / 赵军 // 中国科学院院刊，2014（6）

巴西电网集控中心的设计和实现 / 夏毅，柯元丰，Alan Soares，李晨杰，刘巍
　　// 华北电力技术，2014（11）

巴西风电市场的机遇与挑战 / 陈苏宁，崔恺 // 风能，2014（11）

巴西石油生产和出口潜力分析 / 郗凤云 // 当代石油石化，2014（12）

巴西印刷及相关产业发展迅速 / 陈镜波［编译］// 印刷技术，2014（13）

巴西电力市场介绍 / 杨伟 // 企业科技与发展，2014（20）

巴西祖母绿产业概述 / 于庆媛，Andy LUCAS// 岩石矿物学杂志，2014（增刊）

巴西钢铁行业现状分析 / 代铭玉 // 冶金经济与管理，2015（2）

巴西航空工业公司崛起之道 / 关东元 // 中国工业评论，2015（2-3）

巴西水电业积极应对气候变化的挑战 /〔巴西〕A. 利维诺；卢路［编译］// 水利水电快报，2015（3）

巴西的汽车电气法规概述 / 汪晖 // 汽车电器，2015（8）

巴西等国水电建设新进展 / 郭重汕，白韧［编译］// 水利水电快报，2015（9）

对外经贸关系

巴西和巴拉圭合建的伊泰普水电工程（第一部分）/J. R. 科特里姆，H.W. 克劳奇，J. 吉拉齐奥达罗查，A. 加利科，G.S. 萨卡里亚；周端庄，容致旋［译］// 人民长江，1978（1）

巴西和巴拉圭合建的伊泰普水电工程（第二部分）/J.R. 科特里姆，H.W. 克芬奇，J. 吉拉齐奥达罗查，A. 加利科，G.S. 萨卡里亚；周端庄，容致旋［译］// 人民长江，1978（2）

巴西加速发展对外贸易的措施 / 吴建钗 // 国际贸易问题，1980（3）

巴西如何在国外开辟新市场 /〔巴西〕保罗·弗莱沙·德·利马；张宝玉［摘译］// 国际贸易译丛，1981（5）

巴西的工程、建筑劳务出口 / 肖村 // 世界经济，1981（8）

巴西的对外经济贸易关系 / 张宝玉［摘译］// 国际贸易译丛，1982（5）

日本和巴西的经济关系 / 杨启藩 // 世界经济，1982（10）

巴西同发展中国家经济关系述略 / 鲍宇，吕银春 // 拉丁美洲丛刊，1983（1）

巴西外贸 20 年 / 冯建中等［摘译］// 国际贸易译丛，1984（1）

蓬勃发展的巴西劳务出口 / 黄松甫等 // 国际经济合作，1984（8）

中国和巴西经济贸易关系发展迅速 / 纪丁 // 国际问题资料，1984（11）

巴西的对外贸易 / 陈福星 // 外贸教学与研究，1985（1）

巴西的对外贸易组织和出口调节 / 应世昌 // 外贸经济与管理，1985（2）

巴西努力扩大出口贸易 / 赵长华 // 外贸经济与管理，1985（2）

信任与合作——谈谈中国和巴西的贸易关系 / 罗烈城 // 国际贸易，1985（3）

巴西的对外贸易政策 / 张宝玉〔译〕// 国际贸易译丛，1985（3）

对外开放与开发内城相结合的经济特区——巴西马瑙斯自由区 / 芦苇 // 社会
 科学战线，1985（3）

巴西外贸促进机构所起的作用 / 张德意 // 外国经济管理，1985（4）

马瑙斯自由贸易区的开放与开发 / 吕银春，周俊南 // 拉丁美洲丛刊，1985（4）

巴西对外开放简析 / 李在芹 // 拉丁美洲丛刊，1985（5）

巴西自由区——玛瑙斯 / 李福祥 // 瞭望，1985（49）

巴西小门德斯公司在竞争中求发展 / 邵恒章 // 拉丁美洲研究，1986（3）

浅谈巴西的对外贸易 / 李育良 // 拉丁美洲研究，1986（4）

巴西马瑙斯自由贸易区发展的特点及其政策措施 / 翁全龙 // 经济与管理研究，
 1986（5）

巴西在非洲：发展中国家经济合作的展望 /〔巴西〕保罗·科林斯；孟源〔摘
 译〕// 世界经济译丛，1986（7）

巴西的外贸政策和管理体制 / 金察 // 中国经济体制改革，1987（2）

巴西马瑙斯自由贸易区的发展 / 陈福星 // 国际商务研究，1987（6）

巴西和阿根廷的经贸合作 / 傅希杰 // 国际经济合作，1988（2）

跨国公司在巴西工业化进程中的作用 / 巫永平 // 拉丁美洲研究，1988（6）

赴美国、巴西、日本考察报告 / 郭熙宁，郑友竹，单光渝，陈明磊，梁芝芳 //
 化肥工业，1988（4）

外资企业对巴西经济发展的重要作用 /〔巴西〕玛丽亚·埃雷娜；黄松甫，常
 东珍〔摘译〕// 世界经济译丛，1988（7）

巴西刺激出口的办法 /〔苏联〕И.А.布涅金娜；孙士明〔译〕// 国际贸易译丛，
 1989（1）

巴西新的出口组织方式 /〔苏联〕И.А.布涅金娜 // 国际贸易译丛，1989（4）

巴西对外经济发展战略浅析 / 郭汾平 // 政党与当代世界，1989（11）

世界最大的武器出口国之———巴西 / 周厚基 // 世界经济科技，1990（37）

美国、日本、欧共体同巴西的贸易关系——兼论北—南贸易中的剩余价值转
 移 / 杨希雨 // 拉丁美洲研究，1991（1）

阿、巴关系与南方共同市场 / 张宝宇 // 拉丁美洲研究，1991（5）

巴西跨国公司海外经营特色的启迪 / 孔瑷 // 外国经济与管理，1991（6）

世界最大的经济特区：巴西马瑙斯自由贸易区 / 周启元 // 经济纵横，1992（6）

巴西的新出口政策 /〔苏联〕И.А.布涅金娜；蔡同昌〔译〕// 国际贸易译丛，
　　1993（3）

巴西发展外贸的经验初探 / 姚芳 // 湖北大学学报（哲学社会科学版），1994（5）

潜力巨大　优势互补加强中国与巴西的经贸合作 / 黄松甫 // 国际经济合作，
　　1994（8）

巴西的国际服务贸易与贸易自由化 / 张汉林，梁丹 // 对外经贸实务，1994（12）

巴西与中国的经贸关系及发展前景 / 贺双荣 // 拉丁美洲研究，1995（1）

巴西为何不愿加入北美自由贸易区 / 贺双荣 // 拉丁美洲研究，1995（6）

中国巴西经贸合作前景广阔 / 王治权 // 世界机电经贸信息，1995（22）

混合型贸易战略反论：以巴西为例 / 刘力 // 世界经济，1997（12）

巴西与美国在建立美洲自由贸易区问题上的分歧 / 吕银春 // 拉丁美洲研究，
　　1998（1）

从"入关"到"入世"：韩国、巴西、墨西哥三国的体制转换与政策调整 / 蒲
　　宇飞 // 国际经济评论，2000（5–6）

巴西加入 WTO 的应对措施及启示 / 王选庆 // 中国经贸导刊，2000（9）

论巴西的对外开放与投资环境重构 / 俞剑平，王东，孙金霞 // 商业研究，2001
　　（3）

巴西 WTO 贸易争端案的启示 / 刘虎 // 南风窗，2001（14）

WTO 框架下的巴西反倾销制度 / 康明 // 中国对外贸易，2002（8）

巴西：中国在拉美的最大贸易伙伴 // 世界机电经贸信息，2003（4）

巴西的国际科技合作 / 宗晓非 // 全球科技经济瞭望，2003（10）

投资巴西走进拉美第一大市场 / 高潮 // 中国对外贸易，2004（6）

WTO 史无前例的农产品补贴争端　巴西诉美国棉花补贴 / 韩一军，柯炳生 //
　　中国乡镇企业技术市场，2004（9）

巴西成功起诉美国棉花补贴的意义与启示 / 韩一军，柯炳生 // 世界农业，2004
　　（9）

均衡标准与纪律——巴西诉美国陆地棉花案及其对多哈农业谈判的影响 / 谢建
　　民，姜丽勇 // 国际贸易，2004（9）

巴西诉美国棉花补贴案 / 孙女尊 //WTO 经济导刊，2004（11）

澳门：中国与巴西经贸合作的中介与平台 / 汤碧 // 国际经济合作，2005（7）

WTO 的可诉补贴纪律——兼评巴西诉美国陆地棉补贴案 / 蒋成华 // 国际贸易，
　　2005（8）

巴西与中西非国家的棉花市场及政策 / 田彩云，郭心义 // 世界农业，2005（9）

巴西－美国棉花贸易争端及其给中国的启示 / 刘志雄，卢向虎，王永刚 // 调
　　研世界，2005（10）

中国与巴西：投资合作及其前景分析 / 黄梅波，黄静芳 // 国际经济合作，2006
　　（2）

巴西关税结构调整对我国的启示 / 单英，高希伟，李丽娟 // 沈阳干部学刊，
　　2006（3）

论美国的农业补贴政策——由"巴西状告美国高地棉花补贴贸易纠纷案"谈
　　起 / 田野青，接玉梅，张凤娟 // 山东农业大学学报（社会科学版），2006
　　（4）

在反倾销争端裁决中专家组如何适用 WTO 反倾销实体规则——以欧盟对巴
　　西钢管反倾销案为例 / 赵世民 // 山东经济，2006（4）

如何看待巴西对中国产品实施反倾销措施问题 / 杨志敏 // 拉丁美洲研究，2006
　　（5）

论巴西在 WTO 中的作用与策略 / 陈萌 // 对外经济贸易大学，2006

进一步加强中国和巴西经贸合作的对策建议 /《发展中巴经贸合作对策建议》
　　课题组，郑秉文 // 拉丁美洲研究，2007（2）

中国－巴西自贸区建立对中国大豆产业的影响 / 沈琼 // 世界农业，2007（2）

中国与巴西的贸易互补性分析 / 李爱军，张爱真 // 广西财经学院学报，2007（5）

"为了应对贸易保护主义，中国和巴西必须互相依赖"——专访巴西大使路易
　　斯·奥古斯托·德卡斯特罗·内维斯 / 袁瑛 // 商务周刊，2007（11）

巴西农产品贸易促进政策评述 / 徐宝泉，傅尔基 // 蔬菜，2007（12）

宝钢在巴西 / 何清 //IT 经理世界，2007（20）

从巴西诉美国棉花补贴案看 WTO 框架下的农业补贴问题 / 李鹊 // 吉林大学，
　　2007

中国与巴西经贸互补性、竞争性初探 / 孙江明，张玉娥，郭怀照 // 无锡商业

职业技术学院学报，2008（2）

稳扎稳打　步步为营——看格力开拓巴西市场 / 杜博聪 // 今日工程机械，2008
（3）

巴西解决社会发展问题的措施与启示——兼谈巴西与中国经济关系的重要性 /
宋海燕 // 开放导报，2008（5）

巴西加速追赶中印俄 / 刘辉 // 中国商界（上半月），2008（6）

巴西农产品出口我国市场的影响因素分析 / 耿晔强 // 国际贸易问题，2008（11）

投资实业，去巴西 / 吕丹 // 首席财务官，2008（11）

国际贸易与国际直接投资关系的实证研究——以巴西为例 / 方琳，张庆海，温
书 // 现代商业，2008（30）

巴西中华商城的启示 / 翁南道 // 中国市场，2008（43）

巴西农产品在中国市场竞争力分析 / 耿晔强 // 中国农村经济，2009（1）

中国和巴西农产品贸易：动态和展望 / 靖飞 // 南京农业大学学报（社会科学
版），2009（1）

中国与巴西的钢铁业竞争力分析 / 赵丽红 // 对外经贸实务，2009（1）

在开放中合作 在合作中共赢——中国与巴西在信息产业上的合作模式初探 /
秦海林 // 中国高新区，2009（3）

浅谈中国企业在巴西的劳工关系处理 / 李宁 // 石油化工管理干部学院学报，
2009（4）

发挥中巴企业家委员会平台作用推动中巴经贸关系快速发展 / 苗耕书 // 拉丁
美洲研究，2009（5）

中国与巴西的经贸关系及其新的发展战略 / 魏浩 // 拉丁美洲研究，2009（6）

中国和巴西双边贸易的比较优势与互补性：1992~2006 / 魏浩 // 社会科学战
线，2009（7）

自由贸易与环境保护：欧盟与巴西的一场攻防战——WTO 首例发达国家诉发
展中国家环境贸易措施案研究 / 梁丹妮 // 学术研究，2009（8）

中国与巴西的贸易互补性分析 / 宣国江 // 北方经贸，2009（10）

发展中国家如何应对贸易争端——巴西处理贸易争端给我国的启示 / 唐涛 //
特区经济，2009（12）

巴西航空工业公司进入中国市场竞争战略分析 / 郭天宝 // 吉林财经大学，2009

全球金融危机下中国同巴西贸易发展趋势分析 / 王昊伟，周升起 // 经济研究
　　导刊，2010（2）

中国与巴西农产品贸易潜力分析 / 范婕 // 技术经济，2010（5）

巴西中资企业财务风险管理实务研究 / 吴迪 // 国际商务财会，2010（8）

中国与巴西农产品产业内贸易实证研究 / 高金田，张晓燕 // 当代经济，2010（9）

"金砖四国"中的巴西及中国—巴西双边贸易分析 / 卫灵，王雯 // 当代财经，
　　2010（10）

2009 年巴西农产品对外贸易及其特点 / 张军平 // 世界农业，2010（10）

中国与巴西农产品产业内贸易研究 / 张晓燕 // 中国海洋大学，2010

中国炼化工程企业进入巴西市场的策略研究 / 徐波 // 石油化工建设，2011（2）

中国与巴西产业内贸易实证研究 / 陈碧琼，林玉洁 // 甘肃社会科学，2011（2）

WTO 争端解决参与机制的巴西模式及其借鉴 / 彭德雷 // 法商研究，2011（3）

多元合作　共赢图强——中国巴西能源合作前景广阔 / 张建 // 中国石油企业，
　　2011（5）

中国与巴西双边贸易的竞争与互补 / 韩超，范爱军 // 山东工商学院学报，2011
　　（5）

中国与巴西双边贸易关系刍议 / 董全英，毛在丽 // 科技创业月刊，2011（10）

巴西的对外援助及其管理体系 / 黄梅波，谢琪 // 国际经济合作，2011（12）

中国对巴西直接投资存在的问题以及应对策略 / 丛伟 // 东方企业文化，2011
　　（12）

浅谈中国－巴西双边贸易 / 许晓敏 // 华章，2011（21）

巴西－武钢进口铁矿石水运路径选择研究 / 邱峰 // 大连海事大学，2011

中国与巴西产业内贸易研究 / 林玉洁 // 重庆大学，2011

被"中国制造"改变的巴西 / 赵忆宁 // 社会观察，2012（1）

中国与巴西农产品的竞争绩效 / 宋海英，孙林 // 华南农业大学学报（社会科
　　学版），2012（1）

中国与巴西双边贸易的竞争性与互补性研究 / 吕宏芬，俞溪 // 国际贸易问题，
　　2012（2）

中国－巴西铁矿石运输航线分析 / 李贵成 // 航海技术，2012（2）

中国与巴西农产品产业内贸易研究 / 姜国庆，齐岑 // 中国市场，2012（2）

中国与巴西进出口贸易的比较优势分析 / 李自若 // 商业文化（上半月），2012
（2）

中国与巴西服务贸易对比分析 / 方小静，李丹 // 商业文化（下半月），2012（5）

中国－巴西跨区域贸易协定研究 / 殷敏 // 拉丁美洲研究，2012（3）

构建 WTO 争端解决体系之思考——以巴西适用情况为分析起点 / 张琪 // 太平
洋学报，2012（3）

中国与巴西农产品产业内贸易研究——基于 2000~2011 年的进出口贸易数据 /
吴学君 // 湖南商学院学报，2012（4）

重商主义视角下中国与巴西的贸易摩擦分析 / 马露萍 // 北方经济，2012（4）

能源安全：美国与巴西生物燃料合作评析 / 徐振伟，田钊 // 国际关系学院学
报，2012（5）

探析中国的铁矿石供应战略——由中国和巴西的贸易摩擦谈起 / 尹洪毅 // 现
代经济信息，2012（5）

"金砖 5 国"合作机制下中国与巴西农产品贸易分析及展望 / 杨绿野，吴诚 //
世界农业，2012（7）

中巴矿业合作前景展望 / 宋国明，胡建辉 // 世界有色金属，2012（8）

中国－巴西双边贸易分析 / 陈玉峰 // 东方企业文化，2012（9）

中国企业海外投资的长期发展战略研究——基于投资巴西制造业的视角 / 陈涛
涛，陆玉忠 // 国际经济合作，2012（11）

中国对巴西石油投资的问题及对策研究 /〔哥伦比亚〕Contreras Amarillo
Fernando Arturo〔哥伦经亚〕// 北方经贸，2012（12）

中国汽车企业在巴西发展现状、前景及对策研究 / 霍潞露，贾广宏 // 汽车与
配件，2012（44）

中国对巴西贸易与直接投资关系研究 / 卢俊坤 // 山西财经大学，2012

巴西－中国之间对外直接发展投资研究 /Renata Cristina de Oliveira Duch// 北京
交通大学，2012

巴西能成为加勒比地区发展合作伙伴 / 占国 // 清华大学，2012

内战结束后的安哥拉与巴西经贸进程研究 / 王宁 // 浙江师范大学，2012

全球经济下的新兴经济体：中国和巴西与欧盟国家直接投资往来的研究 /
Stephan Thomas Worack// 复旦大学，2012

中国、巴西发展战略框架下的双边贸易关系研究 / 谌华侨 // 华中师范大学，2012

中国巴西科技合作影响因素及前景 / 陈喜荣 // 中共福建省委党校学报，2013（1）

巴西咖啡东方历险记 / 昝慧昉 // 中国企业家，2013（2）

中巴旅游贸易发展促进对策分析与研究 / 李进兵，何敏 // 西南科技大学学报（哲学社会科学版），2013（2）

中国企业对巴西投资的风险与障碍分析 / 蔡思宁，蔡金明 // 吉林省经济管理干部学院学报，2013（3）

拉美国家对华贸易摩擦现状及应对——以巴西、阿根廷为例 / 岳云霞，武小琦 // 中国经贸，2013（3）

加拿大与巴西飞机补贴争端 / 吕博等 // 中国经贸，2013（10）

投资巴西：与桑巴王国共舞 / 毛元秀 // 进出口经理人，2013（4）

中国与巴西关系的发展历程、特点与问题 / 魏子青，徐之明 // 大连海事大学学报（社会科学版），2013（4）

中国企业赴巴西直接投资的机遇与挑战 / 吕钰，唐诗，周静芸，王晴 // 对外经贸，2013（5）

中国与巴西关系中的"去工业化"议题评析 / 牛海彬 // 现代国际关系，2013（5）

巴西淡水河谷"大船计划"——中国积极应对的法律思考 / 李光春 // 国际经贸探索，2013（5）

巴西国际发展援助的特点及启示 / 陆继霞，李小云 // 国际经济合作，2013（5）

巴西对外援助管理体系及其面临的挑战 / 吕少飒 // 国际经济合作，2013（10）

掘金巴西 / 梁瑞丽 // 中国纺织，2013（8）

中国与巴西农产品贸易的动态及前景分析 / 黄春全，司伟，孙伟 // 农业展望，2013（8）

民营企业跨国并购风险识别与评价研究——以联想集团并购巴西 CCE 为例 / 宋秀珍 // 中国乡镇企业会计，2013（10）

中国与巴西贸易竞争互补性分析——基于 CCI 指数 / 马玉霞 // 湖北经济学院学报（人文社会科学版），2013（10）

浅析中国巴西经贸关系 / 铁平 // 经济研究导刊，2013（19）

中国与巴西出境旅游市场和网路志 /Eduardo Santer// 社会科学家，2013（增刊）

中国对巴西石油行业的投资及其经济影响 / 阿杜洛 // 东华大学，2013

中国对巴西直接投资的贸易效应分析 / 邱营 // 辽宁大学，2013

浅析中国对巴西直接投资的现状及发展趋势 / 陈安改 // 连云港师范高等专科
学校学报，2014（1）

我国种质资源代表团巴西考查 / 胡小荣 // 植物遗传资源学报，2014（1）

保定皮卡企业开拓巴西市场营销策略研究 / 王丽，张艳芬，刘全文 // 北方经
济，2014（2）

中国工程承包商在巴西面临的主要风险及应对措施 / 李敏，杨伟 // 企业科技
与发展，2014（2）

巴西对一些国家和地区轮胎实施反倾销措施 / 佩琪 // 中国橡胶，2014（3）

中国与巴西贸易结构新解：中国的视角 / 李仁方 // 拉丁美洲研究，2014（3）

论巴西在中巴经贸合作关系中的战略地位 / 李仁方，陈文君 // 西南科技大学
学报（哲学社会科学版），2014（3）

巴西与非洲的农业合作探析 / 徐国庆 // 西南科技大学学报（哲学社会科学版），
2014（6）

中国和巴西经贸关系的现状、机遇与挑战 / 王飞，吴缙嘉 // 国际论坛，2014
（4）

浅谈我国企业在巴西承揽工程项目的税务风险管理 / 薄海 // 价值工程，2014
（4）

浅谈我国企业在巴西承揽工程项目的当地化员工管理 / 薄海 // 价值工程，2014
（16）

从国家电网中标巴西输电项目看央企海外投资 / 杨扬，杨慧 // 财务与会计，
2014（5）

出口巴西的风险防范 / 沈明计 // 中国外汇，2014（5）

打响巴西反倾销战役 / 向东 // 中国外汇，2014（10）

折戟巴西之痛 / 李永源 // 中国外汇，2014（10）

巴西：南美洲的贸易伙伴 / 何异凡 // 国际市场，2014（6）

进口巴西大豆速遣费争议案评析 / 李时民 // 对外经贸实务，2014（6）

中国与巴西农产品贸易的策略探讨 / 焦知岳，郎郸妮 // 对外经贸实务，2014（7）

中国与巴西农业合作发展的现状与前景 / 刘明，原珂 // 对外经贸实务，2014（12）

浅析巴西跨国公司的国际化战略 / 欧阳岚 // 科技信息，2014（9）

中国在巴西直接投资：趋势与挑战 / 李紫莹 // 国际经济合作，2014（9）

金砖国家合作机制下中国与巴西农产品贸易分析 / 陈蔚 // 世界农业，2014
（9）

中国与巴西农产品贸易互补性及增长空间分析 / 梁丹辉，孙东升 // 世界农业，
2014（11）

浅析中巴经贸合作 / 刘珏 // 北方经贸，2014（10）

拉美国家出口农产品供应链质量安全管理经验及启示——以巴西、阿根廷、
智利为例 / 苟建华 // 生物技术世界，2014（12）

中国与巴西双边贸易互补性探究 / 郑涵钰 // 中国商贸，2014（16）

巴西：一边主张自由贸易，一边反对不加区别的自由化 / 陈家瑛 // 红旗文稿，
2014（20）

历时十年，巴西银行落地中国 / 侯隽 // 中国经济周刊，2014（24）

新时期深化中国和巴西经贸合作的建议 / 马强 // 中国经贸导刊，2014（24）

发展中国家对外援助及其发展方向——以中国、印度、巴西为例 / 唐露萍 //
厦门大学，2014

奇瑞汽车开拓巴西市场的营销策略研究 / 陈海明 // 辽宁大学，2014

中国与巴西农业贸易和投资现状及启示 / 马欣，田志宏 // 亚太经济，2015（1）

中国与巴西金融服务贸易的竞争力与潜力分析 / 张蓉 // 拉丁美洲研究，2015（2）

中国与巴西贸易成本弹性测度与分析——基于超对数引力模型 / 周丹 // 拉丁
美洲研究，2015（3）

巴西参与 G20 全球经济治理的角色与行为评析 / 左品 // 拉丁美洲研究，
2015（5）

中国与巴西能源合作：现状、挑战与对策 / 崔守军 // 拉丁美洲研究，2015
（6）

制造企业踏足拉美 / 李前 // 进出口经理人，2015（3）

中国企业在巴西的税务实践与经验——以格力电器股份有限公司为例 / 刘书洲
// 国际税收，2015（4）

巴西玛瑙斯自贸区发展实践与借鉴 / 邱书钦 // 对外经贸实务，2015（4）

中国与巴西油气领域合作前景展望 / 韩周瑜 // 经济纵横，2015（5）

格力空调深耕巴西 / 谢东波 // 中国投资，2015（5）

巴西工程项目的劳工风险及防范 / 李犇 // 国际经济合作，2015（5）

"新常态"下的中巴贸易结构转型研究 / 钟点 // 四川师范大学学报（社会科学版），2015（6）

中国与巴西贸易摩擦的产业特征分析 / 颜蔚兰 // 学术论坛，2015（6）

中巴贸易摩擦现状及对策 / 张家瑾，陈美珍 // 人力资源管理，2015（8）

中国与巴西经贸关系现状分析及对策研究 / 文卓君 // 河南社会科学，2015（8）

中国与巴西反倾销立法的比较分析 / 王刚 // 对外经贸，2015（10）

中国企业在巴西进行属地化经营的有关问题 / 朱强 // 中外企业家，2015（21）

中国企业对巴西直接投资及其风险防范 / 吴建功，梁霞 // 金融经济，2015（22）

中拉经济关系——以中国与智利、巴西汽车贸易为核心的考察 /Daniel de Castro Maia// 吉林大学，2015

解析中国－巴西的太空合作关系：伙伴，对手还是二者兼有？ /Goncalves De Lima，Rafael// 吉林大学，2015

沈阳机床集团开发巴西市场问题研究 / 贾诗桐 // 沈阳大学，2015

巴西对外贸易隐含碳问题研究 / 张继辉 // 北京理工大学，2015

战后以来日本与巴西经贸关系研究 / 苏勤勤 // 西南大学，2015

财政　金融

外国资本在巴西 / 费雷德里科·萨 // 和平和社会主义问题，1960（1）

评巴西的外债 / 吕银春［摘译］// 世界经济译丛，1979（11）

巴西的外债 /〔美〕拉米什·C.加格；黄文登［译］// 世界经济译丛，1980（1）

巴西的外债问题 / 苏振兴，陈作彬 // 拉丁美洲丛刊，1980（2）

战后外国在巴西的直接投资 / 苏振兴等 // 拉丁美洲丛刊，1980（3）

巴西和外国投资者 /〔美〕小杰姆斯·G.约翰逊；沈小明［摘译］// 环球法律评论，1980（3）

巴西的通货膨胀与货币纠正法 / 鲍宇 // 金融研究动态，1980（4）

巴西资本的集中与溶合 /〔苏联〕阿·卡拉瓦耶夫；魏燕慎［摘译］// 世界经济译丛，1980（7）

巴西引进外资的借鉴 / 刘崇武 // 财政研究资料，1980（36）

对影响外国向巴西投资的有关规定和经营条件的分析 / 肖村［译］// 世界经济
　　译丛，1981（2）

外资对巴西经济发展的作用 / 史杨 // 编译参考，1981（12）

巴西的外资利用问题 / 周清泉 // 世界经济与政治内参，1982（3）

巴西管理价格的机构和方法 / 肖村 // 外国经济管理，1982（3）

巴西的出口信贷制度 / 仰新 // 国际金融，1982（10）

巴西的外债问题 / 周青全，翟祥龙 // 计划经济研究，1982（20）

巴西金融体系简介 / 赵长华 // 外国经济参考资料，1983（4）

巴西的农产品最低保证价格政策 / 吕银春 // 拉丁美洲丛刊，1983（5）

巴西的金融体制 / 仰新 // 国际金融，1984（2）

巴西债务危机的形成及其经验教训 / 陈作彬 // 拉丁美洲丛刊，1984（2）

从巴西和秘鲁的经验看怎样合理地借外债 /〔美〕伊维斯·马罗尼；江时学
　　［摘译］// 世界经济译丛，1984（4）

巴西外债形成的过程与原因 /〔巴西〕德尔芬·内图；黄松甫，常东珍［译］
　　// 世界经济译丛，1984（8）

巴西借外债求发展的始末 / 罗烈成 // 世界经济与政治内参，1984（12）

巴西利用外资的情况和经验教训 / 郑言史 // 计划经济研究，1984（21）

巴西银行的振兴 / 安建国 // 瞭望，1984（30）

巴西债务危机研究 / 魏本华 // 国际金融研究，1985（1）

巴西利用外资的教训与借鉴 / 汤安中 // 经济学动态，1985（1）

巴西的外债及其偿付能力 / 王耀媛 // 拉丁美洲丛刊，1985（3）

巴西的投资环境 / 何忠妹［译］// 外贸教学与研究（上海对外贸易学院学报），
　　1985（4–5）

巴西债务形势渐趋缓和 / 连平 // 世界经济，1985（6）

巴西是如何利用外资来发展汽车工业的 / 方宏 // 外国经济与管理，1985（11）

外国投资与巴西的工业化 / 朱理胜 // 拉丁美洲研究，1986（1）

巴西有计划有步骤地引进外资 / 一丁 // 拉丁美洲研究，1986（3）

外债对巴西经济发展的影响 / 孙克勤 // 世界经济研究，1986（2）

巴西是怎样利用外资使解决腾飞的 / 谢易 // 国际贸易研究，1986（6）

发展中国家利用外资的一个类型——巴西 / 王烈望 // 国际贸易, 1986 (9)

巴西钢铁工业利用外资的经验 / 金林 // 上海经济, 1987 (5)

巴西指数化制度与工资物价同步增长政策 / 陈作彬 // 拉丁美洲研究, 1989 (1)

巴西债务资本化问题浅析 / 吕银春 // 拉丁美洲研究, 1989 (2)

巴西在高通货膨胀下如何实现高外贸顺差 / 夏国政 // 拉丁美洲研究, 1989 (4)

巴西外资立法及其对中国的启示 / 邓标伦 // 政法学刊, 1989 (2)

巴西的"抗债行动"与我们应吸取的经验教训 / 姜维俊 // 天津金融月刊, 1989
   (2)

巴西、阿根廷、墨西哥医疗保险制度考察 / 赴三国医疗保险制度考察团 // 中
   国卫生经济, 1989 (2)

巴西农企信贷的制度化和政府对信贷的宏观调节 / 王耀媛 // 世界农业经济资
   料, 1989 (3)

巴西联邦共和国税制情况简介 // 经济体制改革, 1989 (6)

巴西注重企业投资发展科技 / 辛华 // 国际科技交流, 1989 (11)

"引以为戒"与"可资借鉴"——从巴西的外资引进所想到的 / 夏国政 // 经济
   师, 1990 (1)

巴西的外债: 从"经济奇迹"到依赖国际货币基金组织 / 埃德玛尔·L.巴歇,
   费德罗·S.玛朗; 冯文光 [译] // 经济社会体制比较, 1990 (1)

巴西对外国投资政策的调整 / 黄红珠 // 拉丁美洲研究, 1992 (5)

巴西加快利用证券市场吸收外资的启示 / 李克照, 沈小军 // 上海金融, 1992 (7)

巴西财政支持农业发展的政策 / 财政部农村税收考察团 // 财政, 1992 (7)

巴西外资条例的新发展 / 周瑞文 // 外国经济与管理, 1992 (8)

巴西的税收制度 / 财政部农业税收考察团 // 财政, 1992 (10)

巴西证券市场及其对中国的启迪 / 袁春 // 经济科学, 1993 (2)

巴西的所得税制 / 张倩 // 涉外税务, 1993 (4)

巴西抑制通货膨胀的雷亚尔计划 / 浦冈 // 浦东开发, 1995 (2)

雷亚尔计划与巴西的反通货膨胀 / 吕银春 // 拉丁美洲研究, 1995 (3)

巴西反通货膨胀的新举措: 雷亚尔计划 / 宋群 // 经济改革与发展, 1995 (4)

巴西联邦政府间转移支付制度 / 方芭 // 上海财税, 1995 (4)

巴西反通货膨胀的新举措——黑奥计划 / 宋群 // 价格理论与实践, 1995 (6)

巴西近十年来治理通货膨胀的做法与启迪 / 富博 // 世界经济文汇，1996（2）

巴西的住房金融及其启示 / 曹杨 // 长江论坛，1996（4）

从韩国、巴西利用外资的经验教训中得到的一些启发 / 陈慧琴 // 中国工业经济，1996（9）

巴西、阿根廷运用财税政策对宏观经济的调节 / 龙艳平，苏中一 // 中华女子学院学报，1997（1）

外资与巴西的发展（1822-1929 年）/ 金计初 // 世界历史，1998（5）

巴西金融动荡分析 / 谭雅玲 // 科学决策，1999（1）

巴西金融危机的背景 / 狄荫清 // 金融信息参考，1999（1-2）

巴西金融动荡：从债务危机到全面金融危机 / 曹莉 // 中国外汇管理，1999（2）

巴西金融动荡是否会引发全球性经济衰退？/ 张燕生 // 经济管理，1999（2）

巴西金融危机综述 / 刘军 // 成人高教学刊，1999（2）

巴西金融震荡"桑巴效应"危及谁？/ 李小捧 // 经济月刊，1999（2）

墨西哥巴西农业保险对我国农险的启示 / 邢炜 // 保险研究，1999（2）

巴西金融动荡的内外因素分析及前景判断 / 谭雅玲 // 拉丁美洲研究，1999（3）

拉美国家资本积累模式对金融的影响——对巴西金融动荡的思考 / 吴国平 // 拉丁美洲研究，1999（3）

巴西金融动荡的起因及影响 / 周晶 // 国际资料信息，1999（3）

巴西金融动荡面面观 / 王文乐 // 企业经济，1999（3）

巴西金融危机的由来、实质与走向 / 晓闻 // 经济纵横，1999（3）

巴西金融危机对中国经济影响问题分析 / 韩强 // 青海金融，1999（3）

巴西金融危机及教训 / 许运凯 // 上海综合经济，1999（3）

巴西金融危机及其启示 / 韩立民 // 宏观经济管理，1999（3）

巴西雷亚尔贬值原因及其前景 / 陈才兴 // 国际观察，1999（3）

前度刘郎今又来——巴西金融再度动荡 / 周余云 // 当代世界，1999（3）

巴西、加拿大国库体制剖析及对我国国库改革的启示 / 朱苏荣 // 预算管理与会计，1999（3）

巴西雷亚尔为什么会贬值？/ 晓闻 // 国际经济评论，1999（3-4）

巴西、加拿大国库体制剖析及对我国国库改革的启示（续）/ 朱苏荣 // 预算管理与会计，1999（4）

巴西金融动荡对经济的影响 / 张宝宇 // 世界经济，1999（4）

巴西金融风波再起 / 李永胜 // 世界知识，1999（4）

巴西金融形势述评 / 苏振兴 // 世界经济与政治，1999（4）

巴西金融危机面面观 / 伊达 // 时事报告，1999（5）

巴西财政分权下的宏观管理 / 管化 // 经济社会体制比较，1999（6）

巴西高新技术产业发展的税收及相关政策 / 文华 // 全球科技经济瞭望,1999（9）

巴西 1999 年税制改革及其启示 / 曾志学 // 涉外税务，1999（11）

巴西、韩国利用外资的经验教训及借鉴 / 陈春霞，王欢 // 当代财经,1999（12）

巴西的货币危机及其影响 / 〔日〕西岛章次；汪慕恒［译］// 经济资料译丛，
    2000（4）

巴西银行改革中的外国资本问题 / 南阳 // 拉丁美洲研究，2001（1）

巴西的证券市场——现状、问题与对策 / 南阳 // 拉丁美洲研究，2001（2）

阿根廷、巴西的税收征管 / 范坚 // 中国税务，2001（5）

巴西运用税收优惠措施鼓励高科技产业发展的情况及借鉴 / 周仁庆 // 四川财
    政，2001（6）

巴西外资银行的经营策略 / 唐棣华 // 金融与经济，2001（7）

外资何以青睐巴西 / 江时学 // 瞭望新闻周刊，2001（27）

20 世纪 90 年代巴西资本管制的经验与启示 / 宋林峰 // 拉丁美洲研究，2002（3）

对韩国与巴西利用外资调整产业结构的对比分析 / 付景新，夏京文 // 工业技
    术经济，2002（4）

拉美金融危机巴西是否在劫难逃？/ 章奇，何帆 // 新财经，2002（11）

巴西陷入金融动荡漩涡 / 杨立民 // 瞭望新闻周刊，2002（30）

巴西汽车保险的人性化经营及其启示 / 毛小玉 // 中国保险管理干部学院学报，
    2003（3）

修补巴西金融 / 云山 // 银行家，2003（4）

被逼出来的巴西金融改革及其启示 / 谢震 // 南方金融，2003（5）

巴西、南非税制及启示 / 叶木凯 // 发展研究，2003（12）

巴西金融：在动荡中改革 / 谢震 // 当代世界，2003（12）

巴西投资方略 / 肖蓓蓓 // 经贸世界，2004（1）

巴西金融业的并购重组及其启示 / 赵雪梅 // 拉丁美洲研究，2004（4）

金融危机之后如何进行外汇管理——巴西、阿根廷考察报告 / 境外外汇管理立法考察团 // 中国外汇管理，2004（10）

巴西银行业评析及对我国银行业的启示 / 杨宏宇，林剑云 // 世界经济情况，2005（2）

美国、巴西财政预算管理主要经验及借鉴 / 湖北省人大财政预算管理考察团 // 财政与发展，2005（2）

巴西结售汇制度的"放"与"持" / 韩国巴西世行项目考察团 // 中国外汇管理，2005（7）

一个政策不能同时达到两个目标——巴西退出钉住汇率制度的经验教训 / 王宇 // 中国金融，2005（15）

巴西如何引进外资银行 / 董祎 // 银行家，2006（4）

美国与巴西金融体制的差异及成因探析 / 周浩明 // 东莞理工学院学报，2006（5）

巴西投资与经贸风险分析报告（摘自中国信保《国家风险分析报告》）// 国际融资，2006（7）

巴西金融私有化和国际化的启示 / 王建茹 // 资本市场，2006（9）

管窥巴西管道项目税收筹划 / 郭俊岭 // 中国石油企业，2006（9）

巴西浮动汇率制度对宏观经济的影响 / 邹加怡，牟婷婷 // 中国财政，2006（11）

巴西利用外国直接投资及对我国的启示 / 汤丹花 // 商业研究，2006（17）

美国、巴西财政预算管理的经验及借鉴 / 王祺扬 // 经济研究参考，2006（80）

感悟巴西货币政策——对话巴西央行副行长亚历山大·斯瓦茨曼先生 / 马德伦 // 银行家，2007（1）

巴西的财政货币政策 / 江时学 // 拉丁美洲研究，2007（3）

走入热情的足球王国——巴西的投资环境 / 张薇，韩一靖 // 国际市场，2007（3）

外国直接投资对巴西的影响及对中国的启示 / 张博然 // 沈阳师范大学学报（社会科学版），2008（4）

成功的社区银行——记巴西 BRADESCO 银行 / 姚世新 // 中国农村信用合作，2008（5）

巴西市场价格监管的基本情况和启示 / 薛勇，薛强 // 中国价格监督检查，2008（5）

巴西投资与经贸风险分析报告（来自中国信保《国家风险分析报告》）// 国际

2011（8）

巴西参与式预算经验借鉴及启示 / 王淑杰，孟金环 // 地方财政研究，2011（9）

巴西代理银行制度实践及启示 / 帅旭 // 区域金融研究，2011（10）

进军巴西银行业浅析 / 郭英杰 // 时代金融，2012（2）

后金融危机时代巴西银行业的发展及启示 / 李丹 // 时代金融，2012（33）

巴西应对金融危机的经验与借鉴 / 曹芳 // 西部金融，2012（3）

巴西的代理银行制度 / 胡国文，帅旭 // 中国金融，2012（5）

巴西的外汇管理 / 姚余栋，张文 // 中国金融，2012（12）

论巴西金融监管及对我国的启示 / 吴仲华 // 对外经济贸易大学，2012

巴西国债市场介绍及其对我国债券市场发展的启示 / 中央结算公司巴西国债考
  察团 // 债券，2013（3）

浅析"巴西奇迹"中外资背后的国家能力逻辑 / 陈兆源，傅晓华 // 中南林业
  科技大学学报（社会科学版），2013（3）

巴西汽车税收体系及启示 / 霍潞露 // 汽车工程师，2013（5）

利率市场化改革：巴西、印度的经验 / 谢仍明，马亚西 // 银行家，2013（5）

巴西资本账户开放实践及对我国的启示 / 何迎新 // 湖南财政经济学院学报，
  2013（6）

浅谈巴西社会保障税的征管办法 / 武国荣，王翻 // 新西部（理论版），2013（6）

巴西资本项目可兑换路径及启示 / 国家外汇管理局四川省分局资本项目管理处
  课题组 // 西南金融，2013（9）

巴西投资与经贸风险分析报告 // 国际融资，2013（12）

前车之鉴：巴西"独立的货币政策"代价惨重　中国应保持货币政策松紧的
  灵活性 / 钮文新 // 中国经济周刊，2013（43）

解析巴西对双边投资协定的策略 / 魏丹 // 武大国际法评论，2014（1）

巴西央行成本管理系统建设的经验与启示 / 谭亚勇，李亚培，颜蕾 // 海南金
  融，2014（2）

巴西等五国金融监管改革情况 / 谢丹，任秋宇 // 金融发展评论，2014（4）

巴西化解和防控地方债务危机的启示 / 谭道明 // 法学，2014（4）

巴西资本项目可兑换的经验及对中国的启示 / 魏鹏 // 黑龙江金融，2014（4）

巴西税制结构特点及启示——中巴比较的视角 / 葛玉御，李昕凝，樊丽明 //

文化　科学　教育　体育

巴西核工业质量保证研究所 / 王建京〔译〕// 国外核新闻，1983（10）

巴西的新闻事业 / 王泰玄 // 国际新闻界，1984（3）

略论巴西近二十年来开放政策下的教育发展战略 / 曾昭耀 // 外国教育动态，
　　1986（2）

值得研究的巴西教育改革 / 曾昭耀 // 拉丁美洲研究，1986（6）

前进中的巴西科技革命 / 安建国 // 世界知识，1986（8）

巴西信息政策和技术 / 辛华 // 国际科技交流，1987（3）

适应经济起飞的巴西教育 / 陈家英 // 瞭望周刊，1987（43）

巴西科学技术基础研究 / 辛华 // 国际科技交流，1988（1）

巴西科研力量的构成与分布 / 沈辛华 // 国际科技交流，1988（11）

印度、巴西的高技术和国家战略 / 高恒 // 国际技术经济研究学报，1988（4）

中级水平技术的专科教育——巴西和美国状况的比较分析 /〔巴西〕肯·肯普
　　纳及克罗的沃·特木拉·卡斯特罗；赵景观〔节译〕// 外国教育参考资
　　料，1989（3）

巴西发展科学技术的目标和措施 / 要弘 // 科技进步与对策，1989（3）

巴西技术引进的政策与管理 / 马苍南，徐和生 // 中外科技信息，1989（4）

巴西的高技术产业及其发展政策 / 柯徒勤 // 中外科技信息，1989（5）

从印度、巴西的情况看我国科学技术的发展 / 汤世国 // 科学学研究，1989（4）

巴西高技术产业化的经验和教训 / 贾谦 // 科技导报，1989（5）

留级和退学问题：关于巴西教师作用的研究报告 /〔巴西〕达维科·马丽
　　亚·伊莎贝尔；胡燕〔译〕// 教育展望,1990（1）

巴西高科技产业化的经验教训 / 贾谦 // 国外科技政策与管理，1990（5）

巴西航天机构及其计划综述 / 谢平 // 中国航天，1991（8）

巴西的学校教育及其特点 / 宋云洋〔编译〕// 课程·教材·教法，1991（10）

1991 年巴西科学技术发展综述 / 方铭迪 // 国际科技交流，1992（8）

巴西高等学校科技发展概述 / 王伟龙，唐安国 // 上海高教研究，1992（2）

巴西、阿根廷生物技术考察概述 / 蔡年生 // 中国抗生素杂志，1992（2）

巴西的科技发展策略与成就 / 凌征均 // 现代化，1992（12）

巴西私立高等教育研究 / 王留栓〔编译〕// 外国高等教育资料，1993（1）

巴西的科技体制与科技政策 / 陈祥春 // 中外科技信息，1993（3）

巴西档案馆与档案教育工作 / 张关雄［节译］// 湖南档案，1993（6）

葡萄牙与巴西的语言推广政策 / 苏金智 // 语文建设，1993（8）

1970-1990 年巴西高等教育政策 / 露西亚·克莱因，西蒙·施瓦茨曼；龙湲
　　［摘译］// 世界教育信息，1994（2）

巴西公私立高等教育比较研究 / 王留栓 // 比较教育研究，1995（1）

巴西高新技术产业国际化概况 / 敬言化，林若池 // 全球科技经济瞭望，1995（4）

巴西教育及发展 / 董建红 // 外国教育资料，1995（4）

影响巴西教育政策的若干因素分析 / 徐辉富，黄志成 // 外国教育资料，1996（5）

巴西学前教育的发展 / 史国珍，黄志成 // 外国教育资料，1996（6）

巴西科学技术发展现状 / 王璐 // 国际社会与经济，1996（10）

巴西初等教育经费问题研究 / 徐辉富，黄志成 // 外国教育资料，1997（1）

巴西初等教育的改革 / 黄志成，郑太年，徐辉富 // 外国教育资料，1997（2）

巴西加强基础教育的重大措施 / 黄志成 // 外国教育资料，1998（1）

巴西全民教育十年计划（1993-2003）的制定 / 黄志成 // 外国教育资料，1998
　　（2）

巴西全民教育十年计划的实施 / 黄志成 // 外国教育资料，1998（3）

巴西教育问题：发展经济学视角的国际比较 / 张宝宇 // 拉丁美洲研究，1998（5）

巴西：一部从零开始的新闻史 / 陈力丹 // 新闻与传播研究，1999（2）

巴西高新技术发展现状 / 李远 // 全球科技经济瞭望，1999（6）

巴西科技发展政策及对经济的影响 / 李远 // 全球科技经济瞭望，1999（9）

巴西科技创新体制改革初见成效 / 新华社 // 世界科技研究与发展，2000（1）

90 年代巴西教育的改革与发展 / 周世秀 // 拉丁美洲研究，2000（3）

巴西鼓励技术创新的政策措施 / 李远 // 全球科技经济瞭望，2001（2）

2000 年巴西科技发展综述 / 李远 // 全球科技经济瞭望，2001（4）

2001 年巴西科技发展综述 / 王凯 // 全球科技经济瞭望，2002（4）

重视　扶持　引进——巴西科技政策的发展及特点 / 邓国庆 // 华夏星火，2002
　　（4）

巴西的私立教育 / 孙霄兵，周为，胡文斌 // 比较教育研究，2002（4）

经济大国巴西为何迟迟没有普及义务教育 / 曲恒昌 // 比较教育研究，2002（5）

巴西的翻译："吃人"翻译理论与实践及其文化内涵 / 蒋骁华 // 外国语（上海

外国语大学学报），2003（1）

论巴西高等教育财政的改革 / 杨明，谢卿 // 教育与经济，2003（4）

巴西的对外科技交流与合作 / 李明德 // 拉丁美洲研究，2003（5）

巴西的私立高等教育 / 王留栓 // 教育科学，2004（2）

巴西地域范围及其文化内涵 / 龙显昭 // 达县师范高等专科学校学报，2004（3）

巴西科技体制的发展和研发体系 / 李明德 // 拉丁美洲研究，2004（3）

在巴西银行遭遇巴西文化 / 胡续冬 // 世界博览，2004（7）

巴西教育改革策略：建立全国评价系统 / 贾玉梅［编译］// 基础教育参考，
    2004（12）

巴西高等教育之嬗变 / 蒋洪池 // 高等农业教育，2005（1）

巴西的教育体制 /〔巴西〕劳匹斯·亚历山大；杨竹君［译］// 河北师范大学
    学报（教育科学版），2005（2）

巴西足球文化研究 / 赵海龙 // 内蒙古体育科技，2005（2）

巴西足球与桑巴文化 / 冠兵 // 世界机电经贸信息，2005（4）

教育与经济发展——美国巴西比较研究 / 王然 // 内蒙古师范大学学报（教育
    科学版），2005（5）

桑巴舞动 2005——新时代的巴西足球 / 熊伟，熊万曦 // 足球俱乐部，2005（6）

巴西教改新举措——建立和完善教育评估体系 / 徐湘荷 // 教学与管理，2005
    （10）

巴西高中教育的问题及对策初探 / 郑莹 // 世界教育信息，2005（11）

巴西：多元文化共存 / 陈梦瑶，21 世纪，2005（12）

巴西 20 世纪中叶以后的义务教育普及与保障情况 / 王敏 // 经济研究参考，
    2005（46）

巴西高等教育现代化策略研究 / 蒋洪池 // 复旦教育论坛，2006（1）

巴西科学技术进步原因探析 / 于兆兴，楚汉 // 拉丁美洲研究，2006（3）

巴西基础教育十年进展述评（1995~2004）及启示 / 陈亚伟，李娟 // 外国教
    育研究，2006（8）

巴西书业喜忧参半 / 傅西平 // 出版参考，2006（22）

巴西高中教育现状、问题及对策初探 / 郑莹 // 西南大学，2006

巴西、秘鲁的教育收费监管及启示 / 国家发改委教育收费监管考察团 // 中国

价格监督检查，2007（2）

巴西文化产业政策初析 / 吴志华 // 拉丁美洲研究，2007（4）

墨西哥、巴西私立教育发展状况及其启示 / 汪明 // 国家教育行政学院学报，
    2007（4）

桑巴舞动巴西 / 赵爱玲 // 中国对外贸易，2007（7）

巴西教育平等透视 / 高艳贺，黄志成 // 外国教育研究，2007（8）

质量关注：巴西教师教育改革述评 / 姜勇，梁莹 // 外国教育研究，2007（10）

巴西教育现状影响国民经济发展 / 王英斌 // 世界文化，2007（9）

浅析巴西私立高等教育扩张对教育公平的影响 / 王凯 // 哈尔滨学院学报，2007
    （10）

1996-2003 年巴西全国高校课程评估述评 / 郭斌，张晓鹏 // 中国高等教育评
    估，2008（2）

高等教育国际化：巴西的因应策略与存在的问题 / 王正青 // 复旦教育论坛，
    2008（3）

不公平地扩充——审视巴西当前的高等教育政策 / 石隆伟，刘艳菲 // 外国教
    育研究，2008（4）

高校扩招与教育公正：巴西"全民大学"改革述评 / 姜勇，陈妮薇 // 高教探
    索，2008（4）

巴西基础教育政策的成效和特点 / 梁延秋，方彤 // 基础教育参考，2008（10）

当代巴西基础教育政策及其影响浅析 / 梁延秋，方彤 // 外国中小学教育，2008
    （10）

2007 年巴西科技发展综述 / 莫鸿钧 // 全球科技经济瞭望，2008（12）

公共教育资金的公正分配与高效管理机制——巴西基础教育发展基金会案例
    研究 / 尹玉玲 // 比较教育研究，2009（2）

巴西与中国职业技术教育比较研究 / 宋霞 // 拉丁美洲研究，2009（4）

巴西职业资格制度的特点及启示 / 王丽，李勇 // 人才资源开发，2009（4）

巴西的社区"文化点"建设 / 舒建平 // 精神文明导刊，2009（6）

巴西信息安全建设研究 / 国家信息技术安全研究中心 // 信息网络安全，2009
    （8）

巴西研究生教育发展路径初探 / 赵姝明 // 中国高等教育，2009（23）

巴西出版业如何走出困境（上）/ 饶亚 // 出版参考，2009（27）

巴西出版业如何走出困境（下）/ 饶亚 // 出版参考，2009（28）

巴西职业教育师资队伍建设述评 / 匡淼娟 // 中国职业技术教育，2009（31）

全民教育背景下巴西基础教育的发展和问题研究 / 展敏敏 // 华东师范大学，2009

巴西教育公共服务对我国教育公共服务发展的启示 / 王检 // 求实，2010（Ⅰ）

巴西技术创新政策演化及启示 / 卢立峰，李兆友 // 技术与创新管理，2010（3）

巴西佩洛塔斯地区公民教育的特征及其启示 / 文静，罗许慧 // 理论观察，2010（4）

巴西竞技体育发展的赛场文化背景探析——以足球和排球运动为分析个案 / 张海军，张海利，郭小涛 // 体育与科学，2011（1）

巴西图书馆信息资源共享模式研究 / 冯琳，高波 // 图书情报工作，2011（1）

论新自由主义对巴西高等教育的影响 / 王凯 // 高校教育管理，2011（1）

浅析巴西生命科学产业发展的历史和现状 / 宋霞 // 拉丁美洲研究，2011（1）

试论巴西促进自然知识经济发展的最新举措 / 宋霞 // 拉丁美洲研究，2011（3）

政府管理控制下的巴西高等教育质量建设 / 朱炎军 // 中国电子教育，2011（3）

巴西留学生汉语学习偏误分析与对外汉语教学 / 柴纹纹 // 科教文汇（上旬刊），2011（4）

巴西远程开放教育的现状与启示 / 吴刚 // 天津电大学报，2011（4）

巴西柔术的特点及其传承 / 黄东剑 // 通化师范学院学报，2011（8）

浅析外来语言对巴西葡萄牙语的影响 / 杨菁 // 科技信息，2011（18）

巴西图书市场纵览 / 傅西平，尚颜 // 出版参考，2011（24）

独具特色的巴西饮食文化 / 徐艳文 // 烹调知识，2011（28）

巴西促进教育公平的政策研究 / 柯珂 // 浙江师范大学，2011

巴西国际传播的发展与特点 / 周俊，毛湛文 // 中国记者，2012（1）

浅析巴西文化与巴西经济 / 周大炜 // 经济视角（中旬），2012（2）

巴西农村校车政策与教育机会均等 / 赵丹，范先佐 // 比较教育研究，2012（5）

扩大的差距——巴西高等教育入学机会分配政策的变迁与面临的挑战 / 杜瑞军 // 比较教育研究，2012（10）

巴西移动学习的发展与挑战 / 吴刚，滕玉英 // 生产力研究，2012（7）

教育装备考察团赴巴西、智利考察报告 / 陈琳 // 教学仪器与实验，2012（10）

巴西高等教育入学机会公平问题探析 / 李硕豪，刘孟玥，胡凯 // 现代教育科学，2012（11）

巴西奥运知识产权保护研究 / 胡万亮 // 人民论坛，2012（20）

战略视野下巴西教育质量保障措施研究 / 石倩 // 浙江师范大学，2012

巴西教师教育的发展及启示 / 李文莉 // 国家教育行政学院学报，2013（1）

毕达哥拉斯学院：新的凤凰城大学诞生——巴西私立高等教育的兴起 / 克劳迪奥·德·莫拉·卡斯特罗；胡建伟［译］// 浙江树人大学学报（人文社会科学版），2013（2）

政府在国家标准中的角色研究——以巴西数字电视标准之争为例 / 衡虹，何丽峰 // 拉丁美洲研究，2013（4）

巴西高等教育肯定性行动探析 / 刘希伟 // 比较教育研究，2013（9）

普职一体的双体系职业技术教育模式——巴西的经验 / 张红颖，李润华 // 比较教育研究，2013（9）

何塞·阿尔多　巴西格斗新旗帜 / 吴强 // 拳击与格斗，2013（10）

"巴西虎"里卡多·阿罗那 / 穆凌希 // 拳击与格斗，2013（12）

巴西普职一体化的职业技术教育及其启示 / 张红颖，李润华 // 教育与职业，2013（11）

巴西博士生教育的现状和问题述评 / 王文礼 // 学位与研究生教育，2013（12）

巴西普职一体化的职业技术教育及其启示 / 张红颖，李润华 // 职教论坛，2013（19）

巴西高等教育国际化的现状及问题 / 黄斌 // 世界教育信息，2013（22）

巴西的教训：教育在跨越"中等收入陷阱"中发挥的作用 / 蒋虎 // 中国教师，2013（23）

巴西和中国的高等教育体制对比与思考 / 王泽琳 // 教书育人，2013（33）

巴西高等教育国际化政策概述 / 吴刚 // 教育理论与实践，2013（36）

成人职业教育的重要力量——巴西的 S- 系统 / 侯翠环，屈书杰 // 内蒙古大学学报（哲学社会科学版），2014（1）

巴西高等工程教育及其启示 / 员文杰，李君，邓承继，祝洪喜 // 教育观察（上旬刊），2014（2）

巴西高等教育支出绩效评价：原则、指标体系、方法及应用 / 刘晓凤 // 现代
　教育管理，2014（2）

巴西高等教育支出绩效评价制度的因应策略 / 刘晓凤 // 教育评论，2014（2）

巴西世界杯前世界足坛格局的研究 / 赵斌，徐金山 // 玉林师范学院学报，2014
　（2）

巴西世界杯前世界足坛格局的研究 / 赵斌，徐金山 // 兰州文理学院学报（自
　然科学版），2014（2）

全球化背景下的巴西国内语言政策浅析 / 古雯鋆 // 语言政策与规划研究，2014
　（2）

巴西的现代远程教育 / 冀鼎全 // 陕西广播电视大学学报，2014（3）

巴西柔术研究 / 徐泉森 // 体育成人教育学刊，2014（3）

巴西、智利职业教育考察有感 / 石美珊 // 决策导刊，2014（4）

巴西圣保罗州立大学孔子学院教育情况——之雅卡雷伊校区 / 柯希茜 // 环球
　人文地理，2014（4）

巴西的税务教育培训及启示 / 王兰，解爱国，高永清，潘雷驰 // 中国税务，
　2014（5）

2014 年巴西世界杯的传播新特征解读 / 郭瑞涛 // 安顺学院学报，2014（5）

巴西学校外语教学的特点及启示 / 叶志良 // 解放军外国语学院学报，2014（5）

巴西私立高等教育的发展与启示 / 员文杰，李君，邓承继，祝洪喜 // 教育与
　教学研究，2014（6）

巴西世界杯对我国防教育的启示 / 宋伟 // 国防，2014（9）

对巴西留学生的汉语语音教学方法初探 / 代爱芳 // 学周刊，2014（10）

巴西出版产业政策初探 / 潘国好 // 出版发行研究，2014（10）

巴西全国新闻播报若干问题思考 / 马瑞娜 // 中国报业，2014（10）

巴西世界杯的高新专利技术 / 李洁，褚晓慧 // 电子制作，2014（11）

巴西博物馆与旅游业之概览 /〔巴西〕泰尔玛·拉斯玛；魏兰〔译〕// 国际博
　物馆（中文版），2014（11）

巴西的文化遗产与博物馆：考古评价研究 /〔巴西〕佩德罗·保罗·A. 富纳里；
　魏兰〔译〕// 国际博物馆（中文版），2014（11）

巴西科技创新的政策重点与管理趋势述评 / 胡红亮，封颖，徐峰 // 全球科技

经济瞭望, 2014（12）

巴西研究型大学的历史和现状述评 / 王文礼 // 黑龙江高教研究, 2014（12）

巴西基础教育发展基金会述评 / 田志磊, 周娟 // 世界教育信息, 2014（23）

对巴西发展"非正式"体育的政策性分析 / 龚丽媛 // 当代体育科技, 2014（31）

巴西私立高等教育发展研究 / 张培培 // 西南大学, 2014

巴西高中新课程改革的内容、问题及启示 / 吕婷婷, 李宝庆 // 现代中小学教育, 2015（1）

巴西华文教育现状探析 / 陈雯雯 // 华文教学与研究, 2015（2）

巴西与智利的校餐计划比较研究 / 唐俊 // 西南科技大学学报（哲学社会科学版）, 2015（2）

巴西档案学的发展历程及其影响 /Georgete Medleg Rodrigues, Angelica Alves da Cunha Marques; 吕颜冰［译］// 档案与建设, 2015（3）

巴西推进学前教育的政策、举措及其未来发展 / 刘焱, 李相禹 // 比较教育研究, 2015（3）

巴西足球运动发展及对我国的启示 / 吴建喜, 李可可 // 北京体育大学学报, 2015（4）

巴西主要智库概览 / 徐世澄 // 秘书工作, 2015（4）

巴西纳米技术政策及发展初探 / 尹桂林, 陈俊琛, 何丹农 // 未来与发展, 2015（6）

巴西高等教育大众化进程中的经费多元化融资战略 / 刘淑华, 刘天来 // 外国教育研究, 2015（7）

巴西高等教育发展对我国西北高等教育的启示 / 陈俐彤 // 佳木斯职业学院学报, 2015（7）

巴西足球文化研究 / 李明智 // 内江师范学院学报, 2015（8）

文学　艺术

拉丁美洲工艺品 / 李良 // 美术, 1963（4）

巴西的短篇小说创作 / 朱景冬 // 外国文学研究, 1979（4）

当代巴西文学二三事 / 王央乐 // 外国文学动态, 1980（3）

访巴西诗人德里蒙德 / 李淑琴等［摘译］// 外国文学动态，1980（12）

巴西小说现状（评论）郑威和［摘译］// 外国文学动态，1980（12）

巴西当代短篇小说研究 / 戚铁沅 // 外国文学研究，1983（1）

巴西现实主义和浪漫主义文学东山再起 / 姚明［编译］外国文学动态，1983（5）

当代巴西剧作家介绍 / 朱景冬 // 外国文学动态，1983（5）

《独立或死亡》与历史真实 / 段居华 // 外国史知识，1983（5）

拉丁美洲又一次“文学爆炸”《世界末日之战》/ 陈光孚 // 读书，1983（9）

巴西作家特雷维桑及其创作 / 姚京明 // 外国文学动态，1985（2）

巴西奴隶制的真实写照《女奴》/ 陈海燕 // 外国史知识，1985（3）

尼梅尔与巴西当代建筑艺术 / 陈家英 // 世界知识，1986（14）

社会变革的历史进程和巴西文学 / 方舟 // 拉丁美洲研究，1987（6）

勤于耕耘的巴西摄影家萨尔加多 / 孙成敖［译］// 摄影世界，1988（9）

利斯佩克托尔短篇小说选 /〔巴西〕克·利斯佩克托尔；林青［译］// 外国文
　　艺，1993（5）

狂欢节、桑巴舞及其他 / 陈凤吾 // 瞭望，1993（26）

巴西的音乐 / 陈自明 // 国际音乐交流，1997（1）

巴西音乐之魂——维拉·洛博斯 / 陈自明 // 国际音乐交流，1997（3）

小说在巴西民族身份建构中的作用 /〔巴西〕E. F. 库庭霍；严志军［译］// 外
　　国文学，1999（4）

当代巴西的寻根电影——《中央车站》/ 李一鸣 // 当代电影，2000（2）

论巴西新电影运动〔美〕克·汤普森，戴·波德威尔；陈旭光，何一薇［译］
　　// 世界电影，2002（1）

亚马多——巴西著名的“平民作家”/ 郭元增 // 拉丁美洲研究，2002（1）

巴西美术的历史和现状 / 张宾雁 // 美术，2003（1）

巴西电影与巴西电影邮票 / 李洪源 // 大众电影，2003（4）

“拍一部电影，是为了探讨这个国家”——巴西新电影 10 年 / 朱靖江 // 中国
　　新闻周刊，2004（40）

巴西的“电影复兴”/ 胡旭东 // 拉丁美洲研究，2007（1）

对民间舞的重新解读——巴西桑巴舞考察启示 / 吕艺生 // 北京舞蹈学院学报，
　　2007（3）

巴西 Globo 与电视小说 / 李黎丹 // 中国电视，2007（5）

巴西：舞动激情奔放的桑巴 / 简 // 温州瞭望，2007（12）

巴西——美食和巴萨诺瓦音乐 / 星光 // 资源与人居环境，2007（21）

"让邪恶远离　让光明涌进"——欣赏巴西彩色故事片《中央车站》/ 陈远 //
　　家庭影院技术，2008（2）

拉丁美洲国家电影艺术简介巴西电影艺术简介之一　巴西新电影运动：
　　1960-1980/ 鲍玉珩，金天逸 // 电影评介，2008（24）

拉丁美洲电影艺术：当代巴西电影艺术：1980 年—现今 / 鲍玉珩，金天逸，
　　常润芳 // 电影评介，2009（1）

沃尔特·塞勒斯——多彩巴西与"民族魂" / 苗渲明 // 大众电影，2009（10）

巴西音乐中的电子音乐设计 / 毛聿成 // 上海音乐学院，2010

巴西利亚城市设计的人性化与形式美思考 / 石晓风，魏薇 // 华中建筑，2011（4）

独特的民族风——巴西艺术市场揭秘 / 王强 // 雕塑，2012（5）

携手游人间——厄普代克小说《巴西》解读 / 李敏，李春燕 // 作家，2012（8）

插画与荒原——访巴西插画家罗杰里奥．苏迪 / 叶晓婷 // 环境与生活，2012（12）

浅析巴西文学的开端——《佩罗·瓦兹·德·卡米尼亚奏折》/ 萧丽欣 // 科技
　　信息，2012（22）

混血种文化孕育的混血音乐——热情巴西 / 谢佳音 // 音乐生活，2013（11）

混血种文化孕育的混血音乐——热情巴西 / 谢佳音 // 音乐生活，2013（12）

混血种文化孕育的混血音乐——热情巴西 / 谢佳音 // 音乐生活，2014（1）

马可·佩雷拉 巴西古典吉他大师 / 闵振奇 // 音乐爱好者，2013（9）

巴西、古巴广播影视业的观察与思考 / 江正新，张铁，张元，营长坤，丁畅
　　宝，赵国良 // 视听纵横，2014（2）

内化为终极命运的写作——巴西女作家克拉丽丝·李斯佩克朵的生平与创作 /
　　闵雪飞 // 外国文学动态，2014（3）

还有一个故事——巴西文学中的种族关系与思维定势 / 保罗·V. 巴普蒂丝
　　塔·达席尔瓦；贺慧玲［译］// 第欧根尼，2015（1）

南美国家电视新闻的发展与挑战——巴西、秘鲁和智利电视发展之印象 / 方弘
　　// 军事记者，2015（8）

饥饿的美学——试析巴西"新电影运动"的反抗精神 / 钟点 // 四川戏剧，

2015（11）

巴西国产大片的崛起——文化作为资源的案例研究 /〔美〕考特尼·布赖农·多诺霍；李思坦［译］// 当代电影，2015（11）

巴西电影产业复兴中广播电视的影响与启示 /〔巴西〕苏茜·多斯·桑托斯；谭博［译］// 当代电影，2015（11）

糖与盐：一组当代巴西纪录片的再现方式与艺术观念 / 魏然 // 当代电影，2015（11）

特立独行的巴西电影产业 / 高红岩 // 当代电影，2015（11）

历史　地理

美国在巴西的军事基地 / 格林金；大荆［译］// 国际问题译丛，1957（8）

巴西——拉丁美洲最大的国家 / 吴楚 // 世界知识，1959（23）

巴西的石器时代人 / 吴胜明 // 化石，1978（2）

巴西 / 周适 // 拉丁美洲丛刊，1980（1）

关于巴西历史的研究和巴西史学流派 / 历史系巴西史研究室 // 武汉师范学院学报（哲学社会科学版），1980（3）

巴西是怎样赢得独立的 / 方迴澜 // 历史研究，1980（3）

浅谈卡努杜斯农民起义 / 方迴澜 // 拉丁美洲丛刊，1980（3）

巴西为什么两次迁都 / 邹兰 // 外国史知识，1981（4）

帕马雷斯黑人反对殖民主义的斗争 / 方迴澜 // 武汉师范学院学报（哲学社会科学版），1981（4）

巴西的黑金城 / 张宝玉 // 外国史知识，1982（1）

巴西历史上的帕尔马雷斯共和国 / 段居华 // 拉丁美洲丛刊，1982（1）

平松先于卡布拉尔发现巴西 / 于宝 // 拉丁美洲丛刊，1982（4）

巴西独立运动的先驱——"拔牙者" / 尚京堂 // 外国史知识，1982（12）

巴西宣布独立 / 黄邦和 // 世界历史，1984（5）

巴西奴隶制长期延续和最终废除的原因 / 周世秀 // 拉丁美洲丛刊，1984（6）

戎马倥偬四十三载——巴西总统菲格雷多 / 周俊南，吕银春 // 瞭望周刊，1984（21）

巴西外交政策的历史演变及发展趋向 / 鲍宇 // 拉丁美洲丛刊，1985（3）

巴西与第二次世界大战 / 陈海燕 // 世界历史，1985（9）

瓦加斯与其第二届政府 /〔巴西〕埃利奥·雅瓜里贝；郭元增〔译〕// 世界史研究动态，1986（6）

巴西古代历史文化初探 / 方迴澜 // 湖北大学学报（哲学社会科学版），1986（6）

告巴西人民宣言（节译）/ 郭元增 // 世界史研究动态，1987（2）

巴西种植园制的形成和特点 / 张镇强 // 世界历史，1987（3）

1964—1985 年的巴西军政权初探 / 刘纪新 // 拉丁美洲研究，1987（4）

巴西的政治与社会科学：1964——1985 年 /〔巴西〕弗兰西斯科·德·奥里维拉；冯炳昆〔译〕// 国际社会科学杂志（中文版），1988（1）

巴西废奴运动先驱路易斯·加马 / 王肇伟 // 拉丁美洲研究，1988（4）

巴西记行 / 郭元增 // 拉丁美洲研究，1988（6）

缺粮大国——巴西 / 吕银春 // 世界知识，1988（5）

试论巴西奴隶制废除得最迟的原因 / 周新华 // 湖北大学学报（综合版），1988（增刊）

论巴西 1789 年米纳斯密谋 / 周世秀 // 湖北大学学报（哲学社会科学版），1989（2）

巴西地质史 /〔巴西〕Jannes Markus Mabesoone；何永年〔译〕// 地震地质译丛，1989（2）

巴西航天遥感地质的进展 / 刘占江，Jos'e Eduardo Rodrigues，Paulo Roberto Martini// 环境遥感，1989（3）

古代巴西印第安人历史新探 / 方迴澜 // 历史研究，1990（1）

巴西：圣诞节的忧愁与祝愿 / 黄东 // 世界知识，1991（3）

从巴西民族独立看世界近代民族解放运动的几个理论问题 / 马世力 // 历史教学，1991（8）

巴西的发现与开拓对欧洲的影响 / 周世秀 // 历史研究，1992（1）

巴西的家族势力 / 郭元增〔编译〕// 政党与当代世界，1992（3）

关于巴西民族文化形成和资本主义产生问题之管见 / 张宝宇 // 拉丁美洲研究，1992（3）

新大陆的发现与巴西早期的发展 / 金计初 // 世界历史，1993（1）

巴西：五百年的历史 / 路易兹·瓦斯孔塞洛斯，瓦尼娅·库里；王以铸［译］ // 国际社会科学杂志（中文版），1993（4）

16 世纪中叶至 17 世纪末巴西蔗糖周期的历史地位 / 张宝宇 // 拉丁美洲研究，1993（6）

巴西现代化进程中的地区经济差距和南方分立运动 / 周世秀 // 世界历史，1994（2）

外因在巴西近代资本主义发展中的作用 / 金计初 // 拉丁美洲研究，1994（3）

从巴西迁都巴西利亚谈首都规划与建设 / 任丽洁，张仁，邵兰霞 // 松辽学刊（自然科学版），1994（4）

巴西总统伊塔马尔·佛朗哥 / 刘玉娥 // 现代国际关系，1994（5）

巴西教授谈巴西经济奇迹时期的经验教训 / 吕银春 // 经济学动态，1994（8）

从讲堂到总统府：记巴西新总统卡尔多佐 / 郭元增 // 政党与当代世界，1994（12）

巴西的传统节日 / 潘明涛 // 当代世界，1995（4）

二战中的巴西远征军 / 祝青桥 // 世界博览，1995（10）

阅读巴西利亚 / 张钦楠 // 世界知识，1998（9）

巴西 500 年回眸与展望 / 郭元增 // 拉丁美洲研究，2000（3）

巴西 500 年历史嬗变 / 张宝宇 // 拉丁美洲研究，2000（3）

巴西"向西部进军"的历史经验 / 周世秀 // 世界历史，2000（6）

巴西利亚的城建观 / 冯雁军 // 中国建设信息，2001（18）

自上而下的民主与现代威权主义——巴西 1964 年军事政变的政治根源 / 董经胜 // 安徽史学，2002（1）

现代化进程中的民主与威权——对巴西 1964 年军事政变经济根源的个案研究 / 董经胜 // 史学月刊，2002（2）

近代巴西为什么没有出现考迪罗主义？/ 于兆兴，楚汉 // 郑州大学学报（哲学社会科学版），2002（5）

巴西狂欢节 / 王平 // 世界文化，2002（6）

巴西城市森林揽胜 / 蔡登谷 // 中国城市林业，2003（1）

巴西重视对无形文化遗产的保护 / 卢安婷 // 北京观察，2003（3）

巴西生态之都库里蒂巴 / 黄肇义，杨东援 // 生态经济，2003（4）

巴西城市森林的发展与管理 / 舒洪岚，刘国华，段院龙 // 江西林业科技，2003（5）

葡萄牙的殖民对巴西的影响 / 栾好问 // 南阳师范学院学报（社会科学版），
　　2006（11）

巴西生态城市建设的启示 / 刘岩 // 生产力研究，2006（12）

崇尚自然的巴西利亚 / 刘长琨 // 中国财政，2007（1）

巴西考察见闻及启示 / 刘玉敏 // 十堰职业技术学院学报，2007（2）

第一、二次世界大战中的巴西 / 肖刚 // 北京宣武红旗业余大学学报，2007（4）

激情、浪漫与恐怖之城——游里约热内卢读巴西与巴西人 / 沈孝辉 // 人与生
　　物圈，2007（4）

咖啡王国——巴西 / 丹丹 // 中外食品，2007（4）

巴西浪漫之旅 / 刘宏 // 中外食品，2007（6）

巴西招募华工与康有为移民巴西计划之初步考证 / 茅海建 // 史林，2007（5）

拉美城市高级住区与消费景观占有不平等研究——以巴西里约热内卢为例 / 黄
　　珊，陈亚玲 // 现代城市研究，2007（6）

"南美双雄"巴西、阿根廷原生态之旅 / 周宁 // 现代城市研究，2007（12）

富饶的国度——巴西 / 童文炜 // 中国广告，2007（9）

观巴西、阿根廷城市建设有感 / 赵欣浩 // 杭州通讯（下半月），2007（10）

走读巴西 / 蓬生 // 世界文化，2007（12）

"外围国家"上升为"中心国家"的历史经验考察——以美国和巴西为例 / 钟
　　熙维，曾安乐 // 拉丁美洲研究，2008（3）

巴西城市建设给我们的启示 / 沈孝辉 // 知识就是力量，2008（3）

城市规划建设和管理的全新理念——巴西城市生态与文化考察 / 沈孝辉 // 群
　　言，2008（3）

考察巴西城市建设及相关启示（上）/ 穆祥纯 // 特种结构，2008（3）

考察巴西城市建设及相关启示（下）/ 穆祥纯 // 特种结构，2008（4）

保卫巴西水下文化遗产：法律保护与公共考古学 /〔巴西〕希尔松·兰贝利；
　　韦清琦［译］// 国际博物馆（中文版），2008（4）

巴西利亚——新文明的第一座首都 / 伊图 // 中国商界（上半月），2008（6）

二战前拉美日裔同化与融合的制约因素——以秘鲁和巴西为例 / 刘兆华，祝曙
　　光 // 史学月刊，2008（8）

巴西利亚：建筑的文化灵性 / 李孟顺 // 创新科技，2008（11）

火热豪情的巴西狂欢节 / 唐可诗，孟于飞 // 世界文化，2009（2）

巴西军队的派系之争与军政权的兴衰（1964~1985 年）/ 董经胜 // 拉丁美洲
　　研究，2010（2）

巴西亚马逊盆地石油地质特征及勘探前景分析 / 何辉，樊太亮，林琳，庞正
　　炼，王进财 // 西南石油大学学报（自然科学版），2010（3）

巴西生态之都——库里提巴 / 刘金萍，吴万军 // 海洋世界，2010（9）

二战后巴西和智利应对西方危机之路的比较 / 陈才兴 // 江汉大学学报（社会
　　科学版），2011（1）

上帝是巴西人 / 程钧 // 时尚北京，2011（2）

瓦加斯历史定位问题探究 / 毕雪辉 // 拉丁美洲研究，2011（2）

浅析 1964 年巴西军事政变的原因 / 潘国臣 // 社会科学战线，2011（4）

巴西印象 / 徐彦文 // 丝绸之路，2011（15）

论巴西经济现代化奇迹的基础与隐患（1900-1968）/ 李建勇 // 现代商业，
　　2011（26）

巴西城镇化建设发展印象 / 王俊河 // 城市，2012（2）

巴西库里蒂巴　把城市建成"生态之都" / 中国城市和小城镇改革发展中心课
　　题组 // 城乡建设，2012（3）

巴西利亚——最年轻的"世界文化遗产" / 舒建平 // 中外文化交流，2012（4）

激进主义还是渐进主义？——基于巴西 20 年转型经历的思考 / 薛莉，刘厚俊
　　// 南京社会科学，2012（6）

色彩巴西 / 黄橙 // 风景名胜，2012（11）

巴西利亚：年轻的城市 年轻的文化遗产 / 刘少才 // 友声，2014（1）

巴西利亚　岂能偏安？/ 蒋波 // 国家人文历史，2014（8）

试析巴西独立运动的特殊性 / 李宝凤 // 才智，2014（36）

试论巴西帝国之终结 / 李争 // 河北大学，2014

拉美大国巴西 / 程宇航 // 老区建设，2015（11）

环境保护

巴西的经济发展与生态环境保护 / 吕银春 // 拉丁美洲研究，1992（4）

巴西履行联合国气候变化公约的态度、行动和计划 / 敬言化，林若池 // 全球
　　科技经济瞭望，1995（8）

墨西哥、巴西加强城市环境综合治理提高城市防灾能力的做法及其启示 / 侯玉
　　兰 // 城市问题，1996（6）

巴西近岸海域资源利用和环境保护的趋势 / 周厚诚，黄卫凯 // 海洋信息，1998（5）

国家生态环境安全——巴西亚马逊的启示 / 陈灌春，方振东 // 重庆环境科学，
　　2002（6）

巴西亚马孙地区环境保护与可持续发展的限制性因素 / 程晶 // 拉丁美洲研究，
　　2005（1）

巴西亚马孙森林资源保护的历史考察及启示 / 程晶 // 江汉大学学报，2005（2）

巴西、阿根廷公路环保考察报告 / 孙贵安 // 综合运输，2006（7）

巴西、阿根廷绿化情况考察报告 / 赴巴西、阿根廷绿化考察团 // 国土绿化，
　　2007（3）

巴西力保亚马逊雨林 / 陈丹 // 资源与人居环境，2007（1）

城市化进程中巴西圣保罗市环境问题探析 / 程晶 // 武汉大学学报（哲学社会
　　科学版），2008（2）

巴西热带雨林的危机和城市化的问题 / 赵红梅 // 中国环境管理丛书，2008（3）

智利 阿根廷 巴西环保掠影 / 朱京海 // 环境保护与循环经济，2008（7）

南美洲的低碳先行国家——解读巴西的低碳模型 / 余江涛 // 低碳世界，2011（3）

生态补偿看巴西 / 亓坤 // 新理财（政府理财），2011（6）

巴西雨林的保护措施——REDD/ 程宇航 // 老区建设，2011（19）

巴西环境史研究的发展、特点及其影响 / 程晶 // 史学理论研究，2013（2）

巴西气候变化政策的演变及其影响因素 / 贺双荣 // 拉丁美洲研究，2013（6）

巴西气象灾害防治 / 张庆阳，秦莲霞，郭家康 // 中国减灾，2013（13）

巴西环境治理模式及对中国的启示 / 王友明 // 当代世界，2014（9）

全球碳市场排放交易案例研究　巴西篇 / 李雪蕊 // 资源与人居环境，2014（12）

比较研究

印度、巴西的技术引进比较 / 陈任，沈小楠 // 外国经济与管理，1987（1）

大型发展中国家的经济发展——中国、印度、巴西的比较研究/贺晓东//亚太经济，1987（3）

废奴后巴西和美国种族关系的比较/刘新民//拉丁美洲研究，1989（1）

巴西阿根廷等四国反通货膨胀比较研究/余路明等//经济学动态，1989（3）

南朝鲜、台湾与墨西哥、巴西经济发展模式比较/戴羿//经济社会体制比较，1989（4）

中国巴西利用外资的比较研究/尚明，关尚代//国际金融研究，1989（6）

中国和印度、巴西工业化道路比较/巫宁耕//北京大学学报（哲学社会科学版），1991（4）

国有工业企业成功的决定因素——对法国、瑞典、意大利、印度和巴西五国的比较分析/赵艾//国际技术经济研究学报，1992（4）

巴西与东亚的经济增长和收入分配模式比较/陈广汉//中山大学学报（社会科学版），1992（4）

中国、印度、巴西三国高等学校科技潜力比较/王伟龙//科学学与科学技术管理，1992（4）

国有工业企业经营机制的国际比较——对法国、瑞典、意大利、印度、巴西五国的分析报告/赵艾//中国工业经济研究，1992（11）

巴西劳动法概况与我国相关问题的比较/黎建飞//法学杂志，1993（1）

巴西与新加坡外资政策比较分析/程岂凡，赵吉庆//甘肃理论学刊，1993（4）

美、法、巴西、印度分税制与税务机构比较研究/萧承龄//涉外税务，1994（2）

韩国与巴西政府投资的流向及效益比较/刘正才//当代世界与社会主义，1996（1）

韩国与巴西政府投资比较/刘正才//东北亚论坛，1996（2）

结构调整与体制变革的关系——巴西与韩国的比较/尹保云//战略与管理，1997（4）

巴西与韩国结构调整的比较/尹保云//世界经济，1997（11）

巴西与韩国的"官僚－威权主义"比较/尹保云//拉丁美洲研究，1998（5）

秘鲁和巴西亚马孙河森林破坏驱动力的比较分析/Jacques Imbernon；石培礼［译］//AMBIO－人类环境杂志，1999（6）

韩国与巴西工业化道路比较/江时学//当代亚太，2002（4）

美国、巴西艾滋病预防控制工作的现状和启示 / 段明月，蔡纪明 // 中国艾滋病性病，2003（5）

论政党共识对民主化绩效的影响——关于巴西、委内瑞拉和尼日利亚的实证比较 / 王庆兵 // 云南行政学院学报，2003（6）

中国与巴西两国大学生人际价值观跨文化比较 / 吴荣先 // 宁波广播电视大学学报，2005（1）

中国、巴西、印度三国利用外资政策和绩效比较 / 李洁 // 世界经济与政治论坛，2005（6）

中国和美国、巴西、阿根廷大豆国际贸易依存度比较 / 张清 // 世界农业，2006（12）

大国政府改革——美国、巴西、俄罗斯、印度和中国20年进展 / 李洁 // 世界经济与政治论坛，2007（2）

经济因素与民主化绩效关系考证——关于巴西、委内瑞拉和尼日利亚的实证比较 / 王庆兵 // 西南大学学报（人文社会科学版），2007（2）

日本、泰国、韩国、巴西农村医疗制度对我国的启示 / 邱家学，赵丽华 // 中国药业，2007（14）

巴西和墨西哥利用外国直接投资比较研究 / 郭晓倩 // 东北财经大学，2007

发展中国家基础教育发展政策的比较研究——以中国、印度、巴西为例 / 张瑞英 // 牡丹江师范学院学报（哲学社会科学版），2008（5）

中国、巴西畜产品国际竞争力比较及启示 / 刘学忠 // 世界农业，2008（8）

中国与巴西农村发展中几个问题的比较与启示 / 李红涛，付少平，李俏 // 世界农业，2008（9）

巴西、日本、俄罗斯和瑞典的分权改革与公民参与的比较研究 /〔巴西〕Christina W. Andrews,〔荷兰〕Michiel S. de Vries；王洋洋，敬乂嘉〔译〕// 中国行政管理，2008（10）

内外需协调的国际经验与启示——以美国、日本、巴西为例 / 刘璞，刘珺，张辰利 // 商场现代化，2008（18）

新兴市场国家外汇期货推出对现货市场风险的影响——基于韩国和巴西数据的实证分析 / 温博慧 // 亚太经济，2009（2）

欧元对国际货币体系的冲击：中国和巴西的经验 /〔西〕米格尔·奥特罗－伊

格莱西亚斯；崔秀梅［译］// 国际经济评论，2009（4）

中国、巴西：城市反贫困的比较及其启示 / 陈锋正 // 经济与管理，2009（6）

多人口发展中国家研究生教育比较研究及启示——以印度、巴西、墨西哥研究生教育改革发展为例 / 燕京晶，裴旭，陈伟，// 中国高教研究，2009（7）

中国与巴西贫富差距比较 / 杨素芳，黄玉辉，// 现代经济信息，2009（24）

领导权的意义：中国和巴西案例研究 / 朱安娜（Wolf, Joana Manuela Pereira）// 吉林大学，2009

中国与巴西乡村发展历程比较研究 / 李红涛 // 西北农林科技大学，2009

新兴市场国家外资银行监管模式及国际比较——以波兰、印尼、巴西和中国为例 / 王健 // 亚太经济，2010（1）

巴西、印度、中国与西方七国房地产业关联效应的比较研究 / 余劲，任洪浩，// 世界经济与政治论坛，2010（5）

巴西、中国及印度减贫工作之比较 / 〔澳〕马丁·拉瓦利恩；石芸［译］// 国外理论动态，2010（8）

巴西与我国台湾的经济增长和收入分配比较分析 / 杨羽馨 // 企业经济，2010（9）

国际技术扩散和区域经济增长：政策、效果及启示——韩国、印度和巴西的比较研究 / 刘青海 // 科学学与科学技术管理，2010（12）

中国、巴西体育竞争力之比较研究 / 李长洪 // 科技创新导报，2011（9）

巴西与中国的参与式预算比较：财政选择和制度思考 / 徐娟娟 // 黑龙江对外经贸，2011（10）

巴西、中国旅游市场发展比较与借鉴 / 孔令学 // 拉丁美洲研究，2012（1）

地方政府预算中公众参与的路径——基于中国与巴西两国实践中的个案比较 / 刘崇娜 // 理论与改革，2012（3）

发展中国家老人劳动参与规律分析：基于巴西、印度的比较 / 宁泽逵，王征兵，宁攸凉 // 华东经济管理，2012（5）

我国生态补偿性财政转移支付研究——基于巴西的国际经验借鉴 / 宋小宁 // 价格理论与实践，2012（7）

中国、巴西参与式预算实践比较与启示 / 刘璐，白建明，徐曼 // 商业时代，2012（33）

市场经济改革背景下的产业政策调整——印度和巴西的实例 / 盛浩 // 东南亚

纵横，2013（2）

中国与巴西贫富差距问题分析及借鉴 / 王琳，唐子茜 // 哈尔滨师范大学社会
科学学报，2013（5）

日本、法国、巴西与中国农业现代化发展的比较 / 王文锋 // 世界农业，2013（6）

巴西大豆的成功经验对中国大豆产业的启示 / 李晓俐 // 世界农业，2013（11）

巴西、埃及等发展中国家医疗保障经验及启示 / 吴思 // 中国公共卫生管理，
2014（1）

地方政府债务问题与危机风险防范——巴西教训及对我国地方债务问题的再
审视 / 谢璐，韩文龙 // 企业经济，2014（1）

从韩国和巴西的发展看我国工业增长趋势 / 付保宗 // 宏观经济管理，2014（2）

中国与巴西海上油气发展比较研究 / 李怀印，李宏伟 // 中国工程科学，2014（3）

量化宽松货币政策对新兴市场的溢出效应分析——基于中国和巴西的经验研
究 / 刘兰芬，韩立岩 // 管理评论，2014（6）

中国与巴西森林犯罪刑法规定之比较研究 / 寿莹佳，卫乐乐 // 环境污染与防
治，2014（7）

医疗服务公私伙伴关系个案分析及对中国的启示——基于巴西、南非和印度
的分析 / 陈龙，冯蕾，张瑞宏，毛勇，王凯 // 中国卫生政策研究，2014
（12）

印度、巴西关于可持续及宜居城市的比较研究 / 李彦，刘海燕 // 中国经贸导
刊，2014（15）

美国与巴西农业生产风险管理比较 / 王丽薇，朱续章 // 人民论坛，2014（29）

人才流失影响因素研究——基于中国、俄罗斯、巴西三国的比较分析 / 田帆，
方卫华 // 中国经贸导刊，2014（29）

美国、日本和巴西的城市化模式比较 / 林伟 // 河南大学，2014

对外直接投资中的劳动法因素：巴西与中国的比较 / 姜朋，丽吉娅·毛拉·科
斯塔，陈涛涛 // 国际经济合作，2015（1）

巴西与智利的校餐计划比较研究 / 唐俊 // 西南科技大学学报（哲学社会科学
版），2015（2）

中国与拉美国家农产品出口供应链质量安全监管模式比较的实证研究——以
巴西、阿根廷、智利为例 / 赵银德，苟建华，宋树理 // 浙江外国语学院

学报，2015（4）

中国制糖产业竞争力对比与政策建议——基于对巴西、印度、泰国考察的比较 / 翁卓，黄寒 // 甘蔗糖业，2015（4）

中国、美国与巴西棉花补贴政策差异性分析及对中国新疆棉花补贴政策的启示 / 田立文，白和斌，崔建平，徐海江，郭仁松，林涛 // 世界农业，2015（10）

对外贸易经济增长与环境：中国和巴西的比较 / 陈旖婧 // 浙江大学，2015

韩国、巴西现代化进程中军人政权的比较分析 / 潘奕萍 // 外交学院，2015

秘鲁

简况

秘鲁共和国位于南美洲西部，北邻厄瓜多尔、哥伦比亚，东界巴西，南接智利，东南与玻利维亚毗连，西濒太平洋，面积为1285216平方公里。人口3081万（2014年），其中印第安人占45%，印欧混血种人占37%，白人占15%，其他人种占3%。官方语言为西班牙语，一些地区通用克丘亚语、艾马拉语和其他30多种印第安语。96%的居民信奉天主教，首都为利马，独立日是7月28日。

安第斯山脉纵贯全境，全境从西向东分为热带沙漠、高原和热带雨林气候。年平均气温西部为12~32℃，中部为1~14℃，东部为24~35℃。有乌卡亚利河、马拉尼翁河和普图马约河。的的喀喀湖面积8686平方公里，坐落在东部与玻利维亚交界处，海拔3815米，为世界上最高的淡水湖。海岸线长2254公里。秘鲁矿产资源丰富，是世界12大矿产国之一，主要矿产有金、银、铜、锌、锡等。工业以采矿、纺织、冶炼、制糖为主，农业主要生产甘蔗、稻、咖啡、棉花等。森林覆盖率为58%，面积为7800万公顷，在南美洲仅次于巴西。渔业资源丰富，鱼粉产量居世界前列。交通运输以公路为主，公路货运量占全国运输总量的80%。水上运输较发达，外贸主要依靠海上运输。现有公路14.07万公里、铁路

1953 公里。货币名称为新索尔。

　　秘鲁是拉美文明古国之一。公元 11 世纪，印第安人以库斯科城为首都，在高原地区建立印加帝国。15~16 世纪初形成美洲的古代文明之一——印加文明。1533 年该地沦为西班牙殖民地。1544 年成立秘鲁总督区，成为西班牙在南美殖民统治的中心。1821 年 7 月 28 日宣布独立。1835 年，秘鲁与玻利维亚合并，称秘鲁－玻利维亚邦联，1839 年邦联瓦解。1879~1883 年，秘鲁联合玻利维亚同智利进行了"太平洋战争"，秘战败割地。秘长期遭受内乱外患，军人曾多年执政。1980 年举行民主选举，恢复文人政府。1990~2000 年，"改革 90"领导人藤森（日裔）两任总统，2000 年 11 月辞职流亡日本。2001~2006 年，"秘鲁可行"党领导人托莱多任总统。2006~2011 年，阿普拉党领袖加西亚任总统。2011 年 7 月 28 日，民族主义党主席乌马拉就任总统，任期 5 年。秘鲁奉行独立自主的外交政策，强调外交为经济发展服务；主张在国际事务中遵循国际法、联合国宪章和美洲国家组织准则，维护国际和平与安全；支持联合国改革，主张加强联合国的权威；尊重普世人权观；重视同美国关系，积极发展同拉美国家关系，支持地区团结和一体化，反对地区军备竞赛，努力拓展同欧盟及亚太国家的关系。1971 年 11 月 2 日秘鲁同中国建交。

政治　法律

政治理论

秘鲁早期马克思主义者马里亚特吉 / 白凤森 // 拉丁美洲丛刊，1983（2）

秘鲁杰出的马克思主义者何塞·卡洛斯·马里亚特吉 / 张文焕 // 国际共运史研究，1988（1）

马里亚特吉革命精神的现实性——在马里亚特吉诞生 100 周年纪念会上的讲话 /〔秘鲁〕胡安·莫里略 // 拉丁美洲研究，1994（5）

马里亚特吉、拉美社会主义及亚洲 /〔西〕爱德瓦尔多·苏比拉；童珊〔译〕

//海派经济学，2010（2）

马里亚特吉与拉美马克思主义——兼与中国化马克思主义比较/韩欲立，温晓春//北方论丛，2012（6）

拉美马克思主义思想之父——马里亚特吉述评/叶健辉//马克思主义研究，2013（3）

政治概况

"秘鲁样板"的初步总结/张虎生//拉丁美洲丛刊，1980（1）

关于秘鲁古代印加社会性质的一种新观点/龚常//世界历史，1980（4）

对秘鲁现阶段社会性质的初步看法/张虎生//拉丁美洲丛刊，1981（3）

秘鲁高原上的乌托邦试验/〔秘鲁〕朱里奥·贡扎莱·路易兹；李海林［摘译］//现代外国哲学社会科学文摘，1982（1）

贝朗德及其"秘鲁即学说"/肖枫//拉丁美洲丛刊，1982（2）

秘鲁共和国/徐英//拉丁美洲丛刊，1983（1）

秘鲁政治统治的新模式/朱利欧·科特勒；张学群［译］//现代外国哲学社会科学文摘，1983（3）

秘鲁的印第安人问题/〔秘鲁〕何塞·卡洛斯·马里亚特吉；齐明山［译］//民族译丛，1983（6）

秘鲁/陈玉明//国际贸易，1983（7）

秘鲁新总统加西亚·佩雷斯/周瑞芳//世界知识，1985（13）

秘鲁新政府调整内外政策/王树柏//瞭望周刊，1986（30）

玻利维亚、厄瓜多尔和秘鲁土著居民的一体化/〔苏联〕T.贡恰罗娃；朱伦［译］//民族译丛，1987（4）

加西亚时期秘鲁的反腐败政治改革/王重方//拉丁美洲研究，1989（2）

古代秘鲁地区印第安人的宗教/江立华//河北大学学报（哲学社会科学版），1989（3）

秘鲁局势与大选角逐/王树柏//瞭望周刊，1989（45）

秘鲁前总理梅尔卡多·哈林谈拉美形势/驰骋//拉丁美洲研究，1990（3）

藤森在秘鲁大选中异军突起/王树柏//瞭望周刊，1990（18）

秘鲁的宪制危机及其背景 / 李佳 // 拉丁美洲研究，1992（4）

动荡政局探析秘鲁 / 宗河 // 国际展望，1992（9）

秘鲁政局的大震荡 / 阎校华 // 世界知识，1992（10）

秘鲁"红太阳"的陨落 / 郑思浅 // 国际新闻界，1993（1）

1968 — 1975 年的秘鲁军政权 / 董经胜 // 山东师大学报（社会科学版），
　　1994（2）

秘鲁民众天主教简介 / 吕臣重 // 世界宗教资料，1994（4）

密林深处有人家——访秘鲁印第安部落 / 张守平 // 世界知识，1994（9）

秘鲁印象 / 彭望东 // 政党与当代世界，1994（12）

墨西哥和秘鲁民族整合的差异及其形成原因 / 韩琦 // 拉丁美洲研究，1995（4）

藤森——一位令人惊叹的人物 / 杨斌 // 当代世界，1995（7）

连任的秘鲁日裔总统藤森 / 谈闻 // 现代交际，1995（7）

藤森蝉联秘鲁总统 / 张怀林 // 现代国际关系，1995（7）

秘鲁藤森政府的内外政策及其存在的问题 / 张怀林 // 国际资料信息，1995（10）

藤森何以连任秘鲁总统 / 童炳强 // 瞭望新闻周刊，1995（17）

轰然倒塌的黄金帝国（下）——印加帝国（秘鲁）的灭亡 / 马英俊 // 中国黄
　　金经济，1996（6）

藤森新政与秘鲁经济奇迹 / 朱钟棣 // 世界经济，1997（2）

虎视东太平洋——墨西哥、秘鲁、智利海军简况 / 梁军 // 当代海军，1997（3）

秘鲁人质危机的背景和影响 / 海燕 // 佳木斯师专学报，1997（3）

藤森：从平民到总统 / 孙若彦，21 世纪，1997（4）

从秘鲁人质事件谈起 / 刘新民 // 世界知识，1997（5）

秘鲁人质救援行动纪实 / 王建国 // 世界博览，1997（7）

秘鲁解救人质纪实 / 陆在宽 // 记者观察，1997（8）

令世界震惊的秘鲁人质事件 / 罗培德 // 时代风采，1997（9）

秘鲁人质危机始末 / 杨静，杜宇 // 人民公安，1997（10）

秘鲁、阿根廷社会救助的有效方式 / 民政部代表团 // 中国民政，1999（1）

秘鲁与东亚发展道路之比较 /〔加拿大〕卡麦龙，诺斯；席侃［译］// 现代外
　　国哲学社会科学文摘，1999（4）

秘鲁：政府行为下的民族语言 / 王锋 // 民族团结，1999（4）

我眼中的秘鲁总统藤森 / 朱祥忠 // 世纪, 2000 (1)

拉美军队的新职业化与军人参政——20 世纪六七十年代巴西、秘鲁之比较研究 / 董经胜 // 拉丁美洲研究, 2000 (4)

巴西、秘鲁社会福利考察及思考 / 温长洛 // 中国民政, 2000 (7)

藤森下台与秘鲁政局走向 / 杨首国, 尚德良 // 国际资料信息, 2000 (12)

藤森的革命与被革命 / 杨首国 // 世界知识, 2000 (24)

藤森甩手不干 秘鲁陷入混局 / 姚欣 // 瞭望新闻周刊, 2000 (48)

秘鲁政局动荡的原因及其演变趋势——评 2000 年秘鲁的政治形势 / 吴国平 // 拉丁美洲研究, 2001 (1)

藤森身后的黑影子——前秘鲁国家情报顾问蒙特西诺斯 / 夏琦 // 当代世界, 2001 (2)

印第安人的希望之星——秘鲁总统亚历杭德罗·托莱多 / 夏琦 // 当代世界, 2001 (7)

蒙特西诺斯引发秘鲁政坛巨变的间谍首脑 / 陈华 // 国家安全通讯, 2001 (4)

"藤森现象": 腐败政权的挽歌 / 宇杰, 曲明利 // 党风与廉政, 2001 (5)

秘鲁现代化迟缓原因探析 / 韩琦 // 世界历史, 2003 (4)

秘鲁城市女性劳动参与的微观研究 / 王慧莲 // 南方人口, 2003 (4)

秘鲁土著居民的困惑: 丰富的资源与极端贫困 / 〔秘鲁〕埃莲娜·卡尔普·德托莱多 // 拉丁美洲研究, 2004 (3)

藤森: 为何冒险闯关 / 刘延棠 // 瞭望新闻周刊, 2005 (46)

秘鲁私立卫生部门提供公共卫生服务的研究 / 陆慧, 陈家应 // 国外医学 (卫生经济分册), 2006 (2)

论 "藤森现象" / 江时学 // 拉丁美洲研究, 2006 (3)

论秘鲁寡头政权的兴衰 / 谢徐玮 // 漳州师范学院学报 (哲学社会科学版), 2008 (4)

藤森引渡案中的国际法问题 / 王孔祥 // 国际关系学院学报, 2008 (4)

试论制约拉美日裔同化与融合的心理因素——以二战前巴西和秘鲁日裔为例 / 刘兆华, 祝曙光 // 社会科学战线, 2008 (8)

与秘鲁前总统托雷多面对面 / 罗峰 // 社会观察, 2009 (1)

秘鲁阿普拉党研究综述 / 谢徐玮 // 重庆科技学院学报 (社会科学版), 2009 (3)

126 天的营救——秘鲁军警解救人质之战术透析 / 王广荣，鲁瑞海，佟鑫 // 轻兵器，2009（21）

"雷人"事儿一大把的秘鲁总统加西亚 / 周有恒 // 人物，2010（12）

秘鲁现代化进程中的印第安人问题 / 张寒 // 赤峰学院学报（汉文哲学社会科学版），2013（7）

秘鲁养老保障制度初步研究（上）// 上海国资，2013（7）

秘鲁养老保障制度初步研究（下）// 上海国资，2013（8）

秘鲁民族主义的演变及其特点 / 宋欣欣 // 世界近现代史研究（第十辑），2013

秘鲁贫困状况变化特点及原因分析（2001~2010 年）/ 李婕 // 拉丁美洲研究，2014（2）

秘鲁民族主义党的执政经验与教训 / 范蕾 // 拉丁美洲研究，2014（4）

对秘鲁阿普拉党适应性转型的初步分析 / 李菡 // 拉丁美洲研究，2014（5）

秘鲁独立以来政治发展道路的特点及启示 / 文学 // 北京社会科学，2015（3）

秘鲁阿普拉主义的本土性特征及其启示 / 李菡 // 西南科技大学学报（哲学社会科学版），2015（5）

拉美国家人权监察机构在国家政治转型中的作用——以危地马拉、萨尔瓦多和秘鲁人权监察机构为例 / 范继增 // 人权，2015（5）

秘鲁的土著主义与新国家认同的构建 / 宋欣欣 // 拉丁美洲研究，2015（6）

法律

秘鲁颁布国家总档案馆法 / 李雪云 // 档案学通讯，1982（6）

1984 年秘鲁新民法典中的《国际私法编》/ 郭景芳 // 外交学院学报，1988（4）

秘鲁关于跨国公司的立法 / 卢传敏 // 拉丁美洲研究，1993（2）

秘鲁的检察制度 // 人民检察，1997（6）

秘鲁有关承包工程方面的税收法律制度简介 / 杨光 // 对外经贸财会，2000（2）

外交

秘鲁华工问题的若干史料简析 / 尚文 // 拉丁美洲丛刊，1981（4）

秘鲁鸟粪岛上的华工泪 / 刘天潜 // 拉丁美洲丛刊，1982（6）

利马——秘鲁共和国首都，中秘友谊的象征 / 史更新 // 拉丁美洲丛刊，1983（5）

中国同秘鲁的历史关系及两国首次建交 / 孙桂荣 // 拉丁美洲丛刊，1983（6）

华工在秘鲁 / 家哲 // 社会科学，1983（12）

庇护权案——哥伦比亚诉秘鲁 /〔美〕路易斯·亨金；张潇剑［译］// 国外法
学，1987（4）

秘鲁反对美国干涉的一场斗争 / 周子勤 // 拉丁美洲研究，1990（5）

秘鲁的"日本旋风" / 王树柏 // 世界知识，1990（13）

为秘鲁经济重获生机的人们——华工 / 王佩琏 // 首都师范大学学报（社会科
学版），1993（4）

秘鲁华侨华人经济的变化和发展 / 杨安尧 // 八桂侨史，1994（1）

挖鸟粪起家的秘鲁华人 / 张守平 // 光彩，1994（4）

交流与合作——中国司法代表团访问阿根廷、秘鲁纪实 / 张金桑 // 当代司法，
1995（4）

秘鲁和厄瓜多尔的边界冲突 / 华平 // 现代军事，1995（4）

古代中国人在秘鲁的足迹（上）/ 李玉珍 // 中外文化交流，1996（5）

中国人在秘鲁的足迹（下）/ 李玉珍 // 中外文化交流，1996（6）

华工与秘鲁华人社会 / 杨安尧 // 华侨华人历史研究，2000（3）

她有一颗炽热的中国心——记秘鲁华人何莲香女士 / 陈久长 // 友声，2001（1）

她有一颗炽热的中国心——记秘鲁华人何莲香女士（续）/ 陈久长 // 友声，
2001（2）

"无雨之都"的风风雨雨——秘鲁利马访问记 / 林明江 // 海内与海外，2002（1）

全球化视野下的秘鲁外交 /〔秘鲁〕曼努埃尔·罗德里格斯；温素珍［译］// 拉
丁美洲研究，2002（1）

中秘交往源远流长——秘鲁学者在世界史所和拉美所作关于秘鲁华侨的学术
报告 / 冯秀文 // 拉丁美洲研究，2002（3）

秘鲁华人社团的形成与发展 / 卜君哲 // 八桂侨刊，2003（1）

荣誉公民·代言人·影星——倾心中国文化的秘鲁学者吉叶墨·达尼诺·里
瓦托 / 王世申 // 中外文化交流，2003（8）

塞内帕河空战 1995：秘鲁与厄瓜多尔的秘密战争 / 段亚波 // 国际展望，

2003（19）

秘鲁与日本：藤森之结 / 刘国强 // 瞭望新闻周刊，2003（32）

出使古巴秘鲁七年记 / 叶扬 // 侨园，2004（2）

从秘鲁华工案看晚清海外华人政策的演变 / 杨艳琼 // 浙江史学论丛（第一辑），
    2004

清末中国与秘鲁首次建交的原因考察 / 程晶 // 咸阳师范学院学报，2005（1）

在"理"与"力"之间——李鸿章与"秘鲁华工案"和英国"马嘉理案" / 雷
    颐 // 寻根，2005（6）

秘鲁华工案与晚清海外华人政策 / 陈晓燕，杨艳琼 // 福建论坛（人文社会科
    学版），2005（7）

秘鲁华工交涉中的李鸿章 / 沈燕清 // 八桂侨刊，2006（2）

秘鲁与中国关系的发展 / 陈路，范蕾 // 拉丁美洲研究，2006（2）

在"公理"与"实力"之间——以李鸿章处理"秘鲁华工案"和英国"马嘉
    理案"为例 / 雷颐 // 国际经济评论，2006（3）

秘鲁对外国判决和仲裁裁决的承认与执行 / 黄文旭 // 上海商学院学报，2008(1)

二战前拉美日裔同化与融合的制约因素——以秘鲁和巴西为例 / 刘兆华，祝曙
    光 // 史学月刊，2008（8）

孔子学院落户秘鲁 / 丁斌 // 走向世界，2009（1）

早期华工在秘鲁 / 吴若增 // 档案春秋，2009（7）

伍廷芳与秘鲁排斥华工的交涉 / 李中省，段海凤 // 五邑大学学报（社会科学
    版），2010（4）

李鸿章为秘鲁华工维权 / 鹏程 // 晚报文萃，2012（13）

抗战时期秘鲁华侨对祖国的支援初探 / 潘澎 // 长沙大学学报，2013（1）

李鸿章与秘鲁华工案 / 赵宇，廖大伟 // 沈阳大学学报（社会科学版），2013（3）

二战前秘鲁的日本移民研究 / 胡新苏，韩涛 // 黑龙江史志，2013（21）

秘鲁和智利的海域争端：回顾与反思 / 埃里克（Erick Essenin Lavalle Terry）//
    吉林大学，2013

国际法院海洋划界的新实践——2014 年秘鲁诉智利案评析 / 黄瑶，廖雪霞 //
    国际法研究，2014（1）

斗争与融合：契约华工与秘鲁华人社会的形成 / 张华贞 // 西南科技大学学报

（哲学社会科学版），2014（1）

二战期间秘鲁对日裔驱逐事件研究 / 胡新苏 // 福建师范大学，2014

浅析秘鲁华侨华人对中国与秘鲁关系的影响 / 刘小洁 // 外交学院，2015

经济

经济概况

秘鲁 200 浬海洋权的地理分析 / 李春芬 // 华东师范大学学报（自然科学版），
　　1978（1）

秘鲁土地改革后的农村生产关系 / 张虎生 // 拉丁美洲丛刊，1979（1）

漫话秘鲁渔业 / 孙国维 // 世界知识，1979（14）

秘鲁的鳀鱼和鸟粪 / 枫林 // 拉丁美洲丛刊，1980（2）

1968-1976 年秘鲁经济的发展和变化 /〔秘鲁〕弗朗西克斯·蒙克洛亚等；张
　　虎生等［摘译］// 世界经济译丛，1980（2）

秘鲁经济的支柱——矿业 / 枫林 // 拉丁美洲丛刊，1981（2）

秘鲁渔业的兴衰 / 白凤森 // 拉丁美洲丛刊，1981（4）

秘鲁的渔业资源和生产现状 / 王东来 // 世界农业，1981（5）

秘鲁经济发展的问题和政府对策 / 徐世澄 // 拉丁美洲丛刊，1982（3）

秘鲁的渔业生产和鱼制品贸易 / 徐作印，金志敏 // 当代畜牧，1985（1）

秘鲁的水土管理与水土保持 /Axel Dourojeanni；吴浩然［译］// 水土保持科技
　　情报，1985（4）

秘鲁国营企业的发展及其存在的问题 / 白凤森 // 拉丁美洲丛刊，1985（5）

评秘鲁农村土地改革 / 周子勤 // 拉丁美洲研究，1986（2）

试析秘鲁 1968—1980 年的经济发展战略 / 徐世澄 // 拉丁美洲研究，1986（2）

埃及、秘鲁、苏丹的公路简况 / 汪文黔［摘译］// 国外公路，1987（5）

浅析秘鲁的经济调整 / 李在芹 // 拉丁美洲研究，1987（5）

复兴中的秘鲁鱼粉工业 / 王树柏，颜月珍 // 瞭望周刊，1987（32）

秘鲁的武器进口 / 京文 // 现代兵器，1988（12）

秘鲁南部铜矿技术考察及其评述 / 吴启赜 // 金属矿山，1988（12）

秘鲁的粮食概况 / 王军［译］// 粮食经济研究，1988（专辑）

秘鲁可再生能源的开发利用概况 / 徐仁生［译］// 能源研究与信息，1989（4）

南美洲的钨资源（二）——玻利维亚、秘鲁、阿根廷 /C. D. Wilig 等；石磊［摘译］// 中国钨业，1989（5）

秘鲁 60、70 年代工业化进程对人民生活的影响 / 周子勤 // 拉丁美洲研究，1989（6）

秘鲁政府管理外债的对策 / 任会中 // 国际贸易，1989（9）

秘鲁 1988 至 1989 年经济危机 / 周子勤 // 拉丁美洲研究，1990（3）

秘鲁：采取严厉措施，扭转经济形势 / 周子勤 // 拉丁美洲研究，1992（2）

关于秘鲁国营企业私有化问题的一些思考 / 周子勤 // 拉丁美洲研究，1992（4）

关于秘鲁渔场成因的研究与探讨 // 任会 / 海洋渔业，1992（5）

秘鲁石油工业的新进展及私有化问题 / 樊丽红 // 世界石油工业，1993（10）

秘鲁藤森政府的经济调整 / 乔毓龄 // 对外贸易外语系科研论文集（第二期），1993

秘鲁的经济改革 /〔秘鲁〕埃·冈萨雷斯·德奥拉特；胡强［摘译］// 世界经济译丛，1994（2）

秘鲁市场 / 张凡 // 拉丁美洲研究，1994（2）

秘鲁的农业生产和农业科学研究 / 茹明定，李生秀，刘辉，郑梦强 // 干旱地区农业研究，1994（4）

秘鲁黑市和经济不发达的根源：重商主义制度——评埃尔南多·德索托的《另一条道路》/ 韩琦 // 拉丁美洲研究，1995（6）

世界贸易组织成员国如何开放市场和举办特区——秘鲁、巴西、墨西哥三国考察报告 / 陈图深，李林，程正华，刘军 // 特区经济，1995（8）

二十一世纪的秘鲁采矿业 / 王坚，周叔良 // 世界采矿快报，1995（34）

关于秘鲁的经济改革 / 宋晓平 // 拉丁美洲研究，1997（1）

秘鲁投资环境简介 / 徐强［编译］// 机电国际市场，1998（4-5）

秘鲁的矿业概况 / 丁锋［译］// 国外地质勘探技术，1998（5）

秘鲁采矿业繁荣兴旺 // 世界采矿快报，1998（7）

秘鲁的水电开发 /〔秘鲁〕J. 巴斯特蒙特·加彭；朱红［译］// 水利水电快报，1998（16）

秘鲁和巴西亚马孙河森林破坏驱动力的比较分析 //Jacques Imbernon；石培礼 ［译］//AMBIO- 人类环境杂志，1999（6）

秘鲁矿业开发 // 世界有色金属，2002（3）

秘鲁的矿业投资环境 / 张华 // 国土资源，2002（4）

秘鲁努力改善贸易和投资环境 / 张颖 // 拉丁美洲研究，2002（6）

秘鲁亚马孙地区与毁林相联系的国家农业政策：Tambopata 的案例研究，1986~1997/Nora L. Alvarez, Lisa Naughton-Treves；王胜［译］//AMBIO-人类环境杂志，2003（4）

秘鲁铜工业 / 苏鸿英［编译］// 世界有色金属，2004（6）

秘鲁和智利的农业科研和农业机械化 / 晴黎 // 山东农机化，2004（8）

投资"太阳之国"——秘鲁 / 高潮 // 中国对外贸易，2005（1）

秘鲁金矿成矿规律及资源远景分析 / 刘显沐 // 黄金，2005（6）

秘鲁鱼粉市场变化对我国的影响 / 范俊英 // 中国牧业通讯，2006（12）

秘鲁石油天然气工业概览 / 童全生［编译］// 中国石油和化工经济分析，2006（13）

2000~2004 年秘鲁矿业 / 张苺 // 中国金属通报，2006（26）

2000~2004 年秘鲁矿业 / 张苺 // 中国金属通报，2006（27）

秘鲁矿业振兴已见成效 / 殷德洪 // 世界有色金属，2007（5）

秘鲁和巴西矿产资源管理制度研究 / 王瑞生 // 中国国土资源经济，2007（11）

秘鲁投资与经贸风险分析报告 /（中国信保《国家风险分析报告》）// 国际融资，2008（8）

秘鲁：投资开发矿产业的"天堂" / 陈远望［编译］// 世界有色金属，2008（11）

秘鲁的有色金属矿业 / 陈远望［编译］// 世界有色金属，2009（1）

秘鲁矿区的人文环境 / 陈远望［编译］// 世界有色金属，2009（2）

秘鲁、加拿大两国黄金市场发展现状及对我国的启示 / 闫晓梅 // 西南金融，2009（3）

秘鲁矿业概览 / 宋国明 // 中国金属通报，2009（4）

秘鲁：南美投资胜地 / 高潮 // 中国对外贸易，2009（5）

赴巴西智利秘鲁土地资源管理考察报告 / 浙江省国土资源厅赴巴西、智利和秘鲁考察团 // 浙江国土资源，2010（11）

巴西、秘鲁林业考察报告 / 刘荣光，马萍，蒋齐，白小军，张小波，赵庆丰 // 宁夏农林科技，2011（7）

秘鲁铜工业展望 / 苏鸿英［编译］// 资源再生，2011（10）

赴巴西、秘鲁考察现代农业引进种质资源情况报告 / 黑龙江省现代农业考察团 // 种子世界，2012（5）

指数保险发展：基于印度、蒙古、秘鲁和马拉维的案例分析 / 高娇 // 农村经济与科技，2012（7）

秘鲁农牧业发展概况 / 曲春红，龚娅萍，母锁森 // 世界农业，2012（9）

19 世纪秘鲁铁路建设的起落与反思 / 任克佳 // 拉丁美洲研究，2013（1）

21 世纪以来秘鲁经济走势及原因初探 / 李婕 // 拉丁美洲研究，2013（4）

秘鲁的矿业管理及投资环境 / 陈秀法，赵宏军，韩九曦，元春华 // 中国矿业，2013（3）

秘鲁矿业投资环境分析 / 胡中岳 // 资源环境与工程，2013（5）

秘鲁房地产发展现状与特点探析——发展迅速但泡沫化初现 / 冯烁 // 财经界（学术版），2013（21）

秘鲁铜工业发展新趋势 / 苏鸿英［编译］// 资源再生，2014（1）

秘鲁经济形势回顾与展望 / 商务部驻秘鲁经商参处 // 国际工程与劳务，2014（2）

秘鲁竹业发展概况 / 蔡函江，丁兴萃，吴再兴，陈章敏，李能 // 世界林业研究，2014（4）

投资秘鲁市场实践研究 / 王蕴重 // 国际工程与劳务，2014（9）

秘鲁的金融消费者保护体系 / 张韶华 // 征信，2014（11）

秘鲁小微金融监管实践对我国的启示 / 周梅丽，王佳，顾陈杰 // 华北金融，2014（12）

秘鲁经济与商业环境风险分析报告 / 葛敏 // 国际融资，2015（7）

秘鲁特产玛卡的研究进展 / 叶丽芳 // 科技与企业，2015（11）

秘鲁的矿产资源和矿业开发 / 陈玉明，陈秀法，赵宏军 // 中国矿业，2015（11）

对外经贸关系

日本和秘鲁经济关系的发展 / 杨启藩 // 拉丁美洲研究，1986（3）

秘鲁石油业的发展及其对外合作 / 白凤森 // 拉丁美洲研究，1986（3）

我国利用国际铁矿石资源的新途径——首钢收购与经营秘鲁铁矿公司的案例
　　研究 / 王海澜，唐新元 // 国际商务研究，1995（1）

秘鲁和智利机电产品市场考察报告 / 中国机电贸易合作代表团 // 世界机电经
　　贸信息，1995（10）

秘鲁和中国的经贸关系达最好水平 /〔秘鲁〕豪尔赫·戈迪略·巴雷托 // 国际
　　贸易，1995（12）

首钢收购秘鲁铁矿的启示 / 车宏卿 // 中外管理导报，1996（4）

秘鲁经济转型中的"经济外交" / 张怀林 // 现代国际关系，1997（8）

秘鲁——南美洲的贸易门户 / 赵进昌 // 世界机电经贸信息，1997（17）

中航技公司在秘鲁贸易前景初探 / 沈红 // 世界机电经贸信息，1997（17）

秘鲁市场环境与中秘经贸关系 / 张颖 // 拉丁美洲研究，2000（2）

秘鲁和智利的鱼粉供给状况对中国鱼粉产业的影响 / 杨志敏 // 拉丁美洲研究，
　　2000（3）

秘鲁的贸易改革和对外贸易关系的发展 / 张颖 // 拉丁美洲研究，2002（1）

墨西哥、秘鲁区域经济组织发展及税制情况 / 国家税务总局税务考察团 // 税
　　务研究，2003（9）

进一步实施油气资源"走出去"战略的思考——中国石油在秘鲁、委内瑞拉
　　勘探开发油气资源的考察 / 车长波，岳来群，徐组成，彭朋，张应红，
　　高雷 // 天然气经济，2004（5）

秘鲁：投资拉美新"启航" / 成圆清 // 大经贸，2007（2）

秘鲁农产品的国际竞争力及与中国双边贸易分析 / 王丽红，田志宏 // 世界农
　　业，2008（11）

秘鲁收藏的中国外销瓷及其影响研究 / 向玉婷 // 收藏家，2009（7）

投资秘鲁矿业的机遇与风险 / 宋国明 // 国土资源情报，2010（3）

投资秘鲁矿业的机会与挑战 / 雷贵春 // 世界有色金属，2010（6）

秘鲁矿产资源及中秘矿业合作前景 / 郭娟，刘树臣 // 国土资源情报，2010（7）

CPFTA 对中国 - 秘鲁双边贸易的影响效应研究 / 谷泉 // 中国商贸，2013（30）

中渔集团收购秘鲁鱼粉企业的启示 / 李励年 // 渔业信息与战略，2014（1）

中国秘鲁石油合作之路的回顾 / 陈久长 // 党史博览，2014（7）

首钢秘鲁铁矿项目的历史与变迁 / 郭洁 // 国际政治研究，2015（1）

秘鲁经济形势及中秘经贸合作展望 / 苑生龙 // 宏观经济管理，2015（8）

TPP 对我国林业的影响及对策——以美国－秘鲁林业协议为例 / 谢晨，张坤，
    张译心，王佳男，彭伟 // 林业经济，2015（11）

中国与秘鲁自由贸易区贸易效应的实证研究 / 董苗苗 // 安徽大学，2015

文化　教育

秘鲁古代文化 / 中国科学院考古研究所资料室 // 考古，1972（4）

秘鲁国家图书馆 / 张念书 // 山东图书馆季刊，1985（3）

秘鲁安底斯山区印加建筑考察 / 荆其敏 // 建筑学报，1989（11）

秘鲁安底斯山区印加建筑文明与外来文化 / 荆其敏 // 世界建筑，1989（6）

秘鲁新闻烃杰 / 王树柏 // 中国记者，1990（6）

时代的见证人——访秘鲁著名记者奥尔贝戈索 / 马世琨 // 新闻战线，1992
    （1）

秘鲁的谜样文化——纳斯卡线条 / 李玉珍 // 中外文化交流，1994（3）

秘鲁公立大学自筹资金之路 / 王留栓 // 外国教育资料，1994（5）

秘鲁——盖丘亚文化、语言生机勃勃 /C. L. // 科技潮，1999（1）

官方语言政策的选择：从本土语言到殖民语言——秘鲁语言政策的历史与现
    状问题研究 / 普忠良 // 世界民族，1999（3）

秘鲁文坛新秀海梅·贝利 / 朱景冬 // 外国文学动态，2000（6）

秘鲁西班王墓博物馆 / 周义琴 // 中外文化交流，2003（2）

秘鲁关注私立教育的发展 /〔秘鲁〕马海德；黄志成［译］// 全球教育展望，
    2004（3）

秘鲁应对教育危机之措施 /〔秘鲁〕席佩亚，黄志成 // 全球教育展望，2004（6）

秘鲁对遗传资源相关传统知识的保护及对我国的启示 / 秦天宝 // 科技与法律，
    2005（4）

巴西、秘鲁的教育收费监管及启示 / 国家发改委教育收费监管考察团 // 中国
    价格监督检查，2007（2）

秘鲁推进中小学信息技术革命 / 胡乐乐［编译］// 上海教育，2007（24）

秘鲁孔子学院发展现状、问题及展望 / 曾敏 // 成都航空职业技术学院学报，2012（1）

我看秘鲁、巴西和阿根廷三国的公共教育进程 /〔美〕欧文·雷文 // 世界教育信息，2012（7）

零起点秘鲁学生汉语声母学习因迁移造成的偏误研究 / 金喜红 // 上海外国语大学，2012

秘鲁学生汉语语音偏误分析及教学建议 / 黄玲 // 上海外国语大学，2012

秘鲁民间音乐文化的多元因素及其融合特征 / 孙波 // 中国音乐，2013（1）

民族整合进程中的秘鲁土著语言政策研究 / 李艳红 // 民族教育研究，2013（5）

秘鲁圣玛利亚天主教大学孔子学院学生汉语学习调查 / 王丽 // 广东外语外贸大学，2013

秘鲁天主教大学孔子学院零基础综合课课堂教学设计 / 张俐君 // 上海外国语大学，2013

在华秘鲁学生汉语语音偏误分析——辅音习得偏误分析及教学建议 / 刘嘉怡 // 文教资料，2014（7）

秘鲁汉语学习者声调听辨发音偏误测试与分析——以秘鲁天主教大学孔子学院为例 / 周博 // 上海外国语大学，2014

秘鲁里卡多帕尔玛大学孔子学院汉语教学状况调查报告 / 刘秀秀 // 上海外国语大学，2014

秘鲁学生汉语学习初级阶段定语偏误分析及教学对策——基于秘鲁天主教大学孔子学院的教学实践 / 方玉 // 上海外国语大学，2014

秘鲁学生"不"与"没"偏误分析及教学建议 / 王振宇 // 上海外国语大学，2014

秘鲁学生汉语名量词的习得情况调查——以阿雷基帕圣玛利亚天主教大学孔子学院为例 / 吴佩娥 // 广东外语外贸大学，2014

拉美殖民时期教育概况——秘鲁总督区 / 潘修娜 // 校园英语，2015（32）

文学 艺术

秘鲁、玻利维亚的民间音乐和乐器 / 陈自明 // 乐器科技，1978（4）

里卡多·帕尔马和《秘鲁传说》/ 段元奇 // 读书，1981（4）

略萨的第一个剧本在马德里受到欢迎 / 晓牧 // 译林，1983（2）

秘鲁影片《起义诗人梅尔加》/ 凌波 // 世界电影，1983（2）

巴尔加斯·略萨的文学创作道路 / 赵德明 // 拉丁美洲研究，1987（5）

一部结构现实主义的杰作——评巴尔加斯·略萨的《潘达雷昂上尉与劳军女
　　郎》/ 李玉莲 // 承德师专学报（社会科学版），1988（4）

"写作是由于有了切身体验，尤其是那些企图解脱的反面经验"——访巴·略
　　萨谈话录 /〔西班牙〕华金·索莱尔·赛拉诺；张永泰〔译〕// 外国文学，
　　1988（5）

写性是为情　还是为淫——评略萨的新作《继母的赞扬》/ 里德 // 外国文学，
　　1989（4）

秘鲁印第安音乐形态分析 / 郑世刚 // 中央音乐学院学报，1990（1）

古代秘鲁的染织美术 / 胡国瑞 // 南京艺术学院学报（美术与设计版），1990（3）

巴尔加斯·略萨结构现实主义的两个特征 / 金德琅 // 安庆师院社会科学学报，
　　1993（2）

谎言里的真实 /〔秘鲁〕巴尔加斯·略萨；赵德明〔译〕// 外国文学，1993（2）

略萨新作《李杜马在安第斯山》/ 段若川 // 外国文学，1994（5）

略萨和他的小说创作 / 朱景冬 // 译林，1995（3）

略萨《酒吧长谈》的结构形态 / 龚翰熊 // 外国文学评论，1995（4）

巴尔加斯·略萨在接受 1995 年塞万提斯文学奖时的演说词（选登）/ 赵德明
　　// 外国文学动态，1996（1）

浅谈略萨小说的艺术特色——兼谈拉美文学的某些特点 / 孙大力 // 牡丹江师
　　范学院学报（哲学社会科学版），1996（2）

巴尔加斯·略萨"携新作另投明主" / 詹玲 // 外国文学评论，1997（2）

帕尔马与《秘鲁传说》/ 赵振江 // 拉丁美洲研究，1998（3）

"一切都是现在"——试析略萨《绿房子》的时空结构 / 白雪梅 // 辽宁师专学
　　报（社会科学版），1999（4）

论略萨小说的"零件组合与立体叙事"艺术 / 梁丽英 // 镇江高专学报，2001（3）

试析巴尔加斯·略萨"生存意识"产生的原因 / 吉平 // 临沂师范学院学报，
　　2001（3）

时代悲剧的体现者——浅析巴尔加斯·略萨《绿房子》中的主人公形象 / 张艳 // 阜阳师范学院学报（社会科学版），2001（5）

巴尔加斯·略萨：一个挑战者的史话 / 罗光汉 // 郴州师范高等专科学校学报，2001（6）

绦虫寓言——巴尔加斯·略萨的《情爱笔记》 / 李森 // 花城，2003（2）

巴尔加斯·略萨谈文学 / 赵德明 // 外国文学动态，2003（4）

巴尔加斯·略萨二三事 / 朱景冬 // 外国文学动态，2003（4）

滚滚红尘里《何处是天堂》——关于马里奥·巴尔加斯·略萨的长篇新作 / 周义琴 // 中外文化交流，2003（5）

略萨小说创作观刍议 / 梁丽英 // 甘肃高师学报，2003（6）

巴尔加斯·略萨新作——《天堂在另外那个街角》 / 赵德明 // 外国文学动态，2004（1）

浅析略萨《酒吧长谈》中的对话艺术 / 梁丽英 // 苏州科技学院学报（社会科学版），2004（4）

论略萨小说《叙事人》的双文化视角 / 宋玥 // 渝西学院学报（社会科学版），2005（1）

安第斯高原上的永恒——秘鲁印第安音乐概述 / 吕欣鑫 // 辽宁行政学院学报，2006（4）

巴尔加斯·略萨谈：一个没有小说的世界 / 靳慧 [编译] // 世界文化，2007（1）

马尔克斯与略萨的恩怨 / 靳慧 [编译] // 世界文化，2007（11）

书写奇异而美妙的国土——我小说中秘鲁多元文化之交融 / 〔秘鲁〕埃德加多·里韦拉·马蒂内斯；徐蕾 [译] // 当代外国文学，2007（3）

"在路上"的巴尔加斯·略萨 / 吉平 // 聊城大学学报（社会科学版），2008（3）

结构写实主义大师自画像——秘鲁－西班牙作家略萨及其作品 / 余泽民 // 小说界，2008（4）

巴尔加斯·略萨在 2007 年 / 朱景冬 // 外国文学动态，2008（6）

巴尔加斯·略萨小说研究 / 李云 // 江西师范大学，2008

秘鲁哥尼玛人音乐的教育人类学研究 / 李培 // 南京师范大学，2008

巴尔加斯·略萨新作《走向虚幻之旅：胡安·卡洛斯·奥内蒂》 / 张力 // 外国文学动态，2010（2）

自由知识分子巴尔加斯·略萨 / 陈众议 // 外国文学动态，2010（6）

巴尔加斯·略萨新作《凯尔特人之梦》/ 朱景冬 // 外国文学动态，2010（6）

马里奥·巴尔加斯·略萨：小说建筑师 / 邱华栋 // 上海文学，2010（4）

巴尔加斯·略萨：结构现实主义大师 / 狄青 // 世界文化，2010（11）

巴尔加斯·略萨作品中女性因素小探 / 侯健 // 文学界（理论版），2010（11）

略萨：拿自己的风流韵事入题的小说家 / 安美 // 新闻天地（上半月刊），2010
（11）

读略萨作品及其人生 / 荆墨 // 科学之友（上旬），2010（11）

我的国家不是叫我生气，就是让我伤心——作家巴尔加斯·略萨的政治生涯 /
夏榆，赵德明 // 北京文学（中篇小说月报），2010（11）

现实而非魔幻 马里奥·巴尔加斯·略萨 / 卡列宁 // 电影世界，2010（11）

略萨：自传就是他的作品 / 王雪瑛 // 纪实，2010（11）

马尔克斯之后略萨再创辉煌 / 吴启基 //21 世纪，2010（11）

贫穷，就是因为贫穷——略谈略萨的新作《坏女孩的恶作剧》// 尹承东 / 书城，
2010（12）

喜获殊荣的拉美文学大师——记 2010 年诺贝尔文学奖得主略萨 / 周有恒 // 名
人传记（上半月），2010（12）

略萨获奖与文学的政治性 / 张闳 // 上海采风，2010（12）

略萨：差点当上总统的诺贝尔文学奖获得者 / 刘郴山 // 国家人文历史，2010
（21）

"多面"略萨的修正人生 / 河西 // 南风窗，2010（22）

书写祖国的历史和现实——聚焦 2010 年诺贝尔文学奖得主巴尔加斯·略萨 /
潘启雯 // 作家，2010（22）

为什么是巴尔加斯·略萨？/ 赵松 // 作家，2010（22）

2010 诺贝尔文学奖得主：巴尔加斯·略萨 作家存在的理由是批判 / 康慨 // 中
国新闻周刊，2010（38）

"套盒"小说之魅——也谈略萨与结构现实主义 / 孔祥雯 // 安徽文学（下半
月），2011（1）

来自巴尔加斯·略萨的启示 / 陈众议 // 当代作家评论，2011（1）

反抗文明中的野蛮——对略萨《绿房子》的后殖民解读 / 张琼，黄德志 // 枣

庄学院学报，2011（1）

巴尔加斯·略萨作品的艺术世界 / 赵德明 // 解放军艺术学院学报，2011（1）

巴尔加斯·略萨和拉美文学"爆炸"的代表作家——从 2010 年诺贝尔文学奖
说起 / 归溢 // 译林，2011（1）

略萨，不倦的斗士——秘鲁作家马里奥·巴尔加斯·略萨及其作品 / 余泽民 //
小说界，2011（1）

略萨：用抗争抵达天堂的那个街角 / 何贤桂 // 书屋，2011（1）

不带面具的人生 2010 年度诺贝尔文学奖获得者略萨 / 陈丹阳 // 大科技（百科
新说），2011（1）

巴尔加斯·略萨：什么是好的文学 / 史锦秀 // 燕赵学术，2011（1）

"真实与谎言"和"现实与历史"——聚焦 2010 年度诺贝尔文学奖得主略萨 /
潘启雯 // 阅读与写作，2011（2）

略萨及其他 / 刁斗 // 山西文学，2011（2）

文学启示录——从马里奥·巴尔加斯·略萨访华说起 / 陈众议 // 东吴学术，
2011（4）

历史理性、生命本能与理想追求——读略萨《天堂在另外那个街角》/ 宋伟杰
// 山东文学，2011（4）

略萨的结构现实主义文学及其社会批判性特质 / 黎芳，覃建军 // 求索，2011（4）

论略萨创作中的理想主义 / 郭建辉 // 求索，2011（5）

巴尔加斯·略萨：一只啄食腐肉的"兀鹫" / 陈春生，张意薇 // 海南师范大学
学报（社会科学版），2011（5）

论马里奥·巴尔加斯·略萨《城市与狗》中时空交错的结构现实主义 / 马黎 //
沈阳农业大学学报（社会科学版），2011（6）

墨白与巴尔加斯·略萨比较 / 张延文 // 作品，2011（6）

虚构与现实——略萨小说诗学探析 / 李冠华，何妍 // 安徽文学（下半月），
2011（7）

"一个作家的证词"——巴尔加斯·略萨在中国 / 姚云青 // 书城，2011（8）

略萨的三位一体 / 河西 // 书城，2011（8）

巴尔加斯·略萨 我写作，因为我不快乐 / 李乃清 // 南方人物周刊，2011（21）

小说？音乐？绘画？——马里奥·巴尔加斯·略萨小说的艺术气质 / 林莹，习

颖娣，彭娟 // 名作欣赏，2011（33）

在叙事中回溯历史——从《红色四月》看二十一世纪秘鲁小说的叙事视角 / 毛频，郑书九 // 欧美文学论丛，2011（1）

福克纳与略萨创作主题对比研究 / 尹志慧 // 唐山师范学院学报，2012（3）

秘鲁当代雕塑家——精心打造新社会和文化身份 / 简·加登·卡斯特罗；李京泽［译］// 世界美术，2012（3）

本体与征象：略萨文学创作理论及《城市与狗》的伦理学批评 / 王红 // 文化与传播，2012（4）

巴尔加斯·略萨小说艺术初探——以《城市与狗》《绿房子》为例 / 禹媛媛 // 广西师范学院文学教育（中），2012（4）

从秘鲁到古巴（节选）/ 马非 // 雪莲，2012（4）

混乱社会中的人文关怀——解读略萨的《绿房子》/ 吴秋懿 // 作家，2012（8）

浅谈略萨《酒吧长谈》的立体叙事模式 / 王丽 // 作家，2012（12）

大师笔下的岛国噩梦——读马里奥·巴尔加斯·略萨《公羊的礼物》/ 蔡波 // 社会科学论坛，2012（9）

从秘鲁到古巴（组诗）/ 马非 // 诗歌月刊，2012（10）

用文学干预现实——评马里奥·巴尔加斯·略萨和《公羊的节日》/ 黄秀国 // 山花，2012（12）

马尔克斯与略萨 / 叶兆言 // 中国企业家，2012（18）

外庄内谐　针砭时弊——评巴尔加斯·略萨小说《潘达雷昂上尉与劳军女郎》中的讽刺表现手法 / 马慈祥 // 名作欣赏，2012（33）

试论巴尔加斯·略萨的结构现实主义创作 / 王文霞 // 内蒙古大学，2012

巴尔加斯·略萨小说中的叙事时空机制 / 杜秋丽 // 山东大学，2012

巴尔加斯·略萨文学思想研究 / 贾金凤 // 辽宁大学，2012

异托邦：略萨小说中的空间建构 / 戴荧 // 湖南城市学院学报，2013（2）

秘鲁印第安人乐器简述 / 吴新伟 // 天津音乐学院学报，2013（2）

感知观念、视觉实践及图案艺术——秘鲁亚马逊区域卡什纳华印第安人的感觉人类学研究 / 〔德〕芭芭拉·艾菲；蔡芳乐，钟小鑫［编译］// 思想战线，2013（2）

论略萨小说中的空间书写 / 戴荧 // 绵阳师范学院学报，2013（4）

从巴尔加斯·略萨的《绿房子》看"结构现实主义"之现实批判 / 孟夏韵 // 西安外国语大学学报，2013（4）

巴尔加斯·略萨的反传记书写：解构真实 / 张琼，黄德志 // 太原大学学报，2013（4）

后殖民视阈下的巴尔加斯·略萨 / 张琼，黄德志 // 枣庄学院学报，2013（6）

巴尔加斯·略萨在中国的译介及研究述评 / 张琼，黄德志 // 南京晓庄学院学报，2013（6）

论略萨小说的"介入"诗学 / 崔承君 // 暨南大学，2013

"英雄"的罪恶与拯救——论略萨《城市与狗》对圣经的现代阐释 / 阳幕华 // 圣经文学研究，2013

论略萨小说的结构现实主义特征 / 李长君 // 西安外国语大学，2013

试论略萨小说中的暴力描写 / 路娜 // 江南大学，2013

巴尔加斯·略萨小说创作特点研究——以《城市与狗》、《绿房子》、《酒吧长谈》为例 / 禹媛媛 // 广西师范学院，2013

后现代视阈下巴尔加斯·略萨小说研究 / 张琼 // 江苏师范大学，2013

略萨小说诗学研究 / 孙晓燕 // 西北民族大学，2013

拉丁美洲文学中的结构现实主义——解读马里奥·巴尔加斯·略萨的《城市与狗》 / 冯璐，李奇颖 // 芒种，2014（1）

逃不出的命运——结合略萨的作品及生产试析拉美女性世界 / 于凌蛟 // 吉林大学，2014

论巴尔加斯·略萨《天堂在另外那个街角》的叙事伦理 / 付婷婷 // 江西师范大学，2014

巴尔加斯·略萨小说中的"游离者"研究 / 王兰 // 湖北大学，2014

马里奥·巴尔加斯·略萨小说中女性形象研究 / 李小雪 // 山西师范大学，2014

巴尔加斯·略萨小说创作研究 / 张婧琦 // 齐齐哈尔大学，2015

历史　地理

印加古国漫话 / 徐世澄 // 拉丁美洲丛刊，1980（2）

秘鲁马楚皮克楚古城堡之谜 / 金岂 // 世界历史，1980（3）

西班牙殖民统治时期秘鲁社会生产关系之争 / 赤东 // 世界历史，1980（5）

秘鲁历史上的米达制 / 张铠 // 世界历史，1982（6）

南美文明古国秘鲁 / 张守平 // 世界知识，1982（21）

一个多色调的国家——秘鲁 / 金涛 // 学习与研究，1987（8）

秘鲁的土地与人民：从 16 世纪到 20 世纪的昌凯河谷 / 〔秘鲁〕奥林达·塞莱斯蒂诺；冯炳昆〔译〕// 国际社会科学杂志（中文版），1988（4）

皮萨罗血洗秘鲁——印加帝国的覆灭 / 代彭康〔编译〕// 文化译丛，1989（1）

印加帝国雅纳科纳阶层刍议 / 万秀兰 // 世界历史，1993（2）

七月山城飞雪花——秘鲁见闻之一 / 张守平 // 世界知识，1994（8）

荡舟的的喀喀湖——秘鲁见闻之二 / 张守平 // 世界知识，1994（10）

山风依旧人未归——秘鲁见闻之三 / 张守平 // 世界知识，1994（11）

笑问客从何处来——秘鲁见闻之四 / 张守平 // 世界知识，1994（14）

利马旧城读史书——秘鲁见闻之五 / 张守平 // 世界知识，1994（17）

试说秘鲁食文化——秘鲁见闻之六 / 张守平 // 世界知识，1994（19）

"鳃尾切"与霍乱——秘鲁见闻之七 / 张守平 // 世界知识，1994（21）

利马的烦恼——秘鲁见闻之八 / 张守平 // 世界知识，1994（22）

"下马观花"贫民区——秘鲁见闻之九 / 张守平 // 世界知识，1995（4）

秘鲁散记 / 李颖息 // 当代世界，1996（11）

秘鲁卡亚俄港 / 陈永祥 // 天津航海，1998（1）

秘鲁的太阳节 / 李保章 // 中外文化交流，1998（4）

访秘鲁札记 / 古华民 // 海内与海外，1999（9）

西班牙殖民统治时期秘鲁的经济制度 / 韩琦 // 聊城师范学院学报（哲学社会科学版），2000（1）

母以子贵　子以母荣——秘鲁记行 / 任梦云 // 海内与海外，2000（2）

白房子墓穴与"云端之人"——秘鲁古代查查波亚斯文化遗存 / 叶镇 // 当代世界，2001（2）

试析殖民时期大秘鲁"白银经济圈"的形成及其影响 / 刘婷 // 世界历史，2004（5）

秘鲁北部的新石器时代考古 / 〔秘鲁〕彼得·卡乌里克；曹楠〔译〕// 考古，2006（2）

秘鲁："安第斯山王冠上的明珠" / 成明 // 中国对外贸易, 2009 (1)

秘鲁：多面安第斯美人 / 项明生 // 商务旅行, 2009 (1)

秘鲁库斯科 / 海峰 // 科学大观园, 2009 (2)

奇特的秘鲁浮岛：晃晃悠悠六百年 / 李瑞克 // 中学地理教学参考, 2009 (9)

文物回归：秘鲁的经验 / 〔秘鲁〕布兰卡·阿尔瓦·格雷罗；郑奕〔译〕// 国际博物馆（中文版）, 2009 (241-242)

失落的帝国，马丘比丘 / 艾昕 // 中华民居, 2010 (11)

神秘的印加古国 秘鲁游记（上）/ 阚庚庚，柯林尔 // 摩托车, 2011 (5)

神秘的印加古国 秘鲁游记（下）/ 阚庚庚，柯林尔 // 摩托车, 2011 (6)

伟大的时代、非凡的人物、不朽的作品——重读李春芬先生"秘鲁 200 浬海洋权的地理分析"有感 / 马亚华 // 世界地理研究, 2012 (3)

英国、意大利和秘鲁文化遗产考察印象 / 曹凛 // 中国文化遗产, 2012 (6)

穿越古老与现代——秘鲁札记 / 陆彩荣 // 今日中国（中文版）, 2012 (7)

印加人的祖先——公元一至七世纪的古代秘鲁 / 赵永 // 装饰, 2012 (7)

秘鲁金字塔探秘 / 唐荣沛 // 飞碟探索, 2012 (8)

亚马逊河源头的神秘国度——秘鲁 / 谢晶晶 // 琴童, 2012 (9)

秘鲁映像 / 宫本才 // 中国石油企业, 2012 (11)

秘鲁印加王朝覆灭的原因 / 熊牧 // 青春岁月, 2012 (16)

秘鲁古代神庙和金字塔的考古研究 亚马逊河源头的文明 / 基里诺·奥利维拉；李朦萌〔译〕// 大众考古, 2013 (4)

通往神秘的"天空之城"穿越秘鲁 Salkantay 印加古道 / 刘海峰 // 风景名胜, 2014 (1)

秘鲁：以自然为梦的悠然国境 / 刘颖 // 风景名胜, 2014 (5)

南美洲的"花园城市"：利马 / 徐艳文 // 资源与人居环境, 2014 (2)

协商下的城市景观：秘鲁利马都市区的考古遗址与建成环境 / 〔秘鲁〕罗萨贝拉·阿尔瓦利兹-卡德隆·希瓦-桑蒂斯德本；田乐〔译〕// 景观设计学, 2014 (6)

走近秘鲁 / 戈也娜 // 北京纪事, 2014 (7)

秘鲁特鲁希略太阳神庙和月亮神庙的考古调查 探访"莫切文化"最早的城市 / 〔秘鲁〕圣地亚哥·乌塞达；李朦萌〔编译〕// 大众考古, 2014 (11)

奇葩秘鲁 / 华子 // 世界博览，2014（12）
南美太平洋战争对参战国的影响 / 文学 // 拉丁美洲研究，2015（5）

玻利维亚

简况

　　玻利维亚全称多民族玻利维亚国，位于南美洲中部，属内陆国。东北与巴西交界，东南毗邻巴拉圭，南邻阿根廷，西南邻智利，西接秘鲁，面积为 1098581 平方公里。人口为 1062.4 万（2013年），其中城市人口 657.4 万，占总人口的 65%；农村人口 345.4 万，占总人口的 35%。印第安人占 54%，印欧混血种人占 31%，白人占15%。官方语言为西班牙语，主要民族语言有克丘亚语和艾马拉语。多数居民信奉天主教。法定首都为苏克雷，议会、政府所在地是拉巴斯。独立日即国庆日是 8 月 6 日。

　　东部和东北部大部分地区为亚马孙河冲击平原，约占全国面积的五分之三，中部为山谷地区，西部为玻利维亚高原，海拔4000 米以上。气候因地势而异，低地炎热，谷地温和，高原严寒，属温带气候。主要河流有贝尼河、马莫雷河和圣米格尔河。与秘鲁交界处有世界最高的淡水湖的的喀喀湖，海拔 3815 米，面积为8686 平方公里。年降水量由东北向西从 2000 毫米递减至 100 毫米以下。森林覆盖面积为 50 万平方公里，占国土面积的 48%。矿产资源丰富，主要有锡、锑、钨、银、锌、铅、铜、镍、铁、黄金等。锡储量为 115 万吨，铁储量约 450 亿吨，在拉美仅次于巴西。石油探明储量为 9.29 亿桶，天然气储量为 52.3 万亿立方英尺。工业以食品、纺织、皮革、酿酒、卷烟等加工业为主，主要经济作物有棉花、咖啡、烟草、甘蔗、向日葵和古柯等，还有高原小米、玉米、小麦、薯类产品和大豆等。铁路和公路集中在西部，边远地区依靠航空运输。各类公路总长 80887 公里，铁路总长 3652 公里。货币名称是玻利维亚诺。

公元 13 世纪玻利维亚为印加帝国的一部分，1538 年沦为西班牙殖民地，史称上秘鲁。1825 年 8 月 6 日宣布独立，为纪念解放者玻利瓦尔取名玻利瓦尔共和国，后改为玻利维亚共和国。1952 年 4 月爆发人民武装起义，民族主义革命运动领导人帕斯·埃斯登索罗就任总统。此后，军事政变频繁，政局长期动荡。1983 年 10 月恢复民主政体。2009 年，变更为现国名。现任总统埃沃·莫拉莱斯，2006 年 1 月 22 日就职，2009 年 12 月在根据新宪法举行的大选中再次当选总统，2010 年 1 月 22 日就职，任期至 2015 年 1 月。玻利维亚奉行独立自主、和平和不结盟的对外政策，维护民族独立和主权，坚持各国一律平等、人民自决、不干涉别国内政、和平解决国际争端等原则，突出多元外交和务实经济外交。1985 年 7 月 9 日玻利维亚同中国建交。

玻利维亚南美的心脏 / 名容 // 旅行家，1959（5）

玻利维亚 / 黎军 // 世界知识，1963（18）

秘鲁、玻利维亚的民间音乐和乐器 / 陈自明 // 乐器科技，1978（4）

风云变幻的玻利维亚政局 / 澄生 // 世界知识，1980（1）

玻利维亚第一位女总统——莉迪娅·盖莱尔 / 登 // 世界知识，1980（1）

地势最高的首都——拉巴斯 / 张友民 // 拉丁美洲丛刊，1981（1）

玻利维亚 / 张玉玲 // 拉丁美洲丛刊，1980（1）

玻利维亚的森林部落 /〔玻〕W. H. 比雷拉；南登［摘译］// 民族译丛，1980（5）

革命火炬永不熄灭——穆里略与"七·一六"起义 / 彭慕泽 // 外国史知识，1982（9）

玻利维亚的艾马拉人 / 朱伦［译］// 民族译丛，1983（2）

南美洲高原之国玻利维亚 / 张守平 // 世界知识，1983（2）

玻利维亚的蒂亚瓦纳科和太阳门是怎样建造的？/ 徐英 // 历史教学，1983（12）

玻利维亚 / 陈玉明 // 国际贸易，1984（4）

步履艰难的玻利维亚民主进程 / 祝文驰 // 世界经济与政治内参，1984（6）

玻利维亚总统被绑案的幕后 / 赵晓钟 // 瞭望周刊，1984（30）

1952 年玻利维亚革命初析 / 焦震衡 // 拉丁美洲丛刊，1985（6）

第二次世界大战玻利维亚人民的一次伟大胜利——1952 年 4 月 9-11 日起义 / 李丁 // 世界史研究动态，1985（9）

玻利维亚新总统维克托·帕斯·埃斯登索罗 / 周瑞芳 // 世界知识，1985（18）

玻利维亚、厄瓜多尔和秘鲁土著居民的一体化 /〔苏联〕T. 贡恰罗娃；朱伦 〔译〕// 民族译丛，1987（4）

玻利维亚经济有所好转 / 玻经商 // 国际经济合作，1987（6）

玻利维亚——小型矿山之国 / 曾国华〔译〕// 国外金属矿采矿，1987（10）

玻、智关系的新波折 / 胡积康 // 世界知识，1987（14）

玻利维亚与可卡因 / 刘锐克 // 中国药物依赖性通报，1988（3）

玻利维亚的矿业生产 / 朱玻 // 国外地质技术经济，1988（4）

玻利维亚是如何对付通货膨胀的 / 江时学 // 拉丁美洲研究，1988（5）

玻利维亚皮革工业的实地考察 / 刘子瑜，潘伯平 // 皮革科技，1988（11）

从玻利维亚看发展规划与社会科学 / 维托·S. 米瑙多；邵锦娣〔译〕// 国际社 会科学杂志（中文版），1989（2）

南美洲的钨资源（二）——玻利维亚、秘鲁、阿根廷 /C. D. Wilig 等；石磊〔摘 译〕// 中国钨业，1989（5）

玻利维亚是如何克服通货膨胀的 ?/ 张祖谦 // 国际展望，1989（6）

从玻利维亚权力移交说起 / 王树柏 // 瞭望周刊，1989（36）

玻利维亚重建国营矿业和促进私人矿业投资的战略 /Jaime Vilalobos；王正立 〔译〕// 国外地质技术经济，1990（2）

拉丁美洲印第安人和"民族一体化"问题——玻利维亚印第安人问题例析 / 郝 名玮 // 拉丁美洲研究，1991（3）

玻利维亚遏制通货膨胀的财政金融政策 / 倪桐城 // 拉丁美洲研究，1992（1）

玻利维亚钨矿业——世界主要产钨国家钨业介绍之三 / 王宏友〔译〕// 中国钨 业，1992（10）

玻利维亚建立"紧急社会基金" / 张凡 // 拉丁美洲研究，1993（3）

玻利维亚市场 / 张凡，裘浩楼 // 拉丁美洲研究，1993（3）

关于玻利维亚、墨西哥扶贫及社会发展状况的考察报告 / 冯永宽 // 区域经济 研究，1993（3）

向市场经济转轨中的国外扶贫开发——对玻利维亚和墨西哥扶贫情况的考察 /
　　刘福合 // 农业经济问题，1993（10）

玻利维亚石油生产和对外合作状况 / 张浩 // 世界石油工业，1993（10）

南美玻利维亚市场经济浅析 / 陈明璐，药朝诚 // 经济师，1994（1）

玻利维亚反毒品战中的几个问题 / 贺双荣 // 拉丁美洲研究，1996（2）

玻利维亚的税制改革 / 张富强 // 广东经济，1996（8）

难忘的玻利维亚之行 / 郭元增 // 当代世界，1997（7）

森林破坏率低的决定性因素：玻利维亚亚马孙地区的经验 /〔印度尼西亚〕
　　David Kaimowitz；杜纪山〔译〕//AMBIO- 人类环境杂志，1997（8）

玻利维亚新总统班塞尔 / 周瑞芳 // 现代国际关系，1997（9）

玻利维亚政府对大型国有企业实行资本化 / 王玉林 // 拉丁美洲研究，1998（2）

玻利维亚税收管理改革的总特征：银行收款制 / 阮家福 // 涉外税务，1998（2）

玻利维亚采矿污染：过去、现在和未来 /JavierGarcia-Guinea，MatthewHarffy；
　　张康生〔译〕//AMBIO- 人类环境杂志，1998（3）

超越传统的私有化模式——评玻利维亚的资本化改革 / 张春霖 // 经济社会体
　　制比较，1999（2）

玻利维亚亚马孙河流域上贝尼河的汞污染 /Laurence Maurice-Bourgoin，Irma
　　Quiroga，Jean Loup Guyot，Olaf Malm；刘乃隆〔译〕//AMBIO- 人类环境
　　杂志，1999（4）

玻利维亚贸易法规 / 中国贸促会经济信息部 // 中国对外贸易，1999（7）

热带安第斯山脉 20 世纪后期几十年的冰川演变：玻利维亚的查卡尔塔亚冰
　　川和厄瓜多尔的安蒂扎纳冰川 /Bernard Francou，Edson Ramirez，Bolivar
　　Cáceres，Javier Mendoza；沈萍〔译〕//AMBIO- 人类环境杂志，2000（7）

阿根廷西北部、玻利维亚西南部波尔梅霍河上游地区的开发对生物多样性的
　　威胁和保护机会 /Alfredo Grau，Alejandro Diego Brown；隋明杰〔译〕//
　　AMBIO- 人类环境杂志，2000（7）

玻利维亚共和国的可持续发展战略 / 何孟常 // 中国人口·资源与环境，2001
　　（9–10）

相似的革命不同的结果——墨西哥、玻利维亚革命影响之比较 / 韩洪文 // 江
　　西社会科学，2002（5）

中国人民的真诚朋友——怀念玻利维亚前总统班塞尔将军 / 李北海 // 当代世界，2002（7）

玻利维亚的陆地海军 / 任德才 // 环球军事，2002（19）

巴拿马、玻利维亚口岸通关务实指南 / 肖诗鹰，刘铜华 // 国外医学（中医中药分册），2003（2）

玻利维亚的奥鲁罗狂欢节——《人类口头与非物质遗产代表作》简介 / 张一鸿 // 集邮博览，2003（2）

教育对妇女的社会与经济水平的影响——玻利维亚个案研究 /〔美〕Haiyan Hua，Shirley Burchfield；刘慧苹〔译〕// 交通高教研究，2003（6）

玻利维亚："轰"跑总统易，消除隐患难 / 王佳 // 世界知识，2003（23）

玻利维亚的天然气管道风波 / 贺双荣 // 拉丁美洲研究，2004（2）

国际货币基金组织与玻利维亚危机 /〔美〕汤姆·克鲁泽；尹树强〔译〕// 国外理论动态，2004（3）

发展中国家的经济发展与政治文明建设——论玻利维亚长期落后的历史教训 / 曾昭耀 // 拉丁美洲研究，2004（4）

革新机制：培育玻利维亚的社科研究能力 /〔巴西〕利娅·维尔罗；张大川〔译〕// 国际社会科学杂志（中文版），2005（2）

中国沙棘在玻利维亚的种植初探 / 安宝利，张瑞，段宝财 // 国际沙棘研究与开发，2005（3）

玻利维亚总统梅萨为何辞职 / 王楠 // 当代世界，2005（7）

天然气灼烤玻利维亚 / 杨冀 // 中国石油石化，2005（8）

玻利维亚总统辞职事件启示录 / 张家哲 // 社会观察，2005（9）

玻利维亚发现之旅 / 皮埃尔·托尔赛特；王鹏〔译〕// 世界博览，2005（9）

玻利维亚的矿产资源及开发前景 / 刘春全 // 地质找矿论丛，2005（增刊）

玻利维亚首位印第安人总统莫拉莱斯 / 王楠 // 当代世界，2006（2）

玻利维亚：一晌贪欢终噩梦？/ 赵灵敏 // 南风窗，2006（2）

从草根中来，到草根中去——玻利维亚第一位印第安人总统莫拉莱斯 / 朱凌 // 世界博览，2006（3）

1985~1989 年：玻利维亚的经济稳定化与结构改革 / 陈平 // 拉丁美洲研究，2006（3）

玻利维亚有可能实行社会主义吗？/艾加兹·艾哈迈德；颜剑英［摘译］//国外理论动态，2006（4）

玻新总统"命门"就在天然气/霍伏//中国石油石化，2006（4）

莫拉莱斯论拉丁美洲和玻利维亚的社会主义/殷叙彝［编写］//国外理论动态，2006（12）

改善玻利维亚圣克鲁斯（省）FDI 投资环境的战略分析/〔玻〕罗德里格//对外经济贸易大学，2006

莫拉莱斯：玻利维亚历史上第一个印第安人总统/周有恒//文史天地，2007（1）

玻利维亚矿产资源与相关投资政策/王海军，王义武//西部资源，2007（1）

玻利维亚平民总统埃沃·莫拉莱斯/杨首国//国际资料信息，2007（2）

民族植物学技能和为农业毁掉热带雨林：玻利维亚低地的一个案例研究/Victoria Reyes-García, Vincent Vadez, Susan Tanner, Tomás Huanca, William R. Leonard, Thomas McDade；丁莉［译］//AMBIO- 人类环境杂志，2007（5）

玻利维亚过去 30 年土地覆被变化/Timothy J. Killeen, Veronica Calderon, Liliana Soria, Belem Quezada, Marc K. Steininger, Grady Harper, Luis A. Solórzano, Compton J. Tucker；田玉军，马国霞［译］//AMBIO- 人类环境杂志，2007（7）

玻利维亚总统莫拉莱斯 20 年进入社会主义/余东//环球人物，2007（6）

汤铭新大使与末代皇帝、开国伟人及玻利维亚总统的"私交"/余岳//中华儿女，2007（9）

玻利维亚拒穿旧衣裳/张翠容//跨世纪（时文博览），2007（12）

玻利维亚：中国企业是"朋友"/宋华颖，高潮//中国对外贸易，2007（12）

玻利维亚因鸟粪失去出海口/安泰//环球军事，2007（16）

从国家防范到巩固现代性——通过腐败现象的谱系分析玻利维亚政治活动的转型（1982-1999）/〔玻〕塞瓦斯蒂安·乌里奥斯特；王爱松［译］//国际社会科学杂志（中文版），2008（2）

玻利维亚北部的公有林管理改革/李金兰，李秋娟，张玉珍，盖力岩，王桂忠//世界林业研究，2008（6）

玻利维亚阳光银行的草尖金融 / 谢欣 // 银行家，2008（6）

玻利维亚农村电气化项目设计感想 / 牛晓东 // 科技情报开发与经济，2008（25）

玻利维亚阳光银行模式对我国小额信贷发展的启示 / 卢燕 // 黑龙江对外经贸，
　　2009（2）

玻利维亚的"社群社会主义" / 范蕾 // 拉丁美洲研究，2009（4）

论美国对玻利维亚政策（1952-1964）/ 晨曦 // 陕西师范大学，2009

微型金融机构如何实现商业化运作——玻利维亚阳光银行的经验介绍 / 赵冬
　　青，王康康 // 中国农村金融，2010（2）

玻利维亚：南美洲未来的中东？/ 文小刀 // 世界博览，2010（9）

玻利维亚拖拉机市场发展浅析 / 吴清分 // 农机市场，2010（10）

玻利维亚的小额健康保险研究 / 钱勤华，方俊芝 // 特区经济，2011（7）

玻利维亚养老金改革探讨 / 邓汉，高庆波 // 拉丁美洲研究，2012（1）

玻利维亚的民族关系与民族政策 / 徐世澄 // 世界民族，2012（6）

玻利维亚天然气国有化的"美丽"与"哀愁" / 卢雪梅，杨国丰 // 中国石化，
　　2012（10）

玻利维亚矿业经济与矿业权制度 / 于银杰，赵宏军 // 经济师，2012（11）

玻利维亚阳光银行小额贷款研究及对我国的启示 / 张永，范航瑜 // 河北金融，
　　2013（1）

玻利维亚矿业管理体制与税费制度 / 于银杰，赵宏军 // 中国国土资源经济，
　　2013（2）

玻利维亚矿业开发的机遇与风险 / 郑会俊 // 西部探矿工程，2013（4）

玻利维亚和厄瓜多尔左翼政府初级卫生保健改革述评 / 郑颖，杨善发 // 中国
　　农村卫生事业管理，2013（9）

对玻利维亚制定"全民健身计划"的思考 / 伊万斯 // 北京体育大学，2013

玻利维亚 MALMISA 银锌矿商业计划书 / 李斌 // 华南理工大学，2013

玻利维亚银币的前世传奇 / 林南中 // 东方收藏，2014（1）

玻利维亚的印第安语研究 / 蓝博 // 安徽文学（下半月），2014（6）

玻利维亚银币的一段传奇 / 林南中 // 收藏，2014（11）

莫拉莱斯连任玻利维亚总统评析 / 李萌 // 国际研究参考，2014（12）

后"9·11"时代美国对委内瑞拉与玻利维亚外交政策的变化 / 安小齐（Sano

D'elia Angel Antonio）// 吉林大学，2014

南美玻利维亚地区卫星重力资料的收集与综合分析 / 王萌 // 中国地质大学（北京），2014

玻利维亚日本移民研究（20 世纪 50 年代 -80 年代） / 张瑾 // 苏州科技学院，2014

挂在崖壁上的城市拉巴斯 / 徐艳文 // 世界环境，2015（1）

玻利维亚转变的发展思路 / 李璐 // 进出口经理人，2015（4）

玻利维亚社群社会主义发展模式评析 / 姜涵 // 拉丁美洲研究，2015（5）

南美太平洋战争对参战国的影响 / 文学 // 拉丁美洲研究，2015（5）

巴拉圭

简况

巴拉圭共和国是南美洲中南部内陆国家，与阿根廷、玻利维亚和巴西三国为邻，面积为 40.68 万平方公里。人口 667.3 万（2013 年），其中 95% 为印欧混血种人，其余为印第安人和白种人。官方语言为西班牙语和瓜拉尼语，89.6% 的居民信奉天主教。首都为亚松森，共和国日是 2 月 23 日，独立日是 5 月 26 日。

巴拉圭河从北向南把全国分成东、西两部分。东部为丘陵、沼泽和波状平原，全国 90% 以上的人口集中于此；西部为原始森林和草原。主要山脉有阿曼拜山和巴拉卡尤山。大部分地区属亚热带气候，平均气温夏季为 27℃，冬季为 17℃。平均降水量东部年为 1500 毫米，西部为 500 毫米。国民经济以农牧业为主，工业基础薄弱，是拉美最落后的国家之一。盐矿和石灰石储量较大，还有少量铁、铜、锰、铁钒土、云母、铌、天然气、铝矾土等。水力资源丰富。出产珍贵的硬质木材。铁路总长 1147 公里，公路总长 12.3 万公里。货币名称为瓜拉尼。

巴拉圭原为印第安瓜拉尼人居住地，1525 年被葡萄牙人发现，1537 年沦为西班牙殖民地，1811 年 5 月 14 日宣告独立。1865 年，洛佩斯政府为扩大地盘，进攻当时巴西的西南地区，巴西、阿根廷、乌拉圭三国联军对巴宣战。战争历时 5 年，巴拉圭战败，洛佩斯政府割地赔款，疆域缩小近一半，并失去出海口，成为内陆国家。19 世纪 70 年代后，由红党与自由党轮流执政。1932~1935年为争夺格兰查科地区的石油资源同玻利维亚发生查科战争，获胜后取得该地区四分之三的土地。1954 年 5 月 4 日，军人斯特罗斯纳伙同红党右翼发动政变上台，实行军事独裁长达 35 年。1989年 2 月 2 日，巴第一军区司令罗德里格斯发动政变，推翻斯特罗斯纳独裁政权，并于同年 5 月举行了第一次民主选举，罗本人当选总统。在 1993 年总统选举中，红党候选人瓦斯莫西获胜，成立1954 年之后的第一届民选文人政府。现任总统、红党党员奥拉西奥·卡特斯于 2013 年 8 月 15 日就职，任期 5 年。实行对外开放和多元化外交政策，愿同世界所有国家发展友好合作关系，中巴无外交关系，巴拉圭于 1957 年同台湾当局"建交"。

巴拉圭——南美的大牧场 / 宜闲 // 世界知识，1935（3）

巴拉圭 / 银河 // 世界知识，1965（17）

巴西和巴拉圭合建的伊泰普水电工程（第一部分）/J. R. 科特里姆，H. W. 克劳奇，J. 吉拉齐奥达罗查，A. 加利科，G. S. 萨卡里亚；周端庄，容致旋［译］// 人民长江，1978（1）

巴西和巴拉圭合建的伊泰普水电工程（第二部分）/J. R. 科特里姆，H. W. 克芬奇，J. 吉拉齐奥达罗查，A. 加利科，G. S. 萨卡里亚；周端庄，容致旋［译］// 人民长江，1978（2）

巴拉圭的土著人问题 / 张学谦［译］// 民族译丛，1980（1）

一万年前的巴拉圭人 /〔巴拉圭〕乔万娜·罗伊格；王晓燕［摘译］// 民族译丛，1982（3）

巴拉圭共和国 / 王晓燕 // 拉丁美洲丛刊，1982（4）

关于巴拉圭文学的一些研究 / 戚铁沅 // 外国文学研究，1983（1）

跨国公司在巴拉圭 / 王晓燕 // 拉丁美洲丛刊，1983（1）

巴拉圭经济概况 / 远帆［译］// 世界经济译丛, 1983（5）

刺唇纹身的瓜拉尼人 / 刘瑞常 // 世界知识, 1983（15）

巴拉圭的母语教育及教学成绩 / 格拉西埃拉·科尔巴兰 // 教育展望（中文版），
　　1984（1）

巴拉圭 / 吴月惠 // 国际贸易, 1984（4）

南美洲的内陆国家——巴拉圭 / 严邦华 // 世界知识, 1984（10）

巴拉圭和阿根廷的华文报刊 / 陈天岚 // 新闻业务, 1985（12）

巴拉圭罗亚·巴斯托斯短篇小说两篇 /〔巴拉圭〕罗亚·巴斯托斯；李修民
　　［译］// 当代外国文学, 1986（2）

试析智利巴拉圭的民主化进程 / 焦震衡 // 拉丁美洲研究, 1986（5）

斯特罗斯纳的垮台和巴拉圭的民主前景 / 王晓燕 // 拉丁美洲研究, 1989（3）

巴拉圭流血政变内幕 / 刘瑞常 // 世界知识, 1989（5）

巴拉圭新政府将面临的挑战 / 蔡焰 // 世界知识, 1989（13）

巴拉圭的"国际贸易城" / 黄松甫，常东珍 // 世界知识, 1992（9）

巴拉圭市场 / 陈太荣 // 拉丁美洲研究, 1994（3）

巴拉圭的东方市与南方共同市场 / 陈太荣，刘正勤 // 拉丁美洲研究, 1996（1）

巴拉圭大选 戏剧一幕又一幕 / 李时宜 // 世界知识, 1998（11）

巴拉圭政治危机及其影响 / 徐世澄 // 拉丁美洲研究, 1999（4）

巴拉圭汽车零部件市场调研 / 邰迅 // 汽车与配件, 2001（3）

巴拉圭汽车零部件市场调研 / 邰迅 // 汽车与配件, 2001（4-5）

巴拉圭的通信市场 / 刘宇斐 // 世界电信, 2002（9）

巴拉圭摩托车零配件市场 / 阮海斌［编译］// 中国对外贸易, 2002（9）

复苏中的巴拉圭文具礼品市场 / 陈征 // 文体用品与科技, 2006（8）

瓜拉尼语——巴拉圭的身份之印：融合与发展之路 / 萨拉·迪莉西亚·比利亚
　　格拉－巴图；李钟涛［译］// 国际博物馆（中文版）, 2008（3）

乌拉圭和巴拉圭 / 叶研 // 新闻与写作, 2008（3）

卢戈——传奇主教开创巴拉圭政治新时代 / 王淄 // 当代世界, 2008（6）

从"穷人的神父"到国家元首——记巴拉圭新总统卢戈 / 周有恒 // 名人传记
　　（上半月）, 2008（8）

巴拉圭大豆产业概况 / 王曙明，范旭红 // 大豆科技, 2009（3）

巴拉圭塑料钞防伪特征的研究 / 马继刚 // 中国品牌与防伪，2010（5）

巴拉圭原始森林处境危险 / 徐芳［编译］// 世界环境，2010（6）

罗亚·巴斯多斯的巴拉圭：苦难与尊严 / 孙海清 // 欧美文学论丛，2011（1）

巴拉圭农村小额保险介绍 / 钱勤华，曾婵娟 // 特区经济，2011（4）

拉美国家的一体化与民主化——从巴拉圭政局突变和委内瑞拉加入南共市谈
　起 / 杨建民 // 拉丁美洲研究，2012（6）

巴拉圭人力资源实践与员工产出的关系研究——基于工作态度的视角 / 诺思
　（Rocio Konno De Douglas）// 华中科技大学，2013

智利及巴拉圭自贸区实践及其对上海自贸区的启示 / 何力 // 海关法评论，2014（4）

一个国家的自杀——19 世纪巴拉圭战争始末 / 邢天宁 // 人民文摘，2014（10）

中国与巴拉圭的商务文化异同 / 王永馨 // 浙江大学，2014

乌拉圭

简况

　　乌拉圭东岸共和国位于南美洲东南部、乌拉圭河与拉普拉塔河的东岸。北邻巴西，西界阿根廷，东南濒大西洋。海岸线长 660 公里，面积为 17.62 万平方公里，人口为 328.63 万（2011 年），其中白人占 88%，印欧混血种人占 8%。官方语言为西班牙语。66% 的居民信奉天主教。首都为蒙得维的亚，国庆日是 8 月 25 日。

　　乌拉圭境内大部分为波状平原，地势平坦，丘陵和草原相间。东北部有低山，西南部土地肥沃，东南部多斜坡草地，平均海拔 116 米。全国属温带气候，1~3 月为夏季，气温为 17~28℃；7~9 月为冬季，气温为 6~14℃。年降水量由南至北从 950 毫米递增到 1250 毫米。主要河流有乌拉圭河和内格罗河，森林面积占国土面积的三分之一，牧场面积占国土面积的五分之三，经济以畜牧业为主。乌拉圭被称为"遍地是牛羊"的国家，盛产肉类、皮革等畜产品，农产品有小麦、大米、玉米、甜菜等。林业和渔业资源丰富，盛产黄鱼、鱿鱼和鳕鱼。已探明的矿物资源有锰、铁、铜、铅、银等，但很少开采。盛产花岗石、大理石、紫水晶石、玛瑙、乳白石等，大理石和各种建筑原料闻名世界，地下还有丰富的石油资源。工业以食品为主，主要出口羊毛、肉类、乳制品、皮革和粮食。进口机电产品、汽车、轻工产品、原料和燃料。全国铁路总长 2993 公里，公路总长 8781 公里，货币名称为乌拉圭比索。

乌拉圭原是查鲁亚族印第安人的故乡，1516 年初西班牙探险队到达此地。1680 年后一直是西班牙和葡萄牙殖民者争夺的对象。1726 年，西班牙殖民者建立蒙得维的亚，乌拉圭沦为西班牙的殖民地。1776 年葡萄牙占领东岸南里奥格兰德地区。为了阻止葡萄牙的进犯，西班牙殖民者将该地区并入拉普拉塔总督辖区，使其成为西班牙的殖民地。

1811 年至 1820 年民族英雄何塞·阿蒂加斯领导人民进行反对西班牙殖民统治的斗争，1825 年 8 月 25 日安东尼奥·拉瓦列哈等一批爱国者收复了蒙得维的亚城，宣告乌拉圭独立，并将 8 月 25 日定为国庆日。1830 年 7 月 18 日颁布第一部宪法。1835 年和 1836 年乌拉圭两个对立集团分别组成了白党和红党。此后几十年间，两党之间互相倾轧，争权夺利，政局动荡。1865 年红党夺得政权后，执政长达 90 余年。20 世纪上半叶，乌拉圭政治稳定，福利优厚，社会安宁，被誉为"南美瑞士"。20 世纪 60 年代末经济出现困难，社会矛盾激化，局势动荡。1973 年 2 月军人政变上台，实行独裁统治。1984 年，军政府还政于民。同年 11 月红党候选人桑吉内蒂当选总统，恢复民主宪制。2004 年 10 月，左翼政党联盟广泛阵线总统候选人巴斯克斯在大选中获胜，成为乌拉圭历史上首位左派总统。2009 年 11 月，左翼政党联盟广泛阵线总统候选人穆希卡当选总统。2010 年 3 月 1 日，穆希卡总统宣誓就职，成为乌拉圭历史上第二位左翼总统。乌对外奉行独立自主的外交政策，强调不以政治制度或意识形态画线，主张世界多极化和国际关系民主化，加强南南合作。1988 年 2 月 3 日中国与乌拉圭建交。

反对美国奴役和争取世界和平的乌拉圭人民 / 谢曜 // 世界知识，1952（12）

乌拉圭 / 海洋 // 世界知识，1965（5）

乌拉圭 / 徐英 // 拉丁美洲丛刊，1982（1）

乌拉圭经济简况 / 徐英 // 拉丁美洲丛刊，1981（1）

乌拉圭独立战争的领袖阿蒂加斯 / 祁金城 // 拉丁美洲丛刊，1982（6）

阿根廷、乌拉圭羊毛情况介绍 / 王铎民 // 毛纺科技，1982（2）

踢球出名的国家——乌拉圭东岸共和国 / 一兵 // 世界知识，1984（3）

现代乌拉圭建筑 / 王瑞珠［编译］// 世界建筑，1984（4）

乌拉圭"民主"的过去、现在和将来 / 李在芹 // 拉丁美洲丛刊，1984（5）

乌拉圭恢复文人政府 / 众成 // 世界知识，1984（24）

南美民主化进程中又一件大事——乌拉圭举行大选 / 吴永恒 // 瞭望周刊，1984
（49）

乌拉圭的农业 / 葛岳静 // 世界农业，1987（5）

乌拉圭寻找社会主义国家市场 / 秦介福［译］// 国际商务研究，1988（4）

在危机中奋起的乌拉圭经济 / 沈安 // 世界知识，1988（6）

乌拉圭戏剧家希尔古 / 刘庆荣［译］// 世界博览，1989（7）

乌拉圭军事独裁政权的产生及其特点 / 裴培 // 拉丁美洲研究，1990（3）

乌拉圭地理发展近况 /〔乌拉圭〕Alvaro Lo'pez, Joseph L. Scarpaci；朱文化［译］
// 人文地理，1990（4）

乌拉圭东岸共和国及其名称的由来 / 曾定中 // 地名知识，1991（3）

乌拉圭渔业概况 /Gabriel R. Marques；林国成［译］// 国外水产，1991（4）

乌拉圭的畜牧业简介 / 程伶 // 中国畜牧杂志，1992（3）

乌拉圭新闻界概况 / 颜为民 // 外国新闻研究，1993（3）

乌拉圭市场 / 张凡 // 拉丁美洲研究，1994（1）

乌拉圭的畜牧业及兽药市场 / 黄粤［编译］// 农药译丛，1995（5）

乌拉圭农业近况 / 刘渊，魏虹，梁素珍，路文如 // 世界农业，1997（1）

乌拉圭总统桑吉内蒂 / 周瑞芳 // 现代国际关系，1997（3）

南美硬汉——乌拉圭 / 秦德斌 // 体育博览，1997（9）

乌拉圭羊毛理化性能及其可纺性的研究 / 朱宝瑜，毛宁涛，应赛丹，余平德，
张钟英 // 毛纺科技，1998（4）

乌拉圭贸易政策评审 / 汪成［译］// 世界贸易组织动态与研究，1999（3）

乌拉圭羊毛性能研究及产品开发 / 武海良，张茂林，张弦，沈兰萍，朱宁，郝
　　凤鸣，宋庆文，王维，李伟 // 纺织学报，1999（5）

乌拉圭的国内形势和对外政策 / 尚德良 // 国际资料信息，1999（5）

独立后至 20 世纪初阿根廷、乌拉圭和巴西土地结构的变动——兼论农业资本
　　主义发展道路 / 韩琦 // 拉丁美洲研究，2000（6）

乌拉圭在阿根廷谈判中乌建交 / 谢汝茂 // 世界知识，2001（8）

一位给几代读者写作的作家——记乌拉圭作家马里奥·贝内德蒂 / 张力 // 当
　　代外国文学，2004（1）

乌拉圭林业的经验与启示 / 江泽平，夏军 // 世界林业研究，2004（2）

大器晚成的乌拉圭首任左翼总统巴斯克斯 / 符捷 // 当代世界，2005（4）

南美洲当今毕加索——侧写乌拉圭绘画大师卡洛斯·巴艾斯·比拉罗 / 李保章
　　// 中外文化交流，2005（10）

对生命和历史的完美诠释——解读乌拉圭小说《坚硬的荒原》/ 耿甦 // 阅读与
　　写作，2006（1）

乌拉圭的对外关系 /〔乌拉圭〕塞萨尔·费雷尔；林华［译］// 拉丁美洲研究，
　　2006（2）

乌拉圭自由区和自由港简介 / 大远 // 中国海事，2006（6）

乌拉圭河纸浆厂案简析 / 朱刚强 // 拉丁美洲研究，2009（4）

"钻石之国"：乌拉圭 / 高潮 // 中国对外贸易，2009（4）

乌拉圭蒙得维的亚 / 青岛市外办 // 走向世界，2010（32）

乌拉圭河纸浆厂案的评论与启示 / 兰花 // 世界环境，2011（2）

乌拉圭拖拉机市场发展浅析 / 吴清分 // 农机市场，2011（3）

在中国作画的乌拉圭总统 / 余熙 // 武汉文史资料，2011（3）

最清廉的现任乌拉圭总统穆希卡 / 余熙 // 武汉文史资料，2011（5）

乌拉圭作家胡安娜·德·伊瓦若诗作浅析 / 戴盈 // 教育教学论坛，2012（1）

平衡资本主义和多元民主政治的独特模式——比较视野下的巴西、智利和乌
　　拉圭社会民主主义政府 /〔乌拉圭〕乔治·兰扎罗；冯浩［编译］// 当代
　　世界与社会主义，2012（4）

乌拉圭的"最穷总统" / 赫英 // 现代企业，2012（9）

乌拉圭私立高等教育的障碍 / 沃伦·罗安；胡六月［译］// 浙江树人大学学报
（人文社会科学版），2013（2）

新的私立－公立动力：乌拉圭的研究生教育 / 巴勃鲁·兰多尼·卡顿尔；胡
六月［译］// 浙江树人大学学报（人文社会科学版），2013（2）

乌拉圭东岸共和国的硬币（史）/ 张天锡 // 江苏钱币，2013（3）

乌拉圭大力发展港口服务贸易 / 中国驻乌拉圭使馆经商参处 // 中国经贸，2013（5）

乌拉圭：具有投资潜力的国家 / 高潮 // 中国对外贸易，2013（7）

乌拉圭牛业发展现状分析 / 张莉 // 黑龙江畜牧兽医，2013（16）

乌拉圭教育信息化发展状况 /〔乌拉圭〕米格尔·布莱什纳；章瑚纬［译］//
世界教育信息，2013（20）

乌拉圭猪禽业发展分析 / 张莉 // 中国食物与营养，2014（6）

乌拉圭巴特列－奥多涅斯的改革及其原因探析 / 韩摇琦，苏摇婧 // 史学集刊，
2014（6）

相知者不以万里为远——浅析中国领导人的乌拉圭"足音" / 王柏涵 // 环球人
文地理，2014（16）

巴特列－奥多涅斯执政时期乌拉圭的农业政策 / 苏婧 // 世界近现代史研究（第
十一辑），2014

浅论巴特列－奥多涅斯的政治改革 / 苏婧 // 拉丁美洲研究，2015（2）

乌拉圭风电发展的变迁 /Pablo Caldeiro；张玥［编译］// 风能，2015（8）

浅析乌拉圭政府廉洁度高的原因 / 何帆 // 商，2015（21）

阿根廷

简况

阿根廷共和国位于南美洲东南部，东濒大西洋，面积为
278.04 万平方公里。人口为 4011 万（2010 年），其中白人和印欧
混血种人占 95%，多属意大利和西班牙后裔；印第安人口 60.03 万，
其中人口最多的少数民族为马普切人（Mapuche）。官方语言为西

班牙语。76.5%的居民信奉天主教，9%的居民信奉新教。首都为布宜诺斯艾利斯，国庆节是5月25日，独立日是7月9日。

阿根廷全国地势西高东低。南与南极洲隔海相望，西邻智利，北与玻利维亚、巴拉圭交界，东北与乌拉圭、巴西接壤。气候北热南寒，年平均气温北部为24℃，南部为5.5℃。矿产资源丰富，是拉美主要矿业国之一。主要矿产资源有石油、天然气、铜、金、铀、铅、锌、硼酸盐、黏土等。工业门类较齐全，主要有钢铁、汽车、石油、化工、纺织、机械、食品加工等。农牧业发达，是世界粮食和肉类重要生产和出口国，素有"世界粮仓和肉库"之称。主要农产品有大豆、玉米、小麦、高粱、葵花籽等。畜牧业历史悠久，牲畜品种及畜牧水平在世界均居先进水平，畜牧业占农牧业总产值的40%。主要出口产品为油料作物、石油、天然气、汽车、谷物、牛肉、皮革、奶制品、钢铁、渔产品和林产品等；进口核反应堆及机械设备、汽车、电子产品、燃料、有机化学品、塑料及其制成品、钢铁、医药产品等。铁路总长34059公里，为拉美之最；公路总里程超过50万公里，2011年国道总长39518公里。货币名称为比索。

16世纪前阿根廷为印第安人居住地，16世纪中叶沦为西班牙殖民地。1810年5月25日爆发反抗西班牙殖民统治的"五月革命"，成立了第一个政府委员会。1812年，民族英雄圣马丁率领人民抗击西班牙殖民军，于1816年7月9日宣布独立，此后阿长期处于动乱和分裂状态。1853年，乌尔基萨将军制定了第一部宪法，建立联邦共和国，乌成为阿制宪后第一任总统。1860年改为共和国。20世纪30年代起出现军人、文人交替执政局面。70年代中后期，军政府曾对左翼反对派人士进行残酷镇压。1982年同英国因马尔维纳斯群岛（英国称福克兰群岛）主权争端爆发战争，后战败，军政府倒台。1983年激进党的阿方辛民选政府上台，恢复并大力推进民主化进程，民主政体逐渐巩固。正义党领袖梅内姆自1989年起连续执政10年，推行新自由主义经济政策，阿经济一度有较大发展。梅执政后期，阿经济转入衰退，社会问题日益突出。1999 年激进党人德拉鲁阿当选总统后，未能遏止持续三年的经济衰退。2001 年 12 月，阿爆发严重的政治、经济和社会危机，德拉鲁阿被迫辞职。此后阿形势严重动荡，十日之内数易总统。2002 年 1 月 1 日，正义党人杜阿尔德被国会推举为总统。2003 年 5 月，正义党人基什内尔就任总统后，阿经济快速复苏，政局稳定，民生改善，国际和地区影响力回升。现任总统为正义党人克里斯蒂娜·费尔南德斯·德基什内尔，于 2007 年 12 月 10 日就职，2011 年 12 月 10 日连任，任期至 2015 年 12 月 10 日。对外奉行独立自主的多元化外交政策，主张多边主义和国际关系民主化，奉行不干涉内政、保护人权和恪守国际法等原则；主张在平等、公正的基础上，通过谈判与对话和平解决国际争端。1972 年 2 月 19 日阿根廷与中国建交。

政治

政治理论　政治思潮

庇隆与庇隆主义 / 霜叶 // 世界历史，1980（3）

庇隆主义的历史地位 / 鲍刚 // 拉丁美洲丛刊，1985（1）

劳工与庇隆主义运动的兴起 / 唐显凯 // 拉丁美洲研究，1991（1）

拉丁美洲的第三条道路——庇隆主义 / 夏立安 // 拉丁美洲研究，2000（4）

阿根廷：新自由主义的结构调整与社会脱节（上）/ 牛晋芳［编译］// 国外理论动态，2001（10）

阿根廷：新自由主义的结构调整与社会脱节（下）/ 牛晋芳［编译］// 国外理论动态，2001（11）

新自由主义全球化的两处崩塌：安然破产和阿根廷危机 / 刘元琪［摘译］// 国外理论动态，2002（3）

新自由主义政策的苦果——阿根廷 / 赵汇 // 高校理论战线，2002（6）

新自由主义与阿根廷金融危机 / 丁冰 // 北京行政学院学报，2002（6）

阿根廷崩溃：新自由主义经济理论的代价 / 蒋仁翔［编写］// 国外理论动态，

2002（10）

克服阿根廷新自由主义危机的可行性建议 / 刘志明［编写］// 国外理论动态，
2002（11）

阿根廷新自由主义改革失败的启示 / 余振，吴莹 // 拉丁美洲研究，2003（5）

新自由主义与阿根廷经济危机 / 门淑莲，程秋芬 // 财经问题研究，2003（12）

阿根廷危机和新自由主义在拉美实践的启示 / 宋晓平 // 拉丁美洲研究，2004（2）

阿根廷 新自由主义失败教训 / 董正华 // 科学决策，2004（9）

阿根廷经济危机与新自由主义关系之研究 / 胡凯 // 武汉理工大学，2004

阿根廷新自由主义改革缘何失败 / 曾昭耀 // 共产党员，2005（3）

智利和阿根廷新自由主义改革与社会转型的成败 / 吴洪英 // 拉丁美洲研究，
2005（5）

阿根廷现代化进程中民众主义兴起的内因 / 潘芳 // 拉丁美洲研究，2006（1）

新自由主义时代的帝国主义的新形态（上）——以阿根廷为例 / 孙寿涛［编写］
// 国外理论动态，2007（6）

新自由主义时代的帝国主义新形态（下）——以阿根廷为例 / 孙寿涛［编写］
// 国外理论动态，2007（7）

克里斯蒂娜：新"埃维塔"和基什内尔主义的传承者 / 史泽华 // 领导科学，
2007（23）

阿根廷模式与新发展主义的兴起 / 沈安 // 拉丁美洲研究，2009（1）

阿根廷正义主义的确立、背离与回归 / 李紫莹 // 拉丁美洲研究，2009（3）

探析阿根廷早期民众主义理论 / 潘芳 // 世界历史，2009（6）

阿根廷政治民主化进程和社会发展相关性分析 / 唐健敏 // 改革与开放，2010（2）

阿根廷民族主义的演变与特点 / 王慧芝 // 世界近现代史研究（第十辑），2013

政治概况

阿根廷的政局动向 / 叔时 // 世界知识，1955（18）

阿根廷的现状剖析 /〔美〕戴维·C. 乔丹；李琼英［译］// 拉丁美洲丛刊，
1979（1）

阿根廷总统魏地拉 / 刘德 // 拉丁美洲丛刊，1980（1）

阿根廷总统魏地拉 / 聪蓉 // 世界知识，1980（11）

阿根廷的国家资本主义和现政府的《私有化》政策 / 陈舜英，徐文渊 // 世界
经济，1981（1）

阿根廷还是"依附性"的资本主义国家吗？/ 徐文渊 // 拉丁美洲丛刊，1981（3）

阿根廷总统劳尔·阿方辛及其内外政策 / 周瑞芳 // 现代国际关系，1986（1）

阿方辛政府内外政策评析 / 石青 // 拉丁美洲研究，1986（4）

阿根廷总统阿方辛 / 吴永恒 // 瞭望周刊，1986（43）

阿根廷总统阿方辛呼吁：建立更加合理的国际秩序 / 鞠庆东 // 瞭望周刊，1988
（1）

阿根廷恢复宪制政府以来 / 胡积康 // 瞭望周刊，1988（20）

当前阿根廷国内形势述评 / 刘纪新 // 拉丁美洲研究，1988（4）

受命于危难的阿根廷新政府 / 沈安 // 世界知识，1989（15）

梅内姆执政初见成效 / 潘国俊 // 瞭望周刊，1989（41）

阿根廷新总统面临严峻的经济社会问题 / 刘纪新 // 拉丁美洲研究，1990（1）

关于访问阿根廷的报告 / 谢自楚 // 冰川冻土，1990（3）

简论阿根廷庇隆政府的改革 / 王春良 // 山东师大学报（社会科学版），1990（4）

受命于危难之际的梅内姆 / 林会生 // 世界博览，1990（7）

阿根廷社会学的独立性问题 / 〔苏联〕Г.П.丘勃科瓦；李吟波〔译〕// 国外
社会科学，1990（11）

从 12 月兵变看阿根廷 1990 年政局 / 高昌林 // 拉丁美洲研究，1991（2）

论阿根廷的军事统治与足球运动 / 〔阿根廷〕J.L.阿贝纳；徐刚生〔译〕// 体
育文史，1991（5）

庇隆的劳工政策与阿根廷工会运动 / 刘纪新 // 拉丁美洲研究，1992（3）

梅内姆政府调整内外政策 / 徐世澄 // 世界知识，1992（7）

梅内姆全力以赴修改宪法 / 宋晓平 // 拉丁美洲研究，1994（1）

阿根廷政府经济政策述评 / 宋晓平 // 拉丁美洲研究，1994（2）

阿根廷国内外形势趋于好转 / 杨仲杰 // 现代国际关系，1994（6）

举肃贪反腐之剑的梅内姆 / 佚名 // 党风与廉政，1995（4）

梅内姆连任总统后阿根廷的趋向 / 刘扬 // 现代国际关系，1995（9）

蝉联阿根廷总统的梅内姆 / 周瑞芳 // 现代交际，1995（10）

当代阿根廷青年生存发展面面观 / 王蔚 // 当代青年研究，1997（1）

阿根廷政治、经济形势及对外政策 / 孙岩峰 // 国际资料信息，1999（6）

阿根廷经济政治形势述评 / 宋晓平 // 拉丁美洲研究，2000（2）

发展进程与政府作用：阿根廷实例研究 / 张凡 // 拉丁美洲研究，2001（6）

蜜月之中遭软禁：梅内姆喜悲交加 / 符捷 // 当代世界，2001（7）

阿根廷："定时炸弹"? / 江时学 // 世界知识，2001（17）

阿根廷：何来社会动乱? / 建华 // 中国老区建设，2002（2）

阿根廷局势动荡的原因探析 / 孙水波 // 世界经济与政治论坛，2002（2）

阿根廷危机：政治和社会问题的两难选择 / 高严军 // 中国改革，2002（2）

一个国家的破产——解读阿根廷命运 / 樊弓 // 南风窗，2002（4）

2002 年阿根廷形势及展望 / 方旭飞 // 拉丁美洲研究，2003（1）

阿根廷新当选总统基什内尔 / 高芳 // 拉丁美洲研究，2003（4）

从"阿根廷事件"透视经济转型国家的腐败问题 / 郭正义，宇杰 // 廉政瞭望，
    2003（5）

世界各国反恐怖主义法规概览（二）——阿根廷反恐怖计划法律草案 / 翟边 //
    国家安全通讯，2003（5）

基什内尔——玫瑰宫的新主人 / 魏明 // 当代世界，2003（7）

阿根廷危机与"制度性不信任" / 杨雪冬 // 读书，2003（7）

阿根廷为什么走向衰落 / 中国社科院拉美所课题组 // 红旗文稿，2003（12）

名不见经传的阿根廷新总统：基什内尔 / 刘彦龙，孙卫华 // 领导科学，2003
    （20）

阿根廷新的历史机遇 / 沈安 // 瞭望新闻周刊，2003（23）

阿根廷危机与反全球化的新浪潮 / 杨斌 // 高校理论战线，2004（4）

20 世纪阿根廷政府与市场的关系及其对中国的启示 / 程海亮 // 学术研究，
    2004（5）

阿根廷危机——发展中国家政府与市场角色的错位 / 贺楠 // 国际经济评论，
    2004（6）

对阿根廷社会经济动荡深层次原因的分析与思考 / 刘仓，阮锋儿 // 西安财经
    学院学报，2005（1）

阿根廷"断路者"现象：根源及其政治影响 / 周仪，贺双荣 // 拉丁美洲研究，

2005（3）

发展中国家的难题：开放与发展——以阿根廷为例 / 王萍 // 南开学报，2005（4）

"阿根廷，别为我哭泣" / 姜波 // 经济，2006（1-2）

现代化发展的失衡与危机——阿根廷"新自由主义"改革的再思考 / 胡位钧 // 复旦学报（社会科学版），2006（2）

二战后阿根廷衰落的原因探析 / 秦祖明，尤鹏 // 法制与社会，2007（1）

阿根廷玫瑰——首位民选女总统克里斯蒂娜 / 单源 // 时事（时事报告）（高中版），2007（3）

对阿根廷腐败问题与反腐体制建设的初步分析 / 刘纪新 // 拉丁美洲研究，2007（6）

阿根廷要出女总统 / 孙岩峰 // 世界知识，2007（18）

阿根廷"第一夫人"变总统　克里斯蒂娜神话 / 范剑青，邱晴川 // 环球人物，2007（22）

阿根廷玫瑰宫主："此生政治最重要" / 王鑫方 // 世界知识，2007（22）

阿根廷女总统克里斯蒂娜 / 刘中伟 // 百科知识，2007（23）

阿根廷出了个女总统 / 王晔 // 南方人物周刊，2007（28）

里卡多·洛佩斯·墨菲谈阿根廷 2007 年总统选举后的形势 / 方旭飞 // 拉丁美洲研究，2008（1）

国别政策——阿根廷 // 国际商务财会，2008（2）

"妻承夫业"的阿根廷女总统克里斯蒂娜 / 周有恒 // 名人传记（上半月），2008（3）

风口浪尖上的阿根廷"第一先生"基什内尔 / 周有恒 // 名人传记（上半月），2009（5）

阿根廷军官退役制度简介 / 邓宝双 // 中国人才，2009（6）

从阿根廷视角看南方共同市场中的政治因素 / 李紫莹 // 拉丁美洲研究，2010（1）

阿根廷的可治理性危机分析 / 郭存海 // 拉丁美洲研究，2010（2）

1900—2008 年间阿根廷历届政权的合法性及其丧失周期 / 弗雷德里克·C.特纳，玛丽塔·卡巴罗；黄觉［译］// 国际社会科学杂志（中文版），2010（3）

论阿根廷现代化进程中的政府角色 / 谭融，张宏杰 // 山西大学学报（哲学社

会科学版），2011（2）

从阿根廷现代化发展的失衡审视"拉美化"之忧 / 朱梅莹 // 中国城市经济，
　　2011（14）

公民权和正义斗争中的宗教与身份认同问题——以巴西和阿根廷为例 /〔巴西〕
　　约尼尔多·A.布里提；柳博赟〔译〕// 基督教文化学刊，2012（2）

阿根廷女总统克里斯蒂娜 / 曹廷 // 国际资料信息，2012（3）

论阿根廷最高法院与民主政治 / 范凯文 // 拉丁美洲研究，2012（6）

巴西、阿根廷警务考察报告 / 浙江警察学院代表团 // 公安学刊（浙江警察学
　　院学报），2013（4）

政党与20世纪90年代阿根廷和智利的高层腐败 /〔瑞典〕维维亚娜·斯蒂恰
　　娜；靳呈伟〔译〕// 国外理论动态，2013（4）

阿根廷工会复兴过程中的做法综述 / 徐孝千 // 工会博览，2013（6）

浅析梅内姆政府对2001年阿根廷危机的影响 / 李秉正 // 今日中国论坛，2013（13）

国家变革中正式制度与非正式制度的相互作用——以阿根廷20世纪八九十年
　　代的改革为例 / 谭杨 // 东北大学学报（社会科学版），2014（4）

阿根廷早期民众主义的文化诠释 / 潘芳 // 拉丁美洲研究，2014（4）

论阿根廷早期经济民族主义 / 王慧芝 // 拉丁美洲研究，2014（4）

制度体系和国家发展：断裂与合续——阿根廷和智利的国家类型 / 李江春 //
　　复旦大学，2014

外部因素影响下的阿根廷国家变革（1982-2002）/ 谭杨 // 南开大学，2014

阿根廷的社会安全治理 / 林华 // 拉丁美洲研究，2015（2）

转型正义的阿根廷经验——军人审判的失败与司法独立的困境 / 童圣侠 // 山
　　东社会科学，2015（5）

庇隆时期的社会政策——兼论阿根廷福利民粹主义传统的影响 / 房连泉 // 国
　　际经济评论，2015（6）

阿根廷分配不公问题：民众主义再诠释 / 齐传钧 // 国际经济评论，2015（6）

政党

试析阿根廷正义党国内政策的变化 / 刘纪新 // 拉丁美洲研究，1993（3）

阿方辛谈拉美社会党对全球化的看法 / 钧天［编写］// 国外理论动态，1999
（2）

从阿根廷危机看执政党的执政能力 / 尹德慈 // 当代贵州，2004（6）

阿根廷正义党的发展脉络 / 李紫莹 // 北京城市学院学报，2005（3）

阿根廷正义党如何应对社会危机 // 刘纪新 // 当代世界与社会主义，2006（6）

阿根廷的政党竞争与政治体制的转变 / 张世轶 // 拉丁美洲研究，2007（3）

阿根廷政党治理危机及其原因探析 / 郭存海 // 拉丁美洲研究，2007（5）

阿根廷正义党的重组及其意义 / 李紫莹 // 北京城市学院学报，2009（3）

巴西、阿根廷政党政治与经济社会发展之关系 / 徐锋 // 上海市社会主义学院
学报，2010（6）

阿根廷正义党执政的经验及面临的挑战——基于政党生态资源的视角 / 靳呈
伟，刘玉 // 山东行政学院学报，2012（3）

冷战后阿根廷正义党意识形态转变的原因及其启示 / 黄新典 // 中共贵州省委
党校学报，2014（4）

阿根廷正义党的执政经验教训 / 林华 // 拉丁美洲研究，2014（5）

阿根廷反对党大选获胜——从大选看阿根廷政党政治特点 / 周相萌 // 当代世
界，2015（12）

社会状况

欧洲移民与阿根廷 / 郝名玮 // 世界历史，1980（6）

阿根廷社会性质初探 / 徐文渊 // 拉丁美洲丛刊，1981（1）

偶像倾倒以后——阿根廷人心态录 / 刘建华 // 国际展望，1991（11）

阿根廷的社会保障制度及其改革 / 刘纪新 // 拉丁美洲研究，1994（6）

阿根廷等六国社会保障制度改革的新动向 / 十国社会保障改革课题组 // 经济
学动态，1994（9）

阿根廷与巴西的贫困及反贫困情况 / 钟铃［译］// 中国贫困地区，1997（2）

秘鲁、阿根廷社会救助的有效方式 / 民政部代表团 // 中国民政，1999（1）

阿根廷养老制度改革研究 / 课题组 // 东北财经大学学报，2000（2）

阿根廷巴西的社会福利与救助 / 彦允 // 社区，2001（3-4）

针灸在阿根廷的发展概况 / 朱克新 // 中国针灸，2002（6）

阿根廷的社会危机 / 孙伯辉 // 百科知识，2002（9）

阿根廷失业的持续性：分地区的微观和宏观分析 /Mariano Féliz, Pablo Ernesto
　　Pérez, Demián Tupac Panigo// 世界经济文汇，2004（2）

谈阿根廷养老保障改革 / 贾如静 // 北京市计划劳动管理干部学院学报，2004（4）

二战后阿根廷经济困境的社会根源 / 杨磊 // 北京大学，2005

阿根廷职业风险保护制度：大胆的过渡性改革 /〔阿根廷〕马里奥·埃克曼；
　　闫蕊［译］// 社会保障研究，2006（1）

消除贫困的有益借鉴——关于墨西哥、阿根廷两国消除贫困情况的考察和启
　　示 / 刘坚 // 农村工作通讯，2006（1）

阿根廷农民缘何安心守住土地 / 田耕 // 小康，2006（8）

巴西、阿根廷的青年与青年研究现状及其启示 / 安国启，曹凯 // 中国青年研
　　究，2006（11）

巴西、阿根廷卫生保健体制改革与发展 / 王东升，饶克勤 // 中国卫生经济，
　　2006（11）

"农民也是公民"——阿根廷解决农民问题的人本主义思路 / 范剑青 // 乡镇论
　　坛，2006（14）

巴西、阿根廷住房保障经验、教训及启示 / 文林峰 // 北京规划建设，2007（4）

考察巴西、阿根廷的住房 / 文林峰 // 中华建设，2007（5）

巴西、阿根廷的住房保障制度 / 王春华 // 上海房地，2007（10）

巴西、阿根廷的住房保障制度管窥 / 王春华 // 中国房地产金融，2007（10）

巴西、阿根廷社会保障制度及启示 / 国家发展改革委就业和收入分配司 // 中
　　国经贸导刊，2007（19）

从阿根廷看社会养老保险制度的构建 / 张捷，朱群丹 // 浙江经济，2007（21）

福清赴阿根廷新移民研究 / 刘娟 // 厦门大学，2008

公用事业私有化对社会领域的影响——阿根廷案例研究 / 黄志龙 // 拉丁美洲
　　研究，2008（1）

改革进程中的阿根廷养老保险制度 / 王明海 // 劳动保障世界，2008（3）

阿根廷私有化社保制度"国有化再改革"的过程、内容与动因 / 郑秉文，房连
　　泉 // 拉丁美洲研究，2009（2）

城市新贫困：近 20 年来全球性、区域性以及阿根廷的动因 / 加布里埃尔·克斯勒，玛利亚·梅塞德斯·迪·威基里奥；徐琼［译］// 拉丁美洲研究，2009（2）

阿根廷私营养老金制度"国有化改革"对我国社保改革的几点启示 / 房连泉 // 中国经贸导刊，2009（21）

受到质疑的权利：阿根廷减贫政策的局限性 / 埃莉诺·福尔，路易斯·坎波斯，劳拉·保塔西，西尔维娜·齐默尔曼；项龙［译］// 国际社会科学杂志（中文版），2010（4）

阿根廷：完善社会保障 化解仇富心态 / 宋洁云，冯俊扬 // 农村工作通讯，2010（11）

阿根廷与中国养老金制度改革比较 / 高庆波 // 拉丁美洲研究，2011（5）

懂得放下的阿根廷人 / 王者归来 // 思维与智慧，2011（11）

阿根廷贫困化历程 / 高庆波 // 拉丁美洲研究，2012（4）

养老金制度改革中的工会影响——以智利和阿根廷为例 / 师贞茹，孙璐 // 社会保障研究，2012（6）

阿根廷的农民 / 范剑青 // 北京农业，2012（10）

阿根廷养老金改革相关政治行动者利益博弈分析 / 刘桂莲，温鹏莉 // 拉丁美洲研究，2014（1）

阿根廷对本国犹太人民族政策评析 / 洪韬 // 拉丁美洲研究，2014（2）

阿根廷志愿者组织的模式转变 /〔阿根廷〕玛丽亚·克里斯蒂娜·莱伊加达斯；于琦［译］// 经济社会体制比较，2014（5）

外交

阿根廷和英国关系解冻 / 沈安 // 世界知识，1989（22）

阿、巴关系与南方共同市场 / 张宝宇 // 拉丁美洲研究，1991（5）

阿根廷：调整外交政策以适应新形势 / 徐世澄 // 拉丁美洲研究，1992（2）

关于阿根廷与中国政治经济关系的初步研究 /〔阿根廷〕爱德华多·奥维多 // 拉丁美洲研究，1993（5）

冷战后阿根廷对美国政策的变化 / 曹琳 // 拉丁美洲研究，1995（4）

中阿两国积极发展长期稳定的合作关系 / 周子勤 // 拉丁美洲研究，1995（6）

"醉翁之意不在酒"——美国给予阿根廷"非北约军事盟友"地位 / 孙岩峰 //
世界知识，1997（21）

巴西阿根廷关系起波澜 / 马小平 // 世界知识，1997（21）

项庄舞剑　意在沛公——美国缘何给予阿根廷"非北约盟国"地位 / 周余云 //
当代世界，1998（1）

继往开来　谱写新篇——李长春访问古巴、阿根廷、新西兰纪行 / 孙海燕 //
当代世界，2003（9）

阿根廷危机的国际关系分析 / 何霄 // 复旦大学，2004

论梅内姆政府时期阿根廷外交政策的转变 / 刘志鹏 // 山东师范大学，2006

基什内尔执政时期阿根廷与美国关系 / 孙洪波 // 拉丁美洲研究，2007（3）

论魏地拉时期的日阿关系（1976-1981 年）/ 李巨轸 // 福建师范大学学报（哲
学社会科学版），2007（4）

冲突与和解：美国对阿根廷的政策（1943-1955）/ 张世轶 // 南开大学，2009

二战时期阿根廷的外交政策探析 / 杨波 // 重庆科技学院学报（社会科学版），
2010（5）

阿根廷传统外交思想起源探析 / 方艳华，刘志鹏 // 常熟理工学院学报，2010（9）

边界河流环境法律争端该如何解决？——阿根廷诉乌拉圭案透视 / 李滨 // 环境
保护，2010（14）

论美国对阿根廷"肮脏战争"的政策（1976-1983 年）/ 李莉华 // 陕西师范
大学，2010

中国与阿根廷：竞争中实现共赢 / 方旭飞 // 中国远洋航务，2011（10）

阿根廷外交政策演变与南美洲区域一体化发展 / 李紫莹 // 国际经济合作，2012（2）

二战后阿根廷的现代化战略选择与对外关系 / 李紫莹 // 拉丁美洲研究，2012（2）

二战后阿根廷经济独立道路与美国的对策 / 张世轶 // 拉丁美洲研究，2012（4）

新中国与阿根廷建交 40 年回顾 / 朱祥忠 // 党史博览，2012（12）

从阿根廷华人超市被抢看华侨面临的安全困局 / 黄英湖 // 八桂侨刊，2014（1）

英国与阿根廷的南极关系考察（1942-1961）/ 刘明 // 外国问题研究，2014（1）

与南美国家架起交流的桥梁——中国新闻代表团访问巴西、阿根廷纪实 / 顾勇
华 // 军事记者，2014（6）

21 世纪阿根廷外交决策机制的变迁 / 张小庆 // 外交学院，2014

政治领导者在外交政策变化中的作用——以阿根廷与哥伦比亚为例 /〔阿根廷〕
美娜（Laura Ximena Vera）// 吉林大学，2014

南美主要侨居国的华人同乡会、商业与文化社团研究——以巴西、秘鲁、阿
根廷、委内瑞拉为基础 / 徐珊珊 // 暨南大学，2014

阿根廷与纳粹德国的暧昧往事 / 吕晗子 // 党政论坛（干部文摘），2015（1）

阿根廷的南极政策探究 / 刘明 // 拉丁美洲研究，2015（1）

阿根廷的欧洲移民潮成因探究（1853-1914）/ 刘明 // 科学经济社会，2015（3）

阿根廷国际商事仲裁研究——以中阿两国的比较为视角 / 崔航 // 商丘师范学
院学报，2015（11）

英阿马岛战争

马尔维纳斯群岛 / 袁世亮 // 拉丁美洲丛刊，1981（1）

马岛争端的由来和发展 / 澄波 // 拉丁美洲丛刊，1982（4）

马尔维纳斯群岛史略 / 章叶 // 拉丁美洲丛刊，1982（4）

试评马岛事件及其给予人们的启示 / 海亮 // 拉丁美洲丛刊，1982（5）

展望马尔维纳斯群岛的前途 / 澄波 // 拉丁美洲丛刊，1982（5）

阿英马岛海战资料及初步分析（上）/ 盛德林 // 外国海军导弹动态，1982（7）

阿英马岛海战资料及初步分析（下）/ 盛德林 // 外国海军导弹动态，1982（10）

马尔维纳斯群岛 / 晨路 // 世界知识，1982（9）

马岛争端：困难与希望 / 孙茂珊 // 世界知识，1982（11）

马岛风云仍然激荡 / 胡泰然，杨翊 // 瞭望，1982（12）

从马岛看现代战争 / 明江 // 世界知识，1982（13）

马岛之战与国际关系 / 尹承德 // 世界知识，1982（14）

马岛战后的阿根廷政局 / 杨仲杰，郭人驿 // 世界知识，1982（15）

马岛之战与军事技术系统工程研究 / 杜玠 // 国防科技大学学报，1983（2）

从福克兰 / 马尔维纳斯之争看社会科学家有无国家偏见 /F. H. 加鲁，E. C. 阿尔
弗斯·加鲁；士琦〔译〕// 国际社会科学杂志（中文版），1987（3）

英阿马岛战争双方战略得失剖析 / 王增铨 // 军事历史，1989（1）

论马岛之战 / 赵长华 // 军事历史研究，1989（4）

马岛战争中英阿双方战争动员的经验教训 / 贾恒阔 // 军事历史，1994（1）

英阿马岛战役述评 / 郭昊奎 // 内蒙古工业大学学报（社会科学版），1994（1）

阿英马岛争端由来 / 潘国俊 // 瞭望新闻周刊，1994（37）

英阿马岛战争的地缘政治观 / 乔正高 // 史学集刊，2000（2）

英阿马岛战争对登陆作战的启示 / 史鲁泽，张世刚 // 军事历史，2000（3）

世界岛屿争端探究系列文章之一——英阿马岛争端与马岛海战 / 塔圣 // 现代
舰船，2000（6）

马岛战争的经验和启示 / 潘攀桂 // 军事历史，2001（1）

马岛战争中空袭与反空袭作战的特点及启示 / 俞晓鹏 // 军事历史，2001（3）

马岛现状：缓和与矛盾并存 / 寒丁 // 当代海军，2001（7）

硝烟散尽话马岛 / 周明 // 国际展望，2001（13）

20 年前一场百日海空大战——英阿马岛战争的回顾与启迪 / 刘江平，袁洪勤 //
海洋世界，2002（6）

马岛战争二十年启示录 / 陶然 // 现代舰船，2002（7）

马岛战争中的阿根廷空军（上）/ 张宏飞 // 航空世界，2003（7）

马岛战争中的阿根廷空军（下）/ 张宏飞 // 航空世界，2003（8）

燃烧的马尔维纳斯（一）/ 先一 // 知识就是力量，2003（10）

燃烧的马尔维纳斯（二）/ 先一 // 知识就是力量，2003（11）

燃烧的马尔维纳斯（三）/ 先一 // 知识就是力量，2003（12）

燃烧的马尔维纳斯（四）/ 先一 // 知识就是力量，2004（1）

马岛战争中英军交通运输保障与启示 / 郭兆东 // 国防交通工程与技术，2004（3）

里根政府与英阿马岛战争 / 彭俊 // 贵州师范大学学报（社会科学版），2004（4）

马岛主权引发的民族战争 / 邓颖洁 // 中国民族，2004（5）

一场岛屿争夺战的反思——英阿马岛战争启示录 / 翟晓敏 // 南风窗，2004（9）

从马岛战争看英美特殊关系的特质 / 彭俊 // 苏州科技学院学报（社会科学版），
2005（1）

决胜南大西洋 马岛之战中空中力量运用分析（上）/ 方方 // 国际展望，2006（9）

决胜南大西洋 马岛之战中空中力量运用分析（中）/ 方方 // 国际展望，2006
（10）

战后外国私人投资对阿根廷的影响 / 陈舜英 // 拉丁美洲丛刊，1981（3）

阿根廷农业发展缓慢的原因 / 苏振兴 // 拉丁美洲丛刊，1981（4）

阿根廷的皮革工业 / 王树声［编译］// 皮革科技，1981（1）

智利－阿根廷　斑岩铜矿带的区域研究 / 黎青 // 地质与勘探，1981（11）

庇隆政府经济政策简评 / 陈舜英 // 拉丁美洲丛刊，1982（5）

阿根廷的汇率制度改革和启示 / 熊业田 // 拉丁美洲研究，1988（1）

阿根廷的税制改革法案 // 涉外税务，1988（3）

方兴未艾的阿根廷渔业（上）/ 可大安 // 中国水产，1988（10）

方兴未艾的阿根廷渔业（下）/ 可大安 // 中国水产，1988（11）

巴西、阿根廷、墨西哥医疗保险制度考察 / 赴三国医疗保险制度考察团 // 中
　　国卫生经济，1989（2）

阿根廷核能发展概况 / 汤文［译］// 国外核新闻，1989（7）

阿根廷的外资政策 / 陈玉明 // 国际经济合作，1989（11）

阿根廷综合个人所得税简介 / 李显著［摘编］// 涉外税务，1991（8）

阿根廷私有化进程的特点 / 刘纪新 // 拉丁美洲研究，1992（4）

阿根廷私有化面临的主要问题 / 高昌林 // 拉丁美洲研究，1992（4）

阿根廷市场 / 张凡，裴浩楼 // 拉丁美洲研究，1993（1）

阿根廷经济恢复发展 / 杨仲杰 // 现代国际关系，1993（5）

关于阿根廷外债问题的考察 / 国家计委外资司参考组 // 计划经济研究，1993（7）

阿根廷经济呈稳定上升趋势 / 黄星群 // 拉丁美洲研究，1994（1）

试析阿根廷的"新经济政策" / 凌传茂 // 党校科研信息，1994（2）

70 年代以来阿根廷外贸政策的演变 / 杨西 // 拉丁美洲研究，1994（3）

阿根廷国债市场现状 / 敖丽峰，关平，李志刚 // 决策借鉴，1994（5）

阿根廷对收费公路作新的尝试 / 景惠兰［译］// 河南交通科技，1994（6）

世界铁路公司化中的阿根廷模式 / 陈延林，武剑虹 // 综合运输，1994（8）

阿根廷经济的结构改革 /〔阿根廷〕多明戈·卡瓦利奥；陈宁［译］// 世界经
　　济译丛，1994（11）

1993 年阿根廷金属矿业回顾 / 聂辉成 // 世界采矿快报，1994（33）

关于阿根廷投资环境的探讨 / 忻志华 // 现代渔业信息，1995（2）

阿根廷的铀矿业及前景展望 / 刘小宇 // 国外铀金地质，1995（2）

对巴西、阿根廷电力的考察报告 / 周小谦，朱军 // 水利水电工程造价，1996（1）

梅内姆的拉美经济一体化思想和阿根廷的经济发展 / 宋晓平 // 拉丁美洲研究，
　　1996（4）

阿根廷的失业问题与政府的就业政策 / 白凤森 // 拉丁美洲研究，1996（6）

阿根廷经济改革及启示 / 蔡班 // 财政，1996（12）

阿根廷银行改革的措施与经验教训 / 郭振林 // 青海金融，1996（12）

阿根廷矿业前景 / 王宁，韩志型 // 世界采矿快报，1996（15）

巴西、阿根廷运用财税政策对宏观经济的调节 / 龙艳平，苏中一 // 中华女子
　　学院学报，1997（1）

对智利、阿根廷财政转移支付的考察报告 / 财政部预算司赴智利、阿根廷考察
　　团 // 预算会计，1997（5）

阿根廷的草原肉牛业 / 周薇 // 当代畜禽养殖业，1997（5）

阿根廷的肉牛业 / 赵淑芬，刘慧娟 // 世界农业，1998（1）

阿根廷、墨西哥、罗马尼亚的林业和木材工业概况 / 杨静榕［辑］// 云南林业
　　科技，1998（2）

阿根廷的税收征管及启示 / 王复兴 // 山东税务纵横，1998（2）

阿根廷肉牛生产技术与营销体系 / 周世朗 // 山区开发，1999（1）

阿根廷交通运输业概述 / 丁晓明 // 武汉交通管理干部学院学报，1999（1）

巴西、阿根廷大豆的生产与科研 / 刘忠堂 // 大豆科学，1999（2）

新西兰、阿根廷农业财政政策考察报告 / 财政部农业司考察团 // 农村财政与
　　财务，1999（2）

阿根廷：电信私有化及规制的后果 / 埃利斯·希尔，麦努尔·A．艾伯达拉；
　　朱蕾［摘译］// 经济社会体制比较，1999（3）

80 年代初期阿根廷和智利的银行危机及其处理 / 张春霖 // 经济导刊，1999（3）

阿根廷粮食流通市场化 / 丁声俊 // 世界农业，2000（3）

经济发展　消费强劲——阿根廷市场扫描 / 香港贸易发展局研究部 // 大经贸，
　　2000（4）

"南美粮仓"——阿根廷 / 丁声俊 // 世界农业，2000（5）

阿根廷蜂蜜生产与贸易 / 张纯，顾国达 // 世界农业，2000（12）

阿根廷：私有化与"死胡同" / 于洪君 // 侨园，2000（6）

阿根廷外汇制度改革：经验与教训 / 王一萱 // 中国外汇管理，2000（7）

阿根廷天然气行业的改革 / 李晓东 // 国际石油经济，2001（4）

对阿根廷和巴西粮食流通情况的考察 / 朱长国 // 中国粮食经济，2001（4）

阿根廷、巴西的税收征管 / 范坚 // 中国税务，2001（5）

对阿根廷外资银行稳定性的分析 / 林晶 // 拉丁美洲研究，2001（6）

从阿根廷税务状况看中国税收征管 / 高春发，王静梅 // 黑龙江财会，2001（11）

阿根廷金融风波的前因后果 / 谭雅玲 // 瞭望新闻周刊，2001（35）

阿根廷经济形势恶化的症结何在 ?/ 方旭飞 // 拉丁美洲研究，2002（1）

阿根廷市场：风险如虎口 / 严杰 // 国际市场，2002（2）

货币发行局制度的宏观经济效应——以中国香港和阿根廷为分析个案 / 冯邦彦，徐枫 // 暨南学报（哲学社会科学版），2002（2）

失衡的汇率安排——货币发行局制度与阿根廷政经动荡 / 管涛 // 国际贸易，2002（2）

阿根廷：为什么哭泣 / 张明 / 中国外汇管理，2002（2）

遥望阿根廷 / 牛鹏 // 南风窗，2002（2）

阿根廷货币崩溃的根源在货币之外 / 钟伟 // 中国外汇管理，2002（2）

阿根廷的教训 / 黄俊 // 银行家，2002（3）

阿根廷的金融开放与经济危机 / 赵雪梅 // 国际商务（对外经济贸易大学学报），2002（3）

"阿根廷病"的症结在哪里 ?/ 梭罗 // 银行家，2002（4）

搏击金融风暴的斗士——阿根廷央行行长马里奥·I. 布莱赫尔 / 周继秀 // 银行家，2002（6）

"改革明星"为何陷入困境——就阿根廷危机访专家 / 范庆华 // 世界知识，2002（4）

阿根廷：在金融的祭坛上 / 邓崴 // 浙江金融，2002（4）

市场原教旨主义与阿根廷的经济崩溃 / 查君红［编写］// 国外理论动态，2002（4）

阿根廷：危局的形成 / 江时学 // 瞭望新闻周刊，2002（5）

阿根廷摩托车市场概况 / 杨振恒 // 摩托车技术，2002（5）

阿根廷渔业与入渔政策 / 刘连军，秦正军，陈捷 // 中国渔业经济，2002（5）

经济紧缩，还是经济崩溃？——阿根廷经济复苏的出路 /〔美〕K. 韦勒；张燕晖［摘译］// 国外社会科学，2002（6）

评货币局制度在阿根廷的崩溃 / 宋海 // 国际金融研究，2002（6）

前车之鉴：对阿根廷政治动荡的金融思考 / 刘德溯 // 福建金融，2002（6）

IMF 和阿根廷危机 / 焦军普，赵春明 // 经济导刊，2002（7）

阿根廷：从"荣耀"到危机 / 刘云鹏 // 经济导刊，2002（7）

中国金融风险的潜在因素分析——从阿根廷经济金融危机谈起 / 陈雨露 // 新财经，2002（7）

阿根廷入关（入世）后的政策演变及对中国的启示 / 白玫 // 开放导报，2002（10）

"阿根廷效应"前瞻 / 谭雅玲 // 科学决策，2002（11）

为什么阿根廷的美元化进程最终失败？/ 张磊，荣蓉 // 中国外汇管理，2002（11）

阿根廷崩溃是谁之过？/〔美〕布拉德福德·德隆；龚伟同［译］// 商务周刊，2002（22）

拉美阿根廷危机的传染效应 / 江时学 // 瞭望新闻周刊，2002（29）

从阿根廷货币危机看美元化的命运 / 秦凤鸣 // 拉丁美洲研究，2003（1）

阿根廷经济衰退的根源与前景分析 / 张敬庭 // 拉丁美洲研究，2003（2）

阿根廷农业税收制度及其对中国的启示 / 杨惠芳 // 拉丁美洲研究，2003（2）

1994~2001 年阿根廷资本外逃的实证分析 / 顾然 // 拉丁美洲研究，2003（4）

供款基准制养老金计划的相对收益率担保研究——以智利、阿根廷、波兰为例 / 刘昌平，孙静 // 证券市场导报，2003（1）

内蒙古草地管理与牧草种质资源交流考察团赴阿根廷、巴西考察报告 / 林莉，刘永志，巴根那，李青丰 // 内蒙古畜牧科学，2003（1）

信用危机：当代资本主义经济发展的"瓶颈"——关于美国大公司接连破产以及阿根廷经济崩溃的思考 / 赵宗博，刘宁扬 // 沿海企业与科技，2003（1）

阿根廷危机的经济机制分析 /〔澳〕约瑟夫·哈利维；刘元琪［摘译］// 国外理论动态，2003（2）

从"阿根廷事件"透视经济转型国家的腐败问题 / 郭正义，宇杰 // 党风与廉政，2003（2）

阿根廷货币局制度对其宏观经济的影响 / 吴子敏，刘厚俊 // 现代管理科学，
2003（4）

全球化以致中和——从阿根廷家禽反倾销案说起 / 王贵国 // 法学家，2003（4）

阿根廷的金融开放与银行危机 / 杨斌 // 财贸研究，2003（6）

阿根廷的农牧业概况 / 聂严，张润，齐萌，魏琳 // 中国兽药杂志，2003（6）

阿根廷的金融开放与金融危机 / 杨斌 // 财经问题研究，2003（12）

阿根廷货币局制度的经济分析及启示 / 盛宏清 // 中共中央党校，2003

阿根廷大豆产业发展与政府政策 / 何秀荣，李平，张晓涛 // 农业技术经济，
2004（1）

阿根廷经济：燃起新的希望——2003年阿根廷经济形势述评 / 谢文泽 // 拉丁
美洲研究，2004（1）

阿根廷货币局制度分析 / 孙仲涛 // 拉丁美洲研究，2004（2）

阿根廷货币职能弱化问题浅析 / 周丽霞，曹亚伟 // 拉丁美洲研究，2004（3）

阿根廷国有企业私有化 / 方旭飞 // 拉丁美洲研究，2004（6）

通货膨胀目标制对通货紧缩的影响——阿根廷经济危机的启示 / 张海洋 // 湖
北社会科学，2004（1）

阿根廷的金融开放与银行危机 / 杨斌，张晶 // 天津市工会管理干部学院学报，
2004（2）

反思通货膨胀目标制——阿根廷经济危机启示 / 胡放之，张海洋 // 理论月刊，
2004（2）

失衡发展与阿根廷危机 / 杨建成，刘衍玲 // 国际关系学院学报，2004（4）

阿根廷的金融危机与资本外逃 / 杨斌 // 杭州师范学院学报（社会科学版），
2004（5）

阿根廷茶叶市场概况 / 吴育墀 // 茶叶经济信息，2004（8）

投资遥远的国度——阿根廷 / 高潮 // 中国对外贸易，2004（8）

金融危机之后如何进行外汇管理——巴西、阿根廷考察报告 / 境外外汇管理立
法考察团 // 中国外汇管理，2004（10）

金融自由化与国家经济安全——阿根廷金融危机及其启示 / 益言 // 中国金融，
2004（11）

外部因素与阿根廷的经济发展 / 贾东荣 // 山东师范大学学报（人文社会科学

版），2005（1）

2001年经济危机之后阿根廷的形势／〔阿根廷〕胡安·卡洛斯·莫雷利；宋晓平［译］//拉丁美洲研究，2005（2）

阿根廷：从周期性危机走向可持续发展／〔阿根廷〕吉尔默·尼尔森；岳云霞［译］//拉丁美洲研究，2005（6）

阿根廷的"2005年债务互换计划"／黄志龙//拉丁美洲研究，2005（6）

阿根廷：一个人民的经济复苏计划／许峰［编译］//国外理论动态，2005（3）

货币局制度在香港与阿根廷实践的比较分析／杨汉波，陈凌//南方金融，2005（3）

阿根廷电力市场与监管实践／李琼//中国电力企业管理，2005（4）

20世纪90年代以来阿根廷宏观经济长期失衡的原因／盛宏清//合肥工业大学学报（社会科学版），2005（5）

"拉美化陷阱"：阿根廷的经济改革与问题／陈江生//中共石家庄市委党校学报，2005（8）

阿根廷私有化的前景／亚当·汤姆森；少陵［译］//国外社会科学文摘，2005（10）

巴西、阿根廷考察见闻与启示／金汝斌，许均田，潘强敏//浙江统计，2005（10）

巴西、阿根廷税法体系及借鉴／中国税收科研代表团//涉外税务，2005（11）

国际货币基金组织贷款条件研究：以阿根廷为例／曹勇//国际金融研究，2005（11）

不慎放权，如潮官司——阿根廷轻率对待投资争端管辖权的惨痛教训／蔡从燕//国际经济法学刊，2006（1）

巴西和阿根廷饲料工业的发展经验及其启示／农业部赴巴西、阿根廷考察团//世界农业，2006（2）

庇隆主义与阿根廷农业发展（1945-1953）／周丹//贵阳学院学报（社会科学版），2006（2）

阿根廷"另类货币"的作用／温铁军//国际经济评论，2006（3）

阿根廷如何错失货币局制度改革的良机／黄志龙//拉丁美洲研究，2006（3）

阿根廷与泰国金融危机的比较研究／喻平//武汉理工大学学报（社会科学版），

2006（3）

阿根廷社区另类货币 / 温铁军 // 银行家，2006（5）

阿根廷有关粮食生产、贸易、加工、综合利用和消费情况 / 顾尧臣 // 粮食与
饲料工业，2006（5）

阿根廷经济危机后的"国际投资法律危机"研究——兼及对中国的借鉴意义 /
刘京莲 // 太平洋学报，2006（6）

阿根廷葡萄与葡萄酒业 / 丁燕 // 中外葡萄与葡萄酒，2006（6）

阿根廷投资与经贸风险分析报告（来自中国信保《国家风险分析报告》）// 国
际融资，2006（7）

巴西、阿根廷公路环保考察报告 / 孙贵安 // 综合运输，2006（7）

阿根廷邮政在动荡中重新站起 / 张连分 // 中国邮政，2006（8）

阿根廷预征所得税措施案的分析与启示 / 龙英锋 // 涉外税务，2006（8）

阿根廷发展农牧业的主要做法 // 党建研究，2006（10）

阿根廷养蜂业 / 吕效吾，吕裕民 [译] // 中国蜂业，2006（10）

阿根廷油气工业现状 / 江南 [摘译] // 中国石油和化工经济分析，2006（18）

阿根廷的农业现代化 / 周丹 // 四川大学，2006

阿根廷近年来拖拉机生产与市场发展浅析 / 吴清分 // 农业机械，2007（1）

阿根廷大豆生产和科研概况 / 韩天富 // 大豆科学，2007（2）

巴西、阿根廷绿化情况考察报告 / 韩国祥，徐来富，王苏梅，李法兰，朱新
飞，伍赛珠，刘建智，吕生龙，沈谦，刘兴宏 // 国土绿化，2007（3）

阿根廷和智利经济发展的经验教训及其启示 / 刘迎秋，高静 // 拉丁美洲研究，
2007（4）

国际油价上涨及其对阿根廷经济的影响 / 赵平，王玉华 // 拉丁美洲研究，2007
（4）

阿根廷矿产资源及矿业投资研究 / 王海军，于银杰 // 西部资源，2007（4）

阿根廷作物免耕体系的研究现状 / 林蔚刚，吴俊江，董德健，钟鹏 // 作物杂
志，2007（4）

"拉美现象"下的土地问题——巴西阿根廷访问考察报告 / 国土资源部代表
团 // 中国土地，2007（6）

巴西、阿根廷积极发展生物质能源 / 黑龙江省发改委 // 经济视角，2007（10）

阿根廷比索重新盯住美元的情况分析及启示 / 王信，林艳红 // 国际金融研究，2007（12）

巴西、阿根廷农业和农业科技发展对广东的启示 / 廖森泰，刘家平 // 广东科技，2007（12）

阿根廷金融危机中银行差异性研究——基于面板数据的实证分析 / 程学韵 // 河北经贸大学学报，2008（1）

转型经济时期的六西格玛演化（上）——阿根廷案例 /〔阿根廷〕丹尼尔·弗卡；邹先军［译］// 上海质量，2008（1）

转型经济时期的六西格玛演化（下）——阿根廷案例 /〔阿根廷〕丹尼尔·弗卡；邹先军［译］// 上海质量，2008（2）

巴西阿根廷观察与启示 / 四川省农业统计访问团 // 四川省情，2008（3）

联系汇率制在阿根廷的产生、灭亡及原因探究 / 任艳霞 // 中国商界（下半月），2008（11）

在阿根廷考察"世界粮仓" / 范剑青 // 农家参谋，2008（12）

阿根廷的预算监督及其借鉴 / 朱炜 // 中国财政，2008（13）

阿根廷金融危机与货币局制度 / 李洁 // 商场现代化，2008（23）

阿根廷财政监督管理及其经验借鉴 / 财政部财政监督管理考察团 // 财政监督，2008（23）

阿根廷和智利应对危机的对策分析 / 高静 // 拉丁美洲研究，2009（2）

国际投资仲裁中危急情况的适用——以阿根廷所涉国际投资仲裁为例 / 林笑霞 // 国际经济法学刊，2009（3）

美国、阿根廷金融危机比较 / 兰梦妮 // 中国商界（下半月），2009（3）

阿根廷作物种质资源考察 / 胡小荣，张明军，陶梅，周红立 // 植物遗传资源学报，2009（4）

巴西与阿根廷大豆生产现状和展望 / 林蔚刚 // 中国农村小康科技，2009（6）

中国养蜂业与阿根廷养蜂业的差异 / 陈黎红，吴杰，张复兴，刁青云，王建梅，王秀红 // 中国牧业通讯，2009（6）

阿根廷有机农业发展观察及对中国发展路径的思考 / 霍美丽 // 世界农业，2009（12）

浅谈美国与阿根廷金融危机之比较 / 何英慧 // 现代经济信息，2009（17）

阿根廷大坝与水电的作用 /〔阿根廷〕E. 奥尔特加；刘洪亮［编译］// 水利水电快报，2010（1）

阿根廷的农业和农药 / 张一宾 // 中国农药，2010（3）

进口对阿根廷 GDP 的影响分析 / 郑有国，吴少波 // 国际贸易问题，2010（3）

巴西、阿根廷水运发展概况及启示 / 曾文，吴肖燕 // 武汉交通职业学院学报，2010（4）

阿根廷国际商事仲裁制度探析 / 黄文旭 // 上海商学院学报，2010（6）

阿根廷转基因作物产业化的法律监管体系评析 / 周锦培，刘旭霞 // 岭南学刊，2010（6）

阿根廷为什么没成为美国 / 艾伦·比蒂 // 商界（评论），2010（12）

阿根廷农业科研体系建设经验及对我国的启示 / 赵明，李先德 // 农业经济问题，2010

独立以来 50 年阿根廷土地政策的变动 / 王萍 // 拉丁美洲研究，2011（1）

阿根廷畜牧业生产状况与畜产品贸易分析 / 曲春红 // 黑龙江畜牧兽医，2011（2）

淘金阿根廷 / 曲哲 // 农经，2011（4）

阿根廷奶业发展概况 / 周振峰，谷继承，王加启，张智山，崔泽民，郑彦，朱化彬 // 中国奶牛，2011（17）

巴西和阿根廷奶业考察报告 / 谷继承，周振峰，王加启，张智山，牟海日，孙宏进 // 中国奶牛，2011（19）

比较优势演化与经济增长——基于阿根廷的实证分析 / 伍业君，张其仔 // 中国工业经济，2012（2）

阿根廷蜂业管理、生产、出口及科研概况 / 刁青云，颜志立，石巍，周玮 // 世界农业，2012（2）

中国与阿根廷蜂业对比分析 / 刁青云，颜志立，石巍，周玮 // 世界农业，2012（7）

阿根廷农业生产、贸易和政策分析 / 张红玲，刘艺卓 // 世界农业，2012（9）

阿根廷的经济增长、就业和收入分配 /〔阿根廷〕胡安·圣塔坎吉勒；童珊［译］// 海派经济学，2012（4）

阿根廷投资与经贸风险分析报告（来自中国信保《国家风险分析报告》）// 国际融资，2012（5）

阿根廷养牛业考察与分析 / 张吉鹍 // 江西农业学报，2012（5）

阿根廷 2006-2010 年拖拉机生产与市场发展浅析 / 吴清分 // 拖拉机与农用运输车，2012（6）

巴西、阿根廷、古巴三国照明产品质量监管体系及其对我国的启示 / 李静，吕芳 // 照明工程学报，2012（6）

险中求胜阿根廷 / 王超 // 中国海关，2012（7）

阿根廷报业的历史与现状 / 陈继静 // 国际新闻界，2012（7）

安第斯山下观养蜂（三）——阿根廷的养蜂业 / 颜志立 // 蜜蜂杂志，2012（8）

阿根廷经济增长前景不容乐观 / 方旭飞 // 中国远洋航务，2012（10）

阿根廷走出债务危机的经验与启示 / 陈西果，陈建宇 // 青海金融，2012（10）

2011 年阿根廷农药市场特点 / 吴厚斌，穆兰，刘苹苹，郑鹭飞 // 农药科学与管理，2012（10）

阿根廷农牧业发达的原因及其对我国的启示 / 李双晶 // 全国商情（理论研究），2012（21）

阿根廷畜牧业调查及思考 / 樊静，程红霞，路复员 // 中国畜牧业，2012（24）

阿根廷奶业概况 / 罗俊，陈兵 // 中国奶牛，2013（1）

后新自由主义经济模式与通胀治理困境——阿根廷通胀问题的成因分析与借鉴 / 赵旭梅 // 价格理论与实践，2013（2）

债务隐患困扰阿根廷 / 宋玮 // 资本市场，2013（2）

阿根廷进口替代工业化战略确立的历史进程 / 董国辉 // 南开学报（哲学社会科学版），2013（3）

阿根廷锂资源潜力及开发利用 / 陈玉明，邓小林 // 盐湖研究，2013（4）

阿根廷的功能性收入分配及相关影响因素 / 林华 // 拉丁美洲研究，2013（4）

银行提供境外贷款的担保结构设计的探究——以阿根廷项目为例 / 杨赟 // 金融教育研究，2013（5）

制度之间的政治经济发展——阿根廷和智利比较研究（1976-1989 年）/ 李江春 // 经济社会体制比较，2013（5）

阿根廷投资与经贸风险分析报告（来自中国信保《国家风险分析报告》）// 国际融资，2013（6）

1880-1914 年阿根廷经济增长的要素分析 / 董国辉 // 历史教学（下半月刊），

2013（6）

2012 年阿根廷农药市场研究及启示 / 吴厚斌，穆兰，吕宁，曹兵伟，刘苹苹 // 农药科学与管理，2013（8）

阿根廷的经济改革及其启示 / 林华 // 当代世界，2013（8）

阿根廷石油国有化及其影响 / 陈玉明 // 中国石油和化工，2013（9）

安第斯山脉脚下的奇葩——二十世纪阿根廷会计研究与制度背景述评 / 黄永安 // 财会通讯，2013（10）

素有"世界粮仓和肉库"之称的阿根廷 / 中国驻阿根廷使馆经商参处 // 中国经贸，2013（10）

由盛而衰：阿根廷的教训 / 韩和元 // 学习博览，2013（11）

制度设计缺陷与制度内各次级制度的冲突——以阿根廷"梅内姆经济改革"为案例 / 谭杨 // 未来与发展，2013（11）

阿根廷羊毛产业发展及政策 / 周向阳 // 中国畜牧杂志，2013（20）

南美第二大挂车市场——阿根廷 / 宁文祥 // 专用汽车，2014（1）

阿根廷宏观经济问题及其根源（2011~2013 年）/ 吴婧 // 拉丁美洲研究，2014（2）

阿根廷债务技术性违约的根源与影响 / 郑联盛，张晶 // 拉丁美洲研究，2014（6）

阿根廷农业产业化发展研究 / 唐丽娟 // 世界农业，2014（3）

阿根廷锂开发利用及我国未来锂资源发展策略建议 / 唐尧 // 国土资源情报，2014（3）

解析阿根廷金融动荡 / 张永军，刘向东 // 中国国情国力，2014（4）

私营企业主的财产权利保护探析——基于对阿根廷民粹实践中"经济民主"的思考 / 秦春 // 法制与经济（下旬），2014（4）

利率市场化改革：风险应对与启示——基于美日阿根廷等典型国家改革经验的分析 / 董研 // 武汉金融，2014（5）

新自由主义的取舍——以阿根廷新自由主义改革为例 / 贾丹 // 东方企业文化，2014（6）

阿根廷滑柔鱼渔业资源管理及对我国的启示 / 岳冬冬等 // 中国农业科技导报，2014（6）

阿根廷风能资源评估与开发前景分析 / 苏盛，王超，赵杰，吴长江 // 电力建设，2014（6）

阿根廷债务违约风波的争论与思考 / 徐奕晗，边硕 // 中国银行业，2014（7）

阿根廷：拉美最具投资潜力的国家 / 高潮 // 中国对外贸易，2014（9）

阿根廷债务违约产生的原因、主要影响及其启示 / 李永，王渭平，蔡叔燕 // 甘肃金融，2014（9）

化解地方债务风险的国际经验借鉴——以巴西、阿根廷实施财政责任法为例 // 梁敏 // 福建金融，2014（9）

美国、巴西、阿根廷大豆产业发展及启示 / 谷强平，周静，杜吉到 // 南方农村，2014（10）

阿根廷农业发展特点 / 徐艳文 // 中国畜牧业，2014（11）

阿根廷主权债务危机分析及风险防范措施 / 王维东 // 企业研究，2014（18）

从资本外逃角度看我国金融危机防范——基于阿根廷的金融危机分析 / 张环丽 // 经营管理者，2014（31）

金融危机后阿根廷需求结构变化与启示 / 谢力健 // 广东外语外贸大学，2014

阿根廷存款保险差别费率机制及对我国的借鉴 / 艾蓓 // 上海保险，2015（2）

阿根廷的矿产资源和矿业开发 / 陈玉明，杨汇群 // 国土资源情报，2015（2）

阿根廷经济与商业环境风险分析报告 // 国际融资，2015（4）

拉美经济转型失败：中国适应经济新常态的镜鉴——基于巴西和阿根廷的案例分析 / 范金，徐小换 // 中共贵州省委党校学报，2015（4）

自由化改革、金融开放与金融危机——来自阿根廷的教训及启示 / 吴婷婷，高静 // 拉丁美洲研究，2015（5）

1948 年阿根廷铁路国有化原因探析 / 王慧芝 // 历史教学（下半月刊），2015（5）

阿根廷原油财税制度解析 / 卢艳，梁雪 // 经济师，2015（6）

阿根廷债务重组：现实困局与制度反思 / 杨小波，郑联盛 // 经济与管理研究，2015（7）

智利阿根廷经济改革对比分析 / 赵泽文 // 商，2015（33）

外资对阿根廷铁路发展的历史影响研究——兼论对中国投资的启示 / 何晓鸿 // 对外经济贸易大学，2015

阿根廷经济衰退的根本原因——民粹主义 / 赛维 // 浙江工业大学，2015

经济危机

阿根廷金融危机及其影响 / 符捷 // 当代世界，2001（10）

阿根廷的货币危机：过去和未来 / 金洪飞 // 当代财经，2002（1）

阿根廷危机惊醒拉美 / 沈安 // 瞭望新闻周刊，2002（1）

阿根廷陷入经济和社会危机 / 宋晓平 // 拉丁美洲研究，2002（1）

阿根廷危机的由来及其教训——兼论 20 世纪阿根廷经济的兴衰 / 江时学 // 拉丁美洲研究，2002（2）

阿根廷危机将严重影响西班牙对阿投资 / 林华 // 拉丁美洲研究，2002（2）

阿根廷经济危机的根源究竟何在 ?/ 王军蕾 // 拉丁美洲研究，2002（3）

阿根廷货币局制度的崩溃及启示 / 王庭东 // 拉丁美洲研究，2002（4）

阿根廷经济危机对拉美经济的影响 / 方旭飞 // 拉丁美洲研究，2002（4）

阿根廷学者豪尔赫·卡斯特罗谈阿根廷危机 / 张熙 // 拉丁美洲研究，2002（5）

阿根廷危机的来龙去脉 / 江时学 // 国际经济评论，2002（1-2）

阿根廷的经济突变带给我们的启示 / 解延宁 // 浙江海洋学院学报（人文科学版），2002（2）

阿根廷危机的挑战：金融安全与社会稳定 / 吴国平 // 中国金融，2002（2）

阿根廷危机和米德难题 / 安佳 // 经济学动态，2002（2）

阿根廷危机与反思 / 张新生 // 世界知识，2002（2）

阿根廷债务危机评析及其启示 / 江时学 // 国际金融研究，2002（2）

沉疴缠身　良方难觅——阿根廷经济危机浅析 / 符洁 // 当代世界，2002（2）

阿根廷经济危机的深层原因与启示 / 盛宏清 // 当代世界，2002（6）

阿根廷货币危机 / 谭雅玲 // 科学决策，2002（3）

阿根廷金融危机与国际货币体系内在缺陷 / 应惟伟 // 国际论坛，2002（3）

阿根廷经济危机警示 / 袁圆 // 开放潮，2002（3）

阿根廷为什么会发生危机 / 吴志华 // 人民论坛，2002（3）

阿根廷债务危机的根源、影响及教训 / 汤志江，季小江，段迎君 // 金融教学与研究，2002（3）

阿根廷债务危机的根源及其启示 / 张铁强 // 南方金融，2002（3）

从阿根廷金融危机分析"钉住汇率制"的利弊 / 林孝成 // 鹭江职业大学学报，
　　2002（3）

对阿根廷金融危机的思考 / 徐枫 // 改革与战略，2002（3）

货币局制度：阿根廷危机的制度根源 / 陈力峰 // 世界经济研究，2002（3）

债务危机引发经济危机和社会骚乱——析阿根廷的金融危机 / 沈君克 // 山东
　　省青年管理干部学院学报，2002（3）

阿根廷金融危机及其影响 / 李卓 // 经济评论，2002（4）

阿根廷经济危机的教训和启示 / 张梅颖 // 群言，2002（4）

从阿根廷危机看自由化改革 / 胡晓珊，陈瑨 // 经济界，2002（4）

阿根廷货币危机发生的原因及启示 / 郎晓龙 // 经济纵横，2002（5）

阿根廷危机管理：教训、经验与启示 / 门洪华 // 战略与管理，2002（5）

从阿根廷危机看拉美的发展模式 / 李珍 // 国际论坛，2002（5）

试析阿根廷债务危机及对我国的教训与启示 / 胡燕京，张方杰 // 山东经济，
　　2002（5）

阿根廷金融危机的成因剖析和经验教训 / 张志文 // 金融论坛，2002（6）

阿根廷金融危机给予我们的警示 / 向新民 // 资料通讯，2002（6）

阿根廷危机的思考 / 吴国平 // 读书，2002（6）

阿根廷危机对中国的警示 / 盛正德 // 当代经济研究，2002（6）

阿根廷金融危机与发展中国家发展资金问题 / 李军峰，甄俊藏 // 石家庄经济
　　学院学报，2002（6）

阿根廷危机：信用死结与资本游戏的恶果 / 多尼 // 党的生活，2002（7）

阿根廷危机透视 / 江时学 // 求是，2002（7）

国际货币基金组织在阿根廷危机中扮演的角色 / 张兴远 // 中国改革，2002（7）

货币局制度与阿根廷金融危机 / 陈红卫 // 浙江金融，2002（7）

阿根廷金融危机的成因及启示 / 刘桂荣 // 上海经济研究，2002（8）

从阿根廷金融危机看国家经济安全 / 吴建胜 // 国家安全通讯，2002（9）

阿根廷危机的教训与启示 / 江时学 // 中国改革，2002（10）

阿根廷危机及其"探戈"效应 / 江时学 // 前线，2002（11）

阿根廷债务危机对中国的警示 /Michael Pettis；关涛［译］// 英语文摘，2002
　　（11）

阿根廷金融危机的根源 / 高扬 // 经济论坛，2002（15）

阿根廷金融危机起因浅析 / 白东杰 // 商业研究，2002（21）

阿根廷危机的启示 / 江时学 // 经济研究参考，2002（23）

阿根廷金融危机发生的体制上原因 /［日］镰田信男；汪慕恒［摘译］// 经济
　　资料译丛，2003（1）

阿根廷危机的教训与启示 / 江时学 // 国际金融研究，2003（1）

阿根廷经济跨国公司化及其后果——阿根廷金融危机探源之一 / 沈安 // 拉丁
　　美洲研究，2003（2）

阿根廷债务危机的形成及启示——阿根廷金融危机探源之二 / 沈安 // 拉丁美
　　洲研究，2003（3）

阿根廷联系汇率制是如何走向崩溃的——阿根廷金融危机探源之三 / 沈安 //
　　拉丁美洲研究，2003（4）

贫困化成为阿根廷经济可持续发展的主要制约因素——阿根廷金融危机探源
　　之四 / 沈安 // 拉丁美洲研究，2003（5）

阿根廷的衰退——金融危机的教训 / 张育媛［编译］// 拉丁美洲研究，2003（3）

阿根廷经济危机前后的外国直接投资 / 高静 // 拉丁美洲研究，2003（3）

阿根廷危机的经济机制分析 /〔澳〕约瑟夫·哈利维；刘元琪［摘译］// 国外
　　理论动态，2003（2）

政府赤字与金融危机之间的关系——试析阿根廷金融危机 / 盛宏清 // 拉丁美
　　洲研究，2003（2）

货币局制度：阿根廷危机的根源 / 周颖 // 广东商学院学报，2003（3）

阿根廷金融危机对我国金融监管的启示 / 朱忠福，李自如 // 技术经济，2003（4）

阿根廷经济危机与全球化遭遇挫折 / 杨斌 // 天津市工会管理干部学院学报，
　　2003（4）

阿根廷危机：美元化的不彻底 / 周颖 // 广东财经职业学院学报，2003（4）

对阿根廷金融危机的思考 / 刘春旭 // 石油大学学报（社会科学版），2003（4）

阿根廷经济危机的启示 / 张保国 // 经济世界，2003（5）

阿根廷经济危机与反全球化新浪潮 / 杨斌 // 杭州师范学院学报（社会科学版），
　　2003（5）

阿根廷金融危机的原因及启示 / 郜火星 // 信阳师范学院学报（哲学社会科学

版）, 2003（6）

经济全球化与阿根廷的金融危机 / 杨斌 // 高校理论战线, 2003（9）

阿根廷经济危机及其启示 / 范新成, 郝国政 // 当代世界, 2003（11）

浅析阿根廷债务危机及对我国的启示 / 张艳芳, 张小蒂 // 商业研究, 2003（12）

阿根廷金融危机对中国的启示 / 钟昊沁, 栗沛沛 // 商业研究, 2003（15）

阿根廷金融危机对中国的启示 / 唐孟喆 // 天津财经学院, 2003

阿根廷经济危机的路径依赖 / 侯祖戎, 陈全功 // 理论月刊, 2004（1）

阿根廷经济危机的症结何在 / 周静 // 山西高等学校社会科学学报, 2004（2）

阿根廷经济危机与全球化遭遇挫折 / 杨斌 // 拉丁美洲研究, 2004（2）

阿根廷发生危机的原因探析 / 高宏贵 // 江汉论坛, 2004（2）

阿根廷货币金融危机的回顾原因分析及启示 / 邓蓓 // 华北金融, 2005（9）

21 世纪初阿根廷债务金融危机研究 / 朱怡洁 // 东北财经大学, 2010

阿根廷主权债务危机的根源及对我国的启示 / 易天 // 经济视角（上旬刊）,
　　2014（8）

对外经贸关系

美国对阿根廷畜牧业的控制与掠夺 / 金鑫 // 世界知识, 1964（17）

中国与阿根廷贸易现状 / 徐迎真 // 国际贸易, 1993（1）

阿根廷经济与中阿贸易 / 王火灿 // 国际商务研究, 1993（2）

阿根廷的经济改革与中阿关系 / 晓章 // 拉丁美洲研究, 1995（6）

90 年代中阿经贸关系的发展变化及前景 / 卢国正 // 拉丁美洲研究, 1996（1）

阿根廷进口市场综述 // 机电国际市场, 1998（1-2）

阿根廷贸易和投资政策概述 / 贺英［编译］// 机电国际市场, 1998（3-4）

阿根廷贸易和投资政策 // 中国对外贸易, 1998（8）

阿根廷吸引外商投资的措施 / 崔旭东 // 发展论坛, 1999（3）

阿根廷市场特点及贸易惯例与政策 / 董彦章 // 中国检验检疫, 1999（5）

以合资合作方式推进中阿经济一体化——关于中国在阿根廷投资的建议 / 袁兴
　　昌 // 拉丁美洲研究, 2006（3）

阿根廷贸易保障机制与中阿两国贸易互利双赢问题研究 / 黄志龙 // 拉丁美洲

研究，2006（5）

中国和美国、巴西、阿根廷大豆国际贸易依存度比较 / 张清 // 世界农业，2006（12）

中国－阿根廷农产品贸易现状及前景分析 / 冯贞柏，李西林，刘合光 // 世界农业，2007（1）

阿根廷－乌拉圭：浆厂冲突的军事化 / 李萧［编译］// 国际造纸，2007（2）

阿根廷福清新移民超市业现状浅析 / 沈燕清 // 八桂侨刊，2007（3）

中国对阿根廷农业投资问题研究 / 檀学文 // 世界农业，2007（12）

中国、阿根廷和南方共同市场——关于建立生产经济模式下的战略伙伴关系 / 袁兴昌 // 拉丁美洲研究，2008（4）

阿根廷与中国：过去、现在与未来经济合作纵论 /Miguel Angel Fantini// 商场现代化，2009（20）

阿根廷的油气开发政策与中阿能源合作 / 孙洪波 // 拉丁美洲研究，2010（5）

WTO 成立以来阿根廷的反倾销实践及其对中国的启示 / 宋利芳 // 国际商务研究，2010（6）

挑战与回应：阿根廷华人超市行业现状研究 / 汤锋旺 // 八桂侨刊，2011（4）

全球化与本土化：阿根廷华人超市经济研究 / 汤锋旺 // 阴山学刊，2012（6）

我国企业赴阿根廷"走出去"投资环境与策略分析 / 查贵勇，徐宝娇 // 对外经贸实务，2012（7）

浅析我国双边投资协定应有之转型——以阿根廷国际投资仲裁危机为视角 / 许燕 // 企业导报，2012（18）

英国对阿根廷投资探析（1862-1914）/ 卢玲玲 // 近现代国际关系史研究，2013（2）

拉美国家对华贸易摩擦现状及应对——以巴西、阿根廷为例 / 岳云霞，武小琦 // 中国经贸，2013（3）

中国工商银行海外并购的经济绩效研究——以收购南非标准银行和阿根廷标准银行为例 / 张合金，武帅峰 // 经济与管理研究，2013（9）

中国在阿根廷的石油投资：现状、反思与前景 / 黄希娜 // 浙江大学，2013

1862-1914 年英国对阿根廷农牧经济的影响 / 卢玲玲 // 农业考古，2014（1）

阿根廷渔业概况与中阿渔业合作 / 王茜，岳冬冬 // 渔业信息与战略，2014（4）

文化　科学　教育　体育

阿根廷科技发展中存在的问题及政府的对策（一）/ 高静 // 拉丁美洲研究，
2004（1）

阿根廷新闻传播事业发展演变的教训与启示 / 成美，孙聚成 // 国际新闻界，
2005（3）

阿根廷：另类文化的吸引 / 王瑜 // 21 世纪，2005（7）

阿根廷记者与新闻法制改革 / 展江 // 新闻爱好者，2005（12）

多样化、私有化和国际化阿根廷高等教育扫描 / 王留栓 // 上海教育，2006（2）

阿根廷 古巴的特殊学校 // 教育（双周刊），2006（5）

阿根廷电视行业的历史与现状 / 魏春洋，穆国华，顾晶琳 // 电视研究，2006
（9）

阿根廷文化产业的发展及政府的相关政策 / 林华 // 拉丁美洲研究，2007（4）

阿根廷医学教育的培养方案和历史背景 /Angel Centeno；梁燕［编译］// 复旦
教育论坛，2007（4）

阿根廷国家农业技术研究院的创新体系与战略 / 高启杰 // 世界农业，2007（12）

阿根廷职业教育考察情况及随想 / 傅筠，王颖 // 无锡职业技术学院学报，2008
（1）

阿根廷高乔人和高乔文化的保存 / 李紫莹 // 北京城市学院学报，2008（4）

阿根廷的公民教育 /〔美〕米·费尔南达·斯蒂斯，〔美〕加芙·门德斯；韩
梦洁［译］// 甘肃联合大学学报（社会科学版），2009（1）

阿根廷高等教育认证制度研究 / 何孟姐 // 复旦教育论坛，2009（2）

阿根廷图书业掠影 / 张林初 // 出版参考，2011（7）

基于公平视角的媒介教育探析——记阿根廷媒介教育实践与研究 / 马龙 // 中
国教师，2011（16）

阿根廷高校创业教育研究 / 柯政彦，李鑫 // 职教通讯，2011（21）

从社会文化语言学视角析阿根廷西班牙语特点——以 voseo 及语音语调为例 /
魏晋慧 // 解放军外国语学院学报，2013（1）

世界银行教育投资项目——以阿根廷《终身学习项目》为例 / 关文静，陆云
鹏 // 世界教育信息，2013（3）

阿根廷开放获取运动纵览 / 于成杰，刁伟华 // 图书馆学研究，2013（14）

阿根廷教育信息化与教师发展 /〔阿根廷〕豪尔赫·阿瓜多；詹岳姗［译］//

世界教育信息，2013（20）

国家·市场·全球——2009-2013年阿根廷电影文化/魏然//北京电影学院
  学报，2014（1）

视听媒体无障碍：阿根廷面临的挑战及公立大学的角色/〔阿根廷〕Natália
  Laube；江吉〔译〕//浙江传媒学院学报，2014（4）

从民族整合看拉美双语教育——以阿根廷等拉美四国为例/潘巍巍//社会科
  学家，2014（6）

阿根廷足球文化特质的形成及其启示/浦义俊，郑学增，邵崇禧//体育文化
  导刊，2014（9）

阿根廷中文教材：语言针对性的问题/裴马柯（Marcos Pérez Zucchini）//北京
  外国语大学，2014

聚焦阿根廷出版业/傅西平//出版参考，2015（15）

文学　艺术

第一部探戈歌剧在阿根廷诞生/陈复君〔编译〕//人民音乐，1989（2）

严肃的主题 通俗的形式——浅谈阿根廷作家普伊格的创作/屠孟超//当代外
  国文学，1990（3）

阿根廷的绘画艺术/荣生//外国文学，1992（5）

阿根廷探戈的魅力/何欣//世界博览，1994（10）

阿根廷历史上的探戈/索飒//拉丁美洲研究，1997（6）

阿根廷一部杰作的命运/许铎//外国文学动态，1998（6）

阿根廷雕塑艺术的先驱——洛拉·摩拉/王世申//中外文化交流，1999（1）

美轮美奂的阿根廷哥伦布大剧院/王世申//中外文化交流，2000（2）

阿根廷的色彩/徐贻聪//世界博览，2000（6）

记阿根廷女作家蕾蒂霞·比希尔/段若川//外国文学，2000（6）

在阿根廷欣赏探戈/李颖息//四川统一战线，2000（10）

阿根廷的探戈舞/陈发仁//学问，2000（11）

阿维尔·波塞及其小说创作/赵德明//外国文学动态，2002（1）

阿根廷文学三杰——奥斯瓦尔多·索里亚诺、何塞·巴勃罗·菲因曼和门

波·西亚尔迪内里 / 赵德明 // 外国文学动态，2002（2）

阿根廷探戈初探 / 袁佳 // 音乐探索（四川音乐学院学报），2004（4）

阿根廷的纵情探戈 /Lethe// 黄金时代（上半月），2004（8）

1976 年以来阿根廷电影研究综述 / 周璇 // 电影文学，2008（16）

阿根廷探戈刍议 / 田华 // 黄河之声，2010（3）

论阿根廷音乐文化的交融性在《克里奥拉舞曲组曲》中的体现 / 马骁 // 福建
    艺术，2011（3）

高乔精神——阿根廷的民族魂 / 贾陈亮 // 青年文学家，2011（12）

走向绚烂的阿根廷民族世界——《阿根廷舞曲》的创作风格及演奏方法分析 /
    卢炳愉 // 音乐大观，2012（3）

《阿根廷舞曲》作品风格分析及对我国民族钢琴的启示 / 刘碧琳 // 音乐大观，
    2012（6）

探戈风情——阿根廷 / 谢晶晶 // 琴童，2012（11）

从"恶魔"到"天使"——由阿根廷探戈艺术的发展变迁看南美社会的近现
    代转型 / 金桥 // 艺术学研究，2014

探戈舞蹈的源流与演变——以阿根廷探戈为线索解析探戈舞蹈的形成 / 钟华
    龙 // 北京舞蹈学院，2014

豪尔赫·路易斯·博尔赫斯

豪尔赫·路易斯·博尔赫斯 / 何榕 // 世界文学，1981（6）

博尔赫斯短篇小说三篇 / 陈凯先［译］// 当代外国文学，1983（1）

博尔赫斯和他的短篇小说 / 陈凯先 // 当代外国文学，1983（1）

有情轮回，犹如车轮——读《博尔赫斯短篇小说选集》/ 远浩一 // 读书，
    1983（7）

对博尔赫斯创作的解析 / 陈光孚 // 外国文学，1985（5）

博尔赫斯的世界 / 高尚 // 世界文学，1986（6）

拉美文坛巨星——博尔赫斯 / 胡积康 // 瞭望周刊，1986（47）

阿根廷大师博尔赫斯 / 董鼎山 // 读书，1988（2）

再谈阿根廷大师博尔赫斯 / 董鼎山 // 读书，1988（3）

弓手、箭和靶子——论博尔赫斯 / 〔墨西哥〕奥·帕斯；刘习良〔译〕// 世界文学，1989（1）

博尔赫斯小说中的对称结构 / 高尚 // 外国文学评论，1990（1）

博尔赫斯的迷宫 / 蒋涛，李万庆 // 辽宁教育学院学报（社会科学版），1990（4）

博尔赫斯三题 / 张新颖 // 文学自由谈，1992（1）

博尔赫斯的作品 / 〔哥伦比亚〕哈·阿尔瓦拉多；张永泰〔译〕// 外国文学，1992（5）

博尔赫斯其人 / 〔哥伦比亚〕哈·阿尔瓦拉多；张永泰〔译〕// 外国文学，1992（5）

博尔赫斯与爱情 / 〔哥伦比亚〕哈·阿尔瓦拉多；张永泰〔译〕// 外国文学，1992（5）

博尔赫斯作品中的独特见解 / 陈凯先 // 外国文学，1992（5）

从"永恒轮回"到"天人合一"——对博尔赫斯诗学价值的探讨 / 陈平辉，熊进萍 // 怀化师专学报，1997（4）

博尔赫斯的虚构 / 〔秘鲁 – 西班牙〕马·巴尔加斯·略萨；赵德明〔译〕// 世界文学，1997（6）

博尔赫斯年谱 / 陈凯先 // 当代外国文学，1999（1）

博尔赫斯在中国 / 张汉行 // 当代外国文学，1999（1）

杰出的文学大师博尔赫斯——纪念博尔赫斯百年诞辰 / 陈凯先 // 当代外国文学，1999（1）

中国先锋派小说家的博尔赫斯情结：重读先锋派 / 王璞 // 中国比较文学，1999（1）

博尔赫斯小说结构解析 / 闫保平 // 延安大学学报（社会科学版），1999（2）

博尔赫斯、现代主义和后现代主义 / 李育红 // 锦州师范学院学报（哲学社会科学版），1999（3）

智者的心灵世界——博尔赫斯文学透视 / 陈平 // 江苏社会科学，1999（3）

博尔赫斯与中国 / 张汉行 // 外国文学评论，1999（4）

心灵的罗盘——纪念博尔赫斯百年诞辰 / 陈众议 // 外国文学评论，1999（4）

文坛怪杰博尔赫斯 / 王振平 // 世界文化，1999（4）

博尔赫斯景物诗解读 / 胡昕 // 襄樊学院学报，1999（6）

博尔赫斯景物诗解读 / 胡昕 // 厦门广播电视大学学报，2000（1）

博尔赫斯小说的时间形态 / 庄伟 // 烟台师范学院学报（哲学社会科学版），
　　2000（2）

二十世纪文坛巨匠博尔赫斯 / 魏晋慧 // 天津外国语学院学报，2000（2）

镜子里的字句——博尔赫斯作品解读 / 张长辉 // 乌鲁木齐成人教育学院学报，
　　2000（2）

试论博尔赫斯作品中的自我认识 / 申洁玲 // 外国文学评论，2000（2）

图书馆·书·词语——博尔赫斯的世界本质观简论 / 申洁玲 // 广东社会科学，
　　2000（3）

作家们的作家——博尔赫斯及其在中国的影响 / 季进 // 当代作家评论，2000（3）

博尔赫斯之梦 / 高尚，王永年，陈凯先 // 外国文学，2000（4）

迷宫中的博尔赫斯 / 陈林群 // 书屋，2000（4）

永恒与虚无——走近博尔赫斯 / 杨东军 // 新闻爱好者，2000（5）

灵魂与灵魂的对话——读残雪《解读博尔赫斯》/ 冶进海 // 阅读与写作，
　　2001（1）

博尔赫斯的"中国" / 王则蒿 // 五邑大学学报（社会科学版），2001（2）

博尔赫斯的想象世界 / 刘海宁 // 淮阴师范学院学报（哲学社会科学版），2001
　　（3）

从《世界丑闻》解析博尔赫斯的"作家"身份 / 李倩 // 淮阴师范学院学报（哲
　　学社会科学版），2001（3）

豪尔赫·路易斯·博尔赫斯——哲学的安慰 /〔阿根廷〕路·哈斯；盛力
　　［译］// 世界文学，2001（3）

博尔赫斯小说形而上特征及价值 / 刘进 // 学海，2001（4）

论博尔赫斯小说的整合性追求 / 刘进 // 南京理工大学学报（社会科学版），
　　2001（4）

释博尔赫斯"无穷的后退" / 王钦峰 // 外国文学评论，2002（1）

论博尔赫斯对互文手法的创造性使用 / 王钦峰 // 三峡大学学报（人文社会科
　　学版），2002（3）

流沙上的花园——从《小径分岔的花园》索解博尔赫斯的迷宫 / 朱雪峰 // 四
　　川外语学院学报，2002（4）

论马尔克斯、博尔赫斯和罗布-格里耶对余华的影响 / 程凤 // 黄山学院学报，
　　2002（4）

童心剖诗——论博尔赫斯的老虎、镜子与迷宫 / 陈众议 // 文艺研究，2002（4）

走近博尔赫斯 / 赵德明 // 解放军艺术学院学报，2002（4）

读不完说不尽的博尔赫斯 / 陈众议 // 全国新书目，2002（5）

玫瑰花是没有理由的开放——与残雪的《解读博尔赫斯》商榷 / 吴丹霞 // 赣
　　南师范学院学报，2002（5）

面对无限——读博尔赫斯的《沙之书》/ 浦劼 // 当代学生，2002（24）

作为文字形式的"上帝"——博尔赫斯创作思想初探 / 何隽 // 四川大学，2002

怕镜子的作家——博尔赫斯 / 展望之 // 作文世界（初中版），2003（2）

博尔赫斯"意象再现法"艺术初探 / 邓楠 // 求索，2003（3）

自我神话的无情拆解和不断演绎——博尔赫斯的三篇"自我小说"探析 / 丁念
　　保，王元中，王永霞 // 天水师范学院学报，2003（3）

博尔赫斯的叙事游戏——《交叉小径的花园》解读 / 张素玫，祁晓冰 // 伊犁师
　　范学院学报，2003（4）

游走在现实与幻想之间——从博尔赫斯看中国先锋小说的形式探索 / 穆昕 //
　　小说评论，2003（4）

关于博尔赫斯小说观念的几点思考 / 张笑伟 // 乐山师范学院学报，2003（7）

博尔赫斯的死亡哲学 / 高文惠 // 德州学院学报（哲学社会科学版），2004（1）

博尔赫斯的玄想和小说文本关系求证 / 李倩 // 当代外国文学，2004（1）

从圆到圆：论博尔赫斯的时空观念 / 唐蓉 // 外国文学评论，2004（1）

博尔赫斯的文学与庄子的哲学 / 杨澂 // 遵义师范学院学报，2004（2）

我的博尔赫斯 / 马永波 // 世界文学，2004（2）

从《叛徒和英雄的主题》探析"博尔赫斯风格" / 陈为艳，阚兴韵 // 江苏教育
　　学院学报（社会科学版），2004（3）

论博尔赫斯的"武士刀客"小说 / 丁念保 // 天水师范学院学报，2004（3）

敞开的痴迷与纠缠——博尔赫斯小说结构在格非短篇创作中的延伸 / 王素霞 //
　　深圳大学学报（人文社会科学版），2004（4）

博尔赫斯与中国当代先锋写作 / 张学军 // 文学评论，2004（6）

试论博尔赫斯的元小说写作 / 徐炜宇 // 许昌学院学报，2004（6）

试析博尔赫斯的小说叙事技巧 / 张晓琴 // 甘肃高师学报，2005（3）

一人即多人——博尔赫斯小说人物论 / 许丽青 // 浙江海洋学院学报（人文科学版），2005（3）

呼喊西风凋碧树——读博尔赫斯传记中译有感 / 林一安 // 中国翻译，2005（4）

先锋体验下的激情与孤独——论博尔赫斯的早期诗歌 / 刘靖宇 // 美与时代，2005（12）

时间与空间的双手互搏——博尔赫斯书店观感 / 小古 // 出版参考，2005（19）

宇宙：心灵的投射与镜像——博尔赫斯时空小说《阿莱夫》解读 / 侯翠霞 // 名作欣赏，2005（21）

博尔赫斯作品中匕首意象分析——兼论博尔赫斯民族作家身份 / 刘静 // 广西师范大学，2005

互文性与"博尔赫斯"的双向阐发 / 陈为艳 // 南京师范大学，2005

论博尔赫斯小说创作游戏观 / 张笑伟 // 南京师范大学，2005

浅析博尔赫斯《交叉小径的花园》的"迷宫"意象 / 杜慧春，张占炳 // 江西科技师范学院学报，2006（1）

激情与孤独：博尔赫斯早期诗歌的情感悖论 / 刘靖宇 // 郑州大学学报（哲学社会科学版），2006（2）

神秘经验之言说：博尔赫斯与圣胡安·德·拉·克鲁斯 / 范晔 // 外国文学评论，2006（3）

通向博尔赫斯式的"第二文本"——论世纪末小说的文体操作 / 朱寿桐 // 文学评论，2006（3）

博尔赫斯的读书生活与创作 / 顾翠华 // 图书馆建设，2006（4）

博尔赫斯的图书馆宇宙观 / 金丽华 // 安庆师范学院学报（社会科学版），2006（4）

论"作家中的作家"博尔赫斯 / 闫艳 // 当代外国文学，2006（4）

解读纳博科夫和博尔赫斯作品中的无穷极限 / 龚丽平 // 新乡师范高等专科学校学报，2006（6）

论博尔赫斯迷宫文学的表现手段 / 楚金波，卢先龙 // 齐齐哈尔大学学报（哲学社会科学版），2006（6）

论博尔赫斯与神秘主义宗教 / 申洁玲 // 广东社会科学，2006（6）

天堂，图书馆的模样——读博尔赫斯《巴别图书馆》/ 张靖 // 中国图书馆学报，2006（6）

残雪：试图建造"迷宫"的人 / 穆厚琴 // 湖南科技学院学报，2006（9）

博尔赫斯和他在东方的盲目镜像 / 张闳 // 中国图书评论，2006（11）

作为"文化英雄"的博尔赫斯 / 滕威 // 读书，2006（11）

为小说的池塘注入智性的活水——博尔赫斯小说《刀疤》解读 / 秦朝晖 // 中国校园文学，2006（17）

长城与书：嬴政的一柄双刃剑——解读博尔赫斯散文《长城和书》/ 闫艳 // 名作欣赏，2006（17）

博尔赫斯迷宫的构成 / 吴世琴 // 兰州大学，2006

从马孔多小镇到迷宫幽径——谈马尔克斯与博尔赫斯的魔幻意识 / 黄仲山 // 琼州大学学报，2007（1）

从侦探小说到哲理小说——看博尔赫斯"迷宫"命题的转变过程 / 陈蔷 // 乐山师范学院学报，2007（2）

一与多：博尔赫斯小说艺术的哲学渊源 / 吴金涛 // 甘肃社会科学，2007（2）

博尔赫斯小说疆域的超越性 / 李倩 // 青海社会科学，2007（3）

简论韩中接受博尔赫斯小说创作的情况 / 朴正元 // 当代韩国，2007（3）

作为拯救的诗艺——博尔赫斯诗歌中的神秘主义哲学 / 温丽姿 // 江汉大学学报（人文科学版），2007（3）

博尔赫斯小说神秘主义之探析 / 张媛媛 // 常州工学院学报（社科版），2007（4）

从博尔赫斯作品中匕首意象看作家的阿根廷性格 / 刘静 // 浙江万里学院学报，2007（4）

超越时代的永恒——博尔赫斯与他的《阿莱夫》/ 庞兆萍 // 世界文化，2007（6）

"接受美学"视域下的拉美文学——以马尔克斯和博尔赫斯为例 / 辛颖 // 内蒙古电大学刊，2007（9）

"纸上迷宫"的缔造者——博尔赫斯 / 李彬 // 社会科学论坛（学术研究卷），2007（9）

博尔赫斯与残雪创作方法比较 / 姚莹珺 // 文学教育（下），2007（10）

西方后现代主义文化的诗学体现——博尔赫斯小说后现代主义诗学特征初探 / 袁文平 // 理论导刊，2007（10）

试论博尔赫斯的元小说创作 / 刘满华 // 社科纵横，2007（11）

迷人的"无限"：博尔赫斯《沙之书》/ 胡少卿 // 名作欣赏，2007（23）

博尔赫斯解构主义翻译思想评介 / 陈晶晶，陈剑 // 科技信息（科学教研），
　　2007（32）

博尔赫斯对先锋派小说家格非的影响研究 / 赵瑾 // 四川大学，2007

虚构与幻想构筑的迷宫——博尔赫斯小说艺术探究 / 付璐玮 // 山东大学，2007

作家之份位与主体之威权——纳博科夫与博尔赫斯创作探究 / 董军臣 // 吉林
　　大学，2007

暴力　迷宫　镜子——博尔赫斯小说意象的精神分析 / 明珠 // 湖南工业大学
　　学报（社会科学版），2008（1）

博尔赫斯小说的文学性解读——以《交叉小径的花园》为例 / 孔岩 // 延安大
　　学学报（社会科学版），2008（1）

论博尔赫斯小说中的记忆主题 / 申洁玲 // 国外文学，2008（1）

影响与误读——马尔克斯、博尔赫斯与中国当代新潮作家的时间塑形 / 王永兵
　　// 扬州大学学报（人文社会科学版），2008（1）

博尔赫斯的《小径分岔的花园》与萨特的《墙》——以存在主义哲学的方式
　　解读两部小说 / 席芳媛 // 新余高专学报，2008（3）

后殖民话语中的博尔赫斯与他的"中国"叙事 / 周暾 // 理论与创作，2008（4）

论博尔赫斯作品中梦幻的自我 / 刘静 // 浙江万里学院学报，2008（4）

卡夫卡、博尔赫斯及其他 / 杨云法 // 名作欣赏，2008（7）

博尔赫斯的中国情结 / 王希 // 世界文化，2008（11）

论博尔赫斯在叙述方式上对余华的影响 / 左娟 // 时代文学（下半月），2008
　　（11）

盲人的纯净目光——博尔赫斯小记 / 蓝菲 // 世界文化，2008（12）

探寻文字形式的上帝——试论宗教视阈下的博尔赫斯的文学创作 / 王佩 // 陕
　　西师范大学学报（哲学社会科学版），2008（专辑）

博尔赫斯小说文本中的时空形式研究 / 张媛媛 // 西北师范大学，2008

博尔赫斯与新时期中国小说 / 范菁菁 // 华中师范大学，2008

博尔赫斯与中国文化 / 赵世欣 // 天津师范大学，2008

论博尔赫斯对中国先锋小说的影响 / 秦利利 // 山东师范大学，2008

论博尔赫斯作品中的书籍与阅读 / 张征 // 暨南大学，2008

博尔赫斯是"后现代主义"吗？/ 滕威 // 南京师范大学文学院学报，2009（1）

博尔赫斯小说的故事性元素分析 / 蒋书丽 // 国外文学，2009（1）

博尔赫斯与残雪的文学思想 / 汪震，庄威 // 世界文学评论，2009（1）

博尔赫斯的文学游戏说 / 陈博 // 时代文学（双月上半月），2009（2）

博尔赫斯《莎士比亚的记忆》解析 / 张丽 // 延安大学学报（社会科学版），
    2009（3）

博尔赫斯的图书馆情结 / 李居平 // 井冈山学院学报，2009（4）

博尔赫斯反传统的小说叙事策略 / 陈博 // 江西社会科学，2009（4）

忏悔的刀客——论博尔赫斯对高乔文学的继承与重写 / 陈宁 // 广东外语外贸
    大学学报，2009（5）

真实的死亡——解读博尔赫斯《另一次死亡》/ 纪敏 // 现代语文（文学研究
    版），2009（5）

中国当代先锋小说与博尔赫斯 / 李华，李亚男 // 辽宁师范大学学报（社会科
    学版），2009（6）

博尔赫斯的"超文本"意识——《交叉小径的花园》与"超文本"概念的对
    照 / 李洁 // 赤峰学院学报（汉文哲学社会科学版），2009（10）

梦幻编织的迷宫——博尔赫斯《皇宫的寓言》的解构 / 葛辉 // 名作欣赏，2009
    （24）

迷宫意识与生存困境——解读博尔赫斯小说《永生》/ 尤红娟 // 小说评论，
    2009

博尔赫斯诗歌隐喻研究 / 王佩 // 陕西师范大学，2009

博尔赫斯文学思想研究 / 陈博 // 山东师范大学，2009

博尔赫斯小说中的伦理问题 / 李楠 // 黑龙江大学，2009

论博尔赫斯创作中的终极关怀精神 / 王晨 // 河南大学，2009

论博尔赫斯的文学观 / 韦燕 // 上海外国语大学，2009

《永生》中的永生——对博尔赫斯小说《永生》的解读 / 张其军 // 兰州教育学
    院学报，2010（3）

另类温情——漫谈博尔赫斯 / 朱寒汛 // 艺术广角，2010（3）

论博尔赫斯的审美理想 / 陈博 // 时代文学（上），2010（3）

论博尔赫斯作品中的性、失明与巴洛克风格 / 刘云卿 // 吉首大学学报（社会科学版），2010（3）

是真还是幻——是谁改变了记忆？——读博尔赫斯《另一次死亡》/ 陈云 // 现代语文（文学研究版），2010（3）

虚构与现实：人物与读者、作者的置换——博尔赫斯小说人物分析 / 许丽青 // 理论界，2010（3）

博尔赫斯：无限重写与迷宫叙事 / 白杨 // 阅读与写作，2010（4）

博尔赫斯研究概览 / 唐蓉 // 外国文学动态，2010（4）

博尔赫斯与中国先锋小说 / 李曙豪 // 佛山科学技术学院学报（社会科学版），2010（4）

论"感觉"对博尔赫斯的意义 / 申洁玲 // 国外文学，2010（4）

变动的历史——从《小径分岔的花园》解读博尔赫斯的史学观 / 刘玮婷 // 咸宁学院学报，2010（7）

讲述他人即讲述自我——纳博科夫和博尔赫斯 / 张俊萍 // 时代文学（下半月），2010（9）

博尔赫斯小说之"内在化西方视点"探析 / 马翔 // 江南大学，2010

博尔赫斯小说中的中国形象 / 蔡乾 // 广西师范学院，2010

帕斯卡圆球中的无极之境——博尔赫斯《虚构集》叙事研究 / 张丽娜 // 中南大学，2010

时间之书——博尔赫斯研究 / 唐蓉 // 中国社会科学院研究生院，2010

余华小说叙事中的博尔赫斯印迹 / 张琳 // 吉林大学，2010

博尔赫斯的小说 / 〔秘鲁–西班牙〕马里奥·巴尔加斯·略萨；史国强〔译〕// 当代作家评论，2011（1）

论博尔赫斯的作家身份建构 / 蔡乾 // 商丘师范学院学报，2011（1）

谁是后现代主义小说之父？——论博尔赫斯对后现代主义小说的首创之功 / 王钦峰 // 国外文学，2011（1）

博尔赫斯：诗歌是神秘的棋局 / 顾夏 // 中学生百科，2011（2）

博尔赫斯小说创作的交织循环与无限延展 / 李泽晖 // 濮阳职业技术学院学报，2011（2）

博尔赫斯与科学史 / 柯遵科 // 民主与科学，2011（3）

浅析博尔赫斯小说中的变异——以《通天塔图书馆》为例 / 唐艺嘉 // 写作，2011（3）

博尔赫斯时空观与文本创新 / 杨捷，陈平辉 // 重庆科技学院学报（社会科学版），2011（4）

苏童与博尔赫斯 / 张卫中 // 海南师范大学学报（社会科学版），2011（4）

轮回的迷宫——讲读博尔赫斯小说《永生》/ 梁莹 // 北方文学旬刊，2011（5）

博尔赫斯早期诗作的"家园"存在论特色 / 陈博 // 东北师大学报（哲学社会科学版），2011（6）

博尔赫斯叙事作品中的"无限性" / 陈溪 // 写作，2011（7）

后殖民语境下的"他者"世界——论博尔赫斯笔下的中国形象 / 杨晓莲，丁玮，彭熙 // 重庆理工大学学报（社会科学），2011（10）

从阐释学与反阐释学的角度分析博尔赫斯的《另一次死亡》/ 黄颖 // 科教文汇（上旬刊），2011（11）

论博尔赫斯小说对意志力的推崇 / 陈玉清 // 黑龙江史志，2011（14）

论博尔赫斯小说的开篇艺术 / 王海峰 // 名作欣赏，2011（36）

梦幻、寓意织就的时间迷宫——读博尔赫斯的《南方》/ 张丽文，高黎 // 名作欣赏，2011（36）

浅析博尔赫斯作品的元小说特征 / 徐明 // 名作欣赏，2011（36）

博尔赫斯的中国想象 / 姜攀 // 中南大学，2011

博尔赫斯与中国新时期小说新论 / 吴高园 // 武汉大学，2011

想象与边界——解析博尔赫斯耄耋之作《莎士比亚的记忆》/ 张晓琴 // 甘肃高师学报，2012（1）

博尔赫斯短篇小说创作中文学的"无限可能性"解读 / 王晓玲 // 黄山学院学报，2012（2）

交织与差异：博尔赫斯圆形叙事之缺 / 张琼，陈文翀 // 湖南科技学院学报，2012（2）

生与死的拔河：从弗洛伊德到博尔赫斯的"生命哲学" / 成亚林 // 世界文学评论，2012（2）

想象与虚构：从麦家到博尔赫斯的方向与距离 / 芮嵘 // 浙江工业大学学报（社会科学版），2012（2）

博尔赫斯对希特勒的态度 /〔美〕依兰·斯塔文斯；史国强〔译〕// 东吴学术，2012（3）

超级意象：博尔赫斯的迷宫情结 / 温丽姿 // 南方文坛，2012（3）

异国情调的"东方想象"——析博尔赫斯小说的东方主义话语 / 蒋承勇，马翔 // 浙江社会科学，2012（4）

论博尔赫斯小说中的中国时空建构 / 蔡乾 // 新乡学院学报（社会科学版），2012（5）

博尔赫斯的自我观研究 / 王寅生 // 枣庄学院学报，2012（6）

"故事的闯入者"们——博尔赫斯与马原的影响和接受关系 / 王永兵 // 山东社会科学，2012（7）

博尔赫斯的中国想象 / 邰科祥 // 海南师范大学学报（社会科学版），2012（7）

简论博尔赫斯短篇小说中所表现出的神秘主义世界观 / 王少逸 // 安徽文学（下半月），2012（7）

小说的存在与人的存在——重解博尔赫斯 / 王敏 // 绵阳师范学院学报，2012（10）

梦境与人生——读博尔赫斯《另一次死亡》/ 王一琳 // 剑南文学（经典教苑），2012（11）

博尔赫斯是怎样"说谎"的——《沙之书》中的"说谎"艺术探讨 / 杨军，刘新 // 高中生学习（高二版），2012（12）

交叉的网：试论博尔赫斯的时间观及其文化立场 / 张梦葭 // 文学界（理论版），2012（12）

阿莱夫与镜子——论博尔赫斯小说中的镜像世界 / 李利萍 // 文教资料，2012（26）

行走在时间的迷宫中——浅析博尔赫斯《交叉小径的花园》/ 吕璀璨 // 考试周刊，2012（44）

博尔赫斯与余华小说比较研究 / 蔡海燕 // 湘潭大学，2012

读博尔赫斯 / 魏丕植 // 黄河之声，2013（1）

博尔赫斯与后现代主义 / 陈博 // 山东省农业管理干部学院学报，2013（2）

审美的智力游戏——试论博尔赫斯幻想小说的艺术构思 / 马翔 // 浙江工商大学学报，2013（3）

博尔赫斯诗歌中的隐喻艺术 / 罗佐欧 // 柳州师专学报，2013（6）

电影艺术与博尔赫斯文学经典的生成和传播 / 许淑芳 // 浙江传媒学院学报，
　　2013（6）

"所有的创伤都是源泉" ——论失明之于诗人博尔赫斯的关系 / 徐立钱 // 前沿，
　　2013（8）

迷宫中的博尔赫斯 / 周树山 // 书屋，2013（9）

论博尔赫斯元小说的写作策略和类型 / 王钦峰 // 学术研究，2013（10）

叙述的诗学：博尔赫斯与西川 / 朱晓琳 // 宜宾学院学报，2013（11）

博尔赫斯诗学中梦元素的精神分析阐释 / 陈博 // 山东社会科学，2013（12）

论博尔赫斯的文学观 / 李晓琛 // 苏州大学，2013

被解构的"基督"必死的埃斯比诺萨——博尔赫斯《马可福音》之神学寓意
　　解读 / 徐继明 // 长江师范学院学报，2014（1）

博尔赫斯的遗产 / 陶林 // 艺术广角，2014（1）

论博尔赫斯对传统侦探小说的继承与解构 / 汪树东，向洁茹 // 写作，2014（1）

试论博尔赫斯作品中的"沙与无限" / 曲垚木 // 鸡西大学学报，2014（1）

写给豪尔赫·路易斯·博尔赫斯 / 胡晓玮 // 时代文学（下半月），2014（2）

博尔赫斯的阅读和生活 / 张永义 // 连云港师范高等专科学校学报，2014（4）

博尔赫斯与罗兰·巴特的作者身份地位理论比较 / 陈博 // 社会科学家，2014
　　（4）

论博尔赫斯侦探小说的叙事特色 / 刘婕 // 黑龙江教育学院学报，2014（4）

死于自己迷宫的博尔赫斯 / 瘦竹 // 书城，2014（4）

博尔赫斯：作为图书馆员的作家 / 约翰·厄普代克；陈东飚［译］// 上海文化，
　　2014（9）

博尔赫斯的几何学 / 胡少卿 // 金融博览，2014（9）

幻想与玄思的产物——博尔赫斯的诗和他本人 / 陈腊梅 // 赤峰学院学报（汉
　　文哲学社会科学版），2014（9）

博尔赫斯作品中的迷宫叙事 / 吴睿 // 语文建设，2014（15）

博尔赫斯小说的双重时间 / 张永义 // 名作欣赏，2014（33）

博尔赫斯的小说写作艺术 / 刘嫣婷 // 南昌大学，2014

博尔赫斯小说中"书"的隐喻 / 郭文慧 // 黑龙江大学，2014

博尔赫斯小说中的想象技巧研究 / 熊一舟 // 东北师范大学，2014

探究博尔赫斯作品中的现实 / 高之涵 // 上海外国语大学，2014

博尔赫斯的"庄周梦蝶"——一个西方人的"中国梦"分析 / 周荣胜 // 比较文学与世界文学，2015（1）

博尔赫斯与终结论 / 陈博 // 外国文学研究，2015（1）

从美学原理看博尔赫斯的《永生》/ 涂皓宇 // 文学教育（下），2015（1）

博尔赫斯小说迷宫意象群之意义透析 / 王钦峰 // 国外文学，2015（2）

虚构、非理性和迷宫世界的探索者——博尔赫斯创作技巧对中国后现代小说的影响研究 / 唐希 // 重庆第二师范学院学报，2015（3）

博尔赫斯短篇小说中时间主题探讨 / 陈明明 // 今日科苑，2015（4）

诗人们的诗人——论中国当代诗人对博尔赫斯的接受 / 吴昊 // 汉语言文学研究，2015（4）

博尔赫斯写作技巧与后现代主义作品的共通之处——以《吉诃德的作者彼埃尔·梅纳德》为例 / 石文婷 // 鞍山师范学院学报，2015（5）

通过镜子看谜——解读博尔赫斯《阿莱夫》的尝试 / 张亦芃 // 名作欣赏，2015（6）

叙事谜题的妙合与差异——诺兰电影与博尔赫斯小说之比较 / 彭沈莉 // 当代文坛，2015（6）

博尔赫斯早期诗歌中的本土文化建构 / 焦圣芝 // 牡丹江教育学院学报，2015（7）

比较视域下的卡尔维诺与博尔赫斯创作研究 / 焦圣芝 // 文学教育（上），2015（8）

博尔赫斯作品作为文学教学材料的选取问题 / 王洋力 // 文学教育（上），2015（8）

感受现实的创造者：略谈博尔赫斯诗作《南方》/ 吴颖 // 牡丹江大学学报，2015（8）

恐惧·安宁·永生——论博尔赫斯诗歌中的死亡意象 / 陈坤，赵丽 // 白城师范学院学报，2015（10）

博尔赫斯小说的"形而上幻想"——由《虚构集》到《阿莱夫》的探求 / 李静，孙云霏 // 大众文艺，2015（19）

宗教在文学中的表现形式浅析——博尔赫斯的短篇小说分析 / 孙祎娜 // 赤子（上中旬），2015（20）

博尔赫斯笔下的迷宫和中国回文诗的对比研究 / 马亚琼 // 吉林大学，2015

博尔赫斯与佛学 / 张吉轶 // 湖南师范大学，2015

论博尔赫斯作品中的玩笑 / 程斌 // 广西师范大学，2015

历史　地理

在美英帝国主义奴役下的阿根廷 / 谢曜 // 世界知识，1952（13）

今日阿根廷 / 梅仁 // 世界知识，1957（4）

在阿根廷 / 达昭 // 世界知识，1958（2）

阿根廷北部风光 / 达昭·惠书 // 世界知识，1958（4）

阿根廷 / 筱英 // 世界知识，1965（4）

阿根廷 / 陈舜英 // 拉丁美洲丛刊，1979（2）

圣马丁在拉美独立战争中的贡献 / 王春良 // 历史教学，1980（1）

阿根廷的国旗、国徽、国歌和国花 / 章叶 // 拉丁美洲丛刊，1980（2）

阿根廷独立的起因与五月革命 / 钱明德 // 拉丁美洲丛刊，1980（2）

拉美第二大国——阿根廷 / 海亮 // 世界知识，1980（9）

阿根廷民族英雄——何塞·德·圣马丁 / 仇新年 // 世界知识，1982（16）

论圣马丁的政治思想 / 王琴 // 拉丁美洲丛刊，1983（1）

何塞·德圣马丁 / 王辉 // 拉丁美洲丛刊，1983（3）

试论拉美独立战争的杰出领袖圣马丁 / 陈崟茂，王昭春 // 拉丁美洲丛刊，1983（6）

简论阿根廷独立战争 / 王春良 // 历史教学问题，1988（1）

阿根廷南方纪行 / 鞠庆东 // 瞭望周刊，1990（22）

试论 1857—1930 年的阿根廷移民运动 / 贾东荣 // 山东师大学报（社会科学版），1993（1）

阿根廷独立战争 / 幼封，曹珺 // 军事历史研究，1995（2）

圣马丁与他的"集权"思想 / 郝名玮 // 拉丁美洲研究，1995（4）

智利、阿根廷考察散记 / 翁礼华 // 浙江财税与会计，1998（10）

智利、阿根廷考察散记 / 翁礼华 // 浙江财税与会计，1998（11）

论阿根廷在二战期间的独特对外政策 / 程洪 // 拉丁美洲研究，2000（1）

阿根廷拉普拉塔和巴拉那河情况介绍 / 谢全生 // 天津航海，2000（4）

论圣马丁在拉丁美洲独立运动中的贡献 / 董延寿 // 信阳师范学院学报（哲学
　　社会科学版），2000（4）

阿根廷巴拉那河资料及航行简介 / 于学忠，孙密，李志伟 // 航海技术，2002（3）

"断裂状"社会的形成及其影响——对阿根廷 1930~1955 年间的政治分析 / 吕
　　芳 // 拉丁美洲研究，2003（4）

猎杀南大西洋——"征服者"号核潜艇击沉阿根廷巡洋舰纪实 / 严伟江 // 国
　　际展望，2003（13）

第二次世界大战中阿根廷与纳粹德国的关系初探 / 曾强，夏正伟 // 军事历史
　　研究，2006（2）

双面阿根廷 / 刘媛 // 旅游时代，2006（3）

富庶的阿根廷 / 杨玉忠 // 旅游纵览，2006（8）

论梅内姆时期阿根廷公民社会的质化发展 / 李巨轸，夏晓娟 // 太原大学学报，
　　2007（4）

布宜诺斯艾利斯——南美洲的巴黎 / 车忱 // 海洋世界，2007（5）

阿根廷、智利与南极洲 / 郭培清 // 海洋世界，2007（6）

观巴西、阿根廷城市建设有感 / 赵欣浩 // 杭州通讯（下半月），2007（10）

梅内姆时期阿根廷政治文化的变迁 / 夏晓娟 // 历史教学（高校版），2007（10）

阿根廷海军远征南极 / 刘江平，张志国，沈基飞 // 环球军事，2008（2）

论梅内姆时期阿根廷公民社会的质化发展 / 李巨轸，夏晓娟 // 历史教学（高
　　校版），2008（5）

探戈阿根廷 / 潘中法 // 国际市场，2008（11）

战后初期美国对阿根廷政策与伊迪－米兰达协定 / 张世轶 // 世界近现代史研
　　究（第五辑），2008

追寻格瓦拉的足迹　阿根廷探险记（上）/ 维尔 // 摩托车，2009（11）

追寻格瓦拉的足迹　阿根廷探险记（下）/ 维尔 // 摩托车，2009（12）

考察阿根廷城市建设及相关启示 / 穆祥纯 // 特种结构，2010（3）

1870-1914 年英国投资与阿根廷的经济发展 / 徐文丽 // 山东农业大学学报（社
　　会科学版），2011（3）

初级产品出口与阿根廷的早期现代化——拉美独立运动爆发 200 周年的反思 /
董国辉 // 世界历史，2011（4）

外国投资与经济发展：以 1870~1914 年阿根廷引进外资为例的历史思考 / 徐
文丽 // 中国城市经济，2011（9）

1820-1930 年阿根廷欧洲移民运动特点 / 陈杰珍 // 长江大学学报（社会科学
版），2012（7）

试析 1820 年至 1930 年阿根廷的欧洲移民运动 / 陈杰珍 // 河北大学，2012

阿根廷永远的玫瑰：艾薇塔·贝隆 / 颜红 // 世界文化，2013（3）

阿根廷布宜诺斯艾利斯的创意城市发展路径及其实践研究 / 陈芳，褚劲风，王
倩倩，邹琳 // 现代城市研究，2013（11）

南美洲的巴黎：布宜诺斯艾利斯 / 徐艳文 // 资源与人居环境，2013（11）

对阿根廷考迪罗的文化解析——以曼努阿尔·德·罗萨斯为例 / 潘芳 // 世界
历史，2015（2）

智 利

简况

　　智利共和国位于南美洲西南部、安第斯山脉西麓，东与阿
根廷为邻，北接秘鲁和玻利维亚，西濒太平洋，南与南极洲隔海
相望。海岸线总长约 1 万公里，面积为 756715 平方公里。人口
为 1756 万（2013 年），其中城市人口占 86.9%；印欧混血种人占
75%，白人占 20%，印第安人占 4.6%。官方语言为西班牙语。在
印第安人聚居区使用马普切语。15 岁以上人口中信仰天主教的占
70.0%，信仰福音教的占 15.0%。首都为圣地亚哥，独立日是 9 月
18 日。

　　智利是世界上地形最狭长的国家，南北长 4352 公里，东西宽
96.8~362.3 公里。东部为安第斯山脉，西部为海岸山脉，北部多沙
漠，南部多为原始森林高山湖泊和海峡。位于智利、阿根廷边境
上的奥霍斯－德尔萨拉多峰海拔 6885 米，为全国最高点。智利境

内多火山，是安第斯山著名的第三火山带，也是地震多发区，地震多集中在南部沿海地区。全国有大小河流 30 余条，多发源于安第斯山脉，注入太平洋，主要河流有北部的洛阿河、中南部的马乌莱河和比奥比奥河以及南部的贝克河。主要岛屿有火地岛、奇洛埃岛、惠灵顿岛等。气候地区差异大，可分为北、中、南三个明显不同的地段：北段主要是沙漠气候，中段是冬季多雨、夏季干燥的亚热带地中海型气候，南段为多雨的温带阔叶林气候。年均最低和最高气温分别为 8.6℃和 21.8℃。

智利属于中等发展水平国家。矿业、林业、渔业和农业是国民经济四大支柱。矿藏、森林和水产资源丰富，以盛产铜闻名于世，素称"铜之王国"。已探明的铜蕴藏量达 2 亿吨以上，居世界首位，约占世界储藏量的 1/3。此外，还有硝石、钼、金、银、铝、锌、碘、石油、天然气等。智利还是拉美第一大林产品出口国，盛产温带林木，木质优良；渔业资源丰富，是世界第五大渔业国；主要农作物有小麦、燕麦、大米、水稻、玉米和土豆。铁路总长 8613 公里，其中电气化铁路 1654 公里；公路总长 10 万公里，其中泛美公路长达 3600 公里。货币名称为比索。

智利是拉美文化艺术水准较高的国家之一，曾有两位诗人获诺贝尔文学奖。1945 年诗人加夫列拉·米斯特拉尔获诺贝尔文学奖，成为第一个获此奖的南美洲作家。1971 年诗人巴勃罗·聂鲁达获诺贝尔文学奖。

早期境内居住着阿劳干人、马普切人、火地人等印第安民族，16 世纪初以前属于印加帝国。1535 年，西班牙殖民者从秘鲁侵入智利北部。1541 年建立圣地亚哥城，智利沦为西班牙殖民地，并受其统治近 300 年。1810 年 9 月 18 日成立执政委员会，实行自治。此后，智利人民在民族英雄贝尔纳多·奥希金斯率领下开展反殖民统治斗争。1817 年 2 月与阿根廷联军击败西班牙殖民军。1818 年 2 月 12 日宣告独立，成立智利共和国。1970 年社会党人阿连德当选总统，组成"人民团结"政府。1973 年以皮诺切特为首的军人推翻阿连德政府上台，开始了长达 17 年的军政府统治。1989 年，社会党、基民党等组成"争取民主联盟"参加议会选举和总统大选，基民党人艾尔文当选总统，于次年3月11日开始执政，从而恢复了代议制民主。1994年3月基民党人弗雷继任。1998年皮诺切特交出军权，作为终身参议员进入国会，智利"民主过渡"进程基本完成。2006~2010年曾任总书记的社会党人米歇尔·巴切莱特于2013年12月再次当选，于2014年3月11日就职。智利奉行独立自主的多元化务实外交政策。主张尊重国际法，和平解决争端，捍卫民主和人权；大力推行全方位的外交战略，经济外交色彩浓厚，对外交往十分活跃。智优先巩固和发展同拉美邻国和南方共同市场国家的关系，积极推动拉美一体化，重视与美、欧的传统关系，积极拓展同亚太国家的关系，努力实现出口市场多元化，并同世界上172个国家建立了外交关系。重视双边自由贸易谈判，目前智利已同绝大多数拉美国家及美国、加拿大、欧盟、中国、日本、韩国等58个国家签署了23个自由贸易协定。1970年12月15日中国与智利建交。

政治　法律

政治概况

阿连德经济政策的教训 / 李琼英 // 拉丁美洲丛刊，1981（4）

打击中间力量是阿连德失败的重要原因 / 古国畴 // 世界史研究动态，1982（8）

智利阿连德政府的失败及其原因 / 叶维钧 // 世界经济与政治内参，1983（5）

智利：动荡的一九八三年 / 李在芹，沈安 // 拉丁美洲丛刊，1984（1）

皮诺切特的十年 / 王杰 // 政治研究，1984（2）

智利的妇女和政治 /〔智利〕胡列塔·柯克伍德；王玉和，邵锦娣〔译〕// 国际社会科学杂志（中文版），1985（1）

智利民主化步履维艰 / 沈旦英 // 世界知识，1985（18）

阿连德的社会主义道路 /〔智利〕霍尔赫·阿拉特；胡润之〔摘译〕// 当代世

界社会主义问题，1986（2）

1973 年以来的智利哲学 /I. 哈克西科；余幼宁［译］// 国外社会科学，1986（4）

试析智利巴拉圭的民主化进程 / 焦震衡 // 拉丁美洲研究，1986（5）

智利局势动荡 / 胡积康 // 世界知识，1986（19）

智利民主化运动的新发展 / 胡积康 // 瞭望周刊，1986（29）

总统遇刺和智利政局 / 吴永恒 // 瞭望周刊，1986（39）

皮诺切特在公民投票中失败的原因 / 王晓燕 // 拉丁美洲研究，1988（6）

向民主过渡迈出第一步——智利举行公民投票 / 刘瑞常 // 世界知识，1988（21）

智利四大反对党简介 / 沈安 // 世界知识，1988（21）

智利民主化的新阶段 / 沈安 // 瞭望周刊，1988（43）

智利阿连德政府的改革 / 王春良 // 山东师大学报（社会科学版），1989（3）

大选前夕的智利 / 刘瑞常 // 瞭望周刊，1989（49）

智利文官当选总统 / 刘瑞常 // 世界知识，1990（1）

智利政府的廉政措施简介 / 余尉 // 财政，1990（2）

智利艾尔文政府的内外政策走向 / 王晓燕 // 拉丁美洲研究，1990（3）

智利总统艾尔文及其内外政策 / 周瑞芳 // 世界经济与政治，1992（4）

货币主义与智利的现代化 / 钱明德 // 史林，1993（1）

智利阿连德的社会主义 / 李扬 // 国际共运史研究，1993（2）

名声渐起的智利模式 / 黄松甫 // 世界知识，1993（21）

智利新当选总统弗雷 / 周瑞芳 // 国际资料信息，1994（1）

智利社会党主席谈社会主义复兴问题 / 武菊 // 当代世界，1995（3）

智利的形势及存在的问题 / 刘扬 // 国际资料信息，1995（6）

智利总统弗雷 / 周瑞芳 // 现代国际关系，1995（11）

"福利国家"的新选择——"智利模式" / 张润森 // 世界经济文汇，1996（1）

智利民主化进程中的困难和希望 / 曹琳 // 拉丁美洲研究，1996（4）

智利经验引起世界的兴趣 / 知玲 // 国际市场，1996（7）

智利对拉丁美洲一体化的政策特点 / 曹琳 // 拉丁美洲研究，1998（1）

智利地方政府改革经验：公共问题的民间解决 / 董礼胜 // 中国行政管理，1998
（5）

皮诺切特传奇 / 刘瑞常 // 世界知识，1998（8）

从皮诺切特交军权看智利民主化 / 尚德良 // 世界知识, 1998（8）

皮诺切特 僵而不死 / 孙岩峰 // 世界知识, 1998（22）

逮捕皮诺切特：有无法律依据 / 王羽 // 世界知识, 1998（23）

智利、阿根廷考察散记 / 翁礼华 // 浙江财税与会计, 1998（10）

智利、阿根廷考察散记 / 翁礼华 // 浙江财税与会计, 1998（11）

"皮诺切特风波"的法律话题——外交特权、豁免及引渡 / 王庆海 // 学问,
　　1999（1）

一代枭雄陷困境——记智利前总统皮诺切特 / 张国英 // 政府法制, 1999（1）

智利：新自由派抬头 / 海克多·朱尼加·塞林那 // 科技潮, 1999（1）

亚洲金融危机对智利的影响 / 王锡华 // 拉丁美洲研究, 1999（1）

从皮诺切特被拘禁看智利民主化进程 / 向骏 // 拉丁美洲研究, 1999（3）

智利"有选择的一体化"政策 / 贺双荣 // 拉丁美洲研究, 1999（5）

智利 1999 年大选总统候选人简介 / 曹琳 // 拉丁美洲研究, 1999（5）

智利民族一体化政策与马普切社会文化结构的变化 / 魏红霞 // 拉丁美洲研究,
　　1999（5）

皮诺切特案风波纵横谈 / 符捷 // 当代世界, 1999（2）

透视"皮诺切特事件" / 韦弦 // 百科知识, 1999（3）

从皮诺切特案看引渡问题 / 姚毅 // 福建法学, 1999（4）

皮诺切特风波透析 / 孙国维 // 公关世界, 1999（5）

智利新总统拉戈斯 / 符捷 // 当代世界, 2000（2）

浅析 20 世纪 70 年代失败的智利道路 / 袁才保 // 当代世界与社会主义, 2000（3）

皮诺切特何时能回家 / 王晓燕 // 瞭望新闻周刊, 2000（9）

智利模式告诉了我们什么 / 郑功成 // 中国社会保障, 2000（10）

智利的国家南极政策 / 李锐 // 全球科技经济瞭望, 2000（12）

社会学走向没落还是革新？——智利的一场争论 /〔法〕塞西利亚·蒙特
　　罗·卡萨索斯；乔亚〔译〕// 国外社会科学, 2001（6）

皮诺切特未审判的暴君 / 尚德良 // 中国新闻周刊, 2000（6）

智利受阿根廷危机影响缘何较小 / 王树柏 // 瞭望新闻周刊, 2002（35）

社会运动与智利的民主转型 / 古莉亚 // 拉丁美洲研究, 2003（4）

智利——拉美新自由主义改革的先锋 / 王晓燕 // 拉丁美洲研究, 2004（1）

智利改革重点的转移 / 王晓燕 // 拉丁美洲研究，2004（3）

跨入 21 世纪的智利 /〔智利〕巴勃罗·卡夫雷拉；刘承军［译］// 拉丁美洲研究，2005（2）

智利经济－社会转型的特点和经验 / 韩琦 // 拉丁美洲研究，2005（4）

智利政府克服贫困的新举措——"智利团结计划" / 曹淑芹 // 拉丁美洲研究，2005（4）

智利和阿根廷新自由主义改革与社会转型的成败 / 吴洪英 // 拉丁美洲研究，2005（5）

智利的腐败问题与反腐败制度体系探析 / 闵勤勤 // 拉丁美洲研究，2005（6）

智利首位女总统米歇尔·巴切莱特 / 齐萌 // 当代世界，2006（3）

"皮诺切特案"：真相、正义与国家利益 / 高俊华 // 中国审判，2006（5）

智利社会党执政分析 / 陈红 // 理论学习，2006（7）

智利首位女总统 / 孙国维 // 世界知识，2006（8）

皮诺切特 独裁寡头与"智利奇迹" / 于英红 // 南方人物周刊，2006（32）

皮诺切特的遗产 / 储昭根 // 南风窗，2007（1）

皮诺切特生前死后 / 孙岩峰 // 世界知识，2007（1）

盖棺难定——充满争议的前智利独裁者奥古斯托·皮诺切特 /Jen Ross; 杨雪蕾［译］// 英语文摘，2007（2）

弗里德曼与皮诺切特在智利的新自由主义实验 /〔美〕格里格·葛兰汀；李春兰，杨柳［译］// 国外理论动态，2007（3）

智利反腐倡廉的经验及其启示 / 刘纪新 // 当代世界，2007（6）

谁是皮诺切特的黑后台——兼评美国式"民主"的虚伪性 / 金重远 // 探索与争鸣，2007（12）

皮诺切特：一个多重性的历史人物——兼与金重远教授商榷 / 张家哲 // 探索与争鸣，2008（3）

国别政策——智利 // 国际商务财会，2008（4）

创新、增长和平等：智利国家竞争力分析与展望 / 张勇 // 拉丁美洲研究，2008（5）

"智利模式"——拉美社会保障制度的典范 / 王云 // 天津社会保险，2009（3）

"智利模式"和"新加坡模式" / 米荣 // 世界博览，2009（5）

皮涅拉不是"智利的贝卢斯科尼"/郭存海//时事报告,2010(3)

智利新总统皮涅拉/王佳//国际资料信息,2010(4)

智利新总统皮涅拉:"智利版贝卢斯科尼"/周有恒//名人传记(上半月),2010(4)

智利矿难透视国家形象塑造/魏悦//国际公关,2010(6)

智利矿难救援——一个国家形象的诠释/付雁南//西部大开发,2010(10-11)

阿连德的"社会主义之路"给我们的启示/张金生,苗淑娟//天津市经理学院学报,2011(2)

跨越"中等收入陷阱"——论近二十年智利改革发展的路径选择/窦宝国//山西财政税务专科学校学报,2011(5)

韩国模式、智利模式与不丹模式比较/王文龙//现代经济探讨,2011(11)

论危机公关中政府形象的塑造——以智利矿难为例/王琳瑜//北京航空航天大学学报(社会科学版),2012(1)

平衡资本主义和多元民主政治的独特模式——比较视野下的巴西、智利和乌拉圭社会民主主义政府/〔乌拉圭〕乔治·兰扎罗;冯浩〔编译〕//当代世界与社会主义,2012(4)

智利还政于民 20 多年的经验与启示/齐传钧//拉丁美洲研究,2012(4)

智利独立以来政治发展道路的特点及启示/文学//拉丁美洲研究,2012(6)

南美枭雄皮诺切特/袁灿兴//文史天地,2012(12)

皮诺切特案的豁免权与普遍管辖权分析/程文理//法制与社会,2012(21)

国外学术界对智利早期现代化的研究/曹龙兴//世界近现代史研究,2012

1940-1982 年智利的南极政策探究/刘明//西南科技大学学报(哲学社会科学版),2013(2)

浅论阿连德的社会医学理论和政治实践/宋霞//拉丁美洲研究,2013(2)

政党与 20 世纪 90 年代阿根廷和智利的高层腐败/〔瑞典〕维维亚娜·斯蒂恰娜;靳呈伟〔译〕//国外理论动态,2013(4)

智利的新中产阶级:同期群分析/奥斯卡·麦可 – 克卢尔;魏然〔译〕//拉丁美洲研究,2013(4)

政治变迁中的智利公民社会/范蕾//拉丁美洲研究,2013(5)

制度之间的政治经济发展——阿根廷和智利比较研究(1976-1989 年)/李江

春 // 经济社会体制比较，2013（5）

拉美发展史上的"哥德巴赫猜想"——智利的现代化经验及借鉴意义 / 韩琦 // 人民论坛·学术前沿，2013（11）

智利政变 40 周年回瞰 / 向骏 // 南风窗，2013（19）

新自由主义范式及其社会挑战——以 2011 年智利学生运动为例 / 菲利浦（Philippe Werner-Wildner）// 吉林大学，2013

制度变迁与智利市场社会的发展 / 吉列尔莫·沃马尔德，丹尼尔·布列瓦；张海晏〔译〕// 国际社会科学杂志（中文版），2014（3）

制度体系和国家发展：断裂与合续——阿根廷和智利的国家类型 / 李江春 // 复旦大学，2014

从"解放"到"团结"——20 世纪 70 年代的智利教会 / 张琨，郭长刚 // 世界宗教研究，2015（1）

论智利军人政权时期的技术专家——"芝加哥弟子"与智利的新自由主义改革 / 吴恺夫 // 长春师范大学学报，2015（1）

智利基督教民主党与"第三条道路" / 张琨，郭长刚 // 拉丁美洲研究，2015（3）

智利阿连德政府时期党争研究 / 贺喜 // 江苏师范大学学报（哲学社会科学版），2015（6）

智利的国会与改革（上）/ 徐世澄 // 中国人大，2015（10）

智利的国会与改革（下）/ 徐世澄 // 中国人大，2015（11）

"完全的天主教"在拉美社会中的影响——以二十世纪六七十年代的智利为中心 / 张琨 // 上海大学，2015

阿连德社会主义研究 / 张敬尧 // 西南科技大学，2015

社会状况

马普切族——智利土地上的人 /〔智利〕A. M. 卡纽盖克；东枊〔译〕// 民族译丛，1981（4）

智利火地人——奥纳人 / 吴成德〔摘译〕// 民族译丛，1982（2）

关于墨西哥、巴西、智利的城市化和人口迁移问题 / 马侠，陈玉光 // 人口与经济，1985（3）

智利塔拉帕卡高原的艾马拉人 / 比维安·加维兰；王晓燕［摘译］// 民族译丛，1988（5）

智利的青年与社会 /〔法〕阿兰·图雷纳；仕琦［译］// 国际社会科学杂志（中文版），1994（3）

智利的社会保障模式 / 林义 // 保险研究，1994（3）

智利：社会保障制度的社会化和私有化 / 吴惠忠 // 瞭望新闻周刊，1994（44）

智利社会保障制度改革的条件与影响 / 刘沅 // 拉丁美洲研究，1995（4）

智利的消费者服务组织 / 管彦忠 // 中国技术监督，1996（1）

智利 80 年代社会保障制度的改革 / 于伟加 // 经济导刊，1996（5）

智利的社会养老保障制度 / 余明德 // 财贸经济，1996（10）

智利、新加坡社会保障模式的借鉴 / 曾旭 // 财经科学，1996（增刊）

评智利的社会改革 / 朱红根 // 拉丁美洲研究，1997（1）

中国的社会保障制度转型能不付成本吗——以智利为比较对象 / 李珍 // 改革，1997（2）

智利的社会保障体制改革 /〔美〕彼得·戴芒得，〔智利〕萨尔瓦多·瓦尔德斯－普雷特；刘卫，裴小革［编译］// 改革，1997（4）

智利的社会保障制度 / 肖登峰 // 中国民政，1997（8）

智利的马普切人 / 徐吴 // 百科知识，1997（8）

智利的住房供应体制 / 陈学军 // 中国房地信息，1998（4）

智利的社会工作 / 柳拯［译］// 民政论坛，1999（2）

智利社会保障改革历程 /〔智利〕M. 因方特，J. 阿里斯蒂亚，J.R. 温杜拉加；班颖杰［译］// 经济社会体制比较，2000（6）

风暴之后的风平浪静：智利的收入分配与社会福利 /〔智利〕F. H. G. 费雷拉等；文武［摘］// 国外社会科学，2001（1）

智利社会保障制度改革对我国的启示 / 黄红，张莹 // 唯实，2001（3）

智利的社会救助制度 / 刘纪新 // 拉丁美洲研究，2001（5）

智利社会保障制度改革及对我国的启示 / 陈清民 // 天津职业技术师范学院学报，2002（4）

智利的新型养老模式 / 宋洁云 // 中国党政干部论坛，2002（5）

智利的马普切人 / 吴德明 // 百科知识，2002（5）

社会保障改革的智利道路 / 杨玲，刘子兰 // 世界知识，2002（7）

如何看待智利社会保障私有化改革 / 刘子兰 // 经济体制改革，2003（4）

浅析智利的马普切人问题及政府的政策 / 吴德明 // 拉丁美洲研究，2004（4）

历史上最大的海啸——1960 年智利地震海啸回眸 / 丰言 // 中国减灾，2005（3）

英、美、日、智利社会保障制度改革比较研究 / 杨卫平，杨胜刚 // 财经理论
    与实践，2005（3）

智利社会保障制度改革成功的原因分析及启示 / 杨爱兵，穆怀中 // 党政干部
    学刊，2005（4）

智利社保改革的成败得失 / 王晓燕 // 中国经济周刊，2005（13）

智利职工养老制度改革评析 / 罗钢 // 深圳职业技术学院学报，2006（1）

社保改革"智利模式"25 年的发展历程回眸 / 郑秉文，房连泉 // 拉丁美洲研究，
    2006（5）

阿根廷、智利医疗卫生和医保制度考察 / 倪思明，董鸣 // 中国医药指南，2007
    （2）

智利养老保障改革新动向 / 房连泉 // 中国社会保障，2007（3）

智利社保标本 / 袁瑛 // 商务周刊，2008（3-4）

巴西和智利卫生改革考察报告 / 石光，雷海潮，高卫中 // 卫生经济研究，2008（6）

浅谈智利社会保障改革对中国的启示 / 张阳 // 山西财经大学学报（高等教育
    版），2009（2）

"智利模式"——拉美社会保障制度的典范 / 王云 // 天津社会保险，2009（3）

智利地震综述 / 陈思羽 // 中国应急救援，2010（2）

智利防御地震灾害的经验及启示 / 郑言 // 安全生产与监督，2010（2）

智利地震的启示 / 邵卫卫 // 现代职业安全，2010（4）

地震之国智利的"地震文化" / 刘旭阳 // 广西城镇建设，2010（4）

中国与智利社会保障水平的比较 / 叶慧琴 // 学习与实践，2010（5）

论社会保障制度改革的政策组合——约旦、瑞典和智利社保改革的典型性分
    析 / 孙守纪 // 中国政法大学学报，2010（5）

社会保障私有化：智利经验 /〔美〕彼得·戴蒙德；张占力［译］// 拉丁美洲
    研究，2010（6）

智利大地震：有史以来的最大地震 / 吕吉尔 // 世界科学，2010（6）

智利地震，一场蝴蝶效应 / 吴晓芳 // 世界知识，2010（6）

天灾撕裂智利社会不公疮疤 / 高静 // 南风窗，2010（7）

人本与科学：智利矿难的中国启示 / 李承明 // 西部大开发，2010（10–11）

33 人智利矿难逃生记 / 西可 // 新知客，2010（11）

科学营救智利矿工 / 杨先碧 // 生命与灾害，2010（11）

智利矿难的心理救助 / 王春华 // 中外企业文化，2010（11）

智利矿工大营救 / 谢来，张乐，赵斌，郭宇 // 劳动保护，2010（11）

我们应从智利矿难救援中自省什么 / 罗时 // 劳动保护，2010（12）

智利矿工营救报道中的政治渗透 / 张卫中 // 新闻战线，2010（12）

智利矿难救援："媒介事件营销"的典型范例 / 史安斌 // 对外传播，2010（12）

试析《智利地震》中市民的性格特征 / 马超俊 // 魅力中国，2010（17）

智利矿难营救给我们的有益启示 / 徐迅雷，王传涛 // 源流，2010（20）

智利矿难救援奇迹的启示 / 欧文 // 安全与健康，2010（21）

智利矿难：如何在封闭空间里生存？/ 周明明 // 世界博览，2010（21）

智利矿难：深井大救援 / 徐娜 // 中国减灾，2010（21）

完美的智利矿难救援 / 张璐晶 // 中国经济周刊，2010（40）

从公正视角论智利社会保障制度改革 / 杨帆 // 黑龙江大学，2010

"智利矿难"中一份合同的启示 / 曹保顺 // 美文（下半月），2011（1）

智利扩大卫生保健覆盖面概述 / 刘燕斌，杨洋 // 中国医疗保险，2011（1）

智利矿难拯救记 / 艾敏 // 中国铁路文艺，2011（3）

智利矿难中的中国"救援哥" / 碧云天 // 记者观察（上半月），2011（3）

对智利矿难若干问题的思考 / 石长岩 // 现代职业安全，2011（11）

智利矿难的启示 / 蔡子强 // 南方人物周刊，2011（27）

智利的收入分配与社会政策 / 房连泉 // 拉丁美洲研究，2012（4）

智利超强防震抗震能力的启示 / 杜贻合，苏传军 // 防灾博览，2012（6）

智利医保：革新之旅 / 李曜，史丹丹 // 中国医院院长，2014（8）

智利医保双轨并行 / 李曜，史丹丹 // 中国医院院长，2014（8）

"包容性发展"与收入分配：智利案例研究 / 黄乐平 // 中国社会科学院研究生院，2014

智利华商生存与发展境况 / 李仁方，陈文君 // 拉丁美洲研究，2015（6）

法律

智利的新移民条例 / 汤成锦 // 东方杂志，1946（8）

智利：采矿业环境与相关法规简介 / 陈昕 // 世界有色金属，2003（3）

智利：采矿业环境与相关法规简介（续）/ 陈昕 // 世界有色金属，2003（4）

关于智利民法典重新编纂的一些思考 / 古兹曼，薛军 // 中外法学，2004（6）

智利司法行政体制及财务管理 / 孙建平 // 中国司法，2006（6）

智利和墨西哥社会保障法比较及其启示 / 陈培勇 // 拉丁美洲研究，2007（6）

皮诺切特案中的国际法问题之我见 / 韩耀斌 // 商业文化（学术版），2007（9）

评析皮诺切特案中的豁免权与管辖权问题 / 刘巧云 // 西南政法大学，2008

智利矿产资源与相关法规、政策 // 现代矿业，2009（9）

智利共和国矿业投资法律制度概述 / 杨贵生，沈自新，陈漠 // 矿产勘查，2011
（2）

智利的能源法制建设 / 姜海，沙筱维 // 南京工业大学学报（社会科学版），
2011（4）

智利矿工的利益合同书 / 王学进 // 中国减灾，2011（10）

美国 - 智利 FTA 中 TRIPS-plus 条款对智利商标法的影响 / 李丹萍 // 云南大
学学报（法学版），2011（1）

智利矿业法律制度 / 张靖昆，Maria Paz Pulgar B. // 世界有色金属，2014（8）

外交

智利的对外开放政策 / 王晓燕 // 拉丁美洲研究，1986（1）

玻、智关系的新波折 / 胡积康 // 世界知识，1987（14）

智利同其他拉美国家发展双边贸易的利弊 / 赵雪梅 // 拉丁美洲研究，1993（6）

以促进经济增长为核心的智利外交 / 曹琳 // 拉丁美洲研究，1997（2）

踏访地球之角——中国海军访智利纪实 / 张朴宽，查春明 // 海洋世界，1997（8）

天涯海角话友谊——记中共友好代表团访问阿根廷、智利 / 郭元增 // 当代世
界，1998（11）

对"皮诺切特"案的若干国际法思考 / 张辉 // 法学杂志，1999（3）

智利与中华人民共和国关系 30 年 /〔智利〕罗德里戈·迪亚斯·阿尔瓦尼科；林华〔译〕// 拉丁美洲研究，2001（1）

智利与中国：外交关系 30 年 /〔智利〕阿尔瓦罗·塞耶；林华〔译〕// 拉丁美洲研究，2001（1）

面向新世纪的中智双边关系 / 江时学 // 拉丁美洲研究，2001（1）

从皮诺切特案看国际刑事管辖 / 秦淑明 // 中山大学研究生学刊（社会科学版），2001（3）

承前启后　继往开来——江泽民主席访问智利 / 吴洪英，李萌 // 国际资料信息，2001（5）

太平洋使我们成为近邻　智利总统拉戈斯接受本刊专访 / 赵蓝健 // 文明，2005（2）

中智建交的台前幕后——纪念中智建交 35 周年 / 朱祥忠 // 党史纵横，2005（4）

美国对智利的政策：1970-1973 / 白交平 // 陕西师范大学，2007

同智利建交的艰难岁月 / 黄志良 // 书摘，2008（2）

周恩来与智利 / 朱祥忠 // 湘潮，2010（6）

两个人质的不同命运——1976 年苏联与智利交换人质事件 / 关飞 // 世界博览，2010（16）

从皮诺切特案看外交豁免权与国际刑事犯罪普遍管辖权的适用 / 方杰 // 中国检察官，2010（22）

三一重工智利救援大揭秘 / 曹昌 // 中国经济周刊，2010（47）

中国与智利关系 40 年回顾 / 贺双荣 // 拉丁美洲研究，2011（1）

二战后巴西和智利应对西方危机之路的比较 / 陈才兴 // 江汉大学学报（社会科学版），2011（1）

美国对 1964 年智利总统选举的干涉探析 / 贺喜 // 浙江外国语学院学报，2012（1）

美国对智利阿连德政府的经济封锁 / 贺喜 // 拉丁美洲研究，2012（1）

冷战时期美国对智利阿连德政府的政策 / 贺喜 // 国际政治研究，2012（2）

美国干涉智利阿连德政府的原因分析 / 贺喜 // 当代世界社会主义问题，2012（2）

相隔千山万水 友谊历久弥新——智利众议长梅莱罗访华侧记 / 吴钒 // 中国人

大，2012（7）

舌尖上的智利——访智利驻华大使路易斯·施密特先生 / 林桦 // 中国食品，
　　2012（21）

秘鲁和智利的海域争端：回顾与反思 / 埃里克（Erick Essenin Lavalle Terry）//
　　吉林大学，2013

尼克松政府与阿连德政权：1970-1973 年智利变局中的美国因素 / 陈智杰 //
　　华东师范大学，2014

美国外交政策与智利新自由主义改革 / 王国伟 // 山东师范大学，2014

美国对智利弗雷政府政策探析 / 吴昊 // 历史教学（下半月刊），2015（7）

军事

智利军方改组引起的波澜 / 沈安 // 世界知识，1989（2）

南美劲旅——智利海军 / 梁桂华 // 现代舰船，2004（9）

智利海军特种作战部队 // 轻兵器，2005（23）

南美洲"空中小霸王"——浅析智利空军的现状及发展 / 李浩 // 航空知识，
　　2008（12）

南美海上劲旅：智利海军 / 魏军 // 当代海军，2009（4）

经济

经济概况

矿产丰富的智利 / 王庆 // 世界知识，1964（23）

世界第三铜生产国智利 / 汤小棣 // 拉丁美洲丛刊，1979（1）

六年来的智利经济形势 / 徐英［译］// 拉丁美洲丛刊，1980（2）

智利的铜矿 / 张守平 // 世界知识，1980（4）

智利的财团及其影响 / 王晓燕 // 拉丁美洲丛刊，1981（2）

智利的经济复兴政策及其成效 / 苏振兴，卢后盾 // 拉丁美洲丛刊，1981（3）

阿连德经济政策的教训 / 李琼英 // 拉丁美洲丛刊，1981（4）

智利军政府的经济政策 / 周良藩 // 世界经济增刊，1981（6）

对阿连德政府经济政策的一些看法 / 王晓燕 // 拉丁美洲丛刊，1982（2）

拉丁美洲的新自由主义——对智利经济模式的分析 /〔哥伦比亚〕豪尔赫·门德斯；王晓燕［译］// 世界经济译丛，1983（1）

智利的铜及其重要经济地位 / 金仁伯 // 拉丁美洲丛刊，1983（5）

积极因素为什么变成了消极因素？——略谈智利引进外资对其经济的影响 / 林亚平 // 国际经济合作，1984（9）

智利铜矿巡礼 / 金仁伯 // 地理知识，1984（12）

访世界最大的地下铜矿 / 刘瑞常 // 瞭望周刊，1984（26）

智利铜的出口贸易 / 潘寿田 // 国际贸易，1985（6）

评智利的对外开放战略 /〔智利〕里卡多·达维尔；尚崇羡［译］// 世界经济译丛，1985（12）

智利经济起伏与货币主义实验 / 杨缨 // 拉丁美洲研究，1986（6）

智利的农业 / 马定国 // 世界农业，1986（11）

智利私人财团发展概况 / 张志红 // 拉丁美洲研究，1987（5）

智利发展外向型经济取得成就 / 王晓燕 // 拉丁美洲研究，1989（5）

智利经济持续增长引人注目 / 赵长华 // 国际展望，1989（15）

十九世纪智利经济发展探索 / 钱明德 // 世界历史，1990（3）

智利宏观经济结构的调整 / 江春泽 // 世界经济与政治，1990（12）

货币主义在智利的实践——对智利军政府 16 年经济政策的回顾 / 王晓燕 // 拉丁美洲研究，1991（1）

智利调整经济结构过程中的宏观政策措施 / 江春泽 // 经济社会体制比较，1991（1）

智利当代马普切社会经济发展纲领和机制 /〔智利〕A. 埃雷拉·A.；东篱［译］// 民族译丛，1991（4）

智利经济调整改革获成效 / 杨仲杰 // 现代国际关系，1992（3）

60 年代以来智利农村土地占有形式的变化 / 王晓燕 // 拉丁美洲研究，1992（3）

智利国营企业私有化及其成效 / 王晓燕 // 拉丁美洲研究，1992（4）

智利经济因何持续稳步发展 / 赵长华 // 国际展望，1992（9）

智利市场经济改革得失谈 / 罗丙志 // 改革，1993（2）

智利市场 / 张凡，裘浩楼 // 拉丁美洲研究，1993（2）

智利的铜业概况及发展前景 / 智商 // 拉丁美洲研究，1993（5）

智利外贸制度改革对经济发展的影响 / 杨西 // 拉丁美洲研究，1993（5）

智利的出口主导战略 / 方幼封 // 世界经济研究，1993（4）

智利的环境改革 / 王学秀［编译］// 环境科学动态，1994（1）

智利政局稳定　经济增势不衰 / 王晓燕 // 拉丁美洲研究，1994（1）

智利的自然资源——90 年代的机遇与挑战 / 邱国旺，郭凤鸣 // 地质技术经济
　　管理，1994（3）

智利："地球之边缘"的回归 / 朱永康 // 经济世界，1994（3）

90 年代以来的智利铜工业 / 倪艮山 // 世界有色金属，1994（11）

宏观调控是保证国民经济健康发展的前提条件——巴西、智利政府调控国民
　　经济的经验教训 / 洪峰 // 价格理论与实践，1995（4）

智利在世界经济一体化潮流中的取向 / 桑梓 // 国际贸易，1995（5）

智利：通向拉丁美洲的必由之路 /〔智利〕爱德华多·阿里亚加达·莫雷诺 //
　　国际贸易，1995（12）

秘鲁和智利机电产品市场考察报告 / 中国机电贸易合作代表团 // 世界机电经
　　贸信息，1995（10）

90 年代智利经济模式的运作 / 汤小棣 // 拉丁美洲研究，1996（2）

对智利经济模式几个特点的分析 / 曹琳 // 拉丁美洲研究，1996（2）

智利的果树产业 / 卜庆霞，孙守钧 // 世界农业，1996（9）

智利国营铜公司的远景规划 / 李学峰，王坚 // 世界采矿快报，1996（16）

智利埃尔阿夫拉铜矿 / 马永利［译］// 国外金属矿山，1997（1）

智利国营铜公司的未来发展规划 / 李军才［译］// 国外金属矿山，1997（6）

智利政府大力扶持中小企业的发展 / 王晓燕 // 拉丁美洲研究，1997（4）

智利经济走上改革开放之路 / 周家高 // 外向经济，1997（1）

智利锂公司（SCL）简介 / 肖明顺 // 新疆有色金属，1997（1）

智利国营矿业公司铜冶炼厂的现代化改造 / 史有高［译］// 有色冶炼，1997（2）

智利阿吉雷铜矿的开采与湿法冶金技术评介 / 刘顺荣 // 有色金属（冶炼部分），
　　1997（6）

智利矿山和冶炼厂的几项新技术介绍 / 刘顺荣 // 湖南有色金属，1997（6）

智利对拉丁美洲一体化的政策特点 / 曹琳 // 拉丁美洲研究，1998（1）

智利和巴西的矿业概况 / 姚华军［译］// 国外地质勘探技术，1998（2）

智利伊基克自由贸易区 // 世界机电经贸信息，1998（4）

智利经济改革与金融风险防范 / 杜政清 / 国土经济，1998（5）

智利出口导向模式的评判：成就与问题 / 贺双荣 // 拉丁美洲研究，1999（1）

从"智利模式"及其近期经济形势引发的关于发展中国家经济发展战略的思
　考和认识 / 徐文渊 // 世界经济，1999（2）

智利出口导向模式的成就与问题 / 贺双荣 // 世界经济，1999（5）

智利铜矿地质与矿业的特点 / 吴海成，李惠民 // 中国地质，1999（7）

智利造纸工业展望 / 吴福骞 // 中华纸业，2000（2）

再论智利国有企业私有化进程 / 王晓燕 // 拉丁美洲研究，2000（2）

智利农业发展现状 / 朱行［编译］// 乡镇经济，2000（4）

智利铜工业的技术改造和污染治理 / 张朝阳 // 世界有色金属，2000（7）

略论智利军政府经济改革时期的社会公正问题 / 方旭飞 // 南开大学，2000

一家智利制革厂的输入输出分析 / 杨志华，刘彦 // 西部皮革，2001（9）

智利铜矿的开发 / 段德炳 // 世界有色金属，2002（1）

智利人工林集约经营考察报告 / 福建省林业厅赴智利人工林集约经营培训班 //
　林业勘察设计，2002（2）

智利葡萄酒与亚洲市场 / 许力今［编译］// 中国酒，2002（4）

智利农业考察 / 甘汝云 // 云南农业，2002（5）

智利的矿业投资环境 / 吴荣庆 // 国土资源，2002（5）

南美的第一水产养殖大国——智利 / 缪为民 // 科学养鱼，2002（8）

我们眼中的巴西、智利旅游业 / 海南省代表团 // 海南人大，2002（8）

智利国营铜公司（Codelco）/ 姜国峰，李宇圣 // 世界有色金属，2002（10）

巴西、智利农业考察报告 / 万毅成，杨镇，景希强，杨德忠 // 杂粮作物，2003
　（1）

智利葡萄与葡萄酒产业考察报告 / 李德美 // 中外葡萄与葡萄酒，2003（3）

智利国营铜公司雄心勃勃的发展计划 / 兰兴华［编译］// 中国金属通报，2003
　（35）

世界两大副产钼国家——智利和美国 / 刘军民，董允杰 // 中国钼业，2004（3）

智利中小企业发展政策对我国的启示 / 吴飒 // 山西科技，2004（5）

智利的国有企业改革 / 王晓燕 // 拉丁美洲研究，2004（6）

国企改制背景下智利中小企业的状况 / 高静 // 拉丁美洲研究，2004（6）

"新世界"葡萄与葡萄酒——智利与阿根廷 / 李记明 // 中外葡萄与葡萄酒，
　　2004（6）

秘鲁和智利的农业科研和农业机械化 / 晴黎 // 山东农机化，2004（8）

智利的小麦科研与生产 / 郭天财，沈天民，王西成，茹振钢 // 麦类作物学报，
　　2005（2）

智利的经济政策与发展模式 / 苏振兴 // 拉丁美洲研究，2005（5）

智利的木材工业 / 宋驰 // 国际木业，2005（5）

近期智利铜矿山的扩建情况及投资费用 / 殷德洪 // 世界有色金属，2005（11）

拉美化陷阱：智利的经济改革与经验 / 陈江生 // 中共石家庄市委党校学报，
　　2005（11）

智利水法对中国水权交易制度的借鉴 / 陈洁，许长新 // 人民黄河，2005（12）

智利商品浆的市场展望 / 刘俊杰［编译］// 国际造纸，2006（1）

智利蓝莓产销概况及主要栽培技术 / 张连喜，李亚东 // 世界农业，2006（1）

智利、哥伦比亚外向型农业发展概述 / 王守聪 // 世界农业，2006（2）

秘鲁和智利的农业机械化和农业科研 / 侯少丽 // 现代农业装备，2006（2）

2006 葡萄酒年度报告——智利和阿根廷 / 亓桂梅 // 中外葡萄与葡萄酒，2006（5）

产权安排与水产养殖业发展——以墨西哥、智利和美国华盛顿州为例 / 于会
　　国，梁振林 // 海洋开发与管理，2006（6）

市场化改革推进廉政：智利的经验及其对我国的启示 / 程宝库，孙兴涛 // 北
　　京行政学院学报，2006（6）

智利近 10 年来拖拉机市场发展情况浅析 / 吴清分 // 农业机械，2006（19）

智利水权水市场的改革 / 刘洪先 // 水利发展研究，2007（3）

阿根廷和智利经济发展的经验教训及其启示 / 刘迎秋，高静 // 拉丁美洲研究，
　　2007（4）

智利猕猴桃产业概况 / 韩礼星，方金豹，李明，Tomas.Cooper// 果农之友，
　　2007（6）

智利南部麦哲伦盆地油气勘探前景及投资环境分析 / 周晓东，李晓 // 中外能

源，2007（6）

智利矿业投资指南 / 中国驻智利使馆经商处 // 资源再生，2007（6）

智利水资源管理的改革经验与启示 / 刘洪先，闫翔 // 水利发展研究，2007（7）

铜业投资的王国——智利 / 张莓 // 中国金属通报，2007（44）

智利农业发展的经验教训 // 中国农业信息，2008（1）

智利——南美洲的葡萄酒王国 / 莫劳 // 中国食品，2008（5）

智利——南美洲的葡萄酒王国 / 莫劳 // 中国食品，2008（6）

智利铜工业前景依然光明 / 兰兴华［编译］// 世界有色金属，2008（9）

投资"铜的王国"——智利 / 高潮 // 中国对外贸易，2008（10）

智利葡萄酒产业集群的发展分析 / 池仁勇，陈江 // 工业技术经济，2008（11）

智利铜工业投资政策及相关规定 / 王中奎［编译］// 世界有色金属，2008（12）

阿根廷和智利应对危机的对策分析 / 高静 // 拉丁美洲研究，2009（2）

南美国家的港口发展现状（1）智利 / 张敏 // 集装箱化，2009（2）

智利矿业项目运营模式 / 马骋，方维萱，张守林 // 世界有色金属，2009（2）

能源是智利铜矿业可持续发展的保证 / 余思腾［编译］// 世界有色金属，2009（10）

智利的人工林认证标准 / 郎书平，陆文明，胡延杰，魏旸艳 // 世界林业研究，2009（2）

智利矿业投资环境分析及项目操作壁垒研究 / 马骋，方维萱，张守林 // 中国矿业，2009（3）

智利模式的中国极 / 尹生 //21 世纪商业评论，2009（3）

智利越橘产业发展现状 / 吴林，刘海广，李怡爽，李亚东，张志东 // 中国果树，2009（5）

智利瓦斯科港简介 / 陶梦耘 // 航海技术，2009（5）

智利水质管理条例社会经济影响评价应用模型 /［智利］M.M. 亚罗等；陈桂蓉［编译］// 水利水电快报，2009（10）

智利贸易政策审议：开放的贸易政策促进了经济发展与减贫 / 王火灿［编译］// 世界贸易组织动态与研究，2009（11）

智利矿业商务旅游策划与管理 / 马骋 // 昆明理工大学，2009

智利硝石业的发展与早期现代化 / 韩琦，胡慧芳 // 世界历史，2010（1）

智利地震对铜价的影响分析 / 徐长宁 // 世界有色金属，2010（4）

智利建筑震中不倒之因 / 李忠东 // 现代职业安全，2010（6）

智利铜产业竞争力分析 / 马骋，方维萱，王京，杨玲玲 // 地质与勘探，2010（6）

智利地震和铜市龙卷风 / 朱宏力 // 中国有色金属，2010（8）

智利抗震建筑 / 李忠东 // 资源与人居环境，2010（9）

智利矿业投资环境变化趋势预测 / 马骋，方维萱，王京 // 中国矿业，2010（9）

智利建筑为何不怕震 / 乌格 // 中国减灾，2010（21）

智利出口商品技术结构变迁及其对经济增长的影响 / 杜子超 // 华中科技大学，2010

智利 2009~2010 年度矿业政策与管理回顾 / 徐曙光，兰月 // 国土资源情报，2011（1）

智利矿产资源开发与投资环境 / 刘伟，宋国明 // 国土资源情报，2011（11）

智利竹筴鱼渔业和管理现状及趋势 / 谢营梁，岳郁峰，张勋，徐吟梅 // 现代渔业信息，2011（3）

南美之行——智利阿根廷产区行记（一）/ 赵凡 // 中外葡萄与葡萄酒，2011（6）

南美之行——智利阿根廷产区行记（二）/ 赵凡 // 中外葡萄与葡萄酒，2011（8）

南美之行——智利大规模生产者 / 赵凡 // 中外葡萄与葡萄酒，2011（12）

巴、智农业发展及经验借鉴 / 江苏省农委赴巴西智利农业交流合作考察团 // 江苏农村经济，2011（10）

智利铜矿资源与开发 / 宋国明 // 中国金属通报，2011（45）

近二十年智利中小企业发展政策的演变 / 窦宝国 // 当代社科视野，2012（1）

世界上最大的铜矿山——智利埃斯科地达铜矿山 / 李长根 // 矿产综合利用，2012（2）

智利三文鱼产业概况 // 中国水产，2012（2）

智利樱桃生产和贸易概况 / 张福兴，孙庆田，张序，李淑平，刘维正 // 中国果树，2012（3）

潜力智利 / 王超 // 中国海关，2012（5）

智利可再生能源的投资机遇分析 / 苏晓 // 风能，2012（10）

智利矿业制度与政策 / 王威，吴斌 // 国土资源情报，2012（12）

智利铜、金、银资源小规模开发环境影响评价研究 / 王京，方维萱，马骋 // 地球科学进展，2012（增刊）

比较优势、竞争优势与产业政策：智利经验研究 / 金平，柳彦 // 拉丁美洲研究，2013（1）

巴西和智利人造板市场概况 / 秦莉［编译］// 中国人造板，2013（4）

来自南美洲的经验：智利助学贷款制度设计及其启示 / 冯涛 // 黑龙江高教研究，2013（11）

拉美发展史上的"哥德巴赫猜想"——智利的现代化经验及借鉴意义 / 韩琦 // 人民论坛·学术前沿，2013（22）

智利伊基克自由贸易区 / 张娟 // 国际市场，2014（3）

产业结构视角下智利跨越"中等收入陷阱"后仍面临的问题 / 董誉文 // 产业经济评论，2014（4）

在智利进行矿业国际直接投资的准入规则与策略研究 / 王京，方维萱，马骋，郑厚义 // 中国矿业，2014（4）

芝加哥学派对智利经济影响溯源 / 魏宁 // 东岳论丛，2014（5）

巴西和智利小农生产模式中的政府与市场因素 / 苏瑞娜 // 学海，2014（5）

智利风能资源评估与开发前景分析 / 丁阳，许武，赵杰，苏盛 // 电网与清洁能源，2014（11）

智利跨越"中等收入陷阱"后面临的结构性问题 / 董誉文 // 中国集体经济，2014（15）

智利"芝加哥弟子"研究（1953-1982）/ 魏宁 // 山东师范大学，2014

智利现代化道路的独特性及其历史根源 / 韩琦，曹龙兴 // 世界历史，2015（1）

智利提高中小微企业生产率的政策及问题 / 黄乐平 // 拉丁美洲研究，2015（2）

巴西与智利的校餐计划比较研究 / 唐俊 // 西南科技大学学报（哲学社会科学版），2015（2）

智利成功跨越"中等收入陷阱"启示 / 钟坚，杨霁帆，韩晓洁 // 开放导报，2015（6）

智利建筑的现状：发自南半球的真实声音 / 何塞·托马斯·弗兰克，尼古拉斯·巴伦西亚；徐知兰［译］// 世界建筑，2015（6）

智利经济形势及中智合作的建议 / 张晓兰 // 宏观经济管理，2015（7）

智利经济社会发展的经验与启示 / 武锋 // 前线，2015（9）

智利、古巴考察与思考 / 农发行赴智利、古巴访问团 // 农业发展与金融，2015（12）

智利阿根廷经济改革对比分析 / 赵泽文 // 商，2015（33）

对外经贸关系

智利同日本的经济关系 / 杨启藩 // 拉丁美洲研究，1986（6）

智利外贸制度改革对经济发展的影响 / 杨西 // 拉丁美洲研究，1993（5）

浅谈 90 年代智利对外经贸关系 / 曹琳 // 拉丁美洲研究，1995（2）

智利与南方共同市场的关系 / 贺双荣 // 拉丁美洲研究，1996（1）

搭乘中智自贸快车开拓拉美市场 / 宋晓平 // 拉丁美洲研究，1996（4）

90 年代智利的对外贸易新战略 / 杨西 // 拉丁美洲研究，1996（5）

智利对外贸易与环境保护 / 杨西 // 拉丁美洲研究，1997（1）

中国与智利经济贸易关系的发展 / 贺双荣 // 拉丁美洲研究，1997（2）

智利与中国贸易的潜力 /〔智利〕爱德华多·阿里亚加达·莫雷诺；刘宁〔译〕// 中国经贸画报，1997（5）

智利积极发展与中国的农产品贸易 / 杨志敏 // 世界农业，1998（2）

出口导向发展的结果及原因——韩国和智利比较研究 / 金忠怀，陈宏，陈成 // 现代外国哲学社会科学文摘，1998（6）

智利——中国通向拉美的门户 / 梁琦 // 中国经贸画报，1998（11）

秘鲁和智利的鱼粉供给状况对中国鱼粉产业的影响 / 杨志敏 // 拉丁美洲研究，2000（3）

如何利用世贸组织规则解决保障措施争端——从阿根廷与智利桃制品保障措施争端谈起 / 栾信杰 // 外国经济与管理，2002（6）

依据世贸组织规则解决保障措施争端——从阿根廷与智利桃制品保障措施争端谈起 / 栾信杰 // 国际贸易问题，2002（10）

智利加入 GATT（WTO）后的改革经验 / 姜威 // 开放导报，2002（10）

智利 - 美国自由贸易协定对智利经济的影响 / 吴飒 // 拉丁美洲研究，2004（4）

美国 - 智利双边 FTA 案例解析 / 温治明 // 企业经济，2004（12）

开拓智利纺织服装市场 // 纺织信息周刊，2004（22）

智利投资指南 / 熊业田 // 财富智慧，2005（1）

适时开展对智利的投资与合作 / 郭德琳 // 国际经济合作，2005（2）

农产品国际品牌建设经验及启示——智利果品国际品牌建设的实证分析 / 郑凤
田，赵淑芳 // 农村经济，2005（7）

从中国与智利签署自贸协定中吸取智利建立开放的对外贸易体系的经验 / 郭德
琳 // 拉丁美洲研究，2006（6）

中国－智利自由贸易协定与收入再分配——基于特定要素模型的分析 / 姜鸿 //
管理世界，2006（10）

论中国智利自由贸易区启动后的企业策略 / 刘伟 // 社会科学家，2006（增刊）

智利－加拿大自由贸易协定及其对中国的启示 / 栾玉莹 // 对外经济贸易大学，
2006

自由贸易协定（FTA）下的中国－东盟及中国－智利农产品贸易发展研究 /
李建平 // 中国农业科学院，2006

中国企业的智利机会 / 雷文英 // 进出口经理人，2007（2）

关于中国与智利铜资源合作模式的探讨 / 郭德琳 // 拉丁美洲研究，2007（3）

"中国造智利产"的贸易模式机会远大——专访智利共和国大使费尔南多·雷
耶斯·马塔 / 袁瑛 // 商务周刊，2007（3-4）

以智利为平台发展与拉美地区经贸关系 / 郭德琳 // 国际经济合作，2007（6）

智利对外贸易改革 / 冯丹 // 廊坊师范学院学报，2008（1）

智利，惊喜无处不在——访智利驻上海总领事馆商务领事胡恩铎 / 张娟 // 国
际市场，2008（2）

智利签订 FTA 的动因分析 / 王芳 // 江苏科技信息，2008（6）

中国与智利自由贸易协定若干法律问题探讨 / 宋锡祥，张琪 // 武汉大学学报
（哲学社会科学版），2008（6）

中国－智利经贸关系发展研究 / 梁圆 // 对外经济贸易大学，2008

投资拉美莫错过巴西与智利 / 欧岩 // 进出口经理人，2011（9）

美国－智利与美国－新加坡自由贸易协定 TRIPS-plus 对我国的研究借鉴意
义 / 杨静，马慧娟 // 中国公证，2012（1）

阿连德时期跨国公司对智利内政的干涉——以美国国际电信电报公司为例 / 贺

喜，宋晓丽 // 国际关系学院学报，2012（2）

中美两国在智利市场的贸易竞争关系分析 / 庄芮，郑学党 // 国际经济合作，
2012（4）

智利经济增长趋势及中智经贸合作的选择 / 张勇 // 拉丁美洲研究，2012（5）

中国－智利自由贸易区的现状和前景分析 / 吴向阳 // 现代商贸工业，2012（8）

中国－智利自贸协定为中国汽车出口带来新机遇 / 曲婕，吴松泉 // 汽车与配件，
2012（25）

对中国－智利自由贸易区贸易效应的引力模型分析 / 吕宏芬，郑亚莉 // 国际
贸易问题，2013（2）

中国智利 FTA 贸易效应研究——基于巴拉萨模型的实证研究 / 万佑锋 // 广西
财经学院学报，2013（6）

中国与智利双边货物贸易的潜力研究——基于引力模型的实证分析 / 李亚波 //
国际贸易问题，2013（7）

韩国－智利自由贸易协定实施 8 年来对韩国农业的影响初探 / 韩春花，李明
权 // 世界农业，2013（9）

智利：中国企业投资的环境和机会 / 陈涛涛 // 国际经济合作，2013（9）

我国汽车产品进入智利市场现状及对策建议 / 沈庆 // 汽车与配件，2013（30）

中国－智利 FTA 贸易效应研究 / 王琳 // 苏州大学，2013

中国与智利双边贸易竞争性和互补性研究 / 李亚波 // 商业研究，2014（4）

中智 FTA 正式实施后的贸易竞争性与互补性研究 / 王琳 // 对外经贸，2014
（4）

中智自贸协定贸易效应评价——基于引力模型的事后分析 / 岳云霞，吴陈锐 //
拉丁美洲研究，2014（6）

对中国企业投资智利矿业的几点建议 / 张靖昆，Maria Paz Pulgar B.// 世界有色
金属，2014（8）

智利与中国葡萄酒出口的比较研究 / 姜书竹 // 当代经济管理，2014（9）

中国智利自由贸易区经济效应分析 / 饶萍，潘宏 // 全国商情（经济理论研究），
2014（16）

中国－智利自由贸易区的福利效应研究 / 许伟娟 // 福州大学，2014

智利及巴拉圭自贸区实践及其对上海自贸区的启示 / 何力 // 海关法评论，2014

中智经济领域建立互信的途径 /〔智利〕克劳迪亚·拉巴卡 // 公共外交季刊，2015（1）

中国与拉美国家农产品出口供应链质量安全监管模式比较的实证研究——以巴西、阿根廷、智利为例 / 赵银德，荀建华，宋树理 // 浙江外国语学院学报，2015（4）

中国–智利自贸区的农产品贸易效应——基于巴拉萨模型的实证分析 / 宋海英 // 浙江外国语学院学报，2015（4）

自贸区建设背景下的税收协定制定——论中智税收协定对 BEPS 成果的最新借鉴 / 吴凌畅 // 河南财政税务高等专科学校学报，2015（5）

中拉经济关系——以中国与智利、巴西汽车贸易为核心的考察 /〔巴西〕Daniel de Castro Maia// 吉林大学，2015

财政　金融

外国资本再次进入智利 /〔智利〕科尔内略·贡萨雷斯；薛义〔译〕// 世界经济译丛，1978（2）

智利外债问题浅析 / 安建国 // 拉丁美洲丛刊，1983（5）

智利财税体制的调整 / 王海军 // 经济社会体制比较，1991（1）

智利解决外债问题的措施 / 范文辉 // 经济社会体制比较，1991（1）

智利债务可望进一步缓解 / 王晓燕 // 拉丁美洲研究，1991（4）

智利金融自由化的经验和教训 / 左大培，周凝 // 国际金融研究，1992（11）

智利社会养老保险制度的改革及其成效 / 李克照 // 外国经济与管理，1993（5）

智利的养老保险模式及其经验教训 / 林义 // 上海保险，1994（1）

智利、墨西哥的税制和税收分配制度（上）/ 肖捷 // 国际社会与经济，1995（2）

智利、墨西哥的税制和税收分配制度（下）/ 肖捷 // 财贸经济，1995（3）

瑞士智利新加坡养老金制度 / 贡森 // 宏观经济管理，1995（4）

智利养老金制度的改革 / 周庆瑞 // 上海保险，1995（5）

智利、墨西哥强化税收稽查管理体制 / 肖捷 // 税务，1996（2）

从现收现付到个人基金账户——智利养老金制度改革调查报告 / 张卓元，吴敬琏，杨茂春 // 改革，1996（4）

个人账户 竞争管理 政府规制——萨·普利埃多教授谈智利养老金制度 / 肖梦 // 经济社会体制比较，1996（4）

新加坡与智利养老保险制度比较 / 李珍，罗莹 // 中国保险管理干部学院学报，1996（4）

智利养老保险制度的改革经验与面临的主要问题 / 蔡兴扬 // 财政研究，1996（9）

智利的退休养老保险制度 / 曹珺，幼封 // 探索与争鸣，1997（2）

智利养老金保险制度改革 / 周晶 // 国际资料信息，1997（2）

智利金融体制改革与宏观经济稳定 / 谢文泽 // 拉丁美洲研究，1997（3）

智利、新加坡养老保险模式的差异及对我国的启示 / 田洹宇 // 内蒙古保险，1997（4）

对智利、阿根廷财政转移支付的考察报告 / 财政部预算司赴智利、阿根廷考察团 // 预算会计，1997（5）

养老金制度改革推出"智利模式" / 孙若彦 //21 世纪，1997（6）

智利的税收计算机征管系统简介 / 方奕勇 // 江西财税与会计，1997（8）

智利的金融改革 / 谢文泽 // 世界经济，1997（10）

智利商业保险公司开展农险的作法 / 罗帅民，郭永利，王效绩 // 中国保险，1997（10）

智利的养老保险制度 / 佟福全 // 中外企业文化，1997（11）

智利养老金制度改革的启示 / 史柏年，于艳军 // 中国青年政治学院学报，1998（1）

智利养老保险制度简介 / 朱稜 // 劳动理论与实践，1998（2）

措施得当 遇险不惊——智利抵御金融风险经验可资借鉴 / 李化 // 党政干部学刊，1998（6）

关于智利退休金制度 / 李珍 // 经济学动态，1998（7）

智利的"外资抵押金制"及启示 / 沈朝阳，李德华 // 外向经济，1998（10）

智利防范金融风险有效办法——抵押金制 // 领导决策信息，1998（37）

80 年代初期阿根廷和智利的银行危机及其处理 / 张春霖 // 经济导刊，1999（3）

借羊还羔术——智利养老基金制度的运作模式 / 姚琼巍，陈岩 // 中国商界，1999（5）

智利的资本账户开放：一个从失败走向相对成功的案例 / 张礼卿，戴任翔 //

国际金融研究，1999（5）

借鉴智利的"外资抵押金制"/ 沈朝阳，李德华 // 经营与管理，1999（6）

智利金融开放之路：从激进到渐进 / 张礼卿，戴任翔 // 中国外汇管理，1999（7）

新加坡与智利老年社会保险之比较 / 宋标 // 安徽师范大学学报（人文社会科
　　学版），2000（4）

智利养老金制度的改革与启示 / 王凯涛，顾志明 // 武汉科技大学学报（社会
　　科学版），2000（4）

掌控大规模流入资本——智利资本流入管制政策的反思 / 邢毓静 // 国际贸易，
　　2000（10）

智利解决养老保险隐性债务的方式值得借鉴 / 韩立森，刘芸 // 劳动理论与实
　　践，2000（10）

智利管理外资的政策 / 王晓燕 // 拉丁美洲研究，2001（1）

1991~1998 年智利资本管制的经验 / 宋林峰 // 拉丁美洲研究，2001（6）

智利模式——养老保险私有化改革述评 / 郑功成 // 经济学动态，2001（2）

智利社会医疗保险的财政公平性 / 范桂高［编译］// 国外医学（卫生经济分
　　册），2001（2）

智利税制改革成效显著 / 王晓燕 // 中国税务，2001（3）

资本管制能抵御金融危机吗？——评智利模式的资本管制 / 冯晓明 // 国际经济
　　评论，2001（3-4）

智利养老金体系 / 李锐 // 全球科技经济瞭望，2001（4）

从澳大利亚、智利养老保险模式看国家责任 / 韩立森 // 中国改革，2001（5）

智利养老保险制度 / 周家高 // 改革与开放，2001（7）

智利养老保险基金投资运营及其启示 / 梁坚 // 企业经济，2001（8）

智利养老保险制度改革概况 / 吴建胜，李翠萍 // 中国劳动，2001（10）

韩国和智利融资制度改革对中国融资制度改革的启示 / 杜惠芬 // 生产力研究，
　　2002（3）

智利对资本流入实行管制的经验 / 郎晓龙 // 开放导报，2002（4）

扫描智利房地产税制 / 孟祥舟 // 中外房地产导报，2002（18）

供款基准制养老金计划的相对收益率担保研究——以智利、阿根廷、波兰为
　　例 / 刘昌平，孙静 // 证券市场导报，2003（1）

智利、哈萨克斯坦养老金体制改革的启示 / 刘海宁，张颖 // 辽宁工程技术大学学报（社会科学版），2003（6）

智利和新加坡养老个人账户的比较分析 / 陈正光，胡永国 // 华中科技大学学报（社会科学版），2003（6）

智利养老保险制度改革对我国之启示 / 黄毅 // 市场周刊（财经论坛），2003（6）

智利养老金制度改革简介 / 吴斌 // 保险研究，2003（7）

智利保险市场简介 / 沈喜忠，杜奎峰，刘辉 // 保险研究，2003（9）

养老金改革与资本市场发展：智利的经验及中国的现实选择 / 刘芳，欧阳令南，白燕 // 上海综合经济，2003（10）

辽宁省农村养老保险制度改革模式探析——智利养老保险模式对我们的启示 / 吴云勇 // 辽东学院学报，2004（4）

养老基金投资运营管理的国外模式及其启示——智利、哈萨克斯坦的案例分析 / 李湛 // 广东金融学院学报，2004（4）

智利的养老保险私有化改革 / 汪丹 // 社会福利，2004（5）

墨西哥、智利资本市场开放考察启示 / 马德伦 // 中国外汇管理，2004（6）

墨西哥、智利资本市场开放考察启示（续）/ 马德伦 // 中国外汇管理，2004（7）

资本管制与金融危机———智利模式与中国实践的分析 / 叶春明，许新亚 // 经济社会体制比较，2005（2）

发展中国家资本项目开放的风险管理——以智利、泰国为例 / 熊鹏 // 国际论坛，2005（3）

发展中国家资本项目开放的经验教训——以泰国、智利为例 / 羌建新 // 新疆社会科学，2005（3）

20 世纪 90 年代以来的智利金融体系效率分析 / 张蓉 // 拉丁美洲研究，2005（4）

钉住汇率制向浮动汇率制的转换：智利案例研究 / 黄志龙 // 拉丁美洲研究，2005（5）

智利养老社会保险制度改革及启示 / 张涵 // 理论界，2005（6）

智利汇率制度市场化的进程及其启示 / 黄志龙 // 中国金融，2005（15）

从日本、智利看外汇管制改革的渐进性 / 梅晓春 // 浙江经济，2005（17）

皮诺切特时期以来的智利金融改革研究 / 韩莹 // 中国社会科学院研究生院，2005

智利的养老金制度改革 / 庞海燕 // 对外经济贸易大学，2005

智利养老保险制度改革分析 / 张明 // 东北财经大学，2005

智利养老保险改革经验的启示 / 吴洁 // 商业经济，2006（2）

智利养老保险改革的成就与反思 / 李敏 // 天津社会保险，2006（3）

从智利养老金私有化改革看制度因素对经济增长的影响 / 周云 // 拉丁美洲研究，2006（3）

智利养老保险基金对资本市场的推动作用 / 李毅，周仙 // 拉丁美洲研究，2006（6）

智利养老保险制度改革及其借鉴 / 宋秋菊 // 地方财政研究，2006（3）

智利财政改革成功经验及启示 / 孙洪波 // 地方财政研究，2006（6）

论智利模式对我国养老保险基金营运监管的启示 / 曹军，李曼伟 // 皖西学院学报，2006（4）

智利健康保险制度改革分析 / 谢圣远 // 经济社会体制比较，2006（5）

社会养老保险制度改革：智利、新加坡的经验及借鉴 / 毕小龙 // 特区经济，2006（6）

智利养老金改革 25 周年：养老金投资与资本市场 / 郑秉文，房连泉 // 国际经济评论，2006（6）

拉丁美洲国家财产税改革及启示——以智利、牙买加为例 / 邵锋 // 涉外税务，2006（11）

智利、新加坡、瑞典养老保险个人账户管理模式比较 / 周志凯 // 财政研究，2006（11）

国际农联大会及智利发展银行的概况 / 中国农业发展银行赴加拿大、智利考察组 // 农业发展与金融，2006（12）

国外养老保险个人账户管理模式比较——以智利、新加坡、瑞典为对象 / 周志凯 // 社会保障问题研究，2006

智利社保基金投资与管理 / 房连泉 // 中国社会科学院研究生院，2006

20 世纪 80 年代以来智利养老金制度改革及评价 / 白小雪 // 边疆经济与文化，2007（1）

智利养老金改革新动向 / 房连泉 // 中国社会保障，2007（1）

智利养老保险私有化对我国养老金制度改革的启示 / 林俊岚，黄爱芳 // 湖北

经济学院学报（人文社会科学版），2007（3）

在浮动汇率制下对汇率实施干预：智利的经验及对中国的启示 / 李扬 // 国际金融研究，2007（5）

智利无息准备金政策评析 / 刘立达 // 金融与经济，2007（8）

养老金走向资本市场：智利的经验与我国的策略 / 孟祥林 // 海南金融，2007（11）

智利养老保险基金管理模式对我国的启示 / 秦祯 // 科技情报开发与经济，2007（27）

智利私营养老金制的启示 / 闫宇虹，刘宾志，左文华 // 山东纺织经济，2008（2）

建立国家主权养老基金——来自智利的经验启示 / 房连泉 // 拉丁美洲研究，2008（5）

智利养老金新政的启示 / 郭存海 // 人民论坛，2008（8）

智利养老保险私有化改革效果评估研究 / 赖桂华 // 中国民营科技与经济，2008（11）

智利的养老保险制度对我国社会保障模式的启示 / 翁枫 // 现代商业，2008（23）

智利养老保险模式探析 / 胡舒 // 武汉科技大学，2008

智利养老金投资管理的最新进展 / 吴海红 // 经济视角（下），2009（8）

智利企业年金投资运作模式借鉴 / 杨怡 // 世界经济情况，2009（9）

智利养老保险制度改革以及对我国的启示 / 任建通，冯景 // 经济研究导刊，2009（14）

基本养老金制度改革中的性别收益差异 / 陈婷 // 华中科技大学，2009

2008 年金融危机下智利养老金三支柱改革——政府责任的回归 // 孙树菡，闫蕊 // 兰州学刊，2010（1）

智利的资源稳定型基金：经验、教训及对中国的启示 / 李志传 // 拉丁美洲研究，2010（1）

智利养老保险制度早期发展脉络的政治经济学分析 / 郑军，张海川 // 拉丁美洲研究，2010（3）

智利与新加坡养老基金管理模式之比较 / 徐婷 // 企业导报，2010（11）

养老基金管理的国外模式及其启示——以英国、智利的案例分析 / 王志斌，冯潇，张魁 // 中国市场，2010（19）

浅论"智利模式"对我国农村社会养老保险基金管理的启示 / 黄亢 // 中国市场，2010（52）

智利养老金制度模式对我国的借鉴意义 / 黄阳涛，周蕾 // 湖北财经高等专科学校学报，2011（4）

智利失业保险储蓄账户制度：运行与经验 / 张占力 // 拉丁美洲研究，2011（5）

对我国社会养老保险的再思考——智利模式的启示 / 许海燕 // 辽东学院学报（社会科学版），2011（5）

养老基金投资管理国际比较的启示——以智利、新加坡和中国香港为例 / 吴鋆，张烁 // 价格月刊，2011（5）

美国、瑞典、智利典型养老信托浅释与借鉴意义 / 郑则鹏，邓慧博 // 湖北社会科学，2011（12）

从智利养老保险制度改革看政府与市场关系的变迁 / 宋蕾放 // 科技创业月刊，2011（14）

智利和瑞典的养老保险制度比较及对中国的启示 / 佘琳 // 魅力中国，2011（18）

养老金个人账户投资选择权的国际比较——以智利、新加坡、瑞典、澳大利亚为例 / 景歌 // 时代金融，2011（30）

智利"两轮"养老保障制度改革的启示 / 袁中美 // 保险职业学院学报，2012（1）

智利养老金制度改革对两性利益的影响分析 / 李娟 // 兰州学刊，2012（2）

智利养老金制度改革及启示 / 杨帆 // 社会福利（理论版），2012（5）

基于智利养老保险制度转轨的经济学分析 / 李燕芳 // 新农村，2012（7）

智利养老金制度改革及其对中国的启示 / 徐梦全，乔路 // 当代经济，2012（7）

智利吸引外资的鼓励政策和措施 / 中国驻智利使馆经商参处 // 中国经贸，2012（23）

智利养老保障基金制度改革对我国的启示 / 张语凌 // 辽宁大学，2012

智利养老基金的运行机制及其收益率分析 / 兰凤华，李筱 // 河南科技，2013（1）

智利银行体系信用风险拨备的监管经验 / 林欣 // 黑龙江金融，2013（2）

中国、美国和智利三国养老金制度的再分配效果比较 / 房连泉 // 黑龙江社会科学，2013（3）

改革的逻辑顺序——智利的汇率市场化和资本项目可兑换研究 / 王宇 // 南方

金融，2013（6）

公共养老金个人账户制度嬗变的政治经济分析——来自新加坡、智利、瑞典和拉脱维亚的经验 / 郭林，邓海骏 // 经济学家，2013（8）

养老金制度改革可借鉴智利模式 / 梁秀峰 // 创造，2013（8）

智利养老金系统的主要指标研究及其对我国的启示 / 向为民，李江渝 // 重庆理工大学学报（社会科学版），2013（11）

从财政危机走向财政可持续：智利是如何做到的？/ 马骏 // 公共行政评论，2014（1）

智利模式下对我国企业养老保险改革的思考 / 王晓晶 // 企业技术开发，2014（3）

智利养老金制度再改革：制度内容与效果评价 / 赵青 // 拉丁美洲研究，2014（3）

智利与马来西亚利率市场化的败与成 / 戴国强，方鹏飞 // 中国银行业，2014（5）

关于准市场的社会保险行业是否存在合意的集中度研究——智利养老基金行业市场结构的演化与启示 / 何亦名，李永杰 // 发展研究，2014（7）

智利医保：革新之旅 / 李曜，史丹丹 // 中国医院院长，2014（8）

智利医保双轨并行 / 李曜，史丹丹 // 中国医院院长，2014（8）

智利养老基金行业市场集中度的新变化及其启示 / 何亦名，李永杰 // 中国劳动，2014（8）

我国养老保险制度"并轨"研究——基于智利改革经验的视角 / 杜松源，吴景海，庞建刚 // 特区经济，2014（9）

智利资本账户开放及其效果分析 / 王志刚 // 吉林大学，2014

智利企业年金投资运营模式及对中国的借鉴 / 丁怡 // 湖北经济学院学报，2015（2）

新自由主义福利的拉美实践：智利养老保险改革策略的解析 / 金玲 // 山东青年政治学院学报，2015（2）

由私向公的乐与忧——智利养老金 2008 年改革的原因及成效分析 / 谌伟 // 人才资源开发，2015（5）

智利养老基金运营模式对我国职工基本养老保险个人账户基金运营的启示 / 时小喻，谭志敏 // 环球市场信息导报，2015（11）

新加坡、智利和香港的养老保险制度比较 / 田焱，陈政达，张静 // 管理观察，

2015（12）

浅析智利养老保险模式对我国的启示 / 冯锦彩，李卉卉，李琢 // 现代商业，
2015（14）

我国城乡居民基本养老保险制度的完善——基于智利模式的经验 / 李琼，姚文
龙 // 企业技术开发，2015（25）

文化　教育

智利大学国际问题研究所 /〔智利〕E.穆尼奥斯；黄文登〔译〕// 国外社会科
学，1982（1）

智利国家图书馆 / 张小娴 // 图书馆学研究，1982（5）

智利的社会科学研究机构 / 徐世澄 // 拉丁美洲丛刊，1984（5）

智利公共图书馆见闻 / 丁力 // 图书馆理论与实践，1986（1）

智利、阿根廷、墨西哥的职业教育 / 高奇 // 教育与职业，1991（3）

智利高等教育发展的因素、特点及问题 / 黄志成 // 外国教育资料，1992（2）

智利高校招生制度剖析 / 黄志成 // 外国教育资料，1992（6）

智利大学管理体制 / 黄志成 // 外国教育资料，1993（4）

智利中小学的校外教育 / 黄志成 // 外国中小学教育，1993（6）

智利的高等教育政策 / 何塞·华金布伦纳；龙湲〔摘译〕// 世界教育信息，
1994（5）

智利国家图书馆 / 王宽成，宋健 // 图书馆学研究，1996（2）

智利民俗文化 / 李庆秀 // 北京第二外国语学院学报，1996（5）

墨西哥、智利档案工作观感 / 姜之茂 // 档案学通讯，1997（5）

智利私立高等教育的主要特征及其经验 / 王留栓 // 外国教育研究，1997（6）

生气勃勃的智利矿冶研究中心 / 程成 // 世界采矿快报，1999（5）

别具一格的智利公关业 / 孙国维 // 公关世界（上半月），2000（5）

"结网"——智利的教育信息化行动 /〔智利〕恩里克·西诺斯特罗萨，派德
罗·海普，厄尔奈斯托·拉瓦尔；韩骏〔编译〕// 中国远程教育，2001
（6）

智利大学简介 / 李锐 // 全球科技经济瞭望，2002（2）

智利的科技和国家创新计划 / 李锐 // 全球科技经济瞭望，2002（2）

智利高等教育的教学评估 / 李红琴 // 比较教育研究，2002（3）

智利下本办教育 / 曾昭耀 // 中国改革，2002（11）

智利高等教育的民营化改革 / 李欣 // 民办教育研究，2003（1）

智利教育券计划透视 / 郝艳青 // 世界教育信息，2003（5）

智利的教育平等发展战略 / 曾昭耀 // 共产党员，2005（6）

智利教育改革发展述评 / 郝明君 // 重庆师范大学学报（哲学社会科学版），
    2006（1）

私营化：教育发展的动力还是阻力——基于智利教育券的研究分析 / 郝明君 //
    外国教育研究，2006（4）

20 世纪 90 年代以来智利中小学教育改革评析 / 彭虹斌 // 外国教育研究，2006
    （5）

智利教育券政策述评 / 周琴 // 比较教育研究，2007（4）

如何制定教育券政策：来自智利的启示 / 李海生 // 外国中小学教育，2008（6）

2007 年智利科技发展综述 / 刘春龙 // 全球科技经济瞭望，2008（8）

智利高等教育改革及其对中国的启示 / 袁长青 // 外国教育研究，2008（11）

智利高等教育体制及其治理 / 刘承波，范文曜 // 现代教育管理，2009（1）

墨西哥、智利私立高等教育发展考察报告 / 范文曜，阎凤桥 // 浙江树人大学
    学报（人文社会科学版），2009（3）

智利面对金融危机的教育举措 / 徐颖丰 // 比较教育研究，2009（4）

智利高等教育的大众化和普及化 / 王留栓 // 世界教育信息，2011（12）

汉语及中国传统文化在拉美地区的传播困境与对策——以智利和古巴为例 / 侯
    光海 // 西南科技大学高教研究，2012（4）

教育装备考察团赴巴西、智利考察报告 / 陈琳 // 教学仪器与实验，2012（10）

智利教育信息化概览 / 董宏建，李曼，许琼 // 世界教育信息，2012（13）

智利初级水平汉语学习者口语学习策略研究 / 王飞 // 南京大学，2012

智利学生汉语学习初级阶段语序偏误分析及教学对策 / 李焱沁 // 南京大学，2012

关注学术的私立高等教育：智利的新例外主义 / 安德鲁斯·伯纳斯科尼；胡建
    伟［译］// 浙江树人大学学报（人文社会科学版），2013（2）

智利学前教育的特点及其对我国的启示 / 宋妍萍 // 学前教育研究，2013（3）

当代智利的"民族相册": 帕特里西奥·古斯曼及其纪录片 / 魏然 // 当代电影，2013（7）

"结网"计划: 全球化下的智利教育信息化 / 张广兵 // 比较教育研究，2013（9）

20世纪90年代以来智利高等教育改革的特点与启示 / 文学 // 比较教育研究，2013（9）

智利学生汉字学习状况的调查与分析 / 徐帅 // 安徽大学，2013

巴西、智利职业教育考察有感 / 石美珊 // 决策导刊，2014（4）

试论智利的教育公平 / 吴洪成，贺飞燕 // 教育实践与研究（A），2014（5）

智利学前教育的公共政策特点探析 / 李婷 // 科教导刊（中旬刊），2014（9）

智利高等教育的新发展: 现状、特点及未来走向 / 〔智利〕乔治·梅嫩德斯·加耶戈斯；吕培培［译］// 比较教育研究，2014（11）

孔子学院汉字教学课堂活动设计研究 / 闫萌萌 // 安徽大学，2014

智利孔子学院学生汉语学习动机调查研究 / 佘文灵 // 安徽大学，2014

智利学生汉字学习策略的调查研究 / 詹骁 // 安徽大学，2014

智利华裔子弟汉语学习现状调查分析 / 张晓燕 // 上海外国语大学，2014

智利中学初级阶段汉字教学初探 / 张纯颖 // 天津师范大学，2014

基于"金字塔模型"的智利私立高等教育院校认证制度研究 / 何霖俐，张贯之 // 西南科技大学高教研究，2015（3）

智利职业教育的改革与发展 / 张广兵 // 西南科技大学学报（哲学社会科学版），2015（4）

南美国家电视新闻的发展与挑战——巴西、秘鲁和智利电视发展之印象 / 方弘 // 军事记者，2015（8）

文学

巴勃罗·聂鲁达 / 爱伦堡 // 新华月报，1951（6）

巴勃罗·聂鲁达 / 荣渠 // 中苏友好，1951（17）

聂鲁达的战斗道路 / 伏特脱尔鲍姆 // 新观察，1952（21）

诗人巴勃罗·聂鲁达 / 孙纬 // 世界知识，1954（1）

巴勃罗·聂鲁达 / 林繁 // 解放军文艺，1954（3）

奇迹 /〔智利〕巴勃罗·聂鲁达；邹绛［译］// 红岩，1957（4）

我的童年和我的诗 /〔智利〕巴勃罗·聂鲁达；梅仁［译］// 译文，1958（6）

铁丝网颂 /〔智利〕巴勃罗·聂鲁达；陈用仪［译］// 处女地，1958（7）

铜的颂歌 /〔智利〕巴勃罗·聂鲁达；邹绛［译］// 世界文学，1960（1）

聂鲁达的"伐木者，醒来吧！" / 卜林扉 // 文学知识，1960（3）

巴勃罗·聂鲁达 / 孙纬［选译］// 世界文学，1961（4）

给美帝国主义的公开信 /〔智利〕巴勃罗·德·罗卡；赵金平［译］// 世界文学，1964（12）

一杯牛奶（小说）/〔智利〕曼努埃尔·罗哈斯；朱景冬［译］// 世界文学，1978（3）

巴·聂鲁达诗选 /〔智利〕巴·聂鲁达；王永年［译］// 世界文学，1980（3）

智利当代诗歌概况 / 朱景冬 // 外国文学动态，1980（4）

智利影片《胡利奥父子》/ 甘丽嫚［译］// 电影艺术译丛，1981（1）

"历尽沧桑"的诗人——聂鲁达研究札记二则 / 江志方 // 外国文学，1981（2）

聂鲁达的探索道路 / 陈光孚 // 诗探索，1982（1）

智利的证实文学 / 戚铁源 // 外国文学研究，1982（2）

为理想奋斗的战士——谈聂鲁达的创作道路 / 陈光孚 // 文艺研究，1982（5）

聂鲁达诗二首 / 邹绛［译］// 青年诗坛，1983（5）

聂鲁达和他的回忆录 / 王央乐 // 环球，1983（11）

智利文学批评的变化（1960-1982）/〔墨〕B.苏维尔西奥；余幼宁［译］// 国外社会科学，1984（2）

唤醒民众的歌手——聂鲁达 / 万世英 // 外国史知识，1984（7）

拉美抒情诗人中的女皇——米斯特拉尔 / 陈光孚 // 诗探索，1985（1）

一束关于"诗"的诗（七首）/〔智利〕巴勃罗·聂鲁达；陈光孚［译］// 外国文学，1985（5）

艾青与聂鲁达诗艺的平行比较 / 陈超 // 河北师范大学学报（哲学社会科学版），1986（3）

拉美杰出的女诗人——米斯特拉尔 / 赵德明 // 国外文学，1988（2）

智利小说家伊莎贝尔·阿连德的自我评述 / 赫伯特·米特冈；周婉湘，管淑琴
　　[译] // 文化译丛，1989（4）

斯卡梅塔谈"爆炸后文学" / 朱景冬 // 外国文学评论，1991（4）

巴勃罗·聂鲁达的创作道路 / 彭慕泽 // 福建师范大学学报（哲学社会科学版），
　　1992（2）

拉美女作家阿连德和她的作品 / 陈凯先 // 译林，1993（3）

寻访聂鲁达 / 金涛 // 外国文学，1993（5）

一个受欢迎的作家——访智利作家豪尔赫·爱德华兹 / 巴尔瓦拉·穆希尔；白
　　凤森 [摘译] // 外国文学动态，1994（1）

智利的巴尔扎克 / 方瑛 // 语文学刊，1994（1）

舞蹈在智利 / 柏玉华 // 文化月刊，1995（3）

聂鲁达和《诗歌总集》 / 马家骏 // 西安文理学院学报（自然科学版），1995
　　（3）

争夺金币的背后——评智利作家路易斯·塞普尔维达及其小说《斗牛士的名
　　字》 / 陈凯先 // 外国文学，1997（1）

十九世纪智利社会现实的真实写照——《马丁·里瓦斯》赏析 / 秦芝 // 西安
　　外国语学院学报，1998（2）

智利作家阿言德诠释"财富"——《财运之女》出现中国形象 / 淑英 // 出版
　　参考，1999（14）

穿裙子的加西亚·马尔克斯——智利女作家伊萨贝尔·阿连德 / 赵德明 // 外
　　国文学动态，2002（3）

智利文坛的双星——安东尼奥·斯卡尔梅达和路易斯·塞布尔维达 / 赵德明 //
　　外国文学动态，2002（5）

伊莎贝尔欲走《哈利·波特》之路——智利作家阿连德访谈录 / 朱景冬 // 外
　　国文学动态，2003（2）

马尔克斯回忆聂鲁达 / 申宝楼 // 译林，2005（3）

美丽的死亡——智利女作家邦巴尔《穿裹尸衣的女人》中的女尸意象 / 谢磊 //
　　名作欣赏，2005（8）

智利，有两个女人 / 王悦 // 文学与人生，2005（15）

今日智利掠影 / 木梓 // 进出口经理人，2007（2）

"穿裙子的加西亚·马尔克斯"与阿连德的家族史——重读《幽灵之家》/ 滕威 // 艺术评论，2007（8）

诗歌的力量——萨特的存在和聂鲁达的选择 / 林莉 // 武汉科技学院学报，2007（8）

缪斯的回声——智利诗人聂鲁达（一）// 诗刊，2010（1）

智利诗人聂鲁达诗选（二）/ 赵振江 // 诗刊，2010（2）

马楚·比楚高峰 / 〔智利〕巴勃罗·聂鲁达；蔡其矫，林一安［译］// 诗刊，2010（2）

智利诗人聂鲁达诗选（三）——酒 / 〔智利〕巴·聂鲁达；林之木［译］// 诗刊，2010（3）

当代智利建筑——灾难的价值 / 朱晓琳 // 建筑技艺，2010（5）

智利诗人聂鲁达在中国的影响与形象塑造 / 鱼孝民 // 长城，2010（6）

聂鲁达的"诗人形象"在中国——从"政治诗人"、"爱情歌者"到"传奇诗人" / 岳志华 // 诗歌月刊，2011（8）

她只是穿裙子的伊莎贝尔·阿连德——为《幽灵之家》去魅 / 于施洋 // 欧美文学论丛，2011

聂鲁达和《自然之歌》/ 许贵红 // 吉林大学，2011

波拉尼奥：拉美文学里的荒野作家 / 丁歌 // 人物，2012（3）

聂鲁达的露水姻缘 / 〔智利〕豪尔赫·卡拉斯科；朱景冬［译］// 译林，2013（2）

论伊莎贝尔·阿连德小说的女性叙事 / 童丽丽 // 短篇小说（原创版），2013（5）

（智利）帕拉诗选 / 〔智利〕尼卡诺尔·帕拉；董继平［译］// 扬子江诗刊，2013（6）

现代智利小说的崛起 / 田申，林永伟 // 鸡西大学学报，2013（9）

"两个中国"的想象与印象——巴勃罗·聂鲁达的中国抒情 / 任小娟 // 长城，2013（10）

智利"新小说"女作家迪·埃尔蒂特评介 / 郑雯 // 外国文学动态，2014（1）

《二十首情诗和一支绝望的歌》的象征主义特征 / 赵蓓 // 文学教育（中），2015（5）

历史　地理

智利复活节岛：神秘的"世界肚脐" / 夏明辉 // 养生大世界，2008（10）

智利的风俗 / 易永昌，张守林，张立新 // 中国有色金属，2009（7）

行走智利：南美最美的裙脚 / 翟俞余 // 风景名胜，2011（10）

智利　游走在世界边缘 / 张尚书 // 当代劳模，2012（4）

论智利大庄园制度的起源 / 韩琦，曹龙兴 // 史学集刊，2012（6）

南美最长的国家：智利 / 程源 // 世界博览，2012（22）

智利早期现代化研究（1879-1932 年）/ 曹龙兴 // 南开大学，2013

第二部分
专　著

美　洲

美洲华侨通鉴 / 陈匡民编著 .—纽约：美洲华侨文化社，1950.—798 页；20cm

美洲美术：淡漠的痕迹 / 世界知识社编辑 .—北京：世界知识出版社，1953.—371 页；
　　19cm

美洲列国志 / 世界知识社编辑 .—北京：世界知识出版社，1953.—296 页；
　　19cm

美洲政治史纲 /〔美〕福斯特著；冯明方译 .—北京：生活·读书·新知三联
　　书店，1956.—824 页；21cm

美洲政治史纲 /〔美〕福斯特（W. Z. Foster）著；冯明方译 .—北京：人民出
　　版社，1956.—824 页；20cm

美洲 /〔苏〕卢卡索娃等著；郭振淮译 .—北京：生活·读书·新知三联书店，
　　1957.—114 页；20cm

列国志：美洲 / 世界知识出版社编辑 .—北京：世界知识出版社，1958.—371 页；
　　20cm

1898 年的美西战争 /〔苏联〕尤·斯辽兹金著；未冬译 .—北京：生活·读
　　书·新知三联书店，1959.—136 页；19cm

美洲西班牙殖民地的解放运动：从被征服到独立战争前为止：1492-1810 年 /
　　〔苏联〕米罗舍夫斯基（В. М. Мирощевский）著；金乃学译 .—北京：生
　　活·读书·新知三联书店，1960.—157 页；19cm

美洲经济地理问题 /〔苏联〕Я．Г．费根等著；北京师范大学地理系经济地理
　　教研组译 .—北京：商务印书馆，1961.—178 页；21cm

美洲的圣胡安娜 /〔阿根廷〕利萨拉伽·A.（Lizarraga A.）著；章仁鉴译 .—
　　北京：中国戏剧出版社，1962.—98 页；19cm

美洲国家组织（下）/ 章叶著 .—北京：世界知识出版社，1962.—183 页；
　　18cm

美洲国家组织：美国西北大学研究报告 / 北京编译社译 .—北京：世界知识出
　　版社，1962.—160 页；21cm

三大洲：亚洲、美洲和非洲旅行记 /〔英〕蒙哥马利（Montgomery）著；中国

人民外交学会编译室译 .—北京：世界知识出版社，1963.—206 页；21cm

美国与美洲国家组织 / 章叶著 .—北京：世界知识出版社，1964.—109 页；19cm

美洲农业现况 / 非洲及拉丁美洲资料中心编 .—台北：非洲及拉丁美洲资料中心，1965.—111 页；20cm

世界港口简况参考资料 . 第 1 册：美洲部分 / 中国对外贸易运输总公司编 .—北京：中国对外贸易运输总公司，1973.—402 页；20cm

北美洲 / 〔英〕A. W. 科希（A. W. Coysh），〔英〕M. E. 托姆林森（M. E. Tomlinson）合著；北京师范大学地理系译 .—北京：商务印书馆，1974.—207 页；21cm

世界地理知识：美洲和大洋洲部分 / 中央人民广播电台国际部编 .—北京：外语教学与研究出版社，1983.—306 页；19cm

出国留学指南：美洲、西欧分册 / 国家教育委员会出国留学咨询中心编 .—北京：北京语言学院出版社，1985.—196 页；26cm

美洲土著的房屋和家庭生活 / 〔美〕摩尔根著；李培荣译 .—北京：中国社会科学出版社，1985.—335 页；20cm

各国宪政制度和民商法要览：美洲、大洋洲分册 / 上海社会科学院法学研究所编译室编译 .—北京：法律出版社，1986.—433 页；20cm

美洲人类的起源 / 〔法〕保罗·里维特著；朱伦译 .—北京：中国社会科学出版，1989.—151 页；19cm

美洲华侨华人史 / 李春辉，杨生茂主编 .—北京：东方出版社，1990.—753 页；20cm

各国概况：美洲和大洋洲部分 / 马武业主编；马文等编写 .—北京：世界知识出版社，1991，2 版 .—441 页；19cm

跨世纪的经济大挑战：初具规模的美洲经济圈及其走向 / 佟福全著 .—北京：中国物价出版社，1992.—297 页；20cm

谁先到达美洲：纪念东晋法显大师到美洲 1580 年兼纪念哥伦布到达美洲 500 年 / 连云山著 .—北京：中国社会科学出版社，1992.—156 页；20cm

美洲寓言故事 / 马守君〔等〕编 .—西安：陕西师范大学出版社，1993.—181 页；24cm

世界华侨华人概况：欧洲、美洲卷 / 刘汉标，张兴汉编著 .—广州：暨南大学出版社，1994.—402 页；20cm

通向现代世界的 500 年：哥伦布以来东西两半球汇合的世界影响 / 黄邦和等主编 .—北京：北京大学出版社，1994.—462 页；21cm

北美经济圈与中国企业 / 叶卫平著 .—北京：中国经济出版社，1996.—237 页；26cm

北美自由贸易协定：南北经济一体化的尝试 / 陈芝芸著 .—北京：经济管理出版社，1996.—218 页；20cm

美洲大洋洲国家概况：1995-1996 / 龚抒编 .—北京：世界知识出版社，1996.—572 页；19cm

世纪之交的新视角：美洲经济圈与亚太经济圈沿革与趋势 / 佟福全主编 .—北京：中国物价出版社，1996.—205 页；21cm

各国概况：北美 / 孟淑贤主编 .—北京：世界知识出版社，1997.—106 页；19cm

美洲华侨史话 / 陆国俊著 .—北京：商务印书馆，1997.—189 页；19cm

美洲史论 / 罗荣渠著 .—北京：中国社会科学出版社，1997.—438 页；20cm

美洲见闻 / 黄之豪主编 .—北京：国防大学出版社，1998.—207 页；20cm

世界著名学府——美洲卷（一）/ 亚雄等主编；张月霞，亚雄编写 .—北京：中国人民公安大学出版社，1998.—80 页；19cm

世界著名学府——美洲卷（二）/ 亚雄等主编；张月霞，徐金华编写 .—北京：中国人民公安大学出版社，1998.—85 页；19cm

世界著名学府——美洲卷（三）/ 亚雄等主编；杨萍编写 .—北京：中国人民公安大学出版社，1998.—86 页；19cm

世界著名学府——美洲卷（四）/ 亚雄等主编；韩冬，觉安拉姆编写 .—北京：中国人民公安大学出版社，1998.—92 页；19cm

世界著名学府——美洲卷（五）/ 亚雄等主编；李伟然编写 .—北京：中国人民公安大学出版社，1998.—83 页；19cm

图说美洲图腾 / 王大有，宋宝忠著 .—北京：人民美术出版社，1998.—528 页；26cm

国家·民族：北美洲（世界知识图册）/ 石应天，郭崇立主编 .—北京：世界知识出版社，1999.—383 页；20cm

美洲文明 / 金计初著 .—北京：当代世界出版社，1999.—196 页；21cm

美洲之旅 / 梦晨主编 .—北京：国际文化出版社，1999.—484 页；21cm

被征服者扼杀的文明：美洲考古大发现 / 张家梅编著 .—北京：中国纺织出版
　　社，2001.—311 页；19cm

美洲经济圈与中国企业 / 叶卫平等著 .—北京：北京出版社，2001.—346 页；
　　20cm

美洲精神 /〔美〕房龙（Hendrik Willem Van Loon）著；张文等译 .—北京：北
　　京出版社，2001.—208 页；20cm

风遗西土：美洲文明播火者之谜 / 胡远鹏著 .—南京：江苏古籍出版社，
　　2002.—221 页；21cm

各国概况：美洲　大洋洲 / 王成家主编 .—北京：世界知识出版社，2002.—340 页；
　　21cm

创新的美国·美洲 / 吴季松著 .—北京：北京出版社，2003.—273 页；21cm

美洲三书 /〔英〕爱德蒙·柏克著；缪哲选译 .—北京：商务印书馆，2003.—
　　318 页；21cm

谁比哥伦布先到达美洲 / 时雨蒙著 .—北京：昆仑出版社，2003.—162 页；
　　21cm

美洲金银和西方世界的兴起 / 张宇燕，高程著 .—北京：中信出版社，2004.—
　　210 页；21cm

丛林秘镜：正说美洲古代文明 / 白献竞，高晶编著 .—北京：海潮出版社，2006.—
　　181 页；24cm

美洲历史 / 许海山主编 .—北京：中国线装书局，2006.—540 页；26cm

美洲土著人 /〔意〕尼尔·莫莱斯著；朱刘华译，济南：明天出版社，2006.—
　　44 页；21cm

走遍美洲 / 韩晴编著 .—北京：中国社会出版社，2006.—192 页；21cm

看世界 80 国：美洲和大洋洲的自然资源管理 / 吴季松著 .—北京：中国发展
　　出版社，2007.—246 页；21cm

18 世纪美洲和欧洲的革命 /〔法〕雅克·索雷（Jacques Sole）著；黄艳红译，
　　长春：吉林出版集团有限责任公司，2008.—310 页；23cm

美洲、大洋洲人文风情 / 李梵编著 .—西安：陕西师范大学出版社，2008.—

318 页；24cm

美洲热线之旅 / 应舍法主编 .—杭州：浙江人民出版社，2008.—183 页；21cm

把我的心染棕：潜入美洲 / 索飒著 .—西宁：青海人民出版社，2009.—340 页；
22cm

各国水概况：美洲、大洋洲 / 水利部国际合作与科技司，水利部发展研究中心，
水利部长江水利委员会编著 .—北京：中国水利水电出版社，2009.—451 页；
21cm

古美洲生活 / 王晓燕著 .—汕头：汕头大学出版社，2009.—207 页；24cm

拉鲁斯权威历史：美洲文明 / 〔法〕勒罗兰著；侯镌琳译 .—北京：北京科学技
术出版社，2009.—67 页；26cm

美洲黑白木刻 / 刘新编 .—南宁：广西美术育出版社，2009.—229 页；22cm

美洲史论 / 罗荣渠著 .—北京：商务印书馆，2009.—360 页；21cm

百年战火：美洲近世的小国与战争 / 阎京生，刘怡著 .—北京：中国华侨出版
社，2010.—354 页；24cm

北美洲风情 / 王骞编著 .—乌鲁木齐：新疆美术摄影出版社，2010.—198 页；
23cm

美洲简史 / 周成华主编 .—长春：吉林大学出版社，2010.—461 页；24cm

美洲精神 / 〔美〕房龙著；刘梅译 .—汕头：汕头大学出版社，2010.—114 页；
22cm

美洲美术 / 王其钧编著 .—重庆：重庆出版社，2010.—252 页；25cm

踏上美洲屋脊 / 石纪杨编著 .—北京：中国金融出版社，2010.—208 页；24cm

扬帆美洲与海上丝路 / 房仲甫，姚二云著 .—北京：海洋出版社，2010.—199 页；
21cm

美洲三书 / 〔英〕埃德蒙·柏克（Edmund Burke）著；缪哲译 .—北京：商务
印书馆，2012.—360 页；21cm

哥伦布评传

哥伦布 / 〔西班牙〕索蒂略斯著；李德译 .—北京：海洋出版社，1984.—159 页；
19cm

哥伦布传 /〔德〕保罗·维尔纳·朗格著；张连瀛，李树柏译 .—北京：新华
　　出版社，1986.—291 页；19cm

哥伦布评传 /〔西班牙〕萨尔瓦多·德·马达里亚加（Madaringa Salvvader de）
　　著；朱伦译 .—北京：中国社会科学出版社，1991.—578 页；20cm

哥伦布传奇的一生 /〔法〕皮埃尔·加马拉（Gammarras P.）著；顾嘉琛，杜
　　小真译 .—北京：三联书店，1992.—523 页；19cm

哥伦布：大西洋的海军元帅 /〔法〕Michel Lequenne 著；顾嘉琛译 .—台北：
　　时报文化出版企业有限公司，1994.—191 页；18cm

哥伦布首航美洲：历史文献与现代研究 / 张至善编译 .—北京：商务印书馆，
　　1994.—310 页；20cm

哥伦布 / 曾彦一编著 .—沈阳：辽海出版社，1998.—217 页；20cm

哥伦布传（上卷）/〔美〕塞·埃·莫里森（Samuel Eliot Morison）著；陈太先
　　等译 .—北京：商务印书馆，1998.—473 页；20cm

哥伦布传（下卷）/〔美〕塞·埃·莫里森（Samuel Eliot Morison）著；陈太先
　　等译 .—北京：商务印书馆，1998.—447 页；20cm

哥伦布美洲发现记 /〔意〕克里斯托弗·哥伦布（Christopher Columbus）著；
　　刘福文译 .—哈尔滨：黑龙江人民出版社，1998.—399 页；20cm

哥伦布全传 / 李隆庆著 .—北京：中国青年出版社，1998.—735 页；20cm

克里斯托弗·哥伦布对新大陆的首次航行 /〔美〕斯蒂芬·C. 道奇（S.C.
　　Dodge）著；田为民，寇洁莹译 .—北京：世界知识出版社，1998.—186 页；
　　19cm

哥伦布：大西洋的海军元帅 /〔法〕勒盖纳（Michel Lequenne）著；顾嘉琛译 .—
　　上海：上海书店出版社，1999.—192 页；18cm

拉丁美洲：哥伦布的伟大发现 / 林中河编 .—重庆：重庆出版社，1999.—93 页；
　　21cm

我到过天堂的边缘：哥伦布传 /〔德〕P. 韦尔纳·朗格著；边欣，陈震雄译 .—
　　北京：国际文化出版公司，1999.—271 页；21cm

哥伦布全传 / 李隆庆著 .—北京：中国青年出版社，2005.—745 页；21cm

美洲来的哥伦布 / 刘兴诗著 .—武汉：湖北少年儿童出版社，2007.—284 页；
　　21cm

哥伦布 / 孙侃著 .—杭州：浙江少年儿童出版社，2009.—178 页；21cm

哥伦布 / 图解天下名人丛书编委会编 .—广州：广东世界图书出版公司，
　　2009.—184 页；23cm

哥伦布之墓 /〔西班牙〕孟坦涅斯著；谢雅华译 .—南京：江苏人民出版社，
　　2009.—250 页；21cm

哥伦布传 /〔西班牙〕萨尔瓦多·德·马达里亚加著；朱伦译 .—北京：人民
　　文学出版社，2011.—401 页；23cm

哥伦布到达美洲 1492 年 10 月 12 日（英汉对照）/〔英〕约翰·马兰著；张
　　玉霞译 .—西安：陕西人民出版社，2011.—105 页；22cm

哥伦布传：我犯过的错误绝非出于恶意 /〔美〕爱德华·埃弗雷特·霍尔著；
　　张铮译 .—南昌：江西教育出版社，2012.—158 页；23cm

拉丁美洲

哲学　宗教

解放神学：脉络中的诠释 / 武金正著 .—台北：光启出版社，1991.—409 页；
21cm

迈向解放之路：解放神学中的马克思主义 / 刘清虔著 .—台南：人光出版社，
1996.—320 页；21cm

美洲印第安宗教与文化 / 洪学敏，张振洲著 .—北京：中央民族大学出版社，
1999.—195 页；21cm

解放神学 / 张双利，陈祥勤著 .—台北：扬智文化事业公司，2000.—179 页；
19cm

拉美的依附性及发展 /〔巴西〕费尔南多·恩里克·卡多佐，〔巴西〕恩佐·法
勒托著；单楚译 .—北京：世界知识出版社，2002.—172 页；21cm

解放神学：当代拉美基督教社会主义思潮 / 杨煌著 .—北京：中国社会科学出
版社，2006.—198 页；21cm

当代亚非拉美神学 / 卓新平著 .—上海：上海三联书店，2007.—661 页；21cm

马克思、恩格斯、列宁、斯大林论拉丁美洲 / 郑秉文主编 .—北京：中国社会
科学出版社，2012.—127 页；26cm

救赎下的解放——对"解放神学"的马克思主义研究 / 刘春晓著 .—北京：首
都师范大学出版社，2012.—210 页；21cm

当代拉丁美洲的社会主义思潮与实践 / 徐世澄著 .—北京：社会科学文献出版
社，2012.—86 页；21cm

托邦：拉丁美洲解放神学研究初步 / 叶健辉著 .—北京：中央编译出版社，
2015.—302 页；24cm

政治　法律

英勇斗争中的拉丁美洲各国共产党 / 世界知识出版社编辑 .—北京：世界知识

出版社，1959.—201 页；21cm

拉丁美洲的民族民主运动：论文集 / 世界知识出版社编辑 .—北京：世界知识
出版社，1960.—336 页；21cm

现代拉丁美洲国家 / 〔苏联〕列符年科夫（В. Г. Ревуненков）著；启仁译 .—
北京：生活·读书·新知三联书店，1961.—159 页；19cm

拉丁美洲国家手册 / 中国拉丁美洲友好协会编 .—北京：中国拉丁美洲友好协
会，1962.—246 页；15cm

拉丁美洲之呼声 / 非洲及拉丁美洲资料中心编 .—台北：非洲及拉丁美洲资料
中心，1964.—147 页；20cm

亚洲、非洲、拉丁美洲民族主义者关于民族解放运动的言论 / 人民出版社编
辑 .—北京：人民出版社，1964.—230 页；21cm

拉丁美洲游击战运动 / 〔英〕理查德·戈特著 .—上海：上海人民出版社，
1975.—594 页；20cm

拉丁美洲各族人民 . 上 / 〔苏联〕А. В. 叶菲莫夫（А.В.Ефимов），С.А. 托
卡列夫（С.А.Токарев）主编；李毅夫等译 .—北京：生活·读书·新知
三联书店，1978.—460 页；21cm

拉丁美洲各族人民 . 下 / 〔苏联〕А. В. 叶菲莫夫（А.В.Ефимов），С.А. 托
卡列夫（С.А.Токарев）主编；李毅夫等译 .—北京：生活·读书·新知
三联书店，1978.—461-864 页；21cm

拉丁美洲手册 / 中共中央对外联络部拉丁美洲研究所编 .—上海：上海人民出
版社，1978.—457 页；19cm

**拉丁美洲的卡斯特罗主义和共产主义（1959-1976）：马列主义经验的几种
类型** / 〔美〕威廉·E. 拉特利夫（Ratliff William E.）著；王槐挺译 .—
北京：商务印书馆，1979.—302 页；20cm

拉丁美洲各国政党 / 中共中央对外联络部拉丁美洲研究所编 .—上海：上海人
民出版社，1980.—496 页；19cm

拉丁美洲的病态发展 / 〔法〕杜蒙（Dumont R.），莫坦（Mottin M.F.）著；胡
晓译 .—北京：世界知识出版社，1984.—232 页；19cm

拉丁美洲的托洛茨基主义 / 〔美〕亚历山大（Alexander R. J.）著；高铦，涂光
楠，张森根译 .—北京：商务印书馆，1984.—373 页；21cm

拉丁美洲向何处去 / 〔德〕沃尔夫·格雷贝道尔夫（Wolf Grabendorff）著；齐楚译 .—北京：时事出版社，1985.—188 页；19cm

当代拉丁美洲政治思潮 / 肖楠等编写 .—北京：东方出版社，1988.—279 页；21cm

中南美洲 / 吕应钟主编 .—台北：锦绣出版社，1988.—319 页；19cm

发展中的"新大陆"：拉丁美洲 / 陈芝芸等著 .—北京：世界知识出版社，1990.—450 页；21cm

社会科学的系统分析方法 / 〔智〕科尔戴（Cortes F.）等著；孙永红等译 .—北京：中国社会科学出版社，1990.—321 页；19cm

拉丁美洲现代化 / 金计初，陆国俊，李祥，钱明德著 .—成都：四川人民出版社，1992.—135 页；21cm

走向 21 世纪的拉丁美洲 / 徐文渊主编 .—北京：人民出版社，1993.—246 页；21cm

现代拉丁美洲 / 〔美〕托马斯·E. 斯基德莫尔（Thomas E. Skidmore），彼得·H. 史密斯（Peter H. Smith）著；江时学译.—北京：世界知识出版社，1994.—511 页；20cm

拉丁美洲的孤独 / 吕同六编 .—长春：时代文艺出版社，1995.—361 页；20cm

拉美发展模式研究 / 江时学著 .—北京：经济管理出版社，1996.—318 页；20cm

拉丁美洲的印第安民族 / 夏丽仙编著 .—北京：中国社会科学出版社，1997.—140 页；19cm

拉丁美洲资本主义发展 / 陆国俊，金计初主编 .—北京：人民出版社，1997.—441 页；20cm

1999 年拉丁美洲和加勒比发展报告 / 李明德主编 .—北京：社会科学文献出版社，1999.—297 页；21cm

"第三条道路"与新的理论 / 杨雪冬，薛晓源主编 .—北京：社会科学文献出版社，2000.—247 页；21cm

发展中国家的自由化：亚洲、拉丁美洲和非洲的制度和经济变迁 / 〔智〕亚历克斯·E. 费尔南德斯·希尔贝尔托（Alex E. Fernandez Jilberto），〔比〕安德烈·莫门（Andre Mommen）主编；陈江生译 .—北京：经济科学出版

社，2000.—332 页；20cm

现代化：拉美和东亚的发展模式 / 李明德，江时学主编 .—北京：社会科学文献出版社，2000.—505 页；20cm

现代化战略选择与国际关系：拉美经验研究 / 曾昭耀主编 .—北京：社会科学文献出版社，2000.—522 页；21cm

发展模式与社会冲突：拉美国家社会问题透视 / 苏振兴、袁东振著 .—北京：当代世界出版社，2001.—278 页；21cm

拉丁美洲被切开的血管 / 〔乌拉圭〕爱德华多·加莱亚诺（Eduardo Galeano）著；王玫等译 .—北京：人民文学出版社，2001.—330 页；21cm

拉丁美洲的共产主义运动 / 祝文驰，毛相麟，李克明著 .—北京：当代世界出版社，2001.—401 页；21cm

拉丁美洲研究 / 向骏主编 .—台北：五南图书出版有限公司，2001.—330 页；23cm

拉美与东亚发展模式比较研究 / 江时学等著 .—北京：世界知识出版社，2001.—381 页；20cm

军人与政治：亚非拉美国家的军事政变 /Erice Nordinger 著；洪陆训译 .—台北：时英出版社，2002.—337 页；21cm

技术进步、收入分配与人力资本形成：以东亚与拉美为例的分析及对中国问题的启示 / 许学军著 .—北京：经济科学出版社，2003.—301 页；21cm

拉丁美洲国家政治制度研究 / 袁东振，徐世澄著 .—北京：世界知识出版社，2003.—357 页；21cm

拉丁美洲和加勒比发展报告（2002-2003）：拉美经济改革 / 江时学主编 .—北京：社会科学文献出版社，2003.—438 页；21cm

全球化与"第三条道路" / 郑伟著 .—长沙：湖南人民出版社，2003.—334 页；23cm

全球化与世界体系（上、下）：庆贺特奥托尼奥·多斯桑托斯 60 华诞论文集 / 弗朗西斯科·洛佩斯·塞格雷拉主编；白凤森，徐文渊，苏振兴，吴国平，郭元增译 .—北京：社会科学文献出版社，2003.—（2 册）742 页；21cm

拉丁美洲民族问题研究 / 吴德明著 .—北京：世界知识出版社，2004.—335 页；

20cm

拉美国家养老金制度改革研究 / 刘纪新著 .—北京：中国劳动出版社，2004.—
274 页；21cm

替代拉美的新自由主义:《拉美透视》专辑 / 罗纳德·奇尔科特，江时学主编；
江心学译；江时学，郝名玮校 .—北京：社会科学文献出版社，2004.—
334 页；21cm

西方全球化中的拉丁美洲：一个调查报告 / 卫建林 .—北京：红旗出版社，
2004.—200 页；24cm

**拉丁美洲和加勒比发展报告（2004-2005）——人均 GDP 达到 1000 美元：
机遇与挑战** / 江时学主编 .—北京：社会科学文献出版社，2005.—320 页；
21cm

民主与市场：民主与市场：东欧与拉丁美洲的政治经济改革 / 〔美〕亚当·普
沃斯基（A. Przeworski）著；包雅钧，刘忠瑞，胡元梓译 .—北京：北京
大学出版社，2005.—178 页；22cm

拉丁美洲：全球危机和多元文化 / 〔墨〕卡洛斯·安东尼奥·阿居雷·罗哈斯
（Carlos Antonio Aguirre Rojas）著；王银福译 .—济南：山东大学出版社，
2006.—205 页；23cm

拉丁美洲和加勒比发展报告（2005）：中国与拉丁美洲关系的回顾与展望 / 苏
振兴主编 .—北京：社会科学文献出版社，2006.—320 页；21cm

拉丁美洲政治 / 徐世澄著 .—北京：中国社会科学出版社，2006.—322 页；
23cm

拉美研究：追寻历史的轨迹 / 中国社会科学院拉丁美洲研究所著 .—北京：世
界知识出版社，2006.—364 页；21cm

国际新格局下的拉美研究 / 朱鸿博等主编 .—上海：复旦大学出版社，2007.—
429 页；21cm

纪念中国社会科学院建院三十周年论文集：拉丁美洲研究所卷 / 中国社会科学
院拉丁美洲研究所编 .—北京：经济管理出版社，2007.—389 页；23cm

拉丁美洲和加勒比发展报告（2006-2007）：拉美左派东山再起 / 江时学主
编 .—北京：社会科学文献出版社，2007.—393 页；24cm

养老金规范与监管 / 郑秉文等译 .—北京：中国发展出版社，2007.—255 页；

23cm

发展中国家的发展问题 / 江时学主编 .—北京：方志出版社，2008.—259 页；
24cm

拉丁美洲和加勒比发展报告（2007-2008）——社会和谐：拉美国家的经验教训 / 苏振兴主编 .—北京：社会科学文献出版社，2008.—379 页；20cm

当代拉丁美洲政治研究 / 张凡著 .—北京：当代世界出版社，2009.—363 页；
21cm

抗议与忍耐的政治经济分析：东欧与拉美转型之比较 / 〔匈〕贝拉·格雷什科维奇（Bela Greskovits）著；张大军译 .—桂林：广西师范大学出版社，2009.—252 页；23cm

拉丁美洲和加勒比发展报告（2008-2009）：拉丁美洲的能源 / 苏振兴主编 .—北京：社会科学文献出版社，2009.—324 页；24cm

拉丁美洲真相之路 / 张翠容著 .—台北：马可波罗文化出版社，2009.—398 页；
21cm

社会凝聚：拉丁美洲的启示 / 郑秉文主编 .—北京：当代世界出版社，2009. —302 页；21cm

慎议民主的宪法 / 〔阿根廷〕卡洛斯·桑迪亚戈·尼诺（Carlos Santiago Nino）著；赵雪纲译 .—北京：法律出版社，2009.—286 页；21cm

拉丁美洲的殖民化与全球化 / 董经胜，高岱著 .—南昌：江西人民出版社，2010.—197 页；24cm

拉丁美洲法律发达史 / 何勤华，冷霞主编 .—北京：法律出版社，2010.—677 页；
21cm

拉丁美洲国家民法典的变迁 / 夏秀渊著 .—北京：法律出版社，2010.—168 页；
23cm

拉丁美洲和加勒比发展报告（2009-2010）：拉美的信息产业 / 苏振兴主编 .—北京：社会科学文献出版社，2010.—367 页；24cm

拉丁美洲现代思潮 / 徐世澄主编 .—北京：当代世界出版社，2010.—575 页；
21cm

列国志：拉丁美洲和加勒比地区国际组织 / 林华，王鹏，张育媛著 .—北京：社会科学文献出版社，2010.—502 页；21cm

当代拉美政党简史 / 康学同著 .—北京：当代世界出版社，2011.—567 页；24cm

冲突与融合：拉丁美洲文明之路 / 董经胜，林被甸著 .—北京：人民出版社，2011.—203 页；24cm

拉丁美洲城市化：经验与教训 / 郑秉文主编 .—北京：当代世界出版社，2011.—397 页；24cm

拉丁美洲发展问题论纲：拉美民族 200 年崛起失败原因之研究 / 曾昭耀著 .—北京：当代世界出版社，2011.—293 页；21cm

拉丁美洲和加勒比发展报告（2010-2011）/ 吴白乙主编 .—北京：社会科学文献出版社，2011.—396 页；24cm

当代拉丁美洲的社会主义思潮与实践 / 徐世澄著 .—北京：社会科学文献出版社，2012.—86 页；19cm

拉丁美洲和加勒比发展报告（2011-2012）/ 吴白乙主编 .—北京：社会科学文献出版社，2012.—355 页；24cm

拉美国家现代化进程及其启示 / 苏振兴主编 .—北京：知识产权出版社，2012.—442 页；24cm

拉美劳动力流动与就业研究 / 张勇著 .—北京：当代世界出版社，2012.—338 页；21cm

拉美养老金改革：面临的平衡与挑战 /〔西〕何塞·路易斯·埃斯克里瓦，〔西〕爱德华多·富恩特斯，〔西〕艾丽西亚·加西亚 – 埃雷罗主编；郑秉文译 .—北京：中国劳动社会保障出版社，2012.—336 页；24cm

全球拉美研究智库概览 / 中国社会科学院拉丁美洲研究所编 .—2 册，—北京：当代世界出版社，2012.—780 页；21cm

世界各国海洋立法汇编：非洲国家、拉美和加勒比国家卷 / 张海文，李红云主编 .—北京：法律出版社，2012.—746 页；23cm

拉丁美洲和加勒比发展报告（2012-2013）/ 吴白乙主编 .—北京：社会科学文献出版社，2013.—397 页；24cm

古巴模式的"更新"与拉美左派的崛起 / 徐世澄著 .—北京：中国社会科学出版社，2013.—317 页；24cm

拉丁美洲社会主义及左翼社会运动 / 崔桂田，蒋锐等著 .—济南：山东人民出

版社，2013.—388 页；24cm

拉美国家政治经济与外交 / 柳思思著 .—北京：知识产权出版社，2013.—200 页；26cm

论拉美的民主 /〔美〕彼得·H. 史密斯著；谭道明译 .—南京：译林出版社，2013.—479 页；23cm

全球化、民族主义与拉丁美洲思想文化 / 刘文龙，朱鸿博著 .—上海：上海辞书出版社，2013.—291 页；21cm

拉美国家扶贫政策研究：有条件现金转移支付计划 / 郑皓瑜著 .—北京：对外经贸大学出版社，2013.—221 页；23cm

亚太与拉美社会主义研究 / 冯颜利著 .—北京：中国社会科学出版社，2013.—302 页；23cm

拉丁美洲和加勒比发展报告（2013-2014） / 吴白乙主编 .—北京：社会科学文献出版社，2014.—418 页；24cm

住房政策：拉丁美洲城市化的教训 / 郑秉文主编 .—北京：经济管理出版社，2014.—472 页；24cm

国际变局中的拉美：形势与对策 / 苏振兴主编 .—北京：知识产权出版社，2014.—414 页；24cm

中国哲学社会科学发展历程回忆（国际卷） / 刘国平主编，张森，徐世澄副主编 .—北京：中国社会科学出版社，2014.—540 页；24cm

拉美区位优势与竞争环境 / 陈涛涛等编著 .—北京：清华大学出版社，2014.—347 页；24cm

2040 年的拉丁美洲 /〔美〕考利等著；姚彦贝等译；胡必亮校 .—北京：中国大百科全书出版社，2014.—243 页；24cm

拉美国家的能力建设与社会治理 / 吴白乙主编 .—北京：中国社会科学出版社，2015.—196 页；24cm

拉美国家的法治与政治：司法改革的视角 / 杨建民著 .—北京：社会科学文献出版社，2015.—286 页；24cm

为了一个更加安全的拉丁美洲：预防和控制犯罪的新视角 / CAF- 拉丁美洲开发银行主编；拉丁美洲研究所译 .—北京：知识产权出版社，2015.—253 页；23cm

拉丁美洲和加勒比发展报告（2014-2015）/ 吴白乙主编 .—北京：社会科学文献出版社，2015.—395 页；24cm

恐怖的帝国：新千年的跨国安全、反恐与全球危机 /〔古〕亚历杭德罗·卡斯特罗·埃斯平著；徐世澄译 .—北京：五洲传播出版社，2015.—160 页；24cm

拉丁美洲与和平幻象 /〔美〕戴维·马拉斯著；刘捷，苟淑英，林瑶译；张森根校 .—北京：当代中国出版社，2015.—186 页；24cm

西方全球化中的拉丁美洲：一个调查报告 / 卫建林 .—北京：红旗出版社，2004.—200 页；24cm

领悟多元视角下的拉丁美洲 / 张森根著 .—北京：中国社会科学出版社，2015.—424 页；26cm

外交

智利与阿根廷 / 卡奔德著 .—上海：商务印书馆，1935.—298 页；20cm

美帝侵略下的拉丁美洲 / 陈麟瑞，柳无非合译 .—北京：世界知识社，1950.—129 页；20cm

美国驾驭拉丁美洲 /〔美〕奥尔敦（H. Olden），美国劳工研究协会著；韩志先译 .—北京：世界知识社，1957.—60 页；20cm

美国侵略下的拉丁美洲 / 邓超著 .—北京：世界知识出版社，1957.—134 页；20cm

拉丁美洲人民反对美国侵略和奴役的斗争 /《国际问题译丛》编辑部编 .—北京：世界知识出版社，1958.—156 页；19cm

美国经济危机冲击下的拉丁美洲 / 严美著 .—北京：世界知识出版社，1958.—63 页；19cm

美帝国主义对拉丁美洲的侵略 /〔古巴〕希门尼斯（A. N. Jimenez）著；梅登科译 .—北京：世界知识出版社，1962.—95 页；19cm

影响彼此经济关系的美国和拉丁美洲政策：美国全国计划协会研究报告 / 郭协译 .—北京：世界知识出版社，1962.—278 页；21cm

拉丁美洲和美国（1939-1959）：外交关系和史纲 /〔苏〕C. A. 哥尼昂斯基著；何清新，叶林译 .—北京：世界知识出版社，1963.—467 页；21cm

美国与美洲国家组织 / 章叶著 .—北京：世界知识出版社，1964.—109 页；
19cm

帝国主义对亚洲、非洲和拉丁美洲国家的掠夺 / 世界知识出版社编辑 .—北京：
世界知识出版社，1965.—118 页；19cm

苏联与拉丁美洲 /〔美〕J. 格雷戈里·奥斯瓦德，〔德〕安东尼·J. 斯特罗维尔
主编；复旦大学历史系拉丁美洲研究室译 .—上海：人民出版社，1974.—
259 页；21cm

苏联在加勒比海地区的海上力量 /〔美〕詹姆斯·西伯奇编；复旦大学历史系
拉丁美洲研究室译 .—上海：上海人民出版社，1975.—254 页；19cm

苏联出现在拉丁美洲 /〔美〕詹姆士·西伯奇著；辛华季译 .—北京：生活·读
书·新知三联书店，1976.—103 页；19cm

苏联对拉丁美洲的渗透 /〔美〕利昂·古雷（L. Goure），莫利斯·罗森堡（M.
Rothenberg）著 .—上海：上海译文出版社，1979.—292 页；19cm

南南合作勃兴——北京南南会议：发展战略、谈判及合作讨论会文集（1983）
/ 宦乡主编 .—北京：经济科学出版社，1984.—252 页；21cm

拉丁美洲国际关系简史 /〔委内瑞拉〕D. 博埃斯内尔（D. Boersner）著；殷恒
民译 .—北京：商务印书馆，1990.—323 页；20cm

走向 21 世纪的拉美市场 / 外经贸部国际贸易经济合作研究院编著 .—北京：
中国对外经济贸易出版社，1997.—367 页；19cm

美国西裔移民研究：古巴、墨西哥移民历程及双重认同 / 钱皓著 .—北京：中
国社会科学出版社，2002.—340 页；21cm

帝国霸权与拉丁美洲：战后美国对拉美的干涉 / 徐世澄主编 .—北京：世界知
识出版社，2002.—367 页；21cm

走向北美共同体：新世界应从旧世界汲取的教训 /〔美〕罗伯特·A. 帕斯特著；
商务部美洲大洋洲司译 .—北京：中国商务出版社，2003.—216 页；22cm

拉美三国议会 / 吴国平等著 .—北京：中国财政经济出版社，2005.—196 页；
21cm

走进拉丁美洲 / 张小冲，张学军主编 .—北京：人民出版社，2005.—478 页；
22cm

走向开放的地区主义：拉丁美洲一体化研究 / 王萍著 .—北京：人民出版社，

2005.—418 页；21cm

澳门桥通向拉丁美洲 / 张宝宇主编 .—澳门：澳门亚太拉美交流促进会，2006.—235 页；21cm

冷战后美国的拉丁美洲政策 / 朱鸿博著 .—上海：上海辞书出版社，2007.—207 页；22cm

美国和拉丁美洲关系史 / 徐世澄主编 .—北京：社会科学文献出版社，2007.—294 页；23cm

结缘拉丁美洲 / 徐贻聪著 .—上海：东方出版中心，2008.—230 页；24cm

拉丁美洲和加勒比地区国际组织 / 林华，王鹏，张育媛编著 .—北京：社会科学文献出版社，2010.—502 页；21cm

世界大国（地区）文化外交：拉丁美洲国家卷 / 周烈主编 .—北京：世界知识出版社，2014.—326 页；21cm

中国与拉丁美洲关系

中国和拉丁美洲关系简史 / 沙丁，杨典球，焦震衡，孙桂荣编著 .—郑州：河南人民出版社，1986.—384 页；20cm

中国人发现美洲之谜：中国与美洲历史联系论集 / 罗荣渠著 .—重庆：重庆出版社，1988.—232 页；20cm

战后海外华人变化：国际学术研讨会论文集（中英文论文）/ 郭梁主编 .—北京：中国华侨出版公司，1990.—487 页；26cm

出使拉美的岁月 / 黄志良，刘静言著 .—南京：江苏人民出版社，1996.—442 页；21cm

拉丁美洲和中拉关系：现在与未来 / 李明德主编 .—北京：时事出版社，2001.—655 页；21cm

外交回忆录：在拉美任职的岁月 / 朱祥忠著 .—北京：世界知识出版社，2003.—273 页；21cm

中国－阿根廷 / 中华人民共和国国务院新闻办公室编 .—北京：五洲传播出版社，2004.—134 页；25cm

中国－巴西 / 中华人民共和国国务院新闻办公室编 .—北京：五洲传播出版社，

2004.—143 页；25cm

中国－智利 / 中华人民共和国国务院新闻办公室编 .—北京：五洲传播出版社，
2004.—161 页；25cm

中国外交官在拉丁美洲 / 李同成，黄士康主编 .—上海：上海人民出版社，
2005.—303 页；21cm

台湾与拉丁美洲的关系 / 白方济（Francisco Luis Perez Exposito）著，柳嘉信等
译 .—台北：丽文文化事业股份有限公司，2006.—361 页；24cm

中国商贩在巴西 / 王翔著 .—北京：作家出版社，2007.—239 页；23cm

中拉建交纪实 / 黄志良著 .—上海：上海辞书出版社，2007.—332 页；24cm

中墨关系：历史与现实 / 冯秀文编著 .—北京：社会科学文献出版社，2007.
—595 页；22cm

出使拉美三国感怀 / 黄士康著 .—上海：东方出版中心，2008.—236 页；24cm

结缘拉丁美洲 / 徐贻聪著 .—上海：东方出版中心，2008.—230 页；24cm

我的拉美外交生涯 / 朱祥忠著 .—上海：上海辞书出版社，2009.—305 页；
24cm

中国在拉美的有形之手 / 〔西、法〕哈维尔·桑蒂索（Javier Santiso）著；王
鹏，赵重阳译 .—北京：世界知识出版社，2009.—170 页；23cm

中拉关系 60 年：回顾与思考（上） / 苏振兴主编 .—北京：当代世界出版社，
2009.—449 页；21cm

中拉关系 60 年：回顾与思考（下） / 苏振兴主编 .—北京：当代世界出版社，
2009.—455–815 页；21cm

走进神秘的国度：中国驻秘鲁大使手记 / 陈久长著 .—北京：中国文史出版社，
2009.—299 页；24cm

中国的华侨·美洲 / 陆国俊著 .—北京：中国国际广播出版社，2010.—144 页；
23cm

中国、欧盟与拉美：当前议题与未来合作 / 〔德〕克敏（Birte Klemm），牛海
彬主编 .—上海：上海人民出版社，2011.—438 页；24cm

中国与拉美国家经贸关系国际研讨会论文集 / 赵雪梅主编 .—北京：对外经济
贸易大学出版社，2011.—230 页；21cm

拉丁美洲华侨华人移民史、社团与文化活动远眺（上册） / 高伟浓著 .—广州：

暨南大学出版社，2012.—285 页；24cm

拉丁美洲华侨华人移民史、社团与文化活动远眺（下册）/ 高伟浓著 .—广州：
暨南大学出版社，2012.—221 页；24cm

转型中的机遇：中拉合作前景的多视角分析 / 吴白乙等著 .—北京：经济管理
出版社，2013.—240 页；24cm

第二届中国 - 拉美和加勒比智库交流论坛文集 / 张德广主编 .—北京：世界知
识出版社，2013.—393 页；23cm

新大陆的在发现：周恩来与拉丁美洲 / 黄志良著 .—北京：世界知识出版社，
2004.—285 页；21cm

中国与拉丁美洲经贸合作战略研究 / 郭濂主编 .—北京：中国社会科学出版社，
2014.—253 页；23cm

中国与拉丁美洲：未来 10 年的经贸合作 / 苏振兴主编 .—北京：中国社会科
学出版社，2014.—466 页；24cm

经济

经济概况

拉丁美洲的经济发展问题：美国俄勒冈大学国际研究和海外行政研究所研究
报告 / 北京编译社译 .—北京：世界知识出版社，1962.—280 页；21cm

拉丁美洲经济的新境界 / 非洲及拉丁美洲资料中心编 .—台北：非洲及拉丁美
洲资料中心，1963.—113 页；20cm

拉丁美洲经济论文选辑（续集）/ 非洲及拉丁美洲资料中心编 .—台北：非洲
及拉丁美洲资料中心，1963.—148 页；20cm

拉丁美洲经济建设研究 / 赵连芳著 .—台北：非洲及拉丁美洲资料中心，
1964.—96 页；20cm

拉丁美洲经济论文选辑 / 非洲及拉丁美洲资料中心编 .—台北：非洲及拉丁美
洲资料中心，1964.—80 页；18cm

拉丁美洲经济论文选辑（第三辑）/ 非洲及拉丁美洲资料中心编 .—台北：非
洲及拉丁美洲资料中心，1964.—122 页；20cm

拉丁美洲经济论文选辑（第四辑）/ 万赓年编 .—台北：非洲及拉丁美洲资料中心，1964.—87 页；18cm

拉丁美洲经济论文选辑（第五辑）/ 万赓年编 .—台北：非洲及拉丁美洲资料中心，1965.—87 页；18cm

拉丁美洲经济 / 张森根，高铦编 .—北京：人民出版社，1986.—423 页；19cm

拉丁美洲经济 / 复旦大学拉丁美洲研究室编 .—上海：上海人民出版社，1986.—649 页；19cm

拉丁美洲国家经济发展战略研究 / 苏振兴，徐文渊主编 .—北京：北京大学出版社，1987.—355 页；20cm

中美洲加勒比国家经济 / 毛相麟等编著 .—北京：社会科学文献出版社，1987.—452 页；19cm

经济发展与通货膨胀：拉丁美洲的理论和实践 / 陈舜英，吴国平，袁兴昌著 .—北京：中国财政经济出版社，1990.—270 页；19cm

拉丁美洲对外经济关系 / 陈芝芸等著 .—北京：世界知识出版社，1991.—308 页；20cm

拉丁美洲经济制度史论 / 韩琦著 .—北京：中国社会科学出版社，1996.—282 页；20cm

拉美地区一体化进程：拉美国家进行一体化的理论和实践 / 徐宝华，石瑞元著 .—北京：社会科学文献出版社，1996.—263 页；21cm

经济发展与社会公正：拉丁美洲的理论、实践、经验与教训 / 徐文渊，袁东振著 .—北京：经济管理出版社，1997.—186 页；18cm

拉美国家的经济改革 / 江时学主编 .—北京：经济管理出，1998.—236 页；20cm

拉美改革的得与失：美洲开发银行论拉丁美洲的经济改革 / 美洲开发银行著 .—北京：社会科学文献出版社，1999.—268 页；20cm

自然不可改良：经济全球化与环保科学 /〔巴西〕卢岑贝格著；黄凤祝译 .—北京：生活·读书·新知三联书店，1999.—111 页；21cm

拉丁美洲的经济发展 / 苏振兴主编 .—北京：经济管理出版社，2000.—432 页；20cm

漫漫探索路：拉美一体化的尝试 / 方幼封，曹珺著 .—上海：学林出版社，

2000.—234 页；20cm

西半球区域经济一体化研究 / 宋晓平著 .—北京：世界知识出版社，2001.
—294 页；21cm

一体化：西半球区域经济合作 / 李明德，宋晓平主编 .—北京：世界知识出版
社，2001.—468 页；21cm

21 世纪拉丁美洲经济发展大趋势 / 吴国平主编 .—北京：世界知识出版社，
2002.—429 页；21cm

经济增长、就业与公正：拉美国家改革开放的影响及其经验教训 / 〔美〕芭芭
拉·斯托林斯，〔美〕威尔逊·佩雷斯著；江时学等译 .—北京：中国社
会科学出版社，2002.—259 页；21cm

经济发展与社会公正：美洲开发银行关于拉美经济和社会进步的报告 / 美洲
开发银行著；林晶等译 .—北京：中国社会科学出版社，2002.—237 页；
21cm

金融全球化与发展中国家的经济安全：拉美国家的经验教训 / 江时学著 .—北
京：社会科学文献出版社，2004.—352 页；22cm

西半球的裂变：近代拉美与美国发展模式比较研究 / 刘文龙，朱鸿博著 .—上
海：上海辞书出版社，2005.—275 页；21cm

拉美国家现代化进程研究 / 苏振兴主编 .—北京：社会科学文献出版社，
2006.—668 页；22cm

寻求繁荣与秩序：当代世界经济与政治的政治学观察 / 王丽萍著 .—北京：北
京大学出版社，2006.—25 页；23cm

拉丁美洲的经济发展 / 苏振兴主编 .—北京：经济管理出版社，2007.—365 页；
24cm

拉丁美洲对外经济关系 / 陈芝芸等著 .—北京：社会科学文献出版社，2007.—
265 页；24cm

拉丁美洲国家经济发展战略研究 / 苏振兴，徐文渊主编 .—北京：经济管理出
版社，2007.—301 页；24cm

拉丁美洲经济政策的务实性 / 〔西、法〕哈维尔 . 桑蒂索（Javier Santiso）著；
高静等译 .—北京：世界知识出版社，2008.—160 页；21cm

新自由主义的兴起与衰落：拉丁美洲经济结构改革（1973-2003） / 陈平著 .

—北京：世界知识出版社，2008.—397 页；21cm

2008 年拉丁美洲经济展望 / 经济合作与发展组织发展中心主编；岳云霞等
译 .—北京：世界知识出版社，2009.—261 页；23cm

2009 年拉丁美洲经济展望 / 经济合作与发展组织发展中心主编；岳云霞等
译 .—北京：世界知识出版社，2009.—288 页；16cm

2010 年拉丁美洲经济展望 / 经济合作与发展组织发展中心主编；岳云霞等
译 .—北京：世界知识出版社，2010.—287 页；23cm

拉丁美洲经济概论 / 赵雪梅编著 .—北京：对外经济贸易大学出版社，2010.
—265 页；21cm

拉美国家的可治理性问题研究 / 袁东振主编 .—北京：当代世界出版社，
2010.—349 页；21cm

拉美国家社会转型期的困惑 / 苏振兴主编 .—北京：中国社会科学出版社，
2010.—565 页；24cm

2010 年拉丁美洲经济展望 / 经济合作与发展组织发展中心主编 .—北京：当代
世界出版社，2010.—347 页；24cm

2011 年拉丁美洲经济展望 / 经济合作与发展组织发展中心主编 .—北京：当代
世界出版社，2011.—231 页；24cm

未来之路：拉丁美洲基础设施管理——经济和发展报告 / 安第斯发展集团主
编 .—北京：当代世界出版社，2011.—398 页；24cm

2012 年拉丁美洲经济展望：面向发展的国家转型 / 经济合作与发展组织发展
中心，联合国拉美经委会主编 .—北京：当代世界出版社，2012.—194 页；
24cm

《拉美经委会评论》中文版特辑 / 拉丁美洲和加勒比经济委员会主编 .—北京：
中国发展出版社，2012.—273 页；24cm

中等收入陷阱：来自拉丁美洲的案例研究 / 郑秉文主编 .—北京：当代世界出
版社，2012.—409 页；21cm

2013 年拉丁美洲经济展望：面向结构调整的中小企业政策 / 经济合作与发
展组织发展中心，联合国拉美经委会主编 .—北京：知识产权出版社，
2013.—194 页；24cm

拉丁美洲的创业：从基本生存型到生产力变革型 / CAF– 拉丁美洲开发银行

主编；拉丁美洲研究所译 .—北京：知识产权出版社，2014.—237 页；
24cm

2014 年拉丁美洲经济展望：面向发展的物流与竞争力 / 经济合作与发展组织
发展中心，联合国拉美经委会主编；拉丁美洲研究所译 .—北京：知识产
权出版社，2014.—154 页；24cm

经济全球化条件下拉美地区经济一体化 / 许维力著 .—北京：对外经贸大学出
版社，2014.—146 页；24cm

2015 年拉丁美洲经济展望：面向发展的教育、技术和创新 / 经济合作与
发展组织发展中心，联合国拉美经委会，CAF- 拉丁美洲开发银行主
编；拉丁美洲研究所译 .—北京：知识产权出版社，2015.—252 页；
26cm

外围资本主义：危机与改造 / 〔阿根廷〕劳尔·普雷维什著；苏振兴，袁兴昌
译 .—北京：商务印书馆，2015.—392 页；21cm

部门经济

拉丁美洲农业 / 魏燕慎编著 .—北京：农业出版社，1984.—150 页；19cm

拉丁美洲热带木材 / 姜笑梅著 .—北京：中国林业出版社，1999.—333 页；
23cm

拉丁美洲若干国家矿业投资环境分析和比较研究 / 吴荣庆著 .—北京：中国大
地出版社，2001.—292 页；21cm

拉丁美洲农业的发展 / 冯秀文等著 .—北京：社会科学文献出版社，2002.—
470 页；20cm

拉丁美洲农业地理 / 何百根，梁文宇著 .—北京：商务印书馆，2003.—422 页；
21cm

拉丁美洲热带木材 / 姜笑梅，张立非，刘鹏编著 .—北京：中国林业出版社，
2008，2 版 .—438 页；21cm

建筑与都市——拉丁美洲新近建筑实践：城市、社会与景观 /《建筑与都
市》中文版编辑部编 .—武汉：华中科技大学出版社，2015.—200 页；
24cm

贸易经济

拉丁美洲商品问题：美国国际经济问题咨询社研究报告 / 北京编译社译 .—北京：世界知识出版社，1962.—182 页；20cm

拉丁美洲市场经济体制 / 贾根良主编 .—兰州：兰州大学出版社，1994.—250 页；21cm

拉丁美洲自由贸易协会 / 万赓年编 .—台北：非洲及拉丁美洲资料中心，1965.—85 页；20cm

世界各国商务指南. 第 4 卷：拉美卷 / 滕藤主编 .—北京：中国社会科学出版社，1996.—487 页；26cm

世界自由港和自由贸易区概论 / 郭信昌主编 .—北京：北京航空学院出版社，1987.—401 页；21cm

世界自由贸易区研究 / 李力主编 .—北京：改革出版社，1996.—518 页；21cm

拉丁美洲国家贸易政策体系 / 卢国正著 .—北京：中国商务出版社，2006.—369 页；23cm

资源诅咒与拉美国家初级产品出口型发展模式 / 赵丽红著 .—北京：当代世界出版社，2010.—296 页；21cm

区域国别商务环境研究系列丛书：拉丁美洲卷 / 赵雪梅主编 .—北京：对外经济贸易大学出版社，2012.—468 页；24cm

对外经贸关系

美国在拉丁美洲的企业和拉丁美洲的劳工：美国芝加哥大学经济发展与文化变革研究中心研究报告 / 国际关系研究所编译室译 .—北京：世界知识出版社，1962.—230 页；21cm

苏联与亚洲、非洲和拉丁美洲各国的对外贸易 / 苏联对外贸易部行情研究所原译；苏联对外贸易部行情科学研究院编；对外贸易部办公厅交际处译 .—北京：世界知识出版社，1960.—212 页；19cm

挑战与机遇：美洲贸易自由化研究 / 王晓德著 .—北京：中国社会科学出版社，2001.—456 页；21cm

财政　金融

拉丁美洲外债简论 / 张宝宇，周子勤，吕银春著 .—北京：社会科学文献出版
　　社，1993.—278 页；20cm

世界各国贸易和投资指南（拉丁美洲国家分册）/ 吴仪主编 .—北京：经济管
　　理出版社，1995.—260 页；21cm

外国资本与拉丁美洲国家的发展：**历史沿革的考察** / 郝名玮，冯秀文，钱明德
　　著 .—北京：东方出版社，1998.—262 页；20cm

银行业与发展：**拉美的危机与改革** / 美洲开发银行著；高静等译 .—北京：世
　　界知识出版社，2007.—370 页；21cm

全球金融危机：**挑战与选择** / 吴国平主编 .—北京：当代世界出版社，2010.—
　　423 页；21cm

面向发展：**推动拉丁美洲金融服务的可获性** / CAF– 拉丁美洲开发银行著 .—
　　北京：当代世界出版社，2012.—363 页；24cm

资本项目开放与金融稳定：**拉美国家的经验与启示** / 黄志龙著 .—北京：中国
　　经济出版社，2012.—238 页；24cm

拉美国家扶贫政策研究：**有条件现金转移支付计划** / 郑皓瑜著 .—北京：对外
　　经济贸易大学出版社，2013.—221 页；23cm

面向发展的公共财政：**加强收入与支出之间的联系** /CAF– 拉丁美洲开发银行
　　编 .—北京：知识产权出版社，2013.—319 页；23cm

文化　教育

拉丁美洲通讯集（第一辑）/ 世界知识出版社编辑 .—北京：世界知识出版社，
　　1960.—91 页；19cm

拉丁美洲通讯集（第二辑）/ 世界知识出版社编辑 .—北京：世界知识出版社，
　　1961.—91 页；20cm

拉丁美洲国家的教育 / 陈作彬，石瑞元编 .—北京：人民教育出版社，1985.—
　　238 页；20cm

拉丁美洲的文明与文化 / 〔秘鲁〕欧亨尼奥·陈－罗德里格斯（E. Chang-Rodriguez）著；白凤森等译 .—北京：商务印书馆，1990.—345 页；20cm

战后拉丁美洲教育研究 / 曾昭耀，石瑞元，焦震衡主编 .—南昌：江西教育出版社，1994.—491 页；21cm

拉美文化璀璨之谜 / 龙芳等著 .—北京：解放军文艺出版社，1995.—268 页；19cm

拉丁美洲文化概论 / 刘文龙著 .—上海：复旦大学出版社，1996.—359 页；21cm

拉美文化与现代化 / 钱明德，金计初著 .—沈阳：辽海出版社，1999.—283 页；21cm

亚非拉十国高等教育 / 王留栓编著 .—上海：学林出版社，2001.—347 页；21cm

拉丁美洲的科学技术 / 李明德，宋霞，高静著 .—北京：世界知识出版社，2006.—548 页；21cm

涅槃与新生：拉美文化的面貌与精神 / 王松霞，王传龙编著 .—北京：中国水利水电出版社，2006.—210 页；24cm

世界一流大学：亚洲和拉美国家的实践 / 菲利普·阿特巴赫，乔治·巴兰主编；吴燕，宋吉缮等校译 .—上海：上海交通大学出版社，2008.—253 页；24cm

拉美文化概论 / 李多编著 .—上海：上海外语教育出版社，2009.—210 页；24cm

拉丁美洲的高等教育：国际化的维度 / 〔荷〕德维特等著；李锋亮，石邦宏，陈彬莉译 .—北京：教育科学出版社，2010.—359 页；23cm

西班牙——拉美文化概论 / 朱凯主编 .—北京：北京大学出版社，2010.—355 页；24cm

跨国语境下的美洲华裔文学与文化研究 / 程爱民，赵文书主编 .—南京：南京大学出版社，2011.—345 页；23cm

拉美经商必备：文化、习俗与礼仪 / 〔美〕凯文·迈克尔·迪兰（Kevin Michael Diran）著；赵银德等译 .—北京：机械工业出版社，2012.—193 页；24cm

拉丁美洲文化与现代化 / 韩琦主编 .—北京：社会科学文献出版社，2013.—390 页；24cm

外国影人录：西班牙、葡萄牙、拉丁美洲部分 / 冯由礼编 .—北京：中国电影
出版社，1990.—444 页；19cm

当代拉丁美洲小说集 / 郑树森编 .—台北：联合文学出版社，1992.—299 页；
21cm

我承认，我历尽沧桑 / 朱景冬编选 .—北京：中国社会科学出版社，1993.—400 页；
21cm

拉丁美洲诗集 / 申宝楼等译 .—北京：外语教学与研究出版社，1994.—481 页；
23cm

拉美四作家作品精粹 /〔哥伦比亚〕加西亚·马尔克斯等著；陈叙敏等选编 .—
石家庄：河北教育出版社，1994.—575 页；20cm

拉丁美洲诗集 / 博尔赫斯等著；北京拉丁美洲使团，外语教学与研究出版社
编 .—北京：外语教学与研究出版社，1994.—481 页；21cm

略论拉丁美洲文学 / 方瑛著 .—北京：北京语言学院出版社，1994.—115 页；
20cm

拉美当代小说流派 / 陈众议著 .—北京：社会科学文献出版社，1995.—280 页；
21cm

拉美四作家作品精粹 /〔哥伦比亚〕加西亚·马尔克斯等著；陈叙敏等选编 .—
石家庄：河北教育出版社，1995，2 版 .—575 页；20cm

拉丁美洲短篇小说选 / 陈光孚，刘存沛编 .—昆明：云南人民出版社，1996.
—691 页；21cm

拉美文学流派的嬗变与趋势 / 李德恩著 .—上海：上海译文出版社，1996.—343 页；
21cm

拉丁美洲文学选集 / 郑书九，常世儒编 .—北京：外语教学与研究出版社，
1997.—959 页；20cm

拉美短篇小说大师：基罗加作品选 /〔乌拉圭〕奥拉西奥·基罗加著；林光
译 .—昆明：云南人民出版社，1997.—291 页；20cm

拉美西葡文学大家精品丛书（1）（插图本） / 林之木等译；联合国教科文组
织墨西哥经济文化基金会编 .—昆明：云南人民出版社，1998.—615 页；
20cm

丰饶的苦难：拉丁美洲笔记 / 索飒著 .—昆明：云南人民出版社，1998.—412 页；

20cm

现代拉丁美洲艺术 / 啸声著 .—南昌：江西美术出版社，1998.—127 页；29cm

幽香的番石榴：拉美书话 / 徐玉明选编 .—南昌：江西教育出版社，1999. —262 页；21cm

拉美电影与社会变迁 / Julianne Burton 著；迷走译 .—台北：国家电影资料馆，2000.—383 页；24cm

安第斯山上的神鹰：诺贝尔奖与魔幻现实主义 / 段若川著 .—武汉：武汉出版社，2000.—275 页；20cm

名家点评外国小说中学生读本（插图本）：亚·非·拉小说卷 / 柳鸣九主编 .— 济南：山东画报出版社，2000.—369 页；19cm

我们看拉美文学 / 赵德明主编 .—昆明：云南人民出版社，2000.—273 页；21cm

奥尔梅克的发现 / 许辉著 .—昆明：云南人民出版社，2001.—125 页；21cm

拉丁美洲文学史 / 赵德明，赵振江，孙成敖，段若川编著 .—北京：北京大学出版社，2001.—589 页；20cm

20 世纪拉丁美洲美术 / 李建群著 .—长沙：湖南美术出版社，2002.—92 页；21cm

安第斯之谜：寻找黄金国 / 〔美〕戴尔·布朗（Dale M. Brown）主编；陈雪松译 .—北京：华夏出版社，2002.—198 页；22cm

20 世纪拉丁美洲小说 / 赵德明著 .—昆明：云南人民出版社，2003.—589 页；21cm

丰饶的苦难：拉丁美洲笔记 / 索飒著 .—桂林：广西师范大学出版社，2003. —340 页；22cm

拉丁美洲音乐 / 陈自明编著 .—北京：人民教育出版社，2003.—265 页；21cm

拉美·英伦·女性主义：外国美术史丛谈 / 李建群著 .—北京：中国人民大学出版社，2004.—238 页；24cm

拉丁美洲小说史 / 朱景冬主编 .—天津：百花文艺出版社，2004.—608 页；21cm

爱上加勒比海的云云 / 杨耘云著 .—北京：文化艺术出版社，2005.—149 页；21cm

彼岸潮涌：拉丁美洲随笔 / 索飒著 .—香港：大风出版社，2007.—279 页；
　　23cm

拉丁美洲散文诗选 /〔尼加拉瓜〕卢本·达里奥等著；陈实译 .—广州：花城
　　出版社，2007.—141 页；21cm

拉丁美洲文学大花园 / 赵振江，滕威，胡续冬著 .—武汉：湖北教育出版社，
　　2007.—248 页；24cm

流散族群的身份建构：当代加勒比英语文学研究 / 张德明著 .—杭州：浙江大
　　学出版社，2007.—240 页；24cm

血祭之城 /〔英〕彼得·阿克罗伊德（Peter Ackroyd）著；周继岚译 .—北京：
　　生活·读书·新知三联书店，2007.—142 页；23cm

透过神鹰的眼睛——鸟瞰拉美 /〔美〕哈斯摄；张昊译 .—北京：中国旅游出
　　版社，2007.—232 页；39cm

镜中的孤独迷宫 / 范晔主编 .—北京：中国华侨出版社，2007.—259 页；21cm

魔幻现实主义与新时期中国小说 / 陈黎明著 .—石家庄：河北大学出版社，
　　2008.—253 页；23cm

政治变革与小说形成的演进：卡尔维诺、昆德拉和三位拉丁美洲作家 / 裴亚莉
　　著 .—北京：中国社会科学出版社，2008.—304 页；21cm

拉美文学史（插图本）/ 李德恩，孙成敖编著 .—北京：北京大学出版社，2009.
　　—225 页；23cm

拉丁风格 / 艾伦编 .—沈阳：辽宁科学技术出版社，2009.—255 页；29cm

拉丁美洲文学名著便览 / 陆经生主编 .—上海：上海外语教育出版社，2009.
　　—303 页；19cm

塞万提斯评传 / 朱景冬著 .—天津：百花文艺出版社，2009.—218 页；21cm

拉丁美洲音乐文化 / 王雪著 .—北京：人民音乐出版社，2009.—412 页；21cm

拉美文学流派与文化 / 李德恩著 .—上海：上海外语教育出版社，2010.—375 页；
　　21cm

拉美散文经典 / 谢大光主编 .—上海：学林出版社，2011.—247 页；24cm

"边境"之南：拉丁美洲文学汉译与中国当代文学（1949-1999）/ 腾威著 .—北
　　京：北京大学出版社，2011.—184 页；23cm

拉丁美洲散文经典 / 谢大光主编 .—上海：上海学林出版社，2011.—247 页；

24cm

拉丁美洲短篇小说之父：奥拉西奥·基罗加 / 朱景冬著 .—北京：社会科学文献出版社，2012.—260 页；26cm

当代拉美文学研究 / 朱景冬著 .—北京：社会科学文献出版社，2012.—387 页；24cm

拉丁美洲"文学爆炸"后小说研究 / 郑书九等著 .—北京：商务印书馆，2013.—316 页；24cm

一桩事先张扬的凶杀案 / 〔哥伦比亚〕加西亚·马尔克斯著；魏然译 .—海口：南海出版公司，2013.—128 页；22cm

钢琴：拉丁美洲卷 / 李丹阳编著 .—上海：上海音乐学院出版社，2013.—176 页；36.8cm

当代美国拉美裔文学研究 / 李保杰著 .—济南：山东大学出版社，2014.—333 页；24cm

戏剧的毒药：西班牙及拉丁美洲现代戏剧选 / 〔墨〕萨宾娜·贝尔曼等著；马政红译 .—上海：上海人民出版社，2015.—360 页；24cm

当代外国文学纪事（1980-2000）·拉丁美洲卷（上下卷） / 金莉总主编；郑书九主编 .—北京：商务印书馆，2015.—1166 页（2 册）；24cm

匆匆半生路：拉丁美洲最新短篇小说集 / 〔哥伦比亚〕阿法纳多尔编；大连外国语大学译 .—北京：中央编译出版社，2015.—219 页；24cm

大陆碰撞大陆：拉丁美洲小说与20世纪晚期以来的中国小说 / 邱华栋 .—北京：华文出版社，2015.—278 页；24cm

更广阔的地域视野：拉丁美洲景观 / 希梅娜·马丁吉奥尼（Jimena Martignoni）著 .—大连：大连理工大学出版社，2015.—315 页；21cm

历史　地理

中美洲和西印度群岛 / 〔美〕卡奔德（F. G. Carpenter）著；华超译 .—上海：商务印书馆，1935.—328 页；19cm

中南美洲谈薮 / 陶菊隐编译 .—上海：中华书局，1940.—130 页；19cm

拉丁美洲内幕（上册） / 〔美〕约翰·干瑟（John Gunther）著；狄秋译 .—重庆：

五十年代出版社，1944.—260 页；20cm

拉丁美洲内幕（下册）/〔美〕约翰·干瑟（John Gunther）著；狄秋译 .—重庆：
五十年代出版社，1944.—260 页；20cm

拉丁美洲内幕（上卷）/〔美〕约翰·干瑟（J.Gunther）著；戴尔卿译 .—重庆：
时与潮社，1944.—351 页；20cm

拉丁美洲内幕（下卷）/〔美〕约翰·干瑟（J.Gunther）著；戴尔卿译 .—重庆：
时与潮社，1944.—352–710 页；20cm

拉丁美洲 / 芮乔松著 .—上海：上海春明出版社，1952

战后殖民地半殖民地人民的解放斗争 / 彭世桢著 .—北京：世界知识社，
1954.—127 页；18cm

巴西、玻利维亚、危地马拉的反美解放斗争 / 洪育沂著 .—上海：上海人民出
版社，1958.—141 页；20cm

拉丁美洲民族解放斗争简史 / 南开大学历史系世界史教研组编 .—天津：天津
人民出版社，1958.—190 页；19cm

拉丁美洲民族解放斗争大事简记 / 南开大学历史系编 .—天津：天津人民出版
社，1959.—101 页；19cm

美国的"后院"变成了反美的最前线：当前拉丁美洲蓬勃发展的民族民主运
动 / 雪舟编著 .—保定：河北人民出版社，1959.—54 页；19cm

阴暗的河流 /〔阿根廷〕伐莱拉·A.（Varela Alfredo）著；柯青译 .—北京：人
民文学出版社，1959.—224 页；21cm

拉丁美洲各国人民解放运动译文集 /〔苏联〕恰古年柯等著；翟世雄等译 .—北
京：人民教育出版社，1960.—245 页；21cm

拉丁美洲旅行记 /〔智〕万徒勒里著文作画；吴名祺译 .—北京：世界知识出
版社，1960.—43 页；19cm

中南美风光 / 屈武圻著 .—香港：章记公司，1962.—101 页；20cm

拉丁美洲民族民主运动概况：民族解放运动资料汇编之二 / 中共中央对外联络
部印 .—北京：中国地图出版社，1963.—217 页；19cm

战后民族解放运动史 . 第一卷，1945-1949 / 外交学院世界史和民族解放运动
史教研室编 .—北京：外交学院出版，1965.—412 页；21cm

拉丁美洲及北美洲 / 地图出版社供稿 .—北京：商务印书馆，1972.—63 页；

19cm

拉丁美洲国家史稿（上册）/ 李春辉著 .—北京：商务印书馆，1973.— 309 页；
21cm

拉丁美洲国家史稿（下册）/ 李春辉著 .—北京：商务印书馆，1973.— 311-
767 页；21cm

拉丁美洲史（第一册）/〔美〕艾・巴・托马斯（Alfred Barnaby Thomas）著；
寿进文译 .—北京：商务印书馆，1973.— 406 页；21cm

拉丁美洲史（第二册）/〔美〕艾・巴・托马斯（Alfred Barnaby Thomas）著；
寿进文译 .—北京：商务印书馆，1973.— 407-832 页；21cm

拉丁美洲史（第三册）/〔美〕艾・巴・托马斯（Alfred Barnaby Thomas）著；
寿进文译 .—北京：商务印书馆，1973.— 833-1254 页；21cm

拉丁美洲史（第四册）/〔美〕艾・巴・托马斯（Alfred Barnaby Thomas）著；
寿进文译 .—北京：商务印书馆，1973.— 481 页；20cm

拉丁美洲独立战争 / 金重远编 .—北京：商务印书馆，1974.— 42 页；18cm

拉丁美洲独立运动中的几个英雄人物 / 山东师范学院政史系编 .—北京：人民
出版社，1977.— 131 页；19cm

世界风物志（20）：拉丁美洲（1）/ 世界文明史・世界风物志联合编译小组
编译 .—台北：地球出版社，1978.— 250 页；30cm

世界风物志（21）：拉丁美洲（2）/ 世界文明史・世界风物志联合编译小组
编译 .—台北：地球出版社，1978.— 224 页；30cm

拉丁美洲的解放者 /〔美〕鲍勃（Bob），扬（J. Young）著；黄士康，汤柏生
译 .—北京：商务印书馆，1979.— 188 页；19cm

拉丁美洲散记 / 朱夜著 .—台北：洪范书店，1979.— 222 页；21cm

拉丁美洲地理透视 /〔英〕哈罗德・布莱克莫尔（Blakemore Harold），克利福
德・T. 史密斯（Smith Clifford T.）编；复旦大学历史系拉丁美洲研究室，
上海师范大学地理系译 .—上海：上海译文出版社，1980.— 520 页；26cm

大木筏：亚马孙河万里游记 /〔法〕儒勒・凡尔纳（J. Verne）著；万美君等
译 .—北京：科学普及出版社，1981.— 392 页；19cm

拉丁美洲各国民族概况（上）：墨西哥中美洲大小安的列斯群岛 / 朱伦编
译，—北京：中国社会科学院民族研究所，1981.— 246 页；19cm

拉丁美洲各国民族概况（中）：哥伦比亚 委内瑞拉 圭亚那 巴西 厄瓜多尔 秘鲁 / 朱伦编译 .—北京：中国社会科学院民族研究所，1981.—247–534 页；19cm

拉丁美洲各国民族概况（下）：玻利维亚 智利 阿根廷 巴拉圭 乌拉圭 / 朱伦编译 .—北京：中国社会科学院民族研究所，1981.—535–765 页；19cm

拉丁美洲经济的发展：从西班牙征服到古巴革命 /〔巴西〕塞尔索·富尔塔多（Celso Furtado）著；徐世澄等译 .—上海：上海译文出版社，1981.—291 页；19cm

拉美风情录 / 张虎生等著 .—北京：世界知识出版社，1981.—200 页；19cm

拉美奇趣录 / 丁玫辑 .—长沙：湖南科学技术出版社，1981.—244 页；19cm

拉丁美洲动物猎奇 / 卢云亭编 .—北京：北京师范大学出版社，1982.—155 页；20cm

资本主义与奴隶制度 /〔特立尼达 – 多巴哥〕艾里克·威廉斯（E. Williams）著；陆志宝等译 .—北京：北京师范大学出版社，1982.—268 页；21cm

古代南美洲的印加文化 / 刘文龙 .—北京：商务印书馆，1983.—55 页；19cm

拉丁美洲史稿上卷（全两册）/ 李春辉著 .—北京：商务印书馆，1983.—367 页；21cm

华工出国史料汇编（第六辑）：拉丁美洲华工 / 陈翰笙主编 .—北京：中华书局，1984.—300 页；21cm

异国风情录 / 俞松年，章汝荣，曹宠编译 .—北京：科学技术文献出版社，1984.—348 页；19cm

列国志：拉丁美洲 / 中国社会科学院拉丁美洲研究所《拉丁美洲丛刊》编辑部编 .—重庆：重庆出版社，1985.—251 页；19cm

民族解放运动史：1775-1945 / 梁守德等著 .—北京：北京大学出版社，1985.—482 页；20cm

拉丁美洲史论文集 / 中国拉丁美洲史研究会编 .—北京：东方出版社，1986.—253 页；20cm

拉丁美洲概览 /〔苏〕维·沃尔斯基主编；孙士明等摘译 .—北京：中国社会科学出版社，1987.—818 页；20cm

世界百科全书（18）：美洲（2）/ 光复书局编辑部编 .—台北：光复书局，

1987.—239 页；30cm

世界百科全书（19）：美洲（3） / 光复书局编辑部编 .—台北：光复书局，1987.—239 页；30cm

简明拉丁美洲史 / 〔美〕E. 布拉德福德·伯恩斯著；王宁坤译 .—长沙：湖南教育出版社，1989.—426 页；21cm

战后亚非拉民族民主运动 / 梁守德，陈峰君，王杰主编 .—北京：北京大学出版社，1989.—397 页；20cm

拉丁美洲史稿（第三卷） / 李春辉，苏振兴，徐世澄主编 .—北京：商务印书馆，1993.—685 页；21cm

印卡王室述评 / 〔秘〕印卡·加西拉索·德拉维加（Inca Garcilaso de la Vega）著；白凤森，杨衍永译 .—北京：商务印书馆，1993.—777 页；20cm

冲突与合作：美国与拉丁美洲关系的历史考察 / 洪国起，王晓德著 .—太原：山西高校联合出版社，1994.—407 页；20cm

拉丁美洲：历史与现状 / 胡世建编著 .—北京：旅游教育出版社，1994.—254 页；18cm

世界华侨华人概况：欧洲、美洲卷 / 刘汉标，张兴汉编著 .—广州：暨南大学出版社，1994.—402 页；20cm

拉美国际关系史纲 / 洪育沂主编 .—北京：外语教学与研究出版社，1996.—553 页；20cm

帝国主义与依附 / 〔巴西〕特奥托尼奥·多斯桑托斯（Theotonio dos santos）著；毛金里等译 .—北京：社会科学文献出版社，1999.—501 页；20cm

拉丁美洲：从印第安文明到现代化 / 张家哲著 .—北京：中国青年出版社，1999.—420 页；19cm

拉丁美洲文明 / 郝名玮，徐世澄著 .—北京：中国社会科学出版社，1999.—444 页；20cm

天之镜1：中南美洲与埃及秘境探奇 / 葛瑞姆·汉卡克著；周健等译 .—台北：台湾先智出版事业股份有限公司，2000.—319 页；20cm

拉丁美洲史稿（上卷·一） / 李春辉等主编 .—北京：商务印书馆，2001，2 版 .—367 页；20cm

拉丁美洲史稿（上卷·二） / 李春辉等主编 .—北京：商务印书馆，2001，2 版 .—

368–878 页；20cm

拉丁美洲史稿（下卷）/ 李春辉等主编 .—北京：商务印书馆，2001，2 版 .
　—685 页；20cm

身临其境亚马孙 / 张树义著 .—天津：新蕾出版社，2001.—250 页；20cm

亚马孙雨林：人间最后的伊甸园 /〔法〕Alain Gheerbrant 著；何敬业译 .—上海：
　上海世纪出版集团，2001.—195 页；18cm

玻利维亚　巴拉圭　圭亚那　苏里南　法属圭亚那（世界分国地图）/ 周敏主
　编 .—北京：地图出版社，2002.—1 页；37cm

拉丁美洲探险 /〔美〕克莱尔·霍沃斯–麦登著；贾磊译 .—济南：山东画报出
　版社，2002—86 页；21cm

神奇的拉丁美洲 / 郝名玮，徐世澄著 .—上海：上海文艺出版社，2002.—309 页；
　20cm

拉丁美洲思想史述略 / 索萨著 .—昆明：云南人民出版社，2003.—452 页；
　21cm

拉美亲历记 / 朱祥忠著 .—成都：四川人民出版社，2004.—429 页；21cm

拉美五国之旅：墨西哥·巴西·阿根廷·智利·秘鲁 / 郑品刚著 .—汕头：汕
　头大学出版社，2005.—251 页；19cm

亚马逊——复活的喜悦 / 余会军，关治著 .—兰州：甘肃文化出版社，2005.
　—192 页；22cm

古玛雅简史 / 许海山主编 .—北京：中国言实出版社，2006.—369 页；21cm

拉丁美洲流域管理：亚马逊河流域、普拉塔河流域、圣弗朗西斯科河流域 /〔加〕
　彼斯瓦斯（Biswas A. K.）编著；刘正兵等译 .—河南：黄河水利出版社，
　2006.—292 页；21cm

亚马孙河：生命王国之旅 / 金计初、钱明德编著 .—郑州：黄河水利出版社，
　2006.—199 页；21cm

走遍全球——阿根廷·智利·巴拉圭·乌拉圭 / 日本大宝石出版社编著，孟琳
　等译 .—北京：中国旅游出版社，2006.—516 页；21cm

走遍全球——巴西　委内瑞拉 / 日本大宝石出版社编著；王路漫译；—北京：
　中国旅游出版社，2006.—470 页；21cm

环球国家地理：非洲　北美洲　南美洲　两极地区 / 陆大道主编；中国地理学

会编 .—郑州：大象出版社，2007.—223 页；24cm

加勒比海 / 日本大宝石出版社原著；张雪荣，杨探华译 .—北京：中国旅游出版社，2007.—416 页；21cm

拉丁美洲史 /〔美〕谢里尔·E.马丁（Martin,C.E.），马可·瓦塞尔曼（Wasserman M.）著；黄磷译 .—海南：海南出版社、三环出版社，2007.—470 页；24cm

全世界最棒的 1000 个地方（美洲卷）/ 派翠西亚·舒兹（Palricia Schultz）著；张琰等译 .—台北：阅读地球文化事业有限公司，2007.—386 页；23cm

亚马孙河 /〔英〕西蒙·斯库恩斯著；魏燕译 .—北京：商务印书馆，2007.—48 页；27cm

拉丁美洲文明（修订插图本）/ 郝名玮，徐世澄著 .—福州：福建教育出版社，2008.—356 页；23cm

阿智玻秘：南美四国精选自助游 /〔马来〕曾素音著 .—北京：中国青年出版社，2009.—237 页；19cm

简明拉丁美洲史 /〔美〕伯恩斯，查利普著；王宁坤译 .—北京：世界图书出版公司，2009.—384 页；21cm

简明拉丁美洲史：拉丁美洲现代化进程的诠释 /〔美〕E.布拉德福德·伯恩斯（E. Bradford Burns），朱莉·阿·查利普（Julie A. Charlip）著；王宁坤译 .—北京：世界图书出版公司北京分公司，2009.—385 页；23cm

拉丁美洲简史 / 张家唐著 .—北京：人民出版社，2009.—379 页；21cm

So cute！南美印加秘境手绘旅行 /〔韩〕苏重爱著；金振杰，王洁清译 .—北京：旅游教育出版社，2010.—167 页；21cm

拉丁美洲革命现场：一个香港独立女记者的真相之路 / 张翠容著 .—北京：法律出版社，2010.—366 页；21cm

拉丁美洲史 / 林被甸，董经胜著 .—北京：人民出版社，2010.—619 页；24cm

世界现代化历程（拉美卷）/ 钱乘旦总主编；韩琦卷主编 .—南京：江苏人民出版社，2010.—534 页；23cm

复活节岛巨石之谜：考古学家也想知道的巨石文明消失之谜 / 朱利奥·迪马蒂诺著；刘儒庭译 .—台中：晨星出版有限公司，2010.—137 页；23cm

撼动 2012，揭开神秘的马雅文明 / 丁朝阳编著 .—台北：采竹文化事业有限公

司，2011.—282 页；23cm

文明古国财经故事：金融微澜，拉丁美洲脆弱的握手 / 江晓美著 .—北京：中国科学技术出版社，2011.—200 页；24cm

大话拉美五百年：邀您领略地球另一端的风云变幻 / 孙世龙著 .—北京：中国政法大学出版社，2012.—396 页；23cm

间隔年：浪迹拉美（遇见不一样的自己）/ 龙泓全著 .—北京：中国轻工业出版社，2012.—293 页；21cm

拉丁美洲华侨华人移民史、社团与文化活动远眺（上册）/ 高伟浓著 .—广州：暨南大学出版社，2012.—285 页；24cm

拉丁美洲华侨华人移民史、社团与文化活动远眺（下册）/ 高伟浓著 .—广州：暨南大学出版社，2012.—221 页；24cm

摩托日记：拉丁美洲游记 /〔古巴〕切·格瓦拉（Che Guevara）著；王绍祥译 .—上海：上海译文出版社，2012.—277 页；21cm

世界现代化历程（北美卷）/ 钱乘旦总主编；丁见民等著 .—南京：江苏人民出版社，2012，2 版 .—495 页；23cm

世界现代化历程（拉美卷）/ 钱乘旦总主编；王萍等卷编 .—南京：江苏人民出版社，2012，2 版 .—534 页；23cm

图说世界（7）帝国的黄昏：反殖民中觉醒的亚非拉美 /〔德〕克劳斯·伯恩德尔等编著；黄洋等译，—昆明：云南人民出版社，2012.—215 页；23cm

拉美经商必备：文化、习俗与礼仪 /〔美〕凯文·迈克尔·迪兰（Kevin Michael Diran）著；赵银德等译 .—北京：机械工业出版社，2012.—193 页；24cm

间隔年·浪迹拉美：遇见不一样的自己 / 龙泓全著 .—北京：中国轻工业出版社，2013.—264 页；21cm

拉丁美洲史（1900 年以前）/〔美〕本杰明·吉恩，凯斯·海恩斯著；孙洪波，王晓红，郑新广译；张家哲译校 .—上海：东方出版中心，2013.—467 页；24cm

一路向南·拉美篇：我的拉美摩托车日记 / 谷岳著 .—北京：中信出版社，2013.—230 页；24cm

拉美寻美 / 袁南生著 .—北京：中国社会科学出版社，2014.—383 页；24cm

剑桥拉丁美洲史（第一卷）/〔英〕莱斯利·贝瑟尔（Leslie Bethell）主编；中
　　国社会科学院拉丁美洲研究所组译 .—北京：经济管理出版社，1995.—
　　660 页；20cm

剑桥拉丁美洲史（第二卷）/〔英〕莱斯利·贝瑟尔（Leslie Bethell）主编；中
　　国社会科学院拉丁美洲研究所组译 .—北京：经济管理出版社，1997.—
　　992 页；20cm

剑桥拉丁美洲史（第三卷）：从独立到大约 1870 年 /〔英〕莱斯利·贝瑟尔
　　（Leslie Bethell）主编；中国社会科学院拉丁美洲研究所组译 .—北京：社
　　会科学文献出版社，1994.—1046 页；20cm

剑桥拉丁美洲史（第四卷）：约 1870~1930 /〔英〕莱斯利·贝瑟尔（Leslie
　　Bethell）主编；涂光楠译 .—北京：社会科学文献出版社，1991.—735 页；
　　20cm

剑桥拉丁美洲史（第五卷）：约 1870~1930 /〔英〕莱斯利·贝瑟尔（Leslie
　　Bethell）主编；胡毓鼎等译 .—北京：社会科学文献出版社，1992.—1017
　　页；20cm

剑桥拉丁美洲史（第六卷）：1930 年至 1990 年的拉美经济与社会（上）/〔英〕
　　莱斯利·贝瑟尔（Leslie Bethell）主编；中国社会科学院拉丁美洲研究所
　　组译 .—北京：当代世界出版社，2000.—703 页；21cm

剑桥拉丁美洲史（第六卷）：1930 年至 1990 年的拉美政治与社会（下）/〔英〕
　　莱斯利·贝瑟尔（Leslie Bethell）主编；中国社会科学院拉丁美洲研究所
　　组译 .—北京：当代世界出版社，2001.—1016 页；21cm

剑桥拉丁美洲史（第七卷）/〔英〕莱斯利·贝瑟尔（Leslie Bethell）主编；中
　　国社会科学院拉丁美洲研究所组译 .—北京：经济管理出版社，1996.—
　　878 页；20cm

剑桥拉丁美洲史（第八卷）/〔英〕莱斯利·贝瑟尔（Leslie Bethell）主编；中
　　国社会科学院拉丁美洲研究所组译 .—北京：经济管理出版社，1997.—
　　1016 页；20cm

剑桥拉丁美洲史（第九卷）：1930 年以来的巴西 /〔英〕莱斯利·贝瑟尔主编；
　　吴洪英等译 .—北京：当代中国出版社，2013.—824 页；22cm

剑桥拉丁美洲史（第十卷）：1930 年以来的拉丁美洲：思想、文化和社会 /
　　〔英〕莱斯利·贝瑟尔（Leslie Bethell）主编；中国社会科学院拉丁美洲
　　研究所组译 .—北京：当代世界出版社，2003.—734 页；21cm

现代拉丁美洲 /〔美〕斯基德莫尔，史密斯，格林著；张森根，岳云霞译 .—
　　北京：当代中国出版社，2014.—501 页；24cm

印第安人史话

印第安人兴衰史 /〔美〕马克劳德（W. C. Macleod）著；吴泽霖，苏希轼译 .—
　　上海：商务印书馆，1947.—1 册；20cm

印第安人兴衰史 /〔美〕马克劳德（W. C. Macleod）著；吴泽霖，苏希轼译 .
　　—台北：商务印书馆，1947.—448 页；21cm

美洲印第安人 / 苏联科学院米克鲁霍 – 马克来民族学研究所著；史国纲译 .
　　—北京：生活·读书·新知三联书店，1960.—378 页；20cm

印第安人、黑人和阿拉伯人 /〔德〕恩·巴尔奇著；刘昭明，许昌菊译 .—北
　　京：中国青年出版社，1962.—253 页；19cm

古代印第安人 / 郑国著 .—郑州：河南人民出版社，1980.—80 页；19cm

印第安人史话 / 任雪芳著 .—北京：商务印书馆，1981.—56 页；19cm

印第安人兴衰史 /〔美〕马克劳德（W. C. Macleod）著；吴君译 .—台北：广
　　文书局，1981.—448 页；21cm

古代印第安人 / 郑国著 .—郑州：河南人民出版社，1982，2 版 .—80 页；19cm

美洲印第安人史略 / 刘明翰，张志宏著 .—北京：生活·读书·新知三联书店，
　　1982.—189 页；20cm

印第安人传奇 / 任雪芳，裴慧敏著 .—重庆：重庆出版社，1984.—150 页；
　　19cm

印第安神话和传说 / 阿平译 .—北京：中国民间文艺出版社，1985.—183 页；
　　19cm

美洲印第安人与伊女伊人探秘 / 杨国章著 .—北京：中国国际广播出版社，
　　1990.—298 页

印第安人的保护者拉斯·卡萨斯 / 孙家堃著 .—北京：商务印书馆，1994.—61

页；19cm

印第安神话故事 / 萧风编译 .—北京：宗教文化出版社，1998.—372 页；20cm

美洲印第安宗教与文化 / 洪学敏，张振洲著 .—北京：中央民族大学出版社，1999.—195 页；21cm

印第安人：血与火洗礼的民族 / 余中先编 .—重庆：重庆出版社，1999.—109 页

印第安文明沉浮录 / 詹全友著 .—成都：四川人民出版社，1999.—356 页；20cm

印第安人咒语 / 〔美〕阿尔弗莱德·希区柯克（Alfred Hitchcock）著；张章编译 .—北京：中国电影出版社，2000.—408 页；20cm

美洲印第安人自述史试编 / 乔治·E. 西维（Georges E. Sioui）著；徐炳勋等译 .—呼和浩特：内蒙古大学出版社，2000.—143 页；21cm

印第安人：红皮肤的大地 / 〔法〕Philippe Jacquin 著；余中先译 .—上海：汉语大词典出版社，2001.—195 页；18cm

美洲印第安人与中国北方民族文化对比研究 / 徐炳勋著 .—呼和浩特：内蒙古大学出版社，2003.—338 页

美洲印第安艺术 / 张荣生编著 .—石家庄：河北教育出版社，2003.—280 页；21cm

印第安人 / 〔英〕布勒著；仝亚辉译 .—南昌：二十一世纪出版社，2003.—96 页

美洲印第安人的文化 / 艾文·约瑟斐著；贾士蘅译 .—台北：台湾商务印书馆，2004.—472 页

印地安人的颂歌：中国人类学家对拿瓦侯、祖尼、玛雅等北美原住民族的研究 / 乔健编著 .—桂林：广西师范大学出版社，2004.—262 页；21cm

印第安民族运动史 / 马全忠著 .—台北：联经出版事业股份有限公司，2008.—307 页；21cm

印第安人 / 李玉君编著 .—北京：东方出版社，2008.—223 页；21cm

乌鸦印第安人 / 〔美〕罗伯特·亨利·路威（Robert H. Lowie）著；冉凡，C. Fred Blake 译 .—北京：民族出版社，2009.—480页；21cm

印第安人 / 〔德〕茨格内·蔡勒尔（Signe Seiler）文；约尔恩·汉尼西（Jorn

Hennig)，弗兰克·克里门特（Frank Kliemt）图；马立东译.—武汉：湖北教育出版社，2010.—48 页；28cm

艺术为证之印第安人 /〔英〕布兰登·詹纽尔里（Brendan January）著；简悦译.—天津：天津教育出版社，2011.—45 页；24cm

印第安人为什么会插羽毛？——令人惊叹的印第安人 / 德国 Christophorus 出版集团，德国 Velber 出版社编著；张强译.—北京：中国铁道出版社，2011.—44 页；23cm

美洲大陆的奇迹：印第安 / 付娜编著.—长春：时代文艺出版社，2012.—188 页；24cm

中国社会科学院学者文选

苏振兴文集 / 苏振兴著.—上海：上海辞书出版社，2004.—601 页；21cm

陈芝芸集 / 中国社会科学院科研局组织编选.—北京：中国社会科学出版社，2012.—459 页；21cm

苏振兴集 / 中国社会科学院科研局组织编选.—北京：中国社会科学出版社，2012.—456 页；21cm

徐世澄集 / 中国社会科学院科研局组织编选.—北京：中国社会科学出版社，2013.—496 页；21cm

张宝宇集 / 中国社会科学院科研局组织编选.—北京：中国社会科学出版社，2013.—492 页；21cm

曾昭耀集 / 中国社会科学院科研局组织编选.—北京：中国社会科学出版社，2013.—492 页；21cm

工具书

西汉辞典 / 北京外国语学院西班牙语系编.—北京：商务印书馆，1961.—888 页；21cm

简明西汉词典 / 林方仁编.—北京：商务印书馆，1965.—575 页；21cm

汉西词典 / 汉西词典编辑小组.—北京：外文出版社，1971.—827 页；21cm

葡中字典 / 澳门：澳门政府印刷局，1971.—1864 页；19cm

简明西汉词典 /《简明西汉词典》组编 .—上海：上海译文出版社，1981.—1526
　　页；21cm

汉英俄德法西日分类常用词汇选编 / 广州外国语学院，霍利编译 .—北京：商
　　务印书馆，1981.—301 页；21cm

新西汉词典 / 北京外国语学院西班牙语系编 .—北京：商务印书馆，1982.—1204
　　页；23cm

西班牙语姓名译名手册 / 辛华编 .—北京：新华出版社，1984.—522 页；21cm

西班牙语基本词词典 /〔日〕高桥正武，瓜谷良平，宫城升，〔西〕E.康特莱
　　拉斯编；江樱，丁义忠，叶志永译 .—上海：商务印书馆香港分馆、上海
　　译文出版社，1985.—476 页；21cm

西华大辞典 / 左秀灵主编 .—台北：名山出版社，1985.—1498 页；21cm

简明汉西成语词典 / 方瑛，闫德早，陈根生，杜建国，骆如茹，黄淑云，檀中
　　恕编 .—北京：商务印书馆，1995.—625 页；21cm

简明葡汉词典 / 王锁瑛，鲁晏宾编 .—上海：上海外语教育出版社，1999.—900 页；
　　21cm

新西汉词典 / 孙义桢主编 .—北京：商务印书馆，1999.—1162 页；23cm

西汉经贸词典 / 毛金里主编 .—北京：外语教学与研究出版社，2000.—1165 页；
　　21cm

葡萄牙语语法 / 王锁瑛，鲁晏宾编 .—上海：上海外语教育出版社，2001.—554 页；
　　21cm

美洲西班牙语词典 / 孙宪舜主编 .—北京：旅游教育出版社，2001.—1266 页；
　　21cm

汉葡常用词汇 / 李均报，黄徽现，周亚明编 .—北京：外文出版社，2002.—983 页；
　　19cm

汉西分类词典 / 杨发金主编 .—北京：外语教学与研究出版社，2002.—1251 页；
　　21cm

即学即用西班牙语 120 句 / 王军编著；〔西〕Juan Fernández 审订 .—北京：北
　　京大学出版社，2002.—271 页；21cm

西班牙语应用文 / 张绪华编著 .—上海：上海外语教育出版社，2002.—370 页；

21cm

走进西班牙脱口秀 / 黄联萍，贾璐，刘雅虹编著 .—北京：中国纺织出版社，2002.—442 页；21cm

危地马拉　伯里兹　萨尔瓦多　洪都拉斯　尼加拉瓜　哥斯达黎加　巴拿马（世界分国地图） / 周敏主编；范毅，徐根才副主编 .—北京：地图出版社，2002.—1 页：地图；38cm

玻利维亚　巴拉圭　圭亚那　苏里南　法属圭亚那（世界分国地图） / 周敏主编；范毅，徐根才副主编 .—北京：地图出版社，2002.—1 页：地图；37cm

智利　阿根廷　乌拉圭 / 李静编辑；刘涟撰文 .—北京：地图出版社，2002.—1 张：地图；20cm

哥伦比亚　委内瑞拉 / 聂洪文编辑；刘涟撰文 .—北京：地图出版社，2002.—1 张：地图；20cm

秘鲁　厄瓜多尔 / 刘惠云编辑；刘涟撰文 .—北京：地图出版社，2002.—1 张：地图；20cm

巴西 / 李安强编辑 .—北京：中国地图出版社，2002.—1 张：地图；20cm

旅游西班牙语 / Rosina Nogales 编著；徐彤译 .—北京：北京大学出版社，2003.—292 页；21cm

口语全球通：西班牙语 600 句 / 王力非，许文胜主编 .—上海：上海交通大学出版社，2003.—157 页；17cm

南美洲（世界分国地图） / 周敏主编 .—北京：地图出版社，2003.—1 页：地图；37cm

跟我说西班牙语 / 朱凯编著；〔秘〕海尔希娜·卡布列拉审校 .—北京：中国宇航出版社，2004.—294 页；21cm

汉西经贸词典 / 毛金里主编 .—北京：外语教学与研究出版社，2004.—1310 页；21cm

汉西商务手册 / Karsta Neuhaus，Margret Haltern 编著；吴晓红，麦湛雄译 .—北京：外文出版社，2004.—466 页；15cm

汉西实用经贸词典 / 申宝楼主编 .—北京：中央编译出版社，2004.—832 页；21cm

基础西班牙语（上）/ 何仕凡编著 .—广州：广州世界图书出版公司，2004.
　—348 页；21cm

基础西班牙语（下）/ 何仕凡编著 .—广州：广州世界图书出版公司，2005.
　—335 页；21cm

使用频率最高的西班牙语生活口语 / 静灵，王志军编著；〔古巴〕Yazmina
　Proveyer 审校 .—北京：中国宇航出版社，2004.—346 页；21cm

掌握西班牙语发音 / 贾永生编著 .—北京：世界图书出版公司，2004.—98 页；
　21cm

墨西哥（世界分国地图）/ 周敏主编 .—北京：地图出版社，2004.—1 页：地图；
　37cm

汉西医学词典 / 仇新年编 .—北京：外文出版社，2005.—845 页；21cm

简明葡汉词典 / 周汉军，王增扬，赵鸿玲，崔维孝 .—北京：商务印书馆，
　2005.—1142 页；21cm

西班牙语交际口语 / 赵雪梅，罗晓芳编著；〔西〕Georgina Cabrera 审校 .—北京：
　中国宇航出版社，2005.—334 页；21cm

掌握西班牙语口语 / 余宁编著 .—北京：世界图书出版公司，2005.—218 页；
　21cm

兰登书屋西英 – 英西小词典 /〔美〕索拉著 .—上海：上海译文出版社，
　2005.—392 页；14cm

古巴　加勒比海诸岛和巴哈马（世界分国地图）/ 周敏主编 .—北京：地图出
　版社，2005.—1 页：地图；37cm

标准西班牙语 900 句 / 曹法，于施洋编著；〔西〕卢斯·弗洛雷斯审校 .—北京：
　世界图书出版公司，2006.—276 页；21cm

精选西汉汉西词典 / 梁德润等编 .—北京：商务印书馆，2006.—728 页；15cm

西班牙语 300 句 / 倪茂华编著 .—上海：上海外语教育出版社，2006.—425 页；
　21cm

西班牙语常用词词典 / 张振山编 .—北京：北京大学出版社，2006.—388 页；
　21cm

西班牙语趣味阅读 / 余宁编著 .—北京：世界图书出版公司，2006.—143 页；
　21cm

新编西汉微型词典 / 黄锦炎主编 .—上海：上海外语教育出版社，2006.—1059
页；10cm

柯林斯袖珍葡英——英葡词典 /〔英〕威特兰（Whitlam J.）编 .—上海：上海
外语教育出版社，2007.—618 页；15cm

生活中最常说的西班牙语 900 句 / 张慧玲编著；〔西〕María Dolores García
Cano 审校 .—北京：中国宇航出版社，2007.—356 页；21cm

实用西班牙语口语句典 / 翁妙玮，刘建编著；〔西〕Luz Fernández 审校 .—北京：
中国宇航出版社，2007.—348 页；17cm

街头西班牙语：俚语 / David Burke 编著，孟宪臣译 .—北京：北京语言大学出
版社，2007.—178 页；23cm

西班牙语动词 / 周钦译注 .—北京：北京语言大学出版社，2007.—222 页；21cm

西班牙语动词解析词典 /〔法〕Bertrand Hourcade 编，王钰译 .—北京：外语教
学与研究出版社，2007.—216 页；21cm

西班牙语流行口语极短句882个/张慧玲编著；〔西〕Laura Serrano Ariza审校 .—
北京：中国宇航出版社，2007.—312 页；21cm

西班牙语实用会话（中级）/ 陈泉编著 .—北京：商务印书馆，2007.—336 页；21cm

西班牙语学习词典 / 张逸岗编 .—上海：上海外语教育出版社，2007.—1150 页；
21cm

现代西班牙语实用手册 / 王留栓主编 .—上海：复旦大学出版社，2007.—337 页；
21cm

袖珍西汉词典 / 北京外国语学院西班牙语系编 .—北京：商务印书馆，2007.
—1233 页；21cm

应急口语通：葡萄牙语 / 彭黎明，刘妍编著 .—天津：天津大学出版社，2007.
—172 页；15cm

初学西班牙语必备词汇 2000 个 / 李雅宇，李宏宇编著；〔西〕Laura Serrano
Ariza 审校 .—北京：中国宇航出版社，2008.—322 页；21cm

葡萄牙语 300 句 / 徐亦行编著 .—常熟：上海外语教育出版社，2008.—361 页；
21cm

葡萄牙语应用文 / 张黎编著 .—上海：上海外语教育出版社，2008.—181 页；
21cm

西班牙语词汇学习分类小词典 / Julianne Dueber 编；陈皓编译 .—北京：北京语言大学出版社，2008.—376 页；17cm

西班牙语经贸文章选读 / 郭德琳主编 .—北京：对外经济贸易大学出版社，2008.—355 页；21cm

西班牙语入门 / 李放，孙新堂编 .—北京：外语教学与研究出版社，2008.—180 页；21cm

西班牙语语法新编 / 常福良著 .—北京：北京大学出版社，2008.—644 页；23cm

西班牙语语音快速突破 / 顾红娟著 .—北京：北京语言大学出版社，2008.—74 页；21cm

现代西班牙语应用语法 / 孟宪臣编著 .—北京：北京语言大学出版社，2008.—369 页；21cm

新西汉小词典 / 李静，莫娅妮编 .—上海：上海译文出版社，2008.—950 页；15cm

经贸葡语 / 叶志良编著 .—北京：外语教学与研究出版社，2008.—383 页；23cm

汉西西汉铁路常用词汇 / 中国中铁二院工程集团有限责任公司主编 .—北京：中国铁道出版社，2009.—1143 页；21cm

精选西班牙语学习词典 /〔西〕Nieves Almarza Acedo 等编 .—北京：外语教学与研究出版社，2009.—901 页；23cm

葡萄牙语词汇分类学习小词典 / 刘毅编译 .—北京：北京语言大学出版社，2009.—482 页；17cm

葡萄牙语姓名译名手册 / 新华通讯社译名室编 .—北京：商务印书馆，2009.—165 页；21cm

西班牙语词语疑难详解 / 赵士钰编著 .—北京：外语教学与研究出版社，2009.—467 页；21cm

葡汉词典 / 陈用仪主编 .—北京：商务印书馆，2009.—1174 页；23cm

汉葡葡汉铁路常用词汇 / 中国中铁二院工程集团有限责任公司主编 .—北京：中国铁道出版社，2010.—1131 页；21cm

西英汉图解词典 / 贾文波，车玉平译 .—北京：外语教学与研究出版社，2010.—388 页；21cm

西班牙语经贸应用文 / 赵雪梅，李紫莹编著 .—北京：对外经济贸易大学出版社，2011.—347 页；21cm

中美洲

中美洲和西印度群岛 /〔美〕卡奔德（F. G. Carpenter）著；华超译 .—上海：商务印书馆，1935.—328 页；19cm

萨尔瓦多 /〔苏联〕尼托堡（Э. Л. Нитобург）著；林自立译 .—上海：新知识出版社，1955.—49 页；18cm

萨尔瓦多之农业与贸易 / 非洲及拉丁美洲资料中心编 .—台北：非洲及拉丁美洲资料中心，1964.—50 页；20cm

文身女的传说：墨西哥、中美洲及加勒比地区短篇小说集 /〔危地马拉〕米·安·阿斯图里亚斯著 .—北京：商务印书馆，1985.—239 页；20cm

中美洲加勒比国家经济 / 毛相麟等主编 .—北京：社会科学文献出版社，1987.—452 页；19cm

中华文物：中美洲巡回展 / 历史博物馆编辑委员会编辑 .—台北：历史博物馆，2000.—183 页；25cm

列国志：尼加拉瓜　巴拿马 / 汤小棣，张凡编著 .—北京：社会科学文献出版社，2009.—390 页；21cm

列国志：洪都拉斯　哥斯达黎加 / 杨志敏，方旭飞编著 .—北京：社会科学文献出版社，2011.—361 页；21cm

中美洲史 / 林恩·福斯特著；张森根，陈会丽译 .—北京：中国大百科全书出版社，2011.—426 页；23cm

玛雅文化

马亚文的释读 /〔苏联〕Ю. В. Кнорозон 著；丁西诚等译 .—北京：文字改革出版社，1964.—200 页；21cm

古代美洲的玛雅文化 / 景振国著 .—北京：商务印书馆，1983.—48 页；19cm

玛雅与古代中国：考古学文化的比较研究 / 蒋祖棣著 .—北京：中国社会科学出版社，1993.—225 页；21cm

马雅古城：湮没在森林里的奇迹 /〔法〕Claude Baudez, Sydney Picasso 著；马

振骋译 .—上海：上海书店出版社，1998.—176 页；18cm

马雅王的圣数 /〔英〕摩利斯·科特罗（Maurice M. Cotterell）编著；陈柏苍
译 .—北京：昆仑出版社，2000.—310 页；19cm

寻找玛雅文明 /〔美〕诺曼·哈蒙德（Norman Hammond）著；郑君雷译 .—杭
州：浙江人民出版社，2000.—348 页；20cm

神秘的玛雅 / 中华世纪坛《世界文明系列》编委会编 .—北京：北京出版社，
2001.—259 页；30cm

墨西哥玛雅文明珍品 / 上海博物馆编 .—上海：上海书画出版社，2001.—262 页；
30cm

失落的文明：玛雅 / 林大雄著 .—上海：华东师范大学出版社，2001.—171 页；21cm

玛雅艺术：消逝的古美洲文明·石雕 / 赵建东主编 .—重庆：重庆出版社，
2004.—107 页；26cm

玛雅艺术：消逝的古美洲文明·陶器（1） / 赵建东主编 .—重庆：重庆出版社，
2004.—91 页；26cm

玛雅艺术：消逝的古美洲文明·陶器（2） / 赵建东主编 .—重庆：重庆出版社，
2004.—91 页；26cm

探寻玛雅 / 段武军主编 .—北京：中国画报出版社，2005.—271 页；24cm

玛雅文字之谜 / 王霄冰著 .—上海：上海古籍出版社，2006.—229 页；24cm

玛雅 /〔挪〕乔斯坦·贾德（Jostein Gaarder）著；江丽美译 .—北京：作家出
版社，2007.—367 页；20cm

玛雅文明 /〔英〕加纳利 .—北京：北京科学技术出版社，2007.—30 页；28cm

探寻玛雅文明 /〔美〕林恩·V.福斯特（Lynn V. Foster）著；王春侠等译 .—北京：
商务印书馆，2007.—519 页；24cm

墨西哥玛雅文化 / 广州大圣传播有限公司制作，—广州：半岛音像出版社，
2008.—DVD1 碟；19cm

玛雅文明：MAYA / 丁朝阳编著 .—北京：北京出版社，2008.—268 页；23cm

玛雅人、印加人和阿兹特克人（英汉对照） / Wendy Conklin 著；陆易蓉译 .—上
海：上海外语教育出版社，2009.—60 页；23cm

玛雅人的后裔 / 董经胜著 .—北京：北京大学出版社，2009.—238 页；21cm

十三层天，九层地狱：玛雅，我心中的谜 / 许必华著 .—北京：地震出版社，

2009.—290 页；24cm

穿越玛雅 / 李志伟著 .—北京：中国轻工业出版社，2009.—192 页；21cm

玛雅封印 / 莎罗著 .—珠海：珠海出版社，2010.—255 页；23cm

玛雅金字塔的秘密：你不知道的墨西哥 / 沈正柔著 .—北京：人民邮电出版社，2010.—223 页；24cm

玛雅金字塔的秘密：你不可不知的墨西哥 / 沈正柔著 .—北京：人民邮电出版社，2013，2 版 .—237 页；24cm

玛雅文明 / 刘永升主编 .—北京：大众文艺出版社，2010.—134 页；18cm

神奇的玛雅：解密 2012 末日预言密码 / 美狄亚著 .—北京：台海出版社，2010.—245 页；24cm

2012 玛雅末日预言 /〔美〕布莱恩·达莫托（Anthony D'Amato）著；君健译 .—沈阳：万卷出版公司，2010.—327 页；24cm

丛林的秘密：古玛雅真相 / 陈春锋著 .—北京：中国画报出版社，2010.—208 页；24cm

神秘的热带丛林：玛雅 / 付娜编著 .—长春：时代文艺出版社，2012.—185 页；24cm

墨西哥

政治

国家文库：墨西哥 / 时代 – 生活丛书编辑著 .—纽约：时代公司，1986–1987.—164 页；28cm

一往无前墨西哥人 / 徐世澄著 .—北京：时事出版社，1998.—299 页；20cm

阿兹特克：太阳与血的民族 /〔法〕Serge Gruzinski 原著；马振骋译 .—上海：汉语大词典出版社，2001.—194 页；18cm

美国西裔移民研究：古巴、墨西哥移民历程及双重认同 / 钱皓著 .—北京：中国社会科学出版社，2002.—340 页；21cm

墨西哥政治经济改革及模式转换 / 徐世澄著 .—北京：世界知识出版社，2003.—274 页；21cm

经济全球化与墨西哥对外战略转变 / 孙若彦著 .—北京：中国社会科学出版社，2004.—226 页；21cm

阿兹特克人　印加人　玛雅人 / 〔意大利〕尼尔·莫里斯著；黄兰兰，张晶译 .—济南：明天出版社，2005.—43 页；28cm

墨西哥的社会运动与民主化 / 苏彦斌著 .—台北：台湾国际研究学会出版，2006.—218 页；21cm

放眼看天下：巴西、墨西哥卷（英汉对照） / 王知津，于晓燕主编 .—哈尔滨：哈尔滨工程大学出版社，2009.—253 页；23cm

墨西哥革命制度党的兴衰 / 徐世澄著 .—北京：世界知识出版社，2009.—250 页；21cm

博弈与合作：冷战后墨美双边与媒体关系 / 李阳著 .—北京：中国传媒大学出版社，2010.—219 页；24cm

狂暴易怒的阿兹特克人 / 泰瑞·狄利（Terry Deary）著；马丁·布朗（Martin Brown）绘图；陈薇薇译 .—郑州：中州古籍出版社，2010.—181 页；21cm

墨西哥联邦刑法典 / 陈志军译 .—北京：中国人民公安大学出版社，2010.—260 页；21cm

经济

墨西哥的资本市场 / 非洲及拉丁美洲资料中心编 .—台北：非洲及拉丁美洲资料中心编印，1963.—104 页；19cm

墨西哥的土地制度 / 〔美〕乔治·麦克布赖德（McBride G. M.）著；杨志信，鄂森，姚曾庆译 .—北京：商务印书馆，1965.—198 页；20cm

墨西哥经济 / 张文阁，陈芝芸，杨茂春，孙式立主编 .—北京：社会科学文献出版社，1986.—250 页；20cm

墨西哥的金融及金融法规 / 周正庆主编 .—北京：中国金融出版社，1992.—264 页；20cm

北美自由贸易协定：南北经济一体化的尝试 / 陈芝芸等著 .—北京：经济管理出版社，1996.—218 页；20cm

《北美自由贸易协定》投资争端仲裁机制研究 / 梁丹妮著 .—北京：法律出版
社，2007.—270 页；23cm

NAFTA 框架下的贸易自由化与农业发展：以墨西哥为例 / 何树全著 .—北京：
经济管理出版社，2008.—216 页；24cm

自由贸易的社会建构：欧洲联盟、北美自由贸易协定及南方共同市场 /〔美〕
弗朗切斯科·迪纳（Francesco Duina）著；黄胜强，许铭原译 .—北京：
中国社会科学出版社，2009.—211 页；24cm

跨国公司与墨西哥的经济发展：20 世纪 40 年代至 80 年代初 / 韩琦著 .—北京：
人民出版社，2011.—398 页；24cm

北美自由贸易协定 / 叶兴国，陈满生译 .—北京：法律出版社，2011.—514 页；
26cm

墨西哥农业改革开放研究 / 谢文泽著 .—北京：中国社会科学出版社，2015.
—232 页；24cm

文化　教育　文学

墨西哥版画选 /〔墨〕孟德斯（Leopoldo Mendez）等作；冯香生，佟坡编辑 .
—北京：人民美术出版社，1957.—110 页；19cm

草莽将军 /〔墨〕特雷文著；王仲年译 .—上海：新文艺出版社，1958.—268 页；
20cm

风向所趋 /〔墨〕何塞·曼西西多尔著；袁湘生译 .—上海：新文艺出版社，
1959.—197 页；21cm

深渊上的黎明 /〔墨〕何塞·曼西西杜尔（Mancisider Jose）著；林荫成，姜震
瀛译 .—北京：人民文学出版社，1959.—266 页；21cm

财阀 /〔墨〕马里亚诺·阿苏埃拉（Azuela M.）著；吴广孝译；杨万译 .—上海：
上海文艺出版社，1960.—112 页；19cm

墨西哥万岁 /〔苏〕爱森斯坦著；卓文心，马生民译 .—北京：中国电影出版
社，1960.—18 页；21cm

胡安·鲁尔弗中短篇小说集 /〔墨〕胡安·鲁尔弗著；倪华迪等译 .—北京：
外国文学出版社，1980.—322 页；21cm

墨西哥中短篇小说集 / 桑苑译 .—北京：人民文学出版社，1980.—284 页；
19cm

在底层的人们 /〔墨〕马里亚诺·阿苏埃拉（Azuela Mariano）著；吴广孝译 .—
北京：外国文学出版社，1981.—147 页；19cm

堂卡特林：著名骑士堂卡特林·德·拉·法钦达的生平和业绩 /〔墨〕费尔南
德斯·德·利萨尔迪著；王央乐译 .—上海：上海译文出版社，1982.—
104 页；19cm

伐木工的反叛 /〔墨〕特雷文著；邹绿芷译 .—上海：上海译文出版社，
1982.—271 页；20cm

阿尔特米奥·克罗斯之死 /〔墨〕卡洛斯·富恩特斯（C. Fuentes）著；亦潜
译 .—北京：外国文学出版社，1983.—326 页；21cm

蓝眼人 /〔墨〕伊·马·阿尔塔米拉诺著；屠孟超译 .—上海：上海外语教育
出版社，1984.—155 页；19cm

阿兹特克文化 / 虞琦著 .—北京：商务印书馆，1986.—250 页；21cm

癞皮鹦鹉（上册）/〔墨〕利萨尔迪著；周末，怡友译 .—北京：人民文学出版
社，1986.—368 页；21cm

癞皮鹦鹉（下册）/〔墨〕利萨尔迪著；周末，怡友译 .—北京：人民文学出版
社，1986.—369–723 页；21cm

云雀姑娘 /〔墨〕德尔加多著；段玉然，张瑞译 .—长沙：湖南人民出版社，
1986.—381 页；19cm

血与火的文明：古代墨西哥雕刻艺术 / 李建群著 .—北京：人民美术出版社，
1988.—83 页 ；19cm

墨西哥：文化碰撞的悲喜剧 /刘文龙著 .—杭州：浙江人民出版社，1990.—286 页；
20cm

咫尺天堂 /〔墨〕路易斯·斯波塔（Luis Spota）著；刘玉树译 .—北京：外国
文学出版社，1991.—496 页；21cm

墨西哥：文化碰撞的悲喜剧 / 刘文龙著 .—台北：淑馨出版社，1992.—244 页；
21cm

太阳石 /〔墨〕奥克塔维奥·帕斯（Octavio Paz）著；朱景冬等译 .—桂林：漓
江出版社，1992.—371 页；20cm

胡安·鲁尔福全集 / 〔墨〕鲁尔福（Rulfo, Juan）著；屠孟超，赵振江译 .—昆明：
云南人民出版社，1993.—341 页；20cm

最明净的地区 / 〔墨〕富恩特斯（Fuentes Carlos）著；徐少军，王小芳译 .—
昆明：云南人民出版社，1993.—475 页；20cm

当今墨西哥教育概览 / 曾昭耀，黄慕洁著 .—北京：河南出版社，1994.—188 页；
21cm

温柔的激情 / 段若川，吴正仪选编 .—石家庄：河北教育出版社，1996.—741 页；
20cm

20 世纪墨西哥文学史 / 陈众议著 .—青岛：青岛出版社，1998.—236 页；20cm

双重火焰：爱与欲 / 〔墨〕奥克塔维奥·帕斯著；蒋显璟，真漫亚译 .—北京：
东方出版社，1998.—190 页；21cm

阿尔特米奥·克罗斯之死 / 〔墨〕卡洛斯·富恩特斯（Carlos Fuentes）著；亦
潜译 .—南京：译林出版社，1999.—315 页；20cm

狄安娜，孤寂的女猎手 / 〔墨〕卡洛斯·富恩特斯（Carlos Fuentes）著；屠孟
超译 .—南京：译林出版社，1999.—192 页；20cm

天空的皮肤 / 〔墨〕波尼亚托夫斯卡（Elena Poniatowska）著；张广森译 .—北
京：人民文学出版社，2002.—340 页；21cm

蓝眼睛 / 〔墨〕伊格纳西奥 . 曼努埃尔 . 阿尔塔米拉诺著；卞双成译 .—北京：
中央编译出版社，2003.—272 页；15cm

执著地寻找天堂：墨西哥作家胡安·鲁尔福中篇小说《佩德罗·巴拉莫》解
析 / 郑书九著 .—北京：外语教学与研究出版社，2003.—279 页；20cm

嗨，墨西哥 / 何淇，孙扶民著 .—上海：文汇出版社，2004.—318 页；21cm

墨西哥壁画家：奥罗斯科、里维拉、西盖罗斯 / 〔加〕戴斯蒙德·罗什福特
（Desmond Rochfort）著；相广泓译 .—北京：清华大学出版社，2004.—238
页；29cm

墨西哥巨幅彩色画 / 〔墨〕勒·热多娃著；章仁缘，尉晓榕译 .—杭州：中国
美术学院出版社，2004.—141 页；26cm

美洲豹崇拜：墨西哥古文明展 / 墨西哥国家人类历史学院，中国首都博物馆
编 .—北京：文物出版社，2006.—187 页；29cm

帕斯选集（上卷）/ 〔墨〕奥克塔维奥·帕斯（Octavio Paz）著；赵振江等编

译 .—北京：作家出版社，2006.—589 页；23cm

帕斯选集（下卷）/〔墨〕奥克塔维奥·帕斯（Octavio Paz）著；赵振江等编
译 .—北京：作家出版社，2006.—593 页；23cm

墨西哥往事 / 中国音乐家音像出版社编 .—北京：中国音乐家音像出版社，
2007.—DVD2 碟；20cm

墨西哥万岁 / 峨眉电影制片厂音像出版社出版，—成都：峨眉电影制片厂音像
出版社，2008.—DVD1 碟；20cm

最明净的地区 /〔墨〕卡洛斯·富恩特斯（Carlos Fuentes）著；徐少军，王小
芳译 .—南京：译林出版社，2008.—388 页；23cm

墨西哥的五个太阳 /〔墨〕卡洛斯·富恩特斯（Carlos Fuentes）著；张伟劼，
谷佳维译 .—南京：译林出版社，2009.—411 页；21cm

墨西哥革命三部曲 / 峨眉电影制片厂音像出版社出版，—成都：峨眉电影制片
厂音像出版社出版，2009.—DVD；19cm

墨西哥艺术与文化 /〔英〕伊丽莎白 . 刘易斯（Elizabeth Lewis）著；王骥译 .—
天津：天津教育出版社，2009.—59 页；24cm

阿尔特米奥·克罗斯之死 /〔墨〕卡洛斯·富恩特斯著；亦潜译 .—北京：人
民文学出版社，2011.—402 页；21cm

丝路幽兰：墨西哥的"中国公主" / 刘静言著 .—北京：世界知识出版社，
2011.—382 页；24cm

浪漫墨西哥 /〔美〕彼特·斯坦迪什，斯蒂芬·M. 贝尔著；石小竹，高静译 .—
长春：长春出版社，2012.—300 页；24cm

孤独的迷宫 /〔墨〕奥克塔维奥·帕斯著；赵振江，王秋石译 .—北京：北京
燕山出版社，2014.—379 页；21cm

批评的激情 /〔墨〕奥克塔维奥·帕斯著；赵振江译 .—北京：北京燕山出版
社，2015.—399 页；24cm

历史 地理

墨西哥 /〔苏联〕庸普特年（А.И.Яунпунинь）等著；赵冬译 .—北京：生
活·读书·新知三联书店，1957.—42 页；21cm

墨西哥 /〔苏联〕冈察洛夫（А.Н.Гончаров）著；林自立，亚哲译 .—上海：
　　新知识出版社，1957.—41 页；21cm

墨西哥史 /〔美〕帕克斯（Henry Bamford Parks）著；瞿菊农译 .—北京：生
　　活·读书·新知三联书店，1957.—336 页；20cm

墨西哥见闻录 /〔捷〕诺尔伯特·弗里德（N. Fryd）著；陈领秀，张企恭
　　译 .—北京：世界知识出版社，1958.—171 页；19cm

墨西哥见闻录 /〔捷〕诺尔伯特·弗里德（N. Fryd）著；陈领秀，张企恭译 .
　　—2 版，—北京：世界知识出版社，1959.—171 页；19cm

普莱斯苛特《墨西哥征服史》选：墨西哥征服史选 / W.H. 普莱斯苛特
　　（Willianm Hichling Prescott）著；吴于廑主编；朱龙华译 .—北京：商务印
　　书馆，1965.—56 页；21cm

墨西哥近代现代史纲：1810-1945 年（上册）/〔苏联〕M.C.阿尔彼罗维奇（M.C.
　　А Л Ъ ПеровИ Ча），Н.М. 拉甫罗夫（Н.М. Лавроьа）主编；刘立勋译 .—
　　北京：生活·读书·新知三联书店，1974.—386 页；21cm

墨西哥近代现代史纲：1810-1945 年（下册）/〔苏联〕M.C. 阿尔彼罗
　　维奇（M. C. А Л Ъ ПеровИ Ча），Н. М. 拉甫罗夫（Н. М. Лавроьа）
　　主编；刘立勋译 .—北京：生活·读书·新知三联书店，1974.—387-
　　859 页；21cm

墨西哥简史 / 拉牧，华建著 .—北京：商务印书馆，1978.—78 页；19cm

墨西哥 / 黄添，何百根编著 .—北京：商务印书馆，1979.—109 页；19cm

胡亚雷斯传 /〔西班牙〕贝雷·弗伊克斯（P. Foix）著；江禾，李卞译 .—北京：
　　商务印书馆，1983.—306 页；21cm

墨西哥历史概要 /〔墨〕丹·科·比列加斯（D. C. Villegas）著；杨恩瑞译 .—
　　北京：中国社会科学出版社，1983.—121 页；19cm

墨西哥独立战争 / 王春良著 .—北京：商务印书馆，1984.—58 页；19cm

在鹰和仙人掌之国：墨西哥散记 / 朱凯著 .—北京：新华出版社，1985.—231 页；
　　19cm

墨西哥 / 吕龙根，陈芝芸编著 .—上海：上海辞书出版社，1986.—250 页；20cm

墨西哥伟大的爱国者贝尼托·胡亚雷斯 / 罗捷著 .—北京：商务印书馆，
　　1986.—62 页；19cm

墨西哥 / 吕应钟主编 .—台北：锦绣出版社，1988.—199 页；19cm

墨西哥之梦：小拿破仑美洲覆师记 / 金重远著 .—上海：复旦大学出版社，
　　1993.—304 页；19cm

墨西哥之行 /〔美〕理查德 · 布赖特费尔德（R. Brightfield）著；张雯译 .—北
　　京：中国对外翻译出版公司，1994.—103 页；19cm

扶桑梦：墨西哥的昨天和今天 / 郭伟成著 .—上海：上海外语教育出版社，
　　1996.—226 页；21cm

政治稳定与现代化：墨西哥政治模式的历史考察 / 曾昭耀著 .—北京：东方出
　　版社，1996.—259 页；21cm

鹰与仙人掌之国：墨西哥 / 李颖息著 .—北京：科学普及出版社，1998.—206 页；
　　20cm

阿兹特克文明 /〔美〕乔治 · C. 瓦伦特（George C. Vaillant）著；〔美〕苏珊
　　娜 · B. 瓦伦特修订；朱伦，徐世澄译 .—北京：商务印书馆，1999.—338
　　页；20cm

墨西哥 / 徐世澄著 .—北京：世界知识出版社，2000.—288 页；20cm

墨西哥 / 归通昌编著 .—沈阳：辽宁教育出版社，2000.—193 页；20cm

阿兹特克帝国 /〔澳大利亚〕克兰狄能（Inga Clendinnen）著；薛绚译 .—台北：
　　猫头鹰出版社，2001.—424 页；21cm

墨西哥 / 金良浚主编 .—北京：旅游教育出版社，2003.—259 页；19cm

寻梦墨西哥：附古、秘、哥、委四国行 / 啸声著 .—河南：河南人民出版社，
　　2003.—215 页；29cm

墨西哥 / 新加坡 APA 出版有限公司编；王新萍，蔡欣，张林华译 .—北京：中
　　国水利水电出版社，2004.—395 页；21cm

你好，墨西哥 / 郭伟成著 .—北京：世界知识出版社，2005.—334 页；21cm

蒙面骑士：墨西哥副司令马科斯文集 /〔墨〕马科斯著；戴锦华，刘健芝主
　　编 .—上海：世纪出版集团，2006.—383 页；23cm

墨西哥 / 浙江音像出版社编 .—杭州：浙江音像出版社，2006.—DVD；19cm

墨西哥简史 /〔英〕海姆奈特（Hanmnett B.）著 .—上海：上海外语教育出版
　　社，2006.—336 页；21cm

阿兹特克帝国 /〔英〕加纳利；陈睿译 .—北京：北京科学技术出版社，

2007.—30 页；28cm

狂暴易怒的阿兹特克人：墨西哥文明的凄美诅咒 /〔英〕狄利（Terry Deary）著；陈微微译 .—郑州：中国古籍出版社，2007.—141 页；21cm

拉美首富：卡洛斯·斯利·埃卢 / 古一军编著 .—青岛：青岛出版社，2007.—185 页；23cm

走遍全球：墨西哥 /〔日〕大宝石出版社原著；王路漫译 .—北京：中国旅游出版社，2007.—515 页；21cm

中墨关系：历史与现实 / 冯秀文编著 .—北京：社会科学文献出版社，2007.—595 页；22cm

墨西哥通史 / 刘文龙著 .—上海：上海社会科学院出版社，2007.—419 页；25cm

墨西哥 / 汪金生，马传威编 .—乌鲁木齐：新疆人民出版社，2008.—68 页；20cm

墨西哥旅行笔记 / 徐振亚著 .—南昌：江西美术出版社，2009.—382 页；21cm

钱进拉美，先看卡洛斯：墨西哥首富卡洛斯的投资传奇 / 张超著 .—台北：雅书堂文化事业，2009.—217 页；24cm

列国志：墨西哥 / 谌园庭编著 .—北京：社会科学文献出版社，2010.—250 页；20cm

我的世博缘：一个墨西哥人的世博之旅 /〔墨〕常钦功（Guillermo Garcia Tirado）著；贾君卿译 .—上海：东方出版中心，2010.—225 页；21cm

西半球文明古国——墨西哥：2010-2011 版墨西哥旅游指南 / 沈允熬著 .—上海：上海锦绣文章出版社，2010.—197 页；21cm

玛雅人 你是谁？ / 王月星，陈子妹著 .—北京：东方出版社，2010.—194 页；24cm

激情墨西哥之旅 /〔日〕熊 * 熊著；张三妮译 .—北京：中信出版社，2011.—203 页；19cm

墨西哥史 / 迈克尔·C. 迈耶，威廉·H. 毕兹利编；复旦人译 .—上海：东方出版中心，2012.—（2 册）915 页；23cm

墨西哥之梦 /〔法〕勒克莱齐奥（J. M. G. Le Clezio）著；陈寒译 .—北京：人民文学出版社，2012.—250 页；21cm

山川菁英：中国与墨西哥古代玉石文明 / 故宫博物院编 .—北京：故宫出版社，2012.—415 页；29cm

走世界品文化：浪漫墨西哥 / 〔美〕彼特·斯坦迪什，〔美〕斯蒂芬·M.贝尔著；石小竹，高静译 .—长春：长春出版社，2012.—300 页；24cm

大众媒介与社会转型：墨西哥个案考 / 张建中著 .—上海：上海三联书店，2013.—369 页；21cm

墨西哥通史 / 刘文龙著 .—上海：上海社会科学院出版社，2014.—419 页；24cm

阿兹特克文明 / 〔美〕乔治·C.瓦伦特著；朱伦，徐世澄译 .—南京：译林出版社，2014.—272 页；21cm

危地马拉

危地马拉 / 祝成，王道宏译 .—北京：人民出版社，1954.—11 页；20cm

危地马拉的周末 / 〔危〕阿斯杜里亚斯·M. A. 著；南开大学外文系俄文教研组集体翻译 .—北京：人民文学出版社，1959.—130 页；17cm

难消化的鱼 / 〔危〕曼努埃尔·加利奇（Manuel Galich）著；章仁鉴译 .—上海：作家出版社，1964.—85 页；19cm

危地马拉历史概况 / 〔美〕艾米·伊·詹森（Amy Elizabeth Jensen）著；中国国际旅行社天津分社译 .—天津：天津人民出版社，1973.—443 页；21cm

玉米人 / 〔危〕阿斯图里亚斯（Asturias M. A.）著；刘习良，笋季英译 .—桂林：漓江出版社，1986.—380 页；20cm

门楚：美洲当代印第安女杰 / 刘静言著 .—长春：长春出版社，1999.—284 页；20cm

危地马拉：对来自墨西哥的硅酸盐水泥的反倾销调查案 / 朱榄叶编译 .—上海：上海人民出版社，2004.—611 页；21cm

列国志：危地马拉 牙买加 巴巴多斯 / 王锡华，周志伟编著 .—北京：社会科学文献出版社，2010.—510 页；21cm

隐蔽行动：中央情报局与危地马拉政变研究 / 高慧开著 .—上海：上海人民出版社，2010.—173 页；21cm

洪都拉斯

绿色的监狱 /〔洪〕阿马多尔等；王克澄等译 .—上海：上海文艺出版社，
1961.—206 页；20cm

英属洪都拉斯：历史与今日之概况 /〔英〕沃德尔著；天津市图书馆译 .—天
津：人民出版社，1973.—248 页；21cm

洪都拉斯马列主义共产党文件（第一册） / 中共中央对外联络部编 .—北京：
中共中央对外联络部，1979.—355 页；21cm

洪都拉斯马列主义共产党文件（第二册） / 中共中央对外联络部编 .—北京：
中共中央对外联络部，1980.—333 页；21cm

洪都拉斯华侨概况 / 李文炳编著 .—台北：正中书局，1981.—42 页；21cm

列国志：洪都拉斯　哥斯达黎加 / 杨志敏，方旭飞编著 .—北京：社会科学文
献出版社，2011.—361 页；21cm

尼加拉瓜

认识尼加拉瓜 / 万赓年著 .—台北：非洲及拉丁美洲资料中心，1964.—70 页；
20cm

尼加拉瓜史 / 南开大学历史系辑译 .—天津：天津人民出版社，1976.—418 页；21cm

桑地诺民族解放阵线争取桑地诺人民革命胜利的政治军事总纲 / 桑地诺民族
解放阵线著；中共中央对外联络部四局译 .—北京：中共中央对外联络部
印，1979.—53 页；21cm

目睹尼加拉瓜变色 / 薛人仰著 .—台北："中央日报"出版部，1986.—252 页；
21cm

列国志：尼加拉瓜　巴拿马 / 汤小棣，张凡编著 .—北京：社会科学文献出版
社，2009.—390 页；21cm

生命与希望之歌 /〔尼加拉瓜〕鲁文·达里奥（Ruben Dario）著；赵振江译 .—
上海：上海译文出版社，2013.—271 页；19cm

哥斯达黎加

绿地狱 /〔哥〕法拉斯（C. L. Fallas）著；侯浚吉译 .—上海：新文艺出版社，
　　1958.—226 页；20cm

哥斯达黎加：历史政论纲要 /〔哥〕弗朗西斯科·甘博亚（Хрансиско Гамба）
　　著；南开大学历史系译 .—天津：天津人民出版社，1974.—306 页；21cm

哥斯达黎加：历史政论纲要 /〔哥〕X. 甘博亚著；南开大学历史系译 .—天津：
　　天津人民出版社，1974.—306 页；19cm

小黑人柯柯里 /〔哥〕华金·古铁雷斯著；岳恒译 .—南京：江苏人民出版社，
　　1980.—83 页；19cm

我的教母：西汉对照 /〔哥〕卡洛斯·路易斯·法利亚斯著；吴宜琼，段玉然
　　译注 .—北京：商务印书馆，1983.—173 页；19cm

哥斯达黎加 /〔英〕克里斯托弗·贝克著；王尚胜等译 .—沈阳：辽宁教育出
　　版社，2003.—277 页；22cm

来自哥斯达黎加的信 /〔英〕帕特里克·坎宁安（Cunningham P.）著；马斌凤
　　译 .—乌鲁木齐：新疆人民出版社，2008.—32 页；27cm

投资哥斯达黎加 / 商务部投资促进事务局编；吴国平等著 .—北京：商务部投
　　资促进事务局，2009.—187 页；24cm

列国志：洪都拉斯　哥斯达黎加 / 杨志敏，方旭飞编著 .—北京：社会科学文
　　献出版社，2011.—361 页；21cm

巴拿马

巴拿马运河 / 方生著 .—北京：商务印书馆，1964.—43 页；19cm

巴拿马运河问题参考资料 / 世界知识出版社编辑 .—北京：世界知识出版社，
　　1964.—123 页；19cm

美国侵占巴拿马运河史 /〔苏联〕谢·阿·冈尼昂斯基著（С.А. Гонионский）；
　　薛炼柔译 .—北京：生活·读书·新知三联书店，1964.—178 页；19cm

**全世界人民团结起来打败美国侵略者及其一切走狗：关于支持美国黑人、越
　　南南方人民、巴拿马人民、日本人民和刚果（利）人民反对美帝国主义**

的正义斗争的声明和谈话 / 毛泽东著 .—北京：人民出版社，1964.—14 页；19cm

巴拿马 / 张景哲编写 .—北京：中国青年出版社，1964.—46 页；19cm

巴拿马"革命"史 /〔苏联〕哥尼昂斯基（С.А.Гонионский）著；天津大学外语教研室等译 .—天津：天津人民出版社，1972.—315 页；19cm

巴拿马运河 / 王明中著 .—北京：商务印书馆，1975.—43 页；19cm

布什和他的指挥官：从巴拿马到海湾 /〔美〕鲍勃·伍德沃德著；石尔仁译 .—北京：人民日报出版社，1991.—360 页；21cm

"正义事业"行动：美军入侵巴拿马纪实 / 易水寒著 .—北京：世界知识出版社，1997.—172 页；19cm

巴拿马裁缝 /〔英〕约翰·勒卡雷（John Le Carre）著；王帆译 .—珠海：珠海出版社，1997.—434 页；21cm

巴拿马华侨 150 年移民史 / 谭坚（Juan Tam）著 .—台北：秀威资讯科技股份有限公司，2004.—248 页；21cm

巴拿马探秘 /〔法〕汉斯（Hans Jankowski）著；陈晨译 .—北京：中国水利水电出版社，2004.—114 页；22cm

巴拿马共和国监察制度之运作 / 薛春明，林明辉，陈瑜琼著 .—台北：监察院，2007.—146 页；23cm

巴拿马运河操作规则与过河须知：汉英对照 / 青岛远洋船员学院，中远美洲公司，中远巴拿马公司编译 .—北京：人民交通出版社，2007.—761 页；23cm

巴拿马生态 / 中国唱片深圳公司编 .—北京：中国唱片深圳公司出版，2008.—DVD1 碟；20cm

列国志：尼加拉瓜　巴拿马 / 汤小棣，张凡编著 .—北京：社会科学文献出版社，2009.—390 页；21cm

图说 1915 巴拿马赛会：光耀世博史的中国篇章 / 王勇则著 .—上海：上海远东出版社，2010.—396 页；24cm

加勒比地区（西印度群岛）

古巴·海地·多米尼加 / 潘洽，余敬昭译 .—上海：新知识出版社，1957.—37 页；20cm

古巴　海地　多米尼加 / 潘洽等译 .—北京：商务印书馆，1959.—52 页；19cm

英属加勒比海地区之经济 / 非洲及拉丁美洲资料中心编 .—台北：非洲及拉丁美洲资料中心，1964.—103 页；19cm

苏联在加勒比地区海上力量 /〔美〕西伯奇编；复旦大学历史学家拉丁美洲研究室译 .—上海：上海人民出版社，1975.—250 页；21cm

从哥伦布到卡斯特罗：加勒比地区史（1492-1969 年）（上册） /〔特〕埃里克·威廉斯著；辽宁大学经济系翻译组译 .—沈阳：辽宁人民出版社，1976.—400 页；21cm

从哥伦布到卡斯特罗：加勒比海地区史（1942-1969 年）（下册） /〔特〕埃里克·威廉斯著；辽宁大学经济系翻译组译 .—沈阳：辽宁人民出版社，1976.—401-1001 页；21cm

西印度群岛简史 /〔英〕H. 帕里，P. M. 舍洛克著；天津市历史研究所翻译室译 .—天津：天津人民出版社，1976.—646 页；20cm

波多黎各史 /〔波多黎各〕何塞·路易斯·比瓦斯（J. L. Vivas）著；张铠，马国和译 .—天津：天津人民出版社，1980.—474 页；21cm

西印度群岛 /〔德〕赫尔穆特·布卢默（Helmut Blume）著；上海师范大学《西印度群岛》翻译组译 .—上海：上海译文出版社，1980.—342 页；26cm

加勒比海历险记 /〔美〕小维克托·阿普莱顿（V. Appleton）著；李树宝，王敏敏译 .—北京：科学普及出版社，1983.—166 页；19cm

千里达、牙买加华侨概况 / 魏龙翔著 .—台北：正中书局，1989.—122 页；21cm

加勒比海 /〔英〕尼克·哈纳（Nick Hanna），埃玛·斯坦福（Emma Stanford）著；王尚胜，李玲译 .—沈阳：辽宁教育出版社，2002.—405 页；21cm

冷战的一次极限：加勒比海导弹危机 / 杨存堂编著 .—桂林：广西师范大学出版社，2002.—409 页；21cm

德瑞克·沃尔科特诗选 / 〔圣卢西亚〕德瑞克·沃尔科特著；傅浩译 .—石家
　　庄：河北教育出版社，2003.—256 页；21cm

加勒比海英联邦国家：在依附中求发展 / 张红著 .—成都：四川人民出版社，
　　2005.—302 页；21cm

走遍全球：加勒比海 /〔日〕大宝石出版社原著；张雪荣，杨探华译 .—北京：
　　中国旅游出版社，2007.—416 页；21cm

加勒比海诸国史：海盗与冒险者的天堂 / 陈小雀著 .—台北：三民书局股份有
　　限公司，2007.—218 页；21cm

加勒比之夜 / 大连音像出版社编 .—大连：大连音像出版社，2007.—DVD2 碟；
　　20cm

来自牙买加的信 /〔英〕艾里 . 布朗利（Brownlie A.）著；马斌凤译 .—乌鲁木齐：
　　新疆人民出版社，2008.—32 页；27cm

列国志：海地　多米尼加 / 赵重阳、范蕾编著 .—北京：社会科学文献出版社，
　　2009.—470 页；22cm

大地震：汶川、海地、智利、玉树…… / 马宗晋编著 .—北京：人民邮电出版
　　社，2010.—187 页；23cm

加勒比海地区史 /〔美〕D. H. 菲格雷多，弗兰克·阿尔戈特 – 弗雷雷著；王卫
　　东译 .—北京：中国大百科全书出版社，2011.—365 页；23cm

加勒比海之谜 /〔英〕阿加莎·克里斯蒂（Agatha Christie）著；郑须弥译 .—
　　北京：人民文学出版社，2011.—235 页；21cm

列国志：危地马拉　牙买加　巴巴多斯 / 王锡华，周志伟编著 .—北京：社会
　　科学文献出版社，2011.—510 页；21cm

古　巴

政治

古巴人民社会党第八次全国代表大会主要文件：1960 年 8 月 16-22 日 / 世界
　　知识出版社编辑 .—北京：世界知识出版社，1961.—247 页；21cm

古巴统一革命组织工作方法的某些问题：1962 年 3 月 26 日电视讲话 /〔古〕

菲德尔·卡斯特罗著 . —北京：世界知识出版社，1962.—63 页；20cm

古巴统一革命组织工作方法的某些问题：1962 年 3 月 26 日电视讲话 /〔古〕
卡斯特罗著 . —北京：人民出版社，1962.—63 页；20cm

哈瓦那宣言 / 人民出版社译 . —北京：人民出版社，1962.—37 页；21cm

哈瓦那宣言 / 世界知识出版社编辑 . —北京：商务印书馆，1962.—109 页；19cm

**历史将宣判我无罪：菲德尔·卡斯特罗 1953 年 10 月 16 日在古巴圣地亚紧
急法庭上的自我辩护词** /〔古〕菲·卡斯特罗著 . —北京：人民出版社，
1962.—97 页；21cm

**历史将宣判我无罪：菲德尔·卡斯特罗 1953 年 10 月 16 日在古巴圣地亚紧
急法庭上的自我辩护词** /〔古〕菲·卡斯特罗著 . —北京：世界知识出版
社 ,1962.—109 页；21cm

向全国人民报告美国雇佣军入侵事件和吉隆滩战果的电视演说 /〔古〕菲德
尔·卡斯特罗 . —北京：人民出版社，1962.—88 页；21cm

一九六二年十一月一日电视演说 /〔古〕菲德尔·卡斯特罗讲 . —北京：人民
出版社，1962.—25 页；21cm

在第十五届联合国大会上的演说 /〔古〕菲德尔·卡斯特罗讲 . —北京：人民
出版社，1962.—54 页；21cm

在古巴统一革命组织马坦萨斯省委会上的讲话：1962 年 4 月 11 日 /〔古〕卡
斯特罗讲 . —北京：人民出版社，1962.—29 页；21cm

在国际学生联合会执行委员会会议闭幕式上的讲话：1961 年 6 月 9 日 /〔古〕
菲德尔·卡斯特罗讲 . —北京：人民出版社，1962.—43 页；21cm

卡斯特罗言论集（第一册） /〔古〕卡斯特罗著 . —北京：人民出版社，
1963.—443 页；20cm

卡斯特罗言论集（第二册） /〔古〕卡斯特罗著 . —北京：人民出版社，
1963.—510 页；21cm

历史将宣判我无罪 /〔古〕卡斯特罗·F.（Castro F.）著 . —北京：商务印书馆，
1963.—141 页；19cm

一九六零年十月十五日电视演说 /〔古〕菲德尔·卡斯特罗 . —北京：人民出版
社，1963.—70 页；23cm

在美洲妇女代表大会上的演说：一九六三年一月十六日 /〔古〕菲德尔·卡斯

特罗 .—北京：人民出版社，1963.—20 页；21cm

在庆祝古巴革命胜利四周年群众大会上的演说：1963 年 1 月 2 日 /〔古〕菲
德尔·卡斯特罗 .—北京：人民出版社，1963.—19 页；21cm

卡斯特罗主义理论和实践 /〔美〕西奥多·德雷珀（T.Drapen）著，北京编译
社译 .—北京：世界知识出版社，1966.—247 页；19cm

卡斯特罗和古巴（上册）/〔英〕休·托马斯著，斯禾译 .—上海：上海人民出
版社，1975.—418 页；21cm

卡斯特罗和古巴（下册）/〔英〕休·托马斯著，斯禾译 .—上海：上海人民出
版社，1975.—419-848 页；21cm

七十年代的古巴：注重实效与体制化 /〔美〕卡梅洛·梅萨 – 拉戈（Carmelo
Mesa–Lago）著，丁中译 .—北京：商务印书馆，1980.—207 页；19cm

在古巴共产党第一、二、三次全国代表大会上的中心报告 /〔古〕菲德尔·卡
斯特罗报告；王玫等译 .—北京：人民出版社，1990.—459 页；20cm

华人在蔗糖之国——古巴 /〔古〕梅塞德斯·克雷斯波·比利亚特著；刘真理
译 .—上海：复旦大学出版社，1998.—140 页；20cm

菲德尔·卡斯特罗：20 世纪最后的革命家 / 程映虹著 .—北京：外文出版社，
1999.—436 页；20cm

古巴雄师卡斯特罗的青少年时代 /〔古〕D. 施诺卡尔，P.A. 塔维奥编；宋晓平，
杨仲林译 .—北京：社会科学文献出版社，2000.—152 页；20cm

全球化与现代资本主义 /〔古〕菲德尔·卡斯特罗（F. Castro）著；王玫等
译 .—上海：上海财经大学出版社，2000.—444 页；20cm

越南、古巴社会主义现状与前景 / 周新城主编 .—合肥：安徽人民出版社，
2000.—275 页；20cm

卡斯特罗与古巴：出使岛国见闻 / 陈久长著 .—长沙：湖南出版社，2002.—
283 页；21cm

美国西裔移民研究：古巴、墨西哥移民历程及双重认同 / 钱皓著 .—北京：中
国社会科学出版社，2002.—340 页；21cm

历史将宣判我无罪 /〔古〕菲德尔·卡斯特罗（Castro F.）著；史之译 .—北京：
世界知识出版社，2003.—110 页；25cm

古巴社会主义 / 王志先，肖枫著 .—北京：人民出版社，2004.—235 页；21cm

古巴社会主义研究 / 毛相麟著 .—北京：社会科学文献出版社，2005.—77 页；21cm

古巴华侨家书 / 黄卓才著 .—广州：暨南大学出版社，2006.—299 页；21cm

卡斯特罗与古巴 /〔意〕安格鲁·特兰托著；杨晓霞译 .—北京：生活·读书·新知三联书店，2006.—138 页；21cm

拉美巨人：菲德尔·卡斯特罗·鲁斯传奇 / 杨道金著 .—北京：时事出版社，2006.—472 页；24cm

菲德尔·卡斯特罗：古巴领袖 /〔美〕富兰·利兹著；李玉良，赵伟译 .—青岛：青岛出版社，2008.—120 页；23cm

总司令的思考 /〔古〕菲德尔·卡斯特罗（Castro Fidel）著；徐世澄等译 .—北京：社会科学文献出版社，2008.—314 页；24cm

垂而不死的新自由主义 /〔古〕奥斯瓦尔多·马丁内斯著；高静译 .—北京：当代世界出版社，2009.—130 页；23cm

变革中的越南朝鲜古巴 / 梁宏等编著 .—深圳：海天出版社，2010.—336 页；24cm

古巴刑法典 / 陈志军译 .—北京：中国人民公安大学出版社，2010.—222 页；21cm

鸿雁飞越加勒比——古巴华侨家书纪事 / 黄卓才著 .—广州：暨南大学出版社，2010.—361 页；24cm

解码卡斯特罗 / 杨明辉，周永瑞著 .—北京：中国工人出版社，2010.—289 页；24cm

卡斯特罗语录 /〔古〕萨洛蒙·苏希·萨尔法蒂编；宋晓平，徐世澄，张颖译 .—北京：社会科学文献出版社，2010.—295 页；24cm

古巴共产党建设研究 / 王承就著 .—北京：人民出版社，2011.—251 页；24cm

"古巴模式"的理论探索：卡斯特罗的社会主义观 / 张金霞著 .—北京：人民出版社，2012.—357 页；21cm

古巴：本土的可行的社会主义 / 毛相麟著 .—北京：社会科学文献出版社，2012.—140 页；21cm

古巴模式的"更新"与拉美左派的崛起 / 徐世澄著 .—北京：中国社会科学出版社，2013.—317 页；24cm

外交

冲撞：卡斯特罗与美国总统 / 徐世澄著 .—北京：东方出版社，1999.—204 页；21cm

闻名世界的男孩埃连的遭遇：古美关系史中的一个重大事件 / 焦震衡著 .—北京：世界知识出版社，2003.—211 页；21cm

解读卡斯特罗神话：王大使与菲德尔的不解之缘 / 王成家著 .—北京：世界知识出版社，2005.—197 页；23cm

不幸的孩子们：古巴医疗队在巴基斯坦 / 〔委内瑞拉〕塔雷克·威廉·萨阿布（Tarek William Saab）著；严美华，徐宜林译 .—北京：中央编译出版社，2006.—16 页；21cm

决策的本质：解释古巴导弹危机 / 〔美〕格雷厄姆·阿利森，〔美〕菲利普·泽利科著 .—北京：北京大学出版社，2008，2 版 .—416 页；23cm

硬汉卡斯特罗：中国驻古巴大使手记 / 陈久长著 .—北京：中国文史出版社，2009.—370 页；24cm

午夜将至：核战边缘的肯尼迪、赫鲁晓夫与卡斯特罗 / 〔美〕迈克尔·多布斯著；陶泽慧，赵进生译 .—北京，社会科学文献出版社，2015.—546 页；21cm

决策的本质：还原古巴导弹危机的真相 / 〔美〕格雷厄姆·艾利森，菲利普·泽利科著；王伟光，王云萍译 .—北京：商务印书馆，2015.—463 页；24cm

古巴华侨银信：李云宏宗族家书 / 李柏达 .—广州：暨南大学出版社，2015.—300 页；24cm

一个华人的古巴历险记 / 〔古〕玛尔塔·罗哈斯著；张鹏译 .—北京：五洲传播出版社，2015.—200 页；21cm

文教　体育　文学　艺术

马蒂诗选 / 〔古〕何塞·马蒂（Jose Marti）著；卢永等译 .—北京：人民文学出版社，1958.—84 页；20cm

卡斯特罗·阿尔维斯诗选 /〔巴西〕阿尔维斯，A. de. C.（Alves, Antoio de Castro）著；亦潜译 .—北京：人民文学出版社，1959.—130 页；21cm

战斗吧，古巴、刚果！——支持古巴、刚果人民反帝斗争诗文选 / 巴金等著 .—上海：上海文艺出版社，1959.—67 页；18cm

旗帜集 /〔古〕卡斯蒂里耶诺斯等著；维益等译 .—上海：上海文艺出版社，1961.—202 页；21cm

贝尔蒂雄166/〔古〕普依格·J. S.（Puig J. S.）著；于之汾译 .—北京：作家出版社，1962.—167 页；19cm

甘蔗田 /〔古〕阿尔丰索·P.（Alfonso P.）著；英诺诚译 .—北京：中国戏剧出版社，1962.—84 页；19cm

古巴歌曲集（第一集）：简谱本 / 音乐出版社编辑部编 .—北京：音乐出版社，1962.—42 页；19cm

古巴人民有骨气：说唱、相声 / 上海文艺出版社编辑 .—上海：上海文艺出版社，1962.—34 页；19cm

古巴文学简史 /〔古〕波尔图翁多著；王央乐译 .—北京：作家出版社，1962.—166 页；19cm

英雄的古巴：通讯集 / 世界知识出版社编辑 .—北京：世界知识出版社，1962.—167 页；19cm

古巴美术作品集 / 人民美术出版社编 .—北京：人民美术出版社，1963.—72 页；27cm

古巴速写 / 远千里著 .—天津：百花文艺出版社，1964.—141 页；19cm

前进，拉丁美洲人民！——支持古巴和拉丁美洲人民革命斗争歌曲选集 / 音乐出版社编辑部编 .—北京：音乐出版社，1964.—28 页；19cm

不体面的女人 /〔古〕米格尔·德·卡里翁著；江禾译 .—济南：山东文艺出版社，1986.—300 页；21cm

塞西莉亚·巴尔德斯 /〔古〕西里洛·比利亚维尔德著；毛金里，顾舜芳译 .—上海：上海外语教育出版社，1986.—496 页；21cm

塞西莉亚姑娘 /〔古〕比利亚维德（Villaverde C.）著；潘楚基，管彦忠译 .—北京，人民文学出版社，1986.—647 页；19cm

古巴民间故事 / 特拉乌格特编；张福生译 .—长沙：湖南少年儿童出版社，

1989.—186 页；21cm

长笛与利剑：何塞·马蒂诗文选 /〔古〕何塞·马蒂（Jose Marti）著；毛金里，
徐世澄译 .—昆明：云南人民出版社，1995.—447 页；20cm

哈瓦那大学：古巴 / 李庭玉编著 .—长沙：湖南教育出版社，1996.—194 页；
20cm

红色闪电——古巴：加勒比海的棒球传说 / 黄承富著 .—台北：水永股份有限
公司，1999.—139 页；21cm

蜗牛海滩，一只孟加拉虎 /〔古〕耶里谢欧·阿尔贝多（Eliseo Alberto）著；
杜东璊，许琦瑜译 .—长沙：湖南文艺出版社，2004.—282 页；20cm

约会哈瓦那：卡斯特罗身影素描 / 余熙撰文、绘画、摄影 .—北京：世界知识
出版社，2007.—275 页；24cm

何塞·马蒂诗文选 /〔古〕何塞·马蒂著；毛金里，徐世澄编译 .—北京：作
家出版社，2015.—385 页；19cm

历史　地理

古巴·海地·多米尼加 / 潘洽，余敬昭译 .—上海：新知识出版社，1957.—37
页；20cm

古巴 / 于厚华等编写 .—北京：商务印书馆，1959.—38 页；19cm

古巴　海地　多米尼加 / 潘洽等译 .—北京：商务印书馆，1959.—52 页；19cm

古巴人民的英勇斗争 / 世界知识出版社编辑 .—北京：世界知识出版社，
1959.—52 页；19cm

古巴人民反独裁斗争的胜利 / 陆申娟编著 .—保定：河北人民出版社，1959.—
22 页；19cm

坚决支持古巴、刚果人民的反帝斗争 / 上海人民出版社编辑 .—上海：上海人
民出版社，1959.—58 页；19cm

我们的怒吼 /〔古〕纪廉等著；王洪勋等译 .—上海：上海文艺出版社，
1960.—153 页；21cm

要古巴，不要美国佬！/〔古〕尼古拉斯·纪廉等著；王仲年等译 .—上海：上
海文艺出版社，1961.—481 页；20cm

古巴地理 /〔古〕希门尼斯著；黄鸿森等译 .—北京：商务印书馆，1962.
　—540 页；22cm

古巴事件内幕 / 世界知识出版社编 .—北京：世界知识出版社，1962.—130 页；
　21cm

谁都不能阻挡古巴人民前进 / 世界知识出版社编 .—北京：世界知识出版社，
　1962.—238 页；21cm

我们必胜 /〔古〕那波里等著；王仲年等译 .—上海：上海文艺出版社，
　1962.—195 页；21cm

英雄的古巴 / 路伟著；—北京 . 中国少年儿童出版社，1962.—101 页；19cm

吉隆滩的人们 /〔古〕拉・贡・卡斯柯洛（Raul Gonzalez de Cascorro）著；郑
　小榕等译 .—北京：中国青年出版社，1963.—92 页；19cm

在英雄的古巴：日记 / 邵宇绘 .—北京：人民美术出版社，1963.—63 页；
　27cm

古巴史和古巴与美国的关系：从西班牙征服古巴到埃斯卡莱拉事件（1492-
　1845）（第一卷）/〔美〕菲・方纳著（Philip s. Foner）；涂光楠，胡毓鼎
　译 .—北京：生活・读书・新知三联书店，1964.—247 页；20cm

四月的哈瓦那 / 阮章竞著 .—北京：作家出版社，1964.—77 页；17cm

古巴风光（上）/ 颜伍侠著 .—香港：香港鸿发印务公司，1964.—316 页；
　20cm

古巴风光（下）/ 颜伍侠著 .—香港：香港鸿发印务公司，1964.—247 页；
　20cm

古巴独立史 /〔古〕艾・罗依格・德・卢其森林（Emilio Roig de Leuchsenring）
　著；张焱译 .—北京：三联书店，1971.—167 页；20cm

古巴革命战争回忆录 /〔古〕埃内斯托・切・格瓦拉（Ernesto Che Guevara）著；
　复旦大学历史系拉丁美洲研究室译 .—上海：人民出版社，1975.—305 页；
　20cm

游击战 /〔古〕C. 格瓦拉著；上海复旦大学历史系拉丁美洲研究室，上海外国语
　学院西班牙语教研组译 .—上海：上海人民出版社，1975.—129 页；20cm

十三天：古巴导弹危机回忆录 /〔美〕罗伯特・肯尼迪著；复旦大学历史系拉
　丁美洲研究室译 .—上海：上海人民出版社，1977.—138 页；19cm

从苦力到主人翁：纪念华人到古巴 150 周年 /〔古〕梅塞德斯·克雷斯波·德格拉著；刘真理，王树雄译 .—北京：世界知识出版社，1997.—74 页；19cm

千钧一发：古巴导弹危机纪实 / 李德福著 .—北京：世界知识出版社，1997.—150 页；20cm

古巴历史：枷锁与星辰的挑战 /〔古〕何塞·坎东·纳瓦罗著；王玫译 .—北京：当代世界出版社，1999.—348 页；21cm

古巴旅游指南：古巴人间伊甸园 / 章洪发撰文 .—北京：中国旅游出版社，2000.—159 页；21cm

亲历古巴：一个中国驻外记者的手记 / 庞炳庵著 .—北京：新华出版社，2000.—441 页；21cm

列国志：古巴 / 徐世澄编著 .—北京：社会科学文献出版社，2003.—365 页；22cm

古巴 / 新加坡 APA 出版有限公司编；戴琳，刘杉杉，王晓冬译 .—北京：中国水利水电出版社，2004.—382 页；23cm

加勒比海岛国亲历：一个中国女学生眼中的古巴 / 顾允著 .—苏州：古吴轩出版社，2004.—310 页；21cm

古巴 / 克里斯托弗·贝克（Baker Christopher P.）著；帕布洛·科拉尔·贝加，克里斯托布尔·科拉尔·贝加摄影；杨俊峰译 .—沈阳：辽宁教育出版社，2006.—274 页；22cm

雪茄的历史 / 郑万春编著 .—哈尔滨：哈尔滨出版社，2006.—185 页；25cm

加勒比海的古巴：雪茄与蔗糖的革命之歌 / 陈小雀著 .—长沙：岳麓书社，2006.—143 页；21cm

哈瓦那的阳光下 / 细毛，尹齐著 .—北京：新星出版社，2007.—255 页；23cm

古巴 / 罗玉梅编 .—乌鲁木齐：新疆人民出版社，2008.—56 页；20cm

古巴和海地 / 国际文化交流音像出版社编 .—北京：国际文化交流音像出版社，2008.—DVD1 碟；20cm

海明威在古巴 /〔美〕希拉里·海明威，〔美〕卡伦娜·布伦南著；王增澄，唐孝先译 .—银川：宁夏人民出版社，2008.—168 页；23cm

我们的历史并未终结：古巴革命中的三位华裔将军 /〔美〕玛丽－爱丽丝·沃

特斯编著；王路沙译 .—北京：知识产权出版社，2008.—284 页；23cm

敲打天堂的门：古巴 / 美玲，芳子著 .—台北：大家出版社，2009.—284 页；24cm

十月风云：**古巴导弹危机研究** / 赵学功著 .—天津：天津人民出版社，2009.—476 页；23cm

列国志：古巴 / 徐世澄编著 .—北京：社会科学文献出版社，2010，2 版 .—365 页；22cm

加勒比绿鳄：古巴 / 徐贻聪，徐丽丽著 .—上海：上海锦绣文章出版社，2011.—139 页；21cm

古巴史 / 理查德·戈特著；徐家玲译 .—北京：中国大百科全书出版社，2013.—504 页；24cm

中国人与古巴独立战争 / 庞炳庵主编 .—北京：新华出版社，2013.—182 页；23cm

蒙卡达审判：历史将宣判我无罪 / 〔古〕玛尔塔·罗哈斯著；徐世澄译 .—北京：华文出版社，2014.—325 页；24cm

人物传记

卡斯特罗 / 政学著 .—呼和浩特：内蒙古人民出版社，1997.—418 页；20cm

卡斯特罗：卧榻雄狮 / 李安山著 .—北京：中国广播电视出版社，1998.—392 页；20cm

卡斯特罗传 / 朱金平著 .—北京：东方出版社，1998.—338 页；20cm

卡斯特罗传 / 〔美〕罗伯特·李著 .—武汉：长江文艺出版社，1998.—396 页；20cm

完美的人：切·格瓦拉传 / 陶竦编 .—海口：海南出版社，2002.—443 页；21cm

切·格瓦拉传 / 王福应著 .—北京：中国广播电视出版社，2003.—320 页；20cm

卡斯特罗传 / 〔巴〕克劳迪娅·福丽娅蒂（Claudia Furiati）著；翁怡兰，李淑廉译 .—北京：世界知识出版社，2003.—613 页；23cm

切·格瓦拉 / 舒风著 .—北京：中国少年儿童出版社，2005.—260 页；19cm

切·格瓦拉之死 /〔美〕杰伊·坎特（Jay Cantor）著；邹亚译 .—北京：新星出版社，2006.—570 页；23cm

卡斯特罗 / 金大业，金沙著 .—北京：中国少年儿童出版社，2007.—296 页；19cm

切·格瓦拉之死 /〔美〕杰伊·坎特（Jay Cantor）著 .—台北：台湾联经出版事业公司，2007.—671 页；23cm

切·格瓦拉 / 让·科尔米耶（Jean Cormier）著；郭斯嘉译 .—上海：上海世纪出版社，2007.—150 页；19cm

切·格瓦拉：未公开的档案 /〔俄〕尤里·加夫里科夫著；高增训，陈新华译 .—北京：国际文化出版社，2007.—303 页；24cm

切·格瓦拉语录 / 师永刚，刘琼雄，詹涓编著 .—北京：生活·读书·新知三联书店，2007.—239 页；23cm

卡斯特罗访谈传记：我的一生 /〔古〕菲德尔·卡斯特罗（Fidel Castro），〔法〕伊格纳西奥·拉莫内著；中国社会科学院拉丁美洲研究所组织翻译 .—北京：中国社会科学出版社，2008.—584 页；24cm

卡斯特罗评传：从马蒂主义者到马克思主义者 / 徐世澄著；—北京：人民出版社，2008.—508 页；24cm

切·格瓦拉之死 /〔古〕弗罗伊兰·冈萨雷斯（Froilan Gonzalez），〔古〕阿蒂斯·库普尔（Adys Cupull）著；徐文渊译 .—北京：新世界出版社，2008.—172 页；23cm

见证热情：切·格瓦拉致女友书 /〔古〕阿蒂斯·库普尔（Adys Cupull），〔古〕弗罗伊兰·冈萨雷斯（Froilan Gonzalez）著；王洋译 .—北京：新世界出版社，2008.—144 页；23cm

纯粹的红：切·格瓦拉传 / 陶竦著 .—上海：文汇出版社，2008.—382 页；21cm

切·格瓦拉：卡斯特罗的回忆 /〔古〕菲德尔·卡斯特罗著；〔澳〕戴维·多伊奇曼编；邹凡凡译 .—南京：译林出版社，2009.—264 页；21cm

切·格瓦拉传 /〔美〕乔恩·李·安德森（Jon Lee Anderson）著；马昕译 .—武汉：长江文艺出版社，2009.—357 页；25cm

何塞·马蒂评传 / 朱景冬著 .—北京：社会科学文献出版社，2010.—244 页；24cm

切·格瓦拉：一个偶像的人生、毁灭与复活 /〔玻〕雷希纳尔多·乌斯塔里斯·阿尔塞著；刘长申译 .—北京：中国青年出版社，2010.—466 页；24cm

切·格瓦拉画传 / 师永刚，詹涓编著 .—济南：山东画报出版社，2010.—291 页；23cm

切·格瓦拉传 /〔墨〕豪尔赫·G.卡斯塔涅达著；白凤森译 .—北京：人民文学出版社，2012.—416 页；24cm

最后一个游击战士：卡斯特罗传 /〔美〕诺韦尔托·富恩特斯（Norberto Fuentes）著；刘海清，李江滨译 .—北京：法律出版社，2013.—475 页；25cm

切·格瓦拉传〔美〕乔恩·李·安德森著；马昕译 .—武汉：长江文艺出版社，2013.—395 页；24cm

美国敌人卡斯特罗 / 王来军著 .—武汉：华中科技大学出版社，2014.—260 页；24cm

马里亚特吉 格瓦拉 / 王松霞著 .—北京：中国工人出版社，2014.—147 页；26cm

菲德尔·卡斯特罗·鲁斯：时代游击队员 /〔古〕卡斯蒂涅拉著；徐世澄，宋晓平译 .—北京：人民日报出版社，2015.—2 册（960 页）；24cm

遇见切·格瓦拉：古巴之旅 / 匡松著 .—成都：电子科技大学出版社，2015.—341 页；24cm

我与卡斯特罗 / 徐贻聪著 .—北京：东方出版社，2015.—262 页；23cm

格瓦拉日记 /〔古巴〕切·格瓦拉著；陈皓译 .—南京：译林出版社，2016.—448 页；21cm

海 地

古巴·海地·多米尼加 / 潘洽，余敬昭译 .—上海：新知识出版社，1957.—37 页；20cm

太阳老爷 /〔海地〕阿列克西斯（J.S.Alexis）著；刘煜译 .—北京：人民文学
　　出版社，1959.—344 页；20cm

统治泉水的人 /〔海地〕雅各·路曼著；孟安译 .—上海：上海文艺出版社，
　　1959.—193 页；19cm

古巴、海地、多米尼加 / 潘洽等译 .—北京：商务印书馆，1959.—52 页；19cm

海地革命 / 钟华著 .—北京：商务印书馆，1974.—37 页；19cm

海地革命的领袖杜桑 / 陆丽波著 .—北京：商务印书馆，1981.—47 页；19cm

多米尼加、海地共和国华侨概况 / 梁贤继编著 .—台湾：正中书局印行，
　　1986.—70 页

海地维和日记 / 施金东著 .—北京：解放军出版社，2008.—344 页；23cm

列国志：海地　多米尼加 / 赵重阳，范蕾编著 .—北京：社会科学文献出版社
　　2009.—470 页；22cm

大地震：汶川、海地、智利、玉树…… / 马宗晋编著 .—北京：人民邮电出版
　　社，2010.—187 页；23cm

海地记忆：一个维和警察的日记 / 陈博著 .—济南：山东文艺出版社，2010.—
　　182 页；24cm

海地战歌 / 吕辉著 .—武汉：长江文艺出版社，2010.—366 页；24cm

多米尼加共和国

古巴·海地·多米尼加 / 潘洽，余敬昭译 .—上海：新知识出版社，1957.—37
　　页；20cm

古巴、海地、多米尼加 / 潘洽等译 .—北京：商务印书馆，1959.—52 页；
　　19cm

多米尼加共和国史 /〔美〕塞尔登·罗德曼（Selden Rodman）著；南开大学
　　译 .—天津：天津人民出版社，1972.—354 页；19cm

多米尼加、海地共和国华侨概况 / 梁贤继编著；华侨协会总会主编 .—台北：
　　正中书局，1988.—70 页；21cm

列国志：海地　多米尼加 / 赵重阳，范蕾编著 .—北京：社会科学文献出版社，
　　2009.—470 页；22cm

牙买加

认识牙买加 / 非洲及拉丁美洲资料中心编 .—台北：非洲及拉丁美洲资料中心编印，1965.—88 页；20cm

牙买加史 / 塞缪尔·赫维茨（S. J. Hurwitz），伊迪丝·赫维茨（E.F.Hurwitz）著；南开大学历史系译 .—天津：天津人民出版社，1979.—422 页；20cm

牙买加图志 /〔英〕科拉·G. 克拉克（C. G. Clark）著；周陵生译 .—北京：商务印书馆，1980.—223 页；26cm

千里达、牙买加华侨概况 / 魏龙翔著；—台北：正中书局，1989.—122 页；21cm

牙买加飓风 /〔英〕理查德·休斯（Richard Hughes）著；姜薇译 .—重庆：重庆出版社，2006.—223 页；22cm

列国志：危地马拉　牙买加　巴巴多斯 / 王锡华，周志伟编著 .—北京，社会科学文献出版社，2011.—510 页；21cm

巴巴多斯

巴巴多斯史 /〔英〕罗纳德·特里（R. Tree）著；葛绳武，李光庠，李根长译 .—天津：天津人民出版社，1981.—100 页；21cm

列国志：危地马拉　牙买加　巴巴多斯 / 王锡华，周志伟编著 .—北京：社会科学文献出版社，2011.—510 页；21cm

特立尼达和多巴哥

特立尼达和多巴哥人民史（上册） /〔特〕埃里克·威廉斯著；吉林师范大学外语系翻译组译 .—长春：吉林人民出版社，1973.—337 页；20cm

特立尼达和多巴哥人民史（下册） /〔特〕埃里克·威廉斯著；吉林师范大学外语系翻译组译 .—长春：吉林人民出版社，1973.—339-683 页；20cm

特立尼达和多巴哥人民史（上册·1） /〔特〕埃里克·威廉斯著；吉林师范

大学外语系翻译组译 .—长春：吉林人民出版社，1973.—161 页；21cm

特立尼达和多巴哥人民史（上册·2）/〔特〕埃里克·威廉斯著；吉林师
范大学外语系翻译组译 .—长春：吉林人民出版社，1973.—162–337 页；
21cm

特立尼达和多巴哥人民史（下册·1）/〔特〕埃里克·威廉斯著；吉林师范
大学外语系翻译组译 .—长春：吉林人民出版社，1973.—339–507 页；
21cm

特立尼达和多巴哥人民史（下册·2）/〔特〕埃里克·威廉斯著；吉林师范
大学外语系翻译组译 .—长春：吉林人民出版社，1973.—508–684 页；
21cm

内心的渴望：一个总理的教育 /〔特〕埃里克·威廉斯（Williams Eric）著；
杭州大学外语系英语组译 .—上海：上海人民出版社，1976.—441 页；
20cm

巴哈马

巴哈马群岛史（上册）/〔英〕迈克尔·克拉顿著；天津师范学院外语系，南开
大学政治经济学系译校 .—天津：天津人民出版社，1973.—296 页；21cm

巴哈马群岛史（下册）/〔英〕迈克尔·克拉顿著；天津师范学院外语系，南
开大学政治经济学系译校 .—天津：天津人民出版社，1973.—297–582 页；
21cm

格林纳达

登陆从空中开始：美国出兵格林纳达纪实 / 李璟著 .—北京：知识出版社，
1994.—159 页；21cm

"暴怒"行动：美军入侵格林纳达始末 / 吴华，于青编著 .—北京：世界知识出
版社，1997.—134 页；19cm

征服格拉纳达 /〔美〕华盛顿·欧文著；刘荣跃译 .—上海：上海文艺出版社，
2010.—429 页；22cm

南美洲

南美洲一瞥 / 布牢温（E. A. Browne）著；周传儒译．—上海：商务印书馆，
　　1923．—95 页；19cm

南美三强利用外资与国事例 / 卫挺生著．—上海：商务印书馆，1931．—200 页；
　　20cm

智利与阿根廷：卡奔德世界游记 / 卡奔德著；林淡秋译．—上海：商务印书馆，
　　1935．—298 页；20cm

秘鲁·玻利维亚·巴拉圭 / 〔苏联〕卢卡朔娃等著；凌寒等译．—上海：新知
　　识出版社，1957．—58 页；20cm

南美洲旅行记 / 王戈情著．—上海：新文艺出版社，1957．—150 页；20cm

南美见闻 / 赵沨著．—上海：上海人民出版社，1958．—64 页；19cm

南美洲 / 张荤著．—北京：科学普及出版社，1958．—30 页；19cm

南美洲 / 〔苏联〕哥热夫·А. Д. 著；北京师范大学地理系译．—北京：商务
　　印书馆，1960．—293 页；21cm

南美洲地理环境的结构 / 李春芬编．—北京：科学出版社，1962．—204 页；
　　27cm

英、荷、法属圭亚那 / 〔英〕詹姆士·罗德韦著；吉林大学历史系翻译组译．
　　—吉林：吉林大学历史系翻译组，1974．—351 页；20cm

南美洲童话 / 弗·乌勒巴奇（V. Hulpach）著；黄玉山译．—北京：北京出版
　　社，1982．—265 页；19cm

南美丛林寻根记 / 〔美〕阿伦·科恩特（S. Allen Counter），〔美〕戴维·伊文
　　斯（David L. Evans）著；郭正康，孙中瑞译；柴金如校．—北京：世界
　　知识出版社，1986．—161 页；19cm

阿根廷　智利　乌拉圭华侨概况 / 杨荣鉴著．—台北：正中书局，1988．—88 页；
　　21cm

哥伦比亚、厄瓜多尔华侨概况 / 陶长仁著．—台北：正中书局，1988．—94 页；
　　21cm

世界华人精英传略（南美洲与加拿大卷）/ 庄炎林主编．—南昌：百花洲文艺
　　出版社，1994．—325 页；20cm

南美洲童话 / 易文诗主编 . —北京：北京少年儿童出版社，1995. —284 页；
　　19cm

南美牛仔：高卓人的习俗风采 / 张玫珊编著 . —北京：中国人民大学出版社，
　　1998. —183 页；24cm

南美攀登记：台湾女性首次攀上南美最高峰 / 李美凉，林乙华合著 . —台北：
　　大块文化出版股份有限公司，2002. —202 页；20cm

南美洲的直肠子 / 〔英〕莎拉·威勒著；张宁恩译 . —台北：皇冠文化出版有
　　限公司，2002. —287 页；21cm

南美洲 / 新加坡 APA 出版公司编；翁妙玮，刘建译 . —北京：中国水利水电
　　出版社，2003. —416 页；22cm

南美洲 / 于国宏，州长治主编 . —北京：地图出版社，2004. —119 页；21cm

南美洲的艾马拉人 / 〔美〕詹姆斯·伊根（James Eagen）著；吕增奎译 . —北
　　京：中国水利水电出版社，2004. —48 页；26cm

南美洲的雅诺马米人 / 〔美〕诺雅 达汉（Raya Tahan）著；冯非译 . —北京：
　　中国水利水电出版社，2004. —48 页；26cm

阿根廷　智利　巴拉圭　乌拉圭 / 日本大宝石出版社编著；孟琳等译 . —北京：
　　中国旅游出版社，2006. —516 页；21cm

南极、南美、纽西兰：复活节岛上神秘的雕像 / 许文廷著 . —台北：旗林文化
　　出版社有限公司，2006. —255 页；21cm

南美洲、亚洲、非洲各国电力市场化改革 / 国家电力监管委员会编 . —北京：
　　中国水利水电出版社，2006. —401 页；21cm

南美洲之旅 / 星球地图出版社编 . —北京：星球地图出版社，2006. —77 页；
　　21cm

魔幻南美洲：厄瓜多尔·秘鲁·玻利维亚秘境之旅 / 蔡慧美著 . —合肥：安徽
　　文艺出版社，2007. —200 页；24cm

南美洲：野生篇 / 辽宁文化艺术印象出版社编 . —沈阳：辽宁文化艺术印象出
　　版社，2007. —3 碟；27cm

地球边缘之旅：南美遗迹 / 浙江音像出版社编 . —杭州：浙江音像出版社，
　　2007. —4 碟；25cm

走进南美洲 / 〔美〕普鲁简（Proujan C.），〔美〕沙因克因（Shein Kin S.）著；

丁兰译 . —北京：外语教学与研究出版社，2007. —120 页；23cm

列国志：苏里南 / 吴德明编著 . —北京：社会科学文献出版社，2008. —279 页；
21cm

民主转型与巩固的问题：南欧、南美和后共产主义欧洲 /〔美〕胡安·J. 林茨，
阿尔弗莱德·斯泰潘著；孙龙等译 . —杭州：浙江人民出版社，2008. —
518 页；24cm

现代化和官僚威权主义：南美政治研究 /〔阿根廷〕吉列尔莫·奥唐奈
（Guillermo A. O'Donnell）著；王欢，申明民译 . —北京：北京大学出版
社，2008. —199 页；23cm

南美洲、大洋洲风情 / 王骞编著 . —乌鲁木齐：新疆美术摄影出版社，2010.
—198 页；23cm

南美洲最神奇的植物 /〔英〕迈克尔·斯科特（Michael Scott），〔英〕安吉
拉·罗伊斯顿（Angela Royston）著；龙淑珍译 . —武汉：湖北美术出版
社，2011. —30 页；26cm

世界葡萄酒版图：南美（阿根廷、巴西、智利、乌拉圭） /〔加〕雅克·奥洪著；
王丽，何柳译 . —北京：电子工业出版社，2015. —399 页；24cm

印加文明

古代南美洲的印加文化 / 刘文龙著 . —北京：商务印书馆，1983. —55 页；
19cm

印加王室述评 /〔秘鲁〕德拉维加著；白凤森等译 . —北京：商务印书馆，
1993. —777 页；21cm

失落的文明：印加 / 沈小榆著 . —上海：华东师范大学出版社，2001. —166 页；
21cm

印加的智慧：安第斯高原的太阳之子 / 沈小榆著 . —台北：林郁文化出版社，
2001. —382 页；21cm

失落的印加 / 毕远月撰文、摄影 . —台北：秋雨文化事业股份有限公司，2002.
—143 页；30cm

印加人：黄金和荣耀的主人 /〔美〕戴尔·布朗（Dale M. Brown）主编；段长

城译 . —北京：华夏出版社，2002. —197 页；22cm

太阳公主（印加帝国三部曲之一）/〔法〕安东尼·B. 丹尼尔著；王玲琇译 .
—南宁：广西人民出版社，2006. —349 页；23cm

马丘比丘之光（印加帝国三部曲）/〔法〕安东尼·B. 丹尼尔著；魏冬菊译 .
—南宁：广西人民出版社，2006. —308 页；23cm

库斯科黄金城（印加帝国三部曲）/〔法〕安东尼·B. 丹尼尔著；王玲琇译 .
—南宁：广西人民出版社，2006. —333 页；23cm

神秘印加/〔英〕安妮塔·加纳利著；〔英〕利雷绘；蒋雨田译 . —北京：北京
科学技术出版社，2007. —30 页；28cm

寻找蜂鸟：探寻古印加文明的遗迹/黑龙江文化音像出版社编 . —北京：黑龙
江文化音像出版社，2007. —DVD1 碟；20cm

匪夷所思的印加人：太阳神子民的灭族传奇/〔英〕狄利（Terry Deary）著；
马波译 . —郑州：中国古籍出版社，2007. —142 页；21cm

So cute！南美印加秘境手绘旅行/〔韩〕苏重爱著；金振杰，王洁清译 . —
北京：旅游教育出版社，2010. —167 页；21cm

印加人的祖先：公元一至七世纪的古代秘鲁/吕章申主编 . —北京：中国社会
科学出版社，2011. —331 页；30cm

神话中的国度印加/付娜编著 . —长春：时代文艺出版社，2012. —187 页；
24cm

遗失的印加帝国/许必华著 . —北京：红旗出版社，2012. —221 页；24cm

圭亚那

反抗诗集/〔圭〕马丁·卡特（Martin Carter）著；水建馥译 . —北京：作家出
版社，1956. —60 页；13cm

被禁止的自由：英属圭亚那的故事/〔圭〕契迪·贾根著；侯焕闳译 . —北京：
世界知识出版社，1957. —115 页；20cm

英属圭亚那之农业与贸易/非洲及拉丁美洲资料中心编印 . —台北：非洲及拉
丁美洲资料中心，1963. —62 页；19cm

英属圭亚那/〔英〕雷蒙德·特·史密斯（Smith, Raymond T.）著；吉林大学

外语系翻译组译 . —长春：吉林人民出版社，1974. —389 页；21cm

圭亚那地理 /〔圭〕L. P. 卡明斯著；湖北建筑工业学院外语教研室《圭亚那地理》翻译组译 . —武汉：湖北人民出版社，1977. —93 页；26cm

列国志：圭亚那 / 吴德明著 . —北京：社会科学文献出版社，2007. —308 页；21cm

列国志：圭亚那 / 吴德明著 . —北京：社会科学文献出版社，2010，2 版 . —308 页；21cm

委内瑞拉

和平纪事 /〔委〕利昂（Carlos Augusto Leon）著；李一氓等译 . —北京：人民文学出版社，1954. —39 页；19cm

哥伦比亚·委内瑞拉 /〔苏〕卢卡舍娃（Е. Н. Лукашава），〔苏联〕沃耳斯基（В.В.Вольский）著；赵冬，李曙译 . —上海：新知识出版社，1957. —46 页；20cm

西蒙·波利瓦尔：美洲西班牙殖民地独立运动的领导者 /〔苏联〕И. Р. 拉夫列茨基（И. Р. Лаврецкий）著；亦知译 . —北京：生活·读书·新知三联书店，1960. —88 页；19cm

委内瑞拉之经济开发 / 非洲及拉丁美洲资料中心编印 . —台北：非洲及拉丁美洲资料中心，1962. —95 页；19cm

委内瑞拉史 /〔委〕吉利尔莫·莫隆著；〔英〕约翰·斯特里特编译；吉林大学外语系翻译组译 . —长春：吉林人民出版社，1973. —469 页；20cm

委内瑞拉经济地理：概况 /〔委〕马科 – 奥雷略·比拉（Marco-Aurelio Vila）著；华中师范学院外语系西班牙语翻译组译 . —武汉：湖北人民出版社，1976. —260 页；26cm

堂娜芭芭拉（上册） /〔委〕加列戈斯（R. Gallwgos）著；白婴，王相译 . —北京：人民文学出版社，1979. —177 页；20cm

堂娜芭芭拉（下册） /〔委〕加列戈斯（R. Gallwgos）著；白婴，王相译 . —北京：人民文学出版社，1979. —399 页；20cm

西蒙·博利瓦尔 /〔厄瓜多尔〕冈萨雷斯著；齐毅译 . —北京：新华出版社，

1980. —409 页；19cm

西蒙·博利瓦：国际奖金 /委内瑞拉共和国，联合国教科文组织编. —巴黎：
联合国教科文组织出版，1981. —61 页；20cm

玻利瓦尔文选 /〔委〕西蒙·玻利瓦尔著；中国社会科学院拉丁美洲研究所译.
—北京：中国社会科学出版社，1983. —233 页；21cm

博利瓦尔：一个大陆和一种前途 /〔委〕J. L. 萨尔塞多—巴斯塔多著；杨恩瑞，
赵铭贤译. —北京：商务印书馆出版，1983. —389 页；20cm

解放者 /〔委〕奥古斯托·米哈雷斯著；杨恩瑞、陈用仪译. —北京：中国对
外翻译出版公司出版，1983. —672 页；21cm

解放者玻利瓦尔 /〔委〕米哈雷斯（Mijares）著；杨恩瑞，陈用仪等译. —
北京：中国对外翻译出版公司，1984. —672 页；21cm

"解放者"西蒙·玻利瓦尔 /王春良. —北京：商务印书馆，1985. —48 页；
19cm

委内瑞拉经济 /石瑞元等著. —北京：社会科学文献出版社，1987. —198 页；
19cm

委内瑞拉华侨概况 /杨锋，陈晏国编著. —台北：正中书局，1988. —44 页；
21cm

死屋：一号办公室 /〔委〕奥特罗·西尔瓦（Otero Silva, Miguel）著；王之，
胡真才，李疾风译. —昆明：云南人民出版社，1993. —310 页；21cm

玻利瓦尔 /舒风，文峰著. —北京：中国少年儿童出版社，1997. —263 页；
19cm

玻利瓦尔传 /蔡向东著. —石家庄：河北人民出版社，1997. —177 页；20cm

玻利瓦尔 /舒风，文峰著. —北京：新蕾出版社，2000. —154 页；13cm

委内瑞拉：玻利瓦尔的故乡 /于凤川著. —北京：民族出版社，2004. —100 页；
21cm

西蒙·玻利瓦尔的思想永存 /〔委〕萨姆埃·蒙卡达（Samuel Moncada）著；
委内瑞拉玻利瓦尔共和国驻华大使馆译. —北京：委内瑞拉玻利瓦尔共
和国驻华大使馆，2004. —29 页；14cm

弗朗西斯科·德·米兰达：从政治上建设一个大陆规模的祖国 /〔委〕卡
门·博赫盖斯（Carmen Bohorquez）著；赵德明译. —北京：委内瑞拉玻

利瓦尔共和国驻华大使馆，2006. —46 页；21cm

乌戈·查韦斯：石油、政治以及对美国的挑战 / 〔英〕尼古拉斯·科兹洛夫
（Nikolas Kozloff）著；李致用译. —北京：国际文化出版社，2007. —191
页；21cm

病魔 / 〔委〕阿尔贝托·巴雷拉·蒂斯卡（Alberto Barrera Tyszka）著；王军宁
译. —北京：人民文学出版社，2008. —160 页；21cm

最后的能源危机 / 〔澳〕希拉·纽曼（Sheila Newman）等著；龚东风，曹钦琦，
项霞译. —杭州：浙江文艺出版社，2009. —299 页；24cm

列国志：委内瑞拉 / 焦震衡编著. —北京：社会科学文献出版社，2010. —318
页；21cm

委内瑞拉史 / 〔美〕迈克尔·塔弗，朱丽亚·弗雷德里克著；黄公夏译. —
上海：东方出版社，2010. —205 页；23cm

查韦斯传：从玻利瓦尔革命到"21 世纪社会主义" / 徐世澄著. —北京：人民
出版社，2011. —412 页；24cm

委内瑞拉史 / 何国世著. —台北：三民书局股份有限公司，2012. —201 页；
21cm

赴委内瑞拉 / 张京. —北京：石油工业出版社，2012. —69 页；21cm

查韦斯的"21 世纪社会主义" / 朱继东著. —北京：社会科学文献出版社，
2013. —121 页；19cm

从第一行开始——查韦斯随笔 / 〔委〕乌戈·查韦斯著；刘波，范蕾，王帅
译；袁兴昌审校. —北京：知识产权出版社，2013. —410 页；24cm

美国的盲点：查韦斯、石油和美国安全 / 〔哥伦比亚〕安德烈斯·卡拉（Andres
Cala），〔美〕迈克尔·伊科诺米季斯（Michael J. Economides）著；李东
超等译. —北京：中国经济出版社，2013. —305 页；24cm

我与查韦斯：一位中国大使的深情回忆 / 王珍著. —北京：世界知识出版社，
2014. —176 页；24cm

哥伦比亚

草原林莽恶旋风（上册） / 〔哥伦比亚〕列维拉（Jose Eustasio Rivera）著；吴

岩译．—上海：新文艺出版社，1957．—173 页；21cm

草原林莽恶旋风（下册）/〔哥伦比亚〕列维拉（Jose Eustasio Rivera）著；吴
岩译．—上海：新文艺出版社，1957．—340 页；21cm

哥伦比亚·委内瑞拉/〔苏〕卢卡舍娃（E. H. Лукашава），〔苏〕沃耳斯基（B.
B. Вольский）著；赵冬，李曙译．—上海：新知识出版社，1957．—46 页；
20cm

哥伦比亚的今天与明天/〔美〕P. M. 霍耳特著；吉林大学外语系翻译组译．—
长春：吉林人民出版社，1973．—345 页；19cm

哥伦比亚概况/〔英〕伍·奥·加尔布雷思（Galbraith W. O.）著；武汉师范学
院《哥伦比亚概况》翻译组译．—湖北：湖北人民出版社，1975．—170 页；
26cm

旋涡/〔哥伦比亚〕里维拉（Jose Eustacio Rivera）著；吴岩译．—上海：上海
译文出版社，1981．—334 页；21cm

加西亚·马尔克斯中短篇小说集/〔哥伦比亚〕加夫列夫·加西亚·马尔克斯
著；赵德明，刘瑛译；《外国文艺》编辑部编．—上海：上海译文出版社，
1982．—711 页；18cm

百年孤独/〔哥伦比亚〕马尔克斯（G. G. Marquez）著；黄锦炎等译．—上海：
上海译文出版社，1984．—386 页；20cm

老子仍是王/〔哥伦比亚〕戴维·桑切斯·胡利奥著；王治权译；尹承东校．
—哈尔滨：北方文艺出版社，1985．—311 页；19cm

玛丽亚/〔哥伦比亚〕豪尔赫·伊萨克斯（Jorge Isaacs）著；朱景冬，沈根发
译．—北京：人民文学出版社，1985．—315 页；21cm

上校无人来信　加西亚·马尔克斯小说集（西汉对照）/〔哥伦比亚〕加夫列
尔·加西亚·马尔克斯（Marguez G. G.）著；陶玉平译注．—北京：商务
印书馆，1985．—273 页；19cm

番石榴飘香/〔哥伦比亚〕加西亚·马尔克斯（Márquez, G.），门多萨
（Mendoza P. A.）著；林一安译．—北京：生活·读书·新知三联书店．—
1987，190 页；19cm

霍乱时期的爱情/〔哥伦比亚〕加西亚·马尔克斯著；蒋宗曹，姜风光译．—
哈尔滨：黑龙江人民出版社，1987．—353 页；20cm

霍乱时期的爱情 / 〔哥伦比亚〕加西亚·马尔克斯著；徐鹤林，魏民译. —桂林：漓江出版社，1987. —388 页；21cm

哥伦比亚、厄瓜多尔华侨概况 / 陶长仁著. —台北：正中书局，1988. —94 页；21cm

魔幻现实主义大师：加西亚·马尔克斯 / 陈众议著. —郑州：黄河文艺出版社，1988. —283 页；19cm

窝囊废 / 〔哥伦比亚〕阿尔瓦罗·萨洛姆·贝赛拉著；刘习良，笋季英译. —北京：北京十月文艺出版社，1988. —249 页；20cm

红颜薄命 / 〔哥伦比亚〕海梅·萨宁·埃切维里著；志泉，宗朝译. —哈尔滨：黑龙江人民出版社，1989. —208 页；19cm

将军和他的情妇：迷宫中的将军 / 〔哥伦比亚〕加夫列尔·加西亚·马尔克斯著；申宝楼，尹承东，蒋宗曹译. —海口：南海出版公司，1990. —268 页；19cm

劫持 / 〔哥伦比亚〕加夫列尔·加西亚·马尔克斯（Marquez G. G.）著；杨威译. —北京：中国电影出版社，1990. —239 页；19cm

"狼群"酒吧 / 〔哥伦比亚〕胡利奥（Juliao David Sanchez）著；王治权，丁艳玲译. —昆明：云南人民出版社，1992. —382 页；20cm

马尔克斯：魔幻现实主义巨擘 / 朱景冬著. —长春：长春出版社，1995. —353 页；21cm

麦德林集团覆灭记 / 高永华著. —成都：四川人民出版社，1997. —199 页；19cm

马尔克斯 / 于凤川编著. —沈阳：辽海出版社，1998. —204 页；21cm

哥伦比亚黑手党家族传 / 阿鹏著. —哈尔滨：北方文艺出版社，1999. —381 页；20cm

加西亚·马尔克斯 / 朱景冬著. —成都：四川人民出版社，1999. —275 页；20cm

加西亚·马尔克斯传 / 陈众议著. —北京：新世界出版社，2003. —266 页；23cm

列国志：哥伦比亚 / 徐宝华编著. —北京：社会科学文献出版社，2004. —446 页；21cm

哥伦比亚美洲小说史（英文版）/〔美〕Emory Elliott 主编.—北京：外语教学与研究出版社，2005.—905 页；23cm

穿过鸦片的硝烟/〔哥伦比亚〕唐可·阿尔梅洛著；郑柯军译.—北京：国家图书馆出版社，2006.—293 页；21cm

百年孤独/〔哥伦比亚〕Gabriel Garcia Marquez 原著；Margaret Miller，Josh Perry 导读；杜晓轩翻译.—天津：天津科技翻译出版公司，2008.—188 页；21cm

马尔克斯传/〔哥伦比亚〕达索·萨尔迪瓦尔（Dasso Saldivar）著；卞双成，胡真才译.—上海：上海人民出版社，2008.—485 页；23cm

哥伦比亚的故事/吴宣立著.—北京：中国文联出版公司，2009.—233 页；21cm

哥伦比亚文化/哥伦比亚驻华使馆制作.—北京：哥伦比亚驻华使馆，2009.—DVD1 碟；20cm

哥伦比亚的倒影/木心著.—桂林：广西师范大学出版社，2009.—167 页；21cm

列国志：哥伦比亚/徐宝华编著.—北京：社会科学文献出版社，2010，2 版.—484 页；21cm

黄金与宝石的国度——哥伦比亚：2010-2011 版哥伦比亚旅游指南/汤铭新著.—上海：上海锦绣文章出版社，2011.—152 页；21cm

厄瓜多尔

我们的粮食/〔厄瓜多尔〕希尔贝尔特·E. G.（Gilbert E. G.）著；侯浚吉译.—上海：上海文艺出版社，1962.—311 页；21cm

厄瓜多尔马列主义共产党文件汇编/中共中央对外联络二组部编.—北京：中共中央对外联络部二组，1971.—187 页；21cm

厄瓜多尔简明通史（第一卷·上册）/〔厄瓜多尔〕O. E. 雷耶斯著；钟豫译.—北京：商务印书馆，1973.—200 页；19cm

厄瓜多尔简明通史（第一卷·下册）/〔厄瓜多尔〕O. E. 雷耶斯著；钟豫译.—北京：商务印书馆，1973.—201-498 页；19cm

养身地 / 〔厄瓜多尔〕豪尔赫·伊卡萨（Jorge Icaza）著；林之木译 . —上海：
上海译文出版社，1986. —206 页；21cm

哥伦比亚、厄瓜多尔华侨概况 / 陶长仁著 . —台湾：正中书局，1988. —94 页；
21cm

我在国际特警营的日子：中国警官在厄瓜多尔的神奇之旅 / 尹伟著 . —北京：
中国人民公安大学出版社，2003. —304 页；21cm

厄瓜多尔时间 / 杨涛著 . —北京：当代中国出版社，2005. —175 页；21cm

列国志：厄瓜多尔 / 张颖，宋晓平编著 . —北京：社会科学文献出版社，2007.
—368 页；21cm

厄瓜多尔 / 〔法〕亨利·米肖（Henri Michaux）著；董强译 . —上海：上海人
民出版社，2009. —293 页；21cm

巴 西

政治 法律

巴西联邦共和国刑法典 / 法律出版社编 . —北京：法律出版社，1965. —135 页；
19cm

巴西的共产党：一九二二至一九七二年的冲突和结合 / 〔美〕罗纳德·H. 契尔
柯特（Chilcote Ronald H.）著 . —北京：中共中央对外联络部，1979. —
365 页；21cm

巴西的发展和危机 / 〔巴西〕路易斯·卡洛斯·布雷塞尔·佩雷拉著；罗捷译；
王复山，吴志华校 . —武汉：武汉师范学院历史系巴西史研究室，1983.
—234 页；19cm

巴西历史与现代化研究 / 周世秀主编 . —石家庄：河北人民出版社，2001.—
351 页；21cm

巴西与中国：世界秩序变动中的双边关系 / 〔巴西〕雅尼丝，〔巴西〕伊利克
主编；张宝宇，周俊南，吕银春译 . —北京：世界知识出版社，2001.
—210 页；21cm

巴西现代化研究 / 张宝宇著 . —北京：世界知识出版社，2002. —337 页；

21cm

经济发展与社会公正：巴西实例研究报告 / 吕银春著 . —北京：世界知识出版社，2003. —269 页；21cm

中国—巴西 / 中华人民共和国国务院新闻办公室编 . —北京：五洲传播出版社，2004. —143 页；25cm

工会与国家的政治进程：巴西实例研究 / 杜悦著 . —北京：中国社会科学院拉美所，2008. —38 页；29cm

美国与巴西经济比较研究 / 王然著 . —北京：经济科学出版社，2008. —216 页；21cm

一家九博士：巴西华人杨正民成功之路纪实 / 陈先俊编著 . —北京：世界知识出版社，2008. —302 页；21cm

美国与巴西经济发展比较研究 / 王然著 . —北京：经济科学出版社，2008. —216 页；21cm

巴西现代化道路研究：1964-1985 年军人政权时期的发展 / 董经胜著 . —北京：世界图书出版公司，2009. —201 页；23cm

巴西新民法典 / 齐云译 . —北京：中国法制出版社，2009. —38 页；29cm

巴西刑法典 / 陈志军译 . —北京：中国人民公安大学出版社，2009. —196 页；21cm

巴西环境犯罪法 / 郭怡译 . —北京：中国环境科学出版社，2009. —26 页；21cm

爱上巴西利亚 / 鹤蜚著 . —大连：大连出版社，2010. —153 页；23cm

巴西，如斯壮丽：传奇总统卡多索回忆录 / 〔巴西〕费南多·卡多索，布莱恩·温特著；林志懋译 . —台北：早安财经文化出版社，2010. —362 页；24cm

巨人时代的巴西挑战 / 〔巴西〕萨缪尔·皮涅伊罗·吉马良斯著；陈笃庆等译 . —北京：当代世界出版社，2011. —333 页；24cm

巴西崛起：传奇总统卡多佐回忆录 / 〔巴西〕费尔南多·恩里克·卡多佐（Fernando Henrique Cardoso）著；秦雪征，叶硕译 . —北京：法律出版社，2012. —218 页；24cm

巴西崛起与世界格局 / 周志伟著 . —北京：社会科学文献出版社，2012. —280

页；23cm

跨越中等收入陷阱：巴西的经验教训 /〔巴西〕费尔南多·奥古斯都·阿德奥达托·韦洛索，〔巴西〕莉亚·瓦尔斯·佩雷拉，郑秉文主编 . —北京：经济管理出版社，2013. —494 页；24cm

金砖国家研究

金砖四国经贸合作机制研究 / 蔡春林著 . —北京：中国财政经济出版社，2009. —366 页；24cm

爱上巴西利亚 / 鹤蜚著 . —大连：大连出版社，2010. —153 页；23cm

衰落与崛起："金砖四国"构建新世界 / 李丹，王蕴慧编著 . —北京：企业管理出版社，2010. —210 页；24cm

"金砖四国"联合统计手册：巴西、俄罗斯、印度、中国 / 巴西国家地理与统计局等编 . —北京：中国统计出版社，2010. —72 页；29cm

金砖国家联合统计手册：巴西、中国、印度、俄罗斯、南非（2011） / 中华人民共和国国家统计局等编 . —北京：中国统计出版社，2011. —147 页；27cm

"金砖四国"与国际转型：BRICs 智库巴西峰会的思考 / 李杨主编 . —北京：社会科学文献出版社，2011. —233 页；22cm

金砖国家经济社会发展报告（2011） / 林跃勤，周文主编 . —北京：社会科学文献出版社，2011. —456 页；24cm

"金砖四国"与国际转型：BRICs 智库巴西峰会的思考 / 李扬主编 . —北京：社会科学文献出版社，2011. —488 页；26cm

金砖国家社会分层：变迁与比较 / 李培林等主编 . —北京：社会科学文献出版社，2011. —651 页；24cm

金砖国家联合统计手册：巴西、俄罗斯、印度、中国、南非（2012） / 中华人民共和国国家统计局等编 . —北京：中国统计出版社，2012. —216 页；30cm

金砖四国：财富的秘密 / 谢残阳著 . —南宁：广西人民出版社，2012. —226 页；25cm

金砖四国资本项目货币可兑换研究 / 斯琴图雅著 . —北京：中国经济出版社，
2012. —267 页；21cm

金砖国家发展报告（2012）：合作与崛起 / 林跃勤，周文主编 . —北京：社会
科学文献出版社，2012. —322 页；24cm

国际科技竞争力研究：聚焦金砖四国 / 潘教峰等著 . —北京：科学出版社，
2012. —328 页；29cm

"金砖国家"：世界的希望 / 李丹著 . —北京：北京工业大学出版社，2012. —
275 页；24cm

金砖之国 / 郭振玺著 . —北京：中信出版社，2012. —294 页；23cm

金砖四国开发性金融发展状况 /〔俄〕亚历山大·利布曼，安娜·阿巴里
亚，俞晓帆著；胡珍铭等译 . —上海：上海人民出版社，2013. —158 页；
23cm

金砖国家发展报告（2013）：转型与崛起 / 林跃勤，周文主编 . —北京：社会
科学文献出版社，2013. —222 页；24cm

金砖国家联合统计手册（2013）/ 中华人民共和国国家统计局等编 . —北京：
中国统计出版社，2013. —231 页；30cm

金砖国家经贸合作发展报告（中国 2013）/ 陈进，黄健青主编 . —北京：对外
经济贸易大学出版社，2013. —203 页；26cm

金砖国家研究（第 1 辑）/ 复旦大学金砖国家研究中心，金砖国家合作与全球
治理协同创新中心编 . —上海：上海人民出版社，2013. —295 页；24cm

经济

现代巴西的土地关系 /〔苏联〕恩·米·西沃洛鲍夫著；南兵译 . —北京：世
界知识出版社，1960. —174 页；20cm

巴西经济地理 /〔巴西〕哈多克·洛波（Haddock Lobo）著；梁湘译 . —北京：
商务印书馆，1980. —233 页；19cm

巴西经济发展研究 /〔美〕斯·罗博克（S. H. Robock）著；唐振彬，金懋昆，
沈师光译 . —上海：上海译文出版社，1980. —270 页；19cm

巴西经济 / 苏振兴著 . —北京：人民出版社，1983. —212 页；19cm

巴西经济的发展与危机 / 顾莹华著 . —台北：财团法人中华经济研究院出版，
　　1992. —115 页；26cm

发展中国家的货币与金融政策：增长与稳定 / 〔巴西〕阿赫塔尔·霍赛恩
　　（Akhar Hossain），阿尼斯·乔杜里（Anis Chowdhury）主编；陈延军，汪
　　文件译 . —北京：经济科学出版社，2001. —270 页；20cm

巴西经济的形成 / 〔巴西〕塞尔索·富尔塔多著；徐亦行，张维琪译 . —北京：
　　社会科学文献出版社，2002. —200 页；20cm

巴西：飞机出口融资计划案 / 余敏友，陈喜峰，席晶，孙立文，李伯军编译 .
　　—上海：上海人民出版社，2006. —1278 页；21cm

塞氏企业传奇：最不同寻常的成功企业的故事 / 〔巴西〕里卡多·塞姆勒
　　（Ricardo Semler）著；师东平，欧阳韬译 . —北京：中国人民大学出版社，
　　2007. —288 页；24cm

中国商贩在巴西 / 王翔著 . —北京：作家出版社，2007. —239 页；23cm

征信体系的巴西模式及国际实证比较 / 石晓军，刘宇著 . —北京：经济科学出
　　版社，2008. —210 页；21cm

巴西的经验 / 〔美〕詹姆斯·戴尔·戴维森著；赵银德，郑亚莉，乔桂强译 .
　　—北京：机械工业出版社，2013. —252 页；23cm

跨越中等收入陷阱：巴西的经验教训 / 〔巴西〕费尔南多·奥古斯都·阿德奥
　　达托·韦洛索，〔巴西〕莉亚·瓦尔斯·佩雷拉，郑秉文主编 . —北京：
　　经济管理出版社，2013. —494 页；24cm

有效的公共政策和活跃的公民权—巴西建立粮食及营养安全公共体系的经验 /
　　〔巴西〕玛丽利亚·门东萨·莱昂，〔巴西〕雷纳托·S.玛鲁夫著；周志
　　伟译 . —北京：社会科学文献出版社，2013. —224 页；24cm

文教　体育　文学

饥饿的道路 / 〔巴西〕亚马多（Jorge Amado）著；郑永慧译 . —上海：平明出
　　版社，1954. —461 页；21cm

饥饿的道路 / 〔巴西〕亚马多（Amado Jorge）著；郑永慧译 . —北京：作家出
　　版社，1957. —383 页；21cm

时候就要到了 /〔巴西〕巴依姆（Paim A.）著；秦水译 . —北京：人民文学出版社，1958. —389 页；20cm

饥饿地理 /〔巴西〕J. de. 卡斯特罗（J. de Castro）著；黄秉镛译 . —北京：生活·读书·新知三联书店，1959. —330 页；19cm

娜丝塔霞姑姑讲的故事 /〔巴西〕洛巴图·M. 著；杨永，杨涛译 . —上海：少年儿童出版社，1959. —59 页；19cm

贝利自传 / 贝利口述 . —天津：人民体育出版社，1979. —279 页；19cm

安塔列斯事件 /〔巴西〕埃里科·维利希莫著；范维信，陈凤吾译 . —广州：花城出版社，1983. —490 页；19cm

拳王的觉醒 /〔巴西〕若热·亚马多著；郑永慧译 . —长沙：湖南人民出版社，1983. —344 页；19cm

加布里埃拉 /〔巴西〕若热·亚马多（J. Amado）著；徐曾惠等译 . —湖南：长沙文艺出版社，1984. —566 页；19cm

加布里埃拉 /〔巴西〕若热·亚马多（Amado J.）；孙成敖译 . —上海：上海译文出版社，1985. —573 页；19cm

女奴伊佐拉 /〔巴西〕贝纲多·吉马良斯著；范维信译 . —杭州：浙江文艺出版社，1985. —188 页；19cm

浪女回归 /〔巴西〕亚马多著；陈敬译 . —武汉：长江文艺出版社，1986. —391 页；19cm

奥尔加 /〔巴西〕费尔南多·莫赖斯著；姚越秀译 . —北京：群众出版社，1987. —232 页；20cm

弗洛尔和她的两个丈夫 /〔巴西〕若热·亚马多（Jorge Amado）著；孙成敖，范维信译 . —昆明：云南人民出版社，1987. —636 页；19cm

绿色舞会之前：巴西短篇小说选 / 朱景冬选编 . —北京：北京出版社，1987. —390 页；20cm

死海 /〔巴西〕若热·亚马多（Jorge Amado）著；范维信译 . —哈尔滨：黑龙江人民出版社，1987. —258 页；20cm

水之北 /〔巴西〕若泽·萨尔内著 . —北京：人民文学出版社，1988. —206 页；20cm

厌倦了妓女生活的特雷莎·巴蒂斯塔 /〔巴西〕若热·亚马多著；文华等译 .

—哈尔滨：北方文艺出版社，1988.—285 页；20cm

军人·女人·文人 /〔巴西〕若瑟·亚马多著；陈凤吾译.—北京：中国文联
出版公司，1989.—234 页；18cm

巴西诗选 /〔巴西〕安东尼奥·卡洛斯·塞克琴选；赵德明译编.—北京：巴
西驻华使馆，1993.—208 页；20cm

默默的招供 /〔巴西〕若苏埃·蒙特罗（Josue Montello）著；喻慧娟译.—昆
明：云南人民出版社，1993.—262 页；21cm

弗洛尔和她的两个丈夫 /〔巴西〕若热·亚马多（Jorge Amado）著；孙成敖，
范维信译.—昆明：云南人民出版社，1994，2 版.—580 页；20cm

巴西文学 / 孙成敖著.—北京：外语教学与研究出版社，1999.—222 页；
21cm

金卡斯·博尔巴 /〔巴西〕马查多·德·阿西斯（Machado de Assis）著；孙成
敖译.—上海：上海译文出版社，1999.—276 页；20cm

巴西式足球训练法：著名巴西足球运动员独特技巧的培养 /〔英〕塞门·克里
夫德（Simon Clifford）著；马冰等译.—北京：人民体育出版社，2001.
—94 页；20cm

巴西色士风 /〔巴西〕基多·佩德罗萨演奏.—北京：中国唱片总公司，2003.
—DVD；20cm

巴西文化 / 刘焕卿著.—北京：文化艺术出版社，2003.—312 页；20cm

被压迫者的教育学：弗莱雷解放教育理论与实践 / 黄志成编著.—北京：人民
教育出版社，2003.—229 页；21cm

精神病医生 /〔巴西〕马查多·德·阿西斯（Machado de Assis）著；李均报译.
—北京：人民文学出版社，2004.—159 页；21cm

十一分钟 /〔巴西〕保罗·科埃略（Paulo Coelho）著；周汉军译.—上海：上
海译文出版社，2004.—253 页；21cm

奥斯卡·尼迈耶 /〔巴西〕约瑟夫·M.博特（Josep Ma. Botey）著；张建华译.
—沈阳：辽宁科学技术出版社，2005.—235 页；21cm

查希尔 /〔巴西〕保罗·科埃略（Paulo Coelho）著；周汉军译.—上海：上海
译文出版社，2006.—271 页；21cm

球王贝利自传 /〔巴西〕奥兰多·杜阿尔特，亚历克斯·贝洛执笔；李阳，颜

可维译 . —北京：世界知识出版社，2006. —230 页；24cm

十封信：写给胆敢教书的人 /〔巴西〕保罗·弗雷勒（Paulo Freire）著；熊婴，刘思云译 . —南京：江苏人民出版社，2006. —176 页；21cm

巴西足球冠军之路 /—北京：北京中体音像出版中心，2006. —DVD1 碟；20cm

弗洛尔和她的两个丈夫 /〔巴西〕若热·亚马多（Jorge Amado）著；孙成敖，范维信译 . —南京：译林出版社，2008. —566 页；21cm

加布里埃拉 /〔巴西〕若热·亚马多（Jorge Amado）著；孙成敖译 . —南京：译林出版社，2008. —498 页；23cm

来自巴西的信 /〔英〕帕特里克·坎宁安著；刘光宏译 . —乌鲁木齐：新疆人民出版社，2008. —32 页；27cm

波多贝罗的女巫 /〔巴西〕保罗·柯艾略著；闵雪飞译 . —海口：南海出版公司，2009. —247 页；22cm

牧羊少年奇幻之旅 /〔巴西〕保罗·柯艾略（Paulo Coelho）著；丁文林译 . —海口：南海出版公司，2009. —217 页；22 cm

爱上巴西利亚 / 鹤蜚著 . —大连：大连出版社，2010. —153 页；23cm

维罗妮卡决定去死 /〔巴西〕保罗·柯艾略著；闵雪飞译 . —海口：南海出版公司，2010. —238 页；21cm

历史　地理

巴西 /〔苏联〕叶尔莫拉耶夫（В. И. Ермолаев），瓦连廷诺夫（Я. Валентинов）著；李旭旦译 . —北京：人民出版社，1956. —58 页；20cm

巴西 /〔苏联〕沃列斯基（В. В. Вольский），格林金（А. Н. Глинкин）著；乐铸译 . —上海：新知识出版社，1957. —76 页；20cm

巴西、玻利维亚、危地马拉的反美解放斗争 / 洪育沂著 . —上海：上海人民出版社，1958. —141 页；20cm

腹地：卡奴杜斯战役 /〔巴西〕库尼亚（E. da. Cunha）著；贝金译 . —北京：人民文学出版社，1959. —597 页；20cm

巴西 / 丁西著 . —北京：世界知识出版社，1960. —180 页；21cm

远征：圣保罗的秘密 /〔巴西〕斯密特（A. Schmidt）著；吴玉莲等译 . —北京：人民文学出版社，1960. —386 页；21cm

巴西近代史：1902-1964 /〔巴西〕若泽·马里亚·贝洛著；辽宁大学外语系翻译组译 . —沈阳：辽宁人民出版社，1975. —（2 册）753 页；20cm

巴西史纲（上册） / 苏联科学院历史研究所编著；辽宁大学外语系翻译组译 . —沈阳：辽宁人民出版社，1975. —460 页；20cm

巴西史纲（下册） / 苏联科学院历史研究所编著；辽宁大学外语系翻译组译 . —沈阳，辽宁人民出版社，1975. —461–923 页；20cm

巴西近代史（上）：1889-1964 /〔巴西〕M.贝洛著；辽宁大学外语系翻译组译 . —沈阳：辽宁人民出版社，1976. —355 页；20cm

巴西近代史（下）：1889-1964 /〔巴西〕M.贝洛著；辽宁大学外语系翻译组译 . —沈阳：辽宁人民出版社，1976. —357–753 页；20cm

一代球王：黑珍珠比利自传 /〔巴西〕比利（Pelé）撰；曾子译 . —台北：民生报社，1979. —337 页；20cm

巴西 / 张宝宇等编著 . —上海：上海辞书出版社，1983. —271 页；19cm

巴西独立运动 / 周世秀著 . —北京：商务印书馆，1985. —47 页；19cm

巴西 / 时代 – 生活丛书编辑著；安萍译 . —纽约：时代公司，1987. —164 页；28cm

巴西 / 黄仲正主编 . —台北：台湾英文杂志社有限公司，1990. —397 页；20cm

巴西狂欢节的迷惘 / 朱邦复 . —台北：时报文化出版社，1995. —358 页；20cm

巴西 /〔美〕约翰·厄普代克（John Updike）著；韩松，张合吉译 . —郑州：河南人民出版社，1999. —290 页；21cm

巴西 / 张旭平编著 . —沈阳：辽宁教育出版社，1999. —219 页；21cm

巴西 / 焦震衡，王锡华著 . —北京：世界知识出版社，2000. —252 页；20cm

巴西孩子给您的信：亚马逊——雨蛙也哞哞叫的地方！ /〔英〕迈克尔·考克斯编著；吴晓真译 . —广州：新世纪出版社，2002. —191 页；20cm

巴西 / 金良浚主编 . —北京：旅游教育出版社，2003. —212 页；19cm

海 蔚蓝的乡愁 /〔巴西〕多利瓦尔·凯美作曲 . —北京：中国唱片总公司，

2003. —DVD；13cm

激情巴西与浪漫西欧 / 朱枝富著 . —长沙：湖南地图出版社，2003. —138 页；
21cm

列国志：巴西 / 吕银春，周俊南编著 . —北京：社会科学文献出版社，2004.
—463 页；21cm

巴西 / 龠龠，董文编 . —乌鲁木齐：新疆人民出版社，2006. —66 页；20cm

巴西简明史 / 〔巴西〕博勒斯·福斯托（Boris Fausto）著；刘焕卿译 . —北京：
社会科学文献出版社，2006. —314 页；24cm

巴西揽胜 / 车弛著 . —上海：上海社会科学院出版社，2006. —112 页；19cm

行摄·巴西 / 丁允衍著 . —杭州：浙江摄影出版社，2007. —145 页；24cm

红色巴西 / 〔法〕让-克利斯托夫·吕芬（Jean-Christophe Rufin）著；李焰明
译 . —南京：译林出版社，2007. —459 页；21cm

里约热内卢：狂欢者的都市 / 〔巴西〕鲁伊·卡斯特罗著；傅诗淇，关蓉译 .
—北京：新星出版社，2007. —216 页；19cm

去他的巴西 / 胡续冬著 . —北京：中国友谊出版公司，2007. —337 页；21cm

巴西史：森巴王国 / 何国世著 . —台北：三民书局，2008. —209 页；21 cm

巴西 / 〔奥〕沃克·波佐著；刘春芳译 . —北京：旅游教育出版社，2009. —
280 页；23cm

放眼看天下：巴西、墨西哥卷（英汉对照） / 王知津，于晓燕主编 . —哈尔滨：
哈尔滨工程大学出版社，2009. —253 页；23cm

巴西：翩翩起舞的桑巴 / 孙兴杰著 . —长春：长春出版社，2010. —185 页；
24cm

巴西新老国都：里约热内卢和巴西利亚的建筑及城市化 / 〔美〕诺玛·伊文森
（Norma Evenson）著；汤爱民译 . —北京：新华出版社，2010. —266 页；
24cm

列国志：巴西 / 吕银春，周俊南编著 . —北京：社会科学文献出版社，2010，
2 版 . —463 页；21cm

热力桑巴——巴西：2010-2011 版巴西旅游指南 / 黄志良，刘静言著 . —上海：
上海锦绣文章出版社，2010. —163 页；21cm

赤道之南：巴西的新兴与光芒 / 〔美〕罗伟林著；郭存海译 . —北京：中信出

版社，2011. —285 页；23cm

狂欢巴西 / 陈威华著 . —西安：陕西人民出版社，2011. —210 页；24cm

巴西史 /〔美〕E. 布拉德福德·伯恩斯著；王龙晓译 . —北京：商务印书馆，
2013. —503 页；23cm

秘鲁

秘鲁·玻利维亚·巴拉圭 /〔苏联〕卢卡朔娃等著；凌寒等译 . —上海：新知
识出版社，1957. —58 页；20cm

秘鲁传说 /〔秘〕巴尔玛·R.（Palma，R）著；白婴译 . —北京：人民文学
出版社，1959. —163 页；21cm

钨矿 /〔秘〕塞萨·瓦叶霍（Cesar Vallejo）著；梅仁译 . —北京：作家出版社，
1963. —133 页；19cm

秘鲁的民族主义和资本主义：兼对新帝国主义的研究 /〔秘〕阿尼瓦尔·基哈
诺（Quijano Anibal）著；复旦大学历史系拉丁美洲研究室译 . —上海：上
海人民出版社，1972. —137 页；21cm

秘鲁 /〔苏联〕A. 多利宁，N. 多罗什克维奇著；吉林师范大学地理系译 . —
北京：商务印书馆，1975. —242 页；19cm

秘鲁近代史（上册） /〔美〕弗雷德里克·B. 派克（F. B . Pike）著；辽宁大学
历史系翻译组译 . —沈阳：辽宁人民出版社，1975. —365 页；21cm

秘鲁近代史（下册） /〔美〕弗雷德里克·B. 派克（F. B. Pike）著；辽宁大学
历史系翻译组译 . —沈阳：辽宁人民出版社，1975. —367–684 页；21cm

金鱼 /〔秘〕伊萨克·费利佩·蒙托罗（Montoro Isaac Felipe）著；上海外国语
学院西班牙语专业七六届工农兵学员及部分教员集体翻译 . —北京：人
民文学出版社，1977. —244 页；19cm

胡利娅姨妈与作家 /〔秘〕马里奥·巴尔加斯·略萨著；赵德明等译 . —昆明：
云南人民出版社，1982. —351 页；21cm

饥饿的狗 /〔秘〕西罗·阿莱格里亚（C. Alegria）著；贺晓译 . —北京：外国
文学出版社，1982. —170 页；19cm

深沉的河流 /〔秘〕何塞·阿格达斯著；章仁鉴译 . —北京：外国文学出版社，

1982. —333 页；19cm

绿房子 /〔秘〕马里奥·巴尔加斯·略萨著；孙家孟，马林春译 . —北京：外国文学出版社，1983. —513 页；19cm

世界末日之战 /〔秘〕马里奥·巴尔加斯·略萨（Mario Vargas Llosa）著；赵德明译 . —南京：江苏人民出版社，1983. —648 页；21cm

太阳子孙的国度：秘鲁 / 张虎生著 . —北京：世界知识出版社，1983. —153 页；19cm

绿房子 /〔秘〕马里奥·巴尔加斯·略萨著；孙家孟，马林春译 . —北京：外国文学出版社，1985，2 版 . —513 页；19cm

秘鲁华工史：1849~1874 /〔美〕斯图尔特（Stewart W.）著；张铠，沈桓译 . —北京：海洋出版社，1985. —234 页；20cm

秘鲁民族英雄图帕克·阿马鲁 / 张铠译 . —北京：商务印书馆，1985. —45 页；19cm

潘达雷昂上尉与劳军女郎 /〔秘〕马里奥·巴尔加斯·略萨著；孙家孟译 . —北京：北京出版社，1986. —254 页；21cm

关于秘鲁国情的七篇论文 /〔秘〕何塞·卡洛斯·马里亚特吉（Jose Carlos Mariategui）著；白凤森译 . —北京：商务印书馆，1987. —354 页；20cm

秘鲁经济 / 徐世澄，白凤森著 . —北京：社会科学文献出版社，1987. —211 页；19cm

秘鲁新地理 /〔秘〕埃米利奥·罗梅罗（Romero E.）著；石曾玉，华英译 . —北京：商务印书馆，1987. —337 页；26cm

秘鲁华侨概况 / 袁颂安著 . —台北：正中书局，1988. —71 页；21cm

另一条道路 /〔秘〕莱多著；令狐安等译 . —沈阳：辽宁人民出版社，1992. —294 页；21cm

胡利娅姨妈与作家 /〔秘〕马里奥·巴尔加斯·略萨著；赵德明等译 . —昆明，云南人民出版社，1993. —687 页；21cm

酒吧长谈 /〔秘〕略萨（Llosa，Mario vargas）著；孙家孟译 . —昆明：云南人民出版社，1993. —736 页；20cm

印加王室述评 /〔秘〕德拉维加著；白凤森等译 . —北京：商务印书馆，1993. —777 页；21cm

胡利娅姨妈与作家 / 〔秘〕马里奥·巴尔加斯·略萨著；赵德明等译 . —昆明：云南人民出版社，1995，2 版 . —687 页；21cm

酒吧长谈 / 〔秘〕马里奥·巴尔加斯·略萨（Mario Vargas Llosa）著；孙家孟译 . —昆明：云南人民出版社，1995，2 版 . —736 页；21cm

马里奥·巴尔加斯·略萨全集（1）：城市与狗 / 〔秘〕马里奥·巴尔加斯·略萨（Mario Vargas Llosa）著；赵德明译 . —长春：时代文艺出版社，1996. —427 页；21cm

马里奥·巴尔加斯·略萨全集（2）：绿房子 / 〔秘〕马里奥·巴尔加斯·略萨（Mario Vargas Llosa）著；孙家孟译 . —长春：时代文艺出版社，1996. —448 页；21cm

马里奥·巴尔加斯·略萨全集（3）：酒吧长谈 / 〔秘〕马里奥·巴尔加斯·略萨（Mario Vargas Llosa）著；孙家孟译 . —长春：时代文艺出版社，1996. —732 页；21cm

马里奥·巴尔加斯·略萨全集（4）：潘上尉与劳军女郎 / 〔秘〕马里奥·巴尔加斯·略萨（Mario Vargas Llosa）著；孙家孟译 . —长春：时代文艺出版社，1996. —280 页；21cm

马里奥·巴尔加斯·略萨全集（5）：胡利娅姨妈与作家 / 〔秘〕马里奥·巴尔加斯·略萨（Mario Vargas Llosa）著；赵德明等译 . —长春：时代文艺出版社，1996. —385 页；21cm

马里奥·巴尔加斯·略萨全集（6）：世界末日之战 / 〔秘〕马里奥·巴尔加斯·略萨（Mario Vargas Llosa）著；赵德明等译 . —长春：时代文艺出版社，1996. —667 页；21cm

马里奥·巴尔加斯·略萨全集（7）：狂人玛依塔 / 〔秘〕马里奥·巴尔加斯·略萨（Mario Vargas Llosa）著；孙家孟，王成家译 . —长春：时代文艺出版社，1996. —344 页；21cm

马里奥·巴尔加斯·略萨全集（8）：谁是杀人犯，叙事人 / 〔秘〕马里奥·巴尔加斯·略萨（Mario Vargas Llosa）著；孙家孟译 . —长春：时代文艺出版社，1996. —341 页；21cm

马里奥·巴尔加斯·略萨全集（9）：水中鱼 / 〔秘〕马里奥·巴尔加斯·略萨（Mario Vargas Llosa）著；赵德明译 . —长春：时代文艺出版社，1996.

—540 页；21cm

秘鲁征服史 / 〔美〕普雷斯科特（William H. Prescott）著；周叶谦等译 . — 北京：商务印书馆，1996. —803 页；20cm

秘鲁传说 / 〔秘〕R. 帕尔马（Ricardo Palma）著；白凤森译 . —北京：人民文学出版社，1997. —660 页；20cm

秘鲁文学 / 刘晓眉著 . —北京：外语教学与研究出版社，1999. —213 页；20cm

沙国之梦：契约华工在秘鲁的命运 / 〔秘〕费尔南多·德特拉塞格涅斯·格兰达（Fernando de Trazegnies Granda）著；竹碧，腊梅译 . —北京：世界知识出版社，1999. —385 页；20cm

德奎利亚尔回忆录 / 〔秘〕哈维尔·佩雷斯·德奎利亚尔（Javier Perez de Cuellar）著；王联等译 . —北京：新华出版社，2000. —361 页；20cm

巴尔加斯·略萨传 / 赵德明著 . —北京：新世界出版社，2005. —221 页；23cm

秘鲁 / 〔美〕拜尔斯（Helen Byers）著 . —北京：外语教学与研究出版社，2005. —24 页；23cm

列国志：秘鲁 / 白凤森编著 . —北京：社会科学文献出版社，2006. —431 页；21cm

秘鲁史：太阳的子民 / 何国世著 . —台北：三民书局股份有限公司，2006. —209 页；21cm

另一条道路：一位经济学家对法学家、立法者和政府的明智忠告 / 〔秘〕赫尔南多·德·索托（Hernando de Soto）著；于海生译 . —北京：华夏出版社，2007. —295 页；23cm

秘鲁：马丘比丘印加遗址 / 国际文化交流音像出版社编 . —北京：国际文化交流音像出版社，2007. —DVD1 碟；20cm

秘鲁传说 / 〔秘〕帕尔马著；白凤森译 . —北京：中国社会科学出版社，2007. —526 页；24cm

秘鲁旅行笔记 / 徐振亚著 . —南昌：江西美术出版社，2009. —308 页；21cm

天堂在另外那个街角 / 〔秘〕马里奥·巴尔加斯·略萨著；赵德明译 . —上海：

上海译文出版社，2009. —445 页；21cm

安第斯山的传说——秘鲁：2010-2011 版秘鲁旅游指南 / 王世申，周义琴著 .
　—上海：上海锦绣文章出版社，2010. —193 页；21cm

坏女孩的恶作剧 / 〔秘〕马里奥·巴尔加斯·略萨（Mario Vargas Llosa）著；
　尹承东，杜雪峰译 . —北京：人民文学出版社，2010. —394 页；21cm

列国志：秘鲁 / 白凤森编著 . —北京：社会科学文献出版社，2010，2 版 . —
　431 页；21cm

秘鲁文化 / 王世申著 . —北京：文化艺术出版社，2010. —643 页；20cm

酒吧长谈 / 〔秘〕马里奥·巴尔加斯·略萨（Mario Vargas Llosa）著；孙家孟
　译 . —北京：人民文学出版社，2011. —566 页；21cm

秘鲁史 / 〔美〕克里斯蒂娜·胡恩菲尔特（Christine Hunefeldt）著；左晓园译 .
　—上海：东方出版中心，2011. —343 页；24cm

秘鲁征服史 / 〔美〕普雷斯科特著；周叶谦等译 . —北京：商务印书馆，2011.
　—843 页；21cm

映像·秘鲁 / 宫本才 . —北京：石油工业出版社，2012. —229 页；12cm

谜·彩：行走秘鲁 / 杨敬强著 . —北京：中国青年出版社，2012. —310 页；
　21cm

玻利维亚

秘鲁·玻利维亚·巴拉圭 / 〔苏联〕卢卡朔娃等著；凌寒等译 . —上海：新知
　识出版社，1957. —58 页；20cm

认识玻利维亚 / 非洲及拉丁美洲资料中心编 . —台北：非洲及拉丁美洲资料中
　心编印，1962. —5 页；19cm

点燃朝霞的人们 / 〔玻〕R. P. 奥鲁佩萨著；苏龄译 . —北京：人民文学出版社，
　1974. —116 页；19cm

玻利维亚简史 / 〔美〕R. 巴顿著；辽宁大学第一师范学院外语系翻译组译 . —
　沈阳：辽宁人民出版社，1975. —533 页；20cm

青铜的种族 / 〔玻〕阿尔西德斯·阿格达斯（Arguedas Alcides）著；吴健恒译 .
　—北京：人民文学出版社，1976. —301 页；19cm

玻利维亚共产党（马列）文件（第一册） / 中共中央对外联络部编 . —北京：中共中央对外联络部出版，1978. —515 页；20cm

我们的血 /〔玻〕赫·拉腊著；李德明等译 . —长沙：湖南人民出版社，1982. —346 页；19cm

列国志：玻利维亚 / 曾昭耀编著 . —北京：社会科学文献出版社，2005. —434 页；21cm

南美的心脏：旅居玻利维亚十四载 / 王秉龙著 . —北京：中国青年出版社，2009. —288 页；23cm

第一位印第安总统：埃沃·莫拉莱斯传 /〔阿根廷〕马丁·西瓦克著；芦思姮译 . —北京，知识产权出版社，2013. —241 页；24cm

玻利维亚史 /〔美〕赫伯特·S.克莱恩著；董小川译 . —北京：商务印书馆，2013. —330 页；23cm

巴拉圭

秘鲁·玻利维亚·巴拉圭 /〔苏联〕卢卡朔娃等著；凌寒等译 . —上海：新知识出版社，1957. —58 页；20cm

黎明的战士 /〔巴拉圭〕罗梅罗·E.（Romero E.）著；赵金平译 . —北京：作家出版社，1964. —111 页；19cm

巴拉圭简史（上册） /〔美〕哈·盖·沃伦著；辽宁大学经济系翻译组译 . —沈阳：辽宁人民出版社，1973. —299 页；20cm

巴拉圭简史（下册） /〔美〕哈·盖·沃伦著；辽宁大学经济系翻译组译 . —沈阳：辽宁人民出版社，1973. —301–723 页；21cm

人子 /〔巴拉圭〕奥古斯托·罗亚·巴斯托斯著；吕晨译 . —北京：外国文学出版社，1984. —358 页；19cm

列国志：巴拉圭 / 杨建民编著 . —北京：社会科学文献出版社，2005. —253 页；21cm

阿根廷　智利　巴拉圭　乌拉圭 / 日本大宝石出版社编著；孟琳等译 . —北京：中国旅游出版社，2006. —516 页；21cm

巴拉圭消息 /〔美〕塔克著；赵苏苏译 . —北京：人民文学出版社，2006. —

310 页；21cm

巴拉圭与西班牙护民官制度比较 / "检察院国际事务小组" 编译 . —台北：台湾 "检察院"，2006. —162 页；23cm

乌拉圭

风暴中的庄园 / 〔乌拉圭〕格拉维那·A. D.（Gravina A. D.）著；河北大学俄语教研室译 . —北京：作家出版社，1962. —341 页；21cm

巴特列与乌拉圭的历史发展过程 / 〔乌拉圭〕弗朗西斯科·R. 平托斯著；辽宁大学外语系翻译组译 . —沈阳：辽宁人民出版社，1973. —211 页；20cm

阿提加斯与乌拉圭的解放（上册） / 〔英〕约翰·斯特里特（John Street）著；辽宁大学外语系翻译组译 . —沈阳：辽宁人民出版社，1974. —348 页；20cm

阿提加斯与乌拉圭的解放（下册） / 〔英〕约翰·斯特里特（John Street）著；辽宁大学外语系翻译组译 . —沈阳：辽宁人民出版社，1974. —349–716 页；20cm

爱情的季节 / 〔乌拉圭〕奥拉西奥·基罗加等著；周家星等译 . —西安：陕西人民出版社，1984. —311 页；19cm

球星在情网中死去 / 〔乌拉圭〕胡·卡·奥内蒂等著；李德明，刘文波等译 . —长沙：湖南人民出版社，1988. —379 页；19cm

情断 / 〔乌拉圭〕马里奥·贝内德蒂著；刘瑛译 . —北京：中国国际广播出版社，1990. —185 页；19cm

马里奥·贝内德蒂诗选 / 〔乌拉圭〕马里奥·贝内德蒂著；朱景冬译 . —石家庄：河北教育出版社，2003. —232 页；21cm

列国志：乌拉圭 / 贺双荣编著 . —北京：社会科学文献出版社，2005. —304 页；21cm

阿根廷　智利　巴拉圭　乌拉圭 / 日本大宝石出版社编著；孟琳等译 . —北京：中国旅游出版社，2006. —516 页；21cm

热带雨林故事 / 〔乌拉圭〕基罗加著；吴广孝译 . —杭州：浙江文艺出版社，2009. —153 页；20cm

我不会死在这里 /〔乌拉圭〕南度·帕拉多（Nando Parrado），〔美〕文斯·劳斯（Vince Rause）著；黄芳田译 . —南京：江苏文艺出版社，2010. —231页；24cm

足球往事：那些阳光与阴影下的美丽和忧伤 /〔乌拉圭〕爱德华多·加莱亚诺（Eduardo Galeano）著；张俊译 . —桂林：广西师范大学出版社，2010. —296页；21cm

约会乌拉圭："南美瑞士"的闲适故事 / 余熙撰文 . —北京：世界知识出版社，2011. —207页；24cm

爱与战争的日日夜夜 /〔乌拉圭〕爱德华多·加莱亚诺著；汪天艾译 . —天津：百花文艺出版社，2016. —384页；24cm

阿根廷

政治　法律

美国托拉斯渗入阿根廷 /〔阿根廷〕富奇斯著；任鸣皋等译 . —北京：世界知识出版社，1963. —462页；21cm

庇隆和阿根廷 / 复旦大学历史系拉丁美洲研究室编译 . —上海：上海人民出版社，1974. —278页；20cm

阿根廷政府机构与人事制度 / 袁兴昌编著 . —北京：人民出版社，1984. —65页；19cm

贝隆夫人：一个从私生女到总统夫人的故事 / 梁隽，陈朋著 . —北京：中国电影出版社，1998. —280页；20cm

庇隆夫人和麦当娜 /〔英〕W. A. 哈宾森（W. A. Harbinson）著；刘新民译 . —南京：译林出版社，1999. —196页；20cm

阿根廷监察制度 / 乔治·麦兰诺（Jorge Luis Maiorano）著；"监察院国际事务小组"编译 . —台北："监察院"，2002. —210页；23cm

阿根廷危机反思 / 江时学主编 . —北京：社会科学文献出版社，2004. —261页；22cm

阿根廷刑法典 / 于志刚译 . —北京：中国方正出版社，2007. —78页；21cm

阿根廷危机的回顾与思考 / 沈安著 . —北京：世界知识出版社，2009. —588 页；21cm

阿根廷正义主义研究 / 李紫莹著 . —北京：世界知识出版社，2009. —192 页；21cm

阿根廷国际投资仲裁危机的法理与实践研究：兼论对中国的启示 / 刘京莲著 . —厦门：厦门大学出版社，2011. —256 页；23cm

阿根廷的海洋争端外交 / 赵万里著 . —北京：世界知识出版社，2015. —256 页；24cm

经济

阿根廷经济 / 徐文渊，陈舜英，刘德著 . —北京：人民出版社，1983. —206 页；19cm

金融危机，蔓延与遏制——从亚洲到阿根廷 / 〔美〕帕德玛·德塞（Padma Desai）著；王远林，王立元，徐占元译 . —北京：中国人民大学出版社，2006. —350 页；23cm

文化　文学

马丁什么也没偷 / 〔阿根廷〕容凯著；沈小娴译 . —上海：少年儿童出版社，1958. —66 页；20cm

一磅肉 / 〔阿根廷〕奥古斯丁·库塞尼著；陈国坚，姜学贵译 . —上海：作家出版社，1964. —62 页；18cm

唐·拉米罗的荣耀 / 〔阿根廷〕罗德里格斯·拉雷塔（Enrique Rodriguez Larreta）著；倪润浩，徐忠义译 . —北京：新华出版社，1982. —306 页；19cm

博尔赫斯短篇小说集 / 〔阿根廷〕豪·路·博尔赫斯（Borges, J. L.）著；王央乐译 . —上海：上海译文出版社，1983. —398 页；19cm

马丁·菲耶罗 / 〔阿根廷〕何塞·埃尔南德斯（J. Hernandez）著；赵振江译 . —长沙：湖南人民出版社，1984. —381 页；21cm

马丁什么也没偷 /〔阿根廷〕容凯著；沈小娴译 . —上海：少年儿童出版社，1984. —100 页；19cm

科尔顿中短篇小说选 / 丁于译 . —北京：外国文学出版社，1984. —242 页；19cm

阿玛莉娅 /〔阿根廷〕何塞·马莫尔著；江乐等译 . —桂林：漓江出版社，1985. —802 页；19cm

暗沟 /〔阿根廷〕埃尔内斯托·萨瓦托著；徐鹤林译 . —桂林：漓江出版社，1985. —500 页；20cm

蜘蛛女之吻 /〔阿根廷〕普伊格等著；林一安主编 . —北京：工人出版社，1988. —262 页；20cm

中奖彩票 /〔阿根廷〕胡利奥·柯塔萨尔（Julio Cortazar）著；胡真才译 . —昆明：云南人民出版社，1993. —442 页；21cm

博尔赫斯传 /〔美〕埃米尔·罗德里格斯·莫内加尔（Emir Rodriguez Monegal）著；陈舒，李点译 . —上海：东方出版中心，1994. —431 页；20cm

英雄梦：比奥伊·卡萨雷斯小说选 /〔阿根廷〕比奥伊·卡萨雷斯（Adolfo Bioy Casares）著；毛金里译 . —昆明：云南人民出版社，1994. —539 页；20cm

马拉多纳来啦 / 管彦忠，李玉英著 . —北京：社会科学文献出版社，1996. —226 页；20cm

跳房子 /〔阿根廷〕胡利奥·科塔萨尔（Julio Cortazar）著；孙家孟译 . —昆明：云南人民出版社，1996. —761 页；20cm

陷阱里的先锋：博尔赫斯 / 冉云飞著 . —成都：四川人民出版社，1998. —371 页；20cm

阿根廷文学 / 盛力著 . —北京：外语教学与研究出版社，1999. —221 页；20cm

博尔赫斯博尔赫斯：书镜中人 /〔美〕詹姆斯·伍德尔（James Woodall）著；王纯译 . —北京：中央编译出版社，1999. —321 页；20cm

马丁·菲耶罗：阿根廷史诗 /〔阿根廷〕何塞·埃尔南德斯（J.Hernandez）著；赵振江译 . —南京：译林出版社，1999. —324 页；20cm

杜撰集 /〔阿根廷〕豪尔赫·路易斯·博尔赫斯著；王永年译 . —杭州：浙江

文艺出版社，2000.—97 页；20cm

博尔赫斯是怎样读书写作的 / 申洁玲著 . —武汉：长江文艺出版社，2000. — 344 页；21cm

阿根廷文化 / 王世申著 . —北京：文化艺术出版社，2001. —341 页；21cm

交易所里没有诗人 / 〔阿根廷〕雷蒂霞·比希尔著；段若川等译 . —上海：上海文艺出版社，2001. —296 页；20cm

我是迭戈：马拉多纳自传 / 〔阿根廷〕马拉多纳（Diego Armando Maradona）著；陈凯先，屠孟超译 . —南京：译林出版社，2001. —398 页；21cm

博尔赫斯谈诗论艺 / 〔阿根廷〕豪尔斯·博尔赫斯（Jorge Luis Borges）著；凯林－安德·米海列斯库编；陈重仁译 . —上海：上海译文出版社，2002. —123 页；20cm

博尔赫斯诗选 / 〔阿根廷〕博尔赫斯著；陈东飚译 . —石家庄：河北教育出版社，2003. —306 页；21cm

蜘蛛女之吻 / 〔阿根廷〕普伊格著；屠孟超译 . —南京：译林出版社，2004.— 269 页；20cm

烟云·阿根廷蚂蚁 / 〔意〕伊塔洛·卡尔维诺（Italo Calvino）著；萧天佑，袁华清译 . —南京：译林出版社，2006. —136 页；21cm

马拉多纳 / 中国康艺音像出版社编 . —北京：中国康艺音像出版社，2007. — 70 页，DVD1 碟；20cm

跳房子 / 〔阿根廷〕胡利奥·科塔萨尔（Julio Cortazar）著；孙家孟译 . —重庆：重庆出版社，2007. —586 页；22cm

阿根廷 / 国际文化交流音像出版社编 . —北京：国际文化交流音像出版社，2007. —DVD1 碟；20cm

阿根廷探戈之父皮亚佐拉：季节 / 九州音像出版公司编 . —北京：九州音像出版公司出版，2008. —DVD1 碟；唱片；20cm

阿根廷探戈之父皮亚佐拉：再会诺尼诺 / 九州音像出版公司编 . —北京：九州音像出版公司出版，2008. —DVD1 碟；唱片；20cm

巴别塔揭秘：同声传译与认知、智力和感知 / 〔阿根廷〕Laura E.Bertone 著 . —北京：外语教学与研究出版社，2008. —435 页；24cm

博尔赫斯口述 / 〔阿根廷〕豪·路·博尔赫斯（Borges J. L.）著；王永年译.
—杭州：浙江文艺出版社，2008. —246 页；21cm

私人藏书 / 〔阿根廷〕豪·路·博尔赫斯著；盛力，崔鸿儒译. —杭州：浙江
文艺出版社，2008. —140 页；21cm

探讨别集 / 〔阿根廷〕豪·路·博尔赫斯著；王永年等译. —杭州：浙江文艺
出版社，2008. —224 页；21cm

万火归一 / 〔阿根廷〕胡利奥·科塔萨尔（Julio Cortazar）著；范晔译. —北京：
人民文学出版社，2009. —205 页；21cm

阿根廷婆婆 / 〔日本〕吉本芭娜娜著；李萍译. —上海：上海译文出版社，
2010. —114 页；19cm

博尔赫斯 / 〔英〕詹森·威尔逊（Jason Wilson）著；徐立钱译. —北京：北京
大学出版社，2011. —198 页；21cm

杜撰集 / 〔阿根廷〕豪尔赫·路易斯·博尔赫斯著；王永年译. —上海：上海
译文出版社，2015. —96 页；21cm

私人藏书：序言集 / 〔阿根廷〕豪尔赫·路易斯·博尔赫斯著；盛力，崔鸿如
译. —上海：上海译文出版社，2015. —176 页；21cm

永恒史 / 〔阿根廷〕豪尔赫·路易斯·博尔赫斯著；刘京胜，屠孟超译. —上
海：上海译文出版社，2015. —152 页；21cm

诗艺 / 〔阿根廷〕豪尔赫·路易斯·博尔赫斯著；陈重仁译. —上海：上海译
文出版社，2015. —162 页；21cm

沙之书 / 〔阿根廷〕豪尔赫·路易斯·博尔赫斯著；王永年译. —上海：上海
译文出版社，2015. —136页；21cm

七夜 / 〔阿根廷〕豪尔赫·路易斯·博尔赫斯著；陈泉译. —上海：上海译文
出版社，2015. —173 页；21cm

恶棍列传 / 〔阿根廷〕豪尔赫·路易斯·博尔赫斯著；王永年译. —上海：上
海译文出版社，2015. —110 页；21cm

布罗迪报告 / 〔阿根廷〕豪尔赫·路易斯·博尔赫斯著；王永年译. —上海：
上海译文出版社，2015. —116 页；21cm

埃瓦里斯托·卡列戈 / 〔阿根廷〕豪尔赫·路易斯·博尔赫斯著；王永年，屠
孟超译. —上海：上海译文出版社，2015. —128 页；21cm

小径分岔的花园 /〔阿根廷〕豪尔赫·路易斯·博尔赫斯著；王永年译 . —上海：上海译文出版社，2015. —102 页；21cm

博尔赫斯全集第一辑（套装 16 册） /〔阿根廷〕豪尔赫·路易斯·博尔赫斯著；王永年等译 . —上海：上海译文出版社，2015. —（16 册）2471 页；21cm

探讨别集 /〔阿根廷〕豪尔赫·路易斯·博尔赫斯著；王永年，黄锦炎等译 . —上海：上海译文出版社，2015. —273 页；21cm

讨论集 /〔阿根廷〕豪尔赫·路易斯·博尔赫斯著；徐鹤林，王永年译 . —上海：上海译文出版社，2015. —215 页；21cm

序言集以及序言之序言 /〔阿根廷〕豪尔赫·路易斯·博尔赫斯著；林一安，纪棠等译 . —上海：上海译文出版社，2015. —328 页；21cm

博尔赫斯口述 /〔阿根廷〕豪尔赫·路易斯·博尔赫斯著；黄志良译 . —上海：上海译文出版社，2015. —96 页；21cm

但丁九篇 /〔阿根廷〕豪尔赫·路易斯·博尔赫斯著；王永年译 . —上海：上海译文出版社，2015. —76 页；21cm

阿莱夫 /〔阿根廷〕豪尔赫·路易斯·博尔赫斯著；王永年译 . —上海：上海译文出版社，2015. —203 页；21cm

高乔文学：论文学叙事与阿根廷民族身份建构 /陈宁著 . —北京：人民出版社，2015. —150 页；24cm

历史　地理

阿根廷史纲（上册） /〔苏联〕叶尔莫拉耶夫（Ермопаева В. И.）主编；〔苏〕什特腊霍夫（Шгрхова А. И.），〔苏联〕拉符罗夫（Лаврова）编；北京编译社译 . —北京：生活·读书·新知三联书店，1972. —427 页；21cm

阿根廷史纲（下册） /〔苏联〕叶尔莫拉耶夫（Ермопаева В. И.）主编；〔苏〕什特腊霍夫（Шгрхова А. И.），〔苏联〕拉符罗夫（Лаврова）编；北京编译社译 . —北京：生活·读书·新知三联书店，1972. —429-826 页；21cm

福克兰群岛 /〔英〕伊恩·约翰·斯特兰奇著；武汉大学外文系译 . —武汉：湖北人民出版社，1977. —196 页；26cm

阿根廷地理 /〔阿根廷〕费德里科·A. 道斯（F. A. Daus）著；华中师范学院地理系《阿根廷地理》翻译组译 . —武汉：湖北人民出版社，1983. —490 页；26cm

外国对英阿马岛战争经验教训的评论 / 中国人民解放军军事科学院外国军事研究部编 . —北京：中国对外翻译出版公司，1983. —295 页；21cm

英阿马岛之战：英国随军记者见闻录 /〔英〕布赖恩·汉拉恩，〔英〕罗伯特·福克斯著；山鹰译 . —北京：战士出版社，1983. —156 页；19cm

外国对英阿马岛战争经验教训的评论 / 中国人民解放军军事科学院外国军事研究部编 . —北京：中国对外翻译出版公司，1983. —295 页；21cm

阿根廷简史 / 田森著 . —北京：商务印书馆，1984. —74 页；21cm

从马岛之战看现代战争 / 冯绍周著 . —北京：解放军出版社，1984. —92 页；19cm

马岛海战：两个战地记者的日记 /〔英〕布雷恩·汉拉恩，〔英〕罗伯特·福克斯著；陆海译 . —北京：海洋出版社，1984. —142 页；19cm

马岛战争研究 / 军事学术杂志社编辑部编 . —北京：军事科学出版社，1984. —266 页；21cm

福克兰群岛风云 / 林野著 . —台北：黎明文化事业公司，1985. —223 页；19cm

福克兰战争 /〔英〕《星期日泰晤士报》调研组著；郭长虹等译 . —北京：海洋出版社，1986. —372 页；19cm

福岛战争访问记 / 康著；奚明远译 . —台北：黎明文化事业公司，1986. —220 页

圣马丁传 /〔阿根廷〕米特雷著；仇新年编译 . —北京：新华出版社，1991. —350 页；19cm

海浪汹涌：马岛大海战 / 唐立民著 . —北京：中国社会科学出版社，1994. —182 页；13cm

阿根廷 / 李志明著 . —沈阳：辽宁教育出版社，2000. —181 页；20cm

惊心动魄一百天：马岛战争 / 潘玫，赵永彪，赵明生著 . —北京：军事科学出版社，2000. —316 页；21cm

中国—阿根廷 / 中华人民共和国国务院新闻办公室编 . —北京：五洲传播出版

社，2004.—134 页；25cm

列国志：阿根廷 / 宋晓平编著 .—北京：社会科学文献出版社，2005.—371 页；
21cm

阿根廷 / 罗觉新，筱颂编 .—乌鲁木齐：新疆人民出版社，2006.—66 页；
20cm

阿根廷　智利　巴拉圭　乌拉圭 / 日本大宝石出版社编著 .—北京：中国旅游
出版社，2006.—516 页；21cm

阿根廷史：探戈的故乡 / 何国世著 .—台北：三民书局股份有限公司，2007.
—262 页；21cm

阿根廷史 /〔美〕乔纳森·C. 布朗著；左晓园译 .—上海：东方出版中心，
2010.—347 页；23cm

激情探戈——阿根廷：2010-2011 版阿根廷旅游指南 / 张沙鹰著 .—上海：上
海锦绣文章出版社，2010.—149 页；21cm

列国志：阿根廷 / 宋晓平编著 .—北京：社会科学文献出版社，2010，2 版 .
—371 页；21cm

阿根廷——葡萄酒的新大陆 / 王国庆主编 .—北京：世界知识出版社，2011.
—164 页；24cm

阿根廷现代化道路研究：早期现代化的历史考察 / 董国辉著 .—北京：世界图
书出版公司，2013.—194 页；23cm

智　利

智利与阿根廷：卡奔德世界游记 / 卡奔德著；林淡秋译 .—上海：商务印书馆，
1935.—298 页；20cm

让那伐木者醒来 /〔智〕聂鲁达（Pablo Neruda）撰；袁水拍译 .—上海：新群
出版社，1950.—75 页；20cm

智利画家万徒勒里作品选集 / 人民美术出版社编辑 .—北京：人民美术出版社，
1957.—10 页；25cm

利约短篇小说集 / 梅仁译 .—北京：作家出版社，1961.—164 页；20cm

阿连德和德布雷的谈话 /〔法〕雷吉斯·德布雷（Debray, Regis）著；复旦大

学历史系拉丁美洲研究室译 . —上海：上海人民出版社，1973. —90 页；21cm

智利道路的破产（上册）/ 中共中央对外联络部编 . —北京：中共中央对外联络部，1974. —797 页；20cm

智利道路的破产（下册）/ 中共中央对外联络部编 . —北京：中共中央对外联络部，1974. —798-1287 页；20cm

亚伦德与智利 / 陆鸣编译 . —香港：七十年代杂志社，1975. —127 页；19cm

智利史（上）/〔智〕加尔达梅斯著；〔美〕J. 考克斯编译；辽宁大学历史系翻译组译 . —沈阳：辽宁人民出版社，1975. —571 页；20cm

智利史（下）/〔智〕加尔达梅斯著；〔美〕J. 考克斯编译；辽宁大学历史系翻译组译 . —沈阳：辽宁人民出版社，1975. —573-1050 页；20cm

合伙人 /〔智〕赫纳罗·普列托（Jenaro Prieto）著；徐玉明译；徐瑞华校 . —南京：江苏人民出版社，1981. —176 页；19cm

马丁·里瓦斯 /〔智〕布莱斯特·加纳（Alberto Blest Gana）著；赵德明译 . —北京：北京大学出版社，1981. —461 页；21cm

聂鲁达诗选 /〔智〕聂鲁达著；邹绛，蔡其矫等译 . —成都：四川人民出版社，1983. —476 页；20cm

聂鲁达诗选 /〔智〕巴勃罗·聂鲁达（Neruda P.）著；陈实译 . —长沙：湖南人民出版社，1985. —357 页；19cm

英雄劳塔罗 /〔智〕费尔南多·阿雷格利亚（F.Alegria）著；沈家松译 . —北京：新华出版社，1985. —139 页；19cm

聂鲁达散文选 /〔智〕聂鲁达著；江志方等译 . —天津：百花文艺出版社，1987. —208 页；20cm

诗与颂歌 /〔智〕聂鲁达著；袁水拍，王央乐译 . —北京：人民文学出版社，1987. —202 页；13cm

污秽的夜鸟 /〔智〕何塞·多诺索著；沈根发，张永泰译 . —长春：时代文艺出版社，1990. —492 页；20cm

聂鲁达抒情诗选 /〔智〕聂鲁达（Neruda, Pablo）著；邹铎，蔡其矫等译 . —成都：四川文艺出版社，1992. —195 页；19cm

聂鲁达自传 /〔智〕巴勃罗·聂鲁达（Pablo Neruda）著；林光译 . —上海：东

方出版中心，1993. —445 页；20cm

叛乱 /〔智〕安东尼奥·斯卡尔梅达（Skarmeta, Antonio）著；李红琴，刘佳民译 . —昆明：云南人民出版社，1993. —201 页；20cm

叛乱 /〔智〕安东尼奥·斯卡尔梅达著；李红琴、刘佳民等译 . —昆明：云南人民出版社，1995，2 版 . —201 页；21cm

旁边的花园 /〔智〕何塞·多诺索（Jose Donoso）著；段若川，罗海燕译 . —昆明：云南人民出版社，1995. —263 页；21cm

智利 / 王晓燕著 . —北京：当代世界出版社，1995. —195 页；20cm

聂鲁达：大海的儿子 / 罗海燕著 . —长春：长春出版社，1996. —402 页；20cm

聂鲁达自传 /〔智〕巴勃罗·聂鲁达（Pablo Neruda）著；林光译 . —上海：东方出版中心，1996，2 版 . —445 页；20cm

皮诺切特案析 / 周忠海主编 . —北京：中国政法大学出版社，1999. —235 页；20cm

AFP：三个字的革命——智利社会保障制度改革 /〔智〕胡安·阿里斯蒂亚（Juan Ariztia）主编 . —北京：中央编译出版社，2001. —296 页；20cm

教海鸥飞翔的猫 /〔智〕路易斯·塞普尔维达（Luis Sepulveda）著；宋尽冬译 . —南京：译林出版社，2001. —162 页；20cm

渴望自由：拉美当代著名诗人拉乌尔·苏里达诗选 /〔智〕拉乌尔·苏里达（Raul Zurita）著；赵德明译 . —昆明：云南人民出版社，2001. —226 页；20cm

聂鲁达诗选 /〔智〕聂鲁达著；黄灿然译 . —石家庄：河北教育出版社，2002. —268 页；21cm

智利共和国民法典 / 徐国栋主编；徐涤宇译 . —香港：金桥文化出版有限公司，2002. —471 页；19cm

卡夫列拉·米斯特拉尔诗选 /〔智〕卡夫列拉·米斯特拉尔著；赵振江译 . —石家庄：河北教育出版社，2003. —434 页；21cm

山岩上的肖像：聂鲁达的爱情·诗·革命 / 赵振江，滕威编著 . —上海：上海人民出版社，2004. —329 页；23cm

列国志：智利 / 王晓燕编著 . —北京：社会科学文献出版社，2004. —336 页；

21cm

中国—智利／中华人民共和国国务院新闻办公室编．—北京：五洲传播出版社，2004．—161页；25cm

阿连德家族／〔德〕君特·韦塞尔著；郭力译．—广州：花城出版社，2005．—237页；21cm

阿根廷 智利 巴拉圭 乌拉圭／日本大宝石出版社编著；孟琳等译．—北京：中国旅游出版社，2006．—516页；21cm

幽灵之家／〔智〕伊莎贝尔·阿连德著；刘习良，笋季英译．—北京：北京十月文艺出版社，2007．—447页；20cm

邮差／〔智〕安东尼奥·斯卡尔梅达（Antonio Skarmeta）著；刘习良，笋季英译．—重庆：重庆出版社，2007．—183页；22cm

聂鲁达集／赵振江主编．—广州：花城出版社，2008．—370页；24cm

聂鲁达情书与游记选／〔捷克〕扬·聂鲁达（Jan Neruda）著；万世荣译．—上海：华东师范大学出版社，2008．—213页；20cm

马普切：智利的起源／〔智〕德尔索拉尔执笔．—中国首都博物馆，2008．—150页；26cm

智利社会保障制度／李曜，史丹丹编著．—上海：上海人民出版社，2009．—359页；21cm

智利史／约翰·L.雷克特著；郝名玮译．—北京：中国大百科全书出版社，2009．—326页；23cm

投资智利／商务部投资促进事务局，吴国平等著．—北京：商务部投资促进事务局，2009．—148页；24cm

从身份游离到话语突破：智利文学的女性书写／王彤著．—成都：巴蜀书社，2010．—340页；21cm

大地震：汶川、海地、智利、玉树……／马宗晋编著．—北京：人民邮电出版社，2010．—187页；23cm

能源与环境：智利与中国合作模式探索／智利大使馆，中国社会科学院拉丁美洲研究所编．—北京：智利大使馆，2010．—204页；23cm

智利与中国：矿业安全领域经验交流／智利大使馆，铜陵市政府编．—北京：智利大使馆，2010．—146页；23cm

智利总统巴切莱特向胡锦涛主席面交的智利对《中国对拉丁美洲和加勒比政策文件》的回应：智利与中国合作模式探索 / 智利大使馆编 . —北京：智利大使馆，2010. —19 页；21cm

列国志：智利 / 王晓燕编著 . —北京：社会科学文献出版社，2011，2 版 . —360 页；21cm

幽灵之家 / 〔智〕伊莎贝尔·阿连德著；刘习良，笋季英译 . —南京：译林出版社，2011，2 版 . —414 页；20cm

掠影智利：清华拉美交流项目读本 / 陈国青，张进，钱小军等编著 . —北京：清华大学出版社，2012. —321 页；24cm

智利共和国民法典 / 徐涤宇 . —北京：北京大学出版社，2014. —398 页；23cm

智利现代化道路研究——1970-1973 年阿连德政府"社会主义"的探索 / 贺喜著 . —北京：世界图书出版公司，2014. —314 页；24cm

智利养老金制度研究 / 房连泉著 . —北京：中国社会科学出版社，2015. —209 页；24cm

走进智利：智利投资法律与政策解读 / 张靖昆著 . —北京：法律出版社，2015. —214 页；23cm

第三部分
附　录

全球拉美研究智库一览表

序号	智库名称	地址	网址	成立时间	备注
国际组织和地区组织					
1	联合国拉丁美洲和加勒比经济委员会	Av.Dag Hammarskjöld 3477,Vitacura,Santiago de Chile	http://www.cepal.org	1948年2月25日	
2	拉丁美洲社会科学学院	200 Sur y 75 Este de la Mac Donald Plaza del Sol,Curridabat,San José,Costa Rica	http://www.flacso.org	1975年	
3	拉丁美洲社会科学学院阿根廷分院	Ayacucho 551(C1026AAC),Ciudad Autònoma de Buenos Aires,Argentina.	http://www.flacso.org.ar	1974年	1994年1月升级为阿根廷分院
4	拉丁美洲社会科学学院巴西分院	SCN Quadra 6,Sala 602,Ed.Ven ǎ ncio 3000,CEP 70716-900 Brasília-DF(Brasil)	http://www.flacso.org.br	1989年	
5	拉丁美洲社会科学学院智利分院	Av.Dag Hammarskjöld 3269, Vitacura,Santiago de Chile	http://www.flacso.cl/flacso/index.php	1994年	
6	拉丁美洲社会科学学院哥斯达黎加分院	De Plaza del Sol en Curridabat 200 metros sur y 25 metros este.	http://www.flacso.or.cr/	1997年	
7	拉丁美洲社会科学学院厄瓜多尔分院	La Pradera E7-174 y Av.Diego de Almagro,Quito,Ecuador	http://www.flacso.org.ec	1975年	
8	拉丁美洲社会科学学院危地马拉分院	3a.calle 4-44 zona 10 Torre 4-44 Guatemala	http://www.flacso.edu.gt	1998年	
9	拉丁美洲社会科学学院墨西哥分院	Carretera al Ajusco 377,Col Héroes de Padierna,C.P.14200 México D.F.,20021	http://www.flacso.edu.mx	1975年	
10	拉丁美洲社会科学理事会	Avenida Callao 875 3er piso dpto e,Ciudad de Buenos Aires,Argentina	http://www.clacso.org.ar	1967年10月14日	
11	拉丁美洲和加勒比经济体系	Av.Francisco de Miranda,Torre Europa,Piso 4,Urb.Campo Alegre,Caracas 1060,Venezuela	http://www.sela.org	1975年10月	

续表

序号	智库名称	地址	网址	成立时间	备注
12	拉丁美洲发展管理中心	Calle Herrera Toro,Quinta CLAD,Sector Los Naranjos,Las Mercedes,Apartado Postal 4181,Caracas 1010-A Venezuela	http://www.clad.org.ve	1972 年	
13	拉丁美洲货币研究中心	Durango 54,Col.Roma,México,D.F.,México,06700	http://www.cemla.org	1952 年	
14	拉丁美洲及加勒比研究国际联合会	Torre I de Humanidades,2do.Piso,C.U.,04510,Mexico,D.F.	http://www.fiealc2007.org	1978 年	
15	地区经济和社会研究协调组织	Lavalle 1619 9# A Buenos Aires 1048 Buenos Aires Argentina	http://www.cries.org	1982 年	
16	美洲开发银行	1300 New York Avenue N.W. Washington D.C.20577 Estados Unidos de América	http://www.iadb.org	1959 年 12 月 30 日	1960 年 10 月 1 日开业
17	美洲开发银行拉丁美洲和加勒比一体化研究所	Esmeralda 130 piso 16-(C1035ABD) Buenos Aires,República Argentina	http://iadb.org	1960 年 6 月 12 日	
18	美国统计协会	Balcarce 184,2° piso,Oficina 211,1327 Buenos Aires,Argentina	http://www.indec.mecon.ar/iasi/iasi/IASI.htm	1940 年 5 月 12 日	
19	拉丁美洲和加勒比经济与社会规划研究所	Av.Dag Hammarskjöld 3477,Vitacura,Casilla 179-D,Santiago de Chile	http://www.ilpes.cl	1962 年	
拉丁美洲和加勒比地区					
1	阿根廷布宜诺斯艾利斯大学拉丁美洲跨学科研究所	25 de Mayo 221-5° Piso(1002),Ciudad de Buenos Aires, República Argentina	http://www.filo.uba.ar/contenidos/investigacion/institutos/indeal		
2	阿根廷国立人类学和拉丁美洲思想研究所	3 de Febrero 1378-C1426BJN,Ciudad de Buenos Aires,República Argentina	http://www.inapl.gov.ar/inicio.htm	1943 年 12 月 20 日	
3	阿根廷拉丁美洲经济研究基金会	Còrdoba 637 4to piso,(C1054AAF) Capital Federal,Argentina	http://www.fiel.org/locale.do?locale=es	1964 年	

续表

序号	智库名称	地址	网址	成立时间	备注
4	地中海基金会——阿根廷和拉美现实研究所	（基金会）Ituzaingò 1368(5000),Còdoba,República Argentina	http://www.fundmedite-rranea.org.ar	1977 年	
5		（研究所）Esmeralda 1320,5A-C1007 ABT，Buenos Aires,Argentina	http://www.ieral.org		
6	胡思托·阿罗塞梅纳拉丁美洲研究中心	Calle 55 Nro.23 Apto.1 El Cangrejo (Bella Vista),Ciudad de Panamá Apartado 87-1918,Panamá 7.Rep. De Panamá	http://www.salacela.net/celageneral.html	1976 年	
7	拉美教育高级研究中心	Rua Antonio Escorsin,1650 Cjto 10-São Braz-Curitiba-PR.,CEP:82.300.490	http://www.isal.com.br	2002 年	
8	巴西历史地理学会	Endereço,Av.Augusto Severo,n° 8,9/13° andar-Glòria,20021-040-Rio de Janeiro-RJ-Brasil	http://www.ihgb.org.br	1838 年	
9	热图里奥·瓦加斯基金会	Praia de Botafogo,190-Botafogo,CEP22250-900-Rio de Janeiro,RJ	http://www.fgv.br/	1944 年 12 月 20 日	
10	圣保罗大学国际关系研究所	Av. Prof. Luciano Gualberto,908-FEA 5-sala 1,Cidade Universitária-S ǎ o Paulo-SP-05505-010,Brasil	http://www.iri.usp.br	2004 年	
11	巴西应用经济研究所	Ipea-Brasília SBS-Quadra 1-Bloco J-Ed.BNDES 70076-900-Brasília-DF-Brasil Ipea-Rio de Janeiro Av. Presidente Antõnio Carlos 51 20020-010-Rio de Janeiro-RJ-Brasil	http://www.ipea.gov.br	1964 年	
12	德国艾伯特基金会厄瓜多尔拉丁美洲社会研究所	Av.República 500 y Diego de Almagro,Edif.Pucará,4to. piso,of.404,Casilla,17-03-367,Quito-Ecuador	http://www.ildis.org.ec	1964 年 4 月 30 日	
13	哥斯达黎加大学中美洲史研究中心	De la Fuente de la Hispanidad,100 mts.Este,100 mts.Norte y 100 mts. Este,Contiguo a Escuela para Todos(ICECU),San Pedro,Montes de Oca.San José,Costa Rica	http://www.cihac.fcs.ucr.ac.cr	1979 年 12 月	
14	哥斯达黎加大学拉美认同和文化研究中心	COOCLA.UCR.Campus Rodrigo Facio,San Pedro,Costa Rica,América Central	http://www.ciicla.ucr.ac.cr/	1988 年	

序号	智库名称	地址	网址	成立时间	备注
15	古巴美洲研究中心	Calle 19 No.316 e/3a y 5a,Miramar,Playa,CP.11300,Ciudad de La Habana,Cuba	cea@cea.org.cu	1964 年	
16	古巴美洲之家	Casa de las Améeicas,3ra y G,El Vedado,La Habana,Cuba	http://www.casadelas-americas.orgcasadelas-americas.org	1959 年 4 月 28 日	
17	马蒂研究中心	Calzada No.807,esquina a 4,El Vedado,Plaza de la Revoluciòn,Ciudad de La Habana,Cuba,CP:10400	http://www.josemarti.cu	1977 年 7 月 19 日	
18	秘鲁和拉丁美洲思想研究所	Av.Venezuela cuadra 34,Lima,Perú	iipp@unmsm.edu.pe	1994 年	
19	秘鲁研究所	Horacio Urteaga 694,Jesú María,Lima,Perú	http://www.iep.org.pe	1964 年 7 月	
20	墨西哥国立自治大学拉丁美洲和加勒比研究中心	Piso 8,Torre II de Humanidades,Ciudad Universitaria,México 04510 D.F.	http://www.cialc.unam.mx	1982 年	
21	墨西哥学院	Camino al Ajusco 20,Pedregal de Santa Teresa,México D.F.	http://www.colmex.mx	1940 年 10 月 8 日	
22	墨西哥经济研究和教学中心	Carreteta México-Toluca 3655 Col. Lomas de Santa Fe 01210 México,D.F.	http://www.cide.edu	1974 年	
23	"罗慕洛·加列戈斯"拉美研究中心	Edif.Casa Ròmulo Gallegos,Av.Luis Roche,c/c3aTransversal,Altamira,71,Av.ALtamiranol1/2 611 y 71,Apto 75664,Caracas 1070,Caracas,Venezuela	http://www.celarg.org.ve	1974 年 7 月 30 日	
24	委内瑞拉中央大学发展研究中心	Av.Neverí，Edificio Fundavac,Colinas de Bello Monte,Caracas,Apartado Postal 47604,Caracas 1040-Venezuela	http://www.cendes-ucv.edu.ve	1960 年	1961 年正式运转
25	智利大学国际问题研究所	Av.Condell 249,Providencia,Santiago,Chile,Casilla 14187-Suc.21	http://www.iei.uchile.cl	1966 年 10 月 19 日	
26	智利大学哲学与人文科学系拉丁美洲文化研究中心	Avda.Capitán Ignacio Carrera Pinto 1025,Ñuñoa,Santiago,Chile	http://www.uchile.cl/facultades/filosofia/cestulturales/index.html	1996 年	

序号	智库名称	地址	网址	成立时间	备注
27	哥伦比亚纳利诺大学拉丁美洲研究中心	Carrera 22 N° 18-55 Centro-San Juan de Pasto-Nariño-Colombia	http://akane.udenar.edu.co/ceilat	1996 年	
北美洲地区					
1	美国拉丁美洲研究协会	416 Bellefield Hall,University of Pittsburgh,Pittsburgh,PA 15260	http://www.lasa.international.pitt.edu/index.html	1966 年	
2	约克大学拉丁美洲和加勒比研究中心	240 York Lanes,4700 Keele Street,York University,Toronto,Ontario M3J 1P3	http://www.yorku.ca/cerlac/index.htm	1978 年	
3	西半球事务委员会	1250 Conneticut Ave，N.W.,Suite 1 C,Washington,D.C.20036	http://www.coha.org	1975 年	
4	北卡罗来纳大学（查珀尔希尔）美洲研究所	3200 FedEx Global Education Center, 301 Pittsboro Street，CB 3205, University of North Carolina at Chapel Hill,Chapel Hill,NC 27599-3205	http://www.isa.unc.edu	1940 年	
5	布朗大学拉丁美洲研究中心	Center for Latin American Studies, Watson Institute for International Studies,Brown University Box 1866,111 Thayer Street,Providence,RI USA 02912	http://www.watson-institute.org/clas/	20 世纪70 年代	
6	德克萨斯大学奥斯汀分校特·洛·朗拉丁美洲研究所	SRH 1.210,1 University Station D0800,Austin,TX 78712	http://www.utexas.edu/cola/insts/llilas/	1940 年	
7	范德比尔特大学拉丁美洲研究中心	230 Buttrick Hall,VU Station B 351806,2301 Vanderbilt Place,Nashiville,TN 37235-1806	http://www.sitemason.vanderbilt.edu/clas	1947 年9 月	
8	佛罗里达大学拉丁美洲研究中心	319 Grinter Hall,PO Box 115530, Gainesville,FL 32611	http://www.latam.ufl.edu/	1930 年	1963 年更名为拉丁美洲研究中心
9	佛罗里达国际大学拉丁美洲和加勒比中心	Latin American and Caribbean Center Florida International University University Park DM 353 Miami Florida 33199	http://www.lacc.fiu.edu	1979 年	

续表

序号	智库名称	地址	网址	成立时间	备注
10	哥伦比亚大学拉丁美洲研究所	Institute of Latin American Studies, Columbia University,420 West 118th St.,8th Floor IAB,New York,NY 10027	http://www.columbia.edu/cu/ilas	1962 年	
11	哈佛大学洛克菲勒拉丁美洲研究中心	1730 Cambridge Street,Cambridge,MA 02138	http://www.drclas.fas.harvard.edu	1994 年	
12	华盛顿拉丁美洲办事处	1630 Connecticut Ave NW Suite 200 Washington DC 20009	http://www,wola.org	1974 年	
13	加利福尼亚大学洛杉矶分校拉丁美洲研究所	Latin American Institute,10343 Bunche Hall,Box 951447,Los Angeles,CA 90095-1447	http://www.international.ucla.edu/lac	1959 年	
14	加利福尼亚大学圣迭戈分校美国—墨西哥研究中心	Center for U.S.-Mexican Studies, University of California,San Diego,9500 Gilman Drive,Dept.0510,LA Jolla,CA 92093-0510	http://www.usmex.ucsd.edu/		
15	加利福尼亚大学圣迭戈分校伊比利亚和拉丁美洲研究中心	University of California,San Diego, Center for Iberian an Latin Ametican Studies,9500 Gilman Drive # 0528,La Jolla,CA 92093-0528	http://www.cilas.ucsd.edu/	1976 年	
16	美国研究所	10111 North Torrey Pines Rd.UCSD Campus,La Jolla,CA 92037 USA	http://www.iamericas.org	1983 年	
17	马里兰大学拉丁美洲研究中心	The Latin American Studies Center, 0128-B Holzapfel Hall,University of Maryland,College Park,MD 20742	http://www.lasc.umd.edu/		
18	迈阿密大学半球政策研究中心	5250 University Drive,Coral Gable, Florida,Post Office Box-248297	http://www6.miami.edu/chp		
19	迈阿密大学拉丁美洲研究中心	1111 Memorial Drive,Coral Gables, Florida	http://www.as.miami.edu/clas/index.htm	2000 年	
20	美洲对话组织	1211 Connecticut Avenue,NW Suite 510,Washington DC,20036	http://www.thedialogue.org	1982 年	
21	美洲委员会	Suite 250,1615 L St,NW,Washington,D.C.20036	http://www.counciloftheamericas.org	1965 年	
22	密歇根州立大学拉丁美洲和加勒比研究中心	300 International Center,East Lansing, MI 48824-1035	http://www.isp.msu.edu/CLACS/	1963 年	

续表

序号	智库名称	地址	网址	成立时间	备注
23	纽约大学拉丁美洲和加勒比研究中心	53 Washington Square South,Floor 4W, New York,NY 10012	http://www.nyu.edu/gsas/program/latin		
24	匹兹堡大学拉丁美洲研究中心	Center for Latin American Studies,4200 Weslet W.Posvar Hall,230 S.Bouquet Street,Pittsburgh,PA 15260	http://www.ucis.pitt.edu/clas	1964 年	
25	乔治大学拉丁美洲研究中心	ICC484,Georgetown University, Washington,DC 20057	http://www.georgetown.edu/sfs/programs/clas	1959 年	
26	圣母大学拉丁美洲人研究所	Institute for Latino Studies,University of Norte Dame,McKenna Hall,Room 250,Norte Dame,Indiana 46556	http://www.nd.edu/~latino/	1999 年	
27	斯坦福大学拉丁美洲研究中心	Bolivar House,582 Alvarado Row, Stanford,CA 94305	http://www.stanford.edu/group/las/		
28	威斯康星大学密尔沃基分校拉丁美洲和加勒比研究中心	2513 E.Hartford Avenue,Pearse Hall 168,Milwaukee,WI	http://www.uwm.edu/Dept/CLASS/	1965 年	
29	伍德罗·威尔逊国际学者中心拉丁美洲项目	1300 Pennsylvania Ave.NW, Washington,DC 20004-3027	http://www.wilsoncenter.org/index.cfm?fuseaction=topics.home&topic_id=1425	1968 年	
30	亚利桑那大学拉丁美洲研究中心	PO Box 210158B Marshall Building, Suite 280,University of Arizona Tucson, Arizona 85721-0158	http://www.clas.arizona.edu/	1952 年	
31	耶鲁大学拉丁美洲及伊比利亚研究委员会	Henry R.Luce Hall 34 Hillhouse Avenue Suite 342 P.O.Box 208206 New Haven CT 06520	http://www.yale.edu/macmillan/lais	1962 年	
32	伊利诺伊大学拉丁美洲和加勒比研究中心	Center for Latin American and Caribbean Studies,201 International Studies Building,MC-481,910 S Fifth St.,Champaign,IL 61820	http://www.clacs.uiuc.edu/	1965 年	

图书在版编目（CIP）数据

中国的拉丁美洲研究文献 / 孙桂荣编著. -- 北京：
社会科学文献出版社, 2020.3
（中国社会科学院老年学者文库）
ISBN 978-7-5201-6230-2

Ⅰ.①中…　Ⅱ.①孙…　Ⅲ.①拉丁美洲－文献－专题
目录－中国　Ⅳ.①Z88：D773

中国版本图书馆CIP数据核字（2020）第029117号

·中国社会科学院老年学者文库·

中国的拉丁美洲研究文献

编　　著 / 孙桂荣

出 版 人 / 谢寿光
组稿编辑 / 周　丽
责任编辑 / 蔡莎莎

出　　版 / 社会科学文献出版社·城市和绿色发展分社（010）59367143
　　　　　地址：北京市北三环中路甲29号院华龙大厦　邮编：100029
　　　　　网址：www.ssap.com.cn
发　　行 / 市场营销中心（010）59367081　59367083
印　　装 / 三河市东方印刷有限公司

规　　格 / 开　本：787mm×1092mm　1/16
　　　　　印　张：52.25　字　数：852千字
版　　次 / 2020年3月第1版　2020年3月第1次印刷
书　　号 / ISBN 978-7-5201-6230-2
定　　价 / 368.00元